Doris Nauer

Kirchliche Seelsorgerinnen und Seelsorger im
Psychiatrischen Krankenhaus?

Tübinger Perspektiven zur Pastoraltheologie und Religionspädagogik

herausgegeben von

Ottmar Fuchs, Albert Biesinger, Reinhold Boschki

Band 3

LIT

Doris Nauer

Kirchliche Seelsorgerinnen und Seelsorger im Psychiatrischen Krankenhaus?

Kritische Reflexionen zu Theorie, Praxis und Methodik
von KrankenhausseelsorgerInnen
aus pastoraltheologischer Perspektive
mit organisationspsychologischem Schwerpunkt

LIT

Gedruckt auf alterungsbeständigem Werkdruckpapier entsprechend
ANSI Z3948 DIN ISO 9706

Gedruckt mit Unterstützung der Deutschen Forschungsgemeinschaft

Die Deutsche Bibliothek – CIP-Einheitsaufnahme

Nauer, Doris
Kirchliche Seelsorgerinnen und Seelsorger im Psychiatrischen Krankenhaus? :
Kritische Reflexionen zu Theorie, Praxis und Methodik von
KrankenhausseelsorgerInnen aus pastoraltheologischer Perspektive mit
organisationspsychologischem Schwerpunkt / Doris Nauer. – Münster : LIT, 1999
   (Tübinger Perspektiven zur Pastoraltheologie und Religionspädagogik ; 3.)
   Zugl.: Bamberg, Univ., Diss., 1999
   ISBN 3-8258-4459-5

NE: GT

© LIT VERLAG Münster – Hamburg – London
  Grevener Str. 179 48159 Münster Tel. 0251–23 50 91 Fax 0251–23 19 72

Widmung und Dank

Für **Jan, Daniel** und **Finn Höck**,
die in den letzten Jahren viele
'geschlossene Türen'
in Kauf nehmen mußten............

Für **Birgit Fey** und
Gabriele Schubert,
denen ich Ermutigung und Beistand
in turbulenten Zeiten verdanke............

Für **Ottmar Fuchs** und
Herbert Poensgen,
die ich als Menschen und theologische Lehrer
sehr schätze............

Danken möchte ich v.a. den Lektoren des LIT-Verlages, daß sie vorliegendes Buch, das zwar bereits Anfang Januar 1999 als Dissertation im Fachbereich Pastoraltheologie an der Katholischen Universität Bamberg eingereicht worden ist, jedoch aufgrund des relativ späten Verfahrensabschlusses erst Mitte Oktober zum Druck freigegeben war, derart schnell in ihr Verlagsprogramm aufgenommen haben.

Besonders bedanken möchte ich mich aber auch bei der Deutschen Forschungsgemeinschaft und deren GutachterInnen für die Wertschätzung meiner Dissertation und die großzügige Finanzierung ihrer Drucklegung.

INHALT

EINLEITENDE KLÄRUNGEN 1

Assoziationen:	Persönliches Interesse am Thema 2	
Annäherungen:	Inhalt und Ziel des Buches an Hand der Titelinterpretation 8	
Grundlegungen:	Methodisches Konzept 14	
Formalisierungen:	Formale Aspekte 16	
Systematisierungen:	Aufbau des Buches 17	

ERARBEITUNG DER THEMATIK ENTLANG DEM OTI-ANSATZ 18

Kapitel 1
Zur Organisation Psychiatrischer Krankenhäuser

I. Vorbemerkungen 19

II. Geschichtliche und geistesgeschichtliche Hintergründe

1. Psychiatrie der Vergangenheit
1.1. *Naturphilosophisch - Religiöse Psychiatrie*
1.1.1. Theoretische Fundierung 27
1.1.2. Therapeutische Praxis 28
1.1.3. Institutionelles Erscheinungsbild 30
1.2. *Naturwissenschaftlich - Medizinische Psychiatrie*
1.2.1. Theoretische Fundierung 33
1.2.2. Therapeutische Praxis 34
1.2.3. Institutionelles Erscheinungsbild 35
1.3. *Neuroanatomische Psychiatrie*
1.3.1. TheoretischeFundierung 35
1.3.2. Therapeutische Praxis 36
1.3.3. Institutionelles Erscheinungsbild 37
1.4. *Klinische Psychiatrie*
1.4.1. Theoretische Fundierung 37
1.4.2. Therapeutische Praxis 38
1.4.3. Institutionelles Erscheinungsbild 38

1.5.	*Erbbiologische Psychiatrie*	
1.5.1.	Theoretische Fundierung	39
1.5.2.	Therapeutische Praxis	41
1.5.3.	Institutionelles Erscheinungsbild	46
1.6.	*Daseinsanalytisch - Anthropologische Psychiatrie*	
1.6.1.	Theoretische Fundierung	48
1.6.2.	Therapeutische Praxis	50
1.6.3.	Institutionelles Erscheinungsbild	51
1.7.	*Kritische Psychiatrie, Antipsychiatrie*	
1.7.1.	TheoretischeFundierung	51
1.7.2.	Therapeutische Praxis	54
1.7.3.	Institutionelles Erscheinungsbild	54
1.8.	*Sozialpsychiatrie, Gemeindepsychiatrie, Reformpsychiatrie*	
1.8.1.	Theoretische Fundierung	55
1.8.2.	Therapeutische Praxis	56
1.8.3.	Institutionelles Erscheinungsbild	58
2.	**Psychiatrie der Gegenwart**	
2.1.	*Sozialpsychiatrie und Biologische Psychiatrie*	
2.1.1.	Theoretische Fundierung	62
2.1.2.	Therapeutische Praxis	67
2.1.3.	Institutionelles Erscheinungsbild	72
3.	**Psychiatrie der Zukunft**	
3.1.	*Sozialpsychiatrie und / oder Biologische Psychiatrie*	
3.1.1.	Theoretische Fundierung	80
3.1.2.	Therapeutische Praxis	86
3.1.3.	Institutionelles Erscheinungsbild	86
3.2.	*Postmodern fundierte Perspektivenkonvergente Psychiatrie z.B. in Form einer Öko-Systemischen Psychiatrie*	
3.2.1.	Theoretische Fundierung	88
3.2.2.	Therapeutische Praxis	98
3.2.3.	Institutionelles Erscheinungsbild	103

III. Strukturelle Hintergründe

1. Grundsätzliche Rahmenbedingungen Psychiatrischer Krankenhäuser

1.1.	Aspekte rechtlich - verwaltungstechnischer Art	105
1.2.	Aspekte der Binnenstrukturierungsvarianz	108
1.3.	Aspekte der personellen Komplexität	109

2. Spezielle organisationspsychologische Analyse Psychiatrischer Krankenhäuser

2.1.	Organisationspsychologische Vorüberlegungen	112
2.2.	Psychiatrische Krankenhäuser im Vergleich	114

Kapitel 2
Zur Tätigkeit von Seelsorgerinnen und Seelsorgern im Psychiatrischen Krankenhaus

I. **Vorbemerkungen** 118

II. **Motiv: Theologische Seelsorgekonzepte**

1. **Konzepte aus theologisch - biblischer Perspektive**
1.1. *Kerygmatische (Verkündigende) Seelsorge*
1.1.1. Hinführender Überblick 124
1.1.2. Theoretische Fundierung der allgemeinen Seelsorgelehre 125
1.1.3. Spezielle konzeptionelle Vorgaben für Psychiatrieseelsorge 130
1.2. *Nuthetische (Ermahnende), Parakletische (Tröstende) Seelsorge*
1.2.1. Hinführender Überblick 133
1.2.2. Theoretische Fundierung der allgemeinen Seelsorgelehre 134
1.2.3. Spezielle konzeptionelle Vorgaben für Psychiatrieseelsorge 137
1.3. *Biblische, Bibelorientierte Seelsorge*
1.3.1. Hinführender Überblick 140
1.3.2. Theoretische Fundierung der allgemeinen Seelsorgelehre 142
1.3.3. Spezielle konzeptionelle Vorgaben für Psychiatrieseelsorge 146
1.4. *Biblisch - Therapeutische Seelsorge*
1.4.1. Hinführender Überblick 150
1.4.2. Theoretische Fundierung der allgemeinen Seelsorgelehre 152
1.4.3. Spezielle konzeptionelle Vorgaben für Psychiatrieseelsorge 155
1.5. *Charismatische Seelsorge*
1.5.1. Hinführender Überblick 159
1.5.2. Theoretische Fundierung der allgemeinen Seelsorgelehre 162
1.5.3. Spezielle konzeptionelle Vorgaben für Psychiatrieseelsorge 166

2. **Konzepte aus theologisch - psychologischer Perspektive**
2.1. *Beratende Seelsorge (Pastoral Counseling)*
2.1.1. Hinführender Überblick 175
2.1.2. Theoretische Fundierung der allgemeinen Seelsorgelehre 178
2.1.3. Spezielle konzeptionelle Vorgaben für Psychiatrieseelsorge 182
2.2. *Therapeutische Seelsorge*
2.2.1. Hinführender Überblick 186
2.2.2. Theoretische Fundierung der allgemeinen Seelsorgelehre 190
2.2.3. Spezielle konzeptionelle Vorgaben für Psychiatrieseelsorge 201
2.3. *Begleitende Seelsorge*
2.3.1. Hinführender Überblick 207
2.3.2. Theoretische Fundierung der allgemeinen Seelsorgelehre 209
2.3.3. Spezielle konzeptionelle Vorgaben für Psychiatrieseelsorge 213
2.4. *Heilende Seelsorge*
2.4.1. Hinführender Überblick 218
2.4.2. Theoretische Fundierung der allgemeinen Seelsorgelehre 221
2.4.3. Spezielle konzeptionelle Vorgaben für Psychiatrieseelsorge 230

2.5. *Mystagogische, Mystagogisch - Heilende Seelsorge*
2.5.1. Hinführender Überblick 234
2.5.2. Theoretische Fundierung der allgemeinen Seelsorgelehre 235
2.5.3. Spezielle konzeptionelle Vorgaben für Psychiatrieseelsorge 239
2.6. *Personale Seelsorge*
2.6.1. Hinführender Überblick 241
2.6.2. Theoretische Fundierung der allgemeinen Seelsorgelehre 242
2.6.3. Spezielle konzeptionelle Vorgaben für Psychiatrieseelsorge 244
2.7. *Anleitende Seelsorge*
2.7.1. Hinführender Überblick 246
2.7.2. Theoretische Fundierung der allgemeinen Seelsorgelehre 247
2.7.3. Spezielle konzeptionelle Vorgaben für Psychiatrieseelsorge 250
2.8. *Begegnende, Personzentrierte Seelsorge*
2.8.1. Hinführender Überblick 253
2.8.2. Theoretische Fundierung der allgemeinen Seelsorgelehre 254
2.8.3. Spezielle konzeptionelle Vorgaben für Psychiatrieseelsorge 258

3. **Konzepte aus theologisch - soziologischer Perspektive**
3.1. *Diakonische, Diakonisch-Heilende Seelsorge, Evangelisatorische Pastoral*
3.1.1. Hinführender Überblick 261
3.1.2. Theoretische Fundierung der allgemeinen Seelsorgelehre 265
3.1.3. Spezielle konzeptionelle Vorgaben für Psychiatrieseelsorge 276
3.2. *Kommunikative, Solidarische, Kritische Seelsorge*
3.2.1. Hinführender Überblick 280
3.2.2. Theoretische Fundierung der allgemeinen Seelsorgelehre 281
3.2.3. Spezielle konzeptionelle Vorgaben für Psychiatrieseelsorge 288
3.3. *Politische, Befreiende Seelsorge*
3.3.1. Hinführender Überblick 291
3.3.2. Theoretische Fundierung der allgemeinen Seelsorgelehre 293
3.3.3. Spezielle konzeptionelle Vorgaben für Psychiatrieseelsorge 298
3.4. *Feministische Seelsorge*
3.4.1. Hinführender Überblick 301
3.4.2. Theoretische Fundierung der allgemeinen Seelsorgelehre 303
3.4.3. Spezielle konzeptionelle Vorgaben für Psychiatrieseelsorge 308

4. **Konzepte aus theologisch - wissenschaftstheoretischer Perspektive**
4.1. *Zäsur* 311
4.2. *Plural verstandene Seelsorge, Transversale Seelsorge*
4.2.1. Hinführender Überblick 311
4.2.2. Theoretische Fundierung der allgemeinen Seelsorgelehre 315
4.2.3. Spezielle konzeptionelle Vorgaben für Psychiatrieseelsorge 324
4.3. *Perspektivenkonvergente Seelsorge*
4.3.1. Hinführender Überblick 326
4.3.2. Theoretische Fundierung der allgemeinen Seelsorgelehre 328
4.3.3. Spezielle konzeptionelle Vorgaben für Psychiatrieseelsorge 343

5. **Seelsorgekonzepte im Überblick** 352

III. Handlung: Konkrete Alltagspraxis von SeelsorgerInnen
1. Darstellung der Praxisvielfalt
1.1. Primär individuumzentrierte Alltagspraxis 353
1.2. Primär strukturell orientierte Alltagspraxis 354
1.3. Primär gesellschaftspolitisch und ökologisch orientierte Alltagspraxis 354
2. Alltagspraxis von SeelsorgerInnen im Überblick 356

IV. Operationen: Angewandte Methoden seelsorglicher Praxis
1. Darstellung der Methodenvielfalt
1.1. Theologie-intern entwickelte Methoden 358
1.2. Theologie-extern entwickelte Methoden 358
2. Methoden seelsorglicher Praxis im Überblick 360

Kapitel 3
Das Individuum Seelsorgerin und Seelsorger
im Psychiatrischen Krankenhaus

I. Vorbemerkungen 361

II. Berufsbedingte Belastungsfaktoren für SeelsorgerInnen

1. Belastungsfaktoren aufgrund struktureller Vorgaben
1.1. Belastungen aufgrund struktureller Vorgaben der Organisation Krankenhaus 363
1.2. Belastungen aufgrund struktureller Vorgaben der Organisation Kirche 366
1.3. Belastungen aufgrund der organisationalen Doppelbindung 369

2. Belastungsfaktoren aufgrund des spezifischen Umgangs mit psychisch Kranken
2.1. Wenn prämorbide Persönlichkeitsmerkmale, Krankheitssymptome und therapeutische Nebenwirkungen schwer zu trennen sind 372
2.2. Wenn ein Informationsgefälle, Krankheitsleugnung oder Krankheitsuneinsicht Seelsorge erschwert 375
2.3. Wenn ein gegenseitiges Verstehen nur noch begrenzt möglich ist 376
2.4. Wenn ablehnendes oder unkooperatives Verhalten Seelsorge blockiert 377
2.5. Wenn (auto)agressives und unberechenbares Verhalten zum Problem wird 378
2.6. Wenn religiöse Syndromkomplexe im Vordergrund stehen 379
2.7. Wenn die permanente Konfrontation mit scheinbar sinnlosem Leiden und Klagen unerträglich wird 381
2.8 Wenn 'Erfolglosigkeit' an der Arbeit zweifeln läßt 382
2.9. Wenn die strukturell vorgegebene Patientenrolle Seelsorge erschwert 382
2.10. Wenn sich PatientInnen nicht freiwillig im Krankenhaus aufhalten 383
2.11. Wenn PatientInnen Zwangsmaßnahmen ausgesetzt sind 385
2.12. Wenn die Rollenerwartungen der PatientInnen stark variieren 386

3. Belastungsfaktoren aufgrund 'geschichtlicher Hypotheken'
3.1. Belastungen infolge der Arbeit in der geschichtlich umstrittenen Organisation Psychiatrisches Krankenhaus 387
3.2. Belastungen durch Fortsetzung der kritisch hinterfragbaren Traditionslinie Psychiatrieseelsorge 388

III. Strategien zur Bewältigung berufsbedingter Belastungsfaktoren

1. **Professionalisierung und Spezialisierung**
1.1. *Aneignung inhaltlicher, praktischer und methodischer Kompetenz*
1.1.1. Coping durch Aneignung spezifisch theologischer Kompetenz 391
1.1.2. Coping durch Aneignung theologieübergreifender Kompetenz 392
1.2. *Aneignung institutionell-struktureller Kompetenz*
1.2.1. Coping durch institutionell-strukturellen Wissenserwerb 394
1.2.2. Coping durch Auslotung der Integrationsmöglichkeiten in die Klinik 395
1.2.3. Coping durch Teamsupervision 398
1.2.4. Coping durch Qualitätsmanagement 399

2. **Solidarisierung, Spiritualisierung und Humanisierung**
2.1. *Aneignung personaler Kompetenz durch Solidarisierungsstrategien*
2.1.1. Coping durch Seelsorge 400
2.1.2. Coping durch die 'Dritte Gruppe' 400
2.1.3. Coping durch pastorale (Einzel)Supervision 401
2.2. *Aneignung personaler Kompetenz durch Spiritualisierungsstrategien*
2.2.1. Coping durch religiöse Praxis 403
2.2.2. Coping durch Ausbildung individueller Spiritualität und Glaubenskompetenz 403
2.3. *Aneignung personaler Kompetenz durch Humanisierungsstrategien*
2.3.1. Coping durch Psychohygiene 404

IV. Folgewirkungen gelungener/mißlungener Bewältigungsstrategien

1. **Positive Folgewirkungen:**
   Ausbildung umfassender pastoraler Kompetenz
1.1. Positive Folgewirkungen auf inhaltlicher, praktischer und methodischer Ebene 406
1.2. Positive Folgewirkungen auf institutionell-struktureller Ebene 408
1.3. Positive Folgewirkungen auf persönlicher Ebene 409

2. **Negative Folgewirkungen:**
   Ausbildung defizitärer pastoraler Kompetenz
2.1. Negative Folgewirkungen auf inhaltlicher, praktischer und methodischer Ebene....410
2.2. Negative Folgewirkungen auf institutionell-struktureller Ebene 410
2.3. Negative Folgewirkungen auf persönlicher Ebene 411

V. Institutionalisierte Hilfsangebote zum Erwerb pastoraler Kompetenz

1. **Angebote kirchlicher Einrichtungen** 414
2. **Angebote christlicher Gesellschaften**
2.1. Deutsche Gesellschaft für Pastoralpsychologie
2.1.1. Allgemeiner Überblick 414
2.1.2. Klinische Seelsorgeausbildung (KSA) 416
2.2. Deutsche Gesellschaft für Biblisch-Therapeutische Seelsorge 417
2.3. Deutsche Gesellschaft für Christliche Psychologie 418
3. **Angebote psychotherapeutischer Institute** 418

THEMATISCHE ZENTRIERUNG

I. Christentumssoziologische Perspektivenweitung

1. **Anmerkungen zum Erscheinungsbild christlicher Religion und individueller Religiosität in Deutschland**
1.1. Vorüberlegungen zur Wahl eines christentumssoziologischen Ansatzes 421
1.2. Individualisierungs- und Pluralisierungsprozesse in ihren Auswirkungen auf das Erscheinungsbild und den Stellenwert von Religion und Religiosität 423
1.3. Spezifische Folgewirkungen für das Christentum, die Kirchen und christliche Religiosität
1.3.1. 'Abbröckeln' der gesellschaftlichen religiösen Monopolstellung des Christentums 425
1.3.2. Kirchliche De-Institutionalisierungs- und Polarisierungsprozesse 430
1.3.3. Synkretistische Tendenzen auf der Ebene individueller Religiosität 432
1.4. Schlußfolgerungen 433
2. **Anmerkungen zum gegenwärtigen Stellenwert von Religiosität und christlichem Glauben im Psychiatrischen Krankenhaus** 435

II. Kirchenpolitische Perspektivenweitung

1. Anmerkungen zum gegenwärtigen Stellenwert der Psychiatrieseelsorge in den christlichen Amtskirchen 439
2. Anmerkungen zum inhärenten 'kirchenpolitischen Sprengstoff' der Psychiatrieseelsorge 441

III. Zusammenfassende Perspektiveneinengung 444

ANHANG

1. Literaturverzeichnisse
1.1. Spezielle theologische Literatur zur 'Seelsorge im Psychiatrischen Krankenhaus' 452
1.2. Allgemeine theologische Literatur 456
1.3. Theologieübergreifende Literatur 484
2. Abkürzungsverzeichnis 499
3. Schaubilderverzeichnis 500

EINLEITENDE KLÄRUNGEN

„Ein Mensch, der als Seelsorger in einer psychiatrischen Klinik arbeitet,
steht dort meist als Einzelner einem ganzen Krankenhaus
mit all seinen Mitarbeitern und allen Patienten gegenüber.
Schon öfter haben Seelsorgerinnen oder Seelsorger ihre Erfahrungen beschrieben.
Bisher ist aber kaum jemandem die institutionelle Situation in den Sinn gekommen."

HAGENMAIER, MARTIN:
Seelsorge im Psychiatrischen Krankenhaus,
in: Wege zum Menschen 40 (1988), S. 101.

Einleitende Klärungen

ASSOZIATIONEN
Zum persönlichen Interesse am Thema

Nach dem ersten Händedruck, den mir Herr B. nur zögernd zugestand, eilte er sofort zum Waschbecken. Daß ich diese Aktion nicht auf meine Person beziehen durfte, mußte ich erst langsam begreifen. Herr B. leidet unter der Vorstellung, schmutzig werden zu können. Deshalb muß er sich ungewöhnlich oft und intensiv reinigen. Eine Handlungsweise, die es ihm schließlich unmöglich machte, im Alltag zurechtzukommen. Die eigene Einsicht, daß sein Verhalten "nicht normal" sei, führte ihn schließlich auf Grund massiven Leidensdrucks zum Psychiater, der einen Klinikaufenthalt für unumgänglich hielt. (Neurotische Störung: Zwangsneurose)

Herr F. ist ebenfalls voller Hoffnung, geheilt zu werden. Freundlich und kooperativ fügt er sich allen therapeutischen Anordnungen. Seine Probleme fingen relativ harmlos an: Wenn er Treppen stieg, geriet er schnell ins Schwitzen, ängstliche Gefühle verstärkten sich zu einem derart massiven Panikgefühl, daß er Treppen und Fahrstühle meiden mußte. Infolgedessen bekam er Schwierigkeiten in seinem Beruf, den er schließlich nicht mehr ausüben konnte! Nachdem alle ambulanten Therapieversuche gescheitert waren, konnte ihn seine Frau überreden, sich stationär behandeln zu lassen. (Neurotische Störung: Phobie)

Bei Herrn S. handelt es sich um einen sehr sensiblen und wissensdurstigen Patienten, der seit Wochen auf unserer Station liegt, wobei seine Leidensgeschichte jedoch schon Jahre umfaßt! Anfänglich relativ harmloses Herzstechen endete in Krampfattacken mit Todesangst. Trotz intensivster diagnostischer Abklärung durch niedergelassene Spezialisten konnten bisher keine körperlichen Erkrankungen festgestellt werden. Die Beschwerden wurde er aber dennoch nicht los. Als auch noch seine Ehe in die Brüche ging, kam es zu einer dramatischen Zuspitzung der Symptome, die ihn in die Klinik führte. Obwohl er sich hier irgendwie fehl am Platz fühlt und relativ skeptisch ist, hat er sich vorgenommen, sich mit uns über die psychischen Aspekte seiner Erkrankung auseinanderzusetzen. (Somatoforme Störung, früher: Psychosomatische Erkrankung)

Das Alter des Mädchens ist schwer zu schätzen. Durch ihre hagere Gestalt wirkt sie älter, ja erschreckend alt, obwohl sie erst Anfang zwanzig ist! Sie ist zwar relativ groß, wiegt aber nur knapp 40 kg. Dennoch hält sie sich selbst für zu dick. Jegliche Diskussion über dieses Thema wird von ihr abgeblockt. Heimlich versucht sie, alle therapeutischen Maßnahmen zu unterlaufen. Es ist offensichtlich, daß sie manchmal die Unwahrheit sagt und TherapeutInnen gegeneinander ausspielt. Vertrauen faßt sie zu niemanden. Es ist ihr dritter Klinikaufenthalt. Alle MitarbeiterInnen sind sich jedoch einig, daß sie noch nie so schlecht aussah wie diesmal. (Verhaltensauffälligkeit mit körperlichen Störungen: Magersucht)

Einleitende Klärungen

Frau H. lebt bereits seit Jahren in einem kleinen Zimmer einer Akutstation. Obwohl sie längst auf eine andere Station oder in ein Heim hätte verlegt werden sollen, ermöglicht ihr das Personal, auf dieser Station, auf der sie sich augenscheinlich wohl fühlt, zu bleiben. Die relativ korpulente Frau mittleren Alters sitzt meistens im Aufenthaltsraum oder im Flur, wobei Fernsehsendungen oder Beschäftigungsspiele mit dem Pflegepersonal sie oft zu lautstarken Äußerungen verleiten. Obwohl sie sich kaum verständigen und Gesprächsinhalten anscheinend nicht folgen kann, wird sie dennoch von PatientInnen akzeptiert und in Gruppenveranstaltungen so weit wie möglich integriert. Ihre Anwesenheit gibt uns das Gefühl von Kontinuität im Trubel des permanenten Wechsels der PatientInnen. (Intelligenzminderung: Oligophrenie)

Herr F. ist auf Station ein guter alter Bekannter. Immer wieder wird er von der Polizei aufgegriffen und zur Ausnüchterung mit anschließender Entgiftung in die Klinik gebracht. Er schwört auch diesmal, daß jetzt alles anders wird. Aber weder er noch das Personal glauben daran. Zunehmend zeigen sich auch krankhafte Veränderungen in seinem Gehirn, wodurch seine Vergeßlichkeit und Aggressivität erklärbar werden. (Störung durch psychotrope Substanzen: Alkoholabusus)

Frau H. dagegen ist extrem wütend! Sie wird gegen ihren Willen in der Klinik festgehalten. Auf Grund richterlichen Beschlusses muß sie einen Drogenentzug über sich ergehen lassen. Bis ein Platz frei wird, muß sie in der psychiatrischen Klinik bleiben. Diese Notwendigkeit sieht sie nicht ein. Sie verweigert sich gegenüber allem und jedem, zeigt keinerlei Anzeichen für Kooperation, beleidigt und provoziert absichtlich. Vom Personal wird sie inzwischen weitgehend gemieden. (Störungen durch psychotrope Substanzen: Drogenabhängigkeit)

Frau D. ist verzweifelt. Jetzt ist sie wieder in der Klinik. Sie hat es wieder nicht geschafft, obwohl sie es doch so sehr gewollt hat! Erneut ist sie rückfällig geworden. Sie verachtet sich selbst und glaubt, daß dies auch alle anderen tun. Nach dem letzten handgreiflichen Ehestreit hat sie erneut mit den Kopfschmerztabletten angefangen. Frau D. sucht Hilfe. Sie will alles tun, um endlich von der Tablettensucht wegzukommen. Jede Hilfestellung, jede ehrlich gemeinte Zuwendung nimmt sie dankbar auf. (Verhaltensauffälligkeiten mit körperlichen Störungen: Mißbrauch von Schmerzmitteln)

Beim ersten Anblick der Arme von M. war ich schockiert, abgestoßen und angezogen zugleich. Überall Narben, tlw. frische blutige Spuren! Wieso diese selbstdestruktiven Aktionen? Aber M. geht auf keine Frage ein, will keinen Kontakt, keine Hilfe, kein Weiterleben. Das Personal befürchtet, daß sie es trotz aller Überwachung doch schaffen könnte, sich das Leben zu nehmen. (Zustand nach Selbstmordversuch mit akuter Suizidgefährdung)

Einleitende Klärungen

Der Junge sitzt wie immer auf einem Sofa im Flur und spielt intensivst mit einem einzelnen Bauklotz. Obwohl ich versuche, Kontakt aufzunehmen, scheint er mich gar nicht zu bemerken. Es ist, als ob er in einer völlig anderen Welt lebt. Ab und zu lächelt er, aber die Ursache dafür bleibt mir fremd. Obwohl er angeblich in bestimmten Situationen extrem intelligent reagieren soll, stellt sich bei mir auf den ersten Blick eher der Verdacht ein, daß es sich um ein geistig zurückgebliebenes Kind handelt. (Autismus)

Frau U. ist eine extrem liebe und "pflegeleichte" Patientin der gerontopsychiatrischen Station. Sie ist 78 Jahre alt, in relativ guter körperlicher Verfassung und gepflegt im Aussehen. Ihren Namen, ihre Lebensgeschichte, den Aufenthaltsort oder das heutige Datum weiß sie nicht mehr. Heute verwechselt sie mich mit ihrer Tochter. Bald wird sie in ein Pfelgeheim verlegt werden. (Organische psychische Störung in Folge einer Alzheimer Erkrankung)

Frau J. ist in ähnlichem Alter, verfügt aber über genaue Kenntnisse bezüglich ihrer Person, Aufenthaltsort und Zeit. Ohne erkennbaren äußeren Anlaß fällt sie jedoch in extrem aggressive Zustände. Diese sind dadurch gekennzeichnet, daß sie laut schimpft und flucht, unvermutet auch beißt und schlägt. Von den MitpatientInnen und dem Personal wird sie deshalb mit großer Vorsicht behandelt. (Organische psychische Störung in Folge einer Tumor-Erkrankung im Gehirn)

Ein Leben lang hat Frau F. gut funktioniert. Sie hat drei Kinder geboren und großgezogen, das Haus in Ordnung gehalten und viele freundschaftliche Beziehungen gepflegt. Schleichend war jedoch eine Veränderung eingetreten: Frau F. wurde immer lustloser. Immer weniger machte ihr wirklich Spaß oder Freude. Gleichzeitig verlor sie auch die Fähigkeit, auf traurige Nachrichten betroffen und mitfühlend zu reagieren. Nachts lag sie ewig wach, früh kam sie nicht mehr aus dem Bett. Im Laufe des Tages wurde ihre Stimmung zwar etwas besser, aber das reichte nicht aus, um die alltäglichen Dinge erledigen zu können. Erstmals schaffte sie ihren Haushalt nicht mehr. Schließlich fing sie an, am Sinn ihres Lebens zu zweifeln, obwohl ihr Mann und ihre Kinder alles versuchten, um sie zu stabilisieren. Für die Familie völlig unerwartet beging Frau F. plötzlich eine Kurzschlußhandlung. Mit einem Messer machte sie sich an den Steckdosen im Keller zu schaffen. Durch Zufall wurde ihr Tun entdeckt. Die Familie wußte sich keinen Rat mehr und brachte sie ohne Widerstand in die Klinik. Traurig, apathisch und in sich gekehrt sitzt sie meist abseits, wobei sie sich jedoch über jede Ansprache freut. (Affektive Störung: Depressive Episode)

Einleitende Klärungen

Manchmal zieht mich die 24 jährige Frau in ihr Vertrauen. Dann ist es sehr schwer zu entscheiden, wo der Übergang in "ihre Welt" stattfindet. Sie erzählt von Stationsbegebenheiten und flüstert mir mit gequälter Miene zu, daß auch heute zum Mittagessen wieder Menschenfleisch in Särgen angeliefert worden ist. Sie weist in Richtung Treppe und scheint ganz deutlich Dinge wahrzunehmen. Wenn ich behaupte, daß dort doch gar nichts sei, ernte ich nur ein mitleidiges Lächeln. Nicht immer berichtet sie von ihren Erfahrungen, denn sie ist sehr klug und hat längst gemerkt, daß ihre ehrlichen Mitteilungen nur dazu führen, daß sie noch länger in der Klinik bleiben muß, die sie doch am liebsten sofort verlassen möchte, da sie sich nicht für krank hält. (Schizophrenie)

Die junge Frau sieht gut aus und weiß um ihre Wirkung auf Männer. Stets ist sie gut gelaunt, lächelt oder erzählt lustige Geschichten. Sie ist beliebt auf Station, denn sie bringt Abwechslung und Stimmung mit sich. Nur bei gruppentherapeutischen Veranstaltungen ist sie keine gerngesehene Teilnehmerin, da sie versucht, die Aufmerksamkeit auf sich zu ziehen. Sie schreibt Liebesbriefe an männliche Mitarbeiter und sucht Kontakt zu Mitpatienten auf der Männerstation. (Affektive Störung: Manie)

Herr F., ein relativ unscheinbarer Mann Mitte dreißig, ist felsenfest davon überzeugt, daß er etwas "Großes" leisten wird. "Sie" hätten ihm das eindeutig gesagt. Überhaupt würden die Stimmen ihn überall begleiten. Das sei ihm manchmal doch sehr unangenehm! Wenn man fragt, wie und wann genau er denn das Werk Christi vollenden wird, antwortet er ausweichend. Fest steht aber, daß es so sein wird, da er ja die Verantwortung für die ganze Welt trägt. Er berichtet, daß diese Verantwortung schwer auf ihm lastet und all seine Gedanken und Kräfte beansprucht. Manchmal fühlt er sich dieser Aufgabe nicht gewachsen, möchte sie gern loswerden, aber er weiß genau, daß "die" ihn fürchterlich dafür bestrafen würden. Er erzählt, daß er einmal Priester werden wollte, um seinem Ziel näher zu kommen. Den Gedanken habe er aber schnell wieder aufgegeben, weil "die" andere Pläne mit ihm gehabt hätten. Einen Beruf kann Herr F. nicht mehr ausüben, denn für derartige Nebensächlichkeiten hat er keine Zeit mehr. Er spricht oft über seine Berufung und neigt dazu, MitpatientInnen zu maßregeln, ihnen das "Gebot Gottes", das ihm die Tagesschau- Nachrichtensprecherin täglich persönlich im Fernsehen durch eine Direktschaltung mitteilt, lautstark aufzudrängen. Herr F. redet gern und endlos über sein Projekt. Andere Gesprächsinhalte sind kaum möglich. (Schizophrenie)

(Seelsorgliche) Begegnung mit psychiatrischen PatientInnen unterscheidet sich einerseits keineswegs, andererseits aber auch radikal von der Begegnung mit anderen Patientengruppen. Die vorangestellte Beschreibung persönlicher Schicksale läßt erahnen, daß es 'die' psychisch Kranken nicht gibt, sondern nur Menschen mit nachvollziehbaren oder auch nicht nachvollziehbaren Problemen, unterschiedlichem Problembewußtsein, sowie divergierenden Bedürfnissen und Erwartungsstrukturen.

In Psychiatrischen Kliniken, in denen sich diese Menschen, die als 'irre', 'verrückt', 'spinnert', 'schwachsinnig', 'idiotisch', 'übergeschnappt', 'wahnsinnig', 'psychopathisch', 'psychisch krank', 'geisteskrank' oder 'nervenkrank' tituliert werden, sammeln bzw. in denen sie gesammelt werden, offenbart sich nicht nur die Begrenztheit der Verstehens-, Artikulations- und Handlungsmöglichkeit der PatientInnen, sondern auch die der eigenen Person. Sensible Menschen werden zur Kenntnis nehmen müssen, daß zwischen individuell erarbeiteten und allgemeingültigen Plausibilitätsstrukturen bzw. Verhaltensmustern massive Unterschiede bestehen. Grenzen zwischen seelisch 'gesund' und 'krank' verschwimmen. Ungewohnte und unverständliche Satzkaskaden, unergründbare Traurigkeit oder körperliche Reglosigkeit, sich permanent wiederholende oder unberechenbare Handlungen von PatientInnen können Gefühle der Ratlosigkeit oder Abstoßung auslösen. Gleichzeitig kann von der Fremdartigkeit psychisch Kranker aber auch eine faszinierende Anziehung ausgehen. Diese wiederum birgt aber auch die Gefahr in sich, daß die Kranken in die Rolle beobachtbarer Objekte, SeelsorgerInnen dagegen in die Rolle schaulustiger BeobachterInnen geraten.

Zusätzlich zur angedeuteten interpersonellen Problematik stellt die Psychiatrische Klinik aufgrund ihre Komplexität eine strukturell bedingte Herausforderung dar, die bereits an der Vielfalt der darin arbeitenden Berufsgruppen deutlich wird. KankenhausseelsorgerInnen befinden sich durch ihren organisationalen Doppelstatus sogar in einer besonders komplizierten Situation: Während die kirchliche Organisationszugehörigkeit durch entsprechende Ausbildung und Anstellung klar dokumentiert ist, bleibt die Organisationszugehörigkeit zur Klinik trotz rechtlicher Vorgaben relativ vage, weshalb der seelsorgliche Handlungsspielraum von Haus zu Haus erheblich variiert.

Durch meine Tätigkeit als Ärztin in der Psychiatrie bin ich sowohl mit dem interpersonellen als auch strukturellen Problemfeld vertraut. Aufgrund der alltagspraktischen Zusammenarbeit mit PsychiatrieseelsorgerInnen und meiner theologischen Herkunft, die in den Kliniken zumeist mit einem mitleidigen Lächeln, verständnislosem Staunen oder, in Erinnerung an persönliche Erfahrungen mit KrankenhausseelsorgerInnen, entweder höflich-neutral oder aggressiv gegenüber Kirche und mir als vermeintlicher Personalisation der 'Institution katholische Kirche' quittiert wurde, ist es mir möglich, die Situation von SeelsorgerInnen nachzuvollziehen. Das Psychiatrische Krankenhaus erweist sich daher für mich als ein ideales interdisziplinäres Praxisfeld, an dem sich nachprüfen läßt, inwiefern sich die extrem unterschiedlichen Wissenschaften Theologie und Medizin intrapersonal, d.h. zunächst einmal in meiner Person, vereinigen lassen, welche rational begründbare wissenschaftliche Verhältnisbestimmung grundsätzlich möglich ist und welche alltagspraktischen Kooperationsmöglichkeiten denkbar wären.
In der psychiatrischen Klinik, einem Ort, der außerhalb des Schutzraums von 'Gleich-Gläubigen' und 'pfarrgemeindlicher Idylle' im Kreuzfeuer säkularer Kritik liegt, muß sich m.E. erweisen, ob TheologInnen Theorie- und Praxiskonzepte in den interdisziplinären Dialog einbringen und zur Disposition stellen können. Im gesellschaftspolitischen Brenn- und Krisenpunkt Krankenhaus zeigt sich, ob die Theologie als Wissenschaft und Glaubenssystem nur

Einleitende Klärungen

ein praxis-untaugliches abstraktes Theoriengebäude weltfremder ExpertInnen darstellt und deshalb grundsätzlich in Frage zu stellen ist, oder ob sie sich in kommunikabler Form 'glaubhaft' auch für 'Nicht-Gläubige' ausweisen kann. Da ich davon ausgehe, daß die christliche Theologie tatsächlich auch heute noch alltagspraktische Relevanz besitzt und christliche SeelsorgerInnen dies 'glaub-würdig' allen dafür offenen Menschen vermitteln können, beabsichtige ich, diese Glaubwürdigkeit in vorliegendem Buch am konkreten Beispiel der Psychiatrieseelsorge voranzutreiben.

Daß es am Ende des 20. Jhdts. mit der Glaub-Würdigkeit der Psychiatrieseelsorge sowie der PsychiatrieseelsorgerInnen nicht immer zum Besten steht, wurde mir in einem theologischen Hauptseminar zum Thema 'Seelsorge in der Psychiatrie' drastisch vor Augen geführt. Die Tatsache, daß die durchaus am Thema interessierten Studierenden am Ende ihres Studiums kaum Kenntnisse über theoretische Konzepte, Praxis und Methodik der (Klinik)Seelsorge besaßen, war zwar bedauerlich, ließ sich aber im Laufe des Seminars zumindest bei diesen TheologiestudentInnen korrigieren. Weitaus schwieriger erwies sich ein anderes Problem, das m.E. Signalcharakter besitzt:[1] Der von mir initiierte Dialog zwischen StudentInnen und psychiatrischen BerufsvertreterInnen gestaltete sich relativ schwierig. Dies lag v.a. daran, daß die SeelorgerInnen ihre Theorie- und Praxiskonzepte kaum verständlich formulieren bzw. plausibel transparent machen konnten. Als Praktische Theologin sehe ich mich deshalb herausgefordert, mit möglichst adäquater Methodik eine strukturelle Analyse des Psychiatrischen Krankenhauses vorzunehmen, um auf der Basis des dadurch erworbenen Wissens kritisch und innovativ Seelsorgekonzepte und seelsorgliche Praxis daraufhin zu hinterfragen, inwieweit Psychiatrieseelsorge gegenwärtig für die PatientInnen, alle professionellen MitarbeiterInnen, das Krankenhaus, die Kirchen, die Öffentlichkeit und die SeelsorgerInnen selbst ein sinnvolles und glaub-würdiges Unternehmen darstellt.

Hinter diesem Anliegen verbirgt sich nicht die Absicht, mich ungefragt und in besserwisserischer Manier in die Alltagspraxis von SeelsorgerInnen einzumischen, sondern sie als Subjekte in organisationalen Kontexten wahrzunehmen und ihnen Hilfestellungen anzubieten, indem ihnen kompendienhaft Material zum Verständnis ihres Arbeitsfeldes an die Hand gegeben wird. Um möglichen Mißverständnissen entgegenzuwirken, soll an dieser Stelle betont werden, daß folgende Überlegungen nicht die wissenschaftliche Aufarbeitung alltäglicher Erfahrungen als Psychiatrieseelsorgerin darstellen. Dies läge nicht in der Kompetenz der Verfasserin! Da Klessmann aber betont, daß genügend 'Erfahrungs-Literatur' existiert, scheint mir ein derartiges Vorgehen durchaus vertretbar zu sein.[2]

---

[1] Ich möchte ausdrücklich darauf hinweisen, daß ich diese Einzelerfahrung nicht verallgemeinern will! Im Laufe meiner ärztlichen und seelsorglichen Tätigkeit bin ich durchaus auch anderen PsychiatrieseelsorgerInnen begegnet. Das Problem fehlender konzeptioneller Fundierung trat jedoch immer wieder auf und wurde oft sogar von den SeelsorgerInnen selbst thematisiert.

[2] Vgl. Klessmann, M. (1990): Seelsorge im Krankenhaus, S. 421.

ANNÄHERUNGEN
Inhalt und Ziel des Buches an Hand der Titelinterpretation

Im Zentrum der Arbeit stehen *'SeelsorgerInnen'*, d.h. nicht die abstrakte 'Seelsorge', sondern die, die diese Seelsorge praktizieren. Ihren Problemen, Belastungen und Bewältigungen soll in Abhängigkeit von interpersonellen, geschichtlichen und strukturell-organisatorischen Hintergründen nachgegangen werden. Um diesem Anliegen gerecht zu werden, ist es jedoch erforderlich, sich mit der großen Vielfalt der Seelsorgekonzepte auseinanderzusetzen, weil sich sowohl die komplexe Alltagspraxis wie auch die Wahl der dafür eingesetzten Methodik direkt aus dem zugrundeliegenden Konzept ergeben. PatientInnen werden in der Überschrift bewußt nicht erwähnt. Auf ihre spezielle Situation, für die die LeserInnen durch Voranstellung einer möglichst bunten Palette von Fallbeispielen[3] sensibilisiert werden sollten, wird explizit im Kontext des Belastungsprofils von SeelsorgerInnen eingegangen werden.

Desweiteren soll nicht abstrakt von 'Psychiatrie' die Rede sein, sondern von der spezifischen Organisation *'Psychiatrisches Krankenhaus'*, das in seiner historischen, gegenwärtigen und künftigen konzeptionell-strukturellen Verfaßtheit als konkretes Arbeitsfeld analysiert werden wird. In Deutschland präsentiert sich das Psychiatrische Krankenhaus in drei unterschiedlichen Organisationsformen: Alleinstehende Psychiatrische Großkrankenhäuser, zum Klinikkomplex der Universität gehörende Psychiatrische Universitätskliniken und ins Allgemeinkrankenhaus integrierte Psychiatrische Abteilungen. Die Bezeichnung 'Psychiatrisches Krankenhaus' oder 'Psychiatrische Klinik' wird dementsprechend in dieser Arbeit als Sammelbegriff für die unterschiedlichen institutionellen Varianten verwendet. Obwohl Großklinikum und Fachabteilung auch Unterschiede in der Organisationsform aufweisen, sind die strukturell-organisatorischen Hintergründe dieser stationären psychiatrischen Institutionen dennoch so ähnlich, daß deren allgemeine Organisationsmerkmale ohne institutionelle Aufschlüsselungen gemeinsam analysiert werden können. In der vorliegenden Arbeit wird somit von der These ausgegangen, daß sich Theorie und Praxis von SeelsorgerInnen in psychiatrischen Großkrankenhäusern und Fachabteilungen weitgehend entsprechen, weshalb eine explizite Differenzierung nur bei gravierenden Unterschieden vorgenommen wird.

Einschränkend muß zudem hinzugefügt werden: Im Zentrum folgender Analysen stehen Häuser in öffentlicher Trägerschaft. Dies geschieht aus zwei Gründen: 1. Gleiche Trägerschaft impliziert eine Vergleichbarkeit der organisationalen Strukturen. Die Organisation Psychiatrischer Krankenhäuser in öffentlicher, kirchlicher oder privater Trägerschaft ist somit nicht identisch! Dies ist leicht nachvollziehbar, wenn man sich klarmacht, daß die Interessen unterschiedlicher Träger (z.B. primär caritativ ausgerichteter kirchlicher Träger im Vergleich zu primär gewinnorientierten privaten Trägern) völlig verschieden sein können, was sich natürlich in den Organisationsstrukturen widerspiegeln wird. 2. Öffentliche (psychiatrische) Krankenhäuser sind gegenwärtig ein großes staatlich und kirchlich gesichertes Arbeitsfeld von TheologInnen. Dies schließt nicht aus, daß SeelsorgerInnen faktisch auch in privaten Häusern

---

3   Die Falldarstellungen stellen nur einen Ausschnitt aus der Erscheinungsvielfalt psychischer Erkrankungen dar. Festgehalten wurden 'Fälle', die mir von meiner Stationsarbeit besonders in Erinnerung geblieben sind. Die in Klammern angeführte Diagnostik entspricht dem offiziellen Diagnoseschema der Weltgesundheitsorganisation ICD-10. Falldarstellungen finden sich v.a. in: FALLBUCH PSYCHIATRIE (1993); HOFFMANN-RICHTER/FINZEN (1996): Die häufigsten psychischen Krankheiten; WOLFERSDORF, M. (1993): Ausgewählte psychische Störungen; ZÖLLNER, H.M. (1997): Psychiatrie in Lebens- und Leidensgeschichten.

angestellt sein können und natürlich auch in kirchlichen tätig sind. Ersteres beruht auf Spezialverträgen zwischen privaten Trägern und den Kirchen, wobei die organisationalen Bedingungen dieser Tätigkeit extrem variabel sind; letzteres basiert auf kircheninternen Regelungen, wobei auch hier die organisationalen Hintergründe variieren. Jäger weist darauf hin, daß gerade in konfessionellen Häusern gegenwärtig ein dynamischer Neuorientierungsprozeß stattfindet. Hierbei würden v.a. das "Personalkonzept, Finanzkonzept, Medizinalkonzept, Verwaltungskonzept, EDV- und Controlling-Konzept, Seelsorgekonzept"[4] einer Reformulierung unterzogen. Trotz dieses Hinweises konzentriert sich die Autorin nicht auf kircheninterne Arbeitsfelder, obwohl auch diesbezüglich die wissenschaftliche Theologie aufgefordert ist, konzeptionelle Arbeit zu leisten. Wenn im Folgenden über eine Neukonzeption von Seelsorge und die gegenwärtige bzw. zukünftige Situation der SeelsorgerInnen in öffentlichen Psychiatrischen Kliniken nachgedacht wird, können die Ergebnisse daher sicherlich auch für konfessionelle Häuser fruchtbar gemacht werden. Allerdings ist dabei zu berücksichtigen, daß vorliegende Arbeit nicht auf Krankenhäuser kirchlicher Trägerschaft und deren Spezialprobleme zugeschnitten ist! Daß stationäre psychiatrische Einrichtungen als Arbeitsfeld von SeelsorgerInnen analysiert werden sollen, beruht ebenfalls auf zwei Gründen: 1. Trotz eines umfangreichen, seit der Psychiatriereform ausgebauten psychiatrischen Versorgungsnetzes und der offiziellen Option zur Reduzierung der Kapazität und Bedeutung Psychiatrischer Krankenhäuser, stehen diese im Vergleich zu nichtstationären Einrichtungen noch immer im Zentrum der institutionellen Versorgung. 2. Kirchliche SeelsorgerInnen, die hauptamtlich mit psychisch Erkrankten arbeiten, tun dies gegenwärtig primär im stationären Sektor. Inwieweit SeelsorgerInnen in Rekurs auf ihre eigenen theologischen Vorgaben und in Berücksichtigung des sich möglicher Weise abzeichnenden psychiatrischen Paradigmenwechsels zusammen mit ihren Vorgesetzten alternative Handlungsfelder im Sinne nichtstationärer Seelsorge konzeptionell entwickeln und praktisch umsetzen sollten bzw. könnten, muß unter utopischen Gesichtspunkten jedoch zumindest angedacht werden.

Das Attribut *'kirchlich'* steht für die Konzentration auf SeelsorgerInnen, die hauptamtlich, d.h. von den Kirchen beauftragt und bezahlt, Seelsorge mit psychisch Erkrankten als spezifische Arbeitsaufgabe verrichten. Dies betrifft speziell ausgebildete TheologInnen, die diese Art von Seelsorge nicht zusätzlich zu ihrer Arbeit in Pfarrgemeinden im Sinne eines Besuchdienstes leisten, sondern ihren voll- bzw. teilzeitlichen Standort im Krankenhaus haben, durch ihre alltägliche Präsenz bereits passiv mit der Organisation Krankenhaus verwoben sind, andererseits jedoch auch durch das Einbringen christlichen Gedankengutes, spezifisch christlicher Handlungsweisen und die Schaffung rudimentärer christlicher Gemeindestrukturen auch aktiv auf die säkulare Organisation einwirken: „Seelsorge im Krankenhaus geschieht im kirchlichen Auftrag in ökumenischer Verantwortung. Sie stellt einen eigenständigen kirchlichen Arbeitszweig mit spezifischen Gegebenheiten und Erfordernissen dar und ist nicht eine Variante von Gemeindeseelsorge."[5] Dieser aus evangelischer Sicht formulierte Hinweis auf den ökumeni-

---

4   JÄGER, A. (1995): Krankenhaus managen, S. 475. In Rekurs auf organisationstheoretische Ansätze plädiert v.a. Gärtner für eine inhaltliche Neubestimmung von Seelsorge in kirchlichen Krankenhäusern: Seelsorge und Managementkompetenz sollen so miteinander verknüpft sein, daß SeelsorgerInnen dazu befähigt sind, als beratende Mitglieder in der Betriebsleitung zu fungieren. Ziel dieser Beratung soll es sein, theologische Inhalte professionell in die alltägliche Betriebspraxis zu integrieren, um die kirchliche Dimension dieser Häuser stärker zur Geltung zu bringen. Vgl. GÄRTNER, H. (1995): Management und Nächstenliebe; DERS. (1996): Die kirchliche Wirklichkeit ist organisational.

5   Formulierung der 'Konferenz für Krankenhausseelsorge in der EKD 1994', in: KLESSMANN, M. (1996): Handbuch der Krankenhausseelsorge, S. 13.

schen Charakter der Klinikseelsorge wird in vorliegender Arbeit aufgegriffen. Obwohl die Verfasserin durch ihre konfessionelle Herkunft zunächst katholische SeelsorgerInnen im Blick hat, treffen die meisten Analysen und Ergebnisse auch für SeelsorgerInnen anderer Kirchen zu, weshalb der Arbeit ein ökumenischer Impetus zugrunde liegt. Trotz der angekündigten Perspektiveneinengung auf professionelle SeelsorgerInnen soll dennoch die grundsätzliche Anfrage virulent bleiben, wer überhaupt von wem und warum als zuständig für Seelsorge erklärt wird. Ist Seelsorge automatisch an bestimmte Religionen (christliche Religion), an Konfessionen (katholisch, evangelisch, orthodox usw.), an konfessionelle Institutionen (Kirchen, Gemeinden, Caritas, Diakonie usw.), bzw. an spezielle VertreterInnen der Institution Kirche, die durch ein Hochschulstudium (TheologInnen) mit anschließender spezifischer Berufsausbildung (KrankenhausseelsorgerInnen im pastoralen Dienst) gebunden? Oder leisten alle MitarbeiterInnen, die sich um die Psyche erkrankter Menschen sorgen, bereits 'Seel-Sorge'?[6]

Das *Fragezeichen* vorliegender Arbeit symbolisiert eine grundsätzliche 'In-Frage-Stellung' der Anwesenheit von SeelsorgerInnen im Psychiatrischen Krankenhaus: Stellt Psychiatrieseelsorge für die SeelsorgerInnen selbst eine befriedigende und sinnvolle Tätigkeit dar? Handelt es sich mit Blick auf das psychiatrische Personal um eine gewünschte bzw. akzeptierte Tätigkeit? Gilt Seelsorge im Psychiatrischen Krankenhaus überhaupt als eine gesellschaftlich gefragte und als relevant erachtete Einrichtung? Oder ist Verheules Einschätzung zuzustimmen, daß sich Seelsorge gegenwärtig als überholt und obsolet erweist, weil sie ein überflüssiges, ja ärgerliches Relikt aus einer Geschichtsepoche, in der die Gesellschaft noch weitgehend christlich geprägt war, darstellt?[7] Was aber könnten die inhaltlichen Beweggründe dafür sein, daß kirchliche Seelsorge im Krankenhaus noch immer betrieben wird? Bieten die Kirchen eine Art Luxusangebot für eine gesellschaftliche Minderheit an, die auch im Krankenhaus auf ihre christliche Frömmigkeit und Religionspraxis nicht verzichten will? Oder dient Seelsorge etwa einer verdeckten, aber bewußt durchgeführten Missionsstrategie der Kirchen, die gerade dann, wenn Menschen physisch und psychisch am Ende sind, als besonders effizientes missionarisches Werkzeug greift? Machen sich SeelsorgerInnen bewußt zu Handlangern gesellschaftspolitischer Gruppierungen und deren Interessen, wenn sie zur Stabilisierung eines psychiatrischen Versorgungssystems beitragen, dessen Menschenfreundlichkeit sowohl aus gesellschaftlicher als auch aus theologischer Perspektive zumindest hinterfragbar ist? Leisten SeelsorgerInnen nicht einem individuumszentrierten Gesellschaftsentwurf Vorschub, indem sie durch ihre Konzentration auf die 'Seele' des Menschen dazu beitragen, gesellschaftspolitische und ökologische Dimensionen bewußt auszublenden? Können die Kirchen überhaupt noch theologische Begründungen, d.h. eine fundierte theologische Legitimation der Anwesenheit von SeelsorgerInnen in der weltlichen Institution Psychiatrisches Krankenhaus, liefern? Können sie dies unter ausdrücklicher Bezugnahme auf ihre 'Rede von Gott', d.h. ihrer 'Theologie' leisten? Oder genügt der Verweis auf ihre geschichtlich bedingte Präsenz in dieser Organisation bzw. der Hinweis auf die praktisch geleistete Arbeit der SeelsorgerInnen? Wenn eine theologische Begründung tatsächlich geleistet werden kann, ist diese dann noch plausibel christlichen und v.a. nichtchristlichen Gesellschaftsmitgliedern vermittelbar? Oder erschöpfen sich theologische Argumentationen in religiösen Spezialvokabeln und Denkfiguren, die nicht

---

6 Auch Sekten wie z.B. Scientology werten ihre Tätigkeit, v.a. die in Psychiatrischen Kliniken, als Seelsorge, wie folgende Passage zeigt: "Auditing ist das Kernstück der religiösen Praktik der Scientology. Das ist uns heilig. Daher ist die seelsorgerische Schweigepflicht eminent wichtig." 'WOHLTAT (1995), S. 283.

7 „Die elementaren Lebensfragen werden nicht mehr von der Kirche beantwortet, sondern durch Psychotherapie und Ideologien." VERHEULE, A. (1987): Seelsorge in einer säkularen Gesellschaft, S. 103.

mehr verständlich gemacht werden können und damit auch nicht mehr hinterfragbar und kritisierbar sind? Falls eine Transparenz christlicher Inhalte tatsächlich gelingt, kann dann aber diesen Inhalten in der Gesellschaft überhaupt noch Glauben geschenkt werden? Immerhin gibt es das wissenschaftlich ausgewiesene Forschungsgebiet 'Religionspsychopathologie', in dem explizit der Frage nachgegangen wird, wie und warum religiöse Parameter wie Gottesbilder und religiös motivierte Moralvorstellungen an der Entstehung und Ausprägung psychischer Deformationen ursächlich beteiligt sind.[8] Im psychiatrischen Begriff 'ekklesiogene Neurose'[9] kommt die pathogene Funktion kirchlich-religiöser Inhalte besonders deutlich zum Vorschein. Überspitzt und provokativ formuliert stellt sich also die Frage, ob VertreterInnen einer Institution, die an der Entstehung bzw. Ausformung psychischer Deformationen einzelner Menschen ursächlich mitbeteiligt zu sein scheinen, überhaupt zur Behebung der erfolgten Schädigungen herangezogen werden sollten?

Wenn dies bejaht wird, ergibt sich sogleich die Frage, ob diese von den Kirchen beauftragten MitarbeiterInnen eine entsprechend professionelle Ausbildung bezüglich Theorie und Praxis ihrer seelsorglichen Aktivität besitzen sollen bzw. besitzen, um diese zwischenmenschlich und organisatorisch komplexe Arbeit leisten zu können, ohne dabei selbst Schaden zu nehmen? Erfahren SeelsorgerInnen von ihren AuftraggeberInnen umfassende Unterstützung und Rückendeckung? Oder werden sie bewußt mehr oder weniger vor Ort alleingelassen, weil die Kirchen dieses Arbeitsfeld zunehmend als irrelevant erachten? Liegt die Virulenz eines grundsätzlichen Fragezeichens etwa darin, daß nicht primär die Krankenhäuser mit all den darin existierenden Personengruppen die Anwesenheit der SeelsorgerInnen in einer säkularen Institution in Frage stellen, sondern vielmehr die Kirchen selbst, weil sie eine seelsorgliche Konzentration auf innerkirchliche Arbeitsfelder anstreben, um sich in fundamentalistischer Manier auf den Kernbestand christlicher Gemeinden zu konzentrieren?

---

8 Die klassische *Religionspsychopathologie* beschäftigt sich mit „besonders auffälligen und stark abnormen religiösen Phänomenen" im Sinne „pathologisch deformierter religiöser Erlebnisse oder neurotischer Frömmigkeitsformen." Hole, G. (1988): Situation und Aufgabenfeld heutiger Religionspsychopathologie, S. 21/19. Hole versucht, die negative Konnotation des Begriffs inhaltlich zu aktualisieren, um dem zunehmenden Bedeutungsverlust dieses Faches zu begegnen und die Dimension des Religiösen in die Psychiatrie zu reintegrieren. DIETERICH, M. (Hg.) (1991): Wenn der Glaube krank macht; HOLE, G. (1987): Religionspsychopathologie; THOMAS, K. (1978): Religionspsychopathologie.
Empirische Studien zur Korrespondenz der psychischen Verfassung eines Menschen und seines persönlichkeitsspezifischen Gottesbildes, legte 1997 Hutsebaut, Direktor des 'Zentrums für Psychologie und Religion' in Leuven, vor. Vgl. HUTSEBAUT; D. (1997): Identity statuses.
Picker, ein ehemaliger Priester, versucht an Hand von Fallbeispielen den in seiner psychotherapeutischen Tätigkeit wahrgenommenen Zusammenhang zwischen katholischer Sexualmoral und dem Auftreten psychischer Störungen seiner KlientInnen nachzugehen. Vgl. PICKER, R. (1998): Krank durch die Kirche?

9 HOLE, G. (1983): Psychiatrie und Religion, S. 1080. Für Hark handelt es sich um "eine gestörte Erlebnisverarbeitung..., indem durch eine pseudochristliche Erziehung und durch eine gesetzliche Religiosität das psychische Erleben durch angstmachende und neurotisierte Gottesbilder gestört wird." HARK, H. (1990): *Religiöse Neurosen*, S. 481. Nach Auswertung von 2200 PatientInnen der 'Ärztlichen Lebensmüdenbetreuung Berlin' schlußfolgerte Thomas, daß ein Drittel der Betreuten Neurosen aufwies, wobei nahezu die Hälfte das Bild einer ekklesiogenen Neurose boten. Hierunter fielen solche mit vorwiegend sexueller Symptomatik (Onanieskrupulanten, Homosexuelle, Sadomasochisten, Frigide, Impotente usw.), psychosomatischer Symptomatik (Menstruationsstörungen, Magersucht, Stottern, Verstopfung, Rückenschmerzen usw.), psychischer Symptomatik (Zwangsneurosen, neurotische Depressionen) und Komplikationen (Suizidgefahr usw.). Vgl. THOMAS, K. (1989): Heilendes und krankmachendes Wirken der Kirche, S. 160/161. Vertiefende Literatur: PFEIFER, S. (1993): Neurose und Religiosität. Gibt es einen kausalen Zusammenhang?; LAMPRECHT, F. (1988): Religion, Moral, Neurose; SCHARFETTER, Ch. (1997): Religion, Spiritualität, Mystik in der Perspektive der Psychiatrie.

Einleitende Klärungen

Ziel vorliegender Arbeit ist es nicht, die angeklungenen Fragen endgültig zu beantworten. Vieles wird bewußt offen bleiben. Entscheidend ist jedoch, daß die Thematik im Horizont dieser Fragen angegangen wird. Nur so läßt sich vermeiden, daß sie als ein Versuch verstanden wird, ein säkulares Arbeitsfeld aus missionarischen oder berufspolitischen Gründen für die Kirchen und ihre VertreterInnen mit systemstabilisierender Absicht sichern zu wollen!

Hinter der zunächst vage erscheinenden Bezeichnung *'kritische Reflexionen zu'* ohne anschließenden Artikel steckt der wissenschaftstheoretische Anspruch dieses Buches. Die Formulierung soll eine plurale Zugangsweise zum Thema eröffnen, indem nicht eine Theorie und Praxis besprochen und behauptet, sondern deren Vielfalt und Verschiedenheit hervorgehoben werden. Basis für dieses Vorgehen ist ein Wissenschaftsverständnis, das sich v.a. von wissenschaftstheoretischen Grundpositionen des Positivismus absetzt.[10] Angestrebt werden keine Wahrheitskonstruktionen, die sich nur in linear kausaler Logik darstellen und objektiv verifizieren oder falsifizieren lassen. Vielmehr wird auf ein unabgeschlossenes, dynamisches und regelkreisartiges Wahrheitsverständnis Bezug genommen, das in konstruktivistischen, 'anarchistischen', postmodernen und system-kybernetischen Wissenschaftstheorien grundgelegt ist.[11] Wahrheit läßt sich demnach im situativen Alltagskontext subjektiv 'be-währen' und intersubjektiv 'be-wahrheiten', bis bessere und adäquatere Theorien neue Wahrheitskonstruktionen für die eigene Person zulassen. Dies bedeutet für vorliegende Arbeit: Es handelt sich um eine subjekive Rekonstruktion von Wirklichkeit, meine biographisch bedingte und begrenzte Wirklichkeit. Weder Teilaspekte noch die Gesamtarbeit werden als endgültig oder ausschließlich gültig proklamiert.[12] Nicht Reduzierung von Pluralität und Komplexität, sondern deren Erhellung und Sicherung ist somit Ziel der Arbeit. Diese Herangehensweise schließt nicht aus, daß die Verfasserin selbst spezifische Positionen vertritt, die in der thematischen Zentrierung explizit erkennbar sein werden. Unbeeinflußt hiervon sollen LeserInnen jedoch die Möglichkeit erhalten, sich mit einer Vielzahl von Denk - und Praxisformen auseinanderzusetzen, sich in den dynamischen Prozeß der Wahrheitsfindung einzulassen, Bewahrheitungen in ihrem Alltag zu erproben und intersubjektiv, d.h. auch durch Rückmeldungen zu dieser Arbeit, Erkenntnis voranzutreiben.

---

10 Vgl. PEUKERT, H. (1978): Wissenschaftstheorie, Handlungstheorie, Fundamentale Theologie, Teil II.

11 Vorliegende Arbeit basiert erkenntistheoretisch auf den Ergebnissen des 'Konstruktivisten' WATZLAWICK, P.: Wie wirklich ist die Wirklichkeit? 19. Aufl. Mchn., Piper, 1994; des 'anarchistischen' Wissenschaftstheoretikers FEYERABEND, P.: Über Erkenntnis. Ffm., Campus, 1992; der 'autopoetischen' Systemtheoretiker MATURANA, H. u. F. VARELA: Der Baum der Erkenntnis. Bern, Scherz, 1987; des 'kybernetischen' Erkenntnistheoretikers VESTER, F.: Neuland des Denkens. Stgt., DVA, 1980; des 'Chaostheoretikers' PEITGEN, H.: Chaos. Bln., Springer, 1994; des 'postmodernen' Theoretikers LYOTARD, J.F.: Das postmoderne Wissen. Graz/Wien, Böhlau, 1986. Auf nähere Ausführungen muß aus Platzgründen leider verzichtet werden. Der Verfasserin ist durchaus bewußt, daß es sich bei den angeführten wissenschaftstheoretischen Positionen um relativ schillernde und leicht mißzuverstehende Referenzsysteme handelt. Im Laufe der Arbeit werden jedoch deren humanisierende Inhalte zum Vorschein treten.

12 In Anlehnung an Ladenhaufs wissenschaftstheoretischen Aufruf zur Bescheidenheit wird darauf hingewiesen, daß vorliegende Arbeit nur als ein diskussionsoffener Vorschlag zu interpretieren ist: "Unter den Bedingungen der 'entfalteten Moderne' (Karl Gabriel) ist es sehr schwierig, wenn nicht unmöglich geworden, für das kirchlich-pastorale Handeln in Gegenwart und Zukunft auch nur einigermaßen tragfähige Perspektiven zu formulieren... Dabei wird uns klar bewußt bleiben, daß alle heute als brauchbar und plausibel erscheinenden Orientierungen vielleicht schon morgen wieder korrigiert werden müssen. In stürmischen Zeiten der 'Wandelbarkeit aller Verhältnisse' (Franz- Xaver Kaufmann) wird die Navigation zu einer kontinuierlichen Aufgabe. Man kann darauf mit Resignation und Rückzug, aber auch mit belebender Neugierde reagieren." LADENHAUF, K. H. (1995): Ihr werdet Aufatmen finden, S. 36/39.

Einleitende Klärungen

Obwohl beabsichtigt ist, sowohl *'Theorie', 'Praxis' und 'Methodik'* von PsychiatrieseelsorgerInnen zu reflektieren, wird der Schwerpunkt deutlich auf der Theorieebene liegen, weshalb die Darstellung der Seelsorgekonzepte den größten Teil der Arbeit einnehmen wird.

'Aus pastoraltheologischer Perspektive' markiert den theologischen Standort der Arbeit: Nicht aus exegetischer, moralisch-ethischer oder systematisch-dogmatischer, sondern aus praktisch-hermeneutischer Sichtweise heraus soll ein säkulares Arbeitsfeld von TheologInnen analysiert werden. Da gerade die Praktische Theologie Überschneidungen mit anderen Wissenschaftsdisziplinen aufweist, wird durch diesen Bezug methodisch der Weg geebnet, auch Inhalte und Methoden fachfremder Wissenschaften wie die der Psychiatrie, Psychologie, Organisationspsychologie und Soziologie aufzunehmen. Die wissenschaftliche Beschäftigung mit 'Psychiatrieseelsorge' bedeutet für die Verfasserin keine Fluchtbewegung in eine institutionell und theologisch eher unbedeutende Nische. Die Arbeit soll kein schnell zur Seite legbares 'pastoraltheologisches Exotikum' darstellen, sondern gesamttheologischen und kirchenpolitischen Sprengstoff, der in den Ausführungen zur 'kirchenpolitischen Perspektivenweitung' besonders hervorgehoben sein wird, in sich bergen.[13]

Die Hinzufügung *'mit organisationstheoretischem Schwerpunkt'* bringt einen inhaltlichen und methodischen Aspekt zum Ausdruck. Inhaltlich soll signalisiert werden, daß der Schwerpunkt der Arbeit auf der Analyse der organisationalen Dimension seelsorglicher Alltagspraxis liegt, weshalb die Auseinandersetzung mit der Organisation Psychiatrie in ihrer geschichtlichen, gegenwärtigen und zukünftigen Dimension einen großen Teil der Arbeit einnehmen wird. Die organisationstheoretische Schwerpunktsetzung wird sich jedoch auch methodisch bemerkbar machen, indem die Methodik der Gesamtarbeit der Organisationspsychologie entlehnt ist.

Die *erkenntnistheoretischen Zielsetzungen* vorliegender Arbeit lassen sich folgendermaßen zusammenfassen: Der Frage, ob SeelsorgerInnen in der säkularen Institution Psychiatrisches Krankenhaus eine für PatientInnen sinnvolle, persönlich sinnerfüllte, interdisziplinär glaubwürdige und gesamtgesellschaftlich sowie kirchlich erwünschte Tätigkeit ausüben bzw. dies auch künftig tun sollten, wird in Abhängigkeit von den vorgegebenen strukturellen Rahmenbedingungen nachgegangen. Da in der Fachliteratur gerade die strukturelle Dimension der Klinikseelsorge als bisher stark vernachlässigt moniert wird, soll sie in den Mittelpunkt gerückt werden, um eine offensichtlich existierende Forschungslücke zu schließen.[14]

---

13 An dieser These hält die Verfasserin fest, obwohl im 'Handbuch theologischer Grundbegriffe' das Stichwort 'Seelsorge' nicht aufgeführt ist und ihm somit die Bedeutung einer zentralen theologischen Kategorie verwehrt wird. Vgl. NEUES HANDBUCH theologischer Grundbegriffe (1991), Band 5.

14 Frör faßt dies 1980 folgendermaßen zusammen: "Ein Blick in die neuere Literatur zur Seelsorge läßt aber verwundert fragen, warum auch hier das Thema 'Seelsorge und Institution Krankenhaus' kaum reflektiert wird." FRÖR P. (1980): Seelsorge und Institution, S. 15. Zehn Jahre später kommt Klessmann noch immer zu einem ähnlichen Ergebnis: "Über seelsorgliche Beziehungen und ihre Dynamik ist viel gesagt und geschrieben worden; ihre strukturelle Einbindung in einer quasi totalen Institution wie dem Krankenhaus kommt meistens nur am Rande oder am Schluß vor." KLESSMANN, M. (1990): Seelsorge im Krankenhaus, S. 421. Heller postuliert deshalb 1997: „Historisch gesehen steht die Seelsorge im Krankenhaus an der Schwelle zum Dritten Jahrtausend vor der Aufgabe, selbst eine Transformation durchzumachen. Hatte sie sich nach dem Konzil vor allem von einer klerikalen, bettendeckenden, missionarischen Sakramentenspendung wegentwickelt zu einer umfassend ganzheitlichen, dialogisch begleitenden Kommunikation, so steht heute die Verortung der Seelsorge in der Organisation Krankenhaus und in der Organisation Kirche an. Es geht um einen weiteren Übergang von der Sakramentenorientierung zur Gesprächsorientierung, von der Gesprächsorientierung zur Organisationsorientierung." HELLER, A. (1997): Seelsorge, S. 52.

Um dies zu leisten, beabsichtigt die Verfasserin, Bausteine für ein qualitativ neuartiges und zukunftsweisendes psychiatrisches Paradigma, das sich für PatientInnen, MitarbeiterInnen, Angehörige und für die Gesellschaft als menschenfreundlich erweist und eine strukturell reflektierte Beheimatung von SeelsorgerInnen garantiert, zu liefern. Zum anderen zielt sie darauf ab, Wintzers Fragestellung nach „dem Umgang mit unterschiedlichen Seelsorgeverständnissen innerhalb der Seelsorgetheorie"[15] dahingehend zu beantworten, daß sie Konturen eines qualitativ neuartigen und zukunftsweisenden Seelsorgekonzeptes, das sich ebenso durch Menschenfreundlichkeit und interdisziplinäre Glaubwürdigkeit auszeichnet, entwirft. Da beide Vorhaben methodisch in Rekurs auf Axiome der postmodernen Wissenschaftstheorie im Sinne einer radikalen Perspektivenpluralität, in der behutsam und konstruktiv aus allen dargestellten Paradigmen/Konzepten bewahrenswerte Theorieelemente extrahiert und in Konvergenz gebracht werden, angegangen werden, soll bereits auf der Ebene des Theorie-Designs eine Konvergenz von Psychiatrie und Theologie hergestellt werden, die auf praktischer Ebene eine Interdisziplinarität unter realistischer Wahrnehmung organisationaler Vorgaben ermöglicht. Obwohl der Arbeit somit ein utopischer Hauch anhaftet, ist sie durch ihre plurale Grundstruktur dennoch so angelegt, daß sie gerade unter den vorfindbaren Bedingungen als Hilfestellung für die seelsorgliche Praxis herangezogen werden kann.

GRUNDLEGUNGEN
Zum methodischen Konzept

Für die Verfasserin hat sich eine spezifische Methodik als besonders tauglich erwiesen, deren Wahl letztlich auf einem Zufall beruht.[16] Es handelt sich um ein Verfahren aus der Organisationspsychologie, einer Unterdisziplin der Psychologie, die sich mit dem "Erleben und Verhalten von Menschen in Organisationen in ihren unterschiedlichen Rollen als spezifische Funktionsträger"[17] befaßt. Im Unterschied zu soziologischen Systemtheorien und deren mehr formalen Betrachtungsweisen von Organisationen im Sinne der Erfassung von Strukturen und Substrukturen[18] stellt die Organisationspsychologie ein Analyseinstrumentarium zur Erfas-

---

15 WINTZER, F. (1985): Seelsorge, S. IL.

16 Die Methode fiel mir buchstäblich zu: Auf der Suche nach Literatur trat ich auf ein am Boden liegendes Buch, über dessen komischem und mir zunächst nichtssagenden Titel ich relativ erstaunt war: 'Organisationsstruktur, Tätigkeit und Individuum'. Da ich mich in jener Zeit bevorzugt Ablenkungsmanövern hingab, beschloß ich, mich dem merkwürdigen Buch etwas näher zu widmen. Das für mich ungewohnte Spezialvokabular stellte zwar anfangs eine ernsthafte Versuchung zur Beendigung der Lektüre dar, weckte aber auch mein Interesse. Noch in der gleichen Nacht wurde mir klar, daß dieses Buch den lang ersehnten methodischen Schlüssel für meine Dissertation lieferte und mich zu notwendigen Eingrenzungen und Fokussierungen zwang.

17 ROSENSTIEL, L. von (1988): Organisationspsychologie, S. 507. Rosenstiel zeigt an dieser Stelle, daß sich Organisationspsychologie aus der Betriebspsychologie entwickelt hat. Die neue Namensgebung weise darauf hin, daß nicht nur industrielle Betriebe, sondern auch Organisationen wie Schulen, Kirchen und Krankenhäuser Gegenstand der Analyse sind. Als Orientierungshilfe zur Organisationspsychologie empfehlen sich folgende Einleitungskapitel: GREIF, S. (1993): Geschichte der Organisationspsychologie; SCHULER, H. (1993): Lehrbuch der Organisationspsychologie; SCHOLL, W. (1993): Grundkonzepte der Organisation; GEBERT/ROSENSTIEL (1989): Organisationspsychologie; WEINERT, A. (1987): Lehrbuch.

18 Vgl. JAPP, K. (1984): Systemtheorie.

sung der Wechselwirkung zwischen individuellen und hochkomplexen organisationalen Prozessen zur Verfügung. Da die Organisationspsychologie zur Angewandten bzw. Praktischen Psychologie, die sich der Erforschung konkreter Praxisfelder widmet, zählt, bietet sie sich m.E. hervorragend als Partnerin für die Praktische Theologie, die sich ebenfalls um deren Analyse bemüht, an.

Die gewählte Methode fußt auf einer Richtung innerhalb der Organisationspsychologie, die unter dem Begriff Organisationsstruktur-Tätigkeit-Individuum-Ansatz, kurz *OTI–Ansatz*, bekannt ist. Dabei handelt es sich um ein theoretisch detailliert entwickeltes Konzept, das vom Organisationsdiagnostiker Büssing 1992 als Habilitationsschrift veröffentlicht worden ist.[19] Die spezifische Leistung seines Ansatzes liegt darin, daß er komplexe Organisationen im Sinne einer "interdisziplinären Wissenschaft der Organisation"[20] analysierbar gemacht hat, indem er durch die Einführung der Mesoebene 'Tätigkeit' zwischen der Makroebene 'Organisation', die traditionell durch soziologische Analyseverfahren beschrieben wird, und der Mikroebene 'Individuum', die klassisch mit psychologischer Methodik erfaßt wird, vermittelt.[21] Durch eine Analyse der Tätigkeit, verstanden als als Zusammenspiel von Motiv, Handlung und Methode lassen sich v.a. Diskrepanzen zwischen subjektiven Zielvorstellungen und deren Realisierungsmöglichkeiten durch organisationale Vorgaben ermitteln.
Dadurch wird es möglich, subjektive Faktoren wie Anspruchs-, Belastungs- und Zufriedenheitsempfindungen in Abhängigkeit von den organisationalen Bedingungen zu beschreiben, die strukturelle Bedingtheit individueller Tätigkeit in den Blick zu bekommen, Möglichkeiten und Grenzen des Individuums in Organisationen realistischer wahrzunehmen, eine vorschnelle Suche für vermeintliches Versagen oder Nichtkönnen in der Binnenstruktur des Individuums zu suchen. Schließt man sich dem Konzept Büssings an, so ist es m.E. theoretisch möglich, die berufliche Tätigkeit (Seelsorge) eines Individuums (SeelsorgerIn) in einer komplexen Organisation (Psychiatrisches Krankenhaus) durch eine getrennte Analyse der drei Dimensionen Organisation, Tätigkeit und Individuum realistisch zu erfassen und in ihrer Interdependenz aufleuchten zu lassen. Ein Vorteil dieser Methodik liegt darin, daß die Dreidimensionalität eine straffe Strukturierung erfordert, wodurch trotz Datenfülle der rote Faden der Arbeit präsent bleiben kann. Um Mißverständnisse zu vermeiden, soll festgehalten werden: Die Gültigeit des OTI-Ansatzes und seiner Methoden wird vorausgesetzt. Es wird also nicht der Versuch unternommen, Büssings Theorien zu bestätigen. Vielmehr wird seine Behauptung, "daß die Ergebnisse eine beachtliche Aussagekraft auch über den Rahmen der vorliegenden Stichproben hinaus haben werden"[22] ernst genommen und ein Transfer auch auf die Berufsgruppe SeelsorgerInnen angestrebt.

---

19 Vgl. BÜSSING, A. (1992): Organisationsstruktur, Tätigkeit und Individuum.

20 A.a.O., S. 12. Büssings interdisziplinär ausgerichtetes Forschungsinteresse kommt den Grundanliegen vorliegender Arbeit sehr entgegen!

21 "Es kann mit diesen Ergebnissen insgesamt kein Zweifel daran bestehen, daß die Arbeitstätigkeit eine zentrale und vermittelnde Funktion in den systemischen Prozessen von Organisation einnimmt. Diese empirisch belegte systemische Funktion der Arbeitstätigkeit schließt die organisationale Bedingtheit von Verhalten ebenso ein wie das subjektbestimmte Tätigsein und Handeln in Organisationen. Das heißt, die systemische Funktion von Tätigkeit vermag die Leerstellen einer häufig lediglich formalen Betrachtung von Organisationen zu füllen." A.a.O., S. 212.

22 A.a.O., S. 238.

Obwohl der Ansatz Büssings grundsätzlich akzeptiert wird, nimmt die Verfasserin eine *Modifikation* bzw. eine ergänzende Weiterführung des Ansatzes selbst vor: Büssings Reduzierung auf die Analyse gegenwärtiger Organisationsstrukturen wird durch die Einführung ergänzender Dimensionen erweitert: Zum einen durch die Berücksichtigung der geschichtlich-geistesgeschichtlichen Paradigmen, die zur Existenz vorliegender Strukturen geführt haben, weil m.E. erst durch die historische Dimension die Bedeutung und Stabilität dieser Strukturen erfaßt werden können; zum anderen durch die Erfassung der personellen Komplexität innerhalb der Organisation, weil m.E. eine interdisziplinäre Annäherung derartige Kenntnisse fundamental voraussetzt. Der erweiterte OTI-Ansatz bildet somit die *Meta–Methodik* der Arbeit und gibt die formale Gliederungsstruktur vor.[23]

Die *Mikro–Methodik*, d.h. die Methodik, mit der in den einzelnen Kapiteln die Inhalte erarbeitet werden, variiert und wird in den einleitenden Kapiteln offengelegt. Von grundsätzlicher Bedeutung ist, daß implizit die Erfahrungen praktisch tätiger SeelsorgerInnen in die Arbeit eingeflossen sind. Ausführliche Gespräche bestätigten oder korrigierten meine theoretischen Erkenntnisse. Zu berücksichtigen ist hierbei jedoch, daß diese Gespräche nicht im Sinne einer methodisch sauberen empirischen Analyse eingearbeitet wurden. Vielmehr stellen sie den kommunikativen und korrektiven Horizont der Arbeit dar. Deshalb wird nicht explizit auf die Gesprächsergebnisse eingegangen. Auch werden sie nicht im Anhang wiedergegeben. Dies hätte den Rahmen der Arbeit gesprengt! Eine empirische Untersuchung auf Interview-Basis steht auf diesem interdisziplinären Forschungsgebiet als extrem spannende und lohnende Aufgabenstellung noch aus!

FORMALISIERUNGEN
Zu formalen Aspekten

Grundsätzlich gilt, daß in diesem Buch feminine und maskuline *Personenbezeichnungen* möglichst ohne Präferenzen benutzt werden. Deshalb wird der Versuch unternommen, beide Geschlechter in ungewohnten Begriffen wie z.B. 'SeelsorgerIn' oder 'PatientIn' zusammenzufassen.[24] Das *Schriftbild* kann an manchen Stellen relativ unruhige Züge annehmen, weil Eigennamen in Fußnoten prinzipiell mit Großbuchstaben geschrieben werden. Zahlreiche selbsterstellte *Schaubilder*, die in dieser Komplexität in der Literatur nicht zu finden sind, sollen ohne Anspruch auf Vollständigkeit übersichtlich und schnell informieren. Zur verwendeten *Literatur* ist anzumerken: Da sich das Hauptinteresse auf den deutschsprachigen Raum bezieht, wird wenig fremdsprachige Literatur einbezogen. Die Literatur zu den weiten Themen Psychiatrie, Organisationspsychologie und Seelsorge ist nahezu unüberschaubar. Spezifische Literatur zur Psychiatrieseelsorge dagegen ist relativ selten. Zur schnelleren Orientierung wurden drei Literaturlisten angelegt: 1. Spezifische theologische Literatur zum Thema 'Seelsorge im Psychiatrischen Krankenhaus'. 2. Allgemeine theologische Literatur. 3. Sonstige theologie-externe Literatur. Die Literaturlisten umfassen nur Titel, die von der Autorin eingesehen und in die Arbeit integriert wurden. Evangelische und katholische AutorInnen werden zumeist ohne besonderen Hinweis auf ihre Konfessionalität behandelt, wobei evangelische AutorInnen zahlenmäßig überwiegen. Sehr spezielle weiterführende Literatur, die den Rah-

---

23 Da der OTI-Ansatz jedoch keine implizite inhaltlich-ethische Kriteriologie mitliefert, ist die Beschränktheit der Methodenwahl für das Anliegen dieser Arbeit trotz aller Wertschätzung dennoch deutlich markiert!

24 Vgl. hierzu: WEGENER, H. u.a. (Hg.) (1990): Frauen fordern eine gerechte Sprache.

men dieser Arbeit sprengt, wird lediglich vollständig zitiert in den Fußnoten und nicht in den Literaturlisten angegeben. Ursprüngliches Ziel war es, den Umfang der Arbeit möglichst gering zu halten. Es hat sich jedoch gezeigt, daß viele Daten der Verständlichkeit halber nicht geopfert werden konnten, weshalb sie in die *Fußnoten* 'verbannt' wurden. Dadurch nimmt der Anmerkungsapparat viel Platz ein. Die Lektüre gerade dieser Textpassagen ist jedoch besonders empfehlenswert, da sie auf weiterführende Literatur verweisen und den Einstieg in Einzelfragen erleichtern. Die Nummerierung der Fußnoten erfolgt nicht fortlaufend, weil die dadurch entstehenden langen Nummern den Textfluß erheblich stören. Der jeweilige Neubeginn der Fußnotenzählung markiert somit den Beginn eines in sich geschlossenen Abschnittes. Das umfangreiche Buch kann in seinen Hauptteilen unabhängig voneinander gelesen werden. Erst in der *Zusammenschau* jedoch ergibt sich ein umfassendes Bild der Seelsorge im Psychiatrischen Krankenhaus. Das spezifisch *Neue und Problematische* der vorliegenden Arbeit liegt darin, daß nicht ein Teilaspekt bis in alle Verzweigungen hinein bearbeitet wird, sondern kompendienhaft der gesamte Themenkomplex 'Psychiatrieseelsorge' umrissen werden soll, um den LeserInnen Material an die Hand zu geben, damit sie sich eigene Schwerpunkte setzen können. Die Klippen 'oberflächliche Analyse' bzw. 'Verstrickung in Teilaspekte' sollen dabei zwar umschifft werden, stellen jedoch eine unübersehbare Gefahr dar.

SYSTEMATISIERUNGEN
Zum Aufbau des Buches

Einleitende Klärungen informieren über das Interesse am Thema, den Inhalt, das Ziel, das methodologische Konzept, die formalen Aspekte sowie die Gliederung dieses Buches.
Die *Erarbeitung der Thematik entlang dem OTI-Ansatz* stellt das Herzstück dar. Gemäß dieses Ansatzes findet sich eine Untergliederung in drei Kapitel: Kapitel 1 soll zum Verständnis der Organisation Psychiatrisches Krankenhaus beitragen. Hierzu werden zunächst geschichtliche und geistesgeschichtliche Hintergründe im Sinne einer Paradigmengeschichte vergangener, gegenwärtiger und zukünftiger Psychiatrie erläutert. Dabei wird streng zwischen der jeweiligen Theorie, Praxis und institutionellen Verfaßtheit unterschieden. Anschließend werden gegenwärtige Organisationsstrukturen Psychiatrischer Krankenhäuser analysiert. Kapitel 2 befaßt sich mit der Tätigkeit von SeelsorgerInnen in Psychiatrischen Krankenhäusern. Diese wird unter den Stichworten Motiv (Seelsorgekonzepte), Handlung (Alltagspraxis von SeelsorgerInnen) und Operationen (Methoden der Alltagspraxis) erfaßt. Kapitel 3 lenkt das Interesse auf das Individuum Seelsorger/Seelsorgerin. In Blick auf die Belastungsfaktoren, Copingstrategien und Folgewirkungen gelungener bzw. mißlungener Bewältigung wird der Stellung und Bedeutung des Individuums in der Organisation Psychiatrische Klinik nachgegangen und die Abhängigkeiten von Organisation, Tätigkeit und Individuum thematisiert.
Um den Spannungsbogen zu schließen, fokussiert die *thematischen Zentrierung* die bisherigen Ausführungen unter einer gesamtgesellschaftlichen und binnenkirchlichen Perspektivenweitung sowie einer zusammenfassenden Perspektiveneinengung. An dieser Stelle werden die persönliche Positionen der Verfasserin zu Tage treten.
Ein Anhang mit Literaturlisten, Abkürzungsverzeichnis und Schaubildverzeichnis läßt das Buch ausklingen. Da sich Autoren- bzw. Sachregister als zu umfangreich herausgestellt haben, wird auf sie verzichtet.

ERARBEITUNG DER THEMATIK ENTLANG DEM OTI – ANSATZ

„Es gibt keine kontextfreien Tätigkeiten, beispielsweise keine Arbeitstätigkeit ohne Einbindung in soziale Systeme / Organisationen bis hin zum Markt (...) Arbeitstätigkeiten sind stets organisationalen Kontexten dinglicher und ideeller Art untergeordnet."

HACKER, W.:
Organisationale Arbeitsgestaltung, aktionale Organisationsgestaltung –
zwei Seiten einer Münze. Manuskript, 1991, in:
BÜSSING, A.: Organisationsstruktur, Tätigkeit und Individuum.
Bern, Huber, 1992, S. 258.

KAPITEL 1
ZUR ORGANISATION
PSYCHIATRISCHER KRANKENHÄUSER

I. Wissenschaftstheoretische Vorbemerkungen

Folgt man der These des Organisationstheoretikers Hacker, die diesem Kapitel vorangestellt worden ist, so gilt es anzuerkennen, daß es keine kontextfreien Tätigkeiten gibt. SeelsorgerInnen, deren Arbeit im konkreten Kontext der Psychiatrischen Klinik lokalisiert ist, sind somit in ihrer Alltagsarbeit permanent in organisationale Parameter dinglicher und ideeller Art verwoben. In einem methodischen Dreischritt wird im Folgenden dieser Kontext beschrieben.

Unter dem Stichwort *geschichtliche und geistesgeschichtliche Hintergründe* wird entgegen der zunächst anklingenden Erwartung keine Reduzierung auf die Geschichte der Institution Psychiatrisches Krankenhaus vorgenommen. Vielmehr erfolgt eine radikale Weitung im Sinne einer kritischen Aufarbeitung der geschichtlichen und geistesgeschichtlichen Hintergründe deutscher Psychiatrie. Nach Ansicht der Verfasserin ist die Analyse der nur 200-jährigen Geschichte der Wissenschaft Psychiatrie und ihrer Institutionen aus einem doppelten Grunde unabdingbar: Zum einen, weil dieses Wissen für SeelsorgerInnen, die in der Psychiatrieseelsorge tätig sind, Basisvoraussetzung dafür ist, die Organisation, in der sie arbeiten, auch nur annähernd zu verstehen und Wandelbares von Unwandelbarem unterscheiden zu können. Zum anderen, weil dieses Wissen auf der theoretischen Ebene dazu beiträgt, Bewahrenswertes aus der Vergangenheit der Psychiatrie in die Zukunft zu retten, um Konturen eines künftigen psychiatrischen Paradigmas aufzuzeigen, das auch dem Wirken von SeelsorgerInnen strukturellen Raum verschaffen könnte.

Soll eine Geschichtsanalyse erfolgen, muß in Rekurs auf Krisor jedoch eingeräumt werden, daß die "Aufarbeitung der Geschichte der Psychiatrie noch weitgehend aussteht".[1] Gemäß Blasius werde zwar in Bezug auf das 18. u. 19. Jhdt. viel geforscht, das 20. Jhdt. aber sei "zu großen Teilen noch immer ein dunkles Loch in der Psychiatriegeschichte."[2] Jetter, der als Spezialist für die Entstehung und Entwicklung des psychiatrischen Krankenhauswesens gilt, wies bereits 1971 darauf hin, daß es keine zusammenfassende Darstellung der Geschichte der Irrenanstalten gibt, und wissenschaftliche Vorstellungen vom geschichtlich Gewordenen oft schematisch, klischeehaft und somit unzulänglich sind.[3] Das geschichtsanalytische Kapitel

---

[1] KRISOR, M. (1992): Auf dem Weg zur gewaltfreien Psychiatrie, S. 32.

[2] BLASIUS, D. (1994): Einfache Seelenstörung, S. 11.

[3] Vgl. JETTER, D. (1971): Zur Typologie des Irrenhauses, S. 5. Obwohl die Literatur zum geschichtlichen Themenkomplex immer unüberschaubarer wird, treffen Jetters Analysen psychiatrischer Literatur gemäß des Kenntnisstandes der Verfasserin Ende der 90er Jahre leider noch immer zu, da in den meisten Veröffentlichungen eine Offenlegung des methodischen und erkenntnistheoretischen Interesses am geschichtlichen Thema nicht mitgeliefert wird. Desweiteren fällt auf, daß Detailanalysen weitaus häufiger als epochenübergreifende Untersuchungen anzutreffen sind.
Epochenübergreifende Literatur zur Psychiatriegeschichte: BLASIUS, D. (1994): Einfache Seelenstörung; BOROFFKA, A. (1992): Geschichte der Psychiatrie von 1945 bis heute; MORA, G. (1990): Historische

kann demnach als ein Versuch verstanden werden, die bisher nicht restlos aufgearbeitete Psychiatriegeschichte dennoch zusammenhängend und kritisch darzustellen. Dabei gilt es vorweg zu definieren, nach welchen Kriterien die historischen Fakten erschlossen, bewertet und für gegenwärtiges sowie künftiges Handeln fruchtbar gemacht werden sollen, da der Zugang zur Geschichte bereits den Schlüssel für die Auswahl und Interpretation bereitstellt. In der Literatur lassen sich hauptsächlich drei hermeneutische Zugänge herauskristallisieren:

Im *traditionell-konventionellen Zugang* wird Psychiatriegeschichte in Analogie zur Medizingeschichte erarbeitet. In apologetischer Grundintention werden Fakten in einem linearen Entfaltungsprozeß aufgezählt und das Erreichte jeweils als Fortschritt hin zu größerem Wissen und mehr Humanität in der Versorgung Erkrankter gewertet.

Im *sozialgeschichtlichen Zugang* dagegen werden Fakten unter der Kriteriologie des jeweiligen gesellschaftspolitischen Kontextes kritisch analysiert. Das erkenntnisleitende Interesse liegt somit nicht primär in der Verteidigung der Gegenwart, sondern in der Aufarbeitung der hintergründigen Entstehungs- und Entwicklungsbedingungen der Psychiatrie, wobei besonders das Zusammenspiel politischer und öffentlicher Interessen Berücksichtigung findet. Erst diese Sichtweise machte es möglich, die gegenwärtige strukturell-organisatorische Verfaßtheit der Psychiatrie in Abhängigkeit vom Zeitgeschehen zu erfassen.[4]

Im *wissenschaftstheoretischen Zugang* liegt m.E. ein noch umfassenderes Instrumentarium der Geschichtsanalyse vor, weil durch die Erfassung psychiatrischer Paradigmen revolutionäre epochale Veränderungen verständlich werden. Weil in der paradigmatischen Hermeneutik das erkenntnisleitende Interesse nicht in der Wahrnehmung des Vergangenen und Gegenwärtigen verharrt, sondern immer die künftige Entwicklung im Blick hat, wird sie der vorliegenden Geschichtsanalyse als methodischer Zugang zugrunde gelegt. Paradigmenwechsel treten nach Kuhn immer dann auf, wenn neue Forschungsergebnisse oder Einsichten nicht mehr unter das gängige Wissen einer Forschungsgemeinschaft subsumierbar sind, sondern eine grundlegende Transformation bisheriger Theorie und Praxis bewirken.[5]

---

und theoretische Richtungen in der Psychiatrie; TRENCKMANN, U. (1988): Mit Leib und Seele. Ein Wegweiser durch die Konzepte der Psychiatrie; SIEMEN, H. (1987): Menschen blieben auf der Strecke. Psychiatrie zwischen Reform und Nationalsozialismus; HERZOG, G. (1982): Krankheits-Urteile. Logik und Geschichte im Konzept der endogenen Psychosen; HAENEL, Th. (1982): Zur Geschichte der Psychiatrie; TÖLLE, R. (1980): Die Entwicklung der deutschen Psychiatrie im 20. Jhdt; CASTEL, R. (1979): Die psychiatrische Ordnung; KÖHLER, E. (1977): Arme und Irre; GÜSE/SCHMACKE (1976): Psychiatrie zwischen bürgerlicher Revolution und Faschismus; FOUCAULT, M. (1973): Wahnsinn und Gesellschaft; DÖRNER, K. (1969): Bürger und Irre; ACKERKNECHT, E. (1967): Kurze Geschichte der Psychiatrie.

4   Als Protagonisten des sozialgeschichtlichen Zugriffs auf Psychiatriegeschichte gelten M. Foucault u. K. Dörner. Vgl. BLASIUS, D. (1994): Einfache Seelenstörung, S. 9.

5   Paradigma wird hier verwendet in der Bedeutung, die Th. S. Kuhn diesem Begriff innerhalb der Wissenschaftstheorie beigemessen hat: "Ein Paradigma ist das, was den Mitgliedern einer wissenschaftlichen Gemeinschaft gemeinsam ist, und umgekehrt besteht eine wissenschaftliche Gemeinschaft aus Menschen, die ein Paradigma teilen." (S.187) "Menschen, deren Forschung auf gemeinsamen Paradigmata beruht, sind denselben Regeln und Normen für die wissenschaftliche Praxis verbunden. Diese Bindung und die offenbare Übereinstimmung, die sie hervorruft, sind Voraussetzung für eine normale Wissenschaft, d.h. für die Entstehung und Fortdauer einer bestimmten Forschungstradition... Die Erwerbung eines Paradigmas... ist ein Zeichen der Reife in der Entwicklung jedes besonderen wissenschaftlichen Fachgebiets." (S. 26). KUHN, Th. S. (1978): Die Struktur wissenschaftlicher Revolutionen. Prägnant faßt Halfmann Kuhn zusammen: "Kuhn versteht unter einem Paradigma eine modellhafte Lösung für ein wissenschaftliches Problem, die zum Ursprung einer kollektiven Forschungstradition wird. Ein Paradigma ist nicht nur eine vorbildhafte Erklärung, es ist auch eine Überzeugung, in der sich ausdrückt, wie Wissenschaftler die Welt ihres Forschungsgegenstandes sehen." HALFMANN, J. (1984): Paradigma, S. 424.

Derartige paradigmatische Wandlungen sind innerhalb der Psychiatriegeschichte feststellbar und zeigen sich am Wechsel des Attributes vor dem Terminus Psychiatrie. In vorliegender Arbeit wird in Anlehnung an Dörner und Trenckmann sowie auf der Basis eigener Schlußfolgerungen ein Wechsel folgender Paradigmen behauptet:[6] Naturphilosophisch-Religiöse Psychiatrie, Naturwissenschaftlich-Medizinische Psychiatrie, Neuroanatomische Psychiatrie, Klinische Psychiatrie, Erbbiologische Psychiatrie, Daseinsanalytisch-Anthropologische Psychiatrie, Antipsychiatrie, Sozialpsychiatrie und Biologische Psychiatrie. Mit dem Terminus Öko-Systemische Psychiatrie soll ein künftiger Paradigmenwechsel markiert werden. Desweiteren stellt die Verfasserin die Behauptung auf, daß sich innerhalb der Psychiatriegeschichte drei Typen der Paradigmenbildung erkennen lassen: 1. Das Ausschließlichkeitsparadigma als spezifisches Kennzeichen vergangener Psychiatrie, wobei ein Paradigma ausschließlich und zunächst unangefochten die Psychiatrielandschaft dominierte. 2. Das Koexistenzparadigma als spezifisches Kennzeichen gegenwärtiger Psychiatrie, wobei zwei Paradigmen mit jeweiligem Ausschließlichkeitsanspruch, den sie jedoch nicht gegeneinander durchsetzen können, nebeneinander existieren, wobei alle sonstigen paradigmatischen Möglichkeiten unterdrückt werden. 3. Das plural fundierte Heterogenitätsparadigma, das von der Verfasserin als spezifisches Kennzeichen künftiger Psychiatrie eingeführt wird.

Als Untermethode der paradigmatischen Zugangsweise wird eine analytische Dreiteilung gewählt, wodurch der zunächst abstrakte Terminus Paradigma unter den Stichworten Theorie, Praxis und Organisation konkretisiert wird. Der Zusammenhang von gültigen Wissenschaftsmaximen, daraus folgender Alltagspraxis und den entsprechenden Organisationsstrukturen soll zunächst getrennt analysiert werden, um in der Entflechtung Interdependenzen wahrnehmen zu können. Dabei wird sich zeigen, daß Theorie, Praxis und Organisation einerseits engstens miteinander verknüpft, andererseits jedoch auch erstaunlich unabhängig voneinander existierten, wobei sich der Umgang mit psychisch Kranken als wechselvoll und widersprüchlich darstellt, weil Phasen der Hilflosigkeit bzw. der Anwendung inhumaner Praktiken sich mit Phasen humanitärer Reformen abwechselten und sogar ineinander verschränkten.[7]

Um den geschichtlichen Wandel der *theoretischen Fundierung* wissenschaftlicher Psychiatrie effizient erfassen zu können, braucht es eine Leitlinie, die einen epochenübergreifenden Vergleich ermöglicht. Hierfür bietet sich das Krankheitskonzept an. Da die Vorstellung darüber, wie psychische Erkrankung zu definieren ist, als Spiegelbild der Denk- und Lebensgewohnheiten einer Geschichtsepoche verstanden werden kann, wird deutlich, daß psychiatrische Theorien stets in einem Koordinaten-und Spannungsfeld von Individuum und Gesellschaft

---

6   Den Begriff Paradigma brachte DÖRNER bereits 1969 in seinem Buch 'Bürger und Irre' in die psychiatrische Diskussion ein, wobei er jedoch keine systematische Aufarbeitung der Paradigmengeschichte der Psychiatrie lieferte. Ansatzweise versuchte dies erst TRENCKMANN in seinem 1988 erschienenen Buch 'Mit Leib und Seele'. Trenckmann selbst nimmt jedoch seinen wissenschaftstheoretischen Vorstoß teilweise wieder zurück, indem er der Psychiatrie nur einen "praeparadigmatischen" (S. 15) Status einräumt, wodurch sich eine Paradigmengeschichte letztlich erübrigt.

7   Trenckmann kommt daher zu folgendem Ergebnis: "Die Verwerfung eines alten Konzeptes und die Etablierung einer neuen theoretischen Sichtweise erfolgte in aller Regel nicht, weil die neue Theorie eine jeweils neue, effektivere Heilpraxis mit sich brachte.... Neue Theorien mußten sich offenbar in der Psychiatrie nicht in erster Linie an einer effektiveren Heil- und Behandlungspraxis beweisen". TRENCKMANN, U. (1988): Mit Leib und Seele, S. 40. Ebenso historisch belegt ist jedoch auch die Schlußfolgerung Bauers, "daß mindestens ebensoviele praktische Verbesserungen, die sehr unmittelbar vielen Patienten zugute kamen, ohne explizite Theorie auskamen, bzw. daß die theoretischen Begründungen nachgereicht wurden, nachdem sich schon längst eine andere Praxis etabliert hatte." BAUER, M. (1980): Das Verhältnis, S. 67.

Vorbemerkungen zur Organisation

sowie heilkundlichem und gesellschaftspolitischem System erworben und verteidigt werden. Die Erhellung dieser Hintergründe ist demnach keine zusätzliche Spielerei, sondern essentieller Bestandteil einer paradigmatischen Geschichtsanalyse, die nicht auf ein unpolitisches ideengeschichtliches Forschungsfeld ausweichen will. Um den Wandel psychiatrischer *Therapeutik* nachvollziehen zu können, bedarf einer komprimierten und kritischen Darstellung der Vielfalt psychiatrischer Heilmethoden. Zur Erfassung des geschichtlichen Wandels psychiatrischer *Institutionen* gilt es, einerseits die Entstehung der organisationalen Vielfalt beschreibend deutlich zu machen und andererseits die Analyse auf stationäre Einrichtungen zu konzentrieren, da sich diese Organisationsform als die historisch stabilste erwiesen hat und als konkretes Arbeitsfeld von TheologInnen im Zentrum des Interesses steht. Bereits die Kenntnis der Umbenennungen stationärer psychiatrischer Institutionen im Laufe der Geschichte läßt erahnen, welch gravierende strukturelle Veränderungen stattgefunden haben. Schaubild 1 soll dies verdeutlichen:

Schaubild 1:

Titulierungswechsel stationärer psychiatrischer Einrichtungen

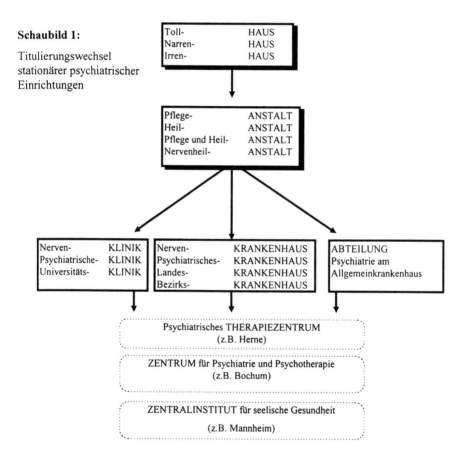

Aus Platzgründen werden im geschichtlichen Teil nur Paradigmen besprochen, die bedeutsame Auswirkungen hatten bzw. künftig haben könnten.[8] Da die Paradigmen unterschiedliche historische Bedeutung erlangten, wird auch der Umfang der Darstellung voneinander abweichen. Unter dem Stichwort *'Psychiatrie der Vergangenheit'* werden Paradigmen vorgestellt, die zwar der Geschichte angehören, aber dennoch enorme Folgewirkungen für die Gegenwart und Zukunft haben. Obwohl das antipsychiatrische Paradigma in Deutschland keine flächendeckende Bedeutung erlangen konnte, wird es dennoch besprochen, weil es die Psychiatriereform der 70er Jahre entscheidend beeinflußt hat und in immer neuem Gewand untergründig auch gegenwärtig wirkt. Besondere Betonung soll auf dem erbbiologischen Paradigma liegen. Dies aus mehreren Gründen:
1. Die Geschichtsepoche des Nationalsozialismus wird in der kritischen Literatur als eine der schönsten Zeiten der Psychiatrie gewertet: "Das Dritte Reich wird in der historischen Aufarbeitung als Zeit der Unterdrückung dargestellt, in der sich die Psychiatrie der Gewalt beugen mußte und sich einige 'Standesvertreter' mißbrauchen ließen. Dies ist eine Geschichtslüge. Das Dritte Reich war die schönste Zeit der Psychiatrie. Niemals zuvor und niemals danach hatten Psychiater so viel Macht wie unter den Nazis. Ohne Hemmungen diffamierten sie ihr Klientel. Es waren nicht irgendwelche durch die NSDAP gepuschte Nazi-Ärzte, sondern angesehene Anstaltsleiter und Ordinarien samt ihren Schülern."[9] 2. Die wissenschaftliche Aufarbeitung der politischen Verstrickungen der Psychiatrie während des Nationalsozialismus wurde jahrzehntelang vernachlässigt, obwohl gerade in dieser Epoche neuralgische Punkte auch für das gegenwärtige Selbst- und Fremdbild der Psychiatrie verankert sind.[10] 3. Abwertende und ideologisch radikalisierte Haltungen gegenüber psychisch Erkrankten gilt es, bereits in den Anfängen zu erkennen und abzuwehren. Dies trifft m.E. für alle MitarbeiterInnen im System Psychiatrie zu, da sie unleugbar in der Traditionslinie der Anstaltspsychiatrie stehen: "Der absolute Tiefpunkt der Anstaltsgeschichte war die massenhafte Ermordung psychisch Kranker und geistig Behinderter als "lebensunwertes Leben" im Dritten Reich. Die damit zum

---

8 Paradigmen, die sicherlich diskussionswürdig sind, aber keine flächendeckende Ausbreitung erfuhren, können nicht berücksichtigt werden.

9 KLEE, E. (1993): Irrsinn Ost Irrsinn West, S. 199. Die Mehrzahl der Psychiater, die aktiv die Ermordung der ihnen anvertrauten Patienten betrieben, wurde nach 1945 nicht zur Rechenschaft gezogen. Sie praktizierten weiter, deckten sich gegenseitig, stiegen in der Karriereleiter nach oben und gaben ihre Werte an die nächste Medizinergeneration weiter! Hierzu ein besonders eklatantes Beispiel: Werner Heyde, der eine leitende Funktion in der "Euthanasie- Aktion" innehatte, konnte 1947 aus der Untersuchungshaft entfliehen. Obwohl er steckbrieflich gesucht wurde, war es ihm möglich, unter dem Namen SAWADE weiterzupraktizieren. Breggin schreibt über ihn: "Er war erneut eine herausragende Figur geworden und seine wirkliche Identität war Dutzenden von Berufskollegen, Politikern und Laien bekannt... aber niemand verhaftete ihn. Eine seiner neuen Aufgaben im staatlichen Versicherungsbüro war die Beurteilung der Gültigkeit von Anträgen, die von Überlebenden der Konzentrationslager und psychiatrischer Kliniken gestellt wurden." BREGGIN, P. (1980): Psychiatrie im Faschismus, S. 189.

10 Eine umfassende Information zur wissenschaftlichen Aufarbeitung der Rolle der Psychiatrie im Dritten Reich findet sich in einer Bibliographie Becks aus dem Jahre 1992. Das Besondere dieser Bibliographie liegt in der Gegenüberstellung von Literatur bezüglich des Umgangs mit psychisch Kranken in der Zeit des Nationalsozialismus und in der Gegenwart. Vgl. BECK, Ch. (1992): Sozialdarwinismus und Rassenhygiene, Zwangssterilisation und Vernichtung 'lebensunwerten Lebens'. Eine Bibliographie zum Umgang mit behinderten Menschen im 'Dritten Reich' und heute.

Ausdruck kommende gesellschaftliche Entwertung färbte auf die mit der Betreuung dieser Personengruppe befaßten Institutionen dauerhaft ab."[11]

Unter dem Stichwort *'Psychiatrie der Gegenwart'* wird die Psychiatrie Ende des 20. Jhdts. sowohl in ihrer bunten Vielfalt als auch in ihren dominanten Ausprägungen im Sinne der Koexistenz der Biologischen Psychiatrie und Sozialpsychiatrie dargestellt und besprochen.

Mit dem Ausdruck *'Psychiatrie der Zukunft'* soll paradigmatisches Neuland betreten werden, weil es sich um ein noch skizzenhaftes und assoziatives Nachspüren relativ utopischer, aber gegenwärtig durchaus ernsthaft und kontrovers diskutierter Visionen handelt. Als eigenen Zukunftsentwurf wird die Verfasserin ein Konvergenzparadigma entwickeln, das wissenschaftstheoretisch auf Axiomen der Postmoderne gründet und in Form der Öko-Systemischen Psychiatrie, die zwar von vielen ForscherInnen nicht explizit in Rekurs auf postmodernes Gedankengut diskutiert wird, neben konventionellen Zukunftsperspektiven als Modell mit Realisierungspotenz vorstellen. Zusammengefasst wird sich diesbezüglich herausstellen, daß die Öko-Systemische Psychiatrie zu radikalen theoretischen und praktischen Veränderungen führen würde, die auch das Psychiatrische Krankenhaus massiven Veränderungen unterzögen.

Schaubild 2 auf der nächsten Seite soll zusammenfassend über den geschichtlichen Wandel deutscher Psychiatrie informieren.[12]

---

11 KUNZE, H. (1990): Funktionswandel psychiatrischer Krankenhäuser, S. 44.

12 Die einzelnen Paradigmen der Psychiatriegeschichte sind im *Schaubild* durch eckige Kästchen gekennzeichnet, wobei jeweils grobe Zeit- und Personenangaben hinzugefügt sind. Bewahrenswerte Inhalte einzelner Paradigmen konvergieren im perspektivenkonvergenten Paradigma am unteren Seitenende (im Schaubild durch Längspfeile markiert). Inhalte, die aus der Konvergenz ausgeschlossen sind, werden durch einen dicken Querbalken gekennzeichnet.

Vorbemerkungen zur Organisation

Schaubild 2: Paradigmatischer Wandel deutscher Psychiatrie

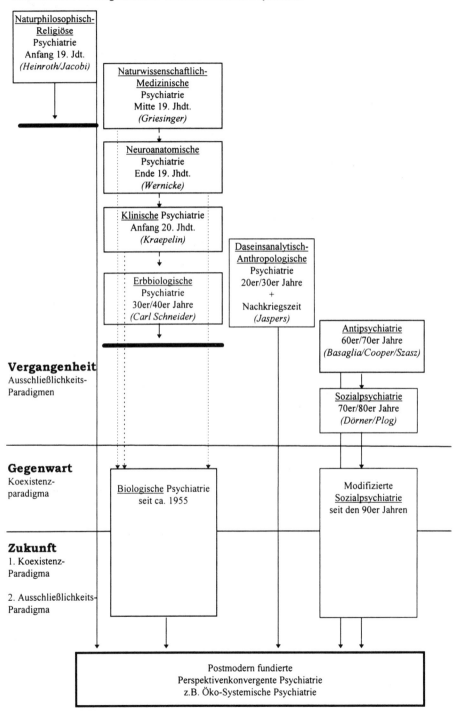

Vorbemerkungen zur Organisation

Obwohl im geschichtlich-geistesgeschichtlichen Kapitel zur Psychiatrie der Gegenwart bereits viele strukturelle Aspekte zeitgenössischer Psychiatrie erläutert werden, sollen die *'strukturell-organisatorischen Hintergründe'* Psychiatrischer Kliniken als konkrete Arbeitsplätze von TheologInnen in einem gesonderten Abschnitt herausgearbeitet werden.

Hierzu werden zwei unterschiedliche Methoden zum Einsatz kommen: Zunächst werden Fakten zu juristisch-administrativen Aspekten, zur klinikinternen Binnenstrukturierungsvarianz sowie zur personellen Komplexität der Häuser zusammengetragen. Dies geschieht in Rückgriff auf diesbezüglich existierende Literatur sowie auf persönliche Erfahrungen der Verfasserin in ihrer Tätigkeit als Ärztin in dieser Organisation. Zur Veranschaulichung und Wahrung der Übersicht wird in diesen Abschnitten vermehrt mit Schaubildern gearbeitet werden. Im zweiten Abschnitt der strukturellen Überlegungen soll daraufhin die Organisation Psychiatrische Klinik mit organisationspsychologischem Werkzeug näher analysiert werden. Hierzu muß zunächst das Instrumentarium zur wissenschaftlichen Erfassung von Organisationen bereitgestellt werden, um anschließend Psychiatrische Krankenhäuser auf ihre Grundstrukturen untersuchen und schließlich miteinander vergleichen zu können. Da dies auf einem relativ abstrakten Niveau geschieht und für LeserInnen evtl. weniger interessant ist, kann dieser Teil auch übersprungen werden, ohne dabei Gefahr zu laufen, dem folgenden Abschnitt zum Vergleich Psychiatrischer Klinken nicht folgen zu können. Dieser baut zwar auf den theoretischen Vorüberlegungen auf, ist aber so verfaßt, daß er auch isoliert gelesen werden kann.

II. Geschichtliche und geistesgeschichtliche Hintergründe

> "Der absolute Tiefpunkt der Anstaltsgeschichte war die massenhafte Ermordung psychisch Kranker und geistig Behinderter als 'lebensunwertes Leben' im Dritten Reich. Die damit zum Ausdruck kommende gesellschaftliche Entwertung färbte auf die mit der Betreuung dieser Personengruppe befaßten Institutionen dauerhaft ab."
>
> Kunze, Heinrich (1990):
> Funktionswandel psychiatrischer Krankenhäuser, S. 44

1. Psychiatrie der Vergangenheit

1.1. Naturphilosophisch - Religiöse Psychiatrie
1.1.1. Theoretische Fundierung

In der modernen Geschichtsschreibung wird die Errichtung eigenständiger Irrenanstalten unter ärztlicher Regie in der Zeit um 1800 als Geburtsstunde der Psychiatrie bezeichnet.[1] Das 1803 von Reil veröffentlichte Buch 'Rapsodien über die Anwendung der psychischen Curmethode auf Geisteszerrüttungen', in dem erstmals der Terminus 'Psychiatrie' eingeführt wurde, kann wissenschaftstheoretisch als erstes Grundlagenwerk der neuen Wissenschaftsdisziplin in Deutschland gewertet werden.[2]

Allerdings zeigte sich bereits in der Entstehungsphase, daß die wissenschaftliche Fundierung auf divergierenden Theorien beruhte. Von Anfang an existierten zwei Forschungsrichtungen, deren Vertreter entweder mehr an leiblichen (Somatiker) oder mehr an seelischen (Psychiker) Vorgängen interessiert waren, wobei sich jedoch alle in einem Punkt trafen: Die Protagonisten der neuen Theorien waren neben ärztlicher v.a. theologischer, philosophischer und poetischer Herkunft, weshalb sie in der Regel nicht auf alltagspraktische Erfahrungen mit Geisteskranken zurückgreifen konnten. Deshalb werden ihre theoretischen Konzeptionen in der Retroperspektive mit den Attributen romantisch, spekulativ, naturphilosophisch, metaphysisch, moralisch, mystifizierend, pädagogisch und religiös versehen.[3] Die Grundaxiome ihres Krankheitsverständnisses basierten demnach v.a. auf spekulativen und philosophisch-religiös motivierten Hypothesen, die sie aus und in bewußter Abgrenzung zur allgemeinen medizinischen Wissenschaft der damaligen Zeit entwickelten. Dementsprechend konzentrierten sich die ersten Psychiater auf die Erfassung und Beschreibung von 'Krankheitsprinzipien', d.h. dem 'Krank-Sein' an sich und nicht den Krankheiten oder den kranken Menschen als solchen.[4] Äußere Faktoren wie soziale oder gesellschaftspolitische Zusammenhänge im Entstehungs- und Entwicklungsprozeß von psychischen Krankheiten konnten in dieser rein intraindividuellen

---

1   Vgl. SCHOTT, H. (1990): Heilkonzepte um 1800, S. 17.

2   Nach Dörner sind in diesem Werk die entscheidenden Ansätze eines ersten psychiatrischen Paradigmas enthalten, das bis Mitte des 19. Jhdts. Gültigkeit besitzen sollte. Vgl. DÖRNER, K. (1969): Bürger, S. 259.

3   Vgl. TRENCKMANN, U. (1987): Mit Leib und Seele, S. 65 ff.

4   Vgl. ACKERKNECHT, E. (1967): Kurze Geschichte der Psychiatrie, S. 59/60.

Sichtweise, in der die Schuld für die Erkrankung bei den Erkrankten selbst vermutet wurde, keinen Platz finden. Um die Bandbreite der damaligen Denkkategorien etwas zu erhellen, soll auf einige Unterschiede im Krankheitsverständnis hingewiesen werden:

Religiös motivierte Psychiker wie Heinroth definierten Geisteskrankheiten als reine Seelenkrankheiten, die auf Grund sündigen Verhaltens quasi als eine Gottesstrafe von außen über den Menschen verhängt worden sind, wodurch dieser seine Willensfreiheit und Handlungskontrolle verloren hat. Da gemäß dieser Version primär die Seele erkrankt ist, galt es, diese durch eine Prozedur der religiösen Umkehr zu beeinflussen, um eine Heilung zu erreichen. Ähnlichkeiten zu mittelalterlichen Besessenheits-Ideologien sind hierbei kaum zu übersehen.[5] Psychiker wie Ideler dagegen, die mehr ethisch als religiös ausgerichtet waren und ihre Theorien der bürgerlichen Aufklärungsideologie entlehnten, stellten sich Seelenkrankheiten als Zustände vor, die durch maßlose Leidenschaften und die Leugnung von Vernunft und Moral hervorgerufen sind. Daher mußte der Erkrankte in einen Zustand moralischen und vernünftigen Verhaltens gebracht werden.[6] Das Krankheitsmodell der Somatiker dagegen wird besonders in Jacobis 1830 veröffentlichtem Buchtitel 'Beobachtungen über die Pathologie und Therapie der mit Irresein verbundenen Krankheiten' sichtbar: Erscheinungen des Wahnsinns wurden von ihm als Folgen körperlicher Erkrankungen, die dementsprechend primär körperlich zu therapieren sind, gedeutet. Diese relativ modern anmutende Hypothese beruhte jedoch nicht auf empirisch gewonnenen Einsichten bzw. dem Nachweis körperlicher Ursachen psychischer Erkrankungen. Vielmehr stellte sie die notwendige Schlußfolgerung der spekulativen Annahme dar, daß die Seele auf Grund ihres göttlichen Ursprungs als solche nicht erkranken kann, sondern nur sekundär im Rahmen eines körperlichen Krankheitsprozesses mitbetroffen ist.

Bei der Mehrzahl der romantischen Psychiater scheint eine Verbindung naturphilosophischer Theorien mit dezidiert religiösen Sündenlehren vorgeherrscht zu haben.

1.1.2. Therapeutische Praxis

Trotz der paradigmatischen Differenzen zwischen Psychikern und Somatikern können bezüglich der konkreten therapeutischen Praxis kaum Unterschiede festgestellt werden. Da in beiden Richtungen davon ausgegangen wurde, daß 'Irre' für ihren Zustand selbst verantwortlich sind, zielte die Therapie darauf ab, deren Schuldverstrickung mit Hilfe moralisch- ethischer Strategien aufzudecken und sie anschließend mit allen zur Verfügung stehenden medizinischen Mitteln aus diesem Zustand zu befreien.[7] Weil eine derartige Therapiekombination unter dem Stichwort 'moral treatment' bereits Ende des 19. Jhdts. als bewährte Praxisform in England vorlag, mußten die ersten deutschen Psychiater diese nur rezipieren und weiterent-

---

5 Heinroth gehörte der 'Münchner mystisch-reaktionären Schule' an, die sich 'christlich-germanisch' nannte und beabsichtigte, das philosophische Gedankengut des deutschen Idealismus mit ihrem restaurativen theologischen System zu verbinden. Sein 1818 veröffentlichtes 'Lehrbuch der Störungen des Seelenlebens' machte ihn zum maßgeblichen Repräsentanten der Psychiatrie in der Restaurationszeit. 1811 wurde Heinroth auf den ersten deutschen Lehrstuhl für 'Psychische Therapie' an der Leipziger Medizinischen Fakultät berufen. 1828 benannte Heinroth selbst diesen in den ersten 'Lehrstuhl für Psychiatrie' um. Vgl. DÖRNER, K. (1969): Bürger und Irre, S. 309/310; SHEPARD, M. (1985): Psychiater über Psychiatrie, S. 73/74.

6 Vgl. OSINSKI, J. (1990): Geisteskrankheit, S.40.

7 Vgl. SCHOTT, H. (1990): Heilkonzepte um 1800, S. 32; DERS. (1990): Elemente psychiatrischer Therapie zwischen Aufklärung und Romantik, S. 1.

wickeln. Die Bezeichnung 'moral' darf in diesem Kontext jedoch nicht reduktionistisch als rein moralische Behandlung verstanden werden. Vielmehr verkörperte diese Art der Therapie, nach Thom v.a. in der deutschen perfektionierten und radikalisierten Form, die angedeutete paradoxe Verschränkung philosophisch-medizinischer Methodik.[8] Da diese Behandlungsart hauptsächlich vom Gedankengut der französischen Aufklärung inspiriert war, lag ihr ein therapeutischer Optimismus zugrunde. Im folgenden sollen beide Therapieaspekte nacheinander erläutert werden, obwohl sie ineinander übergreifend angewendet wurden:

Die philosophische Komponente drückte sich durch verschiedene Vorgehensweisen aus: Zum einen wurde moralisch-pädagogisch in Form guten Zuredens an die Selbstverantwortlichkeit der vernünftigen Persönlichkeit appelliert. Dabei ging man davon aus, daß bei hinreichender Willensanstrengung Vernunft auch für 'Irre' hinreichend erwerbbar sei und sie dadurch aus dem Status der Unmündigkeit herausführbar sind. Zum anderen wurde auf einen autoritär-pädagogischen Ansatz zurückgegriffen. Dieser besagte, daß durch militärische Disziplinierung und schwere körperliche Arbeit die geistigen Anlagen der Erkrankten geschult und zur Vernunft gebracht werden könnten. Entsprechend der religiösen Komponente wurden die Kranken außerdem in ein System religiöser Unterweisung eingebunden. Neben gemeinsamer Bibellektüre spielten hierbei v.a. moralisierende Predigten eine wichtige Rolle.[9]

Die medizinische Komponente der Therapie beruhte auf dem Transfer damals gängiger Behandlungsmethoden der Allgemeinmedizin in die Psychiatrie.[10] In Kenntnis dieser Sachlage wird klar, daß die heute extrem brutal anmutenden Behandlungsmethoden in der Mehrzahl keine skurrilen Spezialtorturen abartig veranlagter oder hilfloser Psychiater darstellten, sondern dem modernsten wissenschaftlichen Stand jener Zeit entsprachen. Abführende Maßnahmen wie Aderlaß, Hunger, Durst- und Brechkuren sowie Darmentleerungen gehörten dementsprechend ebenso zum alltäglichen Handwerkszeug wie die Setzung massiver äußerer Reize in Form von eiskalten Sturzbädern, Erzeugung von Juckreiz durch gezielte Infizierung mit Krätze oder durch Sitzen in Kübeln mit lebenden Aalen, Auspeitschen, Zwangssitzen, Sitzen im Darwinschen Stuhl sowie die Applikation von glühenden Eisen bzw. Quecksilbersalben

---

8 Vgl. THOM, A. (1984): Erscheinungsformen und Widersprüche, S.30.

9 Nach Dörner habe Ideler jeweils an die 50 Irre versammelt und Predigten an sie gerichtet. Als Erfolg wurde gewertet, wenn wenigstens ein Irrer 'Reue' zeigte. Uneinsichtige wurden anschließend der weltlichen Zwangstherapie unterworfen. Vgl. DÖRNER, K. (1969): Bürger und Irre, S. 326.
In der Aufarbeitung der Geschichte der Psychiatrie in Frankfurt kommt Braun in Blick auf die Rolle von Seelsorge in der Entstehungszeit der Psychiatrie zu Ergebnissen, die zwar nicht für die gesamtdeutsche Situation verallgemeinert werden dürfen, aber dennoch repräsentative Hinweise liefern: Gemäß der Quellenlage läßt sich die Seelsorge im Tollhaus als Vorbeten und Vorlesen von Bibeltexten bis 1645 zurückverfolgen. Weshalb zwischen 1650 und 1750 Seelsorge nicht mehr erwähnt wird, läßt sich nicht rekonstruieren. Eindeutig erkennbar sei jedoch, daß die von Kandidaten der Theologie sowie von bezahlten Pfarrern seit Mitte des 18. Jhdts. ausgeübte Psychiatrieseelsorge, die v.a. Trostspendung, Predigt, Messfeiern aber auch aktive Kooperation bei der körperlichen Bestrafung der Kranken umfaßte, bis 1827 sogar eine größere Bedeutung als die medizinische Versorgung besaß, weil Seelsorger die Kranken öfters aufzusuchen hatten als die Kassenamtsärzte. Nachdem 1827 die Stellen für Theologiekandidaten gestrichen worden waren, verlor die Seelsorge an Bedeutung, wobei Braun schlußfolgert: „Es muß offen bleiben, ob diese Reduzierung der Seelsorge mit der im 19. Jhdt. stärker medizinisch orientierten Psychiatrie in Verbindung gesetzt werden kann." BRAUN, D. (1986): Vom Tollhaus zum Kastenhospital, S. 66.

10 Vgl. SCHOTT, H. (1990): Heilkonzepte um 1800, S. 20.

auf den Kopf, der als Sitz der gestörten Seele angenommen wurde.[11] Durch die von außen zugeführte massive Gegenreizung sollte ein neues Gleichgewicht hergestellt werden und dadurch der Boden für den Einzug der heilenden Vernunft bereitet sein. Obwohl sich hinter den dargestellten Behandlungsmethoden ein hoher sittlicher Anspruch verbarg, zeigte sich alltagspraktisch, daß es sich bei der 'psychischen Curmethode' um eine rabiate Zwangstherapie handelte, da es theoretisch begründet möglich war, alle erdenkbaren Formen der Behandlung anzuwenden, die zur Herbeiführung der erwünschten Vernunft dienen könnten.[12]

1.1.3. Institutionelles Erscheinungsbild

Bis zu Beginn des 19. Jhdts. gab es in Deutschland keinen eigenständigen psychiatrischen Versorgungsbereich im Sinne eines institutionell abgesicherten Systems unter ärztlicher Beteiligung. Folgende Überlegungen sollen keinen umfassenden Abriß der Entstehungsgeschichte Psychiatrischer Anstalten darstellen, sondern für die geistesgeschichtlichen und wirtschaftspolitischen Hintergründe sensibilisieren, um die Herkunft dieser Institution und damit ihre gegenwärtige und zukünftige Bedeutung besser abschätzen zu können.

Hierzu muß kurz auf die Versorgung psychisch Erkrankter vor Errichtung der Irrenanstalten eingegangen werden. Aus der Tradition des Mittelalters heraus lag die Irrenfürsorge in zwei Zuständigkeitsbereichen: Zum einen gehörte sie zur allgemeinen kirchlich-monastischen Tradition der Sorge für Arme und Kranke, die sich in der Gründung von Klosterspitälern rea-

---

[11] Auf dem Darwinschen Stuhl wurde der Kranke so lange gedreht, bis Blut aus Nase, Ohr und Mund lief und eine 'Beruhigung' eintrat. Vgl. ACKERKNECHT, E. (1967): Kurze Geschichte, S. 38.
Als besonders grausam mutet heute die Applikation des Siegburger Siegels an: "Zunächst wurde auf der Höhe des Scheitels...ein talergroßes Stück ausrasiert und mehrmals täglich mit einer starken Quecksilbersalbe eingerieben. Dies wurde so lange fortgesetzt, etwa 3 bis 5 Tage, bis die Haut des Schädels aufgetrieben, die Augen verschwollen und das Gesicht bis zur Unkenntlichkeit verstrichen war. Dann wurden die Einreibungen eingestellt und die Einweichungsstelle mit feuchtwarmen Breiumschlägen behandelt. Mittlerweilen war das eingeriebene Stück der Kopfhaut schwarz und brandig geworden und fing an, sich...loszulösen, bis man es mit der Pinzette fassen und herausnehmen konnte...die Einwirkung der Salbe war so gewaltig, daß ihr (der äußeren Schädelplatte) die innere folgte. Die harte Hirnhaut lag alsdann frei, ohne jeden weiteren Schutz, und man konnte ihr Pulsieren sehen." ANONYM, in: SCHOTT, H. (1990): Heilkonzepte, S.24.

[12] Deutsche Psychiater nahmen die Therapie des 'moral treatment' dankbar auf, weil sie sich eine Humanisierung im Umgang mit Geisteskranken erhofften, wie ein Zitat Reils belegt: "Wir sperren diese unglücklichen Geschöpfe gleich Verbrechern in Tollkolben, ausgestorbene Gefängnisse... oder in die feuchten Kellergeschosse der Zuchthäuser ein, wohin nie ein mitleidiger Blick des Menschenfreundes dringt, und lassen sie, angeschmiedet an Ketten, in ihrem eigenen Unrat verfaulen." REIL, in: THEBRATH, J. (1978): Zur Entwicklung, S. 19. Gleichzeitig plädierte Reil jedoch für eine Therapie, deren Diskrepanz zu seinem Grundanliegen ihm anscheinend keine Probleme bereitete: "Diese und andere Körperreize, welche direkt durchs Allgemeingefühl allerhand Arten des Schmerzes erregen, passen vorzüglich zum Anfang der Kur... Durch sie wird der Irrende unterjocht, zum unbedingten Gehorsam genötigt und zur Kur vorbereitet... Die Gefühle, welche sie erregen, gehören in Betrübnis, Mutlosigkeit, Furcht, Biegsamkeit und andere Affekte der Seele hervor, die die Phantasie auf eigene Art beschäftigen und dem Triebe zum Handeln eine neue Richtung geben." REIL, in: HERZOG, G. (1982): Krankheits-Urteile, S. 113.
Andere zeitgenössische Psychiater dagegen entlarvten Reils Theorien als Fortsetzung der traditionellen Methoden und polemisierten öffentlich gegen ihn: "Verflucht sei also von nun an jeder Schlag, der einen Elenden trifft aus dieser bejammernswürdigen Klasse der Leidenden! Ich rufe Wehe! über jeden Menschen, er stehe hoch oder niedrig, der es genehmigt, daß verstandlose Menschen geschlagen werden!" HAYNER, in: THEBRATH, J. (1978): Zur Entwicklung der Psychiatrie, S. 19.

lisierte.[13] Als Objekte kirchlicher Fürsorge wurden 'Irre' gepflegt und verwahrt, wobei dieses Engagement jedoch nicht darüber hinwegtäuschen darf, daß ebenso theologisch motiviert, seelisch Kranke gnadenlos als 'Besessene' und 'Hexen' bis in die Neuzeit hinein kirchlich sanktioniert ermordet wurden.[14] Der zweite Zuständigkeitsbereich lag in der kommunalen Irrenfürsorge im Kontext städtischer Armen- und Gesundheitspflege. Störende Irre wurden entweder aus der Stadt ausgewiesen, Händlern mitgegeben, oder in Türme und Verliese gesperrt. Zeitweise wurden auch leerstehende Seuchenhäuser für diesen Zweck umfunktioniert. Das Einsperren in tragbaren Holzkisten, die gegen Entgelt besichtigt werden konnten, mutet heute besonders grausam an.[15] Selbst sogenannte Irrenhäuser, die in Nachbarschaft zu städtischen Spitälern errichtet worden waren, wiesen keinerlei therapeutische Versorgung auf. Im 17. Jhdt. ließen absolutistische Monarche erstmals Institutionen errichten, die synonym als Zucht-, Toll-, Arbeits-, Korrektions- und Verwahrungshäuser bezeichnet wurden. Dabei handelte es sich um Häuser, in denen zwangsweise eine staatlich definierte Problempopulation, bestehend aus Armen, Bettlern, Schuldnern, Landstreichern, Arbeitsscheuen, Waisen, Dirnen, Geschlechtskranken, Siechen, Säufern und 'Irren', eingesperrt war, um dort Arbeit zu verrichten.[16] Als Motiv für deren Bau werden in der Literatur staatspolitische, wirtschaftliche und ideologische Interessen vermutet.[17] Die Internierungspraxis unterschiedlichster Personengruppen in einem Haus konnte sich bis Ende des 18. Jhdts. halten.[18]

---

13 Vgl. SCHMITT, W. (1992): Die Stellung der Psychiatrie in der Gesellschaft, S. 11.

14 Vgl. ACKERKNECHT, E. (1967): Kurze Geschichte der Psychiatrie, S. 21. Dörner berichtet, daß noch Mitte des 18. Jhdts. Wiener Kapuziner den Brauch hatten "wahnsinnig gewordene Klosterbrüder nach erfolgloser Teufelsaustreibung auf Lebenszeit in unterirdischen Verließen fasten und verschwinden zu lassen." DÖRNER, K. (1969): Bürger und Irre, S. 224.

15 Vgl. THEBRATH, J. (1978): Zur Entwicklung der Psychiatrie, S. 18.

16 Vgl. HERZOG, G. (1982): Krankheits-Urteile, S. 145 u. 160; BLASIUS, D. (1994): Einfache Seelenstörung, S. 16.

17 Unter der Perspektive *staatspolitischer Interessen*, wird die Errichtung von Zuchthäusern als ein polizeiliches Instrumentarium zur Sozialkontrolle gedeutet. Die Internierung der Problempopulation sei daher primär zur Sicherung des Publikums erfolgt. Vgl. BLASIUS, D. (1994): Einfache Seelenstörung, S. 16/17; JETTER, D. (1971): Zur Typologie des Irrenhauses, S. 113-115.
Aus *ökonomischer* Perspektive hätten sich Monarche durch staatlich kontrollierte Arbeitshäuser ein Reservoir billiger Arbeitskräfte für die neu entstandenen vorindustriellen Manufakturbetriebe geschaffen. Eine Maßnahme, die als staatliche Reaktion auf den Arbeitskräftemangel infolge rückläufiger Bevölkerungszahlen durch den dreißigjährigen Krieg, Seuchen und exzessiven Militärdienst erklärt wird. Da die InsassInnen v.a. für die Produktion von Textilien eingesetzt wurden, avancierte der Begriff 'Spinnen' zum sprachlichen Symbol des 'Irreseins' schlechthin. Vgl. HERZOG, G. (1982): Krankheits-Urteile, S. 145-155.
Die *ideologiekritische Betrachtungsweise* dagegen betont den Aspekt der gezielten Demarkation und Aussonderung alles Unvernünftigen aus der Gesellschaft. Im Zuge der Aufklärung sei unvernünftiges Verhalten als ein animalisches und ansteckendes Übel gewertet worden, das rigoros aus der Gesellschaft zu beseitigen gewesen sei. Kritisch anzumerken ist bezüglich dieser These jedoch, daß Ausgrenzungsstrategien 'Irrer' nicht nur Produkte der Aufklärungsideologie waren, da sie auch vorher, wenn auch nicht institutionalisiert, existierten. Die obige Analyse der geschichtlichen Entwicklung der Situation Geisteskranker hat gezeigt, daß auch vor der Errichtung der Tollhäuser keine Situation nostalgischer Verklärung des Wahnsinns, sondern eine brutale und mitleidslose Aussonderung schwerer Fälle vorlag. Das erste deutsche Zucht- und Arbeitshaus wurde zudem bereits 1620 errichtet, d.h. zu einer Zeit, als aufklärerisches Gedankengut erst entwickelt wurde. Vgl. THEBRATH, J. (1978): Zur Entwicklung der Psychiatrie, S. 18.

18 Auch diesbezüglich existieren in der Literatur verschiedene Erklärungsansätze:

Nach der institutionellen Freisetzung der 'Irren' wurden diese jedoch sofort erneut organisational erfaßt. Auch diesmal spielte der Staat eine wichtige Rolle, wobei sich aber erstmals Ärzte als Irrenärzte zur Aufsicht über die Erkrankten anboten. Die ersten Psychiater übernahmen somit ihre PatientInnen direkt aus den Zuchthäusern, wo sie bereits ohne ihr Zutun als 'Irre' klassifiziert und ausgesondert waren. Mit der personellen Entflechtung der Arbeitshäuser begann somit die Errichtung Psychiatrischer Anstalten, die bis heute das Versorgungssystem der Psychiatrie prägen.[19]

Die neue Institution verstand sich in Abgrenzung zum Tollhaus als eine Heilanstalt. Konnte die Heilung nicht erreicht werden, wurden Geisteskranke in ihre Familien bzw. ihre Gemeinden entlassen oder in Pflegeanstalten, die reine Verwahr-Häuser waren, abgeschoben. Das Modell getrennter Häuser für Heilung und Pflege wurde jedoch 1842 von der relativ verbundenen Heil- und Pflegeanstalt, die zum Vorbild aller folgenden Anstalten wurde, abgelöst.[20] Trotz der Bemühungen um eine Verbesserung der Situation der 'Irren' wies die Architektur und Lokalisation der Bauten eine unübersehbare Nähe zur Gefängnistradition auf.[21] Gemäß Dörner ist Anfang des 19. Jhdts. jedoch nur ca. ein Sechstel der 'Irren' von den gefängnisartigen Anstalten erfaßt worden.[22]

Zum einen scheinen *wirtschaftliche Gründe* den Zerfall der Häuser bewirkt zu haben: Im Kontext der Industriellen Revolution und damit einhergehender Landflucht sei es zu einem Überschuß an Arbeitskräften gekommen. Dieser habe der manufaktoriellen Produktion zur Verfügung gestanden, wodurch Armenhäuser ihre ökonomische Bedeutung verloren hätten. V.a. 'Irre', die am wenigsten zum finanziellen Gewinn beitrugen, wurden dadurch zu 'Ballastexistenz'. Nicht ihre Normalitätsabweichung, sondern ihr offensichtlich fehlender industrieller Nutzwert hätte demnach ihre soziale Stigmatisierung drastisch verstärkt. Vgl. HERZOG, G. (1982): Krankheits-Urteile, S. 190/191; JETTER, D. (1971): Zur Typologie des Irrenhauses, S. 116-118; ROHLFS, G. (1986): Die gesellschaftliche Definition von Geisteskrankheit, S. 98; TOLLGREVE, Ch. (1984): Bewegung in der Psychiatrie?, S. 14.

Zum anderen können auch *politisch-administrative Faktoren* im Kontext des Preußischen Reformismus Anfang des 19. Jhdts eine wichtige Rolle gespielt haben: Um die Gesellschaft an die neue Wirtschaftsentwicklung anzupassen (Dörner) oder um revolutionäre Strömungen staatlich zu kanalisieren (Blasius) habe der Staat Reformen durchgeführt, die auch die institutionelle Situation der Irren betrafen. Vgl. DÖRNER, K. (1969): Bürger und Irre, S. 269/ 273; BLASIUS, D. (1994): Einfache Seelenstörung, S. 21; KUTZER, M. (1990): Die Irrenheilanstalt, S. 67.

Auch *ideolgische Erklärungsmodelle* lassen sich in der Literatur finden. In Absetzung von Foucaults und Dörners Bürgertumsanalyse vertritt v.a. Blasius die These, daß nicht Ausgrenzung der Unvernunft als Folge der Aufklärung, sondern das Ideal des bürgerlichen Vernunftbegriffes selbst den Boden für die institutionelle Reformierung des Irrenwesens bereitet habe. Die Schaffung psychiatrischer Anstalten betrachtet Blasius daher als "Epiphänomene der großen Revolutionen in Frankreich und Amerika". BLASIUS, D. (1994): Einfache Seelenstörung, S. 19.

Köhler dagegen entwickelt ein pragmatisches Erklärungsmodell: Die Abschaffung der Toll- und Zuchthäuser basiere weder auf der "Materialisierung großer, autonomer und kohärenter Ordnungsentwürfe", noch seien sie "Produkte bestimmter Ideologien oder bestimmter Diskurse" oder "Schöpfung staatlicher Despotie." Bei all diesen Modellen sei der Aspekt der bewußten Planung und politischen Strategie überbewertet. Die Erklärung sei viel banaler: Aus der in den Zuchthäusern aufgetretenen räumlichen Konzentration von Ausgegrenzten habe sich eine unkontrollierbare Situation ergeben, die eine strukturelle Entflechtung zwangsläufig notwendig gemacht habe. KÖHLER, E. (1985): Widerstand ist immer persönlich, S. 171- 175.

19 Die erste deutsche Psychiatrische Anstalt wurde 1805 in Bayreuth errichtet.

20 Vgl. WITTERN, R. (1987): Zur Geschichte der psychiatrischen Versorgung, Unpagin.

21 Vgl. HERZOG, G. (1982): Krankheits-Urteile, S. 224.

22 Vgl. DÖRNER, K. (1969): Bürger und Irre, S. 292; OSINSKI, J. (1990): Geisteskrankheit, S.41.

1.2. Naturwissenschaftlich - Medizinische Psychiatrie
1.2.1. Theoretische Fundierung

Mitte des 19. Jhdts. ereignete sich nach Trenckmann der bisher revolutionärste Theorienwechsel in der Geschichte der Psychiatrie. Der Wandel des theoretischen Selbstverständnisses basierte hierbei nicht nur auf einem neuen Krankheitskonzept, sondern auf dessen Verankerung in einem gewandelten Wissenschaftsverständnis.[23]
Nachdem sich Mitte des 19. Jhdts. die naturwissenschaftlich-positivistische Erkenntnistheorie innerhalb der Medizin wissenschaftstheoretisch etabliert hatte, mußte sich die Psychiatrie, wenn sie sich als medizinische Spezialdisziplin verstehen und verselbständigen wollte, an den Wissenschaftskriterien der Naturwissenschaften orientieren und Geisteskrankheiten in naturwissenschaftlichen Kategorien reflektieren lernen.[24] Diese Pionierarbeit wurde anfangs nur von wenigen Psychiatern gegen den Widerstand der Mehrheit der Anstaltspsychiater geleistet. Im Rückblick kommt Tölle zum Ergebnis, daß Griesinger das naturwissenschaftlich-medizinische Paradigma entscheidend vorangetrieben hat.[25] Unter Berücksichtigung der damaligen physiologischen Forschungsergebnisse leistete Griesinger den Transfer auf psychiatrische Fragestellungen und schuf ein universales Modell psychischer Erkrankung, in dem psychische Störungen auf Dysfunktionen primär des Gehirns zurückführbar sind, woraus sich das Konzept der Einheitspsychose ableiten ließ: Alle seelischen Erkrankungen können als verschiedene Verlaufsstadien eines einzigen zugrunde liegenden Krankheitsprozesses verstanden werden. Verschiedene Symptome sind somit nicht Hinweis auf verschiedene Erkrankungen, sondern Ausdruck dafür, daß eine Erkrankung unterschiedliche Stadien aufweist. Die Folgen dieses Paradigmenwechsels für die PatientInnen jedoch waren enorm: In Analogie zu körperlich Erkrankten wurde den sogenannten Geisteskranken nun die Krankenrolle zugestanden, wodurch Kategorien der Böswilligkeit, Schuld und Sünde im medizinischen Krankheitsverständnis theoretisch ihre Bedeutung verloren.[26] Andererseits blieb es jedoch bei der Lokalisation der Krankheitsursachen im Individuum unter Ausblendung aller Umweltfaktoren, wobei das Individuum in seiner subjektiven Befindlichkeit vernachlässigbar erschien, da nicht der einzelne Mensch mit seinen ganz persönlichen Symptomen, sondern die abstrakte Krankheit zentraler Gegenstand der Forschung war. Damit wurde der Grundstein gelegt für eine sich als extrem problematisch erweisende distanzierte Einstellung der Psychiater gegenüber den PatientInnen, die zunehmend in die Rolle von Forschungsobjekten gerieten.[27]

---

23 Vgl. TRENCKMANN, U. (1987): Mit Leib und Seele, S. 152.

24 Ein Schritt in diese Richtung bestand Mitte des 19. Jhdts. darin, das Philosophikum der Medizinstudenten durch ein naturwissenschaftlich ausgerichtetes Physikum zu ersetzen. Vgl. HERZOG, G. (1982): Krankheits-Urteile, S. 68; SEIDEL, R. (1990): Phänomenologische, daseinsanalytische und anthropologische Psychiatrie, S. 22; THOM, A. (1984): Erscheinungsformen, S. 23.

25 Vgl. TÖLLE, R. (1995): 150 Jahre Magna Charta der Psychiatrie, S.1139/1140. Griesinger schrieb, nachdem er durch eine zweijährige Assistenzzeit Erfahrungen mit der Anstaltspsychiatrie gesammelt hatte, mit 28 Jahren das Buch 'Pathologie und Therapie psychischer Krankheiten', das eine Absage an das traditionelle romantische Paradigma bedeutete und bis ans Ende des 19. Jhdts. als Grundlagenwerk der Psychiatrie galt. Nachdem er an den Medizinischen Fakultäten der Universitäten Kiel, Tübingen und Zürich gearbeitet hatte, übernahm er 1865 die Leitung der neugegründeten Psychiatrischen Klinik an der Berliner Charité. Vgl. WAHRIG-SCHMIDT, B. (1991): Wilhelm Griesinger.

26 Vgl. STIERLIN, H. (1991): Die Idee der Geisteskrankheit, S. 84.

27 Vgl. THOM, A. (1984): Erscheinungsformen und Widersprüche, S. 331.

In der Retroperspektive kann diese Entwicklung als logische Folge der Medizinalisierung und paradigmatischen Verankerung der Psychiatrie im damaligen mechanistisch-positivistischen Verständnis von Naturwissenschaft, im Sinne eines streng deterministischen Kausalitätsdenkens zur Komplexitätsreduzierung und Konzentration auf die Regelmäßigkeit und Regelhaftigkeit von Phänomenen, beurteilt werden. Seelische Prozesse konnten dadurch als Funktion körperlicher Prozesse verstanden werden. Durch die Ablehnung romantischer Spekulationen erhofften die Psychiater, eine Verlagerung wissenschaftlicher Problemstellungen aus dem gesellschaftlichen Feld widerstreitender Interessen, moralischer Haltungen und theologischer Glaubenskriege in ein angeblich neutrales Wissenschaftsterrain zu erzielen. Dabei sollte sich an quantitativ-objektiven Laborparametern wie Zahl und Maß auf der Basis experimenteller Untersuchungsmethodik orientiert werden.[28] Der dem neuen Paradigma inhärente ausgeprägte therapeutische Optimismus beruhte hierbei v.a. auf dem Glauben an einen kontinuierlichen naturwissenschaftlichen Erkenntnisfortschritt, der nach Herzog das erwachende bürgerliche Selbstbewußtsein im Kontext der deutschen Reichsgründung widerspiegelte.[29]

1.2.2. Therapeutische Praxis

Der revolutionäre Paradigmenwechsel hin zur naturwissenschaftlich orientierten Psychiatrie brachte zunächst keine explizit medizinische Therapeutik mit sich. Da kaum alltagspraktische Ableitungen, die die propagierte körperliche Ursache zum Ziel hatten, folgten, entstand eine eigentümliche Diskrepanz zwischen Theorie und Praxis. Auch scheint die Wissenschaftlichkeit des neuen Paradigmas nicht an der praktischen Anwendbarkeit des Konzeptes festgemacht worden zu sein. Das offensichtliche Handlungsdefizit wurde demnach nicht als Infragestellung der zugrunde liegenden Theorie, sondern als vorübergehender Status gewertet. Dahinter stand die Annahme, daß mit zunehmender Ursachenkenntnis auch die Möglichkeiten der Therapierbarkeit steigen würden.[30] Gegen eine Erprobung neuer Therapieansätze sprach desweiteren, daß bis Ende des 19. Jhdts. romantisch ausgerichtete Psychiater, die sich gegen Neuerungen wehrten, das therapeutische Regiment in den Anstalten festsetzten. Aber auch Grießinger selbst sprach sich für die Anwendung überlieferter Therapiemethoden aus: „Beim weiblichen Geschlecht können Blutentziehungen an den Genitalien nötig werden."[31] Derartiges Vorgehen konnte Griesinger, der im Laufe seiner psychiatrischen Tätigkeit in Anstalten die gewaltfreie 'Non-Restraint'-Therapie' favorisierte, anscheinend ohne innere Konflikte vorschlagen, weil der Blutentzug damals als Universaltherapie in der Medizin anerkannt war.[32]

---

28 Vgl. KEUPP, H. (1988): Normalität und psychische Störung, S. 496.

29 Vgl. HERZOG, G. (1982): Krankheits-Urteile, S. 74.

30 Vgl. TRENCKMANN, U. (1987): Mit Leib und Seele, S. 125; 149.; DÖRNER, K. (1990): Zeit, S. 207.

31 GREISINGER, in: HERZOG, G. (1982): Krankheits-Urteile, S. 263.

32 Mitte des 19. Jhdts. wurde das 'Non-Restraint-System' von Conolly in England eingeführt. Es basierte auf dem Verzicht von gewaltsamen Behandlungsmethoden. Allerdings empfahl er Methoden wie die Isolierung in Polsterzellen, die Anwendung warmer Dauerbäder, die Behandlung im Bett sowie die Beaufsichtigung in einem großen Wachsaal, um eine Beruhigung der PatientInnen zu erreichen. Vgl. WITTERN, R. (1987): Zur Geschichte, Unpagin. Griesinger schrieb hierzu:"Dies alles, besonders aber das Allernotwendigste, ein gutes Wartepersonal erfordert Mittel, und die Frage des Non-Restraint und der freien Behandlung ist des-

1.2.3. Institutionelles Erscheinungsbild

Entsprechend seiner Konzeption von Psychiatrie als Unterdisziplin der naturwissenschaftlichen Medizin strebte Griesinger eine Reform des Anstaltswesens an, wodurch die psychiatrischen Heil- und Pflegeanstalten institutionellen Anschluß an das allgemeine Krankenhauswesen erlangen sollten. Das von ihm erarbeitete Reformkonzept beruhte auf der Entflechtung der Anstalten in sogenannte 'Stadtasyle' und 'Landasyle'.[33] Durch offiziellen Beschluß der Sektion Psychiatrie wurde Griesingers Konzept jedoch 1868 abgelehnt.[34] Mit diesem Beschluß legte die Mehrheit der damaligen Psychiater trotz der darauf folgenden paradigmatischen Veränderungen innerhalb der Psychiatrie eine organisatorische Generallinie deutscher Anstaltspsychiatrie fest:
Anstalten sollten fortan als groß dimensionierte Gebäudekomplexe hauptsächlich außerhalb der Stadt in idyllisch-isolierter Umgebung errichtet werden. Griesingers Vorschlag, therapieresistente Erkrankte in medizinisch betreuten Land-Asylen menschenwürdig leben zu lassen, wurde dahingehend abgewandelt, daß staatlich und zunehmend auch privat geführte Heime gebaut wurden, in die LangzeitpatientInnen ohne intensive medizinische Versorgung zur bloßen Verwahrung weitergeleitet werden konnten.[35] Der dadurch entstandene Heimsektor sollte sich bis in die Gegenwart hinein als 'psychiatrische Grauzone' und somit als schwierige Erblast erweisen! Obwohl sich Griesingers Reformkonzept nicht durchsetzen konnte, hat er die Anerkennung der Psychiatrie als einer Spezialdisziplin innerhalb der Medizin vorangetrieben und eine Integration in die universitäre Lehre erreicht. Da er durchsetzen konnte, daß sowohl Psychiatrie als auch Neurologie zu seinem Arbeitsbereich gehörten, wurde diese Kombination charakteristisch für die institutionelle Verfaßtheit der Universitätspsychiatrie.[36]

1.3. Neuroanatomische Psychiatrie
1.3.1. Theoretische Fundierung

In der zweiten Hälfte des 19. Jhdts. wurde von Universitätsprofessoren ein Paradigma entworfen, das zwar nur von kurzer Dauer war, aber entscheidend die naturwissenschaftlichen Bemühungen der Psychiatrie vorangetrieben hat, weil es den bisher konsequentesten Versuch der

---

halb v.a. eine Geldfrage. Aber jedes hierauf verwendete Geld ist wohl angewendet, indem bei Herstellung solcher Verhältnisse mehr Kranke arbeitsfähig, also Produzenten, und mehr Kranke entlassungsfähig (genesen oder gebessert) werden." GRIESINGER, in: DÖRNER, K. (1969): Bürger und Irre, S. 377/378.

33 Stadt-Asyle sollten für maximal ein Jahr die Akutversorgung Geisteskranker übernehmen, möglichst am Stadtrand liegen und sowohl Schutz und Stille als auch Anbindung an die Familienstruktur garantieren. Architektonisch sollte es sich um freundlich gestaltete kleine Häuser mit Gartenanlagen handeln. Da für reiche PatientInnen Privatsanatorien zur Verfügung standen, war das Stadt-Asyl v.a. als Anlaufstelle für Arme gedacht, was sich in einer Gratisaufnahme und niedrigen Verpflegungssätzen ausdrücken sollte. Land-Asyle dagegen konzipierte Griesinger als Aufenthaltsorte für Langzeitkranke in Form geschlossener Gebäudekomplexe und freier Verpflegungsformen wie Familienpflege und Arbeit in Landwirtschaftskolonien. Beide Asyle sollten füreinander durchlässig sein, d.h. kein Asyl als Abschiebeort für Unheilbare fungieren. Vgl. SCHÜTTLER, R. (1989): Das Psychiatrische Krankenhaus, S. 216-218.

34 Vgl. SCHMIDT- MICHEL, P. (1993): Professionalisierung in der Psychiatrie, S. 35.

35 Vgl. KULENKAMPFF, C. (1977): Über die Zukunft der sogenannten Anstaltspsychiatrie, S. 93.

36 Vgl. DÖRNER, K. (1969): Bürger und Irre, S. 357/358.

Psychiater darstellte, „sich am zeitgenössischen neuen positivistischen, mechanistisch-naturwissenschaftlichen Wissenschaftsideal zu orientieren."[37] Den wichtigsten Anstoß für das pradigmatische Umdenken lieferte die 1857 gemachte Entdeckung, daß spezifische Erreger für die Entstehung der Geschlechtskrankheit Syphilis verantwortlich sind. Da diese in bestimmten Stadien Symptome einer Geisteserkrankung mit sich bringt und ein großer Anteil der AnstaltsinsassInnen von diesem Leiden betroffen war, glaubten Psychiater schlußfolgern zu können, daß psychische Erkrankungen grundsätzlich mit genau lokalisierbaren Substanzdefekten im Gehirn einhergehen.[38] Um diese zu erforschen, griffen sie v.a. auf die Leichensezierung und die Aufarbeitung von Gehirnschnitten unter dem Lichtmikroskop zurück, wodurch PatientInnen spätestens nach ihrem Tod zu (sezierbaren) Objekten wurden. Daß sich das Neuroanatomische Paradigma nicht langfristig durchsetzen konnte, lag v.a. daran, daß die erzielten Ergebnisse zwar zu einer enormen Wissenserweiterung innerhalb der Neurologie beitrugen, im eigentlich psychiatrischen Bereich jedoch relativ ineffizient blieben, da sich das 'Syphilisparadigma' nicht universalisieren ließ.[39]

1.3.2. Therapeutische Praxis

Für die neuroanatomisch fundierte Psychiatrie gilt in verschärfter Form, daß behandlungspraktische Ableitungen kaum möglich waren.[40] Dementsprechend wurde sowohl in der Anstalt als auch in der Universitätsklinik in den traditionellen Kategorien (weiter) therapiert. Die aus dem Paradigma ableitbare therapeutische Überlegung, direkt in pathologische Prozesse des Gehirns einzugreifen, um psychische Defekte mit Beseitigung der dafür verantwortlich gemachten Hirnareale zum Verschwinden zu bringen, führte schließlich zur Entwicklung und Verfeinerung der Gehirnchirurgie als invasives operatives Verfahren. In der Anstaltspraxis konnte sich diese jedoch aus technischen und finanziellen Gründen nicht durchsetzen. Das Scheitern dieser Therapiemethode wird rückblickend jedoch als segensreich für viele PatientInnen beurteilt, da gemäß zeitgenössischer Berichte die operative Methodik oft zum Tode

---

37 TRENCKMANN, U. (1987): Mit Leib und Seele, S. 178. Als Begründer der modernen Neuroanatomie wird meistens von Gudden angeführt, wobei jedoch v.a. Meynert, Wernicke und Alzheimer Ende des Jahrhunderts die neuroanatomische Forschung entscheidend vorangetrieben haben. So gelang es Meynert, die Funktion bestimmter Nervenbahnen zu identifizieren. Aus seinen anatomischen Einsichten leitete er ab, daß jede Gehirnstruktur mit spezifischen psychologischen Funktionen einhergeht und somit auch der umgekehrte Schluß gilt, daß krankhafte psychische Phänomene einen identifizierbaren anatomischen Ort im Gehirn aufweisen müssen. Vgl. BOGERTS, B. (1990): Die Hirnstruktur Schizophrener, S. 11; HIPPIUS, H. (1988): Biologische Psychiatrie, S. 8ff.

38 Vgl. FRITZE/ LANCZIK (1995): Historische Entwicklung, S. 9; TRENCKMANN, U. (1987): Mit Leib und Seele, S. 164/165; 202, 212; SCHULZE, H. (1989): Organisationsgestaltung, S. 27; PETERS, U. (1983): Die Psychologie des 20. Jhdts., Band X: Ergebnisse für die Medizin, S. 3.

39 Obwohl in der ersten Hälfte des 19. Jhdts. über 250 hirnmorphologische Forschungsarbeiten erstellt wurden, blieb das neue Paradigma, selbst in den Augen gegenwärtig hirnanatomisch tätiger Psychiater, auch auf der Theorieebene ineffizient. Vgl. BOGERTS, B. (1990): Die Hirnstruktur Schizophrener, S. 3. Für zeitgenössische Psychiater wie Kraepelin stellte die proklamierte induktive und neutrale Vorgehensweise der Hirnpsychiater selbst eine „spekulative Anatomie" dar. Jaspers sprach retroperspektiv sogar von einer „Hirnmythologie". WERNICKE und JASPERS, in: FRITZE/ LANCZIK (1995): Historische Entwicklung der Biologischen Psychiatrie, S. 12.

40 Vgl. TRENCKMANN, U. (1987): Mit Leib und Seele, S. 19.

führte oder, falls die PatientInnen den Eingriff trotz der mangelhaften hygienischen Bedingungen überlebten, "die Folgen zahlreicher durchgeführter Behandlungen für die Persönlichkeitsstruktur der betroffenen Personen hingegen katastrophal"[41] waren.

1.3.3. Institutionelles Erscheinungsbild

Da das Neuroanatomische Paradigma v.a. in Forschungslabors der Universitätskliniken entwickelt worden war und im Anstaltsalltag praktisch kaum anwendbar war, drifteten beide Institutionen in Theorie, Praxis und Organisationsform auseinander, wobei die Hauptlast der Versorgung psychisch Kranker weiterhin bei den zunehmend überbelegten Anstalten lag. Psychiatrische Abteilungen der Universitätskliniken dagegen, deren Zahl kontinuierlich stieg, konnten gezielt 'interessantere Fälle' behandeln, wobei sich der Arbeitsschwerpunkt hin zur Forschung verschob. Diese Entwicklung kann als direkte Auswirkung des zugrunde liegenden Paradigmas begriffen werden und schuf ein Konfliktpotential zwischen Anstalt und Universitätsklinik, das bis in die Gegenwart nichts an Virulenz verloren hat.[42]

1.4. Klinische Psychiatrie
1.4.1. Theoretische Fundierung

Ende des 19. Jhdts. wurde Kraepelin durch sein 'Compendium der Psychiatrie' zur Leitfigur der Psychiatrie. In Abgrenzung zum elitären neuroanatomischen Paradigma der Universitäten entwickelte er ein Konzept, das die alltägliche Situation in den Anstalten zum Ausgangspunkt aller Forschung machte.[43] Obwohl er ebenso wie seine Kollegen davon ausging, daß Geisteskrankheit körperlich verursacht ist, kam er zu dem Ergebnis, daß nicht durch Laborarbeit, sondern durch die konkrete Beobachtung des Krankheitsverlaufs am Krankenbett eine adäquate wissenschaftliche Erfassung des Phänomens Geisteskrankheit möglich sei.[44] Da er mit dem Anspruch auftrat, Psychiatrie als Naturwissenschaft zu betreiben, lag auch für ihn bereits in der Wahl der wissenschaftlichen Methodik das entscheidende Kriterium des neuen Paradigmas:[45] Nicht diffuse Einfühlung, sondern exakte naturwissenschaftliche Beobachtungsmethoden sollen die Untersuchung der Psyche ermöglichen: Ein unbeteiligter und objektiver Beobachter (Psychiater) müsse daher beim Objekt (PatientIn) v.a. im Leistungsbereich (z.B. durch fortwährendes Addieren bzw. Auswendiglernen von sinnlosen Silben) die psychische Verfaßtheit 'vermessen', nach den wissenschaftlichen Regeln der Widerspruchsfreiheit, Intersubjektivität und experimentellen Nachprüfbarkeit logische Gesetzmäßigkeiten aufspüren und systematisieren, wobei die einzelne Biographie und Leidensgeschichte eines Menschen letztlich zu "Störgrößen im wissenschaftlichen Prozeß" werden.[46] Trotz dieser Schattenseite muß je-

---

41 SCHULZE, H. (1989): Organisationsgestaltung, S. 30.

42 Vgl. BLASIUS, D. (1980): Der verwaltete Wahnsinn, S. 58/59.

43 Vgl. HOFF, P. (1994): Emil Kraepelin und die Psychiatrie als klinische Wissenschaft.

44 Vgl. BLASIUS, D. (1994): Einfache Seelenstörung, S. 124.

45 Vgl. GÜSE/ SCHMACKE (1976): Psychiatrie, S. 180/184.

46 TRENCKMANN, U. (1987): Mit Leib und Seele, S. 206. Vgl. auch S. 210.

doch anerkennend festgehalten werden, daß die einerseits patientennahe und andererseits extrem distanzierte Beobachtung dazu geführt hat, daß Psychiater erstmals in der Lage waren, Unterformen der allgemeinen Geisteskrankheit zu differenzieren und damit eine eigenständige Krankheitslehre zu entwickeln.[47]

1.4.2. Therapeutische Praxis

Da in Kraepelins Wissenschaftsverständnis das beschreibende Systematisieren im Mittelpunkt stand, lag sein Hauptinteresse nicht auf der Erforschung therapeutischer Strategien. Obwohl mit dem klinischen Konzept Zwangs- und Strafprozeduren theoretisch überwunden waren, wurde im Anstaltsalltag dennoch auf die traditionellen relativ unergiebigen "ärmlichen Behandlungsmethoden"[48] zurückgegriffen, weshalb Kraepelins Paradigma einem um sich greifenden therapeutischen Nihilismus Vorschub leistete.[49] Dennoch brachte das klinische Paradigma eine therapeutische Veränderung mit sich, die bis in unsere Gegenwart hinein Gültigkeit besitzen sollte: Die offizielle Einführung der Behandlung psychiatrischer PatientInnen in Krankenbetten, die als Charakteristikum klinischer Therapie und sichtbarste Anlehnung an die Medizin jener Zeit interpretiert werden kann. Kraepelin schrieb zur Bettenbehandlung: "Die Verstimmten fühlten sich freier; die Erregten beruhigten sich; die Widerstrebenden wurden zugänglicher; das Körpergewicht hob sich."[50] Neben der bereits bekannten Applikation warmer Dauerbäder wurden zur Beruhigung nun auch chemische Schlafmittel eingesetzt. Diese zur damaligen Zeit modern und medizinisch anmutenden Behandlungsversuche konnten jedoch über die therapeutische Rat- und Erfolgslosigkeit nicht hinwegtäuschen, da der Beruhigungstherapie keine weiteren Maßnahmen folgten.

1.4.3. Institutionelles Erscheinungsbild

Auf dem sozialgeschichtlichen Hintergrund des Modernisierungs- und Urbanisierungsprozesses der Gesellschaft Ende des 19. Jhdts., die mit einer verschärften staatlichen Ordnungspolitik einhergingen, veränderte sich auch die institutionelle Konfiguration der psychiatrischen Versorgung in Deutschland. Kritische Autoren gehen davon aus, daß der Staatsapparat die Nutzung des psychiatrischen Versorgungssystems für politische Eigeninteressen wiederentdeckt und die Anstalten als gesellschaftliche Disziplinierungsmittel für nichtangepaßtes Verhalten 'mißbraucht' hat.[51] Hierzu war neben dem Ausbau der Landeskrankenhäuser[52] die Er-

---

47 Hierin liegt die Leistung Kraepelins, der auf dem Gebiet der Krankheitslehre und klinischen Diagnostik Pionierarbeit geleistet hat. Vgl. PAULEIKOFF, B. (1991): Emil Kraepelin, S. 306/307.

48 ACKERKNECHT, E. (1967): Kurze Geschichte der Psychiatrie, S. 81.

49 Vgl. SIEMEN, H. (1987): Menschen blieben auf der Strecke, S. 32.

50 KRAEPELIN, in: RICHARZ, B. (1987): Heilen, Pflegen, Töten, S. 20.

51 BLASIUS, D. (1991): Ambivalenzen, S. 260; DERS: (1994): Einfache Seelenstörung, S. 64. DERS. (1980): Der verwaltete Wahnsinn, S. 95; TRENCKMANN, U. (1987): Mit Leib und Seele, S. 51.

52 1877 gab es im Deutschen Reich 93 öffentliche Anstalten; 1904 waren es bereits 180; 1929 stieg ihre Zahl auf 326; 1880 lebten ca. 500 InsassInnen in einer Anstalt; in den 90er Jahren dagegen 1000-2000. Vgl. BLASIUS, D. (1991): Ambivalenzen, S. 261; BLASIUS, D. (1994): Einfache Seelenstörung, S. 64/ 65/ 74.

fassung der 'unangepaßten Abweichler' auch außerhalb der Anstaltsmauern nötig, um sie anschließend bürokratisch abgesichert in diese überführen zu können. Staatliche Verordnungen legten daher fest, daß Polizeiverwaltungen Listen Geisteskranker zu erstellen und Amtsärzte trotz fehlender psychiatrischer Ausbildung als Gutachter und Einweisende zu kooperieren hatten: „Ein dichtmaschiges Netz bürokratischer Regelungen kettete ihn (den angeblich Geisteskranken) an die Anstalten, aus denen es meist kein Entrinnen mehr gab."[53] Die Unterstützung dieser Praxis durch die Anstaltspsychiater scheint trotz kritischer Stimmen relativ groß gewesen zu sein.[54] Kraepelins Paradigma kann auf diesem Hintergrund als folgerichtige theoretische Aufarbeitung und somit Verwissenschaftlichung der institutionell bedingten defizitären Alltagssituation verstanden werden, da die überbelegten Häuser eine persönliche Begegnung mit den Kranken kaum zuließen.[55]

1.5. Erbbiologische Psychiatrie
1.5.1. Theoretische Fundierung

Im historischen Kontext des Zweiten Weltkrieges läßt sich eine radikale paradigmatische Zäsur in der Psychiatriegeschichte feststellen. Die theoretische Neuorientierung basiert v.a. auf gesellschaftspolitischen Ideologien und Aporien, wobei sich Psychiater mehrheitlich vom nationalen Pathos ihrer ZeitgenossInnen affizieren ließen und dadurch zu veränderten Auffassungen bezüglich ihrer professionellen Aufgaben und Zielsetzungen gelangten. In Anschluß an und in ideologischer Engführung Kraepelins definierten sie Psychiatrie daher zunehmend als eine "Wissenschaft im Dienst nationaler Ziele".[56] Blasius vermutet in dieser nationalen Grundoption den theoretischen Schlüssel zur späteren praktischen Kooperation mit den natio-

---

53 BLASIUS, D. (1994): Einfache Seelenstörung, S. 92.

54 Kraepelin selbst hat sich gemäß Güse/ Schmacke „bedingungslos zum Anwalt der Sicherheits- und Ordnungsbestrebungen des bestehenden Gesellschaftssystems gemacht." GÜSE/ SCHMACKE (1976): Psychiatrie, S. 184. Nach Kraepelin sei die Gesellschaftsordnung als naturgegeben und prinzipiell gerecht zu akzeptieren. Veränderungsbestrebungen wie die Ausweitung der Sozialleistungen für arme Bevölkerungsschichten lehnte er kategorisch ab. Geisteskranke sollten in einem therapeutischen Prozeß an die geltenden Normen angepaßt werden. Falls dies nicht gelänge, bliebe nur die rigorose Einschränkung ihres Freiheitsspielraumes durch dauerhafte Hospitalisierung und die konsequente Verhinderung der Möglichkeiten zur Fortpflanzung. Vgl. A.a.O., S. 180 ff.
Als Kontrast folgt die Stellungnahme eines zeitgenössischen kritischen Psychiaters: "Mancher Kranke unserer Anstalten könnte, wenn seine Heimat in einem ländlichen Dorf wäre, ruhig bei seinen Angehörigen bleiben und würde höchstens von den Kindern auf der Straße etwas geneckt; in der Stadt wird er aber sofort von der Polizei gefaßt und der Irrenanstalt übergeben." ANONYM, in: BLASIUS, D. (1991): Ambivalenzen, S. 262.
Der staatlich legitimierte polizeiliche Zugriff auf Geisteskranke und Nonkonformisten stieß jedoch nicht auf ungeteilte gesellschaftliche Akzeptanz, da Irrenprozesse, die die bürokratischen Praktiken ans Licht der Öffentlichkeit zogen, hohe Publizität gewannen und Psychiatrische Anstalten, die infolge fehlender therapeutischer Erfolge kasernenartig riesige Menschenmengen durchschnittlich zwei Jahre lang verwahrten, öffentlich zunehmend mit Skepsis und Furcht registriert wurden. Vgl. BLASIUS, D. (1980): Der verwaltete Wahnsinn, S. 123; 148/149.

55 Neben den öffentlichen Anstalten existierten bereits Privatanstalten und private Heime: Klösterliche Institute v.a. der Alexianer und Franziskaner, die sich auf die Verwahrung und Pflege der Unheilbaren spezialisiert hatten, und von Ärzten getragene kommerzielle Institute als therapeutisch begleitete Zufluchtsstätten für wohlhabende psychisch Erkrankte. Vgl. BLASIUS, D. (1980): Der verwaltete Wahnsinn, S. 71/72, 93.

56 BLASIUS, D. (1994): Einfache Seelenstörung, S. 129.

nal gesinnten gesellschaftspolitischen Kräften.[57] In Analogie zu nationalistisch gefärbten Gesellschaftstheorien rekurrierten Psychiater in ihren Krankheitsmodellen auf Forschungsergebnisse und Hypothesen, die im späten 19. Jhdt. entwickelt worden waren.[58] Durch diese Transaktion wurde die komplexe Realität psychische Erkrankung auf die Behauptung eines erblichen Defektes, der kausal für die Symptomatik verantwortlich sei, reduziert. Obwohl nicht die These aufgestellt wurde, daß alle Formen der Geisteskrankheit erblicher Natur sind, lag eine Universalisierung dieser Theorie für den therapeutischen Alltag nahe, da eine Trennung zwischen erblich und nichterblich Erkrankten praktisch kaum möglich war. Begriffliche Schöpfungen wie 'Degeneration', 'Entartung', 'Endogenität', 'Konstitution' und 'Minderwertigkeit' sollten auf theoretischer Ebene die erbbiologische Theorie mit wissenschaftlichem Habitus versehen.[59] In die von Kraepelin gegründete 'Deutsche Forschungsanstalt für Psychiatrie', die als zeitgenössisches Zentrum psychiatrischer Forschung galt, wurde die erbbiologische Sichtweise bereits 1918 durch die Gründung eines 'Instituts für Genealogie und Demographie' in-

---

57 A.a.O., S. 118/120/122. Auf diesem Hintergrund ist es nachvollziehbar, daß der Psychiater Hoffmann es 1933 als Pflicht der Psychiatrie ansah "in erster Linie die Interessen der Gemeinschaft zu bedenken, und das individuelle Interesse der Kranken in diese Grundhaltung einzubauen, ja ihr unterzuordnen." HOFFMANN, in: SIEMEN, H. (1987): Menschen, S. 137.

58 Im folgenden sollen ausschnitthaft zentrale Theorien erläutert werden, die trotz ihres behaupteten wissenschaftlichen Anspruchs letztlich nicht verifiziert werden konnten, was ihrer Rezeption jedoch keinen Abbruch tat!
Die Ergebnisse Darwins, die er 1859 zur Diskussion gestellt hatte, wurden von zahlreichen Autoren aus ihrem biologischen Kontext gelöst und auf soziale Phänomene übertragen, weshalb sie auch Sozialdarwinisten genannt wurden. Vgl. BAADER, G. (1990): Sozialdarwinismus.
Die biologischen Vererbungstheorien Mendels wurden in ihrer Gültigkeit verallgemeinert, wobei v.a. der rezessive Erbmodus aufgegriffen wurde: "Rezessive Vererbung wurde dann angenommen, wenn vergleichbare Merkmale in der 'Bluts'-Verwandtschaft nicht gehäuft oder gar nicht zu finden waren, und Menschen konnten auch dann als 'erbkrank' gelten, wenn sie 'äußerlich' gesund waren. Nicht die Vererbung, sondern einzig die 'rezessive' Vererbung konnte 'Vererbung' zum Paradigma einer Epoche machen." BOCK, G. (1986): Zwangssterilisation, S. 38. Vererbung spielte auch in der Degenerationslehre Morels eine zentrale Rolle. Vererbbare Abweichungen vom Normaltypus Mensch (Degenerationen) führen nach seiner Version unweigerlich zum Untergang des betroffenen Menschen. In der Weiterverwendung des Terminus 'degenerierter Mensch' bis Ende des 20. Jhdts. zeigt sich die Langlebigkeit dieser Theorie! Auch Lombrosos Kriminalanthropologie gründete, auf der Annahme, daß kriminelles Verhalten auf angeborenen Faktoren beruhe. In der Weitertradierung des Begriffs 'geborener Verbrecher' bis in die Gegenwart werden die Auswirkungen derartiger Theorien deutlich. Vgl. HAENEL, Th. (1982): Zur Geschichte, S. 27.
Aus den genannten Strömungen des späten 19. Jhdts. erwuchs die Idee der *Rassenhygiene*, die bereits zur Weimarer Zeit den Status einer professionalisierten Wissenschaft innehatte und als ein Seitenast der psychiatrischen Wissenschaft zentrale Bedeutung besaß. Rassenhygienischen Ideen war die praktische Marginalisierung und Ausgrenzung ganzer Gesellschaftsgruppen theoretisch inhärent:"Der degenerierte Mensch, so behaupteten die Rassenhygieniker, könne auf die Stufe des Tieres zurücksinken. Damit gaben sie dem nationalsozialistischen Begriff des 'Untermenschen' den Schein der Wissenschaftlichkeit." SCHMUHL, H. (1991): Sterilisation, S. 301. Vgl. BLASIUS, D. (1991): Die Maskerade, S. 269-271.
In der Verknüpfung und wechselseitigen Affinität von erbbiologischen Theorien, sozialdarwinistischen Gesellschaftstheorien und politischen Rassenideologien sieht Trenckmann die menschenverachtende politische und psychiatrische Entwicklung in ihrer gegenseitigen Verschränkung bis zum Ende des Zweiten Weltkrieges theoretisch grundgelegt. Vgl. TRENCKMANN, U. (1987): Mit Leib und Seele, S. 255; DERS. (1998): Psychiatrie im Nationalsozialismus.

59 In der 1920 erschienenen Schrift 'Die Freigabe der Vernichtung lebensunwerten Lebens. Ihr Maß und ihre Form', die in Zusammenarbeit des Juristen Binding und des Psychiaters Hoche erstellt worden war, wurden Geisteskranke, angeblich wissenschaftlich belegt, als 'Ballastexistenzen', 'leere Menschenhüllen', 'geistig Tote' disqualifiziert. Vgl. BLASIUS, D. (1994): Einfache Seelenstörung, S. 135; MEYER, J. (1988): "Die Freigabe der Vernichtung lebensunwerten Lebens".

tegriert. Auf der Jahresversammlung des 'Deutschen Vereins für Psychiatrie' 1924 konnte daher Kleist voller Überzeugung behaupten, daß die konventionelle klinische Psychiatrie versagt habe, konstitutionelle Strömungen jedoch das "festgefahrene Schiff der klinischen Forschung wieder flottgemacht"[60] hätten. Da Psychiater auch in dem 1937 eingesetzten 'Reichsausschuß zur wissenschaftlichen Erfassung von erb- und anlagebedingten schweren Leiden' mitarbeiteten, engagierten sie sich in einem Gremium, das die konkrete psychische und physische Vernichtung 'erbkranker' AnstaltsinsassInnen plante.[61] Als diese tatsächlich dem 'Gnadentod' ausgeliefert wurden, führten Psychiater die wörtlich zu nehmende wissenschaftliche 'Ausschlachtung' der Mordopfer durch.[62]

1.5.2. Therapeutische Praxis

Mit der erbbiologischen Psychiatrie ging eine eminente Veränderung des therapeutischen Selbstverständnisses der Psychiater einher. Der im Klinischen Paradigma begründete therapeutische Nihilismus wich einem Aktivismus, der mit allen Mitteln einen Heilerfolg erzwingen wollte, wobei Heilung als ein Wegtherapieren des Irreseins bzw. der Irren selbst verstanden wurde.[63] Das Ende der therapeutischen Resignation hatte sich bereits während des Ersten Weltkrieges angekündigt, als es Psychiatern gelang, psychisch erkrankte Soldaten wieder kriegstüchtig und gesellschaftsfähig zu entlassen, wobei die angewandten therapeutischen Methoden der psychiatrischen Pionierzeit an Brachialität nicht nachstanden, wie folgendes Beispiel belegt: "Litt ein Soldat an 'schwerem hysterischen Erbrechen', gab man ihm möglichst viel zu essen und zwag ihn, bevor er wieder in die Lage kam, das Erbrochene auszuspucken, dasselbe wieder hinunterzuschlucken."[64] Obwohl nach Kriegsende einzelne Psychiater Konzepte vorlegten, um die psychiatrische Therapie zu humanisieren, kamen ihre Reformbemühungen in Folge der Weltwirtschaftskrise und der Machtübernahme der Nationalsoziali-

---

60 KLEIST, in: SIEMEN, H. (1987): Menschen blieben auf der Strecke, S. 121.

61 Vgl. a.a.O., S. 168.

62 Zwischen dem Berliner Kaiser-Wilhelm-Institut für Hirnforschung und der Euthanasie-Zentrale T4 bestanden enge personelle und arbeitstechnische Verbindungen. 'Frisch Vergasten', v.a. Kindern, wurde noch in den Anstalten das Gehirn entnommen und zu Forschungszwecken in das Institut überstellt. Einzelheiten hierzu in: ALY, G. (1991): Forschen an Opfern.

63 In der historischen Konstellation des Nationalsozialismus konnten Psychiater anscheinend skrupellos therapeutischen Enthusiasmus und aktiven Einsatz für die Ermordung ihrer PatientInnen in ihrer Person verbinden. Als Paradebeispiel wird an dieser Stelle auf Carl Schneider verwiesen: Von Zeitgenossen wurde er als therapeutisch engagiert, christlich, warmherzig und den Erkrankten zugewandt beschrieben. 1939 veröffentlichte er "möglicherweise das beste und umfangreichste Buch des 20. Jhdts. über therapeutische Möglichkeiten für Menschen mit Psychosen". DÖRNER, K. (1988): Tödliches Mitleid, S. 57. Ebenfalls 1939 wurde Schneider zum Cheforganisator der 'Desinfizierung der Unheilbaren', wie die 'Euthanasie-Maßnahmen' offiziell umschrieben wurden. Vgl. BECKER-VON ROSE, P. (1990): Carl Schneider.

64 SIEMEN, H. (1982): Das Grauen, S. 20. „Im Ersten Weltkrieg wurde das Leiden am Krieg als 'Kriegsneurose' diagnostiziert, normale Abwehrreaktionen für verrückt und das Kriegsgemetzel für normal erklärt. Damals reagierten Soldaten massenhaft mit Zitteranfällen, Lähmungen, Weinkrämpfen. Die Antwort der Psychiater war brutal. Sie setzten Elektroschocks ein, damit die Angst vor der Behandlung größer sei als die Kriegsangst." KLEE, E. (1993): Irrsinn Ost Irrsinn West, S. 195.

sten trotz bereits erfolgter Einführung in den Anstaltsalltag wieder zum Erliegen.[65] Auf dem Hintergrund ihres erbbiologischen Paradigmas schlugen Psychiater vielmehr eine eugenische Therapierichtung ein:
In der sogenannten *'therapeutischen Sterilisation'* von ca. 400.000 Menschen in der Regierungszeit der Nationalsozialisten nahm die alltagspraktische Kooperation zwischen Staat und Psychiatrie erstmals flächendeckend menschenverachtende Züge an.[66] Von der Mehrzahl der Psychiater wurde die Unfruchtbarmachung als ein großer therapeutischer Fortschritt gewertet, da gemäß ihrer Theorien und Aporien nun nicht mehr rein symptomatisch, sondern kausal und präventiv in ein Krankheitsgeschehen eingegriffen und damit die Gesellschaft medizinisch legitimiert vor angeblich gesellschaftsschädigenden Personen geschützt werden konnte: "Es geht vor allem nicht länger an, daß wir uns die ungehemmte Fortpflanzung psychopathischer Asozialer in unserer Volksgemeinschaft gefallen lassen." Deshalb plädierte der zitierte Psychiater für die humanste Lösung, nämlich deren "Ausrottung durch die Unfruchtbarmachung."[67] Damit wurde die Sterilisation jedoch zu einem Repressionsinstrumentarium, "das

---

[65] So entwickelte beispielsweise der Erlanger Psychiater Simon das Konzept der aktiveren Krankenbehandlung, das Jahrzehnte später als 'Arbeitstherapie' fester Bestandteil psychiatrischer Therapeutik wurde. Sein Konzept basierte auf folgender Einsicht: "Langdauernde Bettlage kann ebenso zur geistigen Isolierung führen, wie der Zellenaufenthalt. Loslösungen von allen Beziehungen zu Umwelt sehen wir häufig; der Negativismus kann gerade bei der Dauerbettlage die häßlichsten und hartnäckigsten Folgen annehmen." Deshalb plädierte er für eine aktive Beschäftigungstherapie: "Die fast auf alle Kranke ausgedehnte regelmäßige und ernste Beschäftigung zielt auf die Erhaltung und Förderung und die Weiterentwicklung des gesunden Persönlichkeitsanteils ab und hemmt auch schon die schädlichen Entäußerungen des kranken Anteils, indem sie den Kranken zur Betätigung keine Zeit läßt." SIMON, in: SIEMEN, H. (1987): Menschen blieben auf der Strecke, S. 67/66. Der pädagogische und rigorose Impetus der Arbeitstherapie erinnert aber ebenfalls an die pädagogisch orientierten Anfangsjahre der Psychiatrie. Im Unterschied zur damaligen religiös-sittlichen Ausrichtung stand nun jedoch die Anpassung an die industrielle Arbeits- und Leistungsfähigkeit der Gesellschaft im Mittelpunkt: Die Verrichtung täglicher Arbeit sollte die PatientInnen an ein normalisiertes Milieu anpassen. Dadurch wurden diese zwar aus ihrer passiven Rolle befreit, aber radikal in das Leistungs- und Ordnungsprinzip der Anstalt als Widerspiegelung der gesellschaftlichen Realität eingepaßt und normiert. Verstießen PatientInnen gegen den Normierungsdruck, weil sie die geforderten Leistungen nicht vollbringen konnten oder wollten, unterlagen sie einem System von Zwang und Gewalt, das z.B. in Form von Arrest in speziellen Isolierzellen oder stundenlangem Zwangsaufenthalt in heißen Badewannen die hausinterne Ordnung aufrechterhalten sollte.

[66] Im 'Gesetz zur Verhütung erbkranken Nachwuchses', das komplementär zu den Arier- Gesetzgebungen entworfen worden war, wurde die Zwangssterilisation geregelt, wobei folgende 'Diagnosen' diese Therapieform rechtfertigten: Angeborener Schwachsinn, Schizophrenie, manisch- depressives Irresein, erbliche Epilepsie, Chorea Huntington, erbliche Blindheit und Taubheit, schwere körperliche Mißbildungen, schwerer Alkoholismus. 'Asoziale', die ebenfalls unter diese Maßnahme fallen sollten, mußten demnach zuvor mit einer psychiatrischen Diagnose versehen werden. Ein geregeltes Verfahren sollte die Gesetzmäßigkeit sicherstellen. Dabei spielten Psychiater die zentralste Rolle: Zunächst mußte ein Antrag auf Sterilisation erstellt werden (vom Patienten selbst, seinem gesetzlichen Vertreter, Amtsarzt oder Anstaltsleiter der Pychiatrie). Psychiater mußten daraufhin als Gutachter fungieren. Die Entscheidung wurde vom Erbgesundheitsgericht getroffen, das sich aus 1 Richter und 2 Ärzten (meist Psychiater) zusammensetzte. Nach Klee waren alle Psychiater mit Rang und Namen an der erläuterten Sterilisierungspraxis beteiligt. Vgl. KLEE, E. (1993): Irrsinn Ost Irrsinn West, S. 174.
Vertiefende Literatur zur Zwangssterilisation: KLINKHAMMER, G.: Zwangssterilisationen im Dritten Reich, in: Deutsches Ärzteblatt 92, 1995, S. 1169-1170; BOCK, G.: Zwangssterilisation im Nationalsozialismus. Opladen, Westdt. Vlg., 1986; VOGEL, F.: Das "Gesetz zur Verhütung erbkranken Nachwuchses", in: Hohendorff, G. u. A. Magull- Seltenreich (Hg.): Von der Heilkunde zur Massentötung. Heidelberg, Wunderhorn, 1990, S. 37-53.

[67] HEINZE, in: KLEE, E. (1993): Irrsinn Ost Irrsinn West, S. 203. .

die Lücke zwischen politischer Verfolgung, ethnischem Rassismus und der Internierung in einer Anstalt füllte."[68] Das ursprünglich anvisierte Ziel, nach der Sterilisation viele PatientInnen aus der Anstalt zu entlassen, wurde nicht realisiert. Der erhoffte therapeutische Effekt reduzierte sich somit auf die bloße Illusion, durch eugenische Maßnahmen zur Modellierung einer störungsfreien Gesellschaft beizutragen zu können.

Nach Linde handelte es sich hierbei um eine Wunschvorstellung, die auch als ein ursächlicher Faktor dafür anzunehmen ist, daß sich die Psychiater aktiv an der 'therapeutischen Endlösung', d.h. der *'Euthanasie'* von ca. 200.000 AnstaltsinsassInnen, beteiligten, wodurch die fortschreitende Radikalisierung psychiatrischer Therapeutik ihren tödlichen Endpunkt fand.[69] Blasius wertet die Therapie des angeblichen 'Gnadentodes', als "Ausdruck einer wissenschaftlich verbrämten Systemkriminalität, in die die Psychiatrie tief verstrickt war."[70] Die Ermordung der AnstaltsinsassInnen verlief dabei in zwei Hauptphasen:

Zwischen 1939 und 1941 lief die Massentötung unter dem Namen 'Aktion T4' zentral organisiert ab.[71] Als Leiter fungierte keine Person aus der Verwaltung, sondern der Kraepelin-Schüler und Direktor der psychiatrischen Anstalt Sonnenstein, Nitsche. Bereits im Oktober 1939 wurden zur Erfassung der PatientInnen allen Anstalten Fragebögen bezüglich der Aufenthaltsdauer, Diagnose und Arbeitsfähigkeit therapeutisch unergiebiger LangzeitpatientInnen zugeschickt. In Folge dieser Angaben erhielten die Anstalten bereits wenige Wochen später Listen von PatientInnen, die angeblich verlegt werden sollten. Quellenmäßig belegt ist jedoch, daß diese nach wochenlangen Aufenthalten in Zwischenanstalten in psychiatrischen Tötungsanstalten der 'Euthanasie' zugeführt, d.h. mit Hilfe von Gas ermordet wurden; eine Aktion,

---

68 SIEMEN, H. (1987): Menschen blieben auf der Strecke, S. 144.

69 Vgl. LINDE, O. (1994): Konzepte und Konsequenzen, S. 137. Literatur zur 'Euthanasie': SEIDEL, R. u. W. WERNER: Psychiatrie im Abgrund. Hg. von der Archivberatungsstelle Rheinland. Köln, 1991; KOCH, G.: Euthanasie. Eine dokumentierte Bibliographie. Erlangen, Palm u. Enke, 1990; HOHENDORF, G. u. A. MAGULL- SELTENREICH: Von der Heilkunde zur Massentötung. Heidelberg, Wunderhorn, 1990; ALY, G. (Hg.): Aktion T4 1939 bis 1945. Bln, Edition Heinrich, 1989; SCHMUHL, H.: Rassenhygiene, Nationalsozialismus, Euthanasie. Göttingen, Rütten & Loening, 1987; PSYCHIATRIE IM FASCHISMUS: Die Anstalt Hadamar 1933-1945. Hg. v. D. Roer u. D. Henkel. Bonn, PV, 1986; MÜLLER-HILL, B.: Tödliche Wissenschaft. Die Aussonderung von Juden, Zigeunern und Geisteskranken. Hbg., Rowohlt, 1985; ALY, G.: Aussonderung und Tod. Bln., Rotbuch, 1985; KLEE, E.: „Euthanasie" im NS- Staat. Ffm., Fischer, 1983; DERS.: Dokumente zur Euthanasie. Ffm., Fischer, 1985; BASTIAN, T.: Von der Eugenik zur Euthanasie. Bad Wörrishofen, Verlagsgemeinschaft, 1981.

70 BLASIUS, D. (1994): Einfache Seelenstörung, S. 173. Aktionen von Sonderkommandos kurze Zeit nach Kriegsbeginn in Ostregionen belegen, daß der Rekurs auf das Sterbehilfe-Vokabular nur taktisch bedingt war, da Massenerschießungen und Vergasungen von AnstaltsinsassInnen schon früh dazu dienten, dem Militär Räumlichkeiten zur Verfügung zu stellen. Vgl. NOWAK, K. (1991): Widerstand, S. 238.
Das Sterbehilfevokabular, das in Bezug auf sterbenskranke PatientInnen seinen Ort hat, wurde auf Menschen angewandt, die weder sterbenskrank (psychiatrische Diagnosen) noch krank überhaupt (soziale und rassische Diagnosen) waren. Die von der 'Euthanasie' betroffenen Menschen haben sich aber ihren 'Gnadentod' nicht gewünscht, sondern sind brutal ermordet worden: „'Euthanasie' bedeutete jetzt nicht mehr 'Erleichterung des Sterbens', in welch kontroversem Sinn das bisher auch verstanden werden konnte, sondern Ausmerzung von 'lebensunwürdigen Menschen'". EID, V. (1985): Geschichtliche Aspekte, S. 21.

71 Lediglich ein Ermächtigungsschreiben Hitlers löste die systematische Vergasung psychiatrischer PatientInnen in Heil- und Pflegeanstalten aus:"Reichsleiter Bouhler und Dr. med. Brandt sind unter Verantwortung beauftragt, die Befugnisse namentlich zu bestimmender Ärzte so zu erweitern, daß nach menschlichem Ermessen unheilbar Kranken bei kritischer Beurteilung ihres Krankheitszustandes der Gnadentod gewährt werden kann." ANONYM, in: KLEE, E. (1985): Dokumente, S. 85.

die nach Nowak "höchst lückenhaft getarnt im Reichsgebiet"[72] ablief. Nennenswerten Widerstand habe es gemäß Blasius auf Seiten der Psychiater kaum gegeben.[73]

Daß die Aktion T4 durch einen mündlichen Erlaß Hitlers im August 1941 eingestellt wurde, wird in der Literatur im Zusammenhang verschiedener Parameter erklärt: Zum einen war die Richtzahl von 70.000 zu Tötenden im Sommer 1941 bereits erreicht, d.h. die Aktion hatte ihre Aufgabe erfüllt! Zum anderen stieß die 'Euthanasie'-Aktion in weiten Kreisen der Öffentlichkeit auf zunehmende Ablehnung, die durch den Kriegsverlauf und evtl. auch durch den relativ zaghaften und unkoordinierten Widerstand der katholischen und evangelischen Kirche verstärkt wurde.[74] Unabhängig von der T4 Aktion wurden Säuglinge, Kinder und Jugendliche in speziell eingerichteten Kinderfachabteilungen Psychiatrischer Anstalten bzw. Allgemeinkrankenhäuser oder Kinderkrankenhäuser kontinuierlich bis zum Kriegsende ermordet. Die 'Kinder-Euthanasie', die ca. 8.000 Kindern das Leben kostete, wurde nicht mit Hilfe von Gas, sondern meist durch das sogenannte Luminal- Schema durchgeführt.[75]

Das Ende der zentral geleiteten 'Euthanasie' brachte jedoch keine therapeutische Besinnung der Psychiater mit sich. Stattdessen wurde eine zweite Phase eröffnet, die bis zum Kriegsende andauern sollte, wesentlich verdeckter ablief, und als 'wilde Euthanasie bzw.'Aktion Brandt' in die Geschichte einging.[76] In dieser Phase wurde die Durchführung der 'Euthanasie' von der T4-Zentrale an die psychiatrischen Anstaltsleiter delegiert. Psychiater vor Ort entschieden nun eigenständig, wer dem 'Gnadentod' in ihrer Anstalt bzw. in neu eingerichteten Sammel- und Vernichtungslagern, zugeführt wurde. Mit Hilfe der bewährten Vergasungsmethodik, schädli-

---

72 NOWAK, K. (1991): Widerstand, Zustimmung, Hinnahme, S. 238.

73 Blasius bescheinigt der Mehrzahl der Psychiater jener Zeit ein "bedenkenloses Mitmachen" (S. 179) und eine "freiwillig geübte Loyalität" (S. 179) gegenüber den Staatsinteressen. Psychiater wie Carl Schneider gehörten zu den "deutschen Spitzenpsychiatern und waren wissenschaftlich auf das beste ausgewiesen" (S. 183). Als „Obergrenze der Zivilcourage" (S. 193) damaliger Psychiater wertet Blasius die Haltung Kurt Schneiders, der durch Diagnosefälschungen PatientInnen vor Sterlisierungen bewahrt habe. Deshalb kommt er zu dem Ergebnis, daß die Psychiatrie "die Herrschaft des Nationalsozialismus festigen helfen und seine totalitären Herrschaftspraktiken mitgetragen" (S. 191) habe: "Der Nationalsozialismus hat, wie es apologetische Legenden immer wieder suggerieren wollen, die Psychiatrie nicht mißbraucht; sie verbrauchte sich selbst als Appendix einer verbrecherischen Politik." (S. 191). Etwas differenzierter urteilt Schmidt-Michel. Für ihn müsse man in der Wertung zwischen den führenden psychiatrischen Standespolitikern, die dem Staat gegenüber ideologische Unterstützung geleistet hätten, und der Mehrzahl der Anstaltsdirektoren, die sich seiner Meinung nach hilflos ausgeliefert sahen, unterscheiden. Vgl. SCHMIDT-MICHEL, P. (1993): Professionalisierung in der Psychiatrie; BLASIUS, D. (1994): Einfache Seelenstörung.

74 Vgl. NOWAK, K. (1991): Widerstand., S. 237; WOLLASCH, H. (1980): Caritas und Euthanasie, S. 139; KLEE, E. (1985): Dokumente, S. 143.

75 Vgl. MÜLLER-KÜPPERS, M. (1990): Kinderpsychiatrie und Euthanasie. Das Schlafmittel Luminal bewirkte, daß der Tod nicht akut auftrat. Die Opfer starben vielmehr an Lungenentzündung anscheinend 'natürlich'. Vgl. LINDE, O. (1994): Konzepte, S. 136.

76 Die Aktion wurde nach Brandt benannt, der 1939 von Hitler zur Aufsicht über die T4-Aktion ermächtigt worden war. Durch gezielte 'Euthanasie'-Maßnahmen habe er gemäß den Recherchen Alys beabsichtigt, Betten für Soldaten und Zivilbevölkerung frei zu machen: "In dieser Planung fungierten die Geisteskranken als Platzhalter für den Bedarfsfall. Sie hielten die Betten warm, d.h. die ganze Anstalt blieb für Zwecke der Krankenversorgung in Betrieb...Jetzt sollte nicht mehr nach einem vorher festgelegten Plan, der sich an den Tötungskapazitäten orientierte, getötet werden, sondern nach dem örtlichen Bedarf - dezentral organisiert. Differenzierte Tötungskriterien gab es nicht mehr. Es zählten allein die Arbeitsfähigkeit und das Ausmaß der medizinischen Folgen eines Bombenenangriffs." ALY, G. (1991): Die "Aktion Brandt", S. 169.

cher Medikamente oder simplen Verhungernlassens rollte damit eine erneute Vernichtungswelle über die AnstaltsbewohnerInnen. Neben der 'Aktion Brandt' gab es zudem Einzelaktionen, in die Psychiater und psychiatrische Anstalten tief verstrickt waren. So z.B. die 'Aktion 14f13', bei der ca. 20.000 Häftlinge aus Konzentrationslagern in psychiatrischen Anstalten getötet wurden.[77] Selbst diese offensichtliche Ermordungsaktionen in psychiatrischen Einrichtungen wurde von Psychiatern auf dem Hintergrund ihres therapeutischen Habitus vorgenommen! Sogar nach Kriegsende haben einzelne Psychiater versucht, ihre Mitwirkung bei der 'Euthanasie' als therapeutisches Handeln zu rechtfertigen.[78]

Paradoxerweise waren die Jahre des Nationalsozialismus von einem komplementären therapeutischen Aktivismus in der Psychiatrie durchzogen: Angeblich Unheilbare wurden mit ärztlichem Impetus der Radikal-Therapie Vernichtung zugeführt; eventuell Heilbare mit *neuen Therapiemethoden* malträtiert. Besonders Psychiater in den Universitätskliniken übernahmen Methoden, die im Ausland entwickelt worden waren und angeblich gute Heilerfolge aufwiesen, um sie an Menschen zu erproben.[79] Als Hauptkriterium der Methodenwahl galten nicht ihre theoretischen Begründungszusammenhänge, sondern allein ihre Effizienz, d.h. der sichtbare Heilungserfolg. Bedenken bezüglich der Wissenschaftlichkeit neuer Therapeutika wurden so durch das bloße Versprechen, dem 'Irresein' jetzt endlich beikommen zu können, zerstreut. Nach Thom bewirkten die neuen Therapien jedoch eher eine Verschlechterung des Gesundheitszustandes psychisch Kranker, die durch Hunger und Zusatzerkrankungen bereits stark geschwächt waren.[80] Die Erprobung von *Strahlentherapien*[81] sowie *Schocktherapien*, die massiv und oft tödlich in den Organismus der Erkrankten eingriffen, können als konsequentester Ausdruck der überzogenen therapeutischen Bemühungen in jener historischen Konstellation begriffen werden. Letztlich dürfen sie m.E. nicht als Folge eines spezifischen psychiatrischen Paradigmas, sondern als pragmatische Suche nach schnellen und effizienten Heilungen zur Festigung des therapeutischen Habitus der Psychiatrie verstanden werden. Zu den Schocktherapien zählten eine Reihe invasiver Therapieformen, die alleine oder in Kombination Anwendung fanden. Hierzu zählte z.B. die Malaria-Impftherapie, die auf der Beobachtung fußte, daß Fieberkrämpfe, v.a. bei Syphiliserkrankten, zur Verbesserung ihres Zustandes führten. Der Schluß lag nahe, daß dies auch für andere Geisteserkrankungen gelte. Die therapeutische Methode bestand darin, Fieberkrämpfe künstlich auszulösen, weshalb die Erkrank-

---

77 Die 'Aktion 14f13' bezweckte, "invalide KZ- Häftlinge, auch politische Gegner und rassisch unerwünschte Personen" zu eleminieren. NOWAK, ,K. (1991): Widerstand, S. 240. Davon besonders betroffen waren polnische und sowjetische ZwangsarbeiterInnen, die im Krankheits- bzw. Arbeitsunfähigkeitsfall angeblich in ihre Heimat zurückverlegt, in Wirklichkeit jedoch in psychiatrischen Anstalten ermordet wurden.

78 Dementsprechend formulierte der ehemalige Anstaltsleister Falthauser 1948 zu seiner Verteidigung: "Mein Handeln geschah jedenfalls nicht in der Absicht eines Verbrechens, sondern im Gegenteil von dem Bewußtsein durchdrungen, barmherzig gegen die unglücklichen Geschöpfe zu handeln, in der Absicht, sie von dem Leiden zu befreien, für das es mit den bekannten Mitteln keine Rettung gibt, keine Linderung gibt, also in dem Bewußtsein, als wahrhafter und gewissenhafter Arzt zu handeln." FALTHAUSER, in: SIEMEN, H. (1987): Menschen blieben auf der Strecke, S. 192.

79 Vgl. SIEMEN, H. (1987): Menschen blieben auf der Strecke, S. 197-200.

80 Vgl. THOM, A. (1989): Die Entwicklung der Psychiatrie, S. 138.

81 In den Anstalten wurde die Strahlenkur, die in Konzentrationslagern auch zur Sterilisation erprobt wurde, als hochdosierte Röntgenbestrahlung für therapeutische Zwecke eingesetzt. Vgl. KLEE, E. (1993): Irrsinn Ost Irrsinn West, S. 138.

ten mit Malariaerregern infiziert wurden. Die erzielten Erfolge ließen jedoch zu wünschen übrig, weshalb sich diese Therapieform nicht durchsetzen konnte. Dennoch wurde am Prinzip dieser Denkart bis in die 60er Jahre des 20. Jhdts. festgehalten, wobei die Malariaerreger lediglich gegen andere Infektionserreger, die problemloser gelagert und angewandt werden konnten, ausgetauscht worden sind.[82] Auch die Insulin-Koma-Therapie, eine Behandlung, in der PatientInnen absichtlich in den Zustand eines komatösen Schocks versetzt wurden, fand nach 1933 in deutschen Anstalten Anwendung, wie folgender Zeitzeuge berichtet: „Der Eindruck war außerordentlich! Etwa 30 bis 40 Kranke lagen, als wir den Raum betraten, in tiefem hypoglykämischen Schock. Die meisten völlig komatös mit hochrotem Gesicht, von profusen Schweißausbrüchen durchnäßt, einige von tonisch-klonischen Krämpfen geschüttelt, andere wieder erregt-delirant."[83] Ebenso als Schocktherapie fungierte die Cardiazol-Therapie[84] sowie die Elektrokrampftherapie, die 1937 in Italien eingeführt wurde und bereits Anfang der 40er Jahre in Deutschland hohes Lob fand: „Demnach ist die physikalische Krampfsetzung das Mittel der Wahl."[85]

1.5.3. Institutionelles Erscheinungsbild

Die institutionelle Verfaßtheit der Psychiatrie zwischen dem Ende des Ersten und Zweiten Weltkrieges weist völlig unterschiedliche Facetten auf. Psychiater mußten institutionelle Veränderungen, die eng mit den politischen Entwicklungen verknüpft waren, verarbeiten und mit ihren theoretischen Grundlagen in Einklang bringen. Im folgenden scheint mir eine chronologische Abhandlung entlang der gesellschaftspolitischen Ereignisse geeignet, die Wandlungen annähernd nachzuvollziehen:
1. Die Krisenphase der Nachkriegszeit 1919-1923: Der Erste Weltkrieg kostete indirekt ca. 140.000 Menschen, die in Psychiatrischen Anstalten, geschwächt durch die katastrophale Ernährungslage, schlicht verhungerten oder Krankheiten zum Opfer fielen, das Leben. Für die Heil- und Pflegeanstalten bedeutete der Tod der InsassInnen, daß zum einen bereits während des Krieges über 100 private Anstalten schließen mußten, wodurch sich der Anteil der öffentlichen Anstalten stark erhöhte; zum anderen, daß nach dem Krieg die verbliebenen Anstalten großteils leer standen und in den ersten Jahren auch leer blieben. Die durch den Krieg institu-

---

[82] Vgl. LINDE, O. (1994): Konzepte und Konzequenzen, S. 123-126.

[83] ANONYM, in: RICHARZ, B. (1987): Heilen, Pflegen, Töten, S. 87.

[84] Statt Insulin wurde lediglich das Medikament Cardiazol verwendet, das nicht wie Insulin Mangelware war. Die Nebenwirkungen waren jedoch mindestens genauso eklatant, wie der Psychiater Thumm bereits 1938 öffentlich eingestand: "Daß sich bei der Insulinbehandlung die Erfolge vielfach erst innerhalb der "Gefahrenzone" (Sakel) erzielen lassen, und daß es bei der Cardiazolbehandlung zu sehr mißlichen Komplikationen kommen kann, braucht uns an sich nicht zu schrecken. Warum sollte der bisher zur therapeutischen Passivität verurteilte und allzu sehr zur Vorsicht neigende Psychiater sich nicht die Verantwortungsfreudigkeit und den Wagemut, wie sie der Chirurg täglich übt, zu eigen machen, wenn ihm die allgemein bestätigten Erfahrungen den Weg zu einer erfolgreichen Aktivität eröffnen und die Ausnützung neuer Möglichkeiten im Kampf gegen die Schizophrenie zur ärztlichen Pflicht machen?" THUMM, in: SIEMEN, H. (1987): Menschen blieben auf der Strecke, S. 158. Die Überlegung, ob eine derartige Therapieform einer letztlich nicht lebensbedrohlichen Schizophrenie angemessen ist, d.h. ob der Vergleich zum Chirurgen stichhaltig ist, stellte Thumm nicht an.

[85] BRAUNMÜHL, in: SIEMEN, H. (1987): Menschen, S. 182. 1943, d.h. mitten im Krieg, wurden fast alle öffentlichen Anstalten mit Elektroschockgeräten der Firma Siemens ausgestattet. Verwaltungstechnisch wurde dies von der T4-Zentrale organisiert. Vgl. ALY, G. (1989): Forschen an Opfern, S. 159.

tionell geschwächte Psychiatrie befand sich in einer Existenzkrise! Diese wurde dadurch verstärkt, daß sich in den Anfängen der Weimarer Republik eine erhöhte Sensibilität und kritische Haltung der Öffentlichkeit gegenüber den Problemen der AnstaltsinsassInnen entwickelte. Durch das Zusammenspiel dieses gesellschaftlichen Druckes mit finanzpolitischen Engpässen schrumpften die Geldmittel für die Anstalten auf ein Minimum, was einen Stellenabbau zur Folge hatte und zu einer weiteren Verschlechterung der institutionellen Situation führte.[86]

2. Erholungsphase der Psychiatrie 1924-1928: In den 'Goldenen Zwanzigern' setzte eine gegenläufige Bewegung ein: Die Zahl der AnstaltsinsassInnen stieg wieder rapide an, trotz Sparpolitik wurden 27 neue öffentliche Anstalten errichtet.[87] Dennoch entstanden in jener Zeit auch institutionelle Reformbestrebungen, die zwar durch das nationalsozialistische Regime zerschlagen wurden, aber den Boden für spätere sozialpsychiatrische Reformen bereiteten. Das Hauptanliegen reformistischer Psychiater, zu denen v.a. der Direktor der Erlanger Anstalt, Kolb, gehörte, bestand in der Absicht, ein institutionelles psychiatrisches Netz im Sinne einer 'Offenen Fürsorge' zu schaffen. Da eine direkt im gesellschaftlichen Lebenskontext des Patienten ansetzende psychiatrische Betreuung jedoch dem damaligen paradigmatischen und institutionellen Selbstverständnis der Psychiatrie widersprach, lehnten die meisten Anstaltsdirektoren das Erlanger Modell ab.[88]

3. Die Umorientierungsphase 1929- 1933: Die Weltwirtschaftskrise schlug sich in der Psychiatrie v.a. in der drastischen Kürzung von Pflegesätzen nieder. Die allgemeine Finanznot sorgte auch für die stillschweigende Beendigung des Reformprojekts 'Offene Fürsorge'. Die Belegung der Anstalten ging zurück, um teure Aufenthalte zu vermeiden.[89]

4. Die Gleichschaltungsphase 1933- 1945: Mit der nationalsozialistischen Machtübernahme veränderte sich der institutionelle Status der Psychiatrie grundlegend. Die vorhandene psychiatrische Infrastruktur, d.h. das gut ausgebaute Netz großer Heil- und Pflegeanstalten, Universitätskliniken und Pflegeheime wurde aus politischen Interessen dem Staat organisatorisch gleichgeschaltet, indem Linden 1941 zum Reichsbeauftragten für Heil- und Pflegeanstalten

---

86 Vgl. SIEMEN, H. (1987): Menschen blieben auf der Strecke, S. 33/41/46.

87 Die Erhöhung der Insassenzahl wird in der Literatur mit dem Erlaß des Reichsfürsorgegesetzes im Jahr 1924 erklärt: Familien und Gemeinden wurden dadurch finanziell bei der Unterbringung von psychisch Erkrankten entlastet, wodurch die wirtschaftliche Hemmschwelle für diesen Schritt sank.
1920 lebten ca. 180 Tsd. Menschen in Psychiatrischen Anstalten, 1929 bereits ca. 300 Tsd. in mittlerweile 415 Anstalten. Nie zuvor waren einzelne Anstalten derart groß und überfüllt gewesen. Die Anstalt Bedburg zählte inzwischen 2600 Kranke, die von lediglich 12 Ärzten versorgt wurden. Vgl. BLASIUS, D. (1994): Einfache Seelenstörung, S. 138/138; SIEMEN, H. (1987): Menschen blieben auf der Strecke, S. 60/96; SIEMEN, H. (1991): Reform, S. 193.

88 Kolb selbst umschrieb sein Konzept der offenen Fürsorge folgendermaßen: "Dadurch, daß sich der Irrenarzt auch nach der Entlassung noch um den Kranken annimmt, ihm mit Rat und Tat zur Seite steht, ihm Arbeitsgelegenheit verschafft, ihm im Notfalle Unterstützung gewährt, wird auch der Irrenarzt dem Kranken gegenüber und schließlich auch im Bewußtsein des Kranken, der Angehörigen, im Volksbewußtsein zu dem, was er eigentlich sein soll: Zum Freund und Helfer, während bisher Kranke, Angehörige und Volk in dem Irrenarzte vielfach noch den Feind, den Kerkermeister der Kranken erblicken." KOLB, in: SIEMEN, H. (1987): Menschen blieben auf der Strecke, S. 35. Die Kehrseite der neuen institutionellen Fürsorgeform lag nach Siemen jedoch darin, daß die psychiatrische Kompetenz eine große Ausdehnung erfuhr: Auch nicht stationär behandelte Menschen konnten nun von Ärzten, die der Anstalt unterstanden, erfaßt werden. Dadurch wurde trotz aller humanen Intentionen die flächendeckende nationalsozialistische Erfassung 'Irrer' organisatorisch vorbereitet. A.a.O., S. 57.

89 Vgl. SIEMEN, H. (1987): Menschen blieben auf der Strecke, S. 95/96.

ernannt wurde. Psychiatern wurde dadurch eine aktive Mitgestaltung der gesellschaftspolitischen Entwicklung zugestanden und abgefordert, wobei das existierende psychiatrische Netz die organisationale Basis zur Erfassung und Vernichtung 'Minderwertiger' schuf.[90] Psychiatrische Anstalten wurden jetzt zu überdimensionalen Zwischen- und Vernichtungslagern, obwohl sie während des Krieges in 'Kliniken' und 'Krankenhäuser' umbenannt worden waren. Hinter dem Titulierungswechsel stand das Bestreben, nach 'Abschaffung' der pflegebedürftigen und therapieresistenten LangzeitpatientInnen, therapeutisch effiziente Akuteinrichtungen zu schaffen. In einem Planungspapier aus dem Jahr 1942, an dem der Psychiater Carl Schneider maßgeblich mitgearbeitet hat, heißt es deshalb bezüglich der institutionellen Zukunft der Psychiatrie: „Für die Zukunft: keine Pflegeanstalten für tiefstehende Fälle, sondern Heilanstalten mit aktivster Therapie und wissenschaftlicher Arbeit und - mit Euthanasiemöglichkeit."[91]

1.6. Daseinsanalytisch - Anthropologische Psychiatrie
1.6.1. Theoretische Fundierung

„1945 war auch in der Psychiatriegeschichte nicht die Stunde Null, aber die Stunde der großen Leere. Wo sollte angeknüpft werden, nachdem das Ausmaß schuldhafter Verstrickung in den ersten von deutschen Gerichten geführten Nachkriegsprozessen aus Gründen justizieller Komplizenschaft zwar nicht aufgedeckt wurde, aber doch erahnt werden konnte?"[92] Diese von Blasius formulierte Fragestellung wurde von der Mehrheit der Psychiater dahingehend beantwortet, daß sie an das klassische klinische Konzept Kraepelins anknüpfte.
Eine Minorität jedoch nahm eine Traditionslinie auf, die bereits in der Zeit zwischen den Weltkriegen entwickelt worden war, damals jedoch im Vergleich zum klinischen Paradigma auf breiter Ebene unbedeutend blieb. Mit dem Buch 'Allgemeine Psychopathologie' aus dem Jahr 1913 hatte der Philosoph und Psychiater Jaspers den Versuch unternommen, philosophische Implikate in das psychiatrische Theoriengebäude zu integrieren, um den zeitgenössischen rein naturwissenschaftlichen Ansatz durch geisteswissenschaftliche Kategorien zu erweitern. Obwohl Jaspers nur fünf Jahre lang in einer psychiatrischen Klinik als Arzt tätig war, hat er dennoch einen psychiatrischen Paradigmenwechsel vorangetrieben, da seine Habilitationsschrift zum psychiatrischen Standardwerk seiner Zeit wurde.[93] Seine philosophischen Theorien entnahm Jaspers der deskriptiven Phänomenologie Husserls sowie der hermeneutischen Philosophie Diltheys, die er in psychiatrische Fragestellungen transferierte. Die phänomenologische Betrachtungsweise war durch ein betrachtendes Verweilen, einen Prozeß der Wahrnehmung in der Alltagswelt, charakterisiert. Die Phänomene interessierten dabei nicht primär

---

90 Im Zuge der 'Euthanasie' wurden folgende Anstalten zu Tötungsanstalten durch Einbau von Vergasungsanlagen umfunktioniert: Brandenburg, Grafeneck (Ulm), Bernburg (Leipzig), Hartheim (Linz), Hadamar (Wiesbaden) und Sonnenstein (Dresden). Vgl. ALY, G. (Hg.): Aktion T4 1939-1945 (1989), S. 17.

91 ALY, G. (Hg.): Aktion T4 1939-1945 (1989), S. 16.

92 BLASIUS, D. (1994): Einfache Seelenstörung, S. 195. Daß die ersten 20 Jahre nach Ende des Zweiten Weltkrieges durch eine Verdrängung des Nationalsozialismus seitens der Psychiater gekennzeichnet waren, wurde von selbstkritischen Psychiatern durchaus eingeräumt. Vgl. DÖRNER, K. (1989): Zeit, S. 211.

93 Dies ist erstaunlich, da die Schrift nicht innerhalb der Medizin, sondern im Fachbereich Psychologie angenommen wurde, wobei auch der Soziologe Max Weber als Gutachter fungierte Vgl. BLANKENBURG, W. (1991): Karl Jaspers.

in ihrer Gegenständlichkeit, sondern in ihren Voraussetzungen und ihrer subjektgebundenen Dimension. Psychisches Erleben Erkankter war somit nicht mehr nebensächlich, sondern der entscheidende Zugang zum Verständnis der Erkrankung als solcher. Phänomene wie Wahnideen sollten daher nicht nur als Symptom dokumentiert und als Klassifizierungsmerkmal für eine Krankheit benutzt, sondern in ihrem Aussagewert und in ihrer Bedeutsamkeit für den einzelnen wahrgenommen werden. Jaspers selbst sah die Aufgabe der Phänomenologie darin, „die seelischen Zustände, die die Kranken wirklich erleben, uns anschaulich zu vergegenwärtigen, nach ihren Verwandtschaftsverhältnissen zu betrachten, sie möglichst scharf zu begrenzen, zu unterscheiden und mit festen Termini zu belegen."[94] Einschränkend betonte Jaspers jedoch, daß der Prozeß des angezielten Verstehens einer doppelten Begrenzung unterworfen ist: Zum einen sei das Verstehen eine Funktion des Deutens, wodurch es stets der „Sphäre des Möglichen"[95] verhaftet bleibt. Zum anderen ende das Verstehen „an der Grenze der kausal wirkenden biologischen Mechanismen".[96] Daher plädierte Jaspers für einen gleichberechtigten methodischen Dualismus des philosophisch motivierten Verstehens sowie des naturwissenschaftlich motivierten Erklärens.

Nach Schmitt brachte diese Annahme jedoch folgendes Paradox im Allatg mit sich:[97] "Der Patient blieb begrenzt verstehbares Subjekt und Naturobjekt zugleich, dem man sich freundlich distanziert näherte."[98] Da Jaspers sich gegen einseitige naturwissenschaftliche Sichtweisen zur Wehr setzte, wurde auch sein Krankheitsverständnis von philosophischen Annahmen bestimmt, wobei nicht ätiologische Gesichtspunkte, sondern das Verstehen von Seelenvorgängen im Zentrum seines Interesses stand: „Die Psychose hat einen Sinn, als Ganzes oder im einzelnen. Sie dient zur Abwehr, zur Sicherung, zur Flucht, zur Wunscherfüllung. Sie entsteht aus dem Konflikt mit der Realität, die, so wie sie ist, nicht mehr ertragen wird. Aber dieses ganze Verstehen ist seiner Bedeutung nach nicht zu überschätzen. Erstens können nie die Mechanismen der Umsetzung selber verstanden werden, zweitens sind durchweg mehr abnorme Erscheinungen da, als in einem verstehbaren Gesamtzusammenhang hingenommen werden könnten, drittens ist, wenn auch das erschütternde Erlebnis als Kausalfaktor mitspielt, das Maß dieser kausalen Bedeutung schwer abzuschätzen."[99] Die phänomenologische Sichtweise wurde nach 1945 hauptsächlich von Universitätspsychiatern aufgegriffen und durch Integration existentialistischen Gedankengutes weiterentwickelt.[100] Psychische Erkrankungen konnten

---

94 JASPERS, in: TÖLLE, R. (1980): Die Entwicklung der deutschen Psychiatrie im 20. Jhdt., S .6.

95 JASPERS, in: RECHLIN/VLIEGEN (1995): Psychiatrie in der Kritik, S. 84.

96 SCHMITT, W. (1990): Biologismus, S. 124. Das von Jaspers postulierte Unverständlichkeitstheorem wurde von seinen Schülern im Kontext des klinischen Alltags schematisiert, wodurch die philosophische Bedeutung verloren ging: Verstehbarkeit wurde an spezifische Krankheitsbilder, v.a. an Neurosen und Persönlichkeitsstörungen gebunden. Schwere Psychosen hingegen galten als unverständlich und unerklärbar, weshalb PsychotikerInnen nicht mit gleichem Verständnis begegnet werden sollte. Vgl. SEIDEL, R. (1990): Phänomenologische, daseinsanalytische und anthropologische Psychiatrie, S. 25.

97 Vgl. TRENCKMANN, U. (1987): Mit Leib und Seele, S. 256/257.

98 SCHMITT, W. (1990): Biologismus und Psychopathologie, S. 126.

99 JASPERS, in: RECHLIN/ VLIEGEN (1995): Psychiatrie in der Kritik, S. 85.

100 Als Hauptvertreter dieser Richtung gilt Binswanger mit seinem 1957 veröffentlichten Werk 'Die Schizophrenie'. In der sogenannten 'Heidelberger Schule', die von 1891 bis 1955 die wissenschaftliche Forschung

jetzt als eine Spielart des In-der-Welt-Seins, ein Ver-rücktsein in der eigenen Lebenswelt und somit als Entfaltungsmöglichkeit des Individuums im Kontext des jeweils subjektiven Weltentwurfs verstanden werden. Dadurch wurde 'Irresein' zu einer allgemeinmenschlichen Möglichkeit, die als eine Art Bewältigungsstrategie jedem Menschen offensteht.[101] Dieses Modell, das auf der Basis eines humanisierenden Menschenbildes die Bedeutung und den Sinn der Symptome für das Individuum völlig neu zu erfassen und ernstzunehmen versuchte, besaß jedoch kaum theoretisches Potential, um die gesellschaftspolitische Dimension der Erkrankung mitzureflektieren, da als wesentliche Daseinsgrößen intraindividuelle Befindlichkeiten wie Angst, Ausgeliefertsein, Hinausgeworfensein in die Existenz definiert wurden, die es dementsprechend therapeutisch anzugehen galt.

Ebenso wie die Soziologie konnte auch die Psychologie in der Nachkriegszeit innerhalb der Psychiatrie nicht Fuß fassen. Dies könnte darauf zurückgehen, daß viele Psychiater mit psychoanalytischen Kenntnissen während des Nationalsozialismus zur Emigration gezwungen waren und Jaspers selbst die Psychoanalyse ablehnte.[102] In Deutschland wurde daher nicht wie in anderen Ländern die Psychologie, sondern die Philosophie zum Vehikel der paradigmatischen Neubesinnung.

1.6.2. Therapeutische Praxis

Die nach Kriegsende erfolgte theoretische Besinnung und Neuausrichtung der Pychiatrie erwies sich, was ihre therapeutische Innovationskraft anging, als relativ irrelevant. Nach Helbig wurde dieses Manko von zeitgenössischen Psychiatern durchaus wahrgenommen, wobei sie mehrheitlich nicht unter dieser Tatsache gelitten, sondern sich sogar selbst für therapeutische Veränderungen "als weitgehend unzuständig erklärt"[103] hätten. Statt therapeutischer Neuerungen, die sich schlüssig aus ihrem philosophisch geprägten Konzept hätten ableiten lassen, griffen sie auf den Einsatz von Beruhigungsmitteln und Schocktherapien zurück, die bereits unter dem erbbiologischen Paradigma erprobt worden waren. Autobiographische Zeugnisse noch lebender Psychiater ermöglichen uns einen ausschnitthaften Einblick in die damalige therapeutische Praxis: „Die Heilbaren wurden, so weit es ging, 'klinisch' behandelt: Beruhigungsmittel, Schlafkuren, Elektroschock; sie lagen in ihren Betten, lasen oder gingen dann später auch im Park spazieren. Die 'Unheilbaren', soweit sie nicht wegen kontinuierlicher Aggressivität im Wachsaal untergebracht werden mußten, waren in den Dachgeschossen in großen Schlafsälen kaserniert. Sie wurden zur anstaltseigenen Arbeitstherapie - in der Landwirtschaft, in der Küche, in der Wäscherei, zur Gartenarbeit - herangezogen."[104]

---

der Hochschulpsychiatrie dominierte und zu der auch K. Schneider zählte, wurde Jaspers Gedankengut weitertradiert. Vgl. SCHMITT, W. (1990): Biologismus und Psychopathologie, S. 121

101 Vgl. WULFF, E. (1985): Psychiatrie, S. 66/67; SEIDEL, R. (1990): Phänomenologische, S. 25-27.

102 „Zu einem der erbittertsten Gegner der Freudschen Lehre stilisierte sich K. Jaspers hoch - nicht nur Existenzphilosoph, sondern auch einer der Gründer der Heidelberger Psychiatrieschule, dessen Verdikt auf nahezu allen Lehrkanzeln Geltung hatte." WULFF, in: RECHLIN/VLIEGEN (1995): Psychiatrie, S. 89.

103 HELBIG, N. (1987): Psychiatriereform, S. 249. Obwohl die Entdeckung der Psychopharmaka in die Endphase der phänomenologischen Psychiatrie fiel, scheint sie jedoch kein spezifisches Produkt des phänomenologischen Paradigmas gewesen zu sein.

104 WULFF, E. (1985): Psychiatrie nach 1945, S. 60.

1.6.3. Institutionelles Erscheinungsbild

In der Nachkriegszeit wurde der asyläre Charakter Psychiatrischer Krankenhäuser nicht grundlegend geändert. Obwohl sich durch die Ermordung des Großteils der AnstaltsinsassInnen die Zahl der PatientInnen drastisch reduziert hatte, kam es in den ersten zwanzig Nachkriegsjahren zu einer Vervierfachung der Aufnahmen. Zudem waren die Nachkriegsjahre durch eklatanten Personalmangel und desolaten Zustand der baulichen Verhältnisse gekennzeichnet, wodurch der asyläre Charakter der Häuser bereits visuell ins Auge sprang.[105] Auch strukturelle Neuerungen wie die Einrichtung der organisatorisch unabhängigen Kinder- und Jugendpsychiatrie bzw. der Forensischen Psychiatrie, sowie die gesetzliche Festschreibung ambulanter Behandlungsmöglichkeiten psychisch Kranker durch frei praktizierende Nervenärzte, brachte zunächst keine revolutionären institutionellen Veränderungen mit sich.[106]

1.7. Kritische Psychiatrie, Antipsychiatrie
1.7.1. Theoretische Fundierung

Unter 'Kritische Psychiatrie', meist synonym zu 'Antipsychiatrie' oder 'Alternative Psychiatrie' verwendet, versteht Kick die Subsummierung vieler relativ heterogener Strömungen, die zwar bereits in den 60er und 70er Jahren des 20. Jhdts. höchste öffentliche und politische Relevanz erreicht haben, sich aber dennoch kontinuierlich bis in die Gegenwart hinein subkulturell immer wieder neu formieren.[107] Die erstaunlich zeitgleiche und länderübergreifende Entwicklung neuen Gedankengutes scheint in der Konvergenz verschiedener Faktoren gelegen zu haben:[108]

Die 50er und 60er Jahre waren wissenschaftstheoretisch international gekennzeichnet durch eine grundsätzliche Infragestellung positivistischer Denktraditionen. Die Kritische Wissenschaftstheorie führte zum Überdenken traditioneller Grundsatzpositionen, was auch Auswirkungen auf die Psychiatrie als Wissenschaft haben mußte. Desweiteren sensibilisierte die gesellschaftskritische Protestbewegung der 60er und frühen 70er Jahre weite Bevölkerungskreise für die Wahrnehmung sozialer Zustände und zwang zu einer sozialpolitischen Perspektivenweitung gerade in Bezug auf umstrittene soziale Systeme wie dem der Psychiatrie. Zeitgleich fand transkulturell erstmals der Versuch statt, die Zustände in psychiatrischen Krankenhäusern empirisch zu ermitteln und die Ergebnisse als Grundlage für Veränderungen heranzuziehen, wobei v.a. die Feldforschungen des amerikanischen Soziologen Goffman die antipsychiatrische Bewegung nachhaltig beeinflußt haben. Nach Kardorff war die Wirkung Goffmans deshalb so groß, weil ihm eine "Verwissenschaftlichung der vorwissenschaftlichen, moralischen Empörung über die Zustände in der Psychiatrie im Medium soziologischer Kri-

---

[105] Vgl. WULFF, E. (1985): Psychiatrie nach 1945, S. 63; WEIK, T. (1987): Umschichtungen, S. 24/25.

[106] Vgl. TRENCKMANN, U. (1987): Mit Leib und Seele, S. 56.

[107] Vgl. KICK, H. (1990): Antipsychiatrie, S. 368. Spezielle Literatur: RECHLIN, T. (1998): Ursachen und Wirkungen der Antipsychiatrie; BOPP, J.: Antipsychiatrie. Diss. Ffm., Syndikat, 1980; SCHWENDTER, R. (Hg.): Reader zur Psychiatrie und Antipsychiatrie. 2 Bde. Bln., SPV, 1978/1979; GLATZEL, J.: Die Antipsychiatrie. Stgt., Fischer, 1975; BRAUN, U. u. E. Hergrüter: Antipsychiatrie und Gemeindepsychiatrie. Ffm., New York, Campus, 1980.

[108] Vgl. NOVAK/ZIPP (1981): Deprofessionalisierung- und Professionalisierungstendenzen, S. 104.

tik"[109] gelang. Erstmals spielte somit nicht-psychiatrische Fachliteratur eine entscheidende Rolle bei der Reformulierung des psychiatrischen Paradigmas. Antipsychiatrische Richtungen in verschiedenen Ländern hatten hierbei eine grundsätzliche Gemeinsamkeit: Die kritische und vehemente Infragestellung des angeblich gesicherten psychiatrischen Basis-Wissens sowie der institutionellen Rahmenbedingungen im Sinne einer Fundamentalopposition.[110] Für Finzen handelte es sich um eine Vereinigung derjenigen, die nicht mehr an eine Reformfähigkeit der Psychiatrie glaubten.[111]

Geographisch konzentrierte sich die Neubesinnung v.a. auf England, Amerika und Italien. Zu den englischen Vordenkern gehörten Laing und Cooper, die den Begriff 'Antipsychiatry' auf der Folie ihres marxistischen und existentialistischen Weltverständnisses in die Diskussion einführten.[112] In den U.S.A. regte v.a. der Psychiater Szasz die psychiatriekritische Diskussion an. Im Unterschied zu den englischen Antipsychiatern, mit denen er in engem Kontakt stand, lehnte er jedoch den Terminus 'Antipsychiatry' als unpräzis, irreführend und politisch ideologisierend ab.[113] Als Hauptvertreter Italiens, die ihr Konzept ebenfalls nicht als Antipsychiatrie bezeichneten, sondern die Titulierung 'Demokratische Psychiatrie' wählten, gelten Jervis und Basaglia: "In diesem Sinn lehne ich für meinen Teil die Bezeichnung 'Antipsychiatrie' kategorisch ab. Ein derartiges ideologisches Unterfangen möchte ich nicht unterstützen... Ich bin Psychiater und möchte meine Aufgabe erfüllen. Wenn es anders wäre, würde ich meinen Beruf wechseln...Vielmehr bin ich der Überzeugung, daß ich als Fachmann, als Spezialist", meine Position als Psychiater dazu zu nutzen habe, um mich in den Dienst der Öffentlichkeit und des Wohls der in Anstalten untergebrachten Menschen zu stellen."[114] Obwohl nach Rechlin/ Vliegen in Deutschland keine geschlossene antipsychiatrische Bewegung mit entsprechend herausragenden Persönlichkeiten ausmachbar ist, sei gerade hier der Einfluß an-

---

109 KARDORFF, E. (1991). Goffmans Anregungen, S. 337. Goffman (1922 - 1982), Doktor der Philosophie und einer der meistgelesenen Autoren innerhalb der Soziologie, wurde durch seine Klinikstudie an einem Psychiatrischen Krankenhaus international berühmt. Als Assistent eines Sportreferenten sammelte er durch teilnehmende Beobachtung Daten über das Anstaltsleben von ca. 7000 PatientInnen. Seine psychiatriekritischen Schlußfolgerungen wurden 1961 (deutsch erst 1972) unter dem Titel 'Asylums' veröffentlicht. Bereits 1963 (deutsch 1967) folgte eine weitere Publikation mit dem Titel 'Stigma' zu diesem Themenkreis.

110 Vgl. KEUPP, H. (1988): Normalität, S. 495.

111 Vgl. FINZEN, A. (1973): Antipsychiatrie, Sozialpsychiatrie, soziale Psychiatrie, S. 261.

112 Vertiefende Literatur: LAING, R.: Knoten. Reinbek, Rowohlt, 1972; DERS.: Das geteilte Selbst. Reinbek, Rowohlt, 1976; DERS.: Das Selbst und die Anderen. Reinbek, Rowohlt, 1977; DERS.: Weisheit, Wahnsinn, Torheit. Mchn., DTV, 1987; COOPER, D.: Psychiatrie und Antipsychiatrie. Ffm., Suhrkamp, 1971; DERS.: Sprache der Verrücktheit. Bln., Rotbuch, 1978; DERS.: Der eingekreiste Wahnsinn. Ffm., Suhrkamp, 1979.

113 Vertiefende Literatur: SZASZ, Th.: Geisteskrankheit - ein moderner Mythos? Olten/Freiburg, Walter, 1972; DERS.: Psychiatrie- die verschleierte Macht. Olten, Walter, 1975; DERS.: Fabrikation des Wahnsinns. Ffm., Fischer, 1976; DERS.: Recht, Freiheit und Psychiatrie. Wien, Europa Verlag, 1978; DERS.: Schizophrenie - das heilige Symbol der Psychiatrie. Wien Europa Verlag, 1979.

114 BASAGLIA, in: OBIOLS, J. (1978): Antipsychiatrie, S. 8. Vertiefende Literatur: BASAGLIA, F.: Die abweichende Mehrheit. Ffm., Suhrkamp, 1972; DERS.: Die negierte Institution oder die Gemeinschaft der Ausgeschlossenen. Ffm., Suhrkamp, 1973; DERS.: Was ist Psychiatrie? Ffm., Suhrkamp, 1974; DERS.: Psychiatry inside out. Selected writings of F. Basaglia. New York, Columbia, 1987; JERVIS, G. (1978): Kritisches Handbuch der Psychiatrie. Ffm., Syndikat, 1978; DERS.: Die offene Institution. Ffm., Syndikat, 1979; DERS. u. F. RELLA: Der Mythos der Antipsychiatrie. Bln., Merve, 1976.

tipsychiatrischer Theorien relativ groß gewesen.[115] Analysiert man die berufliche Herkunft antipsychiatrisch eingestellter TheoretikerInnen, zeigt sich, daß es sich v.a. um Journalisten, Psychologen, Soziologen und politisch aktive Psychiater, die tlw. in Psychiatrischen Krankenhäusern arbeiteten, handelte. In (selbst)kritischer Haltung entwickelten sie ein Wissenschaftsverständnis, das v.a. auf sozialphilosophischen bzw. sozialpolitischen Implikationen beruhte, wodurch sie die inhaltliche Qualifizierung des Phänomens Geisteskrankheit einem grundlegenden Wandel unterzogen: Die Interpretation, daß seelische Erkrankungen als somatisch bedingte intraindividuelle psychopathologische Prozesse zu verstehen sind, lehnten sie ab. Dafür boten sie m.E. drei komplementäre bzw. auch widersprüchliche Erklärungsmodelle mit je verschiedener Gewichtung an, die in gegenseitiger Verschränkung den Versuch darstellen, die medizinalisierte und individualisierte Engführung der wissenschaftlichen Fundierung der Psychiatrie durch Einführung einer gesellschaftspolitischen Perspektive zu erweitern, um die 'Irren' aus repressiven Denk- und Handlungsstrukturen zu befreien:
Im ersten Krankheitsmodell wird Geisteskrankheit als Grundkategorie angezweifelt und somit als eigene Krankheitsrealität geleugnet. Wenn ihr kein nachweisbarer organischer Defekt zu Grunde liegt, wird sie als 'Mythos' und als Ausdruck für Lebensprobleme, Fragen der Existenz und Sinngebung entlarvt.[116] Daraus läßt sich für Szasz folgende Schlußfolgerung ziehen: „Was Geisteskrankheit (oder Psychopathologie) genannt wird, entpuppt sich als Name für das Produkt einer bestimmten Beziehung zwischen Unterdrücker und Unterdrückten."[117]
Im zweiten Modell werden Geisteskrankheiten als außergewöhnliche und durchaus sinnvolle Erlebnisformen verstanden, weil sie den Effekt haben können, psychisch Erkrankte zu einem reiferen menschlichen Gesamtzustand zu führen.[118] Im dritten Modell wird Geisteskrankheit als ein Konstrukt zur Bezeichnung einer gesellschaftlich sanktionierten Etikettierungs-Strategie verstanden. Diese als 'Labeling-Theorie' bekanntgewordene Sichtweise geht dabei von der Annahme aus, daß mit Hilfe ärztlicher Diagnostik Menschen abweichenden Verhaltens durch die Zuschreibung spezifischer Krankheits-Etiketten aus der Gesellschaft aussortiert, stigmatisiert und konsequent ausgegrenzt werden. Psychische Krankheit wäre demnach eine Art theoretisches Konstrukt, das, versehen mit dem Habitus angeblich medizinisch-wissenschaftlicher Seriosität, das Rüstzeug liefert, um gesellschaftliche Prozesse repressiv und kontrollierend zu steuern. Aus dieser Perspektive wird Geisteskrankheit zu einem gesellschaftspolitischen Problem, das nur mit gesellschaftspolitischen Mitteln gelöst werden kann.[119] Aus der Darstellung der drei Modelle wird ersichtlich, daß alle Autoren, unabhängig davon, ob sie sich die programmatische Bezeichnung Antipsychiatrie zu eigen machen oder nicht, aus einer sozialwissenschaftlich-sozialphilosophischen und gesellschaftspolitischen Perspektive argumentieren.

---

115 RECHLIN/VLIEGEN(1995): Psychiatrie in der Kritik, S. 44/ 52.

116 PELIKAN, H. (1987): Vom Mythos, S. 81. Vertreter dieser Variante finden sich v.a. in der amerikanischen und deutschen Literatur: SZASZ, Th. (1975): Geisteskrankheit - ein moderner Mythos?; KEUPP, H. (Hg.) (1972): Der Krankheitsmythos; ZERSSEN, D. (1976): Psychiatrisches Kranksein - Mythos oder Realität?; MILLETT, K. (1993): Psychische Krankheit ein Phantom; RUFER, M. (1988): Irrsinn Psychiatrie.

117 SZASZ, in: RECHLIN/VLIEGEN (!995): Psychiatrie in der Kritik, S. 38.

118 Diese zweite Variante findet sich v.a. bei den englischen Vertretern der Antipsychiatrie.

119 Vgl. ROHLFS, G. (1986): Die gesellschaftliche Definition von Geisteskrankheit; KEUPP, H. (1976): Abweichung und Alltagsroutine: DERS. (1972): Psychische Störung als abweichendes Verhalten; SCHEFF, Th. (1973): Das Etikett Geisteskrankheit; TROJAN, A. (1978): Psychisch krank durch Etikettierung.

1.7.2 Therapeutische Praxis

Das antipsychiatrische Paradigma mußte zwangsläufig zur Schlußfolgerung führen, daß medizinisch motivierte therapeutische Strategien in psychiatrischen Institutionen überflüssig, ja schädlich für 'angeblich' Erkrankte sind. Therapie sollte deshalb mit völlig neuen Inhalten und Strategien, die den einzelnen und die Gesellschaft als ganzes betreffen, verbunden werden. In Bezug auf den einzelnen Betroffenen gelte es daher, dem Betroffenen den gesellschaftspolitischen Stigmatisierungs- und Marginalisierungsprozeß gegen ihn bewußt zu machen und ihn in seinen ursprünglichen Lebensort, wo er unter Wahrung seiner bürgerlichen Rechte unter Schutz zu stellen ist, zu entlassen, wobei den Gesellschaftsmitgliedern pädagogisch zu vermitteln ist, daß sie ihre kranken MitbürgerInnen nicht in Spezialinstitutionen abzuschieben haben. Psychiatrische Therapie erweist sich durch diese Doppelstrategie als bewußte gesellschaftspolitische Intervention, die von allen psychiatrischen Berufsgruppen hauptsächlich außerhalb offizieller Institutionen zu leisten ist.[120] Außer theoretischen Reflexionen konnten antipsychiatrische PsychiaterInnen jedoch keine aus ihren Theorien ableitbaren praktikablen Therapieformen anbieten.[121] Der Einsatz von Psychopharmaka wurde nahezu übereinstimmend abgelehnt, obwohl deren positive Wirkungen Anerkennung fanden.[122]

1.7.3. Institutionelles Erscheinungsbild

Gemeinsames Merkmal aller psychiatriekritischen Strömungen war die Kampfansage an das psychiatrische Großkrankenhaus, das durch empirische Studien als totale Institution entlarvt und als überflüssig eingestuft worden war.
Die radikale Forderung der Auflösung Psychiatrischer Kliniken basierte v.a. auf den Ergebnissen Goffmanns, der den Zusammenhang zwischen der organisationalen Verfaßtheit der Psychiatrie und den spezifischen Verhaltensmustern von hospitalisierten PatientInnen analysierte. Zusammenfassend legte er eine Charakterstudie des Psychiatrischen Krankenhauses vor, das er in Analogie zu Gefängnissen, Kasernen und Klöstern als totale Institution beschrieb: "Eine totale Institution läßt sich als Wohn- u. Arbeitsstätte einer Vielzahl ähnlich gestellter Individuen definieren, die für längere Zeit von der übrigen Gesellschaft abgeschnitten sind und miteinander ein abgeschlossenes, formal reglementiertes Leben führen."[123] Antipsychiater schlossen aus Goffmanns Analysen, daß Psychiatrische Krankenhäuser ihre Existenzberechtigung v.a. deswegen verloren hätten, weil sie in Analogie zu ihrer Entstehungsgeschichte noch immer als Unterdrückungs- Institution des Polizei- und Staatsapparates fungierten: "Den Kern des Problems bildet die Gewalt.. .Exponent dieser Gewaltausübung ist die psychiatrische Institution, die diejenigen repressiv korrigiert oder ausgrenzt, die nicht gewillt oder fähig sind, sich an mehr oder weniger willkürlich festgesetzte gesellschaftliche

---

120 Vgl. WULFF, E. (1987): Das moderne Nervenkrankenhaus, Unpag.

121 Auch ein konkreter Behandlungsvorschlag Laings blieb utopisch: „Sein therapeutisches Ideal war eine 'Vielzahl von Gemeinschaften', in denen Geisteskranke mit Hilfe von ehemaligen Patienten 'geheilt' werden könnten. Entscheidend für den Erfolg einer Therapie sei das Miteinander von Arzt und Patient auf einer 'menschlichen Ebene'". RECHLIN/VLIEGEN (1995): Psychiatrie in der Kritik, S. 20.

122 Vgl. RECHLIN/VLIEGEN (1995): Psychiatrie in der Kritik, S. 30.

123 GOFFMAN, E. (1981): Asyle, S.11.

Normen anzupassen."[124] Die Versorgung der entlassenen PatientInnen sollten ambulante Zentren übernehmen. Am radikalsten wurde diese Vorstellung in Italien umgesetzt, wobei die dortige Reform gegenwärtig mehrheitlich als gescheitert bewertet wird.[125]

1.8. Sozialpsychiatrie, Gemeindepsychiatrie, Reformpsychiatrie
1.8.1. Theoretische Fundierung

Trotz ihres gewichtigen Einflusses erlangte in den 70er und 80er Jahren nicht die Antipsychiatrie, sondern die Sozialpsychiatrie paradigmatische Dominanz in Deutschland. Die Termini 'Sozialpsychiatrie', 'Gemeindepsychiatrie' und 'Reformpsychiatrie' werden in der Literatur oft synonym benutzt. Dennoch liegen den Begriffen unterschiedliche Konnotationen zugrunde: Sozialpsychiatrie steht für die wissenschaftlich-paradigmatische Ausrichtung der Psychiatrie; Gemeindepsychiatrie, Gemeindenahe Psychiatrie, Kommunale Psychiatrie und Sektorisierte Psychiatrie beschreiben das übergeordnete institutionelle Organisationsprinzip der Sozialpsychiatrie; Reformpsychiatrie dagegen ist die Bezeichnung der politischen Realisierung sozialpsychiatrischer Theorien und Organisationsprinzipien.[126]

Obwohl der Begriff *Sozialpsychiatrie* explizit Mitte der 50er Jahre innerhalb der psychiatrischen Wissenschaft auftauchte, begann sein programmatischer Siegeszug erst in den 60er Jahren. Damals formierte sich unter dieser Bezeichnung eine heterogene Bewegung, der eine Art avantgardistischer Nimbus, ein inhaltlich vager, dafür aber provokativer Flair anhaftete.[127] Dörner, einer der Protagonisten jener Erneuerungsbewegung, äußerte daher bereits in der Entstehungszeit den Verdacht, daß dem Begriff Sozialpsychiatrie der Geruch eines Modebegriffs anhaftet, weshalb er ihn selbst nur im Sinne eines kritischen Begriffs, d.h. "als Protest gegen eine Psychiatrie, die ihrem Anspruch nicht entspricht, dem Anspruch, den Bedürfnissen der psychisch Leidenden gerecht zu werden"[128] benütze. Trotz sehr unterschiedlicher sozi-

---

[124] COOPER, in: Kick, H. (1990): Anstipsychiatrie, S. 370.

[125] Vgl. DELL'AQUA, G.: 20 Jahre nach Triest, in: Caritas 97, 1996, S. 209-217; OPPENHEIMER, Ch.: Ist die italienische Psychiatriereform noch eine Reise wert?, in: SPI 22, 1992, S. 46-50.

[126] Vgl. HEINRICH, K. (1987): Aufbruch zu neuen Paradigmen, S. 38. Literatur zur Sozialpsychiatrie der 70er und 80er Jahre: BAER, ROLF: Die Anfänge der Sozialpsychiatrie, in: DERS. (HG.): Themen der Psychiatriegeschichte. Stgt., Enke, 1998, S. 159-168; PFEFFERER-WOLF, H. (1987): Das Ende der klinischen Hegemonie? Wahrnehmung und Praxis in der sozialen Psychiatrie; TROJAN, A. (1980): Sozialpsychiatrische Praxis; BATTEGAY, R. u.a. (1977): Grundlagen und Methoden der SP; DÖRNER/PLOG (Hg.) (1973): SP; FINZEN, A. (1973): Antipsychiatrie, SP, soziale Psychiatrie.

[127] Die inhaltliche Verschwommenheit ergab sich daraus, daß der Begriff Sozialpsychiatrie unterschiedlichste inhaltliche Facetten aufwies: 1.Reflexionen zum Krankheitsbegriff; 2. Reflexionen zur gesellschaftspolitischen Verstricktheit der Psychiatrie; 3. Reflexionen über die juristische Sicherung der Rechte psychisch Kranker; 4. Reflexionen über die offizielle Etablierung der neuen Theorie innerhalb des wissenschaftlichen Establishements durch Besetzung von Lehrstühlen und Schaffung von Fachzeitschriften; 5. Reflexionen über therapeutische und institutionelle Folgewirkungen. Vgl. WOLTER-HENSELER, D. (1993): Von der Nutzlosigkeit, S. 7; WULFF, E. (1992): Entwicklung der Sozialpsychiatrie, S.67; HASELBECK, H. (1993): Wieviel Theorie, S. 8.

[128] DÖRNER/PLOG (1973): Sozialpsychiatrie, S. 8. Nach zwanzig Jahren sozialpsychiatrischer Tätigkeit lehnt Dörner in den 90er Jahren den Begriff 'Sozialpsychiatrie' schlichtweg ab, da er "den Begriff 'Sozialpsychiatrie' zwar für zeitweilig polemisch nützlich, sicher auch für methodisch notwendig, im übri-

alpsychiatrischer Strömungen gelang es den AnhängerInnen, sich zu einer gemeinsamen Bewegung zusammenzuschließen, woraufhin 1970 erstmals ein Kongreß der Sozialpsychiatrie in Deutschland tagte. Bereits 1971 folgte die verbandliche Formierung in der 'Deutschen Gesellschaft für Soziale Psychiatrie' (DGSP), zu deren Etablierung eigene Fachpublikationen wie die Zeitschrift 'Sozialpsychiatrische Informationen' entscheidend beitrugen.[129]
Wichtige Impulse für den konzeptionellen Wandel entlehnten SozialpsychiaterInnen kritischen Anfragen der Antipsychiatrie und neuesten Forschungsergebnissen aus den Bereichen Soziologie, Psychologie, Ethnopsychiatrie und Psychiatriegeschichte, wobei v.a. die Labeling Aproach-Forschung, die Life Event-Forschung, die Soziale-Netzwerk-Forschung und die Expressed-Emotion-Forschung den Blick auf die Rolle des Faktors Gesellschaft bei der Entstehung und Aufrechterhaltung psychischer Krankheiten lenkte.[130] Die wichtigste inhaltliche Modifikation im psychiatrischen Krankheitsbegriff, die sich aus der Rezeption dieser Forschungsergebnisse ergab, bestand in der Entdeckung der großen Bedeutung der sozialen und interpersonellen Dimension im Krankheitsgeschehen. Dörner brachte dies durch einen einfachen Satz prägnant auf den Punkt: "Sozialpsychiatrie bezieht sich auf Menschen im Plural".[131] Daß die Theorie der sozialen Bedingtheit psychischer Krankheit ihrerseits jedoch leicht zu Mißverständnissen führen kann, wurde von ihm bereits im Anfangsstadium erkannt: "Sozialpsychiatrie behauptet nich t- im Gegensatz zu dem wohl verbreitetsten Vorwurf gegen sie - die soziale Verursachung allen psychischen Leidens. In dem 150 Jahre alten - nicht selten metaphysisch ausgetragenen - Streit, ob psychisches Leiden körperlich oder psychisch verursacht sei, kann sie die eine wie die andere Annahme zulassen.. Sozialpsychiatrie berücksichtigt jedoch die gesamte Bedingungskonstellation eines Leidens... d.h. den Anteil und die Reaktion der Bezugspersonen, die ätiologische Relevanz der sozialen Situation und der darin enthaltenen allgemeinen gesellschaftlichen Gegebenheiten."[132]

1.8.2. Therapeutische Praxis

Der neue sozialpsychiatrische Bezugsrahmen führte von der Anwendung einzelner therapeutischer Strategien und Techniken hin zu einer veränderten therapeutischen Grundhaltung: Nicht die Beseitigung einzelner Krankheitssymptome, sondern eine Einflußnahme auf die gesamte soziale Alltags- und Lebenswelt der Erkrankten sollte nun im Zentrum psychiatrischer Praxis stehen.

Neben der zwar noch immer als nötig anerkannten direkten Krisenintervention durch medizinisch-pharmakologische Therapeutika, verlagerte sich dadurch die Behandlung hin zum Sektor der Prävention und Rehabilitation. Die therapeutische Intervention ging somit in Analogie zu antipsychiatrischem Gedankengut über die stationäre Behandlungsphase hinaus und umfaßte v.a. Maßnahmen im Lebens- und Arbeitsraum psychisch Erkrankter. Während diese thera-

---

gen aber für überflüssig ...., teils auch für schädlich, da er zum Werten und Spalten verführt" hält. DÖRNER, K. (1993): Welches Menschen- und Gesellschaftsbild, S. 28.

129 Vgl. TOLLGREVE, C. (1984): Bewegung in der Psychiatrie? Die DGSP zwischen Gegeninitiative und etabliertem Verband.

130 Vgl. HEINRICH, K. (1987): Aufbruch, S. 38; TRENCKMANN, U. (1987): Mit Leib und Seele, S. 274.

131 DÖRNER, K. (1995): Historische und wissenssoziologische Voraussetzungen, S. 91.

132 DÖRNER/PLOG (1973): Sozialpsychiatrie, S. 10.

peutische Strategie in den 70er Jahren als 'Soziotherapie' bezeichnet wurde, titulierte man sie in den 80er Jahren als 'Netzwerktherapie',[133] wobei sich beide in ihrer inhaltlichen Füllung überschnitten: "Sachhilfe, Förderung von Selbsthilfe und Nachbarschaftshilfe, Betreuung im Team, Angebote auch eines so weit nötig geschützten Milieus... Die geschützten Milieus sind v.a. im intermediären Bereich zwischen psychiatrischer Klinik einerseits, selbständiger Lebensführung außerhalb der Klinik andererseits angesiedelt."[134] Nach Dörner haftet dem Terminus Soziotherapie bis in die Gegenwart hinein eine inhaltliche Vagheit an, weshalb auch er selbst unterschiedliche Füllungen anbietet. Zum einen benutzt er ihn als zusammenfassenden Überbegriff für alle therapeutischen Handlungen, in denen die normalen, alltäglichen und gesunden Anteile eines Individuums gefördert werden sollen. Andererseits verwendete er das Wort auch als Bezeichnung für eine spezifische therapeutische Methodik in Form von Ergotherapie, Sozialarbeit und Sozialpädagogik, die neben körpertherapeutischen und psychotherapeutischen Techniken zur Anwendung kommt.[135]

Das anvisierte Ziel dieser Therapieform, bei der methodisch v.a. an die gesunden Anteile der PatientInnen angeknüpft werden soll, um verlorengegangene soziale Interaktionsfähigkeiten wiederherzustellen, kann mit Firnenburg folgendermaßen zusammengefaßt werden: Niveau an Freude, Selbstverwirklichung und gesellschaftlicher Teilhabe zu erhalten bzw. wiederherzustellen im Rahmen einer möglichst selbständigen, subjektiv zufriedenstellenden und mit den Ansprüchen der sozialen Umwelt vereinbaren Lebensführung."[136] Nicht die Beseitigung der Krankheit soll demnach oberstes Therapieziel sein, sondern die Behebung einer durch sie ausgelösten funktionellen Behinderung im sozialen Bereich. Dadurch sollen psychisch Kranke wieder in der Lage sein, mit oder ohne Fortbestehen der psychischen Krankheit innerhalb der Gesellschaft zu leben. In Anlehnung an die Theorien der Antipsychiatrie sahen VertreterInnen der Sozialpsychiatrie in der gesellschaftlichen Reintegration die Aufhebung der durch die Gesellschaft erfolgten Ausgrenzungsstrategie.[137] Auch für die stationäre Psychiatrie brachte die Soziotherapie radikale therapeutische Innovationen mit sich. Die auffälligste Änderung bestand in der Ausrichtung aller Therapiemethoden auf möglichst baldige Resozialisation, wie dies Rüther in leicht sarkastischem Ton kommentiert: "Alle Maßnahmen in der Klinik, d.h. im Anstaltsalltag, wurden neu definiert als Lern- und Übungsfeld zur Gewinnung der eben zitierten sozialen Kompetenzen. Aus der Hobby-Kochgruppe, "wir backen einen Kuchen und essen ihn in der Anstalt" wurde: "wir lernen einen Kuchen zu backen, um am Samstagnachmittag zu Hause später Freunde einzuladen und bewirten zu können.""[138]

---

133 Vgl. UCHTENHAGEN, A. (1992): Sozialpsychiatrie, S. 578. Spezifische Literatur: BÖCKER, F.: Bezugspersonen im sozialen Umfeld psychisch Kranker - statistische Analyse sozialer Netze, in: BAER, R. (Hg.): Wege psychiatrischer Forschung. Erlangen, Perimed, 1991, S. 212-232; BRÜNINGHAUS, Th.: Psychiatriegemeinde. Soziale Netzwerke, Beziehungen, Kontakte ehemaliger Psychiatriepatienten. Ffm., Lang, 1990; ANGERMEYER, M. u. D. KLUSSMANN (Hg.): Soziale Netzwerke: Ein neues Konzept für die Psychiatrie. Bln., Springer, 1989; KARDORFF, E.: Zwischen Netzwerk und Lebenswelt. Mchn., Profil, 1989; KEUPP; H. u. B. RÖHRLE: Soziale Netzwerke. Ffm., Campus, 1987.

134 UCHTENHAGEN, A. (1992): Sozialpsychiatrie, S. 577.

135 Vgl. DÖRNER/PLOG (1996): Irren ist menschlich, S. 511-522.

136 FIRNENBURG, C. (1994): Curriculare Vorschläge, S. 19.

137 Vgl. DÖRNER/PLOG (1973): Sozialpsychiatrie, S. 13/14.

138 RÜTHER, N. (1988): Bedingungen der Transformation, S. 135.

Um eine baldige Resozialisation zu ermöglichen, wurde das grundlegende Behandlungsprinzip der Therapeutischen Gemeinschaft[139] eingeführt. Eine Behandlungsstrategie, die darauf beruht, daß der Beziehungsstruktur zwischen TherapeutInnen und PatientInnen bzw. Angehörigen als solcher therapeutische Qualität zugesprochen wird, PatientInnen aktiv in den therapeutischen Prozeß einbezogen werden, ein respektvoller Umgang mit ihnen die Basis jeglicher Therapie darstellt und jede Form von Zwang ausgeschlossen ist. Therapeutische Arbeit mit psychisch erkrankten Menschen war durch derartige sozialpsychiatrische Vorgaben nicht mehr beschränkt auf Akutkranke, sondern richtete ihr Augenmerk auch auf die LangzeitpatientInnen, die bisher nach erfolgloser Therapie aus therapeutischen Zielsetzungen herausgefallen und konsequent in Pflegeabteilungen verlegt worden waren. Da medizinische Fachkompetenz für diese Aufgabenstellung allein als unzureichend erkannt wurde, ergab sich die Notwendigkeit einer interdisziplinäre Aufgabenteilung im Sinne multiprofessioneller Zusammenarbeit von PsychiaterInnen, SoziotherapeutInnen und PsychotherapeutInnen, wodurch die bisher dominierende Rolle der PsychiaterInnen in den Hintergrund treten sollte.[140]

1.8.3. Institutionelles Erscheinungsbild

Durch die therapeutische Schwerpunktverlagerung auf Prävention und Rehabilitation ergab sich die Notwendigkeit, miteinander vernetzte stationäre und außerstationäre institutionelle Versorgungskapazitäten einzurichten. Diese radikale Strukturveränderung wurde als *Gemeindepsychiatrie* bezeichnet.
Obwohl AutorInnen mit dem Begriff 'Gemeinde' verschiedene Inhalte verbanden, war doch allen ein Grundprinzip gemeinsam:[141] Gemeindepsychiatrie, oft synonym verwendet zu Gemeindenahe Psychiatrie, Sozialpsychiatrie, Reformpsychiatrie, Kommunale Psychiatrie oder Sektorisierte Psychiatrie, wurde als angewandte Sozialpsychiatrie im Sinne eines übergeord-

---

139 Vertiefende Literatur: KRÜGER, H.: Reifungskrisen einer Klinik: Antiinstitutionelles Wollen und Therapeutische Gemeinschaft, in: Haselbeck, H. (Hg.): Psychiatrie in Hannover. Stgt., Enke, 1987, S. 16-23; DERS.: Therapeutische Gemeinschaft - ein sozialpsychiatrisches Prinzip. Stgt., Enke, 1979; HILPERT, H. u. R. SCHWARZ: Entwicklung und Kritik des Konzepts der Therapeutischen Gemeinschaft, in: Hilpert, H. (Hg.): Psychotherapie in der Klinik. Bln., Springer, 1981, S. 9-40.

140 Vgl. DÖRNER/PLOG (1973): Sozialpsychiatrie, S. 11.

141 Die Bandbreite der Gemeinde-Theorien reicht von nostalgischen und klischeehaften Schwärmereien bis zu folgenden klar definierbaren Größen:
1. Gemeinde als quantitativ-geographische Größe im Sinne einer kommunalpolitisch-administrativen Umschreibung einer Versorgungseinheit von 150 bis 350 Tsd. Einwohnern. 'Gemeindenah' implizierte die Erreichbarkeit durch öffentliche Verkehrsmittel innherhalb von einer Stunde in einem maximalen Radius von 25 km. Vgl. BERICHT (1975), S. 17.
2. Gemeinde als soziales Netzwerk im Sinne eines Oberbegriffs für die gesamte räumliche, interpersonelle und materielle Alltagswelt eines Individuums. Vgl. WEIK, T. (1987): Umschichtungen, S. 76/77.
3. Gemeinde als Zuständigkeitsbereich für eine moralisch-psychosoziale Verantwortung gegenüber erkrankten MitbürgerInnen. Vgl. CLEMENTI, U. (1983): Sozialpsychiatrie und das andere Leben, S. 41/42; WEIK, T. (1987): Umschichtungen, S. 77.
4. Weik weist darauf hin, daß auch eine theologische Konnotation des Gemeindebegriffs möglich, aber faktisch nicht existent sei: "Der kirchlich-theologische Aspekt ist gemeindepsychiatrisch nicht von Interesse, zumal die kirchlichen Verbände, die auf einen traditionsreichen Gemeindebegriff zurückgreifen... der Gemeinde letztlich keinen anderen Inhalt mehr zu geben (vermögen)." WEIK, T. (1987): Umschichtungen, S. 75/76. Ob dieser resignative Vorwurf so stimmt, kann an dieser Stelle nicht untersucht werden, ist jedoch m.E. eine (selbst)kritische Analyse wert!

neten Praxis- und Organisationsprinzips verstanden.[142] Psychosoziale Dienstleistungen sollten nicht länger wohnortfern hinter hohen Anstaltsmauern, sondern im geographischen und lebensweltlichen Nahbereich der PatientInnen angesiedelt sein, um individuell, bedarfsgerecht, flexibel, vernetzt und kostengünstig die Versorgung aller psychisch Kranken durch eine geringere Zugangsschwelle zu garantieren. Durch die Gemeindenähe sollten die MitarbeiterInnen der psychosozialen Dienste Einblick in das soziale Umfeld der PatientInnen erhalten und familiäre sowie nachbarliche Hilfspotentiale aktivieren, um die Gesellschaft als Ort der Krankheitsentstehung in die Verantwortung gegenüber ihren kranken MitbürgerInnen zu nehmen, damit eine "freie und offene Gesellschaft sozialer Gerechtigkeit"[143] geschaffen wird. Schädle wertet daher die Rückführung psychisch Kranker in die Gemeinde nicht nur als einen Befreiungsakt für die Erkrankten, sondern auch als einen Akt der Rekultivierung der Gemeinde selbst: "Gemeindepsychiatrie kann ein solcher neuer Weg zu einer anderen 'Gemeindekultur' sein. Sie kann der Gemeinde Behinderung und Leid, Krankheit und Verrücktheit zurückgeben. Und sie kann Hilfestellung dabei vermitteln, wie dies in die Kultur eingearbeitet werden kann, ohne daß beides kaputt geht, das Leid unerträglich und die Gemeinde überfordert wird."[144]

Die genannten sozialpsychiatrischen Forderungen bezüglich der Anstalten und neu einzurichtenden ambulanten Institutionen unter der Leitperspektive der Gemeindepsychiatrie wurden Anfang der 70er Jahre durch eine grundlegende *Psychiatriereform* politisch zu realisieren versucht, weshalb die Psychiatrie jener Zeit auch als Reformpsychiatrie qualifiziert wird.[145] Nach

---

142 Vertiefende Literatur zur Gemeindepsychiatrie (GP): DÖRNER, K. u. L. WALCZAK (Hg.): Landschaftspflege. Aufhebung der Psychiatrie in der Kommune. Gütersloh, Van Hoddis, 1991; EIKELMANN, B.: Gemeindenahe Psychiatrie. Mchn., Urban & Schwarzenberg, 1991; KRÜGER, H. (Hg.): Arbeitskonzepte für eine gemeindenahe Psychiatrie. Stgt., Enke, 1990; BAUER, M. u. H. BERGER: Kommunale Psychiatrie auf dem Prüfstand. Stgt., Enke, 1988; TÖLLE, R.: Das Doppelgesicht von gemeindenaher Psychiatrie und GP, in: Spektrum 16, 1987, S. 91-96; DEUBELIUS, W.: Gemeinde als Pathologischer Ort. Diss. Bielefeld, 1987; KULENKAMPFF, C, (Hg.): Psychiatrie in der Gemeinde. Köln, Rheinland Vlg., 1986; CIOMPI, L.: Gemeindenahe Psychiatrie, in: Müller, C. (Hg.): Lexikon der Psychiatrie. Bln., Springer, 1986, S. 304/ 305; PAYK, Th. u. U. TRENCKMANN (Hg.): Kommunale Psychiatrie. Stgt, Schattauer, 1986; HAASE, H. (Hg.): Bürgernahe Psychiatrie im Wirkungsbereich des psychiatrischen Krankenhauses. Erlangen, Perimed, 1981; AUTORENGRUPPE Häcklingen/Uelzen: Ausgrenzen ist leichter. Alltag in der GP. Rehbug- Loccum, Psychiatrie Vlg., 1981; WEDEL-PARLOW, U.: Gemeindenahe Psychiatrie. Ffm., Lang, 1981; BRAUN, U. u. E. Hergüter: Antipsychiatrie und Gemeindepsychiatrie. Ffm., Campus, 1980; DÖRNER, K. u. R. Köchert, G.van LAER, K. Scherer: GP. Stgt., Kohlhammer, 1979; KULENKAMPFF, C. u. W. Picard (Hg.): Gemeindenahe Psychiatrie. Köln, Rheinland Vlg., 1975; HOCHMANN, J.: Thesen zur GP. Ffm., Suhrkamp, 1973.

143 DÖRNER, K. (1988): Ökologischer Ansatz als Brücke, S. 21.

144 SCHÄDLE, J. (1987): Gemeindepsychiatrie, S. 223.

145 Spezielle Literatur zur Psychiatriereform: WEISE, KLAUS: Psychiatriereform zwischen Ideologie und Ökonomie, in: SPJ 27 (1997), H.4, S. 14-20; BAUER; M. u. R. Engfer, J. Rappl (Hg.): Psychiatrie-Reform in Europa. Bonn, PV, 1991; FINZEN, A.: Das Ende der Anstalt: Vom mühsamen Alltag der Reformpsychiatrie. Bonn, PV, 1985; KARDORFF, E. von (Hg.): Das Modellprogramm und die Folgen. Bonn, PV, 1985; PROGNOS AG: Modell-Programm Psychiatrie. Stgt., Polter, 1984; KEUPP, H.: Alternativen zum Ausschluß - Perspektiven einer Psychiatriereform noch einmal neu durchdacht, in: Eisenbach- Stangl, J. u. W. Stangl. (Hg.): Grenzen der Behandlung. Opladen, Westdt. Vlg., 1984, S. 33-43; HÄFNER, H. u. W. Picard (Hg.): Psychiatrie in der BRD. 5 Jahre nach der Enquete. Köln, Rheinland Vlg., 1980; "UNTER elenden menschenunwürdigen Umständen". Die Psychiatrie-Enquete. Begleitet, zusammengefaßt u. kom-

Finzen kann die Reform der 70er Jahre als direkte Folgewirkung des sozialpsychiatrischen Paradigmas gewertet werden: "Richtig ist, daß die Psychiatriereform der letzten Jahrzehnte sozialpsychiatrisch geprägt war."[146] Erstmals war somit ein psychiatrisches Paradigma treibende Kraft für konkrete politische Veränderungen, wobei jedoch diverse gesellschaftspolitische und pragmatische Umstände zusammentreffen mußten.[147]

Als Ergebnis wurde 1970 eingehend im Bundestag über die Situation der Psychiatrie diskutiert, woraufhin 1971 eine Sachverständigenkommission zur Untersuchung der Lage der Psychiatrie in Deutschland einberufen wurde.[148] Diese Enquete brauchte bis 1975, um ihren Abschlußbericht, der als Grundlage für Gesetzesveränderungen dienen sollte, vorzulegen.[149] Die Bestandsaufnahme der Kommission bestätigte die unzureichende Versorgungsstruktur sowie die skandalösen Zustände in den Anstalten. Zusammenfassend empfahl die Enquete eine bauliche Sanierung und Verringerung der Bettenkapazität psychiatrischer Großkrankenhäuser, die Schaffung kleinerer stationärer Behandlungseinheiten in Form von Abteilungen an Allgemeinkrankenhäusern und die Errichtung von teilstationären, ambulanten und komplementären Diensten. Stationäre Krankenhäuser und Abteilungen, die jetzt 'Psychiatrische Behandlungszentren' genannt werden sollten, wurden somit zwar beibehalten, sollten jedoch durch flankierende Einrichtungen ihre dominante Bedeutung verlieren. Damit waren die Leitlinien der institutionellen Entwicklung bis zum Ende des 20. Jhdts. vorgegeben.[150] Obwohl somit eine bundesweite Reform der Psychiatrie nicht erreicht werden konnte,

---

mentiert v. A. Finzen u. H. Schädle- Deininger. Rehburg- Loccum, PV, 1979; KULENKAMPFF, C. u. W. Picard (Hg.): Die Psychiatrie-Enquete in internationaler Sicht. Köln, Rheinland Vlg., 1979.

146 FINZEN, A. (1993): Perspektiven der Sozialpsychiatrie, S. 2.

147 Zum einen bewirkte ein durch die sozialliberale Koalition und die Studentenbewegung herbeigeführtes allgemeines gesellschaftspolitisches Reformklima, daß gesellschaftliche Randgruppen Beachtung fanden und deren Probleme öffentlich diskutiert wurden; zum anderen können auch rein pragmatische Beweggründe zur Beschleunigung von Reformen beigetragen haben: Nachdem die psychiatrisch-neurologischen Lehrstühle in Psychiatrie und Neurologie geteilt worden waren, hat sich das Restfach Psychiatrie neu formieren müssen. Bisherige Randgebiete seien dabei als Arbeitsfeld entdeckt worden, weshalb eine 'Psychiatrisierung' ehemals von der Psychiatrie unabhängiger Fürsorgeeinrichtungen im Sinne ihrer institutionellen Integration in den Machtbereich der Psychiatrie angestrebt worden sei. Zudem stellten Praxismodelle, die bereits im Ausland erprobt worden waren, das traditionelle deutsche Verwahr-System in Frage. Vgl. BONSS, W. (1985): Modernisierung statt Reform, S. 19/20; WULFF, E. (1979): Kritische Sozialpsychiatrie, S. 69, 138/139; MÜLLER, C. (1986): Sektor-Sektorisierung, S. 623/624.

148 Daß die gesellschaftliche Diskussion bezüglich der Psychiatrie auf politischer Ebene behandelt wurde, lag am Engagement einzelner Politiker, Psychiater und der überparteilichen 'Aktion Psychisch Kranke e.V.', die sich 1971 gegründet hatte, um den psychisch Kranken politisches Gehör zu verschaffen. Vgl. HÄFNER/ RÖSSLER (1989): Die Reform, S. 18/19.

149 Die Enquete bestand aus 26 Mitgliedern und 200 MitarbeiterInnen in Arbeitsgruppen und Expertenteams. Trotz Sondervoten niedergelassener Nervenärzte und Universitätspsychiater gelang es, ein einheitliches Konzept zu erarbeiten, das einen praktischen Neuanfang der Psychiatrie initiieren sollte. Vgl. KARDORFF, E. (1985): Psychiatriereform, S. 17.

150 Da die Enquete nur die Vollmacht für Empfehlungen besaß, sollten die Länder durch Modellprogramme, die vom Bund finanziert wurden, zur Umsetzung der institutionellen Reform angeregt werden. Einem sogenannten 'Kleinen Modellverbund', in dem die Effizienz ambulanter Einrichtungen zwischen 1976 und 1979 wissenschaftlich überprüft werden sollte, folgte ein grundsätzliches Modellprogramm der neuen Versorgungsform von 1980 bis 1985 in 6 Bundesländern (bis auf das Saarland stiegen alle CDU/CSU regierten Länder aus dem Programm aus). Die ursprünglich dafür vorgesehenen 500 Mio. DM wurden aus Gründen

hat diese auf Länderebene, in deren Zuständigkeitsbereich die Planung des Krankenhauswesens liegt, auch ohne verbindliche Gesetzesvorgaben begonnen.[151] Ob die Reform jedoch tatsächlich eine strukturelle Kurskorrektur der Psychiatrie bewirkt hat, bedarf einer kritischen Analyse gegenwärtiger Psychiatrie, was im folgenden Kapitel erfolgen soll.

---

der allgemeinen Sparpolitik bereits früh auf 210 Mio. reduziert. Davon flossen allein 50 Mio. in die wissenschaftliche Begleitforschung, die der Firma Prognos AG übertragen wurde. Die restlichen Mittel wurden v.a. für Bau- Sach- und Personalkosten (in dieser Reihenfolge!) verwendet. Nach Kardorff muß das Instrument der Modellförderung sehr kritisch beurteilt werden, weil durch die lange Erprobungsphase ein pragmatischer Weg des sozialtechnisch Machbaren eingeschlagen worden war, der strukturelle Reformprozesse auf politischer Ebene verzögerte bzw. verhinderte. Vgl. KARDORFF, E. (1985): Psychiatriereform, S. 24 bis 37; STÜRMER, W. (1992): Tendenzen, S. 52; STARK, W. (1985): Die Anstalt als Zentrum, S. 40.
Das 1800-seitige Ergebnis der Prognos AG, das 1987 vorlag, sollte zwar als Grundlage für politische Reformentscheidungen der Regierung dienen, erwies sich jedoch als zu umfangreich. Eine neu ernannte Expertenkommission faßte daher die Ergebnisse der Modellauswertung nochmals zusammen und gab, ähnlich wie die Enquete, erneut Empfehlungen für eine politische Reform, die ebenfalls 700 Seiten umfaßte:"Mit deutscher Gründlichkeit ist eine Enquete erarbeitet worden, der Bericht über das Modellprogramm ist ebenso umfangreich, so daß befürchtet werden muß, daß nur wenige Politiker und Abgeordnete ihn wirklich lesen und kritisch würdigen können." ODENBACH, E. (1988): Zur Versorgung psychisch Kranker, S. 13. Die Empfehlungen können insgesamt als eine Präzisierung der gemeindepsychiatrischen Anregungen der Enquete verstanden werden, die in den Worten Bauers"weitgehend bekannt und fachlich rundum akzeptiert sind...Akzeptiert ist, daß die Psychiatrie der Zukunft sich ganz wesentlich außerhalb der großen Krankenhäuser abzuspielen hat." BAUER, M. (1992): Unter der Lupe, S. 50. Keupp dagegen bemängelt, daß genau diese Akzeptanz im Bericht nicht vorfindbar sei: "Schwach an dem Bericht finde ich seine vage Unentschlossenheit gegenüber dem stationären Bereich. Für ihn sind keine klaren Optionen formuliert." KEUPP, H. (1990): Quo vadis, S. 81. Die Interpretation des Berichts hängt somit sehr stark vom persönlichen Standpunkt des Interpreten ab (Bauer gilt als zentrale Figur der Abteilungspsychiatrie, Keupp als radikaler Kritiker des traditionellem stationären Versorgungssystems) und läßt widersprüchliche Schlußfolgerungen zu.

151 Die Reform konnte in den meisten Bundesländern angegegangen werden, obwohl die Bundesregierung zwei Jahre nach Veröffentlichung des Expertenberichts lediglich ein 20-seitiges offizielles Schreiben veröffentlichte, das nach Bauer „aus einer Mischung von psychiatrischen Gemeinplätzen und Schlangenformulierungen" bestand: „Wenn aber die Bundesregierung schon nichts oder nicht viel tun will, hätte sie sich in ihrer Stellungnahme wirklich auf den Satz beschränken können 'die politische Verantwortung liegt in erster Linie bei den Kommunen'". BAUER, M. (1992): Unter der Lupe, S. 51/52.

2. Psychiatrie der Gegenwart

2.1. Sozialpsychiatrie und Biologische Psychiatrie
2.1.1. Theoretische Fundierung

Der gegenwärtige paradigmatische Zustand deutscher Psychiatrie unterscheidet sich nach Ansicht der Verfasserin qualitativ von der bisher erörterten geschichtlichen Situation, da erstmals zwei Paradigmen nebeneinander existieren. Obwohl beide sich nicht gegeneinander durchsetzen können, verhindern sie eine Konsolidierung weiterer psychiatrischer Ansätze, womit sie diesen gegenüber in Form historischer Ausschließlichkeitsparadigmen auftreten. Die beschriebene Koexistenz trifft auf eine modifizierte Form der Sozialpsychiatrie und die Biologische Psychiatrie zu, die im Folgenden erörtert werden sollen:

Zunächst gilt es zu klären, welche Bedeutung das *sozialpsychiatrische Paradigma* am Ausgang des 20. Jhdts. besitzt. Obwohl sich nach Hoffmann-Richter gegenwärtig Tendenzen abzeichnen, den Status der Sozialpsychiatrie als Paradigma zurückzudrängen, indem sie nicht als gesamtpsychiatrische Sichtweise, sondern als eine Art Spezial- bzw. Unterdisziplin der Psychiatrie definiert wird,[1] scheint ihre paradigmatische Bedeutung gegenwärtig noch unbestritten zu sein, da die "sozialpsychiatrische Szene inzwischen an vielen Stellen in der Bundesrepublik zu Einfluß und hierarchischen Positionen gekommen"[2] ist, WissenschaftlerInnen an ihrer theoretischen Fundierung arbeiten[3] und in vielen psychiatrischen Institutionen die Alltagsarbeit auf der Basis sozialpsychiatrischen Gedankengutes geleistet wird.

Die offensichtliche Persistenz der Sozialpsychiatrie scheint auf der Fähigkeit der AnhängerInnen des sozialpsychiatrischen Paradigmas zu beruhen, tiefgreifende Modifikationen am eigenen Theoriedesign zuzulassen und voranzutreiben. Während die Frühphase der Sozialpsychiatrie von sozialwissenschaftlichen Theorien geprägt und dominiert war, wurde im Verlauf der letzten dreißig Jahre die wissenschaftliche Fundierung theoriedynamisch weitaus breitflächiger angelegt.[4] Dies läßt sich daran ablesen, daß TheoretikerInnen versuchen, die Psychiatrie

---

[1] Vgl. HOFFMANN-RICHTER (1995): Sozialpsychiatrie, S. 22. Vgl. auch VELTIN, A. (1996): Sozialpsychiatrie - ein mehrdeutiger Begriff; WOLTER- HENSELER, D. (1993): Von der Nutzlosigkeit, S. 23.

[2] RÜTHER, N.(1988): Bedingungen der Transformation des Anstaltsalltags, S. 136.

[3] 1985 edierte L. CIOMPI den 1. Band der 'Sozialpsychiatrischen Lernfälle', 1994 erschien der Folgeband, der von H. HOFFMANN herausgegeben wurde. Vertiefende Literatur: SOZIALPSYCHIATRIE vor der Enquete (1997); FINZEN/HOFFMANN-RICHTER (Hg.) (1995): Was ist Sozialpsychiatrie?; SCHWAB, J. (1995): Neubewertung der Sozialpsychiatrie; CIOMPI, L. (1995): Die Philosophie der Sozialpsychiatrie; DÖRNER, K. (1995): Historische und wissenssoziologische Voraussetzungen der Sozialpsychiatrie; HEISE, H. (1994): Rückblick - Ausblick: Die Idee der Sozialpsychiatrie und deren Strukturen; FINZEN, A. (1993): Perspektiven der Sozialpsychiatrie.

[4] Trotz der Einsicht in die komplexen Zusammenhänge psychischer Krankheit finden sich in der Literatur noch immer vereinfachende und damit problematische Krankheitsdefinitionen. Beispielhaft wird an dieser Stelle auf die Definition der Sozialpädagogikprofessorin Hardtmann aus ihrem Buch 'Irrenhaus', das als Einführung für SozialarbeiterInnen und SoziapädagogInnen im Arbeitsfeld Psychiatrie gedacht ist, verwiesen. In Rückgriff auf Aussgen des Psychiaters Glatzel aus dem Jahre 1978(!) gelangt sie zu folgendem Ergebnis: "Heute wird mit Krankheit in der Psychiatrie ein bestimmtes Ausmaß psychischer Abnormität bezeichnet." HARDTMANN, G. (1991): Irrenhaus, S. 71. Die Verknüpfung des Krankheitsbegriffs mit dem Normalitätsbegriff erscheint gegenwärtig jedoch v.a. auf dem Hintergrund vergleichender kulturanthropologischer Forschungen mehr als fragwürdig! Bereits die Kenntnisnahme des Artikels 'Normalität' im

aus soziologischen Engführungen zu befreien und an der Schnittstelle von Natur-, Sozial- und Geisteswissenschaften im Sinne einer komplexen pluridimensionalen Wissenschaft anzusiedeln. Demnach favorisieren SozialpsychiaterInnen gegenwärtig ein multidimensionales und multikausales biopsychosoziales Kranheitsmodell, das Matakas folgendermaßen umschreibt: "Psychische Krankheit spielt sich - wie die Welt - in drei Systembereichen ab: Sie umfaßt den Körper, den Seelenzustand und die soziale Identität. Die Reduktion, die man mit dem Prozeß des Diagnostizierens verbindet, geschieht immer in Hinblick auf einen Systembereich. Man hat biologische, psychologische und soziale Theorien. Die Medizin ist die Reduktion auf die körperliche Ebene. Für die Seele ist die Psychologie zuständig und für gesellschaftliche Phänomene die Soziologie. Keiner dieser Systembereiche kann auf den anderen zurückgeführt werden."[5]

Trotz der Aktualisierungen im Krankheitsmodell wird gegenwärtig ein sozialpsychiatrisches Forschungsdefizit sowohl von AnhängerInnen als auch von GegnerInnen der Sozialpsychiatrie moniert, wobei die Erklärungen für diesen Zustand stark variieren. Nach Wulff trug die ursprüngliche Beheimatung sozialpsychiatrischen Gedankengutes in Psychiatrischen Landeskrankenhäusern, in denen Forschung schwieriger zu realisieren ist als in universitären Institutionen, dazu bei, daß die evaluative Begleitforschung von Anfang an defizitär blieb und praktische Umsetzungsversuche der theoretischen Fundierung bisweilen sogar vorausgingen.[6] Bauer dagegen kommentiert das Forschungsmanko verbandspolitisch, weil „in der DGSP die akademisch-forschungsbezogene Dimension von Sozialpsychiatrie schlicht und ergreifend erstickt bzw. aus der DGSP hinausverlagert"[7] worden sei. Aus den bisherigen Überlegungen läßt sich ableiten, daß die noch immer große Bedeutung des sozialpsychiatrischen Paradigmas nicht primär als Resultat theoretischer Forschungsarbeit begriffen werden kann. Vielmehr sind durch sozialpsychiatrisch eingestellte PsychiaterInnen therapeutische und institutionelle Fakten geschaffen worden, hinter die die Psychiatrie gegenwärtig auch in ihrer biologischen Prägung nicht mehr zurückweichen kann.

Handwörterbuch Psychologie aus dem Jahr 1988 hätte die Autorin zur Vorsicht mahnen müssen:"Der jeweilige Normalitäts- und Störungsbegriff stellt ein kognitives Ordnungsmodell dar, in dem sich die Vielfältigkeit menschlichen Erlebens und Verhaltens klassifikatorisch sortieren läßt nach solchen Formen, die als erwünscht, akzeptabel, förderungswürdig oder reif zu betrachten sind, und solchen, die als unerwünscht, abweichend, krank und behandlungsbedürftig gelten sollen." KEUPP, H. (1988): Normalität, S. 494. Vgl. auch SCHMITT, W. (1992): Die Stellung der Psychiatrie, S. 18.

5 MATAKAS, F. (1989): Aufgaben und Stellenwert der Tagesklinik, S. 17. Eine besonders anschauliche Erläuterung dieses Krankheitsmodells ist bei Herzog nachlesbar: "Verkehrsunfälle lassen sich sicherlich physikalisch, chemisch, medizinisch usw. untersuchen. Ebenso aber sind sie Gegenstand juristischer Ermittlungen, soziologischer Analysen, städtebaulicher und verkehrsplanerischer Überlegungen. Das liegt daran, daß sie als komplexes Geschehen komplexe Beschreibungen ermöglichen und fordern. Es wäre ein unsinniges Unterfangen, einen Physiker mit der Aufklärung dieses komplexen Gegenstandes zu betrauen, solange nicht klar ist, daß nur die physikalischen Erscheinungen in einem gegebenen Fall wichtig sind... Das ändert nichts daran, daß ein Verkehrsunfall Gegenstand einer naturwissenschaftlichen Untersuchung sein kann. Es fragt sich nur, ob das Spezifische des gegebenen Unfalls aus einer solchen Untersuchung hervorgeht." HERZOG, G. (1982): Krankheits-Urteile, S. 16.

6 Vgl. WULFF, E. (1992): Entwicklung, S. 69; Vgl. auch FINZEN, A. (1993): Perspektiven, S. 3.

7 BAUER, M. (1997): Wohin wir kommen, S. 119.

Als nächstes gilt es zu klären, welche Rolle das biologische Paradigma am Ende des 20. Jhdts. spielt. Der Terminus *Biologische Psychiatrie*[8] wird an dieser Stelle erstmals eingeführt, da es sich nicht um ein Paradigma handelt, das in einer bestimmten historischen Epoche Ausschließlichkeitscharakter aufwies. Vielmehr entwickelte es sich kontinuierlich seit Ende der 50er Jahre bis in die Gegenwart hinein. Die Wurzeln der Biologischen Psychiatrie reichen zurück bis in die Nachkriegszeit, d.h. in die historische Phase, in der das erbbiologische Paradigma gescheitert war und das daseinsanalytisch-anthropologische Paradigma sich nur als Zwischenphase etablieren konnte. Ihre Entwicklung kann als ein Renaissance-Phänomen verstanden werden, weil PsychiaterInnen bewußt an die Naturwissenschaftlich-Medizinische, die Neuroanatomische sowie die Klinische Psychiatrie angeknüpft haben.

Als Auslöser des Wiederaufblühens der biologischen Forschungsrichtung fungierte die Mitte der 50er Jahre erfolgte Entdeckung der Psychopharmaka, deren Existenz bahnbrechenden Fortschritten innerhalb der Disziplin Pharmakologie zu verdanken war. Da die neuen Medikamente zunächst auch ohne fachinterne theoretische Begründung in den psychiatrischen Alltag übernommen wurden, erfolgte relativ schnell eine Verlagerung der wissenschaftlichen Forschung hin zur pharmakologischen Therapeutik, um diesem Defizit ein Ende zu bereiten. Aufgrund der zunehmenden Verfeinerung technischer Möglichkeiten wurde es ForscherInnen daher tatsächlich bald möglich, nicht nur die Bedeutung biochemischer Faktoren auf der Ebene neuronaler Transmittersysteme Schritt um Schritt zu enträtseln, sondern auch die Spannbreite körperlich bedingter Ursachen psychischer Erkrankung von elektrophysiologischen, neuroanatomischen, genetischen, neurobiochemischen, bis hin zu immunologischen und endokrinologischen Modellen reichen zu lassen.

Obwohl das biologische Krankheitsverständnis auf der zunächst eindimensional und unikausal anmutenden Annahme beruht, daß somatische Ätiologien, die es therapeutisch zu beeinflussen gilt, zu psychischen Symptomen führen, zeigt sich, wissenschaftstheoretisch betrachtet, eine eigentümliche Inkohärenz im biologischen Krankheitsmodell: "Psychiatrie muß geöffnet bleiben für eine umfassende Sicht menschlicher Existenz, indem sie auch geisteswissenschaftliche und sozialwissenschaftliche Aspekte psychischer Störungen zu deren Verständnis, Deutung und Behandlung einbezieht, aber weiß, daß sie gleichzeitig auf der soliden Basis neurobiologischer Erkenntnisse beruht und wachsen kann."[9] In unterschiedlichen Versionen wurde und wird seitdem versucht, das Zusammenspiel dieser Aspekte näher zu beschreiben, wobei gegenwärtig v.a. die sogenannte Vulnerabilitätshypothese wissenschaftlich diskutiert wird.[10] Wenn demnach auch für biologisch orientierte PsychiaterInnen zutrifft, daß sie trotz der theorieinhärenten Konzentration auf körperliche Prozesse ein multikausales Krankheitsverständnis favorisieren, läßt sich diese Inkohärenz verschieden erklären: Zum ei-

---

8 Wulff bevorzugt statt von Biologischer von *Biologistischer Psychiatrie* zu sprechen, weil seiner Meinung nach in diesem Paradigma körperliche Ursachen unter Vernachlässigung aller sonstigen Möglichkeiten absolut gesetzt werden. Vgl. WULFF; ; E. (1994): Zur Entwicklung, S. 224.
Synonym zur Biologischen Psychiatrie wird auch von der Schulmedizinischen Psychiatrie gesprochen. Vgl. ADLER, M. (1986): Plädoyer für eine biochemische Psychiatrie, S. 2. Als weiterführende Literatur, die sich speziell mit der biologischen Psychiatrie befaßt, empfiehlt sich: AKTUELLE Perspektiven der Biologischen Psychiatrie (1996); FLEISSNER, A. (1991): Ansatzpunkte einer biochemischen Psychiatrie; BECKMANN, H. u. G. LAUX (Hg.) (1988): Biologische Psychiatrie-Synopsis.

9 HEIMANN, H. (1991): Die Stimme, S.396. BENGESSER/SOKOLOFF veröffentlichten 1989 ein Buch mit dem programmatischen Titel 'Plädoyer für eine mehrdimensionale Psychiatrie', in dem psychotherapeutische, sozialpsychiatrische und psychopharmakotherapeutische Ansätze miteinander verbunden werden.

10 Vgl. HELD, T. (1995): Das Vulnerabilitätskonzept und die Psychotherapie Schizophrener.

nen kann sie ein Zugeständnis an die ebenfalls in Theorie und Praxis koexistente Sozialpsychiatrie darstellen, mit deren VertreterInnen alltagspraktisch kooperiert werden muß. Diese Erklärungsvariante würde mit der Tatsache harmonieren, daß das biopsychosoziale Modell ursprünglich im Kontext der Sozialpsychiatrie im Sinne einer Perspektivenpluralisierung nach dem gescheiterten Objektivierungs- und Alleinvertretungsanspruch der naturwissenschaftlichen Perspektive entwickelt worden war.[11] Zum anderen kann die angedeutete Inkohärenz als Indikator dafür stehen, daß PsychiaterInnen die oft einseitige Vorgehensweise ihrer naturwissenschaftlich orientierten VorgängerInnen inzwischen erkennen und deshalb trotz ihres Festhaltens am eigenen Modell einen toleranteren Umgang mit anderen Ansätzen pflegen, zumal der Nachweis ausschließlich körperlicher Kausalität psychischer Erkrankung bisher nicht erbracht werden konnte. Selbst überzeugte biologische Psychiater wie Hippius, die die eminente historische und künftige Bedeutung biologischer Forschung hervorheben, versuchen deshalb, ihre naturwissenschaftlich orientierten KollegInnen darauf zu verpflichten „auch bei noch so eindrucksvollen Befunden immer wieder daran zu denken, daß die biologische Dimension stets nur ein Aspekt psychischen Krankseins ist."[12].

Obwohl diese Aussage den Schluß nahelegt, daß es bezüglich der Mehrdimensionalität und Multikausalität des psychiatrischen Krankheitsbegriffs ein hohes Maß an wissenschaftlicher Übereinstimmung gibt, muß mit Schmitt eingestanden werden, daß selbst innerhalb der Biologischen Psychiatrie letztlich kein Konsens darüber besteht, was unter 'psychischer Krankheit' alltagspraktisch verstanden werden soll.[13] Dennoch wird international der Eindruck suggeriert, daß eine allgemeingültige Krankheitslehre existiert, die sich in der Klassifikation der Weltgesundheitsorganisation widerspiegelt. Da der Diagnoseschlüssel ICD-10 gegenwärtig als Arbeitsgrundlage sowohl für sozialpsychiatrisch als auch für biologisch orientierte PsychiaterInnen gilt, arbeiten AnhängerInnen beider Richtungen trotz fundamentaler theoretischer Unterschiede in alltagspraktischer Kooperation auf der gemeinsamen Basis des multidimensionalen Ansatzes. Schaubild 3 auf der nächsten Seite soll schlagwortartig einen Überblick über die psychiatrischen Diagnosen nach ICD-10 ermöglichen.

---

11 Vgl. KEUPP, H. (1988): Normalität, S. 497-499.

12 HIPPIUS, H. (1988): Biologische Psychiatrie, S. 15. Begründend führt er aus: „An die Stelle überholten monokausalen Denkens ist das Konzept der Multikausalität und Multikonditionalität getreten. Deswegen muß auch die naive Auffassung überwunden werden, biologisch-psychiatrische Forschung sei per se immer Ursachenforschung. Bei einem definierten psychopathologischen Befund charakterisieren alle mit naturwissenschaftlichen Methoden erhobenen Befunde nur die biologisch-psychiatrische Dimension des Krankheitsbildes. Dort können die Wurzeln, die Ursachen liegen - es kann sich aber auch um biologische Epiphänomene anderer (z.B. psychodynamischer) Prozesse handeln. Die Beziehungen zwischen psychodynamischen und biologischen Prozessen können in beide Richtungen verlaufen... Alle Befunde und Ergebnisse der biologischen Psychiatrie müssen immer im Kontext mit psychopathologischen, psychodynamischen und sozialwissenschaftlichen Erkenntnissen interpretiert und bewertet werden." A.a.O., S. 11/ 10.

13 Vgl. SCHMITT, W. (1992): Die Stellung der Psychiatrie, S. 17/18. Ein Blick in die psychiatrische Fachliteratur macht schnell deutlich, daß die biologischen Erklärungsmodelle psychischer Erkrankung eher zu- statt abnehmen. Vgl. MUNDT, C. (Hg.) (1991): Depressionskonzepte heute; SCHARFETTER, C. (1995): Schizophrene Menschen. Diagnostik, Psychopathologie, Forschungsansätze; HÄFNER, H. (Hg.) (1995): Was ist Schizophrenie?; KÖTTGEN, C. (1995): Wir wissen nicht, was Schizophrenie ist - wider den theoretischen Größenwahn.

Psychiatrie der Gegenwart

Schaubild 3:
Internationale Klassifikation psychischer Störungen nach ICD-10.
(Spalte 1+2 Orginalformulierungen, Spalte 3 vereinfachte Zusammenfassungen)

F0	**Organische,** einschließlich symptomatischer psychischer Störungen	Psychische Störungen mit nachweisbaren körperlichen Ursachen: * Direkt im Gehirn als Folge von Abbauprozessen, Verletzungen, Entzündungen, Infektionen, Tumoren usw. * Indirekt im Gehirn als Folge von Erkrankungen im Gesamtkörper
F1	Psychische und Verhaltensstörungen durch **psychotrope Substanzen**	Psychische Störungen durch aufgenommene Substanzen: * Alkohol, Tabak, Koffein * Drogen (Opioide, Heroin, Kokain usw.) * Halluzinogene (LSD, Meskalin usw.); Lösungsmittel usw. * Aufputschmittel, Appetitzügler, Beruhigungsmittel, Schlafmittel
F2	**Schizophrenie,** schizotype und wahnhafte Störungen	Bisher nicht restlos erklärbare Erkrankungen mit jeweils schwerpunktmäßiger Symptomatik: * Paranoide, hebephrene, Katatone, einfache Schizophrenie * Schizophrenes Residuum (= verbleibende Restsymptomatik)
F3	**Affektive** Störungen	Bisher nicht restlos erklärte Erkrankungen mit jeweils spezifischer Symptomatik: * Depressive Episoden * Manische Episoden * Bipolare Episoden (Depression und Manie im Wechsel)
F4	Neurotische-, Belastungs- und somatoforme Störungen	Erkrankungen mit einem unklaren Anteil psychischer Verursachung: * Phobien, Angst- und Zwangsstörungen * Psychische Reaktionen in Folge schwerer Belastungen und Trauerreaktionen * Körperliche Reaktionen in Folge schwerer psychischer Belastungen (früher klassifiziert als **psychosomatische Erkrankungen**)
F5	Verhaltensauffälligkeiten mit körperlichen Störungen und Faktoren	* Eßstörungen (Magersucht, Bulämie usw.) * Schlafstörungen * Sexuelle Funktionsstörungen * Mißbrauch von nicht abhängigkeitserzeugenden Substanzen (z.B. Abführmittel, Schmerzmittel, Anabolika, Vitamine)
F6	**Persönlichkeits-** und **Verhaltensstörungen**	Zustandsbilder und Verhaltensmuster, die durch konstitutionelle Faktoren und soziale Erfahrungen erworben worden sind: * spezifische Persönlichkeitsstörungen (ängstliche, zwanghafte, emotional instabile, schizoide, paranoide, Borderline-Störungen) * abnorme Gewohnheiten und Störungen der Impulskontrolle (pathologisches Glücksspiel, Brandstiftung, Stehlen, Haareausreißen) * Störungen der Geschlechtsidentität (Transsexualismus, Transvestitismus usw.) * Störungen der Sexualpräferenz (Pädophilie, Sadomasochismus, Fetischismus, Exibitionismus, Voyerismus usw.)
F7	Intelligenzminderung	Definition: Eine unvollständige Entwicklung der geistigen Fähigkeiten mit besonderer Beeinträchtigung von Fertigkeiten, die zum Intelligenzniveau beitragen, wie z.B. Denken, Sprache, motorische und soziale Fähigkeiten. Diese kann alleine sowie mit körperlichen oder sonstigen psychischen Störungen auftreten. Ihre Ermittlung geschieht über den IQ-Wert. Gängige Bezeichnungen: **Geistige Behinderung**, Schwachsinn, Idiotie.
F8	Entwicklungsstörungen	* Des Sprechens und der Sprache * Der schulischer Fertigkeiten (Lese-, Schreib- oder Rechenschwächen) * Autismus und sonstige Syndrome
F9	Verhaltens- und emotionale Störungen mit Beginn in der Kindheit und Jugend	* Hyperkinetische Störungen (überaktive Kinder) * Störungen im Sozialverhalten * Störungen im emotionalen Bereich * Störungen in der Sprache: Stottern usw. * Ticstörungen (Kinder mit unwillkürlichen, sich rasch wiederholenden Bewegungen oder Lauten) * Enuresis (= nächtliches Einnässen), Enkopresis (= nächtliches Einkoten)

Die Frage nach der gegenwärtigen Bedeutung Biologischer Psychiatrie läßt sich auf dem Hintergrund der bisherigen Analyse folgendermaßen beantworten:
Das Paradigma der Biologischen Psychiatrie dominiert gegenwärtig neben der Sozialpsychiatrie sowohl die psychiatrische Wissenschaft wie auch die stationäre und ambulante Alltagspraxis. 1987 wagt Finzen sogar folgende Schlußfolgerung: "Auf der Ebene der Wissenschaft erlebt die biologische Psychiatrie eine kräftige Renaissance."[14] Nur vier Jahre später stellt Heimann fest: "Seit der Einführung der Psychopharmaka in den 50er Jahren... hat dieser Erklärungsansatz in der Psychiatrie an Bedeutung gewonnen und beherrscht m. E. zur Zeit das psychiatrische Denken."[15] Daß dies nicht nur eine Behauptung ist, läßt sich an einer Reihe von Fakten belegen: Bezüglich der psychiatrischen Lehre resümieren Bauer und Engfer: "Psychiatrische Lehrstühle an Universitäten z.B. wurden in den letzten Jahren nahezu ausschließlich von Psychopharmakologen besetzt, so daß sozialpsychiatrische Impulse, wie noch in den 70er Jahren... in Zukunft von dort nicht mehr ausgehen werden."[16] Gemäß den Analysen Haselbecks sind auch die Themen psychiatrischer Veröffentlichungen und regionaler sowie internationaler Kongresse von biologischen Themen beherrscht.[17] Nach Keupp muß diese Entwicklung als ein flächendeckendes Phänomen verstanden werden, das daher nicht nur ForscherInnen an Universitätskliniken, sondern auch die Mehrzahl traditionalistisch eingestellter PsychiaterInnen betrifft, die ihrerseits kontinuierlich Nachwuchs mit nahezu ausschließlich naturwissenschaftlichem Impetus rekrutieren.[18]

2.1.2. Therapeutische Praxis

Im folgenden werden gegenwärtige Therapiemethoden, die als praktische Ableitung aus dem modifizierten sozialpsychiatrischen bzw. biologischen Paradigma zu verstehen sind, nacheinander besprochen und kritisch beurteilt:

Als besonderer Verdienst der *Sozialpsychiatrie* kann deren grundlegende Einsicht hervorgehoben werden, daß dem multikausalen Krankheitsgeschehen mit einem ebenso multikausalen Therapiekonzept zu begegnen ist. Um dies zu erreichen, wurde eine Vielzahl an Behandlungsmethoden, die von speziell ausgebildetem nichtärztlichem Personal durchgeführt werden, durch Schaffung eines multiprofessionellen Teams strukturell in den Kliniken verankert.[19] Hierzu zählen die bereits in den zwanziger Jahren erprobte Ergotherapie (Beschäftigungstherapie und Arbeitstherapie), Sozialarbeit und Sozialpädagogik, die v.a. den rehabilitativen Aspekt innerhalb der Gesamttherapie abdecken sollen.[20] Inwieweit auch die

---

14 FINZEN, A. (1987): Von der Psychiatrieenquete zur postmodernen Psychiatrie, S. 36.

15 HEIMANN, H. (1991): Die Psychiatrie am Ende des 20. Jhdts., S. 119.

16 BAUER/ ENGFER (1991): Psychiatrie ohne Anstalt?, S. 520.

17 Vgl. HASELBECK, H. (1990): Sozialpsychiatrie, S. 17/18.

18 Vgl. KEUPP, H. (1990), Quo vadis, S. 74.

19 Vgl. BÜHLER, K. (1992): Psychopharmakotherapie und ergänzende Therapieverfahren, S. 15.

20 Vertiefende Literatur: WILLIS, E.: Arbeitstherapie im Psychiatrischen Krankenhaus, in: KRANKENHAUSPSYCHIATRIE. Hg. v. F. Reimer u.a. 2. Aufl. Stgt., Fischer, 1995, S. 143- 149; PSYCHIATRI-

Krankenpflege im Sinne einer Milieutherapie als soziotherapeutische Behandlungsmethode gewertet werden kann, ist in der sozialpsychiatrischen Literatur umstritten.[21] Um tatsächlich multidimensionale Arbeit leisten zu können, werden auch körperbezogene Therapien, die im Aufgabenbereich von PhysiotherapeutInnen, KrankengymnastInnen, BewegungstherapeutInnen und SporttherapeutInnen[22] liegen, in den Behandlungsplan integriert. Als strategische Perspektive steht hierbei nicht das Einwirken auf innerseelische Prozesse oder auf soziale Fähigkeiten, sondern die Behebung körperlicher Begleitsymptome und Folgeschmerzen sowie die Wiederherstellung bzw. Erhaltung des eigenen Körpergefühls und körperlicher Leistungsfähigkeit im Zentrum eines breitgefächerten Therapieangebotes, das mit einzelnen oder mit Gruppen durchgeführt wird.[23] Ähnliches gilt für die Einbeziehung von Kreativitätstherapien, die von KunsttherapeutInnen (auch GestaltungstherapeutInnen genannt), MusiktherapeutInnen und TanztherapeutInnen angeboten werden, um durch ganzheitliche Ausdrucksmöglichkeiten Heilungskräfte zu motivieren.[24] Erst im Kontext des sozialpsychiatrischen Paradigmas war es desweiteren möglich, Psychotherapie als integralen Bestandteil psychiatrischer Therapeutik in den stationären Betrieb zu integrieren.[25] PsychologInnen bzw. PsychiaterInnen mit psychotherapeutischer Zusatzausbildung sollen hierbei einen hohen professionellen Standard unter den

---

SCHE ARBEITSTHERAPIE IN BEWEGUNG. Hg. vom Deutschen Verband der Ergotherapie e.V. Idstein, Schulz- Kirchner, 1995; ERGOTHERAPIE UND PSYCHIATRIE. Hg. vom Deutschen Verband der Ergotherapeuten e.V. Idstein, Schulz- Kirchner, 1994; HAMBRECHT, M.: Sozialarbeit in der stationären psychiatrischen Versorgung. in: Der Nervenarzt 67 (1996), S. 953- 959; FLESSNER- SCHAUB, L. u. H. SCHAUB: Überlegungen zum Zusammenhang von Sozialarbeit und Sozialpsychiatrie, in: SPJ 26 (1996), S. 13-18; BLANKE, U. (Hg.): Der Weg entsteht beim Gehen. Sozialarbeit in der Psychiatrie. Bonn, PV.

21 Vertiefende Literatur: SCHÄDLE-DEININGER, R. u. U. VILINGER (Hg.): Praktische psychiatrische Pflege. Bonn, PV., WILLAREDT, F.: Der Krankenpflegedienst am Psychiatrischen Fachkrankenhaus, in: KRANKENHAUSPSYCHIATRIE. Hg. v. F. Reimer u.a. 2. Aufl Stgt., Fischer, 1995, S. 33- 43; 1996; SCHÄDLE-DEININGER, H. (Hg.): Pflege, Pflege-Not, Pflege-Not- Stand. Bonn, PV., 1990.

22 Unter dem Begriff Sporttherapie wird eine Vielfalt an körperlichen Aktivitäten unter therapeutischer Anleitung zusammengefaßt: Gymnastik, Hallensport (Volleyball, Basketball, Fußball, Tischtennis), Schwimmen, Kegeln, Radfahren, Kraftsporttraining im Fitneßraum oder auch Reiten. Entscheidend ist, daß derartige Aktivitäten als Therapieformen anerkannt sind und damit von den Krankenkassen finanziert werden.

23 Vertiefende Literatur: KRÜGER, G.: Sport- und Bewegungstherapie, in: KRANKENHAUSPSYCHIATRIE. Hg. v. F. Reimer. 2. Aufl. Stgt., Fischer, 1995, S. 119-121; MAURER, Y.: Physiotherapie, in: BATTEGAY, R. (Hg.): Handwörterbuch der Psychiatrie. 2. Aufl. Stgt., Enke, 1992, S. 419- 420; SÖHNEN, G.: Psychiatrische Krankengymnastik, in: PETERS, U. (Hg.): Die Psychologie des 20. Jhdts. X: Ergebnisse für die Medizin, Band 2: Psychiatrie. Mchn., Kindler, 1980, S. 1043-1055.

24 Peters wies darauf hin, daß in Deutschland zwar Ausbildungsinstitute für diese therapeutischen Berufe existieren, die Finanzierung jedoch nicht ausreichend geklärt sei, weshalb diese TherapeutInnen vermehrt in privat geführten Institutionen und psychosomatischen Kliniken und weniger in psychiatrischen Großkliniken und Abteilungen zu finden sind. Vgl. PETERS, U. (1991): Die Künste, S. 66. Vertiefende Literatur: BAUKUS/, P. u. A. MAYER-BRENNENSTUHL: Kunsttherapie, in: KRANKENHAUSPSYCHIATRIE. Hg. v. F. Reimer. 2. Aufl. Stgt., Fischer, 1995, S. 123-129; JETTER, U.: Musiktherapie in einem Psychiatrischen Landeskrankenhaus, in: KRANKENHAUSPSYCHIATRIE. Hg. v. F. Reimer. 2. Aufl. Stgt., Fischer, 1995, S. 135- 141; GÜNTER, M.: Gestaltungstherapie. Zur Geschichte der Mal-Ateliers in Psychiatrischen Kliniken. Bern, Huber, 1989; LECHNER, G.: Bilder der menschlichen Seele. Marburg, Haag u. Herchen, 1988.

25 Bereits in den 20er Jahren leistete die Psychologin Ursula Plog zusammen mit Dörner Pionierarbeit auf diesem Gebiet. Vgl. PLOG, U. (1991): Psychotherapie. Mit psychiatrischem Handeln untrennbar verbunden. Zur geschichtlichen Entwicklung der stationären Psychotherapie vgl. WINKLER, W. (1982): Zur historischen Entwicklung der Beziehung zwischen Psychotherapie und Psychiatrie in Deutschland seit 1900.

institutionellen Rahmenbedingungen stationärer Psychiatrie garantieren. Durch die Ausbildung an Instituten mit unterschiedlichen inhaltlichen und methodischen Schwerpunkten kommen inzwischen diverse Therapieformen, tlw. repräsentiert durch unterschiedliche PsychotherapeutInnen, tlw. vereint in einer Person, in den Kliniken zum Einsatz. Allerdings können personell bedingt nicht immer alle Therapieformen angeboten werden, weshalb Unterschiede in der psychotherapeutischen Ausrichtung der Kliniken bestehen. Trotz der paradigmatisch begründeten Integration der Psychotherapie in die Kliniken, bestehen alltagspraktisch jedoch noch immer gegenseitige Berührungs- und Konkurrenzängste sowie Kenntnislücken bezüglich der gravierenden Unterschiede zwischen analytischen, verhaltenstherapeutischen, gesprächspsychotherapeutischen, gestalttherapeutischen, gruppentherapeutischen, systemtherapeutischen oder sonstigen Therapierichtungen. Inhaltlich soll die Psychotherapie in einzel- oder gruppentherapeutischen Veranstaltungen den psychisch Erkrankten individuumszentriert Unterstützung bei der Aufarbeitung der subjektiven Problematik anbieten und dadurch zur Gesundung bzw. persönlichen Akzeptanz eines Leidens im Rahmen einer stationären Behandlung, die möglichst ambulant weitergeführt werden soll, beitragen.[26] Psychotherapie und Soziotherapie fanden in Deutschland bis in die 70er Jahre kaum Anwendung, obwohl sie im Ausland längst praktiziert wurden. In der Interpretation dieses Sachverhaltes teilen sich die Meinungen: Nach Lungershausen liegt der Grund darin, daß ihre Anwendung durch das biologische Paradigma und dessen medikamentöse Engführung blockiert wurde. Reimer dagegen geht davon aus, daß erst die Behandlung mit Psychopharmaka die Voraussetzung dafür schuf, daß die sozialpsychiatrische Methodenvielfalt überhaupt zum Einsatz kommen konnte.[27]

Als besonderer Verdienst der *Biologischen Psychiatrie* wird die Einführung der Behandlung mit Psychopharmaka gewertet. Aufgrund der angenommenen körperlichen Ätiologie ergibt sich die logische Schlußfolgerung, daß Medikamente, die auf den körperlichen Zustand einwirken, eine heilende Funktion innehaben. Bach beschreibt daher die gegenwärtige Alltagsroutine folgendermaßen: "Medikamente bestimmen zentral das Verhalten."[28] Meist werde mit Psychopharmaka in die Behandlung eingestiegen, verändertes Verhalten auf die Medikamentenwirkung zurückgeführt und die Entlassung nach gelungener medikamentöser 'Einstellung' erwogen: „Medikamente sind aus dem psychiatrischen Alltag nicht wegzudenken."[29] Eine prägnante Definition von Psychopharmaka, die nur oral als Tabletten/Kapseln oder parenteral als Zäpfchen/Injektionen/Infusionen vom ärztlichen Personal verabreicht werden dürfen, findet sich bei Zehentbauer: "Als Psychopharmaka bezeichnet man all diejenigen (meist synthetisch hergestellten) Arzneien, die - als Hauptwirkung - das geistig-seelische Befinden eines Menschen beeinflussen oder verändern."[30] Weshalb es bezüglich der Wirkweise dieser Medikamentengruppe unterschiedliche Erklärungen gibt, versucht Brauchbar 1996 anschaulich zu machen: „Psychopharmaka greifen in das komplexeste biologische System ein, das wir ken-

---

26 Vertiefende Literatur: SCHÜRMANN, A. u. H. FREIBERGER (1995): Stationäre Psychotherapie - Versorgungsangebote, Konzepte, Diskrepanzen; PLOG, U. (1995): Fragmente- Antagonismen. Psychotherapie in Institutionen der psychosozialen Versorgung.

27 Vgl. LUNGERSHAUSEN, E. (1992): Schwerpunkte, S. 14; REIMER/LAUX (1992): Krankenhauspsychiatrie, S. 284.

28 BACH, O. (1992): Der Krankheitsbegriff in der Psychiatrie, S. 7.

29 FINZEN, A. (1995): Medikamentenbehandlung, S. 13.

30 ZEHENTBAUER, J. (1990): Psychopharmaka, S. 107.

nen: Sie beeinflussen die Kommunikation zwischen den Nervenzellen im Gehirn, die durch Gehirnbotenstoffen, sogenannte Neurotransmitter, erfolgt... Derzeit kennt man über fünfzig verschiedene Neurotransmitter, die je nach Hirnregion in unterschiedlichen Mengen vorhanden sind. Ein Neurotransmitter kann zudem auf mehrere Typen von Rezeptoren treffen und so auch unterschiedliche Wirkungen auslösen. Die Vielfalt von Gehirnbotenstoffen und Rezeptoren ergibt eine schier unendliche Zahl von Kombinationsmöglichkeiten, vor der Wissenschaft und Forschung bis heute kapitulieren mußten... die Wirkung der Psychopharmaka auf den Krankheitsverlauf bleibt ungeklärt."[31]

Trotz großer Kenntnislücken werden Psychopharmaka verabreicht, weil sie bei frühem und konsequentem Einsatz psychische Störungen zumindest vorübergehend beheben können. Windgassen und Tölle kommen deshalb zu folgendem Ergebnis: "Bei den meisten (akut) psychotisch Kranken wirken Neuroleptika so schnell und oft auch so durchgreifend, daß Patient und Angehörige, aber auch der behandelnde Arzt immer wieder von dieser Wirkung beeindruckt sind... eine grundsätzliche Ablehnung widerspricht allen empirischen Befunden und ist einer ausschließlich rationalen Argumentation offenbar nicht zugänglich."[32] Drastisch schlußfolgert Ernst: "Es ist ein Kunstfehler, manische, anhaltend schwer suizidale und viele schizophrene Kranke mit Psychotherapie allein behandeln zu wollen. Neuroleptika und Antidepressiva erleichtern vielen schizophrenen und affektkranken Kranken ihr Leben über weite Strecken."[33] Als Schattenseite der Behandlung mit Psychopharmaka läßt sich jedoch bei Zehentbauer nachlesen: "Der Verbrauch von psychisch wirksamen Medikamenten steigt von Jahr zu Jahr...Tranquilizer sind - nach dem Alkohol - mittlerweile zur Volksdroge Nr.2 geworden... Mehr als 150 Millionen Menschen auf der Welt stehen unter Neuroleptika. Bereits 25 Millionen haben neuroleptisch bedingte gesundheitliche Dauerschäden!... Zwei Drittel der rezeptierten Neuroleptika werden von praktischen Ärzten, Internisten, Kinderärzten und Gynäkologen verschrieben."[34] Trotz und wegen ihrer alltagspraktischen Bedeutung werden Psychopharmaka daher extrem kontrovers diskutiert. Windgassen und Tölle versuchen die kritischen Einwände, die unter den plakativen Begriffen wie Gehirnwäsche, chemische Zwangsjacke, moderne Beruhigungsmittel, und Symptomkosmetik vorgebracht werden, darzustellen und zu widerlegen.[35] Dennoch sind auch diese Autoren gezwungen, die Existenz der Begleitwirkungen als limitierenden Faktor für einen verantwortungsvollen Einsatz dieser Medikamentengruppe anzuerkennen.[36] Schaubild 4 soll ohne Anspruch auf Vollständigkeit eine Übersicht über die Ende des 20. Jhdts. gängigsten Psychopharmaka nach Markennamen ermöglichen:

---

31 BRAUCHBAR, M. (1996): Prozac, S. 47. Vertiefende allgemeinverständliche Literatur: BENKERT, O. (1995): Psychopharmaka. Medikamente, Wirkungen, Risiken; LEHMANN, P. (1990): Der chemische Knebel; ZEHENTBAUER, J. (1990): Psychopharmaka. Einnehmen oder Wegnehmen?

32 WINDGASSEN/ TÖLLE (1995): "Chemische Zwangsjacke", S. 1362.

33 ERNST, K. (1988): Praktische Klinikpsychiatrie, S. 134.

34 ZEHENTBAUER, J. (1990): Psychopharmaka, S. 107/109.

35 Vgl. WINDGASSEN/ TÖLLE (1995): "Chemische Zwangsjacke", S. 1361-1363.

36 Kritisch zu berücksichtigen ist das Eingeständnis, daß Psychopharmaka die Gefahr mit sich bringen, wegen ihres therapeutischen Effektes auch als Unterdrückungsinstrumenarium mißbraucht zu werden: "Tatsächlich wurden Neuroleptika in den 70er und 80er Jahren in manchen diktatorischen Regimen kriminell mißbraucht: Politische Dissidenten wurden in psychiatrischen Krankenhäusern interniert und zwangsweise mit Neuroleptika traktiert." WINDGASSEN/TÖLLE (1995): "Chemische Zwangsjacke", S 1362.

Psychiatrie der Gegenwart

Schaubild 4: Psychopharmaka-Liste, Stand 1999

Antidepressiva Mittel gegen Depressionen	Neuroleptika Mittel gegen Psychosen	Anxiolytika / Tranquilizer/ Sedativa / Hypnotika Mittel zur Angslösung/Beruhigung, zum Schlafen		Psychostimulantien Mittel zur psychischen Aktivierung
		Benzodiazepine		
Anafranil	Antalon	Adumbran	Neodorm	AN1
Aneural	Arminol	Antoderin	neoOpt	Captagon
Aponal	Atosil	Cassadan	Noctamid	Reactivan
Aurorix	Buteridol	Dalmadorm	Noctazepam	Ritalin
Carbagamma	Ciatyl	Demetrin	Normoc	Senior
Cipramil	Dapotum	Desitin	Novanox	Tradon
Deprilept	Decentan	Diazepam	Planum	
Desitin	Dipiperon	Dormicum	Praxiten	
Doxepin	Dogmatil	duralozam	ProDorm	
Equilibrin	Dominal	durazepam	Punktyl	**Nootropika /**
Fevarin	Duraperidol	Eatan	Radedorm	**Neurotropika** Mittel zur
Fluctin	Esucos	Ergocalm	Radepur	Gehirnleistungs-
Gamonil	Eunerpan	Faustan	Remestan	steigerung
Herphonal	Eusedon	Flurazepam	Repocal	
Hopacem	Fluanxol	Frisium	Rilex	Agapurin
Hypnorex	Frenolon	Gityl	Rohypnol	Avigilen
Jatrosum	Glianimon	Halicon	Sigacalm	Artocoron
Idom,	Haldol	Imeson	Somagerol	Cavinton
Insidon	Haloperidol	Lamra	Sonin	Cerepar
Laroxyl	Imap	Laubeel	Staurodorm	Cerutil
Levothym	Impromen	Lendormin	Stesolid	Cetal-ret.
Limbatril	Jatroneural	Lexotanil	Talis	Cinnarizin
Lithium-Duriles	Leponex	Librium	Tafil	Cinnacet
Longopax	Lyogen	Loretam	Tavor	Circanol
Ludiomil	Lyorodin	Medazepam	Tolid	Circo-Maren
Mapro	Megaphen	Mobiforton	Tranquo	Claudicat
Mareen	Melleretten	Mogadan	Tranxilium	Complamin
Mianserin	Melleril	MonoDemetrin	Trecalmo	Cosaldon
Mirpan	Meresa	Multum	Uskan	Dacoren
Nortrilen	Neogama	Musaril	Valiquid	Defluina
Noveril	Neurocil		Valium	Dusodril
Novoprotect	Nipolept			duracebrol
Parnate	Omca			Encephabol
Pertofran	Orap	**Sonstige**	**Barbiturate**	Encetrop
Petylyl	Pipamperon	Bespar	Luminal	Equipur
Prisma	Propaphenin	Bikalm	Neodorm	Ergoplus
Pryleugan	Protactyl	Chloraldurat	NervoOpt	Ergodesit
Psymion	Prothazin	Dolestan	Somnupan	Esberidin
Quilonum	Psyquil	Dormutil	Valocordin	Helfergin
Remergil	Risperdal	Elroquil	Veronal	Hydergin
Saroten	Sigaperidol	Gittalun		Logomed
Serdolect	Sinophenin	Hevert-Dorm		Luctor
Seroxat	Soporil	Insidon		Memoq
Sinquan	Taxilan	Kavaform		Natil
Sirtal	Tesoprel	Lupovalin		Nimotop
Stangyl	Theralene	Miltaunt		Nootrop
Syneudon	Tisercin	Moradorm		Normabrain
Tagonis	Tractan	Neuronika		Novocetam
Tegretal	Triperidol	Sedaplus		Orphol
Thombran	Truxal	Sedopretten		Piracetam
Timonil	Truxaletten	Sedovegan		Renthylin
Tofranil		Stilnox		Sibelium
Tolvin		Visano		Spasmocyclon
Trevilor		Ximovan		Trental
Vivilan				

Neben der medikamentösen Therapie spielen im biologischen Paradigma auch andere somatische Therapieformen eine wichtige Rolle. Hierzu zählt die Elektrokrampftherapie, die gegenwärtig in den meisten Kliniken nicht mehr angewendet wird, da sie sowohl in ihrer Wirksamkeit als auch in ihren Folgewirkungen fachlich und ethisch stark umstritten ist. Nach Schott wird sie nur als letzte Maßnahme nach dem Versagen anderer Therapieverfahren eingesetzt. Unter Anerkennung therapeutischer Effizienz plädiert er daher für die Beibehaltung dieser Therapieform, wobei er jedoch eine strenge Indikationsstellung voraussetzt. Dörner dagegen spricht sich aus ethischen Motiven gegen ihre Anwendung aus, weil er PatientInnen vor psychischen und somatischen Folgewirkungen schützen und vor einem fatalistischen Glauben an technische Heilmethoden, evtl. verstärkt durch kurzfristige Therapieerfolge, bewahren will.[37]
Auch die im biologischen Paradigma enthaltene psychochirurgische Therapeutik findet in Deutschland kaum BefürworterInnen, während sie in Amerika als ultima ratio gegenwärtig durchaus praktiziert wird. Entsprechendes gilt für die Insulinkomatherapie, die aufgrund ihrer gefährlichen Nebenwirkungen ebenfalls nur noch extrem selten angewandt wird, aber dennoch immer neu in psychiatrischen Fachkreisen diskutiert wird. Schlafentzugstherapie und Lichttherapie dagegen erweisen sich inzwischen als problemlos in den Klinikalltag integrierbar und in Bezug auf spezifische Krankheitsbilder als therapeutisch erfolgreich.[38]
Zusammenfassend läßt sich festhalten: Entsprechend dem in der Sozialpsychiatrie und Biologischen Psychiatrie behaupteten mehrdimensionalen Krankheitsverständnis koexistieren gegenwärtig verschiedenste Therapieformen nebeneinander und sind "je nach Schwerpunkt der Wirkung entweder für sich alleine oder aber in Kombination durchführbar."[39] Dabei gilt jedoch, daß die Durchführbarkeit von der regionalen Lage der Klinik, der Finanzierung, der Trägerschaft, der personellen Ausstattung und der Klinikleitung, d.h. weitgehend von den paradigmatischen Vorgaben der Chefärzte/Chefärztinnen abhängt, weshalb die therapeutischen Möglichkeiten von Klinik zu Klinik variieren. Trotz der möglichen therapeutischen Vielfalt verdichtet sich aber der Eindruck, daß aufgrund des wiedererstarkten naturwissenschaftlichen Paradigmas die medikamentöse Therapie noch immer, bzw. immer mehr in das Zentrum rückt, wodurch sie sich als dominierende therapeutische Praxis der Gegenwart ausweist.

2.1.3. Institutionelles Erscheinungsbild

Die durch die Sozialpsychiatrie initiierte Psychiatriereform wird gegenwärtig bezüglich ihrer Ergebnisse in der Literatur sehr unterschiedlich bewertet. Dabei lassen sich drei Positionen herauskristallisieren, die in der Beurteilung desselben Gegenstandes zu konträren Ergebnissen gelangen: 1. Die Reform ist als bedeutender Erfolg zu werten, da sie dramatische Verbesserungen des Versorgungssystems mit sich gebracht hat.[40] Vertreter dieses Standpunktes gehen

---

37 Vgl. SCHOTT, K. (1992): Ergebnisse, S. 422; DÖRNER, K. (1994): Ethische Aspekte der EKT.

38 Vgl. ERBEN, A. (1995): Insulincomatherapie; SAARMA, M. (1992): Insulintherapie. Vertiefende Literatur: MÜLLER, P.: Schlafentzug - erfolgreich gegen Depressionen. Bonn, PV., 1995; WIEGAND, M.: Schlaf, Schlafentzug und Depression. Springer, Bln. u.a., 1995; HEIM, M. (1991): Lichttherapie in der Behandlung exogener Psychosen, in: Krankenhauspsychiatrie 2 (1991), S. 171-172.

39 BÜHLER, K. (1992): Psychopharmakotherapie und ergänzende Therapieverfahren, S. 15.

40 Eine Position, die sich beispielhaft belegen läßt für HEINRICH, K. (1994): Die Psychiatrie-Reform - ein bedeutender Erfolg; KÖHLER/ WOLPERT (1994): Die psychiatrischen Abteilungen, S. 158; TEGELER, J. (1994): Entwicklung der Psychiatrischen Krankenhäuser, S. 152.

davon aus, daß in allen Versorgungsbereichen Verbesserungen erzielt wurden, da gemäß der gemeindepsychiatrischen Grundintention eine institutionelle Organisationsvielfalt entstanden ist, die die Behandlungsmöglichkeiten psychisch Kranker optimiert hat. 2. Die Reform habe zwar in einzelnen Bereichen Erfolge erzielt, muß jedoch noch massiv vorangetrieben werden. 3. Das psychosoziale Reformprojekt stagniert bzw. ist gescheitert. Das Mißlingen der Reform wird hierbei auf das Zusammenwirken wirtschaftspolitischer, gesellschaftlicher, fachinterner und inhaltlicher Faktoren zurückgeführt.[41] Eine verläßliche Beurteilung der Reform hängt demnach davon ab, wie sich die institutionelle Verfaßtheit deutscher Psychiatrie Ende des 20. Jhdts. darstellt. Deshalb soll sie im Folgenden aufgezählt und erläutert werden:
1. Vorfelddienste: Hierunter fallen Gesundheitsämter, Sozialstationen, Arztpraxen; Beratungsstellen und Pfarrämter, denen eine präventive Funktion zugeschrieben wird.
2. Stationäre Dienste: Hierzu zählen Psychiatrische Krankenhäuser, Universitätskliniken und Abteilungen an Universitätskliniken bzw. Allgemeinkrankenhäusern. Bekannte Psychiater erheben jedoch den Vorwurf, daß Abteilungen zwar Erfolgsstatistiken vorlegen, therapeutisch schwierige 'Fälle' jedoch bereitwillig an Großkrankenhäuser abtreten: „Aber siehe, gerade diese Abteilungen an Allgemeinkrankenhäusern haben gerade nicht das gemacht, was sie sollten, nämlich sich an der Versorgung aller Kranken zu beteiligen, sondern sie haben überwiegend chronisch Kranke, Süchtige, Patienten mit schweren Persönlichkeitsstörungen, Alterskranke, Demente in ihren Einrichtungen gerade nicht aufgenommen, in die diese Kranken wegen der Gemeindenähe, die diese Krankengruppen brauchen, eigentlich hingehört hätten."[42] Trotz derart kritischer Stimmen steht bereits heute fest, daß die Einrichtung von Abteilungen drei wichtige Fortschritte für die Psychiatrie als Institution und deren 'KlientInnen' mit sich gebracht hat: Zum einen sichert die Integration in ein Allgemeinkrankenhaus den wissen-

---

41 Eine engagierte Fortsetzung der Reformarbeit propagiert v.a. LUNGERSHAUSEN, E. (1992): Schwerpunkte der psychiatrischen Praxis, S. 18: "Wir wissen um das Erreichte, und das ist nicht wenig, wir wissen aber andererseits, daß wir auch noch mehr erreichen könnten."
ZU den Vertretern einer resignativ-pessimistischen Haltung zählen: BONSS, W. (1985): Modernisierung, S. 16; KARDORFF, E. (1985): Psychiatriereform, S. 20; STARK, W. (1985): Die Anstalt als Zentrum, S. 40. Tollgreve spricht von einer "parlamentarischen und regierungspolitischen Verschleppung und letztlich drastischen Beschränkung der Psychiatriereform", die mit der Wirtschafts- und Sozialstaatskrise seit Mitte der 70er Jahre einherging und bis in die Gegenwart anhält. TOLLGREVE, Ch. (1984): Bewegung, S. 60.
Nach Keupp spielen auch die gesellschaftlich-kulturellen Umbrüche der letzten 20 Jahre eine wichtige Rolle für die Stagnation des Reformprojekts. Die Interessenlage der Gesellschaft habe sich gewandelt, die Sensibilität für die Problematik psychisch Kranker sei weitgehend verlorengegangen. Vgl. KEUPP, H. (1987): Das psychosoziale Reformprojekt, S. 103.
Für Pittrich ist das Fach Psychiatrie selbst für die schleppende Psychiatriereform mitverantwortlich. Er weist darauf hin, daß die entscheidende Fachgesellschaft (DGPN= Deutsche Gesellschaft für Psychiatrie und Nervenheilkunde, heute DGPPN= Deutsche Gesellschaft für Psychiatrie, Psychotherapie und Nervenheilkunde) keine verläßliche fachliche Orientierung für die notwendigen Entwicklungen vorgegeben hat. Vgl. PITTRICH, W. (1990): Psychiatrie in Deutschland, S.29.
Als gewichtigster Bremsklotz der Reform wird in der Literatur die sekundäre Orientierung an den Patientenbedürfnissen gewertet: Die Reformpolitik "war v.a. gekennzeichnet durch ein unkritisches Vertrauen in Experten, durch den ungetrübten Glauben an die wissenschaftliche Planbarkeit und die sozialtechnische Machbarkeit der Reform und schließlich durch eine im großen und ganzen patriarchalische und objektivierende Haltung gegenüber den Betroffenen." KARDORFF, E. (1985): Psychiatriereform, S. 18. Vgl. STÖCKLIN/ LUCIUS-HERNE (1988): Die Frage des Bedarfs, S. 143; STARK, W. (1988): Die Anstalten, S. 41. Patienteninitiativen wie 'Irrenoffensive' und 'Türspalt', Angehörigenverbände und sensible Psychiater beklagen zudem, daß die Reform wichtige Inhaltspunkte wie die Festschreibung elementarer Menschenrechte psychisch Kranker sowie die Ablehnung jeglicher Form von Zwang nicht berücksichtigt habe. Vgl. KEUPP, H. (1990): Quo vadis, S. 77; DÖRNER,K. (1992): Die Entwicklung, S. 150/151.

42 REIMER, F. (1990): Beitrag und Rolle, S. 32.

schaftlich-institutionellen Status der Psychiatrie innerhalb der medizinischen Disziplinen. Zum anderen erlauben die medizinisch-technischen Möglichkeiten einer Klinik eine verbesserte somatische Grundversorgung psychisch Kranker. Zudem kann durch den allgemeinen Krankenhauscharakter die Zugangsschwelle gesenkt werden, wodurch bessere Voraussetzungen für Krisenintervention und Notfallversorgung vorliegen.[43]

3. Teilstationäre Dienste: Hierbei handelt es sich um ein institutionelles Angebot, das v.a. Tages- und Nachtkliniken sowie Institutsambulanzen, die eine zeitlich limitierte Betreuung anbieten, umfaßt. Teilstationäre Institutionen sind entweder Bestandteil eines Krankenhauskomplexes, wobei sie direkt im Krankenhausgelände bzw. auch außerhalb gelegen sein können, oder sie haben den Status einer autonomen Institution ohne Klinikanschluß. Obwohl in vielen Studien die Effektivität dieser Behandlungsform nachgewiesen wurde, konnte sie in Deutschland bisher nicht flächendeckend Fuß fassen.[44] Ambulanzen sollen klinikextern oder in Form von Psychiatrischen Polikliniken teuren stationären Aufenthalten vorbeugen und helfen, die Rückfallquote durch Gewährleistung einer therapeutischen Kette zu senken.[45]

4. Ambulante/extramurale Dienste: Hierzu zählen die Arztpraxen von PsychiaterInnen und PsychotherapeutInnen, Sozialstationen, Psychosoziale Kontaktstellen sowie Sozialpsychiatrische Dienste, die extra muros, d.h. ohne institutionelle Verflechtung mit stationären Einrichtungen arbeiten.[46]

5. Komplementäre Dienste: Dieser Versorgungssektor umfaßt ein weitgefächertes Angebot, das von Tagesstätten, Clubs und Kontaktzentren über Wohnheime, Übergangsheime, beschützte Wohngruppen bis zu speziellen Einrichtungen für Behinderte, Pflegebedürftige und Senioren sowie die spezielle Versorgungsform der Familienpflege reicht.[47] Während die wie-

---

43   Vertiefende Literatur: RÖSSLER, W.: Psychiatrische Abteilungen an Allgemeinkrankenhäuser, in: SPI 23 (1996), S. 4-9; SCHNEIDER, H.: Die Psychiatrische Abteilung am Allgemeinkrankenhaus, in: KRANKENHAUSPSYCHIATRIE. Hg. v. F. Reimer. Stgt., Fischer, 1995, S. 19-23.

44   Vertiefende Literatur: LORENZEN, D.: Teilstationäre Behandlungseinrichtungen, in: KRANKENHAUSPSYCHIATRIE. Hg. v. F. Reimer u.a. 2. Aufl. Stgt., Fischer, 1995, S. 189-197; FINZEN, A.: Tags in die Klinik, abends nach Hause. Bonn, PV., 1986.

45   Spezielle Literatur: FÄHNDRICH, E.: Institutsambulanz - oft eine Alternative zur vollstationären Behandlung, in: Spektrum 24 (1995), S. 242-246; SPENGLER, A.: Ambulante Versorgung am Psychiatrischen Krankenhaus, in: Krankenhauspsychiatrie. Hg. v. F. Reimer. Stgt., Fischer, 1995, 179-183.

46   Dieser Bereich stellt theoretisch den konsequentesten Umsetzungsversuch gemeindepsychiatrischer Theorien dar. Narr jedoch kommt zu dem Ergebnis, daß der Ausbau ambulanter Dienste heute nur noch eine verdünnte Form der Gemeindepsychiatrie darstellt, weil letztere in den bürokratisch-korruptiösen Sog der Gemeindepolitik geraten ist und dadurch zum "öffentlich-privaten Sparschwein" umfunktioniert worden ist. NARR, W. (1991): Psychiatrie und Sozialpolitik, S. 91. Vertiefende Literatur: SCHWEITZER, J. u.a.: Sozialpsychiatrische Dienste, in: DERS. u. B. Schumacher: Die unendliche und endliche Psychiatrie. Heidelberg, Auer, 1995, S. 88-115; BOCK, Th.: Die Aufgaben extramuraler und komplementärer psychiatrischer Versorgungseinrichtungen unter Berücksichtigung unterschiedlicher Diagnosen, in: GÖTZE, P. u. M. MOHR (Hg.): Psychiatrie und Gesellschaft im Wandel. Regensburg, Roderer, 1992, S. 205-217; OSTERMANN, R. Sozialpsychiatrischer Dienst, in: KRÜGER, H. (Hg.): Arbeitskonzepte für eine gemeindenahe Psychiatrie. Stgt., Enke, 1990, S. 135-141.

47   Vertiefende Literatur: WIEDER, J.: Vor- und nachstationäre Behandlungs- u. Anwendungsmöglichkeiten für die Psychiatrie, in: PP 23, 1996, S. 275-278; SCHWEITZER, J. u.a.: Psychiatrische Wohnheime und Arbeitsprojekte - Individuation für Klienten und Mitarbeiter, in: DERS. u. B. SCHUMACHER: Die unendliche und die endliche Psychiatrie. Heidelberg, Auer, 1995, S. 115-156; MANNSDORFF, P.: Das verrückte Wohnen. Freiburg, Herder, 1994; WIENBERG, G. (Hg.): Bevor es zu spät ist.. Bonn, PV, 1993; ENGELMANN, I.: Schneckenhäuser. Alltagsbewältigung und Beziehungserfahrung in der Tagesstätte. Bonn, PV,

derbelebte Familienpflege positiv bilanziert wird, werden Erfahrungen mit dem Heimsektor, der inzwischen nahezu 80% der komplementären Versorgungskapazität für pflegebedürftige bzw. geriatrische PatientInnen einnimmt, bisher eher negativ bewertet. Obwohl die meist privat oder gemeinnützig geführten Heime die Voraussetzung dafür schufen, daß die Bettenkapazität in den Krankenhäusern reduziert werden konnte, wurde dadurch eine institutionelle Verlagerung der LangzeitpatientInnen in den kostengünstigeren Pflegebereich erreicht. Da in Anlehnung an Wulff sicherlich zwischen 'guten' und 'schlechten' Heimen differenziert werden kann, ist Kunzes Schlußfolgerung zuzustimmen, daß es sich dabei um einen relativ undurchsichtigen Versorgungsbereich handelt, in dem Verhältnisse der traditionellen kustodialen Anstalt, die ja durch die Reform als solche überwunden werden sollten, weiterexistieren. Heinrich gelangt daher zum Schluß, daß die Situation chronisch Kranker unbefriedigend sei. Dörner bezeichnet die Langzeitkranken deshalb sogar als die Opfer der Reform.[48]

6. Rehabilitative Dienste: Hierunter fällt ein institutionelles Instrumentarium, das die Bedeutung der Arbeit für die PatientInnen in den Mittelpunkt rückt und dafür konkrete Werkstattplätze, beschützte Arbeitsplätze bzw. eine industrielle Arbeitstherapie sowie Beratung in speziellen Berufsförderungswerken vorsieht.[49]

7. Hilfsvereine: Zum Versorgungsnetz gehören auch diverse Hilfsvereine, die den Rahmen professioneller Dienstleistung sprengen und seit 1976 zum 'Dachverband psychosozialer Hilfsvereinigungen e.V.' zusammengeschlossen sind. Hierzu zählen v.a. Vereine von LaienhelferInnen/BürgerhelferInnen, von Angehörigengruppen und solche von Betroffenen, die sich 1993 als 'Bundesverband Psychiatrie-Erfahrender e.V.' formierten.[50]

Schaubild 5 auf der nächsten Seite veranschaulicht die komplexe Versorgungsvielfalt:

1990; LUGER, H.: KommRum. Der andere Alltag mit Verrückten. Bonn, PV., 1989; BERGER, H.: Wieder rauf ans Licht. Tübingen, 1989; MAIER, H.: Gemeindeclubs für psychisch Kranke. Weinsberg, Weissenhof Vlg., 1987; KONRAD, M. u. P. Schmidt-Michel: Die zweite Familie - Psychiatrische Familienpflege. Bonn, PV, 1994; KREGEL, K.: Die neue psychiatrische Familienpflege, in: SPI 20 (1990), S. 37-40; HELD, T.: Psychiatrische Familienpflege. Stgt., Enke, 1989.

48   Vgl. DÖRNER,K. (1992): Die Entwicklung, S. 152; Spezielle Literatur: DÖRNER, K. (Hg.): Aufbruch der Heime. Gütersloh, Van Hoddis, 1991; LEIDINGER, F. (Hg.): Grauzone der Psychiatrie. Die gerontopsychiatrische Versorgung auf dem Prüfstand. Bonn, PV., 1995;

49   Spezielle Literatur: RITTMANNSBERGER, H.: Zur beruflichen Wiedereingliederung psychisch Kranker, in: PP 23, 1996, S. 79-83; ZEELEN, J. u. J. van Weeghel: Berufliche Rehabilitation psychisch Behinderter. Weinheim/Basel, Beltz, 1994.

50   Vgl. WILLIS, E.: Krankenhausnahe Hilfsvereine, in: KRANKENHAUSPSYCHIATRIE. Hg. v. F. Reimer u.a. 2. Aufl. Stgt., Fischer, 1995 S. 215-219. Spezielle Literatur: NOUVERTNÉ, K.: Bürgerhilfe in der Psychiatrie, in: BOCK, Th. u. H. Weigand (Hg.): Hand- werks-buch Psychiatrie. Bonn, PV., 1991, S. 246-259. Spezielle Literatur zu Selbsthilfegruppen Psychiatrie-Betroffener: JENSEN, K. u. M.SEIBT: Das europäische Netzwerk von Psychiatrie-Betroffenen, in: KEMPKER, K. u. P. Lehmann (Hg.): Statt Psychiatrie. Bln., Antipsychiatrie Vlg., 1993, S. 318-329; STÖCKLE, T.: Die Irren-Offensive. Erfahrungen einer Selbsthilfeorganisation von Psychiatrieopfern, in: KEMPKER, K. u. P. Lehmann (Hg.): Statt Psychiatrie. Bln., Antipsychiatrie Vlg., 1993, S. 329-365. Angehörigengruppen sind entweder Selbsthilfegruppen von Betroffenen oder expertengeleitete Gruppen. 1985 erlangten Angehörigenvereine auch gesellschaftspolitische Macht, indem sie sich zum 'Bundesverband der Angehörigen psychisch Kranker e.V.' zusammenschlossen. Spezielle Literatur: DEGER-ERLENMAIER, H. u. W. Walter: Die Angehörigenbewegung in Deutschland, in: JETZT will ich's wissen. Rat und Hilfe für Angehörige psychisch Kranker. Hg. v. H. Deger-Erlenmaier. Bonn, PV, 1996; SCHORLEMER, L. v. (1995): Selbsthilfegruppen für Angehörige, in: Stark, M. (Hg.): WEGE aus dem Wahnsinn. Bonn, PV, 1995, S. 180-188

Schaubild 5
Gegenwärtiges institutionelles
psychiatrisches Versorgungsnetz

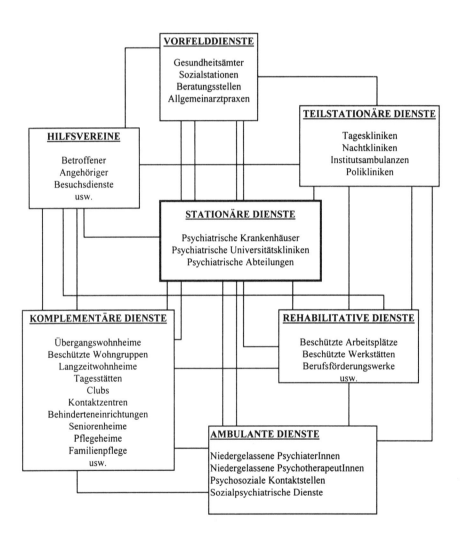

Welche Rolle spielt aber gegenwärtig das Psychiatrische Krankenhaus im psychosozialen Netz? Vor ca. zwanzig Jahren wurde im Enquete-Bericht unter den Stichworten der Modernisierung, Klinifizierung, Renovierung, Sanierung, Umstrukturierung und Rationalisierung eine Reform der psychiatrischen Großkrankenhäuser gefordert. Eine Abschaffung der Institution als solcher war damit jedoch nicht intendiert. Eine derart radikale Forderung ist erstmals Anfang der 80er Jahre durch den Fachverband 'Deutsche Gesellschaft für Soziale Psychiatrie' programmatisch beschlossen und öffentlich angestrebt worden. Bauer und Engfer stellen jedoch 1990 nüchtern fest, daß diese Leitlinie der Kommission nicht beachtet, die Auflösung psychiatrischer Großkrankenhäuser niemals ernsthaft angestrebt worden sei.[51] Daher konnte Reimer 1992 selbstbewußt schreiben: "Einige Ideologen sind neuerdings der Meinung, daß es eine konzeptionelle Entwicklung des psychiatrischen Krankenhauses allenfalls in der Theorie geben könnte. In der Praxis hätten psychiatrische Krankenhäuser keine Zukunft. Unter anderem hat das der Chefideologe der Krankenhaus-Abteilungsleiter, Bauer, neulich verkündet zur allgemeinen Überraschung der Zuhörer, nicht ahnend, daß er sich damit eine bedauerliche Blöße gibt, denn dieser Unsinn wurde, -wenn man so will - seit Bestehen der psychiatrischen Krankenhäuser immer mal wieder vorgetragen. Tatsache ist, daß wir noch da sind und es uns relativ gut geht... Also: Kein Zweifel, daß unsere Krankenhäuser eine bedeutende Rolle in der psychiatrischen Versorgung spielten, und es ist sehr wahrscheinlich, daß sie das auch künftig tun werden."[52]

Die Existenz der Institution Psychiatrisches Krankenhaus scheint demnach gegenwärtig nicht mehr in Frage zu stehen. Dies wird in der Literatur auf fehlende institutionelle Alternativen vor Ort, berufspolitisch bedingte Sicherung von Arbeitsplätzen, Wahrung der ärztlichen Vormachtstellung gegenüber anderen Berufsgruppen sowie das Erstarken des biologischen Paradigmas zurückgeführt.[53] Welche Rolle es faktisch in der gegenwärtigen psychosozialen Versorgung spielt, ist aber dennoch umstritten. Ein Teil der Autoren geht davon aus, daß das Psychiatrische Krankenhaus lediglich einen funktionellen Bestandteil des Versorgungsnetzes ausmacht, wobei die frühere Monopolstellung endgültig verloren gegangen ist.[54] Theoretisch vertritt auch die Bundesgemeinschaft der Träger Psychiatrischer Krankenhäuser diese Position: "Das psychiatrische Krankenhaus ist Bestandteil des regionalen psychiatrischen Versorgungsnetzes... Es arbeitet eng mit niedergelassenen Psychiatern, den Gesundheitsämtern, den sozialpsychiatrischen Diensten, mit Beratungsstellen und anderen im Rahmen der psychiatri-

---

51 Der psychiatrische Fachverband 'Deutsche Gesellschaft für Psychiatrie und Nervenheilkunde'(DGPN) unterstützte diese Zielsetzung nicht, obwohl auch die Expertenkommission von 1988 zu dem Ergebnis kam, daß eine Deinstitutionalisierung im Sinne der Auflösung der Großkrankenhäuser anzustreben sei. Politische Unterstützung dagegen erfuhr die DGSP von der Partei der Grünen, die sich ebenfalls Mitte der 80er Jahre für eine Abschaffung der Großkrankenhäuser einsetzte. Vgl. HERZOG, G. (1982): Krankheits-Urteile, S. 8; THESEN zur Abschaffung und Überwindung der Psychiatrie (1984).
Bauer, der sich massiv für die Errichtung von Abteilungen einsetzt, ist natürlich an einer Auflösung der Großkrankenhäuser interessiert, da deren Existenz die Ausbreitung der Abteilungen behindert. In einem Artikel von 1990 machte er daher eine Rechnung auf, die belegt, daß die nötigen finanziellen Ressourcen zur Umwandlung der Großkrankenhäuser in Abteilungen für Deutschland nur ca. 6 Milliarden DM, umgerechnet. ca. 240 Autobahnkilometer, betragen würde. Vgl. BAUER, M. (1990): Die Bedeutung psychiatrischer Abteilungen, S. 67; Vgl. BAUER/ENGFER (1991): Psychiatrie ohne Anstalt, S. 519.

52 REIMER, F. (1992): Zur konzeptionellen Entwicklung, S. 89/90.

53 Vgl. KRUCKENBERG, P. (1991): Mehr Personal, S. 29.

54 Vgl. MÜLLER, C. (1989): Wandlungen, S. 364; WIENBERG, G. (1991): Die neue Psychiatrie-Personalverordnung, S. 3.

schen Versorgung und der sozialen Dienste tätigen Institutionen zusammen... Die Mitglieder des psychiatrischen Krankenhauses wirken in den regionalen psychosozialen Arbeitsgemeinschaften mit. Darüber hinaus beteiligt sich das psychiatrische Krankenhaus aktiv an Koordinations- und Planungsgremien der psychiatrischen Versorgung."[55] Andere Autoren jedoch gehen davon aus, daß das Krankenhaus seine Vormachtstellung behaupten konnte und sich endgültig zur dominanten psychosozialen Institution mit einem Netz lediglich flankierender Einrichtungen entwickelt hat. Modernisiert, stabilisiert und im Selbstbewußtsein gestärkt, habe es die Reform überstanden. Kisker spricht sogar von einem "Comeback der neuen deutschen Klinik."[56] Auch für Finzen ist die gegenwärtige Psychiatrie trotz Reform "immer noch weitgehend von den intransparenten Großinstitutionen geprägt".[57] Dies treffe besonders auf die neuen Bundesländer zu.[58] Sachsse geht in seinen Schlußfolgerungen sogar so weit, daß er auch den gegenwärtigen stationären Institutionen die Kennzeichnung 'totale Institution' zuschreibt.[59] Drastisch behauptet dies auch Rüther, ohne dabei die Terminologie Goffmans zu bemühen: "Es wäre ein fataler Irrtum, wenn man davon ausginge, daß custodiale Psychiatrie nicht mehr stattfindet. Aufbewahrende, bewachende, behütende Psychiatrie ist nach wie vor das Konstituens Nummer eins."[60] Der Unterschied zur Situation vor der Reform liege gemäß den Ergebnissen Brenners nur darin, daß heute "stationäre Einrichtungen vorwiegend der kürzerfristigen Versorgung dienen."[61] Auch diese extrem kritischen Autoren müssen jedoch

---

55 ZIELSETZUNGEN (1992), S. 6. Wie weit eine derartige Vorgabe auslegbar ist, zeigt die Position Reimers, der aus dem 'Bestandteil' eine zentrale und kontrollierende Einrichtung macht: "Eine außerordentlich wichtige Zukunftsaufgabe haben die psychiatrischen Krankenhäuser zu übernehmen als Zentren einer funktionierenden gemeindepsychiatrischen Versorgung... Wir müssen auch die Konsilien in den Heimen übernehmen. Wir kontrollieren nach Möglichkeit auch die ambulanten Dienste und Beratungsstellen. Und wir werden auf jeden Fall aufpassen, daß dieser gemeindepsychiatrische Verbund nicht machen kann was er will." REIMER, F. (1992): Zur konzeptionellen Entwicklung, S. 93.

56 KISKER, K. (1985): Psychiatrie in dieser Zeit, S. 76.

57 FINZEN, A. (1993): Perspektiven, S. 2.

58 Im 1992 erschienenen 'Bericht zur Lage der Psychiatrie in der ehemaligen DDR' wird daher die Psychiatrie der ehemaligen DDR mit der traditionell-kustodialen Psychiatrie Westdeutschlands vor der Reformära verglichen. Für Weise ist es leicht verständlich, daß sich nach der Wiedervereinigung die damaligen zentralen Institutionen, d.h. die psychiatrischen Großkrankenhäuser, als die stabilsten Strukturen erwiesen. Zwar wurden gemäß Kießling Anstalten wie Waldheim, die durch ihre politische Involviertheit 'untilgbar stigmatisiert' waren, geschlossen, grundsätzlich aber keine Auflösung der Großinstitutionen angestrebt. Vgl. AUSZUG aus dem Bericht zur Lage der Psychiatrie in der ehemaligen DDR (1992). Vertiefende Literatur: WALDMANN, K.D.: Psychiatrie in der ehemaligen DDR - eine widerspruchsvolle Bilanz, in: SPI 28 (1998), H.4, S. 18-22; WOHLFAHRT, A.: Politischer Mißbrauch der Psychiatrie in der ehemaligen DDR? Krankenhauspsychiatrie 7, 1996, S. 68- 71; OFFENER BRIEF zur psychiatrischen Versorgung in den fünf neuen Bundesländern. Arbeitskreis der Leiter psychiatrischer und psychiatrisch-neurologischer Abteilungen an Allgemeinkrankenhäusern in der Bundesrepublik. SPI 21, 1991, S. 2.

59 Vgl. SACHSSE, C. (1993): Die Anstalt, S. 63.

60 RÜTHER, N. (1988): Bedingungen der Transformation, S. 133. Köhler und Wolpert greifen in ihrem 1994 (!) erschienenen Artikel auf Zahlen von 1989 (!), d.h. auf Daten vor der deutschen Wiedervereinigung, zurück. Demnach gibt es zwar inzwischen mehr psychiatrische Abteilungen an Allgemeinkrankenhäusern (97) als Großkrankenhäuser (78) und Universitätsabteilungen (27), die Hauptzahl der Betten stehe jedoch in den Großinstitutionen (ca. 46 Tsd.). Vgl. KÖHLER/WOLPERT (1994): Die psychiatrischen Abteilungen, 155.

61 BRENNER, H. (1995): Sozialpsychiatrie versus Klinikpsychiatrie, S. 188.

eingestehen, daß es sich gegenwärtig bei deutschen Psychiatrischer Kliniken/Abteilungen nicht um von der Außenwelt abgeriegelte Institutionen handelt, in denen PatientInnen evtl. lebenslang ohne Kontrollmöglichkeit durch die Öffentlichkeit oder ihre Angehörigen im Sinne einer Zwangsinternierung verschwinden können.
Diese Tatsache hängt eng mit der institutionellen Folgewirkung des biologischen Paradigmas zusammen: Die Umstrukturierung des stationären Erscheinungsbildes der Psychiatrie wurde zwar durch die sozialpsychiatrische Reform vorangetrieben, basierte jedoch auf dem Einsatz von Psychopharmaka als spezifischer Behandlungsmethode der Biologischen Psychiatrie. Durch die medikamentöse Therapie wurde ein doppelter institutioneller Effekt erreicht: Zum einen bewirkte die Beruhigung vieler PatientInnen, daß sich das äußere Erscheinungsbild wandelte. Das organisatorische Prinzip der von hohen Mauern umgebenen geschlossenen Anstalt konnte zugunsten offenerer Strukturen überwunden werden, ohne daß dabei zu große Sicherheitsrisiken für PatientInnen, Personal und Öffentlichkeit eingegangen werden mußten. Zum anderen konnte der kontraeffektiven Überbelegung der Häuser durch häufigere Entlassungen begegnet werden, weshalb sich die Verwahrpsychiatrie zu einer Art Drehtürpsychiatrie, in der Menschen nur noch kurzfristig, dafür aber öfter, behandelt werden, entwickelte.[62] Psychiatrische Krankenhäuser erhielten dadurch den Charakter moderner Kliniken. Griesingers Bemühung um eine Eingliederung der Psychiatrie in die Humanmedizin und deren Institutionen scheint daher gegenwärtig realisiert zu sein. Obwohl biologische PsychiaterInnen analog zu SozialpsychiaterInnen die Einrichtung psychiatrischer Abteilungen favorisieren, liegt ihrem Anliegen ein völlig anderes Interesse zugrunde: Die Abteilungen sollen nicht die Vormachtstellung stationärer Psychiatrie zurückdrängen, sondern durch ihren Anschluß an Institutionen der Allgemeinmedizin neurobiologische Grundlagenforschung erleichtern.

---

62 Mit kritischem Unterton umschreibt Kaufmann den Drehtür-Effekt folgendermaßen: "Als Systeme erhalten sie selbstregulierend ihre Organisation, unter anderem dank der Neuroleptika, indem sie die als Systemelemente funktionierenden psychotischen Verhaltensweisen dadurch ständig erneuern, daß sie die symptomfrei gewordenen Patienten mit neuen symptomatischen Patienten austauschen." KAUFMANN, L. (1988): Der systemtheoretische Ansatz, S. 80.

3. Psychiatrie der Zukunft

3.1. Sozialpsychiatrie und / oder Biologische Psychiatrie
3.1.1. Theoretische Fundierung

Spekulationen über die künftige Entwicklung der Psychiatrie müssen von der Annahme ausgehen, daß die theoretischen Fundierungsversuche ebenso wie in anderen Wissenschaftsbereichen zunehmen und heterogene Ansätze zeitgleich miteinander in Erscheinung treten werden. Trotz der zu erwartenden konzeptionellen Vielfalt besteht die Möglichkeit, daß sich die Sozialpsychiatrie oder/und die Biologische Psychiatrie erneut als dominante Paradigmen durchsetzen werden. Damit soll nicht ausgedrückt sein, daß nur diese beiden Richtungen die inhaltliche Kompetenz für ein Paradigma besäßen, sondern daß ihnen durch ihre vorhandene fachspezifische und öffentliche Akzeptanz, ihre finanziellen Ressourcen, ihre vernetzte Infrastruktur und ihre Verankerung an Universitäten der Weg für eine künftige paradigmatische Bedeutung bereits geebnet ist. Allerdings zeichnet sich ab, daß zwei paradigmatische Varianten, die in Schaubild 6 nebeneinandergestellt werden, möglich sind:

Schaubild 6:
Traditionelle psychiatrische Zukunftsperspektiven

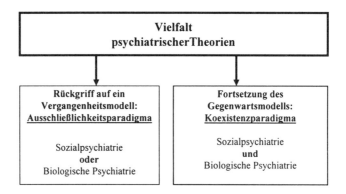

1. Die Sozialpsychiatrie *und* die Biologische Psychiatrie werden wie in der Gegenwart im Sinne eines Koexistenzparadigmas nebeneinander existieren. Dadurch wäre die Zukunft der Psychiatrie definiert als ein Fortschreibungsphänomen der Gegenwart. Grundlegende qualitative Neuerungen für psychiatrische Theorie und Praxis wären damit nicht zu erwarten.

2. Die Sozialpsychiatrie *oder* die Biologische Psychiatrie wird mit fundamentalistischem Alleinvertretungsanspruches alle anderen Paradigmen verdrängen. Die historische Analyse hat gezeigt, daß diese Art der Paradigmenbildung genuin die Vergangenheit der Psychiatrie geprägt hat. Durch Reaktivierung der historischen Form des Ausschließlichkeitsparadigmas wäre dieses Zukunftsmodell somit definiert als ein Restaurationsphänomen. Grundlegende qualitative Neuerungen für psychiatrische Theorie und Praxis wären in dieser Variante somit ebenfalls nicht zu erwarten.

Psychiatrie der Zukunft

Während die Beibehaltung des Koexistenzparadigmas nur die Fortschreibung der gegenwärtigen Situation ohne aufwendige inhaltliche Modifikationen in die Zukunft erfordert, würde die Etablierung eines künftigen Ausschließlichkeitsparadigmas voraussetzen, daß sowohl SozialpsychiaterInnen als auch biologische PsychiaterInnen ihre Theoriebildung und Forschung künftig intensivieren, um ihr Paradigma als alleingültig ausweisen. Diesbezügliche Strategien lassen sich tatsächlich erkennen:

VertreterInnen des *sozialpsychiatrischen Paradigmas* versuchen gegenwärtig, ihre Position durch theoretische Kurskorrekturen innerhalb ihres Grundkonzeptes zu festigen. An Hand der Ergebnisse des IX. Weltkongresses für Sozialpsychiatrie im Jahr 1994 läßt sich ihre Bereitschaft zu inhaltlichen Modifikationen erkennen.[1] So wird künftig eine „trialogische Psychiatrie"[2] anvisiert, in der die Erfahrungen der PatientInnen, der Angehörigen sowie des psychiatrischen Personals zur Basis jeglicher Theoriebildung erhoben werden sollen.[3] Auch die sich im Kongreß herauskristallisierende Forderung, daß vermehrt frauenspezifische Erfahrungen und Bedürfnisse wissenschaftlich reflektiert in die Theorie und Praxis Eingang finden sollen, kann als selbstkritische Kurskorrektur verstanden werden.[4] Desweiteren wird eine Klärung

---

1 Im Buch 'ABSCHIED von Babylon' (1995), dessen Inhalt als spezifisch deutsches Ergebnis dieses Kongresses gewertet werden kann, findet sich ein wissenschaftstheoretischer Artikel, der dies eindeutig belegt. In seiner Abstraktheit und Kompliziertheit wird er m.E. jedoch kaum breitenwirksam werden. Vgl. EMRICH, HINDERK: Wissenschaftskritik als Wissenschaft, in: ABSCHIED von Babylon. Verständigung über Grenzen in der Psychiatrie. Hg. v. Th. BOCK. Bonn, PV., 1995, S. 165- 175.

2 ABSCHIED von Babylon - Hamburger Erklärung (1995), S. 569. Nouverté spricht sogar von einer „quadrologischen Psychiatrie", da auch Erfahrungen der ehrenamtlichen MitarbeiterInnen und Hilfsvereine in die Theoriebildung mit einfließen sollten. Vgl. NOUVERTNÉ, K. (1995): Wie effizient ist die Gemeindepsychiatrie?, S. 60.

3 Subjektive Erfahrungen und Wünsche Psychiatrie-Betroffener sind jedem Interessierten durch konkretes Nachfragen oder durch die Lektüre entsprechender Bücher zugänglich, wie folgende Auswahl zeigt:
Bücher von Psychiatrie-Betroffenen über ihre Erkrankung allgemein: BURKE, Ross David: Wenn die musik verstummt - Meine Reise in die Schizophrenie. Köln, Kiepenheuer & Witsch, 1997; BOCK, Thomas: Lichtjahre - Psychosen ohne Psychiatrie. Krankheitsverständnis und Lebensentwürfe von Menschen mit unbehandelten Psychosen. Bonn, PV, 1997; WURTZEL, E.: Verdammt schöne Welt. Mein Leben mit der Psycho - Pille. Mchn., Dt. Taschenbuch Vlg., 1996; KESSLER, N. (Hg.): Manie - Feste - Frauen zwischen Rausch und Depression - Drei Erfahrungsberichte. Bonn, PV, 1995; BOCK, Th. (Hg.): Im Strom der Ideen. Stimmenreiche Mitteilungen über den Wahnsinn. Bonn, PV., 1994; LISCHI-CORADESCHI, S.: Ich war Komplizin meiner Angst. Tagebuch einer Depression. Freiburg, Herder, 1994; KUIPER, P.: Seelenfinsternis - Die Depression eines Psychiaters. Ffm., Fischer, 1993; KNAPP, E. (Hg.): Wahn und Sinn? 30 Frauen und Männer nehmen Stellung. Ffm., Haag und Herchen, 1991; RIEMANN, G.: Das Fremdwerden der eigenen Biographie. Narrative Interviews mit psychiatrischen Patienten. Mchn., Fink, 1987.
Bücher von Psychiatrie-Betroffenen über ihre Erfahrungen mit dem Psychiatrischen Krankenhaus: KNOPP, M. u. K. NAPP (Hg.): Wenn die Seele überläuft - Kinder und Jugendliche erleben die Psychiatrie. Bonn, PV., 1995; GRUBER, I.: Psychose, psychiatrische Behandlung, Psychotherapie und Gotteserlebnis aus eigener Erfahrung, in: HUTTERER-KIRSCH, R. (Hg.): Psychotherapie mit psychotischen Menschen. Wien, Springer, 1994; STEIN, V.: Abwesenheitswelten: meine Wege durch die Psychiatrie. Tübingen, Attempto, 1993; SCHMIDT, H.: Geschlossene Abteilung: Tagebuch aus der Langzeit-Psychiatrie. Basel, Lenos, 1992; WOHLGEMUTH, H.: „Alles das hat mich nicht zerbrochen"- Eine unendliche Geschichte mit der Psychiatrie, in: BOCK, th. (Hg.): Stimmenreich. Bonn, PV, 1992, S. 166- 171; HEITKAMP, U.: Wahnsinn: meine Reise durch die Psychiatrie der Republik. Neuwied, Luchterhand, 1987; SPRINGORUM, G. u. A. KNAESCHE: Schön ist anders. Erfahrungen alter Frauen mit der Psychiatrie. Bonn, PV, 1986.

4 Vgl. ABSCHIED von Babylon. Hamburger Erklärung, S. 570; NIEDECKEN, A. (1995): Therapie für Frauen, S. 174/175. Spezielle Literatur zu frauenspezifischen Aspekten: SPINNT DIE FRAU? Ein Lesebuch zur Geschlechterfrage in der Psychiatrie. Hg. v. Doris Schneider u. Gabriele Tergeist. Bonn, PV,

des Verhältnisses zu antipsychiatrischem Gedankengut angestrebt. Hierbei soll v.a. die wissenschaftliche Rückendeckung durch soziologische Theorien stringent evaluiert und romantisierende Mythologisierungen im Krankheitsverständnis, die oftmals mit der Antipsychiatrie oder der New-Age-Mythologie konvergieren, aus dem sozialpsychiatrischen Theoriedesign eleminiert werden.[5]

AnhängerInnen der *Biologischen Psychiatrie* dagegen versuchen nicht durch einzelne konzeptionelle Modifikationen, sondern durch den konsequenten Ausbau neurobiologischer Grundlagenforschung ihre zukünftige Bedeutung zu sichern. Da sich die Psychiatrie noch immer „hinsichtlich der Aufklärung pathophysiologischer Zusammenhänge in Vergleich zu anderen medizinischen Disziplinen erheblich im Rückstand"[6] befindet, ist abzusehen, daß sich die psychiatrische Forschung „zu einem der komplexesten und schwierigsten, aber vielleicht auch hoffnungsvollsten Forschungsfelder der modernen Medizin"[7] entwickeln wird. Schwierig v.a. deshalb, weil sich PsychiaterInnen künftig mit unterschiedlichsten Forschungsfeldern und damit einhergehenden Forschungsmethoden vertraut machen müssen. Schaubild 7 auf der nächsten Seite zeigt die Komplexität künftiger neurobiologischer Grundlagenforschung

---

1993; BIELSTEIN, D.: Von verrückten Frauen. Notizen aus der Psychiatrie. Ffm., Fischer, 1991; HOFFMANN, D. (Hg.): Frauen in der Psychiatrie oder wie männlich ist die Psychiatrie? Bonn, PV, 1991.

5   Die Abwehr feuilletonistischer mythologisierender Inhalte hatte sich in den 70er Jahren bereits Jervis zum Ziel gesetzt: „Wer sich je der Welt der Psychose, der Schizophrenie, des Wahnsinns genähert hat, wird sich früher oder später darüber klar, daß bestimmte Mythologisierungen irreal sind. Sicher, der Wahnsinnige und der Schizophrene sind gegenwärtig, um uns daran zu erinnern, daß irgendetwas in der gegenwärtigen Rationalität nicht läuft... durch ihre Präsenz klagen sie uns- zu Recht- vor allem an, ihre Unterdrücker zu sein; schließlich zeigen sie uns manchmal, daß die Gefährlicheren, die Irrationaleren und auch Wahnsinnigeren oft die anderen sind, daß es sich oft um uns handelt und nicht um sie, die dieses Etikett tragen. Aber aus ihrem Wahnsinn erreicht uns niemals, auch nicht beim geduldigsten Zuhörer, das Echo der Wahrheit, die von den anderen kategorisch geleugnet würde." JERVIS, in: RECHLIN/VLIEGEN (1995): Psychiatrie in der Kritik, S. 33/34. In den 90er Jahren führen v.a. Kick, Schmitt und Finzen diesen Gedanken weiter. Abschließend erklärt Finzen, „daß das Jahrzehnt der Antipsychiatrie zwar eine große Faszinationskraft gehabt hat, daß aber kein Grund besteht, ihm auch nur eine einzige Träne nachzuweinen." FINZEN, A. (1997): Antipsychiatrie und Sozialpsychiatrie, S. 48. Vgl. KICK, H. (1990): Antipsychiatrie, S. 370; SCHMITT, W. (1992): Die Stellung der Psychiatrie in der Gesellschaft, S. 16/17.

6   KASCHKA, W. (1995): Immunologische und virologische Forschungsansätze, S. 145.

7   HÄFNER, H. (1991): Zukünftige psychiatrische Forschungsstrategien, S. 31.

Psychiatrie der Zukunft

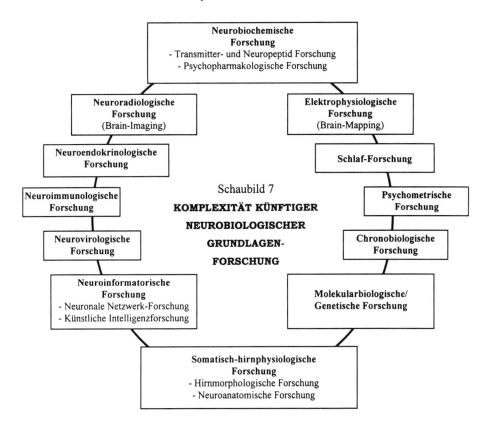

Schaubild 7
KOMPLEXITÄT KÜNFTIGER NEUROBIOLOGISCHER GRUNDLAGEN- FORSCHUNG

Demnach wird auch in der Zukunft die neurobiochemische Forschung eine zentrale Rolle spielen, da noch immer entscheidende Kenntnisse bezüglich der Neurotransmittersysteme im Gehirn fehlen.[8] Auch die neuroanatomische Forschung wird in modifizierter Form erneut einen wichtigen Platz einnehmen, da sie tatsächlich bereits Erfolge in Form des Nachweises diskreter Strukturanomalien im Gehirn schizophrener PatientInnen erzielt hat. Daß sowohl in der Neurochemie als auch in der Neuroanatomie künftig wichtige Ergebnisse zu erwarten sind, beruht v.a. auf der zunehmenden Verfeinerung methodischer Möglichkeiten durch die neuroradiologische Forschungsrichtung. Mit ihrer Hilfe erhoffen sich biologisch orientierte PsychiaterInnen, strukturelle Gehirnanomalien durch Schnittbildverfahren wie Computertomographie (CT) und Kernspintomographie (NMR) dreidimensional darstellen, funktionelle Anomalien dagegen durch die Single-Photon-Emissions-Computer-Tomographie (SPEKT), die die regionale Gehirndurchblutung mißt, sowie die Positronen-Emissions-Tomographie (PET), die Stoffwechselvorgänge im Gehirn erfaßt, identifizieren zu können. Da Elektroenzephalogramm-Untersuchungen (EEG) belegen, daß bei schizophrenen PatientInnen Abnormitäten der Hirnströme häufiger anzutreffen sind als bei Gesunden, wird auch die elektrophysiologische Forschungsrichtung ihre Existenzberechtigung künftig begründen können, zumal sie in den Forschungszweigen Schlafforschung, Psychometrie und Chronobiologie in Form des

---

8 Vgl. MÜLLER, W. (1995): Transmitter-Systeme und Psychopharmaka, S. 40.

Elektromyogramms (EMG) und Elektrookulogramms (EOG) Anwendung findet.[9] Aber auch molekularbiologische und genetische Forschungsrichtungen, die bisher v.a. in Amerika beheimatet sind, werden sich in deutschen Labors etablieren, wobei Moises folgende Fragestellungen hervorhebt: „Sind genetische Faktoren an der Entstehung psychiatrischer Störungen oder psychischer Merkmale beteiligt? Wie wichtig sind sie für die jeweilige Erkrankung? Wieviele Gene sind beteiligt? Wie beeinflussen diese Gene die Krankheit? Auf welchem Chromosom sind die verantwortlichen Gene lokalisiert? Wie ist die Struktur dieser Gene? Was ist ihre Funktion? Wie kann die Gen-Wirkung beeinflußt und damit therapeutisch oder präventiv nutzbar gemacht werden?"[10]

Neben den bisher aufgezählten klassischen biologischen Forschungsfeldern wird sich die Aufmerksamkeit v.a. auf neuere Grundlagendisziplinen richten. Hierzu zählt die Psychoneuroendokrinologie, die auf der Beobachtung beruht, daß bei psychisch Kranken häufig Veränderungen im hormonellen Regulationssystem nachweisbar sind.[11] Auch die Psychoneuroimmunologie und Psychoneurovirologie gehören zu den zukunftsträchtigen Forschungsstrategien. Kaschka faßt deren Ergebnisse und Hoffnungen zusammen: „Die Kenntnisse der neuroanatomischen Grundlagen der Interaktion zwischen Nervensystem und Immunsystem sind noch durchaus unvollständig, werden aber dank der Verfügbarkeit hochdifferenzierter Untersuchungstechniken ständig erweitert... Versucht man eine Bilanz der bisher vorliegenden immunologischen und virologischen Studien bei endogenen Psychosen zu ziehen, so gelangt man zu dem Schluß, daß die vorhandenen Daten zwar in vielen Fällen mit einer Virus- oder Autoimmunhypothese vereinbar sind, letzlich aber einen solchen Zusammenhang nicht zu beweisen vermögen... Es bedarf weiterer intensiver Forschungsarbeit, bevor derartige Einzelbefunde sich zu einem psychoimmunologischen Konzept verknüpfen lassen."[12] Als jüngste Disziplin trat die neuroinformatorische Forschung in das wissenschaftliche Rampenlicht. 1997 legte Spitzer die Ergebnisse seiner 'Neuronalen Netzwerk-Forschung' mit der Zielvorstellung vor, daß sie künftig die wissenschaftliche Psychiatrie maßgebend prägen soll. Unter neuronalen Netzwerken versteht er „mathematische Konstruktionen informationsverarbeitender Systeme, die aus einer großen Anzahl einfacher Einheiten zusammengesetzt sind. Diese Einheiten sind biologischen Neuronen mehr oder weniger ähnlich und werden daher auch oft als Neuronen bezeichnet. In neuronalen Netzen wird Information durch Aktivierung und Hemmung solcher Neurone verarbeitet. Die Forschung ist mithin biologisch motiviert, geht es doch darum, die Funktion von Nervenzellen ganz allgemein mathematisch zu erfassen."[13] Über Computersimulationen wird deshalb versucht, die Systemeigenschaften informationsverarbeitender neuronaler Verbände auf der Basis entsprechender Vorschriften (Algorithmen) zu entschlüsseln. Die bisher wichtigste Entdeckung besteht darin, daß sich die Großhirnrinde aufgrund ihrer neuronalen Verknüpfung als ein sich selbstorganisierendes

---

9   Vgl. IHL/MAURER (1995): Elektrophysiologische Forschung, S. 192. Bei der Psychometrie handelt es sich um eine Forschungsrichtung, die Störungen der Aufmerksamkeit und Informationsverarbeitung zu erfassen sucht. In der chronobiologischen Forschungsrichtung dagegen wird angestrebt, die täglichen und jahreszeitlichen Rhythmen in ihrer Bedeutung für die Psyche zu erfassen. Vgl. SCHREIBER/KORNHUBER (1995): Biologische Marker, S. 200-202; WEHR, Th. (1995): Chronobiology, S. 127.

10 MOISES, H. (1995): Psychiatrische Genetik, S. 71.

11 GOTTHARD/HEUSER (1995): Neuroendokrinologische Forschung, S. 45/ 65.

12 KASCHKA; W. (1995): Immunologische und virologische Forschungsansätze, S. 160/161.

13 SPITZER, M. (1997): Neuronale Netzwerke und Psychopathologie, S. 21.

Netzwerk beschreiben läßt. Diese zunächst sehr abstrakt klingende These ermöglicht jedoch eine Schlußfolgerung, die für das künftige Krankheitsverständnis naturwissenschaftlich fundierter Psychiatrie, eminent folgenreich sein könnte: Wenn sich neuronale Netzwerke in Abhängigkeit von der jeweiligen Erfahrung des Individuums auch im Erwachsenenalter stets selbst modulieren und organisieren, lassen sich v.a. chronische Formen psychischer Erkrankung ursächlich als erworbene Veränderungen im informatorischen Repräsentationssystemen des Gehirns lokalisieren und als Ausdruck eines bestimmten selbstorganisierten Zustandes, der durch bewußte Intervention im Sinne wiederholter Einübung von bestimmten Denk- und Verhaltensweisen während der gesamten Lebenszeit veränderbar ist, interpretieren. Spitzer hätte m.E. mit dieser Theorie die einmalige Leistung vollbracht, ein multikausales Krankheitsverständnis nicht nur zu behaupten, sondern naturwissenschaftlich exakt zu begründen, weil die Neuromodulation auf dem Zusammenwirken diverser Kausalitätsfaktoren beruht. Wenn Spitzers Theorie an Plausibilität gewinnen wird, könnte sie die Potenz besitzen, die Biologische Psychiatrie aus reduktionistischen Engführungen zu befreien. Als zweites Modell neuroinformatorischer Forschung wird die 'Künstliche-Intelligenz-Forschung' forciert. Stark vereinfacht handelt es sich dabei um den Versuch, „Modelle des menschlichen Denkens zu entwerfen, die... wissenschaftliche Erklärungen des Denkprozesses, der Funktion des menschlichen Gehirns, des genauen modus operandi der Emotionen etc. liefern sollen."[14] Dahinter steckt die Annahme, daß menschliche Intelligenz lokal dekodierbar und somit künstlich mit Hilfe von Computern rekonstruierbar sei. Für die Psychiatrie könnte sich dieser Forschungsansatz insofern als nützlich erweisen, daß Gehirnfunktionen identifizierbar und fokal therapeutisch beeinflußbar wären.

Da ein Großteil staatlicher und industrieller Forschungsgelder in den neurobiologischen Forschungssektor investiert wird, Forschungsstätten wie Universitäten und Max-Planck-Institute eine Vorreiterrolle einnehmen und der Verband der 'Deutschen Gesellschaft für Biologische Psychiatrie' zunehmend an gesamtpsychiatrischen Einfluß gewinnt, ist die Chance der Biologischen Psychiatrie, sich künftig als Ausschließlichkeitsparadigma zu etablieren, als relativ groß einzuschätzen. Schweitzer und Schumacher sehen in den Anstrengungen biologischer PsychiaterInnen jedoch das 'Prinzip Hoffnung' walten, weil partikuläre Ergebnisse, die unbestritten zu einer positiv zu bewertenden Wissensvermehrung innerhalb der Psychiatrie beitragen, als Argument dafür benutzt werden, daß der entscheidende Forschungsdurchbruch nun unmittelbar bevorstehe.[15] Obwohl dieses erkenntnistheoretische Axiom die psychiatrische Forschung seit ihrer Entstehung vorangetrieben hat, muß m.E. aber dennoch eingestanden werden, daß es seinen inhaltlichen Anspruch bisher nicht erfüllen konnte bzw. theoriedynamisch bedingt, eventuell nie erfüllen wird. In der stark vereinfachten Darstellung der zu erwartenden Fülle neurobiologischen Detailwissens sollte zudem deutlich werden, daß innerhalb des biologischen Paradigmas eine zunehmende professionelle Spezialisierung stattfinden wird, da einzelne ForscherInnen nicht mehr in der Lage sein werden, einen Überblick über alle Forschungsbereiche zu besitzen. Ob eine theoretische Zusammenschau künftig überhaupt noch möglich sein wird, kann somit als ein wichtiges Kriterium für die künftige paradigmatische Bedeutung der Biologischen Psychiatrie gewertet werden.

---

14 WEIZENBAUM, J. (1992): Das Menschenbild der künstlichen Intelligenz, S. 143. Gegenwärtig liegen diese Zielsetzungen jedoch noch im Bereich des Utopischen, weshalb sie sehr kritisch beurteilt werden. Die Kritik entzündet sich v.a. an der wissenschaftstheoretischen Grundeinstellung, die als konsequenteste Umsetzung mechanistisch-positivistischer Denktraditionen, gepaart mit ausgeprägter Wissenschaftsgläubigkeit, die mit Religionsgläubigkeit vergleichbar sei, vermutet wird. Vgl. A.a.O., S. 144-146.

15 Vgl. SCHWEITZER/ SCHUHMACHER (1995): Die unendliche und endliche Psychiatrie, S. 18.

3.1.2. Therapeutische Praxis

Gibt das *sozialpsychiatrische Paradigma* die künftigen therapeutischen Leitlinien vor, wäre sichergestellt, daß die Therapeutik auch weiterhin ein sehr weites Spektrum umfassen wird. Auf der Basis des multifaktoriellen Krankheitsverständnisses ließen sich Therapieprogramme erstellen, die kooperativ von allen beteiligten Berufsgruppen durchführbar wären, wobei konzeptionell bedingt letztlich nur das Gesamtprogramm als ganzes und nicht einzelne Therapiemethoden finanziellen Kürzungen zum Opfer fallen könnten. Inwieweit die geplanten inhaltlichen Modifkationen der Sozialpsychiatrie auch konkrete therapeutische Folgewirkungen hätten, ist gegenwärtig noch unklar, da das angestrebte 'Zu Wort Kommen Lassen' der Betroffenen und die 'Integration der weiblichen Perspektive' noch nicht stringent auf ihre alltagspraktischen Folgewirkungen durchdacht sind.

Gibt das *biologische Paradigma* die künftigen therapeutischen Leitlinien vor, würden somatische Behandlungsmethoden, die sich aus den Ergebnissen der neurobiologischen Grundlagenforschung ableiten lassen, dominieren. Wie die Besprechung der einzelnen Disziplinen dieser Grundlagenforschung jedoch gezeigt hat, liegen gegenwärtig noch keine konkreten therapeutischen Ableitungen vor, obwohl diesbezüglich Zweckoptimismus herrscht.[16] Daher wird auch künftig das Therapeutikum 'Psychopharmakon' eine bzw. die zentrale Rolle in der Behandlung spielen, wobei es sicherlich nebenwirkungsärmer und symptomgerichteter einsetzbar sein wird. Alle sonstigen Therapiemethoden, die durch das sozialpsychiatrische Paradigma in die Psychiatrie Eingang fanden, können dann zwar ebenfalls Anwendung finden, besitzen letztlich aber nur den Status flankierender Maßnahmen, die in Zeiten knapper finanzieller Ressourcen ohne paradigmatische Einbußen dem Rotstift zum Opfer fallen könnten.

3.1.3. Institutionelles Erscheinungsbild

Neben der Lösung theoretischer und therapeutischer Fragestellungen wird sich die künftige Bedeutung der *Sozialpsychiatrie* auf dem institutionellen Sektor entscheiden, weil hier die historisch größte Leistung und Problematik des sozialpsychiatrischen Paradigmas liegt. Im Kapitel zur institutionellen Versorgung der Sozialpsychiatrie wurde deutlich, daß ein komplexes Netz an Versorgungsstrukturen geschaffen wurde. SozialpsychiaterInnen betonen, daß die organisationale Vielfalt zum unverzichtbaren Kernbestand des Konzeptes zählt. Diese soll künftig daher nicht nur bewahrt, sondern weiter ausgebaut werden.[17]

Die angestrebte Komplexität des Versorgungssystemes birgt jedoch auch Probleme in sich, die es zu meistern gilt, damit sich die Sozialpsychiatrie durch ihre institutionelle Verfaßtheit künftig nicht selbst diskreditiert. So beschreibt Trenckmann das Versorgungsnetz als einen "Psychodschungel, der für Insider der Psychoszene schwer, für die Betroffenen (chronisch

---

[16] Besonders genetische Forschungsergebnisse könnten trotz menschenfreundlicher Absichten präventive therapeutische Interventionen denkbar machen, deren praktische Konsequenzen in Folge der Erbbiologischen Psychiatrie hinlänglich bekannt sind. Propping will die künftige Psychiatrie deshalb darauf verpflichten, alle theorieinhärenten eugenischen Ableitungen auszuschließen. Seine therapeutische Konkretisierungen jedoch muten relativ hilflos an: „Wenn man z.B. die depressive Erkrankung eines Patienten mit genetischen Methoden einem bestimmten Typ zuordnen könnte, ließe sich vielleicht zeigen, daß dieser Krankheitstyp auf verschiedene Antidepressiva unterschiedlich gut anspricht. Man könnte sich auch vorstellen, daß die verschiedenen Typen einer Krankheit unterschiedlich gut mit einem psychotherapeutischen Verfahren behandelbar sind." PROPPING, P. (1989): Psychiatrische Genetik, S. 366.

[17] Vgl. KUNZE, H. (1995): Abkehr vom Institutionalismus.

Kranke und ihre Angehörigen) völlig undurchschaubar ist."[18] Die Hauptproblematik liegt in der Zersplitterung von Zuständigkeiten, da gegenwärtig eine bundesweit abgestimmte Versorgung nicht existiert und somit extreme lokale Qualitätsunterschiede in der institutionellen Angebotsvielfalt bestehen.[19] Diesem Zustand muß somit entschieden entgegengewirkt werden, damit nicht regionale Unterschiede in Planung, Finanzierung und Trägerschaft aufgrund diverser Partikularinteressen und ungenügender Aufklärung aller beteiligten Institutionen und Personengruppen künftig zu einer Situation führen, in der chaotische Unübersichtlichkeit statt Koordination und Konkurrenz statt Kooperation herrscht. Konkret bezogen auf die Institution Psychiatrisches Krankenhaus/Abteilung hieße dies, daß die Sozialpsychiatrie künftig deren Vernetzung in das Gesamtsystem vorantreiben und gleichzeitig dafür Sorge tragen müßte, daß auch intrainstitutionell strukturelle, personelle und therapeutische Vernetzungen geschaffen werden, um dem Charakter der Klinik als totalitärer Institution, deren Überwindung ursprüngliches Ziel der Sozialpsychiatrie war, auch künftig entgegenzuwirken. Um dies zu leisten, arbeiten SozialpsychiaterInnen bereits an Konzepten, die eine institutionelle Umstrukturierung ermöglichen sollen. So plädiert Obert 1996 für die Einrichtung psychiatrischer Gesundheitszentren, die mit ambulanten Einrichtungen engstens vernetzt sind, und die Bedeutung der stationäre Psychiatrie zurückdrängen.[20] Als weiteres Problem birgt die Expansion des psychiatrischen Versorgungsnetzes auch direkte Gefahren für PatientInnen und deren Angehörige in sich, da die Erfahrung zeigt, daß die institutionelle Vielfalt gerade bei akut Erkrankten und deren Angehörigen oftmals eine Situation der Überforderung erzeugt. Zudem zeichnet sich eine Gefahr ab, die Wulff bereits 1992 prägnant auf den Punkt brachte: "Dazu gehört aber auch das immer engmaschiger werdende Netz sozialer Kontrolle und Disziplinierung, das durch die extramurale Psychiatrie -im Zusammenhang mit modernen Datenverarbeitungsverfahren- ermöglicht und gefördert wird."[21] Nach Stark könnte diese Entwicklung dazu führen, daß "die Psychiatrie insgesamt leiser und somit weniger kontrollierbar wird."[22]

Wenn sich künftig die *Biologische Psychiatrie* als dominantes Paradigma etabliert, könnte dies zur Folge haben, daß das sozialpsychiatrisch initiierte Versorgungsnetz als faktische Realität zunächst weiterexistieren wird. Allerdings besteht die Gefahr, daß bei zunehmend knapper werdenden finanziellen Ressourcen außerstationäre Institutionen schneller aufgelöst werden, weil sie nicht zum Kernbestand des biologischen Paradigmas zählen. Die Spitzenstellung stationärer Einrichtungen wird somit auf Kosten des Gesamtnetzes weiter ausgebaut werden, zumal in dieser Organisationsform der Einsatz pharmakologischer Therapiemethoden am effizientesten durchführbar ist.[23] Da neurobiologische Forschung effektiver in psychiatrischen Abteilungen an Kliniken und Universitäten geleistet werden kann, wird auch künftig die bereits bestehende Konkurrenzsituation zwischen Psychiatrischem Großkrankenhaus und Abteilung ein Problem darstellen. Dieses wird schwierig zu lösen sein, weil es sich um eine 'psychiatriegeschichtliche Altlast' handelt, die in die Zukunft wirkt.

---

18 TRENCKMANN, U. (1986): Fortschritt, S. 95.

19 Vgl. FINZEN, A. (1993): Perspektiven, S. 2; PITTRICH, W. (1990): Psychiatrie in Deutschland, S. 32/33.

20 Vgl. OBERT, K. (1996): Psychiatrientwicklung und Visionen aus der Sicht des ambulanten Bereichs.

21 WULFF, E. (1992): Entwicklung der Sozialpsychiatrie, S. 68/69.

22 STARK, W. (1985): Die Anstalt als Zentrum, S. 41.

23 Vgl. REIMER, F. (1995): Die heutige Situation der Krankenhauspsychiatrie, S. 11.

3.2. Postmodern fundierte Perspektivenkonvergente Psychiatrie z.B. in Form einer Öko-Systemischen Psychiatrie

3.2.1. Theoretische Fundierung

In der zweiten Zukunftsvariante wird ein völlig andersartiger Umgang mit der Vielfalt psychiatrischer Theorien anvisiert, um der Psychiatrie eine qualitativ bereicherte Zukunftsperspektive zu eröffnen. Die Verfasserin bezeichnet ihr Modell im Unterschied zum Ausschließlichkeits- und Koexistenzparadigma als ein *Heterogenitätsparadigma*, weil die heterogene Vielfalt unterschiedlichster Theorien das inhaltliche Proprium des Paradigmas selbst darstellt. Ein Heterogenitätsparadigma zeichnet sich somit dadurch aus, daß es Pluralität nicht als Störfaktor zu eliminieren sucht, sondern sie im Sinne eines integrativen Ansatzes zur Basis ihrer Theoriebildung erhebt, indem Theorieelemente verschiedenster vergangener und gegenwärtiger psychiatrischer Ansätze im Sinne einer *Perspektivenkonvergenten Psychiatrie* miteinander verbunden werden. Schaubild 8 soll dies verdeutlichen.

Schaubild 8
Perpektivenkonvergente Psychiatrie

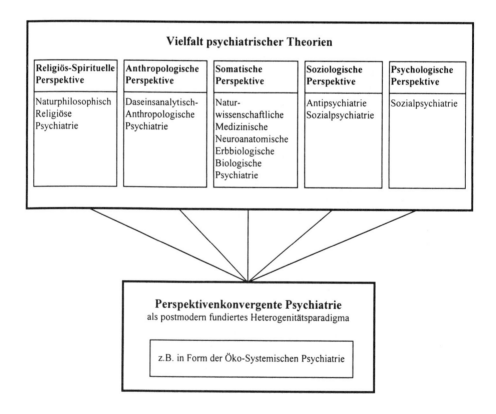

Wie aber läßt sich diese Verbindung der unterschiedlichen Perspektiven methodisch leisten? Nach Ansicht der Verfasserin liefert die *postmoderne Wissenschaftstheorie* das entsprechende gedankliche Instrumentarium, um eine Konvergenz diverser theoretischer Ansätze inhaltlich zu begründen.[24] Daher gilt es, sich im Folgenden sensibel und offen den Inhalten der Postmoderne anzunähern, um zu überprüfen, wo genau die Konvergenzpunkte liegen, die der psychiatrischen Wissenschaft eine Zukunftsperspektive im Sinne eines fundamentalen Paradigmenwechsels eröffnen könnten:
Bereits die Verwendung des Terminus 'Postmoderne' führt bei vielen WissenschaftlerInnen zu ablehnenden Emotionen und vorschneller Diskriminierung der sich hinter dem Wort verbergenden Gedankengänge. Diese Haltung ist nicht verwunderlich, da die Genealogie des Begriffes zeigt, daß es sich um ein sehr komplexes und leicht mißzuverstehendes Phänomen handelt. So tauchte die Bezeichnung 'postmodern' oder 'Postmoderne' seit Ende des 19. Jhdts. zeitversetzt und mit unterschiedlichen Inhalten belegt, in verschiedenen Wissenschaftsdisziplinen zunächst innerhalb Europas auf. Erst in den 70er Jahren des 20. Jhdts. wurde vom 1998 verstorbenen Franzosen Lyotard ein Konzept der Postmoderne erarbeitet, das inzwischen zu den aktuellsten Entwürfen der Philosophie zählt.[25] Daß der Terminus 'Postmoderne' wegen seines Präfixes 'post' leicht zu Fehldeutungen führen kann, hat Lyotard selbst stets zugegeben und auszuräumen versucht. V.a. in späteren Schriften wandte er sich gegen eine zunehmende Popularisierung im Sinne eines feuilletonistischen, klischeehaften und irreführenden Postmodernismus, der als Leerformel Platz für spekulative und diffuse Theorien bietet. Auch die Assoziation, daß die Post-Moderne eine Art Anti-Moderne oder das geschichtliche Ende der Moderne bedeute, lehnte er strikt ab, um sicherzustellen, daß es sich hierbei nicht um eine neue Geschichtsepoche, sondern um eine veränderte Einstellung und kritische Geisteshaltung innerhalb der gegenwärtigen Geschichtsepoche handelt:

---

24   Eine aus medizinischer Perspektive verfaßte detaillierte Erläuterung des perspektivenkonvergenten Modells künftiger Psychiatrie läßt sich nachlesen in: NAUER, D. (1998): Postmoderne Psychiatrie?

25   Die früheste tradierte Verwendung des Adjektivs 'postmodern' findet sich in der englischen Salonmalerei um 1870. Das Wort sollte zum Ausdruck bringen, daß die zukünftige Malerei moderner als die Gegenwartsmalerei, sprich moderner als der französische Impressionismus, sein sollte. Unabhängig davon tauchte der Terminus 1917 innerhalb der Kulturgeschichte auf, als der Deutsche Pannwitz den Entwurf eines postmodernen Menschen als Weiterführung des Über-Menschen Nietzsches vorlegen wollte, um durch ihn die angeblich untergehende abendländische Kultur zu retten. Durch den Spanier de Oniz schließlich fand der Begriff 1934 Eingang in die Literaturwissenschaft, wobei er eine bereits vergangene Literaturperiode mit diesem Begriff belegte. In der Politikwissenschaft dagegen wurde der Terminus 1947 vom Engländer Toynbee benutzt, um die Abkehr vom nationalistischen Denken nach 1875 zu bezeichnen. Erst in den 60er Jahren wurde der Begriff in der angelsächsischen Architekturkritik aufgenommen. Der ursprünglich mit negativen Inhalten belegte Terminus erfuhr Mitte der 70er Jahre durch den amerikanischen Architekten Jencks jedoch eine positive Umwertung im Sinne eines Plädoyers für mehr künstlerische Freiheit im Umgang mit architektonischen Elementen. Inwieweit die dadurch initiierte internationale Debatte um die postmoderne Architektur als Auslöser für grundsätzliche philosophische Überlegungen fungierte, läßt sich an dieser Stelle nicht klären. Fest steht jedoch, daß kurz darauf der Terminus Postmoderne in die Philosophie Einzug halten sollte. In seiner 1979 veröffentlichten Studie 'La condition postmoderne', die Lyotard zwar als Auftragsarbeit für den Universitätsrat der Regierung von Québec verfaßte, die aber international schnell für Furore sorgte, entwickelt er den philosophischen Begriff Postmoderne, um damit eine völlig neue Art von Wissen innerhalb hochtechnisierter Gesellschaften zu beschreiben. Dadurch legte er den Grundstein für einen revolutionären Wandel innerhalb der Wissenschaftstheorie, was 1989 in seinem sprachphilosophischen Hauptwerk 'Le Différend' deutlich wurde. In Deutschland wurde die Philosophie Lyotards v.a. durch den Philosophieprofessor Welsch kritisch weitergeführt, wodurch ein geschlossenes Theoriengebäude entstand, das gegenwärtig extrem kontrovers diskutiert wird. Vgl. WELSCH, W. (1988): Unsere postmoderne Moderne, Kapitel I; MEIER, S. (1989): Postmoderne, S. 1142-1143. Die wichtigsten Schriften von Lyotard und Welsch können der Literaturliste entnommen werden.

„Eine Periodisierung der kulturellen Geschichte in Form von prä und post, vorher - nachher, ist verfehlt, weil sie die Position des Jetzt unhinterfragbar läßt, von der aus man die chronologische Abfolge überblicken kann und soll.... Die Moderne geht konstitutiv und andauernd mit ihrer Postmoderne schwanger... Die Postmoderne ist keine neue Epoche, sondern das Redigieren einiger Charakterzüge, die die Moderne für sich in Anspruch genommen hat, v.a. ihre Anmaßung, ihre Legitimation auf das Projekt zu gründen, die ganze Menschheit durch die Wissenschaft und die Technik zu emanzipieren."[26] In korrekter Interpretation Lyotards wird daher der Terminus Postmoderne im aktuellen Historischen Wörterbuch der Philosophie „zur Charakterisierung, Propagierung oder Kritisierung von Phänomenen verwendet, die, ohne prämodern zu sein, nicht bruchlos unter den Epochenbegriff der Moderne subsumiert werden können, da sie sich wesentlichen Idealen und Paradigmen derselben versagen."[27] Welsch interpretiert die Postmoderne als Einlösungsform von Modernem, bzw. als Transformation der Moderne im Sinne einer Radikalisierung der Moderne, die er bereits in allen Bereichen gegenwärtigen Lebens beheimatet sieht: „Postmoderne ist ein Ausdruck, der nicht mehr nur auf Literatur, Architektur und andere Sparten der Kunst angewandt wird, sondern soziologisch so gut eingeführt ist wie philosophisch, ökonomisch so sehr wie theologisch, und er hat in Historie und Anthropologie, Jurisprudenz und Psychiatrie, Kulturtheorie und Pädagogik Eingang gefunden."[28]

Welche Inhalte sind nun mit dem Begriff 'Postmoderne' verbunden? Lyotard selbst beantwortet diese Frage folgendermaßen: "Bei extremer Vereinfachung hält man die Skepsis gegenüber den Metaerzählungen für postmodern."[29] 'Metaerzählung' steht als Chiffre für leitende Ideen des Wissens, die innerhalb jeglicher Forschungsarbeit und politischer Gesellschaftsformierung als legitimierende Einheitsklammern und Garanten der Ordnung fungieren. Letzlich handelt es sich um großangelegte Theorieentwürfe, die universalistische Geltungsansprüche und eine umfassende Sinngebung herstellen sollen. Die Begründung des sich dahinter verbergenden Macht- und Autoritätsanspruchs basiert auf der Behauptung, daß der Metatheorie objektive Erkenntnis zugrunde liegt und deshalb der kritischen Infragestellung enthoben ist. Tatsächlich jedoch seien diese totalitären Entwürfe, die die Moderne kennzeichnen, nur einheitsstiftende Mythen und Phantasien, die einer nostalgischen Ganzheits- und Einheitsobsession huldigen, um Fragmentarisches und Fremdes in seiner kritischen Potenz fern- bzw. an Bewährtem festzuhalten.[30] Indem Lyotard die entscheidenden wissenschaftlichen Innovationen des 20. Jhdts. in ihrer wissenschaftstheoretischen Bedeutung analysiert, versucht er, den Nachweis für seine Behauptung, daß die Einheitsmythen gescheitert sind, zu liefern.[31] Unschärfe, Relativität,

---

26 LYOTARD, J.F. (1989): Das Inhumane, S. 51/ 53/ 68.

27 MEIER, S. (1989): Postmoderne, S. 1142.

28 WELSCH, W., in: WEGE aus der Moderne (1988), S. 1.

29 LYOTARD, J.F. (1986): Das postmoderne Wissen, S. 14.

30 Lyotard geht davon aus, daß die Moderne (Neuzeit) drei Metaerzählungen hervorgebracht hat, die jeweils alle Lebensbereiche totalitär beherrscht haben: 1. Die Idee der Emanzipation der Menschheit infolge der Philosophie der Aufklärung; 2. Die Idee der Zielgerichtetheit der Geschichte bzw. der Teleologie des Geistes infolge der von Hegel geprägten Philosophie des Idealismus; 3.Die Idee der Hermeneutik des Sinns infolge der Philosophie des Historismus. Vgl. WELSCH, W. (1988): Unsere postmoderne Moderne, S. 32.

31 Einsteins Relativitätstheorie, Heisenbergs Unschärferelation, Gödels Unvollständigkeitstheorem, Peitgens Chaostheorie und Maturans Selbstorganisationstheorien lassen für ihn den Schluß zu, daß alle Erkenntnis

Partikularität, Diskontinuität, Pluralität, Vorläufigkeit, Wahrscheinlichkeit, Rekursivität, Autopoiese und Chaos hätten demnach Termini wie Wahrheit, Objektivität, Ausschließlichkeit und kausale Linearität ersetzt. Theorie und Praxis gibt es aus postmoderner Sicht deshalb nur noch im Plural. Die gefühlsmäßig positiv besetzte Akzeptanz von Pluralität, Alternativen, Randunschärfen, Grauzonen und Widerstreitendem gehört somit elementar zum postmodernen Theoriedesign, wobei „der Wechsel von der Einheitssehnsucht zum Vielheitsplädoyer die einschneidendste der Veränderungen im Übergang von Moderne zu Postmoderne ist."[32] Daß die Rede von radikaler Pluralität jedoch nicht bedeudet, daß Philosophen diese erst erfunden hätten, versucht Welsch deutlich zu machen: „Im Zeitalter des Flugverkehrs und der Telekommunikation wurde Heterogenes so abstandslos, daß es allenthalben aufeinandertrifft und die Gleichzeitigkeit des Ungleichzeitigen zur neuen Natur wurde. Real ist eine Gesamtsituation der Simultaneität und Interpenetration differenter Konzepte und Ansprüche entstanden. Auf deren Grundforderungen und Probleme sucht der postmoderne Pluralismus zu antworten. Er erfindet diese Situation nicht, sondern reflektiert sie. Er schaut nicht weg, sondern sucht sich der Zeit und ihren Herausforderungen zu stellen."[33]

Hierbei stellt sich aber umgehend die Frage, wie mit der Heterogenität von Rationalität und Lebensweisen, die es zu tolerieren gilt, umgegangen werden soll. Kritiker der Postmoderne monieren, daß an dieser Stelle das Einfallstor für Beliebigkeit, Orientierungslosigkeit und Irrationalismus liege.[34] Derartige Vorwürfe übersehen jedoch, daß Pluralität von Lyotard nie unabhängig von seinem Gerechtigkeitskonzept und von Welsch nie unabhängig von seinem Konzept der Transversalen Vernunft propagiert wird. In seiner Einführung zu Lyotards Gedankenwelt schreibt Reese-Schäfer daher: „Lyotards Grundintention ist antitotalitär: Eine Idee von Gerechtigkeit steht dahinter, die den Widerstreit ermöglicht, aber Übergriffe einer Diskursart in andere Bereiche verhindert... Bei einem Widerstreit von Diskursen müssen die Rechte potentiell oder real Unterlegener gewahrt werden."[35] Gibt es mehrere Theorien oder

---

begrenzt ist und somit der Zugriff auf das Ganze letztlich nicht möglich ist. Deshalb kann er überzeugt und drastisch formulieren: „Krieg dem Ganzen". LYOTARD, J.F. (1988): Beantwortung der Frage: Was ist postmodern?, S. 203. Vgl. auch FISCHER, H. (1992): Zum Ende der großen Entwürfe, S. 9-14.

32 WELSCH, W. (1992): Topoi der Postmoderne, S. 38. „Im individuellen Leben kann es zu Schlüsselsituationen kommen, wo ein Leben entweder zu Ende geht oder eine neue Form findet. Mancher mußte von einem alten Schema, das ihn abwürgte, freikommen. Er wurde es durch eine andere Vision, in der allein er fortan leben kann. Vergleichbares gibt es auch im kollektiven Leben. Auch hier kann es sein, daß überkommene Muster nur noch Miseren erzeugen und zum Koma führen. Die Moderne hat eine solche Erfahrung mit sich gemacht. Als Postmoderne sucht sie sich davon zu befreien. Die Vision, der ihre Hoffnung gilt, ist die der Pluralität." WELSCH, W. (1988): Unsere postmoderne Moderne, S. 327/328.

33 WELSCH, W. (1988): Unsere postmoderne Moderne, S. 4. Pluralität ist demnach kein vorübergehendes Zugeständis an evtl. gesellschaftlich eingeforderter Duldung diverser Denk- und Handlungsmöglichkeiten, sondern stellt das normative Herzstück der Postmoderne dar: „Zum Schluß mag man sehr wohl fragen, ob denn die 'grandiosen epistemologischen Entwürfe' des Westens tatsächlich gescheitert sind. Die Mehrheit der Menschen glaubt schließlich immer noch fest daran, daß das von uns im Laufe der Jahrhunderte angesammelte Wissen tatsächlich eine objektive Welt jenseits unserer Erfahrungsschnittstelle abbildet und daß es diese und nur diese Übereinstimmung mit einer ontologischen Realität ist, die unser Wissen wahr macht. Wer dagegen die Meinung vertritt, dieser Glaube beruhe auf einer Illusion, wird oft als Spielverderber angesehen - von den fanatischen Verteidigern des Satus quo sogar als gefährlicher Häretiker". GLASERSFELD, E. (1992): Das Ende der großen Illusion, S. 96.

34 Vgl. WELSCH, W. (1992): Topoi der Postmoderne, S. 37.

35 REESE-SCHÄFER, W. (1988): Lyotard zur Einführung, S. 8.

Möglichkeiten zu handeln, so soll die Vielfalt nicht durch einen mehrheitlich erreichten Konsens auf eine Form reduziert werden: „Der Konsens ist ein veralteter und suspekter Wert geworden."[36] Dadurch tritt die Situation ein, daß der Widerstreit nicht aufhebbar ist, Heterogenität bestehen bleibt und eine harmonische Gesamtordnung mit durchgehender Gerechtigkeit unmöglich wird. Dies bedeutet jedoch nicht die Aufforderung bzw. den Freischein für Ungerechtigkeit sondern genau das Gegenteil: Eine grundlegende Sensibilität gegenüber Ungerechtigkeiten soll bei jedem einzelnen geweckt werden, weil er diese Verantwortung nicht an übergeordnete Institutionen oder Personen abgeben könne. Gerechtigkeit bestehe somit in einer permanenten Gerechtigkeitsarbeit im Widerstreit, die darin liegt, unterschiedliche Diskursarten aufrechtzuerhalten und keine Ausgrenzungen vorzunehmen: „Die Gerechtigkeit wäre folgende: der Vielfalt und Unübersetzbarkeit der ineinander verschachtelten Sprachspiele ihre Autonomie, ihre Spezifität zuzuerkennen, sie nicht aufeinander zu reduzieren; mit einer Regel, die trotzdem eine allgemeine Regel wäre, nämlich, laßt spielen... und laßt uns in Ruhe spielen."[37] Im Sinne postmoderner Gerechtigkeit gibt es demnach keine Theorien, die nicht gedacht oder hinterfragt werden dürfen und weniger Recht darauf hätten, konzeptionell berücksichtigt zu werden.[38] Selbst zunächst irrational erscheinende oder gängiger Theorie und Praxis widersprechende Diskurse sind als Sprachspiel anzuerkennen und vor vorschnellen Ausgrenzungen zu schützen. Welche alltagspraktische Bedeutung den unterschiedlichsten Theorien dabei konkret zukommen wird, wird allein vom inhärenten Humanisierungspotential der jeweiligen Theorie abhängen und nicht von der Subsummierbarkeit unter eine dominierende Leitidee, die über Sinn und Unsinn anderer Ideen wacht. Daß es im Kontext des Widerstreites auch zu Ungerechtigkeiten kommen wird, läßt sich aus postmoderner Sicht letztlich nicht vermeiden, wenn die plural verfaßte und vieldeutige Wirklichkeit nicht gewaltsam vereinheitlicht werden soll. Dennoch gibt es nach Welsch, der den Gedanken des Widerstreites weiterentwickelte, die Möglichkeit, trotz der zu wahrenden Pluralität nicht in der Vielfalt der Möglichkeiten verlorenzugehen, sondern nach dem Prinzip der Transversalität zwischen diesen überzugehen.[39]

Tatsächlich tauchte der Terminus 'Postmoderne' Ende der 80er Jahre auch in der Psychiatrie auf, was als Verdienst des renommierten Psychiaters Finzen, der explizit die Formulierung *'Postmoderne Psychiatrie'* in die Diskussion eingebracht hat, betrachtet werden kann. Allerdings scheint auch er der Versuchung einer vorschnellen Diskriminierung erlegen zu sein. Unter Rekurs auf die erkenntnistheoretische Hypothese 'anything goes' des Wissenschaftstheoretikers Feyerabend, versucht er, postmodernes Gedankengut abzuwehren. Ohne die sicherlich von Feyerabend provokativ formulierte Aussage in ihrer inhaltlichen Konnotation näher zu reflektieren, führt Finzen sie als Beleg für die Unseriosität postmodernen Denkens und damit der Unanwendbarkeit auf psychiatrische Fragestellungen an.[40] Finzens methodi-

---

36 LYOTARD, J.F. (1986): Das postmoderne Wissen, S. 190.

37 LYOTARD, in: WELSCH, W. (1988): Unsere postmoderne Moderne, S. 33. Wenn Lyotard von 'Spielen' spricht, ist damit kein kindliches Freizeitvergnügen gemeint. Vielmehr knüpft er an die Sprachphilosophie Wittgensteins an, der vom Grundaxiom unterschiedlicher Sprachspiele als Chiffre für unterschiedliche Lebens- und Denkformen ausging.

38 „Alles Überkommene, selbst wenn es von gestern ist....., muß hinterfragt werden." LYOTARD,F.: Beantwortung der Frage: Was ist postmodern?, in:WEGE aus der Moderene (1988), S. 201.

39 Vgl. WELSCH, W. (1988): Unsere postmoderne Moderne, S. 315- 318.

40 Vgl. FINZEN, A. (1987): Von der Psychiatrie-Enquete zur postmodernen Psychiatrie, S. 37-40.

sches Vorgehen kann jedoch in Anlehnung an Welschs Analyse postmoderner Kritiker folgendermaßen umschrieben werden: „Zu diesem Zweck hält man sich an die Billigform von Postmoderne und den - von Feyerabend ausdrücklich den Gegnern zugewiesenen - Trivialslogan „anything goes". Das ist wirksam, aber billig, und dies keineswegs im Sinn von gerecht, sondern von simpel."[41] Feyerabend selbst nämlich formuliert das Axiom 'anything goes' ausschließlich auf erkenntnistheoretischer und nicht auf alltagspraktischer Ebene, wie folgendes Zitat belegt: „Es ist also klar, daß der Gedanke einer festgelegten Methode oder einer feststehenden Theorie der Vernünftigkeit auf einer allzu naiven Anschauung vom Menschen und seinen sozialen Verhältnissen beruht. Wer sich dem reichen, von der Geschichte geliefertem Material zuwendet und es nicht darauf abgesehen hat, es zu verdünnen, um seine niederen Instinkte zu befriedigen, nämlich die Suche nach geistiger Sicherheit in Form von Klarheit, Präzision, 'Objektivität', 'Wahrheit', der wird einsehen, daß es nur einen Grundsatz gibt, der sich unter allen Umständen und in allen Stadien der menschlichen Entwicklung vertreten läßt. Es ist der Grundsatz: Anything goes."[42] Desweiteren muß gegenüber Finzens Vorgehen festgehalten werden, daß sich Feyerabend selbst nicht zu den Philosophen der Postmoderne zählte und seine Abhandlungen unter dem Stichwort 'Anarchistische Erkenntnistheorie' verhandelt werden. Eine ernsthafte Auseinandersetzung mit postmodernen Positionen bedarf demnach v.a. den Dialog mit Lyotard und Welsch.[43] In Rekurs auf ihre Theorien stellt die Verfasserin daher folgende These auf:

Auch in der psychiatrischen Theoriebildung kann der Verzicht auf eine *Metaerzählung* im Sinne einer inhaltlichen Metatheorie die Freiheit eröffnen, einen Paradigmenwechsel voranzutreiben. Basierend auf dem Axiom der *Pluralität* wäre es möglich, in kritischer Auseinandersetzung mit Vergangenem und Gegenwärtigem bewahrenswerte Inhalte, die dem *Gerechtigkeitskriterium* 'Humanisierung' genügen, in ein Konzept konvergieren zu lassen, in dem Heterogenes nicht im Sinne eines Konsenses eingeebnet, sondern im Sinne eines *Widerstreites* und *transversaler Übergänge* bewahrt bleibt. Soll die verbale Verknüpfung 'Postmoderne Psychiatrie' diesen wissenschaftstheoretischen Hintergrund thematisieren, kann sie m.E., ohne dem Verdacht der Unseriosität ausgesetzt zu sein, benutzt werden. Wenn 'Postmoderne Psychiatrie' jedoch in Anpassung an modische Zeittrends im Sinne einer Begriffsspielerei benutzt wird, um eine weitere Bindestrich-Psychiatrie zu schaffen, die schnell von anderen Trends abgelöst sein wird, lehnt sie die Verfasserin ab, weil die inhaltliche Qualität des damit assoziierten Gedankengutes zugunsten vordergründiger Effekthascherei verloren ginge.

---

41 WELSCH, W. (1988): Unsere postmoderne Moderne, S. 38.

42 FEYERABEND, P. (1983): Wider den Methodenzwang, S. 31/32. Feyerabends Grundanliegen besteht darin, sich in der Fundierung der Wissenschaftsdisziplinen allen Methoden und Erkenntniswegen zu öffnen, ohne sich dabei einer alltagspraktischen Beliebigkeit auszusetzen. Die Methodenpluralität zielt v.a. auf eine Emanzipation der ForscherInnen aus vorgegebenen und die Phantasie lähmenden wissenschaftlichen Restriktionen, damit sie Lösungswege finden, die allen Menschen praktischen Nutzen bescheren: „Es wird deutlich, daß es mir weder um Rationalität noch um Wissenschaft noch um Freiheit geht - derartige Abstraktionen haben mehr Unheil als Gutes gebracht-, sondern um die Qualität des Lebens konkreter Menschen." FEYERABAND, P. (1989): Irrwege der Vernunft, S. 33.

43 Feyerabend, der 1994 verstarb, entwickelte seine Theorien zunächst unabhängig von postmodernen Denkern und stellte sie in Büchern zur Disposition, die m.E. im Gegensatz zu denen der Postmoderne leicht verständlich, spannend zu lesen und extrem herausfordernd für Menschen sind, die sich in ihren Plausibilitätsstrukturen hinterfragen lassen wollen. Neben explizit postmodernen Theoretikern können nach Welsch auch Wissenschaftler befragt werden, deren Gedanken eine inhaltliche Affinität zur Postmoderne aufweisen, obwohl sie andere Titulierungen wählen. Hierzu zählt er die Poststrukturalisten bzw. Neostrukturalisten Foucault, Deleuze, Derrida. Vgl. WELSCH, W. (1988): Unsere postmoderne Moderne, S. 37/38.

Welche konkreten Inhalte sind nun aber aus der Geschichte der Psychiatrie unter dem Kriterium ihres Humanisierungspotentials in ihrer Heterogenität für ein postmodern fundiertes Paradigma zu bewahren oder wiederzuentdecken? Diese Frage läßt sich auf dem Hintergrund der in dieser Arbeit erfolgten Geschichtsanalyse relativ leicht beantworten:

Dank der Naturphilosophisch-Religiösen Psychiatrie prägte die *religiös-spirituelle Dimension* die Anfangszeit der Psychiatrie. Da die Personalunion Philosoph / Theologe durch zunehmende Beheimatung der Psychiatrie innerhalb der Medizin und der damit einhergehenden Professionalisieruq des Berufsstandes Psychiater im Kontext der Säkularisierung verlorenging, gilt es, diese Dimension für ein Paradigma, in dem alle Dimensionen des Menschen Raum finden, wiederzuentdecken. Dadurch würde die Psychiatrie m.E. ein doppeltes leisten: Zum einen würde sie geschichtlich an ihre eigene Entstehungsphase anknüpfen und sich somit auf ureigenste Werte besinnen, zum anderen würde sie sich dem gegenwärtig beobachtbaren gesamtgesellschaftlichen Trend der spirituell-esoterisch und religiösen Erfahrungssuche nicht verschließen. Religiös-spirituelle Erfahrungen von PatientInnen könnten somit vor vorschneller Diskreditierung und Zuordnung zum Forschungszweig der Religionspsychopathologie bewahrt und als Eigenwert mit starkem Symbolcharakter wahrgenommen und erforscht werden. Um dem postmodernen Humanisierungspostulat zu genügen, müßten hierbei jedoch einige inhaltliche Modifikationen vorgenommen werden: Durch die religiöse Dimension dürften weder spekulative und ideologisierende Annahmen wie Besessenheits- und Selbstverschuldungstheorien erneut innerhalb der Psychiatrie Fuß fassen, noch ein interdisziplinärer Dialog durch die Propagierung einer Personalunion von Priester und Psychiater verhindert werden.

Dank der Naturwissenschaftlich-Medizinischen Psychiatrie, der Neuroanatomischen Psychiatrie, der Klinischen Psychiatrie, der Errbbiologischen Psychiatrie und der Biologischen Psychiatrie wurde die Bedeutung der *körperlichen Dimension* für psychiatrische Theoriebildung erkannt und erforscht. Daher gilt es künftig, neurobiologische Grundlagenforschung verantwortungsbewußt und patientenorientiert voranzutreiben, um auf der Basis gesicherten Detailwissens Fragen der Ätiologie und damit der Therapie lösen zu können. Indem die körperliche Dimension auch künftig einen festen Platz im psychiatrischen Theoriedesign besitzt, wird zudem gewährleistet sein, daß die Psychiatrie innerhalb der Medizin beheimatet bleibt und dadurch ein lebendiger Austausch mit ÄrztInnen unterschiedlichster medizinischer Fachrichtungen garantiert ist. Um dem postmodernen Humanisierungspostulat zu genügen, müßte hierbei jedoch sichergestellt werden, daß Inhalte der Erbbiologischen Psychiatrie, die sich als menschenverachtend und menschenvernichtend erwiesen haben, bewußt aus der heterogenen Pluralität der Theorien eleminiert werden und somatische Grundlagenforschung fachintern sowie gesellschaftspolitisch kontrolliert wird.

Dank der Daseinsanalytisch-Antropologischen Psychiatrie fand die *ethische-anthropologische Dimension* geschichtlich durch die Personalunion von Psychiater / Philosoph explizit Eingang in die Psychiatrie. Wenn für eine Bewahrung dieser Traditionslinie plädiert wird, so nicht, um Inhalte der Existentialistischen oder Phänomenologischen Philosophie als überzeitlich gültig auszuweisen, sondern um den Einfluß philosophischer auf psychiatrische Theoriebildung als solche sicherzustellen. Philosophische Implikate unterschiedlichster Philosophieschulen müßten somit daraufhin befragt werden, ob sie zur Erarbeitung einer menschenfreundlichen Anthropologie, die eine respekt- und würdevolle Behandlung psychisch Erkrankter als Subjekte garantiert, und zu einer ethisch legitimierten Forschung beitragen können.

Dank der Antipsychiatrie und Sozialpsychiatrie fand die *soziologische Dimension* in Form sozialwissenschaftlicher Theorien und empirischer Analyseinstrumentarien Eingang in die Psychiatrie. Ein heterogen fundiertes Paradigma wird künftig auf diese Dimension nicht verzichten können, damit sie ein Instrumentarium besitzt, um die Umwelt-Variable im Entstehungs- und Aufrechterhaltungsprozeß psychischer Krankheit erfassen zu können und ein methodisches Werkzeug zur Wahrung des selbst- und gesellschaftskritischen Potentials der Psychiatrie bereitstellen zu können. Um dies zu leisten, wird auch künftig der interdisziplinäre Dialog mit psychiatrischen Berufsgruppen wie SozialarbeiterInnen und ErgotherapeutInnen, die in ihrer Ausbildung mit soziologischen Inhalten und Methoden vertraut gemacht worden sind, sowie der (selbst)kritische Austausch mit der Öffentlichkeit und PolitikerInnen unerläßlich sein.

Dank der Sozialpsychiatrie wurde schließlich auch die *psychologischen Dimension* in der Psychiatrie heimisch. Auch künftig wird die Erforschung intraindividueller Entstehungs- und Aufrechterhaltungsmechanismen psychischer Erkrankung, die Evaluierung psychotherapeutischer Therapiemethoden und die Weiterentwicklung qualifizierter diagnostischer Testungsverfahren als Aufgabe künftiger Psychiatrie anstehen. Durch die Integration von PsychologInnen ins psychiatrische Versorgungssystem und die Möglichkeit/Notwendigkeit der psychotherapeutischen Weiterbildung psychiatrischer FachärztInnen sind bereits die nötigen Voraussetzungen für den erforderlichen Dialog zwischen beiden Disziplinen geschaffen.

Die knapp skizzierte Konvergenz unterschiedlichster Theorien in einem Heterogenitätsparadigma wird alltagspraktisch zur Folge haben, daß alle erläuterten Dimensionen gleichstufig zu erforschen sind. Verkrustete Dichotomien wie Leib-Seele, Vererbung-Umwelt, die gegenwärtig innerhalb der Psychiatrie statt zu einem Miteinander eher zu einem Gegeneinander unterschiedlichster Berufsgruppen geführt haben, könnten somit bereits auf der Theorieebene abgewehrt werden, um auch praktisch aus einem interdisziplinären Nebeneinander ein transdisziplinäres Miteinander zu ermöglichen. Destruktive Konkurrenzmechanismen und Strategien der Diffamierung bzw. Abwertung unter PsychiaterInnen unterschiedlicher Forschungsrichtungen wie auch zwischen diversen Berufs- und Forschungsgruppen innerhalb der Psychiatrie könnten auf der Basis dieses pluralen Ansatzes reduziert werden. Neben hochspezialisierten ForscherInnen wird daher zunehmend Personal nötig sein, das die Kompetenz für diesen integrativen Prozeß mit sich bringt.

Daß ein postmodernes Heterogenitätsparadigma als Zukunftsperspektive keine realitätsferne Spekulation ist, läßt sich m.E. an bereits existierenden Suchbewegungen innerhalb der Psychiatrie zeigen. Obwohl sich diese Theoretiker nicht explizit auf postmodernes Gedankengut berufen oder ihre Entwürfe mit dem Attribut 'postmodern' versehen, zeigen ihre Konzeptionen dennoch inhaltliche Affinitäten. Dies gilt v.a. für paradigmatische Erörterungen, die gegenwärtig unter dem Stichwort *Öko-Systemische Psychiatrie* subsumierbar sind, weshalb dieser bereits fragmentarisch vorliegende Zukunftsentwurf im Folgenden erläutert werden soll: Obwohl zwischen ökologischen, systemischen und öko-systemischen Konzepten unterschieden werden kann, stellen sich die inhaltlichen und personellen Übergänge relativ fließend dar. Da m.E. die Vermittlungsposition Öko-Systemische Psychiatrie die größte Zukunftspotenz besitzt, werden ökologische und systemische Ansätze nicht getrennt, sondern ineinander verschränkt besprochen. Weil die neuen Ideen v.a. in Rekurs auf Forschungsergebnisse der Ökologie, Systemtheorie, Biokybernetik, Synergetik, Chaostheorie, Spieltheorie, Informations- u. Kommunikationstheorie entwickelt wurden, trägt deren oft komplizierte Terminologie leider oft zur Verwirrung bei: „Wir bezweifeln aber, daß diese Begriffe speziell für die ökologische Psychiatrie von überragendem theoretischen und praktischen Nutzen sind...Wir vermuten dagegen, daß in der überwältigenden Mehrheit solcher Referenzbildungen zu diesem Bereich wohlkalkulierte Sophistikationen oder naive Zeitgeisthörigkeit und Fortschrittsgläubigkeit ausschlaggebend waren."[44]

---

44 ANDRESEN, B. u.a. (1993): Ökologisch-psychiatrisches Denken, S. 76.

Bezüglich des Wortes *Ökologie* finden sich recht unterschiedliche Definitionsversuche, wobei Liechtis Vorschlag, Ökologie als „empirische Wissenschaft von der Beziehung zwischen Lebewesen und Umwelt"[45] zu verstehen, m.E. als stark vereinfachende Kompromißlösung akzeptiert werden kann. Humanökologie dagegen wird relativ einheitlich als Anwendung ökologischen Denkens in den Humanwissenschaften definiert. Konkret wird hierunter die spezifische Relation des Menschen als komplexem biopsychischem Wesen zu seiner Umwelt im Sinne eines Konglomerats materieller, energetischer, ökonomischer, sozialer, personeller, kultureller, natürlicher und technischer Faktoren verstanden. Der Terminus 'Ökologische Psychiatrie' steht somit für ein interdisziplinäres Wissenschaftsprogramms, in dem die komplexe biopsychische Dimension des Menschen sowie alle auf ihn einwirkenden Umweltfaktoren in die psychiatrische Theoriebildung einzubeziehen sind. Hinter diesem Postulat verbirgt sich eine ganzheitliche Sicht des Menschen, die sich durch ihre ideologiekritische Potenz deutlich von einer holistisch-harmonisierenden Sichtweise des Menschen, wie sie in New Age-Theorien propagiert wird, abhebt.[46] Die Nähe des ökologischen Ansatzes zu postmodernen Theorien läßt sich kaum übersehen, da hier ebenfalls eine Konvergenz spiritueller, somatischer, anthropologischer, psychologischer und soziologischer Dimensionen anvisiert wird!

Um die Vernetzungskontexte überhaupt wissenschaftlich erfassen und miteinander in Verbindung bringen zu können, bietet sich die Integration systemischen Denkens in psychiatrische Theoriebildung an. Nach Schiepek liefert erst die *Systemtheorie* ein angemessenes Analyseinstrumentarium, um dem Komplexitätsgrad menschlicher Vernetzungen auf der Folie eines ökologischen Menschenbildes rational und kritisch gerecht werden zu können und einen Brückenschlag zwischen Geistes- und Naturwissenschaften zu ermöglichen. Ökologisches Menschenbild und systemische Inhalte bzw. Methodik, die v.a. das Krankheitsverständnis und therapeutische Interventionsstrategien betreffen, würden somit eine ideale Verbindung eingehen. Wenn ForscherInnen auf systemtheoretische Theorien rekurrieren, berufen sie sich meist auf Luhmann als Vertreter der funktionalen Systemtheorie sowie die chilenischen Neurobiologen Maturana und Varela als Vertreter der autopoetischen Systemtheorie, mit der sich auch Luhmann in neueren Werken auseinandersetzt. Vereinfacht formuliert, verbirgt sich hinter diesen Theorien die Einsicht, daß der Mensch wie alle lebenden Systeme eine selbstreferentielle autopoetische Organisationsform darstellt. In sich geschlossen und aus sich selbst heraus produziert er demnach permanent ein selbstregulierendes Ordnungssystem, das komplex und dynamisch mit allen existierenden Strukturen direkt oder indirekt vernetzt ist. Die Selbstorganisation (Autopoiese) ist als komplexer Vorgang zu verstehen, der nicht auf Kategorien eines eindimensionalen Wenn-Dann-Verhältnisses, sondern auf rekursiven Regelkreisen beruht.[47] Die gegenwärtig als modern angepriesenen multikausalen Krankheitsmodelle werden

---

45   LIECHTI, J. (1987): Öko-systemisches Denken, S. 46. Kowerk definiert Ökologie als „Lehre von den homöostatischen Prozessen in der Natur- und von den Folgen menschlicher Einflüsse auf dieselbe." KOWERK, H. (1991): Zum Verhältnis, S. 28. Tretter dagegen beschreibt Ökologie als „wissenschaftliche Untersuchung der Lebewesen-Umwelt-Beziehungen. Ökologie wird daher auch als Haushaltslehre der Natur bezeichnet." TRETTER, F. (1992): Humanökologische Grundlagen, S. 69.

46   Vgl. ANDRESEN, B. u.a. (1993): Ökologisch-psychiatrisches Denken, S. 81; DÖRNER, K. (1988): Ökologischer Ansatz, S. 23/24; GROSS/ ANDRESEN (1993): Klaus Dörner, S. 44; SCHORSCH, C. (1988): Die New Age Bewegung, S. 31-38.

47   Verständliche Informationen zur Autopoiese-Theorie: LUHMANN, N. (1997): Selbstreferentielle Systeme; SIMON, F. (1995): Die andere Seite der Gesundheit. Ansätze einer systemischen Krankheits- und Therapietheorie, S. 41-65; FISCHER, H.R. (Hg.) (1991): Autopoieses. Eine Theorie im Brennpunkt der Kritik; ROTH, G. (1987): Autopoiese und Kognition.

auf diesem Hintergrund höchst fragwürdig, da sie letztlich von der Annahme ausgehen, daß psychische Erkrankung auf dem ursächlichen Zusammenwirken diverser Krankheitsfaktoren beruht, die widerspruchsfrei verfolgbar sind und sich im Menschen als spezifische Krankheitssymptome niederschlagen. Faktoren und Symptome sind demnach auf verschiedenen Ebenen und in diversen Systembezügen zu bekämpfen, um eine Gesundung zu bewirken. Im Unterschied zur ökologischen Sichtweise, die zwar ebenfalls ein komplexes Zusammenspiel unterschiedlichster Faktoren in der Entstehung psychischer Krankheit annimmt, wird in der systemischen Sichtweise jedoch von einem multikausalen Modell abgerückt: Diverse Faktoren ergeben demnach nicht additiv und kausal stringent nachvollziehbar in immer gleicher Gesetzmäßigkeit ein spezifisches Krankheitsbild. Vielmehr organisiere ein Mensch aus sich heraus auf der Folie des Zusammentreffens diverser Umstände multimodal gemäß dem intraindividuellen Referenzsystem psychiatrische Symptome. Eine prägnante Zusammenfassung des systemischen Krankheitsbegriffs findet sich bei Moser und Bartl: „Wir verstehen Menschen als Kontextpersönlichkeiten, bei denen die Reduzierung ihres Erlebens und Verhaltens auf individuelle Merkmale eine unangemessene Komplexitätsreduktion darstellt. Daher erhalten Symptome nicht als stabile und verdinglichte Merkmale ihre Bedeutung, sondern als Verhaltensweisen einer Person, die in einem Beziehungskontext gezeigt werden. Sie sind in diesem Sinne nicht mehr Ausdruck einer 'Störung', sondern v.a.. als Element der Beziehungsgestaltung in einer Gemeinschaft beschreibbar, durch die z.B. Nähe und Distanz, Abgrenzung, Loyalität, Koalition, Autonomie u.a.m. geregelt werden... Diagnosen übernehmen wir insofern , als sie auf einer phänomenologischen Ebene Verhaltensweisen beschreiben. Damit wird jedoch keine Zuordnung zu irgendwelchen angenommenen biologischen Ursachen vorgenommen."[48] Nicht primär die Symptome als solche, sondern die dahinterstehende autopoetische Antriebsdynamik, das 'wozu' der Symptome gilt es somit wahrzunehmen, um die Erkrankung zu verstehen. Die Fragerichtung des 'wozu' statt des kausalen 'warum' verweist aus dem individuumzentrierten Binnenraum hinaus auf die für den Symptomträger relevanten Systemkontexte wie Familie, soziale Bindungen, Arbeitsplatz, Wohnort, Naturbezug, wobei dysfunktionale und krankmachende Beziehungsmuster aufgedeckt werden.[49]

Ein derart multimodales Krankheitsverständnis läßt sich auch aus Theorieelementen *postmoderner Wissenschaftstheorie* extrahieren, wodurch sich auch der systemische Ansatz mit postmodernem Gedankengut trifft. Am deutlichsten wird dies bei Welsch, der sein Konzept der Transversalität auf der Ebene der Subjektivität durchbuchstabiert und damit analog zur gesellschaftlichen Pluralisierung eine interne Pluralisierung einklagt: „Das Leben der Subjekte wird zu einem 'Leben im Plural', und Pluralitätskompetenz, wird zu seiner vorzüglichsten Eigenschaft... daß den Subjekten eine Mehrzahl von Konzeptionen oder Lebensformen glei-

---

48 MOSER/ BARTL (1994): Die Integration systemtherapeutischer Strategien, S. 649, 648. Eine ähnliche Definition findet sich bei: SIMON, F. (1988): Unterschiede, die Unterschiede machen, S. 113.

49 Die Verknüpfung von ökologischen und systemischen Sichtweisen läßt sich z.B. an Stierlins Definition des Kontextes erkennen: „So läßt sich auch von dem jeweils wichtigen Psychosozialen oder Ökosystem sprechen." STIERLIN, H. (1994): Ich und die anderen, S. 70. Unter dem Stichwort 'Transkulturelle Psychiatrie' oder 'Ethnopsychiatrie' versuchen ForscherInnen aus systemischer Perspektive, kulturgeschichtliche Analysen für das Phänomen psychischer Erkrankung und Therapie fruchtbar zu machen, um zivilisatorisch bedingte Kontexte besser erfassen und in ihrer Bedeutung für die Symptombildung bei psychisch Erkrankten minimieren zu können. Vertiefende Literatur: VER-RÜCKTE ENTWÜRFE: Kulturelle und individuelle Verarbeitung psychischen Krankseins. Bonn, PV, 1997; PFEIFFER, W.: Transkulturelle Psychiatrie. Stgt., Thieme, 1994 (erweiterte Fassung der Erstauflage von 1971); LUDEWIG, K.: Leiden und Heilen in kulturgeschichtlichem Zusammenhang, in: ANDRESEN, B. u.a. (Hg.): Psychiatrie und Zivilisation. Köln, Edition Humanistische Psychologie, 1993, S. 345-363; BRAUNE, K.: Kultur und Symptom. Ffm., Lange, 1986.

chermaßen vertraut, in ihrer Legitimität einsichtig und in ihren Gehalten zustimmungsfähig ist, so daß sie sich in derselben Situation mal so und mal anders verhalten können- aber nicht etwa aus Beliebigkeit, sondern aus Gründen der Adäquanz und dank neuer Kompetenzen... Dominanzen werden verschiebbar, und man entdeckt- mit einem Gefühl der Überraschung und Befreiung-, daß man auch anders sein könnte... Zur postmodernen Identität gehört die Fähigkeit, unterschiedliche Sinnsysteme und Realitätskonstellationen wahrzunehmen und zwischen ihnen übergehen zu können."[50] Ist diese Wahrnehmung bzw. der Übergang gestört, kann es zur Ausbildung psychiatrischer Symptome kommen, weil die Person die innere Homöostase nicht mehr aufrechterhalten kann. Dieser intrapsychische Organisationsprozeß könnte die Erklärung dafür liefern, weshalb das Erscheinungsbild und der Verlauf einer psychischen Erkrankung letztlich nicht vorhersaggbar sind. Krankheitssymptome sind somit aus postmoderner und systemischer Sicht keine von außen in den Menschen einbrechende Phänomene, sondern von ihm selbst hervorgebrachte dynamische Realitäten, weshalb ein psychisch erkrankter Mensch aktiven Anteil an der Symptomproduktion und Symptomkonstellation hat.[51]

3.2.2. Therapeutische Praxis

Erst durch die Dominanz eines postmodern fundierten Paradigmas, z.B. in Form der Öko-Systemischen Psychiatrie, würde m.E. eine wirklich neue Qualität der Therapie in die psychiatrische Praxis Einzug halten. Da sich die Öko-Systemische Psychiatrie als handlungsorientierter Ansatz versteht, versuchen TheoretikerInnen, therapeutisch umsetzbare konkrete Anwendungen abzuleiten.[52] Dabei läßt sich eine Unterscheidung bezüglich einer therapeutischen Makro- und Mikroebene treffen:
Auf der Makroebene, die über die jeweils überschaubaren Umwelten eines Menschen hinausgeht, engagiert sich die Öko-Systemische Psychiatrie, „um die seelisch geistigen Folgen und Gefahren unseres eskalierenden zivilisatorischen Prozesses zu beschreiben, zu beurteilen und daraus geeignet erscheinende Wege der Problemlösung abzuleiten und diese in die öffentliche Diskussion einzubringen."[53] Konkret bedeutet dies für Schiepek: „Eine ungewöhnliche Leseart des Begriffs 'Ökologische Psychiatrie' könnte darin bestehen, die trotz besseren Wissens katastrophal umweltschädigenden Verhaltensweisen eines Großteils aller Menschen in den Industrie- und Entwicklungsländern einer 'therapeutischen' Beeinflussung zugänglich zu machen. Es erscheint zudem verlockend, unseren bisherigen, einer ökologischen Suizidvorbereitung gleichenden Umgang mit der Natur der Psychopathologie zuzuordnen."[54] Öffentlich und medienwirksam hat sich die Psychiatrie dementsprechend gesellschaftspolitisch zu Wort zu

---

50 WELSCH, W. (1992): Topoi der Postmoderne, S. 43/44/46. Vgl. hierzu auch WELSCH, W. (1991): Subjektsein heute; KEUPP, H.: Vom Ende moderner Eindeutigkeiten - ohne Angst verschieden sein können.

51 Vgl.: SCHWEITZER/ SCHUMACHER (1995): Die unendliche und endliche Psychiatrie, S. 19; SEYWERTH, F. (1988): Systemisches Denken, S. 87/88; KELLER, T. (1988): Sozialpsychiatrie, S. 7; BOCK, T. (1992): Seele in schlechter Gesellschaft, S. 38; DÖRNER, K. (1992): Die stille ökosoziale Evolution, S. 290/291; KAUFMANN/ SEYWERTH (1988): Der systemtheoretische Ansatz, S. 73-75.

52 Vgl. ANDRESEN, B. u.a. (1993): Ökologisch-psychiatrisches Denken, S. 69.

53 ANDRESEN/ STARK/ GROSS (Hg.) (1993): Psychiatrie und Zivilisation, S. 11.

54 SCHIEPEK, G. (1992): Zum Selbstverständnis der ökologischen Psychiatrie, S. 56.

melden.[55] Wie dies jedoch vom psychiatrischen Personal konkret und alltäglich zu leisten wäre, bleibt relativ vage. Weitaus umsetzbarer stellen sich die Überlegungen zur therapeutischen Mikroebene dar, die mehr von systemischem Gedankengut inspiriert sind:
Im Zentrum jeglicher Therapie soll das Individuum mit den jeweils subjektiven Befindlichkeiten, Bedürfnissen und Erwartungen stehen. Dabei gilt es, möglichst umfassend den gesamten Lebenskontext in den therapeutischen Prozess einzubeziehen.[56] Öko-systemische Therapie ist nach diesem Verständnis weit mehr als eine spezifische Therapieform, die den Lebenskontext Familie im Sinne einer Familientherapie berücksichtigt. Der Terminus steht vielmehr für ein Therapiekonzept, das patientenbezogen und dynamisch unterschiedlichste therapeutische Strategien unter umfassenden ökologischen und systemischen Gesichtspunkten berücksichtigt, wobei drastisches Umdenken von TherapeutInnen jeglicher psychiatrischer Brufsgruppe vorausgesetzt wird. Da PatientInnen als lebende soziale Systeme therapeutische Veränderungen bezüglich ihrer Selbst aufgrund ihrer autopoietischen Geschlossenheit nur in Abhängigkeit von ihren eigenen inneren Strukturen im Wechselspiel mit äußeren System-Kontexten vornehmen können, liegt der Hauptanteil der therapeutischen Arbeit somit beim Patienten selbst.[57] Diese Einsicht zwingt zu einer therapeutischen Bescheidenheit, da es professioneller TherapeutInnen letzlich unmöglich ist, von außen invasive, instruktive oder kontrollierende Einflußnahme auf die PatientInnen auszuüben. Indem die Bedingungen geschaffen werden, um den Selbstorganisationsprozess des Individuums einzuleiten, dient therapeutisches Handeln somit lediglich der Hilfe zur Selbsthilfe, wobei es jedoch konkreter Planbarkeit entzogen ist.[58] Behandlungserfolg, der natürlich auch im öko-systemischen Paradigma anvisiert wird, besteht nicht in der nachweislichen Beseitigung krankhafter Symptome und damit einhergehender Heilung der PatientInnen im Sinne eines effizienten Reparaturbetriebes. Erfolg zeigt sich vielmehr darin, wenn es dem Team TherapeutInnen/PatientInnen gelingt, eine ehrliche

---

55 Im 1988 von Welsch veröffentlichten Buch 'Postmoderne. Pluralität als ethischer und politischer Wert' wird bereits im Titel deutlich, daß postmoderne Konzepte keine Pluralität in einem apolitischen Raum fordern, sondern mit konkreten ethischen und politischen Postulaten verknüpft sind.

56 Vgl. GROSS/ ANDRESEN (1993): Klaus Dörner, S. 45.

57 Während die Sozialpsychiatrie dazu neigte, im psychisch Erkrankten das mehr oder minder passive Opfer gesellschaftspolitischer Prozesse zu sehen, fordert ihm die öko-systemische Sichtweise die aktive Rolle des Mit-Verursachers und Haupt-Veränderers ab. Im Gegensatz zur romantischen Psychiatrie jedoch, die im kranken Menschen den Hauptverursacher seiner Erkrankung sah, zielt eine öko-systemisch fundierte Therapeutik nicht auf Schuldzuweisungen und entsprechende Sanktionen ab. Verursachung wird in systemischer Sichtweise nicht als bewußter Akt, sondern als unbewußte innere Organisation begriffen, die es immer jegliche psychische und physische Gewaltanwendung aufzudecken und zu verändern gilt. Haselbeck entdeckt in diesem Prozeß folgende Gefahr: „D.h. die therapeutische Intervention ist von der Bereitschaft zur Veränderung abhängig, wenn diese ausbleibt, ändert sich eben nichts und wenn sich etwas ändert, dann mit unvorhersehbaren Konsequenzen, da selbstreferentiell operierende Systeme undeterminierbar und unvorhersehbar sind." HASELBECK, H. (1993): Wieviel Theorie, S. 9. Zur Selbstorganisation im Krankheitsprozeß vgl. SIMON, F. (1995): Meine Psychose mein Fahrrad und ich. Zur Selbstorganisation der Verrücktheit.

58 Daß die Möglichkeit der Erfolglosigkeit systemischer Therapie somit immer gegenwärtig ist, wird auch von systemtheoretisch orientierten Theoretikern selbstkritisch eingeräumt: „Bei der Implantation systemtheoretischen Denkens und Handelns muß von Anfang an die Erfolglosigkeit systemisch begründeter Interventionsstrategien berücksichtigt und bedacht werden. Überall da, wo Systemtheorie als Lösungsansatz für ungelöste Probleme der Vergangenheit geradezu wie ein Zaubermittel eingesetzt wird, wird sie kläglich versagen... Das Aufdecken von verborgenen Wirkmustern in Systemen welcher Art auch immer erfordert die Bereitschaft, auch zuzugeben, daß diese nicht offenzulegen sind. Nur eine solche 'Relativierung' systemischer Denk- und Arbeitsweise wird auf Dauer deren Chancen im psychiatrischen Alltag nutzbar machen." RÜTHER, N. (1988): Bedingungen der Transformation, S. 149.

Rekonstruktion der bisherigen Lebensgeschichte der psychisch Erkrankten zustande zu bringen und unter Aufdeckung dysfunktionaler Systembeziehungen jeglicher Art eine Veränderung zu mehr Selbständigkeit, Selbst- und Fremdakzeptanz, sozialer Kompetenz und Lebensfähigkeit zu bewirken. Symptome könnten in diesem Prozeß ihre Bedeutung und Notwendigkeit als Bewältigungsstrategie für die PatientInnen verlieren und somit bewußt losgelassen werden. Diesen Prozeß des Loslassens wiederum können TherapeutInnen verschiedenster Berufsgruppen mit Hilfe diverser Therapien unterstützend vorantreiben.[59] Dörner umschreibt diese therapeutische Grundhaltung als ein alltagspraktisches professionelles Begleiten der PatientInnen.[60] Simon dagegen spricht in systemischer Terminologie von einer paradoxen Interventionsstrategie aller Beteiligten, indem TherapeutInnen die Rolle der Verteidigung des Status quo gegen jegliche Veränderung einnehmen.[61]

Die geforderte Begleitung bzw. paradoxe Intervention soll in therapeutischer Mehrsprachigkeit und transdisziplinärer Zusammenarbeit im Unterschied zu einem lediglich pluridisziplinärem Nebeneinander geschehen. Alle MitarbeiterInnen der Psychiatrie bilden diesbezüglich ein 'therapeutisches System', in dem unterschiedliche Herangehensweisen verschiedener Berufsgruppen nicht nur toleriert, sondern zugunsten eines ganzheitlichen Umgangs mit PatientInnen im Widerstreit gefördert und trotz kontroverser Aspekte entsprechend den Bedürfnissen der PatientInnen, die aus systemischer Sicht ebenso widersprüchliche Anteile in sich tragen, zur Anwendung kommen. Erst dann stellt sich nach Spengler die paradigmatisch geforderte Ganzheitlichkeit „nicht als fixe Einheit her, sondern als offener Prozeß in der Achtung verschiedener Diskurse, Beziehungen und Hilfsangebote."[62] Therapeutische Vielfalt ohne hierarchische Abstufung, ausgerichtet allein an den Bedürfnissen der PatientInnen, könnte somit zum Kennzeichen zukünftiger psychiatrischer Therapeutik werden, wobei sich die Vielfalt aus der Beteiligung der unterschiedlichen Berufsgruppen ergibt.

Bevor die einzelnen therapeutischen Strategien erläutert werden, soll festgehalten werden, daß die Öko-Systemische Psychiatrie eine berufsübergreifende spezifische 'Therapieform' anbietet, die sich folgerichtig aus der theoretischen Fundierung ergibt: Im Mittelpunkt aller psychia-

---

59 Watzlawick schlägt konkrete systemtherapeutische Konsequenzen vor, die bereits in den 60er Jahren durch die sogenannte 'Palo-Alto-Gruppe' im amerikanischen 'Mental Research Institute' erfolgreich erforscht und erprobt wurden: „Wenn es zutrifft, daß...der erste Kontakt mit einem neuen Patienten entscheidend ist, dann sollte er vom erfahrensten Therapeuten gemacht werden" (S. 88) Therapeuten sollten sodann auf die unmittelbare Gegenwart konzentrieren: „Worum es dann geht sind Folgen, nicht Ursachen. Jeder Versuch, dem weit zurückliegenden Entstehen der Ursachen im Leben des Indexpatienten nachzuspüren, hat wenig oder gar keinen praktischen Wert." (S.89) Die Aufgabe jeder Therapie besteht demnach darin, „diejenigen neuen Verhaltensweisen von außen zuzuführen, die jenes System nicht von sich heraus ergreifen konnte." (S. 89) Hierzu dienen „direkte Verhaltensverschreibungen, therapeutische Doppelbildungen und positive Symptombewertungen." (S. 89). Dabei zielt er auf „konkrete, praktische, pragmatische Veränderungen und nicht auf unklare, da schwer definierbare Begriffe wie Selbstachtung, Ichstärke, emotionale Katharsis, Bewußtmachung" usw. ab. (S. 89). Vgl. WATZLAWICK, P. (1988): Münchhausens Zopf.

60 Vgl. DÖRNER, K. (1992): Die stille ökosoziale Evolution, S. 294.

61 „Der Therapeut übernimmt eine seiner offiziellen Rolle zuwiderlaufende Funktion, er 'bremst' die Geschwindigkeit der Veränderung und schafft dadurch einen Kontext, in dem das „Klinetensystem" weniger bremsen muß... Kein autonomes System kann von außen gesteuert und zu seinem Glück gezwungen werden. Als Konsequenz ergibt sich, daß der Therapeut dann am meisten Chancen auf Erfolg hat, wenn er nicht zu sehr danach strebt, ihn zu erzielen... Dabei kann ihm die Theorie operationell geschlossener Systeme helfen, derzufolge er wirklich nicht wissen kann, was für den Patienten und das Klientensystem besser ist, die Beseitigung oder das Fortbestehen der Symptome." SIMON, F. (1995): Die andere Seite, S. 181.

62 SPENGLER, C. (1991): Plurale Verfassung, S. 33.

trischen Bemühungen steht der Mensch, dessen Lebensrecht und Überleben mit und ohne krankhafte Symptome solidarisch zu sichern ist. Die Grundmaxime einer am ökologischen Menschenbild ausgerichteten Psychiatrie besteht somit in der Toleranz der Andersartigkeit von Menschen, wobei trotz ungleichen Verhaltens eine existentielle Gleichheit aller Menschen behauptet wird, die es zu sichern gilt.[63] Ein eindrucksvolles Beispiel für diese Haltung gibt m.E. der Psychiater und Psychologe Zehentbauer: „Wer sich als zweiter Christus fühlt und entsprechend handelt, sollte - wenn er sich dabei wohl fühlt- gelassen werden! Lieber tolerieren als therapieren."[64] Die ökologisch vermittelte Einsicht in die Begrenztheit aller natürlichen Exitenzformen und Ressourcen macht zudem deutlich, daß alle Lebensformen vor manipulativen Eingriffen zu schützen sind.[65] In Notsituationen sind daher ökologische Nischen, d.h. geschützte Lebensräume, zu schaffen, in denen Menschen, die sich von psychopathologischen Symptomen nicht befreien können oder wollen, ohne permanente Therapieversuche leben können. Die Bereitstellung von konkreten Räumlichkeiten, in denen diese Menschen unbedroht leben können, ist somit als ein therapeutischer Akt im Sinne eines bewußten Verzichts auf weitere Manipulation zu verstehen. In diesem Zusammenhang ist auch verständlich, daß eine öko-systemische Psychiatrie großen Wert auf indirekte Hilfestellung durch Aktivierung von Selbsthilfepotentialen legt. Die Gründung und Pflege von Selbsthilfegruppen Angehöriger und v.a. Psychiatrie-Betroffener gehört damit zentral zum therapeutischen Instrumentarium öko-systemisch orientierter Psychiatrie.

Die Öko-Systemische Psychiatrie bietet aber auch eine Palette konkreter Therapiemethoden an. Auch die heute gängigen somatischen, psychotherapeutischen, soziotherapeutischen, körper- und kreativitätszentrierten Methoden hätten künftig einen festen Platz im therapeutischen Repertoire, wenn auf subsystemischer Ebene partikulär in diesen Bereichen geholfen werden kann und sie „das betroffene Individuum nicht zusätzlich einengen, sondern wieder alternative Entwicklungsmöglichkeiten eröffnen."[66] Im Vergleich zur gegenwärtigen Anwendung dieser Therapieformen sind jedoch einige Unterschiede zu erkennen:
Somatische Therapien wie Psychochirurgie, Insulinkomatherpie, Elektrokrampftherapie, die invasiv bzw. relativ unkontrollierbar in den menschlichen Körper eingreifen, werden strikt abgelehnt. Auch die Behandlung mit Psychopharmaka, deren Wirsamkeit durchaus anerkannt ist, wird auf ein Minimalmaß zurückgedrängt, um bleibende Schäden von PatientInnen abzuwenden. Bezüglich Psychotherapie, körperzentrierten Therapien und Kreativitätstherapien ist festzustellen, daß unter dem öko-systemischen Paradigma ein weitaus umfassenderes Angebot an therapeutischen Richtungen und Praktiken zur Anwendung kommen würde, wodurch ein breiteres Spektrum an Hilfsmöglichkeiten ohne personelle Dominanz einzelner Schulen und deren Behandlungsrichtlinien entstünde. Auf dem Gebiet der Soziotherapie zeigen sich zudem gravierende Unterschiede bezüglich der Zielsetzung: Während sozialpsychiatrisch fundierte Soziotherapie hauptsächlich die Reintegration der psychisch Kranken durch Bereitstellung geschützter Wohnungen und Arbeitsplätze in die Gesellschaft anstrebte, wird diese Strategie im öko-systemischen Paradigma zumindest als zweischneidig entlarvt und kontrovers diskutiert.

---

63 Vgl. TRETTER, F. (1993): Skizze einer 'Ökologie, S. 21; DÖRNER, K. (1991): Mosaiksteine, S. 38; BOCK, Th. (1990): Solidarische Psychiatrie, S. 49.

64 ZEHENTBAUER, J. (1990): Psychopharmaka, S. 112.

65 Vgl. BOCK, Th. (1992): Seele in schlechter Gesellschaft, S. 37.

66 LANDZETTEL, F. (1986): Organisation gespaltener Wirklichkeiten, S. 72.

Durch entsprechende Rehabilitationsprogramme wurde bisher versucht, die psychisch Kranken in das Ordnungs- und Leistungssystem der Gesellschaft zurückzuführen. Auch künftig werden sich psychiatrische MitarbeiterInnen dafür einsetzen, Wohnungen und Arbeitsplätze speziell für psychisch Kranke in der Gesellschaft einzuklagen.[67] Gleichzeitig drängt das neue Paradigma jedoch zur ideologiekritischen Hinterfragung der gesellschaftspolitischen Verknüpfung von persönlicher Identität mit dem industriellen Nutzwert eines Menschen im Sinne seiner Arbeits- und Leistungsfähigkeit. Ohne das Recht auf Arbeit preiszugeben, könnten derartige Strategien als menschenverachtend entlarvt und zur Disposition gestellt werden, wie dies Keupp bereits Ende der 80er Jahre versucht hat.[68] Soziotherapie würde damit nicht darauf abzielen, erkrankte Menschen in ihre sozialen Kontexte einzupassen, sondern diese Kontexte unter Einbeziehung aller Kontext-Beteiligten therapeutisch im Sinne einer zunehmenden Humanisierung zu beeinflussen. Dies könnte direkt vor Ort, aber auch in neutralen therapeutischen Räumlichkeiten geschehen. SoziotherapeutInnen müßten dann aber alleine oder in Begleitung ihrer PatientInnen vermehrt stationäre Einrichtungen verlassen, was große strukturelle und institutionelle Veränderungen mit sich bringen würde. Neben den bisher besprochenen klassischen Therapieverfahren könnten in der zukünftigen Psychiatrie auch alternative Behandlungsmethoden eine wichtige Rolle spielen, die bisher nur als Randerscheinungen v.a. nichtstationärer Psychiatrie galten. Dies gilt für den Einsatz von Naturheilverfahren, die Anwendung homöopathischer Mittel oder anderer therapeutischer Praktiken, deren positive Wirkung auf psychisch Erkrankte zumindest ansatzhaft nachweisbar ist.[69] Schaubild 9 auf der nächsten Seite soll die Pluralität öko-systemischer Therapeutik veranschaulichen. Inwieweit derartige Therapien im stationären psychiatrischen Alltag anwendbar sein werden, ist gegenwärtig noch stark umstritten. Deissler hält das öko-systemische Paradigma schlichtweg für untauglich, da systemtherapeutische Interventionen aufgrund ihres Kurzzeitcharakters als „Wirtschaftsfaktor für ein Psychiatrisches Krankenhaus geradezu selbstmörderisch"[70] wären.

---

67 Vgl. DÖRNER, K. (1995): Arbeit und Psyche.

68 Vgl. KEUPP, H. (1987): Das psychosoziale Reformprojekt, S. 102.

69 Zehentbauer unterscheidet hierbei zwischen pflanzlichen Mitteln mit beruhigender (Baldrian, Hopfen, Mohn, Kawa-Kawa) oder stimmungsaufhellender Wirkung (Johanniskraut). Auch die Gabe hochdosierter Vitamine zählt er zu den natürlichen Psychopharmaka. Vgl. ZEHENTBAUER, J. (1990): Psychopharmaka, S. 118/119. Spezielle: BARLEY, I.: Homöopathie, in: STARK, M. (Hg.): Wege aus dem Wahnsinn. Bonn, PV, 1995, S. 144- 151; BERGHES, A.: Bach-Blütentherapie, in: STARK, M. (Hg.): Wege aus dem Wahnsinn. Bonn, PV., 1995, S. 151- 156; HEISE, Th.: Traditionelle Chinesische Medizin, in: STARK, M. (Hg.): Wege aus dem Wahnsinn. Bonn, PV, 1995, S. 156- 171; HERBIG, R.: Naturheilverfahren in der Psychiatrie?, in: ANDRESEN, B. u.a. (Hg. (1993): Psychiatrie. S. 257- 273.

70 DEISSLER, K. (1988): Lohnt sich der Flirt mit der systemischen Therapie?, S. 185.

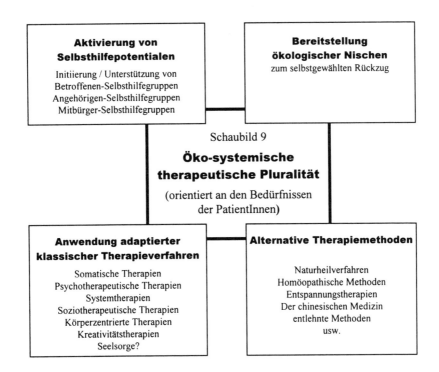

3.2.3. Institutionelles Erscheinungsbild

Bei öko-systemischen Theoretikern finden sich relativ vage Überlegungen bezüglich der institutionellen Folgewirkungen ihres Konzeptes. Da die Option, psychiatrische Behandlung in den außerstationären Sektor zu verlagern, einen immer wiederkehrenden Topos darstellt und dementsprechend für ein umfangreiches psychosoziales Versorgungsnetz plädiert wird, soll mit dem Modell des 'Case-Managements' ein strukturelles Instrument angeboten werden, das dazu beiträgt, die Gefahr der Überforderung sowie der lückenlosen Erfassung und Kontrolle von PatientInnen entgegenzuwirken.[71] Hierzu sollen speziell ausgebildete Personen zur individuellen Koordinierung der institutionellen Versorgung eines Patienten bestellt werden. Nach subjektiven Bedarf müsse es dem kranken Menschen und seinem Case Manager möglich sein, psychiatrische Institutionen nach persönlichem Bedarf auszusuchen.[72] Ob dadurch die Gefahr einer totalitären Kontrolle gebannt ist oder ein Faktor, der zu zusätzlichen Komplikationen beiträgt, kann theoretisch jedoch kaum vorhergesagt werden.

Welche Auswirkungen hätte der öko-systemische Entwurf für das Psychiatrische Krankenhaus? Wie in sozialpsychiatrischen Visionen würden stationäre Einrichtungen ihre zentrale Bedeutung verlieren, aber nicht aufgelöst werden, wobei aber ein Funktionswechsel angedacht

---

71 Vgl. ANDRESEN/ STARK/ GROSS (1992): Ökologisch-psychiatrische Einmischungen, S. 371; SPENGLER, C. (1991): Plurale Verfassung, S. 30; RÖSSSLER, W. (1994): Stand, S 435.

72 Vgl. SCHWEITZER/ SCHUMACHER (1995): Die unendliche und endliche Psychiatrie, S. 7.

wird: Kliniken sollen nicht (nur) Orte diagnostischen und therapeutischen Umgangs mit Erkrankten oder sein, sondern als geschütze ökologische Nischen und Asyle für Menschen dienen, die nicht therapiert werden wollen oder können und Gemeindeferne vorziehen. Dort soll es Menschen erlaubt sein, ihr Verrückt-Sein auszuagieren, um über diesen Weg ihre Selbstorganisation aufrecht zu erhalten. Hierbei muß jedoch sichergestellt sein, daß die Klinik nicht die Funktion eines Exils annimnt und als geschichtlich hinreichend bekannte Institution zur Ent-Sorgung von Menschen dient, um eine möglichst störungsfreie Gesellschaft zu modellieren. Verschiedene Autoren stellen deshalb die Frage, ob nicht eine funktionelle Zweiteilung von Psychiatrischen Kliniken, die die ökologische Nische zur Verfügung stellen und psychiatrischen Abteilungen an Allgemeinkrankenhäusern, die akute Krisenintervention anbieten, realistische Zukunftsvision wäre.[73]

Ob die institutionellen öko-systemischen Utopien Realisierungschancen haben, wird m.E. hauptsächlich von finanziellen Parametern abhängen. Da die finanzielle Situation im Gesundheitswesen derzeit äußerst angespannt ist und für die nähere Zukunft eine Verbesserung kaum zu erwarten ist, scheint ein institutionelles Plateau erreicht zu sein. Die Komplexität des Versorgungssystemes könnte somit künftig durch die Tendenz zur Kosteneinsparung eher reduziert als weiter ausgebaut werden. Bereits heute sind ambulante und komplementäre psychiatrische Institutionen v.a. durch die Finanznot der Kommunen in ihrer Existenz gefährdet. Da ihre Finanzierung meist auf freiwilligen Leistungen der kommunalen Sozialhilfeträger beruht, die in sozioökonomischen Krisenzeiten erfahrungsgemäß zuerst gekürzt wird, sind sie existentiell gefährdet. Wenn immer weniger außerstationäre Einrichtungen zur Verfügung stehen und auch die stationären Einrichtungen im Rahmen der allgemeinen Sparmaßnahmen stärker gezwungen sein werden, kostengünstiger zu arbeiten, könnte somit eine Situation entstehen, vor der bereits heute heftigst gewarnt wird: PatientInnen, deren Therapie und Prognose postiv kalkulierbar sind, werden künftig bevorzugt behandelt. 'Therapeutisch Unergiebige' werden entweder in speziell dafür eingerichtete Häuser überwiesen oder schlichtweg auf die Straße und in die Obdachlosigkeit entlassen.[74] Psychisch Erkrankte mit finanziellen Reserven dagegen könnten sich künftig Leistungen am bereits florierenden 'Psychomarkt' erkaufen. Hierzu zählen auch Hilfsangebote, die zunehmend außerhalb existierender Institutionen, z.B. über den Kommunkationsweg Internet, auftauchen und sich jeglicher Kontrolle und Professionalität entziehen. Unter dem Stichwort 'Cyperpsycho' nimmt diese Entwicklung bereits Gestalt an, wenn sie bisher auch nur von wenigen wahrgenommen wird. Weber dokumentiert die Existenz von sogenannten 'support groups' (Selbsthilfegruppen, die gegenseitig Erfahrungen und Fragen austauschen), 'chatters' (zufällige on-Line-Begegnungen unter dem Thema psychische Erkrankung) und 'professionellen helper-lines' mit E-mail-Dienst und digitaler Beratung. Auch seriöse psychiatrische Institutionen könnten auf diese Technik zurückgreifen, da billige Computerrechenzeiten teure Behandlungszeiten ersetzen oder zumindest hinauszögern würden, wodurch ökonomische Einsparungen erzielbar wären.[75]

---

[73] Eine Utopie, die an die organisationalen Reformbestrebungen Griesingers Mitte des 19. Jhdts. erinnert. Vgl. KELLER, Th. (1988): Sozialpsychiatrie, S. 11; KNOLL, M. (1987): Psychiatrische Praxis als ökologische Nische.

[74] Das Institut für Kommunale Psychiatrie hat 1996 mit dem Buch 'AUF DIE STRASSE ENTLASSEN' provokativ auf diese Gefahr hingewiesen! Vgl. auch BREDERODE, M. (1995): Psychiatriereform, S. 35/36.

[75] Vgl. KEUPP, H. (1987): Das psychosoziale Reformprojekt, S. 114; WEBER, D. (1996): Cyberpsycho.

III. Strukturelle Hintergründe

> „Ich vertrete die Auffassung, daß Seelsorger diese Tätigkeit umso besser nachgehen können, je mehr sie von diesem Behandlungsort und seiner Logik verstehen."
>
> Gärtner, Heribert (1996):
> Die kirchliche Wirklichkeit ist organisational, S. 22.

1. Allgemeine Analyse grundsätzlicher Rahmenbedingungen Psychiatrischer Krankenhäuser

1.1. Aspekte rechtlich - verwaltungstechnischer Art

Öffentliche psychiatrische Großkrankenhäuser und Fachabteilungen sind Bestandteil des allgemeinen Gesundheits- und Krankenwesens. Somit sind sie in die Krankenhausplanung integriert und unterliegen Gesetzesvorgaben auf Bundes- und Länderebene. Vier gesetzliche Grundlagen stecken die stationäre Versorgung bundesweit ab: 1. Das Krankenhausfinanzierungsgesetz (KHG), das gemäß § 1 die Funktion hat, die wirtschaftliche Sicherung des Krankenhauses in ökonomischer Eigenverantwortlichkeit sowie die Sicherstellung einer bedarfsgerechten Versorgung der Bevölkerung mit stationären Einrichtungen zu garantieren. 2. Die Bundespflegesatzverordnung (BPflVO), die mittels Festlegung von Tagespflegesätzen bzw. Fallpauschalen die Behandlung und somit die Finanzierung der Häuser regelt. 3. Das Sozialgesetzbuch V (SGB V), das die organisatorischen und fachlichen Voraussetzungen konkretisiert. 4. Das Gesundheitsstrukturgesetz (GSG), das 1993 als Reaktion auf die Finanzlage der Kassen erlassen wurde und eine Reduzierung der finanziellen Mittel im Gesundheitssektor zum Ziel hat. Neben diesen bundesweiten Gesetzen spielen auch Ländergesetze und Verordnungen eine Rolle bezüglich der konkreten strukturellen Organisationsform.[1]

Schaubild 10 auf der nächsten Seite soll dies zusammenfassend aufzeigen:

---

[1] Literatur zu den gesetzlichen Grundlagen in verständlicher Form: KOHLER, J. (1995): Von der Behörde Krankenhaus zum Wirtschaftsunternehmen; WERNER/ VOLTZ (1994): Unser Gesundheitssystem, S. 58ff; HOFFMANN, G. (1992): Die rechtlichen Grundlagen der stationären Versorgung; FRANCKE, R. (1989): Rechtsfragen der Planung, Finanzierung und Organsiation von Krankenhäusern.
Die finanzielle Ausstattung stationärer Einrichtungen weist große Unterschiede auf, wobei die Sätze in der Reihenfolge folgender Institutionen immer niedriger werden: Neurologie, Forensische Kliniken, Akut-Psychiatrie; Langzeit-Psychiatrie, Tagesklinik, Pflegeheim. Das Prinzip der Fallpauschalen beruht auf einem dualen System: Ärztliche und pflegerische Leistungen werden als ein pauschales Entgeld für alle erbrachten Leistungen je nach Diagnose berechnet. Die Leistungen aller sonstigen Berufsgruppen werden aus dem jeweiligen Basispflegesatz für jeden Patienten bezahlt. Welche Folgen dies langfristig für PatientInnen haben wird, deren Pauschalen bereits aufgebraucht sind, läßt sich nur erahnen! Während Investitionskosten für die Häuser aus öffentlichen Mitteln bezahlt werden, sollen Pflegesätze/Fallpauschalen die laufenden Betriebskosten, die sich prozentual folgendermaßen zusammensetzen, abdecken:
64% für Akutbehandlung (von den Krankenkassen finanziert)
24% für Langzeitpflege (von örtlichen und überörtlichen Sozialhilfeträgern finanziert)
10% für den Maßregelvollzug (vom jeweiligen Bundesland finanziert)
02% für Suchtentwöhnung (von Rentenversicherungsträgern finanziert)
Die Krankenkassen tragen demnach die finanzielle Hauptlast der stationären Behandlung, während die Sozialfürsorge hauptsächlich den Pflege- und Heimsektor finanziert. Vgl. KOHLER, J. (1995): Von der Behörde Krankenhaus zum Wirtschaftsunternehmen, S. 11/12; GREB, U. (1995): Special Psychiatrie, S. 125.

Schaubild 10
Gesetzliche Rahmenbedingungen
Psychiatrischer Krankenhäuser

Psychiatrische Krankenhäuser werden in ihrer Zielsetzung und Grundstruktur durch den jeweiligen Träger bestimmt. In Deutschland handelt es sich hierbei um ein 3- Säulensystem von öffentlichen, privaten und frei-gemeinnützigen Trägerschaften, wie Schaubild erläutern soll. Die Trägerinteressen sollen durch die Krankenhausleitungdurchgesetzt werden, die sich aus BerufsvertreterInnen dreier Funktionsbereiche zusammensetzt: Ein(e) PsychiaterIn (Ärztlicher DirektorIn), ein(e) Verwaltungsangestellte(r) (VerwaltungsleiterIn), ein(e) Schwester/Pfleger (Pflegedienstleitung).[2]

Schaubild 11: Trägerschaft Psychiatrischer Krankenhäuser

Frei - gemeinnützige Träger	Öffentliche Träger	Private Träger
* Kirchen, Diözesen, Kirchengemeinden Ordensgemeinschaften	* Stadtregierungen	* Privatpersonen
* Kirchliche Wohlfahrtsverbände z.B. Diakonien, Caritas	* Bezirke (in Bayern)	* Gesellschaften
* Weltliche Wohlfshrtsverbände z.B. Deutsches Rotes Kreuz	* Bundesländeränder	
* Weltanschaulich gebundene Träger z.B. Anthroposophen	* Landschaftsverbände	
* Stiftungen		

---

2 In einzelnen Ländern besteht zudem die Möglichkeit, eine(n) ärztliche(n) Direktor(in) als Geschäftsführer(in) im Sinne einer repräsentativen singulären Führungsspitze einzusetzten. Das Krankenhausdirektorium zusammen mit dieser Führungskraft bildet dann die Krankenhausbetriebsleitung. Das 3-Säulen-System wird zudem zunehmend durch ein 2-Säulen-System ersetzt, in der die Verwaltung den Status eines eigenständigen Bereichs neben der Ärztliche Leitung und Pflegedienstleitung besitzt. Vgl. SCHULZE, H. (1989): Organisationsgestaltung, S. 76/165; KOHLER, J. (1995): Von der Behörde, S. 13.

Gegenwärtig ist aufgrund der finanziellen Überbelastung öffentlicher Träger eine Entwicklung erkennbar, die die dargestellte gegliederte Struktur der Krankenhausträger modifizieren, evtl. sogar zerschlagen könnte. In nahezu allen öffentlichen Häusern wird über eine grundlegende Veränderung der Rechtsform des Hauses nachgedacht, wobei sich v.a. das Modell der Umwandlung in Gesellschaften mit beschränkter Haftung (GmbH) durchzusetzten scheint. Diese Entwicklung ist nicht nur Folge finanzieller Engpässe, sondern steht nach Kohler auch im Zusammenhang mit dem Bestreben der Kliniken, sich aus der Einbindung in hierarchische Behördenstrukturen mit aufwendigen Entscheidungsprozessen zu befreien, um effektiver als hochspezialisierte Wirtschaftsunternehmen mit modernem Management arbeiten zu können.[3]
Öffentliche Psychiatrische Krankenhäuser haben sich zwar auch schon in der Vergangenheit als bedarfsorientierte, d.h. nicht auf Gewinn zielende Wirtschafts- und Dienstleistungsunternehmen, die in einem doppelten Abhängigkeitsverhältnis zum Krankenhausträger und den Kostenträgern der Behandlung stehen, beschrieben.[4]
Erst seit Mitte der 90er Jahre jedoch setzt m.E. mit den Bestrebungen zur Umwandlung der Rechtsform und den Bemühungen um eine effektive Qualitätssicherung in Psychiatrischen Krankenhäusern der massive Versuch der Krankenhäuser ein, sich als Wirtschaftsunternehmen zu profilieren.[5]

---

3   Vgl. VOM STAATSBETRIEB ZUR FIRMA. Psychiatrische Krankenhäuser als Wirtschaftsunternehmen (1995); KOHLER, J. (1995): Von der Behörde Krankenhaus zum Wirtschaftsunternehmen, S. 13-17; LNKE, J. (1995): Das Psychiatrische Krankenhaus aus der Sicht der Betriebsführung, S. 29.

4   In einer Patientenbroschüre des Bezirkskrankenhauses Regensburg heißt es daher beispielhaft: "In den letzten Jahrzehnten hat sich unser Krankenhaus zu einem leistungsfähigen Fachkrankenhaus entwickelt. Inhaltlich verstehen sich Krankenhäuser heute als patientenorientiertes Dienstleistungsunternehmen, die sich unter humanitären und sozialen Vorbehalten auch dem marktwirtschaftlichen Wettbewerb stellen müssen. Unser medizinischer Leistungsschwerpunkt liegt im psychiatrisch-neurologischen Fachbereich... Vielfältige Maßnahmen zur Qualitätssicherung gewährleisten, daß ihre Erkrankung gemäß dem jeweils modernsten Leistungsstandard bei uns diagnostiziert und behandelt wird." DAS ABC des Bezirkskrankenhauses Regensburg (o.J.), Einführung.
Als Wirtschafts- und Dienstleistungsunternehmen wird ein Psychiatrisches Krankenhaus von ökonomischen Parametern bestimmt. Da die Finanzierung nicht von der Effizienz, gemessen an Behandungserfolgen im Sinne einer Heilung oder einer Entlassung in ambulante Behandlung, sondern von Pflegesätzen/Fallpauschalen abhängt, liegt die Vermutung nahe, daß das Krankenhaus, das seine ökonomische Absicherung konsequent verfolgen muß, letzlich Interesse an einer langfristigen Bettenbelegung haben muß. Damit entsteht m.E. jedoch eine paradoxe Situation: Einerseits zielt die stationäre Psychiatrie durch ihren medizinisch- gesellschaftlichen Auftrag auf Therapieerfolge und damit auf eine baldige Entlassung der PatientInnen ab, andererseits muß sie wirtschaftlich- strategisch auf eine möglichst hohe stationäre Patientenzahl hinarbeiten. Der vorwurfsvolle Verdacht Deisslers, daß letztlich ein 'Interesse an Chronizität' bestünde, ist somit nicht einfach von der Hand zu weisen! DEISSLER, K. (1988): Lohnt sich der Flirt, S. 204.

5   Anfang der 90er Jahre richtete die Bundesdirektorenkonferenz Psychiatrischer Krankenhäuser eine Arbeitsgruppe zur Qualitätssicherung ein. Deren Ziel sollte es sein, strukturelle Umgestaltungsmöglichkeiten baulich-technischer, personeller und formaler Art zu erarbeiten, um die Behandlungseffektivität psychisch Erkankter zu optimieren. Mitte der 90er Jahre erschien entsprechende Literatur zur Qualitätssicherung, wobei über deren Bedeutsamkeit für die Psychiatrie gegenwärtig m.E. noch keine Aussagen gemacht werden können. Spezielle Literatur: WETTERLING, T. u.a.: Qualitätssicherung in der psychiatrischen Klinik, in: PP 25 (1998), S. 291-295; KISTNER, W. u.a.: Qualitätsbeurteilung in der klinischen Psychiatrie, in: Krankenhauspsychiatrie 7 (1996) 2, S. 54- 60; LEITFADEN zur Qualitätsbeurteilung in Psychiatrischen Kliniken, in: Der Nervenarzt 67 (1996) 11, S. 968- 974; GAEBEL, W. (Hg.): Qualitätssicherung im psychiatrischen Krankenhaus. Wien, Springer, 1995; HERMER, M. u.a. (Hg.): Evaluation der psychiatrischen Versorgung in der BRD. Zur Qualitätssicherung im Gesundheitswesen. Opladen, Leske u. Budrich, 1995.

1.2. Aspekte der Binnenstrukturierungsvarianz

Sowohl psychiatrische Großkrankenhäuser[6] wie auch Fachabteilungen weisen von Haus zu Haus große Varianz in ihrer Binnenstrukturierung auf, wobei die Strukturierungskriterien relativ unterschiedlich sind. In einzelnen Kliniken wird sogar bewußt auf Untergliederung der Stationen verzichtet.[7] In der Praxis zeichnet sich allerdings gegenwärtig der Trend zu Spezialisierungen und Differenzierungen ab, weshalb Funktionsbereiche wie Gerontopsychiatrie[8], Jugendpsychiatrie,[9] Forensische Psychiatrie[10] und Abteilungen für Suchtkranke zunehmend autonomisiert werden.

Schaubild 12 auf der nächsten Seite soll eine Auswahl der strukturellen Binnengliederung psychiatrischer Kliniken/Abteilungen gemäß den Kriterien Geschlecht, Altersgruppe, Prognose, Freiheitsgrad, Versorgungsprinzip, therapeutischer Schwerpunkt, regionale Vorgaben und Diagnose im Überblick zeigen. Hierbei muß berücksichtigt werden, daß die Kliniken selbst diese Strukturierungen durchaus unterschiedlich bezeichnen (Kliniken, Stationen, Fachabteilungen, Fachbereiche) und von Haus zu Haus variable Mischungen aller Gliederungskriterien vorliegen. Historisch bedingt führen viele Häuser noch immer die Funktionsbereiche Neurologie und Psychiatrie im Titel. Faktisch handelt es sich jedoch meist um zwei Kliniken mit unterschiedlichen ChefärztInnen, die lokal und personell eng zusammenarbeiten.

---

6   1990 forderte die Bundesgemeinschaft der Träger Psychiatrischer Krankenhäuser eine Binnengliederung der Häuser in "überschaubare medizinische Fach- oder Funktionsabteilungen". Die Idealstruktur soll folgendermaßen aussehen: Das Krankenhaus soll die Versorgung von 150 Tsd. bis 250 Tsd. Einwohnern gewährleisten, indem es 200 bis 400 Betten zur Verfügung stellt. Eine Station soll maximal 25 Betten in Ein- bis Dreibettzimmern umfassen. Therapeutische Gruppen sollten die Größe von 8 bis 12 Plätzen nicht überschreiten. Vgl. ZIELSETZUNGEN und Orientierungsdaten (1990), S. 2-6. Nach Tegeler haben 1994 die geforderten Spezialisierungen und Differenzierungen in Großkrankenhäusern durch Schaffung autonomer Abteilungen bereits weitgehend stattgefunden. Vgl. TEGELER, J. (1994): Entwicklung, S. 149.

7   In der gemeindepsychiatrischen Modellklinik Herne in Nordrhein-Westfalen wird auf Spezialstationen und geschlossene Stationen verzichtet. Herne verfügte Anfang der 90er Jahre über 7 Stationen mit ca. 135 Betten, 1 Tagklinik mit 15 Behandlungsplätzen, 1 Übergangswohnheim mit 16 Plätzen, mehrere Wohngemeinschaften und 1 Institutsambulanz mit angegliedertem multiprofessionellem Ambulanzteam. Vgl. DREES, A. (1992): Offene Psychiatrie, S. 9; KRISOR, M. (1992): Auf dem Weg, S. 115.

8   Die Errichtung spezieller gerontopsychiatrischer Stationen kann aus struktureller Perspektive sehr unterschiedlich bewertet werden: Einerseits spricht die Integration psychisch erkrankter älterer Menschen in das Psychiatrische Krankenhaus für die Beibehaltung des Grundkonzeptes von Heil- und Pflegeanstalten, indem die betroffenen Menschen nicht in den Pflegesektor verlegt werden. Andererseits widerspricht es jedoch dem strukturellen Anliegen, Stationen für LangzeitpatientInnen zu schließen. Nach Dörner wären alle Langzeitstationen auflösbar, wenn die Klinikleitung tatsächlich Interesse an einer Schließung hätte. Vgl. DÖRNER, K. (1993): Welches Menschen- und Gesellschaftsbild, S. 28.

9   Die Kinder- und Jugendpsychiatrie hat sich seit Ende des Zweiten Weltkrieges etabliert und gilt inzwischen als eigenständige psychiatrische Fachdisziplin. Seit 1978 exisitiert ein 'Berufsverband der deutschen Ärzte für Kinder- und Jugendpsychiatrie'. Spezielle Literatur: JUNGMANN, J.: Klinische Kinder- u. Jugendpsychiatrie am Psychiatrischen Landeskrankenhaus, in: KRANKENHAUSPSYCHIATRIE. Hg. v. F. Reimer u.a. 2. Aufl. Stgt., Fischer, 1995, S. 83-91;LEMPP, R.: Das Verhältnis der Kinder- u. Jugendpsychiatrie zur Erwachsenenpsychiatrie, in: PSYCHIATRIE HEUTE. Wien., U&S, 1994, S. 99-109.

10 Bei der Forensischen Psychiatrie handelt es sich um Häuser oder Abteilungen, in denen gerichtlich verurteilte Menschen psychiatrisch auf geschlossenen Stationen betreut werden.

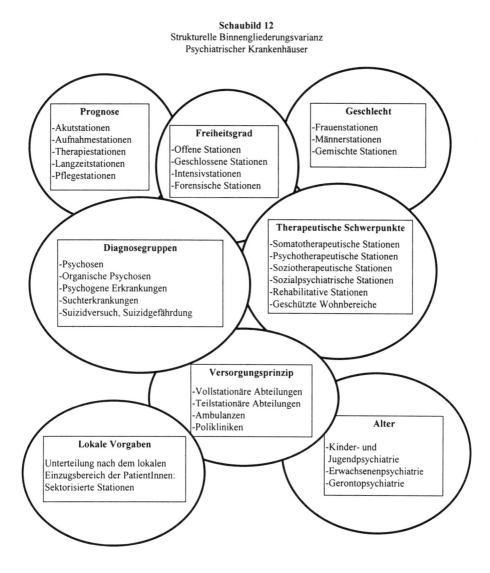

Schaubild 12
Strukturelle Binnengliederungsvarianz
Psychiatrischer Krankenhäuser

1.3. Aspekte der personellen Komplexität

Auf und hinter der Bühne eines Psychiatrischen Krankenhauses bzw. einer Abteilung läßt sich eine auf den ersten Blick kaum sichtbare, bei näherem Hinschauen jedoch geradezu verwirrende Anzahl von 'MitspielerInnen' erkennen. Die Zusammensetzung der AkteurInnen variiert dabei von Klinik zu Klinik, die Einteilung in Hauptakteure, Nebenakteure und Komparsen wird je nach professionellem Standort des Wertenden und dem theoretischem Paradigma der zu bewertenden Klinik unterschiedlich ausfallen. Schaubild 13 auf der übernächsten Seite soll dies verdeutlichen.[11] Einigkeit scheint lediglich bezüglich der Hauptrollen innerhalb der 'Dramaturgie' vorzuliegen. Diese wird dem Leitungsgremium, bestehend aus Ärztlichem Direktor, Verwaltungsdirektor und Pflegedienstleitung, zugeschrieben.

Die gröbste Unterteilung bezüglich der personellen Komplexität kann m.E. zwischen PatientenInnen, vertraglich an die Klinik gebundenem und Personen, die in keinem Anstellungsverhältnis zur Klinik stehen, vorgenommen werden.

Vertraglich gebundenes Personal wiederum läßt sich unterteilen nach kontinuierlichem Personal, das gemäß der Psychiatriepersonalverordnung[12] eingestellt wird (im Schaubild durch ein vorangestelltes Sternchen*gekennzeichnet), Personal, das durch spezielle Einzelverträge an die Klinik gebunden wird (im Schaubild durch vorangestellten Querbalken - erkennbar), Personal, das durch den Spezialvertrag Konkordat zwischen Kirchen und Staat in die Organisation integriert ist bzw. von dieser toleriert wird (im Schaubild durch ein extra dickes Kästchen gekennzeichnet) und wechselndes Personal wie PraktikantInnen, SchülerInnen, FamulantInnen und Zivildienstleistende (im Schaubild durch eingerückte Formatierung erkennbar).

Neben der rein vertraglichen Differenzierung kann eine Einteilung nach der Beziehungsart zu den PatientInnen vorgenommen werden: I. Personen, die in direktem alltäglichen therapeutischen Kontakt zu den PatientInnen stehen (die Personengruppen, die oberhalb der Patientenspalte angeordnet sind). II. Personen, die ebenfalls engen Kontakt zu den PatientInnen haben, wobei jedoch die therapeutische Qualität dieses Kontaktes in den Professionen selbst, sowie in der Außenbeurteilung umstritten ist (Pflegepersonal und krankenhausinterne SeelsorgerInnen, die unterhalb der Patientenspalte angeordnet sind). III. Personen, die durch ihre Arbeit meist indirekt bzw. punktuell in Beziehung zu den PatientInnen stehen (Personengruppen, die im Schaubild unterhalb der Patientenspalte auf der rechten Seite gruppiert sind). IV. Personen, die beruflich bedingt in Patientenkontakt geraten, obwohl sie nicht vertraglich zur Klinik gehören, und Personen, die privaten Kontakt zu den PatientInnen aufnehmen (Personengruppen, die im Schaubild unterhalb der Patientenspalte auf der linken Seite angeordnet sind).

---

11 Zum Schaubild ist folgendes anzumerken: Die Graphik ist als eine Auflistung möglicher personeller Vielfalt in einer psychiatrischen Klinik zu verstehen. Sie erhebt keinen Anspruch auf Vollständigkeit bzw. Abgeschlossenheit. Einige definitorische Erläuterungen: 1. Der Terminus Ergotherapie wird meist als Überbegriff für die Professionen Beschäftigungstherapie und Arbeitstherapie verwendet, taucht manchmal jedoch auch als eigenständiger Begriff neben den beiden anderen auf. 2. Unter KonsiliarärztInnen versteht man FachärztInnen, die zusätzlich körperlich erkrankte PatientInnen in der Klinik zur Behandlung aufsuchen. 3. FamulantInnen sind MedizinstudentInnen, die für einige Monate ärztliche Praktika auf verschiedenen Stationen absolvieren müssen.; PJ-lerInnen sind MedizinstudentInnen, die am Ende ihrer theoretischen Ausbildung ein praktisches Jahr ohne Bezahlung in der Klinik absolvieren, wobei sie wahlweise auch auf psychiatrischen Stationen arbeiten können; AiP-ler sind ÄrtInnen mit voll abgeschlossenem Studium und einer Teil-Approbation, die 18 Monate lang als KlinikeinsteigerInnen mit relativ geringem Gehalt, dafür aber mit relativ großer Verantwortung arbeiten. Sie sind fest auf psychiatrischen Stationen eingestellt und verrichten oft die Aufgaben von StationsärztInnen.

12 Die Psychiatriepersonalverordnung (PPV) aus dem Jahr 1991 beinhaltet die Errechenbarkeit von Personalstellen für die ErgotherapeutInnen, SozialarbeiterInnen, SozialpädagInnen, HeilpädagogInnen, PädagogInnen, PsychologInnen, PhysiotherapeutInnen, BewegungstherapeutInnen, KrankengymnastInnen, SprachheiltherapeutInnen LogopädInnen, PsychiaterInnen und Pflegepersonal sowie deren Tätigkeitsprofile. Die PPV gilt für alle Häuser mit Versorgungspflicht. Abteilungen und Fachuniversitäten, die dieser oft nicht unterliegen, werden daher mit einem niedrigerem Minutenwert eingestuft, was weniger errechneten Personalbedarf zur Folge hat. Vgl. KUNZE/AUERBACH (Hg.) (1992): PPV; WIENBERG, G. (Hg.) (1991): Die neue PPV; GRUNDLAGEN der Personalbemessung in der stationären Psychiatrie (1991).

Strukturen Psychiatrischer Krankenhäuser

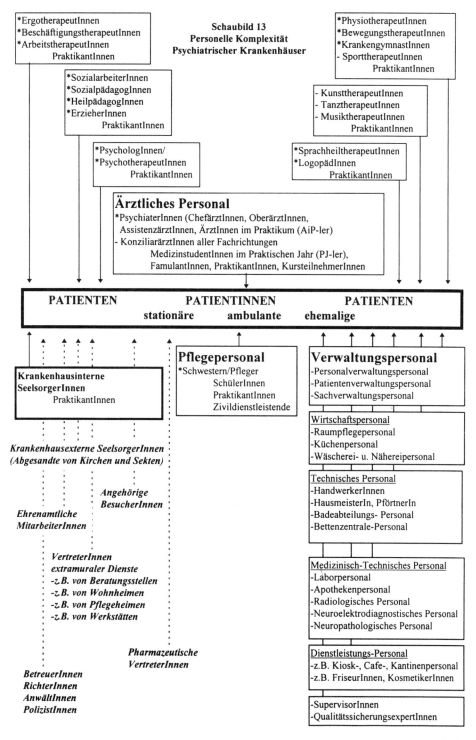

Schaubild 13
Personelle Komplexität
Psychiatrischer Krankenhäuser

2. Spezielle organisationspsychologische Analyse Psychiatrischer Krankenhäsuer

2.1. Organisationspsychologische Vorüberlegungen

Im Folgenden soll zunächst abstrakt das organisationspsychologische Instrumentarium zur Erfassung komplexer Organisationen erarbeitet werden, um im Anschluß die gewonnenen Einsichten konkret auf Psychiatrische Krankenhäuser anwenden zu können.[13] Organisationen werden organisationspsychologisch beschrieben als Systeme, die „explizite *Ziele* verfolgen und als *soziale Gebilde* zu verstehen sind, die eine spezifische *Struktur* aufweisen, die meist durch Arbeitsteilung und eine *Hierarchie* der Verantwortung gekennzeichnet ist."[14] Die von der Verfasserin hervorgehobenen Begriffe markieren das Koordinatenfeld für Organisationsanalysen und sollen im Folgenden abgearbeitet werden. Hinter diesem Vorgehen verbirgt sich ein erkenntnistheoretischer Dreischritt: Zum einen gilt es, die Dichotomie zwischen starr-hierarchischen und dynamisch-sozialen Prozessen in Organisationen zu beleuchten, um auf der Folie dieser dichotomen Grundstruktur den Gesamtkomplex einer Organisation (Krankenhaus) besser erfassen zu können. Zum anderen muß der Zusammenhang von Organisationszielen und formalen Organisationsstrukturen aufgedeckt werden, um Unterschiede in zunächst gleichartig erscheinenden Organisationen (Kankenhäuser) ermitteln zu können. Dies wiederum ist nötig, um für die in den Organisationen tätigen Individuen (SeelsorgerInnen) eine strukturelle Standortbestimmung zu ermöglichen.

Der Terminus *'Hierarchie'* verweist auf den Bürokratie-Begriff Max Webers.[15] Stichwortartig zusammengefaßt weisen bürokratische Organisationen folgende Merkmale auf: Es besteht eine konstante Arbeitsteilung, wobei die Kompetenzen sowie die Befehlsgewalt starr, d.h. personenunabhängig fixiert sind. Deshalb können einzelne MitarbeiterInnen ohne Strukturveränderungen leicht ausgetauscht werden. Eine Amtshierarchie, d.h. eine klare vertikale Struktur der Über- und Unterordnung, sichert hierbei den alltäglichen Ablauf. Die Aufgabenerfüllung der Organisationsmitglieder basiert auf deren Akzeptanz diverser technischer Regeln bzw. Normen, die strikt zu befolgen sind. Über den Dienstweg, d.h. zumeist über schriftlich dokumentierte Akten (Notizen, Formulare, Briefe usw.) kommunizieren sie miteinander, stehen so aber auch unter der Kontrolle der Vorgesetzten.

Der Hinweis auf die *soziale Dimension* von Organisationen bringt die Analyse dynamisch-informeller Prozesse ins Spiel. Dies bedeutet, daß nicht nur das starr-bürokratische, sondern auch das offene soziotechnische System als soziales Phänomen des Zusammenspiels von Menschen und Technologien auf allen Ebenen der Interaktion die Organisation konstituiert. Durch die Berücksichtigung dieser Dimension wird der analytische Zugriff um den Aspekt

---

13 Da die organisationspsychologische Terminologie tlw. sehr abstrakt und kompliziert ist, wird von der Verfasserin der Versuch unternommen, die Zusammenhänge in eine relativ einfache Sprache zu übersetzen. Daraus entstehende Verkürzungen oder Vereinfachungen können deshalb nicht immer vermieden werden.

14 ROSENSTIEL, L. von (1988): Organisationspsychologie, S. 507. Für Fisch zeigt sich dies darin,"daß alle Organisationsmitglieder wissen, was jeder in welcher Situation und auf welche Weise zu tun hat, wer wem zu befehlen oder zu gehorchen hat, wer über was und durch wen zu informieren ist oder umgekehrt Informationen entgegennehmen und verarbeiten muß, sowie wer in welcher Hinsicht wie zu behandeln ist." FISCH, R. (1990): Vom Umgangn mit Komplexität in Organisationen, S. 165.

15 Eine Theorie, die im Kontext organisationssoziologischer Forschungen entwickelt wurde und bis heute auch innerhalb der Organisationspsychologie Verwendung findet. Näheres bei: KIESER/ KUBICEK (1977): Organsiation, S.26/27; BÜSSING, A. (1992): Organsiationsstruktur, S. 20.

des Arbeits- und Lebensalltags der MitarbeiterInnen erweitert, wodurch die Person in ihren systemischen und kommunikativen Verbindungen und Abhängigkeiten im Zentrum steht.[16] Die explizite *Zielsetzung* von Organisationen spielt nach Schulze v.a. in rational dominierten Organisationsmodellen eine zentrale und alle Mitglieder integrierende Rolle.[17] Die Organisationsmitglieder sind vertraglich zur Verfolgung der überindividuell vorgegebenen Zielsetzung gebunden. In Rekurs auf Perrows Aufgabenbezogenen Technologieansatz wird bei Büssing deutlich, daß an der Definition der Zielsetzung soziokulturelle Faktoren entscheidend beteiligt sind: "Complex organizations are the products of the interaction between cultural and technological systems. Organizations are established on the basis of some cultural values or belief systems, which determin within broad limits, what their goals shall be."[18] Die Art der Zielgewinnung zeigt, wie stark das jeweilige Organisationsziel nicht nur von paradigmatischen, sondern auch von von Macht- und/oder Eigentumsverhältnissen abhängt bzw. welch wichtige Bedeutung wirtschaftliche und gesellschaftspolitische Einflüsse auf die Organisationsgestaltung besitzen.[19]

Formale Organisationsstrukturen, d.h. die Gesamtheit aller Regelungen bezüglich der Arbeit und des Verhaltens der Organisationsmitglieder, können an Hand diverser Parameter erfaßt und verglichen werden. Zum Verständnis dieser Strukturen greift Büssing auf den Negotiated-Order-Ansatz von Strauss zurück.[20] Er verdeutlicht, daß die Strukturen einer Organisation letzlich ausgehandelte Kompromisse darstellen, die von (semi)professionellen Berufsgruppen untereinander und mit den Eigentümern bzw. Trägern einer Organisation erzielt werden. Organisationsstrukturen sind somit nicht als objektive und unwandelbare Größen, sondern als soziale Interaktionsergebnisse zu verstehen. Diese treten dann jedoch dem Organisationsmitglied als quasi eigenständige, anscheinend unveränderbare Größen entgegen, obwohl sie Resultate permanenter dynaymischer interaktiver und rekursiver Prozesse sind. In den Worten von Maines und Charltons: "Structures are defined in terms of process, and processes are defined in terms of structural arrangements."[21] Worin liegt nun die Funktion derartig universalisierter formaler Strukturen? Zum einen dienen sie der Effizienzsicherung der Organisation, indem sie zur Beherrschung und Reduzierung der komplexen Organisationswirklichkeit beitragen, zum anderen können sie jedoch auch als Instrument der Herrschaftssicherung begriffen werden, da mit ihrer Hilfe die übergeordnete Zielsetzung stringenter erreicht werden soll.[22] In Anlehnung an das traditionelle Konzept von Kieser/Kubicek analysiert Büssing Organisationsstrukturen unter den klassischen 5 Grunddimensionen:[23]

---

16 Vgl. BÜSSING, A. (1992): Organisationsstruktur, S. 17; 94/95; 126.

17 Vgl. SCHULZE; H. (1989): Organisationsgestaltung, S. 58-64.

18 PERROW, in: BÜSSING, A. (1992): Organisationsstruktur, S. 42.

19 Büssing plädiert dafür, in organisationspsychologische Analysen überorganisationale Dimensionen wie Wirtschafts- u. Gesellschaftsfaktoren in die Analyse einzubeziehen. Seinem Plädoyer folgen jedoch keine Konkretisierungen. Vgl. BÜSSING, A. (1992): Organisationsstruktur, S. 18.

20 Vgl. A.a.O., S. 36; 245/246.

21 MAINES/ CHARLTON, in: BÜSSING, A. (1992): Organisationsstruktur, S. 247.

22 Vgl. SCHULZE, H. (1989): Organisationsgestaltung, S. 58/59.

23 Vgl. KIESER/ KUBICEK (1977): Organisation, S. 43- 147.

1. *Die Spezialisierung* (Arbeitsteilung). Hierbei werden zwei Aspekte unterschieden: Zum einen die *divisionale Arbeitsteilung* (die Frage, inwieweit die Gesamtarbeit überhaupt geteilt wird, d.h. wie viele Berufsgruppen mit jeweils wieviel Berufsangehörigen an der Arbeit beteiligt sind; meist wird dies durch Stellenpläne vorgegeben). Zum anderen die *funktionale Arbeitsteilung* (die Frage, inwieweit jede Berufsgruppe nur berufsinterne Funktionen wahrnehmen darf oder spezifische Tätigkeiten auch berufsübergreifend von Organisationsmitgliedern ausgeführt werden dürfen). 2. Die *Konfiguration*, d.h. die äußere Form des Stellengefüges, wobei ein Einliniensystem (jedes Organisationsmitglied ist nur einer Weisungsinstanz zugeordnet wie z.B. der Abteilungsarzt dem Oberarzt) oder Mehrliniensystem (ein Mitglied ist mehreren Instanzen gegenüber weisungsgebunden), Linienstellen (eine Stelle, die im vertikalen Stellengefüge verankert ist wie z.B. ein Abteilungsarzt in der Rangordnung der diversen Arztstellen) oder Stabstellen (Stellen außerhalb des vertikalen Gefüges als unterstützende und beratende Stellen wie z.B. der abteilungsübergreifende Leiter des Pflegepersonals) vorherrschen können. Die Konfiguration entscheidet demnach über die Vorgesetztenverhältnisse und somit über die hierarchische Struktureinbindung eines jeden Mitglieds. 3. Die *Delegation*, d.h. die Zuteilung von Entscheidungskompetenzen, Aufgaben und Verantwortung an Organisationsmitglieder. 4. Die *Koordination*, d.h. die Ausrichtung aller Tätigkeiten diverser Organisationsmitglieder auf das vorgegebene Organisationsziel hin. Dies wird einerseits durch sogenannte strukturelle Instrumente (Persönliche Weisungen, Selbstabstimmungen, Programme und Pläne) andererseits durch nicht-strukturelle Instrumente (Kooperation und Professionalisierung, d.h. überindividuelle Vorgaben fester Berufsrollen) erreicht. 5. Die Formalisierung, d.h. schriftliche Fixierungen organisatorischer Regeln in Form von Richtlinien, Stellenbeschreibungen, Organisationshandbüchern und Leistungsdokumentationen, die den individuellen Freiraum der Mitglieder regelt.

2.2. Psychiatrische Krankenhäuser im Vergleich

Das dargestellte organisationspsychologische Analyseinstrumentarium soll nun auf das Psychiatrische Krankenhaus angewandt werden. Da Büssing einen Großteil dieses Transfers bereits geleistet hat, kann hierbei auf dessen Ergebnisse zurückgegriffen werden, wobei diese durch weiterführende Überlegungen ergänzt und präzisiert werden.[24] Das für die vorliegende Arbeit wichtigste verallgemeinerungsfähige Ergebnis liegt m.E. in dem Nachweis, daß die strukturelle Organisation Psychiatrischer Krankenhäuser/Abteilungen Häuser übergreifende Gemeinsamkeiten und Unterschiede aufweist:

---

24 Das besondere an Büssings Forschungsprojekt liegt darin, daß er mit Hilfe von Experteninterviews und der Analyse von Stationshandbüchern eine Organisationsdiagnose zweier Psychiatrischer Krankenhäuser und einer Psychiatrischen Fachabteilung vornimmt und anschließend einem qualitativen Vergleich unterzieht: 1. Ein traditionelles Psychiatrisches *Großkrankenhaus*, das 1906 als Heil- u. Pflegeanstalt konzipiert und Anfang der 70er Jahre modernisiert wurde. Es liegt dezentral am Stadtrand, umfaßt ein riesiges Einzugsgebiet von ca. 1,2 Mio Einwohnern und ist institutionell auf die stationäre Versorgung konzentriert. Vgl. BÜSSING (1992), S. 145/146; 180-188. 2. Eine 1962 gegründete *sozialpsychiatrisch ausgerichtete Fachabteilung* für Psychiatrie an einem Landeskrankenhaus. Vgl. BÜSSING (1992), S. 147-149; 184-188. 3. Ein *Gemeindepsychiatrisches Behandlungszentrum*, das 1972 durch den Umbau eines alten Krankenhauses inmitten einer Stadt entstand, ein Standardversorgungsgebiet von ca. 180 Tsd. Einwohnern umfaßt und über eine abgestufte Behandlungskette klinikintern und extern ins psychiatrische Versorgungssystem der Region vernetzt ist. Vgl. BÜSSING (1992), S. 139-144; 173-189.

Die von ihm eruierten *strukturellen Gemeinsamkeiten* bestehen interessanterweise unabhängig von der theoretischen Arbeitsgrundlage der unterschiedlichen Häuser und können m.e somit nicht als Folgewirkungen unterschiedlicher psychiatrischer Paradigmen gewertet werden. Sie scheinen sich in einer Art organisationaler Eigendynamik überall ähnlich zu entwickeln: Alle analaysierten stationären Einrichtungen weisen Merkmale einer komplexen Organisation auf, die in ihrer Grundstruktur von der typischen Dichotomie eines hierarchisch-bürokratischen und soziotechnisch-offenen Systems geprägt wird.[25] Aus dieser Tatsache läßt sich ableiten, daß alle Menschen, die in diesen Organisationen beschäftigt sind, einem permanenten Wechselfeld starrer formaler Vorgaben und dynamisch-intersubjektiver Prozesse ausgesetzt sind. Veränderungen an scheinbar vorgegebenen unveränderlichen organisationalen Strukturen sind demnach grundsätzlich möglich, finden alltäglich durch kommunikative Prozesse statt, werden aber meist von den Organisationsmitgliedern in ihrer Bedeutung unterschätzt. Die gegenseitige Akzeptanz und strukturelle Einbindung der diversen beruflichen RollenträgerInnen basiert somit ebenfalls nicht auf unveränderlichen fixen Vorgaben, sondern hängt entscheidend von alltäglichen sozialen Prozessen und darauf basierenden formellen und informellen Ableitungen ab. Auf Grund der gleichen Trägerschaft (öffentliche Krankenhäuser) konnte Büssing desweiteren bezüglich der formalen Organisationsstruktur divisionale Spezialisierung kaum Unterschiede feststellen, da die Psychiatriepersonalverordnung die Arbeitsteilung durch spezifische Berufsgruppen häuserübergreifend festlegt. Auch die Konfiguration stellte sich für alle analysierten Häuser ähnlich als eine Kombination von Ein- und Mehrliniensystem sowie Linien- und Stabstellen dar.

Trotz dieser Ähnlichkeiten ermittelte Büssing jedoch auch gravierende *strukturelle Unterschiede* zwischen psychiatrischen Institutionen, die m.E. mit der paradigmatischen Divergenz der Häuser zusammenhängen und sich v.a. in unterschiedlichen Zielsetzungen, die sich wiederum in den formalen Organisationsstrukturen funktionale Spezialisierung, Koordination, Delegation und Formalisierung niederschlagen, erkennen lassen: Die 'Bundesgemeinschaft der Träger Psychiatrischer Krankenhäuser' schloß sich 1990 konzeptionell an die Zielsetzung von Allgemeinkrankenhäusern an, indem sie die im Krankenhausfinanzierungsgesetz vorgegebenen Richtlinien übernahm und an die spezifische Institution Psychiatrisches Krankenhaus anpaßte: "Das psychiatrische Krankenhaus ist nach § 2 Ziff.1 des Krankenhausfinanzierungsgesetzes (KHG) und entsprechend den Bestimmungen in § 107 Abs. 1 Sozialgesetzbuch V (SGB V) eine Einrichtung, in der vorwiegend durch ärztliche, pflegerische und sonstige Hilfeleistungen psychische Krankheiten, Leiden und Behinderungen diagnostiziert, geheilt oder gelindert werden."[26] Die Ergänzung 'sonstige Hilfsleistungen' eröffnet dabei den Spielraum für die Integration unterschiedlichster Professionen in den stationären Bereich. Neben der aus dem allgemeinen Krankenhauswesen übernommenen Diagnose-, Heilungs- und Linderungsfunktion formulierte der 'Arbeitskreis der Leiter der Öffentlichen Psychiatrischen Krankenhäuser' noch eine weitere Zielsetzung: "Seelische Krankheiten sind nicht unheilbar. Ein Behandlungs- u. Förderungsprogramm innerhalb und außerhalb der Kliniken, welches dem heutigen Kenntnisstand entspricht, würde es ermöglichen, daß die meisten Kranken weitgehend gesund werden und in die Gesellschaft eingegliedert werden können."[27] Dadurch sollten sozialpsychiatrische Zielsetzungen in offizielle Dokumente Eingang finden. Trotz guten Willens

---

25 Vgl. BÜSSING, A. (1992): Organisationsstruktur, S. 12.

26 ZIELSETZUNGEN (1990), S. 2.

27 ARBEITSKREIS, in: REIMER, F. (1988): Die psychiatrische Versorgung, S. 19.

blieben diese Richtlinien jedoch nur Richtlinien, die für keine psychiatrische Klinik bindenden Charakter besitzen. Eine bundesweit einheitliche inhaltliche Zielsetzung psychiatrischer Krankenhäuser ist dehalb gegenwärtig nicht erkennbar. Vielmehr zeigt sich eine Bandbreite expliziter bzw. impliziter Ziele, die von den Trägervorgaben, der Umsetzungsbereitschaft der Krankenhausleitung, dem Spielraum der Berufsgruppen, die je nach paradigmatischen Theorievorgaben eigene Ziele zu verwirklichen suchen und den Organisationsstrukturen, die dies zulassen oder verhindern, abhängt.[28]

Auch die formale Organisationsstruktur funktionale Spezialisierung weicht entsprechend den Ergebnissen Büssings in psychiatrischen stationären Einrichtungen voneinander ab. Das Spektrum der beruflichen Arbeitsteilung weist hierbei zwei extreme Pole auf: Zum einen eine berufsbezogene strenge Arbeitsteilung, die jedem Organisationsmitglied entsprechend der Berufszugehörigkeit feste Aufgaben zuweist, die in permanenter Abgrenzung zu Aufgaben anderer Berufe auszuführen sind. Den anderen Pol bildet eine Arbeitsteilung, die sich nicht primär an den Berufsdefinitionen orientiert, sondern an konkreten Situationen und Bedürfnissen, die bestimmte Handlungsstrategien erfordern. Dadurch entsteht die Situation einer größeren Aufgabenflexibilität aller Organisationsmitglieder, die ihr Rollenprofil nicht in permanenter Abgrenzung erarbeiten müssen. Andererseits nimmt jedoch auch die Möglichkeit ab, sich an Hand klar definierter Aufgaben routiniert absichern und zurückziehen zu können. Dadurch tritt das Problem der Rollenverunsicherung und Rollenverwischung zwischen unterschiedlichen Berufsgruppen auf.[29]

Bezüglich der Koordination und Delegation konnte Büssing ebenfalls Unterschiede nachweisen, da Entscheidungsbefugnisse, Verantwortlichkeit und Autonomie der Organisationsmitglieder je nach Klinik stark variieren. Hierbei reicht das Spektrum von einer zentralisierten bürokratischen Personenhierarchie, in der eine teamartige Zusammenarbeit weder nötig noch möglich erscheint, über teamorientierte Strukturen, die trotz einer formalen Personenhierarchie als elementar erachtet werden, hin zu dezentralisierten teamgebundenen Strukturen, die besonders in Form therapeutischer Gemeinschaften die VertreterInnen aller Berufsgruppen und partiell auch PatientInnen an Prozessen der Entscheidungsfindung und Verantwortungs-

---

28 Büssing ermittelt bereits für die von ihm analysierten Häuser große Unterschiede in der Zielsetzung, die eindeutig mit paradigmatischen Vorgaben zusammenhängen. Vgl. Büssing, A. (1992): Organisationsstruktur, S. 183; 178: In den klassischen *Großkrankenhäusern* mit klinisch-naturwissenschaftlicher Ausrichtung steht demnach die Zielsetzung von Allgemeinkrankenhäusern (Heilung oder Linderung der Erkrankung) im Vordergrund. Nach Büssing ist letzlich eine spezifische konzeptgeleitete (paradigmatische) Zielbildung hierbei nicht erkennbar. "Vielmehr verbirgt sich hinter der Begriffsbildung "Behandlung psychischer Krankheiten" eine je nach personeller Zusammensetzung der Station unterschiedlich akzentuierte Zielbildung und ein unterschiedlich akzentuiertes Aufgabenverständnis." *Sozialpsychiatrisch* ausgerichtete Kliniken dagegen sind nicht primär an einer Heilung im Sinne einer Symptombeseitigung, sondern mehr an einer Stabilisierung der PatientInnen und deren baldige Reintegration in die Gesellschaft interessiert.

29 Während in traditionellen *Großkrankenhäusern* jede Berufsgruppe arbeitsteilig nur spezifische Funktionen eigenverantwortlich in stetiger Abgrenzung zu anderen Berufen zu erfüllen hat, nimmt die funktionelle Beschränkung in *sozialpsychiatrisch* orientierten Häusern bereits ab, weil die gemeinsame Sicherstellung einer klinikinternen Behandlungskette gegenseitige Arbeitsüberschneidungen zunehmend fördert. In einem *gemeindepsychiatrischen* Behandlungszentrum erweist sich das Prinzip der funktionalen Arbeitsteilung sogar als kontraeffektiv, weil die vielfältigen hausinternen und hausexternen strukturellen Vernetzungen auch entsprechend vernetzte Arbeitsweisen erfordern. Erst berufsübergreifende Handlungsstrategien ohne störende Kompetenzrangeleien gewährleisten hierbei eine kontinuierliche und effiziente Versorgung. Vgl. BÜSSING, A. (1992): Organisation, S. 139-149; 173-189.

Strukturen Psychiatrischer Krankenhäuser

übertragung beteiligen.[30] Die bisher dargestellten Unterschiede spiegeln sich auch im Ausmaß der Formalisierung zwischen den Kliniken wider. Ob die Arbeitsprozesse der unterschiedlichen Berufsgruppen schriftlich dokumentiert und füreinander zugänglich sind und damit eine schnelle und effiziente gegenseitige Information bzw. Zusammenarbeit überhaupt strukturell ermöglicht wird, ist somit von Klinik zu Klinik verschieden.[31]

---

30 In zentralistisch strukturierten *Großkrankenhäuser* werden nach Büssing durch die Koordinationsinstrumente 'schriftliche Vorgaben' und 'mündliche Weisungen' Arbeitsinhalte und Kompetenzen zentral aufeinander abgestimmt. Nach persönlichem Ermessen kann es dabei auch zu fallweisen Interaktionen zwischen einzelnen BerufsverteterInnen kommen. Eine kontinuierliche Zusammenarbeit zwischen den Berufsgruppen beschränkt sich dabei meist auf informelle Begegnungen z.B. in Form der Stationsbesprechungen.
In der *sozialpsychiatrisch* orientierten Abteilung dagegen wird v.a. durch das Koordinationsinstrument 'Selbstabstimmung' die gemeinsame Arbeit in teilautonomen Arbeitsgruppen koordiniert, wobei nötige Entscheidungen variabel deligiert werden. Die Existenz und Arbeitsweise dieser Teams ist jedoch stark personenabhängig und somit großen Schwankungen unterworfen, da es sich nur um zeitlich begrenze Arrangements handelt, die strukturell nicht fest verankert sind. Erst durch das Koordinierungsinstrument 'institutionalisierte Selbstabstimmung', wie es im *Gemeindepsychiatrischen* Behandlungszentrum praktiziert wird, ist das Prinzip der Dezentralisierung strukturell verankert und somit verpflichtend. Vgl. BÜSSING, A. (1992): Organisation, S. 139-149; 173-189.

31 Nach Büssing beschränkt sich der Grad der Formalisierung in *Großkrankenhäusern* v.a auf die obligatorischen Stationsdokumentationen, die nicht jedem zugänglich sind. In *sozialpsychiatrisch* oder *gemeindepsychiatrisch* ausgerichteten Häusern dagegen findet sich eine Vielfalt schriftlicher Dokumentationen, die dem gegenseitigen Austausch dienen. Vgl. BÜSSING, A. (1992): Organisation, S. 139-149; 173-189.

KAPITEL 2
ZUR TÄTIGKEIT VON SEELSORGERINNEN UND SEELSORGERN IM PSYCHIATRISCHEN KRANKENHAUS

I. Wissenschaftstheoretische Vorbemerkungen

Nachdem in Kapitel 1 Fakten zur Organisation 'Psychiatrisches Krankenhaus' gesammelt und ausgewertet worden sind, wird sich in Kapitel 2 das Interesse auf die Tätigkeit von SeelsorgerInnen in dieser Organisation richten. Da, wie im Eröffnungsteil expliziert, im tätigkeitstheoretischen Ansatz 'Tätigkeit' unter den Stichworten 'Motiv', 'Handlung' und 'Methode' analysiert wird, gibt diese Gliederung auch den Rahmen folgender Überlegungen vor, wobei die Besprechung der Seelsorgekonzepte den größten Raum einnehmen wird, da neben organisationalen und persönlichen Vorgaben das jeweilige Theoriekonzept die Alltagspraxis und Methodenwahl von SeelsorgerInnen entscheidend prägt.

Der Begriff *'Motiv'* steht hierbei nicht für die persönlichen Beweggründe von SeelsorgerInnen, sondern für die wissenschaftliche Begründung von Seelsorge, d.h. für das der Arbeit zugrunde liegende Seelsorgekonzept.[1] Um dieses analysieren zu können, bedarf es zunächst einiger terminologischer Vorüberlegungen: Da sich der Begriff 'Seelsorge' aus den Wörtern 'Seele' und 'Sorge' zusammensetzt, handelt es sich um eine Wortschöpfung, die geschichtlich begründete Assoziationen und Vorurteile hervorruft.[2] So haften dem Wort 'Seele' dualistische

---

[1] Die wissenschaftliche Beschäftigung mit Seelsorge wird mit dem Begriff 'Poimenik' umschrieben. Im Fächerkanon der Theologie ist dieser Wissenschaftszweig der Praktischen Theologie zugeordnet. Vgl. SEITZ, M. (1989): Begründung, Probleme und Praxis der Seelsorge. Literatur, die die Geschichte christlicher Seelsorge im Überblick darstellt, existiert nur in begrenztem Umfang, wobei zumeist nur einzelne Epochen analysiert, bzw. exponierte Texte zur Seelsorge miteinander kombiniert werden. Vgl. BONHOEFFER, Th. (1985): Ursprung und Wesen der christlichen Seelsorge; MÖLLER, Chr. (1996): Geschichte der Seelsorge in Einzelportraits; WINKLER, K. (1997): Seelsorge; WINTZER F. (Hg.) (1978). Seelsorge; SONS, R. (1995): Seelsorge zwischen Bibel und Psychotherapie. Folgende selbstkritische Äußerung des evangelischen Theologen Hartmann läßt die alltagspraktische Bedeutung des Motivs erahnen: "Angenommen, zum behandelnden Team einer psychotherapeutischen Institution gehörten eine Psychologin, ein Sozialpädagoge, eine Ärztin und ein Theologe - und alle verfügten über eine solide psychotherapeutische Ausbildung. Die Frage wäre: Was hätte angesichts eines psychischen Leidens jede(r) auf ihre und seine Weise zum Verständnis und zur Behandlung des Konfliktes beizutragen - und zwar nicht aufgrund der therapeutischen Spezialkompetenz, sondern aus dem Fundus des jeweiligen Wissensgebietes, das deren Hintergrund bildet, und das ihre Einstellung und Wirklichkeitssicht - möglicherweise unterschiedlich - prägt? Wie die Dinge liegen, ist ohne Weiteres anzunehmen, daß die Psychologin etwas Psychologisches sagen könnte und würde, die Ärztin etwas Medizinisches. Ob der Theologe etwas ausdrücklich und erkennbar Theologisches sagen würde, ist eher unwahrscheinlich, und ob es - falls er es täte - zur Erhellung der Situation Evidenz erweisen würde, ist auch nicht sicher." HARTMANN, G. (1992): Der therapeutische Beitrag, S. 66-67.

[2] Zur Entstehung des Begriffs 'Seelsorge': MÖLLER, Ch. (1994): Geschichte der Seelsorge in Einzelportraits, S. 9-19. Der Begriff ist nicht direkt aus der Bibel ableitbar, weil 'Seelsorge' keine Übersetzung eines hebräischen oder griechischen Wortes darstellt. Möller erkennt sogar eine Sperrigkeit der Bibel gegenüber dem Seelsorge-Begriff, die mit der unterschiedlichen inhaltlichen Füllung des Wortes 'Seele' im griechischen, jüdischen und christlichen Gebrauch zusammenhängt. (S.10/12) Sachliche Äquivalente für seelsorgliches Handeln könnten jedoch trotzdem aus der Schrift abgeleitet werden. (S.14).

Vorstellungen an, die, obwohl sie den geschichtlich überholten philosophischen Theorien neuplatonischer Anthropologie entstammen, bis in die Gegenwart hinein mit diesem Begriff assoziierbar sind. 'Seele' wird in diesem Theorierahmen als ein der Vernunft zugeordneter Bereich im Menschen gedacht, dem der Leib, das Geschlechtliche und Geschichtliche gegenübersteht. Aus derart imaginären Grenzziehungen im Menschen ergeben sich theoretische Ableitungen, die zugespitzt folgendermaßen zusammengefaßt werden können: Sorgt sich ein Mensch um die Seele eines anderen Menschen, so tut er dies, um dessen Seele, d.h. das Reine, Eigentliche, Gute, Nicht-Leibliche ins Jenseits zu retten. Jenseitsorientierung, Weltflucht und Heilsindividualismus können folgerichtig als kritische Einwände dem Projekt 'Seelsorge' abwehrend entgegengehalten werden.[3] Auch der Begriff 'Sorge' ist nicht frei von negativen Konnotationen. Henke verweist hierbei v.a. auf den Aspekt eines Autoritäts- und Machtgefälles zwischen dem, der sich sorgt und dem, dem diese Für-Sorge aufgrund eines Defizits angedeiht. Trotz dieser Interpretationsmöglichkeiten plädiert er aber dennoch für die Beibehaltung der Wortkombination 'Seelsorge', da seiner Meinung nach die Verwendung der Ersatzbegriffe 'Heilsorge', 'Heilsdienst', 'Menschensorge' oder 'Pastoral' nicht zu einer Klärung der inhaltlichen Problematik beiträgt. Anzustreben sei daher keine Umbenennung, sondern eine kritische Auseinandersetzung mit den Inhalten von Seelsorge, was im Folgenden geleistet werden soll.[4]

Bewußt wird in diesem Kapitel von Seelsorgekonzepten und nicht von Paradigmen gesprochen, weil das Kriterium der revolutionären Ablösung alter Paradigmen durch neue und allein gültige Paradigmen m.E. nicht erfüllt ist.[5] Dies läßt sich daran erkennen, daß in den letzten fünfzig Jahren ältere Ansätze nicht grundsätzlich von neuen verdrängt worden sind, sondern alternativ weiterexistierten. Infolge dieses Prozesses können gegenwärtig extrem unterschiedliche und miteinander kaum kompatible Seelsorgekonzeptionen an Universitäten und Ausbildungsinstituten erlernt werden. Dies bedeutet jedoch, daß Ende des 20. Jhdts. kein seelsorgliches Paradigma, sondern eine Vielfalt an Seelsorgekonzepten existiert. Ein allgemeingültiges Seelsorgekonzept gibt es demnach nicht![6]

---

3   Vgl. KNOBLOCH, S. (1993): Wieviel ist ein Mensch wert?, S. 15. Zusammenfassende Überblicke über die Bedeutung und den Bedeutungswandel von 'Seele' im Alten und Neuen Testament sowie in der griechischen Philosophie finden sich in: EBERHARDT, H. (1993): Praktische Seel-Sorge-Theorie, S. 19-54; HERZOG/JÜTTEMANN (1993): Seele/Psyche, S. 248-257.

4   Vgl. HENKE, Th. (1994): Seelsorge und Lebenswelt, S. 33. Speziell im katholischen Bereich werden die Begriffe 'Seelsorge' und 'Pastoral' synonym gebraucht. Nach Fuchs läßt sich dabei ein inhaltlicher und funktionaler Aspekt unterscheiden: Unter pastoralem Handeln sollen inhaltlich die „Befähigungsprozesse verstanden werden, die den Christenhin helfen, ihr Leben im Sinne des Glaubens zu gestalten." Funktional wird dabei der berufssoziologische Aspekt betont: „Im Unterschied zu christlichem Handeln präzisiert pastorales Handeln die explizit kirchliche Sendung für christliches Handeln in der Welt. Institutionssoziologisch schlägt sich dieser Tatbestand besonders in den vielen haupt-, neben- u. ehrenamtlichen pastoralen Verantwortungen von Christen (Klerikern und Laien) nieder." FUCHS, O. (1990): Heilen und Befreien, S. 184/183. Im Wissen darum, daß der Begriff 'Heilsorge' geeigneter erscheint, den ganzheitlichen Aspekt von 'Seelsorge' zum Ausdruck zu bringen, wird im Folgenden dennoch von 'Seelsorge' gesprochen, um auf wissenschaftlicher Ebene an den alltagspraktischen Gebrauch dieser Tätigkeitsbezeichnung anzuknüpfen.

5   Im Unterschied zur Verfasserin spricht z.B. Schmid von einem gegenwärtig anstehendem Paradigmenwechsel innerhalb des Seelsorgeverständnisses, wobei er seinen Ansatz zum neuen Paradigma zählt. Vgl. SCHMID, P. (1998): Die Praxis als Ort der Theologie, S. 109.

6   Zerfaß, Experte auf dem Gebiet Psychiatrieseelsorge, kam bereits 1982 zu dem Schluß, daß diese "ein uneinheitliches Bild" biete, weil unterschiedliche Typen, ein Begriff, den er im Sinne von Konzepten verwendet, als Arbeitsgrundlage dienen. ZERFASS, R. (1982): Die psychisch Kranken, S. 133.

Die Vielfalt der Konzepte läßt sich bereits an den wechselnden Attributen, die dem Wort Seelsorge vorangestellt werden, erkennen. Bei den Titulierungen handelt es sich entweder um Übersetzungen aus dem Amerikanischen oder um genuin deutsche Begriffe, wobei diese trotz verschiedenen Inhalts oft ähnlich klingen und damit nicht immer leicht auseinanderzuhalten sind.[7] Bezüglich der aktuellsten Konzepte fällt zudem auf, daß zunehmend Mehrfachattributionen, die durch Bindestrich - Kombinationen erkennbar sind und m.E auf zwei unterschiedliche Entwicklungstendenzen hinweisen, Verwendung finden: Zum einen könnten sie den ängstlichen Versuch darstellen, eine eindeutige Festlegung zu vermeiden, bzw. eine mutige und kreative Betitelung eines zukunftsweisenden Konzeptes zu umgehen. Andererseits könnten sie aber auch eine Tendenzwende anzeigen, weil erahnt wird, daß jedes Konzept wertvolle Aspekte beinhaltet und erst eine Zusammenschau eine wegweisende Theorie ermöglicht. Dies wäre im Denkrahmen der Mehrfachtitulierung aber erst durch eine nahezu endlose Aneinanderreihung seelsorglicher Attribute erreicht. Nach Ansicht der Verfasserin ist es weitaus stringenter und praktikabler, die vorhandene konzeptionelle Vielfalt durch ein einziges Attribut, das die Pluralität als solche zum Programm erhebt, auszudrücken. Durch die Einführung der Bezeichnung 'Perspektivenkonvergente Seelsorge' soll deshalb eine Möglichkeit aufgezeigt werden, wie diesem Anliegen entsprochen werden kann.

Nach den terminologischen Klärungen muß sich die Einführung nun folgender Frage stellen: Wieso werden unter der Thematik 'Motiv' allgemeine Seelsorgekonzepte analysiert? Weshalb findet keine Konzentration auf spezifische Konzepte für Psychiatrieseelsorge statt? Diese Frage soll durch vier Hinweise beantwortet werden:

1. "Daß es an theologischen Reflexionen im Krankenhaus mangelt, ist eine immer wiederkehrende Aussage in der gegenwärtigen Diskussion."[8] Dieser von Zimmermann-Wolff konstatierte quantitative Mangel trifft auf Theoriekonzepte für Psychiatrieseelsorge verschärft zu.

2. Konzeptionelle Veränderungen in der Seelsorgelehre haben sich auf wissenschaftlicher Ebene immer auch auf die Krankenhausseelsorge und Psychiatrieseelsorge im Sinne einer deduktiven Kausalitätenkette ausgewirkt. Beim Versuch, Seelsorge in der Psychiatrie theoretisch zu begründen, kann somit auf bereits existierende allgemeine Seelsorgetheorien zurückgegriffen und ein Transfer auf das Arbeitsfeld Psychiatrische Klinik versucht werden.

3. Theoriedynamisch nachweisbar gilt die erläuterte Kausalität auch in umgekehrter Richtung. Theorien zur Psychiatrieseelsorge können demnach induktiv eminente Auswirkungen auf allgemeine Seelsorgetheorien und damit gesamttheologische Fragestellungen besitzen. So löste z.B. das Konzept der Beratenden Seelsorge, das von Psychiatern und Seelsorgern zunächst im Kontext amerikanischer Psychiatrischer Kliniken entwickelt worden war, auch in Deutschland eine 'Seelsorgebewegung' mit entsprechenden Konsequenzen aus: „In der neueren Kirchengeschichte gehört die 'Seelsorge-Bewegung' der 60er und 70er Jahre zu den Ereignissen, die sowohl auf die Praktische Theologie als Wissenschaft als auch auf die Praxis der Kirche einen ungewöhnlichen Einfluß ausgeübt und starke Veränderungen bewirkt haben."[9]

---

7 So klingen z.B. die Termini 'Partnerzentrierte Seelsorge', 'Partnerschaftliche Seelsorge', 'Personzentrierte Seelsorge' und 'Personale Seelsorge' sehr ähnlich, umschreiben aber unterschiedliche Konzepte. Auch der Begriff 'Therapeutische Seelsorge' kann für Verwirrung sorgen, weil er zum einen für ein psychologisch orientiertes, zum anderen aber auch für ein biblisch orientiertes Konzept steht, das zwar formell als biblisch-therapeutisch klassifiziert wird, aber oftmals nur als 'Therapeutische Seelsorge' benannt wird. Daher ermöglicht nicht das Schlagwort, sondern erst der Kontext eine eindeutige inhaltliche Klassifizierung!

8 ZIMMERMANN-WOLFF, C. (1991): Einander beistehen, S. 3.

9 SCHLIEP, H. (1993): Seelsorgebewegung, S. 445. Die gesamttheologische Bedeutung dieser Bewegung wird prägnant von Josuttis herausgestellt: „Durch diesen ihren Gegenstand ist die Seelsorgebewegung zum

Vorbemerkungen zur Tätigkeit

4. Erst wenn wissenschaftliche Definitionen von Seelsorge, Krankenhausseelsorge und Psychiatrieseelsorge, die sowohl in wissenschaftsübergreifenden, theologischen als auch psychiatrischen Grundlagenwerken auftauchen, verglichen werden, wird ein qualitatives erkenntnistheoretisches Problem, das es zu überwinden gilt, deutlich: Nahezu durchgehend proklamiert der jeweilige Verfasser seinen legitimen und zu akzeptierenden persönlichen Standpunkt als allgemeingültige Theorie, ohne auf existierende Alternativkonzepte auch nur hinzuweisen.[10]

Da gemäß der dargelegten Begründungen eine Analyse allgemeiner Seelsorgetheorien angezeigt ist, steht im Anschluß folgende methodische Grundsatzfrage zur Klärung an: Nach welchen formalen Kriterien werden Seelsorgekonzepte ausgewählt und angeordnet? Aus der Vielfalt diverser Ansätze sollen diejenigen besprochen werden, die theologiegeschichtliche und praktische Bedeutung hatten, haben oder haben könnten und zumindest ansatzhaft konzeptionell ausgearbeitet vorliegen, wobei inhaltliche und personelle Vernetzungen existieren. Die Einteilung der Konzepte geschieht nicht entlang der historischen Abfolge, da diese ja nur einen engen Zeitraum von ungefähr 50 Jahren umfaßt und ein Neben- und Ineinander der Theorien vorherrscht. Auch eine konfessionelle Unterteilung wird vermieden, da gerade im Bereich der Seelsorgetheorien zunehmend interkonfessionelle Abhängigkeiten und gegenseitige Berührungen unter Verzicht auf permanente Abgrenzungsstrategien zu verzeichnen sind.[11] Da die Verfasserin sich entschieden dagegen wehrt, Denkfiguren der Dichotomie und Ausschließlichkeit zu konstruieren, wird bewußt auf eine Kriteriologie, basierend auf den kirchlichen Grundvollzügen 'diakonia', 'koinonia', 'liturgia' und 'martyria', verzichtet, damit Gott und Welt sowie Individuum und Gesellschaft nicht gegeneinander ausgespielt werden.[12]

Zentrum nicht nur der praktisch-theologischen Erneuerung geworden, sondern hat sie auch eine Neubesinnung in der Theologie überhaupt ausgelöst." JOSUTTIS, M. (1993): Seelsorgebewegung, S. 464.

10 Unter dem Stichwort 'Seelsorge' in der BROCKHAUS–ENZYKLOPÄDIE läßt sich die behauptete Verallgemeinerungstendenz sowohl für die Ausgabe von 1973 auch für die von 1993 belegen: 1973 wird Seelsorge als Verkündigende Seelsorge dargestellt, wobei für den evangelischen Bereich auf die Existenz der Beratenden Seelsorge eingegangen wird. 1993 dagegen wird nur noch in extrem knapper Form (während 1973 unter dem Stichwort 'Seelsorge' noch 114 Zeilen Platz fanden, stehen 1993 unter den synonymen Stichworten 'Seelsorge' und 'Pastoral' nur noch 16 Zeilen) die Begleitende Seelsorge als das anscheinend allgemein akzeptierte Konzept vorgestellt. Vgl. SEELSORGE (1973/1993).
Im HANDBUCH DER PASTORALTHEOLOGIE aus dem Jahre 1972 definiert Geller Seelsorge als Verkündigende Seelsorge. 14 Jahre später wiederholt Bohren im LEXIKON FÜR THEOLOGIE UND KIRCHE die gleiche ausschließliche Behauptung, ohne auf koexistente Konzepte hinzuweisen! Vgl. GELLER, H. (1972): Seelsorge; BOHREN, R. (1986): Seelsorge.
Im theologischen Grundlagenwerk PASTORALTHEOLOGIE von Zulehner läßt sich nachlesen: „Seelsorge wird heute als Begleitung definiert, die heilend, identitätsfördernd sein soll." Zulehner, P. (1990): Pastoraltheologie, Band 3, S. 77/78.
Im psychiatrischen Grundlagenwerk HANDWÖRTERBUCH DER PSYCHIATRIE von Battegay aus dem Jahr 1992 nehmen Anderegg und Befin, denen das Wissen über die konzeptionelle Vielfalt ebenfalls zugänglich gewesen sein müßte, lediglich Bezug auf die Therapeutische sowie die Begleitende Seelsorge. ExpertInnen der Psychiatrie, oder auch psychiatrisch interessierte LaiInnen, die dieses Werk konsultieren, wird dadurch der Eindruck suggeriert, daß beide Konzepte die allgemeingültigen Konzepte sind, auf deren Grundlage SeelsorgerInnen in ihrer Institution arbeiten! Vgl. ANDEREGG/BREFIN (1992): Seelsorge.

11 Während die Anfangsphase der Therapeutischen Seelsorge eindeutig im evangelischen Raum lokalisiert war und biblische Konzepte dies noch immer sind, zeigt die gegenwärtige Entwicklung, daß die konzeptionelle Suchbewegung konfessionelle Grenzen kooperativ sprengt!

12 Rein pragmatisch wird diese Kriteriologie schon deshalb nicht gewählt, weil „eine (wissenschaftstheoretisch und praktisch notwendige) Präzisierung des Ortes von Seelsorge innerhalb der Grundvollzüge der Kirche

Stattdessen werden die Seelsorgetheorien entsprechend ihrer jeweils dominierenden Perspektive, d.h. ihrem bevorzugten Referenzsystem, angeordnet. Obwohl hierbei viele Überschneidungen und Übergänge existieren, wird aus Gründen der Übersicht eine statische Einteilung gewählt. Da alle Konzepte primär theologisch fundiert sind, wäre eine Differenzierung an Hand dieser Perspektive nur auf der Basis einer relativ unergiebigen quantitativen Bestimmung möglich. Daher werden alle Konzepte mit der Kennzeichnung 'theologisch' versehen und nach ihrer jeweiligen Haupt - Referenz benannt, wodurch sich eine Untergliederung in vier Konzepttypen ergibt: 1. Konzepte aus theologisch-biblischer Perspekive; 2. Konzepte aus theologisch-psychologischer Perspektive; 3. Konzepte aus theologisch-soziologischer Perspektive; 4. Konzepte aus theologisch-wissenschaftstheoretischer Perspektive.

In Anschluß an die konzeptübergreifenden Vorüberlegungen gilt es zum Schluß, die Analysekriterien jedes einzelnen Konzeptes offenzulegen: Jedes Konzept wird in drei aufeinanderfolgenden Schritten erarbeitet: Zunächst werden im Rahmen eines Überblicks wichtige TheoretikerInnen des neuen Konzeptes mit ihren zentralen Schriften vorgestellt, ergänzende Hintergrundinformationen geliefert und terminologische Klärungen vorgenommen.[13] Die daran anschließende Darstellung der allgemeinen Seelsorgelehre erfolgt entlang den konzeptionell vorgegebenen Definitionen und Zielsetzungen von Seelsorge sowie ihren theologischen, anthropologischen und humanwissenschaftlichen Prämissen. Auf dem Hintergrund des gewonnenen Materials werden abschließend Vorgaben bezüglich des Adressatenkreises, des Krankheitsverständnisses sowie konkreter Folgewirkungen für die alltägliche Praxis und Methodenwahl spezieller Psychiatrieseelsorge reflektiert. Da die dargestellte Binnengliederung nicht explizit durch Überschriften markiert sein wird, soll Schaubild 14 als Leitfaden dienen:

	Überblick HauptvertreterInnen des jeweiligen Konzeptes und deren zentrale Schriften Ergänzende Hintergrundinformationen Terminologische Klärungen
Schaubild 14: Inhaltliche Analysekriterien der Seelsorgekonzepte	**Theoretische Fundierung der allgemeinen Seelsorgelehre** Inhaltliche Definitionen und Zielsetzungen von Seelsorge Theologische Prämissen Athropologische Prämissen Humanwissenschaftliche Prämissen
	Spezielle konzeptionelle Vorgaben für Psychiatrieseelsorge Bezüglich des Adressatenkreises von Seelsorge Bezüglich des Krankheitsverständnisses Bezüglich des Rollenverständnisses von SeelsorgerInnen und PatientInnen Bezüglich der Alltagspraxis und Methodenwahl von SeelsorgerInnen

---

sowie eine Analyse der genaueren Zusammenhänge und Abgrenzungen noch immer ausstehen - ganz abgesehen davon, daß ein Konsens innerhalb von (Praktischer) Theologie und Kirche in diesen Fragen keineswegs in Sicht ist." HENKE; Th. (1994): Seelsorge, S. 40.

13 Vorliegende Arbeit wird nicht den methodischen Weg einschlagen, AutorInnen aufzuzählen und nacheinander zu analysieren. M.E. ergäbe sich dadurch ein unsystematisches Gesamtbild, wie dies der Versuch von Unger zeigt. Vgl. UNGER, U. (1994): Die Krankenhausseelsorge am Psychiatrischen Landeskrankenhaus Weinsberg. Die AutorInnen werden vielmehr einem Konzepttyp zugeordnet und bei der Besprechung dieses Konzeptes jeweils berücksichtigt, wobei jedoch nicht alle VertreterInnen eines Konzeptes zu Wort kommen können.

Vorbemerkungen zur Tätigkeit

Analog zu den besprochenen psychiatrischen Paradigmen wird der räumliche Umfang der dargestellten Seelsorgekonzepte erheblich variieren, wobei nicht immer jeder der drei Analyseschritte in gleicher Intensität geleistet wird, weil viele Theorieelemente bereits besprochener Konzepte in darauffolgenden Entwürfen in ähnlicher oder leicht modifizierter Form wieder auftauchen. Um ein Konzept möglichst unverfälscht zu erfassen, werden die AutorInnen durch entsprechend viele und auch entsprechend lange Zitate zu Wort kommen, während Sekundärliteratur hauptsächlich zur Erläuterung und Vertiefung des jeweiligen Ansatzes hinzugezogen wird. Die notwendige kritische Auseinandersetzung mit den erörterten Seelsorgekonzepten wird dagegen erst im Kontext der Entwicklung einer Perspektivenkonvergenten Seelsorge erfolgen, da in Analogie zum Entwurf eines psychiatrischen Zukunftsparadigmas auch für ein künftiges Seelsorgemodell Bewahrenswertes aus der Vergangenheit, das es kritisch zu identifizieren gilt, in die Zukunft gerettet werden soll.

Mit dem Begriff *'Handlung'* wird der Übergang von konzeptionellen zu praktischen Überlegungen angezeigt. Inhaltlich soll die konkrete Alltagspraxis von SeelsorgerInnen in Psychiatrischen Krankenhäusern konzeptübergreifend in ihrer Komplexität vor Augen geführt werden. Existentes und Utopisches wird dabei ohne Anspruch auf Vollständigkeit nebeneinandergestellt. Die Auflistung stellt das Produkt einer systematischen Zusammenfassung bisher fragmentarisch in der Literatur beschriebener Tätigkeiten, einer schriftlichen Verdichtung mündlicher Berichte vor Ort arbeitender SeelsorgerInnen sowie das Ergebnis eigener Beobachtungen und theoretischer Schlußfolgerungen aus den besprochenen Seelsorgekonzepten dar. Die einzelnen seelsorglichen Handlungen werden nach folgendem Schema aufgeführt:
1. Primär individuumzentrierte Alltagspraxis; 2. Primär strukturell orientierte Alltagspraxis im Sinne einer 'Krankenhausseelsorge', die SeelsorgerInnen als BetriebsseelsorgerInnen ausweist, „die nicht nur etwas von kranken, sondern auch etwas von arbeitenden Menschen im Dienstleistungsbetrieb Krankenhaus verstehen."[14] 3. Primär gesellschaftspolitisch orientierte Alltagspraxis, durch die der Handlungsspielraum der SeelsorgerInnen über den innerbetrieblichen individuellen und strukturellen Rahmen hinaus in die Gesellschaft hinein erweitert wird.
4. Primär ökologisch orientierte Praxis, in der sich die kultur-ökolgische Dimension von Seelsorge niederschlagen soll.

Mit der Überschrift *'Operationen'* wird das Interesse auf die Methoden der Alltagspraxis gelenkt. Inhaltlich soll die Vielfalt des methodischen Repertoires, das SeelsorgerInnen in ihrer Alltagspraxis zur Verfügung stehen könnte, aufgezeigt werden. Die Auflistung stellt wiederum ein Konglomerat aus Hinweisen aus der Literatur, persönlichen Stellungnahmen von SeelsorgerInnen und eigenen Schlußfolgerungen dar. Die einzelnen Methoden werden nach folgendem Schema angeordnet: 1. Theologie-intern entwickelte Methoden; 2. Theologie-extern entwickelte Methoden. Da zwischen Methoden und Praxis Überschneidungen bestehen, können die von der Verfasserin gewählten Einteilungen als relativ willkürlich erscheinen.

---

14 GÄRTNER, H. (1996): Die kirchliche Wirklichkeit ist organisational, S. 25.

II. Motiv: Theologische Seelsorgekonzepte

> „Die gegenwärtige Seelsorge stellt sich in Theorie und Praxis
> äußerst vielfältig dar."
>
> Stollberg, Dietrich (1996):
> Seelsorge, S. 181.

1. Konzepte aus theologisch - biblischer Perspektive

1.1 Kerygmatische (Verkündigende) Seelsorge
1.1.1. Hinführender Überblick

Obwohl die kerygmatische Seelsorgetheorie spätestens Ende der 60er Jahre des 20. Jhdts. auch für die Krankenhausseelsorge an Plausibilität einbüßte,[1] wird sie dennoch v.a. aus zwei Gründen relativ ausführlich erläutert: Da auch aktuellste biblisch orientierte Seelsorgekonzepte trotz gewichtiger inhaltlicher Modifikationen in der kerygmatischen Traditionslinie stehen, trägt eine fundierte Kenntnis Verkündigender Seelsorge dazu bei, deren konzeptionelle Grundstruktur leichter zu erfassen. Ähnliches gilt nach Ansicht der Verfasserin auch für das Verständnis psychologisch orientierter Konzepte, da erst im Vergleich zur Kerygmatischen Seelsorge als Prototyp biblisch fundierter Seelsorge die Andersartigkeit dieses Konzepttyps zum Vorschein kommt. Als Hauptvertreter des kerygmatischen Ansatzes gelten die evangelischen Theologen Asmussen und Thurneysen, die in Abgrenzung zur Liberalen Theologie die Dialektische Theologie zur Fundierung ihrer Seelsorgelehre heranzogen.[2]
Beide Theologen haben ihren Entwurf nicht explizit mit dem Titel 'Kerygmatische' oder 'Verkündigende' Seelsorge überschrieben. Dennoch werden diese Bezeichnungen zur Charakterisierung ihrer Seelsorgelehre benutzt, weil der Verkündigungsaspekt den inhaltlichen Kern ihres Ansatzes widerspiegelt. Da 'Verkündigung' lediglich als Übersetzung des griechischen Wortes 'Kerygma' verwendet wird, besitzen beide Bezeichnungen synonyme Bedeutung. In Bezug auf die folgende Darstellung Verkündigender Seelsorge wird unter Verweis auf Bohren und Grözinger vorausgeschickt, daß sich eine stringente Zusammenfassung als relativ schwieriges Unternehmen erweist, weil sowohl Asmussens wie auch Thurneysens Schriften nicht von begrifflicher und inhaltlicher Eindeutigkeit geprägt sind.[3] Obwohl Bohren betont, daß Thurneysen durch seine praktische Tätigkeit und seinen Briefkontakt zu befreundeten Psychiatern mit der Problematik der Seelsorge an psychisch Kranken durchaus vertraut gewesen ist, finden sich dennoch kaum diesbezügliche Überlegungen.[4] Schaubild 15 auf der nächsten Seite zeigt die wichtigsten Schriften im Überblick.

---

[1] Nach Klessmann stand die evangelische Krankenhausseelsorge in der ersten Hälfte des 20. Jhdts. unter dem Primat Kerygmatischer Seelsorge. Vgl. KLESSMANN, M. (96): Von der Krankenseelsorge, S. 45.

[2] Obwohl beide Theologen ihr Konzept in Buchform vorlegten, wurde Thurneysens Ansatz häufiger Gegenstand theologischer Forschung als Asmussens Entwurf. Dies liegt nach Ansicht der Verfasserin daran, daß Asmussens Theorien nicht die systematische Qualität Thurneysens erreichen, bereits durch ihre Diktion sperriger und in Bezug auf die Gegenwart wirklichkeitsferner erscheinen.

[3] Vgl. BOHREN, R. (1982): Prophetie, S. 218; GRÖZINGER, A. (1996): Eduard Thurneysen, S. 282.

[4] Vgl. BOHREN, R. (1982): Prophetie, S. 222/223.

Theologisch-Biblische Seelsorgekonzepte

```
           Liberale Theologie (v.a. Schleiermacher)
                            ↓
           Dialektische Theologie (v.a. Barth)
                         ↙     ↘
        Hans Asmussen              Eduard Thurneysen
1933: Die Seelsorge.             1928: Rechtfertigung und Seelsorge
      Ein praktisches Handbuch   1946: Die Lehre von der Seelsorge
      über Seelsorge und         1949: Psychologie und Seelsorge
      Seelenführung.             1962: Seelsorge als Verkündigung
                                 1964: Der Mensch von heute und das Evangelium
                                 1968: Seelsorge im Vollzug
                                 1950: Seelsorge und Psychotherapie
                                 1971: Erwägungen zur Seelsorge am Menschen von heute
```

Schaubild 15
Kerygmatische Seelsorge
im Überblick

1.1.2. Theoretische Fundierung der allgemeinen Seelsorgelehre

Thurneysen faßt sein Seelsorgekonzept folgendermaßen zusammen: „Seelsorge findet sich in der Kirche vor als Ausrichtung des Wortes Gottes an den Einzelnen."[5] Indem er die Verkündigung des Wortes Gottes als zentralen Inhalt der Seelsorge herausstellt, ordnet er die seelsorgliche Tätigkeit dem alltagspraktischen Bereich der Verkündigung (Martyria) zu. Die dadurch entstehende inhaltliche Affinität zwischen Seelsorge und Predigt hat zur Folge, daß die relativ abstrakte Vorgabe der Wort-Gottes-Verkündigung sowohl für die Predigt wie auch für die Seelsorge einer inhaltlichen Konkretisierung bedarf. Diesbezüglich läßt sich in den Schriften Thurneysens eine Entwicklungsdynamik erkennen, die ihn deutlich von Asmussen unterscheidet:
In der Frühphase seines Schaffens plädiert Thurneysen analog zu Asmussen in streng dialektischer Manier dafür, Verkündigung als Weitergabe des Gesetzes Gottes zu qualifizieren: „Seelsorge üben heißt darum immer, Gottes Gebot verkündigen und den Menschen in den Gehorsam stellen."[6] In der konkreten Seelsorgesituation soll dem Menschen das Wort Gottes durch Konfrontation mit dem in der Bibel geoffenbarten Gesetz Gottes vermittelt werden, damit ihm seine sündige Existenz offenbar wird und dadurch ein existentieller Entscheidungskampf, den Asmussen sogar als Kampf mit Gott selbst beschreibt, in Gang kommt: „Daraus entsteht eine Bewegung des Kampfes mit Gott und mir selbst, in welchem der Sünder versucht, sich selbst oder Gott umzustimmen."[7] Die Kampfes-Metaphorik soll dabei drastisch zum Ausdruck bringen, daß der Mensch nur durch ein existentielles Nachexerzieren des Kreuzesgeschehens in der Lage ist, den Zorn Gottes zu besänftigen und auf der Basis einer radikalen Bekehrung Begnadigung zu erfahren. Das Hauptziel seelsorglicher Bemühungen

---

5   THURNEYSEN, E. (1976, 1946¹): Die Lehre, S. 9. Ähnlich formuliert Asmussen: „Seelsorge ist die Verkündigung des Wortes Gottes an den Einzelnen." ASMUSSEN, H. (1935): Die Seelsorge, S. 15.

6   THURNEYSEN, E. (1976, 1946¹): Die Lehre von der Seelsorge, S. 58.

7   ASMUSSEN, H. (1935): Die Seelsorge, S. 29.

liegt somit darin, dem Gegenüber offensiv den christlichen Glauben zu offerieren, da nur im Horizont des Glaubens lebenspraktische Probleme sinnvoll gelöst werden können. Daß der Glaubenshilfe somit absolute Priorität eingeräumt wird, läßt sich am deutlichsten an den theoretischen Reflexionen zum Seelsorgegespräch erkennen. Da es sich formal zunächst um ein Gespräch zwischen zwei Menschen handelt, definiert es Thurneysen als ein „wirkliches Gespräch, welches vom Seelsorger ausgeht"[8] und Bezug auf die konkrete Lebenssituation eines kranken Menschen nehmen soll: „Das Gespräch mit dem Kranken werde in großer Natürlichkeit geführt. Als erstes wird man sich erkundigen nach seinem Befinden und der Art seiner Krankheit."[9] Weil sich im gleichen Gespräch jedoch eine Begegnung zwischen Gott und Mensch ereignen soll, ist die rein zwischenmenschliche Ebene relativ rasch zu verlassen: „Aber man verweile nicht zu lange dabei. Es gibt Kranke, die nicht genug von ihren Schmerzen, ihren Beschwerden und ihrer Behandlung reden können. Darauf lasse man sich nicht ein, sonst wird die Last, die auf dem Kranken liegt, nur noch größer."[10] Alternativ hierzu muß die Weitergabe des Wortes Gottes zum zentralen Kommunikationsinhalt werden und das Gesprächsziel frühzeitig auf Glaubenshilfe ausgerichtet werden: „Denn es ist das Gespräch, in welchem der Mensch in seiner Ganzheit und dies mit Vollmacht angesprochen wird als Sünder, dem Gnade widerfährt."[11] Um die alle menschliche Rede übersteigende Andersartigkeit dieser Kommunikation hervorzuheben, ermutigt Thurneysen den Seelsorger dazu, eine transzendental qualifizierte Bruchlinie,[12] die das gnadenhafte Handeln Gottes markieren und dem Gespräch den Charakter eines Kampfgespräches verleihen soll, anzustreben: „Da der Mensch sich diese Relativierung und die damit gegebene Beschränkung seines natürlichen Urteils nicht gefallenläßt, sondern sich dagegen zur Wehr setzt, wird das Seelsorgegespräch zum Kampfgespräch, in welchem um die Durchsetzung des Urteils Gottes zum Heil des Menschen gerungen wird."[13] Ein Seelsorgegespräch, in dem die angezielte Verkündigung nicht zum Zuge kommt, weil die Gesprächssituation auf der rein zwischenmenschlichen Ebene verharrt, muß daher vom Seelsorger als gescheitert beurteilt und rigoros abgebrochen werden.[14] Als er-

---

8   THURNEYSEN, E. (1976, 1946¹): Die Lehre von der Seelsorge, S. 129.

9   THURNEYSEN, E. (1968): Seelsorge im Vollzug, S. 202.

10 A.a.O., S. 202.

11 THURNEYSEN, E. (1976, 1946¹): Die Lehre von der Seelsorge, S. 129.

12 „Weil das Seelsorgegespräch das ganze Feld des menschlichen Lebens mit allen darin wirksamen psychologischen, weltanschaulichen, soziologischen und moralischen Deutungen und Beurteilungen dem Urteile des Wortes Gottes unterstellt, darum geht durch das ganze Gespräch eine Bruchlinie, die anzeigt, daß das menschliche Urteilen und Bewerten und das ihm entsprechende Verhalten hier zwar nicht außer Kraft gesetzt, aber daß es in seiner Vorläufigkeit erkannt ist." THURNEYSEN, E. (1976, 1946¹): Die Lehre von der Seelsorge, S. 114. Zur Bedeutung der Bruchlinie vgl. GRÖZINGER, A. (1996): Eduard Thurneysen, S. 283. Bohren verweist darauf, daß Thurneysen seine Metapher des 'Bruchs' 1968 selbstkritisch durch die Chiffre 'Vorstoß' ersetzt hat, wobei er jedoch keine schwerwiegenden inhaltlichen Modifikationen vorgenommen habe. Vgl. BOHREN, R. (1982): Prophetie und Seelsorge, S. 228.

13 THURNEYSEN, E. (1976, 1946¹): Die Lehre von der Seelsorge, S. 114. Das Zweiergespräch als Ort der Verkündigung wird somit zum Dreh- und Angelpunkt der Seelsorge, weshalb Asmussen den Schluß zieht, daß Seelsorge insgesamt definiert werden kann als ein „Gespräch von Mann zu Mann, in welchem dem Einzelnen auf seinen Kopf zu die Botschaft gesagt wird." ASMUSSEN, H. (1935): Die Seelsorge, S. 15.

14 BERNET, W. (1988): Weltliche Seelsorge, S. 21.

folgreich dagegen erweist sich ein seelsorgliches Gespräch dann, wenn sich der Mensch gehorsam dem göttlichen Gebot unterordnet. Für Asmussen zeigt sich dies daran, wenn der Mensch eine zunehmende Feindschaft gegenüber der irdischen Wirklichkeit erkennen läßt.[15] Weniger weltfeindlich, aber mit ähnlich missionarischem Impetus faßt Thurneysen geglückte Seelsorge folgendermaßen zusammen: „Seelsorge ist ein Mittel, das zum Ziele hat, den Einzelnen, da ihn ja Gott nicht preisgeben will, zu Predigt und Sakrament und ihn damit zum Worte Gottes zu führen, ihn in die Gemeinde einzugliedern und dabei zu erhalten. So verstanden ist sie ein Akt der Heiligung und der Zucht, durch den die Gemeinde in ihrer sichtbaren Gestalt erbaut und lebendig erhalten und der Einzelne vor seiner geistlichen Verwahrlosung und Verderbnis gerettet und bewahrt wird."[16] Hinter dem Begriff 'Zucht' verbirgt sich nach Simon eine für den Menschen relativ einschneidende Folgewirkung: Analog zur Unterwerfung des Menschen unter das göttliche Gesetz als Akt des Glaubens bedarf es der Unterwerfung unter die 'Kirchenzucht', d.h. ein bedingungsloses Für-Wahr-Halten dogmatischer Aussagen über Gott und den Menschen.[17]

In den späten Schriften Thurneysens dagegen findet sich eine zunehmende Loslösung von der inhaltlichen Fixierung auf den Gebots- und Gesetzescharakter der Seelsorge. Indem er die Reich-Gottes-Botschaft als inhaltlichen Kern der Seelsorge proklamiert, ersetzt er imperative Begrifflichkeiten wie Zucht und Gehorsam durch indikativische Zusagen wie Erlösung und Tröstung.[18] Als Folge des futurischen Aspektes des Reiches Gottes bleibe zwar die Aufgabe bestehen, Menschen in dieses Reich hineinzurufen und damit in die Kirche als künftige Heilsgemeinschaft zu integrieren. Aufgrund des präsentischen Aspektes des Reiches Gottes jedoch müsse Seelsorge auch darauf abzielen, zu stärken und zu trösten.[19]

Obwohl sich die kerygmatische Seelsorgetheorie aus einer biblischen Perspektive speist, wird die *theologische Fundierung* nicht primär durch direkten Rückgriff auf Inhalte der Bibel, sondern indirekt über die Rezeption der biblisch fundierten Dogmatik Barths hergestellt. Da somit Axiome der Dialektischen Theologie das theologische Fundament der Seelsorgetheorie liefern, läßt sich das Gesamtkonzept in Übereinstimmung mit Bernet als „wohl konturierte Anwendung eben jener Theologie"[20] verstehen. Den erkenntnistheoretischen Dreh- und Angelpunkt Dialektischer Theologie stellt die Konstruktion dynamischer Gegensätzlichkeiten dar. Als elementarste dialektische Grundfigur, die als Rahmenbedingung aller Schlußfolgerungen fungiert, läßt sich das Konstrukt der radikalen Gegenüberstellung des unverfügbar transzendenten Gottes und der weltimmanenten Menschen herauskristallisieren.[21] Das Charakteristische der Dogmatik Barths liegt darin, daß die radikale Diastase Gott - Mensch nicht als statischer Endzustand, sondern als ein ausschließlich von Gott initiierter dynamischer Pro-

---

15 Vgl. ASMUSSEN, H. (1935, 1934¹): Die Seelsorge, S. 36/39.

16 THURNEYSEN, E. (1976, 1946¹): Die Lehre von der Seelsorge, S. 26.

17 Vgl. SIMON, L. (1985): Einstellungen und Erwartungen, S. 56-58.

18 Vgl. POHL-PATALONG, U. (1996): Seelsorge, S. 160; DAEWEK, H. (1983): Seelsorge-Konzeptionen, S. 56; JOSUTTIS, M. (1974): Praxis des Evangeliums, S. 97.

19 Vgl. THURNEYSEN, E. (1968): Seelsorge im Vollzug, S. 26.

20 BERNET, W. (1988): Weltliche Seelsorge, S. 21.

21 Vgl. RIESS, R. (1973): Seelsorge, S. 156.

zeß verstanden wird. Als hermeneutischer Schlüssel für die gottgewollte Dynamik zwischen Gott und Welt erweist sich die Christologie, mit deren Hilfe es möglich wird, Gott gleichzeitig als den transzendenten ganz anderen und weltimmanenten Sohn mit Menschlichkeitszügen zu denken. Das Barthsche Diktum des „Gott ist im Himmel und du auf Erden"[22] ist somit durch die Menschwerdung Jesu Christi ins Gegenteil verkehrt. Auf dem Hintergrund der Ineinssetzung von Nähe und Ferne Gottes wird verständlich, daß die Offenbarung Gottes im Sinne der Vorgegebenheit des Wortes Gottes in der Heiligen Schrift eine große Rolle spielen muß. Da sich dieser sonst so ferne Gott im biblischen Heilsgeschehen als naher Gott offenbart hat, wird die Verkündigung dieser die Menschen einerseits rettenden und andererseits richtenden Wahrheit zum Kern christlichen Glaubens und seelsorglicher Zielsetzung.
Indem dialektische Theologen die von Gott ausgehende Dynamik in Form einer Rechtfertigungs- und Gnadentheologie explizieren, wird es ihnen zudem möglich, die existentielle Bedeutung dieser Wahrheit für jeden Menschen theologisch zu unterfangen.[23] Deshalb stellt die in der Bibel behauptete allein von Gott ausgehende Rechtfertigung des Sünders als Akt des Triumphes seiner Gnade den theologischen Kern dieses Konzeptes dar. Da die Korrelation von Seelsorge und Rechtfertigung „im Zentrum des reformatorischen Bekenntnisses"[24] beheimatet ist, hält es Tacke für legitim, Verkündigende Seelsorge als Rechtfertigungsseelsorge zu titulieren.[25]

Auch die *anthropologischen Prämissen* Verkündigender Seelsorge entstammen Grundannahmen Dialektischer Theologie. Schöpfungstheologisch begründet wird der Mensch als ein Wesen gedacht, das in der dialektischen Spannung geschöpflicher Freiheit und radikaler Verwiesenheit auf den Schöpfer existiert. Die Dimension der „Existenz des Menschen vor Gott"[26] erweist sich dadurch als Schlüssel der Anthropologie. Die „personale Ganzheit des Menschen nach Leib, Seele und Geist"[27] ist somit nie unabhängig von Gott und dessen Anspruch auf den Menschen denkbar. In Rückgriff auf das biblische Zeugnis definieren dialektische Theologen den Menschen daher nicht aus der optimistischen Perspektive der vom Schöpfer intendierten Gottesebenbildlichkeit, sondern aus der pessimistischen Perspektive der Sündhaftigkeit: „Zwischen uns und Gott steht nicht nur der Akt der Schöpfung... sondern zwischen uns und Gott steht das finstere Rätsel unserer Sünde, durch die wir Gottes Schöpfung und damit unsere Verbundenheit mit Gott zerstört haben. Die Verderbnis der Sünde besteht darin, daß der Mensch, der dazu bestimmt war, Gott zu erkennen und mit Gott umzugehen, diese seine Bestimmung nicht mehr erfüllt... und es wird klar, daß auch alles, was wir über die Existenz des Menschen zu sagen hatten, also über seine Kreatürlichkeit nach Leib und Seele, aber auch über seine Gottesebenbildlichkeit, über sein Personsein vor Gott, unter dem Vozeichen der

---

22 BARTH, a.a.O., S. 156.

23 Vgl. THURNEYSEN, E. (1928): Rechtfertigung und Seelsorge. Daewek zeigt auf, daß die Gnadentheologie zwischen 1928 und 1968 für Thurneysen zunehmend an Bedeutung erlangte. Vgl. DAEWEK, H. (1983): Seelsorge-Konzeptionen, S. 56.

24 EBERHARDT, H. (1993): Praktische Seel-Sorge-Theologie, S. 69.

25 TACKE, H. (1989): Mit den Müden zur rechten Zeit zu reden, S. 193.

26 THURNEYSEN, E. (1976; 1946¹): Die Lehre von der Seelsorge, S. 45.

27 A.a.O., S. 45.

Sünde steht, die seine ganze Exsitenz umfaßt und bedeckt".[28] Da der Mensch als sündiges und somit defizitäres Wesen nicht von sich aus existieren kann, bedarf er der gandenhaften Rechtfertigung durch Gott, damit der Kern seines eigentlichen Wesens zum Vorschein kommt: „Das bedeutet aber, daß unsere ganze Erkenntnis des Menschen Gnadenerkenntnis ist."[29] Nur im Glauben an Christus kann der Mensch aber letztendlich zu seinem wahren Menschsein finden: „Jesus Christus ist darum das erste und letzte Wort aller wirklichen Menschenkenntnis."[30]

Dieses Axiom hat jedoch enorme Folgewirkungen für die kerygmatische *Verhältnisbestimmung gegenüber den Humanwissenschaften*: Da nur eine christliche Deutung das wahre Wesen des Menschen zum Vorschein bringen kann, bleiben psychologisch oder soziologisch gewonnene Einsichten über die menschliche Existenz stets defizitär.[31] Während Asmussen den Schluß zieht, daß die Seelsorge daher auf die Hilfestellung der Psychologie verzichten könne, ja teilweise sogar müsse, weil von ihr eine nahezu 'satanische Gefahr'[32] ausgehe, will sie Thurneysen trotz ihrer Unzulänglichkeit als Hilfswissenschaft in den Dienst der Seelsorge stellen: „Das Ansprechen des Menschen im Seelsorgegespräch setzt Menschenkenntnis voraus: Die Seelsorge bedarf darum der Psychologie als einer Hilfswissenschaft, die der Erforschung der inneren Natur des Menschen dient und die diese Kenntnis vermitteln kann. Sie hat sich dabei kritisch abzugrenzen gegen ihr wesensfremde weltanschauliche Voraussetzungen, die mitlaufen, und die das ihr eigene, aus der Heiligen Schrift erhobene Menschenverständnis beeinträchtigen könnten."[33] Die in dieser Aussage aufscheinende Abgrenzungsstrategie wird nachvollziehbar, wenn man sie auf dem Hintergrund der grundsätzlichen Ablehnung Liberaler Theologie und deren psychologisierender Durchdringung theologischer Begrifflichkeiten in-

---

28 A.a.O., S. 54/55.

29 A.a.O., S. 55.

30 A.a.O., S. 53. Barth selbst plädierte dafür, „von der Christologie aus zu einer von der Christologie umschlossenen Anthropologie überzugehen." WINKLER, K. (1986): Karl Barth, S. 460.

31 Vgl. BOHREN, R. (1982): Prophetie und Seelsorge, S. 224.

32 Vgl. RIESS, R. (1973): Seelsorge, S. 169.

33 THURNEYSEN, E. (1976, 1946¹): Die Lehre von der Seelsorge, S. 174. Die dialektische Verhältnisbestimmung von Seelsorge und Psychologie unter der Kategorie der Hilfswissenschaft wird von einigen Autoren durchaus als positive Entwicklung beurteilt: So betont Grözinger, daß sich Thurneysen nicht in den Kanon der damals gängigen Diffamierung der Psychologie eingereiht habe, und Winkler spricht von einer Versachlichung der Diskussion. Vgl. GRÖZINGER, A. (1996): Eduard Thurneysen, S. 285; WINKLER, K. (1986): Karl Barth, S. 469. Trotz seines Plädoyers für die Anerkennung der Humanwissenschaften als Hilfswissenschaft sieht Riess Thurneysens Verhältnis zur Psychologie zumindest ambivalent: „Anderseits ist aber auch eine tiefe Aversion Thurneysens gegenüber der Psychologie nicht zu verkennen. Sie findet ihren Ausdruck in nahezu allen seinen Arbeiten. In häufigen Seitenhieben werden Psychologie oder Psychotherapie als 'Seelenpflege' apostrophiert, mit Aufklärung, Moral, menschlichem Rat assoziiert und gar als 'raffinierte Psychologie' abgewertet. Immer wieder wird eine biblisch begründete Seelsorge gegen eine 'bloße Psychologie' ausgespielt." RIESS, R. (1973): Seelsorge, S. 170. Zeitgenossen wie der Psychotherapeut Benedetti jedoch geben Zeugnis von einer auffälligen Differenz zwischen Thurneysens Theorien und deren Umsetzung in die Praxis: „Er war in seinen religiösen Überzeugungen so sicher, daß er der Psychologie eine Autonomie lassen konnte, ohne sich dadurch gefährdet zu fühlen. Im Gegenteil, gerne schickte er mir Menschen, bei denen er im Gespräch die Grenzen der Seelsorge wahrnahm." BENEDETTI, in: BOHREN, R. (1982): Prophetie und Seelsorge, S. 222.

terpretiert.[34] Da Thurneysen primär daran interessiert ist, Seelsorge stringent theologisch zu begründen, wird zudem verständlich, daß er glaubt, ihre Eigenständigkeit neben anderen humanwissenschaftlichen Bemühungen sicherstellen zu müssen: „Unsere Besinnung hat auszugehen von der Eigenständigkeit echter Seelsorge. Seelsorge ist aller Psychologie und Psychotherapie gegenüber etwas unaustauschbares Anderes, Eigenes, Neues."[35] Humanwissenschaftliche Erkenntnisse sollten daher nicht als Bereicherung für die theologische und anthropologische Begründung der Seelsorgelehre aufgenommen werden, sondern nur in Blick auf eine Effizienzsteigerung seelsorglicher Praxis Berücksichtigung finden: „Die Erkenntnisse der Psychiatrie und Psychotherapie werden mit aufgenommen und dienen dazu, die Botschaft von der Vergebung nur umso faßbarer und kräftiger hervortreten und ausrichten zu lassen."[36]

1.1.3. Spezielle konzeptionelle Vorgaben für Psychiatrieseelsorge

In Rekurs auf das kerygmatische Seelsorgeverständnis zählt ausschließlich der sich im Krankenhaus befindliche kranke Mensch, an dem es Krankenseelsorge zu verrichten gilt, als *Addressat* von Seelsorge.[37] Obwohl Asmussen Seelsorge als eine Begegnung „von Mann zu Mann"[38] definiert, darf daraus jedoch nicht geschlossen werden, daß alltagspraktisch nur Männer zum Adressatenkreis gehören. Sein Plädoyer für eine exklusive Konzentration auf gläubige Menschen dagegen ist konzeptionell ernst zu nehmen und hat zur Folge, daß Menschen, die der Verkündigung des Wortes Gottes nicht von vorne herein positiv gegenüberstehen, aus dem Adressatenkreis auszuschließen sind.[39]

Kerygmatische Seelsorge korreliert mit einem spezifischen *Krankheitsverständnis*. Das erkenntnisleitende Interesse bezieht sich dabei nicht auf die unterschiedlichen Erscheinungsformen psychischer Erkrankungen und deren Erklärung, sondern darauf, einen übergreifenden ontologisch-kausalen Zusammenhang zwischen Mensch und Erkrankung herzustellen. Demnach lebe der Mensch, der sich durch sein sündiges Verhalten von Gott getrennt hat, aber dennoch existentiell auf ihn verwiesen ist, in einem konstitutionell bedingten Krankheitszustand: „Der Mensch ist krank um seiner Sünde willen. Das will sagen: Er ist krank vor und an Gott. Weil er nur leben kann im Anrufe Gottes, weil er aber diesem Anruf nicht gehorcht, weil er ihn nicht erkennt und anerkennt, weil er ihm untreu wird, darum wird er krank, daran ist er krank... weil der Mensch also an der Wurzel seines Menschseins nicht in Ordnung ist, darum ist auch seine ganze Natur in Verwirrung gestürzt. Diese Verwirrung tritt in der Gestalt der

---

34 Vgl. WINDISCH, H. (1989): Sprechen heißt lieben, S. 54.

35 THURNEYSEN, E. (1976, 1946¹): Die Lehre von der Seelsorge, S. 175.

36 A.a.O., S. 193. Vgl. auch DERS. (1949): Psychologie und Seelsorge; DERS. (1950): Seelsorge und Psychotherapie; QUERVAIN, P. (1978): Psychoanalyse und dialektische Theologie, S. 36-40; JOCHHEIM, M. (1998): Seelsorge und Psychotherapie: historisch-systematische Studien zur Lehre von der Seelsorge bei Oskar Pfister, Eduard Thurneysen und Walter Uhsadel, S. 103-108.

37 Vgl. THURNEYSEN, E. (1968): Seelsorge im Vollzug, S. 175.

38 ASMUSSEN, H. (1935): Die Seelsorge, S. 15.

39 Vgl. PIPER, H. (1984): Wider die unversöhnliche Polarisierung, S. 269. Nach Daewek ist zumindest in den 60er Jahren die Tendenz Thurneysens zu erkennen, Seelsorge auch für kirchenferne Kranke zu öffnen. DAEWEK, H. (1983): Seelsorge-Konzepte, S. 57.

Krankheit ans Licht."⁴⁰ Durch diesen Gedankengang wird ein linearer Kausalzusammenhang von Sünde und Krankheit hergestellt und Krankheit als Heimsuchung und Züchtigung Gottes gegenüber dem schuldig gewordenen Menschen interpretierbar: „Darum kann es auch eine heilsame Sache sein, krank zu werden... So gesehen wird die Krankheit zu verstehen sein als Zulassung Gottes, auf daß sie zum Ort der Erkenntnis seiner Hilfe werde."⁴¹ Den aktiven Part, den der Mensch in der durch Sünde verursachten Krankheitsgenese einnimmt, umschreibt Thurneysen folgendermaßen: „Und das heißt nach dem Dargelegten, daß wir in einer freilich ganz und gar verborgenen Weise beteiligt sind am Geschehen der Krankheit, die über uns kommt. Wir erleben und erleiden unser Kanksein nicht nur, sondern wir haben es verdient."⁴² Obwohl Thurneysen eine explizite Besessenheitslehre vorstellt, will er festgehalten wissen, daß Besessenheitsphänomene nicht vorschnell diagnostiziert werden dürfen: „Der Mensch in der Besessenheit ist wie überrannt, übermannt, überflutet durch die dunklen Gewalten, die aus der Zwischenwelt über ihn hereingebrochen sind. Das bewußt handelnde, denkende und wollende Ich wird völlig beiseite geschoben und geradezu ausgeschaltet... Wir haben uns ganz gewiß zu hüten, allzu rasch bei der Hand zu sein mit der Feststellung solch krankhafter Besessenheit. Sie ist nichts Alltägliches, sie stellt vielmehr eine äußerste und letzte Manifestation der dunklen Herrschaft des Bösen dar."⁴³

Das kerygmatische Konzept bringt unerschütterliche *Rollenvorgaben* mit sich. Als „Träger und Übermittler der Botschaft von der Vergebung"⁴⁴ sollen SeelsorgerInnen den Kranken als SpezialistInnen für religiöse Angelegenheiten, als wissende SeelenführerInnen und SakramentenverwalterInnen selbstsicher gegenübertreten. Rollenprobleme sollten ihnen fremd sein, weil ihre Rolle zum einen durch ein stringentes theologisches Gesamtkonzept, zum anderen durch ein sie mit Autorität ausstattendes und sie legitimierendes Amtsverständnis abgesichert ist. Da Gottes Wort und Wirken im Mittelpunkt steht und der Prozeß der Umkehr zu Gott jedem methodischem Zugriff entzogen ist, kann ihre Kompetenz nicht von erlernbaren Methoden wie z.B. der der Gesprächsführung abhängen. Berufliche Zusatzqualifikationen führen daher nur zu Rollendiffusionen.⁴⁵ Welche Rolle SeelsorgerInnen im Gesamtgefüge der Psychiatrischen Klinik zugedacht ist, ergibt sich aus dem dialektischen Denkstil: Aufgrund der Diastase von Gott und Welt stehen sich Krankenhaus und Kirche scharf konturiert gegenüber. Als Fremde betreiben sie sozusagen eine 'Seelsorge von außen' weshalb sie ohne struk-

---

40 THURNEYSEN, E. (1976, 1946¹): Die Lehre von der Seelsorge, S. 194/195.

41 THURNEYSEN, E. (1968): Seelsorge im Vollzug, S. 182. Zur erkenntnistheoretischen Kausalität von Sünde und Krankheit vgl. AMMERMANN, N. (1994): Zur Konstruktion von Seelsorge, S. 219.

42 THURNEYSEN, E. (1968): Seelsorge im Vollzug, S. 187.

43 THURNEYSEN, E. (1976, 1946¹): Die Lehre von der Seelsorge, S. 288/289. Thurneysens Rede von Dämonen ist eng mit seiner Sündenlehre verbunden: „Hinter der Gefangenschaft des Menschen unter die Sünde sieht die Heilige Schrift ein unsichtbares Reich böser Geister und Gewalten....Wo die Vergebung der Sünden, da ist Satans Reich zu Ende. Er darf die Menschen nicht mehr länger quälen und verführen.... Weil die Seelsorge dieses Wort ausrichtet, darum ist ihr Werk zu verstehen als Austreibung der Dämonen und der Aufrichtung der großen Hoffnung auf den endgültigen Sieg Christi." A.a.O., S. 280.

44 THURNEYSEN, E. (1976, 1946¹): Die Lehre von der Seelsorge, S. 298. 1968 distanzierte sich Thurneysen von dieser Rolle des Seelsorgers und betonte dessen Rolle als Zeuge: „Und das kann nichts anderes heißen, als die Anwesenheit Gottes zu bezeugen." THURNEYSEN, E. (1968): Seelsorge im Vollzug, S. 176.

45 Vgl. BOHREN, R. (1982): Prophetie und Seelsorge, S. 224.

turelle Einbindung in Klinikstrukturen ihre Tätigkeit als EinzelkämpferInnen zur Verherrlichung Gottes zu verrichten haben.[46] Auch die Rolle der PatientInnen ist konzeptionell genau festgelegt: Unabhängig von seiner konkreten Person und aktuellen Situation ist die subjektive Befindlichkeit und Bedürftigkeit eines kranken Menschen als hilfsbedürftiger Sünder vorab definiert. Die Begegnungsstruktur mit dem Seelsorger ist durch ein großes Machtgefälle bestimmt, da die Kommunikation einseitig vom Seelsorger zum Kranken als Empfänger der an ihn gerichteten Botschaft verläuft. Das vom Seelsorger eröffnete Kampfgespräch erfordert zudem auf Seiten des psychisch Kranken intellektuelle und sprachliche Kompetenzen sowie die Fähigkeit, gewonnene Einsichten praktisch umsetzen zu können.

Seelsorgliche *Alltagspraxis* auf kerygmatischer Grundlage besteht ausschließlich aus individuumszentrierten Handlungen an PatientInnen, wobei Zweiergespräche als Ort der Verkündigung des Wortes Gottes dominieren sollen. Aufgrund der eingeforderten Bruchlinie im Gespräch liefert die Bibellektüre den zentralen Gesprächsinhalt, während das gemeinsame Beten eine besondere Kommunikationsform zwischen SeelsorgerIn, PatientIn und Gott ermöglicht: „Seelsorge vollzieht sich in Gestalt eines Gesprächs, das herkommt vom Worte Gottes und hinführt zu seiner Verkündigung."[47] Aufgrund ihres geistlichen Amtes kommt SeelsorgerInnen jedoch auch die Aufgabe der Sakramentenspendung zu, wobei v.a. die Beichte als Ort der Sühne, Reue und Umkehr eine wichtige Rolle zu spielen hat. Auch das Angebot liturgischer Veranstaltungen wie Andachten und Abendmahlsfeiern gehören elementar zum seelsorglichen Aufgabenbereich dazu, wobei diese jedoch nur in Blick auf die Kranken durchzuführen sind.

Die Frage der *Methodik* seelsorglicher Alltagspraxis spielt in der Kerygmatischen Seelsorge eine untergeordnete Rolle, da Verkündigung nicht methodisierbar ist.[48] Folgerichtig genügt ein im Theologiestudium erworbener sicherer Umgang mit dem religiösen Instrumentarium, wobei v.a. das Lesen in der Heiligen Schrift, die Verkündigung und Predigt, der Einsatz von Sakramenten, Ritualen und christlichen Symbolen unerläßlich sind.

---

46 Vgl. SIMON, L. (1985): Einstellungen, S. 57. Für Klessman führte v.a. die kerygmatische Seelsorgetheorie „in den fünfziger und sechziger Jahren zu einer weitgehenden Beziehungs- und Funktionslosigkeit der Seelsorge im Krankenhaus." KLESSMANN, M. (1996): Von der Krankenseelsorge, S. 46.

47 THURNEYSEN, E. (1976, 1946¹): Die Lehre von der Seelsorge, S. 87. Asmussen formuliert rigoros: „Es gibt nur eine berechtigte Form der Krankenseelsorge: Gottes Wort und Gebet." ASMUSSEN, H. (1935): Die Seelsorge, S. 200. Die Qualifikation des Gesprächs als Kampfgespräch läßt den Verdacht aufkommen, daß es dazu dient, kranke Menschen zu bevormunden. Dagegen betont Piper, der der Kerygamtischen Seelsorge durchaus kritisch gegenübersteht: „Die Vertreter dieser Seelsorgelehre haben selbst keine rüde Seelsorgepraxis geübt. Zeitgenossen, die sie als Seelsorger aufgesucht haben, berichten, daß sie bei ihnen eine einfühlsame, barmherzige Seelsorge erlebt haben, bei der sie sich aussprechen konnten und von einem harten Bruch nichts verspürten." PIPER, H. (1984): Wider die unversöhnliche Polarisierung, S. 269. Nach Daewek hat sich Thurneysen im Laufe seines Lebens der konkreten Situation der PatientInnen geöffnet, wodurch die Bedeutung des Zuhörens zunehmend die des Anpredigens verdrängte. Vgl. DAEWEK, H. (1983): Seelsorge-Konzeptionen, S. 57. Grözinger schlußfolgert daher: „Das Zeugnis von der Praxis des Seelsorgers Thurneysen korrigiert also eine bestimmte Leseart des Theoretikers, vielleicht korrigiert diese Praxis den so formulierenden Theoretiker selbst." GRÖZINGER, A. (1996): Eduard Thurneysen, S. 283.

48 Vgl. JOSUTTIS, M. (1974): Praxis, S. 98. Josuttis schlußfolgert daher: 'Was man bei den Vätern der Dialektischen Theologie bestenfalls erhalten konnte, waren gute Ratschläge für die praktische Umsetzung dogmatisch gewonnener Einsichten. Ein methodisches Instrumentarium, das auch dem Theologen professionelle Kompetenz für seine Tätigkeit liefern konnte, stand von jenen Ansätzen aus kaum zur Verfügung." JOSUTTIS, M. (1993): Seelsorgebewegung und Praktische Theologie, S. 462.

1.2. Nuthetische (Ermahnende), Parakletische (Tröstende) Seelsorge
1.2.1. Hinführender Überblick

Als spezifisch nordamerikanische Variante der Weiterentwicklung Kerygmatischer Seelsorge wird im Folgenden die Seelsorgelehre der evangelischen Theologen Adams und Crabb, die v.a. in den 70er Jahren auch in Deutschland an Popularität gewann, vorgestellt. Da die nuthetisch-parakletische Variante als bewußter Gegenentwurf zur sich zeitgleich etablierenden Pastoralpsychologie und deren Beratungs-Konzept entwickelt wurde, läßt sich nachempfinden, weshalb beide Theologen noch heute für viele evangelikale ChristInnen den Status von theologischen Leitfiguren innehaben, zumal sie gemeinsam mit Allender auch gegenwärtig Literatur zur Seelsorge in Deutschland veröffentlichen.[49] Die theoretische Fundierung der Nuthetischen Seelsorge ist kein primäres Produkt praxisferner Theoretiker, sondern kann als spezifisches Resultat seelsorglicher Erfahrungen gewertet werden: „Es geht mir wie vielen Pfarrern: Ich habe an der Universität nicht viel über Seelsorge gelernt. Ich begann Seelsorge zu treiben, ohne im Grunde eine Ahnung zu haben, was ich tun sollte. Die Schwierigkeiten ließen nicht lange auf sich warten."[50] Die Möglichkeit, Einsichten der amerikanischen Seelsorgebewegung über entsprechende Literatur oder Praxiskurse für seine Arbeit nutzbar zu machen, sah Adams schnell als gescheitert an: „Es zeigte sich bald, daß ich auf diese Weise kaum jemandem helfen konnte und daß ich wertvolle Zeit verschwendete."[51] Erst die ausschließliche Konzentration auf biblische Inhalte und Handlungsanweisungen führte ihn zu neuen Einsichten.[52] Die angestrebte Klärung gewann er in Auseinandersetzung mit den Theorien des Lernpsychologen Mowrer, unter dessen Anleitung er ein Klinikpraktikum absolvierte. Da dieses in einer Psychiatrischen Klinik stattfand, war Adams mit der Situation der Psychiatrieseelsorge vertraut. In seinem 1972 erschienenem Grundlagenwerk 'Befreiende Seelsorge' finden sich daher viele, wenn auch relativ unsystematische, diesbezügliche Ausführungen.

Als Schlüsselbegriff zur Charakterisierung seines Seelsorgeverständnisses favorisiert Adams das griechische Wort 'nuthesia'. Da dieser Begriff in der deutschen Übersetzung ein Spektrum, das von 'Zurechtweisung', 'Ermahnung' bis hin zur 'Warnung' reicht, umfaßt, plädiert er dafür, das griechische Originalwort beizubehalten.[53]

---

49 Vgl. BREUNING, H. (1988): Miteinander, S. 1007; SONS, R. (1995): Seelsorge, S. 80.

50 ADAMS, J. (1972): Befreiende Seelsorge, S. IX.

51 Erläuternd fügt er hinzu: „Während meiner ersten Bemühungen, ein besserer Seelsorger zu werden, entlieh, kaufte und verschlang ich so viele der neueren Bücher über Seelsorge, wie ich nur konnte, fand aber nur wenig Hilfe darin." ADAMS, J. (1972): Befreiende Seelsorge, S. IX.

52 "Als ich die ersten Erfolge sah, gab ich meine Erfahrungen an andere weiter und erlebte, wie sie anderen Menschen sogar besser helfen konnten. Aber meine Erfahrungen und Methoden entwickelten sich in unsystematischer Weise, die Zielsetzung blieb unklar, und ich war noch immer ein sehr unbeholfener Seelsorger." ADAMS, J. (1972): Befreiende Seelsorge, S. XI.

53 ADAMS, J. (1972): Befreiende Seelsorge, S. 39. Die Bezeichnung 'Befreiende' Seelsorge, die durch den deutschen Titel seines wichtigsten Buches verbreitet wurde, muß als willkürliche Titulierung des Übersetzers begriffen werden, weil sie im englischen Original nicht auftaucht. Nach Jentsch wäre es dennoch möglich, ein sachliches Äquivalent für den Befreiungsaspekt zu finden. Seelsorge trage zum Lösen von Problemen bei, weshalb die Bezeichnung 'befreiend' nicht grundsätzlich irreführend sei. Vgl. JENTSCH, W. (1982): Der Seelsorger, S. 113. Irreführend wird sie m.E. dann, wenn sie mit der Befreienden Seelsorge, die auf der Befreiungstheologie basiert, verwechselt wird.

Theologisch-Biblische Seelsorgekonzepte

Die Wortkombination 'Parakletische Seelsorge' dagegen geht auf Crabb zurück, der mit diesem ebenfalls in der Bibel auffindbaren griechischen Wort den Aspekt der 'Tröstung', 'Zusprechung' und 'Ermahnung' in Abgrenzung zu Adams herausstellen will.[54] Da jedoch auch Adams die parakletische Dimension der Seelsorge betont, können zur Beschreibung seines Konzeptes nuthetisch und parakletisch synonym verwendet werden, während Crabb bewußt nur von Parakletischer Seelsorge spricht.[55] Schaubild 16 soll einen Überblick vermitteln:

Mowrer, Hobart (Lern- Psychologe) 1961: The Crisis in Psychiatry and Religion	Schaubild 16 Nuthetisch-Parakletische Seelsorge im Überblick

ADAMS, JAY	CRABB, LAWRENCE
1972: **Befreiende Seelsorge** 1974: Sheperding God's flock 1976: Handbuch für Seelsorge 1977: Lectures of counseling 1983: Grundlagen biblischer Lebensberatung 1986: How to help people change 1988: Seelsorge mit der Bibel 1998: **Nuthetische Seelsorge** am System	1975: Basic principles of Biblical Counseling 1977: Die Last des andern. **Biblische Seelsorge** als Aufgabe der Gemeinde 1987: Understanding people. Deep longings for relations 1999: Hoffnung, wenn die Seele weint Die Vision einer **befreienden Seelsorge** am Nächsten
	CRABB, LAWRENCE / ALLENDER, DAN B. 1992: Dem andern Mut machen

1.2.2. Theoretische Fundierung der allgemeinen Seelsorgelehre

Da Adams sein gesamtes Konzept unter die biblische Leitperspektive der 'Nuthesia' stellt, ist Seelsorge inhaltlich als Zurechtweisung qualifiziert: „Kurz: Nuthetische Zurechtweisung hat ihren Platz dort, wo der Ratsuchende sich in einem Zustand befindet, den Gott geändert haben will. Es gilt, Änderungen im Charakter und im Verhalten herbeizuführen."[56] Die Radikalität der angezielten Veränderungen versucht Adams durch eine eigentümliche Metapher der Ineinssetzung von Seelsorge und Chirurgie auf der Folie der biblischen Rede von der Auferstehung drastisch zu verdeutlichen: „Seelsorge, die Erlösung verkündigt, ist radikale Chirurgie. Weil die Probleme des Menschen radikal sind (d.h. die Wurzeln seiner Existenz betreffen), sind radikale Maßnahmen nötig....Nur der Tod des Vergangenen und die Auferstehung zu einer neuen Lebensweise kann wirklich Probleme lösen."[57] Biblisch unterfangen und durch

---

54 Vgl. CRABB, L. (1977): Die Last des andern, Einleitung.

55 Das aktuellste Buch von Crabb wird mit dem Titel 'Vision einer befreienden Seelsorge' tituliert! Vgl. CRABB, L. (1999): Hoffnung, wenn die Seele weint; die Vision einer befreienden Seelsorge am Nächsten.

56 ADAMS, J. (1972): Befreiende Seelsorge, S. 40.

57 A.a.O., S. 58. Veränderung als seelsorgliche Zielsetzung ist für Adams derart zentral, daß er 1980 ein Buch darüber verfaßt: ADAMS, J. (1980): How to help people change. Ende der 90er Jahre präzisiert Adams 'Veränderung' als den Prozeß einer 'Überführung', d.h. Widerlegung des Sünders. Diese ziele darauf ab, zwischen Gott und Sünder eine neue Beziehung herzustellen. Vgl. ADAMS, J. (1998): Nuthetische Seelsorge am System, S. 212-213.

Theorieelemente der Lernpsychologie angereichert, radikalisiert Adams somit Thurneysens Postulat der seelsorglichen Glaubenshilfe: Verkündigung des Wortes Gottes soll in Form direktiver Ermahnung, Zurechtweisung, Belehrung und Warnung durch Sündenbekenntnis und Sündenvergebung eine Unterwerfung des Menschen unter das göttliche Gesetz bewirken, die an konkreten Verhaltensveränderungen ablesbar ist. Vordringlichste Aufgabe seelsorglichen Handelns besteht somit darin, den Menschen an die Verhaltensnormen der Bibel als einzig gültigen Maßstab menschlichen Verhaltens anzupassen, um ihn zur Ehre Gottes aktiv der Heiligung und Erlösung entgegenzuführen.[58] Obwohl auch Crabb die ermahnende Zurechtweisung, die auf Gehorsam, Zucht und Disziplin aufbaut, als Mittel zum Erreichen der nötigen Reife ansieht, plädiert er im Anschluß an die Spätschriften Thurneysens dafür, Seelsorge nicht nur im Modus des Forderns, sondern auch des Trostes, den er ebenfalls biblisch begründet sieht, zu betreiben, um parakletisch Menschen in Not gerecht werden zu können.[59]

Die *theologischen Prämissen* Nuthetisch/Parakletischer Seelsorge basieren sowohl auf kerygmatischen als auch auf sich davon unterscheidenden Theologumena. In Rekurs auf die dialektische Offenbarungs- und Wort-Gottes-Theologie, die ihr generatives Zentrum in der Christologie besitzt, kann Adams daher formulieren: „Jesus Christus ist die Mitte aller christlichen Seelsorge. Seelsorge, die Christus aus dieser zentralen Stellung rückt, hat in dem Maße, in dem sie dies getan hat, aufgehört, christlich zu sein. Wir kennen Christus und seinen Willen durch sein Wort. Deshalb wollen wir uns der Bibel zuwenden."[60] Zur Erschließung der Bibel als „Lehrbuch für die Seelsorge"[61] wählt er jedoch einen erkenntnistheoretischen Zugang, der die Setzung eines persönlichen Axioms voraussetzt: Textstellen, die den Begriff der nuthetischen Ermahnung zum Inhalt haben, werden als Schlüssel zur Erklärung der gesamten Schrift und damit auch zur Bestimmung des Inhaltes von Seelsorge herangezogen.[62] Im Unterschied zur Verkündigenden Seelsorge wird die Nuthetische Seelsorge nicht primär als Gnaden- und Rechtfertigungstheologie, sondern im Kontext der Trinitätstheologie unter Betonung der Pneumatologie entfaltet: „Ohne den Heiligen Geist gibt es keine Seelsorge. Er wird 'Paraklet' genannt.... Der Heilige Geist ist eine Person, nicht eine Kraft oder eine Gesetzmäßig-

---

58 Vgl. ADAMS, J. (1972): Befreiende Seelsorge, S. 43. Im Kapitel 'Seelsorge und die Lehre von der Heiligung' erläutert Adams die Zielsetzung der Heiligung. Vgl. ADAMS, J. (1983): Grundlagen, S. 245- 258. Analog findet sich bei Crabb: „The goal of biblical counseling is to promote Christian maturity, to help people enter into a richer experience of worship and a more effective life of service." CRABB, L. (1977): Effective biblical counseling, S. 29. In den 90er Jahren expliziert er diese Zielsetzung als einen Prozeß der Ermutigung zu einer „Art von Verhalten, die im anderen den Wunsch weckt, ein besserer Christ sein zu wollen." DERS. (1993): Den andern Mut machen, S. 7.

59 Vgl. CRABB, L. (1977): Die Last des andern, S. 23/24. Auch in Adams Konzept findet sich implizit Trösten als seelsorgliche Inhaltsbestimmung, weil er den Heiligen Geist als Parakleten, d.h. als Tröster, beschreibt und die Vermittlung von Hoffnung als Ziel seelsorglicher Beratung postuliert. Vgl. ADAMS, J. (1976): Handbuch, S. 39. Dennoch kommt Eberhardt zu dem Urteil, daß die Nuthetisch-Parakletische Seelsorge schlichtweg trost-los sei. Vgl. EBERHARDT, H. (1993): Praktische Seel-Sorge-Theologie, S. 104.

60 ADAMS, J. (1972): Befreiende Seelsorge, S. 37.

61 ADAMS, in: SONS, R. (1995): Seelsorge zwischen Bibel und Psychotherapie, S. 82.

62 Adams bezieht sich dabei auf einzelne Bibelstellen, wobei der Terminus jedoch nur 11 x in der Bibel vorkommt! Vgl. ADAMS, J. (1972): Befreiende Seelsorge, S.37, 41,43.

keit."⁶³ Seelsorge wird dadurch zum Werk des Heiligen Geists, der durch das Wort Gottes wirkt und auf entsprechende Verhaltensveränderungen drängt.

Obwohl die *anthropologischen Grundannahmen* Adams in der kerygmatischen Traditionslinie stehen, ist auch diesbezüglich eine gewichtige inhaltliche Modifikation erkennbar: Unter Verweis auf die Ursünde Adams, der eine kosmische Dimension zugeschrieben wird, entwikkelt er eine ausgefeilte Erbsündenlehre, durch welche die Kausalität von Sünde und Schuld schöpfungstheologisch zementiert wird: „Der Mensch ist nicht nur in dem Sinne ein Sünder, daß er in Adam als Repräsentant der Menschheit gesündigt hat, sondern der Mensch ist auch verdorben, durch seine Abstammung von Adam."⁶⁴ Die abstammungsbedingte sündige Anlage des Menschen basiert somit auf einer rein alttestamentlich begründeten Anthropologie, die er dahingehend interpretiert, daß der Mensch definitiv als ein defizitäres und negativ zu beurteilendes Wesen, das sich bewußt den Normen Gottes widersetzt, zu beurteilen ist.

In der *Verhältnisbestimmung gegenüber den Humanwissenschaften* zeigt sich bei Adams eine radikale Ablehnung, bei Crabb dagegen ein radikaler Umgang mit deren Einsichten und Methoden. Obwohl Adams zugibt, von den Theorien Mowrers konzeptionell selbst profitiert zu haben, polemisiert er durchgängig gegen die Psychologie und Psychotherapie. Weil sich die Psychologie nicht dem biblischen Menschenbild unterwirft und damit an der eigentlichen Wahrheitsfrage vorbeigeht, ist sie als zusätzliche Verwirrung des Menschen grundsätzlich zu bekämpfen: „Es ist auch unzulässig, die Vorstellung zu vertreten, Freud, Rogers und andere seien große Wohltäter der Kirche, fast schon Christen oder doch Menschen, von denen wir Wesentliches zu lernen hätten. Nein, wir müssen ganz klar sehen, daß sie mit den Angeboten des Feindes bei uns hausieren gehen. Sie bieten Systeme der Beratung und Lebensführung an, die der Wahrheit entgegengesetzt sind. Ihre Ansichten sind keine 'Ergänzung', sie führen in eine grundsätzlich andere Richtung."⁶⁵ Deshalb schlußfolgert er: „Von der Bibel her läßt sich ein eigenes Fachgebiet wie das der 'Psychotherapie' nicht rechtfertigen."⁶⁶ Dementsprechend hart fällt seine Beurteilung Freuds aus: „Alles, was man über Freud sagen kann, ist, daß seine Ansichten verantwortungslose Menschen ermuntert haben, in ihrer Verantwortungslosigkeit zu verharren und sie anwachsen zu lassen. Er hat unverantwortliches Handeln sanktioniert und salonfähig gemacht."⁶⁷ Im Unterschied zu Adams fordert Crabb dazu auf, sich psychologische

---

63 ADAMS, J. (1972): Befreiende Seelsorge, S. 18/20.

64 ADAMS, J. (1972): Befreiende Seelsorge, S. 60. Auch an anderer Stelle begründet er seine anthropologischen Reflexionen ausschließlich schöpfungstheologisch. Vgl. ADAMS, J. (1983): Grundlagen, S. 100-144.

65 ADAMS, in: SONS, R. (1995): Seelsorge, S. 87.

66 ADAMS, J. (1976): Handbuch, S. 14/15.

67 ADAMS, in: SONS, R. (1995): Seelsorge, S, 85. An anderern Stellen behauptet er: „Durch die Frage nach dem 'warum' wird viel Zeit verschwendet, und oft führt sie nur zu Spekulationen und zum Abschieben der Schuld." ADAMS, J. (172): Befreiende Seelsorge, S. 43: „In der nuthetischen Seelsorge interessieren wir uns nicht für etwas, das außerhalb der Bibel liegt, sondern für etwas, das durch die Bibel passiert.... Wir glauben nicht, daß die Kirche fast zwei Jahrtausende herumsitzen mußte, um auf Freud zu warten. Noch einmal zusammengefaßt: Psychologie und Psychiatrie und ähnliche Disziplinen können manchmal als Ergänzungen hilfreich sein - aber ich glaube, daß es hier keine notwendige Beziehung gibt zur christlichen Seelsorge." ADAMS, J. (1998): Nuthetische Seelsorge am System, S. 215/216. „Dieses System (Gesprächspsychotherapie) bestätigt den Glauben des sündhaften Menschen, daß er autonom sei und Gott nicht brauche." ADAMS, J. (1972): Befreiende Seelsorge, S. 72.

Einsichten durch einen Akt gottgewollter Plünderung anzueignen, sie mit christlichen Grundsätzen in Einklang zu bringen und anschließend gezielt für seelsorgliche Zwecke nutzbar zu machen, um die Effizienz seelsorglicher Menschenführung zu steigern.[68]

1.2.3. Spezielle konzeptionelle Vorgaben für Psychiatrieseelsorge

Da die nuthetisch-parakletische Seelsorgetheorie den einzelnen sündigen Menschen und dessen Verhaltensänderung im Blick hat, ist Psychiatrieseelsorge als Krankenseelsorge definiert. Biblisch begründet fordert Adams zwar dazu auf, auch Nichtchristen das Wort Gottes zu verkünden, um ihnen zum Christsein zu verhelfen, denn „nur der Christ kann vor Gott moralisch akzeptabel sein."[69] Auf konzeptioneller Ebene läßt er diese *Adressatenausweitung* jedoch nicht gelten: „Nur wenn auch der Ratsuchende Christ ist, kann man von 'nuthetischer Beratung' (im eigentlichen Sinn) sprechen. Sonst ist sie etwas Geringeres."[70]

Um SeelsorgerInnen im Umgang mit psychisch Kranken ein besseres Verständnis der spezifischen Situation dieses Adressatenkreises an die Hand zu geben, entwirft Adams in Rückgriff auf Jacobus 5,14[71] eine rein biblisch begründete streng dichotome *Krankheitslehre*, deren Richtigkeit er durch die von ihm gemachten Beobachtungen in der Psychiatrischen Klinik für bestätigt und damit für generalisierbar hält: „Ein Teil der Insassen der beiden Anstalten in Illinois war dort, weil sie organische Schäden, zum Beispiel Gehirnschäden hatten, die anderen aber, weil sie an den Problemen des Lebens gescheitert waren. Einfach ausgedrückt: Sie waren dort, weil ihr sündiges Verhalten nicht vergeben und nicht geändert worden war."[72] Nur wenn organische Funktionsstörungen, ausgelöst durch Krankheiten oder Unfälle als Ursache seelischer Probleme feststellbar sind, kann somit mit Recht von psychischer Krankheit gesprochen werden. Wenn jedoch innerseelische Probleme vorliegen, die keine konkreten Anzeichen für organisch bedingte Krankheitsursachen erkennen lassen, ist mit Jacobus daraus zu schließen, daß es sich um 'hamartiagene' Krankheiten handelt: "Was fehlt also den 'seelisch Kranken'? Ihre Schwierigkeiten liegen in ihnen selbst, sind selbst verursacht. Der gefallene Mensch entfernt sich von Gott.... Er weiß, daß er eine Lüge lebt, und sein Gewissen löst schmerzhafte, psychosomatische Reaktionen aus. Schließlich wird er ein elender Mensch, äußerlich isoliert und anderen entfremdet, innerlich zerrissen."[73] Psychiatrische Krankheitssym-

---

68 CRABB, L. (1977): Die Last des andern, S. 42.

69 ADAMS, in: SONS, R. (1995): Seelsorge zwischen Bibel und Psychotherapie, S. 84.

70 ADAMS, J. (1972): Befreiende Seelsorge, S. 58.

71 Durch seinen Rückbezug auf diese Textstelle sieht Adams folgende von ihm selbst aufgestellte Forderung als erfüllt an: „Wer als Christ lautstark versichert, daß es eine Krankheit der Seele oder des Geistes gibt, sollte dies auch von der Bibel her beweisen können." ADAMS, J. (1972): Befreiende Seelsorge, S. 2.

72 ADAMS, J. (1972): Befreiende Seelsorge, S. XIV.

73 ADAMS, J. (1976): Handbuch, S. 26/ 27. „Zwar gehen alle Krankheiten letztlich auf Adams Sünde zurück und sind in diesem weiteren Sinne hamartiagen, doch gibt es solche, die unmittelbare Folge bestimmter Sünden sind. Das Wort wird hier in diesem engeren Sinn gebraucht." ADAMS, J. (1972): Befreiende Seelsorge, S. 91. An anderer Stelle wird deutlich, welche Krankheiten dieses Kriterium erfüllen: Depressionen, Schizophrenien, Neurosen, Psychosomatische Erkrankungen, Homosexualität und Suchterkrankungen. Vgl. ADAMS, J. (1976): Handbuch, Kapitel 20- 23.

ptome werden deshalb von Adams als Masken bezeichnet, die der Mensch bewußt aufsetzt, um nicht bewältigte Probleme zu verdecken. Einige Jahre später revidiert Adams diese streng dichotome Sichtweise, indem er Krankheiten weiter unterteilt in sündhaft verursachte Krankheiten, die v.a auf persönlicher Sündenschuld beruhen und andere, die hauptsächlich dem Einfluß dämonischer Mächte im Sinne von Besessenheit zu verdanken sind, wobei er jedoch keine ausführliche Besessenheitslehre entwickelt.[74]

Ebenso wie im kerygmatischen Konzept ist auch in der nuthetischen Variante die *Rolle* von SeelsorgerInnen und PatientInnen eindeutig festgeschrieben. Im Umgang mit hamartiagen erkrankten Menschen sollen SeelsorgerInnen als strenge RatgeberInnen, Vorbilder und VerhaltenstrainerInnen, deren Kompetenz durch höchste göttliche Autorität legitimiert ist, auftreten. Als Werkzeuge des Heiligen Geistes ist es ihre Aufgabe, den Menschen die jeweiligen Masken vom Gesicht zu reißen, ihre Sünden aufzudecken und zu vergeben und ihnen anschließend christliche Norm- und Verhaltensweisen anzutrainieren, um sie unter das Gesetz Gottes zu stellen. Indem Adams die Kompetenz von SeelsorgerInnen ins Unermeßliche steigert und gleichzeitig anderen Berufsgruppen Kompetenz abspricht, schafft er konzeptionelle Voraussetzungen, die eine Integration von SelsorgerInnen in die Psychiatrische Klinik nahezu unmöglich machen: „Qualifizierte Seelsorger mit einer hinreichenden biblischen Ausbildung sind kompetente Berater - kompetenter als Psychiater oder sonst irgend jemand."[75] Um diese Kompetenz zu erreichen, benötigen SeelsorgerInnen lediglich den Erwerb einer soliden theologischen Ausbildung, die sich durch ein intensives Bibelstudium auszuzeichnen hat. Eine Kompetenzsteigerung durch Aneignung sonstigen Wissens ist für Adams daher nicht nur unnötig, sondern unerwünscht. Aufgrund des erörterten Krankheitsverständnisses spricht Adams den Kranken die Krankenrolle schlichtweg ab und macht sie für ihren Zustand selbst verantwortlich: „Der Berater muß wissen, daß es den Menschen schadet, wenn man auf ihre Täuschungen eingeht. Wenn Leute sich tarnen, wenn sie sich verstecken, um einer Entdeckung zu entgehen, wenn sie vorgeben, krank zu sein, wird es mit ihnen umso schlimmer, je mehr man sie wie Kranke behandelt. Ihren Zustand zu entschuldigen, ist das Liebloseste, was man tun kann. Man erschwert ihnen dadurch nur ihre Lage."[76] Gefangen im Prinzip der Selbstverschuldung steht somit der angeblich kranke Mensch dem Seelsorger in einer asymmetrischen Beziehungsstruktur gegenüber. Da nur der Seelsorger den Weg zur Sündenvergebung und Heilung weisen kann, beschränkt sich die Rolle des Erkrankten auf das Hinhören, das Bekennen von Sünden und das Befolgen von Verhaltensanweisungen. Weil 'unmöglich' im nuthetischen Seelsorgeverständnis ein 'unmögliches Wort' ist,[77] stehen PatientInnen zudem unter dem Leistungsdruck psychischer Gesundung: „Es gibt keinen Grund, warum ihr Problem nicht gelöst werden könnte. Alle Probleme sind lösbar, wenn man sie im Gehorsam gegen

---

[74] Vgl. ADAMS, J. (1976): Handbuch, S. 14. Ende der 90er Jahre dagegen läßt sich bei Crabb/Allender nachlesen, daß dämonische Krankheitsvorstellungen und damit korrespondierende seelsorgliche Befreiungsdienste vorausgesetzt werden: CRABB/ALLENDER (1992): Den andern Mut machen, S. 133-148.

[75] ADAMS, J. (1972): Befreiende Seelsorge, S. 17. Vgl. hierzu auch ADAMS, J. (1972): Befreiende Seelsorge, S. 49/53/81. Zudem stellt Adams die These auf, „daß es kein Fachgebiet gibt, auf das die Psychiatrie ein exklusives Recht hätte." ADAMS, J. (1972): Befreiende Seelsorge, S. 33.

[76] ADAMS, J. (1972): Befreiende Seelsorge, S. 29.

[77] Vgl. ADAMS, J. (1972): Befreiende Seelsorge, S. 111.

Gott angeht."⁷⁸ Ist Gesundung nicht erreichbar, liegt der Schluß nahe, mangelnden Gehorsam und Glauben für das Scheitern des Seelsorgeprozesses verantwortlich zu machen und damit erneut die Schuld hierfür bei den PatientInnen zu vermuten.

Auch die seelsorgliche *Alltagspraxis* im Psychiatrischen Krankenhaus ist konzeptionell durch die nuthetisch-parakletische Seelsorgetheorie klar vorgegeben. Seelsorgliches Handeln soll sich als praktische Umsetzung der in der Bibel enthaltenen Inhalte und Verhaltensanweisungen erweisen, wobei die Umsetzungsproblematik biblischer Maxime in gegenwärtiges Handeln kein Problem darstellt: „In der Bibel finden wir alle Antworten, die er und der Ratsuchende brauchen."⁷⁹ Aus Textpassagen des Jakobusbriefes und des Matthäusevangeliums leitet Adams dementsprechend die predigthafte Verkündigung des Wortes Gottes, die gemeinsame Bibellektüre, das Gespräch unter vier Augen, das Gebet, die Salbung und die Beichte als therapeutisch qualifizierte Alltagspraxis ab. Handlungen, die über die interpersonelle Dimension hinausgehen, lassen sich mit dem nuthetischen Konzept nicht vereinbaren.⁸⁰

Die erläuterte individuumszentrierte Alltagspraxis kann von SeelsorgerInnen ohne Hinzuziehung theologie-externer *Methoden* geleistet werden: „Rogers' Methoden sind unvereinbar mit biblischen Prinzipien und deshalb für Christen nicht annehmbar. Nach Rogers muß der Mensch, der sündigt, 'akzeptiert' und nicht ermahnt werden.... Das nuthetische Element fehlt gänzlich in dieser Art Beratung.... Im Gegensatz dazu müssen alle Methoden unserer Seelsorge auf dem biblischen Grundsatz aufgebaut werden."⁸¹ Obwohl Adams ebenso wie die Vertreter Kerygmatischer Seelsorge für den ausschließlichen Einsatz religiöser Methoden plädiert, favorisiert er spezifisch nuthetisch ausgerichtete Hilfsmittel wie die Arbeit mit Bibelsprüchen, die eine effiziente Zurechtweisung und Anleitung ermöglichen.⁸² Crabb dagegen plädiert für eine Integration psychologischer Methoden, die er in der sogenannten Tonband- Methodik verwirklicht sieht.⁸³

---

78 ADAMS, in: NEIDHARD, W. (1977): Evangelikale und neo- orthodoxe Seelsorge, S. 319.

79 ADAMS, in: SONS, R. (1995): Seelsorge zwischen Bibel und Psychotherapie, S. 82.

80 Vgl. ADAMS, J. (1983): Grundlagen, S. 73. Nur über das Gespräch ist das Aufdecken der sündhaften Kausalzusammenhänge möglich: „Je ungeschminkter ich den Leuten erklärte, was Gott von ihnen verlangte, desto mehr wurde ihnen wirklich geholfen. Nachdem sie sündiges Verhalten in ihrem Leben erkannt, bekannt und sich davon abgewendet hatten, erklärte ich im Detail die biblischen Verhaltensweisen und hielt die Leute an, sich verbindlich daran zu halten. Dieses Vorgehen schien Erleichterung zu schaffen und Resultate zu zeitigen." ADAMS, J. (1972): Befreiende Seelsorge, S. XI.

81 ADAMS, J. (1972): Befreiende Seelsorge, S. 72/87.

82 Adams entdeckt v.a. im Buch der Sprüche Anleitungen zu einem biblisch fundierten Leben, die methodisch konfrontativ eingesetzt werden sollen. Vgl. ADAMS, J. (1972): Befreiende Seelsorge, S. 85.

83 Dabei handelt es sich um eine Verbindung von Methoden unterschiedlicher Psychologieschulen, die in die biblische Spruch-Methodik einpaßt werden. Hierzu muß folgende Reihenfolge eingehalten werden: 1. Das Aufdecken von Problemgefühlen; 2. Das Aufdecken von Problemverhalten; 3. Das Aufdecken von Problemdenken; 4. Die Förderung biblischen Denkens; 5. Die Ermutigung zur Entscheidung und Mitarbeit; 6. Das Ausführen biblischen Verhaltens; 7. Das Erkennen der vom Heiligen Geist kontrollierten Gefühle. Negative Programmierungen gestörter Menschen sollen somit wie bei einer Tonbandaufnahme gelöscht und durch ein biblisches Band ersetzt werden. Um dies zu erreichen, werden kleine Karteikarten eingesetzt, die mit Bibelsprüchen beschriftet sind und als visuelle Verstärker dienen sollen. Vgl. CRABB, L. (1977): Die Last des andern, S. 158.

1.3. Biblische, Bibelorientierte Seelsorge
1.3.1. Hinführender Überblick

In kritischer Treue zum kerygmatischen Seelsorgeansatz und unter Einbeziehung nuthetisch-parakletischer Theorieelemente entstand zwischen den 70er und 90er Jahren ein alternatives Konzept zur sich zeitgleich etablierenden Therapeutischen Seelsorge.[84] Trotz voneinander abweichender Inhalte weisen die Fundierungsversuche unterschiedlicher Theologen die Gemeinsamkeit auf, Seelsorge in Weiterführung traditioneller Seelsorgemodelle aus einer ausschließlich theologisch-biblischen Perspektive begründen und erneuern zu wollen.[85]
Da der neue Ansatz von Theologen verschiedener beruflicher Prägung, die sich großteils im Arbeitskreis 'Biblische Seelsorge e.V.' zusammenschlossen und v.a. in der Zeitschrift 'Brennpunkt Seelsorge' publizieren, entwickelt wurde, finden sich trotz der gemeinsamen biblischen Generallinie entsprechend unterschiedliche Titulierungen.[86] Weil die Wortschöpfungen 'Biblische Seelsorge' und 'Bibelorientierte Seelsorge' in den Schriften der meisten Autoren auftauchen, werden sie als Haupttitulierungen gewählt. Die vielen weiteren Attribute, die mit dem biblischen Konzept verknüpft sind, werden als spezielle Produkte einzelner Autoren gewertet und daher aus Gründen der Vollständigkeit nur thesenhaft in Schaubild 17 auf der nächsten Seite zusammengefaßt. Da sich nur Wanner explizit mit dem Problemkreis 'psychische Erkrankung' auseinandergesetzt hat, finden sich bei den Vertretern biblischer Seelsorge kaum konzeptionelle Vorgaben für die Psychiatrieseelsorge.

---

[84] Nach Sons zeichnet sich der neue Ansatz „durch die Treue zu den Einsichten der Kerygmatischen Seelsorge aus." SONS, R. (1995): Seelsorge, S. 62. Diese Treue schließt aber nicht aus, daß Korrekturen am kerygmatischen Konzept für wichtig gehalten wurden. Vgl. TACKE, H. (1989): Mit den Müden, S. 54. Entscheidend ist, daß der biblische Ansatz in Abgrenzung zur Therapeutischen Seelsorge entwickelt worden ist, was sich bei Bohren besonders deutlich erkennen läßt: „Ich meine, daß unsere Seelsorge am mangelnder Einsicht in die Sünde krankt und diese mangelnde Einsicht ist allemal mangelnde Christuserkenntnis, und damit eine Folge der Unfähigkeit, Gottes gutes Gebot vom Evangelium her zu predigen.... Die wahren Seelsorger aber kommen aus der Wüste des Gerichts. Im Gericht hilft keine Therapie, es sei denn vielleicht die Therapie heißt 'Leiden'." BOHREN, R. (1996): Psychologie und Theologie, S. 32 u. 53.

[85] So spricht Jentsch von einer Revision und Regeneration der Seelsorge durch Rückbesinnung auf ihr biblisches Fundament. Daß damit keine bloße Korrektur, sondern eine grundsätzliche Kursänderung angezielt ist, offenbart er in der Titulierung seines Aufsatzes 'Erneuerung der Seelsorge'. Vgl. JENTSCH, W. (1990): Biblische Seelsorge, S. 4. Auch Tacke verfolgt ein ähnliches Ziel, wenn er dazu aufruft, die durch den Verlust der Bibelorientierung herbeigeführte „Schwindsucht der evangelischen Seelsorge" durch eine fundamentale Rückkehr zur Bibel kurieren zu wollen. TACKE, H. (1989): Mit den Müden, S. 29. Im Deutschen Pfarrerblatt meldete sich u.a. auch Heymel mit der Forderung einer theologischen Revision der Seelsorge zu Wort: „Das am meisten bedrängende Problem heutiger Seelsorge ist gewiß nicht mangelnde Offenheit für psychotherapeutische Erkenntnisse und Methoden, sondern eine fundamentale Unklarheit über ihren eigenen Auftrag, m.a.W. eine Grundlagenkrise, die man durch unreflektierte Anwendung jeweils gerade aktueller Psychologiekonzepte auf die Seelsorgepraxis nur so lange verdrängen kann, wie man der Frage nach der theologischen Grundlage seines Tuns ausweicht." HEYMEL, M. (1989): Seelsorge auf welcher theologischen Grundlage?, S. 172. Vgl. auch HARMS, K. (1989): Seelsorge als Erinnerung, S. 176.

[86] Vgl. BREUNING, H. (1988): Miteinander Glauben lernen, S. 1008. Die männliche Bezeichnung wurde absichtlich gewählt, da keine Theologinnen entscheidend am Konzept mitgearbeitet haben. Die Hauptvertreter entstammten der seelsorglichen Praxis (z.B. Hofmann und Wanner) sowie der universitären Wissenschaft (z.B. Systematische Theologie: Tacke; Religionspädagogik: Jentsch; Pastoraltheologie: Grossmann).

Theologisch-Biblische Seelsorgekonzepte

> Kerygmatische Seelsorge / Nuthetische Seelsorge
> ↓

Biblische Seelsorge

Vereinigung:	Arbeitskreis 'Biblische Seelsorge e.V.'
Ausbildungszentrum:	Schloß Reichenberg
Publikationsorgan:	Brennpunkt Seelsorge

TACKE, HELMUT (Schüler Thurneysens)
1975: Glaubenshilfe als Lebenshilfe
Partnerschaftliche Seelsorge (S. 169)
1979: Lebenshilfe durch Glaubenshilfe
1989: Mit den Müden zur rechten Zeit zu reden
(Erste Auflage nach Tackes Tod 1988)
Bibelorientierte Seelsorge (Untertitel)
Biblisch orientierte Seelsorge (S. 41)

WANNER, WALTER
1975: Signale aus der Tiefe
Ganzheitliche Seelsorge (S. 192)
1979: Seelische Krisen erkennen, verstehen, heilen
1984: Willst du gesund werden?
Reflektive Seelsorge (S. 15)
Begleitende Seelsorge (S. 16)

BOHREN, RUDOLF
1991: Macht und Ohnmacht der Seelsorge
1996: Psychologie und Theologie
eine Gewinn- und Verlustrechnung
für die Seelsorge

HOFMANN, HORST-KLAUS
1977: Psychonautik - Stopp
Biblische Seelsorge (S. 74)
1991: Biblisch-reformatorische Seelsorge

BITTLINGER, ARNOLD
1975: **Biblische Seelsorge**

SEITZ, MANFRED
1971: Ist Seelsorge in der Kirche noch nötig?
1979: Aufgaben und Möglichkeiten
kirchlicher Seelsorge heute
1985: Überlegungen zu einer biblischen Theologie
der Seelsorge
Parakletische Seelsorge (S. 95)
1985: Seelsorge als Verläßlichkeit
1992: Die Gemeinde und ihre Kranken.
Christliches Verstehen menschlicher Krankheit
und seelsorgliches Beistehen

BERNET, WALTER
1965: Seelsorge als Auslegung
1988: **Weltliche Seelsorge**

BRÄUMER, HANSJÖRG
1979: **Pneumatische Seelsorge**
1994: Seelsorge als Lebens- und Glaubenshilfe

NEMBACH, ULRICH
1988: **Theologische Seelsorge**

GROSSMANN, EBERHARDT
1991: Depression und Seelsorge
Bibeltreue Seelsorge (S. 16)

JENTSCH, WERNER
1970: Beraten und Bezeugen.
Eine Grundfrage der Seelsorge heute
1982: Der Seelsorger. Beraten, Bezeugen, Befreien
Sachliche Seelsorge (S. 68)
Befreiende Seelsorge (S. 115)
Biblisch-Reformatorische Seelsorge (S. 12)
Christuszentrierte Seelsorge (S. 51)
1990: **Biblische Seelsorge**
1991: Erneuerung der Seelsorge
1991: Proprium, Elemente und Formen der Seelsorge

ANTHOLZER, ROLAND
1986: Plädoyer für eine **biblische Seelsorge**
1993: Psychotherapie - der fatale Irrtum
1998: Mächte der Bosheit

Schaubild 17: Biblische Seelsorge im Überblick

1.3.2. Theoretische Fundierung der allgemeinen Seelsorgelehre

Während Wanner und Hofmann Seelsorge Mitte der 70er Jahre noch immer in kerygmatischen Begrifflichkeiten beschreiben,[87] wählt Tacke zeitgleich eine Definition, die diese zwar aufnimmt, sie zugleich aber inhaltlich modifiziert: „Seelsorge ist praxisbezogene Vermittlung des Evangeliums in Form eines freien Gesprächs, in dem die Seelsorge Gottes zur Sprache kommt."[88] Indem Tacke nicht die Konfrontation mit dem Wort Gottes, sondern das durch entsprechende Vermittlung erfahrbar zu machende Evangelium Jesu Christi als den normativen Kern von Seelsorge herausstellt, konzipiert er eine Seelsorge, die nicht in der reinen Verkündigungsfunktion aufgeht, sondern die konkrete Situation des Menschen als hermeneutischen Anknüpfungspunkt seelsorglichen Handelns zumindest als Problem erkennt: „Das Kernproblem evangelischer Seelsorge besteht in der gesprächsgerechten Vermittlung des Evangeliums. Nicht unvermittelt kerygmatisch, sondern kausal orientiert und mit der Situation 'stimmig', will das Evangelium 'ins Gespräch genommen' werden."[89] Daß das Evangelium im Seelsorgegespräch jedoch explizit mitgeteilt werden muß, ist trotz einer Sensibilisierung für die entsprechende Methodik auch im biblischen Seelsorgeansatz unbestritten: „Natürlich plädieren wir nicht für eine drängerische Konfrontation mit der Sache Jesu. Es gibt Vor- und Zwischenstadien, ja auch im Evangelium wohl zu begründende Zurückhaltung, ein echtes geistliches Abwarten, aber aufs Ganze gesehen müssen in der Seelsorge Christus und der Glaube an ihn grundsätzlich im Blick sein und bleiben."[90]

Vertreter Biblischer Seelsorge plädieren somit ebenfalls dafür, Glaubenshilfe als zentrale Zielsetzung seelsorglicher Tätigkeit auszuweisen, wobei sie jedoch in Blick auf den erforderlichen Praxisbezug diese durch eine entsprechende Lebenshilfe ergänzt sehen wollen: "Das seelsorgliche Ziel besteht in der Hilfe zum Glauben, so daß der Glaube sich als Lebenshilfe erweist.... Hätte der Glaube keine Relevanz für das Leben, müßte er unter Ideologieverdacht gestellt werden."[91] Da Glaubenshilfe konkret als Hinführung zum Glauben an Gott in Jesus

---

[87] „Was verstehen wir unter Seelsorge?....Die in die besondere Situation des suchenden und leidenden Menschen zielende Verkündigung des Heils von Jesus Christus als Antwort auf seine Fragen und Probleme in seiner von Gott entfremdeten Geschöpflichkeit." WANNER, W. (1984, 1975¹): Signale, S. 191. „Mit christlicher Seelsorge haben wir es nur dort zu tun, wo es über vorletzte Rettung hinaus um die letzt Rettung, um das Hineinkommen in Gottes Reich geht." HOFMANN, H.K. (1977): Psychonautik- Stop, S. 77.

[88] TACKE, H. (1975): Glaubenshilfe als Lebenshilfe, S. 32.

[89] TACKE, in: LAUTHER/MÖLLER (1996): Helmut Tacke, S. 350.

[90] JENTSCH, W. (1982): Der Seelsorger, S. 115. 1990 modifiziert er seine Sichtweise: „Das heißt natürlich nicht, daß eine Holzhammer - Methode empfohlen würde. Das Zeugnis soll in der reifen Stunde, nach einer eingehenden Vorarbeit und wirklich fallbezogen gebraucht werden. Auch die wortlose Tat, das bloße Verhalten kann Zeugnis sein." JENTSCH, W. (1990): Biblische Seelsorge, S. 41. Deutlich formuliert auch Seitz: Es „muß von Gott geredet werden, auch in der Seelsorge, auch in der Beratung. Es muß von Gott geredet werden, leise und überzeugend." SEITZ, N. (1971): Ist Seelsorge in der Kirche noch nötig?, S.19.

[91] TACKE, H. (1975): Glaubenshilfe als Lebenshilfe, S. 32; DERS. (1979): Lebenshilfe durch Glaubenshilfe. In Rekurs auf Tacke formuliert auch Jentsch: „Christliche Seelsorge gibt es weder nur als Glaubenshilfe noch nur als Lebenshilfe." JENTSCH, W. (1991): Erneuerung der Seelsorge, S. 254. „Glaubenshilfe und Lebenshilfe schließen einander nicht aus, sondern bedingen einander." JENTSCH, W. (1982): Der Seelsorger, S. 58. Das Ineinandergreifen von Glaubenshilfe (Sache Gottes) und Lebenshilfe (Sache des Menschen) versucht Jentsch durch die Titulierung 'Sachliche Seelsorge' zu verdeutlichen. Vgl. JENTSCH, W. (1982): Der Seelsorger, S. 68. Seitz formuliert diesen Zusammenhang folgendermaßen: „Seelsorge, ich fasse zusammen, ist die Begegnung mit dem bedürftigen Menschen, unter dem Evangelium geschehend als Ge-

Theologisch-Biblische Seelsorgekonzepte

Christus beschrieben wird, ist das biblische Seelsorgekonzept von einer missionarischen Zielsetzung, zu der sich Jentsch offen bekennt, geprägt: „Gerade weil man aber heute so vorsichtig geworden ist und nur ja nicht jemand religiös zu nahe treten möchte, wird es notwendig, auf die missionarische Funktion der Seelsorge aufmerksam zu machen."[92] Inhaltliche Ausführungen zur Lebenshilfe dagegen fallen bei allen Theoretikern relativ abstrakt aus. Dementsprechend sieht Tacke seelsorgliche Lebenshilfe dann als gegeben an, wenn der Glaube beim Menschen Veränderungen im Selbst- und Weltverständnis anstößt und dadurch eine intrapsychische Bewältigung von Lebenskrisen bewirkt.[93] Lebenshilfe als direkte Funktion des Glaubens impliziert jedoch, daß die Glaubenshilfe erfolgreich abgeschlossen sein muß, bevor eine reale Lebenshilfe überhaupt möglich wird. Daß diese Lebenshilfe die Form konkreter Hilfe zur Selbsthilfe bedeuten könnte, weist Tacke streng zurück: „Die intendierte 'Hilfe zur Selbsthilfe' mag bei gewissen therapeutischen Projekten die gebotene Losung sein, ist aber insgesamt innerhalb der evangelischen Seelsorge fehl am Platz. Die ganze Bibel widerstreitet diesem zur Ideologie gewordenen Schlagwort und seiner Illusion."[94] Jentsch, der Glaubens- und Lebenshilfe inhaltlich ebenso abstrakt als Zustand des Heilseins und den Prozeß des Heilwerdens differenziert, erkennt im Unterschied zu Tacke die Dimension der Selbst- und Identitätshilfe als Teilbereich seelsorglicher Lebenshilfe an, wenn sie nicht über den Inhalt der Glaubenshilfe dominiert: Seelsorge „leistet jedenfalls noch etwas ganz anderes als 'Hilfe zur Selbsthilfe', geschweige denn die Selbsthilfe allein.... Anscheinend haben die Seelsorger, die sich einseitig auf die Regulation der seelischen Störungen und die Erreichung der Ich-Stärke durch sogenannte Identitätshilfe spezialisiert haben, die geistlichen Kräfte vergessen oder bewußt hintangestellt."[95] Seelsorge vollzieht sich daher für

---

spräch, in dem das verbale Zeugnis von der Seelsorge Gottes zum Glauben und dadurch zum Leben hilft. Dies ist der Auftrag." SEITZ, M. (1979). Aufgaben und Möglichkeiten, S. 71. „In der *parakletischen Seelsorge* geht es unter voller Zugrundelegung der beratenden Seelsorge (in manchen Fällen aber auch ohne sie) um die unbedingte situationsgemäße und methodisch verantwortete Begegnung mit dem Evangelium auf dem Felde menschlicher Not. Sie steht dem Menschen in den Grundsituationen des Lebens durch Hilfe zum Glauben bei." SEITZ, M. (1985, 1978[1]): Überlegungen, S. 96.
Obwohl auch Wanner für eine seelsorgliche Zielsetzung von Glaubens- und Lebenshilfe plädiert, konzentrieren sich seine Ausführungen auf die Glaubenshilfe, die er in nuthetischem Vokabular beschreibt: „Die Seelsorge sieht die entscheidenden Akte der Heilsvermittlung und der Heilwerdung in folgendem Geschehen: Versöhnung mit Gott, Aufhebung der Zielverfehlung, Vergebung der Sünde und der Schuld, Umkehr und Neuanfang, Erschließung des Kraftpotentials Jesu." WANNER, W. (1984, 1975[1]): Signale, S.193. Konkrete Lebenshilfe dagegen sieht er analog zu Adams durch zwei Strategien erreichbar: *'Reflektive Seelsorge'* soll den Menschen dazu bewegen, möglichst viel über sich und sein Verhalten nachzudenken und herauszufinden,*'Begleitende Seelsorge'* dagegen zielt auf eine Verhaltenskorrektur ab. Vgl. WANNER, W. (1984): Willst du gesund werden?, S. 15.

92 JENTSCH, W. (1982): Der Seelsorger, S. 58. Um sich von negativen Konnotationen des Missionsbegriffs abzugrenzen, formuliert er Jahre später: „Die Nächstensorge hat einen missionarischen Zug. Sie wird 'allen alles', um auf diese Weise einige für Christus zu gewinnen, nicht aus Propaganda, oder mit Manipulation, sondern um des 'Evangeliums willen'." JENTSCH, W. (1991): Proprium , S. 36.

93 Vgl. TACKE, H. (1975): Glaubenshilfe als Lebenshilfe, S. 34.

94 TACKE, H. (1989): Mit den Müden zur rechten Zeit zu reden, S. 64.

95 JENTSCH, W. (1982): Der Seelsorger, S. 60. Subjekttheoretische Kategorien wie wie Ich-Identität, Emanzipation und Freiheit werden deshalb von Jentsch nur auf der Folie von Glaubenshilfe als ein Aspekt der Lebenshilfe im Sinne einer *'Befreienden Seelsorge'* akzeptiert: „Der Seelsorger als Befreier soll etwas bewirken und verändern, d.h. zur Emanzipation des Ratsuchenden helfen." JENTSCH, W. (1982): Der Seelsorger, S. 11. Gleichzeitig jedoch gibt er zu bedenken: „Das Emanzipatorische fügt sich nicht ohne weite-

Jentsch nicht in allverzeihender Annahme oder zuwartender Begleitung, sondern im Bezeugen, Beraten, Befreien, Mittragen und Mitleiden des Seelsorgers.[96]

In der von Jentsch gewählten Titulierung 'Christuszentrierte Seelsorge' ist das *theologische Fundament* Biblischer Seelsorge prägnant zusammengefaßt.[97] Nicht der Bibelbezug als solcher, der ja letztlich allen Seelsorgekonzepten zugrunde liegt, sondern die explizite Verankerung der Seelsorge im Evangelium von Jesus Christus als Mitte der Schrift, die große Bedeutung, die der Bibel in der Alltagspraxis von Seelsorgern beigemessen wird, und die Art der Bibelauslegung heben das biblische Konzept von anderen Konzepten ab. Jentsch spricht daher von einer bibelbewußten Seelsorge: „Die Rückfrage erfolgt nicht ungeschichtlich, naivbiblizistisch, aber auch nicht so, als ob die Fragenden Herren über den Text wären und sich eine einseitig-kritische Distanz leisten könnten. Vielmehr bemüht sich die Befragung der biblischen Schriften um ein sachgemäßes Vorgehen."[98] Die genaue Erläuterung dieses sachgemäßen Vorgehens bleibt jedoch relativ vage. Die behauptete Christozentrik zeigt sich am konsequentesten in den theologischen Reflexionen Tackes, die sich in zwei Phasen unterteilen lassen: 1975 bezieht sich Tacke hauptsächlich auf biblische Aussagen über das Leben und Sterben Jesu. Auf der Folie einer darauf aufbauenden Inkarnations- und Kreuzestheologie, versucht er, die Vermittlungsproblematik von Seelsorge theologisch zu lösen: Gott selbst habe sich durch die Menschwerdung, Kreuzigung und Auferweckung des Sohnes Gottes als ein Gott erwiesen, der den Menschen gerade in Leidsituationen nahe ist. Seelsorglich tätig sein heißt dann nichts anderes, als diese Relation durch die Weitergabe des christlichen Glaubens erfahrbar zu machen: „Die spezifische 'Stimmigkeit' zwischen der christologischen Gottessituation und der Situation des seelsorgebedürftigen Menschen fordert und ermöglicht die Relation des Glaubens."[99] In den 80er Jahren dagegen verschiebt sich Tackes theologische Begründung hin zur Rechtfertigunstheologie, wodurch er sich wieder der Kerygmatischen Seelsorge annähert. „Die biblisch inspirierte Seelsorge ist immer Rechtfertigungsseelsorge."[100]

Der *anthropologische Ansatz* Biblischer Seelsorge läßt sich aus der kritischen Haltung gegenüber der Therapeutischen Seelsorge erklären. Da Tacke trotz gewisser Affinitäten eine Unvereinbarkeit evangelischer Theologie mit der angeblich zu optimistischen Anthropologie der Seelsorgebewegung konstatiert, zieht er sich auf Annahmen kerygmatisch-nuthetischer Seel-

---

res, ungebrochen und unverwandelt, in eine befreiende Seelsorge ein. Wenn schon Freiheit, dann soll es in der christlichen Seelsorge um die Freiheit gehen, zu der uns Christus befreit hat." (A.a.O., S. 115).

96 Vgl. JENTSCH, W. (1982): Der Seelsorger, S. 11; DERS. (1991): Proprium, S. 35-36. Tacke und Nembach dagegen stellen das parakletische Motiv der Tröstung in den Mittelpunkt. Vgl. NEMBACH, U. (1988): Theologische Seelsorge, S. 231; LAUTHER/MÖLLER (1996): Helmut Tacke, S. 356.

97 Jentsch weist darauf hin, daß durch den christozentrischen Ansatz das biblische Seelsorgekonzept fest in der reformatorischen Bekenntnistradition verwurzelt ist. Daher spricht er auch von einer *Reformatorisch-Biblischen* Seelsorge. Vgl. JENTSCH, W. (1982): Der Seelsorger, S. 12.

98 JENTSCH, W. (1990): Biblische Seelsorge, S. 39.

99 TACKE, in: SONS, R. (1995): Seelsorge, S. 62. In seinem 1975 erschienenem Buch 'Glaubenshilfe als Lebenshilfe' nehmen die Ausführungen zur Inkarnationstheologie daher einen breiten Raum ein.

100 TACKE, H. (1989): Mit den Müden zur rechten Zeit zu reden, S. 67. Entsprechend ausführlich behandelt die Rechtfertigungstheologie, die er im Unterschied zur Kerygmatischen Seelsorge stärker an die Gnadentheologie bindet. Vgl. auch FRÖR, H. (1979): Rechtfertigung in der Seelsorge.

sorge zurück: „Daß der Mensch gerechtfertigt werden muß, ist der Hauptsatz der reformatorischen Anthropologie. Er ist sozusagen die Definition des Menschen überhaupt: ein Wesen, das der Rechtfertigung bedarf. Eben nicht autonom im Sinne der Selbstgenügsamkeit."[101] In Anlehnung an kerygmatisches Vokabular formuliert auch Jentsch, der grundsätzlich zwar für einen offenen und konstruktiven Umgang mit den Einsichten der Humanwissenschaften plädiert, deren Ergebnisse jedoch in Bezug auf die Anthropologie konzeptionell nicht einfließen läßt: „Aber so 'gut' ist der Mensch nun einmal nicht, er ist und bleibt, ob Ratsuchender oder Berater, ein armer, elender, sündhafter Mensch."[102] Obwohl Seitz in seinen anthropologischen Reflexionen die Geschöpflichkeit, Ganzheitlichkeit und Bedürftigkeit des Menschen als positiv zu wertende Charakteristika eines an Jesus orientierten biblischen Menschenbildes, in dem die Seele des Menschen von zentraler Bedeutung ist, hervorhebt, schließt er mit Pascal: „Erkenne Hochmütiger, was für ein Widerspruch du dir selber bist. Demütige dich, unmächtige Vernunft, schweige still, törichte Natur, begreife: der Mensch übersteigt den Menschen, und vernehme von deinem Herrn deine wirkliche Lage, von der du nichts weißt. Höre auf Gott!"[103]

Während Hofmann als Exponent der Anfangsphase Evangelikaler Seelsorge noch von einer nuthetisch gefärbten feindlichen *Verhältnisbestimmung gegenüber den Humanwissenschaften* geprägt ist,[104] läßt sich zeitgleich in den Schriften Tackes eine für Biblische Seelsorge charakteristische Einstellungsänderung erkennen: „Kirchliche Seelsorge sollte sich in lernbereiter Nachbarschaft zu den anderen Aufgeboten an Sorge um den Menschen, um Ausweitung und Sensibilisierung ihrer Kommunikationsfähigkeit bemühen. Sie sollte dankbar die Hilfe der Psychologie und Soziologie in Anspruch nehmen. Das Instrumentarium, mit dem evangelische Seelsorge arbeitet, darf nicht veraltet oder unzureichend sein."[105] Um dieser Anforderung zu genügen, setzt sich Wanner ausführlich mit den Theorien der Tiefenpsychologie auseinan-

---

101 TACKE, H. (1989): Mit den Müden, S. 67. Vgl. LAUTHER/MÖLLER (1996): Helmut Tacke, S. 350/351.

102 JENTSCH, W. (1982): Der Seelsorger, S. 100. Obwohl Wanner den Menschen nicht nur von seiner Gottesbeziehung her definieren will, sondern auch die Relation zu sich selbst, zu den Mitmenschen und zur Umwelt als konstitutiv für das Menschsein erkennt, entwickelt auch er eine biblische Anthropologie, deren Inhalt sich mit Tacke und Jentsch deckt. Vgl. WANNER, W. (1984): Signale aus der Tiefe, S. 177-187.

103 SEITZ, M. (1993): Theologische Anthropologie, S. 72.

104 Dementsprechend aggressiv formuliert Hofmann: „Der Dienst der Seelsorge ist heute weithin in die babylonische Gefangenschaft der Tiefenpsychologie geraten. Manche Ausbildungsstätten und Beratungsformen der Kirche haben sich in diesem 'Babylon' so häuslich eingerichtet, daß auch das noch als Seelsorge bezeichnet wird, was längst nichts mehr damit zu tun hat, falls der Wortsinn des neutestamentlichen Tatbestands weiter erfüllt bleiben soll." HOFMANN, H. K. (1977): Psychonautik - Stopp, S. 66.

105 TACKE, H. (1975): Glaubenshilfe als Lebenshilfe, S. 33. Sons bescheinigt daher Tacke trotz seiner Treue zum kerygmatischen Ansatz eine gewisse Lernbereitschaft von der Therapeutischen Seelsorge. Vgl. SONS, R. (1995): Seelsorge, S. 62. Für eine Rezeption psychologischer Einsichten plädiert auch Bohren, der diesbezüglich jedoch in Verlust- und Gewinndimensionen denkt: „Ich betrachte die Psychologie und die Theologie als zwei gute Gaben des Himmels, die untrennbar zusammengehören und doch zu unterscheiden sind. Die eine sammelt Erkenntnisse über die lebendige Seele, die andere über den lebendigen Gott. Insofern bringen beide der Seelsorge Gewinn. Aber beide sind in der Gefahr einer Abstraktion, die den Kontakt mit dem Lebendigen verliert; die Theologie wird seelenlos und die Psychologie gottlos.... Insofern fügen beide nur allzu leicht der Seelsorge, genauer den lebendigen Seelen Schaden zu." BOHREN, R. (1996): Psychologie und Theologie, S. 1/2. Daß die Psychologie letztlich aber nur die Funktion einer Hilfswissenschaft innehat, wird in folgender Passage deutlich: „Die Psychologie soll dem Seelsorger zum rechten Wort zur rechten Zeit verhelfen. Sie ist eine Art Rhetorik." A.a.O., S. 14/15.

der.[106] Indem er das Handeln Jesu in psychologischen Fachbegriffen beschreibt und daraus 'Sprechstunden Jesu' für seelsorgliche Praxis ableitet, versucht er, die psychologische Nomenklatur ohne deren weltanschaulichen Hintergrund in die Theologie zu übernehmen.[107] Da durch die Synthese psychotherapeutischer und seelsorglicher Praxis in Jesus evident wird, daß die Psychologie erst in theologischem Kontext ihre volle Kraft entfalten kann, hält Wanner folgende fremdprophetische Kritik gegenüber der Humanwissenschaft für angebracht und notwendig: „Die Psychotherapie muß ihre Begrenztheit erkennen."[108] Für Jentsch liegt in dieser Einsicht der hermeneutische Schlüssel für einen sinnvollen Umgang mit fachfremden Wissen: „Die Eigenart der neuen biblischen Seelsorge besteht darin, daß sie Humanwissenschaften ernst nimmt, ohne ihre zentrale Basis im Evangelium von Jesus Christus aufzugeben. Sie sucht ein positives Verhältnis zur Psychotherapie und geht deshalb kritisch-konstruktiv mit ihr um."[109] Obwohl sich somit auch Jentsch für die Rezeption anthropologischer, psychologischer, psychotherapeutischer, soziologischer und pädagogischer Kenntnisse ausspricht, interessieren ihn dabei aber weniger die konzeptionellen Inhalte, die er als ideologieanfällige Weltanschauungen identifiziert, als die konkret anwendbaren Techniken und Methoden.[110]

1.3.3. Spezielle konzeptionelle Vorgaben für Psychiatrieseelsorge

Während Tacke den „einzelnen Menschen, der weithin nicht mehr im Glauben verankert ist"[111] als *Adressat* von Seelsorge ins Auge faßt, will Jentsch neben dem evtl. glaubensverunsicherten Gemeindemitglied jeden Nächsten, der existentielle Hilfe braucht, von SeelsorgerInnen angesprochen wissen.[112] Demnach haben sich SeelsorgerInnen im Psychiatrischen

---

106 Vgl. WANNER, W. (1984, 1975¹): Signale aus der Tiefe. Tiefenpsychologie und Glaube.

107 Obwohl Wanner dafür plädiert, analog zu Jesus in der Seelsorge auf psychologisches Wissen zurückzugreifen, um durch Aufdeckung unbewußter Vorgänge den Menschen als solchen besser verstehen zu können, will er v.a. eine Verstehenshilfe für folgende Problematik anbieten: „Der Seelsorger muß z.B. feststellen können, woher die Verschlossenheit eines Menschen rührt, bei dem die Anrede Gottes nicht ankommt." WANNER, W. (1984, 1975¹): Signale aus der Tiefe, S. 201. Obwohl Wanner 1979 ein Buch über seelische Krisen verfaßt hat, nimmt er darin keine Textstelle auf, die Jesu Umgang mit seelisch Erkrankten zum Inhalt hat! Plieth beurteilt Wanners Vorgehen als naive Reduzierung komplexer psychologischer Begrifflichkeiten und kommentarlose Eingliederung fachfremder Kontexte in den Kontext Bibel. Vgl. WANNER, W. (1984): Willst du gesund werden? Hilfe und Heilung in der seelsorgerischen Therapie. Beispiele aus der Praxis Jesu. Vgl. PLIETH, M. (1995): Die Seele wahrnehmen, S. 181/182.

108 WANNER, W. (1984, 1975¹): Signale aus der Tiefe, S. 200.

109 JENTSCH, W. (1990): Biblische Seelsorge, S. 5. Seitz dagegen umschreibt das Verhältnis im Bilde des gegenseitigen Dialogs, in dem sich beide Gesprächspartner profilieren. Vgl. SEITZ, M. (1971): Ist die Seelsorge der Kirche noch nötig?, S. 17.

110 Vgl. JENTSCH, W. (1991): Erneuerung der Seelsorge, S. 265-267. Auch Grossmann plädiert dafür, tiefenpsychologische Einsichten aufzunehmen, wobei dies jedoch nur am rechten Platz zu geschehen hat. Dies ist für ihn dann der Fall, wenn die Tiefenpsychologie Hilfestellungen anzubieten vermag, um besser auf den Menschen eingehen zu können. Vgl. GROSSMANN, E. (1991): Depression und Seelsorge, S. 16.

111 TACKE, H. (1975): Glaubenshilfe als Lebenshilfe, S. 32.

112 Vgl. JENTSCH, W. (1982): Der Seelsorger, S. 68.

Krankenhaus ausschließlich den erkrankten Menschen zuzuwenden, wobei deren Glaubens- und Konfessionszugehörigkeit jedoch nicht länger von Belang sein sollte.

Aus den konzeptuellen Vorgaben Biblischer Seelsorge läßt sich kein *Krankheitsverständnis* ableiten, das als repräsentativ für dieses Seelsorgemodell gelten könnte. Bereits Wanner, der sich als einziger mit der Problematik seelischer Krisen beschäftigt, meidet durch den Rückzug auf den Begriff 'Krise' und die nuthetischen Sichtweisen Adams eine Auseinandersetzung mit dem Krankheitsbegriff.[113] Während Grossmann noch in den 90er Jahren dieses Jahrhunderts in Anlehnung an die Ermahnende Seelsorge dazu tendiert, seelische Krankheiten als „Auflagen von Gott"[114] zu interpretieren, weist Tacke bereits in den 70er Jahren darauf hin, daß gegen die Sichtweise religiöser Sinngebung von Krankheit aus christlicher Sicht zu protestieren sei.[115] Indem Jentsch die Terminologie der Biologischen Psychiatrie aufgreift, liegt der Schluß nahe, daß er seelische Erkrankung im damit assoziierten medizinischen Verständnis begreift: „Was der Mensch in seiner oft so endogen oder exogen durcheinandergewirbelten Seelentiefe braucht, ist nicht bloß ein Ausgleich der Meeresoberfläche, sondern das Einfließen ganz neuer Ströme lebendigen Wassers."[116] Eine ausdrückliche Abwendung vom kerygmatisch-nuthetischen Verständnis psychischer Krankheit läßt sich jedoch bei keinem Vertreter des evangelikalen Konzeptes erkennen.[117] Die Herstellung eines expliziten Zusammenhanges von seelischer Krankheit und dämonischer Besetzung stellt innerhalb des biblischen Ansatzes eher eine Randerscheinung dar und weist eher auf biblisch-therapeutische bzw. charismatische Ausrichtung hin.[118]

Das *Rollenverständnis* von SeelsorgerInnen und PatientInnen im Psychiatrischen Krankenhaus erfährt auf der Folie des biblischen Konzeptes weitreichende Modifikationen. In Blick auf SeelsorgerInnen wirken sich diese v.a. auf deren Kompetenz-Zuschreibung und institutionelle Verortung aus: „Zuhören und Einfühlen (Empathie) sind seelsorgliche Qualitäten, die eingeübt werden müssen, und sich nicht aus der theologischen Existenz des Seelsorgers von selbst ergeben."[119] Obwohl Tacke immer wieder betont, daß SeelsorgerInnen durch den Erwerb von Zusatzqualifikationen niemals die Rolle von TherapeutInnen einnehmen können,

---

113 Vgl. WANNER, W. (1979): Seelische Krisen erkennen, verstehen, heilen.

114 GROSSMANN, E. (1991): Depression und Seelsorge, S. 5.

115 TACKE, H. (1975): Glaubenshilfe als Lebenshilfe, S. 240.

116 JENTSCH, W. (1982): Der Seelsorger S. 60.

117 Seitz, der ein explizit christliches Verständnis menschlicher Krankheiten entwickeln will, liefert jedoch nur eine äußere Beschreibung der damit verbundenen inneren und äußeren Folgewirkungen und nicht, wie erwartet, eine spezifisch biblisch unterfangene Sichtweise: „Was haben wir nun für das Verstehen menschlicher Krankheit gewonnen? Einzigartigkeit, Einsamkeit, Verstehensgrenze, Schmerzerfahrung und damit zusammenhängend: Krankheit als Körpergeschehen, seelischer Einbruch und sozialer Abstieg." SEITZ, M. (1992): Die Gemeinde und ihre Kranken, S. 6.

118 So beschreibt Antholzer Okkultbelastungen von Menschen. Dämonische Verstrickungen können aber seiner Meinung nach mit Hilfe des Befreiungsdienstes von SeelsorgerInnen im Sinne einer Okkultseelsorge gelöst werden. Vgl. ANTHOLZER, R. (1998): Mächte der Bosheit, S. 100-129.

119 TACKE, in: LAUTHER/MÖLLER (1996): Helmut Tacke, S. 350. Bohren schreibt daher: „Er (der Seelsorger) kann psychologisch nie genug wissen." BOHREN, R. (1996): Psychologie und Theologie, S. 13.

sondern stets ZeugInnen der in Christus geschehenen Seelsorge Gottes bleiben, gesteht er dennoch ein, daß die seelsorgliche Rolle nicht automatisch durch göttlich-kirchliche Vorgaben bereits fertig vorgegeben und endgültig festgeschrieben ist, sondern als das Ergebnis eines dynamischen Prozesses, an dem die SeelsorgerInnen selbst durch den Erwerb eigener, über die theologische Ausbildung hinausgehender Qualifikationen maßgeblich beteiligt sind, verstanden werden muß. Derart qualifizierte SeelsorgerInnen brauchen aber den Kontakt zu den VertreterInnen der andern psychiatrischen Berufsgruppen, weshalb ihre institutionelle Außenseiterposition nicht länger zu rechtfertigen ist. Jentsch spricht sich deshalb für eine fruchtbare Zusammenarbeit mit ÄrztInnen und PsychotherapeutInnen aus, wobei er diese jedoch nicht näher erläutert.[120] Die Titulierung 'Partnerschaftliche Seelsorge' macht zudem deutlich, daß das biblische Konzept darüber hinaus auch daran interessiert ist, die Beziehungsstruktur zwischen SeelsorgerIn und krankem Menschen aus der kerygmatisch-nuthetischen vorgegebenen Asymmetrie zu befreien: „Sowohl Seelsorger wie Pastorand werden einbezogen in die Partnerschaft Gottes. Das gibt ihnen die Möglichkeit zu einer gegenseitigen Partnerschaft, die nicht mehr prinzipiell am Gegenüber von Therapeut und Klient orientiert sein kann. Das partnerzentrierte Verhalten des Seelsorgers wandelt sich zu echter Partnerschaft, weil die Gesprächspartner sich in ihrem gemeinsamen Status als Partner Gottes entdecken."[121] Neidhardt sieht durch diese Konzeptänderung auch eine positiv zu bewertende Veränderung bezüglich der Patientenrolle: „Die Seelsorge nach Tacke verläuft gewiß ganz anders als diejenige von Adams. Hier kommt es nicht zur Überforderung der Schwachen und Angefochtenen. Hier haben vielleicht diejenigen Ratsuchenden Probleme mit dem Seelsorger, denen tradierte Glaubensvorstellungen der Bibel nicht mehr zugänglich sind. Wenn dieser ihnen dann nach Tacke 'die gemeinsame Armut vor Gott' beteuert, aber doch so präzis über Gott Bescheid weiß, werden sie wohl verstummen."[122]

Auch im biblischen Modell liegt das Schwergewicht auf der individuumszentrierten *Alltagspraxis* von SeelsorgerInnen. Da diese jedoch Kooperationsformen mit psychiatrischen MitarbeiterInnen suchen sollen, werden erstmals auch strukturelle Tätigkeiten, die Absprachen mit MitarbeiterInnen und Teilnahme an Team-Sitzungen, Visiten usw. umfassen, nötig, um die eigene Qualifizierung voranzutreiben. Im individuellen Umgang mit PatientInnen steht auch hier die Palette interpersoneller Handlungen im Mittelpunkt, wobei v.a. das gemeinsame Bibelstudium, das Gebet[123] und sakramental-liturgische Praxisformen[124] zu bevorzugen sind. Da die Bibel im biblischen Konzept von elementarer Bedeutung ist, spielt gerade das Vorle-

---

120 Vgl. JENTSCH, W. (1990): Biblische Seelsorge, S. 40.

121 TACKE, H. (1975): Glaubenshilfe als Lebenshilfe, S. 169.

122 NEIDHARDT, W. (1977): Evangelikale und neo-orthodoxe Seelsorge, S. 326.

123 Obwohl Jentsch die praktische Bedeutung des Gebetes betont, versucht er, kerygmatisch-nuthetische Fehlentwicklungen abzuwehren: „Natürlich werden wir unsere Ratsuchenden nicht mit Gebetszumutungen bzw. -auflagen bedrängen oder gar überfallen. In der reifen Stunde aber ist sie mehr als eine faire Chance." JENTSCH, W. (1991): Erneuerung, S. 264; Vgl. auch DERS. (1982): Der Seelsorger, S. 38.

124 In seinen Überlegungen zum Stellenwert der Beichte dagegen sieht Jentsch keine Notwendigkeit, sich von traditionellen Sichtweisen zu distanzieren: „Eine Seelsorge, die das Thema der Schuld ausklammert, die Sünde nicht beim Namen nennt und die Möglichkeit einer freiwilligen Beichte nicht anbietet, verdient ihren Namen nicht." JENTSCH, W. (1991): Erneuerung, S. 253. Vgl. auch DERS: (1982): Der Seelsorger, S. 42.

sen biblischer Textstellen am Krankenbett oder auch im Rahmen einer Andacht auch weiterhin die zentrale Rolle.[125]

Obwohl sich die VertreterInnen Biblischer Seelsorge konzeptionell auch für eine kritische Übernahme humanwissenschaftlicher Erkenntnisse und *Methoden* aussprechen,[126] präferieren sie dennoch die alltagspraktische Anwendung religiöser Methodik, die jedoch erstmals einer (selbst)kritischen Reflexion unterzogen wird.[127] Dementsprechend entwickelt Seitz unter dem Stichwort der 'Entdeckung der Langsamkeit in der Seelsorge' einen 9-stufigen Plan seelsorglicher Methodik, der in folgender Zusammenfassung gipfelt: „Ermutigen Sie den Besuchten zum Sprechen durch Einschränkung des eigenen! Hören Sie entspannt zu! Haben Sie keine Angst vor Pausen! Gehen Sie auf das Geäußerte ein und nicht auf sich selbst! Bringen Sie es nach Möglichkeit mit dem Glauben zusammen! Suchen Sie, wenn der Besuchte ein Problem äußert, mit ihm zusammen einen gangbaren Weg! Geben Sie die Last wieder ab - am besten durch Fürbitte und Gebet."[128]

---

[125] Vgl. LAUTHER/MÖLLER (1996): Helmut Tacke, S. 350.

[126] Daß auch der Einsatz psychotherapeutischer Methodik für eine sinnvolle Gesprächsführung erwünscht ist, betont Tacke: „Ich habe keine entscheidenden Einwände gegen die Übernahme gewisser Techniken und Methoden aus dem Instrumentarium der Psychologie, denn ich sehe vom neutestamentlichen Prüfen und Behalten aus keine Notwendigkeit, einer Methode der Menschenführung oder der Gesprächsführung nur schon darum den Eintritt in die Kirche zu verweigern, weil sie nicht in der Kirche, sondern außerhalb der Kirche entstanden ist." TACKE, H. (1989): Mit den Müden, S. 106. Im gleichen Buch warnt er jedoch davor, sich nicht unter die Zwänge „einer zum Gesetz gewordenen psychologischen Methodik" (A.a.O., S. 127) zu begeben, wie er dies bei den Anhängern der Pastoralpsychologie vermutet. Auch Jentsch plädiert für die Anwendung psychotherapeutischer Techniken, die er zunächst in einer tabellarischen Übersicht einzeln vorstellt und anschließend zu einer Gesprächsmethodik der Seelsorge kombiniert. Vgl. JENTSCH, W. (1982): Der Seelsorger, S. 195-233

[127] Dies trifft v.a. auf den Umgang mit Bibeltexten zu. Im Gegensatz zur kerygmatisch-nuthetischen Sichtweise wird die Notwendigkeit erkannt, den Bibelinhalt durch ein sensibles methodisches Instrumentarium den Menschen zugänglich zu machen. Tacke plädiert als Alternative zum homiletisch-kultischen Umgang mit der Bibel dafür, biblische Geschichten mit der biographischen Geschichte des Erkrankten zu verzahnen, um einen autoritär-biblizistischen Mißbrauch der Bibel zu vermeiden. Vgl. TACKE, H. (1989): Mit den Müden, S. 35/50/51. Ähnliche Überlegungen stellt auch Jentsch an: „Die Bibel ist eine unermeßliche Quelle von geistlichen Anstößen an die Seelsorge, ohne die der moderne Seelsorger trotz vorzüglichster Methodenkenntnis letzten Endes verloren ist. Aber das vernommene Wort will ja nun weitergesagt werden. Nicht jeder Ratsuchende versteht es unmittelbar....So gehört es zur Erneuerung der Seelsorge, daß wir neben dem Hören auf den anderen das Sprechen mit dem anderen neu lernen. Es wird oft ein Umsprechen des biblischen Wortes in die Sprache unserer Zeitgenossen sein, zumindest in die Sprachlichkeit des jeweiligen Ratsuchenden." JENTSCH, W. (1991): Erneuerung, S. 265. Wie diese Methode der Bibelarbeit konkret aussehen könnte, läßt sich in Bittlingers Tonbandnachschriften konkreter Bibelarbeiten erahnen. Vgl. BITTLINGER, A. (1975): Biblische Seelsorge.

[128] SEITZ, M. (1992): Die Gemeinden und ihre Kranken, S. 12.

1.4. Biblisch-Therapeutische Seelsorge
1.4.1. Hinführender Überblick

Da Dieterich seinen biblisch-therapeutischen Ansatz mit dem Etikett 'bibelorientierte Seelsorge' versieht, wird er in der Literatur meist unter der Rubrik Biblische Seelorge geführt.[129] Weil sich sein Entwurf jedoch in zwei wichtigen Aspekten von letzterer unterscheidet, wird ihm in vorliegender Arbeit ein eigenständiger eingeräumt: Im Unterschied zum biblischen Modell handelt es sich zum einen um ein Konzept, das explizit für Seelsorge an psychisch Kranken entwickelt wurde und somit für Reflexionen zur Psychiatrieseelsorge von besonderer Bedeutung ist: „Die Biblisch-therapeutische Seelsorge sieht ihr vorwiegendes Betätigungsfeld an den psychisch Belasteten und Kranken unserer Tage."[130] Desweiteren läßt sich eine Verhältnisbestimmung gegenüber den Humanwissenschaften erkennen, die einer simplen Subsumierung unter den biblischen Ansatz entgegensteht, zumal das Konzept eine psychotherapeutische Methodenvielfalt einfordert, die die Vorgaben Biblischer Seelsorge sprengt.[131] Interessanterweise geht der neue Entwurf nicht auf wissenschaftlich oder praktisch tätige Theologen, sondern auf fachfremde Theoretiker wie Dieterich und Pfeifer zurück.[132] Die Verwendung der Wortkombination 'biblisch-therapeutisch' läßt vermuten, daß diese versuchen, eine Kombination aus Konzeptvarianten der spezifisch biblischen und psychologischen Perspektive vorzunehmen. Daß dies nicht der Fall ist, zeigt sich an Hand der inhaltlichen Füllung der beiden Begriffe. Während die Bezeichnung 'biblisch' das neue Modell tatsächlich in die Traditionslinie Biblischer Seelsorge stellt,[133] wird die Titulierung 'therapeutisch' nicht im Sinne Therapeutischer Seelsorge gebraucht: "Das Therapeutische an Biblisch-Therapeutischer Seelsorge ist nicht zuerst die Methodik, sondern entsprechend der Grundbedeutung des griechischen Wortes 'therapeuein' die Haltung des Dieners, die nach dem Vorbild Jesu in positiver Wertschätzung, einfühlsamen Verstehen und der Echtheit der Haltung

---

129 Vgl. DIETERICH. M. (1987): Psychotherapie, S. 89; PLIETH, M. (1994): Die Seele wahrnehmen. Da v.a. Pfeifer und Ruthe das Attribut 'Biblisch' des öfteren weglassen und nur von 'Therapeutischer Seelsorge' sprechen, wählen sie eine Titulierung, die bereits für die psychologisch fundierte 'Therapeutische Seelsorge' reserviert ist und damit leicht zu Verwechslungen führt. Vgl. RUTHE, R. (1993): Seelsorge, S. 9: „Therapeutische Seelsorge meint eine dienende Seelsorge."

130 SONS, R. (1995): Seelsorge, S. 96.

131 Vgl. DIETERICH, M. (1987): Psychotherapie, S. 39.

132 Als Initiator der 'DGBTS' gilt Dieterich, der dem schwäbischen Pietismus entstammt, hauptberuflich als Lehrer und später als Professor für Berufliche Rehabilitation tätig war, für seine ehrenamtliche Tätigkeit als Jugend- und Krankenseelsorger ein Psychologiestudium absolvierte und sich anschließend zum Psychotherapeuten ausbilden ließ. Pfeifer dagegen ist wie Scharrer von Hause aus Mediziner und Professor für Psychiatrie. In der Rezeption des biblisch-therapeutischen Ansatzes durch Theologen stößt man auf Ruthe, der als Schüler Jentschs das Konzept für die Paarberatung fruchtbar zu machen sucht, Veeser, den Studienleiter der DGBTS und Affeld, der die Krankenhaussituation in den Blick nimmt.

133 "Biblisch meint, daß mit der ganzen Heiligen Schrift als Grundlage und demnach auch als letzter Instanz und Norm Seelsorge betrieben wird.... die Bibel hat bereits definiert, was gut und böse, richtig und falsch ist." DIETERICH. M. (1987): Psychotherapie, S. 49/51. "Läßt sich 'biblisch' steigern? Wir meinen: nein. Entweder hat die Bibel Autorität oder sie hat sie nicht. 'Biblisch' ist nicht zu überbieten, genauso wenig wie sich z.B. 'verheiratet' zu 'verheirateter' aufbessern läßt. Wir bekennen uns zur göttlichen Inspiration der Heiligen Schrift, ihrer völligen Zuverlässigkeit und höchsten Autorität in allen Fragen des Glaubens und der Lebensführung." DIETERICH, M. (1993): Biblisch-therapeutische Seelsorge, S. 23.

zum Ausdruck kommt."[134] VertreterInnen des biblisch-therapeutischen Ansatzes haben sich zur 'Deutschen Gesellschaft für Biblisch-Therapeutische Seelsorge' zusammengeschlossen und sich in der Zeitschrift 'BTS-Aktuell' ein Publikationsorgan geschaffen.[135] Schaubild 18 soll einen Überblick über Biblisch-Therapeutische Seelsorge ermöglichen.

BIBLISCH-THERAPEUTISCHE SEELSORGE

DIETERICH, MICHAEL
1984: Psychologie contra Seelsorge?
1987: Psychotherapie, Seelsorge, Biblisch-therapeutische Seelsorge
1989: Handbuch Psychologie und Seelsorge
1991: Wenn der Glaube krank macht. Psychische Störungen und religiöse Ursachen
1991: Biblisch-therapeutische Seelsorge (BTS)
1992: Heil und Heilung
1993: Depressionen. Hilfen aus biblischer und therapeutischer Sicht
1993: Biblisch-therapeutische Seelsorge BTS
1997: Seelsorge als Gemeindeauftrag? Seelsorge als Expertentum?
1998: Der Mensch in der Gemeinschaft. Psychotherapie und Seelsorge im System

PFEIFER, SAMUEL
1988: Die Schwachen tragen. Moderne Psychiatrie und Biblische Seelsorge
1988: Kognitive Therapie - ein neues Paradigma für die Seelsorge?
1991: Seelsorge und Psychotherapie - Chancen und Grenzen der Integration
1991: Die Bedeutung der Psychotherapieforschung für die Seelsorge
1992: Methodenübergreifende Wirkfaktoren in Psychotherapie und Seelsorge
1996: Psychotherapie und Seelsorge im Spannungsfeld. Zwischen Wissenschaft und Institution
1996: Leib und Seele - Biologische Psychiatrie und therapeutische Seelsorge
1998: Die Zusammenarbeit von Arzt, Seelsorger und Gemeinde

RUTHE, REINHOLD
1979: Krankheit muß kein Schicksal sein: Leib-Seele-Probleme in der beratenden Seelsorge
1993: Seelsorge. Wie macht man das?
1994: Traumbotschaften. Deutungshilfe für die Seelsorge
1996: Wenn Zwänge das Leben beherrschen. Hilfen aus der Beratungspraxis
1998: Sechs Wege aus dem Selbstbetrug
1998: Die Seelsorgepraxis. Handbuch für Beratung und Therapie; Lebensstilanalyse, Gesprächsführung

SCHARRER, ERWIN
1984: Psychisches Fehlverhalten und die Heilung der Gottesbeziehung
1987: Jesus im Gespräch. Therapie und Seelsorge in den Dialogreden Jesu
1995: Heilung des Unbewußten

VEESER, WILFRIED
1995: Wie Seelsorge zur Hilfe wird. Antworten auf Lebensfragen aus biblisch-therapeutischer Sicht

Schaubild 18: Biblisch-Therapeutische Seelsorge im Überblick

---

134 DIETERICH, M. (1987): Psychotherapie, S. 89. Vgl. auch VEESER, W. (1995): Wie Seelsorge, S. 13-21.

135 Im Unterschied zum Interessenverband 'Biblische Seelsorge e.V.' zielt die 'DGBTS' nicht nur auf konzeptionelle Arbeit, sondern auch auf konkrete organisatorische Umsetzungen ab. Dies bedeutet, daß sie sich nicht nur dafür einsetzt, daß PsychiatrieseelsorgerInnen eine fundierte biblisch-therapeutische Ausbildung erhalten, sondern ihre Arbeit in psychiatrischen Übergangseinrichtungen und Kliniken verrichten können, die unter der Trägerschaft der Gesellschaft stehen und damit dem biblisch-therapeutischen Konzept verpflichtet sind. Vgl. DIETERICH, M. (1987): Psychotherapie, S. 88 ff.
Gegenwärtig ist das biblisch-therapeutische Konzept stark umstritten. Da es in Abgrenzung zum Seelsorgeverständnis der Pastoralpsychologie entwickelt worden ist, wird es gerade von PastoralpsychologInnen am fundiertesten und radikalsten in Frage gestellt So versucht Hagenmaier nachzuweisen, daß es sich um eine modernisierte Form evangelikaler Seelsorge handelt. Im Gegenzug werfen Hemminger und Sons Hagenmaier Unsachlichkeit und Pauschalisierung vor: „Er übersieht die Ehrlichkeit Biblisch-therapeutischer Seelsorge, die wagt, Defizite der eigenen Glaubenstradition beim Namen zu nennen, und sich bemüht, diese aufzuarbeiten. Feindbilder helfen in der Auseinandersetzung nicht weiter." SONS, R. (1995): Seelsorge, S. 109. Vgl. HEMMINGER, H. (1989): Ich habe ganz allein recht; HAGENMAIER, M. (1989): Heil durch Psychotechnik?; DERS: (1989): Rezension der 'Biblisch-therapeutischen Seelsorge'.

1.4.2. Theoretische Fundierung der allgemeinen Seelsorgelehre

Da die biblische Komponente im biblisch-therapeutischen Seelsorgeverständnis von zentraler inhaltlicher Bedeutung ist, steht auch hier die Glaubenshilfe im Mittelpunkt: „Biblisch-therapeutische Seelsorge hat das Ziel, Menschen zu helfen, durch zunehmende Ehrlichkeit vor Gott, vor sich und anderen in eine Begegnung mit Jesus Christus zu kommen.... Von dieser Begegnung her, soll dann das Leben geordnet, korrigiert oder ganz neu gestaltet werden."[136] Daß die geforderte Verhaltenskorrektur als Lebenshilfe zu verstehen ist, klagt Pfeiffer gerade für den seelsorglichen Umgang mit psychisch Kranken ein: „Seelsorge bedeutet Hilfe zur Lebensbewältigung auf der Grundlage der Aussagen der Bibel...... Glaubenshilfe allein ist nicht immer auch Lebenshilfe. Die verfügbare Seelsorgeliteratur, die eine biblische Orientierung ernst nimmt, scheint oft zu sehr in theologischen Fragen stehenzubleiben, ohne die existentielle Not der Menschen wahrzunehmen".[137] Da aber SeelsorgerInnen gerade im Umgang mit psychisch Kranken die alltägliche Erfahrung machen, daß deren Heilung im Sinne einer Gesundung zwar durch Heilungswunder möglich, aber nicht der Normalfall ist, wird eingeräumt, daß das in der Glaubenshilfe anvisierte Heil nicht mit dem in der Lebenshilfe erwünschten Ziel der körperlich-seelischen Heilung zusammenfallen muß: „Heil (d.h. der göttliche Zuspruch der Vergebung durch das, was Jesus Chrsitus durch sein Leiden und Sterben am Kreuz für die Menschen, die sich in ihm glaubend bergen, erworben hat) und Heilung (d.h. das Gesundwerden von körperlicher oder psychischer Krankheit durch einen Genesungsprozeß oder ein Heilungswunder) sind zwei Weisen, durch die Gott am Menschen handeln kann. Priorität hat das Heil. Motto der BTS ist: Heil muß sein. Heilung von Krankheit kann sein."[138] Deshalb läßt sich nach Pfeifer auch die Annahme und Tröstung eines schwachen Menschen als ein therapeutischer Akt der Lebenshilfe begreifen.[139] Für Dieterich gilt dies besonders dann, wenn die Krankheitsursache im Bereich der Sündenschuld und okkulten Belastung angesiedelt ist: „Bei Störungen mit überwiegend geistlichem Hintergrund wird die durch keine Psychotherapie ersetzbare Vergebung der Schuld als zentrale Dimension gesehen. Aber auch ein Zurechtweisen oder Trösten auf biblischem Hintergrund oder das Einsichtigmachen der Größe und Unerforschbarkeit der göttlichen Ratschlüsse gehören zu diesem Bereich der Seelsorge."[140] Sind die Krankheitssymptome dagegen als Folgewirkung fehlgeschlagener Sozialisations- und Lernprozesse des Kranken zu begreifen, muß Seelsorge dazu beitragen, gemeinsam mit den PatientInnen deren Situation psychotherapeutisch zu ergründen und entsprechende Verhaltensmodifikationen zu initiieren: „Es geht bei diesem seelsorglich-therapeutischen Prozeß darum, daß der Ratsuchende sein bisheriges Handeln erkennt, daß er bewußt neue Wege geht, neues Verhalten erlernt, die Ursachen seiner bisherigen Fehlleistungen sieht,

---

136 DIETERICH, M. (1993): Biblisch-therapeutische Seelsorge, S. 22.

137 PFEIFER, S. (1988): Die Schwachen tragen, S. 167; DERS. (1992): Methodenübergreifende Wirkfaktoren in Psychotherapie und Seelsorge, S. 282.

138 DIETERICH, M. (1993): Biblisch-therapeutische Seelsorge, S. 25.

139 „Vor Gott aber hat auch eine zerbrochene Harfe mit hängenden Saiten ihren ewigen Wert. Hier erhält eine therapeutische Seelsorge ihren besonderen Wert: in der Annahme des psychisch leidenden Menschen in seiner subjektiven Befindlichkeit, in seinem Leiden, aber auch in seinen verborgenen Ressourcen." PFEIFER, S. (1996): Leib und Seele, S. 120.

140 DIETERICH, M. (1991): Biblisch-therapeutische Seelsorge, S. 180.

usw."[141] Da Lebenshilfe aus biblisch-therapeutischer Sicht somit immer dazu beitragen muß, den Kranken zu rehabilitieren, gehört es elementar zur Zielsetzung von Seelsorge, die Reintegration des Gegenübers in die Gesellschaft aktiv voranzutreiben, d.h., es durch entsprechende Verhaltensveränderungen zu befähigen, sich in die vorgegebenen Gesellschaftsstrukturen einzupassen, um dort ein gottgefälliges Leben zu führen: „Tätige Liebe kann den Schwachen wieder Mut geben, sich dem Alltag zu stellen und Schritte hinaus ins Leben zu wagen."[142] Um dies zu erreichen, gehört es für Dieterich auch zur Aufgabenstellung der Seelsorge dazu, die therapeutischen Versuche des psychiatrischen Personals gerade dann aktiv zu unterstützen, wenn die Krankheitsursachen im körperlichen Bereich liegen: „Es gibt heute gute Medikamente, die für viele Formenkreise der Psychosen wirksam sind. Die geistliche Tröstung hat dabei begleitenden Charakter.... So wird es eine wichtige seelsorgliche Aufgabe, den Ratsuchenden dazu zu bewegen, daß er seine Medikamente regelmäßig einnimmt."[143] Aus der bisherigen Analyse läßt sich zusammenfassend schließen, daß sich Inhalte und Ziele Biblisch-Therapeutischer Seelsorge relativ flexibel am Einzelfall entscheiden, wobei in Blick auf psychisch Kranke die vermutete Krankheitsursache als Entscheidungskriterium dafür gilt, in welchem Verhältnis Tröstung, Annahme, Schuldvergebung, Ermahnung, Zurechtweisung, psychotherapeutische Erforschung, Verhaltenskorrektur und Rehabilitation miteinander zu kombinieren sind.[144]

Da der biblisch-therapeutische Entwurf sich in seinem biblischen Anteil eng an das biblische Konzept anlehnt, finden sich bezüglich der *theologischen Fundierung* wenig neue, dafür aber bibelwissenschaftlich relativ vage abgesicherte Aspekte. So wird zur theologischen Legitimation der anvisierten Verhaltensmodifikation von Pfeifer auf einzelne paulinische Textstellen zurückgegriffen, während Scharrer in den Dialogreden Jesu den entscheidenden hermeneutischen Schlüssel erkennt.[145] Dieterich dagegen stützt sich in seiner theologischen Argumentation hauptsächlich auf seine allegorische Auslegung des Gleichnisses vom barmherzigen Samariter.[146]

---

141 DIETERICH, M. (1992): Heil und Heilung, S. 35.

142 PFEIFER, S. (1988): Die Schwachen tragen, S. 173.

143 DIETERICH, M. (1992): Heil und Heilung, S. 33/34.

144 „Nicht jeder 'Fall' kann gleichermaßen angegangen werden, zu unterschiedlich sind Lebenslagen und Problemstellungen." DIETERICH, M. (1991): Biblisch-therapeutische Seelsorge, S. 180.

145 „Die Bibel spiegelt eine ganze Palette hilfreicher Verhaltensweisen wider, die dem Kranken, und insbesonders dem psychisch Kranken in der Bewältigung seines Lebens helfen können. Paulus ermahnt die ersten Christen ein breitgefächertes Programm zur Seelsorge zu entwickeln: Ermahnt die Unordentlichen, tröstet die Verzagten, tragt die Schwachen, habt Geduld mit jedermann." PFEIFER, S. (1988): Die Schwachen tragen, S. 167. Vgl. auch SCHARRER, E. (1987): Jesus im Gespräch.

146 Dieterich interpretiert das Gleichnis so, daß der unter die Räuber Gefallene die Rolle des psychisch Kranken, der Samariter dagegen die des Seelsorgers einnimmt. Das barmherzige Handeln des Samariters wird als die von Jesus erwünschte seelsorgliche Grundhaltung herausgestellt und mit psychologischen Einsichten der Gesprächspsychotherapie korreliert. Der das biblisch-therapeutische Konzept dominierende verhaltensmodifikatorische Aspekt der Seelsorge wird durch dieses Gleichnis jedoch nicht explizit reflektiert! Vgl. DIETERICH, M. (1987): Psychotherapie, S. 27-29. Da Dieterich auf keine theologisch-wissenschaftliche Ausbildung zurückgreifen kann, wird sein Vorgehen als unzureichend beurteilt. Vgl. SONS, R. (1995): Seelsorge, S. 107.

Obwohl Dieterich medizinisch- psychologische Sichtweisen in sein Krankheits- und Seelsorgeverständnis übernimmt, schlagen sich diese nicht in seiner *Anthropologie* nieder. Diesbezüglich zieht er sich trotz Verwendung psychologischer Terminologie inhaltlich auf eine rein theologische Ebene zurück: „Die Biblisch-therapeutische Seelsorge ist einem ganzheitlichen (holistischen) Ansatz verpflichtet. Dies allerdings nicht aus aktuellen oder modischen Gründen, sondern weil Ganzheitlichkeit dem Menschenbild des Alten und Neuen Testamentes entspricht. Für die Praxis bedeutet Ganzheitlichkeit, daß Geist, Seele und Leib des Menschen (bzw. kognitive, affektive und motorische Aspekte der Persönlichkeit) als Einheit von Gott gewollt betrachtet werden müssen."[147] Um der Überbewertung und Diskreditierung psychologischer Einsichten zu entgehen, versucht er, diese als urchristlich auszuweisen und damit in ihrem fremdkritischen Potential gegenüber der Theologie zu bändigen: „Die anthropologischen Grundlagen der heute so bekannten psychotherapeutischen Schulrichtungen sind also keinesfalls neu. Sie gehören zum biblischen Menschenbild, und auch der größte Seelsorger aller Zeiten, Jesus Christus, hat auf diesem Hintergrund gewirkt."[148] Für Pfeifer, der Seelsorge und Biologische Psychiatrie miteinander zu verbinden sucht, ist daher folgender Schluß möglich: „Für mich besteht kein Widerspruch zwischen den Erkenntnissen der Gehirnbiologie und den Aussagen der Bibel über das Wesen des Menschen."[149]

Da in den Humanwissenschaften urchristliches Wissen vermutet wird, sieht das biblisch-therapeutische Modell eine *Verhältnisbestimmung* vor, die es ermöglicht, deren Erkenntnisse für die Seelsorge zu rezipieren.[150] Dieterich geht sogar so weit, daß er den biblischen Aspekt seines Konzeptes über den psychologischen Aspekt definiert, was ihn deutlich von der Biblischen Seelsorge abhebt: „BTS ist biblisch... weil sie psychologische und psychotherapeutische Vorgehensweisen einsetzt, die der göttlichen Schöpfungsordnung entsprechen."[151]
Als Hauptkriterium für eine Nutzbarmachung theologie-fremder Inhalte und Methoden führt Ruthe an: „Sozial- und humanwissenschaftliche Hilfen, die der biblischen Botschaft nicht widersprechen, werden benutzt, stehen aber nicht im Mittelpunkt."[152] Die Forderung Biblischer Seelsorge, nicht religiöse weltanschauliche Prämissen zu eleminieren, wird damit auch in biblisch-therapeutischer Sicht beibehalten, aber in seiner Bedeutung mehr in den Hintergrund gerückt: „Christen können die wissenschaftlichen Erkenntnisse der Psychologie genauso selbstverständlich einsetzen, wie sie beispielsweise Medikamente gebrauchen oder die modernen Transport- und Kommunikationsmittel verwenden."[153] Die Basis für diesen pragmati-

---

147 DIETERICH, M. (1989): Handbuch, S. 216.

148 DIETERICHS, in: SONS, R. (1995): Seelsorge, S. 100.

149 PFEIFER, S. (1996): Leib und Seele, S. 119.

150 Bereits 1984 beschäftigte sich Dieterich mit der Verhältnisbestimmung von Seelsorge und Psychologie, wobei er sich jedoch erst 1989 ausführlich mit dem wissenschaftstheoretischen Ansatz der Psychologie auseinandersetzte. Vgl. DIETERICH, M. (1984): Psychologie; DERS. (1989): Handbuch, S. 21-23.

151 DIETERICH, M. (1993): Biblisch-therapeutische Seelsorge, S. 24.

152 RUTHE, R. (1993): Seelsorge, S. 9. Dieterich konkretisiert dies folgendermaßen: „Für jede zur Anwendung kommende Methode ist und bleibt für die Biblisch-therapeutische Seelsorge das biblische Menschenbild ein Korrektiv." DIETERICH, M. (1991): Biblisch-therapeutische Seelsorge, S. 172.

153 DIETERICH, in: SONS; R. (1995): Seelsorge, S. 99. Vgl. auch DIETERICH, M. (1991): Biblisch-therapeutische Seelsorge, S. 174. Pfeifer sieht die Nutzbarmachung psychologischer Einsichten als theolo-

schen Umgang mit Humanwissenschaften bildet folgende Behauptung Dieterichs: „Wir können nachweisen, daß Ideologien bzw. Weltanschauungen das praktische (methodische) Vorgehen nicht zwingend bedingen müssen. Für die Praxis bedeutet dies, daß eine große Anzahl der aus der Psychotherapie bekannten Vorgehensweisen...unabhängig von ihrem ideologischen Überbau (z.B. dem Humanismus)....eingesetzt werden kann."[154] Neben der erläuterten Bibel - Kompatibilität existiert im biblisch - therapeutischen Ansatz noch ein zweites bibelexternes Kriterium, das über die Rezeptionsfähigkeit humanwissenschaftlicher Einsichten und Methoden entscheidet: In Anlehnung an naturwissenschaftliche Prämissen soll nur auf psychotherapeutische Techniken zurückgegriffen werden, die entsprechend evaluiert und in Fachkreisen als effizient anerkannt sind.[155] Aufgrund dieser strengen Kriterien hält es Affeld für gerechtfertigt, Biblisch-Therapeutische Seelsorge als eine explizit psychologisch orientierte Seelsorge zu beschreiben.[156]

1.4.3. Spezielle konzeptionelle Vorgaben für Psychiatrieseelsorge

Bezüglich des *Adressatenkreises* von Seelsorge unterscheidet sich die Biblisch-Therapeutische Seelsorge konzeptionell nicht von der rein biblischen Variante. Auch hier wird SeelsorgerInnen vorgegeben, Einzelseelsorge am psychisch Kranken zu verrichten. Die im biblischen Konzept erfolgte Ausweitung des Adressatenkreises auf NichtchristInnen wird jedoch implizit wieder zurückgenommen, da die Theoretiker des neuen Konzeptes ein bestimmtes Klientel vor Augen haben: „Christen aus dem evangelikalen Lager, die an seelischen Problemen leiden und die andere Hilfsmöglichkeiten nur schwer wahrnehmen können."[157]

Als Charakteristikum Biblisch-Therapeutischer Seelsorge läßt sich die ausgefeilte *Krankheitslehre* Dieterichs anführen. Ihr Spezifikum besteht darin, daß Dieterich auf der Basis eines kausalen Krankheitsverständnisses drei extrem unterschiedliche Ursachen-Typen psychischer Erkrankung, die faktisch zumeist als Mischform vorkommen und von SeelsorgerInnen im Umgang mit psychisch Kranken diagnostiziert werden müssen, postuliert.[158]

Beim ersten Typ handelt es sich um Krankheiten, die auf medizinisch nachweisbaren Ursachen beruhen und dementsprechend durch medizinische Strategien behebbar sind. Zur Klassifizierung derartiger Krankheiten greift Dieterich auf die in der Medizin anerkannte Nomenkla-

---

gische Notwendigkeit an, weil die Gemeinsamkeiten von Psychotherapie und Seelsorge die Unterschiede angeblich überwiegen. Vgl. PFEIFER, S. (1992): Methodenübergreifende Wirkfaktoren, S. 280-282.

154 DIETERICH, M. (1993): Biblisch-therapeutische Seelsorge, S. 9.

155 Vgl. PFEIFER, S. (1991): Die Bedeutung der Psychotherapieforschung für die Seelsorge.

156 Vgl. AFFELD, B. (1990): Stummer Schrei in dunkler Nacht - Hilfen durch eine psychologisch orientierte Seelsorge.

157 HEMMINGER, H. (1989): Ich habe ganz allein Recht!, S. 26. Jentsch beschreibt das Klientel Biblisch-Therapeutischer Seelsorge als fromme Christenmenschen, die in pathologische Nöte geraten sind. Vgl. JENTSCH, W. (1991): Proprium, S. 39. Optimale Voraussetzungen für die seelsorgliche Tätigkeit würde somit ein sich in konfessioneller Trägerschaft befindliches Psychiatrisches Krankenhaus bieten, das den biblisch-therapeutischen Ansatz als verbindliche Arbeitsgrundlage für alle Berufsgruppen gewählt hat.

158 An Hand der Depression beschreibt Dieterich das mögliche Zusammenspiel der drei Faktoren. Vgl. DIETERICH, M. (1993): Depressionen. Vgl. auch RUTHE, R. (1975): Krankheit muß kein Schicksal sein.

tur DSM III zurück.[159] Hiervon unterscheidet er Krankheiten, die auf Sozialisations- und Entwicklungsstörungen beruhen und entsprechend psychotherapeutisch behandelbar sind. Als dritten Typ stellt er Erkrankungen vor, deren Ursachen im geistlich-okkulten Bereich zu finden sind und denen mit entsprechend geistlichen Mitteln zu begegnen ist: „Zum einen hängen sie ursächlich mit Sünde und Schuld im Leben eines Menschen zusammen. Dies ist dann keine Frage nach Vererbung, Stoffwechselstörungen oder einem frühkindlichen Trauma.... Zum anderen können seelische Störungen aber auch damit zusammenhängen, daß Gott Pläne mit dem einzelnen Menschen hat, die er über den Weg der Krankheit erreichen will.... Weder bei der Sünde noch dem göttlichen Wollen als Hintergrund für seelische Störungen kann mit innerweltlichen Lösungsvorschlägen argumentiert und deshalb auch keine Kausalität, Regel oder innerweltliche Therapie angeboten werden. Hier geht es um ein eindeutig 'unwissenschaftliches' Eingreifen Gottes in unser Leben - dessen Hintergründe nur in der Bibel gefunden werden können."[160] Indem Dieterich psychiatrische und psychologische Erklärungsmodelle in Form der ersten beiden Krankheitstypen in sein Ursachenmodell zu integrieren sucht, verleiht er diesem zwar ein extrem modern anmutendes Design. Da er aber im dritten Typ die kerygmatische, nuthetische und biblische Traditionslinie der Sündenkausalität aufgreift und weiterführt und diese aufgrund der postulierten Mischform aller Erkrankungen immer eine gewisse Rolle spielt, erweist sich das biblisch-therapeutische Kankheitsverständnis trotz modernen Gewandes als eine Spielart der bereits erläuterten Vorläufer - Varianten.

Während das *Rollenverständnis* der PatientInnen im biblisch-therapeutischen Modell kaum Modifikationen erfährt,[161] lassen sich für das Rollenverständnis von SeelsorgerInnen einschneidende Veränderungen sowohl im Verhältnis zu den PatientInnen als auch zum psychiatrischen Personal erkennen. Gegenüber den PatientInnen haben sie als kompetente DiagnostikerInnen und TherapeutInnen aufzutreten, wobei v.a. die Rolle christlicher ExpertInnen, die die Kompetenz besitzen, Sündenkausalitäten aufzudecken und zu beheben, sowie psychotherapeutisch geschulter GesprächspartnerInnen und VerhaltenstrainerInnen, die in der Lage sind, die notwendigen Verhaltenskorrekturen einzuleiten, abverlangt wird. Die hierfür notwendige Kompetenz muß durch entsprechend umfangreiche Zusatzqualifikationen erworben werden, wobei die 'DGBTS' entsprechende Ausbildungsgänge anbietet.[162] Da SeelsorgerInnen gegen-

---

159 Vgl. DIETERICH, M. (1989): Handbuch, S. 327-379.

160 DIETERICH, M. (1991): Biblisch-therapeutische Seelsorge, S. 177. Ergänzend führt er an, daß psychische Störungen auch durch religiöse Interaktionen hervorgerufen sein können und deshalb nur durch geistliche Interventionen korrigierbar sind. Vgl. DIETERICH, M. (1992): Wenn der Glaube krank macht. Auch Pfeiffer verweist auf „verzerrte Formen der Frömmigkeit" als mögliche Ursache psychischer Störungen. PFEIFFER, S. (1992): Methodenübergreifende Wirkfaktoren, S. 281.

161 Für Sons ist der Schluß zulässig, daß der biblisch-therapeutische Entwurf dazu beiträgt, die Asymmetrie der Begegnungsstruktur zwischen SeelsorgerIn und PatientIn zu entschärfen: „Zudem entspricht es dem Ansatz der Ganzheitlichkeit, daß eine Beziehung zwischen Seelsorger und Ratsuchendem entsteht. Innerhalb dieser Beziehung werden dem Ratsuchenden nicht vorgefertigte Meinungen angeboten. Er soll vielmehr zur Selbsteinsicht kommen und lernen, eigene Verantwortung zu übernehmen." SONS, R. (1995): Seelsorge, S. 109. Fakt bleibt jedoch, daß der Seelsorger dem Ratsuchenden weiterhin mitteilt, worüber er zur Einsicht kommen soll und was er zu lernen hat. Breuning kommt daher zum Schluß, daß Dieterichs Konzept den Aufbau einer reziproken Beziehungsstruktur letztlich eher verhindert als fördert. Vgl. BREUNING, H. (1988): Miteinander Glauben lernen, S. 1009.

162 Daß diese Form der Kompetenzsteigerung nicht unproblematisch ist, zeigen folgende Fragestellungen Pfeifers: „Für viele Seelsorger, Pfarrer und Prediger stellt sich damit die Frage nach ihrem Selbstverständnis und ihrer Aufgabe im heutigen therapeutischen Klima. Was braucht es, um ein guter Seelsorger zu sein?

über dem psychiatrischen Personal in der Rolle aktiv unterstützender Mitarbeiterinnen, die auch medizinische und psychologische Fachkenntnisse besitzen, aufzutreten haben, sollen sie sich kooperativ in das Psychiatrische Krankenhaus einfügen und einen Beitrag zu dessen Effizienzsteigerung leisten.[163]

Für die *Alltagspraxis* von PsychiatrieseelsorgerInnen bringt das biblisch-therapeutische Modell aufgrund seiner individuumszentrierten Ausrichtung in Blick auf den religiösen Sektor kaum Veränderungen mit sich. Bibellektüre, religiöses Gespräch, Gebet, sakramentale und rituelle Handlungen sollen daher weiterhin den Arbeitsalltag bestimmen.[164] Die konzeptionelle Betonung psychotherapeutischer Arbeit mit den PatientInnen hat jedoch zur Folge, daß im (therapeutischen) Gespräch, das zu Verhaltensänderungen führen soll, ein zweiter alltagspraktischer Schwerpunkt entsteht. Inwieweit hierbei eine Praxisform angezielt ist, die einer therapeutischen Sitzung nahekommt, bleibt unklar.

Im Unterschied zum biblischen Konzept schreibt das biblisch-therapeutische Modell verbindlich vor, daß PsychiatrieseelsorgerInnen eine Vielfalt religiöser und psychotherapeutischer *Methoden* in ihren Arbeitsalltag zu integrieren haben. Zur konzeptionellen Verankerung der Methodenpluralität entwirft Dieterich eine mathematische Seelsorgeformel. Diese soll sicherstellen, daß die Methodenwahl nicht fallübergreifend bereits vor der Begegnung mit dem kranken Menschen feststeht, sondern sich aus der Seelsorgesituation heraus zu ergeben hat: „M = f (S,R,U). In Worten ausformuliert meint diese Formel, daß das methodische Vorgehen (M) in der biblisch-therapeutischen Seelsorge abhängig (f) ist, sowohl vom Seelsorger (S) als auch vom Ratsuchenden (R) und den jeweiligen Umständen (U). Auch während eines seelsorglichen Gesprächs ist ein Methodenwechsel möglich - und oft hilfreich. Seelsorge mit diesem Konzept vermeidet die Engführung auf eine einzige Methode."[165]
Welche konkrete psychotherapeutische Methode SeelsorgerInnen im Einzelfall anwenden sollen, ergibt sich aus der jeweils seelsorglichen Zielperspektive.[166] Da im biblisch-

---

Wie kann man zum Therapeuten werden, der sowohl die geistlichen Impulse wahrnimmt als auch aktuelle psychologische Erkenntnisse berücksichtigt?... Wieviel psychologische Fachausbildung braucht ein Seelsorger, um Beratung durchführen zu dürfen? Darf man all denjenigen Seelsorgern und christlichen Beratern die Kompetenz absprechen, die diese Kriterien nicht in reiner Form erfüllen?" PFEIFER, S. (1996): Psychotherapie und Seelsorge, S. 8.

163 Inwieweit diese Vorgabe dazu beiträgt, daß SeeelsorgerInnen in Konkurrenz zu anderen Berufsgruppen und in den Ruf psychologisierender DilletantInnen geraten, läßt sich letzlich nur alltagspraktisch klären.

164 Inwieweit auch exorzistische Handlungen zum Arbeitsalltag von SeelsorgerInnen gehören, läßt sich nicht eindeutig beantworten. Pfeifer weist zumindest auf die Praxis des „Gebets um Befreiung von dämonischen Mächten" hin: Vgl. PFEIFER, S. (1992): Methodenübergreifende Wirkfaktoren, S. 281.

165 DIETERICH, M. (1991): Biblisch-therapeutische Seelsorge, S. 181. An anderer Stelle weist Dieterich darauf hin, daß die Seelsorgeformel den Schlüssel zur Verbindung von Bibel und Psychotherapie darstellt, weil durch sie die dynamische Verschränkung von menschlicher Methodik mit geistgewirkter göttlicher Intervention deutlich wird. Vgl. DIETERICH, M. (1993): Biblisch-therapeutische Seelsorge, S. 13.

166 Soll ein hilfreiches Gespräch geführt werden, müssen gesprächstherapeutische Methoden angewendet werden. Soll eine Analyse der Vergangenheit des Gegenübers geleistet werden, müssen tiefenpsychologische Methoden zum Einsatz kommen. Sollen dagegen neue Zukunftsperspektiven eröffnet werden, sind logotherapeutische Interventionsstrategien erforderlich. Sollen konkrete Verhaltensänderungen herbeigeführt werden, ist auf verhaltenstherapeutische Methoden zurückzugreifen. Vgl. DIETERICH, M. (1989): Handbuch, S. 248- 315; DERS. (1992): Heil und Heilung, S. 35/36; DERS. (1987): Psychotherapie, S. 89. Ende der

therapeutischen Konzept die Verhaltensänderung des Gegenübers eine Schlüsselfunktion einnimmt, legen Dieterich und Pfeiffer Wert auf den Einsatz kognitiver Therapieelemente, die eine modifizierte Form der Verhaltenstherapie darstellen: "Eine Integration kognitiver Ansätze in ein multimodales Therapiekonzept mit bewußt pastoraler Zielsetzung ist dehalb unabdingbar."[167]

Trotz der geforderten Anwendung psychotherapeutischer Methodik will Dieterich jedoch sicherstellen, daß Seelsorge niemals auf ein methodisches Vorgehen reduziert werden kann. In diesem Zusammenhang verweist er auf den Heiligen Geist, dem er zwei unterschiedliche Wirkungen zuschreibt: Zum einen führt der Heilige Geist zu einer situationsangemessenen Methodenwahl und weist damit die Methodik als gottgewollte Intervention aus: „In der Anwendung aller Erkenntnisse und Methoden weiß Biblisch-Therapeutische Seelsorge sich vom Heiligen Geist abhängig und auf seine Leitung angewiesen."[168] Zum anderen räumt Dieterich dem Heiligen Geist auch eine methodensprengende Wirkkraft ein, wodurch er sich dem charismatischen Seelsorgeansatz annähert: „Die Erkenntnis des Menschen über die verborgenen Zusammenhänge des Lebens aus ganzheitlicher, d.h. geistlicher und therapeutischer Sicht, kann nur zum Teil methodisch vermittelt werden. Es ist ganz wesentlich ein Wirken des Heiligen Geistes am Herzen des Menschen, durch das der Ratsuchende ein inneres Ja zu einem neuen Weg findet."[169]

90er Jahre plädiert Dieterich dafür, auch systemische Therapieelemente aus der Familientherapie einzubeziehen. Vgl. DIETERICH, M. (Hg.) (1998): Der Mensch in der Gemeinschaft.

[167] PFEIFER, S. (1988): Kognitive Therapie, S. 171. Das fundierteste Plädoyer für die Einbeziehung kognitiver Therapeutik findet sich bei Pfeifer, der hierfür zwei extrem unterschiedliche Traditionslinien aufnimmt: Zum einen versucht er, an Adams und Crabbs anzuschließen, die sich bereits in ihrem nuthetischen Konzept mit verhaltenstherapeutischen Implikationen befaßt haben; zum anderen bestätigt er die kritische Anfrage Besiers an die Therapeutische Seelsorge, daß diese verhaltenstherapeutische Techniken vernachlässige, und preist im Gegenzug Dieterichs Konzept als Lösung dieses Problems an. Vgl. a.a.O., S. 163, 168, 171.

Daß gerade die kognitive Methodik sich als besonders effizient erweist, um die pastorale Zielsetzung der Verhaltensmodifikation zu erreichen, macht Hagenmaier deutlich: „Zentrum wird in dieser Form des Umgangs mit Menschen vor allem die Arbeit an der Interpretation der Welt. Die Gesinnung ist das Problem des Menschen, der therapeutische Hilfe sucht. Wenn er erst die richtige Gesinnung entwickelt hat, kann sich das richtige Verhalten einstellen. Es muß also vom Therapeuten nach falscher Gesinnung oder Problemgesinnung beim Klienten gesucht werden. Therapie heißt Einüben der richtigen Gesinnung oder Verhaltensweise." HAGENMAIER, M. (1990): Ratlosigkeit in der Seelsorge, S. 200. Hagenmaier unterstellt den Anhängern Biblisch-Therapeutischer Seelsorge, daß sie trotz ihres Postulates der Methodenpluralität das Anleitungsmodell der Kognitiven Therapie favorisieren. Vgl. auch HAGENMAIER, M. (1989): Heil durch Psychotechnik?, S. 28.

Zu einem ähnlichen Ergebnis kommt auch Breuning: „Bei genauerem Zusehen wird deutlich, daß die scheinbar variable Vielfalt der Methoden v.a. einem Grundkonzept untergeordnet wird, das sich an der rational - emotiven Therapie orientiert, die im säkularen Bereich unter anderem durch A. Ellis vertreten wird. Dieser geht davon aus, daß viele Leiden im Bereich depressiver Erkrankungen durch 'falsches Denken' (oder negatives Denken) entstehen." BREUNING, H. (1988): Miteinander, S. 1008.

[168] DIETERICH, M. (1993): Biblisch-therapeutische Seelsorge, S. 89.

[169] DIETERICH, M. (1991): Biblisch-Therapeutische Seelsorge, S. 180.

1.5. Charismatische Seelsorge
1.5.1. Hinführender Überblick

Unter der Bezeichnung Charismatische Seelsorge werden Seelsorgekonzepte aus der Charismatischen- Pfingst- und Erweckungsbewegung zusammengefaßt, die eine große Bandbreite an Frömmigkeitsformen umfassen und gegenwärtig zu den aktuellsten Neuansätzen von Seelsorge zählen.[170] Obwohl die TheoretikerInnen der charismatischen Sichtweise an das biblische bzw. biblisch-therapeutische Konzept anknüpfen, präsentieren sie ihren Ansatz als rettende Alternative, wie dies Margies pointiert heraussstellt: „Es ist nicht mehr zu leugnen, die christliche Seelsorge, die in Not befindlichen Menschen helfen soll, ist selbst in Nöten und bedarf der Hilfe. Sie ist ein todkranker Patient geworden.... Fraglos finden wir heute die engagierteste und angriffigste Seelsorge in den Reihen der charismatischen Bewegung."[171] Daß der charismatische Entwurf aber dennoch in die theologisch-biblische Konzept-Reihe einzuordnen ist, läßt sich ebenfalls bei Margies nachlesen: „Sind nun der Anspruch und die ausgewiesenen Erfahrungen der charismatischen Christen biblisch gedeckt? Sie berufen sich auf die Heilige Schrift, die tatsächlich von einem Erfülltsein mit dem Heiligen Geist spricht und die auch von bestimmten Gaben redet, welche der Heilige Geist austeilt und die gerade für die Seelsorge besonders wichtig sind."[172] Die geistliche Dimension von Seelsorge wurde zwar auch im biblischen Modell immer wieder angemahnt, aber erst im Kontext des charismatischen Ansatzes als zentrales Motiv der Seelsorge herausgestellt.[173] Die Titulierung 'Charismatische Seelsorge' spiegelt somit die Verankerung des Konzeptes in der Pneumatologie, genauer im Theologumenon der Gnadengaben des Heiligen Geistes wider. Ebenso wie die Therapeutische Seelsorge wurde auch die Charismatischer Seelsorge in Rückgriff auf bereits vorhandene Ansätze nordamerikanischer Vorbilder entworfen. Das in der Biblisch-Therapeutischen Seelsorge sichtbar gewordene Phänomen, daß Ärzte an der Fundierung eines Seelsorgekonzeptes entscheidend mitgewirkt haben, trifft auch auf die charismatische Variante zu, wobei z.B. Peck und Kick ihre Erfahrungen als Psychiater, Margies dagegen die des Internisten und Psychotherapeuten einfließen ließen.

Da das charismatische Modell gerade in Blick auf Psychiatrieseelsorge radikale Innovationen auf dem Sektor Krankheitslehre, Alltagspraxis und Methodik mit sich bringt, wird es besonders ausführlich erläutert.

---

170 Vgl. WENZELMANN, G. (1996): Modelle charismatischer Seelsorge, S. 169. Als interne Darstellung der Charismatischen Bewegung empfiehlt sich: REIMER, H. D. (1987): Wenn der Geist in der Kirche wirken will. Ein Vierteljahrhundert Charismatische Bewegung.

171 MARGIES, W. (1985): Heilung durch sein Wort, Band 1, S. 9/68. Zum Ausmaß dieses Engagements schreibt Heimbrock: „Die propagierte alternative Seelsorge tritt mit globalem Anspruch auf. Sie ist eine universale Weltanschauung und Heilslehre, die alle Bereiche des menschlichen Lebens umfaßt." HEIMBROCK, H. (1996): Heilung als Re-Konstruktion von Wirklichkeit, S. 333.

172 MARGIES, W. (1985): Heilung durch sein Wort, Band 1, S. 68.
Bereits in der amerikanischen Version Charismatischer Seelsorge findet sich der Hinweis auf die Dominanz der biblischen Perspektive: „Es ist für uns von entscheidender Bedeutung zu erkennen, daß die Heilung der Erinnerungen durch die Schrift, die unsere letztendliche Autorität in allen Fragen des Glaubens und Handelns sein sollte, fundiert ist." SEAMANDS, in: WENZELMANN, G. (1996): Modelle charismatischer Seelsorge, S. 179.

173 Ende der 80er Jahre wies Tacke auf die charismatische Komponente christlicher Seelsorge hin: „Es ist an der Zeit, wieder nach der charismatischen Kraft der Seelsorge zu fragen. Sie ist es, die letztlich entscheidet." TACKE, H. (1989): Mit den Müden zur rechten Zeit zu reden, S. 129.

Analog zum organisationalen Zusammenschluß biblisch bzw. biblisch-therapeutisch ausgerichteter SeelsorgerInnen gründeten auch CharismatikerInnen gemeinsam mit christlich motivierten ÄrztInnen und PsychologInnen eine 'Deutsche Gesellschaft für Christliche Psychologie' (IGNIS),[174] deren Zielsetzung in der Entwicklung einer Christlichen Psychologie und Psychotherapie liegt. Ebenso wie die 'DGBTS' zielt sie nicht nur auf Grundlagenarbeit, sondern auch auf praktische Umsetzungen ab. Dies zeigt sich daran, daß bereits 1989 eine von der Gesellschaft getragene 'Fachklinik für Psychiatrie und Psychosomatik' im Schwarzwald eröffnet worden ist.[175]

Schaubild 19 auf der nächsten Seite zeigt die Charismatische Seelsorge im Überblick[176], wobei als Unterscheidungskriterien divergierende Haltungen gegenüber der Psychotherapie sowie Unterschiede in der Hervorhebung dämonischer Zusammenhänge herangezogen werden.[177]

---

[174] Durch die Bezeichnung IGNIS (lateinisch: Feuer) soll allegorisch an die Wirkkraft des Heiligen Geistes angeknüpft werden.

[175] Sons zitiert aus dem IGNIS - Informationsblatt: Das Ziel der Klinik sei, „der Gemeinde Jesu und ihren Gläubigen eine adäquate medizinische Versorgung auf dem Gebiet der psychiatrischen und psychosomatischen Erkrankungen zu bieten." (S. 132). 1992 jedoch hat sich die genannte Klinik organisatorisch aus der IGNIS gelöst und sich als Referenz an ihre Herkunft als DE'IGNIS bezeichnet. Sons zitiert aus dem Informationsblatt dieser Klinik: „Die Klinik hat die Aufgabe und das Ziel, die psychologischen und therapeutischen Konzepte der Bibel in wissenschaftlicher Form weiterzuentwickeln, in der Praxis zu erproben und in Auseinandersetzung mit anderen humanwissenschaftlichen Theorien in Psychologie und Medizin zu integrieren. Sie behandelt im ambulanten und stationären Rahmen alle Patienten, die für christliche Therapieverfahren Verständnis haben, diese Therapien wollen und bedürfen." (S. 132). Abschließend kommt Sons zu folgender Wertung: „Die klinische Arbeit stellt eine auf der Höhe der Zeit sich befindende, geistliche, soziale und psychologische Gesichtspunkte einbeziehende Therapie dar, die nicht zuletzt durch ihre (privat-) kassenärztliche Anerkennung Beachtung verdient." (S. 132). SONS, R. (1995): Seelsorge zwischen Bibel und Psychotherapie.

[176] Da nach Heimbrok angesichts des rasanten Wachstums der charismatischen Bewegung eine Orientierung immer schwieriger wird, ist das Schaubild als eine Momentaufnahme ohne Anspruch auf Vollständigkeit zu verstehen. Vgl. HEIMBROK, H. (1996): Heilung als Re-Konstruktion von Wirklichkeit, S. 332.

[177] Hierbei ist jedoch zu bedenken, daß z.B. Margies wegen seiner ausdrücklichen Ablehnung psychotherapeutischer Verfahren zwar besonders hervorgehoben wird, gleichzeitig aber als besonders radikaler Verteidiger dämonischer Zusammenhänge auch unter dieser Rubrik geführt werden könnte!

Schaubild 19: Charismatische Seelsorge im Überblick

Kerygmatische Seelsorge	Nuthetische/Parakletische Seelsorge	Biblische Seelsorge	Biblisch-Therapeutische Seelsorge

CHARISMATISCHE SEELSORGE
Charismatische Bewegung / Erweckungsbewegung / Pfingstbewegung

WOLFHARD MARGIES
1985: Heilung durch sein Wort:
  Der Verzicht auf Psychotherapie
  Die geistliche Behandlung seelischer und körperlicher Krankheiten
1988: Befreiung
1991: Erkennen, Glauben, Bekennen
1991: Depressionen sind heilbar
1992: Sein Reich und meine Veränderung
1992: Glaube, der Wunder wirkt
1995: Die einzigartige Gemeinschaft mit dem Heiligen Geist

Charakteristikum: Feindliche Haltung gegenüber der Psychologie

WILLIAM BACKUS/MARIE CHAPIAN
1980: Befreiende Wahrheit. Praxis kognitiver Seelsorge
WOLFRAM KOPFERMANN
1988: Noch einmal: Innere Heilung
1990: Farbwechsel. Grundkurs des Glaubens
1993: Mit Jesus gekreuzigt. Römer 6-9; Grundlage jeder Seelsorge

Charakteristikum: Positive Haltung gegenüber der kognitiven Psychotherapie

FRANCIS MAC NUTT
1976: Die Kraft zu heilen: das fundamentale Buch über Heilen durch Gebet
1979: Beauftragt zu heilen: eine praktische Weiterführung
1996: Deliverance from evil spirits: a practical manual
DAVID SEAMANDS
1981: Heilung der Gefühle
1986: Befreit vom kindischen Wesen
1988: Heilende Gnade
1990: Heilung der Erinnerung
1992: Heilung für kranke Herzen
1996: Versöhnung, die trägt
JOHN WIMBER
1987: Heilung in der Kraft des Geistes
1988: Leben im Reich Gottes: Wie Gott ihren Charakter verändern kann
1988: Leiden im Reich Gottes:
  Wie Sie mit geistlichen Prüfungen umgehen können
1988: Heilungsdienst praktisch
SCOTT M. PECK
1983: Die Lügner. Eine Psychologie des Bösen und die Hoffnung auf Heilung
ARLINE WESTMEIER
1988: Die verletzte Seele heilen. Gesundung durch Seelsorge
WILLEM C. van DAM
1990: Seelsorge in der Kraft des Geistes
↓

HANS ROHRBACH
1990: Unsichtbare Mächte und die Macht Jesu:
  Zur Seelsorge an belasteten Menschen
SIEGFRIED SCHWEMMER
1995: Wege aus der Krankheit.
  Psychotherapie und Seelsorge im Umgang mit psychisch Kranken
HERMES KICK
1996: Besessenheit zwischen Enthmythologisierung und Krankheitsrelevanz

Charakteristikum: Betonung der Inneren Heilung und dämonologischer Zusammenhänge

PETER HÜBNER
1988: Ist christliche Psychologie möglich?
1990: Prolegomena zu einer christlichen Psychologie
1990: Christliche Psychologie und Therapie
1991: Psychologie und Psychotherapie auf biblischer Basis
WILLEM OUWENEEL
1991: Herz und Seele. Gibt es eine christliche Psychologie?
1996: Christliche Psychologie und Psychotherapie-
  Wissenschaft oder Ideologie?
HANNE BAAR
1996: Wie man wahnsinnig werden kann.
  Beiträge zu einer christlichen Tiefenpsychologie

Charakteristikum: Entwicklung einer christlichen Psychologie und Psychotherapie

1.5.2. Theoretische Fundierung der allgemeinen Seelsorgelehre

Das inhaltliche Spezifikum Charismatischer Seelsorge besteht nach Wenzelmann darin, daß im Seelsorgeprozeß „Gott durch das Wirken des Heiligen Geistes sehr direkt in seiner Liebe und Gnade, in seinem Willen und Handeln erfahren werden kann."[178] Entscheidend hierbei ist, daß erstmals in einem Seelsorgekonzept die Dimension der konkreten Erfahrung, die durchgängig als Liebes- und Gnadenerfahrung im Sinne einer psychotherapeutisch relevanten geistgewirkten Dynamik beschrieben wird, in den Vordergrund gerückt wird.[179] In logischer Übereinstimmung mit dieser Sichtweise liefert Margies daher folgende Definition von Seelsorge: „Seelsorge ist angewandtes Wort Gottes."[180] Durch den Rekurs auf das Wort Gottes verankert er zwar sein Konzept in der kerygmatisch-biblischen Traditionslinie, sprengt diese jedoch zugleich, indem er nicht die Verkündigung, sondern die konkrete erfahrungsbezogene Dimension der Anwendung in den Mittelpunkt rückt. Um der postulierten geistgewirkten Erfahrung den Weg zu bereiten, hält Margies den klassischen Seelsorgestil der Ermahnung und Zurechtweisung für unabdingbar.

In der Beschreibung der Zielsetzung seelsorglicher Tätigkeit dagegen hebt sich Margies trotz der Beibehaltung des missionarischen Grundtenors in Blick auf Glaubenshilfe von klassischen Vorläufer-Modellen deutlich ab, weil Charismatische Seelsorge immer auch Lebenshilfe im Sinne seelisch-körperlicher Gesundung eines kranken Menschen zum Ziele haben muß: „Ich werte die Echtheit charismatischer Erfahrung daran, ob sie zum geistlichen und seelischen Reifen und Gesunden des Christen beiträgt, ob sie zur vermehrten Liebe und zum Gemeinschaftswillen befähigt, und ob sie dem Christen zum Zeugnis und Handeln im Namen Jesu fördert."[181] Um aber der Gefahr einer einseitigen Betonung des Gesundheitsaspektes zu entgehen, stellt er folgende Prioritätenliste auf: „Für den Seelsorger und seinen christusgläubigen Patienten ist aber nicht die Wiederherstellung seiner alten Gemütsverfassung das Therapieziel, sondern die Festigung seiner Beziehung zu Gott.... Andererseits darf man die Gesundung auch nicht gegen das geistliche Anliegen ausspielen.... Gott will nicht durch das Fortbestehen einer Depression verherrlicht werden. Gott ist also am Heilungsvorgang interessiert und im Heilungsgeschehen vertreten."[182] Da die anvisierte umfassende Heilung, die von den meisten AutorInnen mit dem Prädikat 'Innere Heilung'[183] versehen wird, eine persönliche Wiedergeburt im Bekehrungserlebnis voraussetzt, faßt Heimbrock das gesamte Programm Charismati-

---

178 WENZELMANN, G. (1996): Modelle charismatischer Seelsorge, S. 169.

179 In Bezug auf seine Person schreibt Seamands: „Am Anfang meines Dienstes stand die Entdeckung, daß es keine bessere Therapie für die Gesundung von Seele und Geist gibt als die vergebende Gnade Gottes." SEAMANDS, D. (1990): Heilende Gnade, Vorwort.

180 MARGIES, W. (1985): Heilung durch sein Wort, Band 1, S. 66.

181 A.a.O., S. 69.

182 MARGIES, W. (1985): Heilung durch sein Wort, Band 1, S. 82/83.

183 (Selbst)kritisch setzt sich v.a. Kopfermann mit dem Konzept der Inneren Heilung auseinander, wobei er folgendes Interesse offenbart: „Ich denke, wir sollten nicht aufhören, über Innere Heilung zu reden, dies aber tun in einer biblischen Weise." (S. 18). Als Ergebnis legt er eine biblische Interpretation vor, in der er Vergebung, Vertrauen, Annahme von Lebenserfahrung und Zurückweisung von Gedanken als vier Grundprinzipien Innerer Heilung vorstellt und in Blick auf eine Zielsperspektive folgendermaßen zuspitzt: „Innere Heilung ist eine spezielle Form der Buße, Buße aber heißt Umkehr." (S. 18). KOPFERMANN, W. (1988): Noch einmal: Innere Heilung.

scher Seelsorge als „sprachliche Dauerinszenierung der Wiedergeburtserfahrung"[184] zusammen.

Daß dem Heiligen Geist im charismatischen Seelsorgemodell *theologisch* eine zentrale Bedeutung zukommt, wird durch die Verankerung des Konzeptes in einer Trinitarischen Theologie, die nach Margies auf folgendem Gottesbild basiert: „Seelsorge geht davon aus, daß der daseiende, persönliche Gott mit Liebe und Vermögen in das Leben von Menschen unter geschichtlichen Gegebenheiten von Zeit und Raum wirkt."[185] ermöglicht. Unter Bezugnahme auf Textstellen des Johannesevangeliums, der Apostelgeschichte und des 1. Korintherbriefes versucht auch Schwemmer, das Wirken Gottes in pneumatologischen Kategorien zu beschreiben. Dabei legt er besonderen Wert darauf, den Heiligen Geist als göttlich zugesagte Kraftquelle der Seelsorge und die Charismen als gottgewollte sichtbare Zeichen dieser Kraft auszuweisen: „Die klassischen Gaben des Heiligen Geistes, die Charismen, die geistgewirkten Gnadengaben, sind also: Weisheitsrede, Erkenntnis, Glaube, die Kraft zu heilen, die Möglichkeit, Wunder zu tun, die prophetische Rede, die Gabe, die Geister zu unterscheiden, die Zungenrede und schließlich die Fähigkeit, die Zungenrede auszulegen."[186] Die christologische Komponente trinitarischer Theologie, die v.a. von den amerikanischen TheologInnen und Margies betont wird, unterscheidet sich durch ihre stark eschatologische und dualistische Prägung auffällig vom Entwurf Evangelikaler Seelsorge: „Wir leben in einer letzten Phase der Geschichte. Das Böse verdichtet sich, aber erst recht auch die Gnade."[187] Peck glaubt, diesem Sachverhalt durch Verwendung einer militärischen Sprache gerecht zu werden: „Gott wird in seiner Schwachheit die Schlacht gegen das Böse gewinnen.... Die Auferstehung bedeutet nicht nur, daß Christus die Bosheit seiner Zeit überwunden hat, sondern auch, daß er sie ein - für - allemal überwunden hat. Christus, der wehrlos ans Kreuz Genagelte, ist Gottes letztes Geschütz."[188]

Die *anthropologischen Grundannahmen* Charismatischer Seelsorge weisen zwar einerseits auf ihren evangelikalen Hintergrund hin, bringen andererseits aber auch neue charismatische Akzente ins Spiel. In ähnlich ablehnender Haltung gegenüber säkularen Anthropologien plä-

---

184 HEIMBROCK, H. (1996): Heilung als Re-Konstruktion von Wirklichkeit, S. 334. Die extrem enge Verknüpfung der Erfahrung religiöser Wiedergeburt und Gesundung legt nahe, Heilung exklusiv an göttliche Interventionen zu binden. Daß diese Schlußfolgerung tatsächlich gezogen wird, läßt sich an einer Textpassage Michels erkennen: „Heilung geschieht, wenn der heilige Geist unser Leben - wie es hier heißt - Schritt um Schritt 'in die Wahrheit führt'... Heilung in unserem eigenen Leben geht nur so, daß die Liebe des dreieinigen Gottes sich immer wieder wie Balsam auf die wunden Stellen unseres Lebens legt." MICHEL, H. (1996): Heilende Beziehungen, S. 238.

185 MARGIES, W. (1985): Heilung durch sein Wort, Band 1, S. 79. Daß Gott geistgewirkt auch gegenwärtig wirkt, basiert für Kopfermann auf der Inkarnations- und Kreuzestheologie, die er an Hand der paulinischen Textstellen Römer 6-8 zu erläutern versucht. Vgl. KOPFERMANN, W. (1993): Mit Jesus gekreuzigt.

186 SCHWEMMER, S. (1995): Wege, S. 49. Einzelheiten zur charismatischen Pneumatologie finden sich in: KÄGI, H. (1989): Der Heilige Geist in charismatischer Erfahrung und theologischer Reflexion.

187 MARGIES, W. (1985): Heilung durch sein Wort, Band 2, S. 231.

188 PECK, S. (1990): Die Lügner, S. 229. Die dennoch vorhandene Ähnlichkeit zu bisher besprochenen biblisch orientierten Seelsorgekonzepten wird dagegen in folgender Passage deutlich: „Ziel unserer Seelsorge ist Jesus! Er allein! Durch ihn darf unser gestörtes Verhältnis mit dem Vater wieder in Ordnung kommen, durch seinen Sühnetod unser Leben wieder heil werden!" ARBEITSHILFEN für Seelsorger (1992), S. 12.

dieren Hübner und Ouweneel für eine biblisch begründete ganzheitliche Anthropologie.[189] In der Interpretation der diesbezüglichen biblischen Vorgaben scheiden sich jedoch die Geister. So versucht Peck, den in der Bibel auffindbaren Dualismus von Gut und Böse in den Menschen zu verlagern und damit zu einem Wesensmerkmal seiner Existenz zu machen: „Das Schlachtfeld dieses Kampfes ist jede einzelne Menschenseele. Der tiefste Sinn des menschlichen Lebens hat mit dieser Schlacht zu tun."[190] Diese Sichtweise hat aber zur Folge, daß der Mensch für den Ausgang der Schlacht verantwortlich ist, wodurch sein Eigenanteil an Sünde, Schuld und Krankheit konstitutionell begründet als entsprechend groß einzustufen ist. Margies dagegen interpretiert Stellen der Heiligen Schrift, die auf die geistige Dimension des Menschen abheben, als hermeneutischen Schlüssel für eine biblische Anthropologie, die die zentrale Bedeutung der Pneumatologie widerspiegelt. Das entscheidende Wesensmerkmal des Menschen besteht in dieser Sichtweise darin, daß er ein primär geistiges Wesen ist, das aber durch seinen materiellen Anteil seinem eigentlichen Wesen entfremdet ist.[191]

Bezüglich der *Verhältnisbestimmung* gegenüber den Humanwissenschaften lassen sich innerhalb der Charismatischen Seelsorge drei völlig unterschiedliche Positionen erkennen: Margies als Vertreter der ersten Richtung lehnt eine Rezeption psychologischer Erkenntnisse schlichtweg ab, zumal er diese in seiner Tätigkeit als Psychotherapeut nicht als hilfreich erlebt hat: „Heute schaue ich mit Scham und Verwunderung auf diese Zeit zurück... Ich stelle mir ernsthaft die Frage, wie es möglich sein konnte, daß ich so lange Zeit für die Unvereinbarkeit von Christentum und Psychotherapie blind war."[192] Backus, Chapian, Seamands, Wimber, Kopfermann und Schwemmer als VertreterInnen der zweiten Richtung versuchen dagegen, psychologisches Wissen für die Seelsorge fruchtbar zu machen: „Seelsorge - so wie ich sie verstehe - bemüht sich, Spiritualität, Psychotherapie und Heilung miteinander in eine lebendige Beziehung zu bringen und zu setzen. Dabei soll Spiritualität immer mehr vertieft, Psychotherapie immer mehr geübt und Heilung im ganzheitlichen Sinn immer mehr möglich werden." [193] Hübner, Ouweneel und Baar als VertreterInnen der dritten Richtung suchen keine Anlehnung an einzelne säkulare psychotherapeutische Richtungen, sondern zielen darauf ab, eine spezifisch Christliche Psychologie mit entsprechend christlicher Psychotherapeutik als Alternative zur konventionellen Schulpsychologie und Psychotherapie, deren VertreterInnen sie biologischen Reduktionismus und Eindimensionalität vorwerfen, zu entwickeln: „Ich bin aber fest davon überzeugt, daß es so etwas wie 'christliche Wissenschaft' gibt und daher auch eine 'christliche Psychologie', oder wenn sie wollen: eine wissenschaftliche Psychologie auf

---

189 Vgl. HÜBNER, P. (1991): Psychologie, S. 192; OUWENEEL, W. (1996): Christliche Psychologie, S. 106.

190 PECK, S. (1990): Die Lügner, S. 38.

191 Vgl. MARGIES, W. (1985): Heilung durch sein Wort, Band 1, S. 25/66. Diese konzeptionelle Vorgabe bedeutet jedoch für Seelsorge, daß sie letztlich dazu verhelfen muß, materielle Blockierungen und Bindungen zu überwinden, damit der geistige Anteil des Menschen sich entfalten kann.

192 A.a.O., S. 14. Wenzelmann beurteilt die Haltung Margies als die eines Apostaten, der in Folge eines Bekehrungserlebnisses seine eigene Vergangenheit leugnet. Heimbrock dagegen beklagt, daß Margies eine intensive Kritik an psychotherapeutischen Konzepten „ohne jeden argumentativ differenzierenden Bezug auf die wissenschaftliche Debatte führt", wobei sein gesamtes Konzept dennoch voller impliziter Psychologie stekke. Vgl. WENZELMANN, G. (19969: Modelle charismatischer Seelsorge, S. 174; HEIMBROCK, H. (1996): Heilung als Re-Konstruktion von Wirklichkeit, S. 332.

193 SCHWEMMER, S. (1995): Wege aus der Krankheit, S. 7.

christlicher Basis."[194] Obwohl eine naturwissenschaftlich orientierte Christliche Psychologie somit am erkenntnistheoretischen Prinzip empirischer Forschung festhalten soll, besteht ihre charakteristische Eigenart aber darin, daß nicht nur weltimmanente, sondern auch transzendente Erfahrungen jeglicher Art als ebenso wirkliche Wahrnehmungen ernstgenommen und zum Gegenstand der Forschung gemacht werden.
Wie eine Christliche Psychologie jedoch zu konstruieren ist, darüber gehen die Meinungen auseinander: Jaschke und Hübner, der zu den Initiatoren der IGNIS zählt, plädieren dafür, psychologische Erkenntnisse direkt aus einzelnen Bibelstellen abzuleiten und mit naturwissenschaftlichem Wahrheitsanspruch zu versehen: „Die Bibel als das inspirierte Wort Gottes enthält die Basis in allgemeiner, oft gleichnishafter und symbolischer Form für die bedeutsamen Fragen der menschlichen Existenz. Nichts liegt daher näher, als aus dieser Axiomatik des biblischen Befundes die Aussagen über Anthropologie und Psychologie schlechthin zu deduzieren. Ein solches Konzept besitzt nicht nur Geltungsanspruch, sondern tritt mit der Dignität von Wahrheit auf."[195] Aspekte und Impulse säkularer psychologischer Schulen sollen dabei im Unterschied zum evangelikalen Seelsorgeansatz nicht ideologisch gefiltert integriert, sondern rekonstruiert, d.h. auf der Folie des biblischen Welt- und Menschenbildes interpretiert und entsprechend modelliert werden. Erst durch dieses Verfahren würden säkulare psychologische Erkenntnisse vertieft und mit mehr Realitätsgehalt versehen werden.[196] Dies bedeutet jedoch für eine grundsätzliche Verhältnisbestimmung gegenüber den Humanwissenschaften, daß diesen lediglich die Bedeutung zwar oftmals notwendiger, aber verbesserungsbedürftiger Hilfswissenschaften zugestanden wird.[197] Ouweneel dagegen, der sich vom Prinzip der biblischen Ableitung psychologischer Einsichten distanziert,[198] will den Humanwissenschaften theorieinhärente und zunächst auch von theologischer Verifizierung unabhängige Wahrheitsmomente zugestehen: „Die Tatsache, daß eine wahrhaft christliche Psychologie ihre Grundlage in einer radikal christlichen Weltanschauung wählt, bedeutet durchaus nicht, daß die humanistische Psychologie ihr nichts zu sagen habe. Im Gegenteil, jedes wissenschaftliche Unternehmen, in welch abtrünniger Weltanschauung es auch gegründet sein möge, beinhaltet wichtige Wahrheitsmomente."[199] In evangelikaler Manier hält aber auch er an der notwendigen ideologischen Säuberung humanwissenschaftlicher Erkenntnisse und Methoden fest:

---

194 OUWENEEL, W. (1996): Christliche Psychologie.

195 HÜBNER, P. (1991): Psychologie und Psychotherapie auf biblischer Basis, S. 191.

196 Vgl. SONS, R. (1995): Seelsorge zwischen Bibel und Psychotherapie, S. 1126/127.

197 Als extreme Variante dieser Sichtweise kann die des charismatisch orientierten Psychiaters und Psychotherapeuten Staehlin angeführt werden, der die aus der Bibel abgeleitete christliche Psychologie als einzig kompetente Form der Psychologie anerkannt wissen will: „Die Anerkennung von Wille und Ordnung Gottes in Psyche und Soma, Seele und Leib jedes Menschen muß wieder als wesentlich und entscheidend anerkannt werden.... In letzter Ausrichtung und Zielsetzung sollte jegliche Psychotherapie, Pädagogik und Gesellschaftserziehung - und auch jede Politik - die angeborene Glaubensfähigkeit und Erfahrungsmöglichkeit, eben das Marianische im Menschen fördern.... Das scheint mir doch logisch." STAEHLIN, B. (1985): Psychische Heilung durch christliche Spiritualität, S. 14/15.

198 „Zweitens ist 'Christliche Psychologie' auch nicht eine Psychologie, die aus der Bibel 'abgeleitet' werden kann, denn die Bibel redet keine wissenschaftliche Sprache, verschafft keine wissenschaftlichen Modelle, behandelt keine theoretischen Ausgangspunkte und spricht selbst gar nicht über das Phänomen 'Wissenschaft'." OUWENEEL, W. (1996): Christliche Psychologie, S. 94.

199 A.a.O., S. 98/99.

„Solche Wahrheitsmomente sind jedoch keine Entschuldigung, um auch den humanistischen Denkrahmen zu übernehmen, in welchem solche Wahrheitsmomente gefaßt sind."[200]

1.5.3. Spezielle konzeptionelle Vorgaben für Psychiatrieseelsorge

Die *Adressatenbestimmung* einer „Seelsorge an psychisch Kranken"[201] knüpft nahtlos an evangelikale Vorgaben an, wobei jedoch die Ausrichtung auf kranke praktizierende ChristInnen erneut an Exklusivität gewinnt: „Es erübrigt sich fast die Feststellung, daß seelsorglicher Zuspruch bei jemandem, der nicht Jesus Christus als seinen Herrn angenommen hat, ein sehr fragwürdiges Unterfangen ist. Ich möchte geistliches Handeln an solchen nicht wiedergeborenen Menschen lieber missionarisches Bemühen nennen. Man sollte erwarten, daß ein Ratgeber weiß, in welchem Reich sein Gegenüber sich befindet. Denn wie sollte man geistliche Therapie an einem geistlich Toten ausüben?... Die seelsorgliche Devise wird also im Regelfall lauten: kein tiefgreifender geistlicher Eingriff, bevor der Ratsuchende nicht die Voraussetzung dazu bietet, d.h. er die Erfahrung der Wiedergeburt gemacht hat."[202]

Im *Krankheitsverständnis* Charismatischer Seelsorge dagegen wird ein gravierender qualitativer Unterschied zu den bisher besprochenen Seelsorgekonzepten deutlich, indem von einer engen Korrelation von psychischer Erkrankung und dämonischer Besessenheit ausgegangen wird. Bezüglich der Exklusivität der Besessenheits-Kausalität jedoch gehen bereits bei den amerikanischen AutorInnen die Ansichten auseinander:
Während Seamands zwar die Realität dämonischer Einflüsse postuliert, diese jedoch nicht in einer entsprechenden Krankheitslehre systematisiert,[203] und Backus / Chapian für eine modern anmutende multikausale Erklärung psychischer Krankheit, die auch den Faktor Besessenheit einbezieht, plädieren,[204] legt Peck ein streng dualistisches Modell vor, das auf einer Unterscheidung von rein seelischen Erkrankungen und solchen mit zusätzlicher Besessenheitskomponente beruht: "'Ist der Patient besessen oder seelisch krank?' Diese Frage ist falsch gestellt. Soweit ich es bisher verstehe, muß ein bedeutendes emotionales Problem bereits vorliegen,

---

200 A.a.O., S. 99.

201 SCHWEMMER, S. (1995): Wege aus der Krankheit, S. 6. Die gleiche Formulierung findet sich in ARBEITSHILFEN für Seelsorger (1992), S. 124.

202 MARGIES, W. (1985): Heilung durch sein Wort, Band 2, S. 15.

203 Wenzelmann beurteilt Seamands Anliegen folgendermaßen: „Das heißt nicht, daß Seamands die Frage des personal-transpersonalen Bösen im Sinne der Aufklärung beantworten würde, Aber es geht ihm darum, dem Bösen im Vollzug der Inneren Heilung den Boden zu entziehen. Hier findet sich beides: zum einen keine aufklärerisch-liberale Verharmlosung des Teufels. Seamands weiß nicht nur um die Dimension des Befreiungsdienstes in der Seelsorge, sondern er hat auch Erfahrung mit solcher Praxis. Aber auf der anderen Seite fehlt jegliche Überbetonung und Systematisierung auf diesem Gebiet." WENZELMANN, G. (1996): Modelle charismatischer Seelsorge, S. 181.

204 Backus und Chapian führen psychische Erkrankungen auf folgende Kausalitäten zurück: Konflikte des Unterbewußtseins, genetische Anlagen, chemisches Ungleichgewicht, Schuld und mangelnder Glauben sowie Besessenheit: „Viele fromme Menschen mögen die Ursachen im Geist sehen. Sie nehmen an, daß in für sie unverständlichen Fällen, zum Beispiel bei absurden Symptomen oder Schizophrenie, zwangsläufig das Besessensein durch einen bösen Geist vorliegen müsse. Tatsächlich beinhalten alle genannten Theorien ein Stück Wahrheit, doch bietet keine dieser Theorien für sich genommen eine hinreichende Erklärung oder einen Weg zur Heilung". BACKUS/CHAPIAN (1983): Befreiende Wahrheit, S. 167.

damit die Besessenheit überhaupt zustande kommen kann. Daraufhin wird die Besessenheit dieses Problem verschärfen und zugleich neue Probleme schaffen."[205] Trotz seiner Betonung, daß nicht alle seelischen Erkrankungen mit Besessenheit einhergehen müssen, befaßt er sich in seinem Buch 'Die Lügner' ausschließlich mit dieser Verknüpfung. Auf der Basis einer ausführlichen Dämonologie und Satanslehre[206] versucht er an Hand von Fallbeispielen, die er seiner psychiatrischen Praxis entnimmt und als psychotische bzw. neurotische Krankheitsbilder beschreibt, aufzuzeigen, daß sich hinter diesen Krankheitsbildern dämonische oder satanische Besessenheit verbergen. Obwohl er die Erkrankten als Opfer dieser Besessenheit sieht, hält er daran fest, daß diese aktiv an ihrer eigenen Besessenheit beteiligt sind: „Aus beiden Fällen gelange ich zur Schlußfolgerung, daß Besessenheit kein Zufall ist. Ich bezweifle sehr stark, daß jemand eines Tages die Straße entlang geht, und hinter einem Busch springt ein Dämon hervor. Besessenheit scheint ein allmählicher Prozeß zu sein, bei dem sich die besessene Person in einer Art seelischem Ausverkauf immer wieder aus diesem oder jenem Grund selbst preisgibt. Der Hauptgrund, weshalb diese beiden Patienten ihre Seele verkauften, war anscheinend Einsamkeit."[207]

Pecks Theorien fanden in deutschen charismatischen Kreisen großen Anklang.[208] Obwohl Schwemmer zunächst durch seinen gemäßigten Ton den Eindruck erweckt, sich trotz seiner Bezugnahme auf Peck von dessen Theorien personaler dämonischer Besessenheit zu distanzieren, lassen seine Überlegungen zum Exorzismus diesen Schluß jedoch nicht zu.[209] Seine Reflexionen weisen vielmehr eine inhaltliche Nähe zur Sichtweise des ehemaligen Internisten,

---

205 PECK, S. (1990): Die Lügner. Eine Psychologie des Bösen und die Hoffnung auf Heilung, S. 213.

206 Spezielle Literatur (Martins, Malachai: Hostage to the Devil. New York, 1977) und die Teilnahme an Exorzismen überzeugten Peck von der Existenz des Teufels: „Ich weiß jetzt, daß Satan eine Realität ist. Ich bin ihm begegnet." (S. 203). Auf dem Hintergrund einer hierarchisch gestuften Vielfalt von Dämonen, sieht Peck in Satan den obersten Dämon, den er als Neutrum tituliert und folgendermaßen beschreibt: „Er hat ebensowenig Hörner, noch Hufe, noch einen gegabelten Schwanz wie Gott keinen langen weißen Bart hat.... Wie Gott kann sich Satan in und durch materielle Wesen manifestieren, aber selbst ist er nicht materiell... In einem der beschriebenen Fälle manifestierte er sich durch den sich schlangenhaft windenden Leib des Patienten, durch beißende Zähne, kratzende Nägel und halbgeschlossene Reptil-Augen.... Es war - durch Benutzung des Patientenkörpers - außergewöhnlich, aufsehenerregend und sogar auf eine übernatürliche Weise schlangenähnlich." (S. 230). PECK, S. (1992): Die Lügner.

207 PECK, S. (1992): Die Lügner, S. 211.

208 Sp spricht auch Rohrbach von einer Bedrohung des Menschen durch die Mächte des Unsichtbaren. Okkulte Beeinflussungen durch den Teufel führen demnach zu Besessenheitszuständen, die die Form von Krankheit annehmen können. Vgl. ROHRBACH, H. (1990): Unsichtbare Mächte, S. 11/26/66/160. Sein Argumentationsduktus erinnert an Westmeier, die ebenfalls Jesus als rettende Macht aus okkulten Bindungen und damit einhergehenden seelischen Verletzungen proklamiert. Vgl. WESTMEIER, A. (1988): Die verletzte Seele heilen. Gesundung durch Seelsorge, S. 78/82.

209 Schwemmer faßt sein Verständnis von psychischer Krankheit folgendermaßen zusammen: „Es ist meine Überzeugung, daß Krankheit Ausdruck von gestörten Beziehungen ist. Die Beziehung zu sich selbst, zu den Mitmenschen, aber auch die Beziehung zu Gott ist krank und gestört." (S. 6). Seine Interpretation von Besessenheit klingt deshalb so, als ob er dahinter keine dämonische Macht sieht: "Es gibt so etwas wie Besessenheit. Es gibt Menschen, die von bestimmten Gedanken besetzt und bestimmt sind. Es gibt psychisch Kranke, die in Wahnwelten und Wahngedanken leben. Manche erleben sich wie in einem unheilvollen, negativen Zusammenhang gebunden und gefangen." (S. 96). Nur wenige Seiten später äußert er sich jedoch positiv gegenüber exorzistischen Methoden. (S. 98/99) SCHWEMMER, S. (1995): Wege aus der Krankheit.

Psychotherapeuten und Leiters einer freikirchlichen Gemeinde, Margies, auf.[210] Obwohl dieser den Terminus 'Besessenheit' gegen die Formulierung 'dämonische Belastung' austauscht,[211] legt er ein in sich geschlossenes Krankheitsverständnis vor, in dem weitaus radikaler als im amerikanischen Verständnis seelische Erkrankungen auf okkulte Ursachen zurückgeführt werden:
„Es spricht vieles dafür, daß im Bereich der üblichen Seelsorge Umfang und Ausmaß der dämonischen Belastungen noch nicht richtig erkannt worden sind.... Welcher Mensch, der noch ernst genommen sein will, möchte schon gern behaupten, daß alle Wahnsinnigen von bösen Mächten geplagt werden? Ich möchte es auch nicht, aber ich muß es in Anbetracht der biblischen Aussagen und der eigenen seelsorglichen Erfahrung tun.... So nimmt es nicht Wunder, daß die Entlarvung der Psychose als Zustand dämonischer Besetzung immer dort erfolgt, wo Gottes Geist weiten Raum bekommt.... Immer mehr Seelsorger machen die Entdeckung, daß es die nackte, rein organisch bedingte Geisteskrankheit nicht gibt. Sie diagnostizieren die Anwesenheit von energiereichen dämonischen Kräften und erleben den Sieg Jesu über sie."[212] Unter Verweis auf neutestamentliche Bibelstellen entwirft er analog zu Peck eine ausgefeilte Dämonologie[213] und eine daraus abgeleitete Theorie der dämonischen Besetzung eines Menschen: „Wir haben die dämonische Besetzung so definiert, daß sie das Innewohnen von körperlosen Geisterwesen aus dem satanischen Reich in unserer Seele und unserem Körper bedeutet. Dieser Zustand ist qualitativ anders als der der Sünde. Mit der Sünde ist keineswegs und ohne weiteres eine Invasion von personalen Mächten in die menschliche Person verbunden."[214] Dies schließt jedoch nicht aus, daß Margies in der Tradition evangelikaler Seelsorge hinter Krankheit eine direkte Kausalität von Sünde und Schuld vermutet: „Den Beginn der dämonischen Belastung stellt wohl immer eine schwere Schuld dar, die den Mächten

---

210 Margies, der in seiner ärztlichen Tätigkeit als Internist psychoanalytisch tätig und theologisch stark von der Nuthetischen Seelsorge beeinflußt war, berichtet von einer Art Bekehrung: „Einen weiteren Einschnitt in dieser Entwicklung bedeutete schließlich meine Erfahrung der Wirklichkeit der Charismen und der Erfüllung mit dem Heiligen Geist, die zwar äußerlich wenig spektakulär war, jedoch meine Sensibilität für die Kräfte der unsichtbaren Welt verstärkte, die Liebe zum Worte Gottes mehrte und mein Glaubens- und Gebetsleben vertiefte.... Die neue, schärfere Sicht, die Gottes Geist ermöglichte, ließ manche Zusammenhänge von Krankheit und Ursachen anders erscheinen und erhellte auch stärker die Unvereinbarkeit von biblischer Seelsorge und Psychotherapie." MARGIES, W. (1985): Heilung durch sein Wort, Band 1, S. 15.

211 Vgl. MARGIES, W. (1985): Heilung durch sein Wort, Band 2, S. 93. Daß Margies das Besessenheits-Theorem ablehnt, steht für den Versuch, durch eine Distanzierung von herkömmlichen Kriterien der Besessenheit den diagnostischen Radius des gleichen Phänomens erheblich zu erweitern: „Es wird für die Seelsorge jedoch revolutionäre Folgen haben, wenn wir die Tatsache ins Blickfeld lassen, daß dämonische Belastungen im Durchschnitt ein ganz anderes Aussehen bieten, als der in unseren Vorstellungen liegende klassische Fall von Besessenheit uns das ausmalen will." A.a.O., S. 94.

212 A.a.O., S. 94/226/227.

213 Margies legt eine hierarchisch gegliederte Beschreibung böser Geister, Dämonen und Satans als abgefallene Engel Gottes, die dem Bösen verhaftet sind, vor: „Dämonen sind Geisterwesen von personalem Charakter. Obwohl sie keinen Körper haben, verfügen sie über alle jene Äußerungsmöglichkeiten, die eine Person konstituieren. Sie haben Wissen, Willen und Stimmungen.... Als Geisterwesen ohne Körper haben die Dämonen den Drang, in eine Person zu fahren, um sich in ihrer Seele und ihrem Körper auszudrücken. Für böse Geister muß die Existenz außerhalb von Menschen offensichtlich Unlust erzeugen und peinigend sein.... Wegen ihrer unterschiedlichen, teilweise extrem beschränkten Leistungsfähigkeit, kommen sie häufig in der Mehrzahl vor, um sich so gegenseitig zu helfen und ihre Ziele leichter zu realisieren, was wiederum auch nur eine Liaison auf Eigennutz ist." A.a.O., S. 90.

214 MARGIES, W. (1985): Heilung durch sein Wort, Band 2, S. 101.

den Zutritt gestattet."[215] Auf dem Hintergrund seines medizinischen Basiswissens stellt Margies zudem eine Art überpersonalen, aber dennoch mit Schuld einhergehenden, genetischen Zusammenhang her, der ihn von den anderen VertreterInnen charismatischer Seelsorge abhebt: „Die Dämonen scheinen sich über die Generationen immer tiefer in die Persönlichkeit der Familienmitglieder einzugraben."[216]

Die konkrete Verbindung von Schuld, dämonischer Besetzung und psychischer Erkrankung beschreibt Margies als einen Transformationsprozeß: „Es liegt also eine Transformation des Bösen in das Kranke vor. Aus der schweren dämonischen Besetzung....wird schließlich der Krankheitszustand der Psychose, bei der nach erstem Anschein nichts Okkultes mehr nachweisbar ist. Diese Entwicklung stellt einen Ausdruck der Dynamik des Bösen dar, das immer die Tendenz hat, sich unerkennbar zu machen."[217] Aufgrund der Unkenntlichmachung muß somit keine stereotype Symptomatologie vorliegen, wodurch auch Menschen ohne sichtbare Hinweise auf okkulte Zusammenhänge dennoch als dämonisch besetzt diagnostiziert werden können. Trotz dieser äußerlich nahezu nicht in Erscheinung tretenden Besetzungsmöglichkeit, legt Margies eine Symptomatologie dämonischer Belastung vor, wobei er jedoch einräumt, daß alle körperlichen und seelischen Merkmale mehrdeutig sind, da sie auch im Bereich körperlicher Erkrankungen auftreten. Parapsychische Phänomene wie Hellsehen, Wahrsagen, abnorme Sprachkenntnisse ohne entsprechenden Lernprozeß und körperliche Verletzungen ohne erkennbare physische Einwirkung dagegen bedürfen seiner Meinung nach keiner Differentialdiagnose: „Die Existenz dieser Erscheinungen beweist immer das Vorhandensein von dämonischen Kräften."[218] Da derartige Symptome jedoch relativ selten anzutreffen sind, müßte die Diagnose 'okkulte Belastung' entsprechend selten zu stellen sein. Daß dies nicht der Fall ist, hängt damit zusammen, daß Margies auch gängige psychopathologische Erscheinungsformen psychiatrischer Erkrankungen als direkte Hinweise auf okkulte Belastung interpretiert, wie folgendes Beispiel aus dem Formenkreis schizophrener Erkrankungen verdeutlichen soll: „Wenn sich Dämonen akkustisch äußern, wie ich es in der Seelsorge gelegentlich erlebt habe, müssen wir sehr klar unterscheiden, was von ihnen kommt und was der Mensch äußert. Es ist keineswegs immer so, daß die Stimme verändert sein muß, wenn Dämonen aus einer Person sprechen. Aber vom Inhalt der Äußerung her, läßt sich die Trennung von Person und Dämon vornehmen, zumal der Belastete, später befragt, zugeben wird, daß ihm die geäußerten Worte und Gedanken ichfremd und als nicht von ihm gewollt erschienen."[219]

Während Margies trotz seiner medizinischen Herkunft eine Krankheitslehre entwirft, die von theologischen Vorgaben durchdrungen ist und durch ihre dämonologische Ätiologie mit der

---

215 A.a.O., S. 230. Psychische Erkrankungen sollen daher „dem Kranken den Bruch in seiner Beziehung zu Gott signalisieren, nachdem offenbar andere Warnungen zuvor von ihm nicht beachtet worden waren." MARGIES, W. (1985): Heilung durch sein Wort, Band 1, S. 83. Auch Schwermer hält noch Mitte der 90er Jahre an diesem Theorem fest: „Krankheit, Sünde und Schuld gehören zusammen." SCHWERMER, S. (1995): Wege aus der Krankheit, S. 147.

216 MARGIES, W. (1985): Heilung durch sein Wort, Band 2, S. 229. Einige Jahre später formuliert er noch deutlicher: „Bei endogenen und regelmäßig wiederkehrenden Depressionen ist offensichtlich eine stärkere dämonische Komponente vertreten, die auf die Familiengeschichte zurückgeht." DERS. (1991): Depressionen, S. 21.

217 MARGIES, W. (1985): Heilung durch sein Wort, S. 229.

218 MARGIES, W. (1985): Heilung durch sein Wort, Band 2, S. 96.

219 A.a.O., S. 94.

gegenwärtig dominierenden biologischen bzw. sozialpsychiatrischen Krankheitslehre nicht vereinbar erscheint, legt Kick eine ebenso theologisch fundierte Krankheitslehre vor, die jedoch so konzipiert ist, daß sie trotz der Beibehaltung okkulter Zusammenhänge an der grundsätzlichen Gültigkeit der psychiatrischen Krankheitslehre festhält, wodurch seelsorgliche und medizinische Behandlung unabdingbar werden. In wissenschaftlich angereicherter Sprache versucht Kick deshalb, die theologische Figur der Besessenheit gegen alle Formen der Entmythologisierung und fundamentalistischen Re-Mythologisierung inhaltlich so zu füllen, daß er medizinisch diagnostizierbare und klassifizierbare seelische Erkrankungen als Endzustand eines stark metaphysisch geprägten Regelkreises darstellt, in dem Besessenheit eine zentrale Rolle spielt. Demnach führt eine initiale persönliche Problemkonstellation dazu, daß ein Mensch der damit korrespondierenden Versuchungs- bzw. Versagungssituation unterliegt. Die daraus entstehende Epiphanie des Dämonischen, die noch nicht die Qualität von Besessenheit besitzt, kann jedoch in Besessenheit übergehen. Erst wenn in Folge der Besetzung des Personenkerns durch dämonische Mächte der Zustand echter Besessenheit eintritt, ist der Weg für seelische Erkrankungen geebnet. Auch die klassischen Kausalfaktoren Sünde und Schuld führt er über einen Seitenast in diesen Regelkreis ein: „Ob diese Dramaturgie nun immer eingehalten wird, darf und muß füglich bezweifelt werden: Die Epiphanie von Dämonen oder Engeln im Vorfeld von Katharsis...und von Besessenheit ist sicher nicht obligatorisch. Vielmehr ist zu berücksichtigen, daß Sünde und existentielle Schuld, wo sie nicht in den Gang der Erlösung einmünden....ebenfalls eine Eingangspforte für die Besetzung des Personkerns durch das Böse bilden."[220] Um eine ausschließliche Verknüpfung von Besessenheit und psychischer Krankheit zu vermeiden, läßt er die Möglichkeit zu, daß Besessenheit auch ohne Krankheitsfolgen auftreten kann, während er den Umkehrschluß, daß seelische Erkrankungen evtl. auch ohne Besessenheitskomponente auftreten könnten, nicht vollzieht: „Besessenheit in einem theologisch-spirituellen Sinne bedeutet keineswegs obligatorisch, daß Krankheit im klinischen Sinne vorliege, noch nicht einmal schwere Normvarianz oder Störung, die klinisch zu diagnostizieren wäre."[221]

Das charismatische Konzept hat folgenreiche Auswirkungen auf das *Rollenverständnis* von PsychiatrieseelsorgerInnen und PatientInnen. Indem der Heilige Geist einzelne Gemeindemitglieder mit dem Charisma seelsorglicher Tätigkeit begabt, sind diese als charismatische Persönlichkeiten, die einer kontinuierlichen Einbindung in und Rückenstärkung durch die Gemeinde bedürfen, ausgewiesen.[222] Die dadurch entstandene persönliche Abhängigkeit von Gott und der Leitung des Heiligen Geistes in allen Bereichen seelsorglichen Handelns kann zwar einerseits entlastende Funktion besitzen, weil sich SeelsorgerInnen von der geistgewirkten Dynamik getragen wissen dürfen. Gleichzeitig impliziert die enge Kooperation mit dem Heiligen Geist aber auch, daß ihre persönliche Gottesbeziehung und Glaubensdimension zum Schlüssel für eine gelingende Seelsorge wird, da sie nur auf dieser Basis Gottes Wahrheit therapeutisch vermitteln können.[223] Backus und Chapian ziehen deshalb folgerichtig den Schluß, daß Seelsorge, die keine geistliche Heilung bewirkt, auch auf ein Versagen der SeelsorgerInnen zurückzuführen ist, da sie anscheinend nicht in der Lage sind, der geistvermittelten be-

---

220 KICK, H. (1996): Besessenheit zwischen Entmythologisierung und Krankheitsrelevanz, S. 162.

221 A.a.O., S. 159.

222 Vgl. SCHWERMER, S. (1995): Wege aus der Krankheit, S. 52/53.

223 Vgl. MARGIES, W. (1985): Heilung durch sein Wort, Band 1, S. 71.

freienden Wahrheit zum Durchbruch zu verhelfen.[224] Der von Hübner geforderte Vorbildcharakter von SeelsorgerInnen, der sich biblisch begründet in ihrem persönlichen Glauben, ihrem gesamten Lebenswandel, in ihrer Art zu reden und liebevoll tätig zu sein, widerspiegeln soll, konfrontiert diese zudem mit einem hohen Erwartungsnivau, das weit über das berufliche Aufgabenfeld hinausreicht.[225] Während diagnostische[226] und exorzistische Kompetenz, die durch entsprechend charismatische Zusatzausbildungen erworben werden können, vorausgesetzt werden, gehen die Ansichten über die Notwendigkeit einer qualifizierten Ausbildung in christlich adaptierter Kognitiver Therapie bzw. Christlicher Psychologie, die vom Insitut für Christliche Psychologie angeboten werden, auseinander. Inwieweit charismatische SeelsorgerInnen eine Integration in die Klinik anstreben sollen, läßt sich aus den konzeptionellen Vorgaben nicht eindeutig beantworten. Da die Gesellschaft für Christliche Psychologie die Gründung charismatischer Psychiatrischer Krankenhäuser anstrebt, liegt die Schlußfolgerung nahe, daß weltliche Krankenhäuser als ein weniger geeignetes Tätigkeitsfeld beurteilt werden.

In Blick auf die Patientenrolle bringt das charismatische Konzept eine eigentümliche Paradoxie mit sich: Einerseits wird PatientInnen eine relativ passive Rolle zugeschrieben, weil sie sich in einem asymmetrischen Abhängigkeitsverhältnis gegenüber den SeelsorgerInnen, die durch ihre charismatische Begabung eine geistliche Heilung herbeiführen können und sollen, befinden. Ihr Krankheitszustand wird als ein defizitärer und deshalb zu überwindender Status gewertet, Gesundheit dagegen mit gläubiger Existenz gleichgesetzt. Gleichzeitig jedoch wird den Erkrankten eine aktive Rolle in der „Mitarbeit an ihrem Glück"[227] abverlangt: „Der Kranke, der von seelischen Symptomen geplagt wird, bedarf nicht des Fachmannes und der Ruhe, sondern er ist verantwortlich für seine Störung und muß auch Verantwortung übernehmen für seine Gesundung."[228] Wenn der kranke Mensch okkulten Mächten abschwört und dem christlichen Glauben anhängt, gesteht ihm Margies deshalb eine fast hundertprozentige Heilungschance zu, denn ein vom Heiligen Geist erfüllter „gnadenvoller Mensch ist zur Depression nicht fähig."[229] Verschwinden die Krankheitssymptome jedoch nicht, liegt dies an mangelndem Glauben, an Faulheit oder bösem Vorsatz, wie er am Beispiel eines Mannes mit Krankheitsrezidiv erläutert: „Aber der Christ gab sich seiner Passivität erneut hin und förderte damit seine Motivationslosigkeit. Er konnte nicht richtig glauben, daß Gott ihm heraushelfen könne.... Dieser Christ floh in Arbeitslosigkeit, in die Krankenhausbehandlung und in den Konsum von Trost und Mitleid."[230]

---

224 Vgl. BACKUS/CHAPIAN (1983): Befreiende Wahrheit, S. 166.

225 Vgl. HÜBNER, P. (191): Psychologie und Psychotherapie auf biblischer Basis, S. 202.

226 Margies sieht die diagnostische Aufgabenstellung darin, durch eine genaue Anamnese Symptome als okkulte Belastung zu identifizieren. Schwerpunktmäßig muß deshalb nach Praktiken wie Magie, Spiritismus und Teufelsanbetung gefragt werden. Eine detaillierte Familienanamnese soll desweitern klären, ob familiäre Belastungen vorliegen. Hierzu muß nicht nur nach bekannten seelischen Erkrankungen, sondern auch nach charakterlichen und sexuellen Abnormitäten, Selbstmorden und Abtreibungen gefragt werden. Vgl. MARGIES, W. (1985): Heilung durch sein Wort, Band 2, S. 97.

227 BACKUS/CHAPIAN (1983): Befreiende Wahrheit, S. 20.

228 MARGIES, W. (1985): Heilung durch sein Wort, Band 1, S. 95.

229 MARGIES, W. (1991): Depressionen sind heilbar, S. 21.

230 MARGIES, W. (1985): Heilung durch sein Wort, Band 2, S. 197.

Theologisch-Biblische Seelsorgekonzepte

Ebenso wie alle biblisch orientierten Konzepte zeichnet sich auch das charismatische Modell durch eine individuumszentrierte *Alltagspraxis* aus,[231] wobei jedoch eine Schwerpunktverlagerung hin zu Handlungen vorgegeben ist, in denen die spezifisch geistliche Dimension zum Tragen kommt. Da im Gebet nicht nur eine besondere Kommunikation zwischen Gott und Mensch hergestellt wird, sondern bereits im Prozeß des Betens die Geistesgaben der Prophetie und Heilung ihre Wirkung entfalten, wird ihm ein zentraler Stellenwert in der seelsorglichen Alltagspraxis eingeräumt.[232] Als spezifische geistgewirkte Form des Gebetes gilt dabei das Sprachengebet, das auch als Glossolalie oder Zungenrede umschrieben wird und „den Christen unter einem dauernden aufbauenden Einfluß Gottes hält".[233] Während Margies betont, daß in der Glossolalie der Geist Gottes direkt durch die Sprachwerkzeuge der Menschen spricht, drückt sich für Wenzelmann darin die Sprache des Unbewußten aus, durch die sich der Heilige Geist zu Wort meldet.[234] Neben dem Sprachgebet soll auch das Heilungs- bzw. Befreiungsgebet zum Einsatz kommen. Dies gilt besonders für die Seelsorge an psychisch Kranken, da diese Gebetsform das Bekennen von Schuld und die Lösung okkulter Bindungen zum Ziele hat. Während Peck das Befreiungsgebet als eine Art Mini-Exorzismus klassifiziert,[235] verwendet Margies Befreiungsgebet und Exorzismus synonym. Da für Schwemmer in Anschluß an Peck exorzistische Praktiken als geistgewirkte psychotherapeutische Methoden zu verstehen sind, werden sie im folgenden Abschnitt, im Kontext der methodischen Vorgaben für praktische Psychiatrieseelsorge, besprochen.[236]

Obwohl alle TheoretikerInnen Charismatischer Seelsorge davon ausgehen, daß der Heilige Geist die *Methodenwahl* der SeelsorgerInnen lenkt, geben sie aufgrund ihrer unterschiedlichen Verhältnisbestimmung gegenüber den Humanwissenschaften entsprechend unterschiedliche Möglichkeiten der Auswahl seelsorglicher Methodik vor. Während ein Teil von ihnen die Anwendung psychotherapeutischer Methoden ablehnt und nur das gemeinsame Hören auf Gott als zentrale biblisch legitimierte Methodik anerkennt,[237] hält die Mehrheit deren Einsatz

---

231 Sakramentale Praxisformen, ausführliche nuthetisch ausgerichtete Gespräche und das Studium des Wortes Gottes durch entsprechende Bibellektüre gehören somit elementar zum seelsorglichen Alltag charismatischer SeelsorgerInnen: „Die positiven Wirkungen des fortlaufend studierten Wortes sind so regelmäßig nachweisbar, daß jeder Seelsorger, der diese Erfahrung gemacht hat, den ratsuchenden Kranken drängen wird, diesen Weg zu beschreiten." MARGIES, W. (1985): Heilung durch sein Wort, Band 2, S. 17.

232 Vgl. ARBEITSHILFEN für Seelsorger (1992), S. 88 ff. Eine Beschreibung der vier Grundarten der Gebetsheilung findet sich in: MACNUTT, F. (1976): Die Kraft zu heilen, S. 101- 163.

233 MARGIES, W. (1985): Heilung durch sein Wort, Band 1, S. 71.

234 Vgl. WENZELMANN, G. (1996): Modelle charismatischer Seelsorge, S. 175.

235 Vgl. PECK, S. (1990): Die Lügner, S. 215.

236 „Exorzismus ist Psychotherapie unter Einsatz starker Geschütze." PECK, S. (1990): Die Lügner, S. 209.

237 So will Margies nur Methoden berücksichtigt wissen, die als geistliche Verfahren direkt aus der Schrift zu entnehmen sind. Psychotherapeutische Verfahren gehören seiner Meinung nach nicht dazu: „Der Verkündigungs- und Seelsorgestil des Paulus ist die totale Absage an die non-direktive Gesprächstherapie." (S. 166). Als adäquate seelsorgliche Methode dagegen erweist sich das Hören auf das Wort Gottes, das durch den Heiligen Geist stets aktualisiert, durch entsprechende Bibellektüre nähergebracht werden muß: „Es ernährt den Geist, das konstituierende Merkmal des Christen, es schafft die praktische Gesundung der Seele.... Es ist Energiespender, Wegweiser, Korrektur, Speise, Operationsmesser und Heilungsinstrument in einem." (S. 66). MARGIES, W. (1985): Heilung durch sein Wort, Band 1.

durchaus für angebracht, wenn sie dem souveränen und wunderhaften Eingreifen Gottes nicht im Wege stehen. Die Meinungen darüber, welche konkreten psychotherapeutischen Methoden SeelsorgerInnen anwenden sollen, gehen jedoch auseinander. Kopfermann schlägt eine Methodik vor, die in Anschluß an das kognitive Seelsorgemodell von Backus/Chapian v.a. auf den Willen und den Verstand der PatientInnen einwirken soll: „In der Bibel spielen Gefühle eine sehr untergeordnete, aber Gedanken eine sehr große Rolle.... Am Anfang stehen die Gedanken, die Sätze; wir sagen heute: die Kognitionen."[238] Methodische Hilfestellung hierfür erkennt er ebenso wie biblisch-therapeutische TheoretikerInnen in der Kognitiven Psychotherapie, die er analog zu seinen amerikanischen Vorbildern mit entsprechend charismatischen Theologumena zu verbinden sucht: „Es ist wichtig, daß wir das Vergeben zu einer Sache des Willens machen und nicht in erster Linie zu einer Angelegenheit des Gefühls."[239] Seamands, der ebenso wie Wenzelmann in dieser Methodik eine kognitive Engführung vermutet, will deshalb nicht nur den Willen, sondern auch die Gefühlsebene methodisch berücksichtigt wissen.[240] Durch die Einbeziehung analytischer Methodik sieht er dies gewährleistet: „Die schmerzlichen Erinnerungen müssen in bezug auf das gegenwärtige Leben verarbeitet und neu gewertet werden. Während dieser Zeit arbeiten der Betroffene, der Seelsorger und der Heilige Geist gemeinsam daran, falsche Einstellungen und Verhaltensmuster umzuprogrammieren."[241] Huber dagegen plädiert als Anhänger Christlicher Psychologie für die Anwendung aller Varianten säkularer Psychotherapie in christlich rekonstruierter Form.[242]

Zusätzlich zu den klassisch religiösen Methoden und denen, die den unterschiedlichen säkularen psychotherapeutischen Schulen entlehnt sind, bietet das charismatische Konzept eine explizit religiöse Methodik, die als Exorzismus bezeichnet wird, an. Obwohl eingeräumt wird, daß exorzistische Methoden gerade für seelisch kranke Menschen auch Gefahren beinhalten und deshalb nur von spezifisch geschulten SeelsorgerInnen angewendet werden dürfen, weisen die meisten AutorInnen auf die Notwendigkeit ihres Einsatzes hin, wobei Peck und Margies ausführliche Beschreibungen liefern.[243]

---

238 KOPFERMANN, W. (1988): Noch einmal: Innere Heilung, S. 21.

239 KOPFERMANN, in: WENZELMANN, G. (1996): Modelle charismatischer Seelsorge, S. 170. Das Plädoyer für die Anwendung kognitiver Methoden findet sich bereits Anfang der 80er Jahre bei Backus und Chapian „In der Tat: Zu einem tieferen Verständnis der kognitiven Seelsorge, noch mehr zu ihrer Handhabung gegenüber Hilfesuchenden ist die Kenntnis der wissenschaftlichen Grundannahmen und der praktischen Vorgehensweise der kognitivenTherapien unerläßlich." (S. 6). Um die Integrationsfähigkeit kognitiver Verfahren nachzuweisen, legen sie eine ausführliche Auflistung der Gemeinsamkeiten und Unterschiede kognitiver Therapie und Seelsorge vor. Als Ergebnis ihrer Verbindung kognitiver Elemente mit biblischen Vorgaben bieten sie ein methodisches Dreierschema an: 1. Feststellen des Irrglaubens; 2. In-Frage-Stellung des Irrglaubens; 2. Ersetzen des Irrglaubens durch die Wahrheit. (12/170) BACKUS/CHAPIAN (1983): Befreiende Wahrheit.

240 Wenzelmann beurteilt die kognitive Methodenvariante als voluntative Engführung: „Vergebung, Vertrauen zu Gott und Annahme der eigenen Geschichte und Gegenwart wird überwiegend zur Sache des richtigen Wollens und Denkens erklärt." WENZELMANN, G. (1996): Modelle charismatischer Seelsorge, S. 173.

241 SEAMANDS, in: WENZELMANN, G. (1996): Modelle charismatischer Seelsorge, S. 178. Bereits Seamands Buchtitel gibt den methodischen Unterschied zu Kopfermann wieder: SEAMANDS, D. (1986): Heilung der Gefühle. „...so werdet ihr frei".

242 Vgl. SONS, R. (1995): Seelsorge, S. 130/131.

243 Die Notwendigkeit exorzistischer Methoden versucht Peck durch folgenden Vergleich deutlich zu machen: „Von meiner Warte aus verhält sich Exorzismus zu gewöhnlicher Psychotherapie wie eine Totaloperation

Als Rahmenbedingungen exorzistischer Methodik gelten eine sorgfältige Planung, die Durchführung in geeigneten Räumlichkeiten, die Verfügbarkeit über einen zeitlichen Spielraum von zwei bis zu zwölf Stunden sowie die Anwesenheit eines exorzistischen Expertenteams, das aus mindestens drei Personen besteht. Die numerische Übermacht wird als unabdingbare Voraussetzung angesehen, weil die erforderliche psychischen und physischen Anstrengungen, die „analytische Objektivität, barmherzige Zuwendungsbereitschaft, intellektuelle Sprachkraft, intuitive Einsicht, geistliches Unterscheidungsvermögen, tief gegründetes theologisches Sachverständnis, profunde psychiatrische Kenntnisse, reiche Gebetserfahrung und einiges mehr"[244] nicht von einer Person allein geleistet werden können. Methodisch sollen spezielle Gebete, durch die die Kraft Gottes in den Kampf einbezogen werden soll, rituelle Handlungen, die von magischen Handlungen abgegrenzt, jedoch nicht näher beschrieben werden, geduldiges Schweigen, Fasten und liebevoll angewendete brachiale Gewalt, die sich v.a. im Festhalten des Patienten ausdrückt, eingesetzt werden. Zur Dokumentation sollen Aufzeichnungen schriftlicher Art, Tonbandmitschnitte oder Videoaufnahmen angefertigt werden. Der Exorzismus ist dann als gelungen einzustufen, wenn eine Austreibung der Dämonen, die sich im Verschwinden von Krankheitssymptomen und einem bewußten Bekehrungsakt äußert, stattfindet: „Danach bitten wir den belasteten Christen, sich von den dämonischen Praktiken und den erkannten Sünden und von den Menschen loszusagen, an die er gebunden ist. In unserem nachfolgenden Gebet sprechen wir dann im Namen und in der Autorität Jesu Christi die Dämonen direkt an und befehlen ihnen, auszufahren. Gemäß dem Worte Gottes binden wir sie zunächst und lösen sie dann von der Person ab."[245] Einschränkend führt Peck jedoch an, daß nach Abschluß der Prozedur die Kankheitssymptome vorübergehend wieder auftreten können: „Satan läßt nicht so leicht los. Nach seiner Austreibung scheint es noch eine Weile herumzuhängen und verzweifelte Versuche zu unternehmen, wieder in die Person zurückzukehren."[246]

Auch in den 'Arbeitshilfen für Seelsorger' aus dem Jahre 1992 wird in relativ militantem Vokabular die rituelle Methode der Lossagung vom Satan als konkrete Arbeitshilfe für die Alltagspraxis angeboten. Als Adressaten des Befreiungsdienstes werden nicht nur Menschen mit klassischen psychiatrischen Erkrankungen wie Depression und Sucht, sondern auch Menschen, deren Homosexualität, Masturbationen und voreheliche Sexualkontakte als psychische Abnormitäten gewertet werden, benannt.[247]

---

zum Aufstechen einer Eiterbeule." PECK, S. (1990): Die Lügner, S. 207. Da Totaloperationen immer Gefahren beinhalten, sei die Einwilligung des Patienten unabdingbare Voraussetzung für jede Form des Exorzismus.

244 PECK, S. (1990): Die Lügner, S. 222.

245 MARGIES, W. (1985): Heilung durch sein Wort, Band 2, S. 109.

246 PECK, S. (1990): Die Lügner, S. 220. Peck beschreibt, daß er in den von ihm erlebten exorzistischen Sitzungen persönlich die Anwesenheit Gottes im Raum gespürt habe und den gesamten Ablauf als von Gott choreographiert erlebt hätte. Daher vermutet er hinter den erlebten exorzistischen Handlungen eine kosmische Bedeutung, die wiederum für den Einzelnen die letzte Möglichkeit der Rettung darstellt: „Ich kann mir nicht vorstellen, wie die beiden Patienten auf andere Weise hätten geheilt werden können. Sie sind beide noch am Leben und es geht ihnen heute sehr gut. Ich habe allen Anlaß zu der Vermutung, daß sie ohne ihre Exorzismen beide bereits unter der Erde wären." PECK, S. (1990): Die Lügner, S. 211.

247 Vgl. ARBEITSHILFEN für Seelsorger (1992), S. 61-81; 119-167.

2. Konzepte aus theologisch - psychologischer Perspektive
2.1. Beratende Seelsorge (Pastoral Counseling)
2.1.1. Hinführender Überblick

Sucht man nach den Quellen theologisch-psychologisch orientierter Seelsorgekonzepte, stößt man unausweichlich auf die zwischen den 20er und 80er Jahren dieses Jahrhunderts anzusiedelnde nordamerikanische Seelsorgebewegung, die unter der Bezeichnung 'Pastoral Counseling' bekannt wurde.[1] Da 'Counseling' mit dem Wort 'Beratung' übersetzt werden kann, hat sich im deutschen Sprachraum die Titulierung 'Beratende Seelsorge' etabliert.[2] Obwohl das Pastoral Counseling, das auf spezifisch nordamerikanische Verhältnisse zugeschnitten war und dort zu einer grundsätzlichen Kurskorrektur der Praktischen Theologie geführt hat,[3] Modellcharakter für die Reformulierung des Seelsorgeverständnisses in Deutschland besaß, muß dennoch eingestanden werden, daß es durch inhaltlich weiterentwickelte Entwürfe inzwischen für Deutschland an Bedeutung verloren hat. Dennoch wird es in die Konzept-Reihe aufgenommen, weil die Kenntnis des Pastoral Counseling dazu beitragen kann, die Grundstruktur aller Konzepte zu erfassen, die in dieser Traditionslinie stehen. Obwohl es ursprünglich von ProtestantInnen konzipiert worden ist, entwickelte sich daraus bald eine ökumenisch ausgerichtete Seelsorgebewegung, die sich darum bemühte, Seelsorge konzeptionell und praktisch aus bisherigen konfessionellen Engführungen zu befreien.[4]

In Abweichung von Stollbergs Einteilung werden die HauptvertreterInnen Beratender Seelsorge nicht in Klassiker, Hochblüte und Kritiker der Bewegung unterschieden, sondern nach ihrer Nähe zur praktischen Klinikseelsorge angeordnet: 1. Boisen, Cabot und Dicks, die zunächst dem Alltag Psychiatrischer bzw. Allgemeiner Krankenhäuser entstammten und primär praktisch-pragmatische Entwürfe in Blick auf Klinikseelsorge vorlegten; 2. Hiltner und Wise, die primär theologisch wissenschaftlich arbeiteten und pastoraltheologisch-theoretische Entwürfe für ein allgemeines Seelsorgekonzept lieferten; 3. Oates, Oden, Patton, Gerkin, Johnson

---

[1] Hunter weist darauf hin, daß ursprünglich eine terminologische Gleichsetzung von 'Pastoral Care' and 'Pastoral Counseling' existierte: „In earlier, postware pastoral literature care and counseling were often used synonymously; their gradual distinction no doubt reflects the emergence of pastoral counseling as a specialized ministry." HUNTER, R. (1990): Pastoral Care and Counseling, S. 844. Auf die Entstehungshintergründe sowie die theologische Verwurzelung des Pastoral Counseling im Pietismus, Calvinismus und liberalen Neoprotestantismus kann aus Platzgründen nicht eingegangen werden. Vgl. hierzu: STOLLBERG, D. (1970): Therapeutische Seelsorge, S. 18- 27; WAHL, H. (1985): Therapeutische Seelsorge, S. 413.

[2] Stollberg, der bereits Ende der 60er Jahre versucht hat, die Seelsorgebewegung in Deutschland unter dem Titel 'Therapeutische Seelsorge' bekannt zu machen, bot in seinem Buch unterschiedliche Definitionen von 'Pastoral Counseling' an, die von „psychotherapeutisch orientiertes Seelsorgegespräch" (S. 60), „methodisch geführtes Seelsorgegespräch" (S. 66), bis hin zu „psychotherapeutische Lebensberatung im Dienst der Kirche" (S. 73) reichen. Vgl. STOLLBERG, D. (1970): Therapeutische Seelsorge.

[3] Vgl. a.a.O., S. 53f.

[4] Clinebell betont, daß die Beratende Seelsorge in der katholischen Kirche sehr viel langsamer Fuß fassen konnte. Hierbei verweist er v.a. auf M. J. O'BRIEN und dessen 1968 erschienenes Buch 'An Introduction to Pastoral Counseling', wobei er zu bedenken gibt: „The differences between Protestant and Catholic aproaches to pastoral counseling have not been systematically discussed, perhaps because of an overconcern for ecumenical cooperation within the pastoral care professional organizations." CLINEBELL, H. (1990): Pastoral Counseling Movement, S. 852.

und Clinebell, die das Pastoral Counseling aus theologischer bzw. psychologischer Perspektive kritisch hinterfragten und in wissenschaftlicher Distanz theoretisch weiterentwickelten.[5]

Aufgrund der Tätigkeit der ersten Theoretiker in Psychiatrischen Kliniken und deren Suche nach einer verbesserten interdisziplinären Zusammenarbeit war die Entstehung des Pastoral Counseling eng mit der Institution Psychiatrie als seelsorglichem Arbeitsfeld verknüpft. Für Simon ist deshalb folgender Schluß zulässig: „Paradigmatisch läßt sich daher die Geschichte der Seelsorgebewegung als eine Geschichte der Krankenhausseelsorge in den USA betrachten."[6] Pionierarbeit leistete v.a. der selbst unter Schizophrenie leidende Klinikpfarrer Boison.[7] Die ursprünglich enge Verknüpfung der Neukonzeption der Seelsorge mit der Psychiatrie läßt sich auch daran erkennen, daß der Terminus 'Pastoral Psychiatry' im Kontext der Seelsorgebewegung entstand und eine spezifische Reflexion auf das Tätigkeitsfeld Psychiatrie darstellt.[8]
Schaubild 20 auf der nächsten Seite zeigt einen Überblick der Beratenden Seelsorge.

---

5 Vgl. Stollberg, D. (1970): Therapeutische Seelsorge, S. 85. „Gerkin (1984) has focused on the recovery of religious meanings as the central concern of pastoral care....Patton (1983) has advanced a notion of 'relational humanism' as key to pastoral care and counseling." BURCK/HUNTER (1990): Pastoral Theology, Protestant, S. 870. Der organisatorische Zusammenschluß der Beratenden Seelsorge, der bereits 1930 in Form des 'Council for Clinical Training' stattfand, wurde durch die 1944 erfolgte Gründung des 'Instituts of Pastoral Care' in seiner Bedeutung gemindert und erst 1963 durch die Einrichtung der übergreifenden „American Association of Pastoral Counselors' ('AAPC') endgültig vollzogen. Vgl. PATTON, J. (1990): Pastoral Counseling, S. 851.
Einzelheiten zu den einzelnen Theologen finden sich unter ihrem jeweiligen Namen in: DICTIONARY of Pastoral Care and Counseling. Hg. v. R. J. Hunter. Nasville, Abingdon Press, 1990.

6 SIMON, L. (1985): Einstellungen und Erwartungen, S. 43.

7 Boisen, der unter dem Schutz Cabots arbeitete und später eine Stelle als Dozent an einem Theologischen Seminar annahm, ist es zu verdanken, daß die Klinische Seelsorgeausbildung in Nervenkliniken Fuß fasssen konnte. Andere Theoretiker lehnten gerade die Psychiatrische Klinik ab. „Almost from the beginning, the clinical pastoral education split into two groups. Under the leadership of the psychiatrist Helen Flanders Dunbar, the Council for Clinical Training favored mental hospitals as training." HOLIFIELD, E. (1990): Pastoral Care Movement, S. 847.

8 Vgl. BONNELL, J. (1938): Pastoral Psychiatry; ALDRICH/ NIGHSWONGER (1968): Pastoral Counseling Casebook (dt. 1973: Pastoralpsychiatrie in der Praxis. Obwohl das Buch die Seelsorge an psychisch kranken Menschen zum Ziel hat, spart es durch seine einseitige Konzentration auf depressive und selbstmordgefährdete Kranke gerade die Problemgruppe der Schizophrenen aus).

Theologisch-Psychologische Seelsorgekonzepte

Schaubild 20
Beratende Seelsorge (Pastoral Counseling = PC / Pastoral Care Movement) im Überblick

BOISEN, ANTON T.
Klinikpfarrer in der Psychiatrie
Ab 1938 Dozent für Theologie

1936: The Exploration of the Inner World

CABOT, RICHARD
Neurologe/ Kardiologe

DICKS, RUSSEL
Klinikpfarrer
1944: Pastoral Work and Personal Counseling

1936: The Art of Ministering to the Sick

1. Generation:
Praktiker aus dem Klinikalltag.

Schwerpunkt:
Klinisches Seelsorgekonzept

1925: Boisen führt angeregt und unterstützt von Cabot die ersten CPT- Kurse durch.
1930: Boisen und Cabot gründen das 'Council for Clinical Training':
Schwerpunkt in Psychiatrischen Kliniken

1938: Cabot, Guiles u. Hunter gründen das 'Theological Schools Committee on Clinical training'
1944: Unter Fairbanks wird aus dem Kommitee das 'Institute for Pastoral Care':
Schwerpunkt in Allgemeinkrankenhäusern

1963: Organisatorische Vereinigung:
'American Association of Pastoral Counselors'

HILTNER, SEWARD
Praktische Ausbildung bei Boisen, Prof. für Pastoraltheologie und Pastoralpsychologie
1943: Religion and Health
1949: Pastoral Counseling
1958: Preface to Pastoral Theology
1959: The Christian Shepard. Some Aspects of Pastoral
1961: The Context of PC
1961: The Context of PC
1972: Theological Dynamics

WISE, CARROLL
Prof. für Pastoralpsychologie
1951: Pastoral Counseling
1983: Pastoral Psychotherapy: Theory and Practice
1989: The Meaning of Pastoral Care

Rezeption der Theorien und Methoden von
Carl R. Rogers
Psychologe
Begründer der Gesprächspsychotherapie
1942: Counseling and Psychotherapy (dt. 1972)
1951: Client-Centered Therapy (dt. 1973)

2. Generation:
Theoretiker aus der wissenschaftlichen Theologie.

Schwerpunkt:
Allgemeines Seelsorgekonzept

Theologische Vertiefung des Pastoral Counseling

OATES, WAYNE E.
Prof. für Pastoraltheologie/Religionspsychologie
1951: The Christian Pastor
1959: An Introduction to PC
1962: Protestant PC
1970: When Religion gets sick
1970: New Dimensions of Pastoral Care
1974: Pastoral Counseling
1978: The Religious Care of the Psychiatric Patient
1980: Pastor's Handbook
1986: The Presence of God in PC
1987: Behind the Masks: Personality disorders in Religious Behavior
1997: The Theological Context of PC

ODEN, THOMAS C.
Prof. für Pastoraltheologie
1966: Kerygma and Counseling
1967: Contemporary Theology and Psychotherapy
1983: Pastoral Theology: Essentials of Ministry
1989: Ministry through Word and Sacrament

PATTON, JOHN
Prof. für Pastoraltheologie
1987: Generationsübergreifende Geischtspunkte in der Seelsorge
1990: Pastoral Counseling
1992: Auf der Grenze der Vergangenheit. Seelsorge als Erinnerungsarbeit
1993: Pastoral Care in Context

GERKIN, CHARLES
Prof. für Pastoraltheologie
1984: The living Human Document
1986: Widening the Horizons
1991: Prophetic Pastoral Practice
1997: An Introduction to Pastoral Care

Methodologische Vertiefung des Pastoral Counseling

JOHNSON, PAUL E.
Prof. für Psychologie am Theologischen Seminar
1953: Psychology of Pastoral Care
1967: Person and Counselor

CLINEBELL, HOWARD C.
Prof. für Pastoraltheologie
1965: Mental Health through Christian Community
1966: Basic Types of PC
1979: Growth Counseling
1981: Contemporary Growth Therapies
1982: Wachsen und Hoffen
1991: Well Being
1996: Ecotherapy. Healing Ourselves
1998: Understanding and Counseling Persons with Alcohol, Drug, and Behavioral Addictions

3. Generation:
Theoretiker aus der wissenschaftlichen Theologie.

Schwerpunkt:
Selbstkritische Weiterführung des allgemeinen Seelsorgekonzeptes

2.2.2. Theoretische Fundierung der allgemeinen Seelsorgelehre

Das beratende Seelsorgekonzept hebt sich inhaltlich von den bisher dargestellten Konzepten dadurch ab, daß erstmals die Problematik der Hermeneutik zwischen christlicher Lehre und menschlicher Existenz fundamental bedacht und dahingehend gelöst wird, daß sich Seelsorge bereits auf der Fundierungebene durch unmittelbare Praxisnähe auszuzeichnen hat.
Eine inhaltliche Qualifizierung von Seelsorge als Verkündigung wird abgelehnt, wenn Verkündigung als dogmatistisch-verbalistische Weitergabe vorgefertigter Wahrheiten in predigthaftem Stil verstanden wird. Alternativ hierzu wird für ein Verkündigungsverständnis plädiert, in dem die heilende Gottesrelation im Prozeß einer zwischenmenschlichen Beratung durch die Wahrnehmung und Berücksichtigung der konkreten Situation des Menschen verbal oder nonverbal ins Spiel zu bringen ist. Indem das Gegenüber als 'living human document'[9] ernst genommen und studiert wird, stellt die Begegnungs- und Beziehungsstruktur zwischen SeelsorgerIn und PatientIn nach Hiltner den eigentlichen Akt der Seelsorge dar: „It (counseling) is a process of relationship between one who seeks and one who gives help."[10] Um das Gegenüber jedoch nicht mißzuverstehen, bedarf es weniger des eigenen Redens als zunächst des Hinschauens und Zuhörens, weshalb auch nonverbale Kommunikationsformen konzeptionell als Seelsorge qualifiziert sind. Hiltner beschreibt diesen interpersonellen Prozeß als 'shepherding', der auf Beistand und Trost ('sustaining') sowie auf Führung ('guiding') beruht, wobei jedoch nicht der/die SeelsorgerIn, sondern der/die KlientIn den Weg vorgibt.[11] Da die angedeutete Begegnungsstruktur eine große Ähnlichkeit zur psychotherapeutischen Beratung aufweist, wird als spezifisches Proprium der Seelsorge hervorgehoben, daß SeelsorgerInnen versuchen müssen, aus ihrem kirchlichen Kontext heraus ihr Gegenüber in dessen konkreten Kontexten zu verstehen.[12]
Das beratende Seelsorgekonzept bringt deutliche Schwerpunktverlagerung in der seelsorglichen Zielsetzung mit sich. Obwohl Glaubenshilfe auf der Basis von Sündenvergebung und der persönlichen Umkehr zu den 'supreme loyalties' (Gott) unter Weglassung missionarischer Strategien auch für Hiltner unabdingbar ist,[13] muß Seelsorge aber v.a. auf konkrete Lebens- und Krisenhilfe im Sinne einer Heilung ('healing') des Gegenüber abzielen.[14] Heilung als umfassende Glaubens- und Lebenshilfe, die tlw. auch in biblisch fundierten Konzepten als seel-

---

9 Diese Formulierung Boisens wurde zum Programmwort Beratender Seelsorge. Vgl. STOLLBERG, D. (1970): Therapeutische Seelsorge, S. 90.

10 HILTNER, S. (1949): Pastoral Counseling, S. 95.

11 Vgl. STOLLBERG, D. (1970): Therapeutische Seelsorge, S. 244.

12 Diese kontextuelle Definition des seelsorglichen Propriums erwies sich als Hauptangriffspunkt interner und externer Kritik am beratenden Seelsorgekonzept. vgl. WAHL, H. (1985): Therapeutische Seelsorge, S. 414.

13 Hiltner beschreibt diese Zielsetzung folgendermaßen: „Bringing people to Christ and the christian fellowship, aiding them to acknowledge and repent of sin, and to accept God's freely offered salvation." HILTNER, S. (1949): Pastoral Counseling, S. 19. Hilterns Reflexionen zur Sündenvergebung liegt jedoch im Vergleich zu biblischen Konzepten stark erweitertes Sündenverständnis zugrunde: Sünde wird nicht nur als Bruch mit Gott, sondern auch als eine Entfremdung von der persönlichen Daseinserfüllung definiert. Vgl. STOLLBERG, D. (1970): Therapeutische Seelsorge, S. 247.
Obwohl auch Oates die Eingliederung in den Leib Christi als zentrales Ziel herausstellt, hält er daran fest, daß sich die Form der Eingliederung von Mensch zu Mensch unterscheiden kann. Vgl. OATES, in: STOLLBERG, D. (1970): Therapeutische Seelsorge, S. 288.

14 Vgl. HILTNER, in: STOLLBERG, D. (1970): Therapeutische Seelsorge, S. 244.

sorgliche Zielsetzung benannt ist, wird im Pastoral Counseling jedoch weitaus praxisrelevanter interpretiert, wie folgende Textpassage Hiltners verdeutlichen soll: „... to help people help themselves through the process of gaining understanding of their inner conflicts..... helping them to live with themselves and their fellow men in brotherhood and love."[15] Daß Seelsorge somit auf die Selbstverantwortung, Selbstverwirklichung und Entscheidungsfähigkeit bezüglich persönlicher Lebens- und Glaubensprobleme des Gegenüber abzielt, ist der Integration humanwissenschaftlicher Erkenntnisse in das Konzept Beratender Seelsorge zu verdanken, wobei v.a. Grundannahmen des klientenzentrierten Ansatzes Rogers eine wichtige Rolle spielen.

Clinebell, der ebenfalls die Zielsetzung der personalen Selbstverwirklichung des Gegenüber als Ziel der Seelsorge ausweist, liefert im Kontext seines wachstumsorientierten Beratungskonzeptes[16] eine überpersonale Interpretation von Selbstverwirklichung, das einer einseitigen Konzentration des Pastoral Counseling auf intrapsychische Prozesse entschieden entgegenwirkt: „Zur echten Selbstverwirklichung gehört es immer, über sich selbst hinauszuwachsen. Die authentische 'Selbst-Erfüllung' ist das Ergebnis der Teilhabe an einem Prozeß, in dem ich selber und andere, ich selber und die Gesellschaft, ich selber und die Umwelt Erfüllung finden."[17] Konkret bedeutet dies, daß im seelsorglichen Prozeß nicht nur das personale und geistliche Wachstum eines Menschen, sondern auch sein zwischenmenschliches, gesellschaftspolitisches, institutionelles und ökologisches Wachsen zu fördern.[18] Clinebells umfas-

---

15 HILTNER, S. (1949): Pastoral Counseling, S. 19. Selbst Oden, der immer wieder auf die Bedeutung der Glaubenshilfe hinweist, hält daran fest, daß die seelsorgliche Hilfestellung zur Förderung der Selbsterkenntnis des Gegenübers eine Quelle der Heilung und damit der Lebenshilfe darstellt. Vgl. STOLLBERG, D. (1970): Therapeutische Seelsorge, S. 350.

16 „Die beratende Seelsorge ist in dem Maß wirksam, wie sie dem Menschen hilft, seine Kommunikationsfähigkeit voll befriedigend zu verbessern. Entsprechend kann sie folgendes für ihn erreichen: Er wird in der Lage sein, die Last seiner Probleme und Verantwortlichkeiten zu bewältigen. Er wird zur Erfüllung seiner einmaligen personalen Möglichkeiten wachsen." CLINEBELL, H. (1966): Modelle, S. 17.
Bereits Dicks hatte 'the growth of souls' als seelsorgliches Ziel formuliert, während Oates synonym zu Clinebell von 'spiritual growth' sprach. Vgl. STOLLBERG, D. (1970): Therapeutische Seelsorge, S. 200/286.

17 CLINEBELL, H. (1982): Wachsen und Hoffen, Band 1, S. 36. Seelsorge besteht deshalb darin, in liebevoller Zuwendung und Konfrontation ein Wachstum des Klienten auf allen Ebenen der Selbstverwirklichung zu bewirken, wobei an der Beseitigung von Einstellungen und Gegebenheiten, die Wachstum behindern, gemeinsam zu arbeiten ist. Folgende Wachstumsformel soll dies zum Ausdruck bringen: Wachstum = Zuwendung + Konfrontation, wobei die Hauptarbeit beim Klienten selbst liegt. Vgl. CLINEBELL, H. (1982): Wachsen und Hoffen, Band 1, S. 52. Buck und Hunter beschreiben Clinebells Ansatz als ein 'holistic liberation-growth-model.' BUCK/ HUNTER (1990): Pastoral Theology, Protestant, S. 870.

18 Geistliches Wachstum umfaßt für Clinebell folgende Dimensionen: "Die geistliche Dimension unseres Lebens besteht in der Art und Weise, wie wir sieben untereinander verbundene geistliche Bedürfnisse befriedigen: das Bedürfnis nach einer entwicklungsfähigen Lebensphilosophie, nach produktiven Werten, nach einer Beziehung zu einem liebevollen Gott, nach der Entwicklung unseres höheren Selbst, nach einem Gefühl der vertrauensvollen Zugehörigkeit im Universum, nach Erneuerungen von Augenblicken der Tanszendenz und auch einer fürsorglichen Gemeinschaft, die das geistliche Wachstum fördert." CLINEBELL, H. (1982): Wachsen und Hoffen, Band 1, S. 121.
Interpersonelles, gesellschaftspolitisches und ökologisches Wachstum sind für Clinebell mit konkreten Interventionen verbunden: „So ist es Ziel der wachstumsorientierten Beratung, die Befreiung und die Befähigung des Menschen, wirksame Kräfte der Veränderung in den Institutionen ihres Gemeinwesens zu werden. Dazu gehört die Ermutigung, sich mit anderen Menschen zusammenzuschließen und ihre vereinte Kraft zur Veränderung von Praktiken von Organisationen und Institutionen einzusetzen, die Wachstum behindern.... Sie können dann mit gleichgesinnten Menschen zusammenarbeiten und ihren gemeinsamen Einfluß und ihre politische Macht gebrauchen, Gesetze, Sitten und Praktiken zu verändern, die die Person einschränken....

sende inhaltliche Bestimmung und Zielsetzung von Seelsorge konnte sich jedoch nicht als Grundkonsens innerhalb der Beratenden Seelsorge durchsetzen.

Der Versuch, die *theologische Fundierung* Beratender Seelsorge darzustellen, erweist sich als relativ schwierig, weil alle TheoretikerInnen Entwürfe mehr oder weniger fragmentarischen Charakters vorlegen. Obwohl v.a. Oates, Oden, Gerkin und Patton dieses Manko selbstkritisch einräumen und an seiner Beseitigung arbeiten, stellt bis heute das Fehlen einer ausgereiften Theologie einen Hauptangriffspunkt für die GegnerInnen des beratenden Seelsorgekonzeptes dar. Stollbergs Kritik, daß die theologischen Reflexionen oftmals eine Vermischung biblischer, dogmatischer sowie systematischer Beobachtungen und Schlußfolgerungen darstellen bzw. sich in biblischen Exkursen erschöpfen, kann m.E. für Boison und Hiltner, aber auch für Clinebell bestätigt werden.[19] So versucht Hiltner, einzelne Stellen des Neuen Testamentes, die vom heilenden Handeln Jesu berichten, dahingehend auszulegen, wobei er v.a. an das Motiv des 'shepherding' als prototypisches Verhalten Jesu anknüpft.[20] Auch Clinebell, der nach biblischen Wachstumsbildern fahndet, gibt lediglich eine Aufzählung alttestamentlicher und neutestamentlicher Textpassagen wieder, die das Thema des Wachstums zum Inhalt haben und daher die Legitimität seines Anliegens bestätigen sollen.[21] Oates dagegen sucht Anschluß an klassische Theologumena, die er als evangelische Grundprinzipien aus der Sichtweise des Pastoral Counseling mit neuen Akzentsetzungen versieht. Hierzu beruft er sich v.a. auf die Schöpfungstheologie, die eine lebendige Gottesbeziehung und eine grundsätzliche Möglichkeit des Heilwerdens garantiert, die Rechtfertigungslehre, in der die gnadenvolle Zuwendung Gottes zugesagt wird, die Pneumatologie, die die interpersonale Begegnung als seelsorglich relevant ausweist, sowie eine eschatologisch geprägte Reich-Gottes-Theologie, die Seelsorge als hoffnungsvolles Unternehmen ausweist.[22]

Die angesprochenen unterschiedlichen theologischen Fundierungsversuche lassen den mehr oder weniger reflektierten Versuch erkennen, Seelsorge in einer empirisch orientierten Rede von Gott zu verankern, wobei theologische und psychologische Annahmen in Konvergenz gebracht werden. Indem z.B. Oden die Offenbarungsbotschaft aus christologischer Perspektive inhaltlich mit dem aus der klientenzentrierten Psychotherapie herkommenden Begriff der Annahme gleichsetzt, liefert er die theologische Begründung dafür, den Prozeß der sich gegenseitig annehmenden Begegnung von Menschen als lebende Dokumente der göttlichen Offenbarung auszuweisen. Tradierte literarische oder dogmatische Offenbarungs-Dokumente verlieren dadurch zwar nicht ihre theologische und praktische Relevanz, werden jedoch ihrer Exklusivität beraubt.[23]

Die vierte Dimension unseres Wachstums liegt in unserer ökologischen Bewußtheit und Fürsorge. Dazu gehört die Vertiefung und Bereicherung unserer Beziehung zur Biosphäre, der ganzen natürlichen Umgebung, von der wir zusammen mit allen Lebewesen für die Qualität unseres Lebens und für unser Überleben abhängen." CLINEBELL, H. (1982): Wachsen und Hoffen, Band 1, S. 31/29.

19 Vgl. STOLLBERG, D. (1970): Therapeutische Seelsorge, S. 146.

20 Vgl. HILTNER, S. (1943): Religion and Health, S. 92-96.

21 Vgl. CLINEBELL, H. (1982): Wachsen und Hoffen, Band 1, S. 144-145.

22 Vgl. STOLLBERG, D. (1970): Therapeutische Seelsorge, S. 257-283; OATES, W. (1997): The theological Context of Pastoral Counseling.

23 Vgl. STOLLBERG, D. (1970): Therapeutische Seelsorge, S. 343- 344.

Obwohl auch im Pastoral Counseling an einer grundsätzlich biblisch orientierten *Anthropologie* festgehalten wird, gerät die Betonug des defizitären Sünderstatus des Menschen zunehmend in den Hintergrund.[24] Die Ursache hierfür liegt v.a. in der Rezeption des psychologischen Ansatzes Rogers, der mit einem optimistischen Menschenbild, das die im Menschen vorfindbaren positiven Entwicklungsmöglichkeiten betont, korreliert ist. Gemäß der Analyse Wahls führte das empathische Aufgreifen dieser säkularisierten Anthropologie dazu, daß selbst interne Theoretiker wie Oden eine „christliche Anthropologie sui generis vermißten."[25]

Das theorieinhärente hermeneutische Potential Beratender Seelsorge läßt sich besonders deutlich an der *Verhältnisbestimmung* gegenüber den Humanwissenschaften erkennen. Da davon ausgegangen wird, daß göttliche Offenbarung auch in säkularen Kontexten aufscheint, ist es Aufgabe der Theologie, v.a. Einsichten der Psychologie, die sich intensiv um die Erforschung des lebenden Dokumentes Mensch bemüht, in die eigene Konzeptbildung einzubeziehen. Das spezifisch Neue dieser Ansicht besteht darin, daß eine Rezeption der säkular gewonnenen Theorien weder eine vorherige 'Entideologisierung' noch eine christliche 'Rekonstruktion' voraussetzt. Dies bedeutet jedoch, daß außertheologische Wissenschaften nicht länger als bloße Hilfswissenschaften, deren Ergebnisse TheologInnen pragmatisch und selektiv benutzen können, dienen, sondern selbst die Funktion kritischer Fremdprophetie gegenüber der Theologie einnehmen.[26] Theologie und Psychologie, die in wechselseitig kritischem Verhältnis stehen, können somit als Quelle für die Seelsorge herangezogen werden: „Pastoral counseling uses both psychological and theological resources to deepen its understanding of the pastoral relationship."[27] Um die Einbeziehung psychologischer Einsichten und psychotherapeutischer Methoden wissenschaftlich reflektiert leisten zu können, formierte sich im Kontext der Seelsorgebewegung die Wissenschaftsdisziplin Pastoralpsychologie. Nach Hiltner handelt es sich um „eine Disziplin, die versucht, vom pastoralen Standpunkt aus alles nur Erdenkliche in psychologischer Perspektive kritisch zu sehen, was seelsorglichem Verständnis, pastoraler Fürsorge und jeglicher pastoraler Tätigkeit förderlich ist."[28]

---

24 Der Verweis auf die konstitutionell bedingte Sündhaftigkeit des Menschen taucht zwar bei allen Autoren auf, dominiert jedoch nicht das Menschenbild des Pastoral Counseling. Vgl. STOLLBERG, D. (1970): Therapeutische Seelsorge, S. 176/ 247/ 344.

25 WAHL, H. (1985): Therapeutische Seelsorge, S. 414. Obwohl die deutsche Übersetzung eines 1981 erschienenen Artikels von Browning suggeriert, daß hier das Menschenbild der Beratenden Seelsorge zur Klärung ansteht, bleibt der Artikel m.E. weit hinter dieser Überschrift zurück. Vgl. BROWNING, D. (1981): Menschenbilder in zeitgenössischen Modellen der Seelsorge.

26 Vgl. STOLLBERG, D. (1970): Therapeutische Seelsorge, S. 291.

27 PATTON, J. (1990): Pastoral Counseling, S. 852. Die Nutzung psychologischer Quellen brachte der Therapeutischen Seelsorge jedoch von Anfang an den Vorwurf des Psychologismus ein. Vgl. STOLLBERG, D. (1970): Therapeutische Seelsorge, S. 320. 321. Auch Väter der Seelsorgebewegung selbst übten diesbezüglich scharfe Kritik: „Die neuere Seelsorge hat sich dermaßen in eine fixierte Abhängigkeit und Verpflichtung gegenüber der modernen Psychologie und dem allgemeinen Zeitgeist begeben, daß sie außerstande war, auch nur der Fülle der Weisheiten vormoderner Zeiten, einschließlich der seelsorglichen Weisheiten, ansichtig zu werden." ODEN, in: SONS, R. (1995): Seelsorge zwischen Bibel und Psychotherapie, S. 76.

28 HILTNER, in: STOLLBERG, D. (1970): Therapeutische Seelsorge, S. 34.

2.1.2. Spezielle konzeptionelle Vorgaben für Psychiatrieseelsorge

Durch die konzeptionellen Zielvorgaben des Pastoral Counseling erfolgt automatisch eine seelsorgliche Konzentration auf das Indivduum, weshalb analog zu biblisch fundierten Konzepten auch hier der einzelne psychisch kranke Mensch als *Adressat von Seelsorge* gilt: „Auf dem Hintergrund der spezifischen nordamerikanischen kirchlichen und soziostrukturellen Bedingungen entwickelte sich ein auf das Individuum konzentrierter Seelsorgeansatz, der Seelsorge als individuelle Lebensberatung und Hilfe in Lebens- und Glaubensproblemen des einzelnen versteht."[29] Bedingt durch den ökumenischen Charakter der Seelsorgebewegung ist eine religiöse oder konfessionelle Vorauswahl von PatientInnen jedoch konzeptionell ausgeschlossen. Obwohl Boison als Pionier Beratender Seelsorge für eine am Krankheitsbild orientierte Adressateneinschränkung plädierte, konnte sich seine Sichtweise nicht dauerhaft im Pastoral Counseling verankern.[30]

Da das Konzept des Pastoral Counseling in einem Zeitraum von über 60 Jahren entwickelt worden ist, finden sich gerade bezüglich des *Krankheitsverständnisses* unterschiedliche Vorgaben, wobei besonders in der ersten Generation eine inhaltliche Affinität zu den bereits dargestellten biblisch orientierten TheoretikerInnen sichtbar wird.

So liefert Boisen, selbst an Schizophrenie leidend, ein eigenständiges Erklärungsmodell. Analog zu seinen biblisch orientierten Kollegen geht er davon aus, daß Gesundheit und religiöse Einstellung engstens miteinandner verknüpft sind. Die tiefste Ursache seelischer Erkrankung liegt für ihn deshalb darin, daß sich der Mensch in einer inneren Krise des moralischen Urteilens (moral judgement) befindet. Unbewältigte Konflikte im geistig-geistlichen Leben (spiritual life) bringen psychopathologische Symptome (reaction patterns) hervor, die als Realerfahrung des Patienten und als irrational erscheinendes Symbolgefüge analog zu Fieber und Entzündungen einen positiven Heilungswert besitzen.[31]

Obwohl auch Hiltner religiösen Glauben, Sündhaftigkeit und Krankheit in ein gegenseitiges Abhängigkeitsverhältnis setzt, lehnt er sich im Gegensatz zu Boisen dennoch eng an das psychiatrische Krankheitsverständnis seiner Zeit an, wie dies in der ausführlichen Beschreibung der 'kinds of mental illnesses' in seinem 1943 erschienenem Buch 'Religion and Health' deutlich wird.[32] Ein völlig anderes Krankheitsverständnis dagegen findet sich in den Schriften Clinebells. Im Kontext seines Wachstums-Ansatzes stellt er die These auf, daß alle von PsychiaterInnen diagnostizierten Erkrankungen letztlich auf eine einzige Ursache zurückzuführen sind, wobei er das psychiatrische Diagnoseschema durch eigene 'Krankheitsformen' ergänzt: „Wenn die Wachstumstendenz stark behindert ist, entwickeln wir eine große Vielfalt von Symptomen: Neurosen, Psychosen, Charakterstörungen, Abhängigkeiten, psychosomatische Leiden, Beziehungen, die zu gegenseitigen Schädigungen führen, und Sozialpathologien

---

29 HENKE, Th. (1994): Seelsorge und Lebenswelt, S. 44.

30 Auf dem Hintergrund seines Verständnisses psychischer Krankheit unterscheidet Boison zwischen therapeutisch aussichtslosen Gemütserkrankungen, die das Endstadium einer destruktiven Entwicklung darstellen und aussichtsreichen Erkrankten, an denen sich das Wirken heilender Kräfte manifestiert. Nur an letzteren ist Seelsorge möglich, da aussichtslose Fälle nicht für seelsorgliches Handeln zugänglich sind. Vgl. STOLLBERG, D. (1970): Therapeutische Seelsorge, S. 94. Stollberg bezeichnet Boisens Selektivitätsprinzip als unannehmbaren poimenischen Fatalismus. (A.a.O.).

31 Vgl. a.a.O., S. 165-167.

32 Vgl. HILTNER, S. (1943): Religion and Health, S. 135-139.

wie Rassismus, Sexismus und chauvinistischen Nationalismus."[33] Wachstumsstörungen sind somit nicht als primäre Folgen sündigen Verhaltens oder als Folge des Verlustes innerer Moralität aufzufassen, sondern stellen Entwicklungskrisen dar, die bei allen Menschen an den Übergängen von Lebensphasen auftreten können und immer auch als Wachstumschance zu begreifen sind. Aus den angedeuteten Vorgaben Boisens, Hiltners und Clinebells läßt sich schließen, daß das Beratende Seelsorgekonzept zwar unterschiedliche Sichtweisen psychischer Erkrankung anbietet, jedoch keine verbindliche Krankheitslehre vorgibt. Übereinstimmung scheint nur darin zu bestehen, daß es sich bei seelischen Erkrankungen tatsächlich um medizinisch behandelbare Krankheiten handelt, die durch ihre besondere geistige Tiefendimension auch eine besondere Form seelsorglicher Zuwendung nötig machen.

Bezüglich der *Rollendefinition* von SeelsorgerInnen und PatientInnen in Psychiatrischen Kliniken finden sich im Pastoral Counseling weitaus übereinstimmendere Vorgaben. SeelsorgerInnen haben auf der Basis einer soliden theologischen Ausbildung und psychotherapeutischer Zusatzqualifikationen, die im Rahmen Klinischer Seelsorgeausbildung erlernbar sind,[34] den Kranken gegenüber in der Rolle kirchlich verorteter BeraterInnen gegenüberzutreten. Da im Pastoral Counseling sowohl PatientIn als auch SeelsorgerIn als 'living human documents' Orte der Offenbarung Gottes sind, besteht zwischen beiden eine strukturelle Parallelität, die eine reziproke Begegnungsstruktur einfordert. Daher läßt es sich mit dem beratenden Konzept nicht vereinbaren, wenn SeelsorgerInnen in der Rolle allwissender religiöser ExpertInnen, die die einzig gültige überzeitliche Wahrheit verwalten und in ihrer Person verkörpern, oder therapeutischer VerhaltenstrainerInnen, die allein wissen, welche Verhaltensweisen für das Gegenüber angebracht sind, auftreten, sondern sie dürfen Menschen mit Fehlbarkeiten und Fehlern bleiben. Clinebell versucht deshalb ihre Rolle mit der eines Katalysators gleichzusetzen: „Der Berater ist der Katalysator, in einem Vorgang, den er nicht hervorbringt, den er nur auslösen und fördern kann."[35] Auf der Basis des Beratungskonzeptes ist zudem eine Rollenpositionierung der SeelsorgerInnen im Gegenüber zur Klinik nicht möglich, da von ihnen eine enge Kooperation v.a. mit den Pflegekräften und PsychiaterInnen erwartet wird.[36] Daß dies gerade in Folge der psychotherapeutischen Kompetenz der SeelsorgerInnen zu Rollendiffusionen führen kann, wird erkannt und entsprechend abgewehrt: „The pastor is not the therapist for psychosis or serious neurosis of any variety.... Therapeutically they must be either clergymen or psychiatrists to the person."[37]

Die Rolle der PatientInnen dagegen weist eine relativ unkompatible Doppelstruktur auf. Zum einen erfahren sie durch ihre Anerkennung als lebende Dokumente der Offenbarung Gottes eine grundsätzliche Aufwertung, da sie als derartige Dokumente in allen verbalen oder nonverbalen Äußerungen ernst und wichtig zu nehmen sind. Andererseits wird ihnen jedoch erneut die Rolle abhängiger KlientInnen angetragen, da auch SeelsorgerInnen mit dem Anspruch heilender therapeutischer Intervention an sie herantreten.

---

33   CLINEBELL, H. (1982): Wachsen und Hoffen, Band 1, S. 57.

34   Bereits 1925 führte Boison, unterstützt von Cabot, erste CPT- Kurse in der Klinik durch. Vgl. STOLLBERG, D. (1970): Therapeutische Seelsorge, S. 90.

35   CLINEBELL, H. (1985): Modelle beratender Seelsorge, S. 32.

36   Vgl. HILTNER, S. (1943): Religion and Health, S. 156.

37   A.a.O., S. 155/150.

Welch einschneidende Veränderungen das beratende Seelsorgekonzept für Psychiatrieseelsorge mit sich bringt, spiegelt sich auch in den Vorgaben für die *Alltagspraxis* wider. Obwohl diese analog zu biblisch orientierten Konzepten am einzelnen Patienten ausgerichtet sein soll, ergeben sich neue Arbeitsschwerpunkte. Da auch in literarischen und dogmatischen Dokumenten Gottes Offenbarung zum Vorschein kommen kann, müssen weiterhin praktische Handlungen vollzogen werden, die dieser Möglichkeit Raum einräumen. Daher zählen Bibellektüre, Gebet, Sakramentenspendung und liturgische Vollzüge auch weiterhin zum Aufgabenbereich von SeelsorgerInnen.[38] Weil jedoch v.a. der Mensch in seiner alltäglichen Wirklichkeit als lebendes Dokument der Gottesoffenbarung gilt, muß die Beschäftigung mit diesem Menschen und seinen konkreten Lebenskontexten breiten Raum einnehmen. Ein methodisch geführtes Gespräch, das kein Vehikel zum Transport göttlicher Wahrheiten darstellt, sondern seinen Wert in sich und in seiner Begegnungsstruktur hat, stellt deshalb die Praxisform dar, die diesem Anliegen am besten gerecht wird. Da sich jedoch ein Gespräch aus verbalen und nonverbalen Komponenten zusammensetzt, ist auch das Zuhören und gemeinsames Schweigen nicht als Vorfeldtätigkeit, sondern als Alltagspraxis und damit als Arbeitszeit der SeelsorgerInnen zu begreifen. Um die konkrete Situation der Patientinnen tatsächlich zum Ausgangspunkt seelsorglicher Praxis zu machen, wird im beratenden Konzept desweitern vorgeschlagen, zusätzlich zu den kommunikativen Praxisformen auch alltägliche Handlungen wie z.B. Mithilfe bei der Tagesplanung anzubieten. Da im Pastoral Counseling zudem Wert auf eine methodisch saubere Arbeit gelegt wird, gehört die Erstellung von Seelsorgeprotokollen, die den Verlauf des Gespräches dokumentieren und eine Überprüfung der eigenen Arbeit ermöglichen sollen, ebenso zum praktischen Alltag von SeelsorgerInnen.[39] Die geforderte Integration in die Klinik setzt zudem strukturell orientierte kooperative Tätigkeiten auf allen Hierarchieebenen der Klinik voraus.

Beratende Seelsorge setzt die alltagsprakische Anwendung psychotherapeutischer *Methodik* als Bereicherung religiöser Methodik im Umgang mit dem Gegenüber unabdingbar voraus. Im Unterschied zu biblisch orientierten Seelsorgekonzepten werden jedoch nicht kognitive Therapiemethoden, die sich primär an den Verstand und den Willen von PatientInnen wenden, favorisiert. Das signifikant Neue dieses Ansatzes besteht vielmehr darin, daß aufgrund der konzeptionellen Konzentration auf die Beratungs- und Gesprächsdimension von Seelsorge der bereits in den 40er Jahren in Buchform vorgelegte gesprächspsychotherapeutische Ansatz Rogers, der der säkularen Beratungsarbeit entstammt und v.a. die Gefühls- und Beziehungsebene eines Gespräches einbezieht, in Kombination mit tiefenpsychologischen Theorieelementen als therapeutische Methodik für die Seelsorge rezipiert und verbindlich gemacht wird.[40]

---

38 Vgl. HILTNER, S. (1949): Pastoral Counseling, S. 189- 202; 202-210;223-226. Daß der Bibel auch im Pastoral Counseling immer eine zentrale Stellung eingeräumt worden ist, weist Nicol nach: NICOL, M. (1998): Leben deuten mit der Bibel. Zum Schriftgebrauch in der nordamerikanischen Seelsorge.

39 Vgl. STOLLBERG, D. (1970): Therapeutische Seelsorge, S. 195.

40 Durch sein 1942 veröffentlichtes Buch 'Counseling and Psychotherapy' wurde Rogers nondirektive Gesprächsführung in Form konkreter Gesprächsregeln für seelsorgliche Alltagspraxis zugänglich. In seinem 1951 erschienenem Buch 'Client-Centered Therapy' legte Rogers eine Weiterentwicklung vor, die ebenfalls im Pastoral Counseling rezipiert wurde. Clinebell kommt in seiner retrospektiven Bewertung von Dicks, Hiltner, Wise, Oates und Johnson zu folgendem Ergebnis: „These intellectual leaders of the new movement reflected the influence of Carl Rogers (Counseling and Psychotherapy, 1942) and Freud". CLINEBELL, H. (1990): Pastoral Counseling Movement, S. 857. Patton gibt jedoch zu bedenken, daß Hiltner stets betonte, seine Methodik seelsorglicher Gesprächsführung zunächst unabhängig von Rogers entwickelt zu haben. Vgl. PATTON, J. (1990): Pastoral Counseling, S. 851.

Theologisch-Psychologische Seelsorgekonzepte

Obwohl in Clinebells und Johnsons Schriften der Versuch zu erkennen ist, die dadurch eingetretene gesprächspsychotherapeutische Engführung seelsorglicher Methodik zugunsten einer größeren Methodenvielfalt zu korrigieren, blieb sie lange Zeit charakteristisch für die Beratende Seelorge und deren Einfluß auf psychologisch orientierte Seelsorgekonzepte in Deutschland: „The movement during the fifties invested heavily in the nondirective methods of the American psychologist Carl Rogers, but during the sixties the Rogerian rule came under attack. Clinebell and Johnson began to argue that the presuppositions of Rogerian counseling were too individualistic and Clinebell called in his Basic Type of Pastoral Counseling (1966) for a 'relationship-centered counseling."[41] Clinebell, der für den Einsatz unterschiedlichster Methoden plädiert, schlägt für die Alltagspraxis einen integrierten Elektizismus vor, „der Einsichten und Methoden aus verschiedenen Quellen so nutzt, daß sie zueinander passen und die einzigartigen Ressourcen der Persönlichkeit des Praktikers erweitern."[42]

---

[41] HOLIFIELD, E. (1990): Pastoral Counseling Movement, S. 848. Als beziehungsorientierte Beratungsmethoden bezeichnet Clinebell alle Methoden, die dem Wachstum eines Menschen dienen können. Vgl. CLNEBELL, H. (1983): Wachsen und Hoffen, Band 2, S. 11.

[42] CLINEBELL, H. (1983): Wachsen und Hoffen, Band 2, S. 14. Dies bedeutet, daß SeelsorgerInnen psychotherapeutische Methoden nicht nur kennen, sondern alltagspraktisch in einzel- oder gruppentherapeutischen Beratungssituationen miteinander kombiniert anwenden sollen. Clinebell will den Elektizismus auf alle gängigen Psychotherapiemethoden bezogen wissen, wobei er diese in fünf Strömungen unterteilt: 1. Traditionelle einsichtsorientierte Therapien wie die Psychoanalyse. 2. Verhaltens-, Aktions- und Krisentherapien. 3. Humanistische Therapien. 4. Beziehungs-, System- und Radikaltherapien. 5. Geistliche Wachstumstherapien, wobei er v.a. die spirituell orientierte Psychosynthesis des italienischen Psychiaters Assagioli hervorhebt. Vgl. CLINEBELL, H. (1983): Wachsen und Hoffen, Band 2, S. 15/16/ 260. Becher sieht in diesem Vorgehen die Chance, methodische Gegensätze zu überwinden und Widersprüche fruchtbar zu machen. Vgl. BECHER, W. (1983): Nachwort, in: CLINEBELL, H. (1983):Wachsen und Hoffen, Band 2.

2.2. Therapeutische Seelsorge
2.2.1. Hinführender Überblick

Ungefähr vierzig Jahre später als in Amerika distanzierten sich auch deutsche TheologInnen davon, Seelsorge nahezu ausschließlich im Rekurs auf übergeschichtliche Vorgaben theologisch-biblischer Art fundieren zu wollen. Alternativ hierzu entwickelten sie ein Modell, in dem die individuelle Situation und Bedürfnislage der Menschen in Form einer zeitgerechten theologisch-psychologischen Leitperspektive Berücksichtigung finden sollte. Unter Verweis auf den gesellschaftlichen Relevanzverlust christlicher Seelsorge und den gleichzeitigen Kompetenzzuwachs der Human- und Sozialwissenschaften mit einhergehender Identitätskrise der SeelsorgerInnen plädierten Theologen wie Scharfenberg und Ries daher bereits Anfang der 70er Jahre für eine grundlegende Neukonzeption von Seelsorge.[43]
Hierzu konnte zum einen auf das amerikanische Modell des Pastoral Counseling und die bereits erfolgte europäische Rezeption zurückgegriffen werden, wobei die Übernahme der praktischen Trainingskurse der eigentlichen Theoriediskussion vorausging.[44] Zum anderen war es v.a. tiefenpsychologisch orientierten Theoretikern möglich, an konzeptionelle Vorschläge anzuknüpfen, die bereits seit Jahrzehnten vorlagen, aber bisher keine Beachtung fanden.[45] Katholische TheologInnen hatten zudem die Chance, die von ihren evangelischen KollegInnen vorgelegten Entwürfe aufzunehmen und weiterzuentwickeln, wobei sie sich jedoch erst Jahre bis Jahrzehnte später an der Formierung der neuen Seelsorgebewegung beteiligten. Ein Ergebnis der interkonfessionellen Zusammenarbeit bestand in der Gründung der 'Deutschen Gesellschaft für Pastoralpsychologie', die jedoch im Unterschied zu biblisch ori-

---

43 Vgl. SCHARFENBERG, J. (1972): Seelsorge als Gespräch, S. 9/10; RIESS, R. (1973): Seelsorge, S. 78-83; JOCHHEIM, M. (1993): Die Anfänge der Seelsorge-Bewegung in Deutschland, S. 463. Pohl-Patalong wertet retroperspektiv den gerade in den 60er Jahren rasant fortschreitenden Individualisierungsprozeß der Gesellschaft als hermeneutischen Schlüssel für den unausweichlichen Konzeptwechsel innerhalb der Seelsorge. Demnach habe zwar die Freisetzung der Individuen zu einem erhöhten Bedarf an Individualseelsorge geführt. Klassische Seelsorgekonzepte hätten jedoch die in Folge der Säkularisierungsdynamik veränderten Erwartungsstrukturen der Menschen nicht länger befriedigen können. Vgl. POHL-PATALONG (1996): Seelsorge zwischen Individuum und Gesellschaft, S. 174- 175.

44 Obwohl Scharfenberg bereits in den 50er Jahren aufgrund persönlicher Erfahrungen in Amerika für die Einbeziehung v.a. tiefenpsychologischer Erkenntnisse und Methoden in die Seelsorge plädiert hat, wurde eine breite konzeptionelle Diskussion erst durch die Dissertation Stollbergs, der die Beratende Seelsorge darstellte und deren kritische Rezeption für deutsche Verhältnisse andachte, ausgelöst. Vgl. SCHARFENBERG, J. (1957): Psychotherapie und Seelsorge in den USA; DERS. (1959): Wo steht die evangelische Seelsorge heute?; STOLLBERG, D. (1970): Therapeutische Seelsorge.
Die Rezeption des Pastoral Counseling fand zunächst auf praktischer Ebene statt. Dies lag daran, daß in den Niederlanden das Modell der Klinischen Seelsorgeausbildung frühzeitig erprobt und von Faber, van der Schoot und Zijlstra theoretisch reflektiert worden war. Indem Piper das 1961 erschienene Gemeinschaftswerk von Faber und van der Schoot unter dem Titel 'Praktikum des seelsorglichen Gesprächs' deutschen LeserInnen zugänglich machte, lösten die Reflexionen um ein seelsorgliches Ausbildungsmodell eine Grundsatzdiskussion aus. Vgl. JOCHHEIM, M. (1993): Die Anfänge der Seelsorge-Bewegung in Deutschland, S. 463. Eine ausführliche Beschreibung der niederländischen Entwicklung findet sich in: ZIJLSTRA, W. (1971): Seelsorge-Training, S. 7-11. Vgl. auch FABER/van der SCHOOT (1971): Praktikum des seelsorglichen Gesprächs; sowie weitere Titel in der Literaturliste!

45 Vgl. PFISTER, O. (1909): Psychoanalytische Seelsorge und experimentelle Moralpädagogik; DERS. (1927): Analytische Seelsorge; Oskar Pfister; JUNG, C.G. (1948): Die Beziehung der Psychotherapie zur Seelsorge; UHSADEL, W. (1952): Der Mensch und die Mächte des Unbewußten; RINGEL/van LUN (1953): Die Tiefenpsychologie hilft dem Seelsorger; GOLDBRUNNER, J. (1954): Personale Seelsorge; AFFEMANN, R. (1965): Tiefenpsychologie als Hilfe in Verkündigung und Seelsorge.

entierten Gesellschaften keine ausschließliche Fachorganisation für Seelsorge darstellt.[46] In der Zeitschrift 'Wege zum Menschen' schufen sich die AnhängerInnen des neuen Seelsorgeverständnisses zudem ihr wichtigstes Publikationsorgan.
Alle im Kontext der Seelsorgebewegung auftauchenden Konzept-Titulierungen werden im Folgenden unter dem von Stollberg[47] in Blick auf das nordamerikanische Pastoral Counseling eingeführten Oberbegriff 'Therapeutische Seelsorge' verhandelt, wobei Konzepte der Pionierzeit und aktuellste Entwürfe eine gleichstufige Behandlung erfahren. Diese erkenntnistheoretische Vorentscheidung läßt sich hinterfragen, da Pohl-Patalong darauf hinweist, daß die pastoralpsychologisch fundierten Ansätze der Gegenwart als eine Weiterentwicklung der Therapeutischen Seelsorge zu verstehen sind. Weil sie aber gleichzeitig betont, daß „die Pastoralpsychologie nicht in den polemischen Gegensatz zur therapeutischen Seelsorge tritt",[48] sondern als Produkt eines kontinuierlichen Weiterentwicklungsprozesses zu verstehen ist, hält die Verfasserin die genannte Vorentscheidung durchaus für legitim.
Im Unterschied zu allen sonstigen Seelsorgekonzepten der Gegenwart weist die Therapeutische Seelsorge eine kreative Vielfalt an Unter-Titulierungen auf, die jedoch nicht synonym verwendet werden dürfen, weil sie konzeptionell die Anlehnung an unterschiedliche psychologische Richtungen repräsentieren. Dementsprechend gehören die Bezeichnungen 'Analytische Seelsorge' (Pfister/Wiedemann), 'Analytisch orientierte Seelsorge' (Wahl), 'Personale Seelsorge' (Goldbrunner), 'Tiefenpsychologisch orientierte Seelsorge' (Winkler), 'Partnerzentrierte Seelsorge' (Riess)und 'Beratende Seelsorge' (Thilo) zu tiefenpsychologisch orientierten Konzepten. 'Themenzentrierte Seelsorge' (Kroeger) dagegen verweist auf die psychologische Schulrichtung der Themenzentrierten Interaktion. Die Titulierungen 'Annehmende Seelsorge' (Lemke), 'Gesprächsseelsorge' (Bärenz) oder 'Gesprächspsychotherapeutisch orientierte Seelsorge' (Hammers) gehören zu den zahlenmäßig dominierenden gesprächspsychotherapeutisch orientierten Konzepten. Da die verhaltenstherapeutische Orientierung im therapeutischen Konzept durch ein entsprechendes Plädoyer Besiers zwar Berücksichtigung, jedoch bisher keine systematische Erörterung erfuhr und die gestalttherapeutisch-integrative Richtung mehr in Bezug auf seelsorgliche Ausbildung als auf konzeptionelle Fundierung erläutert wird, finden sich bei diesen Theoretikern (v.a. Petzold, Klessmann, Ladenhauf) keine eigenständigen Konzept-Bezeichnungen. Obwohl gerade die Gruppendynamik im Anfangsstadium das therapeutische Seelsorgemodell entscheidend geprägt und polarisiert hat, haben deren Verfechter (Knowles, Stollberg u.v.a.) ebenfalls keine signifikanten Seelsorge-Titulierungen gewählt. Logotherapeutisch orientierte Konzepte dagegen sind durch eine kreative Vielfalt an Benennungen, die von 'Ästhetische Seelsorge' (Kurz), 'Sinnorientierte Seelsorge' (Röhlin), 'Psychologische Seelsorge' (Lukas) bis hin zu 'Sinnvolle Seelsorge' (Kreitmeier) reicht, gekennzeichnet. An der Systemtherapie, d.h. hauptsächlich an der Familientherapie ausgerichtete Ansätze dagegen verwenden die Titulierungen 'Systemisch orientier-

---

46 Vgl. HAMMERS, A. (1997): 25 Jahre Deutsche Gesellschaft für Pastoralpsychologie.

47 Der ursprünglich auf Amerika bezogene Titel 'Beratende Seelsorge' wird im deutschsprachigen Raum meist synonym zu 'Therapeutische Seelsorge' verwendet. Auf konzeptioneller Ebene hat jedoch nur Thilo sein tiefenpsychologisch orientiertes therapeutisches Seelsorgekonzept explizit mit dem Titel 'Beratende Seelsorge' überschrieben. Beratende Seelsorge im Kontext des deutschen therapeutischen Seelsorgeverständnisses steht somit für ein psychoanalytisch orientiertes Konzept! Da Wahl aber die Bezeichnung 'Beratende Seelsorge' zur Beschreibung gesprächspsychotherapeutisch fundierter Konzepte benutzt, weicht er von den historischen Vorgaben ab und trägt m.E. zu einer unnötigen terminologischen Verwirrung bei. Vgl. WAHL, H. (1985): Therapeutische Seelsorge.

48 POHL-PATALONG, U. (1996): Seelsorge, S. 177.

te Seelsorge' (Held) oder auch 'Systemische Seelsorge' (Morgenthaler). Obwohl systemisch orientierte Konzepte dazu tendieren, den individual-psychologischen Denkrahmen Therapeutischer Seelsorge zu sprengen, werden sie dennoch unter diesem Konzept-Typus eingeordnet, weil deren Vertreter bisher die psychotherapeutische Richtung der Familientherapie als zentrale Referenzwissenschaft heranziehen.
Da es sich bei der Therapeutischen Seelsorge somit um ein Konzept handelt, das viele unterschiedliche Ansätze umfaßt und in einem jahrezehntelangen Zeitraum durch die Bemühungen vieler Theoretiker und TheoretikerInnen (z.B. Lemke, Lukas) Gestalt annahm,[49] können im Rahmen dieser Arbeit nur die zentralsten VertreterInnen mit ihren jeweils zu diesem Thema wichtigsten Veröffentlichungen Erwähnung finden.[50] Hierbei ist zu bedenken, daß einige Theologen diverse psychologische Schulrichtungen rezipiert haben und dementsprechend im zusammenfassenden Schaubild 21 auf der nächsten Seite mehrfach auftauchen, wobei ihre Zuordnung sicherlich diskutabel und vorläufig ist. Um den graphischen Überblick zu erleichtern, ist ein Gliederungsschema gewählt, das die jeweilige psychologische Hauptreferenz der AutorInnen widerspiegelt. TheologInnen, die ebenfalls wichtige Fundierungsarbeit geleistet haben, deren Zuordnung sich jedoch als schwierig gestaltet, können leider nicht berücksichtigt werden.[51]
Während das Pastoral Counseling direkt aus der Praxis der Psychiatrieseelsorge heraus entwickelt worden ist und daher entsprechend viele diesbezügliche Vorgaben beinhaltet, trifft dies auf die Therapeutische Seelsorge in diesem Umfang nicht zu, obwohl sich einige AutorInnen auch mit der Situation der Seelsorge in der Psychiatrie auseinandergesetzt haben, bzw. ihre psychotherapeutische Fundierung Schulrichtungen entlehnten, die von Psychiatern mitentwickelt wurden.[52]

---

49 Als exzellenter Kenner der humanistisch-psychologisch orientierten Konzeptvarianten Therapeutischer Seelsorge (Gesprächspsychotherapie; Themenzentrierte Interaktion, Logotherapie, Gestalttherapie) erweist sich v.a. Hänle in seinem 1997 erschienenen Buch. Vgl. HÄNLE, J.(1997): Heilende Verkündigung: kerygmatische Herausforderungen im Dialog mit Ansätzen der humanistischen Psychologie.

50 Die Verfasserin arbeitet gegenwärtig daran, die Thematik der Seelsorgekonzepte ausführlich zu vertiefen und unter dem Titel 'Seelsorgekonzepte im Widerstreit' als eigenständigen theologischen Diskussionsbeitrag baldmöglichst zu veröffentlichen. In diesem Kontext wird v.a. das Kapitel der Therapeutischen Seelsorge, das aus Platzgründen an dieser Stelle nur extrem vereinfacht angedeutet werden kann, in seiner Komplexität dargestellt werden.

51 Dies trifft aus Sicht der Verfasserin z.B. auf Gert Hartmann zu, der aus pastoralpsychologischer Perspektive 'Lebensdeutung' als zentrale seelsorgliche Kategorie einfordert. Vgl. HARTMANN, G. (1993): Lebensdeutung. Theologie für die Seelsorge; DERS. (1997): Erfrische Geist und Sinn: biblische Szenen deuten Lebenserfahrungen.

52 Freud und Jung, 'Begründer' der Tiefenpsychologie, arbeiteten als Therapeuten mit psychiatrischen PatientInnen, 'Perls, 'Begründer' der Gestalttherapie, war als Psychiater und Psychotherapeut, Frankl, 'Begründer' der Logotherapie, als Psychiater in Wien tätig. Stollberg selbst schrieb einen Artikel über die Situation des Seelsorgers im psychiatrischen Team, Piper und Lemke z.B. geben auch Gesprächsanalysen mit psychiatrischen PatientInnen wieder. Wiedemann entwickelt sein analytisches Seelsorgeverständnis in Blick auf psychisch kranke Menschen. Vgl. STOLLBERG, D. (1973): Die dritte Gruppe; PIPER, H. (1975): Gesprächsanalysen, S. 92-96; LEMKE, H. (1978): Theologie und Praxis, S. 98-113; WIEDEMANN, W. (1996): Krankenhausseelsorge und verrückte Reaktionen.

Theologisch-Psychologische Seelsorgekonzepte

AMERIKANISCHE SEELSORGEBEWEGUNG
NIEDERLÄNDISCHE REZEPTION (Faber, van der Schoot, Zijlstra u.a.)

TIEFENPSYCHOLOGISCHE ORIENTIERUNG

OSKAR PFISTER
1909: **Psychoanalytische S** und experimentelle Moralpädagogik
1927: **Analytische S**
WALTER UHSADEL
1952: Der Mensch und die Mächte des Unbewußten
ERWIN RINGEL u. van LUN
19 53: Die Tiefenpsychologie hilft dem Seelsorger
JOSEPH GOLDBRUNNER
1954: **Personale S**
RUDOLF AFFEMANN
1965: Tiefenpsychologie als Hilfe in Verkündigung und S
↓
WALTER FURRER
1970: Psychoanalyse und S
OTTO HAENDLER
1971: Tiefenpsychologie, Theologie, S
KLAUS WINKLER
1969: Psychoptherapie und S
1979: **Tiefenpsychologisch orientierte S**
HANS-JOACHIM THILO
1957: Der ungespaltene Mensch
1969: Beratung in der S
1971: **Beratende S**
1974: Psyche und Wort
1976: Solidarität und Suche nach Sinn
JOACHIM SCHARFENBERG
1972: S als Gespräch
1982: Religion, S und Beratung
1985: Einführung in die Pastoralpsychologie
1979: Freiheit und Methode
RICHARD RIESS **(Partnerzentrierte S)**
1970: Neuansätze zum Gespräch zwischen Psychologie und S
1973: Seelsorge
1974: Seelsorgliche Beratung
1975: Zur Konzeption der klinischen S
1987: Sehnsucht nach Leben
↓

HERIBERT WAHL
1985: Therapeutische S als Programm und Praxis **(Analytisch orientierte S)**
1997: Zwischen Theologie und Psychoanalyse
WERNER RAMPOLD
1992: Integrativ-Christliche Therapie
MATTHIAS GÜNTHER
1996: Ermutigung
WOLFGANG WIEDEMANN
1996: Krankenhausseelsorge und verrückteReaktionen **(Analytische S)**
DIETER WITTMANN
1998: Tiefenpsychologische Zugänge zu Arbeitsfeldern in der Kirche
REINHOLD GESTRICH
1998: Die S und das Unbewußte

GRUPPENDYNAMISCHE ORIENIERUNG

JOSEPH KNOWLES
1971: Gruppenberatung als S und Lebensberatung
DIETRICH STOLLBERG
1974: Zur Gruppendynamik in der S
MICHAEL KLESSMANN (u.a.)
1978: Gruppendynamik in der Kirche
KARI-WILHELM DAHM
1979: Feindbild Gruppendynamik

VERHALTENSTHERAPEUTISCHE ORIENTIERUNG

GERHARD BESIER
1980: S und klinische Psychologie

GESTALTTHERAPEUTISCH/ INTEGRATIVE ORIENTIERUNG

HILARION PETZOLD
1972: Psychodrama als Instrument der Pastoraltherapie, der religiösen Selbsterfahrung und der S
MICHAEL KLESSMANN
1981: Gestalttherapie in der klinischen Seelsorgeausbildung
KARL-HEINZ LADENHAUF
1981: Integrative Gestalttherapie in der Ausbildung von Seelsorgern und Religionspädagogen
1988: Integrative Therapie und Gestalttherapie in der S
1990: Integrative Therapie und Seelsorgelernen

LOGOTHERAPEUTISCHE ORIENTIERUNG

WOLFRAM KURZ
1985: Seel-Sorge als Sinn-Sorge **(Ästhetische S)**
KARL-HEINZ RÖHLIN
1986: **Sinnorientierte S**
1998: Identitäts-und Sinnsuche
ELISABETH LUKAS
1988: **Psychologische S**
STEPHAN PECK
1991: Suizid und S
CHRISTOPH KREITMEIER
1995: **Sinnvolle S**
HEYE HEYEN
1998: Logotherapie, Theologie und Pastoralpsychologie

SYSTEMTHERAPEUTISCHE ORIENTIERUNG

MARTIN FEREL
1996: 'Willst du gesund werden?'
PETER HELD
1996: Systemische Praxis in der S **(Systemisch orientierte S)**
CHRISTOPH MORGENTHALER
1999: **Systemische S**

GESPÄCHSPSYCHOTHERAPEUTISCHE ORIENTIERUNG

DIETRICH STOLLBERG
1969: **Therapeutische S**
1969: S und Psychotherapie- zwei Wege ein Ziel?
1970: S praktisch
1972: Mein Auftrag - Deine Freiheit
1978: Wahrnehmen und Annehmen.
1978: Wenn Gott menschlich wäre
GÜNTHER EISELE
1974: Das seelsorgliche Gespräch und die non-direktive Gesprächsführung nach Rogers
HANS CHRISTOPH PIPER
1973: Von der Beratung zur S
1974: Perspektiven klinischer S
1975: Gesprächsanalysen
1978: Beraten und Bezeugen
1981: Kommunizieren lernen in S und Predigt
1982: Macht und Ohnmacht
MATTHIAS von KRIEGSTEIN
1977: Gesprächspsychotherapie in der S
WERNER BECHER
1981: S heute
ALWIN HAMMERS
1978: Neuere Entwicklungen der Klientenzentrierten Gesprächspsychotherapie und ihre Bedeutung für die S
1979: **Gesprächspsychotherapeutisch orientierte S**
REINHOLD BÄRENZ
1980: **Gesprächsseelsorge**
HANS van GEEST
1974: Reflexionen zur Theologie der S
1981: Unter vier Augen. Beispiele gelungener S
HEINRICH POMPEY
1975: Das Seelsorgegespräch nach der Methode der Gesprächstherapie
1975: S zwischen Gesprächstherapie und Verkündigung
JOSEF SCHWERMER
1974: Psychologische Hilfen für das S-Gespräch
1977: Partnerzentrierte Gesprächsführung
1980: Das helfende Gespräch in der S
HELGA LEMKE **(Annehmende S)**
1976: Den Führungsanspruch aufgeben?
1978: Theologie und Praxis annehmender S
1981: Verkündigung in der S
1992: Seelsorgliche Gesprächsführung
1995: Personzentrierte Beratung in der S
ROBERT TROIDL
1988: Die Klientenzentrierte Gesprächspsychotherapie in der S
MARTIN NICOL
1990: Gespräch als S **(Wahrnehmende S)**
MARTIN JOCHHEIM
1993: Carl Rogers und die Seelsorge
REGINA BAÜMER / MICHAEL PLATTIG
1998: Aufmerksamkeit ist das natürliche Gebet der Seele

THEMENZENTRIERTE ORIENTIERUNG

MATTHIAS KROEGER
1973: **Themenzentrierte S**
DIETER FUNKE
1984: Verkündigung zwischen Tradition und Interaktion
1986: Die Themenzentrierte Interaktion in der kirchlichen Praxis

Schaubild 21: Therapeutische Seelsorge im Überblick (S = Seelsorge)

2.2.2. Theoretische Fundierung der allgemeinen Seelsorgelehre

Indem Stollberg „kirchliche Seelsorge als Kommunikationsmodus"[53] beschreibt, lehnt er sich an das Konzept des Pastoral Counseling, in dem Seelsorge ebenfalls als Begegnungsgeschehen definiert ist, an. Analog nimmt er eine Verschiebung vom inhaltlichen zum interpersonellen Beziehungsaspekt seelsorglicher Dynamik vor, wobei er zwischenmenschliche Kommunikation und Beziehung als vollwertige Form der Verkündigung auszuweisen versucht: „Verkündigung bedeutet schlechthin Kommunikation aller Art, soweit sie inhaltlich vom Evangelium her determiniert ist."[54] Demnach ereignen sich in und durch mitmenschliche Begegnung religiöse Erfahrung und individuelle Heilung, wie Barth betont: „Seelsorgliche Kommunikation ist hier nicht 'Vorstufe' für ein 'eigentliches Heil', partnerzentrierte Seelsorge nicht methodische Anleitung für ein zielsicheres Landen des Evangeliums. Seelsorgliche Kommunikation ist vielmehr - bruchstückhafter, bescheidener, aber doch konkreter und erfahrbarer- Anteil jenes Heils, das uns das Evangelium verheißt."[55]

Aufgrund der kommunikativen Grundstruktur zeichnet sich Therapeutische Seelsorge durch vorwiegend weltliche Gesprächsinhalte aus. Die Frage, ob und wie SeelsorgerInnen auch religiöse Inhalte thematisieren sollen, wird unterschiedlich beantwortet. Während Riess eine diesbezügliche Eigeninitiative der SeelsorgerInnen ablehnt und Thilo diese nur dann für erstrebenswert erachtet, wenn eine direkte Nachfrage besteht, sprechen sich z.B. Lemke und Hammers dafür aus, daß SeelsorgerInnen auch von sich aus religiöse Themen einbringen sollen, wenn sie den Einstieg über eigene diesbezügliche Erfahrungen und Fragestellungen wählen. Bärenz und Röhlin dagegen plädieren für eine grundsätzliche, d.h. nicht an die Erfahrung der SeelsorgerInnen gebundene, Thematisierung religiöser Inhalte.[56]

---

53 STOLLBERG, D. (1969): Seelsorge und Psychotherapie, Untertitel.

54 A.a.O., S. 157. Ausführliche Informationen zum Kommunikationsbegriff finden sich in: RIESS, R. (1973): Seelsorge, S. 102- 150. Im Gegensatz zu Stollberg will Lemke eine Gleichsetzung von Verkündigung und Kommunikation vermeiden: „Die Beziehung ist das Medium, durch das Verkündigung wirkt, ohne als solche jedoch schon Verkündigung zu sein.... Die Beziehung ist Kernstück der Theologie und Voraussetzung der Verkündigung." LEMKE, H. (1982): Mitteilung, S. 402; DIES. (1995): Personzentrierte Beratung, 52.

55 BARTH, H. M. (1978): Partnerzentrierte Seelsorge, S. 210.

56 „Sie (Seelsorge) wird sich darüber hinaus als partnerzentriert verhalten, als sie die Grundfragen des Glaubens nicht von sich aus in das Gespräch einbringt. Sie überläßt es vielmehr dem Partner, ob er seine Problematik unter diesem Gesichtspunkt zur Sprache zu bringen wünscht." RIESS, R. (1987): Sehnsucht, S. 135. „Dort, wo wir nach dem Grund unseres letzten Handelns, nach unserer letzten Verantwortung gefragt werden, dort haben wir genau das zu tun, was das Neue Testament mit 'martyria' bezeichnet, nämlich Kunde zu geben von den Dingen, die wir selbst an uns erfahren haben, von nichts mehr, aber auch von nichts weniger." THILO, H.J. (1971): Beratende Seelsorge, S. 23. „Auf dieser Basis kann der Seelsorger auf dem Weg der Selbsteinbringung explizit auf Christus hinweisen, jedoch wird er es nur als persönliche Aussage eigener Glaubenserfahrungen tun. In seiner Bescheidung, nur so weit voranzugehen, wie es mit den momentanen Verarbeitungsmöglichkeiten des Gesprächspartners in Einklang steht, wird eine Not, die zur Seelsorge führt, nicht für missionarische Zwecke ausgenutzt....Die Begegnung mit dem Evangelium wird so in das Gespräch integriert, ohne zu einem Bruch zu führen." LEMKE, H. (1982): Mitteilung, S. 402. Nach Hammers hängt die Einbringung religiöser Themen von folgenden zusätzlichen Kriterien ab: „Wenn der Seelsorger religiöse Momente in das Gespräch einführt, dann muß gewährleistet sein, daß sie nicht aufgesetzt oder angelernt sind, sondern daß sie ihm selbst in der Situation des Gesprächspartners bedeutungsvoll und für die Verarbeitung der anstehenden Probleme relevant wären....Bei der Wahl des konkreten Zeitpunktes für das Einbringen von religiösen Aspekten hilft mir der Grundsatz aus der Kommunikationstheorie, daß die Inhalt- und Beziehungsebenen der Kommunikation übereinstimmen müssen, damit keine Doppelbindungssituation entsteht.... Außerdem halte ich es für wichtig, daß die Situation und Problemlage des Partners zuerst einmal

Unabhängig davon, ob religiöse Inhalte im seelsorglichen Prozeß anzusprechen sind oder nicht, besteht bei allen TheoretikerInnen eine fundamentale Übereinstimmung bezüglich der funktionalen Beschreibung von Seelsorge: „Moderne Seelsorger müssen Abschied nehmen von jener pseudodiakonischen Haltung, die den anderen entmündigt, erniedrigt und hilflos macht, um ihn bevormunden zu können, sich zu ihm herabzubeugen und ihm zu helfen."[57] Belehrung, Ermahnung, Erteilung konkreter Ratschläge, moralisches Werten und Konfrontation mit spezifischen Verhaltensmaßstäben sind somit aus dem therapeutischen Ansatz eleminiert und durch Funktionsbeschreibungen ersetzt, die auf den unterschiedlichen psychotherapeutischen Orientierungen der TheoretikerInnen beruhen.

Als besonderes Charakteristikum Therapeutischer Seelsorge erweist sich der Versuch, zentrale Inhalte verschiedener Psychologieschulen nicht nur auf der Methodenebene, sondern bereits auf der Ebene der theoretischen Fundierung von Seelsorge fruchtbar zu machen. Indem z.B. Riess sein Konzept als 'Partner-zentrierte Seelsorge' umschreibt, knüpft er an Rogers 'Klienten-zentrierte Psychotherapie' an.[58] Obwohl er den spezifisch psychotherapeutischen Begriff 'Klient' durch den Begriff 'Partner' ersetzt, bringt er damit zum Ausdruck, daß ihm analog zur Psychologie das Subjekt Mensch mit seinen konkreten Erfahrungen und Problemen und nicht eine zu vermittelnde Botschaft im Zentrum seelsorglichen Interesses steht. Subjektorientierung und Wirklichkeitsnähe im Sinne eines Einfühlungsvermögens in die konkrete Situation des Individuums werden dadurch zum Markenzeichen des therapeutischen Seelsorgeverständnisses. Auch Lemke übernimmt für ihren spezifischen Ansatz eine Titulierung, die der non-direktiven Gesprächspsychotherapie Rogers entlehnt ist. Indem sie von 'Annehmender Seelsorge' spricht und Annahme synonym zu Akzeptanz verwendet, greift sie auf eine der drei Therapeutenvariablen Rogers zurück, wobei sie jedoch im Unterschied zu Rogers nicht der Kongruenz den Vorzug gibt.[59] Nach Haslinger handelt es sich bei den als idealtypisch beschriebenen Haltungen der Empathie (Verstehen, Einfühlen), der Wertschätzung (Akzeptanz, bedingungslose Zuwendung) und der Kongruenz (Echtheit der eigenen Gefühle) „nicht um partikulare Verhaltensschemata, sondern um grundsätzliche Qualitäten zwischenmenschlicher Interaktion, die in ihrer Gesamtheit eine non-direktive Form der Beratung beschreiben."[60] In Blick auf die Therapeutenvariablen schlägt Lemke vor, wertfreie Annahme

---

durch einfühlende Verbalisierungen differenziert geklärt werden, ehe der Seelsorger religiöse Aspekte als weiteres sinndeutendes Moment einbringt." HAMMERS, A. (1978): Neuere Entwicklungen, S. 158. Röhlin betont: „Der Seelsorger darf den Grund seines Sinn- und Wertesystems nicht verschweigen, im Gegenteil, es kommt darauf an, daß seine Glaubensrelation verbal und nonverbal evident wird." RÖHLIN, K.H. (1986): Sinnorientierte Seelsorge, S. 173. Auch Bärenz vertritt die Meinung, daß ein Seelsorgegespräch erst durch die Verkündigung zu einem solchen wird. Vgl. BÄRENZ, R. (1980): Gesprächsseelsorge, S. 69.

57 STOLLBERG, D. (1975): Seelsorge in der Offensive, S. 292.

58 Vgl. RIESS, R. (1973): Seelsorge, S. 186 (Carl R. Rogers. Client-Centered Therapy, 1951, dt. 1973).

59 „Für den Seelsorger heißt das nicht mehr, aber auch nicht weniger, als sich weiterhin darauf einzulassen, nicht von sich und seinen Zielvorstellungen her zu denken, sondern vom Erfahrungshintergrund des anderen, von dessen Verarbeitungs- und Lösungsmöglichkeiten." LEMKE, H. (1982): Mitteilung, S. 402. Vgl. hierzu: LEMKE, H. (1978): Theologie und Praxis annehmender Seelsorge; DIES. (1981): Verkündigung in der annehmenden Seelsorge. 1976 verwendete sie noch die Bezeichnung 'Partnerzentrierte Seelsorge'. Vgl. DIES. (1976): Den Führungsanspruch aufgeben? Partnerzentrierte Seelsorge - ein bedenklicher Weg?

60 HASLINGER, H. (1991): Sich selbst entdecken, S. 69. Empathie umschreibt Jochheim folgendermaßen: „An dieser Therapeutenvariablen hat sich oft das Mißverständnis festgemacht, als ob das Wesentliche der Klientenzentrierten Therapie im bloßen Zurückspiegeln der Gefühle des Klienten läge. Tatsächlich geht es aber hier um ein wirkliches Verstehen dessen, was den Klienten bewegt, inklusive der Bedeutungen und

des Gegenüber durch eine elementare zwischenmenschliche Vermittlung der Erfahrung des Angenommenseins mit dem dahinterstehenden Anspruch auf selbstkongruente Wahrhaftigkeit der Seelsorgerin als funktionale Beschreibung von Seelsorge zu interpretieren.[61] In ihrem 1995 erschienenen Buch, in dem sie zwischen Verkündigender und Therapeutischer Seelsorge vermitteln will, fügt sie die Funktion des Ermahnens und Konfrontierens hinzu. Einerseits entsteht dadurch der Eindruck, daß sie sich vom therapeutischen Seelsorgeansatz entfernt. Andererseits wird aber auch deutlich, daß sie den Versuch unternimmt, durch die Einbeziehung konfrontativer Elemente der von Rogers selbst vorgenommenen Weiterentwicklung des Klientenzentrierten Ansatzes inhaltlich gerecht zu werden.[62] Im Unterschied zu den bisher dargestellten Positionen bezieht Thilo sein Instrumentarium der funktionalen Bestimmung von Seelsorge nicht aus der Gesprächspsychotherapie, sondern aus der Tiefenpsychologie. Daher definiert er Seelsorge als einen Prozeß des Verstehens und Deutens unbewußt im Individuum ablaufender Prozesse, die sich auf der Kommunikationsebene in Form von Übertragungen, Gegenübertragungen sowie einer Palette an Abwehrmechanismen kundtun. Die therapeutische Grundhaltung der Annahme wird aus dieser Perspektive einer, wenn auch plakativ formulierten, Relativierung unterzogen: „Im Gegensatz hierzu hat die psychoanalytisch orientierte Pastoralpsychologie die Begriffe von Distanz und schwebender Neutralität als unaufgebbare Voraussetzungen einer heilenden Beziehung zwischen Berater und Klient gestellt.... Hier übernimmt der Seelsorger nicht das 'innere Bezugssystem des Klienten'. Er sieht auch nicht die Welt so, 'wie der Klient sie sieht' (Rogers)."[63]

Trotz der angedeuteten inhaltlichen Differenzen, läßt sich in Blick auf die Zielsetzung Therapeutischer Seelsorge eine erstaunliche Übereinstimmung feststellen. Diese basiert darauf, daß der konkreten Lebens- und Krisenhilfe eine deutliche Priorität eingeräumt wird. Individuelle Glaubenshilfe, die sich von jeder Form missionarischer Indoktrination zu distanzieren hat,[64] gehört zwar essentiell zur Seelsorge dazu. Weil aber aus therapeutischer Sicht Le-

---

Wertungen, die seine Gefühle für ihn haben und derer er sich selber vielleicht gar nicht bewußt ist." JOCHHEIM, M. (1993): Carl Rogers, S. 229. Rogers selbst versteht unter Kongruenz: „Kongruenz läßt sich somit als das Bemühen des Therapeuten beschreiben, in der therapeutischen Beziehung die Gefühle unverzerrt zugänglich zu haben, die ihn in seinem momentanen Kontakt tatsächlich bestimmen, unabhängig von seinem therapeutischen Auftrag." ROGERS, in: JOCHHEIM, M. (1939): Carl Rogers, S. 228.

61 Vgl. LEMKE, H. (1990): Verkündigung, S. 497-499; DIES. (1978): Theorie und Praxis, S. 22. Obwohl sich bei allen TheoretikerInnen gesprächspsychotherapeutisch orientierter Seelsorge der Rekurs auf die Therapeutenvariablen Rogers findet, erfolgt jedoch nicht immer eine derart konzeptionelle Ausarbeitung wie in den Schriften Lemkes. Oftmals entsteht der Eindruck, daß sich die Rezeption mehr auf methodische Aspekte der Alltagspraxis bezieht. Dies trifft m.E. v.a. auf Schwermer und von Kriegstein zu.

62 Vgl. LEMKE, H. (1995): Personzentrierte Beratung in der Seelsorge, S. 56-60. Obwohl auch Troidl trotz seines Festhaltens am therapeutischen Seelsorgeverständnis die Funktion der Ermahnung im Sinne heilender Konfrontation in die Seelsorge einbezogen wissen will, liegt seinem Anliegen eine andere Zielrichtung zugrunde: „Neben der Selbsteinbringung des Seelsorgers soll nun im folgenden Abschnitt die Konfrontation als zweite Modifikation der klassischen non-direktiven Gesprächspsychotherapie im Sinne einer Anpassung des Gesprächspsychotherapie-Konzeptes an die seelsorglichen Aufgaben vorgestellt werden." TROIDL, R. (1988): Die klientenzentrierte Gesprächspsychotherapie in der Seelsorge, S. 91. Vgl. auch S. 80-87, 92-94.

63 THILO, H.J. (1976): Solidarität, S. 135. Vgl. DERS. (1971): Beratende Seelsorge. Tiefenpsychologische Methodik. Vgl. hierzu auch WAHL, H. (1985): Therapeutische Seelsorge, S. 420-422.

64 „Das Ziel der Seelsorge ist nicht die Bekehrung des Partners, sondern dessen Annahme gerade in seinem Anderssein! Das schließt Dissensus nicht aus, es kann sogar in einem Nein zu Ansichten des Partners oder zu dessen Verhalten bestehen." STOLLBERG, D. (1972): Mein Auftrag - Deine Freiheit, S. 47.

bensprobleme nicht ausschließlich auf Glaubensprobleme zurückgeführt werden können, muß Seelsorge zunächst darauf abzielen, die konkrete Lebenssituation so zu beeinflussen, daß dem Individuum alltagspraktische Auswirkungen zugute kommen. Wie bereits am Titel 'Therapeutische Seelsorge' ablesbar ist, stellen somit konkrete therapeutische Erfolge den Gradmesser gelungener oder mißlungener Seelsorge dar. Wie diese jedoch im Einzelfall auszusehen haben, ist nicht von vornherein festgelegt, sondern stellt eine Funktion der konkreten Bedürftigkeit des Gegenüber dar. Zwar dominiert in der Therapeutischen Seelsorge die der Psychologie entlehnte Zielvorgabe, eine Hilfestellung zur individuellen Selbstverwirklichung im Sinn einer grundsätzlichen Ich-Stärkung und Vergrößerung der persönlichen Mündigkeit sowie Entscheidungsfreiheit eines jeden Individuums, zu leisten.[65] Da jedoch in Blick auf jeden Menschen und dessen Situation eigene Teilwahrheiten existieren, wird auch die angezielte Ich-Stärkung unterschiedliche Zielsperspektiven aufweisen: „Beratung ist also jene Möglichkeit, in einer unüberschaubar gewordenen Welt mosaikartig Möglichkeiten zusammenzusuchen, die aus vielen Teilwahrheiten die eine Wahrheit für den anderen darstellen könnte."[66] Die im Seelsorgeprozeß angezielte therapeutische Relevanz kann sich daher im relativ abstrakten Vorgang manifestieren, einem Menschen bei der Suche nach dem individuellen Sinn seines Lebens insgesamt oder bestimmer Konfliktsituationen zu helfen. Für Stollberg heißt dies aber, daß kein externer Sinn in den Menschen importiert, sondern nur mit ihm zusammen aus sich selbst heraus entwickelt werden darf: „Die Sinnfrage ist sinnvoll, wenn sie das Ziel hat, eigenen Sinn zu entwickeln und eigen- sinnig an der verantwortlichen Gestaltung und Interpretation der eigenen und gemeinsamen Lage aktiv mitzuwirken. Seelsorge kann dabei helfen."[67] Obwohl auch gesprächstherapeutisch und analytisch orientierte TheoretikerInnen auf die Zielsperspektive 'Sinnfindung' hinweisen, wird diese jedoch v.a. von den AnhängerInnen der logotherapeutischen Richtung ins Zentrum gerückt: „Hauptkriterium der situationsbedingten Krisen ist auf der Erlebnisebene das Gefühl der Existenzbedrohung, gleichgültig, ob es sich dabei um die Bedrohung der physischen, der psychischen oder der sozialen Existenz handelt. Der als Krise erfahrene psychologische Zustand ist durch Ausweglosigkeit, durch Mangel an alternativen Sinnmöglichkeiten und durch Entscheidungsunfähigkeit definiert."[68] 'Sinnorientierte Seelsorge' hat daher die Heilung von Sinnkrisen zum Ziel.[69] Die therapeuti-

---

65 Im Selbstverwirklichungsmotiv konvergieren alle psychologischen Schulrichtungen, deren Theorien für seelsorgliche Theoriebildung herangezogen werden. Beispielhaft werden zwei Varianten erläutert: Nach Rogers bedeutet Selbstverwirklichung v.a. das Erreichen eines Status größtmöglicher Selbstkongruenz. Diese mache es erst möglich, zu einer offenen und entscheidungsfähigen Persönlichkeit zu wachsen. Vgl. JOCHHEIM, M. (1993): Carl Rogers und die Seelsorge, S. 231-232. Betz, der sich für die Einbeziehung der Transaktionalen Analyse ausspricht, setzt Selbstverwirklichung mit der Ausbildung eines integrierten Erwachsenen-Ich gleich. Vgl. BETZ, O. (1975): Elemente, S. 193.

66 THILO, in: SONS, R. (1995): Seelsorge, S. 27.

67 STOLLBERG, D. (1994): Die Sinnfrage in der Seelsorge, S. 158.

68 RÖHLIN, K. (1986): Sinnorientierte Seelsorge, S. 177.

69 'Ästhetische Seelsorge' erweist sich als unbedingte Sinn-Sorge und zielt auf eine Freisetzung des Sinnwillens durch entsprechende Anleitung zur Imagination und Reimagination von Sinn. Erfolgreiche Sinnfindung wird in logotherapeutisch orientierten Entwürfen jedoch meist eng mit geglückter Glaubenshilfe korreliert: „Seelsorge ist Freisetzung des Menschen zu seinem wahren Wesen, wie es in Jesus transparent geworden ist. Daß Seelsorge so gesehen Sinn-Sorge ist, bedarf der Erklärung kaum." Da sich aber auch im tiefenpsychologisch orientierten Entwurf Rampolds der Hinweis darauf findet, daß Seelsorge eine Hilfestellung bei der Lebenssinnfindung mit Gott ermöglichen will, läßt sich die exklusive Verknüpfung von Sinn und Gott

sche Relevanz kann sich aber auch sehr konkret darin ausdrücken, daß einem kranken Menschen zur Gesundung verholfen wird. Stollberg begründet diese Zielsperspektive folgendermaßen: „Entweder ist der Glaube, den der Seelsorger repräsentiert, für das Leben hier und jetzt relevant oder gar nicht.... Seelsorge hat therapeutische Relevanz, weil Seele und Leib nicht auseinanderzudividieren sind.... Der Zusammenhang von Heil und Heilung ist im Sinne präsentischer Eschatologie zu interpretieren und durchaus empirisch verifizierbar. Glaube und Gesundheit gehören zusammen."[70]

Aus der Sicht Bartels ergeben sich daraus folgenreiche Schlußfolgerungen für die Situation psychisch Kranker im Krankenhaus: „Die Situation in der Klinik ist für den Patienten in allen Bezügen eine therapeutische Situation, sonst wäre er nicht hier. Es gibt keine therapeutischen Freiräume.... Dem Patienten den Eindruck zu suggerieren, als gäbe es einen Bereich, in dem er sich der Arbeit der Gesundung nicht zu stellen hätte, also die Möglichkeit, bei seinen krankmachenden Verhalten verweilen zu können, hieße, ihn in der Gesundung zu hindern. Die Kirche wäre schlecht beraten, würde sie solche 'Freiräume' zur Verfügung stellen. Meine These: Seelsorge muß sich in diesem Sinne als Therapie verstehen, es sei denn sie weicht dem Phänomen Krankheit aus, als hätte sie nichts zur Gesundung beizutragen."[71] Welche Aspekte Gesundung umfassen soll, versucht Bukowski in Anlehnung an sozialpsychiatrische Terminologie aufzuzeigen: Seelsorge muß dazu führen, „daß der Mensch zu der ganzheitlichen Erfahrung kommt: 'ich bin ich', und daß er in solchem gesundeten Selbstverhältnis wieder arbeits- und genußfähig, lebens-, liebes- und konfliktfähig wird."[72] Daß das Gesundungsziel jedoch gerade in Blick auf psychisch Kranke nicht immer zu erreichen ist und deshalb trotz seiner Berechtigung zu relativieren ist, läßt sich bereits bei Stollberg nachlesen: „Das Grundziel größerer Freiheit und Mündigkeit im Sinne von Initiative und Entscheidungsfähigkeit wird durch die Seelsorge in Grenzsituationen, z.B. am Sterbebett, bei Unfällen, an geistig und/oder körperlich schwer Behinderten, jedenfalls für diese Gruppen in Frage gestellt."[73] Selbstverwirklichung im Sinne persönlicher Sinnfindung, Gesundung bzw. Bewältigung von Krankheits- und Krisensituationen ist bisher als rein individuell ausgerichtete Zielsperspektive der Pionierzeit Therapeutischer Seelsorge beschrieben worden. Durch die kleine Gruppe der systemtherapeutisch bzw. gestalttherapeutisch-integrativ orientierten Theoretiker hat inzwischen

---

nicht als spezielles Kennzeichen logotherapeutisch orientierter Konzepte ausweisen. Vgl. RAMPOLD, W. (1992): Integrativ-Christliche Therapie, S. 145; KURZ, W. (1985): Seel-Sorge, S. 228, 229; RÖHLIN, K. (1986): Die Sinnfrage in der Seelsorge, S. 177; LUKAS, E. (1988): Psychologische Seelsorge, S. 13; HEYEN, H. (1998): Logotherapie, S. 245.

[70] STOLLBERG, D. (1988): Seelsorge im Therapeutischen Team, S. 106; DERS. (1978): Wenn Gott menschlich wäre, S. 36; DERS. (1975): Seelsorge in der Offensive, S. 285. Bereits in den 20er Jahren mahnte Pfister an, daß die Kirche passives Dulden lehre, statt in der Nachfolge Jesu die Heilung von Seelenleiden als konkretes Ziel zu verfolgen. Vgl. PFISTER, O. (1978): Was heißt 'analytische Seelsorge'?, S. 20. In den 80er Jahren forderte auch Lukas in ihrem logotherapeutisch orientierten Konzept, daß Seelsorge auf die seelische Gesundung abzielen muß. Vgl. LUKAS, E. (1988): Psychologische Seelsorge, S. 13.

[71] BARTELS, in: LÜCHT-STEINBERG, M. (1983): Seelsorge in der Psychiatrie, S. 181.

[72] BUKOWSKI, P. (1985): 'Ich werde mit dir sein', S. 432.

[73] STOLLBERG, D. (1972): Mein Auftrag, S. 47. Kleucker schreibt daher: „Das Geschehen von Krankheit und Sterben als solches ist theologisch nicht etwas, was überwunden werden muß, sondern es ist zu ertragen und zu gestalten. Primäres Ziel der Krankenseelsorge ist nicht die Erhaltung der Gesundheit oder die Verlängerung des Lebens, sondern daß Menschen auch in der Krankheit nicht im Stich gelassen werden." KLEUCKER; E. (1975): Probleme der Krankenseelsorge, S. 37.

aber auch die soziale Zielsperspektive an Bedeutung gewonnen. So betont Held, der sich auf die radikal-konstruktivistische Systemtherapie Stierlins beruft, daß die Subjektwerdung des Individuums nur als 'bezogene Individuation' zu erreichen ist. Dies bedeutet, daß in einer 'Systemisch orientierten Seelsorge' die Entwicklung und Veränderung des Individuums nur unter Einbeziehung des gesamten Beziehungsgefüges dieser Person erreicht werden kann.[74] Die hierzu gehörige Dimension der Förderung intersubjektiver sozialer Kompetenzen des Individuums wird von integrativ beeinflußten Theoretikern als seelsorgliche Zielsetzung besonders hervorgehoben.[75] Ob derartige individuumsübergreifende Überlegungen eine Vertiefung des therapeutischen Seelsorgekonzeptes bewirken oder eher zu einer Sprengung des therapeutischen Grundkonzeptes führen werden, läßt sich gegenwärtig nicht voraussagen.

In Anschluß an das Theologieverständnis der amerikanischen Seelsorgebewegung wird auch in der Therapeutischen Seelsorge der Versuch unternommen, die *theologische Fundierung* in Rekurs auf eine Empirische Theologie zu leisten. Hinter diesem Anliegen verbirgt sich die Vorentscheidung, daß sich die Theologie nicht primär auf der Wortebene abstrakter kirchlich-dogmatischer Satzwahrheiten, sondern auf der Alltagsebene subjektiv erfahrbarer konkreter Lebenswahrheiten zu bewähren hat.[76] Nur eine derart empirisch geerdete Theologie kann nach Stollberg die Basis für ein Seelsorgeverständnis liefern, in dem die zwischenmenschliche Kommunikation von SeelsorgerIn und Gegenüber bereits als solche eng mit Gott zu tun hat und deshalb vor manipulativen Übergriffen seitens des/der SeelsorgerIn zu schützen ist.[77]
Für die theologische Begründung von Seelsorge muß daher auf eine Rede von Gott zurückgegriffen werden, die mit der Erfahrungsebene der Menschen eng verknüpft ist. Da die Menschwerdung Gottes die intensivste Verbindung zwischen göttlicher und menschlicher Welt herstellt und zudem Gott als ein Wesen ausweist, das sich aktiv in ein Beziehungsverhältnis zu Menschen setzt, wird die Inkarnation zum wichtigsten Theologumenon Therapeutischer Seelsorge.[78] Weil die Menschwerdung allein jedoch die umfassende Bedeutung, die dem Aspekt der Kommunikation und Beziehung eingeräumt wird, nicht erklären kann, erläutert sie Stollberg im Kontext schöpfungstheologischer und trinitarischer Topoi: Die vorzufindende Wirklichkeit existiert durch den Schöpfungsakt Gottes, weshalb sich die vorfindbare Möglichkeit zur zwischenmenschlichen Kommunikation als gottgewollte Interaktionsmöglichkeit und daher als generelles Proprium jeder seelsorglichen Begegnung erweist.[79] Aufgrund des

---

74 Vgl. HELD, P. (1996): Systemische Praxis in der Seelsorge, S. 111; 252-253; 257.

75 Vgl. LADENHAUF, K.H. (1988): Integrative Therapie, S. 105-116; 137-139.

76 Stollberg spricht sogar von einer „Verleiblichung von Theologie." STOLLBERG, D. (1972): Mein Auftrag, S. 7. Vgl. auch S. 19-20. Für Luther steht dieses Anliegen für ein modernes Theologieverständnis, in dem die hermeneutische Aufgabe der Vermittlung zwischen Lehre und Leben zentral berücksichtigt wird. Vgl. LUTHER, H. (1986): Alltagssorge und Seelsorge, S. 2.

77 Vgl. STOLLBERG, D. (1978): Wenn Gott menschlich wäre, S. 208.

78 Vgl. LEMKE, H. (1978): Theologie und Praxis, S. 9; RIESS, R. (1970): Neuansätze, S. 19.

79 Vgl. STOLLBERG, D. (1978): Wahrnehmen, S. 34. Der Verweis auf den Schöpfergott hat für Stollberg folgende Relevanz: „Der Ratsuchende kann in Lebenskrise und Konflikt von der Frage nach dem Ursprung, Sinn und Ziel seiner Existenz stark umgetrieben sein. Auf diese Existenzproblematik antwortet das christliche Credo mit einem Bekenntnis zu Gott, dem Schöpfer: Der väterlich-mütterliche 'Grund unseres Seins', der Geborgenheit, Zuversicht und Lebensmut ermöglicht inmitten aller Ungeborgenheit, Hoffnungslosigkeit und Angst, relativiert alles, was wir wahrnehmen." STOLLBERG, D. (1978): Gottes Wille, S. 64.

christlichen Topos der Auferstehung Jesu ist zudem die kommunikative Begegnungsstruktur zwischen Gott und Mensch sowie zwischen den Menschen als perfektische Heilstatsache soteriologisch für alle Menschen endgültig besiegelt und eschatologisch für jeden einzelnen Menschen und dessen Zukunft gesichert, weshalb Stollberg in der Christologie das spezifische Proprium christlicher Seelsorge erkennt.[80] Indem er den Heiligen Geist als Werkzeug des Christus Praesens ausweist, erkennt er die Möglichkeit, daß Gott in Form der zwischenmenschlichen Begegnung präsent ist. Nach Henke bedeutet dies, daß die seelsorgliche Kommunikation als solche sakramentalen Charakter besitzt, da sich Gott in Folge seiner Geist-Präsenz in zwischenmenschlichen Beziehungen offenbart.[81]

Während Stollberg eine in sich geschlossene theologische Fundierung vorlegt, finden sich bei anderen TheoretikerInnen meist nur fragmentarische Ansätze. Hierbei dominiert v.a. der Versuch, zenrale Inhalte Therapeutischer Seelsorge mit dem Handeln Jesu in Korrelation zu bringen.[82] Barth, der als Systematiker dem therapeutischen Seelsorgeansatz durchaus wohlwollend gegenübersteht, gelangt dennoch zu folgender Beurteilung: „Bislang fehlt eine umfassende authentische - oder doch mit 'Einfühlung' vorgenommene - Darstellung des theologischen Selbstverständnisses der Partnerzentrierten Seelsorge....All die zum Teil noch reichlich unklaren Versuche sind bemüht, das Phänomen der Kommunikation mit Hilfe traditioneller christlicher Topoi zu erfassen und zu erschließen."[83] Eine zeitgleich veröffentlichte Textpassage Lemkes scheint Barth recht zu geben, da sie es nicht für nötig erachtet, eine fundierte theologische Begründung vorzulegen: „Im gesprächspsychotherapeutischen Bemühen um Echtheit, emotionale Wärme und Akzeptanz entspricht die Gesprächspsychotherapie dem christlichen Bemühen um Wahrhaftigkeit, Liebe und Annahme. Es braucht keine mühevolle theologische Legitimation für dieses Vorgehen."[84]

Daß die *anthropologischen Prämissen* im therapeutischen Seelsorgekonzept eine besondere Rolle spielen, konstatiert bereits Riess: „Mit der Wiederentdeckung des Menschen und auf ihre - oftmals fesselnde - Weise hat sie eine Thematik ins wissenschaftliche Gespräch zurückgeholt, die im Grauen der Kriege und im Gefolge der Dialektischen Theologie zurückgetreten war: die Anthropologie als Teil und als Herausforderung der Theologie."[85] Obwohl anthropologische Axiome unterschiedlichster psychologischer Schulen in die Theoriebildung eingeflossen sind, haben sich v.a. die Prämissen der gesprächspsychotherapeutischen Richtung Rogers als besonders einflußreich erwiesen:[86] „Rogers selbst hat davon gesprochen, daß allen

---

80 Vgl. STOLLBERG, D. (1970): Therapeutische Seelsorge, S. 155-156; DERS. (1978): Wahrnehmen und Annehmen, S. 34.

81 Vgl. STOLLBERG, D. (1978): Gottes Wille - unsere Freiheit, S. 65; HENKE, Th. (1994): Seelsorge, S. 54.

82 Vgl. THILO, H.J. (1971): Beratende Seelsorge, S. 22: „Wir meinen allerdings, solches Tun aus dem Handeln Jesu ableiten zu können."

83 BARTH, H.M. (1978): Partnerzentrierte Seelsorge, S. 207/208. Auf die dringende Notwendigkeit theologischer Fundierung wurde v.a. von Bärenz hingewiesen. Vgl. BÄRENZ, R. (1980): Gesprächsseelsorge, S. 6.

84 LEMKE, H. (1978): Thelogie und Praxis, S. 63.

85 RIESS; R. (1987): Sehnsucht nach Leben, S. 256.

86 Um der biblisch vorgegebenen Ganzheit und Geschichtlichkeit des Menschen zu entsprechen, plädiert Riess zwar auch dafür, nicht nur psychologische, sondern auch sozialwissenschaftlich gewonnene Erkenntnisse über den Menschen in das Seelsorgekonzept zu integrieren: „Ebenso machen die Sozialwissenschaften dar-

seinen Überlegungen ein Axiom zugrunde liegt, ohne welches seine Therapie nicht zu verstehen ist. Es handelt sich dabei um die Annahme einer positiven Kraft im Individuum, '.... die ihrer Natur nach konstruktiv und entwicklungsorientiert ist; wir nennen sie Aktualisierungstendenz.'"[87] Demzufolge strebt der seinem Wesen nach positiv konstituierte Mensch danach, sich in einem lebenslangen Prozeß selbst zu aktualisieren und damit sein innerstes Selbst zu verwirklichen.[88] Obwohl gerade Lemke ihr Menschenbild in kritischer Auseinandersetzung mit Rogers Ansatz entwickelt, kommt sie erstaunlicherweise dennoch zu folgender Schlußfolgerung: „Der Theologe braucht nicht das humanistische Menschenbild zu übernehmen, wenn er die partnerzentrierte Seelsorge aus der Gesprächspsychotherapie ableitet."[89] Begründend führt sie an, daß der von Rogers postulierte anthropologische Optimismus zutiefst dem des christlichen Glaubens entspreche, weshalb Rogers Theorien nur als eine Art Lesebrille dienen, um mit ihr den inhaltlichen Kern biblischer Anthropologie besser fokussieren zu können. Einen anderen Lösungsweg schlägt Stollberg ein, der entscheidende Modifikationen an traditionellen theologisch-anthropologischen Vorgaben vornimmt. Obwohl er eine konstitutiv sündige Wesensbestimmung des Menschen biblisch begründet voraussetzt, versucht er diese zu entschärfen, indem er den Menschen trotz seines Sünder-Status als grundsätzlich gerechtfertigten und damit als ein zutiefst positiv unterfangenes Wesen beschreibt. Dadurch gelingt es ihm, die biblische und gesprächspsychotherapeutische Sichtweise in Dekkung zu bringen.[90]

Die Therapeutische Seelsorge zeichnet sich durch eine grundsätzliche Offenheit gegenüber den Einsichten und Methoden der Psychologie aus.[91] Das Charakteristische dieser Öffnung sieht Henke nicht nur darin, daß die *Verhältnisbestimmung* gegenüber den Humanwissen-

---

auf aufmerksam, daß die Befindlichkeit des Menschen weitgehend durch gesellschaftliche Bedingungen beeinflußt und bestimmt wird. Durch diesen psychosozialen Aspekt wird der ganzheitliche und geschichtliche Ansatz ausgeweitet. Er erhält damit eine neue Dimension und eine umfassende Deutung." RIESS, R. (1987): Sehnsucht nach Leben, S. 137. Da jedoch weder Riess noch andere TheoretikerInnen eine weiterführende Analyse der dadurch erfolgten Akzentverschiebung mit den einhergehenden Folgewirkungen für die alltägliche Arbeit von SeelsorgerInnen vornehmen, schlägt sich sein Plädoyer nicht grundsätzlich in den anthropologischen Prämissen Therapeutischer Seelsorge nieder.

87   JOCHHEIM, M. (1993): Carl Rogers, S. 226. Zur Anthropologie der rezipierten wichtigsten psychologischen Schulrichtungen, die aus Platzgründen nicht erläutert werden können: GRÖTZINGER, A. (1992): Es bröckelt an den Rändern, S. 75-108; THILO, H. J. (1977): Das Menschenbild in der Psychoanalyse Freuds; SCHWERMER, J. (1987): Den Menschen verstehen, S. 44-120; Hänle, J. (1997): Heilende Verkündigung.

88   Rogers Menschenbild führte zum Vorwurf, daß er ein Plädoyer für die Selbsterlösung des Menschen halte, weshalb es für die Theologie untauglich sei. Jochheim versucht zwar diesen Vorwurf als Vereinfachung zu entschärfen, führt jedoch ein weitaus tiefreichenderes Argument gegen die Annahme einer Aktualisierungstendenz im Menschen an: „Rogers gegenüber muß allerdings der Vorwurf festgehalten werden, daß die organismische Aktualisierungstendenz die Beweislast für den im Wesen guten Menschen nicht zu tragen vermag. Insofern sind auch alle kulturphilosophischen Ansprüche, die einen naturwissenschaftlich gewonnenen Begriff metaphysisch überhöhen wollen, abzulehnen." JOCHHEIM, M. (1993): Carl Rogers, S. 235.

89   LEMKE, H. (1978): Theorie und Praxis, S. 63. DIES. (1995): Personzentrierte Beratung, S. 46-52.

90   Vgl. STOLLBERG, D. (1972): Mein Auftrag, S. 31; DERS. (1970): Therapeutische Seelsorge, S. 157.

91   Obwohl Gärtner darauf hinweist, daß auch Ergebnisse der Sozialpsychologie Berücksichtigung finden, läßt sich insgesamt dennoch festhalten, daß primär die Individualpsychologie, v.a. in Form der Gesprächspsychotherapie, Tiefenpsychologie, Logotherapie, Gestalt- und Integrativen Therapie, im Zentrum des theologischen Interesses stehen. Vgl. GÄRTNER, H. (1993): Die Kunst der Seelsorge, S. 45.

schaften nicht länger unter dem Stichwort Hilfswissenschaft verhandelt wird, sondern daß der Versuch zu erkennen ist, eine interdisziplinäre Seelsorgetheorie zu entwerfen, in der unterschiedlichste psychologische Konzepte und Verfahren in ihrem Eigenwert zur Fundierung von Seelsorge herangezogen werden.[92] Da sich in Stollbergs Schriften der diesbezüglich programmatische und folgenreichste Entwurf findet, wird hauptsächlich auf ihn und folgende Kernaussage Bezug genommen:[93] „Seelsorge ist nicht und ist doch Psychotherapie."[94]
In konsequenter Fortsetzung seines inkarnatorischen Theologieverständnisses spricht sich Stollberg damit für eine Verhältnisbestimmung aus, die dem ungetrennt und dennoch unvermischten Paradox der Christologie entspricht. Den Aspekt des Ungetrenntseins begründet er folgendermaßen: „Wenn Theologie seelsorglich konkret wird, äußert sie sich psychologisch! Sie wird dadurch nicht identisch mit irgendeiner Psychologie, sondern sie 'verleiblicht' sich im zwischenmenschlichen Bereich."[95] Die geforderte Verleiblichung der Seelsorge basiert darauf, daß sie sich auf die kommunikative Wirklichkeitsstruktur eines jeden einzelnen Menschen einlassen muß, wenn sie ihren zugrundeliegenden theologisch-anthropologischen Axiomen folgen will. Für die Beziehung zur Psychologie/Psychotherapie ergibt sich daraus eine gravierende Folgewirkung: "Insofern Psychotherapie jedoch allgemein gültige Strukturen der Kommunikation erforscht, darf sich die Seelsorge nicht von ihren Ergebnissen dispensieren."[96] Den Modus dieser Nicht-Dispensierung wiederum umschreibt Stollberg als eine ungetrennte Ineinssetzung: „Seelsorge ist aber doch Psychotherapie, denn sie arbeitet mit psychologisch reflektierten und verantworteten Mitteln durchaus diesseits- bzw. gesundheitsrelevant."[97] Gleichzeitig will er aber auch den Aspekt des Unvermischtseins sichergestellt wissen, damit Seelsorge nicht als eine Wissenschaft konzipiert wird, die theoretisch und alltagspraktisch in Konkurrenz zur Psychotherapie tritt und sich gleichzeitig von ihren eigenen Quellen abschneidet: „Seelsorge ist eben nicht einfach nur säkulare Psychotherapie, denn das christliche Credo... ist für ihre Arbeit konstitutiv."[98] Unter dem Begriff Credo versteht Stollberg jedoch nicht primär eine inhaltliche Botschaft, deren explizite Verkündigung den Unterschied zur Psychotherapie herstellen würde, sondern eine gläubige Weltanschauung, die sich durch die subjektive Glaubensüberzeugung der SeelsorgerInnen und deren kirchlichen Kontext auch

---

92 Indem z.B. Läpple und Gastgeber die Verhältnisbestimmung gegenüber der Psychologie unter der Überschrift 'Methodenproblem' verhandeln, vermitteln sie selbst den Eindruck, als sei diese primär auf der methodischen Ebene zu klären. Vgl. GASTGEBER, K. (1979): Das Methodenproblem in der katholischen Seelsorge; LÄPPLE, V. (1979): Das Methodenproblem in der evangelischen Seelsorge.

93 Bereits in den 20er Jahren hatte sich der Schweizer Pfarrer und Psychoanalytiker Pfister für eine Seelsorge auf tiefenpsychologischer Grundlage eingesetzt. Nach Schmidt-Rost wurde Pfister als „profilierter Vertreter einer Seelsorge mit therapeutischem Anspruch auf psychologischer Grundlage, selbst in der therapeutischen Seelsorgelehre lange Zeit mit Schweigen übergangen." SCHMIDT-ROST, R. (1996): Oskar Pfister, S. 196. 50 Jahre später plädiert Riess, der ebenfalls eine Öffnung gegenüber psychologischen Einsichten anstrebt, für eine Korrelation beider Wissenschaften im Sinne eines sich gegenseitig anerkennenden Miteinanders, um eine empirische Nähe der Theologie zu garantieren. Vgl. RIESS, R. (1973): Seelsorge, S. 53/224.

94 STOLLBERG, D. (1978): Wenn Gott menschlich wäre, S. 41.

95 STOLLBERG, in: SONS, R. (1995): Seelsorge, S. 34.

96 STOLLBERG, D. (1978): Wenn Gott menschlich wäre, S. 33.

97 STOLLBERG, D. (1993): Was ist Pastoralpsychologie 1992 ?, S. 171.

98 A.a.O., S. 171.

implizit ausdrücken kann: „Der Unterschied zwischen Seelsorge und Psychotherapie beruht also grundsätzlich nicht auf den Methoden, sondern auf dem Glaubens-Vor-Urteil, das der Seelsorger in die Situation der Kommunikation einbringt oder das beide (bzw. alle) Partner in die Seelsorgesituaion einbringen, insofern Seelsorge im Raum der christlichen Gemeinde geschieht. Wir können sagen: Seelsorge ist Psychotherapie im kirchlichen Kontext."[99]

Indem Stollberg zwischen einem generellen Proprium der Seelsorge, das durch seine schöpfungstheologische Begründung und inhaltliche kommunikative Grundstruktur das Motiv der Ungetrenntheit von Seelsorge und Psychologie zum Ausdruck bringt, und einem spezifischen Proprium, das durch seine christologische Begründung und inhaltliche Bestimmung als christliches Credo die Unvermischtheit von Seelsorge und Psychologie betont, unterscheidet, liefert er zwar eine in sich schlüssige Begründung für die paradoxe Verhältnisbestimmung Therapeutischer Seelsorge gegenüber den Humanwissenschaften. Gleichzeitig bringt er dadurch jedoch die berühmte 'Propriumsdiskussion' in Gang, die seither das Ringen um ein adäquates Seelsorgekonzept prägt und oftmals lähmt.[100]

Analog zur amerikanischen Situation brachte auch in Deutschland die Etablierung der Therapeutischen Seelsorge die Notwendigkeit mit sich, die Aufgabe der Verhältnisbestimmung Theologie-Psychologie auf den speziell für diese Fragestellung eingerichteten Wissenschaftszweig Pastoralpsychologie mit entsprechenden Forschungs- und Ausbildungszentren zu delegieren.[101] Diesbezügliche Pionierarbeit wurde hauptsächlich von evangelischen Theologen geleistet. So erkannte Stollberg bereits Ende der 60er Jahre die interdisziplinäre Bedeutung der Pastoralpsychologie: Die Pastoralpsychologie „ist nicht nur eine 'Hilfswissenschaft', die Ergebnisse einer dem kirchlichen Leben und dem Evangelium eigentlich fremden, weil 'säkularen' Forschungsdisziplin zu übernehmen hätte, sondern ein selbständiger kirchlicher

---

99 STOLLBERG, D. (1978): Wenn Gott menschlich wäre, S. 33. Ähnlich formuliert Thilo aus tiefenpsychologischer Perspektive: „Das Spezifikum christlicher Seelsorge liegt nicht in dem, was wir sagen, sondern daß wir es als Chrsiten und in der Verantwortung vor dem Vater Jesu Christi sagen". THILO, H. J. (1971): beratende Seelsorge, S. 23. Auch Röhlin lehnt sich an Stollbergs Vorgaben an: „Stollbergs These.... kann von der Existenzanalyse her aufgenommen werden, insofern 'Seelsorge als Logotherapie im kirchlichen Kontext' verstanden werden kann. Bei dieser logotherapeutischen Ausrichtung des Seelsorgers ist aber der Einwand Stollbergs zu berücksichtigen, daß Seelsorge mit keiner säkularen Therapie identisch ist, sondern ein eigenes Verfahren darstellt. Seelsorge könnte so genauer als christliche Existenzanalyse bezeichnet werden.... Stollbergs Charakterisierung der Seelsorge als Therapie, die mit psychologischen Mitteln arbeitet, muß aus logotherapeutischer Sicht ergänzt werden, insofern Seelsorge immer auch in der geistigen Dimension ansetzt." RÖHLIN, K. (1986): Sinnorientierte Seelsorge, S. 173/171.

100 Eine geraffte Darstellung der Propriums-Unterscheidung findet sich in: STOLLBERG, D. (1978): Wahrnehmen und Annehmen, S. 34. Hierbei ist jedoch zu beachten, daß Stollberg im Laufe seines Schaffens die Inhalte des generellen und spezifischen Propriums vertauschte! Vgl. STOLLBERG, D. (1970): Therapeutische Seelsorge, S. 148-149. Die Proprium-Diskussion wurde v.a. von Vertretern biblisch orientierter Konzepte vorangetrieben. Die fundierteste Kritik am spezifischen Proprium findet sich bei Tacke, der das Credo nicht auf die Glaubensüberzeugung des Seelsorgers oder den kirchlichen Kontext reduziert wissen will. Vgl. TACKE, H. (1975): Glaubenshilfe, S. 20-21. Vgl. hierzu auch STOLL, C. (1986): Von der kerygmatischen zur beratenden Seelsorge, S. 24.

101 Obwohl Pompey darauf hinweist, daß die Pastoralpsychologie faktisch seit Anfang des 20. Jhdts. die Nachfolge der Pastoralmedizin angetreten hat und daher bereits vor dem Pastoral Counseling als älteste Form angewandter Psychologie existiert hat, konnte sie erst in Folge der Seelsorgebewegung als eigenständige wissenschaftliche Disziplin Fuß fassen. Vgl. POMPEY, H. (1990): Zur Geschichte der Pastoralpsychologie, S. 33. DERS. (1968): Die Bedeutung der Medizin für die kirchliche Seelsorge im Selbstverständnis der sogenannten Pastoralmedizin; ALLWOHN, A. (1970): Evangelische Pastoralmedizin.

Beitrag zum interdisziplinären Dialog der Wissenschaften untereinander."[102] Über zwanzig Jahre später präzisiert er dieses Anliegen in Blick auf die Seelsorge: „Pastoralpsychologie ist Psychologie im Dienst der Pastoral (Seelsorge). Weder ersetzt sie die Seelsorge, noch stellt sie eine Alternative dar, sondern sie ermöglicht eine Seelsorge auf der Basis bewußt in Anspruch genommener psychologischer, auch religionspsychologischer Forschung. Der Unterschied zu herkömmlicher Seelsorge besteht im Grad der Bewußtheit, Absichtlichkeit und Zielgerichtetheit, mit dem Psychologie methodisch in den Dienst pastoraler Arbeit gestellt wird."[103] Während Stollberg für einen Dialog mit allen psychologischen Schulrichtungen plädiert, konzentriert sich Scharfenberg, der Mitte der 80er Jahre den ersten systematischen Gesamtentwurf einer deutschsprachigen Pastoralpsychologie vorlegte, auf dem Hintergrund seiner Tätigkeit als Theologe und Psychoanalytiker auf die Tiefenpsychologie als grundlegendes Paradigma der Pastoralpsychologie.[104] Theologische und tiefenpsychologische Aspekte sollen sich wechselseitig im Sinne einer Integrationswissenschaft zu einem neuen Konzept ergänzen: „Ich meine demgegenüber, daß die Pastoralpsychologie sich nicht irgendeiner beliebigen Psychologie, die zu ganz anderen Zwecken geschaffen wurde, bedienen kann, sondern daß der Pastoralpsychologe tatsächlich seine eigene Psychologie schaffen muß."[105]

---

[102] STOLLBERG, D. (1970, 1969¹): Therapeutische Seelsorge, S. 65. Auch Riess plädierte für die Etablierung einer Pastoralpsychologie, um einen interdisziplinären Dialog mit der Psychologie auf wissenschaftlicher Ebene führen zu können. Vgl. RIESS; R. (1973): Seelsorge, S. 188. Den Dialogcharakter der gegenseitigen Begegnung betont auch Klessmann, der v.a. das Motiv der konstruktiven gegenseitigen Hinterfragung herausstellt, wobei er die Entwicklung einer psychotherapeutisch qualifizierten Seelsorge als pragmatische Aufgabenstellung der Pastoralpsychologie ansieht. Vgl. KLESSMANN, M. (1994): Zwischenbilanz, S. 7-8.

[103] STOLLBERG, D. (1993): Was ist Pastoralpsychologie 1992 ?, S. 169.

[104] Vgl. SCHARFENBERG, J. (1985): Einführung in die Pastoralpsychologie, S. 28. Zur zentralen Bedeutung der Psychoanalyse in Scharfenbergs Entwurf schreibt Henke: Scharfenberg versuche zwar, „die Korrelation theologischer Zentralkategorien mit anthropologischen Grunderfahrungen in Verbindung mit therapeutischen Modellen (der Gesprächstherapie, der Verhaltenstherapie, der Psychoanalyse, und der Encounter-Group) zu bringen, so 'daß der relative Wahrheitsgehalt der einzelnen Modelle gewahrt, ihrer Verabsolutierung jedoch gewehrt wird', die Psychoanalyse bleibt jedoch - 'biographisch' und 'sachlich' begründet - der zentrale Interpretationshorizont seiner Pastoralpsychologie." HENKE, Th. (1994): Seelsorge, S. 50. Sowohl von evangelischer als auch von katholischer Seite wird der Entwurf Scharfenbergs als wegweisendes Werk zur Pastoralpsychologie gewertet. Vgl. SONS, R. (1995): Seelsorge S. 41; BAUMGARTNER, I. (1990): Pastoralpsychologie, S. 23.

[105] SCHARFENBERG, in: SONS; R. (1995): Seelsorge, S. 142. Scharfenbergs Vorstellung einer spezifisch pastoralpsychologischen Psychologie greift auch Schall auf, dem jedoch eine „Psychologie der Bibel als Grundlage der Pastoralpsychologie" vorschwebt, wodurch sein Ansatz eine inhaltliche Affinität zu ähnlichen Bestrebungen innerhalb der Biblisch-Therapeutischen Seelsorge aufweist. SCHALL, T. (1993): Seelsorge /Pastoralpsychologie, S. 258.

2.2.3. Spezielle konzeptionelle Vorgaben für Psychiatrieseelsorge

Im therapeutischen Seelsorgeverständnis steht ebenso wie im Beratungskonzept der einzelne kranke Mensch als *Adressat* von Seelsorge im Mittelpunkt, wobei dessen Konfessions- oder Religionszugehörigkeit von untergeordneter Bedeutung ist.[106] Desweiteren zeigt sich konzeptionell eine Akzentverlagerung von der reinen Krankenseelsorge hin zur Krankenhausseelsorge, da zunehmend auch das Krankenhauspersonal und Angehörige als AdressatInnen von Seelsorge ins Blickfeld geraten.[107] Die Ursache hierfür liegt jedoch nicht primär darin, daß ein zusätzliches, bisher vernachlssigtes, Klientel von Seelsorge entdeckt wird, sondern daß nach Strategien gefahndet wird, um die seelsorgliche Effizienz durch Einbeziehung des therapeutischen und privaten Umfeldes der PatientInnen zu steigern.

Das therapeutische Seelsorgekonzept gibt kein verbindliches *Krankheitsverständnis* vor. Weil sich aber Theorien sündhafter Kausalzusammenhänge bzw. dämonischer Besetzungen mit den Inhalten Therapeutischer Seelsorge als unvereinbar erweisen, sind sie in keinem der vielen Entwürfe anzutreffen und somit als konzeptionell überholt zu bewerten. Aufgrund der Offenheit gegenüber den Forschungsergebnissen der Psychologie liegt vielmehr die Annahme nahe, daß deren Krankheitsmodelle auch als Grundlage für die Seelsorge herangezogen werden können. Dementsprechend lassen sich gesprächspsychotherapeutisch, analytisch, logotherapeutisch, verhaltenstherapeutisch, gestalttherapeutisch-integrativ oder systemisch gefärbte Vorstellungen über die Ursachen psychischer Erkrankung mit dem therapeutischen Konzept verbinden. In Blick auf die seelsorgliche Alltagspraxis läßt sich jedoch erahnen, daß die den diversen Psychotherapierichtungen entlehnten Vorstellungen über die Ursachen psychischer Erkrankung mit dem gegenwärtig dominierenden biologisch-sozialpsychiatrischen Krankheitsverständnis relativ inkompatibel sind.[108]

---

[106] „Es ist nach unserer Konzeption durchaus möglich und bereits erprobt worden, daß ein katholischer Theologe für einen protestantischen Patienten seelsorgliche Funktionen wahrnimmt oder umgekehrt. Denn es geht nicht um die Vermittlung theologisch richtiger Dogmen, sondern um die gemeinsame Erarbeitung eines übergeordneten Sinngefüges. STOLLBERG, D. (1973): Die dritte Gruppe, S. 532-533. Bereits in den 20er Jahren betonte Pfister, daß Seelsorge nicht durch die konfessionelle Zugehörigkeit des Kranken eingeschränkt werden darf. Mitte der 90er Jahre stellt auch Lemke fest, daß SeelsorgerIn und Ratsuchende kein gemeinsames Weltbild besitzen müssen. Vgl. PFISTER, O. (1978): Was heißt 'analytische Seelsorge'?, S. 20; LEMKE, H. (1995): Personzentrierte Beratung, S. 13.

[107] Vgl. SIMON, L. (1985): Einstellungen und Erwartungen, S. 56-57.

[108] Nach Jochheim gibt gerade die von den meisten SeelsorgerInnen favorisierte Gesprächspsychotherapie ein Krankheitsverständnis vor, das sich als nicht kompatibel mit den gegenwärtig dominierenden psychiatrischen Paradigmen erweist, weil psychische Erkrankung auf eine Inkongruenz zwischen der Selbstaktualisierung und organismischer Aktualisierung des Menschen zurückgeführt wird. Vgl. JOCHHEIM, M. (1993): Carl Rogers und die Seelsorge, S. 233.
Auch logotherapeutisch orientierte TheologInnen, die sich eng an das Krankheitskonzept des Wiener Psychiaters Frankl anlehnen, setzten sich aufgrund der angenommenen kausalen Verknüpfung von Sinnlosigkeitsgefühlen und seelischer Erkrankung vom medizinischen Krankheitsbegriff ab: „Das chronische Sinnlosigkeitsgefühl bringt die seelische Gesundheit des Menschen ins Wanken, und wenn diese beeinträchtigt ist, kommt es stets zu sozialem und individuellem Fehlverhalten." LUKAS, E. (1988): Psychologische Seelsorge, S. 16.
Eine theoretische Kompatibilität mit dem natur- bzw. sozialwissenschaftlichen Krankheitsverständnis läßt sich lediglich für Petzolds integrative Kausalitätenlehre psychischer Erkrankung, die sowohl biologische, psychologische, biographische und psychosoziale Krankheitsfaktoren berücksichtigt, erkennen. VertreterInnen des therapeutischen Seelsorgeansatzes, die sich an dieses Krankheitskonzept anlehnen, schaffen daher geeignete konzeptionelle Bedingungen für eine alltagspraktische Kooperation von SeelsorgerInnen und

Das therapeutischen Seelsorgeverständnisses bringt eine relativ ambivalente *Rollenzuweisung* für SeelsorgerInnen in ihrer Verhältnisbestimmung gegenüber den PatientInnen mit sich. Einerseits wird ihnen die Rolle kompetenter Kommunikations- u. BeziehungsexpertInnen, die in therapeutischer Grundhaltung eine Begegnung mit den PatientInnen suchen, zugesprochen. Um dies leisten zu können, benötigen sie v.a. psychotherapeutische Zusatzqualifikationen: „Seelsorger sollten fachliche Kompetenz (als Kommunikationsexperten) besitzen, also psychotherapeutisch geschult sein".[109] Die Teilnahme an einer praxisbezogenen Klinischen Seelsorgeausbildung (KSA) soll den Erwerb der erforderlichen Kompetenz garantieren.[110] Ein kompetenter Umgang mit fachfremden psychotherapeutischen Methoden stellt somit keine Profilneurose einzelner TheologInnen dar, sondern ergibt sich zwangsläufig aus den konzeptionellen Vorgaben Therapeutischer Seelsorge.[111] Die durch psychotherapeutische Zusatzqualifikationen gestützte berufliche Identität der SeelsorgerInnen muß jedoch mit deren persönlicher Glaubens-Identität so fusionieren, daß es kranken Menschen möglich wird, in den therapeutischen Handlungsweisen der SeelsorgerInnen deren persönlichen Glauben bzw. kirchlichen Kontext widergespiegelt zu sehen.[112] Anderserseits wird Seelsorgerinnen konzeptionell aber auch die Rolle ohn-mächtiger KommunikationspartnerInnen zugesprochen.[113] Damit sie auch diesen Rollenanteil ausfüllen können, ist vorgesehen, daß sie ihre Rolle und Tätigkeit durch eigene Teilnahme an Seelsorge- und Supervisionsangeboten (selbst)reflektieren lernen.

PsychiaterInnen unter den gegenwärtig dominanten psychiatrischen Paradigmen. Vgl. PETZOLD, H. (1997): Krankheitsursachen im Erwachsenenleben. Ausführliche Beschreibungen humanistisch-psychologischer Krankheitsverständnisse finden sich in: HÄNLE, J. (1997): Heilende Verkündigung.

109 STOLLBERG, D. (1972): Mein Auftrag - Deine Freiheit, S. 36.

110 In ökumenisch durchgeführten KSA-Kursen sollen pastorale Selbst- und Menschenkenntnis sowie konkrete Methoden der Gesprächsführung vermittelt werden. KSA-Kurse konnten durch die Aufnahme amerikanischer und v.a. niederländischer Erfahrungen bereits in den 70er Jahren in Deutschland Fuß fassen, wobei v.a. Piper Pionierarbeit geleistet hat. Vgl. ZIJLSTRA, W. (1971): Seelsorge-Training CPT; FABER/van der SCHOOT (1971): Praktikum des seelsorglichen Gesprächs; PIPER, H. CH. (1973): Klinische Seelsorgeausbildung; DERS. (1975): Gesprächsanalysen.

111 Illhardt umschreibt diesen Sachverhalt folgendermaßen: „Bei alldem braucht der Theologe keine Angst zu haben, daß er eine Identitätskrise der Theologie offenbart, wenn er therapeutisch arbeitet. Das ist keine Profilneurose des Theologen, sondern der Theologe, der darauf verzichtet, tritt als billiger Jakob eines ungeheuer reichen theologischen Erbes auf." ILLHARDT, F.J. (1981): Begründung, S. 141.
Daß SeelsorgerInnen dadurch der Gefahr einer Rollendiffusion ausgesetzt sind und in Konkurrenz zu anderen Berufsgruppen geraten können, wird erkannt und abgewehrt: „Genau vor dieser Art falscher Konkurrenz zur professionellen Psychotherapie, vor diesem gefährlichen, weil dilletierenden 'Mini-Therapeutentum' sollte sich eine verantwortliche und verantwortete Seelsorgetheorie- und praxis hüten." WAHL, H. (1985): Therapeutische Seelsorge, S. 420. Auch Lemke weist darauf hin, daß in klientenzentrierter Gesprächsführung ausgebildete SeelsorgerInnen sich nicht als PsychotherapeutInnen zu verstehen haben und deshalb ihre Aufgabe nicht darin besteht, PatientInnen psychotherapeutisch zu behandeln. Vgl. LEMKE, H. (1978): Theologie und Praxis, S. 20; DIES. (1995): Personzentrierte Beratung, S. 18.

112 Vgl. STOLLBERG, D. (1970): Therapeutische Seelsorge, S. 155-157. Für Troidl heißt dies: „Besonders wichtig ist, daß der Seelsorger selbst eine integrierte Persönlichkeit darstellt. Das bedeutet, daß seine Wertvorstellungen, sein Glaube, in enger Beziehung zu seinem Leben steht. Das bedeutet auch, daß das, was er an religiösen Momenten ins Gespräch einbringt, nicht aufgesetzt oder angelernt sein darf, sondern in ihm selbst eine lebendige Erfahrung ist." TROIDL, R. (1988): Die klientenzentrierte Gesprächspsychotherapie, S. 89. Vgl. hierzu auch HAMMERS, A. (1978): Neuere Entwicklungen, S. 158.

113 Vgl. PIPER, H. Ch. (1982): Macht und Ohn-macht, S. 296.

Da nach Stollberg eine Trennung zwischen profanem und sakralem Lebensraum nicht möglich ist, müssen SeelsorgerInnen in kooperativer Arbeitsteilung als Mitglieder der Therapeutischen Gemeinschaft in der Organisation Krankenhaus verankert sein und dort eine integrative Funktion übernehmen.[114] Psychisch Kranken dagegen wird im therapeutischen Konzept die gleiche Rollenambivalenz, die bereits das Beratungskonzept auszeichnet, zugewiesen: Einerseits gelten sie als gleichberechtigte PartnerInnen eines kommunikativen Begegnungsgeschehens, wobei sie in der Lage sein müssen, das Angebot der SeelsorgerInnen überhaupt wahr- und annehmen zu können, damit eine entprechend therapeutische Begegnungsstruktur hergestellt werden kann. Andererseits weisen sie durch ihre Erkrankung gegenüber den SeelsorgerInnen einen Defizitstatus auf, den es, wenn möglich, therapeutisch zu beheben gilt.[115]

Obwohl sich gerade in Blick auf die geforderte interdisziplinäre bzw. interkonfessionelle Zusammenarbeit und Angehörigenarbeit aus dem therapeutischen Konzept auch entsprechend strukturell ausgerichtete *Praxisformen* ableiten ließen, findet sich in den theoretischen Vorgaben eine nahezu ausschließliche Konzentration auf individuumszentrierte Arbeitsschwerpunkte. Trotz der von Lemke eingeforderten Gleichstufigkeit von Wort und Tat[116] bringt die inhaltliche Betonung des intersubjektiven, psychologisch kontrollierten Kommunikationsgeschehens automatisch eine Präferenz der Wortebene mit sich, weshalb das Gespräch in Form eines zufälligen und einmaligen Gespräches, eines geplanten und deshalb strukturierten Gespräches oder einer Reihe strukturierter Gespräche in Form von Einzel- oder Gruppengesprächen die Alltagspraxis dominieren soll.[117] Wenn dem Gespräch eine Methodik der Gesprächsführung zugrundegelegt wird, dann tritt nach Stollberg sogar der Umstand ein, daß die seelsorgliche Praxis „äußerlich wie ein religiös motiviertes und intendiertes oder wie ein auch die religiöse Conditio humana berücksichtigendes Psychotherapieverfahren aussieht."[118] Eingebettet in die hilfreiche kommunikative Beziehungsstruktur von SeelsorgerIn und PatientIn und in direkter Abhängigkeit von der explizit geäußerten Befürfnislage des kranken Menschen gehören aber auch klassische religiöse Handlungen wie das gemeinsame Beten, Bibellektüre, Beichte, Segnung oder liturgische Angebote wie Andachten zur seelsorglichen Alltagspraxis.[119] Spezifisch religiöse Praxisformen wie der Exorzismus lassen sich mit dem therapeutischen Ansatz nicht vereinbaren!

---

114 Vgl. STOLLBERG, D. (1973): Die dritte Gruppe. Die Situation des Seelsorgers im psychiatrischen Team. In Blick auf das Gesamtgefüge Klinik besteht deshalb die diagnostische Rolle von SeelsorgerInnen v.a. darin, durch entsprechende Beobachtungen und die Anfertigung von Gesprächsprotokollen die diagnostischen Möglichkeiten der Klinik zu erweitern (S. 528-529). Die therapeutische Rolle dagegen besteht darin, durch intensive seelsorgliche Gesprächsführung und nonverbale Kommunikationsmöglichkeiten einen Beitrag zum gesamttherapeutischen Geschehen zu leisten (S. 529-530).

115 Vgl. HENKE, Th. (1994): Seelsorge, S. 14.

116 „Seelsorge vollzieht sich in allen Verhaltensweisen, durch die den Menschen vom christlichen Verständnis her konkrete Hilfe in Wort und Tat gewährt wird und die auf seelische Entlastung hinzielen." LEMKE, H. (1978): Theorie und Praxis, S. 18.

117 Vgl. LEMKE; H. (1995): Personzentrierte Beratung, S. 18.

118 STOLLBERG, D. (1993): Was ist Pastoralpsychologie 1992 ?, S. 170.

119 Vgl. LEMKE, H. (1995): Personzentrierte Beratung, S. 60-61.

Das therapeutische Seelsorgeverständnis setzt den reflektierten Einsatz theologie-interner und externer *Methoden* in der Alltagspraxis voraus.[120] In Blick auf die Anwendung religiöser Methodik wird v.a. der „Umgang mit der existenzbezogenen Symbolik der christlichen Tradition"[121] betont. Tiefenpsychologisch orientierte TheoretikerInnen wie Scharfenberg sehen im interpretierenden Umgang mit christlichen Symbolen und Mythen die Chance, über die nonverbale symbolhafte Kommunikationsstruktur heilende Prozesse in Gang zu setzen.[122] In Blick auf die Anwendung psychotherapeutischer Methoden wird für eine Vielfalt einzel- bzw. gruppentherapeutischer[123] Verfahren plädiert: „Die Absolutsetzung nur einer Methode dürfte in heutiger Zeit nur noch schwer haltbar sein, wenn die verschiedenen Situationen und Arbeitsbereiche der Seelsorge optimal bewältigt werden sollen."[124]

Nach welchen Kriterien jedoch Therapieverfahren in der konkreten Situation auszuwählen sind, wird unterschiedlich beantwortet. Während Stollberg die Methodenwahl lediglich von der konkreten Situation, d.h. von der Bedürftigkeit des kranken Menschen und der Vereinbarkeit mit der Glaubensüberzeugung des Seelsorgers abhängig macht, muß nach Riess sichergestellt sein, daß die gewählte Methodik dem Wirken des Heiligen Geistes freien Raum läßt, wobei er jedoch nicht ausführt, woran SeelsorgerInnen dies erkennen können. Wahl dagegen will kriteriologisch festgehalten wissen, daß eine Methode erst dann zum Einsatz kommen kann, wenn sie nach entsprechend überindividueller pastoralpsychologischer Prüfung dem spezifisch christlichen Anliegen genügt, die unbedingte Gnade Gottes zum Ausdruck zu bringen. Besier dagegen hält nur wertneutrale Methoden, die dem naturwissenschaftlichem Kriterium der empirischen Verifikation genügen, tauglich für den alltagspraktischen Einsatz.[125] Trotz ihres grundsätzlichen Plädoyers für eine kriteriologisch abgesicherte Methodenvielfalt präferieren die meisten TheoretikerInnen dennoch eine spezifische Methodik, wobei die methodisch reflektierte Gesprächsführung auf gesprächspsychotherapeutischer oder

---

120 Neidhard zieht in Blick auf seine Person hieraus folgende Schlußfolgerung: „Für mich zählt die Frage, wie den 'Mühseligen und Beladenen' am wirksamsten zu helfen ist. Wenn ich wählen müßte, ihnen entweder ihr Joch zu erleichtern durch eine therapeutische Methode, die mit Häresien verbunden ist oder ihnen korrekte theologische Trostworte zu verkünden, die keine konstatierbaren Veränderungen bewirken, so würde ich mich für das erste entscheiden."NEIDHARDT W. (1977): Evangelikale und neo-orthodoxe Seelsorge, S. 324.

121 STOLLBERG, D. (1988): Seelsorge im Therapeutischen Team, S. 109.

122 Über das Symbolzeichen soll dabei die konzeptionell eingeforderte Verknüpfung von christlich tradierten Inhalten und persönlicher Erfahrung ermöglicht werden, ohne diese im Sinne leicht verabreichbarer Arzneimittel zu instrumentalisieren. Vgl. SCHARFENBERG, J. (1985): Einführung in die Pastoralpsychologie, S. 85; WAHL, H. (1985): Therapeutische Seelsorge, S. 455.

123 Daß innerhalb der Seelsorge auch Methoden eingesetzt werden können, die der Gruppendynamik entstammen, begründet Stollberg damit, daß Seelsorge ursprünglich in der Gruppe stattfand und deshalb ein Gemeinschaftsunternehmen darstellt. An anderer Stelle betont er jedoch, daß er den Einsatz der Gruppendynamik primär als Ausbildungsinstrument für die SeelsorgerInnen und nicht für den interpersonellen Umgang zwischen SeelsorgerIn und PatientInnen anstrebt. Vgl. STOLLBERG, D. (1974): Zur Gruppendynamik in der Seelsorge, S. 28/34; DERS. (1981): Abschied vom Pathos der Veränderung. Gruppendynamik, Psychoanalyse und Theologie - Anspruch und Wirklichkeit, S. 175.

124 LEMKE, H. (1976): Den Führungsanspruch aufgeben, S. 516. Vgl. auch STOLLBERG, D. (1978): Wenn Gott menschlich wäre, S. 44.

125 Vgl. STOLLBERG, D. (1978): Wenn Gott menschlich wäre, S. 43; RIESS, R. (1970): Neuansätze, S. 28; WAHL, H. (1985): Therapeutische Seelsorge, S. 425, BESIER, in: SONS, R. (1995): Seelsorge, 58/64-65.

analytischer Basis dominiert.[126] Als überzeugter Anhänger der Tiefenpsychologie zieht Scharfenberg dagegen entsprechend analytische Methoden der Gesprächsführung vor. In Gesprächen soll den PatientInnen durch eine behutsame Rekonstruktion von Lebensgeschichte und vergangener Konflikterfahrungen Unbewußtes bewußt, d.h.zugänglich gemacht werden. Zudem sollen unbewußte Phänomene, die die interpersonale Dynamik zwischen SeelsorgerIn und PatientIn störend beeinflussen, aufgedeckt und beseitigt werden.[127] Auch Betz, der sich zur Transaktionalen Analyse bekennt, versucht, SeelsorgerInnen eine Methodik an die Hand zu geben, mit der sie Fehlformen des kommunikativen Systems SeelsorgerIn-PatientIn bearbeiten können.[128] Im Unterschied zur analytischen Gesprächstechnik findet in der gesprächspsychotherapeutische Gesprächsführung eine Konzentration auf die gegenwärtige und bewußt wahrgenommene Problematik des kranken Menschen statt.[129] Nach Jochheim wird die Gesprächspsychotherapie aufgrund der praxisorientierten Rezeption der frühen Werke Rogers[130] zumeist als eine relativ leicht einübbare non-direktive Methode der Gesprächsführung verstanden,[131] wobei v.a. die Technik des aktiven Zuhörens, der Spiegelung der Aussagen und

---

126 Bereits die Frühphase Therapeutischer Seelsorge war durch den Streit um die Dominanz gesprächspsychotherapeutischer oder analytischer Methodik in der seelsorglichen Praxis gekennzeichnet, wie die Auseinandersetzung zwischen Lemke und Thilo widerspiegelt. Vgl. LEMKE, H. (1976): Den Führungsanspruch aufgeben; THILO, H. J. (1976): Solidarität und Suche nach Sinn.

127 Vgl. SCHARFENBERG, J: (1985): Einführung, S. 65- 120. In kritischer Sicht auf ihren Lehrer Scharfenberg führt Karle an: „Das Problem psychoanalytischer Theorie, die mit der Leitdifferenz bewußt/unbewußt beobachtet, ist, daß sie paradoxerweise gerade das Unbeobachtbare zu beobachten sucht, indem sie dem Bewußtsein nicht zugängliche, eben unbewußte Steuerungsmechanismen unterstellt." KARLE, I. (1996): Seelsorge in der Moderne, S. 219.

128 Vgl. BETZ, O. (1975): Elemente der Transaktionalen Analyse in der seelsorglichen Praxis, S. 193.

129 Die non-direktive Gesprächspsychotherapie Rogers (client-centered therapy) gelangte über Reinhard und Annemarie Tausch als Konzept der Einzelberatung in die psychotherapeutische Szene Deutschlands. Ihren Einzug in den seelsorglichen Kontext verdankte sie jedoch v.a. Faber und van der Schoot. Vgl. JOCHHEIM, M. (1993): Carl Rogers und die Seelsorge, S. 222- 223.

130 Die unvollständige Rezeption Rogers beruhte nach Jochheim v.a. darauf, daß dessen Bücher erst in den 70er Jahren in deutscher Übersetzung zugänglich wurden. Zudem habe sich zu jener Zeit das klare Konzept Rogers bereits zum allgemeinen Lebensgefühl einer therapeutischen Subkultur entwickelt, die einer kritischen Rezeption im Wege stand. Schließlich habe auch die durch die Therapeutische Seelsorge eingesetzte Propriumsdiskussion wenig Raum für eine intensive Auseinandersetzung mit der Weiterentwicklung Rogers gelassen. Obwohl Lemke bereits Anfang der 80er Jahre auf die verkürzte Rezeption Rogers hinwies, kommt auch in ihren Büchern die Weiterentwicklung seines Ansatzes „nur ungenügend zur Geltung." JOCHHEIM, M. (1993): Carl Rogers, S. 224. Vgl. LEMKE, H. (1982): Mitteilung, S. 402, Fußnote 4.

131 So betont Schwermer, daß die gesprächspsychotherapeutische Gesprächsführung auch für SeelsorgerInnen relativ leicht erlernbar sei: „Während ein psychoanalytisches Vorgehen eine Spezialausbildung voraussetztn muß, erfordert die partnerzentrierte Gesprächsseelsorge lediglich eine gesunde Persönlichkeit und liebevolle Erfahrungen im Umgang mit Menschen." SCHWERMER, J. (1977): Partnerzentrierte Gesprächsführung, S. 9. Schätzskalen sollen dabei zur Einübung einer überprüfbaren Gesprächsführung beitragen. Aktualisiert bietet auch Troidl 1988 entsprechende Meßskalen, Schätzskalen und Selbstexplorationsskalen an. Vgl. TROIDL, R. (1988): Die klientenzentrierte Gesprächspsychotherapie in der Seelsorge, S. 15- 41. Jochheim mahnt diesbezüglich jedoch eine realistische Bescheidung an: „Die hier beschriebene Art der Wahrnehmung der Therapeutenvariablen läßt erkennen, daß dafür eine mehrjährige therapeutische Ausbildung mit Supervision nötig ist. Mit bloßem Spiegeln von Gefühlen, einem warmen Bad der Wertschätzung für den Klienten oder einem 'echten' Mitteilen meiner Gefühle als Therapeut an den Klienten lassen sich sicherlich keine therapeutischen Erfolge erzielen." JOCHHEIM, M. (1993): Carl Rogers, S. 230.

Emotionen des Klienten sowie der Verbalisation dessen emotionaler Erlebnisinhalte durch den Seelsorger im Zentrum stehen.[132] Lemke und Kroeger dagegen wollen die Gesprächsführung methodisch nicht nur an die Techniken der non-direktiven Therapie Rogers, sondern auch an die direktive Gesprächsführung des themenzentrierten Ansatzes Cohns, der v.a. für die Gruppenarbeit entwickelt worden ist, anlehnen, weil sie in der Themenzentrierung die Möglichkeit erkennen, religiöse Thematiken gezielt ins Gespräch einbringen zu können.[133] Besier als verhaltenstherapeutisch orientierte Theoretiker dagegen plädiert für die Anwendung empirisch verifizierter und als effizient ausgewiesener Techniken modifizierter Formen der Verhaltenstherapie, wobei er sich jedoch von der kognitiven Therapie biblisch orientierter Konzepte distanziert: „Darüber hinaus spricht für die klinische Verhaltenstherapie, daß sie als angewandte experimentelle Psychologie- anders als die Einsichtstherapien- keinen Anspruch auf Entscheidungen über Wertfragen und Menschenbilder erhebt."[134] Systemtherapeutisch orientierte Theologen wie Ferel, Held oder Morgenthaler sprechen sich für die Übernahme der Methoden systemischer Kurzzeit-Therapiemodelle bzw. familientherapeutischer Methoden in die Seelsorge aus, um mit deren Hilfe den Kontext des Individuums gezielter in den therapeutischen Prozess einbeziehen zu können.[135] Ladenhauf als Vertreter der gestalttherapeutisch-integrativ orientierten Richtung favorisiert dagegen eine grundsätzliche Methodenpluralität: „Das in den vier Wegen angedeutete Spektrum theoretischer Begründungen und die daraus folgende Vielfalt an Interventionsmöglichkeiten macht dieses Verfahren zu einem interessanten Kooperationspartner für die Seelsorge....Integrative Therapie wird nicht mehr nur als Weiterentwicklung der Gestalttherapie verstanden. Sie ist ein Verfahren, das in den Formen der Einzel- und Gruppentherapie, in unterschiedlichen methodischen Orientierungen (Leib-, Bewegungs-, Kunst-, Musiktherapie) und unter Einsatz spezifischer Techniken (z.B. Deutungs-. Identifikations-, Rollentausch-, Lebenspanoramatechnik) und Medien (z.B. Farbe, Ton, Texte) angewendet wird."[136]

V.a. in gestalttherapeutisch und systemisch orientierten Konzepten finden auch Methoden der Gruppendynamik, die bereits in der Anfangsphase der Therapeutischen Seelsorge eine wichtige Rolle gespielt haben, besondere Berücksichtigung.

---

132 Vgl. LEMKE, H. (1990): Verkündigung, S. 500; HAMMERS, A. (1978): Neuere Entwicklungen, 155-157.

133 Vgl. LEMKE, H. (1978): Theologie und Praxis, S. 7; KROEGER, M. (1983, 1973¹): Themenzentrierte Seelsorge; DERS. (1974): Profile der Themenzentrierten Interaktion.

134 BESIER, in: SONS, R. (1995): Seelsorge zwischen Bibel und Psychotherapie, S. 65.

135 Held plädiert für eine Rezeption der radikal konstruktivistischen Systemtherapie Stierlins, die aus der psychoanalytisch orientierten Familientherapie heraus entwicklet worden ist und sich seiner Meinung nach als besonders effektive Kurzzeittherapie erweist. Vgl. HELD, P. (1996): Systemische Praxis in der Seelsorge. Vgl. auch MORGENTHALER, Ch. (1999): Systemische Seelsorge, S. 20.

136 LADENHAUF, K.H. (1990): Integrative Therapie, S. 187. Die integrative Therapie wurde bisher v.a. für die Seelsorgeausbildung nutzbar gemacht. Inwieweit SeelsorgerInnen deren Methoden im Umgang mit psychisch Kranken anwenden können, wurde bisher nicht explizit reflektiert. Die Gestalttherapie geht auf den Psychiater und Analytiker Fritz Perls, die Anayltikerin Lore Perls sowie den Sozialphilosophen Paul Goodmann zurück. In Deutschland wurde sie v.a. durch die Arbeiten Hilarion Petzolds bekannt und in den 80er Jahren zur eigenständigen Integrativen Therapie weiterentwickelt. Vgl. die entsprechenden Buchtitel Petzolds, Klessmanns und Ladenhaufs in der Literaturliste!

2.3. Begleitende Seelsorge
2.3.1. Hinführender Überblick

Ebenso wie sich evangelische TheologInnen seit den 60er Jahren durch Erarbeitung des therapeutischen Seelsorgeverständnisses von der Kerygmatischen Seelsorge distanzierten, wurde seit den 70er Jahren auch auf katholischer Seite der Versuch unternommen, das vorkonziliare Konzept Betreuender Seelsorge zu überwinden.[137] Wegweisende Arbeit hierfür leistete der Klinikpfarrer Mayer-Scheu, „dessen Auffassungen als weitgehend repräsentativ für das neue Selbstverständnis der Krankenhausseelsorge gelten können."[138] In konstruktiver Auseinandersetzung mit der amerikanischen Seelsorgebewegung und der Therapeutischen Seelsorge entwarf er das Modell 'Begleitende Seelsorge', das v.a. von Zerfaß weiterentwickelt wurde. Unter dem Titel 'Menschliche Seelsorge' legte er Mitte der 80er Jahre einen Entwurf vor, der durch die Einbeziehung spirituell-kontemplativer Theorieelemente aus der 'Schöpferischen Seelsorge' Nouwens gekennzeichnet ist.[139] Die Umschreibung von Seelsorge als Begleitung findet sich jedoch auch bei evangelischen TheologInnen wie Kleucker, Gestrich, Klessmann, Ida Piper sowie in den späten Schriften Stollbergs, wobei die Bezeichnung im Sinne einer selbstkritischen Weiterführung des therapeutischen Konzeptes aufgegriffen wird.[140]

Als gemeinsames Charakteristikum katholischer und evangelischer TheoretikerInnen kann festgehalten werden, daß sie das Begleitungsmodell aus der Klinikseelsorge heraus konzipierten, da sie entweder vor Ort in (Psychiatrischen) Kliniken tätig waren oder ihre Theorien auf dieses Praxisfeld hin entwarfen. Während der Transfer des begleitenden Seelsorgekonzeptes auf praktische Fragestellungen der Krankenhausseelsorge v.a. vom katholischen Theologen Heller geleistet worden ist, wurde er in Blick auf das Psychiatrische Krankenhaus nicht von einem Theologen, sondern vom christlich motivierten Psychologen Mayer, der außergewöhnlich differenziert unterschiedliche Formen des Begleitens in Abhängigkeit von der zugrundeliegenden Erkrankung herausgearbeitet hat, vorgenommen. Schaubild 22 zeigt die HauptvertreterInnen Begleitender Seelsorge und deren Schriften zum Thema:

---

137 Heller bzw. Zulehner fassen das Konzept der Betreuenden Seelsorge, das gegenwärtig endgültig an Plausibilität verloren hat und deshalb nicht besprochen wird, prägnant zusammen. Da beide Textpassagen fast identisch sind, jedoch beide keinen Hinweis darauf geben, wer sich auf wen bezieht, bleibt offen, wer diese Passage verfaßt hat: „Seelsorge früher war wesentlich 'Seelensorge' für die Kranken und vor allem religiös-ritualisierte Versorgung der Sterbenden. Die wichtigste Aufgabe der Seelsorger - und darunter verstand man ausschließlich die geweihten Priester - bestand darin, Menschen mit der Kirche, ihren Sakramenten in Berührung zu bringen. Vor allem am Lebensanfang (Not-Taufe) und Lebensende (Letzte Ölung) wurde der missionarische Impetus deutlich. Die Sorge um die Seele der Kranken war klerus-, sakramenten- und missionszentriert. Damit verbunden war die kirchenamtliche Einschätzung, daß solche Art der Seelsorge auch noch von älteren gebrechlichen, in ihrer physischen und psychischen Mobilität eingeschränkten Priestern wahrgenommen werden konnte. Die Krankenhausseelsorge war ein 'klerikales Ausgedinge'. Seelsorge galt als ein priesterlicher und sakramentenspendender Alleingang." ZULEHNER, P. (1990): Pastoraltheologie, Band 3, S. 71; HELLER, A. (1990): Seelsorge in der Krise, S. 450.

138 SIMON, L. (1985): Einstellungen, S. 48. Obwohl Mayer-Scheu sein Seelsorgemodell bereits Mitte der 70er Jahre vorlegte, konnte es sich nicht umgehend im katholischen Raum etablieren. Mitte der 80er Jahre konnte Ludwig deshalb feststellen, daß eine „klare Ortsbestimmung und Theoriebildung" noch immer aussteht. LUDWIG, K. J. (1986): Krankenhausseelsorge im Wandel, S. 73.

139 Vgl. ZERFASS, R. (1985): Menschliche Seelsorge. Der Terminus Schöpferische Seelsorge wurde 1989 als Übersetzung des 1978 erschienenen Buches 'Creative Ministry' gewählt.

140 Piper nimmt das Begleitungstheorem sogar als Buchtitel auf. Analog zu Zerfaß betont auch sie die spirituelle Dimension von Seelsorge. Vgl. PIPER, IDA (1991): Begleitende Seelsorge, S. 26.

Theologisch-Psychologische Seelsorgekonzepte

BETREUENDE SEELSORGE | PASTORAL COUNSELING THERAPEUTISCHE SEELSORGE

BEGLEITENDE SEELSORGE

MAYER-SCHEU, JOSEF
1977: Vom 'Behandeln' zum 'Heilen'
1980: Erfahrungsbericht über Individualseelsorge im Krankenhaus
1982: Der Heilungsauftrag der Seelsorge - Der Umgang mit Sünde und Schuld bei seelisch Kranken
1982: Seelsorge und Therapie mit psychisch Kranken - Orientierung am Handeln Jesu
1982: Das seelsorgliche Gespräch mit Kranken
1986: Krankenhausseelsorge im Wandel

SCHMATZ, FRANZ
1983: Begleitung: Die vergessene Dimension in der Seelsorge

LUDWIG, KARL JOSEF
1986: Krankenhausseelsorge im Wandel
1988: Kraft und Ohnmacht des Glaubens Seelsorgliche Begleitung in der Krise der Krankheit
1990: Im Krankenhaus

BAUMGARTNER, KONRAD und WUNIBALD MÜLLER
1990: Beraten und Begleiten. Handbuch für das seelsorgliche Gespräch

ZERFASS; ROLF
1982: Die psychisch Kranken als Herausforderung an Kirche und Caritas
1983: Der Seelsorger - ein verwundeter Arzt
1985: **Menschliche Seelsorge**
1988: Die psychisch Kranken als Herausforderung an die Kirche

MAYMANN, URSULA
1984: Die religiöse Welt psychisch Kranker. Ein Beitrag zur Krankenseelsorge

HELLER, ANDREAS
1989: Ganzheitliche Lebenspflege
1990: Seelsorge in der Krise der Krankheit
1997: Seelsorge, ein Gesundheitsberuf im Krankenhaus

MAYER, GUSTAV
1990: Seelische Krankheit und die Möglichkeiten pastoralen Begleitens

KLEUCKER, ERNST
1975: Probleme der Krankenseelsorge Beispiel Psychiatrie

KLESSMANN, MICHAEL
1983: In der Krise begleiten
1984: Annahme und Verantwortung
1986: Aggression in der Seelsorge
1990: Krankenseelsorge
1996: Von der Krankenseelsorge zur Krankenhausseelsorge
1997: Die Stellung der Krankenhausseelsorge in der Institution Krankenhaus

GESTRICH, REINHOLD
1987: Am Krankenbett
1995: Gedanken über die Seelsorge im multireligiösen Krankenhaus und einige praktische Hinweise

PIPER, IDA
1991: **Begleitende Seelsorge**
1995: Trösten

Niederländisch-Amerikanischer Einfluß:
SCHÖPFERISCHE SEELSORGE
MENSCHLICHE SEELSORGE
NOUWEN, HENRI J. M.
1984: Der dreifache Weg
1987: Geheilt durch seine Wunden Wege zu einer **menschlichen Seelsorge**
1989: **Schöpferische Seelsorge**
1989: Seelsorge die aus dem Herzen kommt: Christliche Menschenführung in der Zukunft
1996: Ministry and Spirituality

Schaubild 22
Begleitende Seelsorge im Überblick

2.3.2. Theoretische Fundierung der allgemeinen Seelsorgelehre

In Aufnahme und Weiterführung der dem therapeutischen Seelsorgeverständnis zugrundeliegenden Annahme, daß sich Seelsorge inhaltlich durch eine intersubjektiv-kommunikative Grundstruktur ausweist, versucht Mayer-Scheu diese als Begleitung zu qualifizieren. Da er die Grundfigur des Begleitens nicht nur als spezifische Funktion seelsorglicher Tätigkeit, sondern als gemeinsame funktionale Basis aller helfenden Berufe im Krankenhaus beschreibt, weist er ihr die Bedeutung einer berufsübergreifenden universalen Dimension im Umgang mit Menschen in Not- und Krisensituationen zu.[141] Nähere Beschreibungen des Begleitungsmodells fallen daher zunächst relativ unspezifisch aus: „Seelsorge verstehe ich als Begleitung von Menschen in Krisensituationen ihres Lebens aus der Perspektive des christlichen Glaubens heraus. Christlicher Glaube steht dabei als Chiffre für bestimmte Erfahrungszusammenhänge."[142] Ähnlich formuliert auch Zerfaß: „Seelsorge ist Begleitung von einzelnen und Gruppen im mühsamen Übergang von heute nach morgen."[143] Was dies konkret bedeutet, führt er an anderer Stelle aus: „Weil jeder Mensch diesen Überschritt letztlich selber tun und deshalb auch alleine verantworten muß, darf wahre Seelsorge nicht als Betreuung oder gar als Bevormundung des anderen begriffen werden, sondern nur als Begleitung, d.h. als der Versuch, an seiner Seite zu bleiben."[144] An der Seite bleiben wird von Klessmann explizit von Mitlaufen oder Nachlaufen abgegrenzt und als ein auf eine bestimmte Wegstrecke und einen bestimmten Zeitraum begrenztes Mitgehen qualifiziert: „Begleitung meint einen Weg, auf den sich Ratsuchender und Seelsorger gemeinsam machen, einen Prozeß, in dem beide die Richtung und das Tempo immer wieder aushandeln müssen."[145] Den Prozeß des Aushandelns beschreibt Mayer-Scheu als eine dynamische Balance zwischen Geben und Empfangen, da die solidarische gemeinsame Blickrichtung, die phasenweise auch ein sich gegenseitig konfrontierendes Gegenüberstellen impliziert, immer reziproken Charakter aufzuweisen hat.[146] Indem Zerfaß die Grundhaltung der Gastfreundschaft zum Schlüssel seiner Menschlichen Seelsorge macht, gelingt es ihm, trotz des Festhaltens am Grundprinzip der Gegenseitigkeit, Seelsorge an den Bedürfnissen der 'Gäste' und nicht primär an denen der 'Gastgeber' zu orientie-

---

141 Vgl. MAYER-SCHEU, J. (1977): Seeelsorge, S. 20; DERS. (1980): Vom Behandeln zum Heilen, S. 97.

142 KLESSMANN, M. (1986): Aggression, S. 411. 1996 definiert Klessmann Seelsorge noch immer als „Begleitung von Menschen in der Krise ihrer Krankheit aus dem christlichen Glauben heraus." KLESSMANN; M. (1996): Von der Krankenseelsorge, S. 47. Auch Heller definiert Seelsorge als eine kommunikative und intersubjektive Begleitung. Vgl. HELLER, A. (1989): Ganzheitliche Lebenspflege, S. 113.

143 ZERFASS, R. (1985): Menschliche Seelsorge, S. 90. Vgl. auch DERS. (1983): Der Seelsorger - ein verwundeter Arzt, S. 77.

144 ZERFASS, R. (1985): Menschliche Seelsorge, S. 99.

145 KLESSMANN, M. (1986): Aggression, S. 412. Vgl. auch RÜCK, W. (1990): Begleitung statt Angebot, S. 83; BORN, W. (1994): Aspekte der Klinik-Seelsorge, S. 253.

146 Vgl. MAYER-SCHEU (1982): Seelsorge, S. 83/ 88-89. Der Aspekt der Gegenseitigkeit wird auch von Nouwen betont: „Nur wenn er (der Seelsorger) es lernt, seine seelsorglichen Beziehungen zu den Menschen als lebensspendende Quelle seiner theologischen Kontemplation zu begreifen, entdeckt er, daß die Menschen ihn im gleichen Maß bereichern, wie er für sie da ist." NOUWEN, H. (1989): Schöpferische Seelsorge, S. 104. Vgl. hierzu auch MAYMANN, U. (1984): Die religiöse Welt psychisch Kranker, S. 297.

ren.[147] Manipulative Interaktionen jeglicher Art gehören daher nicht zur inhaltlichen Definition von Seelsorge. Stattdessen plädiert Mayer-Scheu für eine prinzipielle Instrumentenlosigkeit im Umgang mit Kranken. Inhaltlich läßt sich dies dahingehend konkretisieren, „daß wir uns darauf einlassen, ihnen wirklich zu begegnen, uns auch ihren Leidensäußerungen auszusetzen, ansprechbare Partner in ihrer Ohnmacht und in ihrem Leiden zu sein."[148] Die Ohnmacht der Kranken spiegelt sich dabei in der Ohn- Macht der SeelsorgerInnen wider, wie dies komprimiert bei Gestrich nachlesbar ist: „Selber nichts machen oder manipulieren, anstreben oder bewegen, verändern oder therapieren, sondern einfach dasein... Mit den Kranken einüben, was das ist, keine Macht mehr zu haben: Lassen, Seinlassen, Loslassen, Zu-frieden sein."[149] Hinter dieser Definition verbirgt sich jedoch keine passive Duldungs- und Vertröstungshaltung, sondern der Anspruch, um der Kranken willen im Namen der Ohnmacht gegen den Geist des Alles-Machenwollens aufzubegehren.

Die sich darin ausdrückende Lebenshilfe als seelsorgliche Zielsetzung beinhaltet analog zum therapeutischen Seelsorgeverständnis ebenfalls den Aspekt der Hilfestellung zur Bewältigung individueller Not- und Leidenssituationen, indem durch den Prozeß der zwischenmenschlichen Zuwendung Trost gespendet, Lebenskräfte gegen die Krankheit mobilisiert und der Mensch zur Klage ermutigt wird. Auch die Hilfestellung zur Stärkung oder Wiedergewinnung der individuellen Eigenständigkeit, Eigenverantwortlichkeit und Subjektwerdung, die Zerfaß als „Menschwerdung der Menschen unter Gottes Augen"[150] umschreibt, ist im begleitenden Seelsorgekonzept impliziert. Eine therapeutische Zielsetzung jedoch, die im therapeutischen Ansatz zur Leitmaxime erhoben worden ist, wird im Begleitungsmodell abgelehnt: „Die kirchliche Krankenseelsorge zielt also bei ihrer Arbeit an den Kranken anders als die Therapie nicht primär auf die Überwindung der Krankheit, sondern auf die Begleitung der Kranken als Menschen, und zwar mit allen verfügbaren Mitteln. Sie ist darum bemüht, ihnen bei der Gestaltung ihres Lebens als Kranke behilflich zu sein... Ziel der Krankenseelsorge ist die Therapie nicht."[151] Um die Seelsorge vor einer Unterwerfung unter das Therapieziel zu bewahren und somit die seelsorgliche Begleitung gerade bei 'therapeutisch unergiebigen Fällen' sicherzustellen, stellt Zerfaß folgende Maxime auf: „Wer an Gott glaubt, glaubt an den Lebenssinn auch eines in seinen Möglichkeiten stark reduzierten Menschenlebens, und er wird darum auch in seinem Umgang mit psychisch kranken und behinderten Menschen seine ganze Aufgabe darin sehen, sie - gegen den Druck der gesellschaftlichen Maßstäbe und Erwartungen (inklusive der Erwartung, so rasch wie möglich wieder gesund und leistungsfähig zu werden) - glauben zu machen, daß sie so, wie sie sind, von Gott geliebt sind und berufen, zu der ihnen

---

147 Vgl. ZERFASS; R. (1985): Menschliche Seelsorge, S. 26/27/30. Baumann versieht deshalb Zerfaß Seelsorgeverständnis mit der Titulierung 'Bedürfnisorientierte Seelsorge'. Vgl. BAUMANN, U. u.a. (1996): Seelsorgliche Gesprächsführung, S. 61.

148 MAYER-SCHEU, J. (1982): Seelsorge und Therapie mit psychisch Kranken, S. 90.

149 GESTRICH, R. (1987): Am Krankenbett, S. 165. In Rekurs auf Gestrich schreibt Stollberg: „Seelsorge hilft durch verständnisvolle, aber oft auch ohnmächtige, ja vielleicht sogar prinzipiell ohnmächtige (Reinhold Gestrich) Begleitung." STOLLBERG, D. (1994): Die Sinnfrage in der Seelsorge, S. 158.

150 ZERFASS, R. (1985): Menschliche Seelsorge, S. 10. Vgl. auch GESTRICH, R. (1987): Am Krankenbett, S. 165; MAYER-SCHEU, J. (1982): Seelsorge und Therapie, S. 90.

151 KLEUCKER, E. (1975): Probleme der Krankenseelsorge, S. 38.

möglichen 'Fülle des Lebens' (Joh 10,10) zu gelangen."[152] Um diese Lebensfülle zu erreichen, gehört es nach Mayer-Scheu elementar zur seelsorglichen Lebenshilfe, gegen die gesellschaftliche Isolierung und Aussonderung von (kranken) Menschen vorzugehen.[153] Obwohl dieser Hinweis noch relativ abstrakt ist, läßt sich dennoch daran ablesen, daß im Begleitungskonzept strukturelle Zielsetzungen zumindest angedacht werden.

Die Zielsetzung Begleitender Seelsorge erschöpft sich jedoch nicht allein in Lebenshilfe, sondern beinhaltet auch konkrete Glaubenshilfe. Seelsorge soll daher den Menschen ermöglichen, die Kraft des christlichen Glaubens durch die Erfahrung des begleitenden Gottes selbst zu entdecken, wobei sich persönlicher Glaube nicht durch ein Für-Wahrhalten bestimmter Inhalte ausweisen muß: „Der Seelsorger ermöglicht dem Patienten durch sein bloßes Begleiten die Erfahrung des mitgehenden Gottes.... Das Bemühen des Seelsorgers zielt darauf hin, dem Patienten in der Krise der Krankheit durch eine intensive Begleitung zum Glauben zu verhelfen. Glauben meint hier Vertrauen als Grundakt des Menschen, das Sich-Einlassen auf eine undurchschaubare, nicht berechenbare und nicht kontrollierbare Wirklichkeit."[154] Eine Ausnützung der „Wehrlosigkeit des Kranken zur Proselytenmacherei"[155] im Sinne einer missionarischen Zielsetzung wird dabei radikal abgelehnt. Dies schließt aber nicht aus, daß der Begleitenden Seelsorge als solcher eine eminent missionarische Kraft zugeschrieben wird, die Zerfaß auf ihre Menschen- und Gastfreundschaft zurückführt. Unter Verweis auf Nouwen will er jedoch festgehalten wissen, daß Gott nicht in das Leben des Kranken importiert, sondern nur mit ihm in seinem/ihrem Leben gefunden werden kann.[156]

---

152 ZERFASS, R. (1988): Die psychisch Kranken, S. 130. Auch Zerfaßs Schülerin Maymann betont, daß Seelsorge keine therapeutische Zielorientierung aufweisen darf. Gleichzeitig weist sie jedoch darauf hin, daß sie dennoch einen erkennbaren Beitrag zur Heilung leisten soll. Hinter diesem zunächst paradox erscheinenden Statement verbirgt sich der Ansatz Mayer-Scheus, der zwischen therapeutischem Heilungshandeln und ganzheitlichem Heilen als vergessene Dimension der Seelsorge unterscheidet. Vgl. MAYMANN, U. (1984): Die religiöse Welt psychisch Kranker, S. 298-299; MAYER- SCHEU, J. (1980): Vom Behandeln zum Heilen.

153 Vgl. MAYER-SCHEU, J. (1982): Seelsorge und Therapie mit psychisch Kranken, S. 85.

154 LUDWIG, K. (1986): Krankenhausseelsorge im Wandel, S. 75/ 76.

155 MAYER-SCHEU, J. (1982): Seelsorge, S. 84. Vgl. auch MAYMANN, U. (1984): Die religiöse Welt psychisch Kranker, S. 159.

156 ZERFASS, R. (1985): Menschliche Seelsorge, S. 21. Nouwen schreibt hierzu: „Das Paradox des Seelsorgedienstes liegt in der Tat darin, daß wir den Gott, den wir den Menschen nahebringen wollen, im Leben dieser Menschen erst finden müssen." NOUWEN, H. (1989): Schöpferische Seelsorge, S. 104.
Ein Gespräch qualifiziert sich deshalb nicht als ein Seelsorgegespräch, weil über Gott geredet oder in eine theologische Auseinandersetzung eingetreten wird, sondern weil in der Gesprächssituation, die thematisch ausschließlich vom (kranken) Menschen vorgegeben wird, Inhalte des christlichen Glaubens erfahrbar werden: „Das worüber gesprochen wird, bestimmen die Patienten. Ich bin da für das, was sie in dem Augenblick brauchen, und das ist oft nicht mehr als ein offenes Ohr. Von meinem eigenen Gottesbild her sind die Gespräche, in denen der Glaube nicht explizit zur Sprache kommt, keine Gespräche im Vorfeld." Vgl. PIPER, Ida (1991): Begleitende Seelsorge, S. 7. Da SeelsorgerInnen nicht als TherapeutInnen fungieren sollen, betont Mayer-Scheu, daß ein Seelsorgegespräch in profaner Sprache zu führen ist und weder die äußere Form einer Anamneseerhebung noch die einer inquisitorischen Ausfragerei annehmen darf. Vgl. MAYER-SCHEU, J. (1982): Das seelsorgliche Gespräch, S. 100. Vgl. auch: BAUMGARTNER, K. (1982): Theologische Aspekte des Seelsorge-Gesprächs. Bisher existiert leider nur für die Patientengruppe der altersverwirrten Menschen eine in Buchform vorliegende theoretische und praktische Hilfestellung für das seelsorgliche Gespräch. Vgl. DEPPING, K. (1993): Altersverwirrte Menschen seelsorglich begleiten.

Die *theologische Fundierung* Begleitender Seelsorge basiert zwar auf dem inkarnatorischen Theologieverständnis Therapeutischer Seelsorge,[157] weist aber auch zwei sich davon unterscheidende und damit charakteristische Aspekte auf. Zum einen wird der Versuch unternommen, das Begleitungs-Motiv an einzelnen alttestamentlichen Textstellen wie Exodus 3, 14-17, in denen Gott als treuer Begleiter der Menschen ausgewiesen wird, festzumachen.[158] Zum anderen werden neutestamentliche Textpassagen, in denen Jesus als heilender Begleiter kranker Menschen beschrieben wird, als theologischer Maßstab seelsorglichen Handelns ausgewiesen, wobei Mayer-Scheu betont, daß die Ergebnisse der historisch-kritischen Bibelexegese zu berücksichtigen sind.[159] Nach Wahl soll durch den Verweis auf das historische Beziehungs- und Begleitungsverhalten Jesu legitimiert werden, daß sich die Verkündigung der Reich-Gottes-Botschaft im konkreten seelsorglichen Umgang mit Menschen widerzuspiegeln hat: „Jesus hat Kranke und Leidende nicht zuerst angepredigt, sondern ihnen die Hilfe gegeben, die sie brauchten."[160]

Das begleitende Seelsorgemodell geht mit *anthropologischen Axiomen* einher, die zwar grundsätzlich auf einer ganzheitlichen Sichtweise des Menschen beruhen, faktisch aber v.a. auf die intraindividuelle emotionale und spirituelle Dimension menschlicher Existenz abheben.[161] Um hervorzuheben, daß der einzelne Mensch in seiner individuellen Verfaßtheit erkenntnistheroretisch im Mittelpunkt steht, weist Ludwig Begleitende Seelsorge insgesamt als ein pastoral - anthropologisches Konzept aus.[162]

Das begleitende Seeelsorgemodell zeichnet sich analog zur Therapeutischen Seelsorge durch eine positive *Verhältnisbestimmung* gegenüber den Humanwissenschaften aus. Da im katholischen Raum bis zum Zweiten Vatikanischen Konzil die Rezeption psychotherapeutischer Verfahren kirchenamtlich untersagt war, stellt die Bereitschaft zum wechselseitigen Dialog einen, wenn auch relativ späten, revolutionären Bruch mit dem vorkonziliarem Konzept der Betreuenden Seelsorge dar.[163] In der Pastoralen Konstitution 'Gaudium et spes' findet sich die mit

---

157 Ida Piper schreibt deshalb in Bezug auf ihre Person: „Mein Gottesbild ist geprägt durch die Menschwerdung Gottes in Jesus von Nazareth." PIPER, I. (1991): Begleitende Seelsorge, S. 7. Analog zu seiner evangelischen Kollegin versucht Zerfaß, in Rekurs auf die kirchenamtliche Lehrmeinung des Papstes Johannes Paul II in der Enzyklika 'Redemptor hominis' („Der Weg der Kirche ist der Mensch") auch für das katholische Seelsorgeverständnis eine empirische Theologie einzufordern, die inkarnationstheologisch legitimiert ist. Vgl. ZERFASS, R. (1985): Menschliche Seelsorge, S. 10.

158 Vgl. MAYER-SCHEU, J. (1982): Seelsorge und Therapie, S. 90; ZERFASS, R. (1985): Menschliche Seelsorge, S. 99; LUDWIG, K. (1986): Krankenhausseelsorge im Wandel, S. 77.

159 Vgl. MAYER-SCHEU, J. (1980): Vom Behandeln zum Heilen, S. 138- 157; DERS. (1982): Seelsorge und Therapie, S. 84- 87; ZERFASS, R. (1985): Menschliche Seelsorge, S. 84.

160 WAHL, H. (1985): Therapeutische Seelsorge, S. 429.

161 Vgl. MAYER-SCHEU, J. (1986): Krankenhausseelsorge, S. 20-34. Der spirituelle Anteil menschlicher Existenz wird v.a. von Nouwen und Zerfaß in den Mittelpunkt gerückt. Ebenso wie im therapeutischen Modell sind auch hier die anthropologischen Annahmen unterschiedlicher Psychotherapieschulen in die Konzeption von Seelsorge eingeflossen.

162 Vgl. LUDWIG, K. (1986): Krankenhausseelsorge im Wandel, S. 78.

163 Henke faßt die Situation vor dem Konzil folgendermaßen zusammen: „Die antimodernistische Abgrenzung gegen Rationalismus und Liberalismus betrifft auch die naturwissenschaftliche Psychologie und die Psycho-

höchster kirchlicher Autorität versehene Aufforderung, mit der ablehnenden Haltung gegenüber den Humanwissenschaften zu brechen: „In der Seelsorge sollen nicht nur die theologischen Prinzipien, sondern auch die Ergebnisse der profanen Wissenschaften, vor allem der Psychologie und Soziologie, wirklich beachtet und angewendet werden, so daß auch die Laien zu einem reineren und reifen Glaubensleben kommen."[164] TheoretikerInnen Begleitender Seelsorge interpretieren die geforderte 'Beachtung' im Sinne eines selbst- und fremdkritischen gegenseitigen Dialogs, damit sich Seelsorge auf theoretischer Ebene nicht den kritischen Anfragen der Psychologie entzieht, und es auf alltagspraktischer Ebene möglich wird, „hinter die Kulissen seiner Patienten und der eigenen zu blicken."[165] Obwohl im Konzil für eine Integration psychologischen und soziologischen Wissens plädiert wurde, zeigt sich eine Schwerpunktsetzung hin zum Bereich der Psychologie, die als charakteristisch für die Begleitende Seelsorge gewertet werden kann. Konzeptionell wird dabei der Pastoralpsychologie die wichtigste Rolle in der wissenschaftlichen Verhältnisbestimmung zugedacht.[166]

2.3.3. Spezielle konzeptionelle Vorgaben für Psychiatrieseelsorge

Obwohl auch in der Begleitenden Seelsorge primär die PatientInnen konfessions- und religionsunabhängig als *AdressatInnen* von Seelsorge gelten,[167] werden Angehörige und Krankenhauspersonal zunehmend um ihrer selbst willen als zusätzliches Klientel entdeckt. Der Forderung Mayer-Scheus, reine Krankenseelsorge zugunsten einer kontextuellen Krankenhausseelsorge zu überwinden, wird dadurch stringent Rechnung getragen.[168] Heller bringt dies besonders deutlich auf den Punkt: „Immer mehr kommen neben den PatientInnen auch die Menschen in den Blick, die im Krankenhaus ein- und ausgehen. Sie sind die eigentlichen 'Gefangenen der Institution' (ärztliches, pflegerisches, therapeutisches und anderes Personal). Damit verkompliziert sich das Aufgabenfeld der Krankenhausseelsorge ungeheuer. Es besteht zunächst einmal darin, die Lebens- und Erfahrungssituation von unterschiedlichen Menschen wahrzunehmen."[169]

Ebenso wie im therapeutischen Konzept wird auch in der begleitenden Variante kein spezifisches Verständnis psychischer Erkrankung vorgegeben. Obwohl sich v.a. Mayer-Scheu kri-

---

analyse. Die 'Allocutiones' von Pius XII (1953) - erneuert durch das 'Monitum' Johannes XXIII (1961), warnen vor der Anwendung der Prinzipien der Psychoanalyse und ihrer Anwendung in der Seelsorge." HENKE, Th. (1994): Seelsorge, S. 45. Inhalt und Folgewirkung dieser Schreiben faßt Ludwig prägnant zusammen: „Der Papst verbot in diesem Schreiben alles psychotherapeutische Arbeiten in der Seelsorge und für die Seelsorger selbst. Klerikern und Ordensleuten wurde sogar die psychoanalytische Behandlung untersagt. So kam es erst Ende der 60er Jahre zu vereinzelten theologischen Beiträgen im deutsch-katholischen Raum." LUDWIG, K. (1986): Krankenhausseelsorge im Wandel, S. 73.

164 Gaudium et spes, 62, in: BAUMGARTNER, J. (1990): Pastoralpsychologie, S. 22.

165 ZERFASS, R. (1985): Menschliche Seelsorge, S. 22/ 102.

166 Vgl. STENGER, H. (1976): Beziehung als Verkündigung.

167 Zerfaß betont, daß v.a. chronisch erkrankte Menschen nicht aus dem Adressatenkreis herausfallen dürfen. Vgl. ZERFASS, R. (1985): Menschliche Seelsorge, S. 22; DERS. (1988): Die psychisch Kranken, S. 134.

168 Vgl. MAYER-SCHEU, J. (1977): Seelsorge, S. 39; DERS. (1982): Seelsorge und Therapie, S. 88.

169 HELLER, A. (1989): Ganzheitliche Lebenspflege, S. 116.

tisch mit dem Heilungsparadigma der Medizin auseinandersetzt, scheint er das medizinische *Krankheitsverständnis* als vorfindbare Realität bzw. Arbeitsgrundlage für die seelsorgliche Tätigkeit zu akzeptieren.[170] Eine außergewöhnlich differenzierte Darstellung humwanwissenschaftlicher Erklärungsmodelle psychischer Krankheit findet sich bei Maymann, die medizinische, psychoanalytische und systemisch-kommunikationstheoretische Ansätze erläutert, wobei sie jedoch die vorgestellten Modelle nicht in ein spezifisch seelsorgliches Krankheitsverständnis, das der Arbeit von SeelsorgerInnen zugrunde liegen könnte, bündelt.[171]

Da im Begleitungskonzept SeelsorgerInnen nicht in der Therapeutenrolle aufzutreten haben,[172] rückt der *Rollenanteil* der ohnmächtigen BegleiterInnen in den Mittelpunkt: "Krankenhausseelsorge kann auf dieser Suche begleiten, wenn sie darauf verzichtet, Fragen gleich beantworten zu wollen und 'fertigen' Trost haben und weitergeben zu können. Die Fragen überhaupt erst einmal auszuhalten, sie genauer und weitgehend zu erkunden, ihr Gewicht zu ermessen, ihre Tiefe und Widerständigkeit zu respektieren, ist vielleicht die wichtigste - und schwierigste - Aufgabe der Seelsorge."[173] Ohne Patentrezepte haben SeelsorgerInnen im Akt der Begleitung die Subjektwürde, Entscheidungs- und Handlungsfreiheit des Gegenüber zu respektieren, weshalb sich Begleitende Seelsorge als Seelsorge 'mit' und nicht 'an' seelisch kranken Menschen auszuzeichnen hat: „Dann müssen uns auch ihre Botschaften wichtig werden, die unserem Denken, auch dem eines gesunden Menschen, zuwiderlaufen und entgegenstehen. Dann müssen uns ihre Leidensäußerungen auch im Austausch wichtig werden, im Ernstnehmen ihres Andersseins. Wir müßten Interesse entwickeln, ihre Botschaften zu entschlüsseln, auch diejenigen, die sich in für uns fremden und unangenehmen Weisen entgegenbringen. Wer ist sicher, daß ein Mensch, vielleicht gerade in seinem 'Irre-Sein' nicht wichtigen und zentralen Wahrheiten näher steht als der Gesunde?"[174]

---

170 Vgl. MAYER-SCHEU, J. (1986): Krankenhausseelsorge im Wandel. Mayer-Scheus Bücher sind in Blick auf (kirchliche) Allgemeinkrankenhäuser verfaßt. Seine 1982 veröffentlichten Aufsätze, die sich thematisch mit psychisch Kranken befassen, beinhalten keine explizite Krankheitslehre. Vgl. MAYER-SCHEU, J. (1982): Seelsorge und Therapie mit psychisch Kranken; DERS: (1982): Der Heilungsauftrag der Seelsorge - der Umgang mit Sünde und Schuld bei seelisch Kranken.

171 Vgl. MAYMANN, U. (1984): Die religiöse Welt psychisch Kranker, S. 57-269.

172 Mayer- Scheu stellt jedoch selbst folgende Ausnahmeregel auf: „Und doch ist die eigene Aufgabe des Seelsorgers im Krankenhaus in ihrer theologischen Dimension so wichtig, daß er sich in der Regel darauf beschränken sollte und nur in Ausnahmesituationen, soweit er sich sicher fühlt (wie sich z.B. in solchen Fällen auch von einem erfahrenen Therapeuten kontrollieren läßt), das Notamt des Therapeuten übernimmt, sofern niemand zur Verfügung steht und er selbst sich sicher fühlt in den Methoden, die er anwendet." MAYER-SCHEU, J. (1982): Das seelsorgliche Gespräch mit Kranken, S. 101.

173 KLESSMANN, M. (1996): Von der Krankenseelsorge, S. 279. Ähnlich formuliert auch Heller: „Die Ohnmacht der Seelsorge besteht darin, mit leeren Händen und nur mit sich selbst zu kommen. Diese Offenheit unterscheidet die Seelsorge von allen anderen Berufen. Die Schwester hat die Pillen, das Essen, das Thermometer und manches mehr, der Arzt hat seinen Schreibblock, das Untersuchungsinstrumentarium, die Handschuhe... Alle haben alle Hände voll zu tun. Die SeelsorgerInnen kommen mit ihrer Offenheit, ihrem Vertrauen, ihrer Unsicherheit und Angst, ihren leeren Händen, ihrer Hoffnung auf Gott." HELLER, A. (1989): Ganzheitliche Lebenspflege, S. 131.

174 MAYER-SCHEU, J. (1982): Seelsorge und Therapie, S. 83. Trotz der Ernstnahme des 'verrückten' Anteils der PatientInnen, plädiert Maymann jedoch dafür, in der seelsorglichen Alltagsarbeit an die gesunden Anteile des kranken Menschen anzuknüpfen, „um das Gesunde zu aktivieren". MAYMANN, U. (1984): Die religiöse Welt psychisch Kranker, S. 296.

Trotz und wegen der erläuterten 'Ohnmachts-Rolle' halten es jedoch auch die TheoretikerInnen Begleitender Seelsorge für unabdingbar, daß gerade PsychiatrieseelsorgerInnen nicht nur auf ein fundiertes Theologiestudium bzw. in der Gemeinde erworbene seelsorgliche Erfahrungen, sondern auch auf eine Klinische Seelsorgeausbildung sowie berufsbegleitende Supervision zurückgreifen können, um ihre persönliche und fachliche Kompetenz zu steigern.[175] Auch die Rolle der SeelsorgerInnen gegenüber der Psychiatrischen Klinik ist konzeptionell klar definiert. Mayer-Scheu favorisiert diesbezüglich das Modell der Partnerschaft und Kooperation mit den Angehörigen der verschiedenen Heilberufe. Um Rivalitäten zu vermeiden, sowie ein effizientes interdisziplinäres gegenseitiges Lernen und eine Transparenz von Theologie im Krankenhausbetrieb zu ermöglichen, plädiert er ebenso wie Stollberg für eine aktive Mitarbeit der SeelsorgerInnen im Therapeutischen Team.[176]

Für Heller nehmen SeelsorgerInnen dadurch die Rolle von BrückenbauerInnen ein, die zwischen Gesunden und Kranken, Helfern und Hilflosen sowie den unterschiedlichen Hierarchien im Krankenhaus Verbindungen herstellen.[177] Daß SeelsorgerInnen dadurch in ein ambivalentes Verhältnis zur Institution treten, wird von Heller klar erkannt, wie folgende Fragestellungen verdeutlichen: „Dient die Seelsorge im Krankenhaus dazu, den Betrieb funktionsfähig zu halten? Sollen mit Hilfe der Seelsorge Widerstände des 'Patientenguts' gebrochen werden? Was geschieht, wenn die Seelsorge in der hierarchischen Institution Krankenhaus eine Anwaltsfunktion für die Schwachen (für die Alten auf der Geriatrie, für die psychisch Kranken auf der Neurologie, für die Frauen in der Waschküche und in den Putzkolonnen) ausübt? Welche Folgen wird es haben, wenn die Krankenhausseelsorge eine prophetische Rolle, die öffentliche (!) Anklage von Inhumanität im Krankenhaus ausübt?"[178]

---

175 „Mayer-Scheu war von 1969 bis 1987 Krankenhauspfarrer in Heidelberg sowie Leiter des ersten katholischen Institutes für klinische Seelsorgeausbildung in Deutschland, dem 1974 von der Deutschen Bischofskonferenz Modellcharakter zugesprochen wurde." ZIMMERMANN- WOLF, Ch. (1994): Verständigung, S. 83. „Unser Heidelberger Institut unterscheidet sich von den meisten evangelischen Zentren vor allem durch seine größere Nähe zum Krankenhausbetrieb." MAYER-SCHEU, J. (1982): Seelsorge und Therapie, S. 93. Vgl. auch DERS. (1982): Die Heidelberger Kurse in Klinischer Seelsorgeausbildung.
Vgl. GESTRICH, R. (1987): Am Krankenbett, S. 81- 110. Mayer-Scheu hält v.a. Balintgruppen für eine sinnvolle und bewährte Ausbildungs- u. Fortbildungsmöglichkeit von SeelsorgerInnen. Vgl. MAYER-SCHEU, J. (1980): Balintgruppe, S. 31.

176 Vgl. MAYER-SCHEU, J. (1977): Seelsorge im Krankenhaus, S. 16/ 19/ 39-40; DERS. (1982): Seelsorge und Therapie, S. 93. Während Mayer-Scheu eine enge Kooperationsform vorschwebt, spricht sich Gestrich für eine distanzierte Integration der SeelsorgerInnen ins Therapeutische Team aus. Vgl. GESTRICH, R. (1987): Am Krankenbett, S. 161. Heller weist zudem darauf hin, daß Teamfähigkeit eine durch entsprechende Zusatzqualifikationen zu erwerbende Kompetenz darstellt und nicht automatisch als vorhanden vorausgesetzt werden kann. Vgl. HELLER, A. (1989): Ganzheitliche Lebenspflege, S. 152.

177 Vgl. HELLER, A. (1989): Ganzheitliche Lebenspflege, S. 173.

178 HELLER, A. (1990): Seelsorge in der Krise, S. 453. Wortgleich findet sich diese Passage auch bei Zulehner. Obwohl dieser nicht auf Heller verweist, ist m.E. dennoch eindeutig, daß Heller der Verfasser dieser Textpassage ist, weil sie inhaltlich identisch und nahezu wortgleich bereits im 1989 veröffentlichten Buch Hellers zu finden ist. Vgl. HELLER; A. (1989): Ganzheitliche Lebenspflege, S. 112; ZULEHNER, P. (1990): Pastoraltheologie, Band 3, S. 75. Heller selbst entscheidet sich für die institutionskritische Variante. SeelsorgerInnen müssen demnach als AnwältInnen für alle eintreten, „die unter der Inhumanität des Krankenhauses leiden, ihre Ohnmacht nicht zu artikulieren vermögen, die Opfer der Strukturen und 'Sachzwänge' sind. Zunächst einmal wird die seelsorgliche Anwaltsfunktion personbezogen sein. Dann wird jenen strukturellen Formen der Gewaltförmigkeit Aufmerksamkeit geschenkt werden, die ein menschliches Arbeiten und Behandeln nicht zulassen." HELLER, A. (1990): Seelsorge in der Krise, S. 459.

Gemäß der konzeptionellen Vorgaben Begleitender Seelsorge soll die *Alltagspraxis* von SeelsorgerInnen primär von individuumszentrierten Einzel- bzw. Gruppengespächen dominiert werden, wobei v.a die PatientInnen, aber auch das Klinikpersonal und die Angehörigen als GesprächspartnerInnen gelten.[179] Nach Mayer-Scheu haben aber auch traditionelle religiöse sakramental-rituelle Praxisformen wie gemeinsames Beten, Gottesdienst und Krankensalbung weiterhin ihre Bedeutung, wobei diese jedoch auf die Bedürfnislage der PatientInnen und des Personals abgestimmt sein müssen.[180] Heller, der zwar ebenfalls die Krankenkommunion, Wortgottesdienste, sakramentale Feiern, Krankensalbung, Beichte und Eucharistie als praxisrelevant bezeichnet, kommt in der Beurteilung ihres alltagspraktischen Stellenwertes jedoch zu folgendem Ergebnis: „Der Stellenwert sakramentaler und explizit religiös-ritueller Vollzüge im Krankenhaus ist nach wie vor nicht gering, obwohl er gegenüber der Gesprächs- und Kommunikationsarbeit in den Hintergrund tritt."[181] Gerade in Blick auf die Alltagspraxis will Heller deshalb festgehalten wissen, daß die 'Praxis der leeren Hände' konstitutiv zum Begleitungsmodell gehört: „Häufig gelingt es nicht, die 'Praxis der leeren Hände' zu üben. Kirchenzeitungen, Bücher, Heiligenbilder, Gottesdienstankündigungen, sakrale Gefäße füllen die Hände. Dann hat auch der/die SeelsorgerIn alle Hände voll zu tun."[182]

Aus dem Anliegen, den Gesamtkontext der Klinik einzubeziehen, ergeben sich aber auch zusätzliche Aufgabenfelder, die bisher kaum eine Rolle gespielt haben. Hierzu zählen v.a. die in ökumenischer Zusammenarbeit durchzuführende Arbeit mit Angehörigen, seelsorgliches Engagement bezüglich der Laienarbeit im Krankenhaus und die Beteiligung an hausinternen Fort- und Weiterbildungsveranstaltungen.[183] Wie SeelsorgerInnen alltagspraktisch an den 'Kontext Krankenhaus' anknüpfen können, läßt sich komprimiert bei Gestrich nachlesen: „Möglichkeiten der Kontaktaufnahme: Stationsgespräche, Teamübergaben, Feste und Feiern, Freizeitgruppen, Mitarbeitersport. Seelsorgeangebote im engeren Sinn: Unterricht an der Krankenpflegeschule, Bibelkreis, Selbsterfahrungsgruppe, Balintgruppen, Kasualbehandlung für Mitarbeiter, Gottesdienste, vom Seelsorger geleitete Tagungen."[184] Da analog zur Therapeutischen Seelsorge auch das Begleitungsmodell konzeptionell vorgibt, daß die professionelle und persönliche Situation der SeelsorgerInnen bewußt reflektiert werden muß, gehört die seelsorgliche Begleitung und Supervision der SeelsorgerInnen selbst zur Alltagsroutine.[185]

---

179 Vgl. ZERFASS, R. (1982): Die psychisch Kranken, S. 26; MAYER-SCHEU, J. (1977): Seelsorge, S. 23-28. Mayer-Scheu erkennt in der Begleitung der Angehörigen die Chance, deren Ängste und Nöte wahrzunehmen und ihnen bei der Verarbeitung um ihrer selbst willen zu helfen. Vgl. MAYER-SCHEU, J. (1980): Erfahrungsbericht, S. 25.

180 Vgl. MAYER-SCHEU, J. (1977): Seelsorge, S. 28/ 29/ 37-39; DERS. (1980): Erfahrungsbericht, S. 24-25.

181 HELLER, A. (1990): Seelsorge in der Krise, S. 458.

182 A.a.O., S. 458.

183 Vgl. MAYER-SCHEU, J. (1977): Seelsorge im Krankenhaus, S. 40, 45-46. Etwas konkreter umschreibt dies Heller: „Nicht selten nimmt die Seelsorge auch das Angebot wahr, im Rahmen des Krankenpflegeunterrichtes, aber auch in der betriebsinternen Weiterbildung Ethik als Fach und Haltung zu vertreten." HELLER; A. (1990): Seelsorge in der Krise, S. 458. Den ökumenischen Aspekt dieses Tätigkeitsfeldes betont v.a. Duesburg. Vgl. DUESBURG, H. (1996): Ökumenische Zusammenarbeit im Krankenhaus, S. 232.

184 Vgl. GESTRICH, R. (1987): Am Krankenbett, S. 158.

185 Vgl. GESTRICH, R. (1987): Am Krankenbett, S. 165; KLESSMANN, M. (1996): Von der Krankenseelsorge zur Krankenhausseelsorge, S. 47.

Bezüglich der *Methodenfrage* seelsorglicher Praxis gibt das Konzept der Begleitenden Seelsorge eine eigentümliche Paradoxie vor:
Einerseits wird darauf hingewiesen, daß SeelsorgerInnen 'arm' dastehen, da sie „ohne Arbeitsmittel und Instrumente, ohne Behandlungsprogramm und meßbaren Heilungserfolg"[186] tätig sein sollen. Gestrich versucht deshalb, an Stelle technischer Fertigkeiten die Humanität der SeelsorgerInnen als eigentliche Methodik herauszustellen. Die kritische Haltung gegenüber seelsorglicher Methodik bezieht sich jedoch nicht nur auf die Anwendung psychotherapeutischer Verfahren, sondern auch auf biblisch abgeleitete Methoden, weil nach Mayer-Scheu Jesus keine Heilungstechniken an seine Jünger vermittelt hat, die aus der Bibel herauslesbar wären.[187] Ein methodisch reflektierter Umgang mit den Symbolen und Ritualen der christlichen Tradition wird jedoch ebenso wie im therapeutischen Ansatz vorausgesetzt.[188]
Andererseits soll jedoch auch sichergestellt sein, daß sich Seelsorge nicht in einem methodenfreien Raum selbst des Dilletantismus und der Unglaubwürdigkeit preisgibt, wie folgende rhetorische Fragestellung Maymanns verdeutlicht: „Wie kann die Praxis der Seelsorge den Bedürfnissen der Kranken besser gerecht werden, sie eher erreichen, ohne peinliche Kunstfehler im fremden psychiatrischen Terrain?"[189] Für Mayer-Scheu läßt sich das Problem folgendermaßen lösen: „Das Entscheidende soll jedoch nicht eine Methode oder eine Richtung, sondern eine ganzheitliche (holistische) Einstellung zum Kranken, die weder die kognitive noch die emotionale, die weder die weltliche noch die spirituelle Dimension der Fragen ausschließt oder beschneidet.... Um zu lernen, wie man Kranke begleitet, mit ihnen fühlt, dabei auf die eigenen Gefühle achtet, authentisch bekennt, sich solidarisiert und distanziert, eignen sich besonders die Methoden des Pastoral Counseling. Weiterhin sollte der hauptamtliche Krankenhausseelsorger mit grundlegenden tiefenpsychologischen Erkenntnissen so weit vertraut sein und ihre Methoden erfahren haben".[190]

---

186 GESTRICH, R. (1987): Am Krankenbett, S. 11. Ähnlich formuliert Zerfaß, der vor der Gefahr des Spezialisierungs- und Professionalisierungstrends warnt: „Was die Seelsorge auszeichnet ist weder ein besonderes methodisches Repertoire, noch der finanzkräftige kirchliche Apparat im Hintergrund, sondern die Perspektive der Hoffnung." ZERFASS, R. (1985): Menschliche Seelsorge, S. 29-30. Zerfaß' Schlußfolgerung konvergiert mit folgender Annahme Nouwens: Der Wesenskern der Seelsorge „besteht nicht in handwerklich perfektem Können, sondern in ehrfürchtiger Kontemplation... Von daher läßt sich Einzelseelsorge nie auf die Anwendung irgendwelcher Fertigkeiten oder Techniken einschränken." NOUWEN, H. (1989): Schöpferische Seelsorge, S. 101/104.

187 Vgl. MAYER-SCHEU, J. (1982): Seelsorge und Therapie, S. 84-85/ 87. Wenn z.B. Zerfass vom Akt der Austreibung der Dämonen spricht, so sind damit keine biblisch abgeleiteten exorzistischen Praktiken gemeint, da er dämonische Besessenheit apersonal und hermeneutisch in die Gegenwart interpretiert versteht: „Denn die Dämonie unserer Terminkalender besteht darin, das gesamte Leben vorweg so zu verplanen, daß für echte Überraschungen, für wirkliche Einbrüche des Fremden kein Raum mehr ist." Daher gelte es, angsterfüllte Herzen zu befreien, indem Freiräume angeboten werden, die Veränderungen ermöglichen." ZERFASS, R. (1985): Menschliche Seelsorge, S. 24.

188 Diesbezüglich betont Maymann jedoch, daß sich dieser Umgang nicht durch das Erlernen von handwerklichem Können allein erwerben läßt, da er eine persönliche Offenheit und Wertschätzung von Symbolen sowie Erfahrung im Umgang mit ihnen vorausgesetzt ist. MAYMANN; U. (1984): Die religiöse Welt, S. 202.

189 MAYMANN, U. (1984): Die religiöse Welt psychisch Kranker, S. 269.

190 MAYER-SCHEU, J. (1982): Seelsorge, S. 93; DERS. (1982): Das seelsorgliche Gespräch, S. 101. Ludwig plädiert v.a. für die Rezeption der Gesprächstherapie und der Themenzentrierten Interaktion. Vgl. LUDWIG, K. (1986): Krankenhausseelsorge, S. 75. In 'Kraft und Ohnmacht des Glaubens' aus dem Jahre 1985 wertet er deshalb 30 seelsorgliche Gesprächsprotokolle aus.

2.4. Heilende Seelsorge
2.4.1. Hinführender Überblick

Während Heller 1993 noch die Vermutung äußert, daß 'Heilung' zu einem theologischen Leit- und Schlüsselbegriff gegenwärtiger Theologie avanciere, behauptet Poensgen vier Jahre später bereits, daß die Heilungs-Thematik einen Paradigmenwechsel in der Seelsorgelehre ausgelöst hat. Poensgens Analyse, daß sich hinter der Bezeichnung 'Heilende Seelsorge' „ein Konglomerat unterschiedlichster therapeutischer Gedanken, Methoden und Ansätze"[191] verbirgt, läßt sich bestätigen, da zwar trotz gemeinsamer Bezugnahme auf das Heilungstheorem unterschiedliche inhaltliche Schwerpunkte gesetzt werden.

Während in Isidor Baumgartners Schriften, durch das heilende Seelsorgekonzept in den 90er Jahren einen hohen Bekanntheitsgrad erreicht hat, ersichtlich wird, daß eine umfassende theologische und psychologische Fundierung des Heilungsaspektes und die Ausarbeitung einer Symboltheorie angestrebt wird, läßt sich v.a. in den Arbeiten W. Müllers, Grüns und Kreppolds eine eher spirituelle Schwerpunktsetzung erkennen. Neben der Titulierung 'Heilende Seelsorge' tauchen daher auch die Bezeichnungen 'Radikale Seel-Sorge', 'Menschliche Seel-Sorge' und 'Integrierende Seelsorge' auf.[192] Obwohl Baumgartner einräumt, daß die Bezeichnung 'Heilende Seelsorge', die bereits 1970 von Allwohn als Untertitel für seine 'Evangelische Pastoralmedizin' verwendet wurde, leicht zu Fehlinterpretationen führen kann, wählt auch er sie als Leitkategorie seines Ansatzes, wobei er aber auch von 'Psychotherapeutischer Seelsorge' oder 'Pastoralpsychologisch orientierter Seelsorge' spricht bzw. diverse Zusatzattribute hinzufügt.[193] Durch Einbeziehung der Begriffe 'Diakonie', 'Mystagogie' und 'Befreiung' greift Baumgartner zwar zentrale Inhalte soziologisch fundierter Konzepte auf, buchstabiert die damit assoziierten Seelsorgeansätze jedoch nicht stringent in Bezug auf sein Heilungskonzept durch, weshalb die der Heilenden Seelsorge zugrunde liegende psychologische und damit individualistische Perspektive dominant bleibt. Deshalb läßt es sich nach Ansicht der Verfasserin rechtfertigen, Heilende Seelsorge als eigenständiges Konzept vorzustellen und Baumgartners Überlegungen zur soziologischen Perspektive im dafür vorgesehenen Kapitel einfließen zu lassen. Daß das heilende Seelsorgekonzept in der psy-

---

191 POENSGEN, H. (1997): Alles ist Fragment, S. 156. Zur Stützung seiner These führt Poensgen an: „Strukturell hat sich die Kirche bereits auf diesen Paradigmenwechsel eingestellt. So können 'Therapeuten' im kirchlichen Kontext ohne größere Legitimation für ihre Arbeit enorme Geldsummen verlangen." A.a.O., S. 161. Vgl. hierzu auch HELLER, A. (1993): Gesundheit, S. 24.

192 'Integrierende Seelsorge' (1994: KREPPOLD, Der ratlose Mensch und sein Gott, S. 225); 'Radikale Seel-Sorge' (1987: MÜLLER, W., Menschliche Nähe, S. 53); 'Menschliche Seel-Sorge' (A.a.O., S. 28).

193 Vgl. BAUMGARTNER, I. (1990): Heilende Seelsorge, S. 120; DERS. (1992): Heilende Seelsorge, S. 11. Zusatzattribute: 'Diakonisch- Heilende Seelsorge' (1990: Pastoralpsychologie, S. 338); Heilend-Befreiende Seelsorge' (1997: Heilende Seelsorge, S. 240); Mystagogisch-Heilende Seelsorge' (1990: Pastoralpsychologie, S. 245); 'Pastoralpsychologisch orientierte Seelsorge' (1992: Heilende Seelsorge, S. 109); 'Psychotherapeutische Seelsorge' (1994: Titel des Artikels). Bezüglich der letzten Titulierung räumt Baumgartner selbst ein: „Von der unmittelbaren Wortbedeutung her stellt die Bezeichnung 'Psychotherapeutische Seelsorge' einen Pleonasmus dar, wo mit zwei Begriffen ziemlich dasselbe gesagt wird. 'Seelsorge' ist ja eigentlich eine ganz treffende Übersetzung von Psychotherapie." BAUMGARTNER, I. (1994): Psychotherapeutische Seelsorge, S. 165.
Die Bezeichnung 'Pastoralpsychologisch orientierter Seelsorge' findet sich auch in einem Artikel des evangelischen Pastoralpsychologen Ziemer, der diese als eine der säkularen Gesellschaft angemessene Neukonzeption von Seelsorge auszuweisen versucht. Im selben Jahr spricht auch Stollberg von einer therapeutisch wirksamen 'pastoralpsychologisch verstandenen Seelsorge'. Vgl. ZIEMER, J. (1993): Pastoralpsychologisch orientierte Seelsorge, S. 145; STOLLBERG, D. (1993): Was ist Pastoralpsychologie 1992?, S. 171.

chologisch-theologischen Traditionslinie steht, läßt sich daran erkennen, daß alle Theologen ihren Ansatz aus der Begleitenden Seelsorge heraus entwickelt haben. Beide Konzepte weisen deshalb sowohl auffällige inhaltliche Affinitäten wie auch Differenzen auf. Da Biser, Beinert und Jaschke ihre Überlegungen zur therapeutischen Dimension christlichen Glaubens nicht explizit auf ein Seelsorgekonzept hin zugespitzt haben, werden sie zwar nicht in das Schaubild übernommen. Ihre Bedeutung für eine therapeutisch-heilende Grundlegung von Seelsorge soll damit jedoch nicht geschmälert werden![194]

Obwohl Josef Müller seinen Ansatz konkretisiert auf die spezielle Situation der Klinikseelsorge formulierte, W. Müller seine Bücher auf dem Hintergrund alltäglicher Beratungsarbeit verfaßte und Grün sich mit dem Zusammenhang religiöser Krisen und seelischer Erkrankungen auseinandersetzte, ist die Heilende Seelsorge ihrem Ursprung nach nicht mit der Psychatrieseelsorge verwoben. Baumgartner[195] entwickelte sein Konzept nach eigenen Angaben in Blick auf die Gemeindepastoral, wobei jedoch seelisch kranke Menschen für ihn als eine Art Katalysator für seine Theoriebildung fungierten: „Zur 'Lage der Menschen' heute gehört zweifellos ein unerträglich hohes Maß an seelischer Gekränktheit. Jeder dritte Bundesbürger macht in seinem Leben einmal eine schwere psychische Krise durch. Mehr als eine halbe Million Betroffene suchen pro Jahr erstmals einen psychologischen Berater oder Psychotherapeuten auf. Rund zwei Millionen gelten als alkoholabhängig.... Der Kirche könnte aus dieser sich immer mehr bahnbrechenden Nachfrage und Anfrage durch die seelisch Leidenden ein ungeahnter Kairos zuwachsen."[196]

Schaubild 23 auf der nächsten Seite zeigt einen Überblick über die Hauptvertreter Heilender Seelsorge und deren Schriften.

---

[194] Alle drei Autoren schreiben dem christlichen Glauben an sich Heilkraft zu. Allerdings weisen sie übereinstimmend darauf hin, daß menschlicher Glaube an Heilung mit einem Glauben an ein 'heilsames' Gottesbild korreliert sein muß. Die diesbezügliche Literatur von Biser, Beinert und Jaschke findet sich in der allgemein-theologischen Literaturliste.

[195] Nicht nur Isidor Baumgartner, der als Professor für Pastoraltheologie und Pastoralpsychologie tätig ist, sondern auch Wunibald Müller, der das Referat Pastoralpsychologie und Pastoralberatung am Institut für Pastorale Bildung der Erzdiözese Freiburg leitet und einen Lehrauftrag an der Universität innehat, weisen durch ein abgeschlossenes Theologie- und Psychologiestudium eine Personalunion beider Disziplinen auf.

[196] BAUMGARTNER, I. (1990): Pastoralpsychologie, S. 17-18. Der Bezug auf die Gemeindepastoral findet sich in: DERS. (1992): Heilende Seelsorge, S. 12.

Theologisch-Psychologische Seelsorgekonzepte

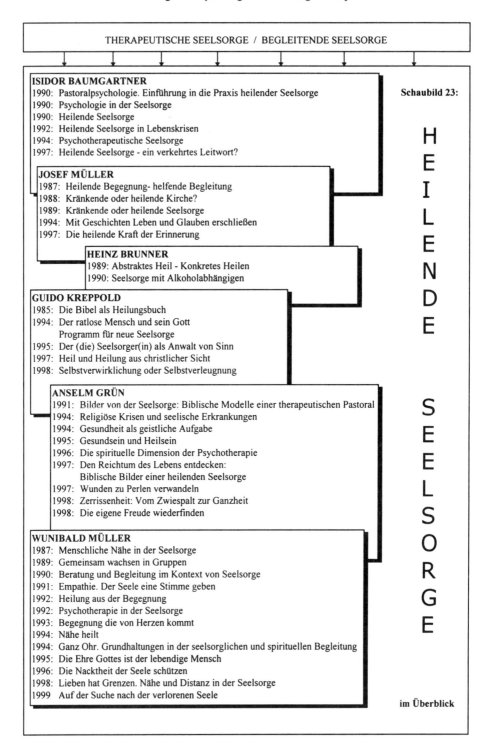

Schaubild 23: HEILENDE SEELSORGE im Überblick

2.4.2. Theoretische Fundierung der allgemeinen Seelsorgelehre

Weil für Baumgartner heilendes Handeln durch die Praxis Jesu zur pastoralen Ur-Vorgabe gehört und Menschen 'unbewußt' von einer therapeutischen Kirche träumen, hält er es für dringend erforderlich, durch die Vision einer Heilenden Seelsorge das inzwischen verlorengegangene therapeutische Erbe der Seelsorge zurückzugewinnen: „Uns heutigen ist dieser damals selbstverständliche Zusammenhang, daß Glaube heilt, weithin abhanden gekommen. Manchmal müssen selbst die Krankenseelsorger auf diese Möglichkeit erst hingewiesen werden."[197] Die zunächst relativ abstrakte Chiffre 'Heilung' wird von Baumgartner durch zwei sich gegenseitig ergänzende Aspekte inhaltich konkretisiert:
Zum einen bedeutet Heilung, daß psychisch und physisch verursachte Leiden im Sinne einer Gesundung beseitigt werden. Unter diesem Aspekt haben SeelsorgerInnen dazu beizutragen, Menschen von ihren Krankheiten zu befreien: „Ohne Zweifel gehört es zunächst zum christlichen Heilungsverständnis, daß man Krankheit und Leid soweit als nur irgend möglich zu überwinden sucht."[198] Dabei gilt es jedoch, sich sensibel und kritisch von ideologischen Anteilen des medizinischen, psychotherapeutischen und esoterischen Heilungsverständnisses, in dem Heilung im Rahmen einer Machbarkeits- und Selbsterlösungsideologie auf den Aspekt reparativer Defektbeseitigung reduziert wird, ebenso abzusetzen wie vom spiritistisch-charismatischen Versuch, Heilung durch supranaturalistische Wunder oder exorzistische Praktiken herbeiführen zu wollen.[199]
In Anbetracht dieser Gefahren und unter Berücksichtigung der Tatsache, daß viele Leiden und Krankheiten schlichtweg durch keine Interventionsstrategie heilbar sind, Gott aber dennoch auch diesen Menschen Zuneigung, Wertschätzung und Akzeptanz in ihrem So-Sein entgegenbringt, will Baumgartner einen zweiten Aspekt von Heilung im Sinne eines ganzheitlichen Heilwerdens in den Mittelpunkt rücken: „Auf der Grundlage dieser unerschütterlichen Zuneigung Gottes wird es möglich sein, sich ohne Angst auf das Mensch-sein in Endlichkeit und Begrenztheit, als Kranker oder Gesunder, einzulassen und sich dabei auf Gott zu verlassen. Geheilt im christlichen Sinn ist nicht zuvörderst der, der seine körperliche Gesundheit wiedererlangt - so sehr auch dies in der Option christlichen Heilens liegt, sondern der, welcher die 'Kraft zum Menschsein' aufbringt.... Heilung, wie sie eine 'psychotherapeutische Seelsorge' verfolgt, meint, Frieden zu schließen mit sich und der endlich fragmenthaften Verfaßtheit des Lebens in dem Vertrauen auf eine Vollendung des Unvollkommenen jenseits der Grenze des Todes."[200] Unter diesem Aspekt haben SeelsorgerInnen „mit Gesunden und Kranken so zu-

---

[197] BAUMGARTNER, I. (1990): Heilende Seelsorge, S. 118. Vgl. auch DERS. (1990): Psychologie in der Seelsorge, S. 128; DERS. (1990): Pastoralpsychologie, S. 17; DERS. (1997): Heilende Seelsorge, S. 238.

[198] BAUMGARTNER, I. (1990): Heilende Seelsorge, S. 120; vgl. auch A.a.O., S. 60.

[199] BAUMGARTNER, I. (1992): Heilende Seelsorge, S. 60; DERS: (1997): Heilende Seelsorge, S. 243; DERS: (1990): Heilende Seelsorge, S. 120. Baumgartner distanziert sich auch vom Versuch, eine Therapeutische Theologie zu entwerfen und Glaube mit Gesundung in eins zu setzen. Vgl. diesbezügliche Literatur: BISER; E. (1997): Aufriß einer therapeutischen Theologie; DERS. (1987): Auf dem Weg zu einer therapeutischen Theologie; DERS. (1985): Theologie als Therapie; SCHAEFER, H. (1984): Dein Glaube hat dich gesund gemacht; ARNOLD, F. (1983): Der Glaube, der dich heilt; MEUSER, B. (1993): Gottestherapie: Warum der christliche Glaube gesund macht.

[200] BAUMGARTNER, I. (1990): Heilende Seelsorge, S. 122-123; DERS. (1994): Psychotherapeutische Seelsorge, S. 170. In Aufnahme der kritischen Anfragen Bachs bezüglich des christlichen Heilungsverständnisses formuliert Baumgartner bereits 1990: „Wie soll ein Krebskranker oder ein lebenslang Behinderter mit seiner Krankheit leben lernen, wenn ihm indirekt gesagt wird, Gott will nicht auch den Kranken, sondern

sammenzusein, daß sie (der Seelsorger eingeschlossen) lernen, sich als endliche Menschen mit unüberwindbaren Mängeln und Schattenseiten unter der Gnade Gottes zu akzeptieren."[201] Akzeptanz einer zunächst unabänderlichen Situation bedeutet aber nicht, daß sich Menschen einer passiven Haltung hingeben sollen, da paradoxerweise gerade durch die Annahme des Unabänderlichen „eine Menge Lebensmut und -kraft für die Überwindung auch körperlicher und seelischer Erkrankungen erwachsen"[202] kann. Heilung hat deshalb für Baumgartner immer auch mit der Subjektwerdung und Selbstfindung des Menschen unter den Augen Gottes, die er als innere Versöhnung beschreibt, zu tun.[203]
Seelsorgliche Glaubenshilfe, die durch die Hinzufügung des 'unter den Augen Gottes' zwar auch bei Baumgartner anklingt,[204] wird dagegen explizit von den Autoren hervorgehoben, die an einer spirituellen Fundierung Heilender Seelsorge interessiert sind. Für W. Müller stellt sich Glaubenshilfe dann ein, wenn ein Mensch durch eine spezifisch geistliche Begleitung einen Prozeß inneren Wachstums durchläuft: „Der Begleiter schwingt ein in deren Rhythmus, hilft dabei, dem Innersten in ihnen eine Stimme zu geben, damit sie mit sich, ihrem Innersten in Berührung kommen, und damit dies in ihrem Leben immer mehr zum Ausdruck kommt."[205] Glaubenshilfe hat deshalb darauf abzuzielen, den Menschen in eine mystische Vereinigung mit Gott zu führen, damit er sich in die Beziehung mit Gott eingebettet und schutzvoll bedeckt fühlen kann.[206] Daß Glaubenshilfe als hermeneutischer Schlüssel einer spirituell orientierten Heilenden Seelsorge zu begreifen ist, wird am deutlichsten von Grün hervorgehoben. In Rekurs auf das Johannesevangelium und C.G. Jung bzw. dessen Rezeption in der transpersonalen Psychologie, proklamiert er den Prozeß der Vergöttlichung des Menschen, der mit dem Glauben an Gott in eins fällt, als eigentliches Ziel der Seelsorge: „In unserem Recollectiohaus verstehen wir Therapie darin, die Menschen mit ihren inneren Quellen,

---

nur den Gesunden? In einem solchen Heilungsverständnis, das nur die Beseitigung von Mängel kennt, würde Gott nachgesagt, er könne dem Menschen so wie er ist: unvollkommen, bruchstückhaft und mit Mängeln behaftet, nicht zustimmen." BAUMGARTNER, I. (1990): Heilende Seelsorge, S. 121.

201 BAUMGARTNER, I. (1990): Pastoralpsychologie, S. 39. Die gleiche Definition findet sich in: DERS. (1990): Heilende Seelsorge, S. 123.

202 BAUMGARTNER, I. (1990): Pastoralpsychologie, S. 40.

203 Subjektwerdung impliziert zwar primär die Entfaltung der Persönlichkeit, gleichzeitig aber auch die Entwicklung harmonischer zwischenmenschlicher Beziehungen und den Erwerb einer grundsätzlichen Pluralitätstoleranz. Vgl. BAUMGARTNER, I. (1992): Heilende Seelsorge, S. 62; DERS. (1990): Pastoralpsychologie, S. 142.

204 Zur Verquickung von Lebens- und Glaubenshilfe schreibt Baumgartner: „Wenn Menschen in der psychologisch qualifizierten Seelsorge ihren Kränkungen und Sehnsüchten auf den Grund gehen, dabei aus Angst und Schuld heimkehren zum Frieden mit sich und den Mitmenschen, dann wird ihnen unwillkürlich ihr ganzes Leben als ein einziges Reimwort auf Gott aufgehen." BAUMGARTNER, I. (1990): Pastoralpsychologie, S. 18. Welches Schuldverständnis dieser Aussage zugrunde liegt, erläutert Baumgartner nicht.

205 MÜLLER, W. (1996): Die Nacktheit der Seele schützen, S. 180. Konkreter gefaßt bedeutet dies: „Ohne die Einsichten der psychodynamischen Psychologie aufgeben zu wollen, geht es in diesem Zusammenhang u.a. darum, den theologischen und spirituellen Reichtum, den die Kirche und die Seelsorge kraft ihrer eigenen Quellen und dank ihrer eigenen Tradition anzubieten haben, wieder in Erinnerung zu rufen und für die konkrete seelsorgliche und somit auch für die beraterische Arbeit fruchtbar zu machen." MÜLLER, W. (1990): Beraten und Begleiten, S. 21. Vgl. auch DERS. (1987): Menschliche Nähe, S. 45-47.

206 Vgl. MÜLLER, W. (1990): Erkennen, Unterscheiden, Begegnen, S. 31/35.

mit der Quelle des Heiligen Geistes, die in jedem sprudelt und die nie versiegt, in Berührung zu bringen... Die spirituelle Dimension der geistlichen Begleitung bedeutet ferner, daß wir nicht dabei stehenbleiben, die Blockierungen zu lösen und die Lebenshindernisse aus dem Weg zu schaffen. Es geht vielmehr darum, den Menschen zu seinem wahren Bild zu führen, zu dem Raum der Stille, in dem Gott schon in ihm wohnt, in dem er schon heil ist. Und es geht darum, ihn sensibel zu machen für das Geheimnis des Lebens, sensibel für die Tiefendimension der Wirklichkeit, sensibel letztlich für Gott."[207]

Die Verknüpfung heilender Glaubens- und Lebenshilfe[208] läßt sich nach Kreppold v.a. über den Einsatz christlicher Symbole auf der Ebene sakramentaler, liturgischer und biblischer Vollzüge leisten, weshalb gerade Symbole, die die affektive Seite des Menschen ansprechen, im Konzept der Heilenden Seelsorge eine wichtige Rolle spielen.[209] Als wegweisend für die Konzeption einer heilenden Symbol- und Sakramententheorie lassen sich erneut die Reflexionen Isidor Baumgartners anführen, der in Rekurs auf C.G. Jung und P. Ricoeur zu folgendem Ergebnis gelangt: „Religiöse Symbole 'inszenieren' in einem heiligen Spiel ambivalente Urerfahrungen und Urfragen des Menschen und führen sie einer Antwort zu, die von Gott selbst gegeben wird... In den Symbolen ereignet sich somit eine Korrelation von Lebenserfahrung und Antwort des Glaubens. Die Ausweglosigkeit menschlichen Lebens wird mit der ausdrücklichen Erinnerung an Gottes zentrale Heilstat zusammengebunden und entscheidend umgedeutet."[210] Obwohl Symbolhandlungen demnach dazu beitragen können, die heilende Dimension christlicher Seelsorge aufleuchten zu lassen, muß dennoch als Charakteristikum Heilender Seelsorge festgehalten werden, daß die Erfahrung von Heilung gerade in und durch alltägliche zwischenmenschliche Begegnungs- und Begleitsituationen zustande kommt, wie W. Müller schlicht und präzise formuliert: „Aus der Begegnung entsteht Heilung."[211] Inhaltlich ist Seelsorge somit als eine heilende Form beziehungsdichter Begleitung definiert. Das bereits im Begleitungsmodell beschriebene, von Annahme, Empathie und Echtheit geprägte Hinzukommen und Mitgehen, wird allerdings um zwei Aspekte erweitert:

Zum einen wird betont, daß die seelsorgliche Begleitung analog zur leidenschaftlichen Liebe Gottes zu den Menschen von Leidenschaft und Intimität geprägt sein soll. Diese kann sich darin zeigen, daß der emotionalen Dimension zwischenmenschlicher Begegnung in Form „lauschender Hinwendung und Erspürung des Anderen"[212] mehr Raum zugestanden wird.

---

207 GRÜN, A. (1996): Die spirituelle Dimension der Psychotherapie, S. 84/92.

208 Glaubens- und Lebenshilfe gehört für Kreppold untrennbar zusammen: „Der Weg zu Gott muß nicht gegen den Drang zur Selbstwerdung erkämpft werden. Selbst-findung, Du-findung und Gott-findung korrelieren vielmehr im Raum des Glaubens. Was mich mir selbst, was mich anderen und Gott näherbringt, ist zwar im Vollzug jeweils zu unterscheiden, läßt sich aber nicht voneinander trennen." KREPPOLD, G. (1994): Der ratlose Mensch, S. 122.

209 Vgl. KREPPOLD, G. (1994): Der ratlose Mensch, S. 47 u. 122, MÜLLER, W. (1994): Ganz Ohr, S. 56. Grün spricht weniger von Symbolen als von Bildern. Vgl. GRÜN, A. (1991): Bilder, S. 9/15.

210 BAUMGARTNER; I. (1990): Von der heilenden Kraft der Sakramente, S. 558. Vgl. hierzu auch: BEINERT, W. (1984): Die heilende Sorge der Kirche in den Sakramenten; KREPPOLD, G. (1990): Heilende Dimensionen in Liturgie und Kirchenjahr.

211 MÜLLER, W. (1992): Heilung aus der Begegnung, S. 19; Vgl. auch folgende Buchtitel: DERS. (1994): Nähe heilt; MÜLLER, J. (1987): Heilende Begegnung- helfende Begleitung.

212 MÜLLER, W. (1994): Ganz Ohr, S. 60. Vgl. A.a.O., S. 75/95; DERS. (1996): Die Nacktheit der Seele schützen, S. 180; DERS. (1987): Menschliche Nähe, S. 90/105.

Dabei gilt es, sowohl die eigenen Gefühle wie auch die des Gegenüber ganzheitlicher zu erfassent und statt eines bloßen Mit-Gehens ein aus dem Herzen kommendes Mit-Fühlen und Mit-Leiden anzubieten: „Ihre Sorge gilt der Seele der Menschen. Man könnte auch sagen, daß der Seelsorger sich um das Herz des Menschen kümmert".[213]
Zum anderen wird der Aspekt des Mitgehens durch den des Fragens, Erinnerns und Durchdringens unter Einbeziehung konfrontativer Elemente ergänzt. Wie das Konfrontieren inhaltlich auszusehen hat, darüber gehen die Meinungen jedoch auseinander: So spricht Baumgartner von einem behutsamen Konfrontieren, das sich von jeder Form appellativer Indoktrination, pastoralem Sadismus und aggressiver Aufdeckungslust zu distanzieren hat. Statt dessen gelte es, auf den Fokus des Problems hin zu intervenieren, indem der Mensch ermutigt wird, sich auf seine eigene Geschichte und seine Verwundungen einzulassen, ohne ihm Lösungsvorschläge aufzudrängen.[214] Grün dagegen scheint auf nuthetisch gefärbte Vorstellungen zurückzugreifen: „Wir müssen auf den Heiligen Geist Gottes in uns gehorchen, der uns manchmal antreibt, etwas zu tun, das unserer eigenen Methode widerspricht, der uns vielleicht dazu ermutigt, dem anderen einen Befehl zu erteilen oder ihn kraftvoll zu konfrontieren."[215] Die angedeutete Differenz schlägt sich auch in den Vorgaben für das seelsorgliche Gespräch nieder. Während Baumgartner schlußfolgert „heilen bedeutet nicht, beständig Gott im Munde zu führen oder das eigene Tun als Handeln Gottes krampfhaft zu verbalisieren",[216] plädiert W. Müller für eine „Reaktivierung theologischer Sprache in der seelsorglichen Beratung."[217]

Da v.a. Isidor Baumgartner Pionierarbeit in der *theologischen Fundierung* Heilender Seelsorge geleistet hat, wird im Folgenden v.a. auf ihn Bezug genommen. Obwohl er in seiner 1990 erschienenen Pastoralpsychologie seelsorgliches Hinzukommen und Mitgehen in Lebenskrisen in Rekurs auf alt- und neutestamentliche Bibelstellen theologisch zu begründen sucht, betont er, daß die theologische Basis maßgeblich an Aussagen über das Handeln Jesu orientiert sein muß, damit Seelsorge „wieder klarere jesuanische Züge gewinnt."[218] Dies sei des-

---

213 MÜLLER, W. (1990): Erkennen, Unterscheiden, Begegnen, S. 10. Damit der andere sich öffnen kann, muß ihm mit offenherziger Liebe, Herzlichkeit und Barmherzigkeit begegnet werden. Empathie ist deshalb „in Wirklichkeit ein sehr persönlicher und intimer Vorgang, an dem Leib und Seele, Herz und Verstand gleichermaßen beteiligt sind. Es ist ein Bemühen, eine Sache, den anderen, Gott, immer tiefer zu erkennen, ihrer immer mehr innezuwerden." MÜLLER, W. (1991): Empathie, S. 9. Vgl. auch DERS. (1993): Begegnung, die von Herzen kommt;DERS. (1994): Ganz Ohr, S. 17. Eine Interpretation der Empathie, die weitaus enger an die gesprächspsychotherapeutischen Vorgaben angelehnt ist, findet sich in: BAUMGARTNER, I. (1992): Heilende Seelsorge, S. 91-93;

214 Zur inhaltlichen Dimension des Fragens, Erinnerns und Durcharbeitens vgl. BAUMGARTNER, I. (1990): Pastoralpsychologie, S. 124; BAUMGARTNER, I. (1992): Heilende Seelsorge, S. 44/88/90.

215 GRÜN, A. (1996): Die spirituelle Dimension der Psychotherapie, S. 80-81.

216 BAUMGARTNER, I. (1990): Pastoralpsychologie, S. 337-338.

217 MÜLLER, W. (1990): Beraten und Begleiten, S. 21.

218 BAUMGARTNER; I. (1990): Pastoralpsychologie, S. 18. In einem zeitgleich veröffentlichten Aufsatz stellt Baumgartner sogar die These auf, daß Jesus der einzig relevante Maßstab Heilender Seelsorge ist. Vgl. DERS. (1990): Heilende Seelsorge, S. 121. Die Priorität Jesu wird auch von Brunner hervorgehoben. Vgl. BRUNNER, H. (1989): Abstraktes Heil - konkretes Heilen, S. 87. Die alttestamentliche Fundierung Mitgehender Seelsorge sieht Baumgartner 1990 v.a. im Glaubensbekenntnis der Israeliten (Jos 24,16, 1 Kön 18,21ff: 'Jahwe ist unser Gott') grundgelegt. 1992 dagegen befragt er das Alte Testament nach Textstellen, in denen sich Gott als der erweist, der Menschen aus Krisen herausführt (Ex 15,26, Ex 3,7, Dtn 5,9, Ps

halb nötig, weil in Folge der christologischen Wende eine Abstrahierung des Heilungsverständnisses weg vom konkret heilenden Jesus hin zum Heil schenkenden Christus stattgefunden habe.[219] Um dieser Entwicklung entgegenzuwirken, versucht Baumgartner, Bibelstellen, in denen das alltägliche Heilungshandeln Jesu beschrieben wird, als vorbildhafte Typik jesuanischer Heilungspraxis auszuwerten. Axiomatisch setzt er dabei folgende Annahme historisch-kritischer Bibelexegese voraus: „Es ist nicht zu bezweifeln, daß die zahlreichen wunderbaren Heilungen von Kranken und Besessenen, auch wenn sie im einzelnen legendarisch ausgeschmückt sind, im ganzen doch zu dem historisch sichersten gehören, was uns von Jesus überliefert ist."[220] Die von ihm extrahierte Typik bleibt jedoch trotz der anvisierten jesuanischen Konkretheit auf einem relativ abstrakten Niveau.[221] Ergänzend zu den Heilungsgeschichten wählt Baumgartner in seiner 1992 erschienenen Programmschrift 'Heilende Seelsorge' das jesuanische Gleichnis vom Barmherzigen Samariter als biblischen Schlüsseltext, aus dem er erneut eine Typik seelsorglicher Tätigkeit auf biblischer Basis entwickelt. Methodisch analysiert er hierzu jeden einzelnen Vers der Textstelle Lk 10, 25-37 auf jesuanische Vorgaben, wobei er diese aus dem Handeln des Samariters herausliest, und zieht den Schluß, daß derartiges Vorgehen ein Erlösungsmilieu, das Gottes therapeutische Grundabsicht offenbart, ermöglicht.[222]

Neben Bibelstellen, die den 'vorösterlichen' historischen Jesus zum Inhalt haben, führt Baumgartner aber trotz seiner angekündigten Konzentration auf Jeus bereits in seiner 'Pastoralpsychologie' die 'nachösterliche' Emmausgeschichte Lk 24, 13-35 als bibeltheologische Vergewisserung, Erfahrungsdokument und pastorales 'Weg-Schema' seelsorglich-heilender Begleitungspraxis für SeelsorgerInnen an. Da die Perikope auf Christus Bezug

---

145,14 und Weish 11,23-26). Vgl. BAUMGARTNER, I. (1990): Pastoralpsychologie, S. 237. DERS. (1992): Heilende Seelsorge, S. 43. Bezüglich der neutestamentlichen Fundierung mitgehender Seelsorge greift Baumgartner auf vier unterschiedliche theologische Motive zurück, wobei er die Verwobenheit der Menschwerdung, der Kreuzigung, sowie der Auferstehung Jesu Christi eher dogmatisch als biblisch begründet. Das konkrete 'vorösterliche' Handeln Jesu dagegen, das er als Mitgehen mit den Verlorenenen qualifiziert, versucht er, an einzelnen Bibelstellen zu verdeutlichen. Als Qintessenz zieht er folgende Schlußfolgerung: „In Jesu Praxis des Hinzukommens und Mitgehens ist die Basileia Gottes nahegekommen." BAUMGARTNER; I. (1990): Pastoralpsychologie, S. 242. Vgl. A.a.O., S. 237- 243.

219 Vgl. BAUMGARTNER; I. (1990): Pastoralpsychologie, S. 18; DERS. (1992): Heilende Seelsorge, S. 14, 47; DERS. (1997): Heilende Seelsorge, S. 239-240.

220 CAMPENHAUSEN, in: BAUMGARTNER, I. (1997): Heilende Seelsorge, S. 238.

221 Die Typik umfaßt 6 Punkte: 1. Jesus nimmt die Not wahr; 2. Jesus strebt ein kommunikatives beziehungsdichtes Heilungshandeln an; 3. Jesus führt sein Gegenüber direkt zum wunden Punkt und provoziert es zum Leben; 4. Seine Parteinahme macht Jesus zum Außenseiter und bringt ihm Konflikte ein; 5. Jesu Praxis ist durchscheinend auf Gott; 6. Jesus verfolgt keine Hintergedanken. Vgl. BAUMGARTNER, I. (1992): Heilende Seelsorge, S. 44-47.

222 Auch hier stellt er eine Art abstrakte Ideal-Typik, in der konzeptionelle Inhalte und Reflexionen zur Seelsorger- Rolle relativ unsystematisch ineinander übergehen, auf: 1. Seelsorgliche Tätigkeit beginnt nicht mit dem Kopf, sondern mit dem Tun; 2. Seelsorgliche Tätigkeit erfordert keine religiöse Prinzipienreiterei, sondern ein riskantes Verhalten; 3. Seelsorgliche Tätigkeit verzichtet auf die Einhaltung von Rollen, Konventionen und die Abgrenzung in Konfessionen; 4. Seelsorgliche Tätigkeit basiert auf therapeutischen Grundhaltungen, die denen der modernen Psychotherapie entsprechen; 5. Seelsorgliche Tätigkeit zeichnet sich durch ein effizientes und systematisches Vorgehen aus; 6. Seelsorgliche Tätigkeit bewirkt auch eine Veränderung des Seelsorgers selbst. Vgl. BAUMGARTNER; I. (1992): Heilende Seelsorge, S. 48-53. Der Verweis auf das Gleichnis des Barmherzigen Samariters als biblisches Vorbild seelsorglicher Tätigkeit findet sich auch in: MÜLLER, W. (1987): Menschliche Nähe, S. 53.

nimmt, versucht Baumgartner, die Ebene rein körperlichen Heilungshandelns zu transzendieren und eine Typologie der Stadien des ganzheitlichen Heilwerdens, das der Heilenden Seelsorge als Zielvorgabe zugrunde liegt, vorzulegen.[223] Diese Schlußfolgerung wird dadurch gestützt, daß Baumgartner in Rekurs auf die Aussendungsrede Lk 9,2 betont, daß SeelsorgerInnen dem Doppelauftrag, den Menschen Heilung und Heil zu vermitteln, genügen sollen, damit Heilende Seelsorge nicht als halbierte Pastoral betrieben wird.[224]
Die Zusammengehörigkeit beider Aspekte kommt auch in den bibeltheologischen Überlegungen Josef Müllers deutlich zum Vorschein: „Das Gesamtzeugnis der biblischen Berichte läßt keinen Zweifel daran, daß die rettende Heilszuwendung Gottes in der Person Jesu das Gesund- und Heilsein des ganzen Menschen einschließt."[225] Auch Grün visiert eine seelsorgliche Verschränkung von Heilung und Heil an. In seinem Hauptwerk, in dem er biblische Modelle einer therapeutischen Pastoral skizziert, zieht er jesuanische Heilungs- und Begegnungsgeschichten, Gespräche mit Jesus, Gleichnisse und die johannäische Textstelle des 'verwundeten Arztes' heran. Einige Jahre später versucht er, ausschließlich das heilende Handeln Jesu Christi in den Blick zu nehmen. Obwohl er betont, daß die Evangelisten dieses unterschiedlich deuten, hebt er die Interpretation im Johannesevangelium hervor, um auf die biblische Fundierung der von ihm favorisierten spirituellen Dimension seelsorglichen Handelns hinzuweisen.[226]

Ausführliche Reflexionen zur *Anthropologie* Heilender Seelsorge finden sich in dieser psychologisch orientierten Konzeptvariante nicht. So fordert Baumgartner die Verankerung Heilender Seelsorge in einem evangeliumsgemäßen Menschenbild, wobei er dieses als Alternative zu den angeblich reduktionistischen anthropologischen Ansätzen der diversen Psychologieschulen hervorhebt.[227] Eine genaue inhaltliche Füllung dieses christlichen Menschenbildes er-

---

223 Als Ergebnis legt er die Schlußfolgerung vor, daß sowohl der konzeptionelle Inhalt wie auch die konkrete Praxis stets eine Kombination von Koinonia (Hinzukommen), Diakonia (Fragen), Martyria (Schrift auslegen) und Liturgia (Brot brechen) darstellt. Vgl. BAUMGARTNER, I. (1990): Pastoralpsychologie, S. 122. Vgl. auch DERS. (1990): Heilende Seelsorge, S. 94. Erst auf diesem Hintergrund wird m.E. deutlich, weshalb Baumgartner immer wieder auf den 'Christus medicus' verweist. Vgl. DERS. (1992): Heilende Seelsorge, S. 13. Zum Christus-Medicus-Motiv nach Lukas schreibt Biser: „Jeder Evangelist hat auf seine Weise den Zusammenhang von leiblicher Heilung und eschatologischem Heil gewahrt und unterstrichen, so daß die Taten Jesu dadurch nicht nur als konkrete Einzelphänomene, sondern v.a. als Reflexe eines universalen Heilsgeschehens erscheinen, das Gott in seinem Sohn zu realisieren beginnt und das letztlich eschatologische Qualität beansprucht... an der prinzipiellen Bedeutung des ärztlich heilenden Wirkens Jesu nach Lukas besteht kein Zweifel. Als der Helfer und Retter gerade auch im leiblichen Bereich des menschlichen Lebens erweist Jesus seine messianische Sendung." BISER, E. (1987): Auf dem Weg zu einer therapeutischen Theologie, S. 10-11.

224 Vgl. BAUMGARTNER, I. (1992): Heilende Seelsorge, S. 13.

225 MÜLLER, J. (1987): Heilende Begegnung, S. 32.

226 Vgl. GRÜN, A. (1991): Bilder von Seelsorge; DERS. (1996): Die spirituelle Dimension, S. 78. Bezüglich der Begegnungsgeschichten ist anzumerken, daß ausnahmsweise auch alttestamentliche Textstellen berücksichtigt werden. Vgl. auch GRÜN, A. (1996): Die spirituelle Dimension der Psychotherapie. Im Johannesevangelium erkennt Grün die Beschreibung eines ganzheitlich heilenden Vergöttlichungsprozesses des Menschen, der durch den Tod und die Auferweckung Christi ermöglicht worden ist.

227 Gegenüber dem Menschenbild der Gesprächspsychotherapie führt er an, daß die Annahme des von Natur aus guten und sozial verantwortlichen Menschen und das implizite Selbsterlösungsaxiom nicht mit christlichen Grundannahmen kompatibel seien, weil die Schuldverstrickung und unübersehbare Leiddimension der Menschen dadurch nicht adäquat erfaßt wird (S. 478-480). Bezüglich der Psychoanalyse würdigt er zwar

folgt jedoch nicht bzw. beschränkt sich auf den Hinweis der Integration der Transzendenzverwiesenheit und Gottesbedürftigkeit des Menschen, deren konzeptionelle Berücksichtigung er jedoch auch für die Logotherapie und Existenzanalyse anerkennt.[228] Da Kreppold v.a. daran interessiert ist, die spirituelle Dimension seines heilenden Konzeptes umfassend zu legitimieren, beruft er sich auf ein Menschenbild, in dem die „leiblich-materielle, die geistig bewußte, die psychisch- emotionale und die seelisch-spirituelle Dimension"[229] im Sinne einer ganzheitlichen Sichtweise des Menschen berücksichtigt wird. Weiterführende Überlegungen finden sich aber auch bei ihm nicht.

Die elaborierteste *Verhältnisbestimmung* Heilender Seelsorge gegenüber den Humanwissenschaften, die jedoch eine gewisse Inkongruenz aufweist, findet sich bei Baumgartner.[230] Einerseits plädiert er für ein dialogisch-empathisch und dialektisch-kritisch sich gegenseitig bereicherndes Verhältnis beider Wissenschaften.[231] Andererseits findet sich aber auch folgende instrumental-funktionale Zuordnung, die eher an moderne biblisch orientierte Konzepte erinnert: „Die Psychologie ist dabei freilich nicht mehr als ein Fahrzeug, störungsanfällig, in manchem unzulänglich, aber dennoch unverzichtbar."[232] Insgesamt scheint jedoch die dialogische Sichtweise zu dominieren, da diesbezüglich ausführliche Erläuterungen vorliegen. Demnach ist Heilende Seelsorge unverzichtbar auf die Psychologie angewiesen, weshalb Baumgartner von der Notwendigkeit einer psychologisch qualifizierten Seelsorge spricht: „Der Weg einer heilenden Seelsorge führt in der heutigen Situation zweifellos über die Psychologie und Psychotherapie."[233] Zur Begründung führt er eine Vielzahl an Argumenten an, die sich in drei Argumentationsstränge bündeln lassen, wobei folgende These den Argumentationsrahmen feststeckt: „Im Kern besteht die 'fremdprophetische' Anfrage der Psychologie

---

deren Idee vom Menschen als einem Wesen, das in Beziehung wächst und im Bewußtwerden der eigenen Geschichte zum Subjekt wird, distanziert sich aber gleichzeitig von reduktionistischen Ideologien, die er v.a. im Ödipuskomplex als Interpretament heroischer Schicksalszustimmung vermutet (S. 367-372). Anthropologische Grundaxiome der behavioristischen Verhaltenstherapie dagegen hält er deshalb für unakzeptabel, weil die mechanistisch-operationalistische Sichtweise des Menschen mit christlichen Vorstellungen nicht zu vereinbaren sei. (S. 412- 417); Das Menschenbild der Familientherapie dagegen unterzieht er keinem Vergleich mit christlichen Axiomen. Vgl. BAUMGARTNER, I. (1990): Pastoralpsychologie. Vgl. hierzu auch BRUNNER, H. (1990): Menschenbilder in Psychologie und Psychotherapie.

228 Vgl. BAUMGARTNER, I. (1990): Psychologie, S. 139; DERS. (1992): Heilende Seelsorge, S. 17/ 117.

229 KREPPOLD, G. (1994): Der ratlose Mensch, S. 47.

230 Im Unterschied zu Baumgartner plädiert Kreppold zusätzlich für eine positive Verhältnisbestimmung gegenüber fernöstlichen Weisheiten: „Kirchliche Pastoral, die bereit ist, alles zu prüfen und das Gute zu behalten, und von ihr zu lernen, wird ihren Auftrag gezielter, umfassender, effektiver, menschennäher und -freundlicher erfüllen können. Das bedeudet, jene Elemente des modernen Humanismus bzw. der humanistischen Psychologie und Tiefenpsychologie ebenso wie jene der fernöstlichen Weisheit ins Blickfeld zu heben, die das real existierende Christentum korrigieren und bereichern." KREPPOLD, G. (1994): Der ratlose Mensch, S. 67.

231 BAUMGARTNER, I. (1990): Pastoralpsychologie, S. 60; DERS. (1992): Heilende Seelsorge, S. 13/ 17.

232 BAUMGARTNER, I. (1990): Pastoralpsychologie, S. 18. Ähnliche Gedanken klingen an, wenn W. Müller von einer Hilfestellung der Psychologie für die seelsorgliche Therapie und Beratung spricht. Vgl. MÜLLER, W. (1987): Menschliche Nähe, S. 34.

233 BAUMGARTNER, I. (1990): Pastoralpsychologie, S. 18.

und Psychotherapie heute in besonderer Weise darin, daß sie die Pastoral an ihre vergessene heilende Dimension erinnert."[234]

Die erste Argumentationslinie basiert auf der Annahme, daß die Psychologie der Seelsorge ein bewährtes diagnostisches Erfahrungs- und Experimentalwissen zur Verfügung stellen kann. Obwohl Baumgartner betont, daß es sich dabei um ein Analyseinstrumentarium zur Wahrnehmung persönlicher Krisenerfahrungen und der dahinter stehenden leidproduzierenden Strukturen handelt,[235] hat er v.a. intrapsychische Prozesse im Blick. Dementsprechend sieht er die kritische Hilfestellung der Psychologie darin, „daß Theologie und Pastoral ihre ungenügende Landkarte von der menschlichen Psyche auf angemessenen Stand bringen."[236] Hinter dieser relativ abstrakten Aussage verbirgt sich der Anspruch, daß SeelsorgerInnen psychologisches Wissen nutzen sollen, um „die Nöte der Menschen, und was ihre Seele zerfrißt"[237] wahrzunehmen und zugleich hinter die Fassade der eigenen Person zu blicken: „Psychotherapie ist deshalb für die Seelsorge nicht nur ein Instrument, um andere zu heilen, sondern zuerst und vor allem ein Fahrzeug für die eigene Psyche."[238] Gerade in Blick auf die intime Wahrnehmungssituation der eigenen und fremden Psyche gesteht Baumgartner der Psychologie folgende fremdprophetische und gerade für die Seelsorge heikle Anfrage an die Theologie zu: „Sie wird sich, wie es echter dialogischer Haltung entspricht, von der Psychologie sagen lassen, wo sie selbst blind geworden ist für die Bedingungen gelingenden Lebens, wo sie Kränkungen und Verletzungen im Namen der Religion nicht deutlich genug bekämpft."[239] Um diese Blindheit abzustellen, ermutigt Baumgartner dazu, das in der Psychologie erworbene Wissen um religiöse Psychopathologien zu rezipieren, um entsprechend sensibel mit diesbezüglich eigenen und fremden Verletzungen umgehen zu lernen, damit gerade diese Dimension nicht aus Unwissenheit oder innerer Abwehr aus der Heilenden Seelsorge ausgeklammert wird.[240] In einer zweiten Argumentationslinie weist Baumgartner darauf hin, daß die Psychologie der Seelsorge effiziente psychotherapeutische Mittel im Sinne eines bewährten Heilungswissens an die Hand geben kann, um existentielle Nöte alltagspraktisch zu

---

234 BAUMGARTNER, I. (1994): Psychotherapeutische Seelsorge, S. 168. Um mögliche Mißverständnisse auszuräumen, betont er an anderer Stelle, daß es darum geht, „daß Seelsorge im Dialog mit Psychologie und Psychotherapie mehr Glaubwürdigkeit gewinnt, daß sie das, wovon sie spricht, überzeugender praktizieren kann." BAUMGARTNER, I. (1990): Psychologie in der Seelsorge, S. 128.

235 Vgl. BAUMGARTNER; I. (1992): Heilende Seelsorge, S. 13.

236 BAUMGARTNER, I. (1990): Pastoralpsychologie, S. 18. An anderer Stelle umschreibt er dieses Anliegen als die „Notwendigkeit in der Pastoral 'etwas von der Seele zu verstehen'". DERS. (1990): Heilende Seelsorge, S. 124.

237 BAUMGARTNER, I. (1990): Pastoralpsychologie, S. 340.

238 BAUMGARTNER, I. (1990): Pastoralpsychologie, S. 341. Ähnliche Prioritäten setzt auch Kreppold: „Wenn wir nach Hilfe aus dem humanwissenschaftlichen Gebiet Ausschau halten, dann in dem Sinn, daß wir die Lücken unserer Identität, unseren Schatten erkennen und daß wir den im kirchlichen Binnenraum nicht gelebten Wahrheiten zum Leben verhelfen, zunächst in uns selbst und dann in unserem Umfeld.... Einmal geht es um die Wirklichkeit und Eigendynamik des Emotionalen... Als zweiter Anstoß ergibt sich, die kirchliche Einstellung zur Vitalität zu überprüfen, d.h. zu den Impulsen der positiven Aggression und der Sexualität." KREPOLD, G. (1994): Der ratlsoe Mensch, S. 120.

239 Vgl. BAUMGARTNER, I. (1992): Heilende Seelsorge, S. 17.

240 Vgl. BAUMGARTNER, I. (1990): Psychologie in der Seelsorge, S. 141-147.

lindern und damit dem Heilungsauftrag besser gerecht zu werden.[241] In einem dritten Argumentationsstrang will Baumgartner psychologisches Wissen nicht nur als diagnostisches und therapeutisches Instrumentarium, sondern auch als Interpretationshilfe für die religiöse Symboldeutung und Schriftauslegung zu Rate gezogen wissen, um auch hier Bedingungen für eine heilende Form der Begegnung zu schaffen.[242] Da Baumgartner einen wechselseitigen Dialog einfordert, sieht er auch prophetische Anfragen der Theologie an die Psychologie vor. Diesbezüglich erwartet er eine fundierte theologische Kritik psychologischer Anthropologie sowie impliziter Machbarkeits- und Selbsterlösungsideologien. Zudem sieht Baumgartner die Notwendigkeit, daß die Theologie ebenso fremdprophetisch die Psychologie/Psychotherapie darauf hinzuweisen hat, daß diese mit der ganzheitlichen Heilung des zutiefst gekränkten modernen Menschen überfordert ist: „Gerade die Psychoszene zeigt aber, daß die menschliche Lage im Letzten nicht durch konventionelle Psychotherapie, auch nicht, wenn sie durch numinose und pseudoreligiöse Ingredienzien angereichert ist, bereinigt werden kann. Es bleibt auch nach der leidlichen Versorgung der gröbsten Verwundungen ein nicht therapierbarer Rest an Unheilbarem."[243]

Ebenso wie TheoretikerInnen Therapeutischer oder Begleitender Seelsorge gehen auch VertreterInnen Heilender Seelsorge davon aus, daß die wissenschaftliche Aufarbeitung des geforderten kritischen Dialogs zwischen Theologie/Seelsorge und Psychologie/Psychotherapie v.a. von der Pastoralpsychologie zu leisten ist, wobei Baumgartner auch hier Pionierarbeit geleistet hat.[244] Während Demal, der bereits 1953 als Katholik die amerikanische Pastoralpsychologie für deutsche Verhältnisse rezipierte, diese noch als reine Hilfswissenschaft für die Pastoraltheologie beschrieb, plädiert Baumgartner für eine eigenständige pastoralpsychologische Disziplin, die einen konstruktiven Dialog zur Psychologie zu suchen hat: „Als Teilgebiet der Praktischen Theologie und der Angewandten Psychologie ist die Pastoralpsychologie eine Handlungswissenschaft, d.h. sie reflektiert mit den Mitteln der wissenschaftlichen Psychologie die Praxis der Seelsorge und macht Ergebnisse und Erkenntnisse der Psychologie und

---

241 Vgl. BAUMGARTNER, I. (1992): Heilende Seelsorge, S. 15.

242 Vgl. BAUMGARTNER, I. (1990): Psychologie in der Seelsorge, S. 149 ff.

243 BAUMGARTNER, I. (1990): Pastoralpsychologie, S. 17. Zwei Jahre später versucht er, diese These durch ein Zitat C.G. Jungs zu untermauern: „Unter allen meinen Patienten jenseits der Lebensmitte, d.h. jenseits 35, ist nicht ein einziger, dessen endgültiges Problem nicht das der religiösen Einstellung wäre... Und keiner ist wirklich geheilt, der seine religiöse Einstellung nicht wieder erreicht." JUNG, in: BAUMGARTNER, I. (1992): Heilende Seelsorge, S. 10.

244 Baumgartner, der als Katholik zwar auch in der Traditionslinie evangelischer Pastoralpsychologie steht, distanziert sich jedoch von Scharfenbergs Entwurf: „Fast gänzlich ausgeklammert bleibt die in der zeitgenössischen Universitätspsychologie vorherrschende empirisch-experimentelle Psychologie... Der Titel 'Pastoralpsychologie', den Scharfenberg seinem Werk gibt, beansprucht für das Ganze der Psychologie zu sprechen, in Wirklichkeit handelt es sich um einen bestimmten Sektor rezipierter Psychologie. Wäre es hier nicht zutreffender von 'pastoraler Psychoanalyse' oder 'psychoanalytischer Pastoral' zu sprechen?" BAUMGARTNER, I. (1990): Pastoralpsychologie, S. 24. Alternativ fordert er, „Forschungsergebnisse der Diagnostik, Prophylaxe und Therapie für die Praktische Theologie zugänglich zu machen, so daß sie für eine dem Evangelium und den Fragen der Menschen angemessene 'Praxis der Kirche' fruchtbar werden können." BAUMGARTNER, I. (1990): Pastoralpsychologie, S. 56. Wahl hält es zudem für die Pastoralpsychologie für unabdingbar, „sich der Religionskritik zu stellen und sich selbst zugleich als Religionspsychologie zu entwerfen, will sie nicht einem binnenkirchlichen Pragmatismus verfallen." WAHL, H. (1985): Therapeutische Seelsorge, S. 422. Für Wahl stellt die Pastoralpsychologie deshalb sowohl ein Teilgebiet als auch eine Grunddimension Praktischer Theologie dar. Vgl. WAHL, H. (1990): Pastoralpsychologie, S. 54.

Theologie für die Praxis fruchtbar."²⁴⁵ Obwohl auf evangelischer Seite betont wird, daß sich die Pastoralpsychologie inzwischen weitgehend etabliert hat, zieht Baumgartner 1990 aus katholischer Sicht eine gegensätzliche Bilanz: „Auch gut zwei Jahrzehnte nach Beendigung des Konzils ist diese Option für einen Dialog mit der Psychologie in Theologie und Seelsorge noch weithin uneingelöst. Pastoralpsychologie ist nicht nur für viele Seelsorger, sondern auch für die Theologie insgesamt ein kaum begangenes Terrrain, terra incognita."²⁴⁶

2.4.3. Spezielle konzeptionelle Vorgaben für Psychiatrieseelsorge

Die im Begleitungsmodell erkennbare strukturell bedingte *Adressatenausweitung* seelsorglicher Aktivität gerät durch die ausgeprägte Individuumszentriertheit des heilenden Konzeptes wieder in den Hintergrund. Erneut richtet sich Seelsorge primär am Klientel der PatientInnen aus, wobei allerdings daran festgehalten wird, daß deren Religions- oder Rassenzugehörigkeit kein Auswahlkriterium darstellen darf.²⁴⁷

Die VertreterInnen Heilender Seelsorge entwickeln ebenfalls kein spezifisch christliches *Krankheitsverständnis*, sondern schließen sich den gegenwärtig dominierenden Sichtweisen der biologischen und sozialpsychiatrischen Richtung an.²⁴⁸ Dennoch findet sich der Versuch, traditionelle Annahmen über den Zusammenhang von seelischer Erkrankung und religiöser Sinndeutung unabhängig von klassischen Schuld- und Besessenheitsmotiven neu zu durchdenken. Als Ergebnis legt Grün eine Wirkschleifen - Theorie vor. Demnach können seelische Erkrankungen, die er ähnlich beschreibt wie Baumgartner, zu religiösen Krisen, diese wiederum aber auch zu seelischen Erkrankungen führen.²⁴⁹ In konsequenter Weiterführung seines

---

245 BAUMGARTNER, I. (1982): Seelsorgliche Kompetenz, S. 19. Vgl. DEMAL, W. (1953): Praktische Pastoralpsychologie, S. 1.

246 BAUMGARTNER; I: (1990): Pastoralpsychologie, S. 22. Für die evangelische Sichtweise vgl. SONS, R. (1995): Seelsorge zwischen Bibel und Psychotherapie, S. 73; MÖLLER, Ch. (1988): Wie geht es in der Seelsorge weiter?, S. 410.

247 Baumgartner betont, daß sich aus christlicher Sicht eine Unterscheidung von Juden und Heiden, SünderInnen und Gerechten sowie KirchensteuerzahlerInnen und nicht ZahlerInnen nicht rechtfertigen läßt. Vgl. BAUMGARTNER, I. (1992): Heilende Seelsorge, S. 54 und 58. Diese Sichtweise wird auch von Kreppold geteilt, der gerade in Menschen, die sich nicht im kirchlichen Innenraum bewegen, besonders bedeutsame AdressatInnen christlicher Seelsorge erkennt. Vgl. KREPPOLD, G. (1994): Der ratlose Mensch, S. 225.

248 Vgl. BAUMGARTNER, I. (1990): Pastoralpsychologie, S. 200-232; MÜLLER, W. (1990): Erkennen, S. 62-70 (Die Darstellung der gegenwärtig dominierenden psychiatrischen Krankheitslehre stammt nicht von Müller selbst, sondern von dessen Frau!)

249 Vgl. GRÜN, A. (1994): Religiöse Krisen und seelische Erkrankung. In einem später erschienenen Aufsatz, in dem er die in den Evangelien tradierten Krankheitsverständnisse in Abhängigkeit vom kulturellen Kontext des jeweiligen Autors herausarbeitet, versucht Grün, den Nachweis zu liefern, daß im Neuen Testament nicht ein, sondern eine Vielfalt an Erklärungsmodellen seelischer Erkrankung existiert. Entscheidend sei nun, daß keines dieser stark voneinander abweichenden Vorstellungsmodelle als gegenwärtiges Krankheitskonzept wörtlich aus der Bibel zu rezipieren wäre. Vielmehr gelte es, die beschriebenen Phänomene in gegenwärtigen psychologisch-medizinischen Krankheitsvorstellungen wiederzuerkennen und entsprechend zu beschreiben. Während Grün diese Vorgehensweise für Erzählmotive bei Markus, Matthäus und Lukas stringent durchhält (die bei Markus entdeckten Besessenheitsmotive versucht Grün zu entpersonalisieren und als ein Verhaftetsein in inneren und äußeren Zwängen zu interpretieren; das bei Matthäus vorfindbare mit Schuldmotiven korrelierte Krankheitsverständnis deutet er in Rekurs auf tiefenpsychologische Über- Ich- Zu-

spirituellen Ansatzes versucht auch Kreppold, der geistig- transzendenten Dimension im Krankheitsgeschehen eine wichtige Bedeutung beizumessen, wobei er jedoch keine konkreten Ableitungen zur Erklärung psychiatrischer Erkrankungen liefert.[250]

Die Konzeptbezeichnung 'Heilende Seelsorge' legt zwar nahe, PsychiatrieseelsorgerInnen die *Rolle* von Heilungs - ExpertInnen bzw. TherapeutInnen zuzuschreiben. Gerade die von Baumgartner eingeforderte psychotherapeutische Professionalisierung von Seelsorge scheint diese Schlußfolgerung zu stützen.[251] Obwohl der therapeutische Gesundungsaspekt tatsächlich im Heilungsverständnis enthalten ist, läßt sich dieser jedoch aufgrund der ebenfalls enthaltenen Komponente des Heilwerdens im Krankheitsstatus nicht verabsolutieren. Dies hat zur Folge, daß die Seelsorgerolle zwar einen therapeutischen Anteil besitzt, aber nicht darin aufgehen darf. Eine bemerkenswert sensible Abgrenzung zur aktiv intervenierenden Therapeutenrolle finder sich bei W. Müller, der als Kennzeichen psychologisch geschulter seelsorglicher Tätigkeit den taktvollen und behutsamen Schutz der nackten Seele des Gegenüber einfordert.[252] In protektiver Grundhaltung sollen SeelsorgerInnen den PatientInnen in Form einer geschwisterlich - symmetrischen Beziehung gegenübertreten, wodurch eine reziproke Beziehungsdynamik, die auch Rückwirkungen auf die SeelsorgerInnen selbst besitzt, entsteht.[253] Konzeptionell bedingt dürfen somit aber auch PatientInnen nicht auf die Rolle heilungsbedürftiger Kranker fixiert werden. Vielmehr sollen sie als Menschen mit gesunden und kranken Anteilen wahrgenommen und akzeptiert werden. Um dies leisten zu können, benötigen SeelsorgerInnen nicht nur eine ausgeprägt gläubig-spirituelle,[254] sondern auch eine um-

---

sammenhänge; die lukanische Sichtweise, Krankheit mit ästhetischen Motiven zu verknüpfen und deshalb als Deformation des Schönen zu beschreiben, nimmt er psychologisierend auf, um den ethischen Aspekt der Verletzung der Würde Erkrankter herauszustellen), wählt er jedoch für das Johannesevangelium, das für sein Konzept den Mittelpunkt darstellt, eine Zugangsweise, die sein eigenes Anliegen methodisch unterläuft. Die johannäische Vorgabe, in der Krankheit als Ausgeliefertsein an die Vergänglichkeit interpretiert wird, korreliert er nicht mit aktuellen psychologisch-medizinischen Theorien, sondern mit theologisch-psychologisierenden Theorien über die existentielle Erfahrung des Fehlens der göttlichen Dimension im Leben eines Menschen. Vgl. GRÜN, A. (1996): Die spirituelle Dimension der Psychotherapie.

250 Vgl. KREPPOLD, G. (1994): Der ratlose Mensch, S. 43.

251 Zusätzlich zum Erwerb theologischen Fachwissens plädiert v.a. Baumgartner für die Aneignung psychotherapeutischen Wissens, um überhaupt in der Lage zu sein, sich auf die vielschichtige Beziehungsdynamik einer seelsorglichen Begegnung professionell einlassen zu können, um etwas von den Irrungen und Wirrungen der menschlichen Seele zu verstehen, um mit der faszinierenden Sprache von Bildern und Träumen umgehen zu können und um überhaupt in der Lage zu sein, heilende therapeutische Basishaltungen einnehmen zu können: „Ohne Anregungen von außen, auch durch Einsichten der Beratungspsychologie und Psychotherapie, ist das Hineinwachsen in eine tragfähige Helferrolle freilich sehr erschwert. Für die Entwicklung eines eigenen Stils ist es deshalb weiterführend, bewährte Erfahrungen anderer zur Kenntnis zu nehmen und zu versuchen, sie in das eigene Handeln zu integrieren." BAUMGARTNER, I. (1992): Heilende Seelsorge, S. 86-87. Vgl. auch BAUMGARTNER; I. (1990): Psychologie in der Seelsorge, S. 127-128.

252 Vgl. MÜLLER, W. (1996): Die Nacktheit der Seele schützen.

253 Vgl. BAUMGARTNER, I. (1992): Heilende Seelsorge, S. 74.

254 Aus seiner explizit spirituellen Perspektive definiert W. Müller gläubig-spirituelle Kompetenz einerseits als eine grundsätzliche Offenheit für das Geheimnisvolle und Mystische und andererseits als eine konkrete lebendige Beziehung zum christlichen Gott: „Diese Fähigkeit steht vor der theologischen Kompetenz oder Kirchlichkeit, die dadurch nicht unbedeutend werden." MÜLLER, W. (1990): Erkennen, S. 10. Vgl. MÜLLER, W. (1990): Beraten und Begleiten, S. 28.

fassende personale Kompetenz,[255] die v.a. in Form einer pastoralpsychologisch qualifizierten Zusatzausbildung erwerbbar ist. Da Baumgartner betont, daß SeelsorgerInnen aufgrund ihres profilierten Rollenbildes nicht in Konkurrenz zu anderen RollenträgerInnen treten sollen, um ihrer Integration in die Kinik nicht selbst im Weg zu stehen, setzt Heilende Seelsorge auch eine enge personelle und strukturelle Kooperation mit der Organisation Krankenhaus voraus.[256]

Das heilende Seelsorgekonzept unterscheidet sich von den bisher besprochenen theologisch-psychologisch fundierten Konzepten bezüglich seiner theorieinhärenten individuumszentrierten *Alltagspraxis* nur darin, daß es eine neue Schwerpunktsetzung im rituell-symbolischen und spirituell-mediativen Praxisbereich vorgibt.[257] Dadurch soll einerseits die nonverbale und affektive Seite der Menschen angesprochen und andererseits eine spürbare Berührung mit der Wirklichkeit Gottes hergestellt werden.[258]

Die theoretischen Vorgaben für die *Methodik* seelsorglicher Alltagspraxis umfassen ein sehr weites Spektrum, das sowohl spezifisch religiöse als auch theologie-extern erworbene psychotherapeuthische Methoden umfaßt. Als spezifisch theologie-interne Methoden sollen v.a. die Auslegung biblischer Geschichten, das Einbringen von Bildworten/Sprüchen aus der Bibel und der christlichen Glaubenstradition und der gezielte Umgang mit christlichen Symbolen zum Einsatz kommen.[259] Selbstkritisch wird dabei jedoch darauf verwiesen, daß SeelsorgerInnen weder die methodische Möglichkeit besitzen, „bestimmte Formen der Glaubenspraxis als Breitband-Therapeutika zu empfehlen"[260] noch die Kraft Gottes für Heilungszwecke in-

---

255   Eigenschaften personaler Kompetenz werden unterschiedlich bestimmt. Grün betont die persönliche Ausstrahlung der Seelsorgerin, während Baumgartner eine intuitive Menschenkenntnis, die Fähigkeit, Interesse am Mitmenschen aufzubringen und eine nicht näher umschriebene soziale Intelligenz voraussetzt. Kreppold dagegen versteht darunter „die emotionale Autonomie, Weite des Denkens, heilende Kompetenz und spirituelle Kraft." KREPPOLD, G. (1994): Der ratlose Mensch, S. 225. Vgl. GRÜN, A. (1996): Die spirituelle Dimension, S. 80; BAUMGARTNER, I. (1992): Heilende Seelsorge, S. 74.

256   Vgl. BAUMGARTNER; I. (1992): Heilende Seelsorge, S. 60.

257   Klassische religiöse Praxisformen wie das Bibelstudium, Spendung von Sakramenten und liturgische Feiern verlieren deshalb nicht ihren Stellenwert. In Blick auf Gottesdienste und Eucharistiefeiern versucht W. Müller, gerade den Aspekt der affektiven Unmittelbarkeit und Herzlichkeit besonders hervorzuheben. Vgl. MÜLLER, W. (1989): Gemeinsam wachsen in Gruppen, S. 94.

258   Vgl. MÜLLER, J. (1987): Heilende Begegnung, S. 35.

259   Unter der Betonung, daß die Auslegung biblischer Geschichten nicht hinter das literarkritische und formgeschichtliche Niveau historisch-kritischer Bibelexegese zurücktreten darf, legt Baumgartner gleichzeitig großen Wert darauf, daß die heilende Wirkkraft biblischer Geschichten von den SeelsorgerInnen existentiell erfahrbar zu machen sind. Im Erzählen und Auslegen der Schrift müsse deshalb methodisch die Heilszusage der biblischen Glaubensurkunden mit der aktuellen Not- Erfahrung der Menschen korreliert werden. Bei der Suche nach geeigneten Deute- und Sprüchworten aus der Bibel oder der christlichen Glaubenstradition sei zudem methodisch darauf zu achten, daß diese nicht abrufbar bei den SeelsorgerInnen zur Verfügung stehen, sondern in einem gemeinsamen Such- Prozeß entdeckt werden müssen, wobei die methodische Freiheit bestehen muß, nicht passende Worte bzw. Bilder durch andere zu ersetzen. In Rekurs auf Ricoeur und Jung plädiert Baumgartner desweiteren für einen methodischen Umgang mit christlichen Symbolen, durch die die Heilkraft des christlichen Glaubens aufscheinen kann: „Religiöse Symbole 'inszenieren' in einem heiligen Spiel ambivalente Urerfahrungen und Urfragen des Menschen und führen sie einer Antwort zu, die von Gott selbst gegeben wird." BAUMGARTNER, I.: Von der heilenden Kraft der Sakramente, S. 558. Vgl. BAUMGARTNER, I. (1992): Heilende Seelsorge, S. 70/118/123/124.

260   BAUMGARTNER, I. (1992): Heilende Seelsorge, S. 119.

strumentalisieren können.[261] Kopierversuche der (exorzistischen) Heilungsmethodik Jesu werden deshalb radikal abgelehnt: „Seelsorger haben weder Dämonen auszutreiben, noch eine Legion unreiner Geister in Schweineherden zu schicken. Man darf die Bibel nicht reduzieren auf eine blanke Gebrauchsanweisung, um Blindheit oder Behinderung zu kurieren."[262] Bezüglich des Einsatzes theologie-extern entwickelter Methodik findet sich im heilenden Seelsorgeverständnis eine von großer Offenheit geprägte Haltung. Während Kreppold v.a. für die Einbeziehung der person-zentrierten Gesprächsführung und meditativer Techniken plädiert und Grün auf die methodischen Möglichkeiten der Transpersonalen Psychologie verweist, schlägt Baumgartner eine grundsätzlich plurale Umgangsweise mit den Methoden diverser psychologischer Schulrichtungen für eine gezielte pastoraltherapeutische Diagnostik und Interventiosstrategie im Sinne eines aspektivischen Denkens und Vorgehens vor:[263] "Die Psychologie mit ihren konträren Schulrichtungen verlangt geradezu danach, sie in ihrer Heterogenität und Pluralität zur Kenntnis zu nehmen und sie nicht im Zuge der Rezeption zu vereinheitlichen und über Gebühr zu glätten."[264] Ausführlich analysiert er daher diverse psychotherapeutische Methoden und deren seelsorgliche Anwendungsmöglichkeiten. In Rekurs auf Hammers stellt er als Ergebnis ein komplementär-integratives Modell psychotherapeutischer Interventionsstrategien vor, die je nach Problem- und Bedürfnislage des Gegenüber einzeln oder kombiniert angewandt werden können.[265] Trotz der großen Bedeutung, die Baumgartner psychotherapeutischen Methoden für die Seelsorge zuspricht, will er aber festgehalten wissen, daß seine methodischen Anregungen nicht die Funktion eines allgemeinverbindlichen Rezeptkatalogs besitzen, da sich die jeweilige Methodenwahl letztlich der Spontanität der SeelsorgerInnen verdankt und deshalb nicht überbewertet werden darf, da ein „hilfreiches Intervenieren oft weniger eine Frage der Technik als des Selbstbewußtseins der Seelsorgerinnen und Seelsorger ist."[266]

---

261 SeelsorgerInnen würden nicht selten in einer eigenartigen Reduktion die Handauflegung, den Segen oder die Eucharistie wie „medikamentöse Heilmittel verabreichen, auf einer Stufe mit und in Konkurrenz zu Infusion, Tablette oder Operation." BAUMGARTNER, I. (1992): Heilende Seelsorge, S. 11.

262 BAUMGARTNER, I. (1992): Heilende Seelsorge, S. 60.

263 Vgl. KREPPOLD, G. (1994): Der ratlose Mensch, S. 64/70; GRÜN, A. (1996): Die spirituelle Dimension der Psychotherapie, S. 78/80; BAUMGARTNER, I. (1992): Heilende Seelsorge, S. 73.

264 BAUMGARTNER, I. (1990): Pastoralpsychologie, S. 33.

265 Gesprächspsychotherapeutische Methoden hält er als Basismethode für unabdingbar, um auf der reflektierten Basis von Empathie, Akzeptanz und Kongruenz einerseits der emotionalen Ebene der intersubjektiven Begegnung gerecht zu werden und andererseits eine kontrollierte Gesprächsführung zu ermöglichen. Verhaltenstherapeutische Methoden der Verhaltensanalyse und entsprechendes Verhaltenstraining sieht er dann als notwendig an, wenn auf der Verhaltensebene Lernprozesse bei PatientInnen seelsorglich unterstützt bzw. angeregt werden sollen. Familientherapeutische Interventionsstrategien müssen seiner Meinung nach dann gewählt werden, wenn sich die seelsorgliche Kommunikation das soziale Umfeld der PatientInnen einbezieht. Auf tiefenpsychologische Methoden des Erinnerns, Durcharbeitens, Analysierens und Deutens können SeelsorgerInnen seiner Meinung nach in Blick auf zwei unterschiedliche Zielperspektiven zurückgreifen. Zum einen dann, wenn sie heilenden Einfluß auf seelische Verletzungen von Menschen nehmen wollen, indem sie dazu beitragen, verdrängte Traumatisierungen ins Bewußtsein zu holen und der Bearbeitung zugänglich zu machen. Zum anderen aber auch, wenn SeelsorgerInnen tiefenpsychologische Instrumentarien zur Symboldeutung und Schriftauslegung nutzbar machen wollen. Vgl. BAUMGARTNER, I. (1990): Pastoralpsychologie, S. 343-367; 422-427; 474-484; 517-518.

266 BAUMGARTNER, I. (1992): Heilende Seelsorge, S. 14.

2.5. Mystagogische, Mystagogisch - Heilende Seelsorge
2.5.1. Hinführender Überblick

Das mystagogische Seelsorgemodell stellt sich als ein relativ schillerndes Konzept dar. Dies liegt daran, daß es auf Theologen zurückgeht, die Seelsorge sowohl im Vokabular Heilender und Begleitender Seelsorge verhandeln (v.a. Baumgartner und Knobloch), wie auch auf Theorieelemente Diakonischer und Kommunikativer Seelsorge zurückgreifen (v.a. Haslinger, Henke und Zulehner). Im Folgenden wird versucht, die spezifisch mystagogische Sichtweise trotz Herkunft aus den genannten Konzeptvarianten herauszuarbeiten und als Seelsorgetheorie eigenständigen Profils vorzustellen. Obwohl sich das mystagogische Konzept auch der soziologischen Perspektive zuordnen ließe, wird es hier der psychologischen Perspektive zugerechnet, weil nach Ansicht der Verfasserin die Affinität gegenüber letzterer von den meisten Autoren besonders hervorgehoben wird.[267] Zwar dachte Baumgartner bereits 1987 über die Einbeziehung mystagogischer Elemente in die Seelsorgelehre nach, seine Anregungen jedoch wurden erst in den 90er Jahren aufgegriffen. Mystagogische Seelsorge stellt somit eine gegenwärtig aktuelle, aber bisher relativ unsystematische Konzeptvariante dar, die noch einer genaueren Fundierung bedarf! Weil die in den 60er Jahren erfolgte theologische Rückbesinnung Rahners auf den Mystagogie-Begriff[268] aus der Sicht Haslingers den Versuch darstellte, Seelsorge an die Anforderungen der modernen säkularisierten Welt, in der der Glaube nicht länger vom kollektiven Bewußtsein getragen ist, anzupassen, erkennt er im mystagogischen Seelsorgeansatz ein umfassendes Paradigma künftiger kirchlicher Praxis.[269]

Die Verwendung des Wortes 'Mystagogie' zur Titulierung des neuen Konzeptes erweist sich jedoch als relativ problematisch, weil es geschichtlich begründetete Assoziationen weckt, die auf inhaltlich falsche Fährten locken. So legt 'ins Geheimnis einführen' als wörtliche Übersetzung des griechischen Wortes den Verdacht nahe, daß unter Mystagogie im Sinne griechischer Mysterienkulte elitäre Einweihungsriten in kultische Geheimnisse zu verstehen sind. Die Verwendung des Wortes in der altchristlichen Tradition lenkt zudem den Blick auf eine sakramentale Sichtweise, als ob Mystagogie dazu diene, den Geheimnischarakter christlicher Sakramente zu ergründen. Beide Konnotationen spielen im Mystagogieverständnis Rahners, an den die Theoretiker Mystagogischer Seelsorge anknüpfen, jedoch keine Rolle, weil er mit diesem Begriff keine exklusive Einführung ausgewählter Menschen, sondern eine alltägliche Hinführung aller Menschen zum göttlichen Geheimnis in ihnen selbst im Blick hat.

Da das mystagogische Konzept nicht in Blick auf die Krankenhausseelsorge entwickelt wurde, finden sich diesbezüglich kaum Ableitungen. Schaubild 24 faßt die VertreterInnen Mystagogischer Seelsorge, ihre zentralen Schriften und Titulierungsversuche zusammen:

---

267 Die Termini 'Heilung' und 'Begleitung' werden weitaus häufiger mit dem Begriff 'Mystagogie' kombiniert als die eher soziologisch gefärbten Begrifflichkeiten wie 'Diakonie'. Vgl. HASLINGER, H. (1991): Was ist Mystagogie?, S. 65; BAUMGARTNER, J. (1992): Heilende Seelsorge, S. 59; DERS. (1987): Der Weg der Mystagogie. Gedanken zur seelsorglichen Begleitung. Daß dennoch soziologische Determinanten von entscheidender Bedeutung sind, wird bereits bei Knoblochs Kontextbeschreibung von Seelsorge evident. Vgl. KNOBLOCH, S. (1991): Seelsorge als Mystagogie, S. 61-264.

268 Zur Geschichte des Mystagogiebegriffs vgl. HASLINGER; H. (1991): Was ist Mystagogie? Eine ausführliche und einfühlsame Erläuterung des Mystagogiebegriffs bei Rahner findet sich in folgender unveröffentlichten Wissenschaftlichen Arbeit für das Staatsexamen: WISSKIRCHEN, GABRIELE: Dem Geheimnis auf der Spur: Gotteserfahrung bei Karl Rahner. Tübingen, 1997.

269 Vgl. HASLINGER, H. (1991): Sich selbst entdecken - Gott erfahren, S. 71.

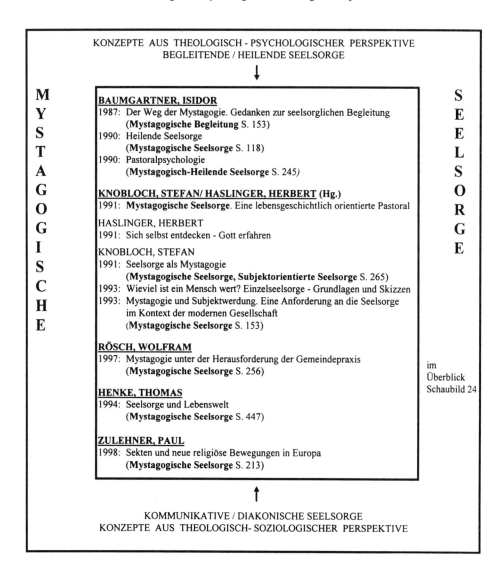

im Überblick
Schaubild 24

2.5.2. Theoretische Fundierung der allgemeinen Seelsorgelehre

Mystagogische Seelsorge definiert sich als ein von SeelsorgerInnen initiierter dynamischer zwischenmenschlicher Prozeß, durch den diese sowohl ihrem Gegenüber als auch sich selbst eine existentielle religiöse Erfahrungsdimension eröffnen, die v.a. drei zusammengehörige Aspekte umfassen soll:

Zum einen geht es um eine generelle „bewußtseinsbildende Hinführung zu dem Geheimnis, das wir Gott nennen."[270] Bewußtseinsbildung wird in diesem Kontext nicht als eine primär intellektuelle Leistung im Sinne des Erwerbs entsprechenden Wissens über das „Geheimnis des lebendigen Gottes"[271] verstanden, sondern als ein emotional verankertes Erfahrungswissen „über alles rationale Andozieren der Existenz Gottes hinaus."[272]

Als zweiter Aspekt läßt sich herauskristallisieren, daß das Geheimnis Gott niemals abstrakt um seiner selbst willen erfahrbar gemacht werden soll, sondern stets konkret in Bezug auf die eigene Lebensgeschichte: „Es kommt der Kirche im Rahmen ihrer mystagogischen Pastoral folglich zu, darin anzuleiten, die je eigene Geschichte als Gottes Geschichte mit einem selbst lesen zu lernen."[273] In der banalen Alltagswirklichkeit gilt es demnach, Spuren Gottes zu entdecken und individuell für jeden einzelnen Menschen zu erschließen: „Die hermeneutische (mystagogische) Aufgabe der Seelsorge besteht darin, diese Erfahrungen in der Alltagswelt selbst auf die Wirklichkeit Gottes hin zu 'buchstabieren.'"[274] Durch die Betonung des Alltagsbezugs kommt deutlich zum Vorschein, daß Mystagogische Seelsorge kein kultbezogenes und weltfremdes Modell darstellt: „Die Mystagogie darf sich selbst nicht als Vermittlung von Gotteserfahrungen in einzelnen auffallenden 'mystischen' Lebenssituationen, die eben wegen ihrer Außergewöhnlichkeit von der alltäglichen Lebenswirklichkeit abgehoben sind, mißverstehen. Sie ist kein Akt elitärer oder gar weltfremder Scheinreligiosität. Sie ist per definitionem zunächst und vor allem in der banalen, alltäglichen Lebenswirklichkeit des Menschen anzusiedeln. Der All-tag, der Ort, an dem alles vor-kommt, das heißt in der konkreten Lebenswirklichkeit des Menschen zutage tritt, ist der Ort der menschlichen Selbsterfahrung und somit auch der vornehmliche Ort authentischer Gotteserfahrung."[275]

Haslingers Betonung der Selbsterfahrung stellt die Überleitung zum dritten Aspekt der Erfahrungsdimension, die Rösch prägnant auf den Punkt bringt, dar: „Mystagogische Seelsorge fängt daher beim Menschen an, bei seiner Selbsterfahrung und Existenz, und endet dort auch wieder. Sie trägt die christliche Botschaft nicht an den Menschen heran wie etwas Fremdes oder Äußeres, sondern sucht die 'Erweckung und Interpretation des Innersten im Menschen, der letzten Tiefe der Dimension seiner Existenz'."[276] Der mystagogische Zugang zum Menschen ist demnach nur deshalb möglich, weil alle Menschen bereits durch ihre Existenz auf das Geheimnis Gott verwiesen sind und daher eine quasi natürliche Offenheit gegenüber dieser Erfahrungsdimension besitzen.

---

270 HASLINGER, H. (1991): Sich selbst entdecken, S. 71.

271 BAUMGARTNER, I. (1987): Der Weg der Mystagogie, S. 149.

272 RÖSCH, W. (1997): Mystagogie, S. 256. Zur Erahrungsdimension: „Es gibt eine Begründung des Glaubens - sie wird Mystagogik oder Initiation genannt - von der Innenseite der Seele, d.h. vom Erleben her. Die innere Hinführung ist überzeugender als der Aufweis von äußeren Gründen. Sie regt einen Prozeß an, überfordert den Menschen nicht und läßt ihm Freiheit. Logische Beweisketten jedoch haben etwas Zwingendes und Kopflastiges, Unlebendiges an sich, lassen das Herz eines Menschen kalt und werden mit Gegenargumenten zurückgewiesen." KREPPOLD, G. (1994): Der ratlose Mensch, S. 122.

273 BAUMGARTNER; I. (1990): Heilende Seelsorge, S. 117.

274 HENKE, Th. (1994): Seelsorge und Lebenswelt, S. 450.

275 HASLINGER, H. (1991): Sich selbst entdecken, S. 74.

276 RÖSCH, W. (1997): Mystagogie, S. 257.

Ein bewußtes Wahrnehmen und sich Einlassen auf die konkrete Alltagswirklichkeit des Gegenüber, das Erspüren der Spuren Gottes in dieser spezifischen Wirklichkeit und die unspektakulär zu leistende Hilfestellung, „den Menschen vor das Geheimnis zu führen, das er immer schon ist",[277] stellt somit das inhaltliche Zentrum Mystagogischer Seelsorge dar. Dementsprechend weist sich ein Gespräch nicht dadurch als ein Seelsorgegespräch aus, daß theologische Inhalte explizit zur Sprache kommen müssen, um Gott in das Leben des Gegenüber zu importieren, sondern dadurch, daß die seelsorgliche Praxis transparent wird auf die Nähe Gottes, die auch ohne seelsorgliches Zutun bereits als vorhanden vorausgesetzt wird.[278]

Die Zielsetzung Mystagogischer Seelsorge besteht daher in einer an den konkreten individuellen Bedürfnissen orientierten umfassenden Glaubenshilfe, die jedoch nie als weltfremder Selbstzweck zu denken ist, sondern sich stets in Form konkreter Lebens- und Konflikthilfe zu materialisieren hat. Dieser Zusammenhang macht bereits deutlich, daß Glaubenshilfe nicht darin bestehen kann, Menschen ein bestimmtes Quantum an Glaubensinhalten zu vermitteln, sondern ihnen die Erfahrung zu ermöglichen, ihre Verwiesenheit auf Gott, die Haslinger in Anlehnung an Rahner als Transzendenztransparenz umschreibt, zu erkennen und daraus Kraft für den Alltag zu schöpfen, wobei die Vermitlung tradierter Glaubensüberzeugungen durchaus unterstützende Funktion besitzen kann.[279] Konkret heißt dies, daß Menschen dazu verholfen werden soll, daran zu glauben, daß ihre persönliche (Leidens)Geschichte eng mit der Heilsgeschichte Gottes korreliert ist, weshalb sie sich gerade in aussichtslos erscheinenden Lebens- und Krisensituationen ohne vorweisbare Gegenleistungen der universalen Heilsgeschichte Gottes zugehörig fühlen dürfen. Während Zulehner diesen in der Seelsorge spürbaren Prozeß der 'individuellen Gotteserfahrung aus erster Hand' als eine BeHEIMatung des Menschen im GeHEIMnis Gottes umschreibt, spricht Widl von einem nicht selbst initiierbaren, sondern unverdient geschenkten Gipfelerlebnis, in dem das Geheimnis Gottes aufleuchten kann, wobei sie jedoch Seelsorge und Mystagogie nicht deckungsgleich setzt: „Da wir glauben, daß Gott allein das Heil des Menschen ist, ist jede heilende Zuwendung ein seelsorglicher Vorgang. Bricht dabei auch das Geheimnis Gottes auf, geschieht gleichzeitig Mystagogie."[280] Konkrete mystagogische Lebens- und Krisenhilfe muß auf diesem Hintergrund sowohl eine individuelle als auch strukturell-gesellschaftspolitische Komponente umfassen. Erstere hat sich v.a. darin zu zeigen, daß Seelsorge auf eine Subjektwerdung bzw. Selbstverwirklichung des Gegenüber abzielt, wobei diese nicht in psychologischen, sondern in theologischen Kategorien beschrieben wird: „Die Selbstverwirklichung kann als bewußte oder unbewußte Annahme der Selbstmitteilung Gottes betrachtet werden."[281] Krisenhilfe sollte aber auch eine konkret heilende Dimension, die v.a. von Baumgartner herausgestellt wird, umfassen: „Eine mystagogische Zielsetzung kennt folglich zwei ineinander verflochtene Zielrichtungen: Sie will den

---

277 KNOBLOCH, S. (1993): Mystagogie, S. 153; Vgl. HASLINGER, H. (1991): Was ist Mystagogie?, S. 65.

278 HENKE, Th. (1994): Seelsorge und Lebenswelt, S. 451.

279 Vgl. KNOBLOCH, S. (1993): Mystagogie, S. 154; HASLINGER, H. (1991): Sich selbst, S. 59/76.

280 WIDL, M. (1997): Kleine Pastoraltheologie, 104. Vgl. ZULEHNER, P. (1998): Sekten, S. 211-213.

281 HASLINGER, H. (1991): Sich selbst entdecken, S. 75. Auch Knobloch interpretiert Subjektwerdung als Entdeckung der Gotteserfahrung aus der Personenmitte heraus. In kritischer Auseinandersetzung mit dem Individualisierungsphänomen der Gegenwart plädiert er für eine solidarische Subjektwerdung, die bewirkt, daß der Einzelne eine Offenheit nicht nur für Gott, sondern auch für den konkreten Mitmenschen entwickelt: „Wenn es also in der Kirche um Subjektwerdung geht, dann gilt in ihr Solidarität, und zwar universale Solidarität." KNOBLOCH, S. (1993): Mystagogie, S. 155.

Menschen vor das Geheimnis seiner Geschichte mit Gott führen, und zugleich soll damit ein Prozeß gesamtpersonalen Heilwerdens in Gang kommen."[282] Dieser Prozeß impliziert jedoch auch im mystagogischen Verständnis nicht automatisch einen körperlich-seelischen Gesundungsprozeß: „Nur im Horizont der Zustimmung Gottes, so die mystagogische Idee, läßt sich jene Hoffnung gewinnen, in der der Mensch angesichts seiner vordergründigen Hoffnungslosigkeit einem Leben, in das Endlichkeit und Tod hineinverwoben sind, zustimmen kann."[283] Die gesellschaftspolitische Komponente mystagogischer Lebenshilfe, die sich durch den bewußten Bezug zur Alltagswirklichkeit nahzu aufdrängt, wird v.a. von Haslinger und Henke thematisiert: „Der Mystagogie eignet ein kritisches, systemveränderndes Potential gegenüber all jenen Strukturen an, die die Verwirklichung von Lebensmöglichkeiten unterdrücken..... Hier wird deutlich, daß die Mystagogie nicht Sache 'braver' frömmelnder Sentimentalisten ist, die sich auf dubiose 'Innerlichkeit' zurückziehen wollen."[284]

Die *theologische Basis* Mystagogischer Seelsorge beruht auf der Offenbarungstheologie Rahners. Göttliche Offenbarung wird von ihm nicht als eine relativ willkürlich von außerhalb in die Welt einbrechende objektive Wirklichkeit und Wahrheit, die nur speziell auserwählten Menschen zugänglich ist, interpretiert, sondern als ein Modus der Selbstmitteilung Gottes, die zwar der Erfahrung aller Menschen aufgrund ihrer apriorischen existentialen Verwiesenheit auf das absolute Geheimnis Gott möglich ist, aber dennoch nicht willkürlich von Menschen initiiert werden kann. Demnach hat der sich selbst offenbarende Gott die Welt trotz individueller und kollektiver Versagensmöglichkeiten von Anfang an unter eine universale Heilsdynamik, die grundsätzlich alle Menschen umfaßt, gestellt. Indem Rahner die erläuterten offenbarungstheologischen Vorgaben mit einer ebenso existientiellen Christologie verknüpft, schafft er den Brückenschlag von der abstrakten Rede menschlicher Möglichkeiten hin zu individuell erfahrbarer Gottesnähe: „In der Person Jesus Christus ist Gott für den Menschen als der nahe Gott erfahrbar, als ein Gott der mit je einzelnen Menschen in Beziehung steht."[285]
Trotz und neben der dargestellten dogmatischen Vergewisserung versuchen Theoretiker Mystagogischer Seelsorge auch eine direkte biblische Rückversicherung ihres Ansatzes. In Weiterführung psychologisch fundierter Konzepte berufen sie sich dabei auf Berichte über das Leben Jesu, wobei sie keinen in sich geschlossenen Entwurf vorlegen.[286] Während Haslinger eine Textstelle aus dem Johannesevangelium (Joh 1, 35-39), in der eine Begegnung Jesu mit Johannes und zwei seiner Jünger berichtet wird, dahingehend interpretiert, daß seine Person und seine Taten jedem einzelnen Menschen eine Transzendenztransparenz ermöglichen, greift Knobloch allgemein auf biblische Berichte über die Taufe Jesu zurück, um exemplarisch zu

---

282 BAUMGARTNER, I. (1990): Pastoralpsychologie, S. 246.

283 BAUMGARTNER, I. (1990): Heilende Seelsorge, S. 117.

284 HASLINGER, H. (1991): Sich selbst entdecken, S. 75. Ebenso deutlich schlußfolgert Knobloch: „Das wäre dann keine Seelsorge, die nur mit dem Innenraum des Menschen, mit seiner Seele zu tun hätte, worüber der gesellschaftliche Kontext in Vergessenheit geriete und ausgeblendet bliebe." KNOBLOCH, S. (1993): Mystagogie, S. 155. Für Henke ist daher folgender Schluß zulässig: „Damit ist erneut auf den notwendigen Zusammenhang zwischen Mystik und Politik, zwischen mystagogischer, kritischer und politischer Dimension der Seelsorge verwiesen." HENKE, Th. (1994): Seelsorge und Lebenswelt, S. 450- 451.

285 HASLINGER, H. (1991): Sich selbst entdecken, S. 52. Vgl. hierzu auch BAUMGARTNER; I. (1990): Pastoralpsychologie, S. 246-247; RÖSCH, W. (1997): Mystagogie, S. 256- 257.

286 „Mystagogie schließt damit bei ihrem Hinzukommen und Mitgehen an den einzig relevanten Maßstab an, der mit der Praxis Jesu vorliegt." BAUMGARTNER, I. (1990): Pastoralpsychologie, S. 246.

verdeutlichen, wie mystagogische Erfahrung zu verstehen ist: „Jesus muß es im Moment seiner Taufe durch Johannes offenbar wie Schuppen von den Augen gefallen sein, wie nah ihm Gott der Vater war."[287]
Mystagogische Seelsorge basiert nicht wie die bisher besprochenen psychologisch fundierten Konzepte auf einem *Menschenbild*, das v.a. in Rekurs auf Ergebnisse psychologischer Forschungsarbeit konzipiert ist. Den entscheidenden Interpretationsrahmen liefern vielmehr die theologisch begründeten Annahmen Rahners über das Wesen des Menschen. Demnach ist der Mensch „in der Kernstruktur seines Wesens eine auf Gott hin und darin auch auf andere hin offene Existenz (ist), die nicht in sich, sondern in der Überschreitung ihrer selbst auf andere hin zu sich kommt."[288] Auf dem Hintergrund des Rahnerschen Gottesbildes ist jeder Mensch deshalb nicht durch eine wesenskonstitutive Sündhaftigkeit, sondern durch den Status apriorischer Begnadetheit, die ihn unter den Heilswillen Gottes stellt und ihm einen unverlierbaren Wert vor Gott verleiht, ausgestattet. Ob der Mensch seine transzendentale Konstitution anerkennt und damit die Selbstmitteilung Gottes in seiner Person annimmt oder ablehnt, liegt jedoch allein in seiner persönlichen Entscheidungsfreiheit.[289]
Bezüglich der Verhältnisbestimmung gegenüber den *Humanwissenschaften* finden sich im mystagogischen Konzept keine über das Begleitungs- und Heilungsmodell hinausgehenden Reflexionen, weshalb auf die dortige Darstellung verwiesen wird.

2.5.3. Spezielle konzeptionelle Vorgaben für Psychiatrieseelsorge

Theologisch begründet zwingt das mystagogische Konzept zu einer radikalen Ausweitung des *Adressatenkreises* von Seelsorge. Da die angestrebte Gotteserfahrung prinzipiell allen im Krankenhaus befindlichen Menschen, unabhängig von der Geschlechts-, Religions- oder Nationalitätenzugehörigkeit sowie dem jeweiligen Rollenstatus (PatientInnen, Personal, Angehörige usw.) wesenskonstitutiv möglich ist, kommen sie alle als SeelsorgepartnerInnen potentiell in Frage. Ob sie konkret in den Seelsorgeprozeß einbezogen werden, hängt somit lediglich davon ab, ob sie, aus welchen Gründen auch immer, seelsorgliche Zuwendung brauchen und diesem Bedürfnis Ausdruck verleihen: „Mystagogie setzt voraus die Bereitschaft zur annehmenden Begegnung mit grundsätzlich jedem Menschen, unabhängig von dessen religiöser Verfaßtheit oder dessen Anbindung an die kirchlichen Isntitutionsformen bzw. unabhängig von funktionalen Interessen dieser kirchlichen Institutionen oder ihrer Repräsentanten."[290]
Das mystagogische Seelsorgekonzept enthält keine Vorgaben für das Verständnis psychischer Erkrankung. Da sich auf dem Hintergrund der anthropologischen Grundannahmen eine auf Sünde und Dämonologie basierende spezifisch religiöse *Krankheitslehre* ebensowenig ableiten läßt wie eine Ablehnung der gegenwärtig medizinisch-psychologischen Sichtweise, bietet sich letztere als Arbeitsgrundlage für PsychiatrieseelsorgerInnen an.
Die Annahme der wesenskonstitutiven Gleichheit aller Menschen erfordert neue Akzentsetzungen in der *Rolle* von SeelsorgerInnen und PatientInnen sowie ihrer Verhältnisbestimmung zueinander: „Dem expliziten Seelsorger oder Amtsträger steht es nicht zu, sich gegenüber

---

[287] KNOBLOCH, S. (1993): Mystagogie, S. 153. Vgl. auch HASLINGER; H. (1991): Sich selbst, S. 77- 79.

[288] KNOBLOCH, S. (1993): Mystagogie, S. 153; DERS. (1991): Seelsorge als Mystagogie, S. 265- 269.

[289] Vgl. HASLINGER; H. (1991): Was ist Mystagogie, S. 65.

[290] A.a.O., S. 65.

'Laien'- die im Grunde keine Laien, sondern 'Fachleute' ihrer selbst sind - in irgendeiner Weise überlegen zu fühlen. Er muß sich vielmehr bemühen, die Fähigkeiten, Kräfte und Eigenarten des anderen zu entdecken und zur Wirkung kommen zu lassen."[291] PatientInnen müssen daher in ihrem Status als Subjekte sowohl bezüglich ihres Glaubens als auch der konkreten Seelsorgesituation ernstgenommen und nicht in die Rolle von Objekten des von der Kirche verwalteten Heilsangebotes gedrängt werden. Gemeinsam haben deshalb SeelsorgerIn und PatientIn die Spur des göttlichen Geheimnisses in ihrem Leben zu ergründen, wobei dem/ der SeelsorgerIn die spezifische Aufgabe zukommt, seine/ihre Person und Praxis transparent auf das göttliche Geheimnis so zu gestalten, daß diese Dimension dem Gegenüber erfahrbar wird: „Die Glaubenspraxis des Mystagogen soll diskret, unaufdringlich sein. Ihm darf es nicht darauf ankommen, daß er möglichst viel Glaubenswissen hat, sondern darauf, daß sein Leben Glaube ist.... Die damit gemeinte Selbstkongruenz, die Übereinstimmung von eigenem Sein und Handeln gegenüber der Mitwelt zeugt von seelsorglicher Kompetenz, da der Mensch nur dann Vertrauen zu einem anderen Menschen entwickeln kann, wenn dieser sich als eine in sich stimmige, täuschungsfreie Persönlichkeit erweist. Dazu gehört auch, daß ein Seelsorger nicht Qualitäten (z.B. Charaktereigenschaften oder fachliches Wissen) vortäuscht, die er in Wirklichkeit nicht hat. Ein Seelsorger muß gerade in seiner Unvollkommenheit er selbst bleiben."[292] Durch die Betonung der geforderten personal-gläubigen Kompetenz wird im mystagogischen Konzept jedoch kein Freibrief für berufliche Inkompetenz ausgestellt, da im Anschluß an psychologisch orientierte Konzepte an einer fundierten theologischen Ausbildung sowie an der Notwendigkeit des Erwerbs psychotherapeutischer Zusatzqualifikationen als Basisvoraussetzung seelsorglicher Tätigkeit festgehalten wird.
Mystagogische *Alltagspraxis* besteht nicht aus geheimnisvollen, mystischen oder magisch-rituellen Handlungen. Konzeptionell wird zwar v.a. auf klassisch religiöse Aufgabenfelder verwiesen, wobei jedoch hauptsächlich die subjektive Erfahrungsdimension im Mittelpunkt steht: „Es ist Spezifikum seines Wirkens, die institutionalisierten Vollzugformen des Glaubens (Auslegung der Schrift, Gottesdienst, Sakramente...) dem Menschen so nahe zu bringen, daß sie als Ausdruck von Wirklichkeiten erfahrbar werden, die im je eigenen Leben vorkommen."[293] Weil das mystagogische Konzept vorgibt, daß die Hinführung zum göttlichen Geheimnis engstens mit der alltäglichen Lebenswelt korrelieren muß, ist es nach Ansicht der Verfasserin möglich, strukturell ausgerichtete hausinterne wie auch gesellschaftspolitisch orientierte hausexterne Arbeitsschwerpunkte als praktische Folgewirkungen zu begreifen.
Da sich mit dem mystagogischen Konzept, unter Ausschluß exorzistischer *Methoden*, eine Schwerpunktsetzung sowohl im religiösen wie auch im psychotherapeutischen Methodenrepertoire seelsorglicher Praxis begründen läßt, scheint eine ausgewogene Kombination theologie-intern und -extern entwickelter Methoden den konzeptionellen Vorgaben am ehesten gerecht zu werden.[294]

---

291 HASLINGER, H. (1991): Sich selbst entdecken, S. 72-73.

292 A.a.O., S. 76/73.

293 A.a.O., S. 75.

294 Indem Haslinger verhaltenstherapeutische Interventionsstrategien konsequent ablehnt, grenzt er das mystagogische Konzept methodisch von biblisch fundierten Konzepten ab: „So haben Seelsorger kein Recht, auch wenn das wissenschaftliche Interesse berechtigt erscheinen mag, mit dem Verhalten des Seelsorgepartners, etwa unter psychologischen Aspekten, zu experimentieren.... Unvereinbar wäre damit auch, wenn pastorales Handeln als Einsatz einer latenten Verhaltenstechnik konzipiert würde, um die andere Person bewußt oder unbewußt zu beeinflussen." HASLINGER, H. (1991): Sich selbst entdecken, S. 73

2.6. Personale Seelsorge
2.6.1. Hinführender Überblick

Weil sich das Konzept Personale Seelsorge, das Ende der 80er Jahre vom katholischen Pastoraltheologen Windisch konzipiert wurde, unter keine der bisher besprochenen Konzeptvarianten eindeutig einordnen läßt, wird es im Folgenden in knapper Zusammenfassung für sich besprochen.[295] Die Zuordnung zu einer Zentralperspektive erweist sich als schwierig, weil Windisch einerseits die Traditionslinie Kerygmatischer, andererseits aber auch die Therapeutischer Seelsorge aufgreift.[296] Die Anlehnung an die biblische Linie wird v.a. daran ersichtlich, daß ihm die Beseitigung theologischer Defizite in der Fundierung von Seelsorge am Herzen liegt, und er den Verkündigungsaspekt sowie die Dimension der Glaubenshilfe als zentrale inhaltliche Topoi herauszustellen versucht.[297] Die Verortung in der psychologischen Traditionslinie dagegen ergibt sich v.a. daraus, daß er trotz seines Rekurses auf sprachphilosophische Theorieelemente sowohl die theoretischen Einsichten als auch die methodischen Möglichkeiten der Psychologie aufgreift und für sein Konzept nutzbar machen will. Obwohl Windisch die Titulierung 'Personale Seelsorge', die bereits in den 50er Jahren von Goldbrunner im Kontext analytisch orientierter Therapeutischer Seelsorge geprägt wurde, aufgreift, verwendet er sie nicht auf der Folie tiefenpsychologischer Theorieelemente, sondern benutzt das Wort 'personal', um die Bedeutung der persönlichen kommunikativen Begegnungsstruktur im Seelsorgegeschehen herauszustellen. Seiner Ankündigung treu bleibend, werden alle Überlegungen zur Fundierung der Seelsorge als Gespräch auf einer relativ abstrakten Ebene verhandelt. Da Windisch selbst v.a. auf seelsorgliche Erfahrungen in der Justizvollzugsanstalt zurückgreifen kann, liefert er kaum praktikable Ableitungen für die spezielle Situation der Psychiatrieseelsorge. Schaubild 25 soll die schwierige Verortung des personalen Seelsorgekonzeptes veranschaulichen:

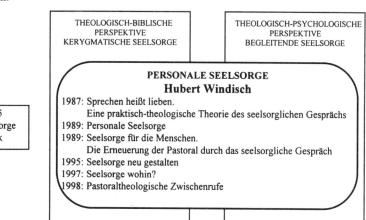

Schaubild 25
Personale Seelsorge
im Überblick

---

295 Windisch selbst tritt zwar mit dem Anspruch auf, eine Erneuerung der Pastoral im Sinne einer zeitgemäßen Neugestaltung von Seelsorge vorzulegen. Dennoch wird sein Ansatz in vorliegender Arbeit lediglich als eine konzeptionelle Möglichkeit neben anderen zur Diskussion gestellt. Vgl. hierzu folgende Buchtitel: WINDISCH, H. (Hg.) (1995): Seelsorge *neu* gestalten; DERS. (1989): Seelsorge für die Menschen. Die *Erneuerung* der Pastoral durch das seelsorgliche Gespräch.

296 Vgl. WINDISCH, H. (1989): Sprechen heißt lieben, S. 63.

297 Vgl. WINDISCH, H. (1995): Man muß weggehen können, S. 10.

2.6.2. Theoretische Fundierung der allgemeinen Seelsorgelehre

Im Anschluß an die kerygmatische Seelsorgetradition hält Windisch an der inhaltlichen Definition von Seelsorge als Verkündigung fest. Das Wort Gottes, das in der Bibel in Gestalt von Menschenworten zugänglich ist, soll im Seelsorgeprozeß lebendig und transparent gemacht werden, indem das geschriebene Wort in sein aktuelles situatives Gesprochensein rückübersetzt wird. Im Anschluß an die therapeutische Seelsorgetradition hebt Windisch gleichzeitig aber auch den Beziehungsaspekt von Seelsorge als interpersonelles Geschehen hervor.[298] Über den sprachphilosophischen Begriff der Kommunikation versucht er deshalb, sowohl den Inhalts- wie auch den Beziehungsaspekt so miteinander so zu verschränken, daß Seelsorge als Zeugnis in Begegnung definierbar wird, wobei die Liebe als zentraler Sinn dieses zwischenmenschlichen dialogischen Prozesses, den Windisch als Personale Seelsorge beschreibt, fungiert:[299] "Kirchliche Seelsorge ist grundsätzlich ein Kommunikationsmodus, der sich durch Menschen auf Menschen hin ereignet. Folglich ist Seelsorge entweder personale Seelsorge oder sie ist keine Seelsorge...Die unmittelbare personale Seelsorge, an die im Titel gedacht ist, beschreibt die direkte, persönliche Begegnung zwischen Menschen in Wort und Liebe und deren liturgische Feier."[300] Im helfenden seelsorglichen Gespräch, das Windisch als dialogisches Miteinander in der Wort-Begegnung auf der Basis eines herrschaftsfreien Dialogs versteht, muß demnach die Einheit von Wort und Liebe spürbar werden: „In einem seelsorglichen Gespräch kann die Verkündigung der Christus-Freiheit nur dann glaubwürdig sein, wenn die Tat des Gesprächs die Christus-Wahrheit 'sakramental' vergegenwärtigt. Die Verkündigung muß zum lebendigen Ereignis, das seelsorgliche Gespräch zum 'Sakrament' der Verkündigung werden."[301] Inwieweit dies voraussetzt, daß das Wort Gottes in einem Seelsorgegespräch explizit zur Sprache kommen muß, beantwortet Windisch folgendermaßen: „Denn der Seelsorger kann in einem helfenden Gespräch im wahrsten Sinn des Wortes das Evangelium 'ins Gespräch bringen'"[302] Indem Seelsorge über die kommunikative Struktur des Gesprächs definiert wird, versucht Windisch, sie konzeptionell an die geschichtlich wechselnden situativen Anforderungen, sprich an die Bedürfnisse der Menschen, anzupassen.

Welche Bedürfnishierarchie Windisch den gegenwärtigen Menschen unterstellt, wird in folgender Definition von Seelsorge, die zugleich die Zielsetzung seiner gesprächszentrierten Variante preisgibt, deutlich: „Fragen wir zunächst einmal, was kirchliche Seelsorge eigentlich ist. Sie ist die Sorge um den ganzen Menschen in seinem Verhältnis zu Gott in Jesus Christus, zum Nächsten und zu sich selbst."[303] An erster Stelle steht demnach das Verhältnis des Menschen zu Gott, weshalb der Glaubenshilfe eine zentrale Bedeutung eingeräumt und das Prop-

---

298 Vgl. WINDISCH, H. (1989): Sprechen heißt lieben, S. 93, 94, 101; 55 und 57.

299 Vgl. WINDISCH, H. (1989): Sprechen heißt lieben, S. 56, 102, 155. V.a. in Rückgriff auf die Sprachphilosophie von Habermas und Apel versucht Windisch, Sprache als interkommunikative Praxis und Seelsorge, als einen Prozeß herrschaftsfreier Kommunikation auszuweisen. A.a.O., S. 123-130; 231.

300 WINDISCH, H. (1989): Personale Seelsorge, S. 18.

301 WINDISCH, H. (1989): Seelsorge für die Menschen, S. 11.

302 A.a.O., S. 9.

303 WINDISCH, H. (1995): Man muß weggehen können, S. 61.

rium christlicher Seelsorge als „Hinführung des Menschen zu Jesus Christus"[304] beschrieben wird. Unter Hinführung versteht Windisch, die Menschen dazu einzuladen, sich auf die Selbstzusage Gottes einzulassen, ihre Fragen, Ängste und Nöte im Licht des Glaubens anzusprechen und im Kontext einer elementaren Sinn-Sorge[305] zu deuten, damit die innige Verbindung von Gott und Mensch aufleuchtet und dadurch eine lebendige Glaubenserfahrung ermöglicht wird: „In der Gemeinschaft des Heiligen Geistes soll es zur Begegnung mit Jesus Christus, dem Liebeswort des Vaters kommen, damit das Leben des Menschen gläubig einmünde in den praktischen Dank des Gottes-Lobes."[306] Neben der Gottesbeziehung geht es in der Seelsorge aber auch um die Beziehung zum Nächsten und zu sich selbst, weshalb konkrete Lebens- u. Konflikthilfe ebenfalls zur Zielsetzung Personaler Seelsorge zählt. Die in psychologisch fundierten Konzepten anvisierte Hilfe zur Subjektwerdung wird dabei als reziproker Prozeß zwischen SeelsorgerIn und hilfesuchendem Mensch gedeutet, wobei jedoch betont wird, daß es sich dabei um ein „gemeinsames Subjektwerden vor den Augen Gottes"[307] als Realisation wahren Menschseins und gelingenden Lebens handelt. Wie sich Krisenhilfe als seelsorgliche Zielsetzung konkret gestalten soll, bleibt jedoch relativ unbestimmt, zumal Windisch konkrete menschliche Heilung eng mit göttlich geschenktem Heil verknüpft.[308]
Die *theologische Fundierung* Personaler Seelsorge weicht von den bisher beschriebenen psychologisch fundierten Ansätzen ab. Nicht in Rekurs auf das konkrete Handeln des historischen Jesus, sondern unter Bezugnahme auf eine trinitarisch entfaltete Wort-Gottes-Theologie, die zwar formal eher der Traditionslinie theologisch-biblischer Konzepte nahesteht, inhaltlich aber auf den katholischen Theologen Rahner Bezug nimmt, versucht Windisch, den für die Menschen heilsamen gott-menschlichen Dialog theologisch in folgendem Dreischritt zu unterfangen: Zunächst legt er den Schöpfungsbericht als ein Wort-Geschehen aus, wodurch sich die Geschichte Gottes mit seiner Schöpfung als ein Selbstmitteilungsgeschen Gottes im göttlichen Wort und damit der Offenbarungsbegriff als ein Kommunikationsbegriff ausweist.[309] Anschließend betont er, daß der Heilswille Gottes zwar schöpfungstheologisch grundgelegt ist, sich aber erst in Jesus Christus als heilsames endgültiges Liebes-Wort Gottes historisch realisiert hat, weil durch ihn ein Neu-Schöpfungs-Verhältnis auf Vollendung hin angebrochen sei. Da das Wort Jesu Christi als letzt-gültiges Wort des Gesandten Gottes die Reich-Gottes-Botschaft zum Inhalt hat und diese sich durch die untrennbare Einheit von Wort und Tat auszeichne, sieht Windisch die Verknüpfung von Inhalts- und Beziehungsaspekt Personaler Seelsorge theologisch legitimiert.[310] Damit die lebenserweckende Kraft aber auch nachösterlich für die Menschen erfahrbar bleibt, rekurriert Windisch schließlich den Heiligen

---

304 WINDISCH, H. (1989): Sprechen heißt lieben, S. 41. 1998 formuliert er knapp und deutlich: „Kirchliche Pastoral intendiert die Christus-Begegnung." DERS. (1998): Zwischenrufe, S. 80.

305 Bezüglich der Sinn-Sorge nimmt Windisch bewußt Bezug auf die logotherapeutische Richtung innerhalb der Therapeutischen Seelsorge. Vgl. a.a.O., S. 35.

306 WINDISCH, H. (1989): Sprechen heißt lieben, S. 246. An anderer Stelle schreibt er: „Dabei darf vorausgesetzt werden, daß der höchste Akt menschlicher Freiheitsverwirklichung der Glaube an Jesus Christus ist, der sich in der Liebe der Nachfolge verkörpert." (A.a.O., S. 11).

307 A.a.O., S. 241.

308 A.a.O., S. 35.

309 Vgl. a.a.O., S. 89/92/231.

310 Vgl. WINDISCH, H. (1989): Sprechen heißt lieben, S. 89, 96, 102-103. DERS. (1989): Seelsorge, S. 32.

Geist als Kraft der Selbstmitteilung Gottes: „Die seelsorgliche Gesprächs-Begegnung mit der Wort-Liebe-Einheit Jesus Christus kann nur pneumatologisch erklärt und nur in der Kraft des Heiligen Geistes praktiziert werden."[311]

Ausführungen bezüglich der *anthropologischen Prämissen* Personaler Seelsorge lassen sich kaum extrahieren. Ebenso wie im mystagogischen Konzept bezieht sich auch Windisch auf ein explizit christliches Menschenbild, wobei er von einem „anthropologischen Dialog- Existential",[312] das er als vorgegebene Möglichkeit für alle Menschen postuliert, ausgeht.

In der *Verhältnisbestimmung* der Theologie/Seelsorge gegenüber den Humanwissenschaften findet sich lediglich der Hinweis, daß beide im Sinne eines kritischen Dialogs gegenseitig aufeinander angewiesen sind, wobei die kritische Perspektive in der Empirie aufzulösen sei. Wie dies alltagspraktisch geschehen soll, wird jedoch nicht näher erläutert.[313]

2.6.3. Spezielle konzeptionelle Vorgaben für Psychiatrieseelsorge

Die von Windisch vorgenommene theoretische Fundierung von Seelsorge über den Kommunikationsmodus des Gesprächs könnte grundsätzlich zwar auch die wissenschaftstheoretische Legitimation für die Suche von Gesprächssituationen außerhalb des Krankenhauses im Sinne öffentlichkeitswirksamer strukturell-politischer kommunikativer Begegnungen eröffnen. Derartige Überlegungen zur *Adressatenausweitung* von Seelsorge, die m.E. dem Konzept durchaus inhärent wären, finden sich jedoch bisher nicht, zumal die Zugehörigkeit zur biblischen und psychologischen Traditionslinie eine Konzentration auf die individuumszentrierte Blickrichtung im Sinne einer Kranken- bzw. Krankenhausseelsorge nahelegt.

Da sich Windisch nicht explizit mit der Krankenhausseelsorge auseinandergesetzt hat, finden sich keine Vorgaben für ein konzeptspezifisches *Krankheitsverständnis*. Trotz der offensichtlichen Nähe zur biblischen Traditionslinie, lassen sich die dort entwickelten explizit religiösen Krankheitsmodelle aufgrund der Dominanz der Sünden- und Besessenheitsthematik nicht mit dem erläuterten personalen Ansatz verbinden. Die in der psychologischen Traditionslinie vorherrschende Vorgehensweise, die aktuellen medizinisch-psychologischen Erklärungsmodelle als Arbeitsgrundlage in die Seelsorge zu übernehmen, scheint dagegen mit den Inhalten Personaler Seelsorge vereinbar zu sein.

Bezüglich der Rolle von SeelsorgerInnen legt Windisch besonderen Wert auf deren Abbild- u. Vorbildfunktion, wobei er kritisch darauf hinweist, daß auch amtshierarchische Vorgaben der arbeitshinderlichen Maskierung von SeelsorgerInnen Vorschub leisten können: „Wer also unmittelbare personale Seelsorge betreiben will, darf keine (klerikale) Maske vor seinem Person-Sein hertragen und so sein Menschsein verbergen, sondern muß mit seiner Person Abbild.... des neuen Menschseins in Christus sein."[314] Die *Berufsrolle* muß daher entgegen allen vorgefertigten Rollenklischees von jedem selbst modelliert werden. Da das Gespräch im Zentrum dieser Konzept-Variante steht, wird zudem eine durch entsprechend psychotherapeutische Zusatzqualifikation erworbene Kompetenz auf dem Sektor der Gesprächsführung vorausgesetzt. Inwieweit SeelsorgerInnen eine organisationale Integration in die Klinik anstreben

---

311 WINDISCH, H. (1989): Seelsorge für die Menschen, S. 11. Vgl. auch DERS. (1989): Sprechen heißt lieben, S. 89/97.

312 WINDISCH, H. (1989): Seelsorge für die Menschen, S. 10.

313 Vgl. WINDISCH, H. (1989): Sprechen heißt lieben, S. 41.

314 WINDISCH, H. (1989): Personale Seelsorge, S. 21.

sollen, läßt sich aus den konzeptionellen Vorgaben nicht eindeutig beantworten, wobei sich jedoch erahnen läßt, daß die angestrebte Kommunikationsgemeinschaft in einem institutionell abgesicherten Rahmen leichter zu verwirklichen wäre. Da Windisch vom Ideal der herrschaftsfreien Kommunikation ausgeht, sollen SeelsorgerInnen mit Menschen in ein Gespräch treten, die dies wollen und als gesprächsfähige GesprächspartnerInnen fungieren. Gesprächsoffenheit und Liebesbereitschaft setzt er dabei in Korrelation: „Wer bereit ist, in ein helfendes Gespräch einzutreten, sei es, um es zu suchen, oder sei es, um es anzubieten, ist grundsätzlich bereit zur Liebe."[315] Die Rolle gesprächsoffener und liebesbereiter Mitmenschen wird somit konzeptionell auch den PatientInnen sowie dem Krankenhauspersonal angetragen.

Seelsorgliche *Alltagspraxis* auf der Grundlage Personaler Seelsorge erfordert eine deutliche Schwerpunktsetzung im individuumsbezogenen Aufgabenbereich in Blick auf die PatientInnen, das Personal, die Angehörigen und die eigene Person.[316] Da das personale Konzept vom Gespräch her konzipiert ist, soll dieses in Form von Einzel-und Gruppengespräch auch den Arbeitsalltag dominieren.[317] Dennoch verankert Windisch auch die in der biblischen wie auch in der psychologischen Traditionslinie für Seelsorge als unabdingbar beschriebenen religiösen Alltagshandlungen wie Bibelarbeit, Spendung von Sakramenten und Durchführung liturgischer Feiern in seinem Konzept, wobei er deren Bedeutung gerade für die SeelsorgerInnen selbst hervorhebt: „Als Seelsorger müssen wir daher immer wieder Atem holen im (gerade auch eucharistischen) Gedächtnis, uns sammeln im Hören des Wortes Gottes und uns bergen im jeweiligen Sakrament."[318]

Ausführliche Reflexionen zur konkreten *Methodik* seelsorglicher Alltagspraxis im Psychiatrischen Krankenhaus finden sich im personalen Seelsorgekonzept nicht. M.E. läßt sich jedoch eine Mischung aus theologie-internen und -externen Methoden, die v.a. gesprächspsychotherapeutischen, tiefenpsychologischen und gruppendynamischen Methoden der Gesprächsführung entlehnt sind, mit den konzeptionellen Vorgaben vereinbaren.[319] Windischs Plädoyer für eine 'Pastoral der Langsamkeit' enthält zwar durchaus ein methodenkritisches Potential, ist aber von ihm selbst bisher noch nicht auf methodische Auswirkungen hin expliziert worden.[320]

---

315 WINDISCH, H. (1989): Seelsorge für die Menschen, S. 9.

316 Da Windisch die personale Kompetenz sowie die Vorbildfunktion der SeelsorgerInnen besonders hervorhebt, legt er Wert darauf, daß der praktische Alltag auch das individuelle Schweigen und Beten der SeelsorgerInnen sowie deren seelsorgliche Betreuung umfassen muß. Vgl. WINDISCH, H. (1989): Sprechen, S. 247-250.

317 Vgl. WINDISCH, H. (1989): Sprechen heißt lieben, S. 57. Windisch spricht sich aber auch für Praxisformen aus, die auf nonverbalen Kommunikationsmodi beruhen.

318 WINDISCH, H. (1998): Zwischenrufe, S. 82.

319 Windisch spricht sich für die alltagspraktische Anwendung psychologischer Methoden und Techniken der Gesprächsführung aus, wobei er jedoch betont, daß Gesprächsseelsorge sich niemals auf einen Kanon technischer Prinzipien zur Effektsteigerung reduzieren läßt. Vgl. WINDISCH, H. (1989): Sprechen, S. 42/232.

320 Vgl. WINDISCH, H. (1998): Zwischenrufe, S. 81.

2.7. Anleitende Seelsorge
2.7.1. Hinführender Überblick

Ebenso wie die Personale Seelsorge stellt auch das Modell Anleitende Seelsorge eine Variante dar, die sich nicht problemlos in ein bisher besprochenes Konzept integrieren läßt. Da das Ehepaar Hagenmaier auf dem Hintergrund ihrer seelsorglichen bzw. psychotherapeutischen Tätigkeit in Psychiatrischen Krankenhäusern eigenständige konzeptionelle Akzentsetzungen vorlegt, wird ihr Modell gesondert vorgestellt.

Gemäß eigener Angaben verstehen sie ihre Überlegungen als eine ergänzende Weiterführung psychologisch fundierter Seelsorge: „Über das Therapie-Begleitungsmodell hinaus ist ein weiteres Modell oder Paradigma für Seelsorge notwendig, nicht um das bisherige zu ersetzen, sondern um es zu ergänzen."[321] Die geforderte Ergänzung versuchen sie hauptsächlich in Blick auf zwei Aspekte zu leisten: Zum einen zielen sie ebenso wie Windisch auf eine Beseitigung inhaltlicher theologischer Defizite im seelsorglichen Prozeß ab. Zum anderen regen sie an, die Rolle von SeelsorgerInnen unter primär institutionellen Gesichtspunkten neu zu durchdenken. Da Hagenmaiers zur Kennzeichnung ihres Ansatzes auf den Terminus 'Anleitung' zurückgreifen, wählen sie einen Begriff, der zwar bereits in biblisch fundierten Konzepten eine wichtige Rolle spielt, inhaltlich aber neu gefüllt wird. Schaubild 26 zeigt die Anleitende Seelsorge im Überblick.

Begleitende / Therapeutische / Heilende Seelsorge

↓

ANLEITENDE SEELSORGE

MARTIN HAGENMAIER
1980: Seelsorge im Krankenhaus
1980: Erscheinungsformen des Religiösen
 in der Psychiatrie
1982: Der erste Fall oder: Die Identität des Seelsorgers
1985: Seelsorge in der Klinik
1988: Seelsorge im psychiatrischen Krankenhaus
1990: Ratlosigkeit in der Seelsorge?
1990: Psychisch kranke Menschen

MARTIN und HEIKE HAGENMAIER
1991: Seelsorge mit psychisch Kranken

Schaubild 26: Anleitende Seelsorge im Überblick

---

[321] HAGENMAIER, M. (1990): Ratlosigkeit ?, S. 47. Während Martin Hagenmaier, der von 1976 bis 1990 als evangelischer Krankenhauspfarrer innerhalb der Psychiatrieseelsorge tätig war, v.a. aus theologischer Perspektive schreibt, kann Heike Hagenmaier auf ihre Erfahrungen als Diplompsychologin in diesem Tätigkeitsfeld zurückgreifen. M. Hagenmaier leistete v.a. in den 80er Jahren theoretische Fundierungsarbeit für das Konzept der Begleitenden Seelsorge („Der erste Schritt allerdings ist die vom Seelsorger ganz konkret zu erbringende solidarische Begleitung auf gleicher Ebene." HAGENMAIER, M. (1988): Seelsorge, S. 102). H. Hagenmaier dagegen steht mit ihrem Ansatz dem heilenden Seelsorgekonzept nahe, weshalb ihr in Zusammenarbeit mit M. Hagenmaier veröffentlichtes Buch unter dem Reihentitel 'Heilende Seelsorge' erscheinen konnte („Schritte in Richung Heilwerden mitgehen, ein Bild des Heilseins entwickeln helfen, das leistet auch die heilende Seelsorge." HAGENMAIER, H. u. M. (1991): Seelsorge, S. 94).

2.7.2. Theoretische Fundierung der allgemeinen Seelsorgelehre

Obwohl M. Hagenmaier betont, daß die inhaltliche Füllung von Seelsorge als Begleitung gerade auch im Kontext der Psychiatrieseelsorge durchaus sinnvoll und angebracht ist, weil die Begleitungs-Haltung dazu beiträgt, als SeelsorgerIn beim Gegenüber Offenheit und Vertrauen zu erwirken, hält er sie aus folgenden Gründen dennoch gerade für dieses Tätigkeitsfeld für zu aseptisch und distanziert: „Wer wollte auch jemanden begleiten, der gar nicht 'geht', sondern sich im intrapersonalen Kreisverkehr befindet?"[322] Dieser patientenbezogenen Argumentation fügt M. Hagenmaier ein Jahr später eine beziehungsdynamische Erklärung hinzu, indem er darauf hinweist, daß das Begleitungstheorem dazu führt, daß sich SeelsorgerInnen selbst restlos von den Zeit- und Bewältigungsvorstellungen der Erkrankten abhängig machen.[323] In der sich anbietenden Möglichkeit, statt von 'Begleitung' von 'Dasein' zu sprechen und damit einer eher statischen Definitionsweise den Vorzug zu geben, sieht er jedoch keinen Ausweg, wie folgendes Zitat belegt: „Das 'Dasein' aber ist doch eine merkwürdige Art der Illusion! Da ist Gott, der überall sein kann, aber doch kein Seelsorger. Dieser ist allenfalls sehr begrenzt da, und dann besonders nicht, wenn er weg ist. Das aber ist der Normalfall hundertfünfundsiebzig von hundertsechsundsiebzig Wochenstunden. Sollte das 'Dasein' eine Art Verschmelzungswunsch auf seelsorglicher Seite sein?"[324]

Alternativ hierzu entwickelt Hagenmaier folgenden Gedankengang: Seelsorge soll sich nicht primär über psychotherapeutisch legitimierte Haltungen der SeelsorgerInnen definieren, sondern über ihr konkretes Angebot an Weltverständnis und Wirklichkeitsrezeption, wobei dem Gegenüber durchaus Veränderungen zugemutet werden dürfen und sollen: „Seelsorge ist über die Begegnung hinaus der Versuch, die Wirklichkeit zu verhandeln, nachdem zunächst die Begegnung mit den Vorstellungen des zu betreuenden Menschen stattgefunden hat."[325] Kranke Menschen sollen deshalb dazu angeleitet werden, sich ohne Veränderungsdruck mit ihrer Situation, ihren konkreten Wünschen und Bedürfnissen sowie ihrem gesamten Wirklichkeitsverständnis auseinanderzusetzen, um ihnen die Erfahrung der umfassenden göttlichen Annahme erfahrbar zu machen.[326] Obwohl M. Hagenmaier die bedingungslose Annahme eines Menschen durch den Seelsorger gerade in Bezug auf psychisch Kranke als eine schwer zu realisierende therapeutische Grundhaltung beschreibt, stellt für ihn 'Annahme' dennoch das

---

322 HAGENMAIER, M. (1990): Ratlosigkeit in der Seelsorge?, S. 197. Vgl. hierzu auch a.a.O:, S. 206.

323 Vgl. HAGENMAIER, M. u. H. (1991): Seelsorge, S. 12.

324 HAGENMAIER, M. (1990): Ratlosigkeit in der Seelsorge?, S. 197.

325 HAGENMAIER, M. u. H. (1991): Seelsorge, S. 46. Bewußt will sich Hagenmaier daher davon distanzieren, Seelsorge hauptsächlich über Begrifflichkeiten der Psychotherapie zu definieren: „Die moderne Seelsorge definierte sich lange Zeit fast ausschließlich mit psychotherapeutischen Begriffen." A.a.O., S. 43. An diesem Punkt trifft sich Hagenmaier mit Hartmann, der auch dezidiert am therapeutischen Beitrag der Theologie und der psychotherapeutischen Kompetenz der SeelsorgerInnen festhalten will, sich aber gegen eine Psychologisierung religiöser Aussagen wehrt, wenn sie dazu führen, einen erkennbar theologischen Beitrag innerhalb des Seelsorgeprozesses zu verhindern. Alternativ hierzu soll die Theologie zur Deutung einer konkreten Lebenssituation in öffentlich-kommunikabler Weise eigene Gesichtspunkte beitragen und die damit einhergehende spirituelle Dimension benennen. Vgl. HARTMANN, G. (1992): Der therapeutische Beitrag, S. 68/71. Hartmann umschreibt daher sein zentrales Werk zur Theologie der Seelsorge mit dem Terminus 'Lebensdeutung'. Vgl. HARTMANN, G. (1993): Lebensdeutung.

326 Seelsorge soll die Erfahrung vermitteln, daß „auch ein Mensch, der gesellschaftlich in einem Randbereich siedelt, vor Gott die ganze Fülle des Lebens besitzt." HAGENMAIER, M. (1988): Seelsorge, S. 104.

zentrale theologische Schlüsselwort seines Konzeptes dar: „Nehmt einander an, wie Christus euch angenommen hat zu Gottes Lob (Röm 15,7). Seelsorge ist das Weitergeben von Annahme."[327] Im Unterschied zum therapeutischen Seelsorgeverständnis legt Hagenmaier jedoch den Fokus nicht primär auf die psychotherapeutisch qualifizierte annehmende Haltung der SeelsorgerInnen, sondern auf die seelsorglich zu vermittelnde Annahme des Menschen durch Gott, die wiederum sowohl den Prozeß der zwischenmenschlichen Annahme als auch den der Selbstannahme des kranken Menschen in seinem Status der Unvollkommenheit und Krankheit ermöglichen soll: „Seelsorge kann als Anleitung verstanden werden, das Leben in seiner Geschöpflichkeit anzunehmen (d.h. positive und negative Aspekte zu akzeptieren), die in der Vollkommenheit Gottes aufgehoben ist... Seelsorge ist Anleitung zur Demut und zur Freiheit der Kinder Gottes, trotz ihrer Unvollkommenheit und Ambivalenz (auch gegenüber der Natur) angenommen zu sein."[328] Auf diesem Hintergrund stellt Hagenmaier zusammenfassend fest: „Seelsorge ist geduldiges und frustrationstolerantes Verhalten als Mitmensch."[329]
Für die Zielsetzung von Seelsorge bedeutet dies: Die auch im anleitenden Seelsorgekonzept anvisierte Lebenshilfe ist nicht mit dem therapeutischem Anspruch körperlich-seelischer Heilung gleichzusetzen.[330] Gerade in Blick auf psychisch Kranke, bei denen alle Therapieversuche gescheitert sind, erweist sich das Therapiemodell als obsolet. Die daraus entstehende paradoxe Situation umschreibt Hagenmaier folgendermaßen: „Den Menschen so anzunehmen, wie er ist, bedeutet auch, ihn, wenn er sich so entwickelt, so zu lassen, wie er ist. Selbst wenn ihm daraus Konsequenzen erwachsen, die wir nicht gerne sehen, bleibt doch die Sorge um ihn nicht abhängig von einer Änderung seiner Krankheit, seines Zustandes oder seiner Person. Insgeheim hoffen wir natürlich auf das Wunder, gerade diese Zuwendung möge die oder den anderen ändern."[331] Wenn SeelsorgerInnen aktiv an Veränderungen mitwirken sollen, so nur in dem Sinn, daß sie Menschen dazu anleiten, ihren desolaten Zustand der freiwillig gewählten oder gesellschaftlich erzwungenen Isolation und Sinnleere durch entsprechende Strategien zu überwinden: „Die Zeit derer, die Menschen zu ihrem Selbst oder Ich befreien wollten und mußten, ist vorbei. Die Zeit der Gurus ist gekommen. Was gebraucht wird, sind Modelle zur Lebensgestaltung, Gruppen, die diese gemeinsam einüben, Menschen, mit denen die neue Erfahrung ausgetauscht werden kann."[332] Diese Zielsetzung verdeutlicht, daß die Anleitende Seelsorge am Übergang zu Seelsorgemodellen steht, die den individuumszentrierten Blick auf größere soziologische Kontexte lenkt! Gleichstufig zur Lebenshilfe zielt das anleitende Konzept auf eine Glaubenshilfe, die v.a. darin bestehen soll, daß dem Gegenüber eine Anleitung

---

327 HAGENMAIER, M. u. H. (1991): Seelsorge, S. 49. „Echtheit und bedingungslose Annahme des anderen werden hier extrem erschwert, weil die Widerspiegelung dessen, was der andere mir anbietet, oft jeder Vernunft zu spotten scheint. Auch die Verbalisierung von Gefühlen begründet nicht das Gefühl von Verstehen und Verstanden werden. Wenn im Gespräch mit einem Ratsuchenden die Echtheit und die bedingungslose Annahme diesen sichtbar entlasten und zu einem Fokus führen, ist das in der Begegnung mit psychisch kranken Menschen so nicht der Fall." HAGENMAIER, M. u. H. (1991): Seelsorge, S. 83.

328 HAGENMAIER, M. (1990): Ratlosigkeit in der Seelsorge?, S. 203.

329 HAGENMAIER, M. u. H. (1991): Seelsorge, S. 84.

330 „Seelsorge hat im Gegensatz zur Psychotherapie nicht die Heilung eines Menschen im gesundheitlichen Sinne zum Ziel." HAGENMMAIER, M. u. H. (1991): Seelsorge, S. 85.

331 HAGENMAIER, M. u. H. (1991): Seelsorge, S. 85.

332 HAGENMAIER, M. (1990): Ratlosigkeit in der Seelsorge?, S. 204.

zur Wahrnehmung der geistlichen Dimension seines Lebens gegeben wird: „Darüber hinaus wären aus christlicher Sicht die ethischen und ontologischen Aussagen des Glaubens neu zu formulieren und als Anleitung zum Leben nahezubringen."[333] Heike Hagenmaier legt deshalb besonderen Wert darauf, daß in Gruppengesprächen Gott und der christliche Glaube durch SeelsorgerInnen aktiv wiederbelebt werden, um eine Begegnung mit dem ganz Andern zu ermöglichen. Das heißt, „auch darüber zu sprechen und nicht einfach nur alles als Seelsorge zu bezeichnen, was im Rahmen oder unter dem Dach der Kirche geschieht."[334]

Im Anschluß an die therapeutische und heilende Seelsorgevariante versucht auch Hagenmaier seinen Ansatz *theologisch* in Rückgriff auf die Praxis Jesu zu legitimieren. In Blick auf Psychiatrieseelsorge greift er die Erzählung von der Heilung eines besessenen Mannes aus Gerasa in der Fassung der Evangelisten Markus und Matthäus (Mk 5, 1-20; Mt 8, 28-34) auf und versucht, die Heilungsgeschichte assoziativ als Seelsorge Jesu im Sinne eines generalisierbaren typischen Zugangs zu einem psychisch kranken Menschen zu interpretieren. Mit dem Hinweis darauf, daß bereits Jesus mit der Situation konfrontiert war, daß seelisch Kranke sich nicht krank fühlen und keineswegs um Hilfe und Heilung bitten, stellt er die aktive und passive Isolierung des Kranken, die Angst und Hilflosigkeit der Umwelt sowie die Schwierigkeiten der Einfühlung und Empathie des seelsorglich Helfenden als die zentralen Themen der Geschichte heraus: „Wenn wir die alten Rahmenbedingungen der Geschichte abstreifen, zeigt Jesus hier die Seelsorge mit jemandem, der 'außer sich' ist. Er mahnt nicht zur Vernunft, sondern hat keine Angst, mit dem Mann so zu sprechen, wie er gerade ist. Er begegnet ihm auf seiner Ebene, anstatt zu sagen: Nun nimm dich zusammen, dann können wir reden und sehen, was ich für dich machen kann. Durch den Umgang Jesu mit dem Menschen, so wie er ist, bekommt er Zugang zu ihm. Die Geschichte zeigt in ihrer realistischen Schilderung die Isolierung des Menschen durch das Besessensein. Isolierung kann nur durch das Eingehen auf den Betroffenen überwunden werden. Jesus geht mit in die Isolierung des Mannes hinein und kann dadurch seine Isolierung aufbrechen."[335] Während in Hagenmaiers Interpretation der Heilungsgeschichte das Motiv der Annahme als grundlegende Beziehungsstruktur Gottes zum kranken Menschen und als seelsorgliche Grundhaltung theologisch unterfangen wird, liefert er jedoch keine theologische Begründung für sein zentrales Motiv, daß SeelsorgerInnen kranke Menschen dazu anzuleiten haben, ihr Leben als 'Besessene' sowohl in positiven wie auch in negativen Aspekten anzunehmen.

Da sich bezüglich der *anthropologischen* und *humanwissenschaftlichen* Axiome des anleitenden Konzeptes keine spezifischen Aspekte, die über das Begleitende Seelsorgekonzept hinausweisen, erkennen lassen, wird auf eine sich wiederholende Darstellung verzichtet.

---

333 A.a.O., S. 205.

334 HAGENMAIER, M. u. H. (1991): Seelsorge, S. 112.

335 HAGENMAIER, M. u. H. (1991): Seelsorge, S. 23. Die Austreibung der Geister in die Schweineherde interpretiert er dabei folgendermaßen „Es wäre nicht sinnvoll, die Erzählung über den Weg der Geister in die Schweine als brutales Vergehen an der Schöpfung Gottes, zu der die Schweine ja auch gehören, zu interpretieren. In der Schizophrenie geht es nun einmal um 'weltbewegende' Themen. Nichts anderes dokumentiert der Vorgang mit den Schweinen. Psychische Krankheiten dieser schweren Art binden ungeheure psychische Energien." A.a.O., S. 23.

2.7.3. Spezielle konzeptionelle Vorgaben für Psychiatrieseelsorge

In der Anleitenden Seelsorge steht v.a. der psychisch Kranke als einzelner oder in der Gruppe als *Adressat* von Seelsorge im Mittelpunkt, wobei jedoch analog zu allen bisher besprochenen psychologisch fundierten Konzepten Seelsorge grundsätzlich als Krankenhausseelsorge und nicht nur als Krankenseelsorge konzipiert ist.

Obwohl im aktuellsten Buch des Ehepaars Hagenmaier spezielle Reflexionen 'Zur Genese der Psychischen Krankheiten' angekündigt sind, legen beide ihr *Krankheitsverständnis* nur indirekt offen, da sie zwar auf das gegenwärtig dominierende multifaktorielle Modell hinweisen, es jedoch nicht explizit als Arbeitsgrundlage für SeelsorgerInnen ausweisen.[336] Obwohl betont wird, daß das der biblischen Heilungsgeschichte von Gerasa zugrunde liegende religiöse Erklärungsmodell, das Besessenheit auf den Einfluß dämonischer Mächte, die die Person nicht mehr 'Person' oder 'Ich' sein lassen, zurückführt, heute als überholt erscheint, wird dennoch konzediert, daß diese Krankheitsvorstellung der Rätselhaftigkeit psychischer Erkrankung immer noch sehr nahe kommt.[337] Religiöse und medizinische Sichtweisen werden somit lediglich nebeneinandergestellt.

Die inhaltliche Füllung von Seelsorge als Anleitung führt zu einer radikalen Änderung des *Rollenverständnisses* von SeelsorgerInnen: „Nicht Echtheit - Glaubwürdigkeit heißt der neue seelsorgliche Leitbegriff."[338] Nicht eine therapeutische Grundhaltung, sondern die Aufgabenstellung, als Mitglied einer definierten Glaubensgemeinschaft repräsentativ einen glaubwürdigen Lebensentwurf mit entsprechend tragfähigem Sinnhorizont vorzuleben und rudimentär mit den PatientInnen einzuüben, legt die Rahmenbedingungen der seelsorglichen Rolle fest. „Der echt zugewandte, mit großer Akzeptanz für sein Gegenüber ausgestattete, nicht moralisch wertende Zuhörer ist nach wie vor nötig. Mindestens genauso wichtig aber ist es, daß er auch einen glaubwürdigen Lebensentwurf selbst darstellen kann. Das ist kein zurück zur autoritären Führung durch Zurechtweisung, die dem 'Klienten' nicht die Wahl ließ, zuzustimmen oder abzulehnen. Beim Begleitungsmodell kam es nicht auf die Person des Begleiters an, auf das, was er selbst für gutes und gelungenes Leben hält. Seine Wärme dem Klienten gegenüber konnte auch auf einem von Sinnlosigkeit geleiteten eigenen Leben aufbauen. Echtheit mußte also kein Modell für gelungenes Leben, gelungene Problemlösung oder tragenden Sinnhorizont sein, sondern nur eine Haltung."[339] Als stabilisierende Hilfs-Ichs sollten SeelsorgerInnen jedoch nicht als RepräsentantInnen der Liebe Gottes fungieren, wie folgende ironische Textpassage verdeutlicht: „Sollte der liebe Gott wie die 'nette Frau Pastorin' oder der 'nette Herr Pastor' sein? Wenn dies das inhaltliche Angebot der Seelsorge bleibt, braucht der so beseelsorgte Mensch schon ein gerüttelt Maß an Abstraktionsfähigkeit, um daraus innere Stärkung zu beziehen."[340] Nicht die die eigene Person überfordernde Repräsentanz göttlicher

---

336 Vgl. HAGENMAIER, M. u. H. (1991): Seelsorge, S. 25.

337 Vgl. a.a.O., S. 22-23.

338 HAGENMAIER, M. (1990): Ratlosigkeit in der Seelsorge?, S. 204.

339 A.a.O., S. 204.

340 A.a.O., S. 198. Hagenmaier warnt zudem davor, daß SeelsorgerInnen nicht unter dem Firmenschild der Annahme dem Größenwahn verfallen dürfen, mit sich selbst zu kokettieren und am Ende sich schlicht selbst zu verkaufen. Vgl. HAGENMAIER, M. (1982): Der erste Fall, S. 367.

Liebe und Allmacht, sondern ein modellhafter Umgang mit der Realität menschlicher Existenz zeichnen somit die Rolle von SeelsorgerInnen aus: „Unter diesen extremen Bedingungen kann Seelsorge nur sinnvoll sein, wenn der Seelsorger oder die Seelsorgerin die Ambivalenz und Verborgenheit Gottes selbst glaubwürdig tragen kann. Es geht dabei um Stellvertretung im Glauben an die Barmherzigkeit Gottes und an den Sinn des menschlichen Daseins trotz der nicht zu lösenden Fragwürdigkeit auch des Einzelschicksals."[341]
Im anleitenden Konzept wird nicht nur die seelsorgliche Rolle gegenüber dem Einzelschicksal, sondern auch die Rolle im Gefüge der Klinikstrukturen einer kritischen Reflexion unterzogen: „Bisher ist kaum jemand die institutionelle Situation in den Sinn gekommen. Was kann ein einzelner da leisten? Ist er kritischer Mitarbeiter oder Vorposten der Kirche? Sollte er Fachmann für Religiöses oder eher Kristallisationspunkt für Beziehungen zwischen Patienten und Gesellschaft sein?"[342] Obwohl und weil Hagenmaier für eine enge Zusammenarbeit von SeelsorgerInnen und psychiatrischem Personal plädiert, will er folgende Rollenverteilung sichergestellt wissen: „Wir brauchen Phantasie und Intuition, Beharrungsvermögen und den Mut, Fehler zu machen. Wir brauchen genug Selbstbewußtsein, um ohne Scheu mit all den Menschen zusammenzuarbeiten, die sich auch um psychisch Kranke kümmern. Allerdings sollte auch so viel Selbstkritik dabei sein, daß wir dem Arzt oder der Ärztin die Diagnose und Behandlung überlassen können."[343] Im Rollenverhältnis zum klinischen Personal sollte desweiteren eine zweite Gefahrenquelle, die sich aus der spezifischen Begegnungsstruktur mit psychisch Kranken ergibt, erkannt und umgangen werden: „Besonders im Krankenhaus gibt es immer Situationen, in denen der Seelsorger als der große Tröster dasteht, weil er dem Patienten z.B. hilft, die administrativen Maßnahmen, die u.U. getroffen werden müssen, zu verarbeiten. Was liegt da näher als daß der Patient versucht, den Seelsorger gegen die 'bösen' Ärzte, Schwestern und Pfleger, die ihm alles verwehren, aufzubringen.. Er selbst kommt ja selten in die Verlegenheit, einen Menschen verantwortlich im Krankenhaus festhalten zu müssen, oder ihn auf seine Verantwortung zu entlassen - wobei ihn dann Gerichte und Angehörige überprüfen."[344] Obwohl auch Hagenmaier die zur Erfüllung der Berufsrolle erforderliche Kompetenz durch den Erwerb entsprechender psychotherapeutischer Zusatzqualifikationen realisiert sieht, macht er dennoch selbstkritisch auf die seiner Meinung nach bedenklich stimmenden Folgen der in den 70er und 80er Jahren einsetzenden Professionalisierungstendenz innerhalb der Krankenhausseelsorge aufmerksam: „Wer sich solcher (psychotherapeutischer) Haltung und Methodik bedienen wollte, mußte selbstverständlich eine Ausbildung haben, die er bei anderen, die zu Beginn dieser Phase auf den Zug gesprungen waren, absolvieren konnte. Seelsorger/in wurde niemand mehr automatisch mit den pastoralen oder anderen kirchlichen Weihen... Nur lange berufsbegleitende Mühen konnten den Einstieg in die Kaste der Seelsorger/innen sichern."[345] Eine Rückbesinnung der SeelsorgerInnen auf ihre religiös anleitende Rolle könnte deshalb dazu beitragen, der Rollendiffusion entgegenzusteuern.[346]

---

341 HAGENMAIER, M. u. H. (1991): Seelsorge, S. 46.

342 HAGENMAIER, M. (1988): Seelsorge im psychiatrischen Krankenhaus, S. 101.

343 HAGENMAIER, M. u. H. (1991): Seelsorge, S. 86.

344 HAGENMAIER, M. (1982): Der erste Fall, S. 366-367.

345 HAGENMAIER, M. (1990): Rastlosigkeit in der Seelsorge?, S. 193.

346 Vgl. a.a.O., S. 194-195.

Anleitende Seelsorge sieht desweiteren konzeptionell vor, die Rolle psychisch Kranker interpersonell und strukturell wirklichkeitsgerecht wahrzunehmen. Dementsprechend ist die oftmals krankheitsbedingte Krankeitsuneinsicht, Motivationslosigkeit und Kontaktverweigerung der PatientInnen als Basisvariable seelsorglicher Beziehungsaufnahme zu berücksichtigen: „Wenn das Verhältnis zum eigenen Körper, zur eigenen Seele und zum eigenen Geist radikal gestört scheint, können keine selbstbestimmten und freien Handlungen erwartet werden."[347] Obwohl das Ideal einer von Asymmetrie befreiten reziproken Verhältnisbestimmung zwischen Seelsorgerin und PatientIn dadurch zwar eine Relativierung erfährt, will Hagenmaier konzeptionell jedoch nicht den Weg dafür ebnen, Anleitung erneut als kognitive Erziehungs- und Kontrollmaßnahmen zu definieren.

Konzeptionelle Vorgaben bezüglich seelsorglicher *Praxis und Methodik* weichen nur dahingehend von psychologisch fundierten individuumszentrierten Konzepten ab, als daß dem Gottesdienst als Modellraum gemeinsam erfahrbarer göttlicher und zwischenmenschlicher Annahme, der Betreuung ehrenamtlicher MitarbeiterInnen und Angehöriger sowie der Kontaktaufnahme zu Kirchengemeinden eine wichtige Bedeutung beigemessen wird.[348] Obwohl auch im anleitenden Konzept für die Anwendung psychotherapeutischer Methoden, die v.a. als gruppentherapeutische Verfahren der Seelsorge Flügel verleihen,[349] plädiert wird, findet sich dennoch gerade in Blick auf psychisch Kranke folgende Schlußfolgerung: „Große seelsorglich-therapeutische Entwürfe nach der richtigen Methode entfallen."[350]

---

347 HAGENMAIER, M. u. H. (1991): Seelsorge, S. 84.

348 Vgl. HAGENMAIER, M. (1990): Ratlosigkeit in der Seelsorge?, S. 205; HAGENMAIER, M. u. H. (1991): Seelsorge, S. 13/28.

349 Ihr Plädoyer für Gruppenseelsorge versucht Heike Hagenmaier inhaltlich folgendermaßen zu erläutern: „Seelsorge in Gruppen versucht, Geborgenheit zu vermitteln, sie nimmt uns Menschen ernst und versucht nicht, sie durch Therapie oder christliche 'Belehrung' zu ändern." HAGENMAIER, M. u. H. (1991): Seelsorge, S. 102.
Trotz der Offenheit für eine möglichst breite Anwendung theologieintern wie auch -extern entwickelter Methoden wird in der Anleitenden Seelsorge die religiöse Methode des Exorzismus bewußt aus dem Methodenrepertoire gestrichen, da eine methodische Nachahmung Jesu dem vermessenen Versuch gleich käme, eine Identifikation mit seiner Person und seinem Handeln anzustreben. Vgl. HAGENMAIER, M. u. H. (1991): Seelsorge, S. 24.

350 HAGENMAIER, M. u. H. (1991): Seelsorge, S. 84. Dementsprechend kritisch äußern sie sich zur Anwendung folgender Therapieformen: „Sicher bieten auch viele Seelsorger/innen Meditation oder Entspannung und andere Methodik an. Der Wert dieser Übungen liegt jedoch meist bei den Übungen selbst, der erreichten Entspannung oder einer Erleichterung bei bestimmten Symptomen. Eine 'Wahrheit' aber kommt nicht zur Vermittlung." HAGENMAIER, M. (1990): Ratlosigkeit, S. 200.

2.8. Begegnende, Personzentrierte Seelsorge
2.8.1. Hinführender Überblick

An der Schnittstelle zwischen psychologisch und soziologisch orientierten Seelsorgekonzepten steht das Modell Begegnende Seelsorge, das auf den österreichischen katholischen Theologen und Psychotherapeuten P.F. Schmid zurückgeht.[351] Obwohl sein Konzept eng mit dem diakonischen Seelsorgeverständnis verwoben ist, wird es in vorliegender Arbeit unter die psychologische Perspektivendominanz gezählt, weil es in der Traditionslinie gesprächspsychotherapeutisch orientierter Therapeutischer Seelsorge steht, wobei Schmid jedoch nicht den klientenzentrierten, sondern den personzentrierten Ansatz des späten Rogers rezipiert: „Von daher ist auch ein Verständnis von Seelsorge zu überwinden, das vielfach als 'beratende Seelsorge' bezeichnet wurde und sich aus einem Konzept von Psychotherapie und Beratung entwickelt hat, welches vor dem Rogerianischen Paradigmenwechsel, der mit Expertenmacht und Technokratisierung gebrochen hat, anzusiedeln ist."[352] 'Begegnung' als deutsche Übersetzung des für Rogers zentralen Wortes 'encounter' wird von Schmidt bewußt als konzeptionelles Leitwort gewählt, zumal dieser Begriff in der Dialogischen Philosophie Bubers und Lévinas, die er zusätzlich zur Begründung heranzieht, ebenfalls eine Schlüsselrolle einnimmt.[353] Trotz der Dominanz der Begegnungsterminologie tauchen auch die Bezeichnungen 'Personzentrierte Seelsorge' und 'Personale Seelsorge' auf, die Schmid nahezu synonym zu 'Begegnende Seelsorge' verwendet.[354]

Da auch Schmids evangelischer Kollege Ziemer sein Modell einer 'pastoralpsychologisch orientierten Seelsorge' inhaltlich als Begegnung qualifiziert, wird es an dieser Stelle berücksichtigt, obwohl die Bezeichnung 'Begegnende Seelsorge' nicht explizit auftaucht und im Unterschied zu Schmid nicht explizit an die theoretische Weiterentwicklung Rogers angeknüpft wird.[355] Ebenfalls berücksichtigt wird der Entwurf des als Krankenhausseelsorger tätigen Theologen Feld, der Seelsorge zwar als Begegnung definiert, in der Begründung aber auf die existialistische Philosophie und Anthropologische Psychiatrie zurückgreift. Im Unterschied zu Schmid und Ziemer expliziert er deshalb sein Seelsorgeverständnis in Blick auf Psychiatrieseelsorge.[356]

Schaubild 27 zeigt einen Überblick über die Konzeptvarianten Begegnender Seelsorge:

---

351 Schmid erkennt in seinem Ansatz die Möglichkeit eines Paradigmenwechsels innerhalb der Seelsorgelehre. Vgl. SCHMID, P.F. (1994): Begegnung ist Verkündigung, S. 15.

352 SCHMID, P. F. (1979): Heil(ig)werden, S. 264.

353 Vgl. SCHMID, P. F. (1996): Personzentrierte Gruppenpsychotherapie, S. 521.

354 'Personzentrierte Seelsorge' verwendet Schmid, wenn er die Korrelation mit dem Ansatz Rogers im Blick hat. Von Personaler Seelsorge dagegen spricht er, wenn er die philosophisch-dialogische Dimension von Seelsorge hervorheben will: „Man kann sie (die Seelsorge), wenn man will - Autonomie und Solidarität, somit die substantiale wie die relationale Dimension des Personbegriffs mitbedenkend - 'personale Seelsorge' im Sinne personaler Begegnung nennen." SCHMID, P.F. (197): Heil(ig)werden, S. 264.

355 Ziemer, Professor für evangelische Theologie, plädiert für eine „pastoralpsychologische Seelsorge als eine im Horizont unserer säkularen Gesellschaft angemessene seelsorgliche Konzeption". ZIEMER, J. (1993): Pastoralpsychologisch orientierte Seelsorge, S. 145.

356 Vgl. FELD, Th. (1996): Seelsorge mit psychiatrischen Patienten.

Theologisch-Psychologische Seelsorgekonzepte

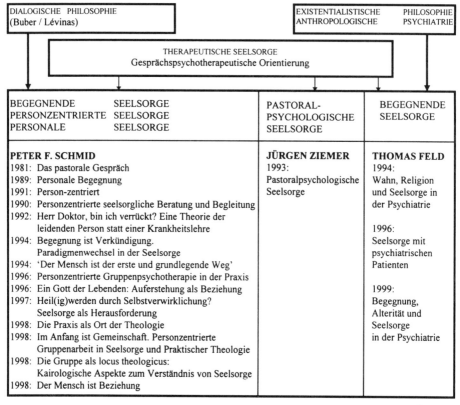

Schaubild 27: Begegnende Seelsorge im Überblick

2.8.2. Theoretische Fundierung der allgemeinen Seelsorgelehre

Unter Verweis auf den personenzentrierten Ansatz Rogers, der Psychotherapie explizit person- und nicht problemorientiert verstanden wissen will, und unter Aufnahme des dialogischen Personbegriffs Lévinas, der die interpersonale Dimension der Ver-Antwortung der Person gegenüber anderen Personen hervorhebt, entwirft Schmid ein Seelsorgeverständnis, das auf Begegnung beruht, wobei „mit Begegnung keine besonderen einmaligen Momente oder Spitzenerfahrungen gemeint sind, auch nicht unbedingt langdauernde Freundschaftsbeziehungen, die der Seelsorger nun zu allen Mitgliedern seiner Gemeinde zu entwickeln hat, sondern eine Grundhaltung den anderen Menschen als Mitmenschen gegenüber, die sich durch Gegenwärtigkeit und prinzipielle Gegenseitigkeit auszeichnet."[357] Die geforderte Begegnungs-Grundhaltung, die auf persönlicher Betroffenheit und Mitgefühl basiert, verlangt einerseits, das Gegenüber wertschätzend und respektvoll als ein wirkliches Gegen-Über, das nicht verobjektiviert, instrumentalisiert, beeinflußt oder gelenkt werden kann, anzuerkennen und andererseits, sich selbst als SeelsorgerIn authentisch ins Spiel zu bringen und sich auf der Basis

---

357 SCHMID, P.F. (1994): Begegnung ist Verkündigung, S. 24. Vgl. auch DERS. (1996): Personzentrierte Gruppenpsychotherapie, S. 519; DERS. (1997): Heil(ig)werden, S. 264, 266.

wechselseitiger Heraus-Forderung und Förderung im Wider-fahrnis des Anderen aufs Spiel zu setzen: „Seelsorge ist daher dialogisch, sie ist personale Begegnung."[358] Für Schmid impliziert diese Definition ein radikal verändertes Seelsorgeverständnis: „Es handelt sich um ein qualitativ neues Modell, das Evangelisierung nicht, um es mit aktuellen Schlagworten zu benennen, 'linear' versteht (die unverfälschte Weitergabe des durch Jesus Christus von Gott in die Welt gekommenen Lehrgutes durch das verwaltende und interpretierende Lehramt der Kirche über die Zeiten hinweg, von gestern nach heute, von vorn nach hinten, von oben nach unten), sondern 'vernetzt' (die kreative Aktualisierung der in Jesus Christus Mensch gewordenen Beziehung Gottes zu den Menschen im Heiligen Geist durch alle Glieder einer als Volk Gottes verstandenen Kirche, schöpferisch, wechselseitig, aufgabenteilig, diakonisch). Die Theologie hat dafür schon lange einen eigenen Begriff: Es handelt sich um eine 'perichoretische Praxis', eine Lebensform, die sich in Analogie zum Leben des selbst beziehungsorientierten, beziehungsstiftenden und beziehungsgründenden Gottes versteht."[359] Ebenso wie Schmid will auch Feld Seelsorge als ein Begegnungsgeschehen ausweisen, das er relativ ähnlich umschreibt, obwohl er sein Verständnis von Begegnung primär in Rekurs auf Vorgaben der Daseinsanalytisch-Anthropologischen Psychiatrie entwickelt: „Begegnung als Konkretion der anthropologischen Möglichkeit des 'Mitseins' (Heidegger) ist 'gelebte Beziehung zu einem selbständigen Gegenüber, das seinerseits begegnen oder auch sich der Begegnung verschließen kann. Ihr Prinzip ist die Gegenseitigkeit, das Einander, das Sich - zueinander - verhalten."[360] In Blick auf Seelsorge mit psychisch kranken Menschen liefert Feld eine differenzierte inhaltliche Beschreibung der geforderten Begegnungshaltung, die seiner Meinung nach auf einem ausgewogenen Zusammenspiel von Nähe und Distanz beruhen muß.[361] Unter Verweis auf das pastoralpsychologische Axiom einer an der konkreten Biographie des Subjekts orientierten Seelsorge rückt auch Ziemer den Begegnungsaspekt ins Zentrum: „Pastoralpsychologisch geprägte Seelsorge ist primär ein Begegnungsgeschehen."[362] Da Seelsorge Begegnung, Begegnung jedoch zugleich Verkündigung ist, heißt dies für das nondirektive seelsorgliche Gespräch, daß bereits die Begegnungsstruktur und nicht objektiv

---

358 SCHMID, P.F. (1998): Die Praxis, S. 112. Vgl. DERS. (1996): Personzentrierte Gruppenpsychotherapie, S. 299/303.

359 SCHMID, P.F. (1998): Die Gruppe als locus theologicus, S. 278.

360 FELD, Th. (1996): Seelsorge mit psychiatrischen Patienten, S. 117.

361 Im Umgang mit *schizophrenen* Menschen expliziert Feld Begegnung als ein Kontakt-Halten in mittlerer Distanz, um der Persönlichkeit zu begegnen, die sich hinter und in der verwirrenden Symptomatik verbirgt. Begegnung mit *abhängigen* Menschen dagegen erfordere eine ausgeprägt distanzierte Haltung, um vorschnelle Nähe zu verhindern: „Nicht gegen den Widerstand angehen, das verstärkt ihn nur; dagegen die eigene Position klarstellen, aber den strittigen Punkt vorerst dahingestellt sein lassen und an anderer Stelle die Beziehung suchen. Unvermittelt kann die Begegnung sich dann in ihr Gegenteil verkehren. Die Distanz weicht großer Nähe." (S. 123) Mit dem *manischen* Patienten dagegen gelte es, in emotionaler Nähe mitzuschwingen, um dessen abgewehrten Schmerz zu teilen. (S. 122) Obwohl auch die Begegnung mit *depressiven* Menschen Einfühlung verlangt, müsse sich der seelsorgliche Blick jedoch v.a. auf die eigene Person richten, um Gedanken und Gefühle, die das Gegenüber auslöst, wahrzunehmen und zum Ausdruck bringen zu können: „In der symbolischen Beschreibung und Deutung der depressiven Befindlichkeit ergeben sich hier besondere Begegnungsmöglichkeiten für den Seelsorger." (S. 121) In Blick auf *neurotische* PatientInnen plädiert Feld dafür, Begegnung möglichst regelfrei bezüglich des Nähe-Distanz-Kontinuums zu gestalten, wobei jedoch elementare zwischenmenschliche Umgangsformen einzuhalten sind, was sich gerade gegenüber Neurotikern als schwierig erweisen kann (S. 124). Vgl. FELD, Th. (1996): Seelsorge.

362 ZIEMER, J. (1993): Pastoralpsychologisch orientierte Seelsorge, S. 144.

vermittelbare Sachverhalte den zu vermittelnden Gesprächsinhalt darstellt, wobei das Reden mit und das Hören auf das Gegenüber, wie in allen psychologisch fundierten Konzepten, konstitutiv ist: „Begegnung ist Verkündigung. Text und Kommunikation, Wort und Liebe gehören untrennbar zusammen... Seelsorge als Begegnung ist daher eine zuhörende, einfühlsame und annehmende Pastoral, die versucht, den Anruf Gottes in der jeweiligen Situation nicht nur von seiten des Seelsorgers zu interpretieren, sondern gemeinsam mit den Betroffenen zu suchen und zu verstehen."[363]

Konkrete Lebenshilfe, die aufgrund der psychologischen Traditionslinie auch im Begegnungskonzept im Mittelpunkt steht, wird zwar weiterhin als Hilfestellung zur Selbstverwirklichung definiert. Im Unterschied zum therapeutischen Seelsorgeansatz legt Schmid aber das weiterentwickelte Selbstverwirklichungsverständnis des personzentrierten Ansatzes Rogers, das die individualistische Engführung der klientenzentrierten Sichtweise zugunsten einer sozialen Perspektivenweitung sprengt, zugrunde: „Selbstverwirklichung erwächst aus Begegnungserfahrung. Sie wird damit als ein dialogischer Vorgang des Angesprochenwerdens und des Antwortens in Selbst-mit-teilung begriffen. Personwerden wird verstanden als ein kreativer Prozeß der Verwirklichung von Möglichkeiten in der Gemeinschaft."[364] Indem Schmid Selbstverwirklichung aus Begegnung als Fähigkeit der Selbstbestimmung in sozialer Verantwortung, als umfassende Verwirklichung der gottgegebenen Möglichkeiten zur Lebensgestaltung nach dem Modell Jesu interpretiert, schafft er es, Glaubens- und Lebenshilfe so miteinander zu verzahnen, daß aus einem unverbundenem Nebeneinander ein unverzichtbares Miteinander beider Zielsetzungen wird.[365] Der körperlich-seelischen Heilung wird dagegen in der begegnenden Konzeptvariante eine eher marginale Bedeutung zugeschrieben. In kritischer Distanz zur Heilenden Seelsorge und unter Verweis auf Rogers, der Heilung durch 'Förderung von Entwicklung und Wachstum' ersetzt wissen will, plädiert Schmid deshalb dafür, sich innerhalb der Seelsorgelehre vom Heilungsziel zu verabschieden.[366]

Die *theologische Fundierung* Begegnender Seelsorge basiert auf dem Gottesbild eines personalen Gottes, der sich in Beziehung zu den Menschen setzt: „Der jüdisch-christliche Gott ist zweifellos ein Gott der Beziehung. In seinem Bundesangebot hat er sich als ein Gott geoffenbart, der auf die Menschen 'zugeht' und sie 'anspricht'... Gott ist ein Gott des Gesprächs. Er ist kein unnahbarer Götze, kein kalter Schiedsrichter des großen Welttheaters."[367] Weil Gott

---

363 SCHMID, P.F. (1994): Begegnung ist Verkündigung, S. 29 u. 21-22.

364 SCHMID, P.F. (1997): Heil(ig)werden, S. 260-261. Wenn Ziemer angesichts der sozialen Zwänge der Gesellschaft Lebenshilfe als Förderung der Kompetenz des Gegenüber zur souveränen Lebensgestaltung beschreibt, so klingt auch in seinem zunächst stark individuumsbezogenen Ansatz das von Schmid deutlich benannte soziale Moment mit an. Vgl. ZIEMER, J. (1993): Pastoralpsychologische Seelsorge, S. 144.

365 Vgl. SCHMID, P.F. (1992): Herr Doktor, S. 114; DERS. (1997): Heil(ig)werden, S. 265; DERS. (1989): Personale Begegnung, S. 161. Glaubenshilfe als Ziel seelsorglicher Bemühungen wird von Schmid unter Ausblendung missionarischer Kategorien als Hinführung zu konkreter Erlösungserfahrung interpretiert: „Was wir zu bieten haben, ist nicht mehr und nicht weniger als die befreiende Erfahrung von Begegnung, die zugleich die Botschaft ist, daß Gott auf die Menschen zugeht. Wir müssen einander nicht zu glaubenden und liebenden Menschen machen; wir brauchen nur Vertrauen, also den Glauben zu haben, und einander - als Seelsorger- die Freiheit einräumen und dazu Mut machen, tatsächlich zu sein, was wir sind - bereits erlöste und befreite Menschen." SCHMID, P. F. (1994): Begegnung ist Verkündigung, S. 30.

366 Vgl. SCHMID, P. F. (1997): Heil(ig)werden, S. 260/267; DERS. (1989): Personale Begegnung, S. 250.

367 SCHMID, P. F. (1989): Personale Begegnung, S. 228.

sich am deutlichsten in seinem fleischgewordenen Wort den Menschen erfahrbar gemacht hat, ist aber Jesus „bleibendes Korrektiv für jedes Selbstverständnis von Seelsorge."[368] In Jesus und seiner Auferstehung hat sich der christliche Gott in seiner Eigenschaft als trinitarischer Gott unwiderruflich in Beziehung zu den Menschen gesetzt und sich als unendliche Liebe erwiesen, durch die nicht nur der Tod Jesu, sondern der eines jeden einzelnen Menschen überwunden ist. Denn an Gottes Handeln an Jesus wird deutlich, „daß Auferstehung eine Beziehungskategorie ist, daß auferstehen immer ein 'Auferstehen mit' (Jesus und den anderen Menschen) und ein 'Auferstehen zu' (Gott) ist.[369] Im Unterschied zu den bisher besprochenen psychologisch fundierten Konzepten und dem Entwurf Ziemers[370] legt Schmid daher zur theologischen Begründung seines Ansatzes keine Interpretation jesuanischer (Heilungs)Praxis vor, sondern verweist darauf, daß die nachösterliche Verkündigung des Lebens, des Todes und der Auferstehung Jesu keine Sachverhalte, sondern wiederum Beziehungserfahrungen darstellen, die die Begegnung Gottes mit den Menschen transparent und damit Begegnung zum zentralen Leitmotiv der Seelsorge machen. Um dies lehramtlich abzusichern, zieht Schmid zusätzlich Dokumente des Zweiten Vatikanischen Konzils heran, die im Rahmen der 'actuosa participatio' des gemeinsamen Gottesvolkes eine inhaltliche Interpretation von Begegnung als „wechselseitige Hilfe im Christsein und als Verkündigung aneinander"[371] zulassen.

Die *anthropologischen* Prämissen Begegnender Seelsorge basieren auf Vorgaben des personzentrierten Ansatzes, die Schmid aufgrund ihrer empirischen Verankerung als positiv zu würdigende Leistung Rogers hervorhebt. Obwohl er betont, daß aus christlich-jüdischer Sicht gerade die Vorläufigkeit und Gebrochenheit eine elementare Facette menschlicher Existenz darstellt, erkennt er in der Annahme einer grundsätzlich konstruktiven und vertrauenswürdigen Natur des Menschen eine Theorie, die sich mit biblischen Aussagen in Deckung bringen läßt. Eine noch deutlichere Korrelation postuliert Schmid für die These, daß der Mensch ein unheilbar soziales Wesen sei, das sich in Begegnung mit anderen Menschen aktualisiert und verwirklicht. Im Unterschied zu Rogers will Schmid jedoch festgehalten wissen, daß im Menschenbild Begegnender Seelsorge die Dimension der Gottesrelation des Menschen unverzichtbar ist, da der Mensch sich nur über das Ergreifen der Möglichkeiten, die Gott für ihn bereit hält, verwirklichen könne. Damit verknüpft Schmid Rogers Theorien mit einer explizit theologischen Anthropologie: „Man kann nicht vom Menschen sprechen, ohne zugleich über seine Beziehung zu Gott zu sprechen."[372] Das Individuum als unteilbares Geist-Leibwesen wird von Schmid daher als Person beschrieben, die sich im Koordinatenfeld der Beziehungsangewiesenheit auf Gott und Mitmenschen sowie gottgewollter Selbständigkeit bewegt.[373]

---

368 SCHMID, P. F. (1994): Begegnung ist Verkündigung, S. 17.

369 SCHMID, P.F. (1996): Ein Gott der Lebenden: Auferstehung als Beziehung, S. 149.

370 Ziemer bezieht sich auf die Jesusgeschichten des Neuen Testamentes als Ursprungserzählungen christlicher Seelsorge. Vgl. ZIEMER, J. (1993): Pastoralpsychologisch orientierte Seelsorge, S. 144.

371 SCHMID, P. F. (1997): Heil(ig)werden, S. 264.

372 SCHMID, P.F. (19989: Der Mensch ist Beziehung S. 238. Vgl. auch DERS. (1989): Personale Begegnung, S. 100-112, 213-214; DERS. (1996): Personzentrierte Gruppenpsychotherapie, S. 19.

373 „Der Mensch ist Person, weil er von Gott her ist....Personsein heißt, Gemeinschaft mit dem dreieinigen Gott." SCHMID, P.F. (1998): Im Anfang ist Gemeinschaft, S. 63/65.

Wie alle VertreterInnen psychologisch fundierter Seelsorge spricht sich auch Schmid für eine *Verhältnisbestimmung* von Theologie und Humanwissenschaften aus, die auf einem kritischen Dialog beruht, wobei er gerade in Blick auf strukturelle Zusammenhänge auch die Gesellschaftswissenschaften konzeptionell und praktisch einbezogen wissen will.[374]

2.8.3. Spezielle konzeptionelle Vorgaben für Psychiatrieseelsorge

Als *Hauptadressat* Begegnender Seelsorge steht zunächst der kranke Mensch im Mittelpunkt. Die erläuterten Konzeptvorgaben lassen jedoch den Schluß zu, daß Krankenseelsorge stets im Kontext einer Krankenhausseelsorge unter Berücksichtigung aller sich darin aufhaltenden Personen sowie der strukturellen Bedingungen, die Begegnungen ermöglichen oder behindern, anzusiedeln ist.

Während Feld in seinen konzeptionellen Überlegungen zur Psychiatrieseelsorge das gegenwärtige biologische *Krankheitsverständnis* mit seiner entsprechenden Nomenklatur zugrunde legt, findet sich bei Schmid der Versuch, analog zu seiner personzentrierten Sichtweise eine Krankheitslehre zugunsten einer Theorie der leidenden Person zu umgehen.[375] In Anschluß an Rogers interpretiert er daher seelisches Leiden aus psychologischer Perspektive als Folge einer Diskrepanz zwischen Selbstbild und realer Erfahrung, wobei Symptome den dringenden Wunsch nach empathischem Verständnis und sozialer Begegnung ausdrücken: „Psychisches Leiden ist auch ein Hinweis auf eine weitere Chance der Person, kongruenter zu werden."[376]

Da Schmid davon ausgeht, daß im Begegnungsverhalten der SeelsorgerInnen Gott selbst dem Gegenüber begegnet, schreibt er SeelsorgerInnen die *Rolle* irdischer RepräsentantInnen göttlicher Zuwendung zu: „Denn in der personalen Begegnung ist der menschliche Verkünder derjenige, durch den Christus spricht."[377] SeelsorgerInnen haben sich deshalb mit ihrer ganzen Person in die Beziehung einzulassen und sich als glaubwürdige, wahrhaftige und kongruente Menschen zu erweisen. Da Begegnung aber immer auch die Möglichkeit impliziert, daß auf beiden Seiten Lernprozesse angestoßen werden, nehmen SeelsorgerInnen nicht nur die Rolle aktiv Gebender, sondern auch passiv empfangender GesprächspartnerInnen ein. Gerade die Begegnung mit psychisch Kranken und deren Vorstellungswelt bringt somit das Risiko bzw. die Chance persönlicher Veränderung der SeelsorgerInnen selbst mit sich. Ebenso wie alle psychologisch fundierten Konzepte erfordert auch das Begegnungsmodell eine Rollendefinition der SeelsorgerInnen, die eine institutionelle Integration in das Krankenhaus voraussetzt.

---

374 Vgl. SCHMID, P.F. (1989):Personale Begegnung, S. 213; DERS. (1994): Begegnung, S. 22; DERS. (1997): Heil(ig)werden, S. 266. Aus dezidiert pastoralpsychologischer Perspektive schreibt auch Ziemer: „Humanwissenschaftliche Implikate verhelfen dabei dem Seelsorger zu einer realistischen Sicht der Wirklichkeit." ZIEMER; J. (1993): Pastoralpsychologisch, S. 145.

375 Vgl. FELD, Th. (1996): Seelsorge mit psychiatrischen Patienten. Feld bezieht sich aber auch auf die Krankheitslehre Anthropologischer Psychiatrie, nach der krankhaftes Verhalten auf verfehlte Daseinsentwürfe und Sinneinbußen hinweist. Vgl. A.a. O., S. 118. Vgl. auch SCHMID, P. F. (1992): Herr Doktor, bin ich verrückt? Eine Theorie der leidenden Person statt einer Krankheitslehre.

376 SCHMID, P.F. (1992): Herr Doktor, bin ich verrückt?, S. 94.

377 SCHMID, P. F. (1994): Begegnung ist Verkündigung, S. 30.

Diesbezüglich weiterführende Reflexionen finden sich jedoch bisher nicht.[378] Obwohl Schmid betont, daß die Kunst der Begegnung keine besondere Begabung voraussetzt, sondern durch entsprechende Erfahrung und Reflexion gerade in der alltäglichen Gemeindepraxis in einem langen Prozeß erlernbar ist, plädiert er an anderer Stelle für die Ausbildung einer klar konturierten beruflichen Kompetenz: „Sie müssen die theologischen und anthropologischen Grundlagen und die praktischen psychologischen und sozialpsychologischen Hintergründe und 'Gesetzlichkeiten' für die Möglichkeiten und Vollzüge personaler Begegnungen wissen und die entsprechenden Fähigkeiten (her)aus-bilden und reifen lassen."[379] Trotz der angedeuteten Vorbildfunktion von SeelsorgerInnen und ihrer zu erwerbenden Fähigkeitskompetenzen unterzieht Schmid ihre Rolle gleichzeitig einer grundsätzlichen Relativierung: „Keiner ist Lebensexperte - oder Glaubensexperte. Ein Theologe mag Fachmann in der Reflexion von Erfahrungen, Traditionen, Glaubenseinstellungen und -inhalten sein, ein Seelsorger von Amts wegen mag eine lange Berufserfahrung haben, keiner von ihnen jedoch kann Fachmann für Leben, Glauben oder Liebe sein. Was diese personalen Prozesse betrifft, sind wir alle in fundamentaler Weise gleich."[380] Die gottgewollte fundamentale Gleichheit aller Menschen, die jede Verobjektivierung des Gegenüber z.B. in Form eines zu betreuenden, zu beratenden oder zu heilenden Menschen unterläuft, erfordert eine Rollenbeschreibung psychisch Kranker als begegnungsfähige Menschen, die trotz ihrer Krankheit essentielle Gemeinsamkeiten mit den SeelsorgerInnen selbst aufweisen: „Auch in extremen Situationen ist es gut zu bedenken, daß es unendlich viel mehr Gemeinsames mit einem solchen Menschen gibt als Trennendes, daß man auch Menschen mit den seltsamsten oder auch noch so ablehnenswert erscheinenden Symptomen viel ähnlicher ist als unähnlich."[381]

Begegnende Seelsorge favorisiert alle individuumszentrierten *Praxisformen*, die eine verbale oder nonverbale Begegnung zwischen Menschen ermöglichen, wobei Schmid besonders auf das Gespräch und das Gebet hinweist. Da gerade in liturgischen Vollzügen Raum für Begegnung entstehen kann, wird ihnen im begegnenden Seelsorgekonzept eine große Bedeutung beigemessen, wobei aber der strukturelle Aspekt der zwischenmenschlichen Begegnung weniger reflektiert wird: „Die lebendige Liturgie (nicht die Wiederholung im Ritual) symbolisiert die Begegnung - besonders in der Eucharistie, in der die Begegnung Gottes mit den Menschen

---

378 Für die Krankenhausseelsorge versucht Ziemer, die Rolle von SeelsorgerInnen in Blick auf den Gesamtprozeß der Gesundheitssorge zu reflektieren. Obwohl er mit kritischen Überlegungen zum modernen Medizinbetrieb in die Thematik einsteigt und SeelsorgerInnen eine kritisch-entmythisierende Rolle zuschreibt, buchstabiert er die Entmythisierung jedoch nicht auf den Komplex Krankenhaus als solche durch, sondern lediglich auf die Beziehungsstruktur von ÄrztInnen und PatientInnen. SeelsorgerInnen sollen deshalb als PartnerInnen von ÄrztInnen fungieren, indem sie dazu beitragen, die Heilserwartungen der PatientInenn an die MedizinerInnen abzubauen. Indem Ziemer SeelsorgerInnen zusätzlich die Rolle von EthikexpertInnen zuschreibt, versucht er, zumindest über diese Aufgabenzuweisung, strukturelle Aspekte in die Rollendefinition einzubeziehen. Vgl. ZIEMER, J. (1993): Pastoralpsychologisch orientierte Seelsorge, S. 145- 148.

379 SCHMID, P. F. (1989): Personale Begegnung, S. 225-226. Auch Feld setzt eine geschulte Begegnungsfähigkeit sowie eine erhöhte Sensibilität für sich und andere voraus. Vgl. FELD, Th. (1996): Seelsorge, S. 117. Ziemer will jedoch der durch fachfremden Kompetenzerwerb zunehmenden Professionalisierung der Seelsorge kritisch Einhalt gebieten: „Meine These lautet: Die Professionalisierung bedarf einer theologisch-kritischen Begrenzung, damit der spezifische Auftrag der Seelsorge erfüllt werden kann." ZIEMER, J. (1993): Pastoralpsychologisch orientierte Seelsorge, S. 150.

380 SCHMID, P. F. (1994): Begegnung ist Verkündigung, S. 20.

381 SCHMID, P. F. (1989): Personale Begegnung, S. 251.

in Jesus als gegenwärtige gefeiert und bezeugt wird."[382] Da Schmid v.a. die Authentizität und Glaubwürdigkeit der Seelsorgerinnen selbst in den Mittelpunkt rückt und Begegnung als unmittelbares Geschehen, das aller Mittel entbehrt, umschreibt, muß er zu dem Schluß gelangen, daß Seelsorge methodisch nicht auf 'ausgefeilten Pastoraltechniken', 'rhetorischen Fertigkeiten' oder 'psychologischen Tricks' beruhen kann.[383]

Dementprechend hält er die Propagierung universell gültiger *Methoden* seelsorglicher Alltagspraxis für sinnlos. Dennoch spricht er sich vor dem Hintergrund seiner eigenen psychotherapeutischen Ausbildung dafür aus, v.a. Methoden der Gesprächsführung, Gruppenarbeit, Körpertherapie und Soziotherapie, die auch in der personzentrierten Gesprächspsychotherapie zunehmend rezipiert werden, zusätzlich zur spezifisch religiösen Methodik auch für die seelsorgliche Praxis nutzbar zu machen.[384]

---

[382] SCHMID, P. F. (1994): Begegnung ist Verkündigung, S. 29.

[383] Vgl. a.a.O., S. 24.

[384] Vgl. Schmid, P. F. (1989): Personale Begegnung, S. 213; DERS. (1996): Personzentrierte Gruppenpsychotherapie. In Zusammenarbeit mit Rogers legte Schmid ein Grundlagenwerk zur Personzentrierten Psychotherapie vor und fungierte als Mitherausgeber des Handbuches Personzentrierter Psychotherapie. Vgl. SCHMID, P.F. u. C. ROGERS (1991): Person-zentriert. Grundlagen von Theorie und Praxis. Mainz, Grünewald, 1991; HANDBUCH der Personzentrierten Psychotherapie. Hg. v. P. FRENZEL, M. WINKLER u. P.F. SCHMID. Köln, Humanistische Psychologie, 1992.

3. Konzepte aus theologisch - soziologischer Perspektive

3.1. Diakonische, Diakonisch-Heilende Seelsorge, Evangelisatorische Pastoral
3.1.1. Hinführender Überblick

Im Unterschied zu primär biblisch oder psychologisch fundierten Seelsorgekonzepten präsentiert sich das diakonische Seelsorgeverständnis als ein Ansatz, in dem die individuumszentrierte Perspektive um eine soziale und gesellschaftskritische Dimension ergänzt wird. Obwohl immer wieder auf die diakonische Dimension von Seelsorge hingewiesen worden ist,[1] setzte eine systematische interkonfessionelle Reflexion erst in den 80er Jahren ein. Daß die Entdeckung der Diakonie[2] kein theologiegeschichtliches Novum darstellt, wird daran ersichtlich, daß bereits zur Zeit des Nationalsozialismus Delp in Blick auf die Zukunftsfähigkeit der Kirche eine fundamentale Umkehr zur Diakonie, auf die sich Theoretiker Jahrzehnte später besannen, einforderte.[3] Dieser Vorgang verdankte sich v.a. zwei Faktoren:
Zum einen den Folgewirkungen des Zweiten Vatikanischen Konzils, wobei nach Mette besonders das Apostolische Schreiben 'Evangelii nuntiandi' Papst Paul VI aus dem Jahr 1975 die Diakonie-Diskussion angeregt hat.[4] Krockauer sieht in Anschluß an Fuchs deshalb in der Diakonie das Wesensmerkmal der konziliaren Kirche, wobei die diakonische Theologie eine situative Zuspitzung einer Theologie der Evangelisierung darstellt.[5] Dieser Zusammenhang erklärt, weshalb Fürst auch die Bezeichnung 'Evangelisierende Pastoral' verwendet.[6]
Zum anderen beruhte die Konzentration auf den diakonischen Aspekt der Seelsorge darauf, daß innerhalb der Diskussion um die Grundvollzüge kirchlicher Praxis die Diakonie als solche eine enorme Aufwertung erfuhr.[7] Als Ergebnis legt Haslinger folgenden Definitionsversuch

---

1 Während Stollberg 1969 lediglich dem seelsorglichen Gespräch eine diakonisch-therapeutische Bedeutung beimaß, definierte Riess 1973 Seelsorge bereits als diakonisches Handeln. Finger unternahm 1982 den Versuch, Therapeutische Seelsorge als Diakonie auszuweisen, wobei er aber die soziologische Dimension nicht näher reflektierte. Vgl. STOLLBERG, D. (1969): Therapeutische Seelsorge, S. 157; RIESS, R. (1973): Seelsorge, S. 188; FINGER, W. (1982): Seelsorge als Diakonie, S. 110.

2 Diakonie wird in diesem Kontext nicht als Bezeichnung für einen verbandlichen Hilfsverein verwendet! ('Diakonie' wird im evangelischen Raum als Kurzbezeichnung für das 'Diakonische Werk' benutzt, 'Caritas' dagegen gilt im katholischen Raum als Kurzbezeichnung für den 'Deutschen Caritasverband'.)

3 Vgl. DELP, A. (1990, Nachdruck): Rückkehr in die Diakonie. So berufen sich z.B. Fürst, Baumgartner und Karrer direkt auf Delps Plädoyer. Vgl. FÜRST, W. (1991): Pastorale Diakonie, S. 75; BAUMGARTNER, I. (1992): Heilende Seelsorge, S. 56-57; KARRER, L. (1995): Schubkraft, S. 123-124.

4 Vgl. METTE, N. (1990): Vom Säkularisierungs- zum Evangelisierungsparadigma, S. 421.

5 Vgl. KROCKAUER, R. (1993): Kirche als Asylbewegung, S. 165-167.

6 Vgl. FÜRST, W. (1990): Seelsorge, S. 71; DERS. (1991): Pastorale Diakonie - Diakonische Pastoral, S. 64.

7 Die Grundvollzüge 'Liturgia,' ''Martyria', 'Koinonia' und 'Diakonia' stellen ein theoretisches Instrumentarium zur Strukturierung kirchlicher Praxis dar. Da jedoch keine Einigkeit über deren Anzahl und ihrer Zuordnung zueinander besteht, beruht die Konfiguration der Grundvollzüge letztlich auf dem individuellen theologischen Hintergrund der einzelnen Theologen. Vgl. HASLINGER, H. (1996): Diakonie, S. 334/371. Während Fürst Diakonie noch in klassischer Manier gleichberechtigt neben Martyria und Liturgia als sich gegenseitig durchdringende Voraussetzung der christlichen Gemeinschaft (Koinonia) anordnet, plädiert Fuchs dafür, der eher marginalen Stellung der Diakonie durch eine Reduktion der Trias entgegenzuwirken: „So gibt es im Grunde, jedenfalls im Horizont des Evangelisierungskonzeptes, 'nur' zwei fundamentale

vor: „Diakonie... ist die indispensable und durchgängige Dimension des christlichen Glaubens. Sie strukturiert die gesamte christliche Praxis der Menschen."[8] Nach Wahl läßt sich aus diesem Axiom folgender Schluß ziehen: „Diakonie ist weder bloße 'Vorfeldarbeit' für die 'eigentliche' Verkündigung und Seelsorge, noch ist sie ein Segment, ein Sonderbereich kirchlicher Praxis."[9]

Aus den bisherigen Hinweisen läßt sich bereits ablesen, daß zum Thema Diakonie, diakonische Theologie bzw. Praxistheorie der Diakonie entsprechend viel Grundlagenarbeit geleistet worden ist. Obwohl die meisten Autoren zwar Überlegungen zur diakonischen Praxis, nicht jedoch zu einer explizit Diakonischen Seelsorge anstellen, werden ihre Ergebnisse dennoch herangezogen, da sie Material liefern, das sich bei Autoren, die den Terminus 'Diakonische Seelsorge' verwenden, nicht in dieser Ausführlichkeit findet. Hierzu zählen v.a. der evangelische Theologe Bach, der aus der Perspektive eines körperlich behinderten Menschen den Entwurf einer solidarischer Diakonie vorlegt, in dem kritisch auf den Heilungs-Anspruch diakonischer Praxis Bezug genommen wird.[10] Auf katholischer Seite ist v.a. Haslinger hervorzuheben, der als Gegenentwurf zu einer individualistisch konzipierten ideologisierenden Diakonie 1996 eine umfangreiche Grundlagenarbeit zur Praxistheorie der Diakonie verfaßt hat, in der er sich in kritischer Auseinandersetzung mit Bach für die heilende Dimension der Diakonie ausspricht.[11] Besondere Erwähnung verdient auch der katholische Pastoraltheologe Fuchs, der sich hauptsächlich durch seine theologischen Fundierungsversuche der Diakonie hervorgetan hat und zusammen mit seinem Schüler Poensgen zu den wenigen Autoren gehört, die sich aus diakonischer Perspektive mit dem Praxisfeld Psychiatrie auseinandergesetzt haben.

Dimensionen kirchlicher Existenz, die Martyria und die Diakonia, die sich nie anders denn in der entsprechenden Koinonia realisieren können." (Fuchs, 1990, S. 104). Obwohl Fuchs Martyria (Verkündigung im Wort und im Sakrament) und Diakonie (heilender und befreiender Dienst am Menschen) als zwei gleichberechtigte Präsenzbereiche der Evangelisierung beschreibt, räumt er der Diakonie eine eindeutige Priorität ein. Ende der 90er Jahre revidiert Fuchs seine Prioritätsthese der Diakonie, um eine Instrumentalisierung der Gottesbeziehung für die Menschenbeziehungen zu vermeiden. Von einem unhintergehbaren Primat der Diakonie dagegen geht Haslinger aus, der alle vier kirchlichen Grundvollzüge als konstitutive Praxisdimensionen herauszustellen versucht. Demnach müssen zwar alle Grundvollzüge in sich diakonale Qualität aufweisen, die Diakonie selbst aber muß nicht die Grunddimensionen der anderen drei Praxisformen in sich tragen, um als authentische christliche Praxis anerkannt zu sein. Vgl. FUCHS, O. (1990): Heilen und Befreien; S. 104; DERS. (1988): Kirche für andere, S. 286; DERS. (1998): Solidarität und Glaube, S. 21; DERS. (1998) Die Eigenheit des christlichen Gottesglaubens, S. 75 ff; FÜRST, W. (91): Pastorale Diakonie, S. 53; HASLINGER, H. (1996): Diakonie, S. 693.

8   HASLINGER, H. (1996): Diakonie, S. 693. Bach, der die Bedeutung der Diakonie nicht im Kontext der Grundvollzüge, sondern in Blick auf eine grundsätzliche Neuorientierung der Theologie reflektiert, unternimmt sogar den Versuch, Diakonie als „Dimension aller Theologie" (S. 181) auszuweisen. BACH, U. (1991): Getrenntes wird versöhnt, S. 182.

9   WAHL, H. (1993): Diakonie, S. 158. Zu ähnlichen Schlußfolgerungen gelangen auch Schmid und Baumgartner. Vgl. SCHMID, P.F. (1989): Personale Begegnung, S. 222; BAUMGARTNER, I. (1990): Pastoralpsychologie, S. 338.

10 Held rechnet Bach und Luther zu den evangelischen Hauptvertretern eines diakonischen Seelsorgemodells. Vgl. HELD, P. (1996): Systemische Praxis in der Seelsorge, Inhaltsverzeichnis.

11 Vgl. HASLINGER, H. (1996): Diakonie zwischen Mensch, Kirche und Gesellschaft.

Obwohl der Terminus 'Diakonische Seelsorge' bereits 1982 bei Finger auftaucht,[12] wurde er erst 1988 durch den früh verstorbenen evangelischen Theologen und Pädagogen Henning Luther als Programmwort verwendet, weshalb ihm eine besondere Bedeutung innerhalb der Diakonischen Seelsorge zukommt. In der Konzeptbezeichnung wird auf das griechische Wort 'diakonia' zurückgegriffen, das im Deutschen mit den Worten 'Dienst' bzw. 'dienen' wiedergegeben wird. Da sich in Baumgartners Entwurf einer 'Heilenden Seelsorge' auch die Bezeichnung 'Diakonisch-Heilende Seelsorge' findet, und Schmid sein Konzept der 'Begegnenden Seelsorge' ebenfalls mit dem Titel 'Diakonische Seelsorge' versieht, weist das diakonische Modell eine enge Verbindung zu psychologisch fundierten Konzepten auf.[13] Gleichzeitig zeigt sich aber v.a. in den Arbeiten Haslingers und Steinkamps eine ausgeprägte inhaltliche Affinität zu den Modellen Befreiender und Politischer Seelsorge, wodurch der Bruch mit therapeutischen Ansätzen besonders ins Auge fällt.

Schaubild 28 auf der nächsten Seite zeigt die Hauptvertreter der Diakonischen Seelsorge und ihre wichtigsten Schriften im Überblick. Die Veröffentlichungen der Protagonisten Diakonischen Seelsorge und deren Titulierungsversuche sind im oberen, Grundlagenwerke zur Diakonie allgemein dagegen im unteren Bildteil angeordnet. Auf der linken Seite finden sich katholische, auf der rechten Seite evangelische Vertreter des diakonischen Konzeptes. Theologen, die ihren Ansatz im Laufe ihres Schaffens um die diakonische Perspektive bereichert haben, können aus Platzgründen nicht graphisch berücksichtigt werden.[14]

---

12 Vgl. FINGER, W. (1982): Seelsorge als Diakonie, S. 110.

13 Vgl. BAUMGARTNER, I. (1990): Pastoralpsychologie, S. 338; SCHMID, P.F. (1989): Personale Begegnung, S. 245.

14 Vgl. z.B. entsprechende Titel von H. Windisch und H.Chr. Piper in der Literaturliste!

DIAKONISCHE SEELSORGE
Schaubild 28

SCHMID, PETER F.
1989: Personale Begegnung
(Diakonische Seelsorge)
BAUMGARTNER, ISIDOR
1990: Pastoralpsychologie
(Diakonisch - heilende Seelsorge)
FÜRST, WALTER
1990: Seelsorge zwischen Resignation und Hoffnung
(Evangelisierende Pastoral)
1991: Pastorale Diakonie - Diakonische Pastoral
(Diakonische Pastoral)
POENSGEN, HERBERT
1983: Alternative Verkündigung mit Psychiatriepatienten
1997: Alles ist Fragment
ZUR ZUKUNFT DER SEELSORGE
1994: Suchet zuerst das Reich Gottes und seine Gerechtigkeit...

FINGER, WOLFGANG
1982: Seelsorge als Diakonie
(Diakonische Seelsorge)
SCHMIDT-LAUBER, HANS CHRISTOPH
1984: Diakonie und Seelsorge
LUTHER, HENNING
1986: Alltagssorge und Seelsorge
1987: Schmerz und Sehnsucht
1988: *Diakonische Seelsorge*
1988: Wahrnehmen und Ausgrenzen oder die doppelte Verdrängung
1992: Religion und Alltag

ZERFASS, ROLF
1985: Diskussionsbeitrag:
Zur theologischen Begründung diakonischen Handelns
FUCHS, OTTMAR
1985: Ernstfall Diakonie
1988: Kirche für andere
1988: Umkehr zu einer mystagogischen und diakonischen Pastoral
1988: Bei Euch aber soll es nicht so sein! (Lk 22,26)...
1988: Theologische Aspekte zur Interaktion mit psychiatrischen Patienten'
1990: Heilen und Befreien. Der Dienst am Nächsten
1990: 'Wie verändert sich das Verständnis von Pastoraltheologie und Theologie überhaupt, wenn die Diakonie zum Zuge kommt?'
1990: Grenzen von Hilfe und Macht im Umgang mit psychisch kranken Menschen
1991: Einübung der Freiheit
1991: Leben mit psychisch kranken Menschen im Horizont christlicher Theologie
1993: Im Brennpunkt: Stigma
1994: Diakonia: Option für die Armen
WAHL, HERIBERT
1987: Empathie als diakonische Praxis
1993: Diakonie
GREINACHER, NORBERT / METTE, NORBERT
1988: Rückkehr der Kirchen in die Diakonie
STEINKAMP, HERBERT
1985: Diakonie - Kennzeichen der Gemeinde
1988: Diakonie in der Kirche der Reichen und in der Kirche der Armen
1993: Diakonische Kirche?
HASLINGER, HERBERT
1996: Diakonie zwischen Mensch, Kirche und Gesellschaft'
POMPEY, HEINRICH
1998: Kirche für andere

ERHARTER, HELMUT (Hg.)
1977: Prophetische Diakonie
CREMER, INÉS/ DIETER FUNKE (Hg.)
1988: Diakonisches Handeln
RUSCHKE, WERNER
1990: Diakonische Theologie - ein neues Paradigma theologischen Denkens?
EIGENMANN, URS
1990: Am Rande die Mitte suchen
KURSBUCH DIAKONIE
1991: Ulrich Bach zum 60. Geburtstag

BACH, ULRICH
1980: Boden unter den Füßen hat keiner
1982: Der behinderte Mensch - ein Geschöpf Gottes
1986: Dem Traum entsagen, mehr als ein Mensch zu sein
1988: 'Aber auf Dein Wort!' Plädoyer für eine diakonische Kirche
1988: Heilende Gemeinde?
1991: Getrenntes wird versöhnt
1994: Mit behinderten Menschen das Evangelium neu entdecken
1994: 'Gesunde' und 'Behinderte'
1995: Heilende Gemeinde?
1995: Noch einmal zum Thema 'Heilungsauftrag'
1998: Plädoyer für eine Diakonie ohne religiösen Mehrwert

3.1.2. Theoretische Fundierung der allgemeinen Seelsorgelehre

Nach Schmid definiert sich Diakonische Seelsorge zum einen in Rekurs auf Jesus und seine Reich-Gottes-Botschaft als Dienst in der Nachfolge Jesu' und zum anderen in Rekurs auf lehramtliche Vorgaben der katholischen Kirche als 'Teilhabe an der Evangelisierung'.[15]
Wie sich dieser Dienst inhaltlich zu konkretisieren hat, faßt Luther prägnant zusammen: „Diakonische Seelsorge ist solidarisch-helfende Zuwendung zum je individuellen einzelnen in befreiender Absicht zugunsten des einzelnen unter konstitutiver Berücksichtigung seines sozialen und gesellschaftlichen Kontextes."[16] Seelsorge soll demnach im Koordinatensystem von Individuum und Kontext verortet sein, wobei die kritische Auseinandersetzung mit sozialen und strukturellen Zusammenhängen[17] individueller Notsituationen einerseits dazu dienen soll, dem einzelnen effizienter helfen zu können, andererseits aber auch in sich eigenwertige diakonische Qualität aufzuweisen hat. Fuchs, Haslinger, Wahl und Steinkamp sprechen sich deshalb dafür aus, die Politische Diakonie als integralen Bestandteil der Diakonie zu werten: „Zur Diakonie gehört also nicht nur die unmittelbare Hilfeleistung und Verkleinerung oder Abwendung des Leidens, sondern zugleich die Suche nach den leidschaffenden politischen und strukturellen Herkünften und die daraus resultierende sozial- und wirtschaftspolitische Position."[18] Für Haslinger ist die der Befreiungstheologie entlehnte Option für die Armen daher „das Synonym für eine Diakonie, die ihre politisch-gesellschaftskritische Dimension bewußt profiliert und in den Dienst der Befreiung Notleidender aus ihrer Not stellt."[19] Als Notleidende rücken Menschen in den Mittelpunkt, die entweder durch persönliche (Krankheits) Gründe in eine individuelle Not- und Leidenssituation geraten sind oder in Folge struktureller Zusammenhänge eine marginalisierte, stigmatisierte und diskriminierte Randexistenz fristen: „Die Diakonie hat es immer auch mit Ausgrenzungen zu tun. Sie hat es mit ausgegrenzten Menschen zu tun und sie selber erlebt immer wieder Ausgrenzungen. Diakonie heißt: Expertenschaft in Sachen Ausgrenzung und ihrer Überwindung."[20]

---

15 SCHMID, P.F. (1994): Begegnung, S. 21; DERS. (1998): Die Praxis als Ort der Theologie, S. 112.

16 LUTHER, H. (1988): Diakonische Seelsorge, S. 476. Luther selbst jedoch will den einzelnen ins Zentrum Diakonischer Seelsorge rücken: „Dabei ist das Interesse am einzelnen das entscheidende Kriterium. Hierin unterscheidet sich im Zweifelsfalle kirchliche Diakonie und Seelsorge etwa von staatlicher Fürsorge, die sich primär an der Gewährleistung des sozialen Zusammenhalts orientiert und von daher individuelle Lebenskrisen bearbeiten muß, um andauernde Benachteiligungen zu verhindern, die die Loyalität und die soziale Integration gefährden würden." A.a.O., S. 476-477.

17 Daß die strukturellen Ursachen von Not in einem universalen Zusammenhang zu beurteilen sind, wird in folgender Passage Karrers deutlich: „Christliche Diakonie als schwesterliche und brüderliche Solidarität mit Menschen und der Schöpfung in Not sieht deshalb nicht nur die individuellen Probleme, sondern auch die subjektive wie weltweite Verflechtung von Nöten mit den Ordnungsvorstellungen und Bedingungen struktureller Art." KARRER, L. (1995): Schubkraft für die Kirche, S. 124.

18 FUCHS, O. (1994): Diakonia, S. 126. Vgl. auch WAHL, H. (1993): Diakonie, S. 170; HASLINGER, H. (1996): Diakonie, S. 731; STEINKAMP, N. (1988): Diakonie.

19 HASLINGER, H. (1996): Diakonie, S. 827.

20 SCHIBILSKY, M. (1991): Dialogische Diakonie, S. 7. Baumgartner sieht in den Notleidenden v.a. seelisch Suchende und psychisch kranke Menschen. Vgl. BAUMGARTNER, I. (1990): Pastoralpsychologie, S. 340. Schmid identifiziert die Notleidenden mit strukturell ausgebeuteten und machtlosen Menschen, die für Eigenmannam Rand der Gesellschaft angesiedelt sind. SCHMID, P.F. (1989):Personale Begegnung, S. 245; EIGENMANN, U. (1990): Am Rande die Mitte suchen, S. 11.

Wie der Dienst an Notleidenden konkret aussehen soll, wird unterschiedlich beschrieben, wobei sich die Aspekte gegenseitig ergänzen. Fuchs definiert den Akt des Dienens als helfende, Leben teilende und lebensrettende Begegnung, wobei er betont, daß gerade stigmatisierte Menschen nicht nur Begleitung und Begegnung, sondern v.a. solidarischen Beistand benötigen. In Bezug auf kranke Menschen konkretisiert er den geforderten Beistand als ein Mitaushalten nicht abschaffbaren Leidens, wobei er jedoch entgegen jeglicher 'schwüler Kreuzesmystik' das Individuum in seiner Klage ebenso wie in seiner Anklage konkreter lebensfeindlicher Bedingungen unterstützt sehen will. Hierbei hätten SeelsorgerInnen besonders darauf zu achten, daß sie den leidenden Menschen keine zusätzlichen religiösen Kränkungen zufügen, sondern eine Atmosphäre gegenseitigen Vertrauens, in der Ängste abgebaut werden können, herstellen.[21] Haslinger dagegen rekurriert in Rückgriff auf die Philosophie Lévinas auf den Aspekt der Verantwortlichkeit als einen von Gott ausgehenden unabweisbaren Anspruch, dem sich SeelsorgerInnen im Umgang mit Notleidenden zu stellen hätten. Da die Andersartigkeit des Anderen zu achten und zu bewahren ist, hat sich Seelsorge hauptsächlich durch ein ausdauerndes Dableiben auszuzeichnen: „Diakonisch handeln heißt, sich der Beanspruchung zur Verantwortung für den Anderen zu unterstellen, die dem Angesicht des Anderen entspringt."[22]

Empathie als Grundhaltung seelsorglicher Begegnung wird zwar ebenfalls eingefordert; aber aus diakonischer Perspektive als ein 'Sich im rechten Maß Einfühlen' im Wechselspiel von Annäherung und Distanzierung erläutert, wobei auch für die Einbeziehung konfrontativer Elemente plädiert wird.[23] Da Luther betont, daß dem Wort (Inhalt) immer eine tathafte Seite (Beziehung), der Tat aber auch eine worthafte Seite anhaftet, und da Fuchs festgehalten wissen will, daß sich die christliche Rede im Horizont der zwischenmenschlichen Diakonie ereignet, und der Diakonie nach Haslinger immer auch ein Verkündigungscharakter anhaftet, müssen christliche Inhalte im seelsorglichen Gespräch nicht explizit zur Sprache kommen, wie Baumgartner deutlich zu verstehen gibt: "Das 'Mehr' bzw. das Proprium christlichen Sorgens besteht nicht darin, daß die helfende Zuwendung explizit und verbal eingeholt wird als Ereignis im Raum der Kirche und des Glaubens. Diakonie verliert nichts von ihrer wahren Gottesauslegung, wenn dabei die Rede nicht ausdrücklich auf Gott kommt... Entscheidend

---

21 Vgl. FUCHS, O. (1988): Theologische Aspekte, S. 89; DERS. (1993): Im Brennpunkt: Stigma. Gezeichnete brauchen Beistand, S. 107/118/141/145/DERS. (1990): Heilen und Befreien, S. 46.

22 HASLINGER, H. (1996): Diakonie, S. 616. Haslingers Rekurs auf den Philosophen Lévinas beruht darauf, sein durch das Judentum geprägtes Verständnis von Gott und der Beziehung Gottes zu den Menschen als Basistheorem Diakonischer Theologie aufzugreifen. Vgl. A.a.O., S. 533-534.

23 Wahl präzisiert den der Psychotherapie entlehnten Terminus Empathie unter bewußter Abgrenzung von einer Haltung intuitiver Sympathie, mitleidig-sentimentalen Nett-Seins sowie eines Alles-Verstehens als diakonische Praxis: „In therapeutischer Absicht bezeichnet sie jenes wissenschaftliche und praktisch geschulte, langdauernde, introspektive Eintauchen in die komplexe psychische Struktur eines Leidenden, durch welches man, in einem gemeinsamen Forschungs- und Wahrheitsfindungsprozeß, an Hand der sich einspielenden Beziehungsdynamik neue Verstehens- und Deutungshypothesen für das pathogene Erleben und seine lebensgeschichtliche Verarbeitung gewinnt." WAHL, H. (1987): Empathie, S. 88.
Konfrontation bedeutet aus diakonischer Sicht kein seelsorgliches Konfrontieren des Menschen mit biblisch - christlichen Ansprüchen, sondern mit der eigenen Biographie: „Das beinhaltet auch die Konfrontation mit dem, was nicht gerne wahrgenommen wird: mit lebensgeschichtlichen Verletzungen, mit Verdrängtem, mit eigener Schuld." HASLINGER, H. (1996): Diakonie, S. 718. Lämmermann erläutert die konfrontative Dimension dahingehend, daß zwar die Bedürfnisse des Gegenübers wahrzunehmen, diese aber nicht unbedingt vom Seelsorger zu befriedigen sind, da im kommunikativen Austausch über die vorhandenen Bedürfnisse auch deren kritische Korrektur möglich sein muß. Vgl. LÄMMERMANN, G. (1992): Wider die gesellschaftliche Verdrängung von Schwäche, S. 228.

bleibt also, ob ich den anderen spüren lassen kann, daß es mir wirklich um ihn geht. Dieses Beziehungsgeschehen kann auf der Inhaltsebene dann noch einmal, wenn der Kairos sich bietet, expliziert werden als mein Glaube und meine Hoffnung auf Gott, aber das ist sekundäre Zugabe."[24]

Diese Sichtweise muß sich auch in der Zielsetzung Diakonischer Seelsorge widerspiegeln. Glaubenshilfe darf deshalb niemals missionarische Zielsetzungen im Sinne vereinsideologischer Rekrutierungsstrategien verfolgen: „Warum also müssen wir von Gott reden? Nicht damit sich die Menschen in die Kirche hinein integrieren und auch nicht tautologisch dafür, erreicht zu haben, daß sie an Gott glauben, sondern weil und damit die Menschen den Glauben an Gott als Hilfe, Heilung, Befreiung und Bereicherung ihres Lebens erfahren können."[25] Gott als Vertrauenstherapie, als Rückenstärkung für Mitmenschlichkeit und als Kraftquelle, die über die Erfahrung von Angst, Scheitern und Tod hinausträgt, soll sich somit als eine Lebenshilfe eigener Art erweisen, damit das Reich Gottes ansatzhaft schon gegenwärtig erfahren werden kann. Luther schlußfolgert deshalb: „Nur insofern Glaubenshilfe eine andere Lebenshilfe ist, ist sie anders als Lebenshilfe."[26] Inwieweit die anvisierte konkrete Lebens- und Krisenhilfe in Blick auf kranke Menschen auch das Ziel körperlich-seelischer Heilung impliziert, ist bei den Theoretikern Diakonischer Seelsorge umstritten, wobei zwei Positionen aufeinandertreffen:

Für die erste Position steht der evangelische Theologe Bach, der aus dem Blickwinkel eines körperlich behinderten Menschen scharfe Kritik am Heilungsziel übt. Unter Verweis auf die gegenwärtig neu aufflammende Euthanasiediskussion und die seiner Meinung nach gesellschaftliche Vergottung des Gesundheits- und Leistungsideals setzt sich Bach gegen Bibelinterpretationen zur Wehr, die den theologischen Boden für das Heilungstheorem bereiten sollen, seines Ermessens aber mit apartheitsideologischen Vorurteilen belastet sind: „Daß Krankheit natürlich eine gottwidrige Macht ist, daß Gott Krankheit nicht wollen kann, daß Jesus Krankheiten wie Dämonen und Sünde bekämpfte usw."[27] Nicht Heilung, sondern die Vermittlung einer Kraft zum Menschsein, die gerade nicht mit Gesundheit gleichzusetzen ist, müsse demnach oberste Priorität seelsorglicher Zielsetzung sein, damit gerade behinderte Menschen „ihre Behinderung als eine ihnen von Gott zugemutete Lebensbedingung annehmen, um frohgemut ihr Leben zu gestalten."[28]

---

24 BAUMGARTNER, I. (19909): Pastoralpsychologie, S. 338. Vgl. auch LUTHER, H. (1988): Diakonische Seelsorge, S. 476; FUCHS, O. (1990): Heilen und Befreien; HASLINGER; H. (1996): Diakonie, S. 746.

25 FUCHS, O. (1990): Heilen und Befreien, S. 182. Vgl. auch a.a.O., S. 17. An anderer Stelle betont Fuchs, daß die Diakonie niemals dazu dienen darf, Menschen für eine reaktionäre Kirchenbildung zu mobilisieren. Vgl. FUCHS, O. (1993): Im Brennpunkt: Stigma, S. 153. Wenn Schmid Seelsorge als eine diakonische Aufgabe beschreibt, die sich in den Dienst am Christwerden der Christen stellt, so darf diese Aussage nicht dahingehend interpretiert werden, daß es hierbei v.a. um ein Christ-Werden von Nicht-Christen geht! Vgl. SCHMID, P. (1989): Seelsorge als personale Begegnung, S. 245.

26 LUTHER, H. (1992): Religion und Alltag, S. 226. Vgl. auch FUCHS, O. (1993): Im Brennpunkt: Stigma, S. 135-136; HASLINGER, H. (1996): Diakonie, S. 693.

27 BACH, U. (1995): Heilende Gemeinde? S. 360. Im radikalen Gegensatz hierzu schreibt Nüchtern: „Krankheit und Leiden sind in der Bibel kein Wert und nichts Gutes. Sie sind ein Übel, sie sollen nicht sein....Vor allem die Krankenheilungen Jesu zeigen, daß Krankheit zu bekämpfen ist." NÜCHTERN, M. (1994): Was heilen kann, S. 84.

28 BACH, U. (1988): Heilende Gemeinde? Versuch einen Trend zu korrigieren, S. 32. Fuchs nimmt Bachs Anregungen auf und gibt zu bedenken: „Möglicherweise haben wir Theologen/innen uns bislang allzusehr

Theologisch-Soziologische Seelsorgekonzepte

Die zweite Position, die v.a. auf katholische Autoren zurückgeht, wird gemäß den Analysen Haslingers von der Mehrheit der Theologen getragen, die sich an der Diakonie-Diskussion beteiligen. Indem darauf verwiesen wird, daß Heilen eine zentrale Intention der Sendung Jesu darstellt und deshalb Heil und Heilung untrennbar zusammengehören, wird letzteres um der Betroffenen willen als unhintergehbares Postulat diakonischer Praxis ausgewiesen:[29] „Es ist einfach auch zu akzeptieren, daß Menschen mit Lebensbeeinträchtigungen diese Beeinträchtigungen als Last empfinden und davon frei werden sollen. Es ist nicht von allen Kranken und Behinderten zu erwarten, daß sie ihre Lebenseinschränkungen einfach zu spezifischen Begabungen von Gott her umdeuten und 'frohgemut' damit leben. Wer lebenslang krank ist, wird sich - mehr oder weniger gelungen - mit der Krankheit arrangieren. Es ist jedoch auch völlig verständlich, daß dieser Mensch froh darüber wäre, wenn er die Krankheit nicht hätte, und daß er jede Chance zur Heilung nützt."[30] In ausführlicher Auseinandersetzung mit den Thesen Bachs[31] legt Haslinger deshalb folgende individuumsbezogene Kriterien für eine diakonische

---

von der Inflation allerorten aufkommender Heilungsangebote (von Heilwässerchen bis hin zu esoterischen Heilslehren) beeindrucken lassen und deshalb die Verbindung von Heil und Heilung zu blauäugig gesehen und verkündigt. Doch sind wir damit gar nicht in 'schlechter Gesellschaft', denn dieser Trend beginnt schon in der Evangelienüberlieferung, wo die effektiven Heilungen offensichtlich leichter mit Jesu Sendung verbunden wurden als die vielen, die Jesus nicht heilte und nicht heilen konnte." FUCHS, O. (1991): Einübung der Freiheit, S. 247.

Eibach spitzt die Fragerichtung Bachs auf psychisch Kranke zu: „ Der Anspruch, daß der Glaube heilender Glaube sein soll, läßt die Frage aufkommen, wie es denn mit den 'Unheilbaren' bestellt ist. Für die körperlich Kranken und Behinderten könnte man vielleicht noch sagen, daß in ihrem kranken Leib trotzdem eine heile Seele zur Entfaltung kommen kann. Wie aber steht es mit den geistig behinderten und chronisch schwer seelisch kranken Menschen, denen, deren Leben durch Psychosen zerrüttet ist oder die durch neurotische Blockierungen so lebensunfähig werden, daß sie nur mühsam ihr Leben fristen (z.B. schwere Zwangsneurosen)?.... Nicht die Herstellung einer gesunden, ganzheitlichen harmonischen und glücklichen Existenz ist der tiefste Sinn des Glaubens, sondern das Aushalten der Spannungen und teils unversöhnlichen Widersprüche des Lebens. Im Glauben kann der Mensch sich daher mit seiner unheilen und oft unheilbaren Existenz versöhnen, das Leben als 'Fragment' annehmen, weil er sich gerade in dieser unvollkommenen Existenz von Gott angenommen weiß." EIBACH, U. (1996): Sehnsucht, S. 68, 69.

29 „Die Diakonie als heilende Praxis weist eine sakramentale Struktur auf, nicht weil mit ihr zur Heilung und Befreiung des Menschen in seinen konkreten, alltäglichen Lebenssituationen ein davon unterschieden gedachtes, von Gott zugesprochenes Heil hinzukäme, sondern weil das von Gott dem Menschen zugesprochene Heil in der konkreten Heilung und Befreiung des Menschen in seinen konkreten Lebensverhältnissen besteht. 'Heil ist im Heilen gegenwärtig. Menschen können gar nicht anders, als das Heil Gottes als eine Wirklichkeit für sich, eben als ein für sie spürbares Heil zu erwarten.... Heil und Heilung bilden also eine Koexistenz.... Heil und Heilung sind nur gemeinsam zu haben." HASLINGER, H. (1996): Diakonie, S. 720; Vgl. auch A.a.O., S. 719, 724, 730; FUCHS, O. (1990): Heilen und Befreien; BAUMGARTNER, I. (1990): Pastoralpsychologie, S. 338: „Diakonie ist dienend-helfende und zugleich heilende Praxis".

Haslinger grenzt sich damit gegen alle Versuche ab, Heil und Heilung zu trennen, wie dies beispielhaft Jüliger versucht: „Der Seelsorger arbeitet für das ewige Heil der unsterblichen Seelen.... Der Psychotherapeut dagegen bekämpft eine Erkrankung der Seele, häufig Neurosen. Er ist um das irdische Heil, nämlich um die Heilung bemüht." JÜLIGER, R. (1991): Psychologie und Religion, S. 29.

Für eine enge Korrelation von Heil und Heilung spricht sich v.a. Beinert aus: BEINERT, W. (1990): Heilender Glaube; DERS. (1985): Heil und Heilung durch den Glauben der Kirche; DERS. (1985): Hilft Glaube heilen?; DERS. (1984): Heil und Heilen als pastorale Sorge.

30 HASLINGER; H. (1996): Diakonie, S. 730.

31 Haslinger wirft Bach eine hypertrophe Aversion gegen den Heilungsanspruch (S. 810) vor. Um ihn zu widerlegen, stellt er zunächst in Form von sechs Thesen jedem theologischen Argument Bachs ein eigenes gegenüber. Anschließend versucht Haslinger, Bach durch weitere vier Thesen, die auf der Nichtbeachtung der hermeneutischen Perspektivenkonvergenz von Betroffenen und Nicht-Betroffenen beruht, entgegenzutreten.

Heilungspraxis vor: Was unter Heilung zu verstehen ist, darf nicht von den Gesundheits- und Leistungsidealen Nicht-Betroffener aus definiert werden, weshalb betroffenen Menschen die Möglichkeit eingeräumt werden muß, an der Definition ihres persönlichen Heilungsziels mitzuwirken. Der Heilungsprozeß ist immer an den Fähigkeiten und Möglichkeiten der Betroffenen auszurichten, da es sich bei der Heilung um einen anstrengenden Prozeß handelt, in dem sich der Betroffene als Träger seiner persönlichen Heilung begreifen lernt. Heilung impliziert, daß auch nicht aufhebbare Lebensbeeinträchtigungen in das persönliche Lebenskonzept integriert werden können.[32] Obwohl Haslinger damit an Baumgartners Heilungsverständnis, das bereits im Konzept Heilender Seelsorge erläutert worden ist, anknüpft, nimmt er dennoch eine entscheidende Veränderung vor, weil er die individuelle Zielsetzung der Gesundung bzw. der Akzeptanz des unheilbaren So-Seins durch die Zielsetzung des sozialen Heilwerdens, das den Blick auf den gesellschaftspolitischen Raum lenkt, ergänzt.[33] Soziale Heilung zielt nicht nur darauf ab, an der Beseitigung von Lebensbeeinträchtigungen des Einzelnen mitzuwirken, sondern immer auch darauf, überindividuelle strukturelle Zusammenhänge aufzudecken, zu kritisieren und an deren Beseitigung mitzuwirken.[34]

In der *theologischen Fundierung* Diakonischer Seelsorge zeichnet sich trotz unterschiedlicher Schwerpunktsetzung eine Übereinstimmung darin ab, daß das neutestamentliche Zeugnis der untrennbar miteinander verknüpften Lehre und Praxis Jesu als Orientierungspunkt Diakonischer Seelsorge zu werten ist, wobei jedoch betont wird, daß erst der Ausweis des historischen Jesus als gegenwärtiger Christus durch Gott selbst, der ebenfalls biblisch tradiert ist, den normativen Charakter dieser Orientierung ermöglicht. Auf katholischer Seite werden zudem die Vorgaben des Zweiten Vatikanischen Konzils mit dem darauf basierenden Evangelisierungsparadigma als lehramtlich autorisierte theologische Erkenntnisquellen hinzugezogen.[35] Im Unterschied zu anderen Seelsorgekonzepten, in denen ebenfalls auf die Lehre und das Handeln Jesu Bezug genommen wird, werden im diakonischen Modell wissenschaftstheoretische

---

Demnach sei Bach zwar zuzustimmen, daß gerade aus der Perspektive des Betroffenen Heilung nicht als absolutes Ziel seelsorglicher Praxis zu veranschlagen ist. Aus der Perspektive der Nicht-Betroffenen dürfe die Relativierung des Heilungsziels jedoch nicht formuliert werden, weil sich dahinter zynischer Hohn oder gesellschaftspolitische Interessen verbergen könnten, die letztlich den kranken Menschen zusätzlich schaden. Vgl. HASLINGER, H. (1996): Diakonie, S. 723-730.

32 Vgl. a.a.O., S. 730- 31.

33 In Anspielung auf die individuumsbezogene Auslegung des Gleichnisses des Barmherzigen Samariters durch Baumgartner, stellt Karrer folgende These auf: „Im Anschluß an das Gleichnis vom Barmherzigen Samariter geht es nicht nur darum, Wunden zu verbinden. 'Es geht wesentlich auch darum, die Räuberei aufzudecken und ihr ein Ende zu bereiten. Zuwendung zu den Menschen in Not und strukturelle Maßnahmen gehören zusammen." KARRER, L. (1995): Schubkraft, S. 124. 1997 betont daher auch Baumgartner, daß diakonisches Heilungshandeln auch auf die Schaffung menschenwürdiger und gerechter Verhältnisse abzielen muß. Vgl. BAUMGARTNER, I. (1997): Heilende Seelsorge, S. 239.

34 Während Luther die soziale Zielsetzung noch darauf beschränkt, daß SeelsorgerInnen soziostrukturelle Probleme wahrzunehmen und diese zu kritisieren haben, ist für Fuchs die konkrete Mitarbeit an der Beseitigung leidschaffender Strukturen elementarer Bestandteil Diakonischer Seelsorge: „So kann sich kirchliche Diakonie nicht ungefragt den Zielen des Sozialstaates unterwerfen und womöglich nur kompensieren, was die Gesellschaft selbst an Leiden strukturell verursacht und nicht verändern will." FUCHS, O. (1990): Heilen und Befreien, S. 132. Vgl. auch LUTHER, H. (1988): Diakonische Seelsorge, S. 476.

35 Vgl. BAUMGARTNER, I. (1990): Pastoralpsychologie, S. 333; HASLINGER, H. (1996): Diakonie, S. 533; FUCHS, O. (1994): Diakonia, S. 122.

Axiome bezüglich des Umgangs mit den entsprechenden Textpassagen der Heiligen Schrift mitgeliefert. So stellt Fuchs, der in den tradierten Geschichten des Jesus von Nazareth die Quelle theologischer Sprachmöglichkeit überhaupt erkennt, die These auf, daß die diesbezüglichen Bibeltexte aufgrund ihrer narrativen Qualität in ihrer kommunikativen Grundstruktur zu erfassen sind, damit in der Zusammenschau der Texte der zentrale humane Inhalt christlicher Lehre eruiert werden kann.[36] Der von Fuchs postulierte humane Inhalt wird von allen Vertretern Diakonischer Seelsorge mit der Reich-Gottes-Botschaft Jesu, die sich in seinem alltäglichen praktischen Umgang mit Menschen widerspiegelt, gleichgesetzt. Haslinger faßt das Spezifische dieser Botschaft folgendermaßen zusammen: „Es gibt bei Jesus keine von seiner diakonischen Praxis abtrennbare verbale Reich-Gottes-Verkündigung. Seine auf Mitmenschlichkeit bedachte Praxis ist in sich authentisches Zeugnis vom Reich Gottes. Die Botschaft Jesu besteht in seiner diakonischen Praxis. Darin macht er spürbar, was 'Reich Gottes' für den Menschen bedeutet. Die Reich-Gottes-Botschaft Jesu ist eine heilend-befreiende Reich-Gottes-Praxis."[37]

Als inhaltliches Spezifikum der befreienden Reich-Gottes-Praxis wird hervorgehoben, daß Jesus diese nicht optionslos betrieb, sondern konkret Partei für Menschen in Not ergriff, wie z.B. in der Textstelle Lk 4, 18-19, in der Jesus den Inhalt seiner Lehre explizit an die konkrete Befreiung der Armen, Gefangenen, Blinden und Zerschlagenen band, deutlich zum Vorschein kommt. Im Kontext der gesamten Jesusgeschichten zeigt sich, daß seine Option besonders auf Menschen abzielte, die gesellschaftlich und strukturell bedingt Unterdrückung und Stigmatisierung verschiedenster Art erfuhren, wobei Schwache, Kranke, Behinderte und Besessene eine zentrale Rolle spielten.[38] Der Umgang Jesu mit Notleidenden, den er nach biblischem Zeugnis selbst als einen Akt des Dienens beschrieb, erweist sich somit als theologischer Kernsatz Diakonischer Seelsorge: Denn auch der Menschensohn ist nicht gekommen, um sich dienen zu lassen, sondern um zu dienen und sein Leben hinzugeben als Lösegeld für viele (Mk 10,45). Daß Jesu Dienst am Menschen konkrete Folgewirkungen für das Individuum mit sich brachte, zeigt sich an der großen Zahl der im Neuen Testament berichteten Heilungswunder Jesu an Kranken und Besessenen. Die Mehrzahl der Vertreter Diakonischer Seelsorge interpretiert daher Jesu Heilungshandeln im Unterschied zu Bach[39] als integralen Bestandteil sei-

---

36 „Nicht der Anspruch wird den überzeugen, der diesen Anspruch nicht zu akzeptieren mag, sondern die überzeugende Kraft des (im Vergleich zu anderen Ansprüchen) humaneren Inhaltes selbst. Genau auf diesen kommt es mir an." FUCHS, O. (1988): Theologische Aspekte, S. 88.

37 HASLINGER, H. (1996): Diakonie, S. 674. Ähnliche Aussagen finden sich auch bei FUCHS, O. (1990): Heilen und Befreien, S. 40; FÜRST, W. (1990): Seelsorge zwischen Resignation und Hoffnung, S. 69-77; ZUR Zukunft der Seelsorge (1994), S. 31-34; POMPEY/ROSS (1998): Kirche für andere, S. 118-127.

38 Vgl. FUCHS, O. (1993): Im Brennpunkt: Stigma, S. 42; SCHMID, P.F. (1989):Personale Begegnung, S. 218; HASLINGER, H. (1996): Diakonie, S. 674; ZUR Zukunft der Seelsorge (1994), S. 32.

39 Auf die einzelnen theologischen Begründungsversuche Bachs kann nicht eingegangen werden. Diese lassen sich konzentriert bei Haslinger nachlesen, der jedes Argument in Form von sechs exegetischen Thesen zu widerlegen sucht. Vgl. HASLINGER, H. (1996): Diakonie, S. 724- 726.
Bach bestreitet, daß Verkündigung und Heilung gleichwertig zum Sendungsauftrag Jesu gehören, weshalb für ihn diakonisches Handeln kriteriologisch nicht am Heilungshandeln Jesu, sondern allein an dessen Reich - Gottes - Botschaft festzumachen ist. Daß diese Position keine unbegründete und weit hergeholte These ist, läßt sich daran erkennen, daß auch Gewalt in seinen exegetischen Überlegungen übereinstimmend mit Bach formuliert: „Eins der wenigen wirklich ganz großen Unglücke in der Geschichte der theologischen Grundlegung von Diakonie (...) ist die behauptete Parallelität unserer Diakonie mit den Wundern Jesu.... Läßt man

ner Reich-Gottes-Botschaft und deren ansatzhaften Verwirklichung: „Inhalt der Sendung Jesu ist es....den heilen Zustand des Reiches Gottes bereits hier auf Erden für die Menschen erfahrbar zu machen und dies gerade durch das Heilen von Menschen im Sinne der Schaffung heiler Lebensverhältnisse... Der Inhalt dessen, was Jesus als sein Wirken ankündigt, besteht darin, daß er heilt."[40] In freier Interpretation der Textstelle Lk 11, 20 versucht Fuchs, diesen Sachverhalt aus der Perspektive Jesu zu schildern: „Wenn ich mit den Fingern meiner Hand die Dämonen austreibe, wenn ich also Menschen heile und von ihren Zwangsvorstellungen erlöse, wenn ich die Aussätzigen ohne Berührungsängste berühre, wenn ich die Blinden heile und mit sündigen Menschen den Tisch und das Leben teile, dann ist das Reich Gottes zu euch gekommen!"[41] Wenn diese Behauptung stimmt, so muß es möglich sein, gerade aus den Heilungswundern Jesu Kriterien für den diakonischen Umgang zwischen Menschen abzuleiten. Genau dies versucht Fuchs, der hierzu v.a. die Begegnung Jesu mit Besessenen, die er als psychisch Kranke identifiziert (Mk 1, 21-28; Lk 4, 31- 37; Mk 5, 1-20), darstellt und mit diakonischem Handeln in der Nachfolge Jesu parallelisiert.[42] Folgende Charakteristika jesuanisch-diakonischer Praxis lassen sich seiner Meinung nach stereotyp herauskristallisieren: Jesus nimmt Kontakt zu einem besessenen/kranken Menschen auf, wobei er diesen als eigenständiges Subjekt mit unendlichem Wert in den Mittelpunkt der Kommunikation rückt. In authentischer und empathischer Art und Weise spricht er nicht nur mit dem Gegenübers, sondern initiiert einen zärtlichen und durchaus körperlichen Beziehungsreichtum, der eine paritätische Beziehungslogik ermöglicht, in der der inhaltlichen Kompetenz des Gegenüber trotz seiner gebrochenen Kommunikationsfähigkeit und seiner bleibenden Hilfsbedürftigkeit absoluter Respekt gezollt wird. Deshalb erwartet Jesus vom Besessenen, daß er gerade als Besessener in

---

sich auf eine kritische Lektüre der Heilungswunder ein, so schwindet ihre diakonische Brauchbarkeit dahin." GEWALT, D. (1991): Exegetische Begründung diakonischen Handelns?, S. 173 und 174.
Die überlieferten Heilungswunder Jesu interpretiert Bach als den Versuch der Evangelisten, durch die Betonung der heilenden Kraft Jesu die Botschaft des Reiches Gottes nachösterlich legitimieren zu wollen, und schlußfolgert: „Alles aufgeblähte Gedröhne über die gottfeindlichen Krankheitsmächte, über den Kampf Jesu gegen die Krankheiten und über den bei jeder Heilung sich ereignenden Einbruch des Gottesreiches - all das schmilzt dahin wie der Schnee an der Sonne." BACH, U. (1995): Heilende Gemeinde, S. 358.
Zu diesem Schluß kann Bach deshalb gelangen, weil er radikal zwischen Krankheit und Besessenheit unterscheidet: Während Jesus tatsächlich gegen die gottfeindlichen Mächte der Dämonie gekämpft habe, könne dies jedoch für seinen Umgang mit kranken Menschen nicht parallelisiert werden. Die Bibel biete keinen Anhalt dafür, die Krankheit als 'das Böse' zu identifizieren und auch nicht dafür, daß Jesus gekommen sei, um die Menschen von diesem Bösen zu befreien. Bachs Folgerung, körperliche Krankheit und Behinderung als 'Begabung' zu interpretieren, mit der 'frohgemut' gelebt werden darf, läßt sich für Fuchs biblisch jedoch nur extrem schwierig legitimieren: „Nein, auf den ersten Blick jedenfalls geben die Evangelien selbst nicht viel her für die Einstellung, Behinderung als 'Begabung' zum Leben zu sehen. Den meisten einschlägigen Geschichten ist diesbezüglich eine gewisse Ambivalenz eigen." FUCHS, O. (1991): Einübung in der Freiheit, S. 247. Vgl. BACH, U. (1988): Heilende Gemeinde, S. 71-73.
Bach selbst versucht, die theologische Fundierung seines solidarischen Diakonieverständnisses über die Kreuzes-Theologie zu leisten: „Sind Wunder und Auferstehung das Eigentliche, was Jesus brachte, wogegen der Karfreitag nur ein dramatisches Durchgangsstadium bedeutet? Dann wäre Jesus der Garant für Stärke, Erfolg und Sieg. Oder ist er, wie Paulus sagt, der 'Gekreuzigte', und einen anderen kennen wir nicht (1 Kor 2, 22)? Damit ist Stärke kein göttlicher Wert und Schwäche ist kein Makel." BACH, U. (1994): Mit behinderten Menschen das Evangelium neu entdecken, S. 124.

40 HASLINGER, H. (1996): Diakonie, S. 724/725.

41 FUCHS, O. (1993): Im Brennpunkt, S. 42 bzw. DERS. (1991): Leben mit psychisch Kranken, S. 58.

42 Vgl. FUCHS, O. (1988): Theologische Aspekte, S. 89-91; DERS. (1993): Im Brennpunkt, S. 107-110; DERS. (1990): Grenzen von Hilfe und Macht im Umgang mit psychisch kranken Menschen, S. 135-136.

provokanter Art und Weise etwas Wahres sowohl über ihn als Sohn Gottes wie auch über seine eigene Person sowie über individuelle strukturelle Zusammenhänge zu sagen hat. Im Kontext einer derart befreienden gegenseitigen Begegnung ereignete sich Heilung und Sündenvergebung. Diesbezüglich betont Fuchs jedoch, daß das Heilungshandeln Jesu keinen Heilstotalitarismus beinhaltet hat, da auch von ihm geheiltes Leben anfällig für Krankheit und Sünde blieb, weshalb Jesus trotz des anvisierten Heilungszieles gerade den Ungeheilten, die die überwältigende Mehrheit seiner ZeitgenossInnen ausmachte, inhaltliche Kompetenz zusprach, zumal sein Kreuzestod deutlich gemacht hat, daß seine (wunderhafte) Solidarisierung mit den Leidenden Leiden, auch in Blick auf seine eigene Person, nicht grundsätzlich beseitigen konnte. Indem sich Jesus selbst durch das Sprechen des Psalmes 22 am Kreuz gegen diese Tatsache aufgelehnt hat, gehört daher Klage und Widerstand gerade dann elementar zum diakonischen Umgang mit Menschen, wenn Heilung nicht abzusehen ist.[43] Daß Jesu Dienst an den Menschen jedoch nicht nur darauf abzielte, individuelles Leid, sondern auch strukturelle Leidverursachungen zu beheben, wird von den Vertretern Diakonischer Seelsorge ebenfalls als konkrete Folgewirkung der Reich-Gottes-Botschaft interpretiert: „Die Botschaft vom Reich Gottes kritisiert all die Lebensformen und Verhältnisse, seien sie politisch, kulturell oder religiös bedingt, in denen der Wille Gottes nicht geachtet wird... Das Reich Gottes richtet sich gegen Verhältnisse, in denen das Menschsein des Menschen, das Humanum bzw. die Würde des Menschen verletzt ist."[44] Zur Begründung dieser Sichtweise wird auf Bibelstellen Bezug genommen, in denen Jesus in öffentlichkeitswirksamen Reden und Streitgesprächen massive Kritik an den sozialen, strukturellen und politischen Ursachen, die Inhumanität produzieren oder verschärfen, übte: „Die Bergpedigt Jesu ist ganz und gar keine 'binnenkirchliche' (hier binnensynagogale) Predigt gewesen, sondern war eine öffentliche politische Rede innerhalb der damaligen Gesellschaft zugunsten der von dieser Gesellschaft marginalisierten Menschen selbst."[45]

Als tiefsten Ermöglichungsgrund der sowohl individuell als auch strukturell ausgerichteten Diakonie Jesu vermuten die AnhängerInnen Diakonischer Seelsorge die Diakonie Gottes gegenüber den Menschen, die im Leben Jesu sichtbar geworden ist.[46] Indem Gott in Jesus Chri-

---

43 Vgl. FUCHS, O. (1991): Einübung der Freiheit, S. 248-250; DERS. (1993): Im Brennpunkt, S. 142.

44 HASLINGER, H. (1996): Diakonie, S. 691.

45 FUCHS, O. (1990): Heilen und Befreien, S. 227. Vgl. auch DERS. (1988): Theologische Aspekte, S. 91. Baumgartner betont ebenfalls, daß Jesus um der Gerechtigkeit des Reiches Gottes willen konkreten Einspruch gegen lebensfeindliche Verhältnisse der Menschen einlegte. Vgl. BAUMGARTNER, I. (1997): Heilende Seelsorge, S. 239. Daß eine derartige Parteinahme nicht risikolos ist, wurde bereits von Lukas (Lk 11, 14) reflektiert, indem er darauf hingewiesen wurde, daß Jesus durch sein gesellschaftliches Engagement für Außenseiter selbst als solcher abgestempelt und schließlich dafür sanktioniert worden ist. Fuchs drückt dies folgendermaßen aus: „Sein Nonkonformismus und sein Dissidententum um der Diakonie willen, kommen denen, die etwas zu sagen haben, als gefährliche Verrücktheit vor und bringen ihn schließlich ans Kreuz." FUCHS, O. (1988): Bei Euch aber soll es nicht so sein, S. 245.

46 In Abgrenzung von sonstigen Vertretern Diakonischer Seelsorge legt Bach diesbezüglich eine eigene Interpretation vor. Obwohl auch für ihn die Diakonie Gottes selbst den Ermöglichungsgrund diakonischen Handelns darstellt, versucht er diese auf zwei Argumentationsebenen umfassender zu begründen: Auf einer ontologischen Argumentationsschiene sieht er die Diakonie Gottes im trinitarischen Sein Gottes begründet: „Diakonie ist das freiwillige und verbindliche (verläßliche) Miteinander von Ungleichen (hier Vater, Sohn, Heiliger Geist)." (S. 184) Auf einer praktischen Argumentationsschiene faßt er Diakonie als eine alttestamentliche und neutestamentlich bezeugte Dimension des Offenbarungshandeln Gottes auf. Vgl. BACH, U. (1991): Getrenntes wird versöhnt, S. 183- 184.

stus Mensch geworden ist, hat er sich in diakonischer Absicht zum Anwalt der gesamten Schöpfung gemacht und diese 'an seinen Leib' herangelassen: „Die Leidensgeschichte der Menschheit ist der geschundene Leib Gottes selbst. Ein Gott, in seiner Unendlichkeit 'angefüllt' mit den unendlichen Nöten der Welt und in seiner solidarischen Wegbegleitung 'angefüllt' mit all den menschlichen Versuchen, Heil aufzubauen - was für ein mitmenschlicher Gott und was für eine Quelle menschlicher Diakonie!"[47] Erst im christologischen Kontext erfährt somit das vorbildhafte Handeln Jesu eine endgültige diakonale Gottesbestätigung.[48] Tod und Auferweckung Christi stellen daher für Baumgartner eine unüberbietbare Steigerung der Diakonie Gottes gegenüber den Menschen dar, weil Gott selbst sein Mitleiden am Kreuz auf die Spitze getrieben hat.[49] Nicht supranaturalistische Taten, sondern alltägliche Reich-Gottes-Praxis und solidarisches Mitleiden weisen somit Jesus als Christus aus und geben den Inhalt diakonischen Handelns in der Nachfolge Christi endgültig vor. Die dargestellte Art der christologischen Vertiefung Diakonischer Seelsorge macht es möglich, Christus nicht nur allgemein, sondern speziell im diakonischen Nachfolgehandeln auf dem Antlitz eines individuell und strukturell notleidenden Menschen präsent zu erleben: „Christen folgen der Diakonie des Jesus nach und machen gerade darin Christus in seiner diakonalen Realpräsenz für andere geschichtlich gegenwärtig, und: in eben diesen Begegnungen treffen sie auf den, dem sie nachfolgen, nämlich auf den Christus in den Leidenden und damit auf die in allen Leidenden weiterziehende geschichtliche Realpräsenz des Auferstandenen."[50]

Die theologische Fundierung Diakonischer Seelsorge wird jedoch nicht nur in direktem Rekurs auf biblische Basistexte, sondern auch in bewußter Bezugnahme auf lehramtlich autorisierte Dokumente der christlichen Glaubenstradition, in denen sich die dargestellte Reich-Gottes-Lehre Jesu in ihrem individuellen und strukturellen Doppelaspekt niedergeschlagen hat, vorgenommen. Als wichtigste erkenntnistheoretische Quellen gelten hierbei die 'Pastoralkonstitution' des Zweiten Vatikanischen Konzils sowie der Text des Apostolischen

---

47 FUCHS, O. (1991): Leben mit psychisch Kranken, S. 78. Drei Jahre später läßt Fuchs die gleiche Textpassage mit folgendem Ausruf enden: „was für ein befreiender Gott!" FUCHS, O. (1991): Einübung der Freiheit, S. 251. Das dem diakonischen Seelsorgemodell zugrunde liegende Verständnis von Gott ist somit streng an das Gottesbild Jesu selbst, das Fuchs folgendermaßen umschreibt, gebunden: „Gott ist für ihn keine Chiffre für Mitmenschlichkeit, sondern selbst ein real helfender und befreiender Partner in diesem Leben und darüber hinaus, der gerade deswegen in der Geschichte der Menschen nicht anders verkündet und vertreten werden kann, denn als vehementer Anwalt hilfe- und befreiungsbedürftiger Menschen." FUCHS, O. (1994): Diakonia, S. 127. Die Menschenfreundlichkeit des Gottesbildes Jesu konkretisiert Fuchs an anderer Stelle folgendermaßen: „Auf Schritt und Tritt ist in Jesu Handeln zu merken, wie er darauf aus ist, die herrschenden Sprachzerstörungen bezüglich des Gottesbegriffs zu heilen. Sprachzerstörungen, die darin bestehen, daß die Rede von Gott ständig mit unmenschlichem Handeln verbunden wird." FUCHS, O. (1993): Im Brennpunkt, S. 41.

48 Die Endgültigkeit der Gottesbestätigung sieht Fuchs in der Taufgeschichte bestätigt: Gott deutet in der Taufe „auf diesen konkreten Jesus selbst und bezeichnet ihn als seinen geliebten Sohn, dessen Leben und Handeln tatsächlich Gottes Intention und Praxis in die zwischenmenschliche Geschichte bringt. Ein Bei - spiel, ein Vor - bild hat Gott uns in der Dramaturgie dieses Lebens gegeben." FUCHS, O. (1991): Leben, S. 57.

49 Obwohl Baumgartner auch alttestamentliche Textstellen (Weish 11, 16; Ex 3, 7; Ps 145, 14) zu Rate zieht, um nachzuweisen, daß Gott als Freund des Lebens und Befreier der Menschen aus Not der Urgrund aller Diakonie ist, stellt für ihn dennoch die Christologie das generative Zentrum diakonischen Handelns dar, weil erst im christologischen Kontext in voller Konsequenz offenbar geworden sei, worauf Gottes mitgehende Diakonie abzielt, nämlich „auf die Überwindung des Todes und aller Todesinfiziertheit im Leben." BAUMGARTNER, I. (1990): Pastoralpsychologie, S. 336.

50 FUCHS, O. (1988): Bei Euch aber soll es nicht so sein, S. 237.

Schreibens 'Evangelii nuntiandi'. In beiden Dokumenten sieht Fuchs ein Verständis von Evangelisierung und Inkulturation grundgelegt, das zur Legitimation diakonischer Praxis herangezogen werden kann und muß.[51] Demnach gilt es in der seelsorglichen Praxis, die „Freude und Hoffnung, Bedrängnis und Trauer der Menschen von heute, besonders der Armen und Bedrängten aller Art"[52] nicht nur kritisch wahr- und aufzunehmen, sondern sich auch tatkräftig diesbezüglich zu engagieren, weil Evangelisierung bedeutet, „die Frohbotschaft in alle Bereiche der Menschheit zu tragen und sie durch deren Einfluß von innen her umzuwandeln und die Menschheit selber zu erneuern."[53] Nach Mette drückt Evangelisierung daher nichts anderes aus als den Dienst der Kirche an der Menschheit überhaupt, wobei die Verkündigung (Orthodoxie) und das Handeln (Orthopraxie) in ihrer jeweils heilenden und befreienden Dimension in eins fallen müssen.[54]

Daß damit dem Evangelisierungsparadigma auch eine gesellschaftskritische Dimension inhärent ist, läßt Fürst anklingen: „Evangelisierung gibt den Mut, alles zu prüfen, das Gute zu behalten und, wo es nötig ist, neue Wege zu gehen. Evangelisierung läßt uns die Not der Menschen wichtiger nehmen als unsere Prinzipien, die Glaubensgeschichte wichtiger als die punktuelle Sakramentenspendung."[55] Auf diesem Hintergrund wird verständlich, weshalb Heidenreich die 'Option für die Armen' als 'Gretchenfrage einer evangelisatorischen Pastoral' ausweist.[56] Er tut dies, weil diese Option den Blick auf das Not-Wendige lenkt, um angesichts der individuellen und sozialen Herausforderungen sowie der persönlich begrenzten Ressourcen den von Fürst geforderten Prüfstein pastoralen Handelns an die Hand zu bekommen, damit diese nicht von den Mächtigen und Reichen zur Stabilisierung ungerechter Verhältnisse mißbraucht werden kann. Seelsorge, die sich die erläuterten Grundanliegen des Evangelisierungsparadigmas und dessen Optionsbegriff zu eigen macht, erweist sich somit als eine zutiefst Diakonische Seelsorge, die stringent biblisch und lehramtlich fundiert ist.[57]

---

[51] Vgl. FUCHS, O. (1995): Gott hat einen Zug ins Detail, S. 57; DERS. (1985): Ernstfall Diakonie, S. 230. Inkulturation ist eng verbunden mit der lateinamerikanischen Kirche, weil die Bezeichnung 'Inkulturation des Evangeliums' als Überschrift des 9. Kapitels der 'Secunda Relatio', die dem Vorbereitungsprozess der 4. Generalkonferenz der lateinamerikanischen Bischöfe in Santo Domingo dient, steht. Vgl. FUCHS, O. (19995): Gott hat einen Zug ins Detail, S. 55.

[52] GAUDIUM ET SPES (1967), Nr. 1.

[53] EVANGELII NUNTIANDI (1975), Nr. 18.

[54] Vgl. METTE, N. (1990): Vom Säkularisierungs- zum Evangelisierungsparadigma, S. 427-429. Fuchs definiert Evangelisierung als „die Verkündigung der Botschaft in Wort und Tat", wobei das Evangelium das Leben von Menschen und Gesellschaft zu erreichen und zu durchdringen hat. FUCHS, O. (1985): Ernstfall Diakonie, S. 230. Ähnlich formuliert auch ZERFASS, R. (1994): Die kirchlichen Grundvollzüge, S. 48.

[55] FÜRST, W. (1990): Seelsorge zwischen Resignation und Hoffnung, S. 64.

[56] Vgl. HEIDENREICH, H. (1988): Option. Der Options-Begriff entstammt ebenfalls dem lateinamerikanischen Kontext. 1979 wurde er offiziell als 'Option für die Armen' in die Dokumente der III. Generalkonferenz des lateinamerikanischen Episkopats in Puebla aufgenommen. Für Steinkamp ist sie Kennzeichen der Diakonie der 'armen Kirchen' schlechthin. Vgl. STEINKAMP, H. (1988): Diakonie; DERS. (1985): Diakonie; EICHER, P. (1991): Option für die Armen; METTE, N. (1993): Option für die Armen.

[57] Für Fuchs entspricht der Evangelisierungsbegriff der Intention der Bibel und kirchenamtlichen Vorgaben, auch wenn der lehramtliche Versuch, eine Neuevangelisierung ins Leben zu rufen, dies zunehmend verdeckt. Vgl. Fuchs, O. (1987): ist der Begriff der 'Evangelisierung' eine Stopfgans?; DERS. (1992): Was ist Neuevangelisierung?

Analog zu ihrer ausführlichen und in sich geschlossenen biblischen theologischen Fundierung ihres Ansatzes, beziehen sich die Theoretiker Diakonischer Seelsorge auch in der *anthropologischen Grundlegung* ihres Konzeptes hauptsächlich auf biblische Vorgaben und nicht, wie man erwarten könnte, auf soziologisch gewonne Einsichten über das Wesen des Menschen. Dementsprechend definieren Finger und Schibilsky den Menschen aufgrund seiner Gotteskindschaft und Gottesebenbildlichkeit als ein unausweichlich auf Gott bezogenes und von diesem grundsätzlich akzeptiertes Wesen, wobei körperliche Versehrtheit oder Unversehrtheit keine Rolle spielen: „Menschliches Leben ist von außen her, von Gott her bestimmtes Leben. Menschliches Leben ist daher wertvolles Leben, weil es von Gott bejahtes Leben ist."[58] Auch Fuchs legt seinem Diakonieverständnis eine biblische Anthropologie zugrunde. Hierzu greift er auf alttestamentliche Vorgaben zurück, um eine optimistische und realistische Wesensbestimmung des Menschen zu zeichnen. Demnach existiert der Mensch zwar als ein irdisch begrenztes und auf Gott angewiesenes Wesen, das aber in seiner Endlichkeit und bleibenden Fehlbarkeit bedingungslos von Gott geliebt ist: „Jede 'Wenn-Dann-Vorstellung' zwischen Schuld und Strafe, Akzeptanz und Leistung löst sich in einer solchen Gottesbeziehung auf. Gerade das Alte Testament zeichnet ein höchst realistisches Menschenbild."[59] Unter Berufung auf den individuellen und strukturellen Charakter der Reich-Gottes-Botschaft Jesu definiert Fuchs den Menschen zudem als ein Wesen, für das die Tür zur körperlich-seelischen Behinderung trotz seiner Gottesbeziehung immer nur angelehnt ist und das wegen der fundamentalen Gleichheit der Gottesbeziehung aller Menschen in jeder Form, d.h. auch als Sünder, Behinderter und Notleidender in der Gesellschaft als gleichwertig zu akzeptieren ist. Krankheits- oder sozial bedingtes lebensunwertes menschliches Leben kann es somit per definitionem nicht geben! Damit gelingt es Fuchs, den Menschen als ein gottgewolltes soziales Wesen auszuweisen, das gerade in seinen sozialen Relationen im Namen Gottes vor sozialen Ungerechtigkeiten zu schützen ist.[60]

Obwohl die Diakonische Seelsorge eine positive *Verhältnisbestimmung* gegenüber den Sozialwissenschaften einfordert, um eine effiziente Diagnose der sozialen, institutionellen und politischen Wirklichkeit der Menschen leisten zu können, ist die Art der Rezeption soziologisches Wissens bisher nicht exakt geklärt.[61] Geklärt dagegen erscheint die ebenso wertschätzende Verhältnisbestimmung gegenüber Inhalten und Methoden der Psychologie, wobei die diesbezügliche Grundlagenarbeit der theologisch-psychologischen Traditionslinie rezipiert wird.

---

58 SCHIBILSKY, M. (1991): Ethik der Menschenwürde. Das Menschenbild der Diakonie, S. 223. Vgl. auch FINGER, W. (1982): Seelsorge als Diakonie, S. 106.

59 FUCHS, O. (1991): Leben mit psychisch Kranken, S. 56.

60 Vgl. FUCHS, O. (1993): Im Brennpunkt: Stigma, S. 44.

61 Wenn z.B. Haslinger für eine konsequente Wahrnehmung der gesellschaftlichen Realität plädiert, Poensgen von einem Bedenken der sozialen, ökonomischen und gesellschaftlichen Bedingungen individuellen Leids spricht und Fuchs eine Diagnose dieser Bedingungen für unabdingbar hält, wird zwar eine grundsätzliche Offenheit gegenüber den Wissenschaften angezeigt, die derartige Diagnosen ermöglichen; wie die genaue Verhältnisbestimmung und die Kriteriologie der Befragung konkret aussieht, bleibt jedoch noch offen. Vgl. FUCHS, O: (1994): Diakonia, S. 126; HASLINGER, H. (1996): Diakonie, S. 816; POENSGEN, H. (1997): Alles ist Fragment, S. 159. Gleiches gilt für Pompey/Roß, die ebenso abstrakt einfordern, jede Dichotomie sozialwissenschaftlicher und theologischer Analyse aus dem diakonischen Modell auszuschließen. Vgl. POMPEY/ROSS (1998): Kirche für andere, S. 12.

3.1.3. Spezielle konzeptionelle Vorgaben für Psychiatrieseelsorge

Wenn Seelsorge in der Nachfolge der diakonischen Praxis Jesu und auf dem Boden des Evangelisierungsparadigmas stattfinden soll, so muß sich die individuelle und strukturell-politische Dimension der Reich-Gottes-Botschaft auch im *Adressatenkreis* der Psychiatrieseelsorge niederschlagen. Demnach bringt die Option für Arme zwar mit sich, daß der Fokus seelsorglicher Intervention auf dem einzelnen notleidenden psychisch Kranken, der im Zentrum des Heilungsinteresses steht, liegt, wobei nur die Bedürftigkeit kriteriologische Bedeutung besitzt: „Und es geht um die Menschen als Menschen, nicht als Kirchenmitglieder."[62] Gleichzeitig zwingt jedoch gerade diese Option dazu, den Einzelnen stets in seinen strukturellen und gesellschaftspolitischen Kontexten wahrzunehmen, weshalb auch institutionelle Strukturen (das psychiatrische Krankenhaus, die Kirchen usw.) und die Gesellschaft als solche nicht nur als Hintergrundvariable Beachtung finden, sondern unter dem Aspekt der sozialen Gerechtigkeit selbst zum Adressatenkreis von Seelsorge zu zählen sind. Da das Krankenhaus und die Gesellschaft jedoch keinen personalen Status besitzen, sind es die Menschen, sprich das Personal und die Gesellschaftsmitglieder, über die strukturelle und gesellschaftspolitische seelsorgliche Interventionen stattzufinden haben. Gerade die Menschen, die im Krankenhaus mit psychiatrischen PatientInnen arbeiten, müssen daher auf der Folie einer komplexen Krankenhausseelsorge als AdressatInnen ernstgenommen werden, weil sie zum einen selbst zu den Not-Leidenden zu zählen sind, zum anderen aber auch, weil sie selbst Anteil an der Ausformung der Strukturen des Krankenhauses und der öffentlichen Meinungsbildung besitzen.[63]

Aufgrund ihrer gesellschaftsorientierten Blickrichtung deuten VertreterInnen Diakonischer Seelsorge an, daß sie ein *Krankheitsverständnis* favorisieren, in dem zwar analog zur sozialpsychiatrischen Sichtweise einerseits das biologische Erklärungsmodell in Form der gängigen schulpsychiatrischen Krankheitslehre akzeptiert wird, andererseits aber der soziale Anteil seelischer Erkrankung besondere Hervorhebung erfährt: „Es besteht oft gerade bei psychiatrischen Patienten die Wahrscheinlichkeit, daß ihre 'Krankheit' eine 'gesunde' Reaktion auf ungesunde und krankmachende Verhältnisse in Familie, in darüber hinausgehenden Sozialformen (auch in den Kirchen) und in der Gesellschaft ist."[64] Während Fuchs den aktiven Part der Krankheitsgenese im Kranken selbst vermutet, betont Luther die diesbezüglich aggressive Rolle der Gesellschaft: „Krankheit wird zur Aufrechterhaltung der normalen Alltagskonstellation an einzelne delegiert, die gleichsam stellvertretend die Brüche und Risse unserer Welt und unseres Zusammenlebens an ihrem Leib und an ihrer Seele tragen."[65] Besessenheitsvorstellungen und Kausalitätskonstruktionen, die seelische Erkrankung im Zusammenhang mit Sünde und Strafe erklären, werden nicht nur um des Einzelnen willen, sondern auch aus gesamtgesellschaftlichen Gründen auf der Basis des diakonischen Konzeptes strikt abgelehnt:

---

62 HASLINGER, H. (1996): Diakonie, S. 689. Die Ablehnung konfessionell-religiöser Grenzziehungen findet sich bei allen VertreterInnen Diakonischer Seelsorge.

63 Die Schlußfolgerungen zum Adressatenkreis ergeben sich nach Meinung der Verfasserin aus den bisher dargelegten konzeptionellen Vorgaben Diakonischer Seelsorge.

64 FUCHS, O. (1993): Im Brennpunkt, S. 114. In Blick auf schizophrene Krankheitsbilder stellt er deshalb folgende Frage: „Und decken nicht die Spaltungspsychosen entsprechender Patienten in ihrer personalen Konzentration all jene Spaltungen und 'Rassismen' auf, die in der Gesellschaft krankmachende und destruktive Wirkung haben?" A.a.O., S. 115.

65 LUTHER, H. (1992): Religion und Alltag, S. 233.

„Die Vorstellung von Krankheit als einer Strafe Gottes setzt die kranken Menschen der sozialen Verdächtigung aus bis hin zu höchst zerstörerischen Sündenbock-Projektionen."[66]

Das Konzept der Diakonischen Seelsorge geht mit klaren *Rollenvorgaben* einher. Als VertreterInnen der Kirche und deren Evangelisierungsanliegen wird von SeelsorgerInnen erwartet, daß sie sich aktiv im sozialen Brennpunkt Krankenhaus engagieren. Dies bedeutet, daß sie sich einerseits der riskanten Beziehungsdynamik sowohl mit PatientInnen wie auch mit dem Krankenhauspersonal und allen Menschen, die sich im Krankenhaus aufhalten, auszusetzen haben, wobei sie, optional bedingt, v.a. die individuell oder strukturell Not-Leidenden bevorzugen sollen. Andererseits sollen sie sich aktiv mit strukturellen und gesellschaftspolitischen Aspekten ihrer Tätigkeit auseinandersetzen und entsprechende Interventionsstrategien entwikkeln. Da sich die Kompetenz der SeelsorgerInnen an der Frage entscheiden wird, ob sie in der Lage sind, ihre Reich-Gottes-Botschaft in glaubwürdiger Kongruenz von Wort und Tat vermitteln zu können, setzt das Konzept die Aneignung fundierter theologischer, psychologischer und soziologischer Kenntnisse[67] sowie die Ausbildung einer ausgeprägten persönlichen Identität voraus. PatientInnen werden im diakonischen Konzept v.a. in der Rolle Not-Leidender, deren Würde und Subjektstatus zu achten sind, gesehen. Trotz ihrer Hilfsbedürftigkeit wird ihnen aber Kompetenz in Bezug auf sich selbst, ihrem Gegenüber und der Gesellschaft zugesprochen. Das bedingungslose Ernstnehmen des Kranken in seiner ver-rückten seelischen Verfassung, das darin gründet, daß im diakonischen Verständis Christus selbst im notleidenden Menschen begegnet, setzt somit zwar keinerlei 'therapeutische Vorarbeit' voraus, muß sich aber in der Beziehungsstruktur PatientIn - SeelsorgerIn widerspiegeln, wie Lämmermann in Rekurs auf Luther einfordert: „Das eingespielte Rollenspiel zwischen Helfern und Hilfesuchenden fordert eine neue Dramaturgie. Wenn Diakonie und Seelsorge wirklich die Selbstbegrenzung des Betreuungsansatzes aufheben und asymmetrische Beziehungen abbauen wollen, dann müssen sie sich der Dialektik eines wechselseitigen Gebens und Nehmens, d.h. der Logik eines diskursiven Austausches unterstellen."[68] In einem sich gegenseitig evangelisierenden perichoretisch-vernetzten Umgang miteinander, der jeglichem entmündigenden Assistentialismus abschwört, muß daher die Haltung eines paternalistischen 'für Notleidende' zu einem partizipativen 'mit Notleidenden' werden: „Die HelferInnen dürfen von den Hilfsbedürftigen, insbesondere vom psychiatrisch kranken Menschen als ganzheitlichen Menschen etwas erwarten: 'Nicht der kranke Mensch, sondern der Mensch schlechthin ist der Partner, mit dem man helfend zu kooperieren hat.'"[69] Erst dann erweist sich Seelsorge als ein wechselseitiger Dienst aneinander, von dem auch SeelsorgerInnen persönlich profitieren können.

---

66 FUCHS, O. (1991): Leben mit psychisch Kranken, S. 52.

67 Indem Haslinger den SeelsorgerInnen abverlangt, kranke Menschen mit ihrer Lebensgeschichte und ihren sozialen Kontexten zu konfrontieren, setzt er hohe diesbezügliche Kompetenzen voraus. An anderer Stelle betont er deshalb, daß die Professionalität der Seelsorge unabdingbare Voraussetzung ihrer Tätigkeit ist, wobei er diese jedoch nicht näher erläutert. Vgl. HASLINGER, H. (1996): Diakonie, S. 718, 822. In Blick auf die personale Kompetenz schreibt Fuchs: „Hier ist v.a. die angedeutete Ich-Stärke v.a. seiten der Helfer notwendig (...), weil der Mangel an Ich-Stärke zumeist das Problem dieser Patienten selber ist." FUCHS, O. (1990): Grenzen, S. 137. Fuchs räumt jedoch ein, daß die stets vorhandene Begrenztheit der persönlichen und fachlichen Kompetenz wahrgenommen und konstruktiv ausgehalten werden muß.

68 LÄMMERMANN, G. (1992): Wider die gesellschaftliche Verdrängung von Schwäche, S. 226.

69 FUCHS, O. (19939: Im Brennpunkt, S. 116. Vgl. auch SCHMID, P. F. (1998): Die Praxis als Ort der Theologie, S. 111; HASLINGER, H. (1996): Diakonie, S. 821-822.

Obwohl sich das diakonische Konzept nicht nur auf das Indivduum konzentriert, sondern immer auch strukturelle und gesellschaftspolitische Faktoren im Auge hat, findet sich in der Diakonie-Literatur bisher kaum Material, das die strukturelle Rolle von SeelsorgerInnen im Psychiatrischen Krankenhaus reflektiert.[70] Aus den konzeptionellen Vorgaben läßt sich jedoch ableiten, daß SeelsorgerInnen der Klinik und der Öffentlichkeit gegenüber in einer Anwaltsfunktion für notleidende PatientInnen, Personal und Angehörige aufzutreten haben, wobei dies jedoch in Zusammenarbeit mit allen dafür zuständigen Personen und Gremien unter Einbeziehung der diesbezüglichen Kompetenz der Notleidenden selbst stattzufinden hat. Für diakonisch orientierte SeelsorgerInnen bedeutet dies, daß sie einerseits durch Ausschöpfung der Vielfalt an Kooperationsmöglichkeiten die strukturelle Einbindung in die Klinik suchen müssen, andererseits aber auch in Distanz zu diesen Strukturen arbeiten müssen, damit sie ihre kritische Funktion gegenüber den Strukturen überhaupt wahrnehmen können.

Aus dem diakonischen Seelsorgeverständnis lassen sich klare Vorgaben für die *Alltagspraxis* von SeelsorgerInnen im Psychiatrischen Krankenhaus ableiten. Analog zum individuellen und strukturellen Doppelcharakter der Reich-Gottes-Botschaft sind Tätigkeiten gefordert, die beide Bereiche abdecken.

Die primär individuumszentrierte Alltagspraxis hat sich nicht nur an den PatientInnen, sondern auch am Krankenhauspersonal und den Angehörigen zu orientieren, wobei verbale, nonverbale und handlungsorientierte Handlungen als gleichwertig einzustufen sind. Konkret bedeutet dies, daß sowohl Einzel- und Gruppengespräche, gemeinsames Beten und Lesen in der Bibel wie auch ein Miteinander Schweigen, sakramentale, rituelle und symbolische Handlungsformen wie auch konkrete Hilfestellungen bei alltagspraktischen Verrichtungen wie z.B. Informationen einholen, Briefe schreiben, Ausfüllen von Formularen, den Arbeitsalltag von diakonisch orientierten SeelsorgerInnen prägen.

Die primär strukturell orientierte Alltagspraxis impliziert hausintern intrakonfessionelle, interkonfessionelle und interdisziplinäre Kooperationsformen, die von formalen Dienstbesprechungen, Teilnahme an Visiten bis hin zur aktiven Beteiligung am Therapeutischen Team reichen. Hierzu zählt auch die Mitarbeit in der Aus- und Weiterbildung des Personals sowie in professionsübergreifenden Kommissionen. Aus diakonischer Perspektive gehören gerade liturgische Vollzüge wie Gottesdienste in den Bereich der strukturellen Alltagspraxis, weil durch sie Begegnungsorte geschaffen werden, in denen nicht nur SeelsorgerInnen, sondern auch PatientInnen, Personal und Angehörige von ihrer inhaltlichen Kompetenz öffentlich Gebrauch machen können. In Blick auf die Kompetenz der PatientInnen faßt dies Poensgen prägnant zusammen: „Wenn sich unser Gottesdienst auf den beruft, der die Freiheit des Menschen ernst nahm; wenn unser Gottesdienst Vorwegnahme dessen ist, was wir unter Reich Gottes verstehen, dann müssen wir gerade als Vorboten dieses Reiches, den Unverstandenen, den Ausgestoßenen, den wegen ihrer Gedanken Verurteilten, zu Geistig-krank-Gestempelten, den an dieser Welt Leidenden, die Möglichkeit geben, ihren Gedanken und Gefühlen Ausdruck zu verleihen... Darin liegt unsere seelsorgliche Chance: Offen bleiben fürs Gespräch und für Inhalte, die von der Mehrheit der Gesellschaft nicht toleriert sind."[71]

---

70 Andeutungsweise plädiert Fuchs dafür, daß eine gleichstufige partnerschaftliche Begegnung mit den Personen der zuständigen Fachkompetenzen stattzufinden hat. Vgl. FUCHS, O. (1990): Grenzen, S. 134.

71 POENSGEN, H. (1983): Alternative Verkündigung, S. 201. In Blick auf die SeelsorgerInnen kommt er zu folgendem Ergebnis: „Für den Seelsorger erfordert es eine Menge Mut, sich auf diese Form des Gottesdienstes und der gottesdienstlichen Kommunikation einzulassen. Er muß improvisieren können, den Mut haben, nicht zu strukturieren und doch einen gewissen roten Faden durch das Gespräch ziehen zu lassen." A.a.O., S. 200. Auch Fuchs wertet den Gottesdienst in seiner strukturellen Bedeutung auf: „SeelsorgerInnen

In Blick auf die hausexterne öffentlichkeitsorientierte Arbeit wird aus diakonischer Perspektive auf die Netzwerkarbeit in Form von Gemeindearbeit, einem alltagspraktischen Engagement in der Angehörigenarbeit, der Laienarbeit und der aktiven Unterstützung von Selbsthilfegruppen hingewiesen, damit sich Klinikseelsorge als „gesamtgesellschaftlich bedeutsames Handeln"[72] erweist. Inwieweit dieses Handeln auch konkretes öffentlichkeitspolitisches Engagement umfassen soll, darüber gehen die Meinungen auseinander. Während Luther dafür plädiert, daß sich SeelsorgerInnen durch Medienarbeit an der öffentlichen Meinungs- und Entscheidungsbildung beteiligen sollen, sprechen sich Fuchs und Haslinger für konkrete gesellschaftspolitische Interventionen aus, um eine Verbesserung der Notsituation psychisch Kranker herbeizuführen.[73] Wie dieses jedoch alltagspraktisch aussehen könnte, bleibt relativ vage.

Die Reflexionen zur konkreten *Methodik* seelsorglicher Alltagspraxis erstrecken sich bisher hauptsächlich auf Überlegungen zur religiösen Methode der Bibellektüre und deren Rezeption. Hierbei wird angemahnt, daß die Bibel methodisch aus der Perspektive der Notleidenden von SeelsorgerIn und PatientIn gemeinsam zu lesen und zu interpretieren ist.[74] Spezielle religiöse Methoden wie Exorzismus und spezifisch religiöse Psychotherapieformen sind jedoch mit dem Konzept Diakonischer Seelsorge nicht in Deckung zu bringen. Obwohl dieses die Anwendung psychotherapeutischer und soziologischer Methoden grundsätzlich ermöglicht bzw. einfordert, finden sich diesbezüglich bisher keine weiterführenden Erläuterungen.

---

in psychiatrischen Kliniken wissen davon zu berichten, wie selbstverständlich und bereichernd es oft ist, wenn PatientInnen außerhalb und innerhalb des Gottesdienstes das Wort ergreifen und ihre eigenen Erfahrungen in das Verstehen biblischer Texte und liturgischer Vorgänge einbringen." FUCHS, O. (1993): Im Brennpunkt, S. 131.

[72] WAHL, H. (1987): Empathie, S. 93. Netzwerkarbeit in Blick auf *christliche Gemeinden* impliziert, Gemeinde und Krankenhaus füreinander transparent zu machen. Konkret heißt dies, daß SeelsorgerInnen Informationsarbeit vor Ort zu leisten haben, um psychisch Kranken ein Existenz- und Rederecht innerhalb der Gemeinden zu erkämpfen und die Schaffung alternativer Sozialformen für diese Menschen voranzutreiben: „Warum soll nicht ein Patient von sich und seinem Glauben im Gottesdienst der Gemeinde erzählen dürfen? Das wären wirklich christliche Gemeinden als soziale Kontrastform zur gesellschaftlichen Umwelt, wenn sie der vorzügliche soziale Ort sein würden, wo Patientenkollektive, entsprechende Wohngemeinschaften und Selbsthilfegruppen sich ansiedeln können und Rückhalt gewinnen". FUCHS, O. (1993): Im Brennpunkt, S. 133-134. Fuchs weist zudem darauf hin, daß Netzwerkarbeit eine Zusammenarbeit der Psychiatrieseelsorgerlnnen mit kirchlichen Wohlfahrtsverbänden und Einrichtungen der Erwachsenenbildung voraussetzt. Vgl. FUCHS, O. (1991): Leben, S. 68-69. Daß Netzwerkarbeit aber auch bedeutet, die Gemeinde mit ihren dort tätigen SeelsorgerInnen in das Krankenhaus zu holen, wird von Unger hervorgehoben, der diesen Aspekt jedoch nicht auf der strukturellen, sondern auf der Ebene persönlicher Betroffenheit verhandelt: „Krankenhaus-Seelsorge sollte Netze knüpfen, Brücken mitbauen zwischen der Kirchengemeinde des erkrankten Menschen und sich... Das heißt, daß sie die Möglichkeit haben und sie in Anspruch nehmen, ins Krankenhaus zu kommen, um sich 'vor Ort' betreffen zu lassen." UNGER, U. (1994): Die Krankenhausseelsorge, S. 141. Netzwerkarbeit in Blick auf *Angehörigenarbeit* erfordert von SeelsorgerInnen die Organisation und Durchführung von Angehörigentreffs, Angehörigeninformationsveranstaltungen und Angehörigengruppen innerhalb und außerhalb der Klinikmauern. Vgl. a.a.O., S. 142. Netzwerkarbeit in Blick auf *Selbsthilfegruppen* besteht nach Haslinger in der Initiierung und Unterstützung von Selbsthilfegruppen, die dazu beitragen sollen, das Selbsthilfepotential kranker Menschen zu nutzen, um sie aus strukturellen und gesellschaftlichen Abhängigkeiten zu befreien. Vgl. HASLINGER, H. (1996): Diakonie, S. 822- 823.

[73] Vgl. LUTHER, H. (1988): Diakonische Seelsorge, S. 478; FUCHS, O. (1988): Kirche, S. 284; HASLINGER, H. (1996): Diakonie, S. 823. Der Beirat der Konferenz deutschsprachiger Pastoraltheologen formuliert zwar eindeutig: „Gesellschaftlich-politisches Engagement gehört folglich konstitutiv zum Auftrag der Kirche." Wie dies genau auszusehen hat, bleibt aber ungeklärt. ZUR Zukunft der Seelsorge (1994), S. 32.

[74] Vgl. BACH, U. (1991): Getrenntes wird versöhnt, S. 181-186; HASLINGER, H. (1996): Diakonie, S. 817.

279

3.2. Kommunikative, Solidarische, Kritische Seelsorge
3.2.1. Hinführender Überblick

Obwohl das kommunikative Seelsorgekonzept enge inhaltliche und personelle Überschneidungen mit dem mystagogischen, diakonischen sowie politischen Seelsorgeverständnis aufweist, wird es gesondert vorgestellt, weil es einige Charakteristika besitzt, die diesen Ansatz von den genannten Konzepten unterscheidet.[75] Als Hauptverterter dieses Modells gelten Luther und Henke. Letzterer hat Luthers Konzept weitergeführt und soziologisch unterfangen. Beide Theologen verwenden die Bezeichnungen 'Kommunikative Seelsorge', wobei sie aber auch von 'Solidarischer Seelsorge', 'Kritischer Seelsorge' und 'Kritisch-Innovativer Seelsorge' sprechen. Jede dieser Bezeichnungen weist auf unterschiedliche inhaltliche Aspekte hin, die erst in der Zusammenschau ein in sich schlüssiges Seelsorgemodell ergeben. Kommunikative Seelsorge basiert auf sozialwissenschaftlichen Analysen der alltäglichen Lebenswelt, wobei Henke eine explizit interdisziplinär angelegte Seelsorgetheorie, die sowohl theologische wie auch soziologische Erkenntnisse integriert, entwirft. Im Unterschied zur Diakonischen Seelsorge wird somit nicht nur eine Ausdehnung des seelsorglichen Blicks auf soziale und gesellschaftspolitische Zusammenhänge vorgenommen, sondern wissenschaftlich anerkannte soziologische Forschungsergebnisse werden zur Fundierung des Seelsorgeansatzes als solchem herangezogen, wobei Henke folgende erkenntnistheoretische Zielperspektive verfolgt: „Intendiert ist die Ergänzung einer einseitig psychologischen bzw. psychotherapeutischen Orientierung der Seelsorgetheorie durch eine Auseinandersetzung mit soziologischen Theorien - ohne daß damit ein völlig unsinniger Gegensatz zwischen Psychologie und Soziologie konstruiert werden soll."[76] Henke betont, daß er keinen hochtrabenden Paradigmenwechsel, sondern eine kritische Fortschreibung vorhandener Seelsorgetheorien anstrebt, um auf der Basis eines präzisierten Seelsorgebegriffs diese davor zu bewahren, als Projektionsfläche für theologische, ideologische und pragmatische Interessen zu dienen.[77] Um dies zu leisten, greift Henke auf die von Jürgen Habermas entwickelte 'Theorie kommunikativen Handelns' zurück, weil er „die Rekonstruktion der rationalen Grundstrukturen kommunikativer Alltagspraxis (auf dem Hintergrund der Lebenswelt) zum Ausgangspunkt für eine kritische Gesellschaftstheorie macht und dabei Elemente wesentlicher philosophischer und soziologischer Theorietraditionen zu integrieren sucht. Das kommunikationstheoretische Lebensweltkonzept erweist sich als relevant für die Anfragen, wie sie sich von den eruierten Desideraten der Seelsorgetheorie her stellen."[78] Auf dieser Folie entwirft Henke eine Handlungstheorie der Seelsorge, die es ermöglicht, die Zusammenhänge zwischen individueller Lebenswelt und Gesellschaft zu erfassen, weil „Seelsorge als kommunikatives Handeln sich immer schon (ob intendiert oder nicht) auf dem Hintergrund der alltäglichen Lebenswelt ereignet... und in gesellschaftliche Verhältnisse eingebunden ist."[79] Obwohl das kommunikative Seelsorgemodell nicht in Auseinandersetzung mit der Psychiatrieseelsorge bzw. in Blick auf dieses Tätigkeits-

---

75 Henkes Reflexionen zur Mystagogischen, Politischen und Diakonischen Seelsorge werden, obwohl sie eineinandergreifen, im Kontext jener Konzepte vorgestellt.

76 HENKE, Th. (1994): Seelsorge und Lebenswelt, S. 15.

77 Vgl. a.a.O., S. 16/17.

78 HENKE, Th. (1994): Seelsorge und Lebenswelt, S. 16.

79 A.a.O., S. 15.

feld entworfen worden ist, und deshalb von Luther und Henke selbst kaum brauchbare Ableitungen hierfür geliefert werden, wird es von der Verfasserin gerade wegen seiner konstitutiven Bezogenheit auf die konkrete Lebenswelt auch für die Psychiatrieseelsorge als zukunftsweisend eingestuft. Schaubild 29 zeigt das kommunikative Seelsorgemodell im Überblick:

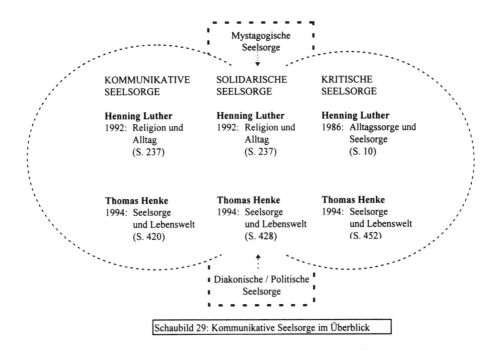

Schaubild 29: Kommunikative Seelsorge im Überblick

3.2.2. Theoretische Fundierung der allgemeinen Seelsorgelehre

Indem Henke zentrale Inhalte der 'Theorie Kommunikativen Handelns' in die Praxistheorie von Seelsorge transferiert, konzipiert er ein handlungstheoroetisch fundiertes Seelsorgemodell, in dem Seelsorge definiert wird „als am Anspruch der christlichen Botschaft orientiertes kommunikatives Handeln im Kontext der Kirche, das sich im Horizont alltäglicher Lebenswelt ereignet, das als professionelles Handeln auf alltägliche Seelsorgepraxis verwiesen ist, als kommunikatives Handeln zur Entstehung, Erhaltung und Erneuerung der Lebenswelt beiträgt und so gesellschafts-politische Bedeutung erlangt."[80] Da im kommunikationstheoretischen Modell von Habermas die alltägliche Lebenswelt als Schnittstelle zwischen Individuum und Gesellschaft gedacht wird, gelingt es Henke, über diesen Begriff individuelle und gesellschaftspolitische Inhalte und Zielsetzungen Kommunikativer Seelsorge unlösbar miteinander zu verknüpfen. Aus systematischen Gründen werden im Folgenden beide Dimensionen jedoch nacheinander erörtert:

---

80 HENKE, Th. (1994): Seelsorge und Lebenswelt, S. 84.

In Blick auf das einzelne Individuum schreibt Henke der Seelsorge die Aufgabe zu, „in ihrer Beziehungsstruktur die zukünftige Realisierung der Freiheit von Gott her antizipatorisch zu verwirklichen."[81] In der Seelsorge muß es somit inhaltlich darum gehen, Gottes bedingungslose Anerkennung eines jeden Menschen, seine Liebe und Beziehungswilligkeit sowie sein rettendes solidarisches Handeln in Form radikaler seelsorglicher Zuwendung zum Mitmenschen auf der kommunikationstheoretischen Basis der unbedingten Anerkennung des anderen sowohl für den seelsorglich Handelnden selbst wie auch für den anderen anschaubar und erfahrbar zu machen. Um dies leisten zu können, muß im seelsorglichen Prozeß an der Lebenswelt des Gegenübers angeknüpft werden: „In der Seelsorge geht es deshalb zunächst 'um das Eingehen auf die Gegebenheiten der konkreten Lebenswirklichkeit und -erfahrungen', um die 'Berücksichtigung des unmittelbaren Umfeldes aus der Umwelt des Menschen', um 'das Aufgreifen der Sehnsüchte und Erwartungen'."[82] Obwohl auch die Vertreter der Kommunikativen Seelsorger dafür plädieren, die psychotherapeutische Grundhaltung der Empathie als Basis einer gelingenden Seelsorgebeziehung auszuweisen, interpretieren sie diese aber primär handlungstheoretisch: Aufgrund des internen kommunikativen Zusammenhanges von Verständigung und Verstehen wird für Henke der Handlungscharakter des Verstehens und nicht ein primär emotionaler Vorgang zum formalpragmatischen Gütesiegel der Empathie.[83] Ebenfalls handlungstheoretisch begründet, räumt Henke dem Verstehen des anderen nur im Kontext eines grundsätzlichen Perspektivenwechsels reale Chancen ein: Demnach gilt es, 'Vom Anderen her' zu denken und einen Standortwechsel zugunsten des Platzes beim anderen vorzunehmen, um ein machtförmiges 'Für den Anderen' zugunsten eines solidarischen und reziproken 'Mit dem Anderen' aufzugeben: „Kommunikationstheoretisch formuliert: 'Innerhalb eines... Verständigungsprozesses gibt es keine Entscheidung im Vorfeld darüber, wer von wem zu lernen hat."[84] Daß die damit einhergehende Aufgabe der Defizitperspektive im Umgang mit Menschen das Herzstück einer Solidarischen Seelsorge darstellt, läßt sich sowohl bei Luther als auch bei Henke nachlesen.[85] Wenn sich in einem derartig solidarischen kommunikativen Prozeß der gegenseitigen Anerkennung die Wirklichkeit Gottes für den einzelnen Menschen erschließt, erweist sich Seelsorge als Glaubenshilfe, wobei sich diese kommunikationstheoretisch nicht als Import von Glaubensinhalten in das Individuum, sondern als kommunikative Freisetzung individueller Glauben reflektierender Kompetenz, die SeelsorgerInnen lediglich mit Deutungsangeboten der christlichen Tradition kritisch zu korrelieren haben, auszeichnet.[86]
In Blick auf die damit einhergehende individuelle Lebenshilfe wird v.a. der Aspekt der Subjektwerdung verteidigt: „Es kann zum ersten nicht darum gehen, die Identitätsfrage als solche

---

81 A.a.O., S. 428.

82 A.a.O., S. 447.

83 Vgl. HENKE, Th. (1994): Seelsorge und Lebenswelt, S. 428 u. 430. Luther dagegen verbleibt in seiner Interpretation der Empathie auf der psychotherapeutischen Ebene: „Im Interesse der Rettung des Subjekts wird sie sich um ein einfühlendes Verstehen der Menschen bemühen, gerade auch um die verborgenen Schmerzen und Sehnsüchte freizulegen." LUTHER, H. (1987): Schmerz und Sehnsucht, S. 311.

84 HENKE, Th. (1994): Seelsorge und Lebenswelt, S. 428.

85 Vgl. LUTHER, H. (1992): Religion und Alltag, S. 237- 238; HENKE, Th. (1994): Seelsorge und Lebenswelt, S. 437.

86 Vgl. A.a.O., S. 545.

pauschal als unchristlich zu verwerfen. Glaube und Leben aus Glauben bedeuten nicht die Negation von Selbstverwirklichung. Sie qualifizieren diese nur besonders."[87] Für Henke liegt die spezielle Qualifikation im kommunikativ-solidarischen Aspekt der Subjektwerdung, wodurch Glaubens- und Lebenshilfe, sowie individuelle und gesellschaftspolitische Zielsetzungen der Seelsorge wiederum eng verflochten werden: „Seelsorge als Hilfe zur Subjektwerdung zielt deshalb auf solidarische Handlungs- und Kommunikationsfähigkeit des Menschen und will durch solidarisch-kommunikatives Handeln von Beeinträchtigungen kommunikativer Kompetenz befreien. Die Sprachlosigkeit sowohl gegenüber den eigenen Lebens- und Glaubensproblemen als auch in Hinblick auf das Vertreten der eigenen Belange in sozialen und gesellschaftlichen Zusammenhängen soll überwunden werden, so daß das kompetente Subjekt Konflikte zur Sprache bringen und für seine Interessen selbständig eintreten kann."[88] Kommunikative Seelsorge zielt demnach auf die Förderung der Handlungs- und Interaktionsmöglichkeiten des Individuums ab, um es gegen manipulativ-strategische, verobjektivierend-anonymisierende, vereinnahmende und funktionalisierende Beziehungsstrukturen zu verteidigen, seiner Unterordnung unter administrative, systemische und ökonomische Zwänge entgegenzuwirken und es aus einem fremdbestimmten 'Leben aus Zweiter Hand' zu befreien, indem ihm dazu verholfen wird, kommunikative Kompetenz zu erwerben, um für sich und im Umgang mit Anderen einen authentischen Lebensstil mit eigenständiger Lebens- und Konfliktbewältigung zu erwerben: „In diesem Sinn ist Seelsorge 'Hilfe zur Selbsthilfe'".[89]

Daß sich Kommunikative Seelsorge durch ihre Zielsetzung der solidarischen Subjektwerdung trotz der Betonung des Selbst - Hilfeprinzips von gängiger Alltagssorge, wie sie z.B. in der Psychotherapie geleistet wird, unterscheidet, wird von Luther durch Betonung der kritisch-innovativen Dimension von Seelsorge zum Ausdruck gebracht: „Seelsorge durchbricht dann die Eindimensionalität bloßer Alltagsroutine und versucht jenes Reflexionspotential freizusetzen, das dem 'Ich' eine Distanzierung von bloß vorgegebenen, zugemuteten konventionalisierten Lebensformen ermöglicht. Sie erweitert die Immanenz der Realitätstüchtigkeit, indem sie den Möglichkeitssinn freilegt und für die daraus sich ergebenden kritisch-transzendierenden Perspektiven offen macht."[90] Die Freisetzung neuer Möglichkeiten soll dem Gegenüber die Ahnung eines ganz anderen Lebens vermitteln und SeelsorgerInnen daran hindern, zu schnell in die Rede vom Unabänderlichen einzustimmen.[91] Für Henke erweist sich kritisch-innovatives seelsorgliches Handeln gerade dann als Therapeutikum für das Gegenüber, wenn es gelingt, Konflikte, Krisen und Sehnsüchte des Individuums zur Sprache zu bringen, zu bearbeiten und damit seine kommunikative Kompetenz zu steigern. Da das 'Zur Sprache Bringen' jedoch bereits ein Mindestmaß an kommunikativer Kompetenz und Handlungsfähigkeit,

---

87 LUTHER, H. (1992): Religion und Alltag, S. 171.

88 HENKE, Th. (1994): Seelsorge und Lebenswelt, S. 431-432.

89 A.a.O., S. 433.

90 LUTHER, H. (1992): Religion und Alltag, S. 228. Dies bedeutet aber auch, daß Seelsorge im Protest gegen die faktische Kraft der Normalität dazu beitragen kann, daß unerträgliche Situationen des Alltags für das Individuum zunächst noch unerträglicher erscheinen. Vgl. POENSGEN, H. (1997): Alles ist Fragment, S. 164. Noch deutlicher wird dieser Aspekt von Lämmermann herausgestellt: „Das Thema der Religion ist nicht Gewißheit und Eindeutigkeit, sondern Beunruhigung; 'sie provoziert Entwurzelung und Heimatlosigkeit'. Damit verschärft sie die in der Grenzsituation selbst schon gegebene Irritation und Verunsicherung." LÄMMERMANN, G. (1992): Wider die gesellschaftliche Verdrängung, S. 230.

91 HENKE, Th. (1994): Seelsorge und Lebenswelt, S. 465-466.

das als Zielperspektive seelsorglichen Handelns anvisiert ist, voraussetzt, entsteht ein Problem, dem Henke dadurch zu entgehen sucht, daß er eine Ausdehnung des solidarischen Aspektes vornimmt, indem er SeelsorgerInnen die Aufgabe zuweist, die fehlende Kompetenz stellvertretend für kommunikativ inkompetente Individuen wahrzunehmen: „Dahinter steht das Problem, daß eine entfaltete kommunikative Kompetenz Voraussetzung für die Beteiligung an kommunikativen Prozessen ist, der andere über diese Fähigkeit aber (noch) nicht verfügt. Abgesehen davon, daß Verständigungskompetenz immer fragmentarisch bleiben muß, hat eine Handlungstheorie der Seelsorge und die konkrete kommunikative Seelsorgepraxis damit zu rechnen, daß Menschen in ihrer Integrität bzw. in ihren Ich-Funktionen so gestört sind, daß sie ihre Bedürfnisse nicht mehr oder noch nicht artikulieren können, daß Menschen angesichts von Not und Leid verstummen, sprachlos werden... Solidarische Seelsorge tritt für Menschen ein, die im gesellschaftlichen Gespräch marginalisiert sind, die nicht für sich selbst sprechen können, die keine Lobby haben."[92] Der Verweis Henkes auf die Fragmentarität kommunikativer Kompetenz und Subjektwerdung schließt an Luthers Überlegungen zur fragementarischen Ich-Identität an. Um einerseits am Ideal der Ich-Identität und Subjektwerdung festzuhalten und andererseits dieses vor totalitären Ganzheits- und Vollkommenheitsmythen zu bewahren, plädiert Luther dafür, die im Seelsorgeprozeß anvisierte Ich - Identität nur in den Kategorien der Fragmentarität zu denken, da jedes Individuum seine Identität auf den Ruinen seiner Vergangenheit, den Differenz - Erfahrungen seiner Gegenwart, den ungewissen Baustellen seiner Zukunft und in der permanenten Angewiesenheit auf andere entwerfen muß: „Der Begriff des Fragments spielt vor allem im Rahmen der Ästhetik eine Rolle. Das Fragment bezeichnet das Unvollendete und Unvollkommene, das, was noch nicht oder nicht mehr 'ganz' ist. Das Fragment kontrastiert also der Totalität, der in sich geschlossenen Ganzheit, der Einheitlichkeit und dauerhaften Gültigkeit."[93]

Auf diesem erkenntnistheoretischem Hintergrund qualifiziert sich Seelsorge als kommunikatives Handeln, in dem die diversen Bruchstücke, die die für Luther positiv zu bewertende Vielfalt der alltäglichen Lebenswelt widerspiegeln, biographisch zu rekonstruieren sind, um Menschen eine fragmentarische solidarische Subjektwerdung in seiner alltäglichen Lebenswelt zu ermöglichen.[94] Im Anschluß an Luther und unter Verweis auf die zentrale Bedeutung

---

92 A.a.O., S. 437; 438.

93 LUTHER, H. (1994): Leben als Fragment, S. 266.

94 „Und das narrative Prinzip des Geschichten-Erzählens trägt darüber hinaus der Subjektivität Rechnung, als es dem einzelnen erlaubt (ermöglicht), den Alltag nicht nur als ein an ihm äußerlich ablaufendes Geschehen zu registrieren, sondern ihn sich in subjketiver Rekonstruktion anzueignen. Erzählend deutet das Subjekt die Erfahrungen des Alltags zu einer ihm sinnhaften Geschichte, zu seiner Geschichte." LUTHER, H. (1987): Schmerz und Sehnsucht, S. 313. Vgl. auch a.a.O., S. 301 u. 308.
Die Bedeutung der Rekonstruktion von Lebensgeschichte im seelsorglichen Prozeß wird ebenso von Autoren anderer Seelsorgekonzepte hervorgehoben. Bereits 1982 schrieb Zerfaß: „Auch wenn ein Mensch buchstäblich vor einem Trümmerhaufen steht, ist seine Geschichte wichtig, weil es die einzige ist, die er zu erzählen hat". ZERFASS, R. (1982): Die psychisch Kranken, S. 24. Vgl. auch DERS. (1992): Biographie und Seelsorge. 1986 verfaßte Grözinger einen Artikel zum Thema 'Seelsorge als Rekonstruktion von Lebensgeschichte', in dem er die gegenseitige Rekonstruktion von Lebensgeschichte sowohl für die SeelsorgerIn wie auch für das Gegenüber einforderte: „Seelsorge gleicht also in ihrer Grundstruktur weniger einem formal-logischen Diskurs, sondern weit mehr jener - von W. Hauff geschilderten - durch die Wüste ziehenden Karawane, die ihre Zeit mit gegenseitigem Geschichten - Erzählen strukturiert und gestaltet." GRÖZINGER, A. (1986): Seelsorge als Rekonstruktion von Lebensgeschichte, S. 187-188. Daß dem biographischen Erzählen eine heilende Dimension innewohne, wurde von Streib hervorgehoben: „Der narrativ- hermeneutische Ansatz von Seelsorge als heilsames Erzählen zielt in eben diese Richtung eines sensibleren Verstehenszugangs: Es geht um Wahrnehmung der Vielgestalt konkreter biographischer Erzählungen und

des Lebenswelt-Kontextes für das Individuum identifiziert auch Henke die kritische narrative Rekonstruktion von (Lebens-) Geschichte als eine wesentliche Aufgabe von Seelsorge: „Seelsorge kann als kommunikatives Handeln einen Beitrag leisten zur Konstituierung und Vergewisserung der Identität, indem sie Begleitung für die Erinnerungsarbeit anbietet. Dabei geht es nicht um eine vollständige und 'objektive' Darstellung des Lebenslaufs, sondern um eine neue Sichtweise der eigenen Geschichte, um die Konstitution von Kontinuitäten, aber auch um das Aufdecken von Brüchen... Seelsorgliche Begleitung bedeutet also auf diesem Hintergrund, Sprachhilfe für die erzählende Rekonstruktion der Geschichte zu leisten, die Erzählfähigkeit des anderen zu unterstützen und zu fördern."[95] Erinnern und Erzählen wird so zu einer theologischen Grundkategorie, die inhaltlich als Seelsorge qualifiziert ist. Im kommunikativen Austausch wird die rekonstruierte Lebensgeschichte eines Individuums mit der Geschichte Gottes in einem Seelsorgegespräch so in Verbindung gebracht, daß der Zusammenhang zwischen Gottes Geschichte und menschlicher Lebensgeschichte durchsichtig werden kann, wobei Henke das explizite Erzählen von Gott im Gespräch voraussetzt: „Wenn eine zentrale Aufgabe der Seelsorge die Integration von Lebens- und Glaubensgeschichte ist, hat das Erinnern und Erzählen der Gottesgeschichte als Geschichte Gottes mit den Menschen im seelsorglichen Prozeß eine wichtige Bedeutung."[96]

In Blick auf die gesellschaftspolitische Dimension von Seelsorge lassen sich v.a. in den Reflexionen zur kritisch-innovativen Dimension Kommunikativer Seelsorge inhaltliche Vorgaben erkennen, die eine Konzentration auf das Individuum sprengen. Obwohl auch Luther bereits aus der Perspektive Solidarischer Seelsorge darauf hinweist, daß Seelsorge nicht den Fehler begehen darf, das Leiden von Menschen nur als deren persönliches Problem zu begreifen, sondern immer die strukturellen Kontexte mit zu bedenken, bleibt er dennoch der individuellen Ebene verhaftet, weil der seelsorgliche Protest gegen ungerechte Strukturen eng mit dem Leiden Einzelner korreliert ist.[97] Henke dagegen sieht die Aufgabe einer Solidarischen Seelsorge darin, auch unabhängig von Einzelschicksalen aktiv gegen Entsolidarisierungsprozesse der Gesellschaft vorzugehen, um grundsätzlich gegen ungerechte Strukturen, die die Lebensmöglichkeiten einzelner Menschen oder ganzer Gesellschaftsgruppen einschränken, vorzugehen. Neben der Bewältigung individueller Krisen und Notlagen geht es somit im kommunikativen Seelsorgekonzept inhaltlich immer auch um die Erhaltung und Erneuerung der Lebenswelt und damit „um die Überwindung gesellschaftlicher Pathologien und um die Sicherung der Lebensbedingungen auf dieser Erde."[98]

---

um Würdigung der rekonstruktiven Funktion autobiographischen Erzählens in der Dynamik der Begegnung mit eigenen und fremden Erzählungen." STREIB, H. (1996): Heilsames Erzählen. In Blick auf Krankenhausseelsorge schrieb auch Klessmann Anfang der 90er Jahre: „Seelsorge im Krankenhaus ist wichtig, um Patienten bei der Deutung und Verarbeitung ihrer Krankheit zu helfen.... Seelsorge gewinnt in diesem Zusammenhang den Charakter der Hilfe zur 'Rekonstruktion von Lebensgeschichte'; damit trägt sie dazu bei, daß aus dem Objekt der Behandlung auch wieder ein Subjekt der Krankheit werden kann." KLESSMANN, M. (1990): Seelsorge im Krankenhaus, S. 425; 426.

95 HENKE, Th. (1994): Seelsorge und Lebenswelt, S.477.

96 A.a.O., S. 479. Henke weist jedoch darauf hin, daß im Interaktionsgeschehen des seelsorglichen Gesprächs die Rede von Gott nicht dazu benutzt werden darf, um die Verkündigung zu effektivieren bzw. das Gegenüber in die Kirche integrieren zu wollen. Derartige Ziele stünden als latent strategisches Handeln im Widerspruch zu den behaupteten Inhalten der Verkündigung. Vgl. A.a.O., S. 422- 423.

97 Vgl. LUTHER, H. (1986): Alltagssorge und Seelsorge, S. 17.

98 HENKE, Th. (1994): Seelsorge und Lebenswelt, S. 512. Vgl. auch DERS. (1996): Wahrnehmung, S. 116.

Kritisch-Innovative Seelsorge hat sich auf dem Hintergrund dieser universalen Zielbestimmung mit den alltagsweltlichen Deutungs- und Handlungsmustern, den Rollengefügen und Weltbildern auseinanderzusetzen: „Seelsorge rekurriert als kommunikatives Handeln mit kritischem Bezug zur alltäglichen Lebenswelt auf dieses gesellschaftskritische Potential des Glaubens und erhält damit eine gesellschaftliche Funktion gegenüber faktischen, fraglos selbstverständlichen sozialen Ordnungen."[99] Bezüglich der strukturellen Situation (psychisch) kranker Menschen bedeutet dies, daß im kommunikativen Seelsorgeansatz nicht darauf abgezielt wird, diese durch Anpassung an vorgegebene Plausibilitäten zu normalisieren und sie durch eine Wiedereingliederung in ihre unveränderten sozialen Kontexte zu rehabilitieren, ohne die Plausibilitäten und Kontexte als solche kritisch zu hinterfragen: „Die Begegnung mit von Grenzsituationen betroffenen Menschen führt zur Infragestellung der Normalität unserer Alltagswelt. Das Befremdliche der Grenzsituationen wird nicht abgewehrt und gebannt, indem man einzelnen Opfern das verstörend Andere ihrer Krankheit auszutreiben sucht und sie in unsere Welt zu integrieren sucht, sondern es wird als Herausforderung angenommen, die zu einer grundsätzlichen Revision unserer eingespielten Selbstverständlichkeiten führt."[100] Die kritisch-innovative Zielperspektive seelsorglichen Handelns besteht nun aber nicht darin, Gesellschaftskritik im Sinne eines (parteipolitischen) Engagements für eine bestimmte Gesellschaftsform auszüben, sondern alle gesellschaftspolitischen und strukturellen Vorgaben, die z.B. das seelsorgliche Arbeitsfeld Krankenhaus berühren, daraufhin zu befragen, ob durch sie und in ihnen das Grundprinzip der universalen Solidarität zum Tragen kommt oder verhindert wird. Ist letzteres der Fall, gilt es, im Namen des solidarischen Gottes dagegen Stellung zu beziehen, innovativ auf Alternativen hinzuweisen und gegebenenfalls mit Personen und Gruppen zusammenzuarbeiten, die sich der gleichen Zielsetzung, wenn auch nicht mit theologischer Begründung, verschrieben haben. Das Erinnern und Erzählen vergangener struktureller und gesellschaftspolitischer Unzulänglichkeiten gehört daher neben der individuellen Rekonstruktion individueller Lebensgeschichten elementar zum Konzept kommunikativer Seelsorge hinzu: „Seelsorge als Gedächtnis der Leidensgeschichten der Vergessenen klagt deren Recht auf unbedingte Anerkennung, auf anamnetische Solidarität in der Gesellschaft, ein. Sie betrachtet die Gesellschaft vom Standpunkt ihrer Opfer und ergreift öffentlich Partei für die Leidenden in und an der Gesellschaft, indem sie jede Gesellschaftsform und gesellschaftliche Praxis kritisiert, die auf Kosten der Unterdrückung von Menschen und durch das Vergessen der Opfer der Geschichte zustandekommt und aufrechterhalten wird."[101]
Für Henke beinhaltet Seelsorge jedoch nicht nur eine kritische Auseinandersetzung mit gesellschaftspolitischen, sondern auch mit kirchenpolitischen und religiösen Plausibilitäten: „Sie kritisiert eine Religiosität, die als bestandssichernde, stabilisierende Ideologie individuell oder gesellschaftlich mißbraucht wird. Sie fragt nach der Funktion....von Religion in ihrem Verhältnis zur Gesellschaft und ihrer sozialen (Herrschafts) Ordnung."[102]

Den Bezug zum Individuum umschreibt Henke folgendermaßen: „Christlich und pastoral relevant ist dann gerade auch dasjenige pastorale Handeln, das die Bedingungen schafft, daß eine Person sich als bejaht erfahren kann, sich selbst anerkennen kann." HENKE, Th. (1994): Seelsorge und Lebenswelt, S. 428.

99 Vgl. a.a.O., S. 460.

100 LUTHER, H. (1986): Alltagssorge und Seelsorge, S. 11.

101 HENKE, Th. (1994): Seelsorge und Lebenswelt, S.490.

102 A.a.O., S. 463. Vgl. a.a.O., S. 461.

Bezüglich der *theologischen Fundierung* Kommunikativer Seelsorge zeigt sich eine gravierende Differenz zwischen Luther und Henke. Während Luther besonderen Wert darauf legt, sowohl die kritisch - innovative Dimension von Seelsorge in Rekurs auf neutestamentliche Textstellen, die entsprechende gesetzes-, normen- und institutionskritische Handlungen Jesu tradieren, als auch die fragmentarische Subjektwerdung als Zielsetzung von Seelsorge in Rekurs auf tradierte dogmatische Aussagen zum Sündenverständnis, zur Rechtfertigungslehre, zur Inkarnations- und Kreuzestheologie sowie zur Eschatologie theologisch abzusichern, will Henke die kommunikative Dimension von Seelsorge theologisch unterfangen.[103] Ohne sich auf spezielle Bibelstellen oder dogmatische Aussagen der Glaubenstradition zu berufen, greift er „Interpretationspotentiale der christlichen Glaubenstradition"[104] in relativ abstrakter Art auf, um die soziologisch gewonnene Theorie Kommunikativen Handelns als kongruent mit christlichen Vorgaben auszuweisen. Hauptsächlich beruft er sich dabei auf ein christliches Gottesbild, nach dem Gott den Ermöglichungsgrund kommunikativen zwischenmenschlichen Handelns darstellt, weil er ohne Vorbedingungen jeden einzelnen Menschen als freies kommunikationsfähiges Individuum geschaffen hat, dem er sich in Solidarität und Liebe in dessen Lebenswelt schon immer zugeneigt hat und immer neu zuneigen wird: „Seelsorgetheorie und -praxis geht davon aus, daß Gottes zuvorkommendes Handeln in den alltäglichen Lebenszusammenhängen bereits am Werk ist, bevor seelsorgliches Handeln überhaupt die Menschen erreichen kann."[105]

Weil sich Gottes zuvorkommendes und solidarisches Heilshandeln in der alltäglichen Existenz Jesu Christi unüberholbar geschichtlich offenbart hat, ist dessen Botschaft vom Reich Gottes als zentraler theologischer Topos Kommunikativer Seelsorge ausgewiesen: ,,'Seelsorge im Horizont der Gottesherrschaft' nimmt ihren Maßstab nicht an der Kirche, sondern am Reich Gottes."[106] Um seinen Seelsorgeansatz in der Reich-Gottes-Lehre zu verankern, hebt Henke v.a. den in seiner Vollendung noch ausstehenden Charakter des bereits angebrochenen Reiches Gottes hervor und leitet daraus Schlußfolgerungen ab, die den handlungstheoretischen Seelsorgeansatz mit visionärer göttlicher Autorität versehen: So läßt für ihn die Reich-Gottes Botschaft zum einen den Schluß zu, daß die Zukunftsvision einer universalen Kommunikationsgemeinschaft solidarischer Subjekte, in der Gottes Heilswille endgültig realisiert ist, weil sich die Menschen analog zur Begegnungsstruktur Gottes mit den Menschen in gegenseitiger Anerkennung begegnen können, bereits gegenwärtig zumindest ansatzhaft in der Seelsorge zu realisieren ist. Zum anderen schließt er aus dem utopisch-innovativen Inhalt der Reich-Gottes-Lehre, daß sich Seelsorge gegenüber allen konkreten Sozialformen einer Gesellschaft kritisch zu verhalten hat.

---

103 In Blick auf Jesu Wunderheilungen kommt Luther zu folgendem Ergebnis: „Jesu Sorge gilt nie nur allein der Realitätsertüchtigung, der Wiederherstellung der Fähigkeit zu normalem, angepaßtem Verhalten, sondern öffnet durch seine Gesetzes-, Normen- und Institutionskritik, durch die Offenlegung verfehlten Lebens (Sünde), immer zugleich den Freiraum neuen, anderen Lebens.... Die Realität des Alltags wird von Jesus nicht als letzte anerkannt, sondern kritisch aufgebrochen und in den Horizont lebensschaffender und lebenserneuernder Möglichkeiten gestellt. Die Forderung zur Umkehr zielt nicht auf Anpassung, sondern befreit zu den Möglichkeiten des Anders-Seins." LUTHER, H. (1992): Religion und Alltag, S. 230; 231. Vgl. auch a.a.O., S. 172- 176.

104 HENKE, Th. (1994): Seelsorge und Lebenswelt, S.450.

105 A.a.O., S.449.

106 A.a.O., S. 462. Vgl. hierzu auch S. 460.

Ebenso wie im diakonischen Modell wird auch im kommunikativen Seelsorgeansatz nicht der Versuch unternommen, eine *anthropologische Fundierung* zu liefern, in der die soziale Dimension des Menschen besonders herausgestellt und soziologisch unterfangen wird, obwohl Henke den Lebensweltbezug, d.h. die soziale Verwiesenheit des Menschen, als konstitutiv voraussetzt. Da die Autoren auch keine in sich geschlossene biblische Anthropologie vorlegen, lassen sich nur einzelne Versatzstücke extrahieren, nach denen der Mensch als ein defizitär - fragmentarisches Wesen beschrieben wird, das sich v.a. durch seinen Subjekt - Status und seine noch nicht entfalteten Möglichkeiten auszeichnet.[107]

Da Henke sein Seelsorgemodell in kritischer Auseinandersetzung mit Konzepten gegenwärtiger Soziologie und Sozialphilosophie entwickelt, liegt der Kommunikativen Seelsorge eine grundsätzlich positive *Verhältnisbestimmung* gegenüber den Einsichten der Sozialwissenschaften zugrunde, wie er dies auch für die Pastoraltheologie insgesamt formuliert: „Zur kritischen Analyse der Situation und zur Formulierung von Handlungsorientierungen für die kirchliche Praxis ist die Pastoraltheologie auf den Dialog mit den Sozialwissenschaften, besonders mit der Psychologie und Soziologie angewiesen. Die Notwendigkeit einer solchen Kooperation wird kaum mehr ernsthaft bestritten."[108] Vehement wendet er sich dabei gegen jede Form der eklektischen Rezeption einzelner Theorieelemente oder Methoden, wobei er den geforderten kritischen Dialog inhaltlich jedoch nicht genauer erläutert, da seiner Meinung nach noch nicht geklärt ist, wie die interdisziplinäre Zusammenarbeit nicht nur konzeptionell, sondern v.a. alltagpraktisch erfolgen kann.

3.2.3. Spezielle konzeptionelle Vorgaben für Psychiatrieseelsorge

Als AdressatInnen Kommunikativer Seelsorge sind für Luther v.a. die Menschen ins Auge zu fassen, die in Grenzsituationen, d.h. an den Rändern des Lebens in offensichtlich brüchigen Situationen existieren.[109] Bezogen auf die Krankenhausseelsorge bedeutet dies, daß gerade psychiatrische PatientInnen, die eine inidividuell extrem schwierige Lebensphase durchlaufen, das gesamte Krankenhauspersonal und alle Menschen, die sich um die Erkrankten kümmern und dadurch ebenso großen Belastungen und gesellschaftlichen Stigmatisierungsprozessen ausgesetzt sind, als Zielgruppe von Seelsorge zu gelten haben. Aufgrund der gesellschaftspolitischen Dimension von Seelsorge geschieht im kommunikativen Seelsorgemodell desweiteren eine extramurale Ausweitung des *Adressatenkreises* von Seelsorge auf alle Gesellschaftsmitglieder, wobei v.a. die Menschen zu berücksichtigen sind, die aus verwaltungstechnischen bzw. politischen Gründen dazu beitragen, daß die Subjektwerdung psychisch Kranker durch entsprechend strukturelle Vorgaben behindert wird: „Seelsorge ist insofern inhaltlich eine kommunikative, weil sie prinzipiell alle angeht, nicht nur die akut leidenden Betroffenen - und zwar uns alle aufgrund der herrschenden Strukturen unserer Lebenswelt."[110]

---

[107] Bewußt lehnt Luther jede vorab festgelegte Rede über den Menschen im Sinne einer theologisch- dogmatischen Expertise über das Menschliche oder auch im Sinne vordergründig empirischer Beschreibungen ab. Vgl. LUTHER, H. (1987): Schmerz und Sehnsucht, S. 313.

[108] HENKE, Th. (1993): Ein Fach zwischen den Stühlen, S. 199.

[109] Vgl. LUTHER, H. (1986): Alltagssorge und Seelsorge, S. 10-11.

[110] LUTHER, H. (1992): Religion und Alltag, S. 238.

Da sich die Protagonisten Kommunikativer Seelsorge nicht mit der Psychiatrieseelsorge auseinandergesetzt haben, finden sich keine Hinweise auf ein dem Konzept inhärentes *Krankheitsverständnis*. Nach Ansicht der Verfasserin lassen die soziologisch - kommuniaktionstheoretischen Vorgaben des Konzeptes jedoch den Schluß zu, daß indvidiualistisch verengte Erklärungsmodelle sowohl rein religiöser (z.b. evangelikal-charismatische Krankheitsvorstellungen) als auch medizinischer (z.b. biologisches Krankheitsverständnis) Art, die der Zielsetzung der autonomen solidarischen Subjektwerdung eher bremsend im Wege stehen, als nicht kompatibel einzustufen sind, während die gängige Kombination aus biologisch-sozialpsychiatrischem Krankheitsverständnis, das dem Anliegen Kommunikativer Seelsorge nahe kommt, als alltägliche Arbeitsgrundlage für diese Modellvariante dienen kann.

Das Konzept Kommuniaktive Seelsorge erlaubt spezifische Ableitungen für die *Rollenvorgabe* von SeelsorgerInnen und PatientInnen im Psychiatrischen Krankenhaus. So plädiert Henke für eine grundsätzliche Neubestimmung des Berufsprofils und der Rolle von SeelsorgerInnen. Diese lasse sich v.a. über neue Kompetenzzuschreibungen erreichen, wobei er auf der Folie seines kommunikativen Grundansatzes eine entsprechend kommunikative Kompetenz, die folgende Aspekte umfaßt, für erforderlich hält:[111] In Bezug auf auf den individuellen Umgang mit psychisch Kranken bedarf es der Fähigkeit, zwischenmenschliche kommunikative Prozesse zu initiieren und wechselseitige Rollen-Erwartungen sowie kommunikationsverzerrende sublime Abhängigkeits- und Herrschaftsstrukturen zu durchschauen und abzuwehren. Obwohl SeelsorgerInnen nicht in erster Linie als religiöse oder spirituelle ExpertInnen aufzutreten haben, müssen sie eine theologische und glaubenspraktische Kompetenz, die v.a. in der kommunikativen Fähigkeit besteht, im Seelsorgeprozeß die Gottesgeschichte zur Sprache und in einen kritischen Zusammenhang mit der individuellen Lebensgeschichte zu bringen, vorweisen können. In Blick auf die gesellschaftspolitische Funktion Kommuniaktiver Seelsorge verlangt kommunikative Kompetenz von den SeelsorgerInnen zusätzlich, daß sie die Fähigkeit und Bereitschaft aufbringen müssen, „sich auf fremdes Terrain zu begeben, eigene Gewißheiten und Vertrautheiten in Frage zu stellen und relativieren zu lassen, sowie die Fähigkeit, fraglose Deutungsmuster, Routinen und Loyalitäten zu identifizieren, die Normativität des Faktischen zu durchbrechen, Unterbrechungen der alltäglichen Plausibilitäten und Alltagsroutinen zu initiieren, aber auch die Fähigkeit, mit der Unabgeschlossenheit, der Mehrdeutigkeit und Ambivalenz von Situationen umzugehen."[112] Das kommunikative Seelsorgemodell setzt somit eine in sich gefestigte, kritikfähige und innovativ orientierte personale Grundstruktur der SeelsorgerInnen voraus. Diese wiederum hat sich aus einer prophetisch - kritisch orientierten christlichen Spiritualität zu speisen, da von SeelsorgerInnen erwartet wird, daß sie in der Lage sind, Konflikten mit PatientInnen und Personal, mit klinischen oder kirchlichen Strukturen sowie mit gesellschaftspolitischen Institutionen nicht aus dem Weg zu gehen, sondern diese um der Kranken Willen sogar zu initiieren. Die angedeutete prophetische Komponente der Rollenzuschreibung ist für Henke auch deshalb unabdingbar, weil SeelsorgerInnen nicht nur in der Rolle von AnwältInnen für gegenwärtig leidende psychisch Kranke, deren Angehörige und das psychiatrische Personal zu fungieren haben, sondern sich auch in anamnetischer Solidarität in Form von öffentlichen Protesten für Menschen einzusetzen haben, deren Leiden bereits der Vergangenheit angehört.

---

111 Folgende Ausführungen zum Rollenverständnis geben die Position Henkes wider. Vgl. hierzu HENKE, Th. (1994): Seelsorge und Lebenswelt, S. 17, 423-424, 427, 543- 546; 471.

112 HENKE, Th. (1994): Seelsorge und Lebenswelt, S. 545.

Da im handlungstheoretischen Ansatz ein jedes Indivuum grundsätzlich ohne Gegenleistung als autonomes und gleichberechtigtes Wesen anerkannt ist, wird es den SeelsorgerInnen ermöglicht, gerade psychisch Kranke, die nicht in der Rolle eigenverantwortlicher, zurechnungsfähiger und kommunikationsbereiter Gesprächspartner auftreten, dennoch in einer asymmetrischen Beziehungsstruktur in ihrer Bedeutung für die eigene Person und die Gesellschaft als Ganze ernst- und wichtig zu nehmen. Die sich darin ausdrückende unbedingte gegenseitige Anerkennung hat zur Folge, daß der Defizitperspektive im seelsorglichen Umgang der Boden entzogen wird: „Kommunikative Seelsorge müßte dieses Defizitmodell verabschieden und fähig und bereit werden, das Andere, den Anderen zuzulassen, in ihm zugleich das Andere seiner selbst zu erkennen."[113] Dies bedeutet aber, daß nicht von vorneherein feststeht, wer für wen zum Seelsorger wird und daß die Rolle der amtlich bestellten SeelsorgerInnen eine deutliche Machteinbuße erfährt: „Der Seelsorger bzw. die Seelsorgerin muß sich von der Vorstellung verabschieden, die Antwort eigentlich immer schon zu haben."[114]

Ebenso wie das diakonische Seelsorgemodell erfordert auch das kommunikative Konzept eine Kombination aus individuell, strukturell und gesellschaftspolitisch ausgerichteter *Alltagspraxis und Methodik*, wobei die zwischenmenschliche Kommunikation in Form von Einzel- und Gruppengesprächen im Mittelpunkt zu stehen hat. Obwohl die kritisch - innovative Dimension von Seelsorge in allen Handlungen von SeelsorgerInnen durchzuscheinen hat, will Henke sie gerade für religiöse rituelle und sakramentale Tätigkeiten, die unter Ausschluß exorzisitischer Praktiken und Methoden eine breite Palette umfassen sollen, als verbindlich festgehalten wissen: „Seelsorge.... verweigert sich den aus der Gesellschaft an sie herangetragenen Erwartungen, die 'Passagen' menschlicher Lebensgeschichte einfach mit dem Ornament einer 'schönen Feier' zu versehen und die Verunsicherungen und Brüche therapeutisch und mit Hilfe von Riten zu glätten, um die Funktionstüchtigkeit der Gesellschaftsmitglieder aufrecht zu erhalten oder wieder herzustellen."[115] Da für Henke humanwissenschaftliche Methoden in den Seelsorgeprozeß zu integrieren sind, gehört das psychotherapeutische Instrumentarium unentbehrlich zum Handwerkszeug der SeelsorgerInnen. Inwieweit auch Methoden der Soziologie in Blick auf die gesellschaftspolitische Dimension von Seelsorge zur Bewältigung der Alltagspraxis heranzuziehen sind, wird konzeptionell zwar nicht reflektiert, stellt aber eine folgerichtige Ableitung aus der theoretischen Fundierung Kommunikativer Seelsorge dar.

---

113 LUTHER, H. (1992): Religion und Alltag, S. 237. Aus der Defizitperspektive wird der psychisch Kranke zum Objekt seelsorglicher Hilfeleistung degradiert und für den seelsorglichen Prozeß vereinnahmt. Hierbei nehmen SeelsorgerInnen die Rolle von HelferInnen ein, die bestrebt sind, das Gegenüber vom Defizit (seiner Krankheit, seinem Leiden, seiner Sündhaftigkeit usw.) zu befreien. Da diese Absicht bereits vor der Begegnung mit dem Gegenüber festeht, erweisen sich Seelsorgerinnen als Lebens- und GlaubensexpertInnen, die Kenntnis darüber besitzen, was für den Kranken hilfreich und gut ist. Vgl. LUTHER, H. 88): Wahrnehmen und Ausgrenzen, S. 262- 262; LÄMMERMANN, G. (1992): Wider die gesellschaftliche Verdrängung, S. 222- 225.

114 HENKE, Th. (1994): Seelsorge und Lebenswelt, S. 423.

115 A.a.O., S. 486.

3.3. Politische, Befreiende Seelsorge
3.3.1. Hinführender Überblick

Obwohl verschiedene Autoren psychologisch fundierter Konzepte bereits darauf hingewiesen haben, daß der gesellschaftspolitische Kontext in die seelsorgliche Theorie und Praxis zu integrieren ist, liegt erst im politisch-befreienden Seelsorgeansatz ein Modell vor, in dem gefordert wird, daß der strukturelle und politische Kontext von Menschen nicht nur abstrakt zu analysieren, sondern durch aktives gesellschaftspolitisches Engagement konkret zu verändern ist, um eine individualistische Verengung von Seelsorge zu überwinden.[116]

Diesbezügliche Pionierarbiet wurde von evangelischen AutorInnen geleistet, wobei sich Josuttis[117] bereits Anfang der 70er Jahre, pastoralpsychologisch orientierte Theologen[118] wie Klessmann, Winkler, Schmidt-Rost und Ferel hauptsächlich in den 80er sowie Pohl-Patalong Mitte der 90er Jahre (selbst) für eine politisch orientierte Revision von Seelsorge ausgesprochen haben. Während die bisher genannten AutorInnen ihren Ansatz nicht als 'Politische Seelsorge' auswiesen, wählten die Theologen Verheule und Henke explizit diese Titulierung zur Kennzeichnung ihres Seelsorgemodells.[119] Da dieses sowohl über ihren Bezug zur Theologie der Befreiung wie auch über ihr zentrales Motiv der strukturellen und politischen Befreiung eine große Nähe zum Modell der 'Befreienden Seelsorge' aufweist, werden beide gemeinsam besprochen, obwohl letztere dem spezifischen Kontext der brasilianischen Kirche entstammt und gemäß der Analyse Hochs nur in fragmentarischer Form vorliegt, weil das Thema Seelsorge nicht zum Kernbestand der Theologie der Befreiung zählt: „Wer eine in der Befreiungstheologie begründete Seelsorge zu beschreiben versucht, muß zunächst einmal

---

116 Bereits in den 70er und 80er Jahren betonten VertreterInnen der Therapeutischen Seelsorge, daß die politische Relevanz des Evangeliums in Wort und Tat zum Selbstverständnis christlicher Seelsorge unabdingbar dazugehört und individualistische Reduktionen zu vermeiden sind. Ihr Plädoyer schlug sich jedoch nicht konsequent in ihrem Ansatz nieder. Vgl. STOLLBERG, D. (1975): Seelsorge, S. 285; LEMKE, H. (1978): Theorie und Praxis, S. 17-18. Für Pohl-Patalong und Karle hat Scharfenberg den entscheidenden Anstoß zur Sprengung der rein intraindividuellen Blickrichtung gegeben, wobei sie aber einräumen, daß er hinter seinem eigenen Anspruch zurückgeblieben ist, wie in seinen Fallbeispielen deutlich wird. Vgl. POHL-PATALONG, U. (1996): Seelsorge, S. 235-237; KARLE, I. (1996): Seelsorge, S. 3/73. Auch Held, der aus systemtherapeutischer Sicht ebenfalls den familiären und sozialen Kontext des Gegenübers in den Seelsorgeprozeß einbezogen wissen will und damit automatisch gesellschaftspolitische Vorgaben als mitzureflektierende Größen anerkennt, bleibt der individuumszentrierten Perspektive verhaftet. Vgl. HELD, P. (1996): Systemische Praxis in der Seelsorge, S. 112.

117 Interessanterweise veröffentlicht Josuttis 25 Jahre später einen Artikel, in dem er sich zwar weiterhin von therapeutischen sowie charismatischen individualistisch ausgerichteten Konzeptionen abgrenzt, hierzu aber nicht die politische Dimension von Seelsorge, sondern die pneumatologische Dimension akzentuiert und von einer energetischen bzw. transpersonalen Seelsorge spricht: „Seelsorge würde dann darin bestehen, das Kraftfeld des Heiligen Geistes durch gestaltete morphische Resonanz so zu realisieren, daß schädigende Mächte beseitigt werden und heilende Ströme neue Strukturen schaffen." JOSUTTIS, M. (1998): Von der Psychotherapie zur energetischen Seelsorge, S. 81.

118 Ende der 80er Jahre forderte Ferel: „Pastoralpsychologische Theorie und Seelsorgepraxis hätten das individualistische Paradigma einer gründlichen Revision zu unterziehen." FEREL, M. (1989): Berührung, S. 59. In Blick auf die 'Deutsche Gesellschaft für Pastoralpsychologie' kommt Winkler 1993 noch immer zu folgender selbst(kritischen) Schlußfolgerung: „Gegenüber der gesellschaftlichen Situation verhalten wir uns sparsam. Der kritische Punkt heißt: Sind wir politisch genug? Ich fürchte, wir sind es nicht!" WINKLER, K. (1993): Die Seelsorgebewegung, S. 437.

119 Vgl. VERHEULE, A. (1987): Seelsorge in einer säkularen Gesellschaft, S. 107; HENKE, Th. (1994): Seelsorge, S. 461; DERS. (1996): Wahrnehmung des Politischen, S. 121.

nüchtern bekennen, daß es eine solche bisher nur in Ansätzen gibt.... Ich wage lediglich von einigen bescheidenen Ansätzen zu reden, die zur Hoffnung Anlaß geben."[120] Obwohl auch Baumgartner den Terminus Befreiung zur Titulierung seiner 'Heilend-Befreienden Seelsorge' aufnimmt, läßt sich diese Variante aufgrund divergierender Zielsetzungen m.E. nicht unter die Konzeptvariante 'Politische Seelsorge' subsumieren.[121]

Da Klessmann seine Überlegungen in Blick auf Krankenhausseelsorge bzw. auf Psychiatrieseelsorge entwickelt hat, finden sich entsprechende Ableitungen zum seelsorglichen Tätigkeitsfeld Psychiatrisches Krankenhaus.[122]

Schaubild 30 auf der nächsten Seite zeigt die Politische/Befreiende Seelsorge im Überblick.

---

[120] HOCH, L. (1990): Seelsorge und Befreiung, S. 132. Steinkamp betont, daß die Entdeckung der gesellschaftspolitisch-befreienden Dimension von Seelsorge in Deutschland auf dem Hintergrund der Politischen Theologie und Sozialpsychiatrie erfolgte, wobei diese wiederum in der Befreiungstheologie verwurzelt sind. Vgl. STEINKAMP, H. (1995): Die 'Seele' - Illusion der Theologie, S. 92.

[121] Vgl. BAUMGARTNER, I. (1997): Heilende Seelsorge, S. 238. Der Befreiungsaspekt wird von Baumgartner primär auf individueller Ebene abgehandelt, indem er v.a. auf die Rückgabe von Ansehen und Würde sowie das persönliche Wohlergehen verweist. Vgl. a.a.O., S. 239.

[122] Klessmann, der als Supervisor in der Klinischen Seelsorgeausbildung tätig ist und selbst auf Erfahrungen in der Psychiatrieseelsorge zurückblicken kann, bekannte sich Anfang der 80er Jahre zum Konzept der Begleitenden Seelsorge, das er Ende der 80er Jahre durch die Integration der 'qualitativ ganz anderen sozialen und politischen Dimension' ergänzt wissen will. Vgl. KLESSMANN, M. (1984): Annahme, S. 341; DERS. (1988): Seelsorge zwischen individuellem Trost und politischem Anspruch, S. 397.

| Lateinamerikanische Befreiungstheologie |
| Europäische Politische Theologie |
| Europäische Sozialpastoral |

| Plädoyer für eine zentrale Bedeutung der politischen Dimension in der Seelsorge |

JOSUTTIS, MANFRED
1974: Praxis des Evangeliums zwischen Politik und Religion
MAYER, RAINER
1983: Seelsorge zwischen Humanwissenschaft und Theologie
KLESSMANN, MICHAEL
1988: Seelsorge zwischen
     individuellem Trost und politischem Anspruch
1989: Wie geht es in der Seelsorge weiter?
1990: Seelsorge im Krankenhaus:
     Überflüssig - wichtig - ärgerlich
1996: Ausblick: Krankenhausseelsorge
     als Dienst der Kirche in der pluralen Gesellschaft
1996: Seelsorge in der Psychiatrie -
     eine andere Sicht vom Menschen?
WINKLER, KLAUS
1988: Anpassung und Protest. Stichworte zum Verhältnis
     von Seelsorge und politischem Handeln
FEREL, MARTIN
1989: Berührung. Zeitgemäße Gedanken über einen
     unzeitgemäßen Begriff
SCHMIDT-ROST, REINHARD
1989: Probleme der Professionalisierung der Seelsorge
POHL-PATALONG, UTA
1996: Seelsorge zwischen Individuum und Gesellschaft
	BEFREIENDE
	SEELSORGE
	
	HOCH, LOTHAR CARLOS
	1990: Seelsorge und Befreiung
	     Problemanzeige aus
	     lateinamerikanischer Sicht

POLITISCHE SEELSORGE VERHEULE, A.F. 1987: Seelsorge in einer säkularen Gesellschaft (S. 107) HENKE, THOMAS 1994: Seelsorge und Lebenswelt (S. 461) 1996: Wahrnehmung des Politischen. Zu einer wenig beachteten Dimension der Seelsorge (S. 121)	Schaubild 30: Politische / Befreiende Seelsorge im Überblick

3.3.2. Theoretische Fundierung der allgemeinen Seelsorgelehre

Das inhaltliche Charakteristikum Politischer Seelsorge besteht in der Fokussierung des seelsorglichen Blicks auf gesellschaftspolitische Zusammenhänge, die es optional im Seelsorgeprozeß zu berücksichtigen und zu beeinflussen gilt. Verheule wertet diese Option als „eine Wende hin zur politischen Seelsorge".[123] Während Klessmann noch vorsichtig die Frage nach einem impliziten politischen Anspruch von Seelsorge stellt,[124] fällt für Ferel die Antwort ein-

---

123 VERHEULE, A. (1987): Seelsorge in einer säkularen Gesellschaft, S. 107.

124 „Sind Seelsorger, gerade weil sie aufmerksam und sensibel für Beziehungen und deren Deutungen sind, blind, unempfindlich oder auch schlicht hilflos gegenüber (Macht-) Strukturen, Institutionen, sozialen und

deutig aus: „Seelsorge hat politischen Charakter, ob sie es wahrhaben will oder nicht."[125] Nach Henke ist dieser Behauptung grundsätzlich zuzustimmen, weil jeder seelsorgliche Akt gewollt oder ungewollt gesellschaftspolitische Relevanz besitzt, da selbst eine Steigerung des Wohlbefindens des Gegenübers zur Folge haben kann, daß gesellschaftliche Defizite im Sinne einer Dienstleistung am privaten Glück aufgefangen und verschleiert werden: „Seelsorge hat also - auch und gerade, wenn sie sich gegenüber politischen Zusammenhängen neutral verhalten will - ihre 'politische Unschuld' längst verloren. Es geht gar nicht um die Entscheidung, ob ich als Seelsorger politisch handeln will oder nicht. Es geht vielmehr darum, ob ich die politischen Implikationen meines Handelns bewußt gestalten will oder nicht - und wenn ja, in welche Richtung."[126] In Abkehr vom gesellschaftlichen Trend der Individualisierung soziostruktureller Probleme fordert daher auch Pohl-Patalong eine gesellschaftlich orientierte Seelsorge, die sich einer einseitigen Nivellierung bzw. Ineinssetzung individueller und gesellschaftsstruktureller Probleme widersetzt: „In der konkreten Seelsorgesituation muß vielmehr die Differenz zwischen persönlichen und strukturellen Problemen deutlich gemacht und offengehalten werden, um dem Menschen wie den strukturellen Verhältnissen gerecht zu werden."[127] Gesellschaft und Individuum stellen somit die Koordinaten eines politischbefreienden Seelsorgekonzeptes dar, wobei beide Aspekte zwar ineinander übergehen, aber dennoch theoretisch und alltagspraktisch zu unterscheiden sind, weshalb sie nacheinander erläutert werden:

Die gesellschaftspolitische Dimension impliziert, daß Seelsorge nicht auf die Zuwendung zum Not-Leidenden beschränkt bleiben darf, sondern darauf abzielen muß, soziostrukturelle Ungerechtigkeiten zu analysieren, entgegen allen Versuchen der Tabuisierung, Ideologisierung und Diskriminierung öffentlich zu thematisieren und politisch durch gezielte Lobbyarbeit für sozialpolitisch benachteiligte Menschen zu bekämpfen.[128] Hierzu zählt Klessmann auch den Kampf um strukturelle Verbesserungen gesellschaftlicher Institutionen wie Krankenhäusern

---

politischen Prozessen? Oder gibt es doch einen implizit politischen Anspruch in jeder individuell zentrierten seelsorglichen Arbeit, den wir nur nicht genügend erkennen?" KLESSMANN, M. (1988): Seelsorge, S. 394. Ebenso zurückhaltend formuliert auch Schmidt-Rost: „Gegen den Trend zur Konzentration auf die Wünsche und Bedürfnisse des einzelnen sollten die Probleme des menschlichen Zusammenlebens in der Spiegelung im individuellen Leben Gegenstand christlicher Seelsorge sein. Seelsorgelehre würde demnach Seelsorger dazu anleiten, daß sie die Aufmerksamkeit der ihnen anvertrauten Menschen auf eine Weltbetrachtung hinlenken, die bestimmt ist von der Perspektive der Verantwortung für Welt und Mitmensch." SCHMIDT-ROST, R. (1989): Probleme, S. 42.

125 FEREL, M. (1989): Berührung, S. 61.

126 HENKE, Th. (1996): Wahrnehmung des Politischen, S. 110.

127 POHL-PATALONG, U. (1996): Seelsorge, S. 250. Vgl. auch A.a.O:, S. 264-265. Ein ähnliches Pädoyer findet sich auch bei Federschmidt: „Doch angesichts der zahlreichen politischen, ja globalen Gefährdungen und Herausforderungen scheint es mir heute dringender denn je, daß uns die Verknüpfung persönlicher Seelsorge mit dem gesellschaftlichen Problemhorizont gelingt." FEDERSCHMIDT, K. (1996): Rekonstruktion, S. 164. Da der gesellschaftliche Problemhorizont jedoch bisher in der Seelsorgelehre vernachlässigt worden ist, plädiert Winkler für eine Distanzierung vom seelsorglichen Bemühen um den Einzelnen zugunsten einer gesellschaftspolitisch aktiven Seelsorge. Vgl. WINKLER, K. (1988): Anpassung, S. 389.

128 Vgl. HENKE, Th. (1996): Wahrnehmung des Politischen, S. 121. Durch eine gezielte Lobby-Arbeit soll es gesellschaftspolitischen Randgruppen ermöglicht werden, einen chancengleichen Zugang zur Öffentlichkeit zu erlangen „nicht zuletzt auch zugunsten der Gesellschaft selbst, der durch Ausgrenzungsprozesse das kritische Veränderungspotential, das in den Erfahrungen der Leidenden und Opfer der Gesellschaft enthalten ist, verloren geht." A.a.O., S. 119.

sowie des Gesundheitswesens insgesamt.[129] In Blick auf das Psychiatrische Krankenhaus betont Fuchs, daß es inhaltlich v.a. darum zu gehen hat, inhumane Anteile des Systems beim Namen zu nennen und politisch zu bekämpfen.[130] Da die dadurch im Seelsorgeprozeß anvisierte Konfrontation der Gesellschaft mit den gesellschaftsrelevanten Ansprüchen der christlichen Glaubenstradition und den aus der Öffentlichkeit verdrängten Ansprüchen der Opfer gesellschaftspolitischer Strukturen einen Beitrag zur Formierung der Gesellschaft als solcher leistet, wertet Henke sie als einen Dienst an der Gesellschaft.[131] Am Befreiungsanspruch treffen sich das politische und befreiende Seelsorgemodell, da nach Hoch auch im lateinamerikanischen Konzept der Kampf um gerechte Strukturen zum zentralen Kernbestand zählt: „Befreiende Seelsorge ist ein der Grundlage des christlichen Glaubens verpflichtetes gemeinschaftliches Handeln, das - unter Beibehaltung der beratenden Funktion - menschliches Leid und seine Ursachen bekämpfen will."[132]

Daß die gesellschaftspolitische Dimension von Seelsorge jedoch nicht die individuelle in den Hintergrund drängen darf, wird auch im Befreiungsansatz deutlich akzentuiert: „Man darf das konkrete persönliche Problem, von dem man ausging, nicht auf dem Altar der Strukturen opfern. Dies genau ist das Eigentliche an der befreienden Seelsorge: das singuläre Leiden des Einzelnen im Kontext des globalen Leidens zu überwinden suchen."[133] Befreiung aus konkreter Not, die bereits von Josuttis als Zielsetzung proklamiert wird, muß sich demnach als eine auf verschiedenen Ebenen real erfahrbare Lebens- und Krisenhilfe erweisen.[134]

Zum einen soll Seelsorge darauf abzielen, das notleidende Individuum aus strukturellen Abhängigkeiten und unterdrückenden Zusammenhängen zu befreien. Eine Anpassung des Individuums an bzw. seine Reintegration in pathogen gebliebene gesellschaftliche und soziale Verhältnisse steht dem politisch-befreienden Seelsorgekonzept somit kontraeffektiv entgegen.[135] Zum anderen soll Seelsorge aber auch zum Ziel haben, das Individuum in seiner Subjekt-Werdung zu unterstützen, wobei diese v.a. in sozialen Kategorien gedacht wird. Demnach

---

129 Vgl. KLESSMANN, M. (1988): Seelsorge, S. 403; DERS. (1996): Ausblick, S. 273.

130 Vgl. FUCHS, O. (1993): Im Brennpunkt, S. 125. Öffentliches gesellschaftspolitisches Engagement soll zudem darauf abzielen, durch sachgerechte Information über die Situation und Probleme psychisch Erkrankter, die Vielfalt psychiatrischer Krankheitsbilder sowie die Bandbreite therapeutischer Möglichkeiten und institutioneller Versorgung dazu beizutragen, daß in der Bevölkerung Ängste, Vorurteile und Klischees abgebaut werden und dadurch persönliche und strukturelle Bedingungen geschaffen werden, die den Erkrankten ein Leben in der Gesellschaft überhaupt erst möglich machen.

131 Vgl. HENKE, Th. (1996): Wahrnehmung des Politischen, S. 118.

132 HOCH, L. (1990): Seelsorge und Befreiung, S. 132. Befreiung als gesellschaftspolitische Zielsetzung wird auch von Theologen postuliert, die nicht dem kulturellen Kontext lateinamerikanischer Befreiungstheologie entstammen. Vgl. SHARIF, S. (1990): Seelsorge und die Befreiung von Unterdrückung; maMPOLO, M. (1990): Spiritualität und Seelsorge im Dienst der Befreiung; MIETHNER, R. (1990): Theologie der Seelsorge - Theologie der Befreiung.

133 HOCH, L. (1990): Seelsorge und Befreiung, S. 143.

134 Vgl. JOSUTTIS, M. (1974): Praxis des Evangeliums zwischen Politik und Religion, S. 109.

135 Vgl. HENKE, Th. (1994): Seelsorge, S. 493, 515; VERHEULE, A. (1987): Seelsorge in einer säkularen Gesellschaft, S. 107. Die Folgewirkung dieser Zielsetzung für das Individuum bringt Winkler prägnant auf den Punkt: „Dann geriete freilich die Weigerung, sich in die bestehende Gesellschaftsform einzugliedern, unter den bestehenden Umständen gesund werden zu wollen.... nicht mehr - wie gewohnt! - unter das Verdikt, ein Ausweichverhalten zu sein." WINKLER, K. (1988): Anpassung und Protest, S. 393.

soll das Individuum in die Lage versetzt werden, sich selbst durch Übernahme sozialer Verantwortung aus sozialer Isolation zu befreien und durch die Aneignung politischer Kompetenz seine eigenen Interessen selbständig zu vertreten.[136] Im konkreten seelsorglichen Umgang hat dies zur Folge, daß auf jede Form direktiver Verhaltensanweisung und Belehrung zu verzichten ist. Während Hoch v.a. das Hören auf das Gegenüber als Zentralkategorie der Einzelseelsorge herauszustellen versucht, betont Klessmann hauptsächlich das Wahrnehmen und Geltenlassen von Fremdheit und Andersartigkeit sowie das helfende Da-Sein und Dabei-Bleiben. Daß diese Trost-spendende Haltung nicht mit billiger Vertröstung gleichzusetzen ist, wird in folgendem Beispiel Klessmanns deutlich: „Ziel der seelsorglichen Arbeit mit Herrn B. kann dann nur sein, 'jene Widerstandskräfte zu wecken, die im Lebenswillen begründet sind und jeden Mann wie jede Frau in Zeiten der Lebensgefahr zum Kampf ums Dasein befähigen.' D.h., Herr B. hat Rechte, legitime Ansprüche und Wünsche, und es ist eine Aufgabe der Seelsorge, ihn bei der Artikulation dieser Ansprüche zu unterstützen, ihn zu ermutigen, sie immer wieder auch aggressiv zu vertreten - statt sich depressiv zurückzuziehen und anzupassen."[137] Bezogen auf Krankenhausseelsorge heißt dies, daß eine Seelsorge, die Aggressionen der PatientInnen und des Personals nicht nur zuläßt, sondern sogar fördert, um deren Widerstandspotential zu steigern, automatisch Konflikte mit der Institution Krankenhaus provozieren wird, da diese organisationsbedingt mit Sanktionen auf derartige Individualisierungsversuche reagieren muß.[138]

Daß die erläuterte seelsorgliche Lebens- und Krisenhilfe Politischer Seelsorge immer auch den Aspekt der Glaubenshilfe einschließt, läßt sich bei Hoch nachlesen: „Auch und gerade als befreiende Seelsorge muß die Seelsorge, auch in Lateinamerika, Glaubenshilfe sein."[139] Nach Klessman beinhaltet diese für den europäischen Raum v.a. eine individuelle Auseinandersetzung mit der existentiellen Sinnfrage und dem Angebot christlicher Deutungsmöglichkeiten, die wiederum zur Bewältigung der Krisensituation beitragen sollen, wodurch Lebens- und Glaubenshilfe eine unlösbare Symbiose eingehen.[140] Obwohl Politische Seelsorge die explizite Thematisierung christlicher Inhalte im Seelsorgegespräch nicht unabdingbar voraussetzt, spielt gerade der Rekurs auf das christliche Widerstandspotential, das an Hand biblischer Texte und christlicher Glaubenstradition veranschaulicht und erfahrbar gemacht werden kann, eine zentrale Rolle, weil erst dieser Zusammenhang deutlich macht, daß SeelsorgerInnen das gesellschaftspolitische Engagement für Not-Leidende nicht aus Gründen zeitgenössischer Opportunität entdeckt haben.

Während Josuttis und Mayer noch den Versuch unternehmen, ihr politisches Seelsorgeverständnis unter Verweis auf die Rechtfertigungslehre *theologisch zu fundieren*, wendet sich Verheule gegen alle Versuche, Seelsorge dogmatisch begründen zu wollen: „Massive Dogmen-Theologie ist dem heutigen Lebensgefühl unerträglich."[141] Übereinstimmend rekurrieren

---

136 Vgl. HENKE, Th. (1996): Wahrnehmung, S. 119, 121.

137 KLESSMANN, M. (1988): Seelsorge zwischen individuellem Trost und politischem Anspruch, S. 402.

138 Vgl. KLESSMANN, M. (1986): Aggression in der Seelsorge, S. 414.

139 HOCH, L. (1990): Seelsorge und Befreiung, S. 138.

140 Vgl. KLESSMANN, M. (1996): Einleitung, S. 15.

141 VERHEULE, A. (1987): Seelsorge, S. 108. Im Vergleich hierzu: JOSUTTIS, M. (1974): Praxis des Evangeliums, S. 9; MAYER, R. (1983): Seelsorge zwischen Humanwissenschaften und Theologie, S. 21.

daher sowohl europäische und lateinamerikanische TheologInnen auf eine Verankerung dieses Seelsorgemodells in der Theologie der Befreiung, wobei im deutschsprachigen Raum auch die Politische Theologie sowie die Sozialpastoral zur Begründung herangezogen werden. Dem brasilianischen Kontext entstammend, beruft sich Hoch auf die Inkarnationstheologie und die damit einhergehende Option für die Lebenswelt der Armen.[142] Verheule dagegen verweist auf die alttestamentlich tradierte Bundesgenossenschaft Gottes mit den Armen und die neutestamentliche Botschaft, daß diesen konkrete Befreiung zugesagt ist.[143] Dieses Motiv nimmt auch Henke auf, der Politische Seelsorge primär am Gerechtigkeitsverständnis der Reich-Gottes-Botschaft festmachen will: „Dieses Gerechtigkeitsprinzip leitet seelsorgliche Praxis im Sinne eines kritischen Prinzips zur Aufdeckung von Zwängen und Ungerechtigkeiten, zur Transformation der herrschenden Verhältnisse und zur Freisetzung des kreativen und innovativen Potentials des christlichen Glaubens für die Überwindung pathologischer bzw. pathogener Tendenzen der Gesellschaft."[144] Das behauptete kritische Potential der christlichen Glaubenstradition sehen die Theoretiker Politischer Seelsorge in der alttestamentlichen Tradition der prophetischen Klage und Anklage verwirklicht und damit biblisch legitimiert.[145]

Entsprechend ihrer gesellschaftspolitischen Blickrichtung verankern die TheoretikerInnen Politischer Seelsorge ihr Konzept in einem als biblisch ausgewiesenem *Menschenbild*, das den Menschen als ein in sozialen, wirtschaftlichen und politischen Bezügen existierendes und auf diese Kontexte angewiesenes ganzheitliches Wesen beschreibt.[146] Spezifische, in der Sozio-

---

142 Vgl. HOCH, L. (1990): Seelsorge und Befreiung, S. 135, 138. Der soteriologische Impetus der Befreiungstheologie wird v.a. von Gruber prägnant herausgestellt: „Die Theologie der Befreiung versteht sich als Auslegung christlicher Rede von Erlösung im Kontext von Marginalisierung, Massenarmut und Ausgrenzung. Die Brisanz dieser Theologie liegt darin, daß sie die unhintergehbare Verwicklung theologischer Rede mit politischen Optionen und Standorten aufdeckt und von dieser Kritik aus den Kern des Erlösungsglaubens neu entfaltet." GRUBER, F. (1997): Heilwerden im Fragment, S. 232.

143 Vgl. VERHEULE, A. (1987): Seelsorge in einer säkularen Gesellschaft, S. 108.

144 HENKE, Th. (1994): Seelsorge, S. 505. Henke bezieht seine theologische Legitimation v.a. aus der Politischen Theologie: „Politische Theologie wendet sich kritisch gegen die Privatisierung des Glaubens in der bürgerlichen Gesellschaft, klagt das gesellschaftskritische Potential des Glaubens ein und will seine Ansprüche in den öffentlichen Diskurs einbringen." A.a.O., S. 498. Daß die Reich-Gottes-Botschaft den inhaltlichen Kern der theologischen Fundierung Politischer Seelsorge ausmacht, behauptet auch Mette, der sich dabei auf die Sozialpastoral bezieht: „Demgegenüber wird die Reich-Gottes-Botschaft zum Maßstab christlicher und kirchlicher Praxis genommen, die nicht nur dem einzelnen, sondern der ganzen Menschheit - vorzugsweise den Armen und Bedrängten - und darüber hinaus der Schöpfung insgesamt ein Leben in Fülle verheißt." METTE, N. (1991): Sozialpastoral, S. 146. Ähnlich umschreibt auch Steinkamp Sozialpastoral als ein neues Paradigma kirchlicher Praxis, das ebenso wie die Theologie der Befreiung elemantar von der Option für Arme bestimmt ist: „Was bedeutet 'Sozialpastoral'? Im sozio-historischen Kontext Lateinamerikas, in dem das neue Paradigma entstand, meint der Begriff zunächst und vor aller Differenzierung die radikale Bezogenheit christlichen und kirchlichen Handelns auf die konkreten gesellschaftlichen Bedingungen und Probleme, insbesondere auf die Überwindung von Not, Elend und Unterdrückung." STEINKAMP, H. (1991): Sozialpastoral, S. 12. Vgl. auch WIDL, M. (1998): Die Sozialpastoral - Ein neues Paradigma.

145 Vgl. KLESSMANN, M. (1988): Seelsorge, S. 402; VERHEULE, A. (1987): Seelsorge, S. 115; HENKE, Th. (1994): Seelsorge, S. 115.

146 Vgl. JOSUTTIS, M. (1974): Praxis des Evangeliums, S. 71; HENKE, Th. (1994): Seelsorge, S. 32. Obwohl auch in Klessmanns Schriften diese anthropologische Grundannahme deutlich zum Vorschein kommt, wird sie in einem von ihm verfaßten Artikel zum Menschenbild in der Psychiatrie nicht explizit aufgegriffen, weshalb Klessmann hier hinter seinem eigenen Ansatz zurückbleibt. Vgl. KLESSMANN, M. (1996): Seelsorge in der Psychiatrie - eine andere Sicht vom Menschen.

logie gewonnene Einsichten über das soziale Wesen des Menschen werden jedoch nicht explizit reflektiert oder mit dem biblischen Menschenverständnis in Deckung gebracht.
Da das politische und befreiende Seelsorgekonzept eine kritische Analyse gesellschaftspolitischer Prozesse sowie eine direkte Einflußnahme darauf voraussetzt, bedarf es spezifischer Kenntnisse und Instrumentarien, die die Nachbardisziplinen Soziologie und Politikwissenschaft zur Verfügung stellen können. Daß dieses Wissen für die Seelsorge zu rezipieren ist, stellt für Verheule eine unabdingbare Voraussetzung dar, wobei er unter Einbeziehung der Psychologie eine *Verhältnisbestimmung* gegenüber den Nachbarwissenschaften im Sinne eines gegenseitigen Bündnisses anstrebt. Im Unterschied zu anderen TheoretikerInnen plädiert er diesbezüglich jedoch für ein exklusives und spezifisches Bündnis: „Um es formelhaft zu sagen: ich verfechte ein Bündnis zwischen Marx und Freud auf dem Boden des Evangeliums."[147] Weitaus moderater spricht sich Pohl-Patalong für einen allgemeinen kritischen Diskurs mit den Ergebnissen der gegenwärtigen Soziologie und Sozialpsychologie aus: „Für die Theoriebildung ist damit eine Ausweitung des interdisziplinären Gesprächs über die Psychologie hinaus gefordert.... Dies bedeutet keine Alternative zur Psychologie.... Besondere Bedeutung gewinnen dabei, wie gezeigt, die Soziologie und Sozialpsychologie gerade in ihrer Aufmerksamkeit für die 'Schnittstellen' zwischen individuellen und strukturellen Problemen."[148]

3.3.3. Spezielle konzeptionelle Vorgaben für Psychiatrieseelsorge

Politische Seelsorge erfordert aufgrund ihrer öffentlichkeitsorientierten Konzeption, daß gleichstufig zu den psychisch Erkrankten, dem psychiatrischen Personal, den Angehörigen und allen sich im Krankenhaus aufhaltenden Personen, alle Mitglieder der Gesellschaft unabhängig von ihrer Religions- oder Konfessionszugehörigkeit als *AdressatInnen* von Seelsorge zu gelten haben. Da Seelsorgerinnen den Kontakt zu Menschen, die sozialpolitische und kirchenpolitische Verantwortung tragen, suchen müssen, zählen gerade diese 'Mächtigen' der Gesellschaft um der 'Ohn-Mächtigen willen zum innersten Adressatenkreis von Seelsorge.

Obwohl TheoretikerInnen Politischer Seelsorge darauf hinweisen, daß psychische Erkrankung unter Ausblendung gesellschaftlich bedingter Zusammenhänge und Ursachen nicht erklärbar ist, vertiefen sie diese Annahme nicht, weshalb sich keine spezifische *Krankheitslehre* erkennen läßt.[149] Aus einer Äußerung Pohl-Patalongs kann jedoch der Schluß gezogen werden, daß eine große Affinität zum sozialpsychiatrischen Krankheitsverständnis besteht: „Das gesellschaftskritische Potential der Seelsorge resultiert zunächst unmittelbar aus ihrer Arbeit mit den Individuen, deren Leiden häufig von gesellschaftlichen Strukturen verursacht oder mitverursacht wird... Psychische Probleme oder Krankheiten können ein verschlüsselter Protest gegen gesellschaftliche Strukturen sein, der durch die Marginalisierung der Individuen verdrängt wird."[150]

---

147 VERHEULE, A. (1987): Seelsorge in einer säkularen Gesellschaft, S. 115.

148 POHL-PATALONG, U. (1996): Seelsorge, S. 248.

149 Vgl. HENKE, Th. (1994): Seelsorge, S. 493; HOCH, L. (1990): Seelsorge und Befreiung, S. 143.

150 POHL-PATALONG, U. (1996): Seelsorge, S. 266. Vgl. hierzu auch: „Seelsorger haben es häufig mit den Opfern unserer sozialen und politischen Wirklichkeit zu tun. Sie erleben den Zusammenhang von Leistungsdruck und Krankheit, von Arbeitslosigkeit und psychischem Leiden". KLESSMANN, M. (1988): Seelsorge zwischen individuellem Trost und politischem Anspruch, S. 402. „Doch es überrascht, wie stark

Als Spezifikum des *Rollenverständnisses* von PsychiatrieseelsorgerInnen gibt das politisch-befreiende Konzept vor, daß sie in der Rolle von AnwältInnen und FürsprecherInnen der PatientInnen, des Personals und der Angehörigen deren sozialpolitische Interessen durch aktive gesellschaftspolitische Einmischung in der Öffentlichkeit zu vertreten haben, weshalb eine fundierte soziologische und sozialpolitische Kompetenz vorausgesetzt ist.[151] Gleichstufig hierzu wird von ihnen erwartet, daß sie den PatientInnen gegenüber in der Rolle kraftspendender, tröstender und widerstandsbefähigender GesprächspartnerInnen, die als RepräsentantInnen und Symbolfiguren der christlichen Religion bzw. einer tieferen transzendenten Dimension des Lebens fungieren, mit entsprechend theologischer und psychologischer Kompetenz auftreten.[152] Daß beide Rollen kaum Überschneidungen aufweisen und daher in einer Person und einer Berufswirklichkeit schwierig zu integrieren sind, wird von Klessmann durchaus erkannt und selbstkritisch eingeräumt.[153] Da psychiatrische PatientInnen v.a. in der Rolle von Opfern gesellschaftspolitischer Strukturen und Zusammenhänge gesehen werden, und SeelsorgerInnen ihnen als entsprechend starke VerteidigerInnen zu begegnen haben, ergibt sich zudem die Gefahr, daß die Beziehungsstruktur zwischen SeelsorgerInnen und PatientInnen von einer erneuten Asymmetrie geprägt wird, die von der Differenz Opfer/Nicht-Opfer geprägt ist.

Das politisch-befreiende Seelsorgemodell gibt spezifische Vorgaben für die *Alltagspraxis* von SeelsorgerInnen: „Der eigene Beitrag der Seelsorgepraxis zur Gestaltung der Gesellschaft ist als integraler Bestandteil seelsorglicher Arbeit zu verstehen - und nicht als seelsorgefremde Aufgabe, die zum 'eigentlichen' Auftrag der Seelsorge dazukommt."[154] Konkret bedeutet dies, daß alle Formen öffentlichkeitsorientierter Praxis[155] als gleichrangig zu individuumszentrierten und strukturell orientierten Tätigkeiten zu werten und praktisch umzusetzen sind. Zum Arbeitsalltag von PsychiatrieseelsorgerInnen gehört demnach eine Vielfalt hausexterner Interventionsstrategien auf der Ebene der Netzwerktätigkeit (Hausbesuche; Engagement auf dem Sektor Angehörigenarbeit und ehrenamtliche Bürgerhilfe; Kooperation mit extramuralen Einrichtungen sowie Pfarr- und Hochschulgemeinden usw.), des öffentlichkeitspolitischen Engagements (Organisation und Beteiligung an öffentlichkeitswirksamen klinikinternen und -externen Veranstaltungen; haus-interne und -externe Medienarbeit usw.), des kirchenpolitischen Engagements (Informations- und Arbeitstreffen mit der Kirchenleitung und kirchlichen Verbänden; Mitarbeit in seelsorglichen Arbeitsgemeinschaften; Kooperation mit kirchlichen Akademien, Tagungshäusern, Seelsorgeinstituten und theologischen Fakultäten usw.) und des sozialpolitischen Engagements (Informationstreffen mit politisch-administrativen Entschei-

---

in unseren Breitengraden kognitiv-psychische Dimensionen gegenüber physisch-sozialen Faktoren der Gesundheit im Vordergrund kirchlicher Wahrnehmungen stehen.." HELLER, A. (1993): Gesundheit, S. 26.

151 Vgl. HENKE, Th. (1996): Wahrnehmung, S. 117.

152 Vgl. KLESSMANN; M. (1996): Seelsorge in der Psychiatrie, S. 27.

153 Vgl. KLESSMANN, M. (1988): Seelsorge, S. 397.

154 HENKE, Th. (1994): Seelsorge, S. 501.

155 Henke insistiert auf einem öffentlichkeitsorientierten Arbeitsschwerpunkt von SeelsorgerInnen, weil die Öffentlichkeit den Raum darstellt, in dem die soziale Kommunikation einer Gesellschaft stattfindet, in dem somit entschieden wird, welche Themen und Interessen gesellschaftspolitisch überhaupt relevant sind. Vgl. HENKE, Th. (1996): Wahrnehmung, S. 118.

dungsträgerInnen; Mitarbeit in psychosozialen Arbeitsgemeinschaften und Selbst-Hilfe- bzw. Fördervereinen; Mitarbeit in sozialpolitischen Gremien, Ausschüssen und Kommissionen usw.).[156] Nach Pohl-Patalong setzt eine politische Seelsorgekonzeption hierbei voraus, daß SeelsorgerInnen auch Machtpositionen in Kirche und Gesellschaft übernehmen.[157] Konkretes gesellschaftspolitisches Engagement muß allerdings nicht immer bedeuten, daß SeelsorgerInnen stets selbst als InitiatorInnen, OrganisatorInnen und Alleinverantwortliche aufzutreten haben, sondern sich auch bereits bestehenden gesellschaftspolitischen Initiativen, Bewegungen bzw. spontanen Solidaritätsaktionen anschließen können.[158]

Entsprechend der individuell, strukturell und öffentlichkeitsorientierten Praxisvielfalt Poltischer Seelsorge erfordert das Konzept eine ebenso breite religiöse[159] und psychologische *Methodenvielfalt*. Bezüglich der psychologischen Methodenwahl verweisen die Theoretiker v.a. auf Psychotherapiemethoden wie Gruppentherapie und Familientherapie, die den sozialen und systemischen Kontext des Gegenübers mit einbeziehen.[160] Obwohl im politischen Seelsorgeverständnis der Methodik der soziologischen Gesellschaftsanalyse eine besondere Bedeutung beigemessen wird, läßt sich aus den konzeptionellen Vorgaben jedoch nicht erkennen, wie diese alltagspraktisch von SeelsorgerInnen angewandt werden könnten.

---

156 Die immense Vielfalt der angesprochenen Praxisformen wird an dieser Stelle nicht aufgezählt, da sie sich auf einem Blick im zusammenfassenden Schaubild 'Seelsorgliche Alltagspraxis im Überblick' unter dem Stichwort 'Öffentlichkeitsorientierte Alltagspraxis von SeelsorgerInnen' nachlesen läßt. Da die TheoretikerInnen des politisch-befreienden Seelsorgeansatzes kaum Ableitungen für den konkreten Arbeitsalltag im Psychiatrischen Krankenhaus liefern, können sie diesbezüglich nicht zu Rate gezogen werden. Selbst Klessmann, der in Blick auf die Psychiatrieseelsorge schreibt, bleibt relativ abstrakt, wenn er dafür plädiert, die „Arbeit in und an den Strukturen auch als Teil der seelsorglichen Arbeit zu begreifen." KLESSMANN, M. (1988): Seelsorge, S. 403.

157 Vgl. POHL-PATALONG, U. (1996): Seelsorge, S. 266.

158 Vgl. HENKE, Th. (1994): Seelsorge, S. 505.

159 Als Spezifikum der religiösen Methodenwahl verweist Hoch auf den befreiungstheologischen Umgang mit biblischen Texten, die es aus der Perspektive der Unfreien und Leidenden zu lesen und interpretieren gilt. Vgl. HOCH, L. (1990): Seelsorge und Befreiung, S. 137.

160 Vgl. FEREL, M. (1989): Berührung, S. 59; POHL-PATALONG, U. (1996): Seelsorge, S. 259.

3.4. Feministische Seelsorge
3.4.1. Hinführender Überblick

Während in allen bisher besprochenen Seelsorgemodellen ausschließlich bzw. deutlich dominierend Männer Grundlagenarbeit geleistet haben, erweist sich die Feministische Seelsorge als ein Modell, das nur von Frauen unter dem Anspruch einer spezifisch feministischen Perspektive entwickelt worden ist. Hierbei haben v.a. die evangelischen Pastorinnen Pfäfflin, die langjährig als Dozentin für Feministische Theologie in den USA gearbeitet hat, und Strecker, die in der Frauenberatung und ebenfalls in den USA auf dem Sektor Frauenprojekte tätig war, Pionierarbeit geleistet. Mitte der 90er Jahre legten zudem die evangelischen Pastorinnen Pohl-Patalong und Karle umfangreiche Dissertationen zum Thema Seelsorge vor, in denen auch die feministische Perspektive Berücksichtigung fand.[161] Das feministische Seelsorgemodell stellt somit Ende des 20. Jhdts. einen hochaktuellen Entwurf dar, dessen Konturen aber trotz eines 1998 erschienenen Praxisbuches für die Seelsorge noch nicht umfassend geklärt sind.[162] Da keine der Autorinnen Reflexionen zur Krankenhausseelsorge bzw. Psychiatrieseelsorge vorgelegt hat, finden sich diesbezüglich auch keine spezifischen Ableitungen.

Daß es sich beim feministischen Ansatz um ein Konzept handelt, daß der soziologischen Perspektive zuzurechen ist, läßt sich daran erkennen, daß Gesellschaft und Geschlecht als konzeptionelle Schlüsselworte fungieren.[163] Dementsprechend geben Riedel-Pfäfflin und Strecker folgende erkenntnistheoretische Maxime vor: „Wie in der Darstellung der Grundlinien für unsere Arbeit deutlich wird, haben wir gleichwohl neben den psychologischen immer auch die theologischen, soziologischen, ethischen und spirituellen Aspekte der Seelsorge im Blick und verstehen feministische Wissenschaft als interdisziplinär."[164] Weil nach Ansicht Pohl-Patalongs dadurch einer individualistischen Perspektiveneinengung[165] gewehrt wird, sieht sie besonders enge Berührungspunkte zum politischen Seelsorgeverständnis und schlußfolgert, daß die Feministische Seelsorge eine von vielen Möglichkeiten darstellt, Seelsorge so zu konzipieren, daß Individuum und Gesellschaft gleichrangig berücksichtigt werden. Das Spe-

---

161 Ein innovativer Beitrag katholischer Theologinnen zur Reformulierung der Seelsorgelehre aus feministischer Perspektive zeichnet sich meines Wissens bisher nicht ab. Hervorheben läßt sich daher nur ein Aufsatz von Blasberg-Kuhnke, die im 'Wörterbuch der feministischen Theologie' einen Artikel zum Thema 'Seelsorge' verfasst hat. Vgl. BLASBERG-KUHNKE, M. (1991): Seelsorge.

162 Obwohl Pfäfflin bereits 1987 die These aufstellte, daß sich immer mehr Konferenzen und Fachzeitschriften im kirchlichen und therapeutischen Bereich mit Fragen der feministischen Theologie und Seelsorge beschäftigen, wies Strecker sieben Jahre später darauf hin, daß es sich noch immer um ein Neuland handle. Vgl. PFÄFFLIN, U. (1987): Pastoralpsychologische Aspekte, S. 227; STRECKER, J. (1994): Die Frage hinter der Frage, S. 5. Erste Klärungen liefert ein 1998 erschienenes Buch, das sich jedoch explizit nicht als Grundlagenwerk versteht: RIEDEL-PFÄFFLIN/STRECKER (1998): Flügel trotz alledem. Feministische Seelsorge und Beratung, Vgl. S. 27.

163 Vgl. POHL-PATALONG, U. (1996): Seelsorge zwischen Individuum und Gesellschaft, S. 49.

164 RIEDEL-PFÄFFLIN/STRECKER (1998): Flügel trotz alledem; S. 27. Beide betonen, daß sie die Zukunft Feministischer Seelsorge v.a. in interkultureller Arbeit mit Frauen und deren Erfahrungen sehen. Vgl. a.a.O., S. 55.

165 Wenn sich feministische Theologinnen gegen eine individualistische Verengung klassischer Seelsorgelehre aussprechen, so haben sie zumeist den pastoralpsychologischen Entwurf Scharfenbergs vor Augen. Interessanterweise sind es gerade dessen Schülerinnen, die ihn aus pastoralpsychologischer Perspektive kritisieren. Vgl. KARLE, I. (1996): Seelsorge in der Moderene. Eine Kritik der psychoanalytisch orientierten Seelsorge-lehre; PFÄFFLIN; U. (1987): Pastoralpsychologische Aspekte feministischer Seelsorge.

zifische der feministischen Variante würde dann darin liegen, daß die geforderte Konkretisierung in Blick auf die Geschlechterproblematik erfolgt.[166] Für Strecker dagegen besitzt das feministische Seelsorgemodell die Bedeutung eines völlig neuartigen Paradigmas.[167] Dieser Sichtweise entspricht die Tatsache, daß die Integration geschlechtsspezifischer Faktoren in die Seelsorgelehre neuartige Denkrichtungen nicht nur in Blick auf die Identitätsproblematik,[168] sondern auch in Blick auf die kulturelle Bedingtheit von Seelsorgetheorien überhaupt und die damit einhergehenden Folgewirkungen für Individuum und Gesellschaft eröffnet.[169] 'Feministische Seelsorge', die synonym auch als 'Geschlechtsspezifische Seelsorge' bzw. 'Advokatorische Seelsorge' tituliert wird, basiert auf Theorieelementen, die der nordamerikanischen Feministischen Theologie, Philosophie, Therapie und Soziologie entlehnt sind.[170] Da es sich dabei um Strömungen handelt, die in sich viele Facetten aufweisen, betont Strecker, daß auch die Feministische Seelsorge je nach Orientierung der Autorin trotz gemeinsamer Grundtendenz durchaus unterschiedliche Theorie- und Praxisinhalte aufweisen kann.[171] Schaubild 31 auf der nächsten Seite zeigt die Feministische Seelsorge im Überblick.

---

166 Vgl. POHL-PATALONG, U. (1996): Seelsorge, S. 274. Für Pohl-Patalong tritt im Geschlechterverhältnis der Zusammenhang zwischen persönlichem Leiden und gesellschaftlichen Verhältnissen besonders deutlich zutage. Vgl. A.a.O., S. 286.

167 Vgl. STRECKER, J. (1994): Die Frage hinter der Frage, S. 6.

168 Obwohl bereits Stollberg als ein Hauptvertreter psychologisch orientierter Seelsorge in Blick auf die Identitätsproblematik selbstkritisch dafür plädiert hat, geschlechtsspezifische Aspekte in eine zukunftsweisende Seelsorgetheorie zu integrieren, wird dieses Anliegen erst von feministischen Theologinnen ernst genommen: „Die Bedeutung geschlechtsspezifischer Faktoren für die Seelsorge ist noch kaum adäquat untersucht. Die Ablösung überkommener Rollenklischees und durch sie stabilisierter sexueller Identitäten der Geschlechter hat zu Verunsicherungen geführt, deren Auswirkungen bisher nicht erfaßt sind." STOLLBERG, in: KARLE, I. (1996): Seelsorge in der Moderne, S. 2.

169 Vgl. POHL-PATALONG, U. (1996): Seelsorge, S. 51.

170 Vgl. PFÄFFLIN, U. (1987): Pastoralpsychologische Aspekte, S. 227; RIEDEL-PFÄFFLIN/STRECKER (1998): Flügel trotz alledem, S. 48. Unter Feminismus wird inhaltlich folgendermaßen gefüllt: „Feminismus wird also als eine Philosophie definiert, die jeden Aspekt öffentlichen und privaten Lebens als durch patriarchales Denken und Handeln geprägt sieht und deshalb auf eine Revision hinarbeitet." A.a.O., S. 52.

171 STRECKER, J. (1994): Die Frage hinter der Frage, S. 5. Strecker postuliert: „Feministische Seelsorge orientiert sich am gesellschaftskritischen Ansatz von Feministischer Therapie." A.a.O., S. 6. Während z.B. Karle ihre feministische Perspektive auf die konstruktivistische Vorstellung des 'doing gender' gründet, schließt sich Pohl-Patalong nach eigenen Angaben eher der dekonstruktiv - feministischen Richtung an. Vgl. KARLE, I. (1996): Seelsorge, S. 233; POHL-PATALONG, U. (1996): Seelsorge, S. 276.

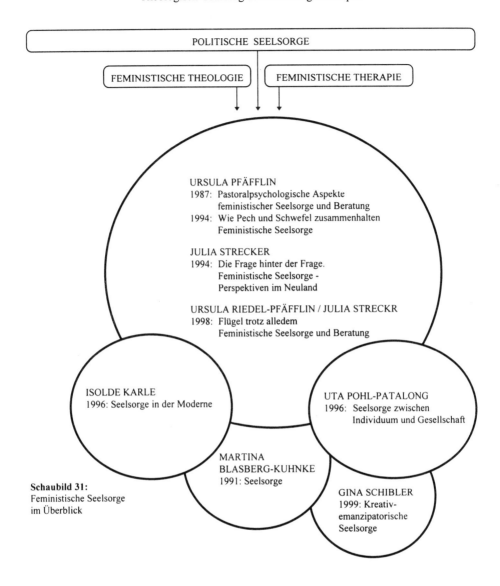

Schaubild 31:
Feministische Seelsorge im Überblick

3.4.2. Theoretische Fundierung der allgemeinen Seelsorgelehre

Analog zum politischen Seelsorgeverständnis basiert die inhaltliche Beschreibung der feministischen Variante zwar ebenfalls auf einer unlösbaren Kombination aus individuellen und strukturellen Dimensionen: „Beratung und Seelsorge sind politische Akte und können nicht von den sozialen Bedingungen gelöst werden, in denen die Seelsorgesuchenden leben."[172] Als Novum und Spezifikum dieses Ansatzes läßt sich aber herauskristallisieren, daß beide

---

[172] RIEDEL-PFÄFFLIN/STRECKER (1998): Flügel trotz alledem, S. 55.

Dimensionen auf der Folie kulturell bedingter geschlechtsspezifischer Aspekte analysiert werden, wobei betont wird, daß „das Individuum und die Besonderheit seiner Situation wahrgenommen und das jeweilige Problem nicht unter vermeintlich universale Erkenntnisse - auch nicht hinsichtlich der Geschlechterverhältnisse oder patriarchaler gesellschaftlicher Strukturen - subsumiert"[173] werden darf. Der seelsorgliche Prozeß selbst wird als tatkräftige und verstehende Begleitung umschrieben: „Ich versuche in meiner Arbeit als Seelsorgerin keine theologischen Weisheiten an die Frau zu bringen. Ich biete mich aber als theologische Begleiterin an."[174] Den spezifisch feministischen Aspekt dieser Begleitungshaltung versucht Pfäfflin durch folgendes Bild auszudrücken: „'Wie Pech und Schwefel zusammenhalten' scheint demnach eine gute Strategie für feministische Seelsorge zu sein."[175] Zusammenhalten aber heißt, das Gegenüber in Schutz zu nehmen, es zu ermutigen und aktiv zu unterstützen: „In den Krisen des Lebens ermutigt sie (die Seelsorge) die vielen Windungen des Labyrinthes bis zur Mitte weiterzugehen, dort umzukehren und einen neuen Weg zu beschreiten."[176] Erinnerungsarbeit im Sinne eines genauen Zuhörens und gemeinsame Arbeit an der individuellen und gesellschaftlichen Geneologie, d.h. den biologischen, sozialen, geistigen und spirituellen Wurzeln und Verwurzelungen des Gegenübers, machen nach Riedel-Pfäfflin und Strecker den zentralen Inhalt des seelsorglichen Begleitens aus: „Feministische Seelsorge ist in unseren Augen ein Prozeß, in welchem aus der Perspektive von Frauen und Mädchen Lebensgeschichten und gesellschaftliche Geschichte neu geschrieben werden."[177] Hierzu gehört eine Auseinandersetzung mit der allgemeinen Geschichte der Sexualität und den diversen Möglichkeiten weiblicher Lebensformen sowie ein spezielles Eingehen auf die sexuell-erotische Lebenssituation und Wunschvorstellungen des Gegenübers. Dabei gilt, daß Seelsorge nicht auf Krisensituationen beschränkt bleiben darf: „Feministische Seelsorge ist für uns nicht nur Bearbeitung und Begleitung bei Problemsituationen, sondern besteht auch in der Feier des Geglückten und Erträumten, in der Stärkung der Wurzeln und der Traumflügel."[178]
Als Zielperspektive dieses Weges wird zwar auch auf eine weit gefaßte Glaubenshilfe verwiesen.[179] Hauptsächlich aber soll eine konkrete Krisen- und Lebenshilfe angestrebt werden, die

---

[173] POHL-PATALONG, U. (1996): Seelsorge, S. 278. Blasberg-Kuhnke hält deshalb daran fest, Seelsorge als jenen Teilbereich pastoraler Praxis zu beschreiben, „der der intensiven Zuwendung zum (leidenden) Subjekt gilt". BLASBERG-KUHNKE, M. (1991): Seelsorge, S. 365.

[174] STRECKER, J. (1994): Die Frage hinter der Frage, S. 7. Vgl. hierzu auch PFÄFFLIN, U. (1987): Pastoralpsychologische Aspekte, S. 235; BLASBERG-KUHNKE, M. (1991): Seelsorge, S. 365.

[175] PFÄFFLIN, U. (1995): Wie Pech und Schwefel zusammenhalten, S. 11.

[176] PFÄFFLIN, U. (1987): Pastoralpsychologische Aspekte, S. 235.

[177] RIEDEL-PFÄFFLIN/STRECKER (1998): Flügel trotz alledem; S. 9. „Seelsorge heißt, auf sich und andere so zu hören, daß nicht nur das bekannte (auch wissenschaftlich, theologisch und ethisch dominante) Wissen wiederholt und bestätigt wird, sondern, daß bisher ungehörtes, nicht priviligiertes Wissen zugelassen und ernst genommen wird." A.a.O., S. 54.

[178] RIEDEL-PFÄFFLIN/STRECKER (1998): Flügel trotz alledem, S. 46.

[179] Während Pfäfflin Glaubenshilfe in nahezu mystischer Sprache als eine Ermutigung zum Eintauchen in den erneuernden Brunnen der Tiefe und als ein Spüren der Tiefen der eigenen Quelle umschreibt, wählt Blasberg-Kuhnke eine knappe und formale Ausdrucksweise: „Feministische Seelsorge sucht, angesichts oft deformierender Erziehung und Sozialisation, Frauen zur Identitätsbildung und zu ihrem Subjektsein zu helfen, auch und gerade zu einem selbst - bewußten, identitätsnahen Glauben." An gleicher Stelle spricht sie

sich v.a. in der tatkräftigen Unterstützung der Subjektwerdung des Gegenüber auszudrücken hat: „In jedem Fall besitzt feministische Seelsorge ein emanzipatorisches Interesse und ist daher Anwältin von Subjektwerdung und Identitätsbildung."[180] Aus feministischer Perspektive umfaßt Subjektwerdung nicht nur eine individuelle, sondern auch eine soziale und kulturgeschichtliche Dimension, weil sie eng mit der Überwindung geschlechtlich fixierter Rollenmuster zusammenhängt und sich dadurch deutlich von der inhaltlichen Füllung in psychologisch orientierten Konzepten unterscheidet.[181] Weil sich diese Rollenmuster am Ende des 20. Jhdts. für Männer und Frauen noch immer stark unterscheiden, müssen auch die seelsorglichen Zielsetzungen in Bezug auf Männer und Frauen unterschiedlich definiert werden, obwohl beide Geschlechter für eine Wahrnehmung der androzentrischen Gesellschaftsstrukturen und die damit einhergehenden Rollenzwänge, die sich negativ auf das persönliche Denken, Alltagsleben und Gesundheitsgefühl auswirken, sensibilisiert werden sollen, damit sie aus ihren innersten Ressourcen Lebenskraft zur aktiven Erschließung neuer Lebens- und Wirkbereiche und zur Ausformung einer erotischen Lebensfülle freisetzen können.[182] Da die Lebens- und Entfaltungsmöglichkeiten von Frauen in patriarchalen Strukturen jedoch stärker eingeschränkt sind als die von Männern, zielt Feministische Seelsorge optional v.a. darauf ab, Frauen aus Situationen der Unterdrückung und Entfremdung zu befreien. Für Strecker bedeutet dies, daß im Seelsorgeprozeß herausgearbeitet werden muß, welche Folgewirkungen patriarchale Strukturen im konkreten Leben der jeweiligen Frau mit sich bringen: „Feministische Seelsorge ist ein Versuch, die Verankerung von patriarchalem Verhalten in der Psyche von Frauen zu entlarven und aufzulösen."[183]

Analog zum politischen Seelsorgeverständnis impliziert der anvisierte Prozeß der Auflösung nicht nur, daß es der Frau ermöglicht werden soll, ihre Rolle und die damit einhergehenden Probleme intrapsychisch umzuinterpretieren, um eine reflektierte personale Identität als Frau auszubilden, sondern daß jeder Frau auch konkrete Hilfestellung zu leisten ist, die Uminterpretation ins alltagspraktische Leben umzusetzen. Der Versuch, Frauen und Männer im seelsorglichen Prozeß an tradierte Rollen, Lebensmuster und soziale Kontexte anzupassen, sie

---

auch von einem 'integrierten Glauben', wobei sie jedoch nicht erläutert, wie sich dieser darstellt und wie er konkret im seelsorglichen Prozeß geweckt werden kann. BLASBERG-KUHNKE, M. (1991): Seelsorge, S. 366. Vgl. auch PFÄFFLIN, U. (1987): Pastoralpsychologische Aspekte, S. 235.

180 POHL-PATALONG, U. (1996): Seelsorge, S. 276. Auch Strecker faßt die seelsorgliche Zielsetzung als die Befreiung und Emanzipation des Individuums auf. Vgl. STRECKER, J. (1994): Die Frage hinter der Frage, S. 7. Blasberg-Kuhnke betont ebenfalls: „Seelsorge richtet sich vorrangig auf die Subjektkonstitution der 'Person'." BLASBERG-KUHNKE, M. (1991): Seelsorge, S. 365.

181 „Das Stichwort 'feministisch' verweist jedoch auf eine erhöhte Wahrnehmung und ein spezifisches Problembewußtsein, mit dem die vielfältigen Verschleierungen und Vernebelungen der Rollenzuschreibungen unserer Tradition erhellt und erklärt werden können." PFÄFFLIN, U. (1987): Pastoralpsychologische Aspekte, S. 234. Dorst, die als Psychologie - Professorin tätig ist, konkretisiert die gesellschaftspolitische Dimension der Subjektwerdung in Blick auf Feministische Therapie, die von den Herausgeberinnen der Zeitschrift Schlangenbrut mit denen der Feministischen Seelsorge korreliert werden, folgendermaßen: „Feministische Psychotherapie ist eine Politik der Subjektivität, Hilfe zur Subjektwerdung von Frauen und damit eine Form von politischer Praxis im Gesamtzusammenhang der weltweiten Frauenbewegung." DORST, B. (1994): Weibliches Erbe Therapie, S. 21.

182 Vgl. PFÄFFLIN, U. (1987): Pastoralpsychologische Aspekte, S. 234; POHL-PATALONG, U. (1996): Seelsorge, S. 276.

183 STRECKER, J. (1994); Die Frage hinter der Frage, S. 6.

seelisch zu stärken und in unveränderte patriarchale Kontexte zu entlassen, läßt sich somit mit dem feministischen Konzept nicht in Deckung bringen.

Seelsorgliches Engagment im überindividuell gesellschaftspolitischen Bereich gehört ebenso unabdingbar und elementar zur Definition und Zielsetzung Feministischer Seelsorge hinzu wie Individualseelsorge. Nach Blasberg-Kuhnke liegt dabei der inhaltliche Schwerpunkt wiederum optional darauf, bei der Erfassung gesellschaftsstruktureller und politischer Zusammenhänge eine spezifische Fokussierung auf die kontextuelle Situation von Frauen vorzunehmen: „Seelsorge, die beispielsweise übersieht, ausklammert oder vergißt, daß die Leiden von Frauen weithin gesellschaftlich verursacht sind und darum auch nicht in der individuellen Zuwendung zur betroffenen Einzelnen gelöst werden können, wird objektiv zynisch. Die Sensibilität gegenüber Beziehungsstrukturen in der Seelsorge darf (Macht-) Strukturen, insitutionelle, soziale und politische Prozesse nicht ausblenden."[184] Nichtausblendung heißt für Pohl-Patalong, daß Seelsorge nicht nur darauf abzielen muß, die gesellschaftliche Situation von Frauen sachgerecht zu analysieren,[185] sondern auch durch entsprechende Öffentlichkeitsarbeit innerhalb der Gesellschaft ein Bewußtsein für ungerechte patriarchale Strukturen und Unterdrückungsmechanismen zu schaffen und konkret für deren Überwindung einzutreten: „Über die individuelle seelsorgliche Arbeit hinaus beansprucht feministische Seelsorge eine gesellschaftliche und politische Wirksamkeit, indem sie zu einer Veränderung der gesellschaftlichen Verhältnisse beitragen will."[186]

VertreterInnen des feministischen Seelsorgemodells suchen in der *theologischen Begründung* ihres Ansatzes bewußt eine Anlehnung an Feministische Theologien, die in Nordamerika entwickelt worden sind. Obwohl Riedel-Pfäfflin und Strecker unter der Titulierung 'theologische Aspekte feministischer Seelsorge' diesbezügliche Fundierungsarbeit leisten wollen, besitzen ihre Ergebnisse relativ fragmentarischen Charakter, was zum Teil auch daran liegt, daß beide AutorInnen bewußt weniger einen streng wissenschaftlichen, sondern eher einen narrativen Zugang wählen.[187] Im Zentrum ihrer Bemühungen steht der Versuch, Femini-

---

184 BLASBERG-KUHNKE, M. (1991): Seelsorge, S. 365. Auch Karle plädiert dafür, mit einem soziologisch sensiblen Instrumentarium „die gesellschaftsstrukturelle Seite moderner Problemlagen und die Verflochtenheit individueller und sozialer Entwicklung zu erfassen". KARLE, I. (1996): Seelsorge, S. 213.

185 Pohl-Patalong legt eine differenzierte dekonstruktivistische Analyse der deutschen Gesellschaft und der sich daraus ergebenden ambivalenten Folgewirkungen für die Rolle der Frau am ausgehenden 20. Jhdt. vor, wobei sie das Individualisierungstheorem zugrunde legt. Vgl. POHL-PATALONG, U. (1996): Seelsorge, S. 274-280. In Rückgriff auf das soziologische Instrumentarium der autopoietischen Systemtheorie Luhmanns bietet auch Karle eine konstruktivistische Analyse der Ambiguität moderner funktional ausdifferenzierter Gesellschaft: „Aufgrund ihrer hohen analytischen Kraft trägt die Gesellschaftstheorie Luhmanns zu einem besseren Verständnis der strukturellen Risiken, der Selbstgefährdungen und der evolutionären Unwahrscheinlichkeit der modernen Gesellschaft bei. Sie beleuchtet scharf, inwiefern die Funktionsweise der modernen Gesellschaft das Selbstverständnis und den Lebensstil von Menschen beeinflußt." KARLE, I. (1996): Seelsorge, S. 2.

186 POHL-PATALONG, U. (1996): Seelsorge, S. 286. Vgl. auch A.a.O., S. 49. Weitaus abstrakter findet sich diese Überlegung auch bei Karle: Seelsorge soll „Befreiung aus 'alten Bindungen' und Zuordnungen ermöglichen. Sie reifiziert nicht gesellschaftlich bedingte Semantiken, sondern versucht, neue Wege und Perspektiven zu eröffnen". KARLE, I. (1996): Seelsorge, S. 235.

187 Karle bietet ebenso Ansätze eines neutestamentlichen Fundierungsversuches, wobei sie eine völlig andersartige Argumentationsschiene einschlägt: „Die ersten Christen wurden auf den Namen Jesu Christi getauft. Sie sind damit Teil einer neuen Gemeinschaft, einer neuen Sozialstruktur geworden, in der nicht mehr Jude noch Grieche, nicht mehr Sklave noch Freier, nicht mehr Mann noch Frau unterschieden werden - 'denn ihr

stische Seelsorge über das Gottesbild theologisch zu unterfangen. In bewußter Abkehr von männlich dominierten Gottesvorstellungen plädieren sie für eine Neuinterpretation des biblischen Materials aus spezifisch weiblicher Perspektive, wobei sie hermeneutisch an gegenwärtige Alltagserfahrungen von Frauen anknüpfen wollen: „Wenn auch häufig so verborgen und überlagert von patriarchaler Auslegung, so ist dennoch die Suche nach den Flügeln der Frauen in der biblischen Tradition ein wesentlicher Meilenstein auf dem Weg der feministischen Seelsorge. Nach weiblichen Gottesbildern zu suchen und die Flügel der Frauen zu spüren eröffnet neuen inneren Raum und äußere Ausweitung."[188] Unter Verweis auf die diversen Suchbewegungen feministischer TheologInnen greift Strecker v.a. das Bild einer nahen und mitleidenden Göttin als Macht der Beziehung auf: „Die Vorstellung, daß Gott sich als eine Kraft erschließt, die in Beziehung erfahrbar wird, ermöglicht jedenfalls vielen Frauen zum ersten Mal die Möglichkeit, Gott als Freundin oder als Schwester, als Vertraute oder als Ratgeberin anzusprechen und auch als solche zu erfahren."[189]

Obwohl das feministische Seelsorgekonzept gerade bezüglich der *anthropologischen Fundierung* entsprechend geschlechtsspezifische Konkretionen erwarten ließe, bleiben die bisher angebotenen Reflexionen deutlich hinter derartigen Erwartungen zurück. Daß das feministische Menschenbild jedoch auf dem Axiom gottgewollter fundamentaler Gleichheit von Männern und Frauen basiert, ist unbestritten, wobei jedoch eingeräumt wird, daß Frauen diese Gleichheit alltagspraktisch aus kulturellen, gesellschafts- und kirchenpolitischen Gründen bisher nicht gewährt worden ist.[190]

Feministische Seelsorge basiert auf einer grundsätzlich positiven *Verhältnisbestimmung* gegenüber den Nachbardisziplinen Psychologie und Soziologie.[191] Da Karle Mitte der 90er Jahre noch immer ein unübersehbares Forschungsdefizit der Seelsorgelehre für soziologische Fragestellungen ermittelt, spricht sie sich für eine Übernahme der Forschungsansätze und Ergebnisse der (systemischen) Soziologie, Sozialphilosophie und Geschlechterforschung in die

---

seit allesamt einer in Christus Jesus' (Gal 3,28). Alle Naturalisierungen und Essentialisierungen, alle menschlichen Ordnungen und Unterscheidungen werden in der neuen Gemeinschaft und Kirche Jesu Christi relativiert." KARLE, I. (1996): Seelsorge, S. 233. Da nach Wacker Feministische Theologie eine Sammelbezeichnung für engagierte theologische Positionen, die in der Befreiungstheologie verwurzelt sind, zu werten ist, ließen sich theologische Anleihen aus dem politisch - befreienden Seelsorgemodell rechtfertigen. Vgl. WACKER, M. (1991): Feministische Theologie, S. 47.

188 RIEDEL-PFÄFFLIN / STRECKER (1998): Flügel trotz alledem, S. 97.

189 A.a.O., S. 99.

190 Pfäfflin plädiert zwar für eine theologische Anthropologie, in der die Beschreibung des Menschseins in geschlechtsspezifischen Kategorien der patriarchalen abendländischen Kultur erfolgt, bietet diese selbst aber nicht an. PFÄFFLIN, U. (1987): Pastoralpsychologische Aspekte, S. 227, 234. Selbst in ihrem 1992 erschienenen Buch 'Frau und Mann', in dem sie einen expliziten Vergleich anthropologischer Konzepte in Seelsorge und Beratung vornimmt, entwirft sie keine auf dem feministischen Seelsorgeansatz beruhende spezifische Anthropologie. Vgl. PFÄFFLIN, U. (1992): Mann und Frau.
Inwieweit die geschlechtliche Polarität von Mann und Frau als ein gottgewolltes und positiv zu beurteilendes Konstituens der menschlichen Natur zu werten und zu verteidigen oder zur Vermeidung geschlechtsspezifischer Ungerechtigkeiten zu relativieren ist, läßt sich aus den bisherigen konzeptionellen Vorgaben nicht eindeutig erkennen. Karle favorisiert eine Variante, die in der Mitte liegt: „Evangelische Seelsorgetheorie kann demzufolge nicht der Verstärkung geschlechtlicher Polarität dienen, sondern nur deren Relativierung." KARLE, I. (1996): Seelsorge, S. 233.

191 Vgl. PFÄFFLIN, U. (1995): Wie Pech und Schwefel, S. 10.

Theorie und Praxis feministischer Seelsorge aus: „Eine soziologisch aufgeklärte Poimenik wird deshalb Ergebnisse der Geschlechterforschung integrieren müssen, will sie nicht sozial bedingte Probleme individualisieren und personal zurechnen."[192] Nach welchen Kriterien die geforderte Integration durchzuführen ist, bleibt jedoch ungeklärt.

3.4.3. Spezielle konzeptionelle Vorgaben für Psychiatrieseelsorge

Obwohl die Bezeichnung 'Feministische Seelsorge' suggerieren könnte, daß nur Frauen zum *Adressatenkreis* von Seelsorge zu zählen sind, ließe sich eine derartige Einschränkung konzeptionell nicht begründen, da die feministische Perspektive sowohl Männern als auch Frauen zu Gute kommen soll, obwohl die Option für notleidende Frauen alltagspraktisch zur Folge hat, daß deren seelsorgliche Begleitung Vorrang einzuräumen ist.[193] Übereinstimmend mit dem politischen Seelsorgeverständnis heißt dies, daß SeelsorgerInnen auf interpersoneller Ebene mit PatientInnen und Patienten, weiblichem und männlichem Personal, weiblichen und männlichen Angehörigen und Bezugspersonen der PatientInnen arbeiten müssen. Auf struktureller Ebene haben sich SeelsorgerInnen dagegen geschlechtsunspezifisch an alle Gesellschaftsmitglieder zu wenden, wobei v.a. gesellschaftspolitische, ökonomische und administrative EntscheidungsträgerInnen als AnsprechpartnerInnen ins Auge zu fassen sind.

Das feministische Seelsorgekonzept favorisiert ein *Krankheitsverständnis*, das sich mit neueren Konzepten der Sozialpsychiatrie und Transkulturellen Psychiatrie deckt, da auch in diesen Ansätzen kulturell bedingte geschlechtsspezifische Aspekte zunehmend an Bedeutung gewinnen. Demnach führen gerade geschlechtsspezifische Rollenerwartungen an das Individuum dazu, daß dieses nicht in der Lage ist, ihnen zu entsprechen. Die dadurch entstandenen Widersprüchlichkeiten und Ambiguitäten können sich in der Psyche niederschlagen und psychische Erkrankung zur Folge haben. Für Karle ist es daher nicht möglich, daß „psychische Folgeprobleme gesellschaftlicher Struktur und Semantik dem einzelnen Individuum schuldhaft angelastet und zugerechnet werden."[194]

Das *Rollenverständnis* von SeelsorgerInnen erfährt im feministischen Modell eine deutliche Akzentverschiebung, zumal erstmals die spezifische Rolle von Seelsorgerinnen in den Blick gerät. Pfafflins Beschreibung der Seelsorgerin als Hebamme, die die Wiedergeburt von Lebenskraft unterstützt, als Anstifterin, die zu einer erotischen Lebensfülle anregt, als Torhüterin, die zu Schwellenüberschreitungen ermutigt, als Schöpferin, die aus den Tiefen der spirituellen Quellen schöpft, als Seherin, die strukturelle Zusammenhänge durchschaut, als Raum(instand)besetzerin, die bei der Wiederbesetzung öffentlichen Raums mithilft, sowie als Anwältin, die sich gegen patriarchale Raster zur Wehr setzt, zeigt, daß ihr eine Rollenvielfalt abverlangt wird, die sowohl individuumszentrierte als auch strukturelle und gesellschaftspolitische Facetten umfaßt.[195] Dementsprechend erfordert Seelsorge eine umfassende theologische, psychologische und soziologische Kompetenz, wobei v.a. eine persönliche Sensibilisierung für geschlechtsspezifische Problemkonstellationen sowohl auf individueller als auch auf

---

192 KARLE, I. (1969): Seelsorge, S. 234.

193 Vgl. POHL-PATALONG, U. (1996): Seelsorge, S. 279.

194 KARLE, I. (1996): Seelsorge, S. 210.

195 Vgl. PFÄFFLIN, U. (1987): Pastoralpsychologische Aspekte, S. 235.

struktureller Ebene vorausgesetzt ist. Obwohl Seelsorgerinnen als Frauen diesbezüglich auf einen reichen Erfahrungsschatz zurückgreifen können und deshalb für eine Tätigkeit auf der Basis eines feministischen Seelsorgemodells prädestiniert erscheinen, schließt das Konzept aber nicht aus, daß auch entsprechend sensibilisierte Männer Feministische Seelsorge betreiben können.

Da im feministischen Seelsorgemodell PatientInnen als Opfer struktureller Zusammenhänge gesehen werden, schleicht sich auch in dieser soziologisch orientierten Konzeptvariante die Möglichkeit einer Asymmetrie im Verhältnis von SeelsorgerIn und PatientIn ein, obwohl diese Gefahr durchaus erkannt und abgewehrt wird: „Einseitigkeiten des Wissens und der Macht kann auch durch die Position der ExpertInnenrolle ausgeübt werden...Die Seelsorgerin agiert nicht für andere Frauen und über ihre Köpfe hinweg, sondern die eigene Entscheidungsfähigkeit jeder Frau und jedes Mädchens wird als vorrangig respektiert und gestärkt."[196]

Wie bereits in den Überlegungen zur Rolle von SeelsorgerInnen deutlich wurde, setzt sich die *Alltagspraxis* von Psychiatrieseelsorgerinnen aus einer Mischung individuumszentrierter, strukturell orientierter und öffentlichkeitswirksamer hausexterner Tätigkeiten zusammen.[197] Als spezifisch feministische Praxisformen will Blasberg-Kuhnke zudem sinnlich-symbolische Handlungen wie Berührungen, Salbungen und Handauflegungen im Alltag berücksichtigt wissen.[198] Auch Riedel-Pfäfflin und Strecker erkennen gerade in religiös-rituellen Praxisformen und dem Erzählen von biblischen Geschichten Zugangsweisen zu Menschen, die mit dem feministischen Ansatz konvergieren: „Wenn ich Rituale definiere als eine Möglichkeit, inneren religiösen und psychischen Prozessen eine symbolische Ausdrucksform zu geben, wenn ich zudem davon ausgehe, daß Seelsorge unbedingt auch Möglichkeiten eröffnen sollte, Kontingenzerfahrungen nonverbal und auf verschiedenen Symbolebenen auszudrücken, so frage ich, warum auch in den traditionellen Seelsorgeansätzen so wenig Gewicht auf die Arbeit mit Ritualen gelegt wird....Wir brauchen Rituale, wenn wir glaubhaft Seelsorge betreiben. Und in jedem Ritual wird auch wieder die existentielle Frage nach der spirituellen Heimat der Frauen in der Kirche neu aufgeworfen....Denn im Ritual kann ich mich dem Geist und der Verbindung zu Gott unmittelbar aussetzen."[199]

Die grundsätzlich positive Verhältnisbestimmung gegenüber der Psychologie und Soziologie läßt erahnen, daß das feministische Konzept eine *methodische Pluralität* in der alltäglichen Psychiatrieseelsorge nicht nur zuläßt, sondern voraussetzt. Im Unterschied zu psychologisch orientierten Seelsorgemodellen werden im feministischen Modell jedoch zum einen geschlechtsspezifische Modifikationen der klassischen psychotherapeutischen Methoden vorgenommen. Zum anderen wird die Methodenpluralität extrem gesteigert, indem nicht nur für den Einsatz der spezifisch Feministischen Psychologie, Traumatherapie und Narrativen Gerechtigkeitstherapie, sondern für alle Therapieformen plädiert wird, in denen klassische Frau-

---

196 RIEDEL-PFÄFFLIN/STRECKER (1998): Flügel trotz alledem; S. 33.

197 Obwohl auch Blasberg-Kuhnke auf die gesellschaftsstrukturelle Zielsetzung Feministischer Seelsorge hinweist, bleibt sie in der Beschreibung der Alltagspraxis weit hinter ihrem eigenen Anspruch zurück, da sie auf keine strukturellen oder öffentlichkeitswirksamen Handlungen verweist. Auch Strecker, die dafür plädiert, als Seelsorgerin immer wieder in die Öffentlichkeit zu treten, konkretisiert diesen Vollzug nicht. Vgl. BLASBERG-KUHNKE, M. (1991): Seelsorge, S. 365, 266; STRECKER, J. (1994): Die Frage, S. 8.

198 Vgl. BLASBERG-KUHNKE, M: (1991): Seelsorge, S. 266.

199 RIEDEL-PFÄFFLIN/STRECKER (1998): Flügel trotz alledem; S. 115/118.

entraditionen weiterleben bzw. nonverbale, kreative und körperbezogene Elemente im Vordergrund stehen.[200] Dorst plädiert ebenfalls dafür, potentiell alle Therapiemethoden und Heilpraktiken für die Arbeit mit Frauen nutzbar zu machen, wobei sie jedoch besonders körperbezogene Therapieformen und die integrative Form der Feministischen Therapie favorisiert. Die Frage nach den Kriterien der Anwendung der unterschiedlichen Therapieformen beantwortet sie dahingehend, daß einerseits die persönliche Ausbildung, Überzeugung und Erfahrung im Umgang mit der Methode deren Wahl begründen soll, andererseits aber auch das implizite Frauenbild der zugrundeliegenden psychologischen Theorie sowie ihr Ideologiegehalt vor ihrer Anwendung kritisch zu überprüfen sind.[201]
Soziologische Methoden der Gesellschaftsanalyse und -intervention scheinen im feministischen Konzept für die seelsorgliche Alltagspraxis vorausgesetzt zu sein, werden jedoch nicht näher erläutert.

---

[200] Vgl. RIEDEL-PFÄFFLIN/STRECKER (1998): Flügel trotz alledem; S. 84-85. Pfäfflin konkretisiert an anderer Stelle: „In neuen Konzepten der Therapie, die aus Neuseeland und Australien kommen, wird diese Arbeit 'gerechte Therapie' oder 'politische Therapie' ('Just Therapy') genannt. Sie sehen die Aufgabe der Therapie oder Seelsorge darin, neue Sinnzusammenhänge zu ermöglichen, die die Entwicklung einer neuen Lebensgeschichte ermutigen. Um diesen neuen Sinn zu ermöglichen, sind nicht nur klinische Antworten nötig, sondern auch politische und spirituelle." Vgl. PFÄFFLIN, U. (1995): Wie Pech und Schwefel, S. 11.

[201] Vgl. DORST, B. (1994): Weibliches Erbe, S. 20-21.

4. Konzepte aus theologisch - wissenschaftstheoretischer Perspektive

4.1. Zäsur

Obwohl die theologisch-wissenschaftstheoretische Perspektive gleichstufig zur theologisch-biblischen, theologisch-psychologischen und theologisch-soziologischen Perspektive positioniert wird, darf diese Form der Gliederung nicht darüber hinwegtäuschen, daß mit ihr eine qualitative Zäsur im Konzept-Typus markiert ist.
Da einzelne AutorInnen bereits den Versuch unternommen haben, das postmoderne Pluralitätsverständnis für bestimmte Fragestellungen innerhalb der Seelsorgelehre fruchtbar zu machen, werden die existierenden Ansätze einer 'Plural verstandenen Seelsorge' bzw. einer 'Transversalen Seelsorge' von der Verfasserin trotz ihres fragmentarischen Charakters als wegweisende Bausteine für eine pluralisierte Seelsorgetheorie herausgearbeitet und als eigenständige Konzeptvarianten vorgestellt.
Unter der Bezeichnung 'Perspektivenkonvergente Seelsorge' entwickelt die Verfasserin anschließend ein Seelsorgemodell, in dem nicht eine zugrundeliegende Perspektive trotz perspektivischer Überschneidungen dominiert, sondern perspektivische Pluralität zum Wesensmerkmal des Konzeptes selbst wird. Im Unterschied zum pluralen und transversalen Seelsorgeverständnis wird somit der Versuch unternommen, Seelsorge konsequent und stringent an der Wissenschaftstheorie der Postmoderne orientiert zu konzipieren. Dadurch soll zum einen erreicht werden, daß der totalitäre Charakter perspektivisch reduzierten Denkens entlarvt und entideologisiert wird, um zwischen VertreterInnen widerstreitender Seelsorgekonzepte und dahinterstehender theologischer Vorentscheidungen eine gesprächsoffene Atmosphäre zu schaffen.[1] Zum anderen soll sichergestellt werden, daß Inhalte sowohl traditioneller als auch innovativer Seelsorgetheorien nicht achtlos über Bord geworfen, sondern in einem 'konvergenten' Seelsorgeverständnis, das den pluralen und individualisierten Lebenskontext der Menschen konstitutiv berücksichtigt, bewahrt werden.

4.2. Plural verstandene Seelsorge, Transversale Seelsorge
4.2.1. Hinführender Überblick

Im Folgenden werden Reflexionen zur Seelsorgetheorie vorgestellt, die sich durch ihren erkenntnistheoretischen Bezug zur Philosophie der Postmoderne von den bisher erläuterten Konzepten unterscheiden und damit eine neuartige Perspektive eröffnen. Da alle Entwürfe fragmentarischen Charakter aufweisen, lassen sich erst in der Zusammenschau der inhaltlich stark voneinander abweichenden Modelle die Konturen eines andersartigen Seelsorgeverständnisses erkennen. Die wichtigsten Veröffentlichungen wurden Mitte der 90er Jahre verfaßt, wobei die innovativen Anstöße erneut dem evangelischen Raum entstammen. Die konfessionelle Herkunft der TheologInnen erklärt, weshalb sie ihre Überlegungen jeweils in einer grundsätzlichen Verhältnisbestimmung zum kerygmatischen bzw. therapeutischen Seelsorgekonzept entwickeln. Während Schieder sich dezidiert von biblisch und psychologisch fundierten Seelsorgekonzepten abgrenzt, und auch Grözinger ein völlig neuartiges seelsorgliches Pa-

---

[1] „Der Streit um die Seelsorge gleicht nicht selten einem Nebenkriegsschauplatz, auf dem der nicht ausgetragene Kampf um das rechte 'Theologieverständnis' geführt wird bzw. neue Kämpfe entfacht werden. Vielfach geht es dabei gar nicht um ein verbessertes, sensibleres Verständnis für das, was Seelsorge eigentlich ist oder sein sollte, sondern um die Verteidigung bestimmter theologischer Positionen." LUTHER, H. (1992): Religion und Alltag, S. 224.

radigma sucht, das dem biblischen und therapeutischen Konzept an Bedeutung und Gewicht gleichkommt, versucht Pohl-Patalong, beide Traditionslinien unter Hinzuziehung der soziologischen Traditionslinie aufzunehmen und zu radikalisieren.[2] Das alle AutorInnen verbindende Element besteht in der Übereinstimmung bezüglich des erkenntisleitenden Interesses. Dieses bezieht sich auf die theoretische Klärung einer problematisch eingestuften Verhältnisbestimmung: „Poimenische Veröffentlichungen der letzten Jahre zeigen, in welchem Ausmaß die Frage nach der Situation des Individuums, der Gesellschaft und der Beziehung zwischen beiden Größen virulent - und ungeklärt ist."[3] Zur Klärung versuchen sie sowohl kultursoziologische, sozialpsychologische und postmoderne Analyseinstrumentarien heranzuziehen.[4] Während Grözinger v.a. die Analysen Schulzes zur Erlebnisgesellschaft als Folie einer

---

2   Schieder geht davon aus, daß ein zukünftiges Seelsorgemodell nicht nur von einer dogmatischen, sondern auch von einer therapeutischen Dominanz befreit sein muß: „Das psychotherapeutische Paradigma verliert an Plausibilität. Nicht mehr als Befreiung, sondern als Zwang wird es empfunden. Die praktische Theologie ist auf der Suche nach einem neuen Seelsorgeverständnis." SCHIEDER, R. (1994): Seelsorge in der Postmoderne, S. 26. Grözinger betont, daß sich Konturen eines Gesamtverständnisses von Seelsorge im multikulturellen Kontext erkennen lassen, wobei dieses als ein neues Paradigma den Vorläufermodellen alternativ gegenüberstehen wird. Vgl. GRÖZINGER, A. (1995): Seelsorge, S. 398. Obwohl auch Pohl-Patalong, die den umfassensten Entwurf vorlegt, von einer Neukonzeption der Seelsorge spricht, will sie dies nicht unter Abgrenzung von den bisherigen Konzepten leisten, sondern auf der Basis einer kritischen Weiterführung traditioneller Modelle. Vgl. POHL-PATALONG, U. (1996): Seelsorge, Untertitel u. S. 249.

3   KLESSMANN, M. (1998): Über die Seelsorgebewegung hinaus...?, S. 51. Obwohl auch Schieder sich grundsätzlich zum erläuterten erkenntnistheoretischen Interesse bekennt, will er dennoch ein Seelsorgekonzept als „Theorie des Einzelnen" konzipieren, wodurch er hinter seinem eigenen Anspruch zurückbleibt. Vgl. SCHIEDER, R. (1994): Seelsorge, S. 27. Dementsprechend kritisch fällt die Beurteilung seines Ansatzes aus. Karle bescheinigt ihm eine „ganz und gar individuumszentrierte" Perspektive; Hauschildt zieht den Schluß, daß er nicht das angekündigte Alternativkonzept vorlegt, sondern eine konsequente Fortführung und Ausweitung des therapeutischen Seelsorgemodells vornimmt. Vgl. KARLE, I. (1996): Seelsorge, S. 206; HAUSCHILDT, E. (1994): Ist die Seelsorgebewegung am Ende?, S. 263.

4   Ansatzweise findet sich dieses Vorgehen auch bei anderen TheoretikerInnen:
Ladenhauf, der Einzelseelsorge gerade unter den gegebenen gesellschaftlichen Veränderungen als Gebot der Stunde erachtet, versucht eine subjektorientierte und kontextbezogene Seelsorge in Rückgriff auf die kultursoziologische Theoreme der Indiviualisierung, Pluralisierung, Erlebnisorientierung und Standartisierung, sowie auf die sozialpsychologischen Theoreme der Wahlbiographie und Patch-work-Identität zu leisten. Vgl. LADENHAUF, K.H. (1995): Ihr werdet Aufatmen finden für euer Leben (Mt 11,29).
Bieritz, der über die Gewinner und Verlierer von Seelsorge in der Risikogesellschaft nachdenkt, plädiert ebenfalls für eine kontextuelle Seelsorge, die sozial bedingte Risiken nicht therapeutisch 'wegzuindividualisieren' sucht: „Ich träume mir eine Kirche - und darin eine Seelsorge - die den Freispruch verfehlten, verlorenen Lebens auf eine Weise vollzieht, die die Betroffenen - Hassadeure allzumal, ob Gewinner oder Verlierer - in regelwidriger und gerade darum solidarischer Praxis verbindet." BIERITZ, K. (1990): Gewinner und Verlierer. Seelsorge in der Risikogesellschaft, S. 35.
Klessmann, der die gegenwärtigen gesellschaftlich - religiösen Veränderungen in ihrer Bedeutung für Krankenhausseelsorge reflektiert, legt soziokulturelle und postmoderne Deskriptionen zugrunde: „Erst langsam bildet sich ein Bewußtsein dafür heraus, daß die tiefgreifenden gesellschaftlichen Veränderungen, die mit Stichworten wie 'Postmoderne' oder 'Risikogesellschaft' bezeichnet werden, natürlich auch für Konzeption und Zielrichtung von Seelsorge von Belang sind." KLESSMANN, M. (1995): Seelsorge unter den Bedingungen der Risikogesellschaft, S. 55. Vgl. auch DERS. (1996): Ausblick: Krankenhausseelsorge als Dienst der Kirche in der pluralen Gesellschaft, S. 271/55.
Baumann, dem eine Hoffnungsorientierte Seelsorge vorschwebt, greift konzeptionell v.a. auf das postmoderne Pluralisierungstheorem als gesellschaftliche Basisanalyse zurück. Vgl. BAUMANN, U. u.a.: Seelsorgliche Gesprächsführung, S. 62.
Karle dagegen, die die gegenwärtigen gesellschaftsstrukturellen Veränderungen ebenfalls als Herausforderung für eine künftige Seelsorgetheorie begreift, versucht diese jedoch durch ein soziologisch - systemtheoretisches Instrumentarium zu erfassen. KARLE, I. (1996): Seelsorge in der Moderne, S. 7-62.

zeitbezogenen Seelsorgetheorie zugrunde legt,[5] rezipiert Pohl-Patalong das von Beck ausgearbeitete Individualisierungstheorem, das postmodern unterfangene Identitätskonzept Keupps sowie das Pluralisierungstheorem der Postmoderne in Form des modifizierten Ansatzes von Welsch. Dabei setzt sie voraus, daß der normativ orientierte postmoderne Deutungshorizont der Verflochtenheit von Individuum und Gesellschaft weitgehend mit den deskriptiven kultursoziologischen Analysen konvergiert, weil beide Zugänge den Blick dafür schärfen, daß tiefgreifende gesellschaftsstrukturelle Veränderungen mit entsprechenden Folgewirkungen auf Seiten des Individuums einhergehen. Deshalb ist es ihrer Meinung nach erforderlich, einander ergänzende soziologische und philosophische Interpretamente zur Fundierung von Seelsorge heranzuziehen, um diese nicht vorbei an den individuellen und gesellschaftlichen Erfordernissen zu entwerfen.[6] Obwohl sich auch Schieder explizit auf das Pluralisierungstheorem bezieht und deshalb den Begriff 'Postmoderne' als einziger in die Überschrift seines Artikels übernimmt, unterscheidet sich sein Vorgehen dennoch radikal von den anderen Entwürfen, weil er die sozialpsychologisch und postmodern gewonnenen gesellschaftsanalytischen Ergebnisse nicht in ihren positiven Möglichkeiten für das Individuum anerkennt.[7] Der bisher aufgezeigte methodische Umgang mit den Theorien der Postmoderne ließe es auch zu, die darauf basierenden Reflexionen zur Seelsorge unter die soziologische Perspektive einzuordnen, was v.a. auf Schieders Ansatz zuträfe. Daß sie dennoch einer explizit wissenschaftstheoretischen Perspektive zugerechnet werden, liegt daran, daß postmoderne Theorieelemente nicht nur zur Gesellschaftsinterpretation, sondern als wissenschaftstheoretische Axiome herangezogen werden. In der Art und Weise, wie Grözinger und Pohl-Patalong diesbezüglich verfahren, läßt sich jedoch eine deutliche Unterscheidung erkennen:

Grözinger übernimmt den wissenschaftstheoretischen Schlüsselbegriff 'Transversalität', der in der Interpretation Welschs auf relativ abstraktem Niveau zur Beschreibung des Übergangs inkommensurabler Rationalitäten der Vernunft dient, zur Titulierung seiner 'Transversalen Seelsorge'.[8] Dies bedeutet aber nicht, daß er die gesamte Seelsorgetheorie auf der Basis von Transversalität zu entwerfen sucht. Vielmehr greift er den postmodernen Terminus trotz grundsätzlich kritischer Haltung gegenüber der Postmoderne selektiv auf, um mit seiner Hilfe die Verflechtung von Individuum und multikultureller Gesellschaft zu erfassen und die damit einhergehenden positiven Folgewirkungen für das Individuum gerade in Blick auf die Zielsetzung von Seelsorge bereits auf konzeptioneller Ebene verbindlich zu machen.

---

5 Vgl. GRÖZINGER, A. (1996): Geschichtenlos inmitten von Geschichten. Die Erlebnisgesellschaft als Herausforderung für die Seelsorge. Grözinger lehnt die Beschreibung der säkularisierten bzw. pluralisierten Gesellschaft als zu unpräzise ab und zieht die Deutungskategorie der multikulturellen Gesellschaft vor. Vgl. GRÖZINGER, A. (1994): Differenz-Erfahrung, S. 9. Ende der 80er Jahre kommt er zwar zu dem Schluß, daß sich die Theologie durchaus innerhalb der Paradigmen der Moderne artikulieren kann. Dennoch sieht er in der Postmoderne „auch eine Chance für die Theologie darin, ihre eigenen Grundlagen erneut zu bedenken und zu formulieren. Geschichte, Subjekt und Religion sind die gemeinsamen Themen der Theorie der Postmoderne und der Theologie." GRÖZINGER, A. (1987): Der Streit um die Moderne, S. 11. Das 'Erlebnisgesellschafts-Theorem' wird ausführlich von Kochanek erläutert und in seiner Bedeutung für einen Neuansatz in der Pastoral erkannt. Praxisbezogen fordert er die „Bildung und Förderung von erlebnis- und erfahrungsorientierten Milieus in Kirche und Gemeinde." KOCHANEK, H. (1998): Spurwechsel, S. 137.

6 Vgl. POHL-PATALONG, U. (1996): Seelsorge, S. 55-91. Pohl-Patalong weist darauf hin, daß sich Beck zwar von der Postmoderne abgrenzt, dieser inhaltlich aber sehr nahe kommt. Vgl. .a.a.O., S. 16/17/57/59/264. Individualisierungstheorem: S. 55-91; Postmoderne: S. 91-116.

7 Vgl. SCHIEDER, R. (1994): Seelsorge in der Postmoderne, S. 43.

8 Vgl. GRÖZINGER, A. (1995): Seelsorge, S. 398.

Dieses Vorgehen findet sich zwar auch bei Pohl-Patalong, wird aber zugleich von ihr selbst transzendiert, indem sie Pluralität, Transversalität und Widerstreit zu zentralen wissenschaftstheoretischen Kategorien ihres Gesamtverständnisses einer künftigen Seelsorgetheorie erhebt. Die grundsätzliche Bejahung von Pluralität, Heterogenität, Ambivalenzen und Differenzen soll sich auch im Theoriedesign einer Seelsorgekonzeption niederschlagen. Die von ihr anvisierte Pluralisierung der Seelsorgetheorie spiegelt sich in der Bezeichnung 'Plural verstandene Seelsorge' wider. Damit soll ausgedrückt werden, daß in einer postmodern gedeuteten Gesellschaft unter Anerkennung der geschichtlichen und gesellschaftlichen Bedingtheit einer jeden Seelsorgetheorie nicht länger von 'der' Seelsorge im Sinne einer Meta-Theorie gesprochen werden kann: „Auch Seelsorge kann es nur noch im Plural geben."[9] Der Bedeutung und den Folgewirkungen dieser Behauptung geht sie nicht weiter nach. An anderen Textpassagen läßt sich jedoch erkennen, daß sie ein Seelsorgemodell andenkt, in dem die Chancen und Potentiale bereits existierender Modelle unter Verzicht auf Abgrenzungsstrategien in die Theoriebildung in präzis postmoderner Weise zu rezipieren sind. Ansatzweise realisiert sie dies, indem sie eine diesbezügliche Relecture v.a. kerygmatischer (Thurneysen), biblischer (Tacke) und therapeutisch-pastoralpsychologischer (Thilo, Lemke, Scharfenberg, Hartmann) Modelle in Blick auf die Verhältnisbestimmung von Individuum und Gesellschaft vornimmt.[10]

Da alle AutorInnen relativ abstrakte Überlegungen anstellen, lassen sich kaum alltagspraktische Ableitungen erkennen.[11] Konkrete Vorgaben für die Psychiatrieseelsorge, die sich aus einem explizit postmodernen Theoriedesign ergeben, werden daher ausführlich im Kapitel zum perspektivenkonvergenten Modell abgehandelt werden.

Schaubild 32 auf der nächsten Seite zeigt die wichtigsten Schriften zum transversalen bzw. plural verstandenen Seelsorgemodell.

---

9   POHL-PATALONG, U. (1996): Seelsorge, S. 280. Bei der Lektüre der fundierten und detaillierten Ausführungen Pohl-Patalongs ist jedoch ein analytischer Blick zur Differenzierung der Ebenen nötig, um die wissenschaftstheoretisch wegweisende Bedeutung ihrer Schrift erkennen zu können.
    Ohne Bezugnahme auf postmodernes Gedankengut spricht sich auch Karle für ein „Ja zu einem konstruktiven, schöpferischen Pluralismus" aus und plädiert für eine „für Differenzen sensible Poimenik". Vgl. KARLE, I. (1996): Seelsorge in der Moderne, S. 230.

10 Vgl. POHL-PATALONG, U. (1996): Seelsorge, S. 18, 245, 249.

11 Pohl-Patalong schreibt explizit: „In ihrem poimenisch-selbstreflexiven Charakter bezieht sich die Arbeit auf die Theorie der Seelsorge, so daß Implikationen für die seelsorgliche Praxis zwar angedeutet werden, aber nicht im Mittelpunkt des Interesses stehen." POHL-PATALONG, U. (1996): Seelsorge, S. 14.
    Schieder, der ein CPE-Training in Amerika absolviert hat, arbeitete zwar eine Zeitlang als Telefon- und Psychiatrieseelsorger, lieferte jedoch keine spezifischen Überlegungen in Blick auf diese Praxisfelder.

Theologisch-Wissenschaftstheoretische Seelsorgekonzepte

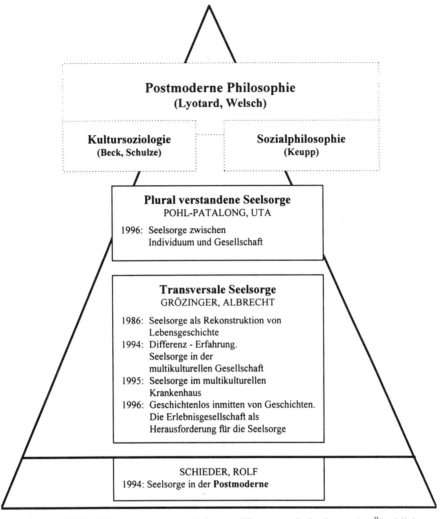

Schaubild 32: Plural verstandene Seelsorge / Transversale Seelsorge im Überblick

4.2.2. Theoretische Fundierung der allgemeinen Seelsorgelehre

Unter grundsätzlicher Akzeptanz der Unumkehrbarkeit der von Beck analysierten Folgewirkungen des Individualisierungs- und Pluralisierungsprozesses gegenwärtiger Gesellschaft für das Individuum plädiert Pohl-Patalong für ein Seelsorgeverständnis, das sich nicht gegen die Pluralität der Lebenswelt abgrenzt, sondern die darin schlummernden positiven Möglichkeiten für das Individuum zu nutzen sucht: „Für die Seelsorgetheorie bedeutet dies, von der Widersprüchlichkeit der Wirklichkeit mit ihren Ambivalenzen und Polaritäten auszugehen und diese

zu akzeptieren."[12] Becks Analyse der gesellschaftlichen Freisetzungs- und Ausdifferenzierungsprozesse, die einerseits die Möglichkeitsräume individueller Gestaltungskompetenz steigern, andererseits aber auch die Orientierung an traditionell vorgegebenen Lebensformen, strukturellen Gefügtheiten und normativen Vorgaben erschweren und dadurch das Individuum unter den permanenten Zwang stellen, die eigene Biographie und soziale Vernetzung voranzutreiben, um dem Risiko eines Orientierungs-, Stabilitäts- und Sinnverlustes entgegenzuarbeiten,[13] ist für Pohl-Patalong in Blick auf die Definition und Zielsetzung von Seelsorge so zu rezipieren, daß die damit einhergehenden gewachsenen Möglichkeitsspielräume des Individuums zu fördern, nachteilige Folgewirkungen dagegen abzuwehren sind. Da Identitätskrisen als besonders gravierende Folgewirkung beschrieben werden, muß Seelsorge die aktive Unterstützung der Identitätsbildung und Subjektwerdung des Gegenüber als aktiven Beitrag zur Lebenshilfe zum Ziel haben.[14] Obwohl diese Zielbeschreibung den Eindruck suggeriert, daß dadurch eine konzeptionelle Neuauflage psychologisch orientierter Seelsorgemodelle angestrebt wird, belehrt die inhaltliche Füllung von Identität und Subjekt schnell eines Besseren:
In Rekurs auf das sozialpsychologisch gewonnene multiple Identitätsmodell Keupps und unter Einbeziehung der postmodern gewonnenen wissenschaftstheoretischen Grundfigur der Transversalität sieht Pohl-Patalong in der individuell und sozial ausgerichteten Patchwork-Identität eine sinnvolle Identitätsform der Gegenwart, an der sich Seelsorge orientieren kann.[15] Desweiteren plädiert sie für ein 'schwaches' Subjektverständnis, das sowohl eine individuumszentrierte als auch eine soziale Dimension umfaßt. Subjektwerdung beinhaltet daher nicht nur einen emanzipatorischen Zugewinn an Eigenständigkeit im Denken und Urteilen, sondern immer auch einen Zugewinn an eigenständiger Lebensführung im Sinne zunehmender Unabhängigkeit von heteronomen Vorgaben. Diese wiederum geht mit der Befähigung einher, zwischen „'objektiven' strukturellen Zwängen und Grenzen sowie 'subjektiven' selbst gesetzten oder aus seiner eigenen Lebensgeschichte stammenden, unterscheiden (zu) lernen."[16] In Rekurs auf Beck spricht Pohl-Patalong daher auch von einem sozial verfaßten und nach vorne

---

12 POHL-PATALONG, U. (1996): Seelsorge, S. 246.

13 „In der individualisierten Gesellschaft muß der einzelne entsprechend bei Strafe seiner permanenten Benachteiligung lernen, sich selbst als Handlungszentrum, als Planungsbüro in Bezug auf seinen eigenen Lebenslauf, seine Fähigkeiten, Orientierungen, Partnerschaft usw. zu begreifen." BECK, in: POHL-PATALONG, U. (1996): Seelsorge, S. 79. Vgl. auch KEUPP, H. (1992): Die verlorene Einheit; DERS. (1989): Auf der Suche nach der verlorenen Identität; FEIGE, A. (1994): Vom Schicksal zur Wahl.

14 Vgl. KEUPP, H. (1987): Das psychosoziale Reformprojekt, S. 107; POHL-PATALONG, U. (1996): Seelsorge, S. 255, 260.

15 'Patchwork' steht für Keupp dafür, daß Identität nur auf der Basis radikaler Pluralität im Sinne eines Zusammenspiels unterschiedlichster Teilidentitäten denkbar ist. Daß dennoch ein Kohärenzgefühl entsteht, stellt das Ergebnis individueller Verknüpfungsarbeit dar, wobei Identität jedoch nie allein von Innen heraus, sondern auch als ein gesellschaftlicher Prozeß begriffen werden muß. Über den Identitätsbegriff werden somit die individuumszentrierte und soziale Perspektive unlösbar miteinander verbunden.
'Transversalität' wird ergänzend von Pohl-Patalong eingeführt, um den Prozeß der Verknüpfungsarbeit auf ein wissenschaftstheoretisches Fundament zu stellen. In Rekurs auf Welsch und dessen Parallelisierung der äußeren Pluralisierung der Gesellschaft mit der inneren Pluralisierung der Subjekte und den damit einhergehenden Heterogenität und Inkommensurabilität von Rationalitäten, „wird erneut das postmoderne Prinzip der Transversalität wichtig, das Übergänge zwischen unterschiedlichen Anteilen ermöglicht, ohne diese ineinander aufgehen zu lassen." POHL-PATALONG, U. (1996): Seelsorge, S. 258. Vgl. auch S. 112-114.

16 POHL-PATALONG, U. (1996): Seelsorge, S. 261. Die zur Kohärenz nötigen Übergänge der Teilsubjekte will Pohl-Patalong erneut mit der Figur der Transversalität verstanden wissen. Vgl. a.a.O., S. 113.

offenen politischen Subjekt, das aufgrund seiner inneren Heterogenität nicht nur von einer grundsätzlichen Sensibilität gegenüber Pluralität in Bezug auf sich selbst, sondern v.a. in Bezug auf seine soziale Umwelt geprägt ist.[17]
Seelsorgliche Förderung derartiger Identitätsbildung und Subjektwerdung bedeutet für das interpersonelle Begegnungsgeschehen, daß Seelsorge inhaltlich durch einen Dreischritt qualifiziert sein muß: Im Klärungsprozeß gilt es, dem Gegenüber seine unterschiedlichen Identitäts- und Subjektanteile aufzuzeigen. Anschließend müssen gemeinsam Ängste be- und verarbeitet werden, die einer Akzeptanz der Teilidentitäten entgegenstehen. Schließlich ist dem Gegenüber dazu zu verhelfen, mit der wahrgenommenen inneren Pluralität sinnvoll umzugehen, indem die Kompetenz zur Transversalität gefördert wird: „Seelsorge vermittelt nicht materiale ethische Prinzipien, sondern die Fähigkeit des Übergangs zwischen unterschiedlichen Logiken und Grundsätzen. Dem Individuum werden die Entscheidungen nicht abgenommen (womit seine Anerkennung als Subjekt gewahrt bleibt), im Einzelfall wohl häufig auch nicht erleichtert, sondern seine Fähigkeit zur Entscheidungsfindung und Konfliktlösung in der gesellschaftlichen Situation der Pluralität geschult."[18] In Blick auf diesen Schulungsprozeß spielt die biographische Rekonstruktion von Lebensgeschichte eine zentrale Rolle, wobei Pohl-Patalong die psychotherapeutisch bewährten analytischen Schritte des Erinnerns, Wiederholens und Durcharbeitens angewendet wissen will: „Bei dem individuellen Bemühen um Kohärenz kommt methodisch die postmodern favorisierte Narrativität zum Tragen, indem Seelsorge zum Erzählen der eigenen Lebensgeschichte ermutigt, wodurch Identitätskerne deutlich werden können. Dabei kann es nicht um eine vollständige und 'objektive' Darstellung der Biographie gehen, sondern um eine Reflexion und eventuell neue Sicht von Passagen der eignen Geschichte, die Kontinuitäten ebenso wie Brüche beinhaltet."[19] Da das Erzählen Vergangenheit erschließt und Zukunft antizipiert, kann Seelsorge dazu beitragen, lebensgeschichtliche Brüche nicht zu harmonisieren, sondern so in die Person zu integrieren, daß daraus eine unterstützende Wirkung im Aushalten einer Krisensituation sowie der Distanzierung von herkömmlichen Plausibilitäts- und Normalitätsvorstellungen erwachsen kann.

Im narrativen Prozeß rückt aber nicht die therapeutische Haltung der Empathie, sondern die des gegenseitigen Verstehens im Sinne der Überwindung von Fremdheit in den Mittelpunkt: „Das bedeutet als erste Aufgabe der Seelsorge die Verständigung und das Verstehen des Gegenübers."[20] Aufgrund der theorieinhärenten grundsätzlichen Akzeptanz von Pluralität heißt Verstehen und Überwindung von Fremdheit aber nicht, sich in die fremde und evtl. durch Krankheit ver-rückte Welt des Gegenübers einzufühlen. Obwohl Pohl-Patalong einräumt, daß der Prozeß des Verstehens dazu führen kann, Fremdes in der eigenen Person als bekannt und damit 'verstehbar' wiederzuerkennen, betont sie dennoch, daß die subjektive Wirklichkeit eines gesunden oder kranken Mesnchen niemals vollständig erfaßt werden kann oder muß, weil gerade das Differente und Heterogene als Eigenwert zu akzeptieren ist.

---

17 Vgl. POHL-PATALONG, U. (1996): Seelsorge, S. 140, 144, 260, 261. Die in sich soziale Verfaßtheit des schwachen Subjekts begründet sie unter Verweis auf Welsch: „Nicht mehr ist von einem primär monadischen und individualistischen Subjekt - der Einzelne gegen die Anderen - auszugehen, sondern es gilt zu begreifen, daß die Einzelnen, da sie in sich plural verfaßt sind, von vorn herein durch Überschneidungen mit Gehalten auch anderer Subjekte und Kommunitäten charakterisiert sind." Vgl. a.a.O., S. 112.

18 POHL-PATALONG, U. (1996): Seelsorge, S. 258. Vgl. auch S. 257-258.

19 POHL-PATALONG, U. (1996): Seelsorge, S. 258.

20 POHL-PATALONG, U. (1996): Seelsorge, S. 253. Die Autorin bezieht sich hierbei auf einen Artikel Ziemers: ZIEMER, J. (1989): Fremdheit überwinden. Sprache und Verständigung im seelsorglichen Gespräch.

Dieses Axiom gilt grundsätzlich auch für die inhaltliche Beschreibung eines Seelsorgegesprächs. Da auf dem Hintergrund der Pluralisierung der Gesellschaft der Tatsache ins Auge gesehen werden muß, daß Seelsorge zunehmend mit nicht christlich oder religiös motivierten Menschen geschieht, muß sich Seelsorge an deren Befindlichkeit ausrichten. Dies heißt, daß das Gespräch nicht dazu benutzt werden darf, um Anknüpfungspunkte für religiöse Inhalte herzustellen. Ebensowenig muß die religiöse Dimension aber aus dem Gespräch bewußt herausgehalten werden, um das Gegenüber nicht zu erschrecken. Im Modus der Transversalität gilt es vielmehr, Übergänge im Widerstreit zu finden: „Die Weltanschauung des Gegenübers kann als 'andere' ernst genommen werden, ohne das Gespräch abzubrechen. Es können 'Übergänge' gefunden werden, die eine partielle Verständigung ermöglichen, ohne daß Konsens die Voraussetzung für die gemeinsame seelsorgliche Arbeit bildet."[21] Durch das Grundprinzip der Narrativität sieht sie die Möglichkeit gegeben, über das Erzählen eine Verknüpfung individueller Lebensgeschichte mit der Geschichte Gottes herzustellen. Die Gottesbeziehung kann sich dadurch als ein zusätzlicher Bezugspunkt erweisen, aus dem sich im permanenten Identitätsbildungsprozeß Identität entwickeln läßt, wobei Pohl-Patalong jedoch im Unterschied zu Karle am pluralen Grundprinzip festhält, so daß diesem Bezugspunkt letztlich keine ausschließliche und absolute Bedeutung zukommt.[22] Deshalb muß sichergestellt sein, daß religiöses Erzählen nicht an der situativen Bedürftigkeit des Gegenübers vorbeigehen darf.[23] Situationsgebundenheit wird daher zum Gütesiegel einer plural verstandenen Seelsorge. Für die inhaltliche Beschreibung von Seelsorge hat dies zur Folge, daß sie in Abhängigkeit von der Person und der Problemlage sowohl in verkündigenden oder auch therapeutischen Modi vor sich gehen kann, weshalb sowohl direktive als auch non-direktive Kommunikationsformen gewählt werden können. Dabei muß lediglich sichergestellt sein, daß die Andersartigkeit des Gegenüber akzeptiert und gewahrt bleibt.[24]

Identitäts- und Subjektförderung impliziert für Pohl-Patalong aber auch seelsorgliche Funktionsbeschreibungen, die die soziale Dimension im Blick haben. Demnach muß Seelsorge darauf abzielen, die „'aisthetische Kompetenz', die das Individuum für den anderen Menschen in seiner Individualität und Freiheit sensibel werden läßt, als Ansatzpunkt sozialen und gesellschaftlichen Handelns zu fördern. Dazu gehört auch die Unterstützung der als 'Gnade des Selbstzweifels' bezeichneten Haltung, die der Verabsolutierung des eigenen Selbst und seiner Position wehrt.... damit kann Seelsorge Lernfähigkeit, Rücksichtnahme, Relativierung eigener

---

21 POHL-PATALONG, U. (1996): Seelsorge, S. 272.

22 A.a.O., S. 143. Obwohl Karle sich ebenfalls auf das Identitätsverständnis Keupps bezieht, bleibt sie letztlich hinter ihrem eigenen Ansatz zurück, wenn sie folgende Schlußfolgerung zieht: „Gerade wenn Identität nicht mehr in einer kontinuierlichen Biographie gefunden und letztlich nichts 'Innerweltliches' mehr namhaft gemacht werden kann, was eine kontinuierliche Identität verbürgt, könnte Religion und Kirche wieder eine wichtige Funktion in der Seelsorge übernehmen. Denn nach biblisch-christlichem Wirklichkeitsverständnis ist das Kontinuum individuellen Lebens nicht im Individuum selbst zu verankern, sondern allein in Gott.... Modern und anschlußfähig kann Seelsorge meines Erachtens heute nur sein, wenn sie religiöse Kommunikation ist, wenn sie sich als aktiv intervenierend versteht.... Seelsorge ist demnach primär als Hilfe zur Lebensgewißheit, als Hilfe zur Gewißheit über den Grund menschlicher Existenz zu verstehen" KARLE, I. (1996): Seelsorge, S. 230, 216, 230.

23 Vgl. POHL-PATALONG, U. (1996): Seelsorge, S. 259. Auf dem Hintergrund der postmodernen Vielfalt an Lebensentwürfen kommt auch Baumann zur Schlußfolgerung: „Unter diesen Voraussetzungen ist leicht einzusehen, daß auch seelsorgliche Kommunikation individuell maßgeschneidert werden muß, wenn sie bei den Adressaten ankommen soll." BAUMANN, U. (1996): Seelsorgliche Gesprächsführung, S. 68.

24 POHL-PATALONG, U. (1996): Seelsorge, S. 248.

Ziele und Toleranz fördern, die der Entwicklung einer ethischen Ausrichtung dienen. Die Einsicht in das Recht anderer kann zu konkretem Handeln motivieren."[25]
Weil im narrativen Prozeß individuelle Lebensgeschichte nur eingebunden in kollektive Geschichten rekonstruierbar wird, ist im zwischenmenschlichen Erzählen immer schon die individuumsübergreifende gesellschaftspolitische Dimension gegenwärtig.[26] Daß die Verknüpfung beider Dimensionen für eine plural verstandene Seelsorge unerläßlich ist, bringt der soziale Anteil des postmodernen Identitätsverständnisses sowie der politische Anteil des schwachen Subjektverständnisses automatisch mit sich. Die Aufgabenstellung der Seelsorge als „Ort der Förderung von politischer Subjektivität",[27] die individuumszentrierte Perspektive zugunsten der sozialen immer wieder zu übersteigen, wird dadurch ermöglicht, daß die Seelsorge diesbezüglich auf die Stärken ihrer christlichen Tradition zurückgreifen kann. Für Pohl-Patalong liegen diese Stärken nicht nur in zwischenmenschlichen Maximen wie der sogenannten 'Goldenen Regel', sondern v.a. im tradierten Widerstandspotential des Christentums. Unter Bezugnahme auf diese Tradition muß Seelsorge darauf abzielen, verstärkt Potentiale der Veränderung als der Bewahrung freizusetzen, um beim Gegegenüber eine Überprüfung von persönlichen und gesellschaftlichen Gewißheiten, Plausibilitäten, Routinen und Normen anzustoßen. Konkret heißt dies, daß die Individualisierungskompetenz des Gegenübers in dem Sinne zu stärken ist, daß ihm eine eigenständige Lebensführung möglich wird: „Theologisch bedeutet die Ermöglichung eines 'eigenen Lebens' für die Seelsorge, sich nicht in Form einer 'Alltagssorge' 'um das Gelingen der Anpassung an die konventionalen, gesellschaftlich normierten Verhaltenserwartungen' zu sorgen, sondern auf eine wachsende Unabhängigkeit von heteronomen Festlegungen zu zielen".[28] In diesem Kontext, d.h. in der seelsorglichen Hilfestellung zur Befreiung aus vorgegebenen 'man-Plausibilitäten' sozialer Wirklichkeit erkennt Pohl-Patalong die Möglichkeit eines Übergangs konkreter Lebenshilfe in Glaubenshilfe, da dem Individuum die existentielle Erfahrung ermöglicht wird, daß die Überschreitung des man ein überschießendes Moment der Wirklichkeit freisetzen kann.[29]
In Blick auf die soziale Komponente seelsorglicher Zielsetzung hat Seelsorge jedoch nicht nur auf das Individuum einzuwirken, sondern konkret soziale Ressourcen zu fördern, die es diesem erlauben, ein selbstbestimmtes Leben führen zu können. Da soziale Netzwerke als adäquate Sozialform der Postmoderne gelten, sieht Pohl-Patalong die Aufgabe der Seelsorge gerade darin, diese durch entsprechend seelsorgliche Interventionen zu fördern.[30]

---

25 POHL-PATALONG, U. (1996): Seelsorge, S. 269.

26 Vgl. a.a.O., S. 258.

27 A.a.O., S. 269.

28 POHL-PATALONG, U. (1996): Seelsorge, S. 260. Baumann umschreibt diesen Prozeß als Selbstorganisation im Lichte der christlichen Botschaft. Für ihn ergibt sich daraus, daß Seelsorge konkrete Lebenskonzepte vermitteln muß: „Utopieziel hoffnungsorientierter Seelsorge ist es somit, die Glaubens- und Lebenskraft von Menschen so zu fördern, daß sie ihr Leben selbstbestimmter verwirklichen können. Ja, eine Seelsorge, die darauf ausgerichtet ist, durch verschiedenste Kommunikationsformen beim Empfänger neue Visionen, neue Ideen des Handelns und Fühlens, überzeugende Sinn- und Hoffnungsperspektiven entstehen zu lassen, um sie im Prozeß ihrer Selbstverwirklichung zu unterstützen, trägt in ihrem innersten Kern wahrhaftig die gute Nachricht Jesu." BAUMANN, U. (1996): Seelsorgliche Gesprächsführung, S. 69.

29 POHL-PATALONG, U. (1996): Seelsorge, S. 260.

30 Vgl. a.a.O., S. 148/259.

Auch Grözinger entwickelt sein Modell einer Transversalen Seelsorge in Rekurs auf das Individualisierungstheorem, wobei er v.a. die individuelle Folgewirkung der Differenz - Erfahrung von Möglichkeiten und Überforderungen, Identitätswünschen und Identitätsverlusten hervorhebt. Weil die Menschen in der multikulturellen Gesellschaft permanent der Erfahrung unterschiedlichster Realitätskonstellationen und Sinnsystemen ausgesetzt sind und deshalb zwischen Beheimatung und Heimatlosigkeit pendeln, erkennt er in Welschs Transversalitätsverständnis ein Vernunftmodell, das den Realerfahrungen gegenwärtiger Menschen entspricht. Wenn Seelsorge Hilfestellung dabei leistet, in diesem unumkehrbaren gesellschaftlichen Prozeß die damit korrelierten positiven Möglichkeiten für das Individuum sinnvoll zu nutzen, indem sie dazu befähigt, zwischen den Rationalitäten Verbindungen herzustellen und damit Beheimatung voranzutreiben, verdient sie deshalb für ihn die Bezeichnung Transversale Seelsorge: „Seelsorge verhilft dazu, die heilsamen Übergänge und Verbindungen zu finden und zu bestehen. Insofern wird Seelsorge zur transversalen Seelsorge."[31]

Ebenso wie Pohl-Patalong sieht er die Aufgabe der Seelsorge darin, die Subjektwerdung des Individuums voranzutreiben, wobei auch er das postmoderne schwache Subjekt vor Augen hat: „Transversale Seelsorge tut gut daran, dieses neue Verständnis so aufmerksam wie (selbst)-kritisch zur Kenntnis zu nehmen."[32] Inhaltlich muß Seelsorge somit darauf abzielen, das Wahrnehmen, Aushalten und Umgehen mit Differenzen im Sinne einer Fähigkeit zur produktiven Differenzerfahrung zu fördern.[33] Neben den Analyseergebnissen Becks zur Risikogesellschaft zieht Grözinger aber auch die Schulzes zur Erlebnisgesellschaft heran, wodurch sein Seelsorgeverständnis neue Akzentsetzungen erfährt, die ihn deutlich von Pohl-Patalong unterscheiden. Das Individuum wird aus dieser Perspektive als ein Wesen beschrieben, das auf ästhetisch schöne Erlebnisse ausgerichtet ist und seine gesellschaftliche Vernetzung im Sinne eines Surfens in, mit und unter Erlebnissen herstellt.[34] Indem es dadurch in eine endlose Erlebnisspirale eintritt, wird das zunehmend geschichtenlose Leben von Enttäuschung und Langeweile geprägt. Transversaler Seelsorge kommt daher die Aufgabe zu, den Menschen dazu zu verhelfen, vom 'Surfen' zum 'An-docken' zu gelangen, d.h. Wege zu ebnen für Übergänge von Erlebnis zu Erlebnis: „Transversale Seelsorge möchte zu so etwas wie einem 'Erlebnis mit den Erlebnissen' verhelfen - dies ist ihr Ort und ihre Aufgabe, die sie in der Erlebnisgesellschaft einzunehmen hat. Sie ist weniger Krisenintervention, als vielmehr Entertainment im eigentlichen Sinn des Wortes - ein hilfreiches Dazwischentreten in die sich endlos drehende und so immer langweiliger werdende Erlebnisspirale der Erlebnisgesellschaft."[35]

Tansversalität in dieser Konnotation lenkt den Fokus seelsorglicher Intervention auf den Aspekt der Glaubenshilfe, die sich als reale Lebenshilfe zu erweisen hat. An-docken hätte dann zur Folge, daß die Erlebnisse der Erlebnisgesellschaft noch einmal überholt werden, wo-

---

31 GRÖZINGER, A. (1995): Seelsorge, S. 398.

32 A.a.O., S. 399.

33 GRÖZINGER, A. (1994): Differenz-Erfahrung, S. 26. „Die multikulturelle Gesellschaft lebt von der Differenz, und sie benötigt die Hege und Pflege der Differenz." A.a.O., S. 47.

34 Schulze formuliert dies folgendermaßen: „Unsere objektive Lebenssituation, soweit sie in Verfügungschancen über Gegenstände und Dienstleistungen besteht, zwingt uns dazu, ständig Unterscheidungen nach ästhetischen Kriterien vorzunehmen. Erleben wird vom Nebeneffekt zur Lebensaufgabe." GRÖZINGER, A. (1996): Geschichtenlos, S. 480. Vgl. auch a.a.O., S. 481- 484.

35 GRÖZINGER, A. (1996): Geschichtenlos, S. 487.

durch das eigene Leben anders erfahrbar würde. In der Konkretion dieser Aussage hebt Grözinger im Unterschied zu Pohl-Patalong jedoch nicht auf die gesellschaftskritische Dimension von Seelsorge ab, sondern auf die religiöse Erfahrungsdimension: „Diesen im Erlebnis der Erlebnisgesellschaft schlummernden Erfahrungsgehalt, den die Erlebnisgesellschaft nicht aus sich heraus freisetzen kann, gilt es frei zu schälen."[36] Auf diesem Hintergrund wird verständlich, daß Grözinger trotz seiner Offenheit für postmodernes Gedankengut letztlich die These vertritt, daß die Seelsorge in Folge psychologisch fundierter Konzepte zu 'soft' geworden ist, da sie sich nicht mehr als einen radikalen Eingriff in die Wirklichkeit versteht, die versucht, durch ihre narrative Bezogenheit auf die Gotteserzählung der vorgängigen Wirklichkeit ein Mehr zu entlocken.[37]

Im Unterschied zu Pohl-Patalong und Grözinger sieht Schieder, der sich ebenfalls mit dem Individualisierungs- und Pluralisierungstheorem auseinandersetzt, weniger die dadurch entstehenden und zu fördernden positiven Möglichkeiten des Individuums in der Gesellschaft, sondern v.a. dessen Gefährdung, die sich für ihn in der Ausbildung einer multiplen Identität verdichtet.[38] Das Hauptziel von Seelsorge muß deshalb unter postmodernen Lebensbedingungen darin bestehen, „dem Einzelnen in seiner Verunsicherung zur Seite zu stehen",[39] damit jeder Einzelne den wohltuenden Zustand des Selbst-Sein-Könnens, der durch die Fähigkeit zur Selbstbegrenzung und Selbstverendlichung gekennzeichnet ist, erreicht. Da in der Interpretation Schieders die postmoderne Gesellschaft v.a. die Illusion erzeugt, immer zwischen vielen Möglichkeiten wählen zu können, provoziert sie das Gefühl, nicht am Ende sein zu dürfen. Seelsorge hat sich deshalb vehement gegen diese Schlußfolgerung zur Wehr zu setzen, indem sie dazu ermutigt, am Ende sein zu dürfen. Das Aushalten mit einem Menschen, der am Ende ist, wird dadurch als zentrale Funktion von Seelsorge ausgewiesen. „Die Einübung in Ohnmacht und die Fähigkeit zur Anerkennung versehrter Existenz"[40] zählt daher für Schieder weit mehr als das Erteilen guter Ratschläge und Sinnstiftungsangebote. Inwieweit das Selbst-Sein-Können des sozial verflochtenen Individuums auch seelsorgliche Interventionen und Zielsetzungen nötig macht, die über die individuumszentrierte Perspektive hinausgehen, reflektiert Schieder nicht.

---

36 GRÖZINGER, A. (1996): Geschichtenlos, S. 487. Als Beispiele derartiger Erfahrungsvertiefungen führt Grözinger folgende Parallelisierungen an: „In der Reiselust der Erlebnisgesellschaft schlummert das Wissen um die Raum-Weite der guten Schöpfung Gottes; in der Lust am Design schlummert das Interesse des biblischen Schöpfungsberichts an der Differenz und Ordnung der Artenvielfalt der Pflanzen, Tiere und Dinge, die uns umgeben." A.a.O.

37 Vgl. GRÖZINGER, A. (1994): Differenz - Erfahrung, S. 49, 51. Daß der narrative Rekurs auf die Gottesgeschichte immer mit der Rekonstruktion von Lebensgeschichte verknüpft sein muß, läßt sich bereits in den 80er Jahren bei Grözinger nachlesen. Vgl. GRÖZINGER, A. (1986): Seelsorge als Rekonstruktion von Lebensgeschichte.

38 Diese Sichtweise findet sich auch bei Karle, die in der Aufrechnung von Freiheitsgewinn und Kosten ebenso den Aspekt der Selbstgefährdung moderner Gesellschaft und die damit einhergehenden biographischen Unsicherheiten betont. (S. 15, 22, 54). In einer für Sinnprobleme indifferenten Gesellschaft muß Seelsorge deshalb v.a. dazu ermutigen, Sinnzusammenhänge im Prozessieren von Widersprüchen und Inkonsistenzen herzustellen, damit das Individuum mit der Erfahrung von Unsicherheit und Zerrissenheit konstruktiv leben kann, wobei ihm aber zu vermitteln ist, daß biographische Unsicherheiten als gesellschaftlich bedingt und somit als 'normal' zu qualifizieren sind. (S. 229). KARLE, I. (1996): Seelsorge in der Moderne.

39 SCHIEDER, R. (1994): Seelsorge in der Postmoderne, S. 36.

40 A.a.O., S. 40.

Die *theologischen Fundierungsversuche* der neuen Konzeptvariante beziehen sich ebenfalls sowohl auf die soziologisch-gesellschaftsanalytische als auch wissenschaftstheoretische Ebene. In Blick auf ersteres versucht Pohl-Patalong, v.a. ihr der Postmoderne entlehntes Identitäts- und Subjektverständnis theologisch zu unterfangen: „Auch das materiale Konzept einer multiplen und fragmentarischen Identität mit ihrer Absage an Ganzheit, Vollständigkeit und Geschlossenheit erweist sich gerade aus theologischer Sicht als anschlußfähig, wie sich anhand der Loci Hamartiologie, Rechtfertigung und Eschatologie sowie Elementen der christlichen Verkündigung zeigen läßt."[41] Indem sie Sünde als ein Streben nach Ganzheitlichkeit und Vollständigkeit, Rechtfertigung als bleibende Angewiesenheit des fragmentarisch existierenden Menschen auf Vollendung und Eschatologie als kritisches Prinzip gegenüber irdischem Streben nach Ganzheit und Einheitlichkeit interpretiert, verankert sie ihren Ansatz in ihrer Interpretation klassischer christlicher Topoi.

In Blick auf die wissenschaftstheoretische Perspektive, in der Pluralität, Widerstreit und Transversalität theologisch zu legitimieren sind, greift sie dagegen auf die Trinitätslehre und das damit korrelierte Gottesbild, sowie auf Interpretamente der Ekklesiologie zurück. Durch die trinitarische Grundfigur habe sich das Christentum für eine theologische Grundrichtung entschieden, die alle totalitären Strebungen zugunsten einer Akzeptanz grundsätzlicher Pluralität bereits auf der Ebene des Gottesverständnisses ablehnt. Indem Gott als Vater, Sohn und Geist gedacht wird, werden ihm zugleich Eigenschaften der Vielheit und Einheit, der Universalität und Partialität, der Nähe und Ferne sowie der Allmacht und Leidensfähigkeit zugeschrieben. Die sich darin ausdrückende innergöttliche Pluralität, die Einheit ohne Totalität zum Ausdruck bringt, verlangt von den Menschen, sich von eindeutigen und totalitären Gottesbildern abzuwenden und Pluralität nicht nur in Bezug auf das Nachdenken über Gott, sondern auch in Bezug auf die eigene anthropologische Verfassung und die gesellschaftliche Wirklichkeitskonstruktion zuzulassen.[42] Unter Verweis auf die biblischen Bilder von Gott betont auch Grözinger, daß hier von einem Gott die Rede ist, der in der Differenz der Eine ist, wobei die Differenz - Erfahrung nicht als Mangel, sondern als Gewinn an Sein interpretiert wird.[43]

In ihrem ekklesiologischen Argumentationsstrang führt Pohl-Patalong an, daß das Christentum bereits in seinen Anfängen Pluralität als Wert erkannt und gelebt habe. Dies zeige sich daran, daß bereits die Existenz von vier Evangelien darauf hinweise, daß unterschiedliche Kulturen und Zugänge zum Glauben in Form eines Nebeneinander akzeptiert wurden, was sich auch in der Vielfalt an tradierten biblischen Symbolen, die es in ihrer Heterogenität zu bewahren gilt, ausdrückt: „Damit wendet sich die hier vertretene Seelsorgetheorie gegen den Zwang zu einem einheitlichen Welt- und Gottesbild und präferiert einen Pluralismus von Symbolen. Gerade die Widersprüchlichkeit und Ambivalenz vieler biblischer Symbole wird dabei als Chance erachtet, da sie der Realität nach postmodernem Verständnis entspricht."[44]

---

41 POHL-PATALONG, U. (1996): Seelsorge, S. 144.

42 Pohl-Patalong rekurriert hierbei auf die theologischen Analysen Scobels und Buchers. POHL-PATALONG, U. (1996): Seelsorge, S. 124-126.

43 Vgl. GRÖZINGER; A. (1994): Differenz - Erfahrung, S. 46.

44 POHL-PATALONG, U. (1996): Seelsorge, S. 273.

„Das Verständnis des Menschen ist in einer postmodernen Seelsorgetheorie grundsätzlich von seiner konkreten Individualität statt von überindividuellen Wesensbestimmungen geprägt."[45] Das ihrem Seelsorgemodell zugrunde liegende *Menschenbild* beschreibt Pohl-Patalong deshalb in Abgrenzung zu dem der modernen Psychologie als kontextuell, wobei sie v.a. die Veränderbarkeit und Vieldeutigkeit der historischen, kulturellen und sozialen Bedingungen individueller Exsitenz berücksichtigt wissen will.[46] In biblischer Rückversicherung betont sie zudem den Aspekt der bedingungslosen Annahme eines jeden Menschen durch Gott, weshalb auch defizitäre und fragmentarische Anteile als konstitutive Bestandteile menschlicher Existenz, denen stets ein konstruktives Potential innewohnt, zu werten sind.[47] Grözinger, der ausführlich die anthropologischen Hintergründe diverser Psychologieschulen beleuchtet, spricht sich selbst für ein biblisch verankertes Menschenbild im Sinne einer theologisch verantworteten Story vom Menschen aus, die er zwar nicht näher erläutert, deren Problematik er aber mitreflektiert: „Dabei erzählen bereits die biblischen Texte selbst eine Vielzahl von Stories, die nicht ohne weiteres harmonisiert werden können....Seelsorge wird immer auch kirchenkritisch sein müssen - um der wahren Story vom Menschen willen."[48]

Besonders für die *Verhältnisbestimmung* gegenüber den Humanwissenschaften bringt die neue Konzeptvariante weiterführende Impulse mit sich. Indem Pohl-Patalong auch auf erkenntnistheoretischer Ebene Pluralität als verbindlich erachtet, spricht sie sich gegen jede Form der hierarchischen Stufung von Logiken und Rationalitäten aus. Dies bedeutet aber, daß Glaube - Wissen, Transzendenz - Immanenz, Theologie - Humanwissenschaft weder gegeneinander ausgespielt noch miteinander vermischt und damit in ihrem Eigenwert nivelliert werden dürfen. Jede Wissenschaft, die das Individuum Mensch und dessen Kontexte zu erfassen sucht, ist daher in ihrer jeweiligen Logik anzuerkennen. Da eine übergreifende Meta-Theorie aus postmoderner Sicht ausscheidet, ist der Widerstreit der unterschiedlichen Logiken nicht auflösbar, sondern als Basis für ein sich gegenseitiges Akzeptieren und Voneinanderlernen anzuerkennen. Damit der gegenseitige Lernprozeß möglich wird, müssen entsprechende Nahtstellen gefunden werden: „Für ein Denkmodell, das den Widerstreit akzeptieren will, dennoch aber an Vermittlung interessiert ist, bietet sich erneut die postmoderne Figur der Transversalität an, die Übergänge zwischen den Logiken für möglich erachtet und nach diesen sucht. So können Nahtstellen gefunden werden, an denen punktuell und ohne den Anspruch auf ein umfassendes System Verständigung und gegenseitiges Lernen möglich ist."[49] Da sich sowohl Pohl-Patalong als auch Grözinger v.a. mit der Philosophie als wissenschaftlichem Gesprächspartner einlassen, wird diese erstmals als gleichberechtigte Partnerwissenschaft der Theologie neben der Psychologie, Sozialpsychologie, Soziologie und Geschlechterforschung anerkannt.

---

45 A.a.O., S. 253.

46 A.a.O., S. 133.

47 A.a.O., S. 253.

48 GRÖZINGER, A. (1992): Es bröckelt an den Rändern, S. 103/105.

49 POHL-PATALONG, U. (1996): Seelsorge, S. 272.

4.2.3. Spezielle konzeptionelle Vorgaben für Psychiatrieseelsorge

Aufgrund der erkenntistheroretischen Zielperspektive der Verknüpfung der individuellen und gesellschaftspolitischen Perspektive wendet sich Transversale bzw. Plural verstandene Seelsorge im Psychiatrischen Krankenhaus zwar primär an den *Adressatenkreis* PatientInnen, denen unter Anerkennung ihrer (religiösen, nationalen, kulturellen, geschlechtlichen, politiischen etc.) Heterogenität in der Krisensituation persönlicher Krankheit beigestanden werden soll. Daß diese Form der Krankenseelsorge aber immer auch als Krankenhausseelsorge und krankenhausübergreifende gesellschaftspolitisch relevante Seelsorge durchzuführen ist, ergibt sich m.E. zwangsläufig aus dem sozialen und politischen Anteil der angezielten Identitäts- und Subjektwerdung des Gegenübers.

Weder Pohl-Patalong noch Grözinger legen ihrem Seelsorgeansatz ein spezifisches *Krankheitsmodell* zugrunde. Ein Hinweis Pohl-Patalongs läßt jedoch m.e. erahnen, daß über das Identitätsverständis Keupps sowohl psychologische als auch soziologische Anleihen gesucht werden: „Denn ein Gefühl der Kohärenz seiner Identität bleibt für die psychische und körperliche Gesundheit des Individuums entscheidend."[50]

SeelsorgerInnen haben in der *Rolle* theologisch versierter und plural geschulter KooperationspartnerInnen sowohl für PatientInnen als auch für das Personal, die Klinikleitung, ehrenamtliche MitarbeiterInnen und Angehörige aufzutreten. Plurale Schulung bedeutet für Grözinger v.a. den Erwerb einer multikulturellen und spezifisch narrativen Kompetenz: „Es bedarf einer sehr viel breiteren kulturellen Kenntnis als dies in der bisherigen Ausbildung vorgesehen ist. Wer Seelsorge im multikulturellen Krankenhaus ausübt, muß selbst ein Stück weit multikulturell werden."[51] Für Pohl-Patalong drückt sich plurale Kompetenz v.a. durch den Erwerb einer grundsätzlichen Ambiguitätstoleranz „als die Fähigkeit zum Umgang mit dem Fremden"[52] aus. Um dies leisten zu können, setzt sie eine grundsätzliche Auseinandersetzung und Anerkennung des Fremden in der eigenen Person voraus, während Grözinger gerade die Begegnung mit dem Fremden als heremeneutischen Schlüssel für das Verständnis der eigenen Person wertet.[53] Zusätzlich zur Pluralitäts-Kompetenz, die eine persönliche Auseinandersetzung mit den Theorien postmoderner Philosophie voraussetzt, ist es aufgrund der individuumszentrierten und sozial ausgerichteten Doppelstruktur Transversaler bzw. Pluraler Seelsorge zu-

---

50 POHL-PATALONG, U. (1996): Seelsorge, S. 137. Ähnlich schreibt Keupp: „Kohärenz ist der Patchworkidentität keinesfalls abhanden gekommen. Und ein solches 'Gefühl der Kohärenz' ist die entscheidende Bedingung für psychische und körperliche Gesundheit." KEUPP, H. (1992): Die verlorene Einheit, S. 872. Auch Tomka vermutet in der Erfahrung von Inkohärenz einen elementaren Krankheitsfaktor: „Der moderne Mensch steht unter dem Ansturm spannungsgeladener Erfahrungen. Er erlebt die Welt in deren unbedingter Weltlichkeit, Eigengesetzlichkeit und Differenziertheit ohne einen inneren Zusammenhang. Er spürt Tag für Tag sein Unvermögen, die Vielfalt und Dynamik der ihn umgebenden und bestimmenden Wirklichkeit hinreichend erfassen und souverän meistern zu können. Viele Menschen zerbrechen daran... Der Zuwachs der Zahl der Gestrandeten kann in den Statistiken der Sozialfürsorgeorganisationen und der Nervenheilanstalten gut verfolgt werden " TOMKA, M. (1997): Die Fragmentierung, S. 299.

51 GRÖZINGER, A. (1995): Seelsorge, S. 395. Im Kontext der zu erwerbenden narrativen Kompetenz, die die Fähigkeit einschließt, methodisch individuell zugeschneiderte Basis-Stories für Menschen zu erzählen, stellt Grözinger folgende Frage: „Wäre es so schlimm, wenn wir Seelsorger und Seelsorgerinnen zu Dichtern und Dichterinnen werden müßten?" A.a.O.

52 POHL-PATALONG, U. (1996): Seelsorge, S. 253.

53 Vgl. POHL-PATALONG, U. (1996): Seelsorge, S. 139; GRÖZINGER, A. (1995): Seelsorge, S. 400.

dem unabdingbar, sich als SeelsorgerIn durch entsprechende Zusatzqualifikationen mit psychologisch-psychotherapeutischen und soziologisch-gesellschaftsanalytischen Kenntnissen und Methoden vertraut zu machen. PatientInnen sind auf der Folie eines pluralen Seelsorgeverständnisses in in ihrem Status der Krankheit und Ver - Rücktheit, d.h. in ihrer Andersartigkeit und Fremdheit als Subjekte ernst zu nehmen. Pohl-Patalong betont, daß postmoderne Ethik nicht nur Toleranz, sondern die Akzeptanz und Wertschätzung des Differenten, v.a. aber differenter Weltsicht und Lebensform einklagt.[54] Da aber alle Menschen unter dem Aspekt ihrer fragmentarischen und defizitären Existenzweise betrachtet werden, rückt in der Begegnung mit den SeelsorgerInnen der 'kranke' Anteil in den Hintergrund, die Möglichkeitsperspektiven aller Menschen dagegen in den Vordergrund. Erst dadurch wird es möglich, den von Pohl-Patalong geforderten Perspektivenwechsel unter Aufgabe der Defizitperspektive radikal zu denken: „Gefordert wird stattdessen ein gegenseitiges Lernern, mit dem eine 'vollständige(n) Reziprozität der Perspektiven der Beteiligten' angestrebt wird."[55]

Obwohl Pohl-Patalong feststellt, daß das Gespräch als grundlegende seelsorgliche Situation zu begreifen ist und damit auch im Zentrum der *Alltagspraxis* von PsychiatrieseelsorgerInnen steht, plädiert sie dafür, angesichts der situativen Notwendigkeiten und Möglichkeiten, den Handlungsspielraum v.a. in den sozialen Bereich hinein zu erweitern.[56] Neben Praxisformen, die sich am Individuum PatientIn oder an allen sonstigen Mitgliedern der Organisation Krankenhaus orientieren, gehören demnach auch hausextern durchzuführende öffentlichkeits- und gesellschaftspolitisch orientierte Handlungen zum seelsorglichen Alltag konstitutiv dazu.

Nach Grözinger stellt die Bibelarbeit einen *methodischen Schwerpunkt* seelsorglicher Alltagspraxis dar. In Blick auf das multikulturelle Krankenhaus und die Proklamation des Endes von Meta-Erzählungen plädiert er aber dafür, im narrativen Umgang mit den PatientInnen nicht nur auf die vertrauten Geschichten der Bibel zurückzugreifen, sondern auch auf sogenannte Basis-Stories. Diese können entweder aus religiösen oder weltlichen Schriften der eigenen oder fremder Kulturen entlehnt, bzw. selbst 'gedichtet' werden.[57] Auch Pohl-Patalong will biblische Geschichten und Symbole gerade in ihrer Widersprüchlichkeit zur Deutung inkonsistenter Biographien heranziehen. Um einen kreativen Zugang zu den Texten zu ermöglichen, spricht sie sich für die Einbeziehung bibliodramatischer Methoden aus: „Das scheinbar individualistische Erscheinungsbild des Bibliodramas entpuppt sich also bei näherem Hinsehen als (im weitesten Sinn) gesellschaftspolitische Arbeit unter postmoderner Signatur."[58]

---

54 POHL- PATALONG, U. (1996): Seelsorge, S. 114-115.

55 A.a.O., S. 254.

56 Vgl. a.a.O., S. 247.

57 Als Beispiel von Basis-Stories führt er Geschichten wie die Sintflutgeschichte der Bibel, das babylonische Schöpfungslied Enuma Elis, Geschichten der griechischen Mythologie, islamische Geschichten oder auch gegenwärtige Weltliteratur an, die sich mit der Erfahrung elementarer Gefährdung des Menschen in Form von Wasser-Geschichten auseinandersetzen. Wollen SeelsorgerInnen mit PatientInnen z.B. über die Erfahrung existentieller Gefährdung sprechen, so können sie je nach religiöser und kultureller Situation des Gegenübers auf die passende Basis-Story zurückgreifen. Vgl. GRÖZINGER, A. (1995): Seelsorge, S. 394.

58 POHL-PATALONG, U. (1996): Bibliodrama, S. 535. Während Pohl-Patalong sich für einen umfassenden Einsatz psychotherapeutischer Methodik ausspricht, betont Schieder: „Christliche Seelsorge... hängt weder am Gebrauch christlicher Vokabeln noch am Einsatz psychotherapeutischer Techniken." SCHIEDER, R. (1996): Seelsorge, S. 43.

4.3. Perspektivenkonvergente Seelsorge
4.3.1. Hinführender Überblick

Unter dem Stichwort 'Perspektivenkonvergente Seelsorge' wird im Folgenden der Versuch unternommen, Axiome der Postmoderne auf das Gesamtkonzept von Seelsorge auszudehnen. Dies bedeutet, daß nicht einzelne postmoderne Topoi auf bestimmte Fragestellungen der Seelsorge angewendet werden, sondern radikale Pluralität, Dissens, Widerstreit und Transversalität den Gesamtrahmen für eine plural durchbuchstabierte Seelsorgetheorie liefern. Da die Verfasserin dieses Vorgehen bereits für den Entwurf eines künftigen psychiatrischen Paradigmas gewählt hat, kann auf die dort erfolgte Darstellung des postmodernen Theoriedesigns verwiesen werden.[59]

Daß die postmoderne Philosophie auch für die Theologie von Bedeutung sein kann, wurde bereits Anfang der 90er Jahre immer wieder angemahnt.[60] Ebenso wie in der psychiatrischen Diskussion, ging jedoch auch hier die Auseinandersetzung oftmals mit ideologischen Vorurteilen und Abqualifizierungsversuchen einher, wie Fuchs feststellt: „Zunehmend stelle ich fest, daß dieses Wort (Postmoderne) im kirchlichen und theologischen Bereich zur Abqualifizierung einer Haltung benutzt wird, in der man gleichgültig alles zuläßt und dadurch bestimmte Optionen für relativ belanglos erklärt. Darin mag durchaus eine weitverbreitete zeitgenössische Mentalität charakterisiert sein. Die Philosophen des postmodernen Denkens allerdings sind damit noch lange nicht erfaßt".[61] Auf der Basis einer grundsätzlichen Wertschätzung postmoderner Philosophie will die Verfasserin das Grundprinzip radikaler Pluralität auch auf die Seelsorgetheorie anwenden. Hierzu schlägt sie analog zur Konzeption eines postmodern fundierten psychiatrischen Zukunftsparadigmas den Weg ein, aus der Fülle der dargestellten Seelsorgekonzepte bewahrenswerte Elemente in eine Perspektivenkonvergenz zu bringen und auf nicht bewahrenswerte Elemente hinzuweisen, um deren Weitertradierung abzuwehren.[62]

Damit soll dem Anliegen Winklers Rechnung getragen werden, der in Blick auf die Spannung zwischen biblisch und psychologisch orientierten Seelsorgemodellen betont, daß diese nur dann fruchtbar zu lösen sein wird, wenn kein harmonisierender Ausgleich angestrebt wird: „Vielmehr muß sich mit der Fähigkeit zum Perspektivenwechsel gleichzeitig eine Positionali-

---

59 Vgl. Kapitel II: Psychiatrie der Zukunft, S. 116- 120. Der Kern der Postmoderne kommt in folgendem Zitat Welschs besonders deutlich zum Vorschein: „Postmodern verstehen wir das Verschiedene nicht mehr als Variante eines Gleichen, sondern rechnen mit Grunddissensen, Unvereinbarkeiten und Widerstreit." WELSCH, W. (1988): Postmoderne, S. 38.

60 „Die Theologie - und mit ihr die Kirche - sollten daher nicht hoffen, sich die Moderne nach der Ausrufung postmoderner Zeiten erparen zu können. Denn zum einen exekutieren diese Zeiten nicht die Revision, sondern die Radikalisierung der Moderne, zum anderen kann sich die Theologie ihrer Aufgabe, den Gottesbegriff Jesu in die Diskurse der jeweiligen Zeit sinnvoll einzuführen, nicht entziehen: dies zu tun ist schließlich ihre religiöse Pflicht." BUCHER, R. (1992): Die Theologie, S. 57.

61 FUCHS, O. (1993): Plädoyer, S. 64. Der Verdacht Poengsens, daß die Postmoderne eine Falle darstellt, die im Kontext der Heilenden Seelsorge „im katholischen Bereich dazu verführt, sich vom Evangelium weg und zu gesellschaftlich gewünschten Trends hin zu bewegen" (S. 164) muß m.E. als (selbst)kritische Anfrage stets virulent bleiben, darf aber nicht dazu führen, die postmoderne Philosophie als Ganze für die theologische Theoriebildung als unbrauchbar auszuweisen. Vgl. POENSGEN, H. (1997): Alles ist Fragment.

62 Perspektivenkonvergenz könnte somit den hermeneutischen Schlüssel für folgendes Grundsatzpostulat Hempelmanns liefern: „Wenn wir schon im biblischen Kanon selber unverrechenbare Positionen finden, um wieviel mehr muß dann auch heute in der Kirche Platz sein für die verschiedensten, ja unterschiedlichsten Gruppierungen mit ihren Positionen!" HEMPELMANN, H.P. (1996): Einheit durch Vielfalt?, S. 199.

Theologisch-Wissenschaftstheoretische Seelsorgekonzepte

tät verbinden, die Kommunikation erlaubt, ohne Gegensätze einzuebnen. Aber warum sollte sich diese Zielvorstellung nicht noch weitgehend verwirklichen lassen?"[63] Perspektivenkonvergenz soll daher nicht auf Konsens beruhen, sondern darauf, daß auf der Basis von Dissens und Widerstreit transversale Übergänge als möglich erachtet werden. Als Kriterium für die Bewahrung bzw. den Ausschluß von Theorieelementen wird, wiederum analog zum perspektivenkonvergenten psychiatrischen Paradigma, der humanisierende Kern der Postmoderne zugrunde gelegt. Das heißt, daß zwar von der prinzipiellen Gleich-Gültigkeit aller bisher formulierten Seelsorgekonzepte ausgegangen wird und deshalb auch kein Aspekt davon ungeprüft unter den Tisch fallen darf. Da es sich aber um eine wertorientierte Gleich-Gültigkeit handelt, müssen alle Theorieelemente ausgeschlossen werden, die transversale Übergänge durch entsprechende Absolutheitsansprüche blockieren bzw. Folgewirkungen für das Individuum mit sich bringen, die dem inhärenten Humanisierungsanspruch offensichtlich entgegenstehen. Methodisch werden die diversen Seelsorgekonzepte in Abhängigkeit der zugrundeliegenden Leitperspektive auf bewahrens- bzw. eleminierungswürdige Theorien befragt, wodurch das Konzept einer Perspektivenkonvergenten Seelsorge schrittweise aufgebaut wird. Konkret heißt dies, daß Elemente der theologisch-biblischen, theologisch-psychologischen, theologisch-soziologischen sowie der theologisch-wissenschaftstheoretischen Perspektive (Transversale/Plural verstandene Seelsorge) kombiniert werden.[64] Da gegenwärtig die Bestrebung zu erkennen ist, Seelsorge aus kultur-ökologischer Perspektive als 'Kulturökologische Pastoral' zu beschreiben, soll auch diese Perspektive mit einfließen.

Im Folgenden darf kein bis ins Detail ausgearbeitetes perspektivenkonvergentes Seelsorgemodell erwartet werden! Dies würde den Rahmen des Buches sprengen! Unter Ernstnahme der These vom Ende der Metaerzählungen will die Verfasserin zudem bewußt keine weitere Meta-Theorie, der absolute Wahrheit inhärent ist, aufstellen, sondern lediglich Wegmarkierungen für ein konstruktives[65] Seelsorgemodell entwickeln, wobei SeelsorgerInnen, die dieses Konzept als Arbeitsgrundlage wählen wollen, dazu aufgefordert sind, situativ und kontextgebunden selbst rationale Übergänge inmitten ihrer pluralen Wirklichkeit zu finden. Demnach kann es nie eine ausschließliche Theoriekombination geben, die den Namen Perspektivenkonvergente Seelsorge für sich allein beanspruchen könnte, sondern nur viele individuell zugeschneiderte perspektivenkonvergente Seelsorgemodelle! Schaubild 33 auf der nächsten Seite beabsichtigt daher nur, die elementare Konfiguration Perspektivenkonvergenter Seelsorge deutlich zu machen.

---

63 WINKLER, K. (1997): Bericht von der Seelsorge, S. 334.

64 Kombinationsversuche unterschiedlicher Perspektiven wurden auch ohne Bezugnahme auf wissenschaftstheoretisches Gedankengut vorgenommen. Da derartige Versuche schwer unter die Hauptperspektiven eingeordnet werden können, wurden sie in vorliegender Arbeit vernachlässigt. Beispielhaft wird deshalb auf Zimmermann-Wolf, der über die Theologie Bonhoeffers eine Konvergenz von Biblischer (Tacke) und Begleitender (Mayer-Scheu) Seelsorge anstrebt, hingewiesen. Vgl. ZIMMERMANN-WOLF, Ch. (1994): Verständigung über die Seelsorge, S. 83; DERS. (1991): Einander beistehen.

65 Die Suche nach einer 'Neukonzeption' von Seelsorge zielt nicht darauf ab, neue Fronten aufzubauen, indem z.B. die Seelsorgebewegung als überholt eingestuft wird. Daß es sich bei einem derartigen Vorgehen um ein leichtfertiges Unternehmen handeln könnte, wurde bereits von Gräb gegen Schieder und von Klessmann gegen Pohl-Patalong eingewendet: „Vielleicht ist es leichtfertig, das Ende der Seelsorgebewegung auszurufen und das psychotherapeutische Paradigma verabschieden zu wollen." GRÄB, W. (1997): Deutungsarbeit, S. 326; „Das Ende der Seelsorgebewegung ist - wohl etwas voreilig - verschiedentlich bereits annonciert worden. Die zu rezensierende Literatur macht m.E. deutlich, daß es um eine Weiterentwicklung dessen geht, was in und mit der Seelsorgebewegung begonnen wurde." KLESSMANN, M. (1998): Über die Seelsorgebewegung hinaus, S. 46.

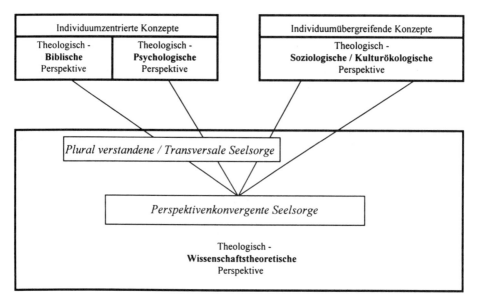

Schaubild 33: Konfiguration Perspektivenkonvergenter Seelsorge

4.3.2. Theoretische Fundierung der allgemeinen Seelsorgelehre

Für die Beschreibung der *Inhalte und Zielsetzungen* Perspektivenkonvergenter Seelsorge lassen sich aus allen Perspektiven bewahrenswerte Elemente und auch solche, die bereits in ihren Folgewirkungen kritisch angemahnt worden sind, herauskristallisieren:
In der diesbezüglichen Analyse primär theologisch-biblisch orientierter Modelle zeigt sich, daß deren BefürworterInnen die Leistung vollbracht haben, Seelsorge v.a. auf zwei Aspekte zu verpflichten: Zum einen darauf, daß im Seelsorgeprozeß die 'vertikale' Linie Gott-Mensch niemals eliminiert werden darf, weil die Frage des Menschen nach dem 'Mehr' irdischer Existenz offengehalten werden muß. Zum anderen klagt die biblische Traditionslinie aber auch ein, dieses 'Mehr' nicht in abstrakten transzendenten Kategorien zu denken, sondern konkret am Reichtum der Bibel und der christlichen Tradition festzumachen. Auf die in dieser spezifischen Tradition dominierenden Inhalte, die das Proprium christlicher Seelsorge ausmachen, kann deshalb keine Seelsorgetheorie verzichten.[66] Daß diese Inhalte jedoch predigthaft vermittelt werden müssen und Seelsorge deshalb die Form der Verkündigung überzeitig gültiger (geistvermittelter) absoluter Wahrheiten annehmen muß, leitet sich nicht zwingend aus dieser Vorgabe ab. Die in biblischen Modellen auftauchenden Funktionsbeschreibungen von Seelsorge als 'Konfrontation' mit dem Gesetz und Gebot Gottes, 'Züchtigung', 'Zurechtweisung', 'Ermahnung' und 'Belehrung' sowie die Umschreibung eines Seelsorgegespräches als Kampfgespräch mit entsprechender 'Bruchlinie' wird von der Verfasserin als nicht bewahrenswerter Inhalt ausgewiesen, da bereits (selbst)kritisch von verschiedenen Seiten angemahnt

---

66 Winkler mahnt als Pastoralpsychologe an: „Hinter die ständige Mahnung, das Proprium der Seelsorge nicht unter der Hand preiszugeben, sondern als kritisches Gegenüber zu aller 'säkularen Seelsorge' bewußt zu halten", kann keine Seelsorgetheorie zurück. WINKLER, K: (1997): Bericht, S. 334.

worden ist, daß biblisch orientierte TheoretikerInnen dadurch ihrer selbstgestellten Maxime der Bibelorientierung nicht gerecht werden, sondern einem fundamentalistischen Umgang mit der Bibel und der christlichen Tradition Vorschub leisten.[67] Fundamentalismus und Pluralismus jedoch schließen einander aus! Daß die Glaubenshilfe aus der seelsorglichen Zielbeschreibung nicht wegzudenken ist, muß ebenfalls als Verdienst der biblischen Traditionslinie gewertet werden und darf auch künftig keinen Bedeutungsverlust erleiden. Einer inhaltlichen Umschreibung von Glaubenshilfe als missionarischer Import von Glaubensinhalten in das Individuum, damit dieses sich durch ein bedingungsloses Für-Wahr-Halten seelsorglicher Vorgaben dem Gesetz Gottes und der Kirchenzucht unterordnet, auf der Basis eines persönlichen Bekehrungserlebnisses sich ganz an Gott übereignet und Hilfe nur noch von Gott erwartet, ist wegen der grundsätzlichen Sicherung der Freiheit aller Menschen abzulehnen. Sündenvergebung, Schuldvergebung, Umkehr zum Glauben und Wiedergeburt im Glauben als oberste Priorität seelsorglicher Zielsetzung sind in ihrer Bedeutung zu relativieren, da Leben unter pluralen Bedingungen nicht auf unikausale Sündenzusammenhänge reduziert werden darf.[68] Radikal zu umgehen dagegen sind inhaltliche Konnotationen von Glaubenshilfe, die Glauben und das Abschwören okkulter Mächte in direkten Kausalzusammenhang setzen. Der in charismatischen Kreisen gegenwärtig weitverbreitete Glaube an die Besessenheit von Men-

---

67 In Blick auf Kerygmatische Seelsorge konstatiert bereits Tacke einen gesetzlichen Umgang mit der Bibel. Vgl. TACKE, H. (1989): Mit den Müden, S. 194. Luther kommt daher zu folgender Schlußfolgerung: „Die Abwendung der modernen Seelsorgebewegung vom Konzept einer Seelsorge als Verkündigung richtet sich nicht gegen den zentralen Stellenwert des Verkündigungsbegriffs, sondern gegen seine verbalistische Einengung und die daraus folgenden autoritären, unseelsorglichen methodischen Konsequenzen." LUTHER, H. (1986): Alltagssorge und Seelsorge, S. 2.
In Blick auf die Nuthetische Seelsorge schreibt Rebell: „In theologischer Hinsicht wird Adams der Vorwurf gemacht, daß er überhaupt nicht vom Evangelium her bestimmt ist, sondern allein vom Gesetz." REBELL, W. (1988): Psychologisches Grundwissen, S. 186. Daß Adams den im Neuen Testament nur 11 x auftauchenden Begriff der 'Nouthesia' zum hermeneutischen Schlüssel seines gesamten Bibelverständnisses macht, läßt Eberhardt den Vorwurf formulieren, daß sich hinter seinem Vorgehen ein eklektizistisch-biblizistischer Umgang mit der Bibel verbirgt, indem er nach persönlicher Vorliebe einzelne Bibelstellen isoliert und für bestimmte Aussagezwecke benutzt. Vgl. EBERHARDT, H. (1993): Praktische Seel-Sorge-Theorie, S. 103. Winkler beurteilt Adams Konzept daher als eine „fundamentalistische Seelsorge". WINKELR, K. (1988): Psychotherapie im Kontext der Kirche, S. 77.
Seiler stellt folgende Frage: „In der Auseinandersetzung um die biblische Seelsorge geht es nicht um die explizite und formale Berufung auf die Bibel, ihre Worte und Symbole. Die entscheidende Frage besteht darin, ob die Intention der Bibel und ihre Dynamik in der Seelsorge wirksam werden, oder ob sich unter dem Schlagwort der biblischen Seelsorge eine tötende Gesetzlichkeit breitmacht." SEILER, D. (1978): Was heißt eigentlich biblische Seelsorge?, S. 399.

68 Bezüglich der Überbetonung der Sündenproblematik schreibt Piper in Blick auf die Kerygmatische Seelsorge: „Alles, was Gegenstand seelsorglicher Bemühung sein kann, alles, wofür Seelsorge erwünscht ist und erbeten werden kann, erfährt eine theologische Deutung, gleich, ob es sich um Beziehungsstörungen in Ehe und Familie, Konflikte am Arbeitsplatz oder Krankheit und Sterben handelt. Alles fällt unter das Verdikt 'Sünde'. Aus der Sünde kann uns nur das Gnadenwort der Vergebung befreien." PIPER, H. (1984): Wider die unversöhnliche Polarisierung, S. 269. Fuchs wertet die Fixierung auf Verhinderung und Vergebung von Sünde als den Versuch, Menschen dahingehend zu manipulieren, daß sie durch kirchliche Totalidentifikation und Integration vor Gott 'rein' dastehen müssen, wodurch sie gezwungen sind, einerseits ihre eigenen immer wiederkehrenden sündigen Anteile nicht mehr zu akzeptieren, sondern von sich abzuspalten und dem Umgang mit (angeblich) sündigen Menschen auszuweichen. Vgl. FUCHS, O. (1991): Einübung, S. 251.
Prioritätensetzungen wie die des katholischen Theologen Wanke aus dem Jahr 1990 müssen daher in einer Perspektivenkonvergenten Seelsorge relativiert werden: „Ziel der Seelsorge ist die Abkehr des Menschen von einer sündhaften Selbstverfallenheit und die freie Übereignung des Menschen an Gott in der bewußten Annahme der Nachfolge Christi. Seelsorge will die Bereitschaft wecken, sich sakramental in das Gottesvolk des neuen Bundes eingliedern zu lassen." WANKE, J. (1990): Worauf es ankommt, S. 15.

schen als Ursachenerklärung für (Glaubens)Probleme und Krankheiten basiert auf einem Gottes-, Welt- und Menschenbild, das sich mit dem einer Perspektivenkonvergenten Seelsorge nicht in Deckung bringen läßt.[69] Wenn in biblischen Konzeptvarianten betont wird, daß auch Lebenshilfe im Sinne einer Veränderung des Selbst- und Weltverständnisses angestrebt wird, so ist dieser abstrakten Behauptung zunächst mit Wohlwollen zu begegnen. Wenn jedoch v.a. in der biblisch-therapeutischen Variante dafür plädiert wird, diese Veränderung durch Anpassung des Individuums an den Verhaltenscodex der Bibel zu erreichen, ist Tür und Tor geöffnet für einen manipulativen Umgang mit Menschen, der nach Ansicht der Verfasserin leicht inhumane Züge tragen kann, und deshalb aus dem seelsorglichen Theorie-Design zu streichen ist.[70] Dies trifft auch auf die charismatisch dominierende Zielsetzung körperlich-seelischer Heilung zu. Heilung eines Menschen, die als Machterweis Gottes interpretiert wird, und durch inhumane exorzistische Praktiken zustandegebracht werden soll, kann schon deshalb nicht akzeptiert werden, weil das Individuum unter den Leistungszwang der Gesundung, die mit Glauben in eins fällt, gesetzt wird und die Rede von Gott zum Zweck der Heilung instrumentalisiert wird.[71]

Die Analyse primär theologisch-psychologisch orientierter Seelsorgemodelle hat gezeigt, daß in dieser Traditionslinie die Leistung vollbracht wurde, Seelsorge inhaltlich auf die intra- und interpersonelle Beziehungsebene zu verpflichten. Indem 'Hinschauen' und 'Zuhören' als Zentralkategorien von Seelsorge gelten, wird diese aus ihrer Transzendenzverankerung gelöst, wodurch das Individuum in seiner subjektiven Verfaßtheit in den Mittelpunkt des Seelsorgeprozesses rückt.[72] Der mit Hilfe psychologischer Erkenntnisse und Methoden ermöglichte Zugang zur Person, der die Form einer gemeinsamen Rekonstruktion individueller Lebensgeschichte annehmen kann, muß auch in einem perspektivenkonvergenten Seelsorgemodell Berücksichtigung finden, wenn Seelsorge nicht über das Individuum hinweg konzipiert werden soll. Da die inhaltliche Beschreibung von Seelsorge als 'Beratung' auf den engen Bezug zur Psychotherapie hinweist und deshalb den Vorwurf des Psychologismus provoziert, kann m.E.

---

69 Bereits in den 70er Jahren stellte Székely für Psychiatrieseelsorge folgende Grundregel auf, die m.E. gerade in Blick auf den Exorzismus radikal ernst zu nehmen ist. „Die Religion soll Hilfe, nicht eine zusätzliche Verwirrung sein." SZÉKELY, A. (1974): Psychiatrie, S. 25. Ein ähnliches Plädoyer findet sich auch auf Seiten der Psychiater: „Die Kirche sollte durch ihre Theologie und Pastoral nicht noch zusätzlich neurotisieren". RINGEL/KIRCHMAYER (1976): Thesen zum Gespräch Psychiatrie - Pastoraltheologie, S. 227.

70 Die Verfasserin schließt sich hierbei der pastoralpsychologischen Kritik Hartmanns an: „Reifungsschritte und Heilungsprozesse fördert nur, wer ihr Ergebnis nicht vorwegnimmt und herbeimanipulieren will." HARTMANN, G. (1992): Lebensdeutung, S. 72.

71 „Charismatische Bewegungen erheben den Anspruch, Heilung vollziehen zu können.... Wer sie nicht erlangt, hat nicht den rechten Glauben. Das negative Ergebnis wird dem Menschen aufgeladen, der eigentlich in der Krise gerade die besondere Zuwendung brauchte. Heilungsversprechen dieser Art wirken kontraproduktiv. Sie sind nicht 'Leitung' eines Menschen, sondern Benutzung von Menschen zum Erweis der Macht Gottes, wie der Leiter der Gruppe ihn selbst sieht." HAGENMAIER, M. (1990): Ratlosigkeit, S. 199. Baumgartner führt ein weiteres Argument an: „Der Glaube würde hier instrumentalisiert für eine möglichst rasche Gesundung. Sein Wert steht und fällt mit der unmittelbaren therapeutischen Effizienz." BAUMGARTNER, I. (1990): Heilende Seeelsorge, S. 120.

72 Wirklichkeitsnähe wurde gerade von psychologisch orientierten TheoretikerInnen in Abgrenzung von biblisch orientierten Kollegen als besonders erstrebenswert erachtet: „Die Begründung von Thunreysens Theologie in der Transzendenz verschafft ihr wohl ein scharfes Profil, aber auch die Problematik eines von der Kritik beklagten Wirklichkeitsverlustes." RIESS, R. (1973): Seelsorge, S. 185. Auch Stollberg beklagt den „doketischen Realitätsschwund" kerygmatischer Seelsorge. Vgl. STOLLBERG, D. (1975): Seelsorge in der Offensive, S. 285.

auf ihn getrost verzichtet werden, ohne daß der damit assoziierte Inhalt verraten wird. Die seelsorglichen Funktionsbeschreibungen 'Kommunikation', 'Begegnung', 'Begleitung' und 'Annahme' dagegen werden sich auch künftig dafür eignen, in gegenseitiger Ergänzung den Aspekt der Beziehungsdynamik von Seelsorge zum Ausdruck zu bringen und sicherzustellen, daß ein seelsorgliches Gespräch als Kommunikationsmodus zu verstehen ist, in dem nicht zwangsläufig religiöse Inhalte zur Sprache kommen müssen. Auch die Umschreibung von Seelsorge als 'Anleitung' läßt sich als bewahrenswerter Aspekt festhalten, wenn Hagenmaiers Konnotation der menschenfreundlichen Hilfestellung für die Ausbildung und Einübung eines individuell überzeugenden tragfähigen Sinn-, Wirklichkeits- und Lebensentwurfs zugrunde gelegt wird, in der jede Form von Zwang, Fremdbestimmung und kognitiver Verhaltenslenkung ausgeschlossen ist. Die psychologisch orientierte Perspektive eröffnet außerdem den Blick dafür, daß gerade die persönliche Erfahrungs- und Gefühlsdimension, die durch Begriffe wie 'Einfühlen', 'Mitfühlen', 'Mitleiden', 'Erspüren', 'Lieben' und 'Leidenschaft' zum Ausdruck kommt, ebenso konzeptionell zu berücksichtigen ist wie das zwischenmenschliche 'Trösten'. Diesbezüglich muß jedoch Klessmanns Einwand ernst genommen werden, daß gerade die Dimension der Liebe und Barmherzigkeit in der Konzeptvariante Heilende Seelsorge dazu tendiert, in eine „irrationale, kopflose Liebe"[73] überzugehen und damit der seelsorglichen Planung und Kontrolle entzogen zu sein. Nimmt die Berücksichtigung der Gefühlsebene diese Dimension an, ist sie aus der Sicht der Verfasserin als nicht bewahrenswerter Aspekt abzulehnen, weil 'Kopflosigkeit' gerade im Umgang mit psychisch kranken Menschen eminent negative Folgewirkungen für diesen mit sich bringen kann.

In Blick auf die seelsorgliche Zielsetzung stellen sich die erfahrungsbezogene Dimension von Glaubenshilfe, die inhaltliche Füllung von Lebenshilfe als Selbstverwirklichung und Heilung, sowie die enge Verklammerung von Lebens- und Glaubenshilfe psychologisch orientierter Konzepte als bewahrenswerte Bausteine künftiger Seelsorge dar. Während Glaubenshilfe als Eröffnung einer unmissionarischen existentiellen Erfahrungsdimension, die den Menschen durch eine enge Korrelation von Lebens- und Gottesgeschichte Hilfestellung für die Lösung konkreter Probleme ermöglicht, von der Verfasserin uneingeschränkt als bewahrenswerte Zielsetzung anerkannt wird, scheint ihr gegenüber einem Plädoyer für die Ermöglichung mystisch-ekstatischer Glaubenserfahrungen zumindest in Blick auf psychisch kranke Menschen eher Vorsicht geboten zu sein, da deren Problem gerade darin bestehen kann, daß sie bereits 'außer sich' sind und deshalb v.a. eine Rückkehr in sich selbst und nicht in eine Transzendenzerfahrung benötigen.[74] An der Definition von Lebenshilfe als konkrete Hilfestellung zur Subjektwerdung, Selbstverwirklichung, Mündigkeit und Entscheidungsfreiheit der Individuen gilt es, um des Einzelnen willen, jedoch festzuhalten, obwohl gerade diesbezüglich heftigste Kritik an der psychologischen Traditionslinie geübt worden ist.[75] Auch das Motiv der Heilung

---

73 KLESSMANN, M. (1995): Seelsorge unter den Bedingungen der Risikogesellschaft, S. 58.

74 Diese Aussage richtet sich gegen eine Art 'mystische Glaubenshilfe', wie sie z.B. bei Grün formuliert ist: „Aber es gibt in mir einen Raum, zu dem die Neurose keinen Zutritt hat. Und es gibt Augenblicke, in denen ich ganz ich selber bin, ganz eins, wie es Johannes sagt, der von der griechischen Philosophie des Einen, des Einsseins mit sich selbst und mit Gott fasziniert ist." GRÜN, A. (1996): Die spirituelle Dimension, S. 86.

75 Die Konzentration auf Selbstverwirklichung löste abwehrende Reaktionen sowohl bei biblisch als auch soziologisch orientierten Theoretikern aus. In Auseinandersetzung mit dem Konzept Heilender Seelsorge weist z.B. Poengsen darauf hin, daß Selbstverwirklichung und autonome Subjektwerdung als „Pflege des bürgerlich-christlichen Privat-Ich" interpretiert werden können, wobei das Individuum einem ungeheuren „Leistungsdruck individualistischer Selbstverwirklichung, Selbstverantwortung und dem Zwang zu absoluter Selbstreferentialität" unterworfen ist, wodurch es unter dem Deckmantel der Freiheit und Individualität

als Aspekt seelsorglicher Lebenshilfe soll in ein perspektivenkonvergentes Seelsorgemodell übernommen werden. Dies geschieht deshalb, weil die Verfasserin davon ausgeht, daß die therapeutische Dimension aufgrund ihres humanisierenden Potentials elementar zur Seelsorge dazugehören muß, weil Seelsorge nicht an konkret erfahrenem individuellem Leid(en) (ver)tröstend vorbeigehen darf, ohne Anstrengungen zu unternehmen, eine Minimierung voranzutreiben. Hierbei muß aber berücksichtigt werden, daß bereits in verschiedenen Modellen psychologisch fundierter Seelsorge das Heilungsziel einer grundsätzlichen Relativierung unterzogen worden ist. Wenn es für ein künftiges Seelsorgemodell rezipiert werden soll, so nur im Rahmen der bereits vorgenommenen inhaltlichen Modifikationen und Differenzierungen.[76] Dies heißt, daß sich individuelle Heilung sowohl in körperlich-seelischer Gesundung als auch in der Annahme des fragmentarisch-defizitären So-Seins ausdrücken kann, wobei letztlich nur das Gegenüber sein persönliches Heilungsziel definieren kann. Gerade in diesem Kontext können die Funktionsbeschreibungen des 'Tröstens', die in allen Konzeptvarianten auftaucht, und die der humorvollen Begegnung eine wichtige Bedeutung für die Stabilisierung des Individuums gewinnen.

Durch die Kozeptvorgaben der primär theologisch-soziologischen Perspektive wurde deutlich, daß die 'horizontale' Dimension Individuum-Gesellschaft durch die Berücksichtigung struktureller, sozialer und gesellschaftspolitischer Zusammenhänge die Bedingung dafür herstellt, daß sich Seelsorge nicht in einer kontextuell losgelösten Individuumszentrierung erschöpft und dadurch einen substantiellen Realitätsverlust erleidet, der gerade den psychologisch orientierten Konzepten vehement angekreidet wird.[77] Die Verfasserin will in Blick auf eine

---

einem rigiden Normensystem unterworfen wird. POENSGEN, H. (1997): Alles ist Fragment, S. 161/159. Im Unterschied hierzu argumentieren Theoretiker der biblischen Sichtweise v.a. damit, daß die Zielsetzung der Selbstverwirklichung letztlich mit der christlichen Botschaft nicht zu vereinbaren sei. Vgl. GEFAHR FÜR DIE SEELE (1986): Seelsorge zwischen Selbstverwirklichung und Christuswirklichkeit.

76 Nachdem Poensgen und Gruber in ihren kritischen Reflexionen zur Heilenden Seelsorge angemahnt haben, daß sich Seelsorge bezüglich ihres Heilungsverständnisses nicht an die marktförmig gewordenen Heilserwartungen anpassen darf, um ihre Distanz gegenüber den Machbarkeitsillusionen und Verblendungsmechanismen des Esoterik- und Psychomarktes gerade auf der Folie der Erlebnisgesellschaft, in der die innere Welt zur Zuflucht vor den Herausforderungen der äußeren Welt dienen kann, nicht zu verlieren, äußerte sich auch Baumgartner als Protagonist Heilender Seelsorge dementsprechend (selbst)kritisch und programmatisch: „Höchst problematisch scheint die Tatsache, daß heilende Seelsorge Anleihen nehmen könnte bei einer esoterischen Psychoszene, ihrem Ganzheitspathos, ihrer Antirationalität, Remythisierung und Simplifizierung individueller und sozialer Komplexität." BAUMGARTNER, I. (1997): Heilende Seelsorge, S. 242. Vgl. auch GRUBR, F. (1997): Heilwerden im Fragment; POENSGEN, H. (1997): Alles ist Fragment. Auch der modifizierende Hinweis darauf, daß das Heilungsziel letztlich nicht von außen für das Individuum definiert werden darf, muß m.E. als bewahrenswerter Aspekt Berücksichtigung finden: „Wo immer 'therapeutische' oder 'heilende Seelsorge' mit dem Anspruch auftritt, Ziele für das Heil des Einzelnen vorgeben zu können, muß sie sich mit Recht die Frage gefallen lassen, ob sie nicht einem Menschenbild und einer (im Grunde unchristlichen) Theologie verpflichtet ist, die, vielleicht unbemerkt, neue, letztlich unterdrückende Normen (vom Leistungszwang über den Allmachtswahn einer Heilungsideologie bis zum Perfektionsideal) aufstellt und so versklavt statt befreit." SCHMID, P.F. (1997): Heil(ig)werden, S. 265.

77 Ebenso wie den VertreterInnen biblischer Konzepte vorgeworfen worden ist, durch ihre einseitige Blickrichtung auf Gott die kontextuelle Wirklichkeit der Menschen zu vernachlässigen, wird auch denen psychologischer Konzepte angekreidet, durch ihren Blick auf die Psyche einseitigen Sichtweisen zu erliegen: „Die Bearbeitung sozialer und politischer Fragen wird der Sozialethik zugeschrieben, während Seelsorge sich ganz in den quasi privaten Raum der tröstend-stabilisierenden Zweierbeziehung zurückzieht. Die Seelsorgebewegung hat diese Trennung durch die Übernahme des Therapie-Modells... deutlich verstärkt." KLESSMANN, M. (1988): Seelsorge, S. 396; „Daß die Orientierung der Seelsorge an den Problemen der einzelnen 'eine Einseitigkeit eigener Art hinsichtlich des Realitätsbezugs darstellt, wird von der Beratenden

künftige Seelsorgetheorie sichergestellt wissen, daß die genannten Kontexte gleichstufig auf zwei Ebenen Beachtung finden: Zum einen auf der Ebene der Einzelseelsorge, indem konzeptionell festgeschrieben wird, daß keine interpersonelle seelsorgliche Begegnung vom spezifischen Lebenskontext des Gegenübers als auch der eigenen Person absehen kann; zum anderen auf der Ebene der gesamtgesellschaftlichen Verantwortung von Seelsorge, indem festgehalten wird, daß Seelsorge auch als Seelsorge an der Gesellschaft zu verstehen ist, d.h. zusätzlich zur Individualseelsorge immer eine gesellschaftsstrukturelle Form von Seelsorge zu leisten ist. Da aber auch SeelsorgerInnen nur begrenzte Kapazitäten besitzen, heißt dies, daß das geforderte individuumübergreifende Engagement in engem Zusammenhang mit den Problemen und Bedürfnissen der Klientel (z.B. psychisch Kranke, Krankenhauspersonal) stehen muß, mit dem auf individueller Ebene gearbeitet wird. Die inhaltlichen Beschreibungen von Seelsorge als 'solidarischer Dienst' und 'Kommunikatives Handeln' werden sich daher auch künftig eignen, die Verschränkung individueller und kontextueller Seelsorge zum Ausdruck zu bringen. Die Umschreibung von Seelsorge als aktives 'kämpferisches Engagement' muß somit immer in einem fruchtbaren Widerstreit zu folgender, inhaltlich eher passiv umschriebenen Definition stehen: „Die Präsenz der Krankenhausseelsorge ist ein Hinweis darauf, daß im Umgang mit Krankheit und Gesundheit, also mit dem Leben, die Kategorien des Aktiven - Tun, Machen, Eingreifen, Verändern - nicht die einzig angemessenen sind, daß es ebenso wichtig ist, die 'Tugenden der Passivität' neu zu entdecken: „Das Geschehenlassen, das Aushalten, die Geduld, der Verzicht darauf, Herr über uns selbst und unsere Welt zu sein'."[78]

Die unter der soziologischen Perspektive gewonnenen Akzentsetzungen in der Zielbeschreibung von Seelsorge werden von der Verfasserin v.a. in Blick auf das Verständnis von Subjektwerdung und Heilung trotz einiger kritischer Anmerkungen als besonders bewahrenswerte Elemente für die Konstruktion einer Perspektivenkonvergenten Seelsorge gewertet. Subjektwerdung impliziert demnach immer auch einen sozialen und politischen Aspekt, insofern Seelsorge zur Klage anstiften und zur Anklage ermutigen soll. Indem sie dazu beiträgt, daß das Widerstandspotential des Einzelnen ebenso wie seine Möglichkeitsperspektiven wachsen, wird ihm ermöglicht, in wiedergefundener Sprach- und Handlungskompetenz gegen Fremdbestimmung und Unterdrückungsmechanismen zur Wahrung der eigenen Interessen ebenso

---

Seelsorge selbst nicht gesehen' und erzeugt blinde Flecke eigener Art, die von weitreichender Bedeutung sind." KARLE, I. (1996): Seelsorge, S. 207. „Hinter einem individualistischen Seelsorgekonzept steht - implizit oder explizit - eine Wahrnehmung von Lebens-(und Glaubens-)Krisen als privatem Lebensschicksal und die Zuschreibung ihrer Ursachen an das einzelne Individuum." HENKE, Th. (1994): Seelsorge, S. 94; (Selbst)kritisch gesteht dies auch Baumgartner ein: „Die vorherrschende pastorale Beratungs- und Begleitungspraxis, einschließlich ihres Supervisionsbegriffs, ist weithin einem individualisierenden und personalisierenden Schema verhaftet. Probleme werden bevorzugt als Versagen der Person diagnostiziert". BAUMGARTNER, I. (1997): Heilende Seelsorge, S. 243.

Daß psychologisch orientierte Seelsorge zu einem Reparaturdienst verkommt, der kompensatorisch Defizite der Gesellschaft auffängt und verschleiert, indem Symptome kuriert werden, aber keine langfristige Beseitigung individueller Notlagen anstrebt, mahnt v.a. Pohl-Patalong an: „Damit gerät die strukturelle Dimension individueller Problemstellungen ebenso aus dem Blick wie die Gesellschaft als eigene Größe. Mit ihrer pronocierten Position innerhalb der Gesellschaft verliert die therapeutische Seelsorge die Distanz als Voraussetzung zu Kritik und Innovation, so daß sie in der Gefahr steht, die Anpassung der Individuen an die gegenwärtigen Verhältnisse zu fördern, ohne diese selbst zu hinterfragen." POHL-PATALONG, U. (1996): Seelsorge, S. 242. Ebenso kritisch äußert sich Verheule: „Sie (therapeutische Seelsorge) beteiligt sich, von Ausnahmen abgesehen, zu wenig an der Gesellschaftskritik. Sie neigt dazu, zu psychologisieren und damit zur Anpassungsmethodik zu werden." VERHEULE, A. (1987): Seelsorge, S. 115; Auf den Punkt gebracht fragt daher Gruber: „Bewahrt die heilende Seelsorge die Fähigkeit zum vertröstungsresistenten Unbehagen am Faktischen?" GRUBER, F. (1997): Heilwerden im Fragment, S. 236.

[78] KLESSMANN, M. (1996): Ausblick, S. 273.

wie für die anderer, leidender bzw. unterdrückter Menschen, solidarisch einzutreten. Geglückte Subjektwerdung geht daher mit der Befreiung aus sozialer Isolation und der Freisetzung von Selbsthilfepotentialen sowie der Fähigkeit zu einer selbstgestalteten sozialen Lebensführung einher, die sich durch eine zunehmende Loslösung aus gesellschaftspolitisch verursachten strukturellen, ökonomischen und administrativen Zwängen sowie Unterdrückungsmechanismen qualifiziert. Folgerichtig muß die seelsorgliche Zielsetzung der individuellen Heilung in einen überindividuellen Rahmen sozialer Heilung eingebettet sein. Konkret heißt dies, daß Seelsorge darauf abzielen muß, auf der Basis einer fundierten Gesellschaftsanalyse individuumsübergreifend Repressionstendenzen der Gesellschaft offen zu kritisieren und zu bekämpfen.[79] Aktives strukturelles und gesellschaftspolitisches Engagement, das auch eine kritische Auseinandersetzung mit dem vorgegebenen gesellschaftlichen und geschlechtsspezifischen Normen- und Plausibilitätencodex beinhaltet, ist somit ein seelsorglicher Wert in sich, weil er der Erneuerung der Lebenswelt dient und deshalb die Rahmenbedingung dafür schafft, Männern und Frauen, denen SeelsorgerInnen auf der Ebene der Einzelseelsorge begegnen, zur Befreiung aus konkreter Not und Unterdrückung zu verhelfen.

Gerade in Blick auf Psychiatrieseelsorge muß diesbezüglich aber immer folgende Problematik bedacht werden: „Notwendiges politisches Engagement kann dazu verführen, die Patienten zu mißbrauchen, um mit ihnen die Gesellschaft zu verändern... Wo ist die Grenze zu ziehen, zwischen notwendiger und heilsamer Unruhe in psychiatrischen Krankenhäusern und möglicher Destruktivität?"[80] Die Einschränkung, daß das Befreiungsziel weder mit religiöser Erlösung noch mit dem parteipolitischem Kampf für eine bestimmte Gesellschaftsform in eins fallen darf, damit Seelsorge nicht für partikulare gesellschaftspolitische Interessen instrumentalisiert wird, ist bereits selbstkritisch von den VertreterInnen soziologisch orientierter Konzepte ausgesprochen worden und darf deshalb auch künftig nicht heruntergespielt werden.[81] Inwieweit die soziale Komponente des Heilungszieles zur Folge haben muß, daß die in biblisch und psychologisch fundierten Konzepten anvisierte Reintegration z.B. psychisch kranker Menschen in die vorfindbaren (pathogen gebliebenen) Gesellschaftsstrukturen als Zielsetzung aus einem perspektivenkonvergenten Seelsorgemodell zu streichen ist, läßt sich m.E. nur durch ein widerstreitendes Ja und Nein beantworten. Seelsorge darf keine Integration des Individuums in die Gesellschaft anstreben, um sich nicht als Handlanger sozialpolitischer Gruppierungen und deren Interesse an der Stabilisierung vorgegebener Strukturen zu erweisen. Seelsorge muß aber auch eine Integration des Individuums anstreben, wenn sie tatsächlich das Leid eines jeden einzelnen Menschen und seine Sehnsucht nach Abstellung des Leidens radikal ernst nehmen und ihm Hilfestellung dabei leisten will, eingebunden in ein soziales Netz in der vorfind-

---

[79] Daß die geforderte Analysekompetenz gerade in Blick auf das Verhältnis Psychiatrie-Gesellschaft äußerst schwierig ist und deshalb von SeelsorgerInnen immer nur partiell geleistet werden kann, ist im Sinne einer notwendigen Selbstbescheidung zwar zur Kenntnis zu nehmen, ändert aber nichts an der grundsätzlichen Notwendigkeit dieses Vorgehens: „Im beruflichen Alltag gelingt es nur selten und allzu ausschnitthaft, die vielfältigen sich verändernden Facetten des Verhältnisses von Psychiatrie, Gesellschaft und staatlichen Rahmenbedingungen zu durchschauen." BERGER/ BRAUN (1990): Psychiatrie, S. 7.

[80] LÜCHT-STEINBERG, M. (1983): Seelsorge in der Psychiatrie, S. 179.

[81] „Denn die Verheißung des Reiches Gottes beinhaltet keinen inhaltlichen Entwurf einer bestimmten Gesellschaftsform, sondern übersteigt weit alles faktisch Gewordene und kritisiert es damit als unvollkommen. In der Perspektive des Reiches Gottes kann es daher immer nur ein 'mehr' oder 'weniger' geben, so daß kein befriedigender gesellschaftlicher Alternativentwurf bestimmt werden kann, sondern Seelsorge sich auf eine kritische Funktion beschränken muß." POHL-PATALONG, U. (1996): Seelsorge, S. 266. Vgl. auch POENSGEN, H. (1997): Alles ist Fragment, S. 233; HENKE, Th. (1994): Seelsorge, S. 502.

baren Gesellschaft zu überleben. Letzteres gilt jedoch nicht, wenn der kranke Mensch selbst es vorzieht, den Strukturen der Gesellschaft zu entfliehen, indem er ein Leben in einem geschützten Klinik-Raum vorzieht.

Obwohl die theologisch-kulturökologische Perspektive bisher nur extrem fragmentarisch angedacht worden ist, lassen sich dennoch einige bewahrenswerte Charakteristika erkennen.[82] Für die inhaltliche Beschreibung von Seelsorge erweist sich v.a. die von Fuchs vertretene Maxime der unbedingten Zusammengehörigkeit von 'Sein-Lassen' und 'nicht-im-Stich-Lassen' des Gegenübers aufgrund der sich darin ausdrückenden universalen Menschenfreundlichkeit, als besonders bedenkenswert. 'Sein-Lassen' leitet Fuchs aus dem schöpfungsökologischen Aspekt der Vorgabe Gottes ab, daß der Indikativ vor dem Imperativ zu stehen hat und deshalb gerade die 'Option für die anderen' als ein sekundärer Schöpfungsakt zu begreifen ist. Eine kultur-ökologische Pastoral zeichnet sich daher durch die Haltung einer tiefen Achtung vor der Existenz und dem So-Sein aller Menschen aus. In Blick auf jede Form zwischenmenschlicher Begegnung, schlußfolgert Fuchs: „Jede zwischenmenschliche Kommunikation ist darauf angewiesen, von der eigenen inhaltlichen Identität das Nicht-Korrespondierende, das Fremdbleibende also, zu gönnen, es nicht zu diffamieren."[83] Aus der Basishaltung des Sein-Lassens wiederum ergibt sich die zwingende Notwendigkeit des aktiven Nicht-im-Stich-Lassens, das konkrete Interventionen, die im Kontext der soziologischen Perspektive ausführlich erläutert worden sind, erforderlich macht: „Die Leidenschaft, den und die anderen sein zu lassen, entläßt aus sich die unnachgiebige Verantwortung, bedrohtes Sein nicht im Stich zu lassen."[84] Radikale Akzeptanz der Andersartigkeit von Menschen und aktiver Einsatz für ihre Rechte und Freiheiten werden somit über die kultur-ökologische Sichtweise unlösbar miteinander verknüpft.

Auch bezüglich der Zielsetzung von Seelsorge steuert die kultur-ökologische Sichtweise wichtige Impulse bei. Konsequent leitet Fuchs aus seiner Maxime der Anerkennung des Daseins- und Soseinsrechtes aller Menschen in Blick auf Glaubenshilfe ab: „'Die Kirche schlägt

---

82 Im Kontext seiner Reflexionen zur Pluralitätsthematik, Interkultureller Theologie und dem Theologieverständnis Teilhards de Chardins deutet Fuchs die Möglichkeit einer Kulturökologischen Pastoral an: „'Es ist was es ist, sagt die Liebe', so in einem Gedicht von Erich Fried. Eine solche Haltung der Pastoral könnte man auch eine kulturökologische Pastoral nennen: eine Tätigkeit, die von der Schöpfung und von den individuellen und sozialen kreativen wie kreatorischen Gestaltungen der Menschen ausgeht und kein heilsames Jota davon unter den Tisch fallen läßt: weder in einer Gesellschaft noch zwischen ihnen." FUCHS, O. (1995): Gott hat einen Zug ins Detail, S. 76. 'Ökologie' und die nach Suess von sozialen Gruppen und Völkern historisch konstruierte zweite Ökologie 'Kultur' gehen damit neben Individuum und Gesellschaft als konstitutive Größen in das Konzept einer Seelsorgetheorie ein. Vgl. auch FUCHS, O. (1995): Ökologische Pastoral im Geiste Teilhards de Chardins.

83 FUCHS, O. (1994): In der Sünde auf dem Weg der Gnade, S. 257. „Ein anderer Mensch oder eine andere Kultur muß nicht ein bestimmtes Sosein aufweisen, um unsere Toleranz und Solidarität zu verdienen, sondern jedes Dasein verdient als solches bereits Toleranz und Solidarität." FUCHS, O. (1995): 'Sein-Lassen', S. 149. Der Optionsbegriff für die Anderen stellt eine Radikalisierung der diakonisch-politischen Option für die Armen dar. Er entstammt dem lateinamerikanischen Kontext (4. Generalversammlung der lateinamerikanischen Bischöfe in Santo Domingo 1992) und „erinnert die Kirchen an ihr pfingstliches Versprechen pluraler Geschwisterlichkeit". SUESS, in: METTE, N. (1993): Option für die Anderen, S. 330. Die Folgewirkung dieses Optionsbegriffes bringt Haslinger auf den Punkt: „Damit kommen die Menschen in den Blick, die nicht oder nicht nur durch materielle Unterversorgung, sondern durch andere Mechanismen und Bedingungen benachteiligt bzw. marginalisiert sind. Die Frage nach der Option für die Armen stellt sich auch als eine Frage z.B. nach Behinderten, nach Kranken, nach Angehörigen anderer Kulturen und Rassen, nach sexistisch unterdrückten Frauen usw. dar." HASLINGER, H. (1996): Diakonie, S. 806.

84 FUCHS, O. (1995): 'Sein-Lassen', S. 146.

vor, sie drängt nichts auf. Sie respektiert die Menschen und Kulturen, sie macht Halt vor dem Heiligtum des Gewissens'... Es ist dann wichtiger, daß Anders-Gläubige in ihrer eigenen Religion lernen, ihren Gott als unbedingt Liebenden zu erfahren, der ihrem Leben Schutz und Rückenstärkung gibt, als daß sie zu einem Bekenntnis manipuliert oder getrieben werden, das zwar den liebenden Gott zum Inhalt hat, das aber in der praktischen Form der Vermittlung diesen Glauben durchkreuzt und Lügen straft... Das treffende Motto lautet also: den Muslimen zu ermöglichen, ihren Glauben im Horizont dessen, was wir Praxis des Reiches Gottes nennen, zu sehen und von dieser Außenperspektive ihrer selbst ihre eigene Identität zu profilieren. Ähnliches gilt selbstverständlich auch umgekehrt!"[85] Fuchs Plädoyer radikalisiert somit Haslingers Anliegen, Glaubenshilfe als die Freisetzung individueller Glauben reflektierender Kompetenz zu verstehen und ist deshalb gerade für den Entwurf einer Seelsorgetheorie, die auf den multikulturell-multireligiösen Kontext der Psychiatrieseelsorge zugeschnitten sein soll, von besonders weitreichender Bedeutung.

Daß die kulturökologische Sichtweise auch für die konkrete Lebenshilfe spezifische Aspekte beisteuern könnte, ist bisher kaum reflektiert. Diesbezügliche Hinweise finden sich jedoch bereits im feministischen Seelsorgekonzept, in dem die Überwindung kulturell fixierter Geschlechterrollen als Seelsorgeziel postuliert wird. Auch Heimbrocks Plädoyer, daß eine Seelsorgetheorie die Zielsetzung körperlich-seelischer Heilung nur unter Berücksichtigung kulturtypischer Kontexte von Heilung aufrechterhalten kann, läßt sich als eine Suchbewegung in diese Richtung interpretieren.[86] Daß der ökologische Aspekt implizieren könnte, daß Seelsorge auch dazu beitragen muß, das Verantwortungsbewußtsein des Einzelnen für die Natur zu stärken und ihm die Verflochtenheit individueller Existenz in kosmische Zusammenhänge zu verdeutlichen, deren Wahrnehmung durchaus auch heilende Funktion zukommen kann, wurde ebenfalls bisher nur angedeutet: „Integration geschieht, wenn Menschen sich ihrer Verbundenheit vergewissern - einer Verbundenheit mit anderen Menschen, mit der Natur, mit dem Kosmos, mit dem Leben selbst."[87] Daß damit eine ebenso individuumübergreifende Aufgabenstellung von Seelsorge in Blick auf die natürliche Umwelt der Menschen einhergehen könnte, denkt Schmid an: „Durch die ökologische Bewegung schließlich wurde auch die Verantwortung für Natur und Welt als Lebensraum, die Aufgabe der Seelsorge für die Schöpfung als Ganze forciert."[88] Bezogen auf Krankenhausseelsorge hieße dies, daß ein perspektivenkonvergentes Seelsorgemodell sowohl die Individuen, das System Krankenhaus, den gesellschaftspolitischen Kontext als auch den ökologischen Lebensraum konzeptionell berücksichtigen muß. Konkret könnte dies heißen, daß auch Umwelteinflüsse, denen Kranke, das Personal bzw. die Gesellschaft als Ganze ausgesetzt sind, im Sinne einer fundamentalen Sicherung des natürlichen Lebensraumes von Menschen durch seelsorgliche Interventionen zu beeinflussen wären. Seelsorge an der Natur als solche würde in diesem Kontext bedeuten, für die Sicherung der natürlichen Ressourcen und die Reduzierung schädigender Einflüsse durch ein entsprechend öffentliches Engagement einzutreten.

Die Analyse plural verstandener und Transversaler Seelsorge lassen ebenfalls Theorieelemente erkennen, die für ein perspektivenkonvergentes Seelsorgemodell unverzichtbar sind. So

---

85 A.a.O., S. 148, 147.

86 Vgl. HEIMBROCK, H. (1996): Heilung als Re - Konstruktion von Wirklichkeit, S. 330.

87 KLESSMANN, M. (1996): Seelsorge in der Psychiatrie, S. 36.

88 SCHMID, P.F. (1989):Personale Begegnung, S. 220.

radikalisiert die selsorgliche Haltung der Akzeptanz von Differentem und Heterogenem das kulturökologische Postulat der Option für Andere dahingehend, daß in den Anderen gerade die gesehen werden, die nicht nur exotisch und dadurch bereichernd anders sind, sondern in ihrer Andersartigkeit und Fremdheit auch als Bedrohung für das Eigene und Vertraute erlebt werden können. Pohl-Patalongs Kriterium des 'Verstehens' als Funktionsbeschreibung von Seelsorge ist nach Ansicht der Verfasserin deshalb nicht geeignet, den Anderen in seiner fundamentalen Andersartigkeit zu belassen, sondern suggeriert, daß über den Vorgang rationaler Ermächtigung erneut eine Art Konsensfindung möglich ist. Das Anliegen Pohl-Patalongs und Grözingers, Seelsorge als narrativen Prozeß der Rekonstruktion von Lebensgeschichte auszuweisen, wird dagegen von der Verfasserin als besonders tradierungswürdiges Element eingestuft, weil es eine plurale Verflechtung individuumzentrierter, religiöser und sozialer Aspekte beinhaltet. Dies zeigt sich daran, daß Erzählen nicht nur dazu dienen kann, das Individuum für die eigene Biographie und damit einhergehende intrapsychische Prozesse zu sensibilisieren und eine Verknüpfung der individuellen (Leidens)Geschichte mit der Gottesgeschichte herzustellen, sondern auch dazu, durch den erzählerischen Bezug auf die Vergangenheit eine anamnetische Solidarität mit den Opfern der Geschichte herzustellen und durch die narrative Bezugnahme auf die Zukunft individuelle Möglichkeitsperspektiven auszuloten. Die von Pohl-Patalong in Blick auf die Definition seelsorglicher Zielsetzungen vorgenommenen Modifikationen im (multiplen) Identitäts- und (schwachen) Subjektverständnis können trotz der kritischen Anmahnung Klessmanns aufgrund ihrer pluralen Grundorientierung nach Ansicht der Verfasserin dazu beitragen, die noch immer vorherrschenden individuumzentrierten Identitäts- und Subjektmodelle der Moderne hinter sich zu lassen, und damit die klassische Trennung von Individuum und Gesellschaft zu überwinden, um dem Menschen in seiner kontextuellen Verflochtenheit besser gerecht zu werden.[89]

Die *theologische Fundierung* Perspektivenkonvergenter Seelsorge basiert ebenfalls darauf, Konvergenzen aus der bereits existierenden Fülle theologischer Argumentationslinien herzustellen. Wie die Darstellung der Seelsorgekonzepte gezeigt hat, lassen sich in der theologischen Argumentation drei relativ unterschiedliche Vorgehensweisen beobachten: Zum einen wird auf klassische dogmatische Theologumena wie die Schöpfungs-, Offenbarungs-, Rechtfertigungs-, Gnaden-, Sünden- u. Trinitätslehre, die Pneumatologie, Inkarnationstheologie, Christologie, Ekklesiologie und Eschatologie zurückgegriffen. Zum anderen werden einzelne Textstellen des Alten Testamentes (z.B. Einzelaussagen zu Gottes Begegnungs-, Bundes- u. Begleitungshaltung gegenüber den Menschen, gesellschaftskritische Textpassagen der Propheten, Wachstumsbilder) bzw. des Neuen Testamentes (z.B. ermahnende oder verhaltensanweisende Textpassagen in den Paulusbriefen, die Taufgeschichte Jesu, das Gleichnis des barmherzigen Samariters, Jesu Lehre vom Reich Gottes, Begegnungsgeschichten Jesu mit Menschen, Heilungsgeschichten, Geschichten gesellschaftskritischer Handlungweisen Jesu, die nachösterliche Emmausgeschichte) zur theologischen Legitimation des eigenen Ansatzes angeführt. Als dritte Variante werden lehramtliche Dokumente v.a. des Zweiten Vatikanischen Konzils oder evangelischer Synoden herangezogen. Interessanterweise zeigt sich, daß keine der drei Begründungsvarianten Ausschließlichkeitscharakter für eine bestimmte Perspektivendominanz aufweist. Vielmehr werden alle Argumentationsweisen nicht nur perspektivenübergreifend verwendet, sondern auch innerhalb eines spezifischen Seelsorgemodells miteinander kombiniert. Desweiteren fällt auf, daß der Rekurs auf den gleichen theologischen Topos bzw. die gleiche biblische Geschichte zu durchaus unterschiedlichen Schlußfolgerungen führen

---

89 Für Klessmann wird das multiple Identitätsmodell in seinen Chancen überschätzt, in seinen Risiken dagegen unterschätzt. Vgl. KLESSMANN, M. (1998): Über die Seelsorgebewegung hinaus, S. 51.

kann. Daraus läßt sich ableiten, daß sowohl die Heilige Schrift als auch die tradierte christliche Lehre nicht nur offen für unterschiedliche Interpretationen sind, sondern selbst als „Lernschule der Pluralität"[90] wahr- und ernstzunehmen sind, zumal es sich bei der Bibel um eine Sammlung oftmals widersprüchlicher Geschichten und Aussagen handelt. Da Pluralität und der Verzicht auf fundamentalistische Widerspruchsfreiheit somit als zutiefst christliche Werte und damit auch als theologisches Gerüst einer perspektivenkonvergenten Seelsorge ausgewiesen werden können, scheint auf, daß wissenschaftstheoretische Axiome postmoderner Philosophie und theologische Axiome der christlichen Religion konvergieren bzw. sich gegenseitig radikalisieren können! Wie nun aber zwischen widerstreitenden Bibelstellen und unterschiedlichen Interpretationen klassischer Theologumena transversale Übergänge geschaffen werden können, steht als Aufgabe theologischer Reflexion noch an.[91] Theologische Pluralität muß jedoch weder mit dem Verlust objektiver Wahrheit noch mit ethischer und alltagspraktischer Beliebigkeit einhergehen.[92] Demnach impliziert gerade die theologieinhärente Pluralität, daß objektive Wahrheit nur in Gott selbst und nicht in partiellen menschlichen Wahrheiten zu finden ist, weshalb sie letztlich den Menschen unverfügbar ist. Humanisierungspotential besitzen somit nur solche Gottesbilder, jesuanische Verhaltensweisen, dogmatische Überlegungen und christliche Traditionen, die derartigen Totalisierungstendenzen entgegenstehen. Auf diesem Hintergrund sollen im Folgenden besonders bewahrenswerte theologische Leitlinien für ein zukunftsträchtiges Seelsorgemodell hervorgehoben werden:

Die im pluralen Seelsorgeverständnis von Pohl-Patalong explizierte Trinitätslehre kann den hermeneutischen Schlüssel dafür liefern, Pluralität bereits auf der Ebene des Gottesverständnisses als grundsätzliches Kennzeichen christlicher Religion auszuweisen, wie Bucher auf den Punkt bringt: „Im christlichen Gottesbegriff, wo Menschliches absolut (Christus als zweite göttliche Person), aber auch Göttliches relativ (Jesus als Gottes unüberbietbarer Christus) zu denken ist, liegt eine seltsame paradigmatische Zuspitzung exakt jenes Postmoderne-Themas vor, wie Welsch es rekonstruiert... Vom christlichen Gottesbegriff her... ist Pluralität Reichtum, totalisierte Partialität Sünde."[93] Ein derartiges Verständnis der dogmatischen Lehre von der Dreifaltigkeit Gottes würde theologisch den Weg ebnen, folgende Fragestellung Welschs im Sinne der jüdisch-christlichen Religion zu beantworten: „Kann die Verabschiedung des Einen, kann der Übergang zu radikaler Vielheit, in der das Eine nur Eines neben Anderen ist, theologisch fruchtbar gemacht, ja überhaupt mitgemacht werden? Und sind alle Religionen dazu gleichermaßen in der Lage? Oder wäre gerade hierzu eine bestimmte Religion - etwa die

---

90 FUCHS, O. (1990): Zwischen Wahrhaftigkeit und Macht, S. 62. Da bereits in der Bibel eine Vielzahl an Theologien zu finden ist, zeichnet sich diese auch für Hempelmann durch eine grundsätzlich plurale Grundverfassung aus. Vgl. HEMPELMANN, H.P. (1996): Einheit durch Vielfalt?, S. 199.

91 Widerstreitendes in der Bibel und der christlichen Tradition darf nicht einfach eliminiert werden, wie Klessmann (selbst)kritisch in Blick auf psychologisch orientierte Seelsorgemodelle anmahnt: „Durch die 'annehmende Seelsorge' ist ein ziemlich einseitiges Gottesbild verbreitet worden - Gott als der ausschließlich Liebende, der Annehmende, der Vergebende -....Ausgeklammert blieben aus den biblischen Symbole vom Zorn Gottes, von seiner Strafe, vom Gericht, von der Hölle. Und so wurde aus dem Gott der Liebe manchmal ein lieber, ein harmloser Gott - genau wie manche ausschließlich annehmende Seelsorge in der Gefahr stand, harmlos zu werden." KLESSMANN, M. (1989): Wie geht es in der Seelsorge weiter?, S. 117.

92 Vgl. BUCHER, R. (1989): Die Theologie in postmodernen Zeiten, S. 189; KREINER, A. (1992): Ende der Wahrheit? Zum Wahrheitsverständnis in Philosophie und Theologie.

93 BUCHER, R. (1989): Die Theologie, S. 189; DERS. (1992): Die Theologie, S. 56. Auch Zulehner fordert: „Es ist eine trinitarische Ekklesiologie zu entwerfen, wo der dreifaltige Gott selbst das Lebensprinzip der einen Kirche ist." ZULEHNER, P. (1988): (Wider) Die Pluralismusangst in der Kirche, S. 97.

christliche - in besonderer Weise befähigt?"[94] Die in den biblischen Seelsorgemodellen favorisierte Pneumatologie müßte daher künftig vermehrt auf ihre pluralitätssichernde Potenz in Blick auf das christliche Gottesbild durchbuchstabiert werden, wie dies ansatzhaft bereits bei Widl zu finden ist. In Rekurs auf Bohren fordert sie eine ästhetische Pneumatologie, die es ermöglicht, ein plurales Schön-Werden Gottes zu denken, denn „die christologische Zentrierung gegenwärtiger Theologie vernachlässigt das Lebendigsein Christi in der Praxis ebenso wie die Schöpfung in ihrer Geschöpflichkeit."[95] Auch die in biblischen Konzepten verstärkt zitierte Rechtfertigungslehre stellt eine theologische Denkfigur dar, die, befreit von menschenüberfordernden Elementen, künftig dazu beitragen könnte, eine plurale Seelsorgetheorie so zu fundieren, daß alle denkbaren konzeptionellen Perspektiven berücksichtigt sind. Erste Schritte in diese Richtung sind bei Fuchs zu finden, der im Kontext seiner Überlegungen zur Interkulturellen Theologie eine plural gedachte Rechtfertigungslehre entwirft, die, christologisch und eschatologisch unterfangen, nicht nur die Individuumszentriertheit der Rechtfertigung zugunsten einer strukturellen und politischen Rechtfertigungsdimension transzendiert, sondern aufgrund ihres universalen Charakters ebenso Kirchen- und Glaubensgrenzen zugunsten einer multikulturellen und kosmischen Dimension sprengt.[96]

Da in nahezu allen Seelsorgekonzepten Jesu Lehre oder Handeln als theologischer Markierungspunkt ausgewiesen werden, diesbezüglich jedoch extrem selektiv vorgegangen wird, wird für ein perspektivenkonvergentes Modell von der Annahme ausgegangen, daß zwar tatsächlich alle neutestamentlichen Berichte über das Leben, die Lehre und das Handeln Jesu grundsätzlich theologische Relevanz besitzen, niemals aber dürfen sie zur Legitimation eines seelsorglichen Umgangs mit Menschen verwendet werden, der auch nur Spuren von Gewalt oder Unterdrückung der Freiheit des Gegenübers beinhalten, weshalb gerade Heilungsgeschichten einer sensiblen Interpretation bedürfen, wie die kontroverse Diskussion um die Heilende oder auch Charismatische Seelsorge gezeigt hat. Daß aber erst der Rekurs auf den historischen Jesus den christlichen Pluralitätsanspruch in vollem Umfang zum Vorschein bringt, läßt sich bei Fuchs nachlesen.[97]

Die Möglichkeit, in der Begründung von Seelsorge auf lehramtliche Glaubensdokumente zurückzugreifen, wird auch für das perspektivenkonvergente Seelsorgemodell propagiert, solange sichergestellt ist, daß das jeweilige Dokument in sich vom Geist christlicher Pluralität geprägt ist und konvergentem Denken zum Zuge verhilft.

---

94 WELSCH, W. (1988): Religiöse Implikationen und religionsphilosophische Konsequenzen, S. 128.

95 WIDL, M. (1998): Die Sozialpastoral - ein neues Paradigma, S. 256.

96 Vgl. FUCHS, O (1994): In der Sünde auf dem Weg zur Gnade. Ebenso wie Fuchs sieht auch Scobel gerade in der Konzeption Interkultureller Theologie die Möglichkeit, Pluralität als zentrales christliches Gut auszuweisen. Vgl. SCOBEL, G. (1992): Postmoderne für Theologen?, S. 218- 221.

97 Nach Fuchs hat Jesus den Wahrheitsanspruch der Liebe und Gerechtigkeit Gottes nicht absolutistisch vertreten, sondern „eben in der Praxis der radikalen Bejahung des anderen. Wer sich allerdings auf diesen Weg einläßt, verzichtet von vorne herein auf eine hegemoniale universale Legitimation seiner partialen Ansprüche an Wahrheit und Herrschaft... Wenn es etwas unüberbietbar Universales von Seiten des Christentums her gibt, dann eben diese absolute Pluralitätsfähigkeit." FUCHS; O. (1995): 'Sein-Lassen', S. 139, 154.

Konvergentes Vorgehen muß sich auch in den *anthropologischen Prämissen* einer Perspektivenkonvergenten Seelsorge niederschlagen. Die v.a. in der biblischen Perspektive vehement verteidigte Bestimmung des Menschen als einem Wesen 'coram deo', muß als ein unverzichtbarer Aspekt der Wesensbestimmung des Menschen festgehalten werden, da er sich aufgrund seiner religiös-spirituellen Anteile den existentiellen Sinnfragen letztlich nicht entziehen kann.[98] Dies erklärt, weshalb in allen Seelsorgemodellen versucht wird, entweder ausschließlich oder zusätzlich und mehr oder weniger fragmentarisch ein theologisch-biblisch fundiertes Menschenbild zu entwickeln.[99] Eine religiöse Anthropologie, die auf einer überindividuellen sündhaften und schuldbelasteten Wesensbestimmung des Menschen basiert, kann nach Ansicht der Verfasserin dagegen nur in Form umfassender Relativierung als bewahrenswerter Inhalt eines perspektivenkonvergenten Modells ausgewiesen werden, wie bereits Scharfenberg andeutet: „Sie (die Seelsorger) mißverstehen ihre Klienten, indem sie das sündige Verhalten zum alleinigen Verstehensschlüssel für sehr differenzierte innere Konflike ansehen."[100] Scharfenbergs Hinweis auf die intrapsychische Komplexität des Menschen und Steinkamps Feststellung, daß die Kirchen „kein Monopol für die Frage nach dem menschlichen Faktor"[101] besitzen, liefern die Argumentation dafür, daß rein biblisch fundierte Anthropologien nur Teilbereiche des menschlichen Wesens erfassen können und somit immer als defizitär zu beurteilen sind.

Die in den Konzeptvarianten der psychologischen und soziologischen Perspektive gewonnenen Einsichten über das Wesen des Menschen sind somit in ein perspektivenkonvergentes Seelsorgemodell zu integrieren. Der extrem fragmentarische Charakter bisheriger Einsichten wird es jedoch erforderlich machen, nicht nur exaktere anthropologische Vergleichsanalysen der diversen Psychologieschulen zu erarbeiten, um möglichst viele Aspekte berücksichtigen und dem Vorwurf eines zu optimistischen Menschenbildes sachgerecht begegnen zu können, sondern Ergebnisse v.a. der Soziologie, Geschlechterforschung und Ökologie überhaupt zur Kenntnis zu nehmen und in die Seelsorgetheorie zu rezipieren. Dadurch würde sich die per-

---

98 „Die Besonderheit der Seelsorge, die sich von der Psychotherapie unterscheidet, ist, daß sie den Menschen 'coram deo' versteht. Diese besondere Sichtweise ist der Psychologie von Natur aus fremd." SONS, R. (1995): Seelsorge, S. 36.

99 Diesbezüglich weiterführende Gedanken liefert der Moraltheologe Eid: „'Menschenwürde' bezeichnet die der Person eigene unbedingte Wertqualität und verlangt nach einem Schutzraum der Person, welcher ohne Schaden für das Menschliche schlechthin nicht verletzt werden darf." EID, V. (1984): Helfen, S. 177. Begründend führt er an: „Für den Glauben besitzt die ganze Schöpfung eine von ihrem Schöpfer begründete Dignität, die der Mensch zwar verletzen und beleidigen kann, die er aber nicht zerstören kann. Nach der Erfahrung schon des jüdischen Glaubens steht der Mensch in einem besonderen existentiellen Verhältnis zu Gott. Die transzendente Bestimmtheit, die Besonderheit eines jeden Menschen in seinem Von-Gott-Her und Zu-Gott-Hin machen seine Würde aus. Auch derjenige, der sich nicht religiös gebunden fühlt, wird sicherlich erkennen können, daß gerade in der transzendenten Begründung die tragende Dynamik der Menschenwürde liegt: Ausdruck und Schutz der in sich unbedingten Unantastbarkeit und Unverfügbarkeit des Menschen. Nichts von dem, was den Menschen an Schwächen treffen kann, nicht seine Schuld, sein Irrtum, seine Krankheit, seine Hilflosigkeit, auch nicht sein Sterben können seiner Würde Abbruch tun... In Jesu Zuwendung gerade zum Außenseiter, zum minderbefähigten Menschen wird die Würde aller bestätigt und zur Geltung gebracht." EID, V. (1985): Grundsätze, S. 167.

100 SCHARFENBERG, J. (1990): Pastoralpsychologische Kompetenz, S. 146. In Blick auf psychisch Kranke mahnt auch Hagenmaier: „Wer dieses Modell auf psychisch kranke Menschen anwenden möchte, kommt damit verstärkend der Tendenz vieler von ihnen entgegen, die Welt in eindeutig gut und böse zu spalten und sich mit dem einen oder anderen Pol zu identifizieren." HAGENMAIER, M. (1989): Heil, S. 29.

101 STEINKAMP, H. (1983): Zum Verhältnis von Praktischer Theologie und Humanwissenschaft, S. 387.

spektivenkonvergente Sichtweise durch einen pluralen Zugang zum Menschen ausweisen. Obwohl dies den Schluß nahelegen könnte, daß es sich hierbei um ein radikal ganzheitliches Menschenbild handelt, hält es die Verfasserin dennoch für geboten, mit der Rede von der Ganzheit, gerade angesichts der im seelsorglichen Alltag permanent erfahrbaren Fragmentarität und Defizienz menschlicher Existenz, vorsichtig umzugehen: „Die christliche Seelsorge wäre nicht gut beraten, wenn sie mit der Behauptung auftreten würde, daß sie den Menschen ganzheitlicher als alle säkularen und esoterischen Psychotherapieformen erfasse".[102] Angestrebt ist somit nicht ein in sich abgeschlossenes ganzheitliches Menschenbild, sondern eine Offenheit für alle Aspekte menschlicher Existenz. Aus eschatologischer Perspektive hieße dies jedoch, daß der Mensch unter irdischen Bedingungen niemals restlos 'entschlüsselbar' sein wird, sondern immer ein Stück weit Fragment und Geheimnis bleiben darf, damit er religiösen und säkularen Totalisierungs- und Bemächtigungsversuchen entzogen ist.

Die *Verhältnisbestimmung* von Theologie und Humanwissenschaften in den dargestellten Seelsorgemodellen läßt erkennen, daß v.a. die Klärung des Verhältnisses zur Psychologie von Interesse ist, und unterschiedlichste Modelle der Zuordnung versucht werden.[103] In Blick auf ein perspektivenkonvergentes Seelsorgemodell können die unter der biblischen Perspektivendominanz vorgeschlagenen Varianten der Verhältnisbestimmung nicht als zukunftsträchtige Möglichkeiten ausgewiesen werden, da sie mit dem Postulat gleich-stufiger Pluralität unvereinbar erscheinen. Dies trifft sowohl auf das Modell der radikalen Ablehnung bzw. Bekämpfung der Psychologie, das Modell der Benutzung von Psychologie als entideologisierter Hilfswissenschaft und das Modell der Rekonstruktion von Psychologie im Sinne einer spezifisch Christlichen Psychologie zu.[104]

---

[102] EIBACH, U. (1996): Sehnsucht, S. 66.

[103] Zusammenfassende Überblicke über die Typen der Verhältnisbestimmung Theologie-Psychologie finden sich in: SCHALL/SCHARFENBERG u.a. (1982): Loccumer Thesen, S. 321- 322; STEINKAMP, H. (1983): Zum Verhältnis von Praktischer Theologie und Humanwissenschaft, S. 379- 387; LADENHAUF, K.H. (1988): Integrative Therapie, S. 130- 136; BAUMGARTNER, I. (1990): Pastoralpsychologie, S. 59.

[104] Indem die Psychologie mit dem Nimbus satanischer bzw. säkularer Gefahr für den christlichen Glauben versehen wird, muß ihr Wahrheitsgehalt grundsätzlich in Frage gestellt werden. Wahl urteilt daher: „Aber vom heute erreichten Stand der Reflexion her, ob und wie die Humanwissenschaften für theologische Theorie und pastorale Praxis relevant sind, scheiden m.E. Modelle wie Kampf, aber auch bloße Abgrenzung als adäquate Zugänge aus." WAHL, H. (1985): Therapeutische Seelsorge, S. 418.
Die Nutzung der Psychologie als Hilfswissenschaft kann dabei von einer zugegebenen Plünderung bis hin zu einer angeblich kooperativen Nutzung einzelner psychologischer Einsichten zur Effizienzsteigerung christlicher Seelsorge dienen. Derartiges Vorgehen wird v.a. von pastoralpsychologisch orientierten TheologInnen moniert. Plieth erklärt den stringenten Versuch, psychologische Einsichten für die Theologie nutzbar zu machen, unter Zuhilfe nahme tiefenpsychologischen Vokabulars: „Vormals militant abgewehrte Fremdimpulse einzelner Humanwissenschaften werden begierig intojiziert (aber nicht assimiliert!), und es kommt - zumindest auf den ersten Blick- zu sich ständig ausweitenden Partialadaptationen, die u. U. zu einer scheinbar völligen, substantiell jedoch virtuellen, Identifikation mit den vermeintlichen Aggressoren führen. Bedrohlich Empfundenes und somit Angstauslösendes wird dadurch eliminiert, daß derjenige, der sich bedroht fühlt, die Sprache und die Methode(n) seines (vermeintlichen) Gegners oder Unterdrückers übernimmt und bisweilen sogar perfektioniert." PLIETH, M. (1994): Die Seele, S. 195.
Hagenmaier dagegen versucht eine inhaltsbezogene Erklärung: „Die Ablehnung jeder Form der Psychotherapie als Gegnerin des Glaubens ist umgeschlagen in ein herrisches Benutzen der Methoden anderer im eigenen Modell... Dieser Umgang mit beiden Größen, sowohl Psychotherapie als auch Bibel ist nur möglich, wenn ein vollkommen festgelegtes Welt- und Wahrheitsverständnis ohne kritische Distanz vorliegt und die hermeneutische Frage völlig unberührt bleibt. Seelsorge kann in diesem Modell als biblische Unterweisung in Problemsituationen verstanden werden, methodisch durch Modernes angereichert, das geschickt die au-

Die unter der psychologischen und soziologischen Perspektivendominanz vorgeschlagenen Varianten des kritischen Dialog- bzw. Bündnisverhältnisses, das von Plieth im Sinne eines interdisziplinären wechselseitigen und dynamischen Austauschprozesses präzisiert und von Winkler auf die Grundstruktur eines realistischen Konkurrenzverhaltens zurückgeführt wird,[105] haben trotz permanenter Warnung biblisch orientierter Theologen vor Überfremdung und Übermethodisierung der Seelsorge[106] folgende Wirkung gezeigt: „Der Streit um eine therapeutisch-beratende Seelsorge ist weitgehend abgeklungen und es scheint sich nahezu einhellig die Überzeugung durchgesetzt zu haben, daß Theorie und Praxis der Seelsorge nur unter Einbeziehung sozialwissenschaftlicher, besonders psychologischer und psychotherapeutischer Erkenntnisse bzw. Konzeptionen adäquat betrieben werden kann."[107] Eine Lösung dafür aber, nach welchen Kriterien der kritische Dialog ein gleich-stufiges Miteinander von Humanwissenschaft und Theologie ermöglicht, scheint noch immer nicht gefunden zu sein. Hier hilft nach Ansicht der Verfasserin die von von Pohl-Patalong vorgeschlagene Verhältnisbestimmung im Modus der Transversalität weiter.[108] Transversale Übergänge aber brauchen den Widerstreit! Nach Ansicht Winklers ist dieser jedoch gerade in der Pastoralpsychologie, die neben einer spezifisch auf diese Aufgabenstellung hin reformulierten Pastoralsoziologie und einer neu zu konzipierenden Pastoralphilosophie transversale Pionierarbeit leisten könnte, durch ein harmonisierendes Nebeneinander diverser Psychologieschulen nahezu unmöglich geworden und müßte dementsprechend neu entdeckt werden.[109]

---

toritäre Attitüde des Sich-im-Besitz-der-Wahrheit-Wissens verschleiert." HAGENMAIER, M. (1989): Heil durch Psychotechnik?, S. 28; DERS. (1989): Rezension, S. 127.
Vom Versuch der Rekonstruktion einer Christlichen Psychologie setzten sich selbst VertreterInnen biblisch fundierter Seelsorgekonzepte ab, wie folgende Stellungnahmen verdeutlichen: „Zu schaffen macht mir dagegen der etwas ungeschützte Umgang mit den Begriffen 'Christliche Psychologie' oder 'Christliche Therapie'.... überfordert man nicht das biblische Wort, wenn man von ihm eine ganze 'Psychologie' erwartet?" JENTSCH, W. (1991): Proprium, Elemente und Formen der Seelsorge, S. 40. „Es bedarf m.E. keiner besonderen 'christlichen' Psychologie, ebensowenig wie z.B. einer 'christlichen' Naturwissenschaft." DIETERICH, M. (1991): Biblisch-Therapeutische Seelsorge, S. 171. „Diesem Rekonstruktionsmodell liegt ein fundamentalistisches Schriftverständnis zugrunde, nach welchem die Bibel auch in naturwissenschaftlicher Hinsicht letzte Verbindlichkeit beansprucht. Jede Unterscheidung von theologischer und naturwissenschaftlicher Erkenntnis wird damit hinfällig.... Für das Verhältnis von Theologie und Psychologie bedeutet dies, daß beide nicht mehr wirklich unterschieden werden." SONS, R. (1995): Seelsorge, S. 138.

[105] Vgl. PLIETH, M. (1994): Die Seele, S. 254-261; WINKLER, K. (1988): Psychotherapie, S. 83.

[106] Vgl. WINTZER, F. (1991): Seelsorge, S. 24; SONS, R. (1995): Seelsorge, S. 36, 146.

[107] HENKE, Th. (1994): Seelsorge, S. 46.

[108] Vgl. POHL-PATALONG, U. (1996): Seelsorge, S. 412. Auch Meyer-Blank plädiert für eine transversale Kompetenz der praktischen Theologie, die „kontrollierte Übergänge zwischen Theologie und Humanwissenschaften" ermöglichen soll. MEYER-BLANK, M. (1996): Praktische Theologie, S. 237.

[109] „Dabei stellen unsere sehr unterschiedlichen humanwissenschaftlichen Prämissen sich oft gegenseitig in Frage.... Wir aber blenden das aus und behandeln die Humanwissenschaften trotz gegenteiliger Beteuerung faktisch als Hilfswissenschaften im Sinne Thurneysens. D.h., unsere Partner werden schiedlich-friedlich in unsere Familiengemeinschaft unter einem theologisierenden Vorzeichen eingegliedert. Ihr provokatives Anderssein, ihre gegenseitige Konkurrenz, ihre konträre Interessenlage, ihre Herkunft aus miteinander verfeindeten Lagern kommt kaum noch zur Sprache.... Die in der Seelsorgebewegung anhaltende 'ewige' Angst vor Spaltung bringt uns also dazu, Grundkonflikte im Erkenntnisbereich abzuspalten. - Ich halte diese mehr oder wenig reflektierende Lebensform innerhalb der Seelsorgebewegung für unzeitgemäß und fortschrittshemmend." WINKLER, K. (1993): Die Seelsorgebewegung, S. 441.

4.3.3. Spezielle konzeptionelle Vorgaben für Psychiatrieseelsorge

In Blick auf den *Adressatenkreis* von Seelsorge erweist sich die in der theologisch-biblischen Traditionslinie stringent beibehaltene Orientierung am einzelnen Kranken als unverzichtbarer Bestandteil einer Perspektivenkonvergenten Seelsorge. Obwohl auch im Konzept Biblische Seelsorge bereits dafür plädiert wird, den Einzelnen als jeden Nächsten in Not zu definieren, wird in allen sonstigen biblisch orientierten Ansätzen eine klare Vorentscheidung für die Klientel (charismatisch orientierter) evangelischer ChristInnen getroffen. Eine derartige Adressateneinschränkung läßt sich jedoch mit dem pluralen Gottes- und Menschenbild des perspektivenkonvergenten Modells nicht vereinbaren, weshalb Klessmanns Utopie, „daß Kirche sich im Namen Gottes allen Menschen zuwendet, unabhängig von deren religiöser Einstellung und kirchlicher Zugehörigkeit"[110] Verbindlichkeit erlangt. Eine Option für Andere ermöglicht zudem die Vermeidung nicht nur religiöser, sondern auch kultureller Grenzziehungen: Geschlecht, Nationalität, Hautfarbe, Religions- oder Konfessionszugehörigkeit des Gegenüber haben für SeelsorgerInnen ebensowenig eine Rolle zu spielen wie Alter, Intellekt, gesellschaftlicher Status, Erkrankungsart oder Aufenthaltsdauer im Krankenhaus.

Hinter die durch die theologisch-psychologische Traditionslinie erreichte Ausdehnung der Krankenseelsorge auf eine umfassende Krankenhausseelsorge, kann ein perspektivenkonvergentes Modell ebenfalls nicht mehr zurück. Dies bedeutet, daß alle Menschen, die sich im Psychiatrischen Krankenhaus aus Besuchs- oder Arbeitsgründen aufhalten, zum Adressatenkreis von Seelsorge zu zählen sind. Auch nur eine Gruppe der in Schaubild 13 aufgezeigten personellen Komplexität Psychiatrischer Krankenhäuser auszublenden hieße, die strukturelle Dimension von Seelsorge aus dem Auge zu verlieren. Die im Kontext der soziologischen Traditionslinie formulierte Option für Arme hilft angesichts der personellen Komplexität und der Begrenztheit seelsorglicher Resscourcen, eine Vorentscheidung für die Menschen zu treffen, die Not leiden und dringend einer Hilfestellung bedürfen. Während Scheytt diesbezüglich v.a. die PatientInnen vor Augen hat,[111] muß sich die Option aus pluraler Perspektive jedoch auf alle Menschen im Krankenhaus beziehen, die unter persönlichen und strukturellen Kontexten zu leiden haben. Krankenhausseelsorge impliziert aber nicht nur, daß mehr Menschen als AdressatInnen zu berücksichtigen sind, sondern daß die Institution Krankenhaus als solche im Sinne einer „Seelsorge an der Institution"[112] neben den Menschen im Sinne einer Seelsorge an den Strukturen in den Mittelpunkt rückt. Für Klessmann drückt sich diese v.a. durch eine kritische Auseinandersetzung mit und Einwirkung auf die Zielsetzung, die Struktur, das Betriebsklima und die Patientenorientierung des Krankenhauses aus.[113]

Durch die theologisch-soziologische Traditionslinie zeichnet sich Perspektivenkonvergente Seelsorge zudem dadurch aus, daß Psychiatrieseelsorge nicht nur als Kranken- und Krankenhausseelsorge, sondern immer auch als Seelsorge an allen Gesellschaftsmitgliedern und den (sozialpolitischen) Strukturen der Gesellschaft zu verstehen ist, wodurch der potentielle Adressatenkreis wiederum eine extreme Ausweitung erfährt.

---

110 KLESSMANN, M. (1996): Ausblick, S. 273.

111 „Vom Evangelium her sich verstehende und von ihm bestimmte Klinikseelsorge orientiert sich also an der untersten Stufe der Krankenhaushierarchie: dem eben dieser sich anvertrauenden und - auf Gedeih und Verderben - ausgelieferten Patienten." SCHEYTT, Ch. (1994): Dasinstitutionelles Selbstbild, S. 277.

112 KONZEPTION und Standards der Krankenhausseelsorge (1994), S. 430.

113 KLESSMANN; M. (1996): Einleitung, S. 13.

Im perspektivenkonvergenten Seelsorgemodell ist zwar der Versuch der theologisch-biblischen Traditionslinie zu würdigen, *psychische Krankheit* in religiösen Kategorien erfassen und erklären zu wollen. Daß aus einer religiösen Weltsicht heraus, „Krankheit als Bestandteil eines größeren Zusammenhangs (z.b. der Geschöpflichkeit des Menschen), dessen möglicher Sinn nicht gleich auf der Hand liegt, den es vielmehr im Gespräch zu erschließen gilt"[114] gewertet werden kann, daran gilt es festzuhalten. Daß damit jedoch eine spezifisch biblische Krankheitslehre verbunden sein muß, wird bereits dadurch in Frage gestellt, daß die Evangelisten unterschiedliche Erklärungsmodelle für das Phänomen '(Geistes)Krankeit liefern.[115] Die unter der biblischen Perspektive versuchten spezifischen religiösen Erklärungsmodelle können jedoch auch aus inhaltlichen Gründen nicht als bewahrenswerte Inhalte ausgewiesen werden: Wenn psychische Erkrankung auf eine überindividuell sündhafte bzw. durch persönliche Schuld verursachte Störung der Gottesbeziehung, die sich im Extremfall dadurch ausdrücken kann, daß der Mensch von Dämonen besessen ist, zurückgeführt wird, so widerspricht diese unikausale und unidimensionale Deutung nicht nur dem Axiom pluraler Wirklichkeitssicht, sondern auch dem Anspruch der humanisierenden Folgewirkung für das Individuum. Dieses wird für seinen krankhaften bzw. besessenen Zustand verantwortlich gemacht und unter den Leistungsdruck der Gesundung, die mit Glauben bzw. dem Abschwören von Dämonen in eins fällt, gesetzt. Die ebenfalls mit pluralem Denken unvereinbare gesamtgesellschaftliche Folgewirkung bringt Heimbrock kritisch auf den Punkt: „Es ist anhand anderer Bezugspunkte vielfach untersucht worden, wie in fundamentalistischer Religiosität nicht nur die gefährliche Tendenz besteht, Krankheit mit religiösen Mitteln zu spiritualisieren, indem somatische wie soziale Perspektiven zur vordergründigen (nach Ursache und Wirkung suchenden) Erklärung herabgestuft werden, sondern wie damit der Versuch der Moralisierung von Krankheitsvorstellungen im Zeichen konservativer Wertungen einhergeht. Entsprechend drastisch fällt hier etwa die Bewertung von Homosexualität als Perversion aus."[116] Ebenso wie es innerhalb der Psychiatrie möglich und nötig war, das naturphilosophisch-religiöse Paradigma, das auf Vorstellungen von Sünde und Schuld basierte, abzulösen, um die Kranken aus diesem Kausalzusammenhang zu befreien, wird es auch für die Konzeption zukunftsweisender Seelsorge nötig und ebenso möglich sein, auf derartige Erklärungsmodelle zu verzichten.

Die in der theologisch-psychologischen und theologisch-soziologischen Traditionslinie dominierende Verfahrensweise, sich konzeptionell an das medizinische, psychotherapeutische bzw. sozialpsychiatrische Krankheitsverständnis anzulehnen, wird auch für das perspektivenkonvergente Modell übernommen, da es den SeelsorgerInnen erlaubt, in Kompatibilität mit der Arbeitsgrundlage des Krankenhauspersonals zu arbeiten. Dabei muß jedoch sichergestellt sein, daß trotz der grundsätzlichen Akzeptanz des gegenwärtig gültigen psychiatrischen Paradigmas und seines inhärenten Krankheitsverständnisses die bereits angedeutete spezifisch re-

---

114 KLESSMANN, M. (1996): Einleitung, S. 25. Dies gilt für Klessmann v.a. für psychoseerfahrene Menschen, die in der Retroperspektive erzählen, daß sie in Folge ihrer Erkrankung neue Einsichten über sich gewonnen haben. Daher schließt er: „Wenn Leiden Bestandteil des Lebens ist, dann ist es nicht in jedem Fall der Feind des Lebens, nicht in jedem Fall Minderung von Leben und Lebensqualität, sondern vielleicht sogar eine Vertiefung und Bereicherung des Lebens. Sicher muß man das als Außenstehender mit großer Vorsicht sagen, um nicht einer masochistisch-sadistischen Leidensverherrlichung das Wort zu reden." KLESSMANN, M. (1996): Seelsorge in der Psychiatrie, S. 35.

115 Grün schließt daraus, daß die Bibel keine verbindliche Krankheitslehre vorgibt. Vgl. GRÜN, A. (1996): Die spirituelle Dimension der Psychotherapie, S. 79.

116 HEIMBROCK, H. (1996): Heilung als Rekonstruktion von Wirklichkeit, S. 333.

ligiöse Sichtweise gewahrt bleibt: „Die Präsenz der Seelsorge im Krankenhaus ist Hinweis darauf, daß Krankheit und Gesundheit nicht im naturwissenschaftlichen Kausalzusammenhang aufgehen, letztlich nicht völlig verrechenbare Phänomene sind, sondern immer auch eine unverfügbare Dimension enthalten."[117] Kooperation auf der Basis des hausinternen Krankheitsverständnisses und kritische Distanz dazu müssen somit Hand in Hand gehen, wobei der Widerstreit nicht aufgelöst werden kann und darf! Da auch innerhalb der Psychiatrie ökosystemische Suchbewegungen in Blick auf ein zukunftsweisendes Krankheitsverständnis, das sich um eine multimodale Sichtweise bemüht, stattfinden, könnten sich SeelsorgerInnen vor Ort und wissenschaftlich arbeitende TheologInnen als GesprächspartnerInnen anbieten, um diese Suche voranzutreiben, zumal die ökosystemische Sichtweise der spirituell-religiösen Dimension eine wichtige Bedeutung einräumt.[118]

Das *Rollenspektrum* von SeelsorgerInnen erfährt im perspektivenkonvergenten Modell sowohl in Blick auf ihr Verhältnis gegenüber den PatientInnen, dem Krankenhaus und der Gesellschaft als Ganze eine enorme Pluralisierung und Ausdifferenzierung, wobei SeelsorgerInnen selbst die Übergänge zwischen den einzelnen Rollenanteilen zu leisten haben. Die damit einhergehende rollenmodulierende Flexibilität gesteht ihnen aber auch zu, immer wieder 'aus der Rolle fallen' und 'über den eigenen Schatten springen' zu dürfen. Die Komplexität ergibt sich daraus, daß ebenfalls aus allen Konzepten bewahrenswerte Aspekte in Konvergenz gebracht werden. In Treue zur biblisch-theologischen Traditionslinie soll an der Rollendefinition von SeelsorgerInnen als SachverwalterInnen der religiösen Thematik, für die sie persönlich einstehen, in modifizierter Form festgehalten werden. Karle drückt dies folgendermaßen aus: „Jeder und jede in der evangelischen Seelsorge Tätige ist damit von Berufs wegen auf Gott, auf Tod und Sterben ansprechbar und muß sich dazu verhalten können."[119] Daß damit eine entsprechende theologische Kompetenz und persönliche Gläubigkeit einhergehen muß, ist unabdingbar vorausgesetzt, wobei letztere hier im Sinne Fuchs verstanden wird: „Dann kommt das Evangelium auf die Menschen nicht als Gesetz, Moralisierung, Integrationsansinnen und ähnliches zu, sondern als tiefgehende Anerkennung aus dem gläubigen Bewußtsein der Gläubigen und Hauptamtlichen heraus, selbst von der Gnade Gottes getragen zu sein."[120] Persönlicher Glaube impliziert daher nicht, in der eigenen Person die Liebe Gottes repräsentieren und durch entsprechendes Verhalten unter Beweis stellen zu müssen. Auch eine Rollenbeschreibung als SeelenführerInnen, die sich wähnen, im Besitz exklusiver und monopolisierter

---

117 KLESSMANN, M. (1996): Ausblick, S. 273. In Blick auf das therapeutische Seelsorgemodell kritisiert Schieder daher: „Das medizinische Paradigma der therapeutischen Seelsorge reproduziert gewollt oder ungewollt das 'Normalisierungsgebot' der Medizin: Es scheint von vorne herein klar zu sein, was Gesundheit und Krankheit ist. Daß gerade die Religion immer auch eine Kritik an dieser Form der Pathologisierung besonders psychischer Zustände bedeutete, wird von der therapeutischen Seelsorge nicht hinreichend ernstgenommen." SCHIEDER, R. (1994): Seelsorge, S. 28.

118 Ferel bemüht sich darum, das systemische Verständnis von Krankheit und Heilung mit Seelsorge zu korrelieren, wobei er jedoch nur eine Rezeptionsrichtung bedenkt: „Die Abkehr von einem objektivierenden und linear-monokausalen Krankheitsverständnis im systemischen Denken und die daraus folgenden Heilungskonzepte könnten auch für die Seelsorge bedeuten, Krankheit samt ihren Symptomen... nicht einfach als gegeben, feststehend, ein-für-allemal definiert oder definitiv diagnostiziert vorauszusetzen. In der seelsorglichen Begegnung wären ihre komplexen 'Ursachen', ihre soziale Verortung, ihr Kontext in der jeweiligen Lebenswelt konsequent zu beachten." FEREL, M. (1996): 'Willst du gesund werden?', S. 369.

119 KARLE, I. (1996): Seelsorge in der Moderne, S. 240.

120 FUCHS, O. (1995): Gott hat einen Zug ins Detail, S. 76.

Wahrheit zu sein, die sie anderen zu vermitteln haben, ist aus der Perspektive pluraler Weltsicht als obsolet einzustufen, wobei aber gilt: „Wer Gott plural denkt, für den ist die eigene Wahrheit auch dann Wahrheit, wenn andere eine andere Wahrheit haben."[121] Auszuschließen ist desweiteren die Vorgabe, SeelsorgerInnen auf die Rolle von Sakramenten- und HeilsverwalterInnen festzulegen, weil sich dahinter erneut der Versuch verbirgt, SeelsorgerInnen mit exklusiven Rechten auszustattten und sie im Gegenüber zur Wirklichkeit zu positionieren. Daß auch die Rolle strenger VerhaltenstrainerInnen und ExorzistInnen mit einem perspektivenkonvergenten Ansatz nicht zu vereinbaren ist, stellt die Kehrseite ihrer Rollenbeschreibung als menschenfreundliche HüterInnen der Andersartigkeit und Freiheit ihres Gegenüber aus theologisch-wissenschaftstheoretischer Perpektive dar.

Auf die in der theologisch-psychologischen Traditionslinie gewonnene Rollenbeschreibung der (ohnmächtigen) Beziehungs- und KommunikationsexpertInnen, die sich durch Taktgefühl, Höflichkeit, Verläßlichkeit, Humor, Gelassenheit und Verschwiegenheit auszeichnen, kann dagegen auch künftig nicht verzichtet werden. Gleiches trifft auf die in der theologisch-soziologischen Traditionslinie erzielte Rollenbeschreibung als FürsprecherInnen, AnwältInnen, LobbyistInnen und stellvertretende KämpferInnen für die Rechte ihres Gegenüber zu. Die hierzu vorausgesetzten, durch entsprechende Zusatzqualifikationen erworbenen Kompetenzen bringen jedoch automatisch eine Professionalisierung und Spezialisierung von SeelsorgerInnen mit sich, die sich als nicht unproblematisch erweist, weil die Gefahr der Rollendiffusion, die in biblisch fundierten Konzepten kaum gegeben ist, drastisch anwächst.[122] Im Modus der Transversalität kann Seelsorge jedoch aus theologisch-wissenschaftstheoretischer Perspektive „unbefangener in die Nähe anderer Disziplinen rücken, ohne sich von der Angst um ein abgegrenztes Profil blockieren zu lassen."[123]

Der in biblisch fundierten Konzepten unternommene Versuch, Seelsorge im Gegenüber zur Klinik zu definieren, auf Kliniken (charismatisch) christlicher Trägerschaft zu konzentrieren bzw. durch exorzistische Theorien und Praktiken in eine institutionelle Außenseiterposition innerhalb der säkularen Klinik zu drängen, muß aus perspektivenkonvergenter Sicht abgelehnt werden, weil die Vorgabe der Wertschätzung von Pluralität gerade in Blick auf das multidisziplinäre und multikulturelle Krankenhaus derartige Abgrenzungsstrategien verbietet. Die bereits in diesen Modellen angeklungene und in der psychologischen Traditionslinie konsequent verfolgte Verortung innerhalb der Klinikstrukturen unter Nutzung aller Kooperationsmöglichkeiten ist somit weiterzuverfolgen. Dies bedeutet, daß SeelsorgerInnen ihre Rolle als DialogpartnerInnen des psychiatrischen Personals aktiv wahrzunehmen haben, wobei der geforderte Dialog inhaltlich nicht nur Fragen und Problemstellungen individueller Religiosität und

---

121 FUCHS, O. (1995): 'Sein-Lassen', S. 137. In Blick auf das charismatische Seelsorgekonzept warnt Sons davor, subjektiven Offenbarungsempfang zum hermeneutischen Schlüssel des Rollenverständnisses von SeelsorgerInnen zu machen, da „eigene Wünsche, Gedanken oder Vorstellungen als Eingebungen Gottes" fungieren können und damit der Willkür Tür und Tor geöffnet ist. SONS, R. (1995): Seelsorge, S. 133.

122 Aus biblischer Sichtweise spitzt Seitz das Problem folgendermaßen zu: „An die Stelle des geweihten Priesters tritt nun der ausgebildete Seelsorger mit entsprechenden 'tiefenpsychologischen Weihen'." SEITZ, M. (1989): Begründung, Probleme und Praxis der Seelsorge, S. 354. Die Folgewirkung dieser Analyse bringt Rössler durch folgende Fragestellung auf den Punkt: „Muß nicht in Rechnung gestellt werden, daß nicht jeder für die Ausbildung in psychischen Methoden geeignet ist? Wäre er deshalb zum Seelsorger ungeeignet?" RÖSSLER, in: MÖLLER, Ch. (1988): Wie geht es in der Seelsorge weiter?, S. 414. Auch Luther merkt kritisch an, daß durch die Professionalisierung unter der Hand eine neue Expertokratie eingeführt werden könnte. Vgl. LUTHER, H. (1988): Wahrnehmen, S. 260.

123 POHL-PATALONG, U. (1996): Seelsorge, S. 247.

überindividueller Überlegungen zur Religionspsychopathologie, sondern auch die interdisziplinäre Erarbeitung eines ganzheitlichen Menschenbildes und ethischer Maxime psychiatrischer Wissenschaft und Praxis umfassen müßte. Da aber in soziologisch dominierten Konzepten deutlich wurde, daß Seelsorge gegenüber den Strukturen der Klinik sowie der Gesellschaft als Ganzer eine kritische Haltung einzunehmen hat, entsteht die paradoxe Situation, daß sowohl integrative Kooperation als auch kritische Distanz das Rollenverhältnis zur Klinik prägen soll. Nach Ansicht der Verfasserin bietet auch diesbezüglich der Modus der Transversalität im Widerstreit eine sinnvolle Form der Lösung an, indem je nach situativer Erfordernis zwischen beiden Rollen gewechselt werden kann.

Daß PatientInnen nicht länger auf die Rolle sündiger, schuldiggewordener bzw. besessener Störenfriede der göttlichen Ordnung, denen die Krankenrolle abgesprochen wird, festgelegt werden dürfen, wurde bereits deutlich gegenüber biblisch fundierten Konzepten zum Ausdruck gebracht.[124] Menschen durch entsprechende Verhaltensbeeinflussung zu manipulieren und als Objekte zu behandeln, widerstrebt dem Humanisierungspotential Perspektivenkonvergenter Seelsorge zutiefst.[125] Gerade in Blick auf Psychiatrieseelsorge muß die zugrundeliegende Vorstellung eines sprachlich und intellektuell kompetenten sowie handlungsfähigen Gegenübers, das die an seinen Verstand und sein Gewissen appellierenden Direktiven einsehen und umsetzen kann, in Frage gestellt werden, da PatientInnen krankheitsbedingt diesen Anforderungen zumeist nicht genügen können. Dieses Argument trifft auch auf die in den psychologisch dominierten Konzeptvarianten auffindbare Voraussetzung zu, daß das Gegenüber die Bereitschaft für Kommunikation, in der Variante Personale Seelsorge sogar die Bereitschaft zur Liebe, aufbringen müsse. Als unbestritten bewahrenswertes Element psychologisch orientierter Seelsorgemodelle läßt sich dagegen festhalten, daß den Kranken die Rolle von autonomen Subjekten zugesprochen wird, die eine unhintergehbare Würde aufweisen, weil sie als lebende Dokumente der Offenbarung Gottes zu achten sind. Andersheit und Fremdheit in Sprache, Aussehen und Handlungsweisen gilt es dabei auf dem Hintergrund der wissenschaftstheoretischen Perspektive nicht nur zu tolerieren, sondern positiv zu beurteilen und anzuerkennen. Daß den psychisch Kranken zudem eine umfassende Kompetenz in Blick auf ihre eigene Lebensgestaltung und ihren Stellenwert in der Gesellschaft zugesprochen wird, ist als positive Folgewirkung soziologisch orientierter Konzeptvarianten in ein perspektivenkonvergentes Modell zu integrieren. Asymmetrische Rollengefälle zwischen PatientInnen und SeelsorgerInnen, die gerade dem Bedürfnis psychisch Kranker nach Orientierung entgegenkommen können, haben somit in einem perspektivenkonvergenten Seelsorgemodell keinen Platz. Dabei spielt es keine Rolle, ob es sich um ein Machtgefälle zwischen Gläubigen-Ungläubigen, SünderInnen-NichtSünderInnen, Schuldigen-NichtSchuldigen, Besessenen-NichtBesessenen oder zwischen TherapeutInnen-KlientInnen bzw. gesellschaftspolitischen und kulturellen Opfern-NichtOpfern handelt. Die terminologische Ablösung der Rede von Seelsorge 'für' oder 'an' psychisch Kranken durch die Rede von der Seelsorge 'mit' Kranken soll dies zum Ausdruck bringen. Dies darf jedoch nicht darüber hinwegtäuschen, daß die angedeuteten Gefälle niemals vollständig aufgelöst werden können. Im Wissen darum sollten SeelsorgerInnen daher permanent an ihrer Pluralitätskompetenz arbeiten und ein Miteinander

---

124 Vgl. HAGENMAIER, M. (1989): Heil?, S. 29; EIBACH, U. (1990): Heilung, S. 141.

125 Drastisch bringt dies Scharfenberg zum Ausdruck: „Sie (Seelsorge) mißversteht die Rolle von Seelsorgern, die sich selbst überhaupt nicht in Frage stellen, sondern mit ungebrochenem autoritärem Gefälle andere zu Objekten ihrer leicht zu erlernenden Beeinflussungstechnik machen." SCHARFENBERG, J. (1990): Pastoralpsychologische Kompetenz, S. 146. Auch Plieth moniert den Versuch, PatientInnen zu Konditionierungs- und Gegenkonditionierungsobjekten zu machen. Vgl. PLIETH, M. (1995): Die Seele, S. 192.

unter Beachtung folgender Grundregeln anstreben: „Mit dem Kranken wird nicht etwas gemacht. Er wird allererst gefragt, was er möchte. 'Wobei könnte ich ihnen behilflich sein?'... ist eine den Auftrag klärende und die Autonomie respektierende Frage zu Beginn (und immer wieder im Verlauf) eines seelsorglichen Dialogs. Im gemeinsamen schöpferischen Prozeß wird die/der Kranke bzw. Ratsuchende elementar beteiligt mit seinem Interesse, seiner Kraft und seinen Möglichkeiten."[126] Sind diese krankheitsbedingt erschöpft oder verdeckt, so gilt Fuchs' Plädoyer für eine „absichtslose(n) Proexistenz",[127] in der SeelsorgerInnen die vermuteten persönlichen und strukturellen Interessen der PatientInnen zu artikulieren und zu schützen haben. Eine alltagspraktische Konkretisierung der Utopie einer reziproken Verhältnisbestimmung von PatientIn und SeelsorgerIn entwickelt Ladenhauf, wenn er dafür plädiert, daß Seelsorge bei beiden zur Erfahrung des Aufatmens führen soll.[128]

Perspektivenkonvergente Seelsorge zeichnet sich in der *Alltagspraxis* durch eine konvergente Vielfalt an Handlungsmöglichkeiten aus. In Folge der Vorgaben biblisch orientierter Seelsorgekonzepte gehören hierzu v.a. individuumzentrierte spezifisch religiöse Praxisformen wie z.B. die Bibellektüre, das Beten oder Sprechen von Fürbitten, die Feier von Sakramenten und die Durchführung liturgischer bzw. ritueller Tätigkeiten. Während aus biblischer Perspektive liturgische Handlungen hauptsächlich in Blick auf die religiös-spirituelle Bedürftigkeit des Individuums für wichtig erachtet werden, wird aus psychologischer Perspektive auch ihrer strukturellen Dimension Bedeutung geschenkt. Demnach fungieren gerade Gottesdienste oder Andachten als Orte des Austausches zwischen aktuellen und ehemaligen PatientInnen, deren Bezugspersonen und VertreterInnen unterschiedlichster Berufsgruppen, wodurch nicht nur eine Vernetzung der Menschen im Krankenhaus, sondern auch ein Brückenbau nach 'draußen' initiiert werden kann. Obwohl alle Seelsorgetheorien darin übereinstimmen, daß sich Seelsorge wesentlich durch das Gespräch konstituiert, ist es dennoch der psychologisch fundierten Traditionslinie zu verdanken, daß sich interpersonelle Kommunikation als psychologisch geschulte Gesprächsführung, die in Einzel- und Gruppengesprächen angewendet werden kann, auszeichnet.[129] Für Klessmann stellt sich dabei der Übergang vom alltäglichen (Zufalls) Gespräch in eine dichte Gesprächssituation, die „quasi therapeutische Züge bekommt",[130] relativ fließend dar. Die Einsicht, daß Kommunikation nicht ausschließlich über Gespräche geschieht, sondern auch über nonverbale Handlungen[131] und konkrete Hilfestellungen beim Verrichten alltäglicher Tätigkeiten stattfinden kann, ist ebenso psychologisch orientierten

---

126 FEREL, M. (1996): 'Willst du gesund werden?', S. 373.

127 FUCHS, O. (1995): 'Sein-Lassen', S. 154.

128 Vgl. LADENHAUF, K.H. (1995): Ihr werdet Aufatmen finden für euer Leben (Mt 11,29).

129 Hezsérs Vorschlag, Gruppengespräche nicht nur in Form von definierten Gesprächsgruppen, sondern auch von sogenannten 'Peergruppen', d.h. Zimmergemeinschaften als 'ad hoc Gruppen', im Sinne einer Peergruppen-Seelsorge durchzuführen, läßt sich m.E. auch für die Psychiatrieseelsorge als Anregung aufnehmen und in die Praxis umsetzen. Vgl. HÉZSER, G. (1996): Seelsorge mit Angehörigen, S. 169.

130 KLESSMANN, M. (1996): Einleitung, S. 20.

131 In Blick auf die nonverbale Dimension soll an dieser Stelle auch auf das Plädoyer Siebens verwiesen werden, der unter Rekurs auf die zärtliche Sorge und Fürsorge Jesu nachfragt, ob die erotische Dimension der Zärtlichkeit und Berührung in der Seelsorge genügend berücksichtigt wird. Bewußt wählt er deshalb die Titulierung 'Erotische Seelsorge'. Vgl. SIEBEN, F. (1989): 'Alle, die ihn berührten, wurden geheilt', S. 193.

Seelsorgekonzepten zu verdanken wie die Wertung von Tätigkeiten, die SeelsorgerInnen dazu dienen, sich selbst weiterzubilden bzw. zu regenerieren. Daß auch strukturell orientierte Tätigkeiten zur Seelsorge dazugehören, wurde ebenfalls bereits in psychologisch orientierten Konzeptvarianten postuliert, in soziologisch orientierten Varianten dagegen bereits als unverzichtbar vorausgesetzt. Für ein perspektivenkonvergentes Seelsorgemodell werden daher alle formellen Möglichkeiten intra- und interkonfessioneller sowie interdisziplinärer Zusammenarbeit wie auch alle informellen Kooperationsvarianten als unverzichtbarer Arbeitsbestandteil vorausgesetzt.

Gleiches gilt für Praxisformen, die über die soziologische und kulturökologische Perspektive Eingang in den seelsorglichen Alltag fanden. Neben kirchenpolitischen, öffentlichkeitspolitischen, sozialpolitischen und ökopolitischen Engagements, die den Handlungsspielraum der SeelsorgerInnen in die Gesellschaft hineinverlegen, wird alltagspraktisch v.a. dem Netzwerkengagement, das die Brücke zur Außenwelt herstellt, eine wichtige Bedeutung beigemessen. Angehörigenarbeit ist aus perspektivenkonvergenter Konzeptgrundlage daher nicht nur um der Kranken oder der Angehörigen willen, sondern auch um deren Funktion als Gesellschaftsmitglieder und damit als Öffentlichkeit innerhalb und außerhalb der Klinikstrukturen wahrzunehmen. Aus dieser Sicht beinhaltet Angehörigen- bzw. Mitbetroffenenarbeit nicht nur Einzel- oder Gruppengespräche, die Teilnahme oder Leitung von Angehörigentreffs, Angehörigengruppen oder Angehörigenseminaren in der Klinik, sondern auch ein klinikexternes Engagement z.B. in Form einer Begleitung von Selbsthilfegruppen oder der Mitarbeit in sozialpolitisch tätigen Angehörigenvereinen.[132] Auch die Kooperation mit Menschen und Organisationen, die ehrenamtlich in den Kliniken tätig sind,[133] zielt aus perspektivenkonvergenter Sicht nicht nur auf eine Unterstützung und Begleitung einzelner BürgerhelferInnen, bzw. auf eine persönliche Arbeitsentlastung, ab, sondern auch darauf, die diversen ehrenamtlichen Hilfsdienste miteinander zu vernetzen, damit Konkurrenzprobleme minimiert werden und sowohl zwischenmenschliche als auch das sozialpolitisch kritische Potential des ehrenamtlichen Engagements zur Geltung kommen können. Kooperationsformen mit klinikzugehörigen Kirchengemeinden bzw. mit Pfarrgemeinden der PatientInnen sind ebenfalls als Netzwerktätigkeit einzufordern. Ein Netzwerk knüpfen heißt, sich als SeelsorgerIn aktiv und informativ in Blick auf zwei Zielrichtungen am Gemeindeleben zu beteiligen. Zum einen sollen christliche Gemeinden als Teilbereiche gesellschaftlicher Öffentlichkeit für die Probleme psychisch Kranker sensibilisiert werden, damit diesen der Weg für eine Beheimatung in der Gemeinde gebahnt wird und christliche Gemeinden als solche zu Keimzellen sozialpolitischer Lobbyarbeit für ihre kranken Mitglieder heranreifen. Zum anderen sollen aber auch Berührungsängste

---

132 Eine detaillierte und komprimierte Beschreibung der unterschiedlichen Formen und Inhalte seelsorglicher Angehörigenarbeit findet sich in: HÉZSER, G. (1996): Seelsorge mit Angehörigen und Mitbetroffenen.

133 Ehrenamtliche MitarbeiterInnen in der Krankenhausseelsorge gehören mehr oder weniger organisierten Gruppierungen an. Hauptsächlich handelt es sich um HelferInnen aus Pfarrgemeinden, die stationäre Besuchsdienste leisten, um MitarbeiterInnen der Hospizbewegung, um Mitglieder der Evangelischen Krankenhaushilfe (EKH), die unter der Bezeichnung 'Grüne Damen' praktische Hilfe leisten, um ehrenamtlich tätige KrankenhausseelsorgerInnen, die von der Kirche hierzu ausgebildet und beauftragt worden sind (z.B. Evangelischer Seelsorgedienst im Krankenhaus ESDK) oder um MitarbeiterInnen von säkularen Hilfsorganisationen. Vgl. HABBEN, I. (1996): Ehrenamtliche Mitarbeiterinnen in der Krankenhausseelsorge, S. 239. 95% der MitarbeiterInnen sind Frauen, wobei die Altersgruppe der 40-60jährigen dominiert. 1991 zog Nouvertné folgende Bilanz: „Bundesweit gesehen stagniert die Bürgerhilfe, in manchen sozialpsychiatrisch weit entwickelten Regionen scheint es sogar so, als sei trotz großen Engagements durch Fachleute keine Bürgerhelfer mehr zu gewinnen." NOUVERTNÉ, K. (1991): Bürgerhilfe in der Psychiatrie, S. 256.

der Gemeindemitglieder mit der Klinik abgebaut werden, indem ihnen die Institution über das Angebot diverser Klinikveranstaltungen in Begleitung von SeelsorgerInnen geöffnet wird. Da aus perspektivenkonvergenter Sicht alle bisher angeführten Tätigkeiten gleichstufige Bedeutung besitzen, von der/dem SeelsorgerIn in dieser Komplexität jedoch nicht gleichstufig bewältigt werden können, müssen individuell situativ Schwerpunkte gesetzt und Übergänge zwischen den unterschiedlichen Praxisformen gefunden werden.

Analog zur Praxisvielfalt zeichnet sich Perspektivenkonvergente Seelsorge durch ein grundsätzliches Plädoyer für *Methodenvielfalt* aus. In Aufnahme der biblischen Traditionslinie zählt hierzu v.a. die theologie-intern entwickelte Methodik des Umgangs mit der Bibel. In Abgrenzung von biblizistisch-fundamentalistischen Engführungen,[134] wird in Anlehnung an Klessmann ein erfahrungsbezogener Zugang im Sinne einer narrativen, sozialgeschichtlichen und feministischen Bibelauslegung, z.B. in Form des Bibliodramas, favorisiert,[135] wobei Ferels philosophischer Anregung, einen dekonstruktiven Umgang mit christlichen Texten anzustreben, zugestimmt wird: „In der Seelsorge ginge es jedenfalls darum, erzählte Geschichten....dekonstruierend, transformierend und konstruierend so zu hören und zu 'lesen', daß aus alten 'Texten' neue entstehen. Neue 'Geschichten' eröffnen andere Lösungsmöglichkeiten, eine andere Problemsicht oder mehr Handlungsoptionen".[136] Die religiöse Methodik des Umgangs mit Sakramenten, Ritualen und Symbolen sowie der Verkündigung und Predigt, die im Laufe des Theologiestudiums bzw. der Seelsorgeausbildung ebenso wie der Umgang mit der Bibel erlernbar ist, wird in modifizierter Form auch in ein perspektivenkonvergentes Seelsorgemodell übernommen.[137] Die spezifisch religiöse Methode des Exorzismus, die durch Zusatzqualifikationen erlernbar ist, wird dagegen aufgrund ihres inhumanen Potentials als nicht bewahrenswert eingestuft.[138]

---

134 Dieser Aspekt wurde bereits (selbst)kritisch angemahnt. Vgl. TACKE, H. (1989): Mit den Müden, S. 199; HEIMBROCK, H. (1996): Heilung, S. 333.

135 Vgl. KLESSMANN, M. (1989): Wie geht es in der Seelsorge weiter?, S. 117.

136 FEREL, M. (1996): 'Willst du gesund werden?', S. 372.

137 In Blick auf Verkündigung und Predigt ist jedoch Fuchs Plädoyer für eine Ent-Absolutierung des Wortes bzw. des Wortkultes ernst zu nehmen, „denn auch Gottes Wort gibt es in dieser Welt immer nur als Menschenwort, und nur in dieser Relation wird es weitergegeben. In der Verkündigung begegnen wir Menschen, die von Gott reden, nicht etwa Gott selbst in 'Reinkultur." FUCHS, O. (1994): In der Sünde, S. 255. Symbole, die auf die ganzheitlichen Lebenswurzeln der Menschen abzielen und gerade psychisch kranke stark ansprechen können, müssen aber immer auch als komplexe „kollektive Verdichtungen von Sinn, Hoffnung und Glaube" in ihrer kritischen Dimension zur Anwendung kommen. Vgl. GRUBER, F. (1997): Heilwerden im Fragment, S. 236. Im Umgang mit Sakramenten ist zudem darauf zu achten, daß damit kein Sakramentalismus betrieben wird, hinter dessen routiniertem Ablauf sich SeelsorgerInnen zurückziehen können.

138 Überzeugt schreibt zwar Mayer: „Der Exorzismus gehört ja heutzutage zu den Methoden, die man auch in kirchlichen Kreisen zu recht als obsolet betrachtet." MAYER, G. (1990): Seelische Krankheit, S. 468. Fakt ist jedoch, daß gerade auf der Grundlage des charismatischen Seelsorgekonzeptes unter Berufung auf Jesu Handeln auch gegenwärtig exorzistische Methoden eingesetzt werden! In Anlehnung an die Argumentation von Fuchs und Baumgartner werden sie jedoch für ein perspektivenkonvergentes Konzept als inhuman abgelehnt: „Jene dämonologische Anthropologie, in der man sich zur Zeit Jesu behalf, um die unverständlichen Verhaltensweisen psychisch kranker Menschen als Besessenheit von Dämonen zu erklären, muß vielmehr endgültig verabschiedet werden und darf auch nicht in irgendwelchen exorzistischen Praktiken ihr anachronistisches und destruktives Unwesen treiben." FUCHS, O. (1993): Im Brennpunkt: Stigma, S. 105. „Dieser 'fromme Terror' ist pathologisch und das Gegenteil einer an Jesus orientierten diakonischen Reich-

Dank der vielen Konzeptvarianten der theologisch-psychologischen Traditionslinie fand ein weites Spektrum an psychotherapeutischen Methoden Eingang in die Seelsorge. Obwohl dieses auch für ein perspektivenkonvergentes Modell unter grundsätzlicher Beachtung der Ergebnisse der Psychotherapieforschung[139] sichergestellt werden soll, sind doch einige Modifikationen vorzunehmen: Zum einen wird die Anwendung einer spezifisch Christlichen Psychologie abgelehnt, wie bereits in den Reflexionen zur Verhältnisbestimmung von Seelsorge gegenüber den Humanwissenschaften dargelegt worden ist. Zum anderen wird eine grundsätzliche Zurückhaltung gegenüber verhaltenstherapeutisch-kognitiven Methoden angemahnt, da diese besonders in biblisch fundierten Konzeptvarianten die Gefahr der Instrumentalisierung von Menschen in sich bergen.[140] Schließlich sollen auch spirituell ausgerichtete psychotherapeutische Methoden, die bereits in anderen Ländern auf Zustimmung stoßen, für den seelsorglichen Alltag fruchtbar gemacht werden.[141] Daß die Anwendung psychotherapeutischer Methodik jedoch nicht das methodische Heilmittel schlechthin für (Psychiatrie) Seelsorge darstellt, wird inzwischen selbstkritisch eingestanden,[142] weshalb Gärtners Schlußfolgerung zugestimmt werden kann: „Die Darstellung der verschiedenen pastoralpsychologisch orientierten Seelsorgeansätze hat gezeigt, daß unterschiedliche psychologisch-psychotherapeutische Methoden für die Theorieentwicklung und vor allem für die Praxis einen wichtigen Stellenwert einnehmen. Seelsorge als Kunst verweist darauf, daß ihr Können weit über die methodisch richtige Handhabung von Gesprächstechniken hinausweist. Das seelsorgliche 'Können als Kunst' schließt handwerkliche Perfektion ein und löst sie durch den künstlerischen Umgang damit gleichzeitig alltagssprachlich wieder auf."[143]

Obwohl gerade in soziologisch orientierten Konzepten vorausgesetzt ist, daß SeelsorgerInnen mit der Methodik fundierter Organisations- und Gesellschaftsanalyse vertraut sind, wird nicht näher erläutert, was genau darunter zu verstehen ist, bzw. wo derartige Methoden erworben werden können. Ob dieser Aspekt bisher lediglich ungenügend reflektiert ist, oder auf ein grundsätzliches Manko dieser Konzeptvariante hinweist, läßt sich nicht eindeutig entscheiden. Da auch ein perspektivenkonvergentes Seelsorgemodell nicht auf den angedeuteten methodischen Aspekt verzichten kann, steht eine diesbezügliche Klärung an, die jedoch im Rahmen dieser Arbeit nicht geleistet werden kann.

Gottes-Praxis, weil er Menschen noch mehr in Selbstentfremdung und Unfreiheit führt." BAUMGARTNER, I. (1997): Heilende Seelsorge, S. 242.

[139] Grawes Analyse aller je durchgeführten kontrollierten Studien zur Wirksamkeit psychotherapeutischer Verfahren bei Personen mit klinisch relevanten Störungen brachte 1992 eine klare Rangordnung von 4 Gruppierungen zu Tage, wonach lediglich kognitiv-verhaltensorientierte Therapiemethoden, Gesprächspsychotherapie und psychoanalytische Kurzzeittherapien als nachweisbar effektiv eingestuft werden können. Vgl. GRAWE, K. (1992): Psychotherapieforschung; KIESSLING, K. (1994): Psychotherapie auf dem Prüfstand.

[140] Vgl. REBELL, W. (1988): Psychologisches Grundwissen für Theologen, S. 186; LUTHER, H. (1988): Wahrnehmung, S. 261; SONS, R. (1995): Seelsorge, S. 90/ 92.

[141] Weiterführende Literatur zu spirituell ausgerichteten Therapieformen: CAMPBELL, P. u. E. McMAHON, Biospiritualität. Glaube beginnt im Körper. Mchn., Claudius, 1992; VAUGHAN, F. (1993): Heilung aus dem Inneren. Leitfaden für eine spirituelle Psychotherapie. Mchn., Kösel, 1993; WILBER, K. (1996): Eros, Kosmos, Logos. Ffm., 1996; ASSAGIOLI, R. (1992): Psychosynthese und transpersonale Entwicklung. Paderborn, Junfermann, 1992.

[142] Vgl. KLESSMANN, M. (1989): Wie geht es in der Seelsorge weiter?, S. 116.

[143] GÄRTNER, H. (1993): Die Kunst der Seelsorge, S. 56.

5. Seelsorgekonzepte des 20. Jhdts. im Überblick

Theologisch - Biblische Perspektive	Theologisch - Psychologische Perspektive	Theologisch - Soziologische Perspektive	Theologisch - Wissenschaftstheoretische Perspektive
KERYGMATISCHE S Asmussen Thurneysen NORDAMERIKA **NUTHETISCHE S** Adams **PARAKLETISCHE S** Crabb, Allender ↓ **BIBLISCHE S** **BIBELORIENTIERTE S** Wanner, Hofmann Bohren, Seitz Bernet, Nembach Bittlinger, Bräumer Antholzer, Grossmann Tacke: **Partnerschaftliche S** Jentsch: **Befreiende S** **BIBLISCH-** **THERAPEUTISCHE S** Dieterich Pfeifer, Scharrer Ruthe, Veeser **CHARISMATISCHE S** Margies Kopfermann Wenzelmann Rohrbach, Baar Schwemmer Kick, Reimer Hübner, Ouweneel Soldan ↑ CHARISMATISCHE S NORDAMERIKA Backus/Chapian Mac Nutt Seamands Peck Collins Wimber	Pastoral Counseling (Boisen, Hiltner, Clinebell) NORDAMERIKA ↓ **THERAPEUTISCHE S** Tiefenpsychologische Orientierung Uhsadel, Ringel, Affemann, Haendler, Riess, Rampold, Günther, Gestrich, Wittmann Pfister: **Analytische S** Goldbrunner: **Personale S** Thilo: **Beratende S** Winkler: **Tiefenpsychologisch orientierte S** Wahl: **Analytisch orientierte S** Wiedemann: **Analytische S** Gesprächspsychotherapeutische Orientierung Eisele, Becher, Piper, von Kriegstein, Schwermer, Pompey, Hammers, Geest, Troidl, Nicol, Jochheim, Bäumer/Platig Stollberg: **Therapeutische S** Bärenz: **Gesprächsseelsorge** Lemke: **Annehmende S** Themenzentrierte Orientierung Kroeger: **Themenzentrierte S** Funke, Greive Verhaltenstherapeutische Orientierung Besier Gestalttherapeutisch-Integrative Orientierung Petzold, Klessmann, Ladenhauf Logotherapeutische Orientierung Kurz: **Ästhetische S** Röhlin: **Sinnorientierte S** Kreitmeier: **Sinnvolle S** Lukas: **Psychologische S** Systemtherapeutische Orientierung Ferel Held: **Systemtherapeutisch orientierte S** Morgenthaler: **Systemische S** **BEGLEITENDE S** Mayer-Scheu, Ludwig, K. Baumgartner, Zerfass Maymann, Mayer, Heller, Schmatz Kleucker, Klessmann, Gestrich, Ida Piper Nouwen: **Schöpferische S** **HEILENDE S** I. Baumgartner, J. Müller, W. Müller Brunner, Kreppold, Grün **MYSTAGOGISCHE S** Haslinger, Knobloch, Henke, Rösch, Zulehner I. Baumgartner **PERSONALE S** Windisch **ANLEITENDE S** Martin u. Heike Hagenmaier **BEGEGNENDE S** Schmid, P.F.: **Personzentrierte S / Personale S**	**DIAKONISCHE S** Luther, Bach, Eigenmann, Ruschke Zerfass, Fuchs, Haslinger Wahl, Greinacher, Schmid Mette, Steinkamp Pompey I. Baumgartner: **Diakonisch-Heilende S** Fürst: **Evangelisierende** **Pastoral** Fuchs: **Kulturökologische** **Pastoral** **KOMMUNIKATIVE S** **SOLIDARISCHE S** **KRITISCHE S** Luther Henke **POLITISCHE S** Verheule Henke **BEFREIENDE S** Hoch Ohne explizite Titulierung: Josuttis, Mayer Klessmann, Winkler Schmidt-Rost Pohl-Patalong **FEMINISTISCHE S** Pfäfflin-Riedel, Strecker Pohl-Patalong Karle Blasberg-Kuhnke Schibler: **Kreativ-** **emanzipierende S**	**TRANSVERSALE** **Seelsorge** Grözinger **PLURAL** **VERSTANDENE** **Seelsorge** Pohl-Patalong **PERSPEKTIVEN-** **KONVERGENTE** **Seelsorge** Nauer

Schaubild 34: Seelsorgekonzepte im Überblick (S = Seelsorge)

III. Handlung: Konkrete Alltagspraxis von SeelsorgerInnen

> „Seelsorgliche Bemühungen in der Praxis.
> Sie lassen sich nicht vorprogrammieren
> wie ein Arbeitstag in der Industrie.
> Diesen Gefallen tun einem weder die Patienten
> noch die sich stets wechselnden Situationen."
>
> Kner, Anton (1979):
> Seelsorgliche Bemühungen um psychisch Kranke, S. 53.

1. Darstellung der Praxisvielfalt

1.1. Primär individuumzentrierte Alltagspraxis

Die primär individuumzentrierte Alltagspraxis von PsychiatrieseelsorgerInnen umfaßt sowohl Praxisformen im Umgang mit den PatientInnen, allen sich im Krankenhaus aufhaltenden Personen als auch den/die SeelsorgerIn selbst:

1. Im Umgang mit *PatientInnen* steht als verbale Praxis das Zweier- und Gruppengespräch im Mittelpunkt. Aber auch das gemeinsame bzw. stellvertretende Beten, die Lektüre der Bibel bzw. religiöser oder weltlicher Texte, das Singen religiöser bzw. weltlicher Lieder, das Abnehmen der Beichte bzw. das Führen von Beichtgesprächen und das exorzistische Gebet gehören in diesen Sektor. Non-verbale Praxis dagegen zeichnet sich hauptsächlich durch Anwesend-Sein, Miteinander Schweigen, Mit-Gehen, das Herstellen von Blick- und Körperkontakt, Meditieren, Musikhören, Betrachten von Kunst, Basteln oder Spielen aus, wobei auch das Austeilen der Krankenkommunion, die Spendung der Krankensalbung und symbolische Handlungen wie das Handauflegen, das Segnen, das Benetzen mit Weihwasser, das Anzünden von Kerzen und das Aufstellen von Kreuzen, Heiligen- oder Marienfiguren in die non-verbale Rubrik gezählt werden können. Als schwerpunktmäßig hilfeleistende Alltagspraxis dagegen werden solche Tätigkeiten ausgewiesen, die PatientInnen bei Verrichtungen wie Briefeschreiben, Telefonieren, Ausfüllen von Formularen und Einholung von Adressen oder Informationen unterstützen.
2. Im praktischen Umgang mit *allen Personen*, die sich im Krankenhaus aufhalten, dominieren alltagspraktische Hilfestellungen, Gespräche, die Vorbereitung und Durchführung von Gottes- und Wortgottesdiensten, Abendmahlfeiern, Andachten, Tauf-, Trauungs- und Beerdigungszeremonien sowie die Vorbereitung und Durchführung von Gruppenveranstaltungen wie z.B. Gesprächs-, Gebets-, Bibel-, Meditations-, Tanz- oder Gesangsgruppen.
3. In Blick auf die *eigene Person* zeichnet sich individuumzentrierte Alltagspraxis v.a. durch die Lektüre von Fachliteratur, die Teilnahme an klinikinternen- und externen Fortbildungs-, Weiterbildungs- und Zusatzqualifikationsversanstaltungen und Supervisionsangeboten, die Wahrnehmung spiritueller Hilfestellungen in Form von Exerzitien, Meditationskursen oder Seelsorgegesprächen sowie durch die Schaffung von Regenerations- und Ruhepausen aus.

1.2. Primär strukturell orientierte Alltagspraxis

Die an den Strukturen der Klinik orientierte Alltagspraxis von PsychiatrieseelsorgerInnen läßt sich nach formellen, informellen und formalpragmatischen Gesichtspunkten unterteilen:

1. *Formelle Handlungen* umfassen diverse Kooperationsformen intrakonfessioneller, interkonfessioneller und interdisziplinärer Art, wobei auch kooperative Praxisformen mit der Klinikleitung, Verwaltung und Wirtschaftsabteilung in diesen Bereich fallen. Grob zusammengefaßt handelt es sich dabei um die Vorbereitung und Durchführung von Dienstbesprechungen und Teamsitzungen. Hinzu kommt die Teilnahme an Stationsbesprechungen, Fallbesprechungen, Konferenzen, Übergaben, Visiten, Sitzungen Therapeutischer Teams, Abteilungskonferenzen, Stations- und Hausversammlungen sowie Betriebsversammlungen. Die aktive bzw. passive Teilnahme an hausinternen Weiter- und Fortbildungsveranstaltungen sowie an interdisziplinären Forschungsvorhaben fällt ebenso in diesen Arbeitsbereich wie die aktive Beteiligung am berufsethischen Unterricht.

2. Als *informelle Handlungen* lassen sich dagegen zwanglose und unverbindliche Begegnungen im Rahmen eines gemeinsamen Mitagessens mit dem Personal, der Teilnahme an Feierlichkeiten, sportlicher Aktivitäten oder Betriebsausflüge anführen.

3. Als *formalpragmatische Praxisformen* fällt hauptsächlich die Büroarbeit, d.h. das Erstellen schriftlicher Dokumentationen, das Beschaffen von Arbeitsmaterial, die Regelung der Finanzen, Urlaubs- und Freizeit sowie die Bearbeitung der Post ins Gewicht. Hinzu kommt das Sich Kümmern um die kirchlichen Räumlichkeiten wie Büro, Sprechzimmer und Kapelle, wobei auch Tätigkeiten wie das Einrichten der Zimmer, das Organisieren von Kirchenmusik, die Pflege der Blumendekoration, die Bereitstellung religiöser Utensilien, die Verwaltung einer religiösen Bibliothek oder die Pflege von Bitt- bzw. Dankbücher zur Arbeitszeit zählt.

1.3. Primär gesellschaftspolitisch und ökologisch orientierte Alltagspraxis

Hierunter fällt eine Bandbreite an Tätigkeiten, die in und außerhalb der Räumlichkeiten der Klinik stattfinden können und eine bewußte Vernetzung mit der Außenwelt herstellen. Der Netzwerkcharakter dieser Praxisformen läßt sich an folgenden Aufgabenbereichen besonders deutlich erkennen:

Engagement auf dem Sektor *Angehörigenarbeit,* das Einzel- und Gruppengespräche, Verfassung und Versendung von Angehörigenbriefen, Initiierung, Beteiligung und Leitung von Angehörigengruppen, Angehörigentagen oder Angehörigenseminaren ebenso umfassen kann wie den Besuch von Angehörigen-Selbsthilfegruppen oder die aktive Mitarbeit in Angehörigen-Vereinen. Engagement auf dem Sektor ehrenamtliche *Bürgerhilfe* kann sich in der Motivierung, Ausbildung, Fortbildung, Begleitung und Supervision seelsorglicher MitarbeiterInnen ebenso ausdrücken wie in alltäglichen Formen gemeinsamer Besprechungen und Sitzungen. *Pfarrgemeindliches Engagement* beinhaltet die aktive Mitgestaltung von Gemeindegottesdiensten, informative Teilnahme an Pfarrgemeinderatssitzungen, Kirchenratssitzungen oder Teamsitzungen der PfarrerInnen/SeelsorgerInnen, die Mitgestaltung von Pfarrbriefen, die Organisation von Besuchsdiensten oder Patenschaften, die Begleitung von PatientInnen zu Veranstaltungen der Gemeinde, bzw. die Begleitung von Mitgliedern der Pfarrgemeinde zu Veranstaltungen der Klinik sowie das Halten öffentlicher Vorträge v.a. im Rahmen der Erwachsenenbildung. Engagement auf dem Sektor *extramuraler* Versorgungseinrichtungen impliziert die aktive Kontaktaufnahme mit den MitarbeiterInnen der verschiedenen Einrichtungen, eine gegenseitige Teilnahme an Besprechungen und Sitzungen und die Begleitung von PatientInnen zu entsprechenden Veranstaltungen. Engagament auf dem Sektor Wohn- und Arbeitswelt der PatientInnen dagegen erfordert sowohl Hausbesuche als auch eine Kontaktaufnahme mit deren Arbeitswelt.

Gesellschaftspolitisch-ökologisch orientierte Praxis umfaßt neben der allgemeinen Netzwerktätigkeit aber auch spezifische Praxisformen, die sich nach den zugrundeliegenden Zielrichtungen in vier Sparten einteilen lassen:
1. *Kirchenpolitisches Engagement*, wobei die Vorbereitung und Durchführung von Informations- und Arbeitstreffen mit den Dienstvorgesetzten, der Kirchenleitung und MitarbeiterInnen kirchlicher Verbände wie Diakonie und Caritas, die aktive Mitarbeit in regionalen und überregionalen seelsorglichen Arbeitsgemeinschaften und die Kooperation mit kirchlichen Akademien, Tagungshäusern, Seelsorgeinstituten, Hochschulgemeinden bzw. theologischen Fakultäten im Mittelpunkt stehen.
2. *Öffentlichkeitspolitisches Engagement* umfaßt nicht nur die Beteiligung an öffentlichkeitswirksamen Klinikveranstaltungen wie Tage der offenen Tür, Basare, Kunstausstellungen, Hausmusikabende, Tanzabende oder die Einrichtung öffentlicher Teestuben, sondern auch klinikexterne Tätigkeiten wie z.B. die Verteilung von Flugblättern oder das Betreiben eines Informationsstandes in der Fußgängerzone. Hinzu kommen alle Formen klinikinterner Medienarbeit wie das Aushängen oder Vertreilen von Broschüren, Informationsblättern, Kirchenzeitungen, Heiligenbilder oder das Erstellen interner Rundfunksendungen, wie auch klinikexterne Medienarbeit, die sich aller Mittel moderner Kommunikation wie Zeitung, Rundfunk, Fernsehen oder Internet bedienen kann.
3. *Sozialpolitisches Engagement* konkretisiert sich in der Organisation, Vorbereitung und Durchführung von Informationstreffen mit politisch-administrativen EntscheidungsträgerInnen wie regionalen oder überregionalen PolitikerInnen, VertreterInnen der Krankenkassen, MitarbeiterInnen des Sozialamtes oder VertreterInnen der Gewerkschaft. Die Mitarbeit in Psychosozialen Arbeitsgemeinschaften gehört ebenso in diesen Sektor wie die in sozialpolitischen Gremien, Ausschüssen und Kommissionen, wobei auch parteipolitisches Engagement als seelsorgliche Tätigkeit gewertet werden kann.
4. *Ökopolitisches Engagement*, das bisher am rudimentärsten angedacht ist, könnte sich krankenhausintern z.B. in Form von aktiver Mitarbeit in Kommissionen und Arbeitsgruppen zur Abfallentsorgung oder Materialreduzierung realisieren; krankenhausextern dagegen v.a.. in Form eines persönlichen Engagements in entsprechend ökologisch orientierten Bewegungen und Gremien.

Schaubild 35 auf den nächsten beiden Seiten soll die Komplexität möglicher Alltagspraxis von PsychiatrieseelsorgerInnen vor Augen führen.

Praxisvielfalt in der Psychiatrieseelsorge

2. Seelsorgliche Alltagspraxis im Überblick

Individuumzentrierte Alltagspraxis von SeelsorgerInnen			
Im Umgang mit PatientInnen	Schwerpunktmäßig verbale Praxis	Schwepunktmäßig non-verbale Praxis	Schwerpunktmäßig hilfeleistende Praxis
	* Zweiergespräche * Gruppengespräche * Gemeinsames/ stellvertretendes Beten * Exorzistisches Beten * Bibellektüre * Lektüre christlicher/ religiöser/ weltlicher Texte * Beichte abnehmen, Beichtgespräche führen * Singen religiöser/ weltlicher Lieder	* Anwesend-Sein (Miteinander Schweigen) * Mit-Gehen (z.B. beim Spazierengehen) * Blick- und Körperkontakt herstellen * Gemeinsam meditieren, musikhören, Kunst betrachten, basteln, spielen * Krankenkommunion austeilen * Krankensalbung spenden * Symbolische Handlungen durchführen wie - Handauflegen, Segnen - mit Weihwasser benetzen - Kerzen anzünden - Kreuz/ Marienfiguren aufstellen	* Leistung konkreter Hilfestellung z.B. beim - Briefeschreiben - Telefonieren - Ausfüllen von Formularen - Einholen von Adressen - Beschaffen von Informationen
Im Umgang mit allen Personen, die sich im Krankenhaus aufhalten	* Einzel- und Gruppengespräche führen * Gottesdienste, Wortgottesdienste, Andachten, Abendmahlfeiern, Anbetungen vorbereiten und durchführen * Beichte abnehmen und Beichtgespräche führen * Tauf-, Trauungs- und Beerdigungszeremonien vornehmen * Gruppenveranstaltungen durchführen: Gesprächs-, Bibel-, Meditations-, Tanz-, Gebets-, Gesangsgruppen usw. * Alltagspraktische Hilfestellungen leisten		
Im Umgang mit der eigenen Person	* Lektüre theologischer und psychiatrischer Fachliteratur zum Erwerb fachlicher Qualifikation * Teilnahme an klinikinternen und -externen Fort-, Weiterbildungs-, und Zusatzqualifikationsveranstaltungen * Teilnahme an klinikinternen und -externen Einzel- und Gruppensupervisionsangeboten * Wahrnehmung spiritueller Angebote (z.B. Exerzitien, Seelsorgegespräche) * Schaffung persönlicher Regenerations- und Ruhepausen		

Strukturell orientierte Alltagspraxis von SeelsorgerInnen	
Intra- u. interkonfessionelle Kooperation	* Organisation von und Teilnahme an Teamsitzungen, Dienstbesprechungen, usw. * Vorbereitung und Durchführung von gemeinsamen liturgischen Angeboten, Gesprächsrunden, Gruppenveranstaltungen usw.
Interdisziplinäre Kooperation	* Teilnahme an Stationsbesprechungen, Teambesprechungen, Fallbesprechungen, Übergaben, Visiten, Sitzungen Therapeutischer Teams, Abteilungskonferenzen, Stations- und Hausversammlungen usw. * Mitarbeit in hausinternen Kommissionen (z.B. Ethikkommissionen) * Aktive Beteiligung an hausinternen Aus,- Fort- und Weiterbildungsveranstaltungen (z.B. Mitarbeit im berufsethischen Unterricht sowie in der Supervision der MitarbeiterInnen) * Teilnahme an Teamsupervision und Balintgruppen * Durchführung gemeinsamer wissenschaftlicher Projekte
Kooperation mit der Hausleitung/- Verwaltung	* Teilnahme an öffentlichen Besprechungen, Sitzungen Konferenzen * Mitarbeit in der Personalvertretung, * Teilnahme an Personalratssitzungen, Betriebsversammlungen usw.
Informelle Kooperation	* Teilnahme an Feierlichkeiten, Freizeit- und Sportangeboten einzelner Stationen, Abteilungen und der Klinik * Teilnahme an Betriebsausflügen, Besichtigungen von Pharma-Unternehmen usw. * Gemeinsames Mittagessen mit dem Personal
Formal-pragmatische Alltagspraxis	* Büroarbeit: - Erstellen schriftlicher Dokumentationen (Gesprächsprotokolle, Sitzungsprotokolle, Berichte an Vorgesetzte usw.) - Beschaffung von Arbeitsmaterial - Regelung der Finanzen, Arbeits- und Urlaubszeit, Verwaltung von Kollekten- und Spendengeldern * Sich Kümmern um kirchliche Räumlichkeiten wie Büro, Sprechzimmer und Kapelle - Einrichtung der Zimmer, Einholen von Getränken - Besorgung bzw. Pflege der Blumendekoration - Bereitstellung religiöser Utensilien wie Kerzen, Weihwasser, Hostien, Wein, Gebetsbücher usw. * Organisieren von Kirchenmusik (z.B. von OrganistInnen) * Bereitstellung und Auswertung von Dank- und Bittbüchern * Bereitstellung und Verwaltung religiöser, spiritueller und theologischer Literatur

	Gesellschaftspolitisch-ökologisch orientierte Alltagspraxis von SeelsorgerInnen
Netzwerk-Engagement	* Engagement auf dem Sektor **Angehörigenarbeit**: - Einzel- und Gruppengespräche führen - Initiierung von, Beteiligung an, Leitung von Angehörigengruppen, Angehörigentreffs, Angehörigentagen, - Angehörigenseminaren usw. - Verfassung und Versendung von Angehörigenbriefen - Kontaktaufnahme mit bzw. Mitarbeit in Angehörigen-Selbsthilfegruppen und Angehörigen-Vereinen * Engagement auf dem Sektor ehrenamtliche **Bürgerhilfe**: - Motivierung ehrenamtlicher MitarbeiterInnen in den Gemeinden - Mitarbeit in der Aus,- und Fortbildung, Begleitung und Supervision ehrenamtlicher MitarbeiterInnen - Alltagspraktische Kooperation in Form von Absprachen, Besprechungen usw. * Engagement auf dem Sektor **Pfarrgemeinde**: - Aktive Mitgestaltung von Gemeindegottesdiensten - Informative Teilnahme an Sitzungen des Pfarrgemeinderates, des Seelsorgeteams usw. - Mitgestaltung von Pfarrbriefen - Halten öffentlicher Vorträge (z.B. im Rahmen der Erwachsenenbildung) - Organisation von Besuchsdiensten und Patenschaften - Begleitung von PatientInnen zu Veranstaltungen der Gemeinde (Gottesdienste/Andachten, Gesprächsrunden, Gruppenstunden, Arbeitskreise, Seniorennachmittage, Feste, Tanzveranstaltungen usw.) - Begleitung von Gemeindemitgliedern zu Veranstaltungen der Klinik * Engagement auf dem Sektor **extramurale Versorgungseinrichtungen** (Beratungsstellen, Sozialpsychiatrische Dienste, Tagesstätten, Wohn- und Arbeitsprojekte usw.): - Kontaktaufnahme mit den MitarbeiterInnen in Form von gegenseitigen Besuchen, Teilnahme an Sitzungen usw. - Begleitung von PatientInenn zu entsprechenden Veranstaltungen * Engagement auf dem Sektor **Wohn- und Arbeitswelt** der PatientInnen: - Hausbesuche, Besuche am Arbeitsplatz, treffen mit ArbeitgeberInnen usw.
Kirchen-politisches Engagement	* Vorbereitung und Durchführung von Informations- und Arbeitstreffen mit den VertreterInnen der Kirchenleitung, kirchlicher Verbände (z.B. Caritas, Diakonie) usw. * Aktive Mitarbeit in regionalen und überregionalen seelsorglichen Arbeitsgemeinschaften * Aktive Mitarbeit in kirchlichen Akademien, Tagungshäusern, Hochschulgemeinden, Seelsorgeinstituten theologischen Fakultäten der Universität (Diskussionsrunden, Vorträge, Seminare) usw.
Öffentlich-keits-Politisches Engagement	* Organisation von bzw. Beteiligung an öffentlichkeitswirksamen Klinikveranstaltungen: - Tage der offenen Tür und sonstige Informationsveranstaltungen - Basare, Kunstausstellungen, Hausmusikabende, Tanzabende - Einrichtung und Betreuung von bzw. Mitarbeit in öffentlichen Tee- u. Café- Stuben * Durchführung öffentlichkeitswirksamer klinikexterner Veranstaltungen: - Info-Stände in der Fußgängerzone - Flugblattaktionen usw. * Hausinterne Medienarbeit: - Aushängen bzw. Verteilen von Broschüren, Informationsblättern, Kirchenzeitungen, Heiligenbildern usw. - Erstellen interner Radiosendungen usw. * Hausexterne Medienarbeit im Sinne aktiver Nutzung kircheninterner und öffentlicher Massenmedien: - Verfassen von Zeitungsartikeln - Mitwirkung bei Radio- und Fersehsendungen - Informationsweitergabe über Internet
Sozial-Politisches Engagement	* Vorbereitung, Organisation und Durchführung von Informationstreffen mit politisch-administrativen EntscheidungsträgerInnen (Regionale und überregionale PolitikerInnen, VertreterInnen der Krankenkassen, MitarbeiterInnen des Sozialamtes, VertreterInnen der Gewerkschaften usw.) * Aktive Mitarbeit in Psychosozialen Arbeitsgemeinschaften * Aktive Mitarbeit in sozialpolitischen Gremien, Ausschüssen, Kommissionen * Parteipolitisches Engagement
Öko-Politisches Engagement	* Krankenhausintern: Mitarbeit in hausinternen Kommissionen/ Arbeitsgruppen zur Abfallentsorgung, Materialreduzierung usw * Krankenhausextern: Engagement in öffentlichkeitswirksamen ökologischen Bewegungen, Gruppierungen, Vereinen usw.

Schaubild 35:
Alltagspraxis von PsychiatrieseelsorgerInnen im Überblick

IV. Operationen: Angewandte Methoden seelsorglicher Praxis

> „Doch abgesehen von diesen Unterschieden ist die Seelsorge in der Psychiatrie insgesamt gesehen methodisch vielfältiger als die allgemeine Krankenhausseelsorge."
>
> Seelsorge
> in Psychiatrischen Krankenhäusern (1973), S. 387.

1. Darstellung der Methodenvielfalt

1.1. Theologie-intern entwickelte Methoden

Mit der Bezeichnung theologie-intern entwickelte Methoden seelsorglicher Praxis wird auf ein Methodenrepertoire verwiesen, das als Produkt der Wissenschaft Theologie gewertet werden kann, wobei Methode und Praxis zumeist fließend ineinander übergehen.[1] Als spezifisch religiöse Methoden, die im Theologiestudium und während der theologisch begleiteten Berufsausbildung erlernt bzw. durch Fortbildungen weiterentwickelt und erprobt werden können, lassen sich folgende Einzelmethoden anführen:
Methoden im Umgang mit der Heiligen Schrift bezüglich der Textauswahl, Textanalyse und Textinterpretation (z.B. verbalinspirierter, historisch-kritischer oder psychologisch motivierter Zugang) sowie des Umgangs mit dem Text der Heiligen Schrift (z.B. Einzel- oder Gruppenbibelarbeit, Vor-Lesen und Vor-Interpretieren, gemeinsames Lesen und Interpretieren, gemeinsames Nachspielen des Gelesenen z.B. auf der Grundlage bibliodramatischer Methoden); Kommunikationstheoretische Methoden der Verkündigung sowie der Predigt; Methoden im Umgang mit christlichen Sakramenten, Ritualen und Symbolen, worunter auch die Gestaltung liturgischer Feiern, das Sprechen von Gebeten, das Singen religiöser Lieder, das Segnen oder der Umgang mit Weihwasser und Weihrauch fällt. Als spezifisch religiöse Methoden, die außeruniversitär durch entsprechende Zusatzqualifikationen in christlichen Instituten oder bei Privatpersonen erlernbar sind, lassen sich v.a. exorzistische Methoden (z.B. das Sprechen von Befreiungsgebeten, der Umgang mit Befreiungsritualen) und die christliche Psychologie, die eine Symbiose spezifisch religiöser und psychotherapeutischer Methoden darstellt, anführen.

1.2. Theologie-extern entwickelte Methoden

Hierbei handelt es sich um Methoden, die nicht innerhalb der Theologie, sondern in säkularen Wissenschaften entwickelt worden sind und durch entsprechende Zusatzqualifikationen von TheologInnen erlernt und für die Seelsorge fruchtbar gemacht werden können. Obwohl diesbezüglich auch Methoden der Soziologie (v.a. Methoden der Gesellschafts- und Organisationsanalyse) gerade für SeelsorgerInnen relevant sind, ist ihre alltagspraktische Bedeutung bisher relativ gering, da kein flächendeckendes institutionalisiertes System der Wissensvermittlung für SeelsorgerInnen existiert.Von weitreichender Bedeutung dagegen erweisen sich die

---

[1] Daß in der Theologie Praxis und Methodik nicht immer sauber getrennt werden, eine Vermischung aber gerade in Blick auf Seelsorge nicht unproblematisch ist, veranschaulicht folgende Fragestellung Josuttis: „Was passiert, wenn man religiöse Praxis als methodisches Instrumentarium auch in der Seelsorge einsetzen will?" JOSUTTIS, M. (1998): Von der Psychotherapie zur energetischen Seelsorge, S. 73.

Methodenvielfalt in der Psychiatrieseelsorge

der Psychologie entlehnten psychotherapeutischen Methoden, die sowohl in kirchlichen als auch in säkularen Instituten rudimentär oder als fundierte Ausbildung erlernt werden können. Da inzwischen über 200 Psychotherapiemethoden bekannt sind, die Klassfizierungs- und Einteilungsversuche jedoch stark voneinander abweichen, wählt die Verfasserin nur solche Methoden aus, die relativ bekannt sind und bereits faktisch angewendet werden. Als Rasterkriterium fungiert die Zurodnung zu einer dominierenden Zielperspektive, weshalb durchaus Überschneidungen auftreten können:[2]

* Methoden der *Gesprächsführung* (Klientenzentrierte Psychotherapie, Personzentrierte Psychotherapie, Gesprächspsychotherapie, Themenzentrierte Interaktion usw.)

* Methoden der *Bewußtmachung* intrapsychischer Prozesse und verdeckter Interaktionsmechanismen (Psychoanalyse, Individualtherapie, Analytische Therapie, Neoanalyse, Transaktionsanalyse, Katathym-imaginative Psychotherapie, Fokaltherapie, Psychodrama, Hypnotherapie usw.)

* Methoden der *Verhaltensbeeinflussung* (Verhaltenstherapie, Kognitive Therapie, Rational-Emotive Therapie, Kognitiv-Behaviorale Therapie, Verhaltensmodifikation, Neurolinguistische Programmieren usw.)

* Methoden der *Sinnfindung* (Daseinsanalyse, Logotherapie usw.)

* Methoden der *Spiritualitätsentwicklung* (Spirituelle Therapie, Transpersonale Psychologie, Psychosynthese, Rebirthing, Transzendenztherapie usw.)

* Methoden zur Beeinflussung *systemischer Kontexte* (Familientherapie, Paartherapie, Systemtherapie, Politische Therapie usw.)

* Methoden der *Entspannung* und *Körperbeeinflussung* (Bewegungstherapie, Eutonie, Bioenergetische Therapie, Feldenkrais-Methode, Hypnotherapie, Yoga, Atemtherapie, Meditation, Progressive Entspannung, Autogenes Training usw.)

* Methoden der *Kreativitäts-* und *Expressionsförderung* (Musiktherapie, Kunsttherapie, Tanztherapie, Rollenspiel, Bibliotherapie, Spieltherapie usw.)

* Methoden der *Gruppeninteraktion* (Gruppentherapie, Balintgruppen usw.)

* *Integrativ-ganzheitliche* Methoden (Feministische Therapie, Just Therapy, Gestalttherapie, Integrative Therapie usw.)

Schaubild 36 auf der nächsten Seite gibt einen Überblick über die am häufigsten angewandten Methoden seelsorglicher Alltagspraxis.

---

2 Vgl. GRAWE, KLAUS u. Ruth Donati, Friedericke Bernauer: Psychotherapie im Wandel. Von der Konfession zur Profession. Göttingen u.a., Hogrefe, 1993; WETZEL, H. u. W. Linster: Psychotherapie, in: ASANGER, R. u. G. WENNINGER (Hg.): Handwörterbuch Psychologie. 4. Aufl. Mchn./Weinheim, Psychologie Verlagsunion, 1988, S. 627-639.

2. Methoden seelsorglicher Praxis im Überblick

Theologie-intern entwickelte Methoden

Im Theologiestudium / in der Berufsausbildung erwerbbare religiöse Methoden

* Methoden im Umgang mit dem Text der **Heiligen Schrift**
  bezüglich der Textauswahl, Textanalyse und Textinterpretation
  (verbalinspirierte, psychologisch dominierte, historisch-kritische Methoden)
  bezüglich des Umangs mit biblischen Texten
  (Vor-Lesen, Vor-Interpretieren, Gemeinsames Lesen und Interpretieren,
  Einzel- oder Gruppenbibelarbeit, Bibliodrama usw.)

* Kommunikationstheoretische Methoden der **Verkündigung und Predigt**

* Methodischer Umgang mit christlichen **Sakramenten** (Eucharistie, Beichte,
  Beichte, Krankensalbung, Beerdigung, Taufe, Eheschließung)

* Methoden im Umgang mit christlichen **Ritualen / Symbolen**
  (Liturgische Feiern gestalten, Gebete, Fürbitten sprechen, Segnen, christliche
  Lieder singen, mit Kreuz, Weihwasser und Weihrauch umgehen usw.)

Durch Zusatzqualifikationen erwerbbare religiöse Methoden

* **Exorzistische** Methoden
  (z.B. Befreiungsgebete sprechen,
  rituelle Handlungen vornehmen)

* Methoden einer spezifisch
  Christlichen Psychologie
  (Verknüpfung
  psychotherapeutischer
  und religiöser Methodik)

Theologie-extern entwickelte Methoden

Der Psychologie / Psychotherapie entlehnte, durch Zusatzqualifikationen erwerbbare Methoden

* Methoden der **Gesprächsführung** und **thematischen** Zentrierung

* Methoden der **Gruppeninteraktion**

* Methoden der **Bewußtmachung** intrapsychischer Prozesse und
  verdeckter Interaktionsmechanismen

* Methoden der **Verhaltensbeeinflussung**

* Methoden der **Sinnfindung**

* Methoden der **Spiritualitätsentwicklung**

* Methoden der Beeinflussung **systemischer Kontexte**

* Methoden der **Entspannung** und **Körperbeeinflussung**

* Methoden der **Kreativitäts-** und **Expressionsförderung**

* **Integrativ-ganzheitliche** Methoden:

Der Soziologie entlehnte, durch Zusatzqualifikationen erwerbbare Methoden

* Methoden der **Organisationsanalyse**

* Methoden der **Gesellschaftsanalyse**

Schaubild 36
Methoden seelsorglicher Praxis im Überblick

KAPITEL 3
DAS INDIVIDUUM
SEELSORGERIN UND SEELSORGER
IM PSYCHIATRISCHEN KRANKENHAUS

I. Wissenschaftstheoretische Vorbemerkungen

Nach der Analyse der Organisation Psychiatrisches Krankenhaus und des theoretischen, praktischen und methodischen Theoriedesigns der Psychiatrieseelsorge widmet sich dieses Kapitel ausschließlich der konkreten Situation professioneller PsychiatrieseelsorgerInnen, wobei in einem methodisch aufeinander aufbauenden Dreischritt folgenden Fragestellungen nachgegangen wird:

Welchen berufsbedingten Belastungsfaktoren ist das Individuum SeelsorgerIn in der Psychiatrischen Klinik ausgesetzt? Um diese Frage systematisch beantworten zu können, wird folgende Einteilung vorgenommen: Belastungsfaktoren, die aufgrund organisationaler Vorgaben der Klinik sowie der Kirche entstehen; Belastungsfaktoren, die sich aus dem spezifischen Umgang mit psychisch Kranken Menschen ergeben; Belastungen, die auf geschichtliche Hypotheken, deren Auswirkungen bis in die Gegenwart reichen, zurückzuführen sind.

Welche Bewältigungsstrategien stehen dem Individuum zur Verfügung, um mit den diversen Belastungen konstruktiv umgehen zu können? Zur Beantwortung dieser Frage wird ein Instrumentarium an Copingstrategien vorgestellt, wobei methodisch auf das Modell von Lazarus zurückgegriffen wird: „Coping is a stabilizing factor that can help individuals maintain psychological adaption during stressul periods; it encompasses cognitive and behavioral efforts to reduce or eliminate stressful conditions and associated emotional distress."[1] Krones unter Bezugnahme auf modifizierte Coping-Modelle der Gegenwart gewonnener Hinweis, daß die vom Indvduum aktiv zu leistende situationsbezogene Streß-Bewältigung immer einen dynamischen Prozeß darstellt, in dem mehrere Strategien gleichzeitig anzuwenden sind, liefert den methodischen Schlüssel dafür, die Strategien zwar einzeln zu besprechen, jedoch keine Einzelstrategie als 'Allheilmittel' anpreisen zu müssen: „In this sense, the mastering of real life stress is often characterized by the simultaneous occurence of different sequences of coping acts, and hence an interconnection of coping episodes."[2] Unter dem Stichwörtern 'Professionalisierung'[3] und 'Spezialisierung' werden einzelne Bewältigungsstrategien sowohl

---

1   LAZARUS/FOLKMAN 1984, in: HOLAHAN, CH. (1996): Coping, S. 26.

2   KROHNE, H.W. (1987): Coping Research, S. 5.

3   Professionalisierung wird im Folgenden als berufssoziologischer Terminus verwendet: „Professionalität ist sichtbar und kontrollierbar gemachte Kompetenz." GÄRTNER, H. (1992): Der Seelsorger, S. 176. Mit Heyer wird dabei die Betonung auf folgenden Aspekt gelegt: „Mit dem Beginn der Professionalisierung ist eine Neukonstruktion der Berufsidentität verbunden. Kompetenz gewinnt an Vorrang vor geistlicher Berufung. Umgekehrt ist geistliche Berufung in der institutionellen Funktion nur handhabbar mit spezifischer Kompetenz." HEYER, J. (1990): Mannsein und Frauesein im pastoralen Beruf, S. 242. Im Kontext der Professionalisierung spielt die Berufsrolle der SeelsorgerInnen eine zentrale Rolle, wobei in Kapitel 3 folgende organisationsbezogene Definition zugrunde gelegt wird: „Die Art und Weise, wie das Individuum in die Organisation einbezogen wird, ist mit dem Begriff der Rolle ausgedrückt.... Sie (die Rollen) sind in der Bezie-

zur Aneignung theologischer und theologieübergreifender inhaltlicher, praktischer und methodischer wie auch zur Aneignung spezifisch institutionell-struktureller Kompetenzen besprochen. Unter den Stichworten 'Solidarisierung', 'Spiritualisierung' und 'Humanisierung' dagegen wird eine Vielfalt an Strategien erläutert, die dazu dienen soll, die personale Kompetenz des Individuums zu stärken.

Welche Folgewirkungen wird es für das Individuum mit sich bringen, wenn die gewählten Bewältigungsstrategien greifen, d.h. das Individuum eine umfassende pastorale Kompetenz aufbauen kann, bzw. wenn sie versagen, d.h. das Individuum nur eine defizitäre pastorale Kompetenz enwickeln kann? In Analogie zur Systematisierung der Copingstrategien werden positive und negative Folgewirkungen jeweils in Blick auf die inhaltliche, institutionell-strukturelle und personale Ebene getrennt analysiert. Die Beantwortung der dritten Fragestellung basiert methodisch auf spekulativen Assoziationen der Verfasserin sowie der Wiedergabe entsprechender Erfahrungen von KlinikseelsorgerInnen, wobei sich der Rekurs auf die Ergebnisse der 'Burn-Out-Forschung' trotz Einbeziehung unterschiedlicher Theorieelemente hauptsächlich auf das organisationspsychologische Modell von Cherniss stützt.[4]

Das komplexe Zusammenspiel von Belastungsfaktoren, Bewältigungsstratgien und individuellen Folgewirkungen soll erkenntnistheroetisch die unlösbare Verschränkung von Organisation, Tätigkeit und Individuum im Tätigkeitsfeld Psychiatrieseelsorge deutlich machen.

Abschließend wird auf die Fülle institutioneller Angebote hingewiesen, die darauf abzielen, die pastorale Kompetenz des/der PsychiatrieseelsorgerIn zu steigern.

---

hung zwischen Person und Organisation ein drittes und eigenständiges Element." SEILER, D. (1991): Person, Rolle, Institution, S. 206, 208.

[4] Vgl. KLEIBER/ENZMANN (1989): Helfer-Leiden: Streß und Burnout, S. 41-44.

II. Berufsbedingte Belastungsfaktoren für SeelsorgerInnen

> „Seelsorge im Krankenhaus mag noch so gut sein,
> Patienten und Mitarbeiter mögen sie noch so hoch einschätzen - Seelsorger
> und Seelsorgerinnen führen im Krankenhaus eine Randexistenz.
> Niemand geht ins Krankenhaus wegen der Krankenhausseelsorge.
> Nur wenn der medizinische Betrieb eine Pause läßt, ist Seelsorge gefragt."
> Miethner, Reinhard (1996):
> Seelsorge an Seelsorgern, S. 250.

1. Belastungsfaktoren aufgrund struktureller Vorgaben

1.1. Belastungen aufgrund struktureller Vorgaben der Organisation Krankenhaus

PsychiatrieseelsorgerInnen arbeiten in einer *hochkomplexen Organisation*,[1] die von hierarchisch-bürokratischen und sozialen Strukturen geprägt ist. Im Unterschied zum gesamten Personal der Klinik weist die dichotome Struktur für sie jedoch eine völlig andersartige Akzentuierung auf.

Bezüglich der *hierarchisch-bürokratischen Organisationsstruktur* nehmen SeelsorgerInnen eine Sonderposition ein, weil sie schlichtweg nicht in diese eingebunden sind. Dies ist möglich, weil Krankenhausseelsorge duch spezifische Verträge zwischen den Kirchen und dem deutschen Staat verfassungsrechtlich geschützt und garantiert ist. Dem Rechtsanspruch der BürgerInnen auf freie Religionsausübung bei gleichzeitigem Schutz vor religiösen Übergriffen (Grundgesetz, Artikel 4 und 19) entspricht das Zugangsrecht der Kirchen als Körperschaften des öffentlichen Rechtes in öffentliche Kliniken (Grundgesetz, Artikel 140 in Verbindung mit Artikel 141 der Weimarer Reichsverfassung). Kirchen können somit SeelsorgerInnen in diese Institutionen entsenden, ohne daß diese den Kliniken (arbeits)rechtlich, administrativ, finanziell oder strukturell unterstellt sind: „Innerhalb der Organisationsstruktur des Krankenhauses steht die Krankenhausseelsorge als selbständiger und gleichberechtigter Bereich neben dem ärztlichen und pflegerischen Dienst. Organisatorisch ist sie der Verwaltung zu-, aber nicht nachgeordnet."[2] Klessmann umschreibt diesen Zustand folgendermaßen: „Dem Krankenhaus wird von außen Seelsorge gewissermaßen 'ins Nest gesetzt'."[3] Konkret heißt dies, daß KrankenhausseelsorgerInnen nicht in das hierarchische Gefüge von Stabs- und Linienstellen eingebunden sind, weshalb sie gegenüber keiner hausinternen Berufsgruppe weisungsgebunden, weisungsbefugt oder rechenschaftspflichtig sind.[4] Obwohl Gärtner betont, daß Seelsorge aus

---

[1] Im Folgenden werden die Ergebnisse, die in Kapitel 1 in Blick auf die organisatorischen Hintergründe Psychiatrischer Krankenhäuser gewonnen worden sind, aufgenommen und konsequent in Blick auf ihre mögliche Funktion als Belastungsfaktor für PsychiatrieseelsorgerInnen durchbuchstabiert. Vgl. hierzu S. 112-117 vorliegender Arbeit.

[2] GÄRTNER, H. (1995): Management und Nächstenliebe, S. 77.

[3] KLESSMANN, M. (1997): Die Stellung der Krankenhausseelsorge in der Institution Krankenhaus, S. 32.

[4] Vgl. FRIEDRICH, H. (1996): Die Klinikseelsorgerin und der Klinikseelsorger im Dickicht von Zweckrationalität und Krankenhaussubkultur, S. 164.

betriebswirtschaftlicher Sicht als ein Bestandteil der personenbezogenen Dienstleistung und damit als ein struktureller Bestandteil der Leistungserbringung der Klinik insgesamt zu werten ist, gehört sie dennoch nicht zur personellen Grundausstattung der Klink. Im Budget der Klinik stellt sie keinen Posten dar, da sie hausextern durch die Kirchen finanziert wird.[5] Heller schlußfolgert daher: „Im modernen Krankenhaus ist alles andere wichtiger als die Seelsorge."[6] Im Krankenhaus, in dem das Prinzip der Wirtschaftlichkeit und Effizienz immer mehr an Bedeutung gewinnt, die Objektivierung der PatientInnen, erkenntnistheoretisch bedingt, vorausgesetzt ist und Funktionsabläufe reibungslos, d.h.unter Vernachlässigung individueller Bedürfnisse der PatientInnen oder des Personals, sicherzustellen sind, gelten die von außen kommenden SeelsorgerInnen zwangsläufig nicht nur als strukturelle AußenseiterInnen, GrenzgängerInnen, Randexistenzen, Fremdkörper, Extraterritorale und Vogelfreie, sondern auch als überflüssige Störfaktoren: „Einer der m.E. größten Belastungsfaktoren für den Krankenhausseelsorger ist seine strukturelle Bedeutungslosigkeit und Überflüssigkeit oder - anders gesagt - die Diskrepanz zwischen institutionellem Anspruch und der wirklichen Bedeutung der Krankenhausseelsorge."[7] Da die Institution Krankenhaus auch dann funktioniert, wenn keine SeelsorgerInnen in ihr tätig sind, stehen diese unter dem permanenten Druck, die Notwendigkeit ihrer Präsenz unter Beweis zu stellen, und damit ein strukturell bedingtes Problem individuell lösen zu müssen.

Während die hierarchische Dimension der Organisation Krankenhaus für SeelsorgerInnen in Blick auf ihre strukturelle Einbindung nahezu irrelevant ist, spielt die *soziale Dimension* dagegen eine außergewöhnlich große Rolle. Im Unterschied zu allen anderen Berufsgruppen sind SeelsorgerInenn dazu gezwungen, die soziotechnisch offene Systemkomponente der Organisation zu nutzen. Formlose interpersonelle Begegnungen und Abmachungen treten dabei an die Stelle struktureller Vorgaben. Relativ unauffällig aber kontinuierlich können SeelsorgerInnen über diese unhierarchische Form der organisationalen Vernetzung auf die Klinik Einfluß nehmen und die eigene Verortung vorantreiben. Das Ausweichen auf den informellen Sektor kann sich als immenser Belastungsfaktor herausstellen, da diese Arbeitsform nicht nur mit einem großen Zeitaufwand einhergeht, sondern per definitionem keine formale Verbindlichkeit beinhaltet. Enttäuschungen und Kränkungen gehören somit zum Arbeitsalltag.

Da SeelsorgerInnen aufgrund ihrer Außenseiterposition im hierarchischen Gefüge nicht in das System der *formalen Organisationsstrukturen* eingebunden sind, besitzen sie kein Anrecht darauf, in bestehende interdisziplinäre Arbeitsbündnisse einbezogen zu werden. Wollen sie der innerbetrieblichen Verlorenheit, Isoliertheit, Einsamkeit, Heimatlosigkeit sowie einem

---

5 Vgl. GÄRTNER, H. (1996): Nächstenliebe und Management, S. 21.

6 HELLER; A. (1997): Seelsorge, ein Gesundheitsberuf im Krankenhaus, S. 50.

7 KLESSMANN, M. (1986): Aggression in der Seelsorge, S. 417. Vgl. auch: HELLER, A. (1997): Seelsorge, ein Gesundheitsberuf, S. 50, 51; DEGEN, J. (1980). Distanzierte Integration, S. 4; BORN, W. (1994): Aspekte der Klinikseelsorge, S. 250; SCHEYTT, H. (1994): Das institutionelle Selbstbild, S. 276. Die belastende Situation der strukturellen Bedeutungslosigkeit erläutert Miethner an Hand folgender Alltagserfahrung: Niemand geht ins Krankenhaus wegen der Krankenhausseelsorge. Nur wenn der medizinische Betrieb eine Pause läßt, ist Seelsorge gefragt. Sobald eine Ärztin oder ein Pfleger ins Zimmer kommen, ist die Seelsorgerin (fast immer) abgemeldet. Sie muß 'einen Augenblick das Zimmer verlassen', mag das Gespräch eben auch noch so ernst und wichtig gewesen sein. Seelsorgerinnen und Seelsorger erleben dies als Mißachtung ihrer Arbeit und müssen doch zähneknirschend zustimmen.... Die ständige Kränkung macht ihnen zu schaffen und zehrt ganz beachtlich an ihrem Selbstbewußtsein." MIETHNER, R. (1996): Seelsorge an Seelsorgern, S. 250.

Einzelkämpfer-Dasein entgehen und emotionalen Rückhalt bzw. fachliche Gratifikation seitens des psychiatrischen Personals erringen, müssen sie die Initiative ergreifen und aktiv ihre Mitarbeit anbieten: „Die Initiative geht in den meisten Fällen vom Seelsorger aus, der auch sonst, anders als alle anderen Dienste, seine Arbeit immer selbst suchen muß und nur selten angefordert wird. Der Seelsorger kann auch niemand einen Vorwurf machen, wenn man nicht auf ihn zugeht, weil das strukturell nicht zu erwarten ist."[8] Ein belastendes Verharren in der Warteposition und das Hinnehmen von Fehlschlägen gehört somit zum Berufsalltag: „Das menschlich schwierigste Problem der Krankenhausseelsorgearbeit ist und bleibt die Einsamkeit des Seelsorgers im Betrieb, der kein Team hat, und dessen Kraft bei der Bemühung um Eingliederung und Kooperation oft überfordert wird."[9]

Die angestrebte Kooperation wird dadurch erschwert, daß SeelsorgerInnen nicht den offiziellen *Zielsetzungen* und paradigmatischen Vorgaben des Hauses verpflichtet sind. Obwohl alle Organisationsmitglieder die Verfolgung subprofessioneller Zielsetzungen zugestanden bekommen, besitzen SeelsorgerInnen diesbezüglich einen extrem großen Spielraum, da die strukturellen Kontroll- und Sanktionsmechanismen aufgrund ihrer organisationalen Randexistenz nur ungenügend greifen. Die Erarbeitung eigener Zielvorstellungen und die Abgleichung dieser mit den offiziellen Vorgaben muß somit von jedem/jeder SeelsorgerIn selbst in einem arbeitsaufwendigen Prozeß geleistet werden. Weichen persönliche und offizielle Zielvorgaben stark voneinander ab, kann dies zu erheblichen Irritationen seitens des Personals führen und eine Beheimatung im Krankenhaus verhindern.

Die strukturell vorgegebene *personelle Komplexität* Psychiatrischer Krankenhäuser geht ebenfalls mit spezifischen Belastungen für SeelsorgerInnen einher. Seelsorge basiert auf der täglichen Begegnung mit PatientInnen, MitarbeiterInnen, BesucherInnen und nichtstationären AnsprechpartnerInnen. Nicht nur die Vielzahl und Verschiedenheit dieser Menschen (Alter, Geschlecht, sozialer Status, Bildungsniveau, nationale bzw. kulturelle Zugehörigkeit, Religionsu. Konfessionszugehörigkeit, Krankheitsbild, professioneller Status, Erwartungsstruktur, usw.), sondern auch die Flüchtigkeit der Begegnung (Verlegung, Entlassung, Schichtdienst, krankheitsbedingte Abwesenheit, Personalfluktuation u. -rotation, einmalige Besuche usw.) manövriert jede/jeden SeelsorgerIn in die belastende Situation, zwischen flächendeckend-oberflächlicher und individuell-tiefgehender Arbeit wählen zu müssen.[10]

Die *Binnenstrukturierungsvarianz* Psychiatrischer Krankenhäuser kann sich ebenfalls als Belastungsfaktor für SeelsorgerInnen erweisen. Arbeiten mehrere SeelsorgerInnen in der Klinik, kann der Umstand eintreten, daß die Arbeit nach Stationen aufgeteilt wird. Dies wiederum könnte zur Folge haben, daß ein/eine SeelsorgerIn nur auf ein bestimmtes Klientel (z.B. forensische bzw. gerontopsychiatrische PatientInnen, Suchtkranke, AkutpatientInnen) trifft. Da sich in der Folge der Arbeitsalltag von SeelsorgerInnen nicht nur zwischen den Kliniken, sondern auch innerhalb einer Klinik stark unterscheiden kann, sind kollegiale Spannungen, Neidgefühle und Mißgunst vorprogrammiert.[11]

---

8   GESTRICH, R. (1987): Am Krankenbett, S. 158.

9   A.a.O., S. 157.

10 Vgl. GESTRICH, R. (1987): Am Krankenbett, S. 140.

11 Die Kriteriologie der arbeitstechnischen Aufteilung von Stationen bzw. Abteilungen stellt einen potentiellen Konfliktherd dar: Soll die Entscheidung nach dem 'Vorgesetzten-Prinzip' getroffen werden, indem Vorge-

1.2. Belastungen aufgrund struktureller Vorgaben der Organisation Kirche

Psychiatrieseelsorge unterliegt strukturellen Vorgaben der Kirchen, da diese in der Regel als Anstellungsträger fungieren. SeelsorgerInnen werden somit von der jeweiligen Ortskirche zu ihrer Tätigkeit im Krankenhaus beauftragt, mit entsprechenden Vollmachten gegenüber der Klinik ausgestattet und auf der Basis arbeitsvertraglicher Regelungen von ihr bezahlt.[12]

Bereits die Arbeitszeit erweist sich als ein ernstzunehmender Belastungsfaktor, da gerade von SeelsorgerInnen ein persönliches Engagement erwartet wird, das nicht mit der Stoppuhr zu messen ist. Friesls empirische Befragung von Priestern und PastoralreferentInnen belegt, daß ein Großteil unter einem Mangel an Freizeit leidet, wobei ein geringerer Teil die Entlohnung als nicht ausreichend einstuft.[13] Zerfaß weist zudem auf die Tatsache hin, daß Krankenhausseelsorgerlnnen kaum berufliche Aufstiegschancen besitzen, was ihre Arbeitszufriedenheit langfristig negativ beeinflussen kann.[14]

Auch die formalrechtliche Vorgabe, daß für die hauptamtliche katholische Krankenhausseelsorge Priester, Diakone, Ordensmitglieder, PastoralreferentInnen und GemeindereferentInnen eingesetzt werden können,[15] birgt ein nicht zu unterschätzendes Belastungspotential in sich. Dieses besteht nicht nur darin, daß Unsicherheiten zwischen SeelsorgerInnen und dem psychiatrischen Personal bestehen, weil mangelndes Wissens um theologische und ekklesiologische Veränderungen in den Kirchen immer wieder folgende Fragestellung aufkommen läßt: „Sind Sie jetzt ein Pfarrer oder nicht?"[16]

Unsicherheiten und Konfliktsituationen entstehen aber auch innerhalb der Berufsgruppe der SeelsorgerInnen selbst, wobei weniger das unterschiedliche professionelle Ausbildungsniveau, sondern eher die unterschiedliche Verortung innerhalb der kirchenamtlichen Hierarchie von Bedeutung ist: „Priester und Diakone sind in je besonderer Weise durch das Sakrament

---

setzte Stationen nach Belieben zuweisen? Gilt das 'Traditions-Prinzip', nach dem sich die SeelsorgerInnen, die am längsten im Haus sind, Stationen persönlich sichern? Soll ein Zufalls- oder Rotationsprinzip walten? Oder sollen Arbeitsbereiche nach individuellen Vorlieben und Fähigkeiten verteilt werden, um strukturelle Vorgaben sinnvoll zu nutzen? Auch eine interkonfessionelle Aufteilung ließe sich denken, wobei diese jedoch von der katholischen Amtskirche abgelehnt wird: „Es muß dafür Sorge getragen werden, daß die Patienten einen Seelsorger ihrer eigenen Konfession sprechen können. Deshalb ist die einfache Aufteilung der Stationen unter den Seelsorgern der christlichen Kirchen kein Ausdruck ökumenischer Zusammenarbeit." DIE SORGE DER KIRCHEN UM DIE KRANKEN (1998), S. 31.

12 „Der einzelne Krankenhausseelsorger ist durch die kirchliche Beauftragung gegenüber dem Krankenhaus legitimiert." DIE SORGE DER KIRCHE UM DIE KRANKEN (1998), S. 33 Vgl. auch KLESSMANN, M. (1997): Die Stellung der Krankenhausseelsorge, S. 44.

13 Vgl. FRIESL, Chr. (1996): Christsein als Beruf, S. 109.

14 Vgl. ZERFASS, R. (1982): Die psychisch Kranken als Herausforderung, S. 31.

15 „'Seelsorger' ist demnach offensichtlich keine Brufsbezeichnung wie 'Arzt' oder 'Pastor', sondern meint eine Funktion, die aus verschiedenen Berufen heraus wahrgenommen werden kann." SCHUBERT, H. (1995): Seelsorge als Metapher, S. 29. Trotz der beruflichen Vielfalt beziehen sich Anderegg und Brefin in ihrem 1992 verfaßten grundlegenden Artikel zur Psychiatrieseelsorge ausschließlich auf die Berufsgruppe der Pfarrer. Dies kann darauf beruhen, daß er nur die evangelischen Seelsorger im Blick hat. Wäre dies der Fall, würde er dennoch unterschlagen, daß auch Pfarrerinnen in diesem Arbeitsfeld tätig sind. Vgl. ANDEREGG/BREFIN (1992): Seelsorge in der Psychiatrie, S. 548.

16 HELLER, A. (1989): Ganzheitliche Lebenspflege, S. 125.

der Weihe befähigt, in der Vollmacht und im Namen Jesu dessen heilende Zuwendung zu den Kranken und Sterbenden in Wort, Sakrament und tätiger Nächstenliebe Wirklichkeit werden zu lassen."[17] Ihre amtliche Vollmacht beruht somit auf ihrem Status des Geweihtseins, der sie mit Leitungskompetenz ausstattet. Im Unterschied zu Diakonen unterliegen Priester zudem dem Zölibatsgelübde, weshalb sie als einzige Berufsgruppe der KrankenhausseelsorgerInnen nicht verheiratet sein dürfen.[18]

„Pastoral- und Gemeindereferenten und -referentinnen verrichten ihren Dienst der Heilssorge im Krankenhaus aufgrund ihrer Berufung durch Taufe und Firmung sowie ihrer Beauftragung durch die Kirche."[19] Als hauptamtliche nicht ordinierte (geweihte) LaientheologInnen können sie berufssoziologisch in Folge Beauftragung und Entsendung durch Kleriker lediglich als AuftragnehmerInnen Anteil am kirchlichen Amt erlangen.[20] Obwohl die deutschen Bischöfe betonen, daß alle seelsorglich tätigen Berufsgruppen einen Dienst in wechselseitiger und notwendiger Ergänzung leisten, warnen sie gleichzeitig vor Verwischungen der amtlichen Leitungs- und Sachkompetenzen.[21] Kompetenzentrennung bringt nach Köhler jedoch einen schwelenden Konfliktherd für den seelsorglichen Alltag mit sich: „Ein Hauptgrund für gegenwärtige und zukünftige Konflikte inbezug auf den Beruf des Pastoralreferenten im Verhältnis zu unmittelbaren und mittelbaren Vorgesetzten bzw. im pastoralen Arbeitsteam liegt in der Spannung zwischen Sachkompetenz und Leitungskompetenz, weil aufgrund der derzeitigen Verfassung der katholischen Kirche ein fachkompetenter Pastoralreferent nur selten in höhere Leitungsfunktionen der Organisation 'Kirche' aufsteigen kann".[22] Da sakramentale Tätigkeiten Klerikern vorbehalten sind und diese automatisch eine Leitungsfunktion einnehmen, werden gerade dann Probleme auftreten, wenn SeelsorgerInnen nicht nur als EinzelkämpferInnen in der Klinik tätig sind, sondern in einem seelsorglichen Team zusammenarbeiten. Ob Konkurrenz- und Minderwertigkeitsgefühle aufkeimen, wird letztlich stark von den Klerikern und deren Fähigkeit, sich in das Seelsorgeteam zu integrieren, abhängen.[23] Träfe es

---

17 DIE SORGE DER KIRCHE UM DIE KRANKEN (1998), S. 23.Die Bischöfe betonen, daß Priester und Diakone nicht nur für Liturgie und Sakramentenspendung, sondern für den gesamten Tätigkeitsbereich der Krankenhausseelsorge zuständig sind, legen aber besonderen Wert auf folgende Feststellung: „Es gibt spezifische Dienste, wie z.B. die Spendung des Firmsakramentes in Todesgefahr, des Bußsakramentes und der Krankensalbung, die dem Priester vorbehalten sind." A.a.O., S. 4., vgl. auch S. 24.

18 Obwohl Diakone und LaientheologInnen heiraten dürfen, müssen sie sich dennoch Richtlinien, die in Rahmenstatuten für Gemeinde- und PastoralreferentInnen niedergelegt sind, unterwerfen. Diese greifen in ihr Privatleben ein und können als extrem belastend erfahren werden. Demnach sind folgende Lebensformen ausgeschlossen: Ein eheähnliches Zusammenleben ohne kirchlich gültige Eheschließung; eine religionsverschiedene Ehe; nach staatlichem Recht Geschiedene, deren Ehe kirchenrechtlich gültig ist, werden in der Regel nicht zugelassen oder weiterbeschäftigt. Vgl. LORETAN, A. (1994): Laien, S. 116-117.

19 DIE SORGE DER KIRCHE UM DIE KRANKEN (1998), S. 23. Gemäß dem Rahmenstatut für Pastoralreferenten/Pastoralreferentinnen nehmen diese folgende kirchenamtliche Stellung ein: „Er (der Pastoralreferent) ergänzt den Dienst des kirchlichen Amtes mit eigener Sachkompetenz in bestimmten pastoralen Sachgebieten." In: LORETAN, A. (1994): Laien, S. 108.

20 Vgl. BÄTZ, U. (1994): Die Professionalisierungsfalle, S. 24, 25, 28.

21 Vgl. DIE SORGE DER KIRCHE UM DIE KRANKEN (1998), S. 4/23.

22 KÖHL, G. (1987): Der Beruf des Pastoralreferenten, S. 274.

23 Vgl. FRIESL, Ch. (1997): Kooperation; KARRER; L. (1997): Zwischen Kooperation und Konkurrenz.

zu, daß immer weniger Priester als Krankenhausseelsorger tätig sind, würde das angedeutete Problem jedoch automatisch an Gewicht verlieren.[24]

Nicht nur formalrechtliche Vorgaben bezüglich der Amtshierarchie, sondern auch bezüglich der Geschlechtszugehörigkeit, die wiederum eng mit amtshierarchischen Aspekten verknüpft sind, bringen spezifische Belastungen für das Individuum Seelsorgerin mit sich. Frauen, die in der katholischen Kirche nicht zu Priesterinnen oder Diakoninnen geweiht werden dürfen und sich damit kirchenamtlich auf gleicher Stufe wie Pastoralreferenten und Gemeindereferenten befinden, stehen nicht nur gegenüber den Klerikern, sondern auch gegenüber den männlichen Laientheologen unter dem Leistungsdruck, sich in einer von Männern dominierten Kirche profilieren zu müssen, um anerkannt zu werden. Besonders im kollegialen Umgang mit Priestern und Ordensbrüdern jedoch leiden sie immer wieder unter dem Gefühl, trotz gleicher beruflicher Qualifikation weniger wert zu sein und einen ständigen Grabenkrieg um Geltung und Gleichberechtigung führen zu müssen.[25]

Als ein weiterer gravierender struktureller Belastungsfaktor für PsychiatrieseelsorgerInnen erweist sich der Umstand, daß sie von ihren kirchlichen Auftraggebern zumeist nicht mit differenzierten Stellen- bzw. Arbeitsplatzbeschreibungen,[26] klaren Dienstanweisungen oder Rahmenstatuten ausgestattet werden. Obwohl auf katholischer Seite die deutschen Bischöfe dies ausdrücklich fordern, gestehen sie im gleichen Dokument ein, daß unklare Arbeitsbeschreibungen die Arbeitssituation von KrankenhausseelsorgerInnen erschweren.[27] Nach

---

24 Während Heller für die Situation in Österreich für das Jahr 1997 feststellt, daß von den ca. 180 dort tätigen KrankenhausseelsorgerInnen etwa die Hälfte Priester sind, stellt z.B. die Diözesanarbeitsgemeinschaft der KrankenhausseelsorgerInnen im Erzbistum Bamberg 1995 fest, daß die Stellenzahl innerhalb der Krankenhausseelsorge zunimmt, der Anteil der Priester jedoch abnimmt. Vergleicht man die Angaben des Bamberger Schematismus aus den Jahren 1994 und 1998, läßt sich dieser Trend zumindest für den zweiten Teil der Aussage bestätigen: 1994 wurden 43 Stellen mit 12 Priestern und 20 PastoralreferentInnen besetzt; 1998 wurden ebenfalls 43 Stellen mit 9 Priestern und 23 PastoralreferentInnen besetzt, wobei zunehmend Gemeindepfarrer und Pfarrer in Rente als Seelsorger aufgeführt werden. Vgl. HELLER, A. (1997): Seelsorge, S. 57; LEITLINIEN (1995); SCHEMATISMUS (1994/1998).

25 Vgl. HERMETSCHLÄGER, K. (1996): Frau, Laiin, Theologin, S. 166; SCHIEFFER, E. (1990): '...nicht nur Laie, auch Frau!', S. 324; PRÜLLER-JAGENTEUFEL, V. (1997): 'Der Einbruch der Frau in die Seelsorge; SEYFRIED, A. (1996): Was macht die Frau als Seelsorgerin? Wenn Seelsorgerinnen v.a. in ihrer Funktion als mütterliche Begleiterinnen, denen Patienten „offen und ehrlich ihre ganze Lebensgeschichte erzählen oder auch um geistliche Begleitung bitten, vor allem beim Sterben", lobend in kirchlichen Dokumenten erwähnt werden, ist dies zwar grundsätzlich zu begrüßen, trägt aber nicht dazu bei, ihnen kirchenamtlich den Rücken im Seelsorgeteam zu stärken. DIE SORGE DER KIRCHE (1998), S. 24.

26 Stellenbeschreibungen als Arbeitshilfe sollen überindividuell festlegen, welche Stellung der Stelleninhaber im Betrieb einzunehmen hat, welche Tätigkeiten er unter welchem Gesichtspunkt erledigen muß, welche Anforderungen an ihn gestellt sind und unter welchen Bedingungen er diese erfüllen soll, damit die Arbeit reibungslos und kontinuierlich stattfinden kann. Vgl. SCHWARZ, H. (1990): Arbeitsplatzbeschreibungen.

27 Vgl. DIE SORGE DER KIRCHE UM DIE KRANKEN (1998), S. 33; 25. Der Ende 1998 vorgetragenen Bitte der Verfasserin nach Zusendung von Stellenbeschreibungen und Dienstanweisungen für Krankenhausseelsorge bzw. Psychiatrieseelsorge kamen von den existierenden 27 katholischen Diözesen 20 nach (Bamberg, Eichstädt, Limburg, Münster, Passau, Speyer und Trier gaben keine Rückmeldung). Die Seelsorgereferate bzw. Generalvikariate dieser 20 Diözesen teilten definitiv mit, daß keine spezifischen Stellenbeschreibungen für Psychiatrieseelsorge existieren. Ungefähr die Hälfte dieser Diözesen räumte unter Bedauern ein, daß auch für die allgemeine Krankenhausseelsorge diesbezüglich kein Material vorliege, wobei zumeist auf das 1998 erlassene Hirtenschreiben der deutschen Bischöfe 'Die Sorge der Kirche um die Kranken' bzw. die 1995 vom Päpstlichen Rat für die Seelsorge im Krankendienst erlassene 'Charta der im

Klessmann trifft dies auch auf die Situation evangelischer SeelsorgerInnen zu, wobei er einräumt, daß die Landeskonvente der Konferenz für Krankenhausseelsorge in der EKD gegenwärtig Anforderungsprofile (Arbeits- u. Zielbeschreibungen, Fortbildungs- u. Supervisionsrichtlinien) erarbeiten, daß diese jedoch von den jeweiligen Landeskirchen nur zögernd als verbindlich anerkannt werden.[28] Fehlende Stellenbeschreibungen bzw. vage Dienstanweisungen legen die Verantwortung nicht nur für interdisziplinäre, sondern auch für interkonfessionelle und intrakonfessionelle Zusammenarbeit in den Verantwortungsbereich des/der einzelnen SeelsorgerIn:[29] „Es kommt kaum zur Etablierung hilfreicher Strukturen: Wenn einer geht, muß der Nachfolger/die Nachfolgerin oft wieder ganz von vorne anfangen."[30] Obwohl dadurch auch ein gewaltiger Freiheitsspielraum eröffnet wird, stellt die Angst vor Überforderung und persönlichem Versagen die Kehrseite dar, zumal sich viele SeelsorgerInnen für ihr Tätigkeitsfeld nicht hinreichend ausgebildet fühlen.[31] Für Klessmann stellt sich die Situation folgendermaßen dar: „Sie (SeelsorgerInnen) werden mit dem Segen der Kirche in ein großes, ihnen fremdes Gebilde (Krankenhaus) hineingeschickt und müssen dann sehen, wie sie sich zurechtfinden, wie und wo sie arbeiten wollen und können.... solche unklaren Vorgaben lösen bei Anfängern oft das intensive Gefühl von Ohnmacht und Kränkung aus."[32]

1.3. Belastungsfaktoren aufgrund der organisationalen Doppelbindung

Aus den bisherigen Überlegungen läßt sich der Schluß ziehen, daß PsychiatrieseelsorgerInnen in einem strukturellen Koordinatensystem arbeiten, das sowohl von organisationalen Determinanten der Klinik als auch von solchen der Kirche festgelegt ist. Das Spezifische und Komplizierte dieser Doppelbindung läßt sich mit Scheytt in Blick auf jeden einzelnen Seelsorger, den er im Niemandsland zwischen beiden Organisationen angesiedelt sieht, folgendermaßen umschreiben:
„Charakteristisch für seine Situation ist nun aber die Problematik seiner Beziehung zu beiden Institutionen: Seine Tätigkeit vollzieht sich in den Strukturen einer Institution, der er selbst nicht angehört; der Institution Kirche dagegen gehört er an, arbeitet aber außerhalb ihrer vorgegebenen normalen Strukturen. Kann unter dem ersten Aspekt von 'distanzierter Integration' gesprochen werden, so unter dem zweiten von 'integrierter Distanz'."[33]

Gesundheitsdienst tätigen Personen', verwiesen wurde. Rahmenordnungen, Richtlinien, Tätigkeitsprofile, Arbeitsplatzbeschreibungen, Leitlinien bzw. Standards der Krankenhausseelsorge, die zumeist in Zusammenarbeit mit den Arbeitsgemeinschaften der KrankenhausseelsorgerInnen entworfen worden sind oder gegenwärtig gerade entworfen werden (z.B. Würzburg), stellen die Ausnahme dar.

28 Vgl. KLESSMANN, M. (1996): Von der Krankenseelsorge zur Krankenhausseelsorge, S. 48.

29 Interkonfessionelle Spannungen und Konflikte, die den Arbeitsalltag massiv belasten können, beinhalten somit neben der interpersonellen immer auch eine strukturelle Komponente.

30 KLESSMANN, M: (1997): Die Stellung der Krankenhausseelsorge, S. 33.

31 Vgl. FRIESL, Chr. (1996): Christsein als Beruf, S. 110.

32 KLESSMANN, M. (1990): Seelsorge im Krankenhaus, S. 423.

33 SCHEYTT, Ch. (1994): Das institutionelle Selbstbild eines Klinikseelsorgers, S. 274. Adam umschrieb die emotionale Komponente der Doppelbindung: „Ich empfinde mich und meine Arbeit in der Klinik als eine der Kirche weit vorgelagerte Außenstelle." ADAM, J. (1981): Alltägliches aus der Klinikseelsorge, S. 255.

Obwohl SeelsorgerInnen der Klinik wie auch der Kirche gegenüber loyal sein müssen, darf somit der Aspekt der persönlichen Distanz, der eine gebrochene Loyalität bewirkt, in seiner belastenden Folgewirkung für das Individuum nicht unterschätzt werden. Die distanzierte Haltung gegenüber der Klinik beruht v.a. auf den dargestellten arbeitsvertraglichen Regelungen, der Nichteinbindung der SeelsorgerInnen in die Organisationsstrukturen und inhaltlichen Vorgaben bzw. Zielsetzungen des Hauses. Die distanzierte Haltung gegenüber der Kirche dagegen beruht zum einen auf der von Scheytt angesprochenen formalen Extraterritorialität gegenüber pfarrgemeindlichen Strukturen. Zum anderen läßt sie sich aber auch inhaltlich erklären: „Und der Kirche gegenüber sind sie (SeelsorgerInnen) häufig distanziert, weil sie im Krankenhaus das Ausmaß der Säkularisierung unserer Gesellschaft noch viel konzentrierter und geballter erleben als viele Gemeindepastoren und sich deshalb nicht mehr so leicht mit den traditionellen volkskirchlichen Angeboten identifizieren können."[34] Die Einhaltung des von SeelsorgerInnen im Rahmen der 'Instruktion über die kirchliche Berufung des Theologen' eingeforderten Glaubensgehorsams kann somit gerade im kirchenfernen Arbeitsfeld Krankenhaus zum Problem werden und persönliche Konflikte mit der Kirche heraufbeschwören.[35]

Die gebrochene Loyalität der SeelsorgerInnen gegenüber der Amtskirche kann aber auch eng mit deren gebrochener Loyalität gegenüber ihren Angestellten korrelieren. SeelsorgerInnen machen diese bedrückende Erfahrung v.a. dann, wenn ihnen bei ihrem Arbeitsantritt nicht durch eine offizielle kirchenamtliche Einführung der Rücken gestärkt wird,[36] wenn das Fehlen von Stellenbeschreibungen die Arbeit erschwert, wenn sie merken, daß kirchliche Dienstvorgesetzte von ihrer Tätigkeit wenig Kenntnis besitzen, sie aber immer dann ausbremsen, reglementieren und in juridische Schranken verweisen, wenn sie mutig und experimentierfreudig nach neuen Wegen suchen,[37] oder wenn sie miterleben müssen, daß in Zeiten finanzieller Engpässe Kategorialstellen zuerst der Streichung anheimfallen. Derartige Erfahrungen können bei SeelsorgerInnen nicht nur Zweifel an der kirchlichen Wertschätzung ihrer Arbeit aufkommen lassen, sondern auch zu einem Gefühl der ständigen Unsicherheit bezüglich der Sicherheit ihres Arbeitsplatzes führen.

Doppelt distanzierte Loyalität auf der Basis unklarer struktureller Vorgaben hat zur Folge, daß SeelsorgerInnen nicht nur mit einer Vielzahl an divergierenden Rollenzuschreibungen durch PatientInnen, sondern auch mit den unterschiedlichen Erwartungen des klinischen Personals, die die Doppelbindung der SeelsorgerInnen widerspiegeln, zurechtkommen müssen: "Die unterschiedlichen gruppenspezifischen Definitionen der Rolle des Klinikseelsorgers zeigen, daß ein erheblicher Spielraum in Bezug auf die Festlegung seiner Funktion besteht. Während die Erwartungen und Zuordnungen durch Patienten und Angehörige sowie der Krankenpflege noch am ehesten manifest wahrnehmbar sind, so sollte er sich nicht täuschen, daß auch in scheinbar oberflächlichen oder gar nicht vorhandenen Erwartungen durch die Gruppe der Ärzte dennoch rasch Vorstellungen und Definitionen seiner Rolle erfolgen".[38]

---

34 KLESSMANN, M. (1997): Die Stellung der Krankenhausseelsorge, S. 44.

35 Vgl. BÄTZ, U. (1994): Die Professionalisierungsfalle, S. 74- 75; FRIESL, C. (1996): Christsein, S. 109.

36 Das Fehlen einer offiziellen Einführung ist keine Seltenheit, obwohl diese im Schreiben der katholischen Bischöfe deutlich gefordert wird. Vgl. DIE SORGE DER KIRCHE UM DIE KRANKEN (1998), S. 25/33.

37 Vgl. KLESSMANN, M. (1996): Einleitung, S. 15.

38 FRIEDRICH, H. (1996): Die Klinikseelsorgerin, S. 172. In den Zielsetzungen der Träger Psychiatrischer Krankenhäuser werden SeelsorgerInnen weder im diagnostisch-therapeutischen Leistungsangebot noch in der Auflistung des Personals geführt, weshalb 'krankenhausamtlich' keine Rollenzuschreibungen vorgege-

Als RepräsentantInnen der Kirche wird ihnen die Expertenrolle für Fragen der Religion, Sinnfindung oder Ethik zugeschrieben, wobei ihnen v.a. die subjektive Gefühlsarbeit und die Sterbebegleitung übertragen werden. „Keine andere Profession im Krankenhaus wird hierdurch tangiert oder wird diesen Auftrag ihm streitig machen."[39]
In ihrer Funktion als MitarbeiterInnen der Klinik dominiert folgende Erwartungsstruktur: SeelsorgerInnen sollen zum reibungslosen Ablauf des Betriebes beitragen, indem sie möglichst wenig auffallen, sich an die 'Spielregeln' des Hauses halten, Konkurrenzsituationen aus dem Wege gehen, sich keine Kompetenzüberschreitungen erlauben, als 'Feuerwehr' bei schwierigen PatientInnen fungieren und, wenn nötig, andere Berufsgruppen entlasten. Im psychiatrischen Team wäre aus dieser Perspektive ein/eine SeelsorgerIn die Person, „mit der man 'ungeniert' über Gott sprechen kann."[40] Nach Friedrich existiert jedoch auch eine Rollendefinition des Seelsorgers als Hofnarr, der „in einer Welt scheinbarer Zweckrationalität die Fragezeichen setzt, Beunruhigung stiftet, die im Krankenhaus tagtäglich hergestellte Realitätsdefinition in Frage stellt."[41]

---

ben sind. Der Katholische Krankenhausverband dagegen definiert sie als 'Partner und Berater der Ärzte'. Vgl. ZIELSETZUNGEN (1990), S. 3/5; GÄRTNER; H. (1995): Management und Nächstenliebe, S. 77. In psychiatrischen Standardwerken werden SeelsorgerInnen zumeist nicht erwähnt bzw. keine Rollenerwartungen an sie formuliert. Vgl. HUBER, G. (1987): Psychiatrie; TÖLLE, R. (1991): Psychiatrie; KISKER, K. P. (Hg.) (1991): Psychiatrie; ERNST, K. (1988): Praktische Klinikpsychiatrie für Ärzte und Pflegepersonal.

39 VIEFHUES, H. u.a. (1986): Soziale Dienste im Krankenhaus, S. 90.

40 FELD, Th. (1996): Seelsorge mit psychiatrischen Patienten, S. 124.

41 FRIEDRICH, H. (1996): Die Klinikseelsorgerin, S. 173.

2. Belastungsfaktoren aufgrund des spezifischen Umgangs mit psychisch Kranken

2.1. Wenn prämorbide Persönlichkeitsmerkmale, Krankheitssymptome und therapeutische Nebenwirkungen schwierig voneinander zu trennen sind

Da SeelsorgerInnen PatientInnen aufsuchen, die sie in der Regel nicht vor ihrer Erkrankung gekannt haben, besitzen sie zunächst kein Wissen über deren Persönlichkeitsstruktur und Verhaltensrepertoire. Vielmehr stehen sie einem kranken Menschen in seiner aktuellen psychischen und körperlichen Verfassung gegenüber, wobei eine ungeheure Vielfalt an krankheitsbedingten Symptomen, die nicht immer eindeutig auf ein bestimmtes Krankheitsbild schließen lassen, die ursprüngliche Konstitution des Menschen überlagern kann.[42] Zusätzliche Komplikationen entstehen dadurch, daß die medikamentöse, elektrophysiologische, psychotherapeutische Entzugs- oder sonstige Behandlungsform Begleit- und Nebenwirkungen psychischer und körperlicher Art mit sich bringen, die streckenweise nicht von den Krankheitssymptomen als solchen zu unterscheiden sind und die Person des kranken Menschen maskieren können.
Zudem sind auch PsychiatrieseelsorgerInnen, ebenso wie alle KrankenhausseelsorgerInnen, mit der gesamten medizinischen Smyptomatologie konfrontiert, da gerade psychiatrische PatientInnen gehäuft unter somatischen Zusatzerkrankungen leiden.[43] Daß die angedeutete Komplexität beim Individuum SeelsorgerIn Gefühle ungenügender professioneller Qualifizierung auslösen und ein chronisches Überforderungssyndrom zur Folge haben kann, liegt auf der Hand.
Schaubild 37 auf den nächsten beiden Seiten zeigt die Komplexität von Krankheitssymptomen, Entzugssymptomen und Nebenwirkungen medikamentöser Therapie, die oft fließend ineinander übergehen.[44]

---

42 Finzen weist zudem darauf hin, daß PatientInnen nicht psychisch oder physisch erkrankt sein müssen: „Tatsächlich ist es so, daß Menschen, die durch das vielfältige Netz sozialer Sicherung hindurchfallen, zunächst einmal im psychiatrischen Krankenhaus Versorgung finden: Obdachlose, die der Polizei oder der Bahnpolizei merkwürdig auffallen; Störer, die wegen Trunkenheit oder unverständlicher Aggressivität aufgegriffen werden und aus irgendwelchen Gründen nicht in die Ausnüchterungszelle kommen; hilflose Personen, die keine sichtbare Zeichen körperlicher Krankheit haben; Strafgefangene, die aufgrund ihrer Persönlichkeit nicht in den Vollzug passen; aggressiv-verhaltensgestörte Menschen, die sich nicht an die Ordnung im Wohnheim anpassen können oder wollen." FINZEN, A. (1985): Das Ende der Anstalt, S. 130.

43 Körperliche Erkrankungen können in 4 Formen auftreten 1. Die Körpererkrankung ist gleichzeitig Ursache der psychiatrischen Erkrankung (alle Formen organischer Psychosyndrome); 2. Die Körpererkrankung ist Folge der psychiatrischen Störung (v.a. depressive und schizophrene Psychosen sowie Angsterkrankungen); 3. Die Körpererkrankung und psychiatrische Erkrankung gehören unlösbar zusammen (v.a. psychosomatische Erkrankungen); 4. Die Körpererkrankung tritt zusätzlich und unabhängig von der psychiatrischen Erkrankung auf. Empirische Untersuchungen belegen, daß Begleiterkrankungen bei ca. 33% der PatientInnen auftreten, wobei Herz-Kreislauf-Krankheiten dominieren. Vgl. HEWER, W. (1991): Somatische Erkrankungen, S. 133; HIPPIUS, H. (Hg.) (1991): Körperliche Beschwerden bei psychiatrischen Erkrankungen.

44 Ich bitte die extrem kleine Schrift des Schaubildes zu entschuldigen. Aus Vollständigkeits- und Verständlichkeitsgründen sah ich mich gezwungen, viel Informationen in dieses Schaubild zu packen!

Belastungsfaktoren

Mögliche psychiatrische Krankheitssymptome

Wahrnehmungsstörungen
* Akustische Halluzinationen: Das Hören von Stimmen
* Optische Halluzinationen: Das Sehen von Nicht-Vorhandenem
* Lautwerden und Hören der eigenen Gedanken wie von außen
* Leibliche Beeinflussungserlebnisse:
  Das Gefühl, bestrahlt zu werden, das Empfinden von zugefügtem Schmerz, das Empfinden von Hautjucken durch angeblich in der Haut befindlicher Tierchen usw.
* Veränderte Wahrnehmungsintensität: Verzerrtsehen, Farbensehen

Inhaltliche Denkstörungen
* Wahn: Alle realen Gegenstände und Erfahrungen werden ich-bezogen interpretiert und zum Gegenstand eines unkorrigierbaren Denksystems, in das die gesamte Umwelt einbezogen sein kann: Verfolgungswahn, Beeinflussungswahn, Größenwahn, Politischer Wahn, Religiöser Wahn, Sexueller Wahn, Hypochondrischer Wahn, Schuldwahn, Verarmungswahn, Versündigungswahn, Nichtigkeitswahn usw.
* Zwang: Gefühlsmäßig stark besetzte Gedanken und Impulse drängen sich auf, beherrschen das gesamte Denken und Handeln. Die Unsinnigkeit wird erkannt, weshalb der Patient stark darunter leidet. Wenn er dem Zwang nicht nachgibt, stellt sich Angst ein: Waschzwang, Zählzwang, Sammelzwang, Kontrollzwang, Ordnungszwang, Ritualzwang usw.

Formale Denkstörungen
* Zerfahrenes, wirres, alogisches, zusammenhangloses Denken
* Begriffe verlieren ihre genaue Bedeutung; unsinnige Wortkombinationen und neuartige Wortbildungen tauchen auf
* Das Denken ist verlangsamt, einfallsarm, zähflüssig, grüblerisch
* Das Denken ist assoziativ, einfallsreich, sprunghaft, geht vom Hundertsten ins Tausendste, wird nicht zu Ende geführt
* Kritikfähigkeit und Urteilsvermögen sinken

Ich-Störungen (Verlust der Ich-Umwelt-Grenze)
* Gefühl, daß fremde Gedanken in einen eindringen
* Gefühl, daß die eigenen Gedanken einem entzogen werden
* Gefühl, daß sich die eigenen Gedanken außerhalb der eigenen Person ausbreiten
* Gefühl, daß das eigene Fühlen und Wollen von außen gelenkt wird

Entfremdungserlebnisse
* Wenn der Kranke sich selbst fremd wird, z.B. eigene Körperteile nicht mehr als zugehörig empfindet (Depersonalisation)
* Wenn die Umwelt dem Kranken fremd wird (Derealisation)

Stimmungsstörungen (Affektstörungen)
* Gedrückte, traurige, freudlose, erstarrte, hilflose, gefühllose Stimmung, die ohne konkreten Anlaß auftritt
* Euphorische, optimistische, sorglose, heitere Stimmung, die situationsunangemessen erscheint und leicht in eine gereizt-aggressive und launische Stimmung umschlagen kann
* Affektlabilität (schneller Stimmungswechsel)
* Gefühlsarmut oder das Gefühl, nichts fühlen zu können
* Affektinkontinenz (fehlende Beherrschung der Stimmung)
* Parathymie (innere Gefühls- und Stimmungslage und äußere Stimmungsmitteilung gehen drastisch auseinander)
* Ambivalenz (Nebeneinander von 2 Gefühlen)
* Angststörung (ohne konkreten Subjekt- oder Objektbezug, mit körperlichen Symptomen einhergehend)
* Phobische Störung (eine sich entgegen besserem Wissen zwanghaft aufdrängende Angst vor bestimmten Gegenständen, Tieren, Situationen, Krankheiten, Menschen, Reisen usw.)

Aufmerksamkeits-, Konzentrations- und Auffassungsstörungen
* Die Aufmerksamkeit sinkt bzw. geht verloren
* Die Konzentrationsfähigkeit sinkt bzw. geht verloren
* Die Auffassungsgabe sinkt bzw. geht verloren

Suizidgedanken und suizidale Handlungen

Antriebsstörungen
* Antriebssteigerung: Unbändige Energie, zielloses Handeln, sich Aufdrängen, sich in den Mittelpunkt spielen
* Antriebsminderung: Energielosigkeit, Interessenlosigkeit, Erschöpfung, Verlangsamung, Apathie

Psychomotorische Störungen
* Unzügelbarer Bewegungsdrang, ratlose Ruhelosigkeit
* Stereotype Bewegungsabfolgen
* Wildes Gestikulieren, Grimassieren
* Unmotiviertes Schreien, Schimpfen, Umherlaufen
* Um sich Schlagen, ziellose Aggressivität
* Unfähigkeit komplexe Handlungen auszuführen, Verwahrlosung
* Bewegungssperre, stark reduzierte Gestik, Mimik, Sprache
* Verharren in unnatürlichen Haltungen

Kontaktstörungen
* Distanzverlust, sexuelle Enthemmung
* Permanentes Nachsprechen oder Nachahmen von Personen
* Mißtrauische Distanzierung, Rückzug, soziale Isolation
* Unkooperatives Verhalten

Kognitive Leistungseinbußen
* Lese- Schreib u. Rechenschwäche
* Hartnäckiges Hängenbleiben an bestimmten Gedanken
* Beharrliches Wiederholen von Wörtern, Sätzen (Perseverationen)

Intelligenzstörung
* Angeborene Intelligenzminderung (Oligophrenie)
* Erworbene Intelligenzminderung (Demenz, jede/r 10. über 65): Fehlendes Allgemeinwissen, Unfähigkeit Begriffe zu definieren, Unfähigkeit abstrakte Begriffe zu erfassen, Unfähigkeit zu lesen, zu schreiben, zu rechnen

Gedächtnisstörungen
* Lücken im bzw. Verlust des Kurz-, später des Langzeitgedächtnisses
* Erzählen ausgedachter Geschichten, um Biographie- bzw. Kenntnislücken zu schließen (Konfabulationen)

Orientierungsstörungen
* Bezüglich Zeit (Datum, Jahreszeit), Ort (Heimat, Krankenhaus), Situation (Krankenhausaufenthalt, Besuch der Seelsorgerin), Person (Name, Geburtsdatum, Lebensgeschichte)

Bewußtseinsstörungen
* Schwerbesinnlichkeit, Benommenheit, Schläfrigkeit
* Dämmerzustand, komatöse Bewußtlosigkeit
* Verwirrtheit
* Delir: Lebensbedrohliche akute organische Psychose, oft bei Alkoholintoxikation oder als Alkoholentzugssyndrom: Verwirrung, Desorientierung, inkohärentes Denken, Kurzzeitgedächtnisstörung, totale innere und äußere Unruhe, ängstlich-depressive oder dyshorisch-gereizte Stimmung, optische Halluzinationen, Schwitzen, Händezittern, Durchfall, Fieber, Erbrechen

Eßstörungen
* Restriktives Diäthalten, Nahrungsverweigerung, Gewichtsabnahme
* Heißhungerattacken und hastiges Hinunterschlingen großer Nahrungsmengen
* Absichtliches Erbrechen und Abführen

Körperliche Störungen
* Vegetativ verursachte Störungen:
  Schlafstörungen
  Schmerzsyndrome (v.a. im Rücken und Kopf)
  Appetit- u. Verdauungsstörungen (v.a. Verstopfung)
  Herzbeschwerden (Herzjagen, Herzstolpern)
  Störungen der Geschlechtsfunktion (Libidoverlust, Potenzverlust, Menstruationsstörungen)
  Drüsenfunktionsstörungen (Starkes Schwitzen, Mundtrockenheit)
* Epileptische Krämpfe

Belastungsfaktoren

Mögliche Nebenwirkungen medikamentöser Therapie

Antidepressiva (gegen Depressionen)
* Müdigkeit
* Unruhe, Verwirrtheit
* Aktivierung suizidaler Impulse
* Umkippen in Symptome der Manie
* Extreme Mundtrockenheit bzw. Speichelfluß
* Durchfall bzw. Verstopfung
* Häufiges Wasserlassen bzw. Harnverhalt
* Sehstörungen
* Frösteln, Schwindelneigung, Kollaps- und Sturzgefahr
* Ausgeprägte Gewichtssteigerung
* Libido- und Potenzsenkung
* Menstruationsstörungen, Brustwachstum beim Mann
* Allergische Hautausschläge
* Krampfanfälle, Tremor (Händezittern)
* Blutbildveränderungen mit entsprechenden Symptomen

Lithium (gegen Depressionen)
* Übelkeit, Blähungen, Durchfall, Appetitverlust
* Extremer Durst und häufiges Wasserlassen
* Starke Gewichtssteigerung
* Knöchel- und Gesichtsödeme
* Störungen der Geschlechtsfunktion (Libidoverlust, Potenzverlust, Menstruationsstörungen)
* Akne, Haarausfall
* Kropfbildung
* Tremor (Händezittern)

Tranquilizer, Sedativa, Anxiolytika (gegen Schlaflosigkeit/Unruhe/Angst)
* Konzentrations- u. Gedächtnisstörungen, Müdigkeit
* Abnahme der geistigen Leistungsfähigkeit
* Schwindelgefühle, Artikulationsstörungen
* Appetitsteigerung,
* Libidosenkung, sexuelle Funktionsstörungen
* Paradoxwirkung (Unruhe, Erregung, Schlaflosigkeit!)
* Bereits nach kurzfristiger Einnahme besteht die Möglichkeit einer süchtigen Abhängigkeit
* Abruptes Absetzen kann ein Rebound-Phänomen (extreme Angst, Unruhe und Schlaflosigkeit) auslösen

Neuroleptika (gegen Psychosen)
* Auslösung einer Depression
* Auslösung eines Dysphorischen Syndroms: (Gleichzeitig gedrückte und gereizte Stimmung)
* Sogenannte Frühdyskenisien (v.a. in der 1. Woche): Unwillkürliche Bewegungen der Gesichtsmuskeln, Blickkrämpfe, Verkrampfung der Kiefermuskulatur, Krampfartiges Zunge- Herausstrecken und Überstrecken des Oberkörpers
* Sogenannte Spätdyskinesien (nach jahrelanger Behandlung): Unkontrollierbare stereotype Bewegungen der Zunge, der Lippen, des Gesichtes oder einzelner Extremitäten, verstärkt bei emotionaler Anspannung, Grimmasieren, permanentes Schmatzen
* Sogenannte Parkinsonoid (v.a. nach 2 Wochen): Bewegungsstarre, v.a. in der Feinmotorik (Akinesie) Erhöhter Muskeltonus mit kleinschrittigem, vornübergebeugtem Gang, wobei die Arme nicht mitschwingen (Rigor) Händezittern (Tremor) und ein Lippenzittern (Rabbit- Syndrom) Stark reduzierte Mimik (Salbengesicht)
* Sogenannte Akathisie: Quälende Unruhe, nicht ruhig sitzen können, in schnellen Trippelschritten umherlaufen
* Vegetative körperliche Symptome: Extreme Mundtrockenheit (tlw. Speichelfluß) Verstopfung (evtl. Durchfall), Erbrechen, Gewichtszunahme Starkes Schwitzen, Sehstörungen Müdigkeit bei gleichzeitiger Schalfstörung Störungen der Geschlechtsfunktion (Libidoverlust, Potenzverlust, Menstruationsstörungen)
* Sonstige körperliche Symptome Blutdruck- und Herzschlagunregelmäßigkeiten Blutbildveränderungen mit entsprechenden Symptomen Leberwertveränderungen mit Gelbsucht Allergische Hautreaktionen, Sonnenempfindlichkeit Pigmentstörungen (v.a. braune Handinnenflächen) Auslösung von Krampfanfälle

Akineton[R] (gegen Nebenwirkungen von Neuroleptika)
* Verwirrtheitszustände
* Mundtrockenheit, Doppeltsehen, Verstopfung

Mögliche Entzugssymptome

Alkoholentzug
* Psychisches und physisches Verlangen
* Innere und äußere Unruhe
* Angst
* Händezittern
* Schwitzen
* Erbrechen, Durchfall
* Schlaflosigkeit
* Sprachstörungen
* Hautjuckreiz
* Hautmißempfindungen
* Krampfanfälle
* Delir
* Halluzinationen
* Suizidgefährdung

Distraneurin[R] (gegen Alkoholentzugssymptome)
* Niesen, Hustenreiz, Tränenfluß
* Hautausschläge, Übelkeit, Kreislaufversagen

Drogenentzug
Morphium, Opium, Heroin
* Psychisches und physisches Verlangen
* Innere und äußere Unruhe, Angst, Schlaflosigkeit
* Tränenfluß, Nasenfluß, Gähnzwang
* Schwitzen, Hitze- u. Kältewallungen, Fieber
* Muskelzuckungen, Gliederschmerz
* Übelkeit, Erbrechen, Durchfall, Bauchkrämpfe
* Körperzittern, Schnelles Atmen, Herzrasen
* Suizidgefährdung

Kokain, Crack
* Da keine physische Abhängigkeit besteht, weitaus weniger körperliche Symptome
* V.a. depressive Stimmungslage und psychomotorische Erschöpfung

Haschisch, Shit, Gras, Marihuana
* Da keine physische Abhängigkeit besteht, weitaus weniger körperliche Symptome
* V.a. innere Unruhe, Schweißausbrüche

Ecstasy, Designerdrogen
* Extrem unterschiedliche Symptomatologie, da die chemische Zusammensetzung variiert.

Schlaftablettenentzug
* Psychisches und physisches Verlangen
* Innere Unruhe, Körperzittern
* Angst, Alpträume
* Durchfall, Erbrechen
* Schwitzen
* Kreislaufbeschwerden
* Krampfanfälle, Delir.
* Wahrnehmungsstörungen (Liftgefuhl, optische Verzerrungen)
* Auslösung akuter organischer Psychosen
* Suizidgefährdung

Schaubild 37:
Zusammenstellung möglicher psychiatrischer Krankheitssymptome, medikamentöser Nebenwirkungen und Entzugssymptome

2.2. Wenn ein Informationsgefälle, Krankheitsleugnung oder Krankheitsuneinsicht Seelsorge erschwert

„Jeder Arzt ist verpflichtet, seinen Patienten die Art ihrer Krankheit sowie den Ablauf, den Zweck und die Gefahren diagnostischer und therapeutischer Maßnahmen verständlich zu machen. Viele Ärzte weichen jedoch dem Gespräch mit dem Patienten über die Krankheit insbesondere dann aus, wenn es gilt, unangenehme Dinge mitzuteilen."[45] Obwohl demnach auch psychiatrische PatientInnen grundsätzlich über ihre Erkrankung und Behandlung aufgeklärt und informiert sein sollten, gibt Luderer selbstkritisch zu bedenken, daß aufgrund seiner Ende der 80er Jahre durchgeführten empirischen Untersuchungen nur die Hälfte aller stationären PatientInnen eine in etwa zutreffende psychiatrische Diagnose und den Namen des eingenommenen Medikamentes nennen konnten, wobei lediglich ein Drittel über die Nebenwirkungen der Therapie unterrichtet war. Zudem zeigte sich, daß die Informiertheit mit dem Grad der Schulbildung stieg, wobei jedoch v.a. die Diagnose Schizophrenie meistens verschwiegen oder umschrieben wurde.[46] Alltagspraktisch treffen somit auch SeelsorgerInnen immer wieder auf Menschen, die über die Art ihrer Erkrankung nicht ausreichend informiert sind. Das dadurch entstehende Informationsgefälle kann sich gerade dann als ein Belastungsfaktor erweisen, wenn der kranke Mensch konkrete Fragen nach seinem Zustand stellt, wodurch SeelsorgerInnen die Aufklärungsrolle von PsychiaterInnen abverlangt wird. Diese Aufgabenstellung aber beinhaltet nicht nur die Problematik, daß SeelsorgerInnen für eine umfassende Aufklärung nicht spezifisch genug ausgebildet sind, sondern auch die, daß dadurch eine interdisziplinäre Konfliktsituation vorprogrammiert ist, wenn das medizinische Personal dazu tendiert, die seelsorgliche Informationsarbeit nicht als Arbeitsabnahme, sondern als eine kompetenzanmaßende Einmischung in den therapeutischen Prozeß zu interpretieren.

Als Belastung kann sich zudem die absichtliche Krankheitsleugnung seitens der PatientInnen erweisen: „Der Seelsorger in psychiatrischen Krankenhäusern erlebt sehr häufig, daß Patienten bei ihrer Selbstdarstellung ihre Realität verstellen oder leugnen... dieses Problem taucht in dem Maße in anderen Krankenhäusern nicht auf."[47] Die bewußte Leugnung hängt meistens damit zusammen, daß sich PatientInnen ihres Aufenthaltes in der Klinik schämen, weshalb sie eine Uminterpretation der Situation vornehmen. Die sich daraus ergebende Belastung für SeelsorgerInnen liegt darin, daß Interessenkollisionen auftreten: Einerseits können und wollen SeelsorgerInnen um des Kranken willen dessen Art der Krankheitsverarbeitung akzeptieren, um seiner Verarbeitungsstrategie gerecht zu werden; andererseits können und wollen sie aber auch evtl. vorhandenen Erwartungshaltungen des Klinikpersonals an sie als KooperationspartnerInnen der Klinik gerecht werden und dazu beitragen, daß Kranke sich ihrer Krankheit stellen und sich effektiv multidisziplinär helfen lassen.

Völlig anderes stellt sich die Situation dar, wenn PatientInnen eine krankheitsbedingte Krankheitsuneinsicht aufweisen: „Die Konstellation ist aber insofern spezifisch, als fehlendes Krankheitsgefühl und mangelnde Krankheitseinsicht bei verschiedenen psychiatrischen Erkrankungen geradezu charakteristisch und Teil des pathologischen Geschehens sind. Dies kommt häufig bei schizophrenen Psychosen und Manien vor, auch bei bestimmten Persön-

---

45 LUDERER H.J. (1989): Aufklärung, S. 305.

46 Vgl. LUDERER, H.J. (1989): Kenntnis, S. 219.

47 SEELSORGE in psychiatrischen Krankenhäusern (1973), S. 386.

lichkeitsstörungen oder Suchterkrankungen".[48] Aufklärungs- und Informationsversuche sind in diesem Fall immer zum Scheitern verurteilt und werden daher vom Klinikpersonal nicht angestrebt. Für SeelsorgerInnen bedeutet dies, daß sie Krankenbesuche bei Kranken abstatten, die sich nicht krank oder seelsorgebedürftig fühlen und krankheitsbedingt auch nicht vom Gegenteil überzeugt werden sollen oder können.

Zwischen Nichtwissen, Krankheitsleugnung und Krankheitsuneinsicht von PatientIn zu PatientIn zu unterscheiden, entsprechendes Wissen zu vermitteln oder bewußt nicht weiterzugeben, stellt somit zwar eine nicht immer leichte und daher auch persönlich belastende Aufgabe dar. Dennoch muß sie gerade auch von SeelsorgerInnen gemeistert werden, damit sie beim kranken Menschen keinen zusätzlichen Schaden anrichten und sich bezüglich ihrer strukturellen Verortung in der Klinik nicht als kooperationsunfähige PartnerInnen erweisen.

2.3. Wenn ein gegenseitiges Verstehen nur noch begrenzt möglich ist

Gegenseitiges Verstehen als Fähigkeit, die Wort- und Körpersprache des Gegenüber in ihrer Bedeutung und Aussageintention zu erfassen und nachvollziehen zu können, stößt gerade in der Psychiatrie schnell an Grenzen.[49] Diese werden nicht nur dadurch markiert, daß im multikulturellen Krankenhaus inkompatible Sprachen und Ausdrucksformen aufeinandertreffen, PatientInnen krankheitsbedingt ihr Gegenüber nicht verstehen können oder wollen, sondern auch dadurch, daß SeelsorgerInnen selbst die Wortfetzen des Gegenüber nicht länger verstehen bzw. die verständlich mitgeteilten Inhalte nicht mehr nachvollziehen können: „Wie soll ich mich verhalten gegenüber den wahnhaften Gewißheiten, von einem Netz von Agenten verfolgt zu sein? Oder gegenüber bunter, in kaum nachvollziehbarer Folge wechselnder Affekte? Oder einer Rede, in der Verständliches oder Unverständliches in nicht entwirrbarer Folge verknüpft ist?.... Wahninhalte, inadäquate Effekte, assoziativ gelockerte Rede scheinen geradezu die Funktion zu haben, Kommunikation überhaupt unmöglich zu machen".[50]

Nicht nur symptomatisch extrem auffällige Krankheiten wie Schizophrenie, Manie, Eßstörungen, Sucht und Zwangserkrankungen erschweren ein Verstehen, sondern auch symptomatisch eher 'leise' auftretende Krankheitsbilder wie psychosomatische Erkrankungen, Depression und Suizidgefährdung: „Trauer gibt es überall, wo Menschen mit Verlusten und Abschieden leben müssen. Die vielfältigen Formen der Depressionen sind dem gegenüber Trauer hoch 10, nicht mehr vorstellbar, nicht mehr einfühlbar, nicht mehr bewegbar."[51]

Daß die permanente Konfrontation mit den'verrückten' Anteilen der eigenen Person und das Nichtverstehen sowie die Nichteinfühlbarkeit belastende Gefühle der Verwirrung, Angst,

---

48 SEIER, F. (1993): Patientenautonomie, S. 125. Spezielle Literatur zur Krankheitsuneinsicht: RITTMANNSBERGER, HANS: Die Krankheitseinsicht des Schizophrenen, in: Psychotherapie, Psychosomatik, Medizinische Psychologie 46 (1996), S. 269-275; BENDER, WOLFRAM: Krankheitsuneinsicht und Krankheitsgefühl bei psychiatrischen Patienten. Stgt., Enke, 1988; FENGLER, CHRISTA u. THOMAS: Grenzen des 'Handelns' in der Psychiatrie - Das Problem des fehlenden Krankheitsbewußtseins, in: DÖRNER, K. (Hg.): Behandeln oder Handeln in der Psychiatrie. Rehburg-Loccum, PV, 1982, S. 56-60.

49 Spezielle Literatur zur Verstehensgrenze in der Psychiatrie: BOCK, Th. (1991): Grenzen fremden Verstehens, in: DERS. u. H. WEIGAND (1991): Hand-werks-buch Psychiatrie. Bonn, PV, 1991, S. 25-30; SCHMIDT-DEGENHARDT, M.: Aspekte des Verstehens psychotischer Menschen, in: Fundamenta Psychiatrica 7 (1993), S. 13-19.

50 FELD, Th. (1996): Seelsorge mit psychiatrischen Patienten, S. 119.

51 ROTH, W. (1997): Seelsorge in der Psychiatrie, S. 285.

Abwehr und innere Distanzierung erzeugen können, bringt Hagenmaier, der eigene Erfahrungen reflektiert, deutlich zum Ausdruck: „Wer mit psychisch kranken Menschen seelsorglich umgehen will oder muß, gerät oft bis an die äußersten Grenzen seiner eigenen Wahrnehmungsfähigkeit und seines Wunsches, andere Menschen zu verstehen."[52]

2.4. Wenn ablehnendes oder unkooperatives Verhalten Seelsorge blockiert

„Der Klinikpfarrer geht also, meist ohne zu wissen, ob sein Besuch gewünscht oder nur toleriert oder gar abgelehnt wird, zu ihm völlig unbekannten Menschen in die Krankenzimmer, klopft an, stellt sich vor, und fragt, ob sein Besuch den Kranken recht ist. Das ist ein Risiko."[53] Was Born hier in Blick auf PfarrerInnen schreibt, trifft auf alle hauptamtlichen SeelsorgerInnen zu, da dem Zugangsrecht der Kirchen in die Krankenhäuser die grundsätzliche Wahlfreiheit der PatientInnen gegenübersteht. Obwohl eine empirische Untersuchung Mitte der 90er Jahre 'Zur Inanspruchnahme der Seelsorge in einem psychiatrischen Landeskrankenhaus'[54] belegt, daß nahezu die Hälfte aller PatientInnen Kontakt zu den KlinikseelsorgerInnen wünscht, müssen diese damit rechnen, daß mindestens jeder Zweite eine lediglich tolerierende oder ablehnende Haltung einnehmen wird. Für Hagenmaier stellt diese Situation keine psychiatriespezifische Problematik dar, sondern spiegelt lediglich die Lebens- und Glaubenssituation der PatientInnen vor ihrer Erkrankung wider: „Ablehnung und Widerstand gegen alles, was mit Kirche, Christsein, Glaube zu tun hat, läßt eher auf Enttäuschung und Verlassenheitsgefühl in Beziehung auf Institutionen und ihre Personen schließen, nicht auf psychische Erkrankungen."[55] Mit Mayer läßt sich aber dennoch festhalten, daß pastorales Bemühen gerade dort erheblichen Irritationen ausgesetzt ist, „wo Seelsorge ihr Objekt nicht so recht finden kann, da das leidende Subjekt in seinem Wesen so verstellt ist, daß Angebote scheinbar ins Leere gehen, wirkungslos und ohne Antwort bleiben."[56] Zurückgewiesene Hilfe und unkooperatives Verhalten, z.B. in Form von Nichteinhaltung vereinbarter Termine und Absprachen, können somit phasenweise auch als 'krankheitsbedingt' interpretiert werden.

---

52 HAGENMAIER, H. u.M. (1991): Seelsorge mit psychisch Kranken, S. 25.

53 BORN, W. (1994): Aspekte der Klinikseelsorge, S. 253.

54 Die in der Pfalzklinik Landeck 1995 von einer Psychiaterin durchgeführte Befragung von PatientInnen zwischen 25 und 80 Jahren (49% ProtestantInnen, 37 % KatholikInnen, 8% Ausgetretene, 4% Sonstige) belegt eine gegenwärtig relativ hohe Wertschätzung der Klinikseelsorge im Psychiatrischen Krankenhaus. Vgl. GÖTZELMANN, A. (1997): Eine neue Seelsorgestudie aus der Psychiatrie.
Ein interessantes, aber ebenfalls nicht verallgemeinerungsfähiges Ergebnis erbrachte eine 1997 vorgenommene Patientenbefragung (Fragebogen mit 28 Items, verteilt an 600 psychiatrische PatientInnen mit einer Rücklaufquote von 109 Bögen. Religionszugehörigkeit: 45% evangelisch, 35% katholisch, 6,3% ohne Kirchenzugehörigkeit, 3,6% muslimisch, 3,6% AtheistInnen): „Zunächst erscheint es bemerkenswert, obgleich die meisten der Befragten für sich *persönlich* eine Klinikseelsorge ablehnten, sie *allgemein* jedoch für wünschenswert hielten. Viele sahen in der Krankenhausseelsorge eine Ergänzung zum ärztlichen Gespräch. Glaubensthemen müßten nicht im Vordergrund stehen. Die ausgewerteten Fragebögen lassen es vielmehr als wichtig hervortreten, daß durch die seelsorgliche Begleitung eine Entlastung von Problemen und eine Ablenkung von Krankheit erreicht wird." ZITZELSBERGER, A. u.a. (1998): Ansichten psychiatrischer Patienten, S. 83.

55 HAGENMAIER, H. u. M. (1991): Seelsorge mit psychisch Kranken, S. 115.

56 MAYER, G. (1990): Seelische Krankheiten und die Möglichkeiten pastoraler Begleitung, S. 463.

2.5. Wenn (auto)aggressives und unberechenbares Verhalten zum Problem wird

„Gewalttätigkeiten von Patienten auf psychiatrischen Stationen sind häufig, sie treten vor allem in den ersten Tagen der Hospitalisation auf und werden sowohl von Männern als auch von Frauen begangen. Gewalttätigkeiten werden nur teilweise in den Krankengeschichten festgehalten, ja gezieltes Nachfragen ergibt, daß nur ein Teil davon überhaupt in der Institution bekannt wird."[57] Obwohl Hubschmid betont, daß v.a. das Pflegepersonal aggressivem Verhalten von PatientInnen ausgesetzt ist, müssen auch SeelsorgerInnen damit rechnen, zum Opfer von Gewaltausbrüchen zu werden: „Leben und Arbeiten im heutigen Psychiatriesystem hat auch eine 'gewalttätige' Dimension.... Jede Person muß jederzeit damit rechnen, daß Gewalt durch akute Psychosen von Patienten plötzlich ausbrechen kann. Auf der Station sind fast immer auch Patientinnen oder Patienten, die spontan aggressiv werden können, Dinge zertrümmern, sich und andere gefährden."[58] Obwohl das Vorurteil des 'gefährlichen Geisteskranken' als überholt gelten kann, belegen empirische Untersuchungen, daß unter stationären Bedingungen v.a. Menschen im akuten schizophrenem Schub zu Gewalttätigkeiten neigen, während dies bei depressiven Krankheitsbildern extrem selten vorkommt.[59]

Direkt am eigenen Leib erfahrene Gewalt kann auch bei SeelsorgerInnen traumatische Folgewirkungen mit sich bringen: „Wer Opfer von Gewalttätigkeiten geworden ist, fühlt sich ausgestoßen, entwürdigt, in seiner beruflichen und menschlichen Kompetenz getroffen. Man grübelt an gemachten Fehlern herum und entwickelt womöglich noch Schuldgefühle: 'Warum habe ich nicht dies und das versucht? Warum habe ich es so weit kommen lassen?'"[60] Aber auch das Wissen um früher begangene Aggressivitäten von PatientInnen gegenüber ihren Verwandten, Freunden oder ihnen unbekannten Menschen bzw. die Kenntnis von Gewalttätigkeiten gegen MitpatientInnen, Klinikpersonal und BesucherInnen kann dazu führen, daß SeelsorgerInnen Angst und Mißtrauen entwickeln, Einzelgespräche oder den Menschen als solchen meiden, um der emotionalen Belastung aus dem Weg zu gehen. Als besonders belastend erweisen sich für SeelsorgerInnen nicht nur die an ihnen und anderen vollzogenen fremdaggressiven Handlungen von PatientInnen, sondern die gerade in Psychiatrischen Krankenhäusern alltäglich anzutreffende Autoaggression von Menschen. Obwohl die Ankündi-

---

57 HUBSCHMID, T. (1996): Erfahrungen im Umgang mit Gewalttätigkeit in der psychiatrischen Klinik, S. 26. Literatur zum Thema Gewalttätigkeit im Psychiatrischen Krankenhaus: SPIESSL, HERMANN u.a.: Aggressive Handlungen im psychiatrischen Krankenhaus, in: PP 25 (1998), S. 227-230; STEINERT, TILMANN: Aggression bei psychisch Kranken. Enke, Stgt., 1995; DERS. u. M. WOLFERSDORF: Aggression und Autoaggression, in: PP 20 (1993), S. 1-7; DÖRNER, KLAUS: Die Gewalt des psychisch Kranken, in: GUTH, W. (Hg.): „und sie bewegt sich doch!". Klingenmünster, Tilia, 1991, S. 116-123; WAGNER, BERND: Gefährlichkeit im psychiatrischen Krankenhaus, in: BOCK, Th. u. S. MITZLAFF (Hg.): Von Langzeitpatienten für Akutpsychiatrie lernen. Bonn, PV, 1990, S. 156-164; STEINERT, T. u. P.O. SCHMIDT-MICHEL: Der aggressive Patient in der Psychiatrie, in: Krankenhauspsychiatrie 1 (1990), S. 2-7; DÖRNER, KLAUS: Thesen zur 'Aggression im Krankenhaus', in: WzM 38 (1986), S. 422-429.

58 FLOETH, Th. (1991): Ein bißchen Chaos muß sein, S. 108.

59 Steinert ermittelte folgende diagnosebezogene prozentuale Zusammensetzung aggressiver Handlungen: Schizophrenie (62%); Oligophrenie, d.h. angeborene Intelligenzminderung (19%); Persönlichkeitsstörungen (18%); Suchterkrankungen (12%); organisches Psychosyndrom, einschließlich Demenz (11%), Manie (9%); depressive Syndrome (2%) Gewalt ging dabei zu über 60 % von PatientInnen aus, die sich freiwillig im Krankenhaus befanden! Vgl. STEINERT, T. (1995): Aggression bei psychisch Kranken, S. 24-25.

60 HUBSCHMID, T. (1996): Erfahrungen, S. 28.

gung, der Versuch und die Durchführung des Suizides[61] einer/eines Patienten als Extremfall autoaggressiver Handlungen SeelsorgerInnen emotional stark belasten kann,[62] sind es erfahrungsgemäß gerade die 'kleineren' Selbstverstümmelungsversuche, die im Umgang mit PatientInnen Gefühle des extremen Mit-Leidens oder des Abgestoßenseins hervorrufen und damit Seelsorge erschweren. Nicht nur aggressives, sondern auch unberechenbares Patientenverhalten und extrem schnelle emotionale Stimmungswechsel, die v.a. als Symptome schizophrener, manischer und organischer Psychosyndrome bekannt sind, können die seelsorgliche Begegnung unterminieren oder blockieren, wenn es dem Seelsorger nicht gelingt, trotz der Diskontinuitäten eine Kommunikationskontinuität herzustellen. Da der Großteil der Beziehungsarbeit somit von dem/der SeelsorgerIn zu leisten ist, steht er/sie unter hohem (Selbst)Erwartungsdruck, dem er/sie oftmals nicht gerecht werden kann.

2.6. Wenn religiöse Syndromkomplexe im Vordergrund stehen

„Wir haben zunächst einmal davon auszugehen, daß alle religiösen Inhalte und Elemente, die beim Gesunden aufgrund seiner soziokulturellen Herkunft und psychischen Entwicklung vorhanden sind, in pathologische Prozesse hineingenommen werden und in der pathologischen Episode weiter eine Rolle spielen können. Ob diese Inhalte bzw. Elemente nun diese Episode unverändert durchlaufen oder ob sie pathologisch verstärkt oder umgestaltet werden, ist eine Frage, die sich in jedem einzelnen Fall erneut stellt."[63] Hole gibt damit deutlich zu verstehen, daß religiöse Bedürfnisse und Ausdrucksformen psychiatrischer PatientInnen potentiellen Krankheitswert besitzen.[64]

---

61 Nach Schmölzer kann jede psychiatrisch relevante Störung mit Suizidtendenzen einhergehen, wobei im Krankenhaus v.a. ältere und alleinstehende depressive Menschen, bzw. jüngere schizophrene Erkrankte überwiegen. In ca. 50% sind bereits Suizidversuche vorausgegangen! Vgl. SCHMÖLZER, Chr. (1989): Basissuizidalität in einem psychiatrischen Krankenhaus, S. 13/34. Weiterführende Literatur: FINZEN, ASMUS: Suizidprophylaxe bei psychischen Störungen. Bonn, PV, 1997; WOLFERSDORF, MANFRED u.a.: Patientensuizid im psychiatrischen Krankenhaus, in: PP 23 (1996), S. 84-89; MODESTIN, J.: Suizid in der psychiatrischen Klinik. Stgt., Enke, 1987.

62 Hagenmaier betont: „Auch über die Suizidgedanken und -impulse, die immer vorhanden sind, kann und soll gesprochen werden. Das auszuhalten scheint für Seelsorgerinnen und Seelsorger besonders schwierig zu sein." HAGENMAIER, M. (1991): Seelsorge mit psychisch Kranken, S. 60. Gerade weil dies so schwierig ist, scheint die Tendenz zu bestehen, dieser Situation auszuweichen, weshalb Mayer aufgrund seiner klinischen Beobachtungen als Psychologe schlußfolgert: „Der seelsorgliche Beistand ist meist nicht gewährleistet." MAYER, G. (1990): Seelische Krankheit, S. 479.

63 HOLE, G. (1983): Psychiatrie und Religion, S. 1081. Ähnlich konstatiert auch Zerfaß: „Wie die Gesunden machen die psychisch Kranken Erfahrungen mit sich selbst, mit ihrer Umwelt und mit Gott, nur daß diese Erfahrungen auf die verschiedenste Weise eingeschränkt, getrübt oder übersteigert sind." ZERFASS, R. (1988): Die psychisch Kranken, S. 125. Schuler umschreibt diesen Sachverhalt folgendermaßen: „Die Erscheinungsformen des Religiösen in der Psychiatrie sind sehr vielfältig. Auf der einen Seite könnte man überspitzt gesagt von einem 'irrtümlichen, illegitimen Gebrauch' religiöser Symbole und Begriffe sprechen, andererseits von genuin religiösen Äußerungen." SCHULER, Ch. (1994): Religion, S. 22.

64 Nach Hole lassen sich folgende religionspsychopathologische Einzelphänomene identifizieren, wobei er jedoch keine spezifische Zuordnung zu psychiatrischen Krankheitsbildern vornimmt: 1. Wahnphänomene; 2. Optische Phänomene (religiöse Halluzinationen, Visionen); 3. Exaltationsphänomene (religiöse Exstase, Besessenheit, hysterische Verhaltensweisen); 4. Depressionphänomene (depressiver Glaubensverlust, pathologische Schuld- und Sündenthematik); 5. Verinnerlichungsphänomene (mystisches Erleben, Meditationsfolgezustände, Askese); 6. Wandlungsphänomene (Bekehrungserlebnisse, abnorme religiöse Entwicklun-

SeelsorgerInnen, die sich professionell bedingt bei religiösen Bedürfnislagen angesprochen fühlen und gerade in diesen Fällen vom Klinikpersonal hinzugezogen werden, müssen daher in der Lage sein, zwischen berechtigten religiösen Bedürfnissen und Krankheitssymptomen zu unterscheiden, damit sie sich nicht distanzlos in das religiöse (Wahn)System des Gegenüber einbeziehen lassen und durch die selektive Befriedigung religiöser Anliegen zu einer Stabilisierung der Erkrankung beizutragen. Die von sich selbst und vom Personal abverlangte Aufgabenstellung, religionspsychopathologische Unterscheidungen zwischen gesunden und kranken religiösen Ausdrucksformen zu treffen und auf der Basis dieser Fähigkeit in der Lage zu sein, eine hermeneutische Entschlüsselung religiöser Inhalte und Symbole für den Kranken und seine Botschaft an Außenstehende zu leisten, kann auf verschiedenen Ebenen von SeelsorgerInnen als extreme Belastung empfunden werden:

Auf interdisziplinärer Ebene liegt die Belastung darin, daß SeelsorgerInnen gerade dann um ihre Mitarbeit gebeten werden, wenn andere Berufsgruppen sich mit religiösen Phänomenen überfordert fühlen bzw. mit ihrem Wissen am Ende sind. Da SeelsorgerInnen aber keine religionspsychopathologischen ExpertInnen sind, werden auch sie immer wieder an den Punkt geraten, wo sie nicht weiterhelfen können, sondern ebenso ihre Grenzen und Hilflosigkeiten eingestehen müssen. Hinzu kommt, daß die von SeelsorgerInnen abverlangte Hermeneutik religiöser Symbole und Ausdrucksmittel, derer sich Kranke bedienen, derart komplex ist, daß eine Entschlüsselung zwar nicht unmöglich, je nach theologischer Herkunft und psychotherapeutischer Beheimatung der SeelsorgerInnen aber durchaus unterschiedlich ausfallen wird.[65] Da SeelsorgerInnen zumeist keine Kenntnis darüber besitzen, welchen Stellenwert re-

---

gen, Persönlichkeitswandel unter Gruppendruck); 7. Körperliche Phänomene (Stigmatisierungen, Krampfanfälle, Wunderheilungen). Vgl. HOLE, G. (1988): Situation und Aufgabenfeld heutiger Religionspsychopathologie, S. 24. In der Literatur finden sich folgende Unterscheidungen:
Religiöse Wahnphänomene (Identifizierung mit einer religiösen Figur oder Gott selbst; Überzeugung, einen religiösen Auftrag erfüllen zu müssen, Überzeugung mit religiösen Figuren in engem Kontakt zu stehen, auserwählt zu sein, stellvertretend leiden zu müssen usw.) treten v.a.bei schizophrenen und organisch verursachten Psychosen auf, können sich im Verlauf der Erkrankung wandeln bzw. wegfallen und erscheinen dem Außenstehenden offensichtlich irreal und absurd. Daß der religiöse Wahn PatientInnen zu Opfern und Tätern machen kann, bringt Hagenmaier auf den Punkt: „Menschen, die sich mit religiösen Symbolen oder Gestalten identifizieren, sind mehr als bei anderen Wahnvorstellungen dem Spott oder der Verachtung ihrer Umwelt ausgeliefert. Oft gelten sie auch einfach als unheimlich. Bisweilen aber führt die Ineinssetzung mit Gott oder einem seiner Boten auch zur tatsächlichen Ausrottung der vermeintlich 'Bösen', wenn Gott nur als Rächer und Richter verstanden wird und die anderen Menschen sich als böse interpretieren lassen." HAGENMAIER, M. u. H. (1991): Seelsorge, S. 40.
Persönlichkeitsstörungen (Überzeugung, daß Gott alle Gebete erhört, einzigartige Gaben verleiht, ihn/sie erwählt hat oder auf eine besondere Art umkommen läßt) können nach außen wie Wahnphänomene wirken, beruhen aber einem maßlosen Anerkennungs- und Geltungsbedürfnis des Kranken. Vgl. GROM, B. (1994): Religiosität, S. 10.
Zwangsneurotische religiöse Phänomene (Zwang, extrem häufig beten, beichten oder religiöse Rituale durchführen zu müssen, Zwangsvorstellungen wie z.B. Jesus am Kreuz erigiert zu sehen oder beim Beten an etwas Blasphemisches zu denken) beruhen auf der Bereitschaft zur rigiden moralischen Selbstkontrolle und einem strafenden Gottesbild, wobei sie als extrem beeinträchtigend mit entsprechenden Scham- und Schuldgefühlen vom Kranken wahrgenommen werden. Vgl. GROM, B. (1994): Religiosität, S. 8-9.
Besessenheitserlebnisse, die v.a. im Kontext von Schizophrenien und Zwangsneurosen auftreten, werden von Grohm als eine Form der dissoziativen Angstabwehr und damit als ein aktiver Entlastungsversuch des Kranken interpretiert. Vgl. GROM, B. (1994): Religiosität, S. 9.

65 Nach Hagenmaier lassen sich Erscheinungsformen des Religiösen in der Psychiatrie, die sich immer auf die emotionale Ebene beziehen, tatsächlich sinnvoll entschlüsseln, wobei er sie in tiefenpsychologischem Vokabular als Mittel der Kommunikation deutet. Demnach drücken religiöse Motive Gefühle aus, die einer starken Abwehr unterliegen und dadurch entschärft bzw. kanalisiert werden. Im Zuge einer religiösen Ganzheitserfahrung werden Probleme einerseits zum Vorschein gebracht, andererseits aber auch bedeckt.

ligiöses Erleben für den kranken Menschen vor seiner Erkrankung eingenommen hat, fehlt ihnen zudem ein wichtiger Vergleichs- und Interpretationsrahmen, der nach Hole unerläßlich ist, um gesunde und kranke religiöse Anteile voneinander trennen zu können.[66] Die Konfrontation mit religiösen Syndromkomplexen kann bei SeelsorgerInnen zudem persönlich belastende Scham- und Schuldgefühle auslösen, wenn sie den Eindruck gewinnen, daß im Kontext depressiv gefärbter Fixierungen auf Schuld- und Sündenthematiken, sexueller Phantasien oder religiös geprägter Zwangs- und Angstvorstellungen religiöse Sozialisation, v.a. in Form von angsterzeugenden Gottesbildern, ursächlich an der Entstehung der Symptomatik beteiligt gewesen ist. Obwohl sie persönlich keine Schuld am Zustand des Gegenüber trifft, stehen sie dennoch als RepräsentantInnen der katholischen bzw. evangelischen Kirche in einem Traditionszusammenhang, auf den sie diesbezüglich nicht durchgehend stolz sein können.

2.7. Wenn die permanente Konfrontation mit scheinbar sinnlosem Leiden und Klagen unerträglich wird

SeelsorgerInnen treffen im Psychiatrischen Krankenhaus auf PatientInnen, die sich entweder urplötzlich in einer extremen Ausnahme- und Leidenssituation befinden oder bereits einen langen Leidensweg mit außergewöhnlichen Härten und Ungerechtigkeiten hinter sich haben: „Menschen in der Psychiatrie sind oft geplagt mit Extremerfahrungen in ihrer Lebensgeschichte und in der Lebensgeschichte ihrer Familien. Nicht selten höre ich schlimmste Erfahrungen von sexuellem Mißbrauch durch Eltern und Verwandte, von Suiziden in den Familien".[67] Obwohl Seelsorge mit psychisch Kranken alltäglich auch Momente tiefgründigen Humors, feinsinniger Ironie, oberflächlicher Spaßhaftigkeit, ausgelassener Lebensfreude, verspielter Leichtigkeit und tiefgehender Herzlichkeit mit sich bringt, stellt dennoch die Konfrontation mit sinnlosem, absurdem und unerklärbarem Leid, mit unterschiedlichsten Mechanismen der Leidverarbeitung, die von Weinen, nichtendendem Jammern, aggressivem Klagen bis zur radikalen Verstummung reicht, für SeelsorgerInnen eine nicht zu unterschätzende chronische emotionale Belastung dar, zumal ihnen die Brüchigkeit und Endlichkeit ihrer eigenen Gesundheit sowie ihres eigenen Lebens permanent und unausweichlich vor Augen geführt wird: „Wer mit psychisch kranken Menschen umgeht, wird regelrecht in die wichtigsten Fra-

---

Dadurch wird es PatientInnen möglich, sich von ihrem bisherigen Leben zu distanzieren, ohne sich mit sich selbst auseinandersetzen zu müssen. Vgl. HAGENMAIER, M. (1980): Erscheinungsformen des Religiösen in der Psychiatrie.

Für Klessmann stellt v.a. der religiöse Wahn in Anschluß an Benedetti die einzige Möglichkeit des Individuums dar, eine gewisse Kohärenz und Ordnung im Zustand bedrohlicher Leere herzustellen, wobei die religiöse Sprache das zum Ausdruck bringen kann, was den Menschen unbedingt und dramatisch angeht. In Anschluß an Schernus erkennt er darin zudem die Möglichkeit, daß sich der Kranke über die Religion eine Sinnwelt konstruiert, in der er aufgehoben ist. Vgl. KLESSMANN, M. (1996): Seelsorge in der Psychiatrie, S. 28-30.

Schuler dagegen bietet folgende Entschlüsselungsmöglichkeiten an: Religiöse Gedanken und Wahnvorstellungen können als Rückzug aus der Realität und sicheres Versteck dienen, um sich vor schmerzhaften Einsichten und mühevoller Auseinandersetzung zu distanzieren. Religiöse Riten und Äußerungen können aber auch eine Art Bühne darstellen, auf der innere Konflikte gespielt und damit exakt wiedergegeben werden. Religiöse Identifizierungen dagegen eröffnen die Hoffnung auf eine Veränderung der eigenen Person. Vgl. SCHULER, Chr. (1994): Religion, S. 16.

66   Vgl. HOLE, G. (1983): Psychiatrie und Religion, S. 1081.

67   ROTH, W. (1997): Seelsorge in der Psychiatrie, S. 289.

gen seines eigenen Lebens hineingezwungen."[68] Die konzeptionell von SeelsorgerInnen erwartete Selbstrücknahme und einfühlsame, liebevolle, aggressionfreie und zuhörende Haltung den PatientInnen gegenüber birgt die Gefahr in sich, als Container für Klagen zu fungieren und an der Unerträglichkeit dieser Situation zu leiden.

2.8 Wenn 'Erfolglosigkeit' an der Arbeit zweifeln läßt

Die Erfahrung des Helfenwollens und doch immer wieder nicht Helfenkönnens läßt sich als typische Beschreibung für die seelsorgliche Tätigkeit im Psychiatrischen Krankenhaus, die mit VertreterInnen aller dort tätigen Berufsgruppen geteilt wird, anführen: „Selbst bei noch so intensiver Beschäftigung und Betreuung bleibt der oder die Betroffene krank oder unternimmt nur langsame Schritte zur Bewältigung der eigenen Realität."[69] Dies trifft v.a. dann zu, wenn SeelsorgerInnen ihren Arbeitsschwerpunkt nicht auf Akutstationen, sondern auf Stationen/Abteilungen haben, in denen sich ein hoher Anteil an chronisch Erkrankten, LangzeitpatientInnen, gerontopsychiatrischen oder forensischen PatientInnen aufhält. Im Umgang mit angeblich 'nicht therapierbaren' oder 'austherapierten' Fällen können auch SeelsorgerInnen keine Wunder vollbringen. Gefühle der Ohnmacht, Bedeutungslosigkeit und Überflüssigkeit werden sich daher auch bei ihnen zwangsläufig einstellen. Wenn es ihnen jedoch gelingt, Erfolg nicht mit Heilung oder Besserung gleichzusetzen, wird die Chance steigen, an der Belastung chronischer Erfolglosigkeit nicht zu verzweifeln.

2.9. Wenn die strukturell vorgegebene Patientenrolle Seelsorge erschwert

PatientInnen in der Psychiatrie unterscheiden sich von psychisch kranken Menschen, denen SeelsorgerInnen in Gemeinden begegnen, dadurch, daß Seelsorge immer unter der Rahmenbedingung der strukturell vorgegebenen Patientenrolle stattfindet. Kranke, die zwar infolge der versicherungstechnischen Trennung von Privat- und KassenpatientInnen unterschiedliche Ansprüche bezüglich Behandlung und Versorgung mitbringen, befinden sich dennoch aufgrund ihres Krankenstatus, der Einquartierung in einer ihnen fremden Umgebung, der Trennung von ihren Bezugspersonen und der Delegation wichtiger Entscheidungen bezüglich ihrer Person auf ihnen unbekannte Menschen in einem kollektiven Zustand der Abhängigkeit von den Vorgaben des Krankenhauses. Daß sie dem Primat der arbeitsteilig organisierten Betriebsstruktur, in der Routine- und Notfallsituationen bewältigbar sein müssen, unterworfen sind, wird sich ebenso auf den Seelsorgeprozeß auswirken wie das Bestreben der Klinik, ihre Pflege und Versorgung sicherzustellen.[70]
Demnach treffen SeelsorgerInnen auf Kranke, die nicht frei über ihre Zeit verfügen können, ihren Aufenthaltsort nicht selbst bestimmen dürfen, ständig erreichbar, störbar und verplanbar sein müssen, keine Rückzugsmöglichkeiten und Intimsphäre besitzen, sich als Arbeitsgegen-

---

68   HAGENMAIER, H. u. M. (1991): Seelsorge mit psychisch Kranken, S. 83.

69   A.a.O., S. 44. Ähnlich resümmiert Schwemmer: „Wer auf Erfolg hofft, wird enttäuscht. Heilung gibt es nur selten. Besserungen sind nur sehr langfristig möglich, Rückschläge häufig." SCHWEMMER, S. (1995): Wege aus der Krankheit, S. 140. Auch Klessmann führt an: „Schließlich macht der Seelsorger die Erfahrung, für die ihm zugewiesenen Patienten im wörtlichen Sinne nichts tun zu können!" KLESSMANN, M. (1986): Aggression in der Seelsorge, S. 417.

70   Vgl. SIEGRIST, J. (1996): Seelsorge, S. 30; SCHULZE, H. (1989): Organisationsgestaltung, S. 174.

stand unterschiedlicher Professionen dem Organisationsablauf ohne Mitspracherecht[71] bezüglich der Behandlung und der Behandelnden unterzuordnen haben und umfangreiche Reglementierungen hinnehmen müssen, wobei Routine und Gleichförmigkeit den Stationsalltag prägen, weil Essens-, Schlaf-, Beschäftigungs-, Behandlungs- und Freizeit im Rahmen eines Stationsplans überindividuell festgelegt sind. Psychiatrieseelsorge heißt, daß diese unter den erläuterten Raum- und Zeitbedingungen stattfinden muß. Da die Arbeitsmöglichkeiten von SeelsorgerInnen dadurch erheblich eingeschränkt sind, und Kranke die ihnen vorgegebene depersonalisierte Patientenrolle gegenüber SeelsorgerInnen kontinuierlich beibehalten können, weshalb sie einem Gespräch im Subjekt- und Mitmenschstatus mit Mißtrauen begegnen oder aus dem Wege gehen, erweist sich gerade die strukturell festgelegte Patientenrolle als ein Faktor, der Seelsorge erschwert.

2.10. Wenn sich PatientInnen nicht freiwillig im Krankenhaus aufenthalten

Als ein psychiatriespezifischer Belastungsfaktor für SeelsorgerInnen erweist sich die Tatsache, daß sich noch immer ein großer Teil psychiatrischer PatientInnen nicht freiwillig in der Klinik aufhält: „In Deutschland werden jährlich etwa 400 000 Menschen in eine psychiatrische Klinik eingewiesen. Für etwa ein Zehntel von ihnen, ca. 40 000 Menschen, vollzieht sich der Klinikeintritt gegen ihren ausdrücklichen Willen unter Beihilfe der Polizei und unter juristischer Absicherung durch einen Gerichtsbeschluß; ein Teil der primär aus eigenem Entschluß eingetretenen Patienten wird entgegen dem eigenen Willen mit gerichtlicher Genehmigung in der Klinik zurückgehalten. Wieviele Menschen zusätzlich durch die Androhung, Polizei und Gericht einzuschalten, zum Eintritt oder Verbleib in einer psychiatrischen Klinik bewegt werden, wissen wir nicht. Ihr Anteil dürfte nicht gering sein."[72] Finzen bringt die Besonderheit dieser Situation prägnant auf den Punkt: „Psychisch Kranke sind in rechtsstaatlichen Demokratien die einzigen Menschen, denen die Freiheit entzogen werden darf, ohne daß sie eine Straftat begangen haben."[73] Zwangseinweisung, richterlich verfügte Unterbringung und Betreuung stellen den rechtlichen Rahmen her, der es ermöglicht, Menschen gegen ihren Willen in der Klinik festzuhalten.

Zwangseinweisungen erfolgen entweder aufgrund einer ärztlichen Anweisung oder im Kontext eines Notfalls, wobei der/die diensthabende PsychiaterIn eine diesbezügliche Notwendigkeit überprüfen muß. Die Kriteriologie der Abwendung von Gefahren für die öffentliche Sicherheit oder für den/die PatientIn läßt bereits erahnen, daß diesbezüglich ein relativ weiter Ermessensspielraum besteht. Bei Zwangseingewiesenen handelt es sich besonders oft um junge, männliche, alleinstehende und arbeitslose Menschen, bei denen bereits in der Vorgeschichte eine Schizophrenie diagnostiziert worden ist, Menschen mit Alkoholüberkonsum und Men-

---

71 Fehlendes Mitspracherecht kann in Psychiatrischen Kliniken extremere Formen annehmen als in Allgemeinkrankenhäusern: „Nach Auskunft Betroffener, die schon in verschiedenen Psychiatriekliniken waren, haben - nach ihrer eigenen Erfahrung - ihre eigenen Ideen in der Behandlung jeweils kaum eine Rolle gespielt. Andere professionelle Leute bestimmen darüber, was für sie 'gut' ist, bis zu extremen Fremdbestimmungen, in denen ein Medikament weiter verabreicht wird, obwohl es nicht verträglich ist oder die Krankheitsprobleme nach Eindruck des Patienten noch verstärkt." FUCHS, O. (1993): Im Brennpunkt, S. 124.

72 BRUNS, G. (1993): Ordnungsmacht Psychiatrie?, S. 11. Der Zahlenwert für Zwangsunterbringungen schwankt von Klinik zu Klinik zwischen 5 und 50 Prozent, und liegt im Durchschnitt bei ca. 38%! Vgl. PERSPEKTIVEN psychiatrischer Ethik (1996), S. 12.

73 FINZEN, A. u.a. (1993): Hilfe wider Willen, S. 13.

schen in Suizidgefährung. Zwangseinweisung impliziert, daß der kranke Mensch zunächst auf einer geschlossenen Station, die er nicht verlassen darf, festgehalten wird.[74] Erfolgt innerhalb der nächsten 24 Stunden eine Anhörung des Eingewiesenen durch einen Vormundschaftsrichter, kann eine Unterbringung für eine festgelegte Zeitdauer gegen den Willen des Kranken ausgesprochen werden, wobei die Behandlung zunächst auf einer geschlossenen Station stattfindet: „Heute sind in diesem Land noch annähernd 40 bis 50% aller klinisch betreuungsbedürftigen psychiatrischen Patienten in geschlossenen Stationen untergebracht, d.h. ihrer Bewegungsfreiheit weitgehend beraubt. In den sogenannten halboffenen Stationen ist der Tatbestand des Freiheitsentzuges nur wenig relativiert; denn auch dort bestimmt die Institution und nicht der Patient Zeit und Ausmaß erlebbarer Freiheit."[75] Zwangsunterbringungen, die auf Bundesländerebene gesetzlich unterschiedlich geregelt sind, gehen jedoch nicht nur mit vorübergehendem Freiheitsentzug, sondern auch mit gravierenden Folgewirkungen für den Betroffenen einher, da ein Vermerk im polizeilichen Führungszeugnis erfolgt. Neben der zivilrechtlichen Variante der Unterbringung existiert auch eine strafrechtliche, wobei ein Richter nach einer begangenen Straftat auf der Basis einer beeinträchtigten Schuldfähigkeit die Unterbringung anordnen muß.[76] Auf Antrag der Familie, Bekannter oder des Betroffenen selbst, kann das Vormundschaftsgericht auf der Basis eines psychiatrischen Gutachtens eine Betreuung, die seit 1992 frühere Rechtsbegriffe wie Entmündigung, Pflegschaft oder Vormundschaft ablöst, anordnen. Ein Betreuer (Verwandter, Rechtsanwalt, Mitarbeiter einer Behörde oder eines Sozialdienstes) übernimmt zum Wohle des Kranken für eine festgelegte Dauer und einen genau umschriebenen Bereich (z.B. Entscheidung über einen Krankenhausaufenthalt und therapeutische Maßnahmen, Verwaltung des Vermögens) die Entscheidungsbefugnis. BetreuerInnen können somit veranlassen, daß PatientInnen zwangseingewiesen und zwangsbehandelt werden.[77]
Obwohl sich SeelsorgerInnen in Psychiatrischen Kliniken grundsätzlich frei bewegen können, unterliegen auch sie den geltenden Freiheitsentzugsmechanismen, weshalb sie mit entspre-

---

74 Vgl. PERSPEKTIVEN psychiatrischer Ethik (1996), S. 12; SEIER, F. (1993): Patientenautonomie, S. 127. Literatur zur Zwangseinweisung: LOPEZ, ROBERTO u.a.: Fürsorgliche Freiheitsentziehung, in: PP 25 (1998), S. 246-247; FÄHNDRICH, ERDMANN u. G. Eichele: Zwangseinweisung und Gemeindepsychiatrie, in: PP 22 (1995), S. 150-153; SEIER, FRIED: Patientenautonomie und Zwangseinweisung, in: DONHAUSER, K. (Hg.): Krankenhauspsychiatrie und Ethik. Dettelbach, Röll, 1993, S. 121-143; BRUNS, GEORG: Ordnungsmacht Psychiatrie? Zwangseinweisung als soziale Kontrolle. Opladen, Westdt. Vlg., 1993; BRESSER, PAUL: Einweisungspraxis, in: BATTEGAY, R. u.a. (Hg.): Handwörterbuch der Psychiatrie. 2. Aufl. Stgt., Enke, 1992, S. 135-137.

75 GROSSER, H. u. S. (1989): Offene Türen, S. 22. Grossers gehen davon aus, daß 95% der auf geschlossenen Stationen behandelten PatientInnen auch auf offenen Stationen therapiert werden könnten. Ähnlich urteilt auch Pfannkuchen. Vgl. PFANNKUCHEN, H. (1997): Offene Türen überall! Literatur zur Unterbringung: LÖFFLER, D.: Die gesetzliche Unterbringung psychisch Kranker in Abhängigkeit von gesetzlichen und administrativen Regelungen, in: Krankenhauspsychiatrie 3 (1992), S. 64-71; UKENE, GERT: Die Unterbringung in einem Psychiatrischen Krankenhaus. Ffm., Lang, 1991.

76 Vgl. BRESSER, P. (1992): Einweisungspraxis, S. 136. „Von den meisten psychisch kranken Rechtsbrechern wird die Maßregel mehr gefürchtet als die übliche Gefängnisstrafe." PERSPEKTIVEN psychiatrischer Ethik (1996), S. 15.

77 Vgl. HOFF, P. (1993): Zwischen Autonomie und Zwang, S. 86-89; BRESSER, P. (1992): Betreuungsgesetz. Vertiefende Literatur: JÜRGENS, ANDREAS u.a.: Das neue Betreuungsrecht, eine systematische Gesamtdarstellung. Mchn., Beck, 1994; BRESSER, PAUL: Betreuungsgesetz, in: BATTEGAY, R. u.a. (Hg.): Handwörterbuch der Psychiatrie. 2. Aufl. Stgt., Enke, 1992, S. 86-87; BRILL, KARL-ERNST (Hg.): „Zum Wohle der Betreuten". Beiträge zur Reform des Vormundschafts- und Pflegschaftsrechts. Bonn, PV, 1990.

chender Schlüsselgewalt ausgestattet sind. Dies impliziert zwar, daß sie jede Station und die Klinik als solche stets verlassen können. Mit der persönlich extrem belastenden Situation jedoch, daß sie PatientInnen, die mit ihnen kommen wollen, nicht nur nicht mitnehmen können, sondern im Extremfall durch den Einsatz körperlicher Gewalt sogar daran zu hindern haben, die Station zu verlassen, müssen sie letztlich allein zurechtkommen.[78]

2.11. Wenn PatientInnen Gewalt- und Zwangsmaßnahmen ausgesetzt sind

„Psychisch Kranke und geistig Behinderte sind Mitmenschen, deren Grundrechte besonders leicht und besonders häufig verletzt werden, weil sie oft selber nicht imstande sind, ihre Interessen verständlich zu machen oder sie zu vertreten. Dies gilt auch gegenüber Menschen, die es 'gut' mit ihnen meinen.... Die psychiatrische Klinik scheint neben der Familie eine der letzten Institutionen mit besonderem Gewaltverhältnis zu sein, an die der Gesetzgeber sich nicht so recht herantraut."[79] Alltägliche Gewalt gegenüber PatientInnen kommt auf psychiatrischen Stationen nicht nur in Form eines ausgeklügelten und subtilen Systems vor, in dem Überredung und Belohnungsmechanismen eine große Rolle spielen, sondern auch in Form offiziell geächteter emotionaler, verbaler und brachialer Aggressivität des Personals gegenüber den Kranken[80] sowie offiziell erlaubter Zwangsmaßnahmen wie der (medikamentösen) Zwangsbehandlung, Isolierung und Fixierung,[81] die nach Finzen als ultima ratio eingesetzt werden sollen: „Es gibt Situationen, in denen psychisch Kranke ein Recht darauf haben, daß ihnen gegen ihren erklärten Willen geholfen wird."[82] Finzen betont, daß das Risiko, einer Zwangsbehandlung unterworfen zu werden, diagnoseabhängig ist, wobei „jeder zweite Schizophreniekranke irgendwann im Laufe seiner 'Psychiatriekarriere' von einer Zwangsmedikation betroffen"[83] ist. Obwohl PsychiaterInnen selbstkritisch nach Wegen aus der Gewalt suchen,[84] ist der

---

78 „Wie oft schließe ich die Tür vor verwirrten alten Menschen ab, die unbedingt hinauswollen. Wie oft klagen andere, sie seien nun schon eine Woche nicht mehr draußen gewesen." HAGENMAIER, M. (1988): Seelsorge im Psychiatrischen Krankenhaus, S. 100.

79 HOFFMANN-RICHTER/FINZEN (1997): Organisationskulturen in der Psychiatrie, S. 244. Vertiefende Literatur zum Thema Gewalt in der Psychiatrie: GEWALTTÄTIGE PSYCHIATRIE. Ein Streitbuch. Hg. v. M. EINK. Bonn, PV, 1997; RIEDEL, R. u.a.: Zwangsbehandlung gegen den Willen des Patienten, in: Psychiatrie für die Praxis 17 (1993), S. 317-326; STEINERT, T.u.a.: Zwangsmaßnahmen in der Psychiatrie - gibt es ärztliche Indikationen?, in: Krankenhauspsychiatrie 4 (1993), S. 173-174; FINZEN, ASMUS: Psychiatrie zwischen Hilfe und Gewalt, in: SPI 20 (1990), S. 29-33; PLOG, URSULA: Über die Begegnung mit der Gewalt in der Psychiatrie, in: MIT den Händen denken. Beiträge zur Psychiatrie. Festschrift für Klaus Dörner. Bonn, PV, 1983, S. 11-21.

80 Vgl. KUNZE, H. (1990): Gewalt des Personals in Abhängigkeit von strukturellen Bedingungen.

81 Vgl. FINZEN; A. u.a. (1993): Hilfe wider Willen; HAUG, H. (1997): Zwangsmedikation in der Psychiatrie; HALTENHOF, H. (1997): Die Fixierung - Relikt vergangener Zeiten? Fixierung besagt, daß PatientInnen durch Bauch-, Hand- oder Fußgurte gefesselt werden. Vgl. BÉNAYAT-GUGGENBÜHLER, M.: Zur Isolierungspraxis in einer psychiatrischen Klinik, in: PP 25 (1998), S. 248-249.

82 FINZEN, A. u.a. (1993): Hilfe wider Willen, S. 149.

83 A.a.O., S. 147.

84 Weil jede Form von Gewalt und Zwang gegen die Würde des Kranken verstößt, halten Grossers sie für obsolet: „Der gänzlich krankheitsuneinsichtige Schizophrene muß die Einsperrung - zusätzlich zu allen Wech-

Stationsalltag dennoch immer wieder von Gewalt und Zwangsmaßnahmen geprägt. Besonders SeelsorgerInnen, die aufgrund ihrer theologischen Herkunft gegen jede Form von Gewalt und Fremdbestimmung zu rebellieren haben und durch ihren Auftrag, sich für die Rechte und Würde der PatientInnen einzusetzen, als deren AnwältInnen aufzutreten haben, werden nicht nur unter einzelnen Gewaltmaßnahmen leiden, sondern in einen grundsätzlichen Loyalitätskonflikt mit den Berufsgruppen geraten, die diese Maßnahmen als unerläßlich erachten, obwohl sie die Notwendigkeit vielleicht im Einzelfall sogar selbst für berechtigt halten.

2.12. Wenn die Rollenerwartungen der PatientInnen stark variieren

Psychiatrische PatientInnen treten SeelsorgerInnen mit einer Vielzahl an Rollenzuschreibungen und erwartungen gegenüber. Da diese eine enorme Spannbreite umfassen, stellen die divergierenden Rollenanteile für jeden/jede SeelsorgerIn eine Herausforderung dar, die es zu bewältigen gilt.[85] Im Folgenden sollen die divergierenden formalen, strukturellen und inhaltlichen Rollenerwartungen in ihrer Komplexität angedeutet werden:
Alle bisherigen Studien belegen, daß formale Rollenerwartungen eine relativ geringe Bedeutung besitzen. Attribute wie Aussehen, Kleidung, Geschlecht, Amtsstatus oder Konfessionszugehörigkeit fließen demnach nur sekundär in die Rollenerwartung ein.[86] Inhaltsbezogene Erwartungen dagegen, die sich in vier Kategorien einteilen lassen, scheinen deutlich zu dominieren: 1. Mitmenschliche psychosoziale Rollenerwartungen, wonach sich SeelsorgerInnen v.a. als menschlich reife, beziehungsfähige und erfahrene KrisenbegleiterInnen, alltägliche GesprächspartnerInnen, absichtslose ZuhörerInnen, solidarische TrösterInnen, UnterhalterInnen, Klagemauern, ExpertInnen für Gefühlsarbeit und emotionalen Beistand erweisen sollen. 2. Spezifisch religiöse Rollenerwartungen, wonach sich SeelsorgerInnen als VermittlerInnen, PredigerInnen oder LehrerInnen theologisch-religiöser Inhalte, als ExpertInnen für Sinn- und Grenzfragen, als rituell-kultische ZeremonienmeisterInnen, als ExorzistInnen, als EntschlüsslerInnen religiöser Sprache und Symbolik, als VermittlerInnen der Liebe Gottes und als Vorbild christlicher Lebens- und Glaubenskultur auftreten sollen. 3. Psychotherapeutische Rollenerwartungen, wonach SeelsorgerInnen die Rolle von spezifisch geschulten BeraterInnen, TherapeutInnen und BeziehungsexpertInnen zugeschrieben wird. 4. Krankheitskorrelierte Er-

---

selwirkungen mit seinen psychotischen Denkinhalten - als massiven Rechtsbruch und Mißachtung seines persönlichen Anspruchs auf Freiheit erleben und erleiden. Der von wahnhaften Schuldgefühlen schon vorher gepeinigte Depressive erlebt die Festnahme als gerechte Strafe für seine Vergehen, die ihm gleichzeitig die Realität eben dieser Untaten bestätigt. Die Familie hatte eben doch unrecht: Er ist tatsächlich schlecht und strafwürdig. Der eben reanimierte Suizidpatient muß unvorstellbar entsetzt sein: Er wollte der Welt entfliehen. Nicht nur das ist mißlungen, sondern die Welt, in die er zurückgeholt wird, stellt sich noch furchtbarer dar als die, aus der er zu entkommen gehofft hatte." GROSSER, H. u. S. (1989): Offene Türen, S. 24. Vgl. auch BOCK, Th. (1997): Modelle gewaltarmer Psychiatrie.

85 Empirisches Material zur Rollenerwartung psychiatrischer PatientInnen existiert kaum. Die Ergebnisse Büsches (1978) und Simons (1985), können zwar herangezogen werden, geben aber zunächst kein psychiatrietypisches Bild wider! Interessanterweise decken sie sich mit den neuesten Ergebnissen einer 1995 in einem Psychiatrischen Landeskrankenhaus durchgeführten Fragebogenaktion. Vgl. SIMON, L. (1985): Einstellungen und Erwartungen; GÖTZELMANN, A. (1997): Eine neue Seelsorgestudie aus der Psychiatrie.

86 Nach Simon ist es sowohl katholischen wie auch evangelischen PatientInnen schlichtweg egal, ob ein Seelsorger im kirchenamtlichen Status des Priesters oder Laien auftritt, wobei über 70% ohne Zögern eine Frau als Seelsorgerin akzeptieren. Die Konfessionszugehörigkeit spielt ebenfalls für über 50% der Befragten keine Rolle. Vgl. SIMON, L: (1985): Einstellungen, S. 140,132, 130; SCHILLING, H. (1980): Von Beruf 'Seelsorger', S. 313; HENKE, Th. (1994): Seelsorge, S. 31.

wartungen, wonach SeelsorgerInnen z.B. eine positiv oder negativ besetzte Rolle im individuellen Wahn-System zugewiesen bekommen.
Formale und inhaltsbezogene Erwartungen werden zusätzlich durch das Hinzutreten strukturell bedingter Rollenzuschreibungen seitens der PatientInnen verkompliziert. Demnach werden SeelsorgerInnen in Blick auf die Organisation Kirche v.a. als RepräsentantInnen, Funktionäre, Vorposten und MissionarInnen der katholischen bzw. der evangelischen Kirche gesehen, denen ein überindividueller Vertrauensvorschuß oder erfahrungsbedingte Ressentiments entgegennzubringen sind. In Blick auf die Organisation Psychiatrische Klinik dagegen werden sie v.a. als nicht der Klinik unterstehendes Personal registriert, weshalb von ihnen die Rolle von InteressenvertreterInnen und AnwältInnen der PatientInnen, VerfechterInnen von Menschenwürde und Ethik, VermittlerInnen zwischen PatientInnen und Personal und BrückenbauerInnen zur Außenwelt erwartet wird.

3. Belastungsfaktoren aufgrund 'geschichtlicher Hypotheken'

3.1. Belastungen aufgrund der Arbeit in der geschichtlich umstrittenen Organisation Psychiatrisches Krankenhaus

„Seelsorge im psychiatrischen Krankenhaus kann sich nicht nur mit der singulären Beziehung kirchlicher Mitarbeiter - Patient befassen, sondern muß die Realität bedenken, daß psychiatrische Krankenhäuser seit Jahren Gegenstand politischer Diskussion sind und als umstrittene Institutionen gelten."[87] Daß diese Behauptung Lücht-Steinbergs der Realität entspricht, sollte im Aufriß der geschichtlich-geistesgeschichtlichen Hintergründe der Organisation Psychiatrisches Krankenhaus deutlich werden. Obwohl die Psychiatrische Anstalt/Klinik von Anfang an kritisch hinterfragt und in den 80er Jahren sogar deren Auflösung propagiert worden ist, konnte ersichtlich werden, daß sie trotz Psychiatriereform, wenn auch unter anderer Bezeichnung, noch immer eine zentrale Stellung im psychiatrischen Versorgungsnetz einnimmt.[88]
Da die durch die gesamte Psychiatriegeschichte ziehende öffentliche Furcht und Skepsis gegenüber den stationären psychiatrischen Einrichtungen[89] auch gegenwärtig nicht der Vergangenheit angehört, und das Personal, das in dieser Institution arbeitet, deshalb noch immer in weiten Kreisen einer öffentlichen Diskreditierung oder Stigmatisierung ausgesetzt ist, können sich auch SeelsorgerInnen dieser Situation nicht entziehen: „Wer sich in solcher Perspektive für psychiatrische PatientInnen verausgabt, wird es seiner/ihrerseits nicht leicht in der Gesell-

---

87 LÜCHT-STEINBERG, M. (1983): Seelsorge in der Psychiatrie, S. 178.

88 Feld beschreibt daher Psychiatrieseelsorge als eine Tätigkeit „in einem Spannungsfeld zwischen einem um die Jahrhundertwende entstandenen, aber nach wie vor prägenden System von Anstaltspsychiatrie und verschiedenen Reformansätzen". FELD, Th. (1996): Seelsorge mit psychiatrischen Patienten, S. 17.

89 Vertiefende Literatur zur Einstellung der Öffentlichkeit: PAYK, THEO: Psychiatrie in der lokalen Presse, in: AKTUELLE Aspekte der Psychiatrie. Beiträge des III. Kongresses der Psychiatrie. Weimar 12-14. Nov. 1990. Hg. v. G.E. KÜHNE. Jena, Univ. Vlg., 1992, S. 214-220; SCHÖNY, W. u.a.: Psychiatrische Erkrankungen - Therapie und therapeutische Einrichtungen im Licht der öffentlichen Meinung, in: AKTUELLE Aspekte der Psychiatrie. Beiträge des III. Kongresses der Psychiatrie. Weimar 12-14. Nov. 1990. Hg. v. G.E. KÜHNE. Jena, Univ. Vlg., 1992, S. 229-236. GRAUSGRUBER, ALFRED u.a.: Einstellungen zu psychisch Kranken und zur psychosozialen Versorgung. Stgt., New York, Thieme, 1989; JASPER, G.: Psychiatrie und Öffentlichkeit, in: Fundamenta Psychiatrica 2 (1988), S. 56-61; LUNGERSHAUSEN; E:. Psychiatrie als Gegenstand der Öffentlichkeit, in: Fundamenta Psychiatrica 2 (1988), S. 62-67.

schaft haben."[90] Weil SeelsorgerInnen aber „bei weitem nicht das Prestige der Gesundheitsberufe"[91] besitzen und ihre Tätigkeit oftmals auch in Kirchenkreisen nicht ausreichend gewürdigt wird, stellt sich die öffentliche Nichtachtung, Herabwürdigung oder Belächelung ihrer Tätigkeit gerade für sie als besonders belastend dar.
PsychiatrieseelsorgerInnen berichten zudem, daß sie unter dem Umstand leiden, daß sie argwöhnisch daraufhin beobachtet werden, ob sie nicht selbst durch ihre Arbeit Schritt für Schritt der Verrücktheit anheimfallen: „Viele Menschen glauben, der Umgang 'färbt ab'. Manche sagen: 'Zehn Jahre arbeiten Sie mit psychisch kranken Menschen? Sie sind aber noch ganz normal!' Und dann folgen die Geschichten von all denen, die sie für nicht mehr ganz normal halten."[92]

3.2. Belastungen aufgrund der Fortsetzung der geschichtlich hinterfragbaren Traditionslinie Psychiatrieseelsorge

In den dargelegten Überlegungen zur Psychiatriegeschichte wurde deutlich, daß Seelsorge von Anfang an engstens mit der Existenz Psychiatrischer Anstalten/Kliniken verknüpft gewesen ist.[93] PsychiatrieseelsorgerInnen stehen somit in einem christlichen Traditionsstrom, „den die einzelnen Seelsorgerinnen und Seelsorger repräsentieren und der daher in jeder seelsorglichen Handlung zumindest im Hintergrund präsent ist."[94] Obwohl bisher keine wissenschaftliche Aufarbeitung der Geschichte der Psychiatrieseelsorge vorliegt, läßt sich aufgrund der psychiatriegeschichtlichen Fakten dennoch erahnen, daß diese Traditionslinie, die es ermöglicht, SeelsorgerInnen ein geschichtlich begründetes professionelles Selbstbewußtsein zu vermitteln, durchaus hinterfragbare Schattenseiten aufweist, die es dem Individuum SeelsorgerIn erschweren können, sich mit dieser Traditionslinie zu identifizieren.[95] Die bereits im Kontext der Gründung Psychiatrischer Anstalten unter dem naturphilosophisch-religiösen Paradigma einsetzende Instrumentalisierung der christlichen Religion zur Disziplinierung und Züchti-

---

90   FUCHS, O. (1993): Im Brennpunkt, S. 118.

91   HAGENMAIER, H. u. M. (1991): Seelsorge mit psychisch kranken Menschen, S. 44.

92   A.a.O., S. 24.

93   Für Simon stehen alle Formen der Krankenhausseelsorge in einer uralten Traditionslinie: „Historisch betrachtet stehen sie (KrankenhausseelsorgerInnen) auf dem Boden einer jahrtausendealten kulturgeschichtlichen Traditionslinie, in der Heilung und Heil bzw. Therapie und Seelsorge in unmittelbarem Zusammenhang miteinander aufgefaßt und praktiziert wurden - was sich z.B. auch an den sprachgeschichtlichen Zusammenhängen in den Wortfeldern von Heil-kunde und Seel-sorge aufzeigen läßt." SIMON, L. (1985): Einstellungen, S. 60.

94   POHL-PATALONG, U. (1996): Seelsorge, S. 19.

95   Auf relativ abstrakter Ebene bringt Fuchs diesen Sachverhalt deutlich zum Ausdruck: „Wo Religion vorhanden ist, und oft besonders da, liegen Wesen und Unwesen nah beieinander; höchste Humanisierung und tiefste Menschenverachtung, wobei beide Handlungen mit der totalen bis totalitären Größe legitimiert und motiviert werden, die mit dem Begriff Gott gegeben ist. Gegen diese Autorität ist in der Regel kein Kraut gewachsen!" FUCHS, O. (1991): Leben mit psychisch Kranken, S. 50.

gung der InsassInnen,[96] gehört ebenso zu diesen Schattenseiten wie das thematisch von Schuld, Sünde und Besessenheit dominierte Krankheitsverständnis, das selbst in der Gegenwart noch immer AnhängerInnen findet.

Daß die Anwesenheit von KirchenvertreterInnen in Psychiatrischen Krankenhäusern nicht automatisch einen selbstlosen Einsatz für die Menschenrechte und Menschenwürde psychisch Kranker mit sich gebracht hat, läßt sich am eklatantesten an der Geschichtsepoche des erbbiologischen Paradigmas nachweisen. Für jene Zeit sind zumindest ambivalent einzustufende Haltungen und Handlungen verantwortlicher Seelsorger[97] und offizieller Vertreter der Amts-

---

[96] Für Dörner wurde durch die Integration christlicher Prieser in die psychiatrische Anstalt eine Entwicklung ausgelöst, die zumindest als ambivalent einzustufen ist, weil über das priesterliche Engagement nicht nur ein caritativ-barmherziges Handlungsprinzip, sondern auch klösterliche Tugenden wie Gehorsam, Moral, Keuschheit, Hochschätzung der Hausordnung und harter Arbeit in die alltägliche Organisation der Häuser bleibend eingeflossen sind, was jedoch nicht immer dem Wohle der PatientInnen gedient habe. Vgl. DÖRNER/PLOG (1990): Irren ist menschlich, S. 462

[97] Berichte zum Verhalten von Seelsorgern Psychiatrischer Anstalten im Nationalsozialismus sind quellenmäßig kaum belegt. Folgende Beispiele können zwar nicht verallgemeinert werden, geben aber dennoch einen ausschnitthaften Einblick in die damalige Situation:
Bericht über die Begegnung von PatientInnen, die in der Anstalt Egelfing-Haar zur Vergasung abtransportiert werden sollen, mit ihrem Seelsorger: "Sie sagten zu ihm so eindringlich, wie sie noch nie zu ihm gesprochen hatten: Herr Pfarrer, wir sind jetzt gestempelt worden, wir wissen gewiß, morgen kommen wir fort, wir werden vergast oder anders umgebracht. Wir wissen es, der liebe Gott will es nicht, aber er läßt es zu" In: RICHARZ, B. (1987): Heilen, Pflegen, Töten, S. 159/160. Im Dokument heißt es weiter, daß der Pfarrer den teils ängstlichen, teils völlig verzweifelten Menschen *Trost zusprach* und dem Pflegepersonal riet, mit PatientInnen zu *beten*. Als er nach (!) dem Transport das Ordinariat davon *in Kenntnis setzte,* geschah folgendes: Die Oberpflegerin, die er als Zeugin anführte, wurde wegen ihrer Unloyalität vorübergehend verhaftet. Dem Seelsorger selbst geschah nichts.
Für die Anstalt Kaufbeuren, in der Seelsorger beider Konfessionen ungehindert Zutritt hatten und Ordensschwestern der Kongregation vom Heiligen Vinzenz von Paul arbeiteten, belegen Quellen, daß Pfarrer und Ordensschwestern zwar *innerlich protestierten*, nach außen jedoch keinen aktiven Protest von sich gaben, wie folgender Bericht einer Ordensschwester veranschaulicht: "Während dieser Zeit habe ich beobachtet, daß fast täglich Kranke, die am Morgen, als ich die Nachtwache verließ, noch herumliefen..., des abends, wenn ich wieder auf Nachtwache kam, röchelnd und bewußtlos in ihren Betten lagen... Die Kneissler antwortete mir darauf: Ja, der werde ich eine Spritze geben. Ich dachte mir sofort, daß sie ihm hoffentlich keine Todesspritze geben werde und *verließ das Zimmer,* weil ich die Sache nicht mit ansehen wollte." In: KLEE, E. (1983): Euthanasie, S. 453/454.
Ähnliches gab der evangelische Pfarrer zu Protokoll: "Nachdem ich eines Tages das Kinderhaus Kaufbeuren besichtigt hatte, fragte ich - über das Elend, das ich dort gesehen hatte erschüttert und *im Bewußtsein meiner Ohnmacht* zu helfen - Dr. Falthauser, ob er wünsche, daß ich überhaupt noch in das Kinderhaus gehe. Dr. Falthauser verneinte dies. Von da ab *besuchte ich das Kinderhaus nicht mehr."* In: KLEE, E. (1985): Dokumente, S. 292.
Der katholische Geistliche beschreibt sein Verhalten und das seines Vorgängers folgendermaßen: "Da der Herr Oberpfarrer Frank über keinen Termin des Abtransportes unterrichtet war, hat er vorsorglich recht oft *Beichte gehört* und Generalabsolution erteilt. Schon im Mai 1944 hatte ich erfahren, daß ein eigenes Krematorium in Kaufbeuren gebaut werde und hatte mit Recht die Befürchtung, daß ein neues Kapitel der Vernichtung beginne. Ich setzte mich für die katholischen Patienten ein, damit deren Angehörige die Gelegenheit hatten, eine Willenserklärung der Erdbestattung zu den Akten zu geben... tatsächlich erreichte ich es, daß... die katholischen Verstorbenen *von der Feuerbestattung... verschont blieben."* In: KLEE, E. (1985): Dokumente, S.296. Im Zitat fällt auf, daß der Seelsorger gemäß seinem Selbstverständnis sich nur für die katholischen PatientInnen zuständig fühlte. Der Inhalt dessen, was er für diese erstritten hat, wirkt heute nahezu zynisch: Er weiß, daß die ihm anvertrauten PatientInnen ermordet werden! Nicht gegen ihre Ermordung als solche protestiert er, sondern lediglich gegen die Art ihrer Bestattung!

kirchen beider Konfessionen[98] überliefert, die den christlichen Kirchen in Bezug auf ihre Behauptung, sich fürsorglich und lebensbewahrend um psychisch Kranke zu kümmern, schweren Schaden zugefügt hat. Geschichtsbewußte Seelsorge und SeelsorgerInnen werden sich m.E. niemals vom Wissen um diese strukturell und individuell belastende Traditionslinie dispensieren dürfen.

---

[98] Wenn von kirchenamtlicher Seite offiziell Stellung zur seelsorglichen Tätigkeit in Psychiatrischen Anstalten genommen wurde, so geschah dies nicht inhaltlich im Sinne einer Rückenstärkung der Seelsorger für deren Widerstandsaktivitäten, sondern lediglich formal zur Sicherstellung der Seelsorge in staatlichen Anstalten. Die Kirchenvertreter sahen sich gezwungen, den Staat an ihr Recht zu erinnern, ungehindert Zutritt zu den Anstalten zu erhalten, da dieses Recht faktisch durch die Anstaltsleiter unterlaufen wurde, indem unter Verweis auf seuchenrechtliche Bestimmungen Seelsorger oft von den Kranken ferngehalten wurden. In einem Schreiben des Bischöflichen Ordinariats Rottenburg an den Württembergischen Innenminister im Oktober 1940 wird dies besonders deutlich: "Wir fühlen uns verpflichtet, dringend zu bitten, es möge dem für die katholischen Insassen der Landespflegeanstalt Grafeneck zuständigen katholischen Pfarrer gemäß Artikel 28 des Reichskonkordates vom 20. Juli 1933 gestattet werden, diese Insassen seelsorglich zu betreuen... Wenn wir schon an der bedauerlichen Sachlage (gemeint ist hier die 'Vernichtung lebensunwerten Lebens') leider nichts ändern können, so müßten wir uns doch schwerer Pflichtversäumnis anklagen, würden wir nicht alles versuchen, den nach Grafeneck verlegten katholischen Anstaltsinsassen katholische Seelsorge und den Empfang der Sterbesakramente zu ermöglichen." In: KLEE, E. (1985): Dokumente, S. 177/178.
Auch bezüglich amtlicher Verhandlungen der katholischen Kirche mit Vertretern des Staates standen formale Gesichtspunkte im Vordergrund, wie folgendes Dokument belegt: "Als Linden und Hefelmann Wienken (der vom Vorsitzenden der Bischofskonferenz Bertram zu offiziellen Verhandlungen mit dem Staat beauftragt war) fragten, welche Wünsche die Kirche bei der Durchführung der "Euthanasie" habe, kam einerseits die seelsorgliche Betreuung der zum Tode bestimmten Insassen zur Sprache, andererseits die Behandlung etwaiger kranker Priester." In: HÖLLEN, M. (1989): Episkopat und T4, S. 88.

III. Bewältigungsstrategien des Individuums SeelsorgerIn

> „Während dem Seelsorger früherer Generation
> die Qualifikation mit der Priesterweihe... quasi automatisch zugeteilt wurde,
> gehen wir heute davon aus,
> daß jeder Mitarbeiter in der Seelsorge an seinen
> natürlichen Begabungen arbeiten kann und muß."
> Hinzen, Ulrich (1986):
> Seelsorge im Krankenhaus, S. 901.

1. Professionalisierung und Spezialisierung

1.1. Aneignung inhaltlicher, praktischer und methodischer Kompetenz
1.1.1. Coping durch Aneignung spezifisch theologischer Kompetenz

Grundvoraussetzung für eine Tätigkeit als PsychiatrieseelsorgerIn ist sowohl in der katholischen wie auch in der evangelischen Kirche ein abgeschlossenes Theologiestudium an einer kirchlichen Hochschule, einer staatlichen Universität oder einer Fachhochschule.[1] Die Aneignung eines umfassenden fachlichen Grundlagenwissen und persönlicher Reflexions- und Urteilsfähigkeit, die einen souveränen und kreativen Umgang mit theologischen Inhalten und Begriffssystemen ermöglicht, wird somit bereits im Studium grundgelegt.[2] Im Anschluß an den berufsbefähigenden Hochschulabschluß wird es den TheologInnen ermöglicht, im Rahmen einer praxisbezogenen Ausbildungsphase ihr bisher vorwiegend theoretisches Wissen lebensnah durchzubuchstabieren und ihre theologisch-wissenschaftliche Kompetenz durch eine pastoral- praktische Kompetenz, die methodische und alltagspraktische Fähigkeiten einschließt, zu ergänzen und zu vertiefen.[3]

Da die Berufseinführung in der Regel im klassischen Tätigkeitsfeld der Pfarrgemeinde lokalisiert ist und SeelsorgerInnen daher mehrheitlich erst nach den entsprechenden Dienstprüfungen ihre professionelle Tätigkeit im Krankenhaus antreten, müssen sie ihr theologisches Wissen und ihre mittlerweile erworbenen alltagspraktischen seelsorglichen Fähigkeiten auf das konkrete Tätigkeitsfeld Psychiatrieseelsorge hin spezifizieren. Hierzu benötigen sie eine fun-

---

1 Vgl. LORETAN, A. (1994): Laien im pastoralen Dienst, S. 94.

2 Für Stollberg ist das Spezifische theologischer Fachkompetenz: „Zugang zu haben zu einer reichen Tradition von Erfahrungen, Vorstellungen und Interpretationen, die das menschliche Leben in seiner Sinn-, Wert- und 'Jenseits'- Dimension jedenfalls in unserem christlich- abendländischen Kulturkreis verstehbar und erträglich machen können." STOLLBERG, D. (1975): Seelsorge, S. 284. Für Zerfaß müßte der Seelsorger daher „auf der fachlichen Ebene die Fähigkeit besitzen, mit der eigenen Tradition in einer erwachsenen Weise umzugehen, ohne infantile oder zwanghafte oder auch permanent polemische Fixierung auf vergangene Positionen;" ZERFASS, R. (1985): Menschliche Seelsorge, S. 132.

3 Während in der evangelischen Kirche alle KlinikseelsorgerInnen als PfarrerInnen zunächst eine praktische Ausbildungsphase als VikarInnen absolvieren müssen, sieht die katholische Kirche unterschiedliche Ausbildungsmodelle je nach Berufszugehörigkeit vor. Demnach müssen Priester ebenfalls eine Ausbildungsphase als Kapläne durchlaufen. LaientheologInnen dagegen absolvieren in der Regel eine dreijährige Berufseinführung, in der sie den Status von PastoralassistentInnen oder GemeindeassistentInnen einnehmen. Für Ordensmitglieder können die angeführten Regelungen ebenfalls gelten, wobei dies jedoch nicht zwingend der Fall sein muß. Vgl. BÄTZ, U. (1994): Die Professionalisierungsfalle, S. 25.

dierte theologische Fortbildung. Nach Groß ist die Fortbildung als ein Teil der Berufsbildung zu verstehen, „der die in Studium und Ausbildung erworbenen Kenntnisse und Fähigkeiten erweitert, ergänzt und vertieft und zwischen theologischer Reflexion und kirchlicher Praxis zu vermitteln versucht."[4] Im Rahmen von Sonderurlaub für Bildungsmaßnahmen können SeelsorgerInnen somit das Angebot nützen, durch Teilnahme an regionalen und überregionalen Tagungen, Seminaren und Kursen ihre theologisch-praktische Kompetenz zu erweitern: „Parallel zur wachsenden Etablierung und Spezialisierung der Krankenhausseelsorge nahmen auch die Angebote zur Aus- und Fortbildung der Krankenhausseelsorger/innnen zu."[5] Daß SeelsorgerInnen die bischöflich garantierte und eingeforderte Fortbildung[6] oftmals nicht wahrnehmen, sieht Schall alltagspragmatisch begründet: „Ganz augenscheinlich verhält es sich jedoch bei diesem Thema wie bei dem 'berühmten' Radio Eriwan: Brauchen Sie Fortbildung? Im Prinzip ja, aber gerade jetzt paßt es mir nicht, ich bin zur Zeit unabkömmlich, und schließlich kann man ja nicht dauernd unterwegs sein."[7] Theologische Fortbildung als Copingstrategie impliziert jedoch nicht nur die Teilnahme an klinikexternen Fortbildungsangeboten, sondern auch eine kontinuierliche Auseinandersetzung mit der theologischen Fachliteratur, wobei sich v.a. Beiträge zur Seelsorge mit psychisch Kranken als praxisrelevante Hilfestellung erweisen können.[8]

1.1.2. Coping durch Aneignung theologieübergreifender Kompetenz

Das Tätigkeitsfeld Psychiatrieseelsorge erfordert von Seelsorgerinnen zusätzlich zu ihrer spezifisch theologischen Kompetenz Fähigkeiten, die sie sich nicht im Rahmen ihrer theologischen Aus- bzw. Fortbildung aneignen können: „Zusätzliche Qualifizierungen für die Krankenhausseelsorge werden heute als selbstverständlich angesehen.... Mit Theologie allein kommt man eben nicht aus."[9] Flankierende inhaltliche und methodische Zusatzqualifikationen

---

4   GROSS, H. (1989): Fort- und Weiterbildung von Seelsorgern, S. 9. Die von Gross vorgenommene strikte Trennung von Fortbildung und Weiterbildung (Spezialfall der Berufsbildung, die in der Regel einen Wechsel des Berufsfeldes oder eine professionelle Statusveränderung zur Folge hat) wird hier beibehalten.

5   GESTRICH, R. (1996): Aus- und Fortbildung für Krankenhausseelsorge, S. 259.

6   Die Teilnahme an einer angemessenen Aus- und Fortbildung ist gemäß der katholischen Bischöfe Deutschlands allen KrankenhausseelsorgerInnen von ihren Dienstvorgesetzten zu ermöglichen. Vgl. DIE SORGE DER KIRCHE UM DIE KRANKEN (1998), S. 33.

7   SCHALL, T. (1993): Erschöpft - müde - ausgebrannt, S. 74.

8   Die Durchsicht der diesbezüglichen Literatur läßt ein interessantes Phänomen erkennen: Während zur Seelsorge mit depressiven Menschen relativ umfangreiches Material existiert und gegenwärtig auch Arbeiten zur Seelsorge mit gerontopsychiatrischen, persönlichkeitsgestörten und suizidgefährdeten Menschen auftauchen, ist der Verfasserin keine Literatur zur Seelsorge mit psychotischen Menschen bekannt. Inwieweit ist daher christlicher Glaube mit dem Krankheitsbild 'Depression' kompatibler ist als mit anderen Krankheitsbildern? Inwieweit werden PsychotikerInnen in der alltäglichen Praxis von SeelsorgerInnen aufgrund ihres Krankheitsbildes eher gemieden, weshalb kaum Alltagserfahrungen vorliegen? Derartige Fragestellungen können an dieser Stelle leider nicht geklärt werden. Den LeserInnen dieses Buches soll es jedoch über die spezifische Literaturliste zur 'Seelsorge im psychiatrischen Krankenhaus' ermöglicht werden, ein eigenes Urteil über die angedeutete Problematik zu fällen.

9   HELLER, A. (1990): Seelsorge in der Krise, S. 454, DERS. (1987): Ganzheitliche Lebenspflege, S. 131. 1997 fordert Heller: „Im Übergang zum 3. Jahrtausend müssen sich SeelsorgerInnen fragen, welche Quali-

sollen demnach den Arbeitsalltag der SeelsorgerInnen erleichtern. Fachfremdes Wissen impliziert sowohl Kenntnisse aus der Psychologie, Soziologie und Philosophie, v.a. aber der Psychiatrie als Spezialdisziplin der Medizin. Daß ein Vertrautsein mit psychiatrischen Krankheitsbildern für PsychiatrieseelsorgerInnen unerläßlich ist, stellte Székely bereits in den 70er Jahren fest: „Wenn er (der Seelsorger) nicht über eine außergewöhnliche Intuition verfügt, ist es für ihn unerläßlich, die hauptsächlichen Formen der Geisteskrankheit zu kennen. Seine Unkenntnis auf diesem Gebiet kann schlimme Folgen haben."[10] Die belastungsreduzierende Funktion entsprechenden Wissens wird in folgender Stellungnahme eines Psychiaters deutlich: „Wenn jeder Einzelne und zum Schluß wir alle uns hinreichende Kenntnisse über das Wesen seelischer Störungen verschaffen, werden Gefühle von Fremdheit und Verunsicherung kaum noch aufkommen."[11] Zudem erleichtert die Fähigkeit, die psychiatrische Krankheitslehre, die damit einhergehende Fachsprache und daraus folgenden therapeutischen Interventionen zumindest ansatzhaft zu verstehen, nicht nur den Umgang mit den PatientInnen, sondern auch die Kooperationsmöglichkeiten mit dem psychiatrischen Personal.

Die Aneignung des nötigen Wissens kann über verschiedene Strategien erfolgen. Als eine allen SeelsorgerInnen prinzipiell zugängliche Möglichkeit der Wissensaneignung erweist sich das intensive Studium fachfremder Literatur. Eine weitaus aufwendigere Variante besteht darin, über die Absolvierung eines wissenschaftlichen Zweitstudiums entsprechende Qualifikationen zu erwerben, wobei TheologInnen zumeist ein Psychologiestudium bevorzugen.[12] Als dritte, in der Praxis weit verbreitete Variante, können sich SeelsorgerInnen weiterqualifizieren, indem sie an entsprechenden Weiterbildungskursen und Seminaren teilnehmen oder eine in sich abgeschlossene Ausbildung auf dem Sektor der Psychotherapie, die sich über Jahre erstrecken kann, anstreben.[13] Daß die Aneignung fachfremden Wissens nicht nur eine

---

fikationen sie brauchen, um den veränderten Anforderungen an ihre Arbeit im Krankenhaus zu entsprechen. Wie können sie welche Qualifikationen gewinnen." HELLER; A. (1997): Seelsorge, S. 59.

10 SZÉKELY, A. (1974): Psychiatrie und christliches Leben, S. 25. Aus der Sicht klinischer MitarbeiterInnen formuliert Klieser: „Dabei ist es aus psychiatrisch-psychotherapeutischer Sicht hilfreich, wenn sich der Klinikseelsorger mit psychiatrischen Krankheitsbildern vertraut macht, um so die schwere Lage der Betroffenen besser verstehen zu können. Die Aneignung dieses Faktenwissens und des persönlichen Kennenlernens von psychischen Erkrankungen ist aus unserer Erfahrung sehr viel wichtiger als der Versuch, durch Erlernen von speziellen psychotherapeutischen Techniken den Kranken besser zu verstehen und ihm dadurch näher zu kommen." KLIESER, E. (1998): Einführung, S. 11.

11 RUDOLF, G. (1998): Fremde Welten, S. 221.

12 Im Kontext der Aufbruchstimmung der 80er Jahre schreibt Adam: „Und daß die Pfarrerin auch Diplompsychologin ist, weckte das Interesse und steigerte mein Image und mein Selbstbewußtsein." ADAM, I. (1981): Alltägliches aus der Klinikseelsorge, S. 348. Ende der 90er Jahre finden sich auch andere Sichtweisen. „Ich glaube, der Seelsorger muß keine Therapie können. Vielmehr ist qualifiziertes seelsorgliches Handeln auf eigene Weise heilsam und damit implizit therapeutisch. Wo jedoch die Seelsorger und Seelsorgerinnen das seelsorgliche Terrain preisgeben und allzu schnell und zu häufig therapeutische, ich präzisiere: auf fachkundlich-therapeutische Handlungsfelder ausweichen, oder unreflektiert therapeutische Methoden in ihr seelsorgliches Handeln einbeziehen, geben sie diese heilsame Dimension von Seelsorge auf und vollziehen, quasi unbewußt, eine Selbstkastration: sie verlieren sich selbst und ihren Auftrag." REUTER, W. (1998): 'Welche Therapie können Sie denn, Herr Pfarrer?', S. 14.

13 Am Beispiel psychoanalytischer Zusatzqualifikation weist Gärtner auf folgende Problematik hin: „Psychoanalyse wirklich begreifen, ist an psychoanalytische Erfahrung gebunden. Will man in der Seelsorge mit Übertragung, Gegenübertragung und Abwehranalyse arbeiten, braucht es analytische Selbsterfahrung und Ausbildung, die, will sie nicht dilletantisch sein, kosten- und zeitintensiv ist. Eine rein auf intellektueller Beschäftigung beruhende Strukturierung der Seelsorge durch psychoanalytisches Gedankengut ist wohl

Coping-Strategie sein kann, sondern auch die Gefahr in sich birgt, den/die SeelsorgerIn von ihrer eigentlichen Aufgabenstellung zu entfremden, läßt sich bei Schmid nachlesen: "Unmengen von psychologischen Kursen für Seelsorger wurden veranstaltet, die Gruppendynamik boomte besonders im Bereich der Kirche.... Und nicht wenige, die aufbrachen, um eine Zusatzausbildung zu beginnen, kehrten nicht mehr zum Ausgangspunkt zurück. Was von vielen als Mittel zum Zweck aufgesucht wurde, verselbständigte sich."[14]

1.2. Aneignung institutionell-struktureller Kompetenz
1.2.1. Coping durch institutionell-strukturellen Wissenserwerb

„Ich vertrete die Auffassung, daß Seelsorger dieser Tätigkeit umso besser nachgehen können, je mehr sie von diesem Behandlungsort und seiner Logik verstehen."[15] In Anschluß an Gärtner wird im Folgenden die 1994 ausgesprochene Empfehlung der Konferenz für Krankenhausseelsorge in der EKD an KrankenhausseelsorgerInnen, sich eine institutionelle Kompetenz durch die Aneignung fundierten Wissens über die strukturellen Zusammenhänge, die betriebswirtschaftlichen Gegebenheiten, die Arbeitsweise der Institution und das Gesundheitswesen als solches anzueignen, ernst genommen und als eine zentrale Strategie zur Bewältigung der Alltagspraxis für das Individuum SeelsorgerIn ausgewiesen.[16]
Für PsychiatrieseelsorgerInnen heißt dies, daß sie sowohl mit den stationären und extramuralen Strukturen psychiatrischer Versorgung, wie auch mit grundlegenden sozialpolitischen Vorgaben vertraut sein müssen.[17] Um nicht nur die vorgegebenen Strukturen ihrer Tätigkeit zu durchschauen, sondern auch eine Sensibilität für eine Unterscheidung von wandelbaren und persistierenden Rahmenbedingungen ihres Arbeitsfeldes zu entwickeln, wird ergänzend zur Empfehlung der Krankenhausseelsorgekonferenz eine intensive Beschäftigung mit den geschichtlich-geistesgeschichtlichen Hintergründen des psychiatrischen Systems angeraten. Auf dem Hintergrund derartigen Wissens könnten SeelsorgerInnen nicht nur der gegenwärtigen Problemlage der PatientInenn, des Personals und der eigenen Person besser gerecht werden, sondern auch peinliche Fehleinschätzungen,[18] die einem kooperativen Dialog im Wege ste-

---

eher schädlich als hilfreich, weil es Probleme in Seelsorgesituationen vielleicht mehr oder weniger erklären, nicht aber durch eine Intervention beeinflussen kann." GÄRTNER, H. (1993): Die Kunst, S. 48.

14 SCHMID, P.F. (1994): Begegnung ist Verkündigung, S. 19. In kritischem Tenor kommentiert auch Nouwen: „Und viele Psychologen, Soziologen, Gesprächsberater und Sensitivity-Trainer verdienen heute ein Vermögen damit, lernbegierigen Seelsorgern, die ihre Fähigkeiten bewundern, etwas beizubringen; denn diese hoffen, bei ihnen die Lösung ihrer tiefsitzenden Probleme der Unzulänglichkeit zu finden." NOUWEN, H. (1989): Schöpferische Seelsorge, S. 98.

15 GÄRTNER, H. (1996): Die kirchliche Wirklichkeit ist organisational, S. 22.

16 Vgl. GESTRICH, R. (1996): Aus- und Fortbildung für Krankenhausseelsorge, S. 269, Fußnote 13.

17 Kenntnis des psychiatrischen Versorgungsnetzes ist nicht nur unverzichtbar, damit SeelsorgerInnen die Situation der PatientInnen besser einschätzen können, sondern auch damit sie ihre eigenen professionellen außerstationären Vernetzungsmöglichkeiten erkennen und wahrnehmen können. Gerade extramurale seelsorgliche Praxis läßt sich jedoch nur im Wissen um konkrete sozialpolitische Rahmenbedingungen sinnvoll angehen, wenn sich Engagement nicht in einem ideologischen Wunschraum totlaufen soll.

18 Beispielhaft wird auf Fehleinschätzungen hingewiesen, denen nicht nur SeelsorgerInnen anheimfallen:
1. Wenn SeelsorgerInnen, befragt nach ihrer persönlichen Haltung gegenüber der Biologischen Psychiatrie bzw. Schulmedizin, eine kritische Distanz einnehmen, weil sie menschenunwürdige therapeutische Strategi-

hen, umgehen. Strukturelles Wissen können sich SeelsorgerInnen sowohl über entsprechende Fachliteratur, über das Einholen von Informationen vor Ort, durch genaues Hinsehen, Nachfragen und eigene Erfahrungen innerhalb der Strukturen, wie auch über die Teilnahme an Fortbildungsveranstaltungen, die sich geistes-geschichtlichen und strukturellen Themen widmen, kontinuierlich aneignen.

1.2.2. Coping durch Auslotung der Integrationsmöglichkeiten in die Klinik

Institutionell-strukturelle Kompetenz setzt zwar auf der abstrakt-formalen Ebene entsprechenden Wissens an, zielt aber auf praxisrelevante Folgewirkungen für das Individuum ab und erweist sich deshalb v.a. darin, inwieweit es dem/der SeelsorgerIn gelingt, sich über formelle und informelle Kooperationsmöglichkeiten so in die Klinik zu integrieren, daß er/sie dies auf verschiedenen Ebenen als Arbeitserleichterung erfährt.
Diese kann darin bestehen, daß eine effektive Kooperation aller Berufsgruppen einen transparenten Informationsfluß sicherstellt, der sowohl den PatientInnen wie auch allen MitarbeiterInnen in Form eines Betriebsklimas größerer Toleranz, Solidarität, Offenheit und Konfliktfähigkeit zugute kommt. Gefühle der Konkurrenz, des Mißtrauens, der Mißgunst und des Neides auf andere Professionen, von denen auch SeelsorgerInnen nicht verschont bleiben, können dadurch zumindest eingedämmt werden.[19] Zudem eröffnet Kooperation gerade für sie die Chance, sich als eigenständige Profession im Wissen um die Berufsprofile anderer Professionen abgrenzen und selbstsicher gegenüber den KooperationspartnerInnen auftreten zu können.[20] Die stetige Auslotung strukturell möglicher Kooperationsformen und der aktive Kampf

---

en und Versorgungsformen automatisch mit diesem Paradigma verknüpfen, übersehen sie, daß auch Paradigmen, die außerhalb der biologischen Traditionslinie stehen, derartige Aspekte beinhalten. Daß Psychiatrische Anstalten in der romantischen Ära aus gefängnisartigen Institutionen heraus entstanden sind, zeigt, daß der 'schulmedizinischen Psychiatrie' nicht die alleinige Verantwortung für die Entstehung der 'totalen Institution' Krankenhaus zugeschrieben werden kann. Derartige Schlußfolgerungen lassen mehr auf ideologische Annahmen als auf faktische Kenntnisse schließen. Die Verfasserin versucht an dieser Stelle nicht, ein persönliches Plädoyer für die Schulmedizin abzugeben. Wissenschaftliche Redlichkeit erlaubt es jedoch nicht, negative Entwicklungen im (psychiatrischen) Krankenhauswesen oder Gesundheitssystem nur auf ein einziges, wenn auch gegenwärtig extrem dominantes psychiatrisches Paradigma zurückzuführen.
2. Wenn SeelsorgerInnen Sozialpsychiatrie/Gemeindepsychiatrie/Reformpsychiatrie als 'Alternativ-Paradigma' zur Biologischen Psychiatrie bzw. als innovativste Errungenschaft innerhalb der Psychiatrie ausweisen, befinden sie sich schlichtweg nicht auf dem aktuellsten Stand.

19 Vgl. STOLLBERG, D. (1988): Seelsorge, S. 105; FORSTER, J. (1982): Teamarbeit, S. 149.

20 Kooperation setzt somit die Kenntnis der Berufsprofile und der strukturellen Verortung der KooperationspartnerInnen voraus. Spezielle Literatur: BERGER; M.: Der neue Facharzt für Psychiatrie und Psychotherapie, in: Spektrum 1 (1993), S. 4-9; HASELBECK, H.: Psychiatrische Berufsbilder und Weiterbildung in der Psychiatrie. Ärztlich-psychiatrische Tätigkeitsbereiche, in: KISKER, K.P. (Hg.): Psychiatrie, Psychosomatik, Psychotherapie. Stgt., Thieme, 1991, S. 438-446; SCHÄDLE-DEININGER, H.: Weiterbildung Fachpflege in der Psychiatrie, Einblick und Ausblick, in: SPI 25 (1994), S. 11-16; SAUPE, R.: Das Berufsbild des Pflegepersonals im Wandel der Zeit, in: MAUTHE, J. u. I. Krukenberg-Bateman (Hg.): Psychiatrie in Deutschland. Königslutter, Verein zur Hilfe seelisch Behinderter, 1992, S. 53-65; LUKESCH, H. u. M. Mauer: Tätigkeitsanalyse, Arbeitsbelastungen und Berufszufriedenheit von beschäftigten im Pflegebereich der stationären Psychiatrie. Regensburg, Roderer, 1991; PUSCHMANN, M.: Aspekte zur Situation in der Krankenpflege. Aus der Sicht eines Krankenhausseelsorgers, in: WzM 42 (1990), S. 407- 413; HERMES, M.: Kleine Psychopathologie der Klinischen Psychologen, in: SPI 25 (1995), S. 34-38; WOLLSCHLÄGER, M.: Aus- u. Weiterbildung von klinischen Psychologen, in: SPI 24 (1994), S. 39-40; REINICKE; P.: KrankenHaus. Sozialarbeiter als Partner in der Gesundheitsversorgung. Weinheim, Beltz, 1994; RUEST, Th: Als Soziologe in der Psychiatrie, in: Schweizerische Zeitschrift für Soziologie Nr. 3 Vol 14

darum, diese wahrnehmen zu dürfen, stellt somit eine zentrale Strategie für das Individuum dar, der strukturell verursachten Gefahr der Marginalisierung zu entgehen. Obwohl auch die intrakonfessionellen und interkonfessionellen Versuche der Zusammenarbeit dazu beitragen können, eine Integration in die Klinik voranzutreiben, entscheidet sich diese jedoch v.a. an den Kooperationsmöglichkeiten mit der Klinikhierarchie und den diversen Berufsgruppen im Sinne interdisziplinärer Zusammenarbeit. Daß die Kooperation mit der Klinikleitung für KrankenhausseelsorgerInnen unerläßlich ist, versucht Klessmann deutlich zu machen: „Die Kontakte zu den verschiedenen Leitungsebenen, d.h. zu Chefärzten, zur Pflegedienstleitung, wie zur Verwaltungsleitung, sind für die Stellung der Seelsorge in einer Klinik von besonderer Bedeutung: Ob Seelsorge geduldet oder aktiv gefördert wird, ob sie in Ethikkommissionen oder hausinterner Fortbildung beteiligt ist, hängt in hohem Maß von den Kontakten auf dieser Ebene ab."[21] Daß interdisziplinäre Zusammenarbeit aufgrund ihrer integrationsfördernden Bedeutung ebenso unerläßlich ist, wird von TheologInnen zwar erkannt, da sie in der Regel für eine aktive Mitarbeit im Therapeutischen Team[22] bzw. in der Therapeutischen Gemeinschaft[23] plädieren; Unter Verweis auf die alltagspraktisch begrenzten Zeitressourcen und Kräfte werden jedoch zumeist Formen der fallbezogenen Zusammenarbeit und losen Teamarbeit bevorzugt: „Das heißt.... nicht Zugehörigkeit zum therapeutischen Team, sondern Rückkoppelung bei wichtigen Vorkommnissen."[24]

(1988), S. 429-444; BLAUERT, B.: Was müssen Sozialarbeiter in der Psychiatrie können?, in: SPI 18 (1988), S. 8-12; MÜLLER, U.: Die Institutionalisierung des Außenseiters. Anmerkungen zu Rollen und Funktionen des Soziologen in der Psychiatrie, in: HEINRICH, K. u. U. Müller: Psychiatrische Soziologie. Weinheim, Beltz, 1980, S. 236-253; HAERLIN, C.: Erweiterung traditioneller Berufsrollen: Arbeitstherapeut und Sonderpädagoge im psychiatrischen Krankenhaus, in: TROJAN, A. u. H. Walter (Hg.): Sozialpsychiatrische Praxis. Wiesbaden, Akadem. Vlg. Gesellschaft, 1980, S. 288-295.

21 KLESSMANN, M: (1996): Einleitung, S. 18.

22 „Der Seelsorger als Spezialist mit Fachausbildung ist unabdingbares Mitglied des therapeutischen Teams". STOLLBERG, D. (1972): Mein Auftrag, S. 34; „Krankenhausseelsorger sind inzwischen Seelsorgeprofis, die z.T. ein elaboriertes Berufsverständnis haben und in vielen Kliniken zu einem wichtigen Bestandteil des therapeutischen Teams geworden sind." GÄRTNER, H. (1996): Die kirchliche Wirklichkeit ist organisational, S. 21; Auch die katholischen Bischöfe sprechen von einer „Mitwirkung im therapeutischen Team". DIE SORGE DER KIRCHE UM DIE KRANKEN (1998); S. 35.

23 Während Stollberg 1973 noch davon ausging, daß SeelsorgerInnen der Therapeutischen Gemeinschaft angehören und darin eine integrative Funktion wahrzunehmen haben, scheint er sich Ende der 80er Jahre von dieser Position zu distanzieren, weil er hierfür keine konkreten Möglichkeiten erkennt: „In den meisten Krankenhäusern wird das 'therapeutische Team' nur in Ansätzen realisiert, von einer 'therapeutischen Gemeinschaft' ganz zu schweigen." STOLLBERG, D. (1988): Seelsorge im therapeutischen Team, S. 105.

24 MAYMANN, U. (1984): Die religiöse Welt psychisch Kranker, S. 301. Auch Klessmann spricht von einer losen Zusammenarbeit mit dem Pflegepersonal und den ÄrztInnen. Vgl. KLESSMANN, M. (1996): Einleitung, S. 18. Während die katholischen Bischöfe von einer möglichst regelmäßigen Teilnahme an Team- und Dienstbesprechungen ausgehen, die auch Schichtübergaben und Visiten einschließt, betont Gestrich, daß eine Regelmäßigkeit alltagspraktisch aufgrund der vielen Stationen und Teams faktisch nicht möglich ist. Vgl. DIE SORGE DER KIRCHE (1998); S. 35; GESTRICH, R. (1987): Am Krankenbett, S. 156. Aus eigener Erfahrung berichtet Unger: „So bin ich zumindest auf einer Station regelmäßig bei den Therapie-Besprechungen dabei und auf den beiden gerontopsychiatrischen Stationen bei der Visite." UNGER, U. (1994): Die Krankenhausseelsorge, S. 137.

Bewältigungsstrategien

In vorliegender Arbeit wird die These vertreten, daß sich die diversen Integrationsversuche der SeelsorgerInnen nur dann als sinnvolle Coping-Strategie erweisen, wenn diese in der Lage sind, die vorfindbaren interdisziplinären Kooperationsformen fall- bzw. problembezogener Zusammenarbeit, Gruppenarbeit, Teamarbeit, Arbeit im Therapeutischen Team bzw. Mitarbeit in der Therapeutischen Gemeinschaft in ihrer strukturellen Wertigkeit unterscheiden zu können und im Wissen um die in ihrer Klinik vorgesehenen Kooperationsmöglichkeiten Fehlschläge nicht (ausschließlich) als persönliches Versagen zu interpretieren.[25] Die Hinzufügung des 'ausschließlich' soll markieren, daß die Berücksichtigung struktureller Determinanten nicht dazu führen darf, SeelsorgerInnen von ihrer persönlichen Verantwortung für gelungene oder mißlungene Integration zu entbinden: „Wie die Zusammenarbeit nach innen mit den therapeutischen Diensten aussieht, hängt bei der Größe der meisten Einrichtungen immer noch von den Neigungen und Fähigkeiten des/der einzelnen Seelsorgers/in ab."[26]
Gleichzeitig sind jedoch die Ergebnisse des im ersten Kapitels vorgenommenen organisationspsychologischen Vergleichs Psychiatrischer Krankenhäuser ernst zu nehmen. Demnach gibt das Krankenhaus paradigmatisch begründet vor, ob eine teamorientierte oder teamgebundene Struktur den Arbeitsalltag aller Professionen bestimmt. Der Berufsgruppe der SeelsorgerInnen wird dadurch unabhängig von der einzelnen Person ein von Klinik zu Klinik unterschiedlicher Handlungs- und Integrationsspielraum eröffnet. In Häusern, in denen eine teamgebundene Kooperation, die die autonome berufliche Identität ihrer Organisationsmitglieder fördern soll, vorgegeben ist, werden SeelsorgerInnen 'von Hause aus' als VertreterInnen einer 'less powerful profession' günstigere Bedingungen für eine organisationale Beheimatung vorfinden als in klassisch hierarchisch strukturierten Krankenhäusern.[27]

---

25 Spontane fall- oder problembezogene *Zusammenarbeit* in Form von Einzel- oder Gruppengesprächen gilt als Kooperationsinstrument, das strukturell nicht verankert ist. Arbeit im *Team* dagegen bedeutet eine spezielle Form der Kooperation, in der „durch bewußte Intensivierung der Gruppenprozesse eine zusätzliche Leistungssteigerung gegenüber der Gruppenarbeit" (Forster, S. 145) erreicht werden soll. Nach Rose sind Teamarbeit und Arbeit im *Therapeutischen Team* klar zu unterscheiden. Letztere definiert sich als ein strukturell verankertes Instrument der multiprofessionellen Zusammenarbeit, das auf demokratischen Organisationsstrukturen aufbaut, professionelle Autonomie im Sinne einer Gleichwertigkeit aller Beteiligten garantiert und auf der Basis der Integration komplementären Wissens in gemeinsamer Verantwortung eine direkte Patientenbeziehung herstellt. (Rose, S. 88-89). Mitgliedschaft im Therapeutischen Team garantiert somit folgenden strukturell abgesicherten professionellen Freiraum: „Hier kommt es nicht darauf an, Träger bestimmter Berufsrollen dadurch aufzuwerten und gleichsam salon-, sprich teamfähig zu machen, indem man ihnen ein Halbwissen von irgendwelchen für wichtig gehaltenen Techniken vermittelt und ihnen die Ausübung bestimmter Methoden anvertraut. Entscheidend ist vielmehr, daß das, was der Einzelne aus seiner Berufsrolle heraus beizutragen vermag, für die Therapie ausgebaut und in seiner Eigenständigkeit ernstgenommen wird." (Rose, S. 89). Obwohl gleiche Zielsetzung (Heilung bzw. Linderung der Beschwerden der PatientInnen) vorausgesetzt ist, darf und soll interprofessioneller Dissens bestehen! Die *Therapeutische Gemeinschaft* muß von den bisherigen Kooperationsformen abgegrenzt werden. Sie stellt ein die Klinikstruktur bestimmendes Behandlungsprinzip dar, das über die Sozialpsychiatrie in Krankenhäuser Eingang fand. Für Büssing stellt sie ein internes Strukturierungsprinzip dar, das hilft, teamorientierte Strukturen in teamgebundene zu überführen. (Büssing, S. 41). Vgl. FORSTER, J. (1982): Teamarbeit; ROSE, H.K. (1981): Grundfragen; BÜSSING, A. (1992): Organisationsstruktur; KISKER, K. (1988): 'Team'-Erfahrungen.

26 HAGENMAIER, M. (1988): Seelsorge im psychiatrischen Krankenhaus, S. 104.

27 Die Hauptunterschiede zwischen teamorientierten und teamgebundenen Strukturen bestehen darin, daß Teamorientierung Teamarbeit nur in einzelnen Bereichen (v.a. auf Stationsebene) vorsieht, wobei Teams lediglich teilautonom und die beteiligten Berufsgruppen nur eingeschränkt gleichberechtigt sind, die Teilnahme an Teamsitzungen nicht verpflichtend ist und die Teambeschlüsse keine absolute Verbindlichkeit besitzen. Die teamgebundene Struktur impliziert, daß eine verbindliche Teamarbeit aller Berufsgruppen die gesamte Struktur der Klinik prägt. Vgl. BÜSSING, A. (1992): Organisationsstruktur, S. 186, 175-177; 252.

1.2.3. Coping durch Teamsupervision

Daß die aktive Teilnahme von KrankenhausseelsorgerInnen an strukturell vorgesehener Teamsupervision[28] eine sinnvolle Strategie zur Aneignung institutionell-struktureller Kompetenz und damit zur Bewältigung des beruflichen Alltages darstellt, wurde bereits in den 70er Jahren von TheologInnen erkannt.[29] Obwohl gegenwärtig unterschiedliche Supervisionskonzepte nebeneinander existieren und deshalb „weder eindeutig ist, was Supervision ist, noch was sie will, noch was sie bewirken soll",[30] kann nach Kersting und Krapohl in Blick auf Teamsupervision dennoch übereinstimmend konstatiert werden: „In der Teamsupervision stehen im Zentrum der Verhandlung die Interaktionen der Betriebsangehörigen als institutionelle Rollenträger und in sozialen Einrichtungen die Interaktion dieser Mitarbeiter als Produzenten sozialer Güter. So treten in der Teamsupervision zu den Widerspiegelungen der Klientenproblematiken die Spiegelungen der Probleme, die die Institution selbst produziert."[31] Auf dem gemeinsamen institutionellen Hintergrund des Psychiatrischen Krankenhauses impliziert Teamsupervision, daß berufsbedingte Probleme und Konflikte im Kontext struktureller, individueller und gesellschaftlicher Rahmenbedingungen von MitarbeiterInnen unterschiedlicher Professionen und hierarchischer Statuszugehörigkeit gemeinsam mit einem/einer klinikinternen oder -externen SupervisorIn reflektiert werden.[32]

Vorausgesetzt SeelsorgerInnen sind strukturell und persönlich in der Lage, sich einen Platz in einem oder mehreren psychiatrischen Teams zu erkämpfen oder die Zustimmung der Klinikleitung zu erwirken, an Balintgruppen teilnehmen zu dürfen, schaffen sie sich selbst die Chance, über die gemeinsame Teamsupervision ihr eigenes Rollenprofil deutlicher herauszuarbeiten und anderen Berufsgruppen vermitteln zu können. Über das grundsätzlich instituti-

---

28 Die Bundesgemeinschaft der Träger Psychiatrischer Krankenhäuser gibt vor: „Für die therapeutisch und pflegerisch tätigen Mitarbeiter des psychiatrischen Krankenhauses sollte die Möglichkeit zur regelmäßigen Supervision bestehen." ZIELSETZUNGEN (1990), S. 12. Spezielle Literatur zur Teamsupervision: POTTHOFF, P.: Supervision im Psychiatrischen Krankenhaus, in: Fundamenta Psychiatrica 10 (1996), S. 1-6; BECKER, H.: Teamsupervision in der psychiatrischen Praxis, in: PP 18 (1991), S. 167-172; SCHNEIDER, H.R.: Wahn und Institution. Zur Supervision in der Psychiatrie, in: Psychosozial 13 (1998), S. 35-40; STREECK, U.: Supervision im psychiatrischen Krankenhaus, in: BORSI, G. (Hg.): Die Würde des Menschen im psychiatrischen Alltag. Göttingen, VR, 1989, S. 137-148.

29 Vgl. BECHER/BURDZIK/PARKER (1973): Seelsorge und Supervision im Psychiatrischen Krankenhaus.

30 RADTKE, GÖTZ, S. (1991): Hilfen für Helfer: Supervision, S. 432. Vertiefende Literatur: RAPPE-GIESECKE, K.: Supervision. 2. Aufl. Bln. u.a., Springer, 1994; BRANDAU, H. (Hg.): Supervision aus systemischer Sicht. Salzburg, Müller, 1991; HANDBUCH der Supervision. Hg. v. H. PÜHL. Bln., Mahrhold, 1990; SUPERVISION und Beratung. Hg. v. G. FATZER u. C. Eck. Köln, Edition Humanistische Psychologie, 1990; SCOBEL, W.: Was ist Supervision? Göttingen, Vlg. für Medizinische Psychologie, 1988.

31 KERSTING/KRAPOHL (1990): Teamsupervision, S. 158.

32 Als schwerpunktmäßig patientenzentrierte Form der Teamsupervision gilt die Balint-Gruppe, in der professionelle HelferInnen hauptsächlich fallbezogene Arbeitsprobleme besprechen. Balintgruppen umfassen in der Regel 8-10 TeilnehmerInnen, wobei eine Person spontan über seine/ihre Erfahrungen und Erlebnisse erzählt, die er/sie mit einer/einem PatientIn in seinem/ihrem Tätigkeitsfeld gemacht oder gehabt hat. Anschließend wird in der Gruppe über die Beziehung des/der Teilnehmers/in zum/zur PatientIn diskutiert. Spezielle Literatur: ROTH, J.K.: Die Balint-Gruppe: Ein Klassiker der Supervision, in: SUPERVISION und Beratung. Hg. v. G. Fatzer u. C. Eck. Köln, Edition Humanistische Psychologie, 1990, S. 143-158.

onskritische Instrument der Supervision[33] wäre es ihnen zudem möglich, nicht nur in Blick auf sich selbst, sondern auch auf alle MitarbeiterInnen, PatientInnen und Angehörige einem Ausgeliefertsein an institutionelle Strukturzwänge entgegenzuwirken, dysfunktionale Strukturen transparent zu machen, gemeinsam subversive Freiräume innerhalb der Institution Krankenhaus zu erschließen und eine persönliche Beheimatung in der Klinik voranzutreiben.

1.2.4. Coping durch Qualitätsmanagement

Institutionell-strukturelle Kompetenz setzt voraus, daß SeelesorgerInnen Ihre Tätigkeit sowohl gegenüber der Klinik wie auch gegenüber ihrem Anstellungsträger transparent und nachprüfbar machen können. Obwohl Qualitätssicherung als ein durchaus zweischneidiges Schwert bewertet werden kann, da sie den Aspekt der Effizienz seelsorglicher Tätigkeit in den Vordergrund rückt und die Gefahr in sich birgt, von den Institutionen Klinik und Kirche als ein Kontrollinstrument mißbraucht zu werden, können sich auch SeelsorgerInnen, die an einem Ort arbeiten, an dem Qualitätsmanagement eine immer wichtigere Bedeutung einnimmt, nicht der Aufgabe entziehen, Qualitätskriterien ihrer Arbeit zu entwickeln: „Auf die Dauer kann aber eine qualitativ gute seelsorgliche Arbeit in diesem Feld nicht auf systematische Formen der Selbstauswertung, Selbstbeobachtung und Selbstentwicklung in Kooperation mit allen Beteiligten und vor allen Dingen den Dienstvorgesetzten verzichten."[34]

Daß sich Qualitätsmanagement für das Individuum SeelsorgerIn alltagspraktisch in Blick auf eine persönliche Verortung innerhalb der Klinik und der Kirche als Coping-Strategie erweisen kann, verdeutlicht Gestrich. Obwohl er v.a. die Klinik im Blick hat, gilt seine Argumentation aber auch in Blick auf die Kooperation mit der Institution Kirche: „Der Seelsorger selbst sollte nach Möglichkeiten Ausschau halten, wie er seine Arbeit in ein engeres Verhältnis zur Institution bringt, in welchem beide Seiten mehr aneinander gebunden werden. Er könnte Strukturen zu schaffen suchen, die ihn selbst stärker in die Verantwortung nehmen, aber auch die Institution verpflichten, Verantwortung und Fürsorge für ihn zu übernehmen."[35] Alltagspraktisch denkt Gestrich dabei v.a. an jährliche Rechenschaftsberichte, die von jedem/jeder SeelsorgerIn sowohl den kirchlichen Vorgesetzten wie auch einem krankenhausinternen Beirat vorzulegen wären, sowie an gemeinsam mit der Klinikleitung entworfene Arbeitsrichtlinien. Obwohl auch Heller die individuelle Erstellung eines umfassenden Jahresprogrammes, das mit den Dienstvorgesetzten abgestimmt und am Jahresende qualitativ ausgewertet werden soll, erwägt, legt er besonderes Gewicht auf eine überindividuelle Weiterentwicklung der strukturellen Rahmenbedingungen von Krankenhausseelsorge, wobei ihm eine intensive Kooperation mit den kirchlichen Leitungsgremien vorschwebt.[36]

---

33 Bassiere umschreibt die institutionskritische Funktion der Supervision folgendermaßen: „Dabei ist das Ziel der Supervision nicht in erster Linie, den reibungslosen Ablauf von Handlungsabläufen in der Institution zu gewährleisten, sondern sie will primär die berufliche Handlungsfähigkeit der MitarbeiterInnen im Auge behalten, d.h. ihre berufliche Identität stützen und stabilisieren und sie nicht vordergründig an die beruflichen und institutionellen Gegebenheiten anpassen". BASSIERE, N. (1990): Pastorale Praxisberatung, S. 200. Zimmer-Höfler sieht die subversive Funktion von Supervision v.a. darin, kooperativ eingefahrene und verhärtete Strukturen der Institution zu verändern. Vgl. ZIMMER HÖFLER, D: (1990): Supervision, S. 29.

34 HELLER, A. (1997): Seelsorge, ein Gesundheitsberuf im Krankenhaus, S. 58.

35 GESTRICH, R. (1987): Am Krankenbett, S. 154.

36 Vgl. HELLER; A. (1997): Seelsorge, ein Gesundheitsberuf im Krankenhaus, S. 58-59.

2. Solidarisierung, Spiritualisierung und Humanisierung

2.1. Aneignung personaler Kompetenz durch Solidarisierungsstrategien
2.1.1. Coping durch Seelsorge

„Professionelle Helfer brauchen selbst auch immer wieder professionelle Hilfe, pastorale Mitarbeiter benötigen selbst Pastoral."[37] Dieses von Schall in Blick auf jede seelsorgliche Tätigkeit formulierte Postulat trifft aufgrund der mit dem Arbeitsfeld Psychiatrie einhergehenden Belastungsfaktoren gerade für PsychiatrieseelsorgerInnen in besonders hohem Maße zu. Seelsorge an SeelsorgerInnen kann sich dabei nicht nur als eine intensive Form zwischenmenschlicher Hilfestellung zur Bewältigung des beruflichen Alltags, sondern auch als eine Form praktischer Solidarität zwischen SeelsorgerIn und seiner/ihrer Kirche bzw. Gemeinde erweisen.[38] Da das Angebot seelsorglicher Begleitung zumeist nicht von außen an SeelsorgerInnen herangetragen wird, sind sie gezwungen, aktiv danach zu suchen, wobei die Frage, wo sie diese finden, nach Miethner ebenso einfach wie schwierig zu beantworten ist: „Seelsorgerinnen und Seelsorger finden Seelsorge da, wo sie leben. Es sind mehr Menschen in ihrer Nähe, die ihnen Seelsorger sein können und wollen, als sie wissen. Der erste Schritt aber muß von ihnen selbst gemacht werden. Sie finden Seelsorger da, wo sie danach fragen und bereit sind, sie anzunehmen."[39] Obwohl SeelsorgerInnen im Krankenhaus zumeist mit BerufskollegInnen zusammenarbeiten und damit die Möglichkeit professioneller seelsorglicher Begleitung permanent vor Augen haben, weist Miethner darauf hin, daß eine seelsorgliche Beziehung innerhalb einer Berufsgruppe schwierig zu realisieren ist, weshalb es angebracht scheint, Seelsorge außerhalb der Klinikstrukturen in der Heimatgemeinde oder z.B. in Exerzitienhäusern zu suchen: „Zu denen, die die gleiche Arbeit tun, besteht oft eine gewisse Rivalität."[40]

2.1.2. Coping durch die 'Dritte Gruppe'

Intra- und interkonfessionellen BerufskollegInnen[41] können in ihrer Funktion als 'Dritte Gruppe' durch gegenseitige kritische Solidarität zur Entwicklung personaler Kompetenz entscheidend beitragen. Nach Klessmann ist Krankenhausseelsorge vom einzelnen Individuum nur dann bewältigbar, wenn dieses nicht als Einzelkämpfer auftreten muß, „sondern wie D. Stollberg das einmal genannt hat, eine dritte Gruppe als Basis hat: eine dritte Gruppe jenseits

---

37 SCHALL, U. (1993): Erschöpft, S. 77. Auch Baumgartner resümiert: „Ein Seelsorger kann ohne Seelsorger nicht Seelsorger sein." BAUMGARTNER, I. (1990): Pastoralpsychologie, S. 324.

38 Baumgartner verdeutlicht diesen Aspekt: „Einer Diözese, einer Kirche steht es gut zu Gesicht, wenn sie sich zu einr solchen Art von 'Seelsorge am Seelsorger' entschließt. Sie signalisiert damit dem jungen Kaplan, dem Gemeindereferenten oder der Pastoralassistentin: 'In dieser kritischen Phase deiner Lebensgeschichte zählst du für uns nicht nur als Manövriermasse für Seelsorgestellen, um eine flächendeckende Pastoral sicherzustellen, sondern uns liegt daran, und wir wünschen dir, daß dein Lebensprojekt in dieser Kirche gut vorankommt." BAUMGARTNER, I. (1990): Pastoralpsychologie, S. 324.

39 MIETHNER, R. (1996): Seelsorge an Seelsorgern und Seelsorgerinnen, S. 258.

40 A.a.O., S. 252.

41 Anfang der 90er Jahre stellen Anderegg und Brefin fest: „In zahlreichen psychiatrischen Kliniken ist die ökumenische Zusammenarbeit in der Seelsorge und im Gottesdienst weit gediehen." ANDEREGG/BREFIN (1992): Seelsorge, S. 547. Vgl. auch DUESBURG, H. (1996): Ökumenische Zusammenarbeit, S. 226.

der Spannung von Patient versus Mitarbeiter, von Krankenhaus versus Kirche, eine Gruppe von Berufskollegen und -kolleginnen, in der jemand Unterstützung, die Möglichkeit zum Austausch und zur Bearbeitung von Problemen, also kritische Solidarität finden kann. Ich halte eine solche Basis für unverzichtbar und nicht für einen schönen, aber letztlich doch entbehrlichen Luxus."[42] Die Funktion kollegialer Unterstützungsnetze[43] angesichts der vielfältigen Arbeitsbelastungen für das Individuum umschreibt Müller folgendermaßen: „Das Sprechen darüber kann verhindern, daß solche Erfahrungen die einzelnen zu sehr belasten oder dazu führen, daß manche, um sich zu schützen, zumachen, abstumpfen oder auf eine ironische, zynische ode gar rohe Weise versuchen, damit umzugehen."[44]
Die dritte Gruppe, die sowohl Raum für gegenseitigen Austausch und gemeinsame Verarbeitung beruflich bedingter Probleme und Konflikte eröffnet als auch eine alltagpraktische gegenseitige Unterstützung ermöglicht, kann SeelsorgerInnen nicht nur dazu verhelfen, ihre berufliche Identität zu stärken,[45] sondern auch emotionalen Rückhalt zu gewinnen und die eigene Glaubensgeschichte einer stetigen kritischen Revision zu unterziehen.[46] Solidarischer Umgang innerhalb der eigenen Berufsgruppe impliziert zudem, daß sich SeelsorgerInnen über die eigene Klinik hinweg untereinander solidarisieren, wobei die berufspolitische und persönliche Dimension der Solidarisierung ineinander übergehen: „Regelmäßige Treffen der KrankenhausseelsorgerInnen auf regionaler und diözesaner Ebene sind eine große Hilfe, wenn sie dazu dienen, sich gegenseitiger Solidarität im Glauben und in der Arbeit zu versichern."[47]

2.1.3. Coping durch pastorale (Einzel)Supervision

Obwohl auch die professionelle Team-Supervision der 'Dritten Gruppe' eine wichtige Copingstrategie für SeelsorgerInnen darstellt, wird im Folgenden die pastorale Einzel-Supervision, bei der nicht primär die Team-Interaktionsprozesse, sondern die Reflexion des persönlichen beruflichen Handelns im Vordergrund stehen, als Hilfestellung zur Aneignung personaler Kompetenz für das Individuum PsychiatrieseelsorgerIn propagiert:[48] „Eine Super-

---

42 KLESSMANN, M. (1997): Die Stellung der Krankenhausseelsorge, S. 45. Die Bedeutung eines kollegialen Unterstützungsnetzes für das Individuum Seelsorger wurde bereits vor über 20 Jahren hervorgehoben: „Ich kann mir diesen Dienst nicht anders als im Team vorstellen. Es gibt bisweilen sehr belastende Begegnungen und Erfahrungen, die allein kaum zu verarbeiten sind. Will man sich nicht hinter dem Amt und dem Gebetbuch verstecken, sich als Mensch stellen und aussetzen, dann geht das nur, wenn es Mitarbeiter gibt, die sich gegenseitig in diesem Dienst tragen und wo somit die Möglichkeit gegeben ist, sich auszusprechen und Erlebnisse zu verarbeiten." SCHWEIDTMANN, W. (1976): Krankenhausseelsorge, S. 36.

43 Vgl. GÄRTNER; H. (1995): Management und Nächstenliebe, S. 80.

44 MÜLLER, W. (1989): Gemeinsam wachsen in Gruppen,.S. 88.

45 Den Aspekt der Stärkung beruflicher Identität heben v.a. Stollberg und Klessmann hervor. Vgl. STOLLBREG; D. (1973): Die Dritte Gruppe, S. 531; KLESSMANN, M. (1990): Seelsorge, S. 533.

46 Vgl. auch MÜLLER, W. (1989): Gemeinsam wachsen in Gruppen,.S. 88-93.

47 LEITLINIEN FÜR DIE KRANKENHAUSSEELSORGE (1995), S. 14.

48 Vgl. PÜHL, H. (1990): Einzelsupervision im Schnittpunkt von persönlicher und beruflicher Rolle. Bassiere betont: „Supervision hat es immer mit beruflichem Handeln zu tun. Insofern unterscheidet sie sich von der reinen Therapie." BASSIERE, N. (1990): Pastorale Praxisberatung und Supervision, S. 198.

vision der seelsorglichen Tätigkeit selbst, das heißt ein Prozeß der Praxisbegleitung mit Selbsterfahrung und kritischer Reflexion der eigenen Praxis... ist unbedingt erforderlich".[49] Daß pastorale Supervision primär auf Selbsterfahrung beruht, betont auch Baumgartner, der jedoch zu bedenken gibt, daß analog zur 'säkularen' Supervision auch im kirchlichen Bereich unterschiedliche Supervisionsansätze bestehen, die sich darin treffen, daß der persönliche Wachstums- und Reifungsprozeß des/der Supervisanden/in im Zentrum des Interesses stehen.[50] Während Henke die kritische Funktion des Selbsterfahrungsprozesses als „Auseinandersetzung mit der eigenen Biographie, als Konfrontation mit Verwundungen und Brüchen in der eigenen Lebensgeschichte und mit den Grenzen der eigenen Möglichkeiten, als Reflexion der eigenen Glaubenserfahrung und Glaubenspraxis"[51] in den Mittelpunkt stellt, betont Bassiere v.a. die für das Individuum stabilisierenden Folgewirkungen: „Aber nicht nur Konfliktbewältigung ist das vorrangige Arbeitsfeld der pastoralen Supervision. Sie kann den einzelnen SeelsorgerInnen die Möglichkeit eröffnen, sich selbst in ihrem Tun und Handeln als wertvoll und wichtig zu erleben. Dabei kann sie helfen, daß die SeelsorgerInnen nicht nur ihr Augenmerk darauf richten, ihren eigenen und an sie herangetragenen Leistungserwartungn möglichst perfekt zu entsprechen, sondern auch und zunehmend darauf zu achten, daß die eigenen religiösen und spirituellen Werte mit in die Arbeit einfließen. Dadurch kann ein innerer Wachstumsprozeß angeregt und gefördert werden, der für eine glaubwürdige Verkündigung entscheidend ist."[52] Für Stenger stellt Supervision daher eine Coping-Strategie dar, die SeelsorgerInnen nicht zu einer personalen Kompetenz im Sinne 'persönlicher Identität' verhilft, sondern auch ein Wachstum individueller Glaubens-Kompetenz anstößt.[53]

Daß pastorale Supervision jedoch kein 'Allheilmittel' darstellt und für den/die Supervisandin sogar als Zusatzbelastung empfunden werden kann, muß trotz grundsätzlicher Wertschätzung

---

49   SCHMID, P.F. (1989): Personale Begegnung, S. 254. Noch eindeutiger formulieren Anderegg und Brefin: „Die Arbeit muß supervisioniert werden." ANDEREGG/BREFIN (1992): Seelsorge, S. 548.

50   Vgl. BAUMGARTNER, I. (1990): Pastoralpsychologie, S. 328-329. Daß die Förderung individuellen Wachstums gerade für MitarbeiterInnen der Psychiatrie von zentraler Bedeutung ist, von der Institution aber nicht explizit gefördert wird, weshalb externe Hilfestellungen dringend erforderlich sind, stellt Zimmer Höfler besonders heraus: „Im Gegensatz zu Familien allerdings ist der Zweck der Institution, auch einer psychiatrischen, rehabilitativen, psychotherapeutischen oder psychologischen, in erster Linie ihr Dienstleistungsauftrag. Wachstum und Entfaltung der Mitarbeiter ist nur in dem Maße ihr Anliegen, wie es unmittelbar zu besserer Qualität des Dienstleistungsangebotes beiträgt." ZIMMER HÖFLER, D. (1990): Supervision, S. 33. Spezielle Literatur zur pastoralen Supervision: FUCHS, O.: Supervision in der Krise der Pastoral, in: THEOLOGIE die hört und sieht. Festschrift für J. Bommer zum 75. Geburtstag. Hg. v. R. Bärenz. Wzbg., Echter, 1998, S. 169-186;GRAWE, B.: Chancen und Grenzen von Supervision in der Pastoral, in: Diakonia 28 (1997), S. 315-320; KIESSLING, K.: (Pastorale) Supervision und Gemeindeberatung. Herkunft und Zukunft ihrer Konzepte, in: Diakonia 28 (1997), S. 295-308; SCHMID, P. F.: Von der Wichtigkeit sich umzusehen: Pastorale Supervision und Gemeindeberatung, in: Diakonia 28 (1997), S. 289-295; BASSIERE, N.: Pastorale Praxisberatung und Supervision, in: BAUMGARTNER, I. (Hg.): Handbuch der Pastoralpsychologie. Regensburg, Roderer, 1990, S. 195-215; ANDRIESSEN, H. u. R. Miethner: Praxis der Supervision. Beispiel: Pastorale Supervision. Eschborn, 1985.

51   HENKE, Th. (1994): Seelsorge, S. 550.

52   BASSIERE, N. (1990): Pastorale Praxisberatung und Supervision, S. 213. Daß Supervision nicht nur eine persönlich stabilisierende, sondern v.a. auch eine strukturelle und institutionskritische Funktion besitzt, wurde bereits im Kontext der Teamsupervision erläutert. Vgl. Kapitel 3, III: Profesionalisierung und Spezialisierung: Coping durch Teamsupervision.

53   Vgl. STENGER, H. (1984): Identität, S. 293.

immer bedacht werden: „Supervision wird - zumindest am Beginn - oft auch als bedrohlich erlebt, weil sie nicht mit fertigen Formeln und Auswegen zur Hand ist...Sie will neue Aufbrüche vermitteln, und das bringt im ersten Augenblick Unsicherheiten mit sich."[54]

2.2. Aneignung personaler Kompetenz durch Spiritualisierungsstrategien
2.2.1. Coping durch religiöse Praxis

Daß gerade KrankenhausseelsorgerInnen, die PatientInnen, Angehörigen und dem Personal religiöse Praxisformen als Hilfestellung für deren Problem- u. Alltagsbewältigung anbieten, auch in Blick auf ihre eigene Person auf diese Bewältigungsstrategie angesichts ihrer extrem energieverschleißenden Tätigkeit zurückgreifen können, liegt zwar auf der Hand, stellt aber in der Routine des Alltags, in der Zeit chronisch knapp bemessen ist, nicht immer eine Selbstverständlichkeit dar. Religiöse Praxis kann jedoch nur dann hilfreich werden, wenn bewußt eine Zäsur gesetzt wird, wenn ein Frei-Raum eröffnet wird für ein Sich-Einlassen auf die kraftspendende religiöse Erfahrungsebene. In der Klinik setzt dies einen persönlichen Rückzug an einen Ort der Stille voraus, an dem sich der/die SeelsorgerIn v.a. in die Heilige Schrift oder sonstige Texte der Religion bzw. religiöser Literatur vertiefen, Gebete sprechen, religiöse Lieder singen oder auch meditieren kann, wie Schwemmer aus dem klinischen Alltag berichtet: „Kontemplation, das ist die schöpferische Pause, die ich brauche. Ich brauche sie, um neue Kraft für das Leben zu schöpfen.... Ich schlage meine Bibel auf, um immer wieder darin zu lesen. Denn zur Kontemplation gehört die Begegnung mit dem Wort Gottes. Die Bibel ist wie eine Quelle, aus der ich Kraft zum Leben schöpfen kann... Eine weitere Quelle, aus der ich schöpfen darf, ist das Gebet. Ich darf meine Anliegen vor Gott bringen. Ich darf Gott im Gebet begegnen und ihm meine Sorgen und Nöte, meine Fürbitten, aber auch meinen Dank mitteilen."[55] Spirituelle Frei-Räume können sich dem/der SeelsorgerIn auch in liturgisch-sakramentalen Feiern, die für alle Menschen, die sich in der Klinik aufhalten, zugänglich sind, entfalten, wobei er/sie in der Funktion als ZelebrantIn ebenso wie als TeilnehmerIn einer von BerufskollegInnen vorbereiteten Feier agieren kann.[56] Religöse Praxisformen können aber auch außerhalb der Klinikstrukturen, v.a. in der Heimatgemeinde, in Ordensgemeinschaften oder Exerzitienhäuser gesucht und als Hilfestellung für den Berufsalltag erfahren werden.[57]

2.2.2. Coping durch Ausbildung individueller Spiritualität und Glaubenskompetenz

„Seelsorge ist mehr als professionelles pastorales Handeln."[58] Dieses 'Mehr' identifiziert Schwarz als individuelle Spiritualität, die Baumgartner, folgendermaßen definiert: „Arbeit an

---

54 BASSIERE, N. (1990): Pastorale Praxisberatung und Supervision, S. 198.

55 SCHWEMMER, S. (1995): Wege aus der Krankheit, S. 145/146. Schulz beschreibt die Praxis des Gebetes und der Meditation als ein Zu-Sich-Kommen vor Gott. Vgl. SCHULZ, E. (1990): Gebet, S.274.

56 „Neue Kraft schöpfe ich immer wieder in der regelmäßgen Feier der Sakramente... Die Zusage Gottes wird hier für mich ganz elementar erfahrbar." SCHWEMMER, S. (1995): Wege aus der Krankheit, S.146.

57 Nouwen betont jedoch, daß es gilt, Gott gerade am Ort der Alltagspraxis und nicht in religiösen Sonder-Räumen für das eigene Leben zu entdecken. Vgl. NOUWEN, H. (1989): Schöpferische Seelsorge, S. 18.

58 SCHWARZ, A. (1992): Seelsorger/Seelsorge, S. 182.

einer persönlichen Identität und ihren einzelnen Aspekten wird in der traditionellen kirchlichen Terminologie als Spiritualität bezeichnet. Auch wenn der Begriff etwas asketisch-weltfremdes an sich haben mag, die Sache bleibt unabdingbar für den Aufbau pastoraler Kompetenz."[59] Zerfaß, der v.a. den Aspekt der beruflichen Identität hervorhebt, vergleicht das, was im Umfeld kirchlicher Berufe als 'Spiritualität' bezeichnet wird, mit dem, was in anderen Berufsfeldern als 'Berufsethos' umschrieben wird: „Wir meinen damit eine Haltung in die ein Mensch erst durch längere Berufspraxis hineinwächst und die dazu führt, daß er sich von seinem Beruf her versteht und umgekehrt die Berufsrolle ganz selbstverständlich von seinem Ich her ausfüllt. Er hat ein Bewußtsein davon, was er tut und warum er dies tut... Solcherart 'berufliche Identität' setzt natürlich voraus, daß jemand bereits ein Selbst entwickelt hat, das er in seinen Beruf einbringt... In diesem fundamentalen Verständnis meint 'Spiritualität' die Haltung des Christen, der sich in der Nachfolge Jesu seinem Geist öffnet."[60] Da bezüglich dieser Haltung zwischen Klerikern und Laien kein Unterschied bestehen kann, erkennt Köhler in der Spiritualität das spezifische Berufsethos aller SeelsorgerInnen.[61] Während Spiritualität inhaltlich v.a. die „intime Beziehung zu Gott als Quelle der Seelsorge"[62] beschreibt, bezieht sich der Terminus 'Glaubenskompetenz', der Spiritualität als lebenslangen dynamischen Prozeß voraussetzt, stärker auf persönliche Glaubensinhalte, die im Umgang mit PatientInnen und Personal den Übergang von einer kirchenamtlichen 'man-Rede' zur individuellen 'Ich-Rede' markieren.[63] Wenn es SeelsorgerInnen gelingt, ihre persönliche Spiritualität und Glaubenskompetenz so miteinannder zu verbinden, daß sie zu Bestandteilen ihrer personalen Kompetenz werden, können sie sich somit als Hilfestellung zur Bewältigung des beruflichen Alltags erweisen.

2.3. Aneignung personaler Kompetenz durch Humanisierungsstrategien
2.3.1. Coping durch Psychohygiene

Die Bewältigung des beruflichen Alltags von KrankenhausseelsorgerInnen hängt auch davon ab, inwieweit sie in der Lage sind, sich selbst als Menschen mit individuellen Fähigkeiten und Bedürfnissen ernst und wichtig zu nehmen. Van de Spijker umschreibt diesen Aspekt personaler Kompetenz als positiv zu wertenden Narzißmus: „Narzißtisch kompetente Menschen balancieren zwischen Selbstliebe und Nächstenliebe, um keinen Menschen abstürzen zu lassen, auch nicht sich selbst."[64] Stenger folgert hieraus: „Ich kann beruflich nur dann voll präsent

---

59 BAUMGARTNER; I. (1982): Seelsorgliche Kompetenz, S. 129.

60 ZERFASS, R. (1985): Menschliche Seelsorge, S. 8. Nouwen, auf den sich Zerfaß bezieht, umschreibt Spiritualität als eine Lebensform. Vgl. NOUWEN, H. (1989): Schöpferische Seelsorge, S. 21.

61 Vgl. KÖHL, G. (1987): Der Beruf des Pastoralreferenten, S. 283-284.

62 MÜLLER, W. (1987): Menschliche Nähe, S. 100. Sein Spiritualitätsbegriff trifft sich mit dem, der gegenwärtig v.a. in den (therapeutischen) Humanwissenschaften eine Renaissance erlebt: Spiritualität als individuelle Tiefenerfahrungen, „insofern damit, grob gesagt, die ganzheitlichen Lebenswurzeln angesprochen sind, aus denen heraus Menschen denken, fühlen und handeln (als die Verbindung mit einer Kraft, die größer ist als wir selbst)". FUCHS, O. (1995): Gott hat einen Zug ins Detail, S. 80.

63 Vgl. WINDISCH, H. (1989): Sprechen heißt lieben, S. 237.

64 VAN DE SPIJKER, H., in: STENGER, H. (1997): Zuständig wofür?, S. 27.

sein, wenn ich mir Zeit nehme, mich zu regenerieren."[65] Regeneration als praktische Psychohygiene stellt somit eine unerläßliche Coping-Strategie dar: „Psychohygiene ist in Analogie zur Körperhygiene das Gesamt aller regelmäßigen und präventiven Maßnahmen zur Förderung der seelisch-körperlichen Gesundheit. Sie vermittelt Kräfte für die alltägliche Lebensbewältigung und für besondere Belastungssituationen jenseits von Erfolg und Anerkennung. Psychohygiene ist besonders für Personen wichtig, die sich nicht auf tägliche Erfolgserlebnisse und Zuwendungen verlassen können."[66] Komprimiert definiert Sieland Psychohygiene als „Fähigkeit, Urlaubsinseln in den Alltag zu holen."[67]

Bewußt gesetzte Ruhepausen während der Arbeitszeit sind daher kein Luxus oder der Versuch, sich der Arbeit zu entziehen, sondern stellen eine überlebensnotwendige Coping-Strategie dar, die sich SeelsorgerInnen v.a. gegenseitig zugestehen und gönnen müssen: „Es ist banal, festzustellen: Menschen sind keine Roboter. Gerade Helfer, die im wesentlichen mit dem Instrument ihrer eigenen Person arbeiten, brauchen auch während ihrer Arbeit mit anbefohlenen Menschen personbezogenes Ausruhen. Sie brauchen kleine Pausen in der Zuwendung. Soziale Arbeit ist im Akkord nicht zu leisten."[68] Zur Psychohygiene gehört desweiteren ein aktives Sich-Distanzieren vom Tätigkeitsfeld Klinik, indem SeelsorgerInnen dafür Sorge tragen, daß sie sich selbst genügend Freizeit zugestehen, denn „das periodische Abstandnehmen von der Seelsorgearbeit (ist) ein Bußakt, eine abrogatio, eine Absage an den Dämon der Unersetzlichkeit, der mir einflüstert: Ohne dich geht es nicht!"[69] Ausreichender Schlaf, Befriedigung leiblicher Bedürfnisse wie Essen, Trinken, aktive Freizeitgestaltung in Form von persönlichen Hobbies oder sportlicher Betätigung gehören ebenso zu den Bewältigungsstrategien beruflicher Tätigkeit wie alle Formen des entspannungsbezogenen Ausruhens und des sich Geborgenfühlens in stabilen familiären oder freundschaftlichen Strukturen. Gerade letzteres ist nicht immer selbstverständlich, denn „die Arbeit im Krankenhaus...beeinflußt auch die Atmosphäre zu Hause..... Krankenhausseelsorgerinnen und Krankenhauseelsorger bringen - ob sie es wollen oder nicht - die Lasten der Arbeit mit nach Hause."[70] Obwohl Schall einräumt, daß Familienangehörige oder Freunde sich durchaus als 'Engel' erweisen können, indem sie den KrankenhausseelsorgerInnen Zuwendung und Fürsorge angedeihen lassen, warnt er davor, diese in ihrer therapeutischen Funktion zu mißbrauchen und damit beruflich bedingte Probleme und Konflikte in private umzumünzen.[71]

---

65 STENGER, H. (1997): Zuständig wofür?, S. 27.

66 ABEL, P. (1995): Burnout in der Seelsorge, S. 105-106.

67 SIELAND, B. (1993): Der Umgang mit sich selbst als Basis und Ziel von Seelsorge, S. 528.

68 SCHALL, T.U. (1993): Erschöpft-müde-ausgebrannt, S. 73.

69 ZERFASS, R. (1988): Biographie und Seelsorge, S. 282.

70 MIETHNER, R. (1996): Seelsorge an Seelsorgern, S. 253.

71 Vgl. SCHALL, T.U. (1993): Erschöpft-müde-ausgebrannt, S. 7.

IV. Folgewirkungen gelungener/mißlungener Bewältigungsstrategien

> „Der Umgang mit psychisch kranken Menschen
> ist eine schwierige Aufgabe,
> die nicht zu bewältigen keinen Makel darstellt"
>
> Hagenmaier, Heike und Martin (1991):
> Seelsorge mit psychisch kranken Menschen., S. 86

1. Positive Folgewirkung: Ausbildung umfassender pastoraler Kompetenz

1.1. Positive Folgewirkungen auf inhaltlicher, praktischer und methodischer Ebene

Pastorale Kompetenz im Sinne einer umfassenden Befähigung zur beruflichen Tätigkeit als SeelsorgerIn setzt den Erwerb inhaltlicher, praktischer und methodischer Kompetenz voraus.[1] Greifen die Copingstrategien Professionalisierung und Spezialisierung, gelangt der/die SeelsorgerIn in den Besitz einer klar konturierten theologischen Kompetenz, die durch entsprechende Zusatzqualifikationen um eine psychologisch, psychotherapeutisch und kommunikationstheoretisch reflektierte Beziehungs- u. Kommunikationskompetenz,[2] eine naturwissenschaftlich reflektierte medizinische Kompetenz,[3] eine soziologisch reflektierte gesellschaftspolitische Kompetenz sowie eine wissenschaftstheoretisch reflektierte Pluralitätskompetenz erweitert ist.[4] Ausgestattet mit einer derart komplexen Befähigung versetzt sich der/die PsychiatrieseelsorgerIn in die Lage, sich ein Arbeitskonzept, auf das die alltägliche Praxis und die angewandte Methodik abgestimmt sind, anzueignen. Hinter diesem Vorgehen verbirgt sich ein dynamischer Prozeß, der sich über das gesamte Berufsleben erstreckt, für Relativierungen und Revisionen offen ist und dem Individuum einen großen Frei- und Spielraum eröffnen kann. Genutzt wird dieser dann, wenn es gelingt, unter Berücksichtigung aller Faktoren, die die freie Auswahl limitieren (Schaubild 38 auf der nächsten Seite zeigt deren Komplexität), sich bewußt für ein Seelsorgekonzept und die damit assoziierten Praxis- und Methodenschwerpunkte zu entscheiden und dieses innovativ und kreativ für sich selbst fruchtbar zu machen, indem er/sie es auf das eigene Tätigkeitsfeld Psychiatrisches Krankenhaus durchbuchstabiert, modifiziert und als praktische Expertin bzw. praktischer Experte spezifiziert.

---

[1] Vgl. STENGER, H. (1984): Identität und pastorale Kompetenz.

[2] Die Konferenz für Krankenhausseelsorge in der EKD definiert Beziehungskompetenz als „- Fähigkeit, mit Menschen Kontakt aufzunehmen - sich auf häufige und kurzfristige Beziehungen einstellen zu können - mit Beziehungen professionell reflektiert umzugehen." KONZEPTION und Standards (1994), S. 431.

[3] Gestrich definiert die medizinische Kompetenz von SeelsorgerInnen als „Befähigung zur Erkenntnis gewisser psychosomatischer Zusammenhänge; Befähigung zum medizinisch-ethischen Gespräch." GESTRICH, R. (1996): Aus- u. Fortbildung, S. 260. Vgl. auch KONZEPTION und Standards (1994), S. 431.

[4] Erst Pluralitätskompetenz als die Fähigkeit zum Aushalten, Geltenlassen und Gestalten von Gegensätzen und Widersprüchen ermöglicht es, die in Blick auf die persönliche Wahl eines Seelsorgekonzeptes von Lemke postulierte ideologiekritische Haltung „sich die Relativität des eigenen Verständnisses zu verdeutlichen" einzunehmen. LEMKE; H. (1978): Theologie und Praxis, S. 15.

Individuelle Folgewirkungen

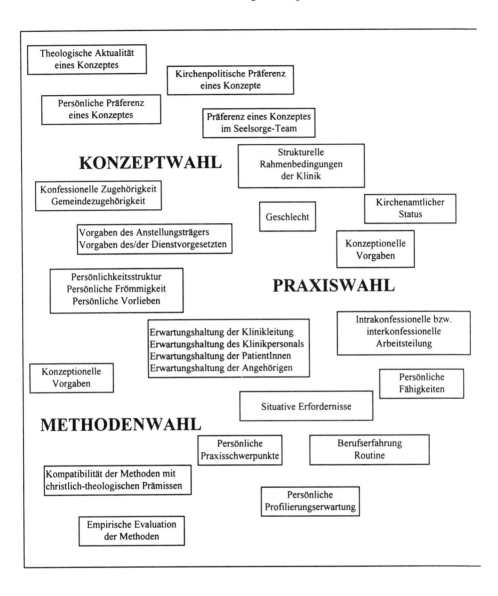

Schaubild 38:
Faktorenvielfalt, die die Konzept-, Praxis- und Methodenwahl
von PsychiatrieseelsorgerInnen beeinflußt

1.2. Positive Folgewirkungen auf strukturell-institutioneller Ebene

Wenn es SeelsorgerInnen gelingt, sich über das Coping-Instrument Wissensaneignung eine institutionell-strukturelle Kompetenz bezüglich der Organisation Psychiatrisches Krankenhaus anzueignen, werden sich auf theoretischer und praktischer Ebene Folgewirkungen einstellen, die zu einer Arbeitserleichterung beitragen. Auf theoretischer Ebene kann das Wissen um strukturelle Rahmenbedingungen, die zwar durch persönliche Kompetenz und Engagement im informellen und formellen Bereich je nach paradigmatischer Ausrichtung der Klinik mehr oder weniger erweiterbar sind, dem/der einzelnen SeelsorgerIn verdeutlichen, daß ein Scheitern an Strukturen nicht vorschnell als persönliches Versagen oder Nichtkönnen diffamiert und mit entsprechenden Schuldzuweisungen quittiert werden muß. Auf praktischer Ebene ermöglicht die realitätsgerechte Wahrnehmung der Organisation Krankenhaus dem/der SeelsorgerIn, den Strukturen nicht hilflos ausgeliefert zu sein, sondern sich in den Strukturen zu bewegen, diese in Blick auf die eigene Tätigkeit zu nutzen und sie innerhalb der vorgegebenen Möglichkeiten sogar bewußt mitgestalten zu können.

Greifen die Copingstrategien der Auslotung interdisziplinärer Kooperations- und Supervisionsmöglichkeiten heißt dies, daß ein/eine SeelsorgerIn unter individueller Ausbalancierung der eigenen, externen oder konzeptionellen Rollenerwartungen in der Lage ist, ein klar konturiertes professionelles Rollenprofil[5] zu entwickeln, das ihm/ihr berufliches Selbstbewußtsein, im interdisziplinären Dialog aber auch ein Bewußtsein der Relativität der eigenen Profession im Kontext der Gesamtklinik, vermittelt. Die aktive Eroberung struktureller Verankerung innerhalb der Klinik, z.B. über die Integration in Therapeutischen Teams, ermöglicht es dem/der SeelsorgerIn, sich entgegen allen Marginalisierungstendenzen in der fremden Institution Krankenhaus zu beheimaten und sie als 'seine/ihre' Institution zu begreifen, wie Gestrich pathetisch konstatiert: „Dazu 'vereinigt' sich der Seelsorger 'liebend' mit der Institution, unterstützt ihre Heilungsziele und sucht in Einheit mit allem, was dem Patienten von der Institution her Gutes getan wird, seinen Beitrag zur Heilung zu geben."[6] Gelungene interdisziplinäre Kooperation und Integration in die Klinik hat für das Individuum SeelsorgerIn aber auch zur Folge, daß es aufgrund der eingeforderten institutionellen Doppelloyalität gegenüber der Kirche und dem Krankenhaus niemals ganz in der Klinik aufgeht, sondern seine kritische Eigenständigkeit bewahrt, indem es seinen Zwischenstatus immer neu auspendelt: „Diese verschiedenen Spannungen auszuhalten und auszubalancieren - das ist meine Idealvorstellung von Krankenhausseelsorge."[7] Für Klessmann gelingt dies dann, wenn das Ärgerliche und Anstoß-Erregende der theologischen Perspektive, die aktiv entgegen dem naturwissenschaftlichen Sog in den Krankenhausbetrieb einzubringen und transparent zu machen ist, trotz grundsätzlicher Loyalität gegenüber der Klinik nicht verlorengeht.[8]

---

5 Rollenkomplexität wird zwar in vorliegender Arbeit in Anlehnung an Keupp grundsätzlich als Ressource zur produktiven Lebensbewältigung und damit als ein gesundheitsfördernder Faktor eingestuft. Zur Bewältigung des beruflichen Alltags ist es aber dennoch erforderlich, die externen Rollenerwartungen mit denen der eigenen Person und denen des zugrundeliegenden Seelsorgekonzeptes abzugleichen. Vgl. KEUPP, H. (1989): Auf der Suche nach der verlorenen Identität, S. 54.

6 GESTRICH, R. (1987): Am Krankenbett, S. 162.

7 KLESSMANN, M. (1997): Die Stellung der Krankenhausseelsorge, S. 45.

8 Vgl. KLESSMANN, M. (1990): Seelsorge im Krankenhaus, S. 429.

Institutionell-strukturelle Kompetenz als zentralen Bestandteil umfassender pastoraler Kompetenz besitzen SeelsorgerInnen aber erst dann, wenn sich diese nicht nur auf ihr Tätigkeitsfeld Krankenhaus, sondern auch auf ihre Herkunfts-Institution Kirche bezieht. Im Wissen um die strukturellen und kirchenpolitischen Vorgaben ihrer 'Mutter-Kirche' kann daher ein kooperatives Qualitätsmanagement als Copingstrategie dazu beitragen, die Distanz zwischen den lokal weit entfernten Dienstvorgesetzten und dem/der vor Ort arbeitenden SeelsorgerIn zu verringern. Das Gefühl, nicht im Stich gelassen, sondern aktiv unterstützt zu werden, bewirkt nicht nur eine Beheimatung des/der SeelsorgerIn innerhalb der Kirche, sondern trägt auch dazu bei, ihm/ihr zusätzliche Freiräume innerhalb der Organisation Klinik zu eröffnen.

1.3. Positive Folgewirkungen auf persönlicher Ebene

Personale Kompetenz ist ebenso wie die facettenreiche theologische und strukturelle Kompetenz unabdingbare Voraussetzung für die Ausbildung umfassender pastoraler Kompetenz, die wiederum für eine professionelle Tätigkeit als SeelsorgerIn unerläßlich ist. Im Anschluß an Stenger, für den personale Kompetenz und Identität deckungsgleich sind, wird auch in vorliegender Arbeit davon ausgegangen, daß sich umfassende pastorale Kompetenz auf personaler Ebene in Form einer aufeinander abgestimmten menschlichen, gläubigen und beruflichen Identität realisiert.[9] Mit Hagenmaier läßt sich dies auf die einfache Formel bringen: „Die Glaubwürdigkeit des eigenen Lebensentwurfes auch vor sich selbst ist dabei wichtig.... Der psychisch kranke Mensch braucht Mitmenschen, die eine klare eigene Identität haben."[10] Im Begriff 'Lebensentwurf' klingt an, daß Identität eine brüchige Größe darstellt, die sich im Laufe der seelsorglichen Tätigkeit entwickelt, verändert und erneuert, weshalb sie als eine eschatologische Größe zu begreifen ist.[11] Ein derartiger Entwicklungsprozeß wird sich aber nur dann einstellen, wenn die individuell gewählten Strategien zur Bewältigung berufsbedingter Belastungsfaktoren dazu beitragen, persönliche Identität auszubilden.

Wie in den vorhergehenden Überlegungen deutlich wurde, können Solidarisierungs-, Spiritualisierungs- und Humanisierungsstrategien aufgrund ihrer kompetenzsteigernden Effekte die Entwicklung einer integrierten Identität begünstigen. Für SeelsorgerInnen hätte dies zur Folge, daß sie sich als psychisch stabile, optimistische, belastbare, motivierte, kontaktfreudige, selbstbewußte, selbstkritische, sich selbst liebende und gläubig-spirituell verwurzelte Menschen mit ihrem Beruf identifizieren können und auf der Basis einer grundsätzlichen Arbeitszufriedenheit Psychiatrieseelsorge als eine berufliche Tätigkeit erfahren, von der sie trotz aller Belastungsfaktoren persönlich profitieren: „Man kann mit gutem Grund diesen Beruf als einen der schönsten, befriedigendsten, freiesten bezeichnen, der den, der ihn ausübt, gesünder macht oder mindestens weit weniger krank macht als viele andere Berufe."[12]

---

9   Den Zusammenhang der drei Identitätsformen umschreibt Stenger folgendermaßen: „Je tragfähiger die humane und die gläubige Identität (Identität ersten und zweiten Grades) eines Mitarbeiters ist, um so eher lassen sich Probleme im Bereich der beruflichen Identität (Identität dritten Grades) bearbeiten und bewältigen." STENGER; H. (1984): Identität, S. 297.

10 HAGENMAIER, H.u. M. (1991): Seelsorge, S. 85/26. Vgl. auch BAUMGARTNER, K. (1996): Damit die Welt glaubt: Was Seelsorgerinnen und Seelsorger glaubwürdig macht.

11 Vgl. HENKE; TH. (1994): Seelsorge, S. 538; BAUMGARTNER; I. (1990): Pastoralpsychologie, S. 303; KLESSMANN, M. (1994): Stabile Identität - brüchiges Leben?, S. 298-299.

12 GESTRICH, R. (1987): Am Krankenbett, S. 138.

2. Negative Folgewirkung: Ausbildung defizitärer pastoraler Kompetenz

2.1. Negative Folgewirkungen auf inhaltlicher, praktischer und methodischer Ebene

Tritt in Folge ungenügender oder fehlgeschlagener Professionalisierung und Spezialisierung die Situation ein, daß ein/eine PsychiatrieseelsorgerIn nur eine defizitäre theologische Kompetenz und in der Folge keine umfassende pastorale Kompetenz ausbilden kann, wird sich für ihn/sie aufgrund fehlender Kenntnisse die Auswahlmöglichkeiten zwischen unterschiedlichen Seelsorgekonzepten stark reduzieren und damit die Fähigkeit zur Herstellung individueller und situationsangemessener Perspektivenkonvergenz drastisch sinken. Daß Seelsorge in der Folge konzept-los betrieben wird, d.h. Theorie, Praxis und Methodik nicht aufeinander abgestimmt sind, erscheint unausweichlich. SeelsorgerInnen werden in diesem Fall gezwungen sein, sich entweder auf bewährte Tätigkeiten und Methoden der Psychiatrieseelsorge zurückzuziehen und sich pragmatisch am Klinikalltag zu orientieren, oder eine diffuse Vielbeschäftigtheit an den Tag zu legen, die kreativem Handeln zum Verwechseln ähnlich sieht. Fehlt dem/der SeelsorgerIn zudem eine grundlegende theologieübergreifende Fähigkeitskompetenz werden sich im Alltag v.a. auf interpersoneller Ebene unweigerlich Probleme einstellen. So können ungenügende psychologisch-psychotherapeutische Kenntisse die Begegnungsstruktur mit allen Menschen, die sich im Krankenhaus aufhalten, erschweren. Besitzt der/die SeelsorgerIn keinerlei Wissen um psychiatrische Krankheitsbilder und deren Behandlung, wächst nicht nur die Gefahr, daß seine/ihre seelsorglichen Bemühungen an der Situation des kranken Menschen vorbeigehen, sondern auch, daß er/sie sich selbst von PatientInnen instrumentalisieren läßt und damit eine krankheitsstabilisierende Funktion einnimmt.

2.2. Negative Folgewirkungen auf institutionell-struktureller Ebene

Fehlt dem/der SeelsorgerIn in Folge „chronische(r) Verleugnung der Organisationsperspektive"[13] institutionell-strukturelles Wissen, liegt die Gefahr nahe, Mißinterpretationen des seelsorglichen Alltags vorzunehmen: „Irrelevanz für die Institution wird gedeutet als Versagen; Konfliktlosigkeit mit der Institution wird erlebt als Erfolg usw."[14] Wenn dem Individuum SeelsorgerIn die Kompetenz, die Bedeutung struktureller Vorgaben für seine Tätigkeit erfassen und aktiv nützen bzw. erweitern zu können, abgeht, liefert es sich der Organisation Krankenhaus und dessen Vorgaben aus. Eine besonders weitreichende Folgewirkung strukturell ungenügender Kompetenz kann darin bestehen, daß der/die Seelsorgerin nicht in der Lage ist, die an sie/ihn herangetragenen divergierenden Rollenerwartungen auf ein professionelles Rollenprofil hin zu bündeln. Die Ausweichstrategie, berufliche Identität durch entsprechende Anleihen aus anderern Berufsrollen zu gewinnen bzw. auf ein 'Superioritäts-Profil' zu gründen, führt jedoch zu Rollendiffusionen, Rollenkollisionen und gegenseitigen Rollenabwertungen, die eine interdisziplinäre Zusammenarbeit extrem erschweren.[15] Scheitert die Bewälti-

---

13 HELLER; A. (1997): Seelsorge, S.57.

14 FRÖR, P. (1980): Seelsorge und Institution, S. 19.

15 „Im harten Machtkampf der Rollenprofilierung in solchen Systemen (psychiatrischen Kliniken) fliehen die Betroffenen (SeelsorgerInnen) in Rollenanteile der Nachbarberufe, nicht selten mit dilletantischem Effekt, um sich mit dieser Kompetenz dafür zu legitimieren, daß sie im Krankenhaus präsent sein dürfen. Die Spitze des Eisbergs ist z.B. ein Seelsorger, der im weißen Mantel durch die Abteilungen läuft, der also so offensichtlich von der beruflichen Identitätsanleihe der 'Herren in Weiß' profitiert. Damit ist auch die Flucht

gungsstrategie der Klinikintegration, heißt dies aber für das Individuum nicht nur, daß es seine Tätigkeit zumeist als isolierter Einzelkämpfer zu leisten hat, sondern auch, daß es bestenfalls als Außenseiter ignoriert, schlechtestenfalls als Störenfried bzw. Konkurrent bekämpft wird. Eine befriedigende Ausbalancierung der Doppelloyalität gegenüber Klinik und Kirche wird unter diesen Umständen kaum möglich sein.

Folglich werden SeelsorgerInnen den Zwischenstatus entweder zugunsten der Klinik oder der Kirche auflösen. Überbetonung der Klinikloyalität aber kann dazu führen, daß sich SeelsorgerInnen allen Funktionsabläufen und Zielvorgaben der Klinik unterordnen und sich selbst unsichtbar machen: „Die Versuchung angesichts der strukturellen Bedeutungslosigkeit besteht darin, daß KrankenhausseelsorgerInnen sich treiben lassen, quasi offiziell verschwinden und nirgends mehr auffallen, geschweige denn anecken."[16] Überbetonung der Kirchenloyalität dagegen kann bewirken, daß SeelsorgerInnen bewußt die Funktion von distanzierten Gästen übernehmen und in relativer Betriebsfremdheit den Versuch unternehmen, unabhängig von Klinikstrukturen zu agieren, weshalb sie auch in dieser Variante innerhalb der Krankenhausstrukturen unsichtbar werden, d.h. weder positiv noch negativ auffallen. Mangelnde strukturelle Fähigkeitskompetenz in Blick auf die Organisation Kirche kann aber unterschiedliche Folgewirkungen mit sich bringen: Zum einen kann sich der Zustand einspielen, daß KrankenhausseelsorgerInnen ihrer Tätigkeit in zunehmender Loslösung von kirchlichen Strukturen und Vorgaben in eigener Verantwortung nachgehen und sich aus kirchenpolitischen Diskussionen um Veränderungen und Verbesserungen der Arbeitsbedingungen heraushalten. Inwieweit dies auch eine perönliche Distanzierung sowie einen Verlust an Zugehörigkeits- und Heimatgefühlen impliziert, wird sich von Individuum zu Individuum unterscheiden. Zum anderen kann aber auch der Zustand eintreten, daß SeelsorgerInnen extrem unselbständig und fremdgesteuert arbeiten, indem sie ihren Dienst nach den Vorgaben ihrer Dienstvorgesetzten und Anstellungsträger erledigen, wobei diese keine Rückmeldungen erhalten.

1.3. Negative Folgewirkungen auf persönlicher Ebene

Wenn Humanisierungs-, Spiritualisierungs und Solidarisierungsstrategien nicht greifen, kann dies zur Folge haben, daß sich auf der Ebene persönlicher, gläubiger oder beruflicher Identität Defizite ausbilden oder eine Integration der Identitätsanteile unmöglich wird. Fragmentarische Identität erschwert es dem Indivduum jedoch, mit den berufsbedingten Belastungsfaktoren adäquat umgehen zu können, weshalb die berufliche Tätigkeit zunehmend als persönlich belastend und unergiebig empfunden werden kann, wobei ein schleichender Prozeß einsetzt, „in welchem ein ursprünglich engagierter Professioneller sich als Reaktion auf in der Arbeit wi-

---

in entsprechende psychologische, psychiatrische, sozialpädagogische Sprachspiele verbunden." FUCHS, O. (1995): Gott hat einen Zug ins Detail, S. 79. Für Hagenmaier weist v.a. die Anleihe des psychotherapeutischen Rollenprofils auf den Versuch hin, der institutionellen Marginalisierung durch eine 'Supertherapeutenexistenz' zu entgehen. Vgl. HAGENMAIER; M. (1982): Der 1. Fall, S. 369.

Als 'Superioritäts-Modell' bezeichnet die Verfasserin ein Rollenkonstrukt, das es SeelsorgerInnen erlaubt, sich als eine Berufsgruppe zu verstehen, die die humanen, medizinischen, psychologischen, sozialen und sonstigen Anstrengungen anderer Berufsgruppen erst zur vollen Wirksamkeit bringt bzw. gegenüber der Institution die Funktion der Ideologiekritik einnimmt. Für Gestrich erweisen sich SeelsorgerInnen auf der Grundlage dieses Rollenverständnisses schnell als „inhumane Besserwisser", die institutionell ausgegrenzt werden. GESTRICH, R. (1987): Am Krankenbett, S. 161.

Nach Piechowiak katapultieren sich SeelsorgerInnen aufgrund fehlender Rollenprofilierung selbst aus dem Kommunikationsgefüge der Klinik. Vgl. PIECHOWIAK, H. (1981): Seelsorge im Krankenhaus, S. 152.

16 KLESSMANN, M: (1997): Die Stellung der Krankenhausseelsorge, S. 34.

derfahrene(n) Streß und Streßreaktion (stress and strain) von seiner oder ihrer Arbeit zurückzieht."[17] Dieses als 'Burnout' klassifizierte Syndrom stellt nach Stenger auch für SeelsorgerInnen ein folgenschweres Problem dar: „Das Gespenst des Burn-out geht um, auch unter Seelsorgern und Seelsorgerinnen, und sucht, wen es verschlingen könnte."[18] Auch Zerfaß fragt: „Wieviel Antriebslosigkeit in der Seelsorge ist in Wahrheit ein Ausdruck von Resignation, also eine Folge des 'Ausbrennens'?"[19] Ausbrennen impliziert nicht nur ein vorübergehendes Ermüden, sondern eine traumatische psychische Erschöpfung als Endzustand einer defensiven Bewältigung von Berufsstress, weil die beruflichen Anforderungen die perönlichen Ressourcen und Kompetenzen weit übersteigen.[20] Chronische Überforderung, Berufsunzufriedenheit und resignativer Rückzug, begleitet von psychischen und psychosomatischen Symptomen, sind die Folge: „Es besteht immer die Gefahr, daß eine(r) in langjähriger seelsorglicher Arbeit psychisch und spirituell ausbrennt, leer wird und nur noch oder kaum noch funktioniert."[21] Schaubild 39 auf der nächsten Seite faßt die Symptome des 'Burnout-Syndroms', die in der Literatur verstreut genannt, aber unterschiedlich zugeordnet und gewichtet werden, zusammen.[22]

---

17 CHERNISS, in: KLEIBER/ENZMANN (198): Helfer-Leiden, S. 42.

18 STENGER, H. (1997): Zuständig wofür?, S. 27.

19 ZERFASS, R. (1988): Biographie, S. 282.

20 Burisch betont: „Wer ausbrennt, muß wahrscheinlich einmal 'gebrannt' haben, und sei es nur für das Ziel, in seinem Beruf ein hohes Maß an Kompetenz zu erreichen." BURISCH, M. (1989): Das Burnout-Syndrom, S. 13. Schall spricht v.a. von einer 'Inneren Ermüdung', einem 'restlos Aufgezehrtsein', das mit einer tiefen inneren und äußeren Krise einhergeht. Vgl. SCHALL, T. (1993): Erschöpft, S. 10.

21 KLESSMANN, M: (1997): Die Stellung der Krankenhausseelsorge, S. 46.

22 Zur Verdeutlichung der negativen Folgewirkung für das Indivduum SeelsorgerIn werden im Folgenden zwei Burnout-Erfahrungen widergegeben:
„G. fällt die Arbeit seit einiger Zeit furchtbar schwer, es kostet ihn große Überwindung, auf eine Station zu gehen und Besuche zu machen. Er träumt von der Klinik, schon auf dem Weg morgens dorthin fühlt er sich angespannt und deprimiert, er sieht nicht, wie das weitergehen kann."... „Auf Dauer können starke Gefühle der Überforderung entstehen. Die Motivation brennt aus, und man sucht sich längere Erholungszeiten und Tätigkeitsfelder, die nicht so anspruchsvoll sind, unterrichtet in der Krankenpflegeschule, statt die Intensivstation zu besuchen, bereitet ausgiebig liturgische Feiern vor, statt den mühseligen Kontakt zu den Ärzten zu knüpfen." KLESSMANN, M. (1997): Die Stellung, S. 46; HELLER, A. (1997): Seelsorge, S. 130.
Vertiefende Literatur: ABEL, PETER: Burnout in der Seelsorge. Mainz, Grünewald, 1995; GUSY, BURKHARD: Stressoren in der Arbeit, soziale Unterstützung und Burnout. Mchn., Profil, 1995; SCHALL, TRAUGOTT U.: Erschöpft - müde - ausgebrannt. Würzburg, Echter, 1993; BURNOUT und Stress. Praxismodelle zur Bewältigung. Hg. v. E. MEYER. Hohengehren, Schneider, 1991; BURISCH, MATTHIAS: Das Burnout-Syndrom. Theorie der inneren Erschöpfung. Bln., Springer, 1989; KLEIBER, DIETER u. D. Enzmann: Helfer-Leiden: Streß und Burnout in psychosozialen Berufen. Heidelberg, Asanger, 1989.

Individuelle Folgewirkungen

Schaubild 39
Symptomkomplex des Burnout-Syndroms

Störungen im Umgang mit PatientInnen
Unfähigkeit, zuzuhören
Anteilnahmslosigkeit
Unfähigkeit zur Einfühlung
Kälte, Zynismus
Ungeduld, Verständnislosigkeit
Distanz, Meidung von Kontakt

Emotionale Störungen
Deprimierte Stimmungslage
Launenhaftigkeit
Abrupte Stimmungsschwankungen
Gleichgültigkeit
Verzweiflung
Selbstmordgedanken

Antriebsstörungen
Energielosigkeit
Chronische Müdigkeit
Gefühl der Erschöpfung
Angespanntsein
Nervosität, Unruhe
Fehlende Motivation

Kognitive Störungen
Konzentrationsschwäche
Leistungsschwäche
Kreativitätsverlust

Störungen im Umgang mit KollegInnen und dem Personal
Kompromißunfähigkeit
Schuldzuweisungen
Konflikthäufung
Nichteinhalten von Absprachen/
Verabredungen, Aufträgen usw.
Mißtrauisches, nörgelndes Verhalten
Humorlosigkeit, Reizbarkeit
Meidung von Gesprächen
Meidung von Kontaken

Psychosomatische Reaktionen
Schlafstörungen, Alpträume
Herzklopfen
Erhöhter Blutdruck
Atembeschwerden
Einengungsgefühl in der Brust
Muskelverspannungen
Rückenschmerzen
Kopfschmerzen
Verdauungsstörungen
Magen-Darm-Geschwüre
Vermehrter Genuß von
Alkohol, Tabak, Drogen
Sexuelle Probleme
Schwächung des Immunsystems:
Krankheitsanfälligkeit

BURNOUT-SYNDROM

Flucht ins Machen
Extremer Fleiß, Aktivismus
Unbezahlte freiwillige Mehrarbeit
Verdrängung von Mißerfolgen
Verdrängung von Enttäuschungen
Gefühl der Unentbehrlichkeit
Gefühl, nie Zeit zu haben
Verleugnung eigener Bedürfnisse
Selbstausbeutung

Rückzug
Arbeisunzufriedenheit
Widerwillen gegenüber der Arbeit
Überdruß, Langeweile, Desinteresse
Reduziertes Engagement
Rückzug auf Routinetätigkeiten
Rückzug auf Amtshandlungen
Vermeidung bestimmer Abteilungen
Vermeidung bestimmter PatientInnen
Ständiges auf die Uhr sehen
Tagträume, Fluchtphantasien
Überziehen von Arbeitspausen
Verspäteter Arbeitsbeginn
Vorverlegter Arbeitsschluß, Fehlzeiten
Aufblühen am Wochenende
Rückzug ins Privatleben
Vorzeitige Kündigung
Jobwechsel

Auslösung diffuser Gefühle
Insuffizienzgefühle
Ohnmachtsgefühle
Schuldgefühle
Sinnlosigkeitsgefühle
Hoffnungslosigkeitsgefühle
Gefühl mangelnder Anerkennung
Einsamkeitsgefühle
Schwächegefühl
Reduzierte Selbstachtung
Selbstmitleid
Gefühl, ausgebrannt/leer zu sein

V. Institutionalisierte Hilfsangebote zum Erwerb pastoraler Kompetenz

> „Die Bezeichnung 'Psychotherapeut' oder 'Psychotherapeutin' darf
> von anderen Personen als Ärzten,
> Psychologischen Psychotherapeuten
> oder Kinder- und Jugendpsychotherapeuten
> nicht geführt werden."
>
> Gesetz über die Berufe des Psychologischen Psychotherapeuten und
> des Kinder- und Jugendpsychotherapeuten (1998), S. 1311.

1. Angebote kirchlicher Einrichtungen

Sowohl die evangelische wie auch die katholische Kirche bieten ihren in der Krankenhausseelsorge tätigen MitarbeiterInnen in Form von Kursen, Workshops, Seminaren, Tagungen, Informationsveranstaltungen oder Lehrgängen ein breites Spektrum an Fortbildungsmöglichkeiten zum Erwerb berufsspezifischer Zusatzqualifiaktionen an, wobei sich das Angebot von Landeskirche zu Landeskirche sowie von Diözese zu Diözese stark unterscheidet.[1] Im Kontext vorliegender Arbeit wird aufgrund seines Vorbildcharakters v.a. auf ein Zusatzqualifikationsangebot für 'Seelsorge mit psychisch Kranken und Behinderten' der Diözesen in Nordrhein-Westfalen, das inzwischen für TeilnehmerInnen aus allen Diözesen geöffnet ist, hingewiesen. Praxiserfahrene hauptamliche SeelsorgerInnen an psychiatrischen Kliniken, Abteilungen und Seniorenheimen mit gerontopsychiatrischer Versorgung sowie ehrenamtliche MitarbeiterInnen können ihre Fachkompetenz (humanwissenschaftliches, psychologisches und psychiatrisches Wissen) und Seelsorgekompetenz (Fähigkeit, eine pastorale Identität auszubilden, zu beraten und zu begleiten, adäquat pastoral zu handeln, zu kooperieren und zu kommunizieren, um die eigene Rolle in der Institution zu klären) in einem von ExpertInnen geleiteten kompakten Lehrgang (Einführungskurs, 5 x 5 Tage Wochenblock, 10 Supervisionssitzungen in Kleingruppen, fakultative Kursteilnehmertreffen, Abschlußprüfung) vertiefen.[2]

2. Angebote christlicher Gesellschaften

2.1. Deutsche Gesellschaft für Pastoralpsychologie (DGfP)
2.1.1. Allgemeiner Überblick

Die 1972 im Kontext der Seelsorgebewegung gegründete Deutsche Gesellschaft für Pastoralpsychologie (DGfP), die sowohl die Funktion einer wissenschaftlichen Vereinigung, eines Berufs- bzw. Interessenverbandes deutschsprachiger PastoralpsychologInnen wie auch die ei-

---

[1] Jahresprogramm bzw. Veranstaltungshinweise können direkt in den Seelsorgeämtern- bzw. Referaten der einzelnen Diözesen und Landeskirchen erfragt werden, wobei die jeweiligen Arbeitsgemeinschaften der Krankenhausseelsorge als Ansprechpartner qualifiziert weiterhelfen können.

[2] Informationsmaterial: ZUSATZQUALIFIKATION pastoraler Dienste in der Behindertenseelsorge der Diözesen in Nordrhein-Westfalen. Dritter Lehrgang in der Seelsorge mit psychisch Kranken und Behinderten. Hg. v. Arbeitskreis der Behindertenseelsorge In NRW. Köln/Aachen, Mai 1998.

Institutionelle Hilfestellungen

nes Fortbildungsinstitutes innehat, bietet pastoralen MitarbeiterInnen konfessionsübergreifend ein standardisiertes Angebot an pastoralpsychologischen Zusatzqualifikationen an.[3] Dieses zielt v.a. darauf ab, dem/der Mitarbeiterin bei der individuellen Ausbildung umfassender pastoraler Kompetenz behilflich zu sein. Nach Klessmann steht dabei die Verbesserung der Beziehungs- und Kommunikationsfähigkeit, die Fähigkeit, institutionell-strukturelle und politische Zusammenhänge erkennen und mit ihnen umgehen zu können, sowie die Bereitschaft, sich auf der Basis ausreichender Kenntisse bezüglich der eigenen Person eine berufliche Rollenidentität anzueignen, im Mittelpunkt.[4] Ladenhauf, der in Blick auf die Zielperspektive ebenfalls von einem pastoralen Kompetenzzuwachs und einer Steigerung der persönlichen Glaubwürdigkeit ausgeht, hebt besonders hervor, daß es in pastoralpsychologischen Kursen nicht darum geht, die Funktionstüchtigkeit der SeelsorgerInnen zu verbessern, um sie an die strukturellen Bedingungen anzupassen, sondern v.a. darum, ihre persönliche und berufliche Identität zu stärken, d.h. auf der Basis von Selbsterfahrung einen Dienst an den SeelsorgerInnen als konkrete Menschen zu leisten.[5] Bereits Anfang der 80er Jahre resümierte Baumgartner: „Teilnehmer an pastoralpsychologischen Ausbildungsvorgängen schätzen diese Kurse im Vergleich zu anderen theologischen Aus- u. Fortbildungsveranstaltungen als sehr positiv ein. Die Teilnahme an solchen Kursen wirkt sich zudem signifikant auf die berufliche Zufriedenheit von Seelsorgern aus... Die durch pastoralpsychologische Ausbildung geleistete Profilierung an pastoraler Kompetenz ist somit ganz wesentlich ein Vorgang der beruflichen und persönlichen Identitätsbildung, sie ist eine Form der Seelsorge am Seelsorger."[6]

In Blick auf die pastoralpsychologische Methodik erläutert Klessmann: „Bei der pastoralpsychologischen Ausbildung wird häufig eklektisch-integrativ gearbeitet, da nicht primär die Ausbildung in einer bestimmten Therapieform beabsichtigt ist."[7] Da sich die DGfP aus 5 Sektionen (1. Organisation-System; 2. Gestaltseelsorge und Psychodrama in der Pastoralarbeit; 3. Klinische Seelsorgeausbildung; 4. Personzentrierte Psychotherapie und Seelsorge; 5. Tiefenpsychologie) sowie sektionsfreien MitarbeiterInnen zusammensetzt, und jede Sektion über eigene Curricula verfügt, existiert eine komplexe Vielfalt an Fortbildungsangeboten.[8]

Zusätzlich zu den Fortbildungsangeboten der einzelnen Sektionen besteht die Möglichkeit, sich pastoralpsychologische Zusatzqualifikationen über universitäre Angebote (erste Ausbildungsphase bereits während des Theologiestudiums; zweite Ausbildungsphase während der

---

3   Vgl. KLESSMANN. M. (1993): Aus- und Fortbildung in Pastoralpsychologie; HAMMERS, A. (1990): Pastoralpsychologische Ausbildung; LADENHAUF, K.H. (1986): Pastoralpsychologische Weiterbildung; SCHARFENBERG, J. (1990): Pastoralpsychologische Kompetenz von Seelsorgern/Innen; BAUMGARTNER, I. (1982): Seelsorgliche Kompetenz als pastoralpsychologisches Bildungsziel.

4   Vgl. KLESSMANN; M. (1993): Aus- u. Fortbildung in Pastoralpsychologie, S. 94-95.

5   Vgl. LADENHAUF, K.H. (1995): Ihr werdet aufatmen, S. 37-38.

6   BAUMGARTNER, I, (1982): Seelsorgliche Kompetenz, S. 321.

7   KLESSMANN; M. (1993): Aus- u. Fortbildung in Pastoralpsychologie, S. 97. Neben der Aneignung theoretischen Wissens stehen deshalb v.a. Selbsterfahrungsgruppen, Fallbesprechungsgruppen, Bibliodrama, Einzel- u. Gruppentherapie sowie Supervision im Mittelpunkt. Vgl. a.a.O., S. 96-99.

8   Schneider weist jedoch darauf hin, daß die Sektionen der DGfP untereinander kaum durchlässig sind. Vgl. SCHNEIDER. B. (1993): Vom garstigen Graben zwischen Pastoral und Psychologie, S. 165.

pastoralen Berufsausbildung)[9] oder über berufsbegleitende Hochschul- bzw. Weiterbildungskurse[10] anzueignen.

2.1.2. Klinische Seelsorgeausbildung (KSA)

Auf die Klinische Seelsorgeausbildung[11] als eine Form pastoralpsychologischer Fortbildung wird nicht nur deshalb ausdrücklich hingewiesen, weil sich diese gerade für SeelsorgerInnen, die im Psychiatrischen Krankenhaus arbeiten, aufgrund des Klinikbezugs als besonders geeignet erweist,[12] sondern auch, weil sie von den Kichen zunehmend für eine pastorale Tätigkeit im Krankenhaus vorausgesetzt wird. So schreibt Klessmann in Blick auf die evangelische Kirche: „Es ist gegenwärtig die Regel, daß als Voraussetzung für die Besetzung einer Krankenhauspfarrstelle eine 12-wöchige Klinische Seelsorge Ausbildung oder eine vergleichbare Ausbildung gefordert werden."[13] Auch die katholischen Bischöfe betonen: „Neben einer theologischen Ausbildung ist eine Zusatzqualifikation z.B. in 'Klinischer Seelsorgeausbildung (KSA)' nicht nur wünschenswert, sondern dringend erforderlich."[14] Als inhaltliches Spezifikum der KSA gilt: „KSA hat kein allgemeingültiges Curriculum. Wissensvermittlung steht nicht an erster Stelle. Im Erfahrungslernen geht es vielmehr um die seelsorgliche Identität des Einzelnen... Durch seelsorgliche Praxis, intensive Kommunikation, Interaktion in Gruppen und Supervision wird ein neues und vertieftes Verstehen von Menschen, von Prozessen zwischen Menschen, von geschichtlichen Werdegängen und nicht zuletzt von der Begegnung Gottes mit Menschen angeregt. KSA fördert in erster Linie die Bildung der Persönlichkeit des Seelsorgers/der Seelsorgerin. Er/sie soll durch Auseinandersetzung mit sich selbst und anderen sowie durch Integration und Trennung seine Möglichkeiten und Grenzen im Umgang mit Menschen entdecken und erweitern. Eine wesentliche Aufgabe in der Arbeit an sich selbst bildet das Verstehen und die Klärung des eigenen Glaubens. Die eigene Beziehung zu Gott

---

9   Beispielhaft wird auf das von I. Baumgartner ausgearbeitete Passauer Modell verwiesen. Vgl. BAUMGARTNER, I. (1990): Pastoralpsychologie, S. 307-315.

10 Beispielhaft wird auf das von K.H. Ladenhauff ausgearbeitete Grazer Modell, das auf gestalttherapeutisch-integrativen Methoden beruht, verwiesen. Vgl. LADENHAUF, K. H. (1990): Integrative Therapie und Seelsorgelernen, S. 189-193.

11 Die KSA wurde Anfang der 70er Jahre aus Amerika und den Niederlanden zunächst in der evangelischen Kirche rezipiert: „Aus der Kooperation zwischen der Konferenz (für Krankenhausseelsorge in der EKD) und der EKD entstand 1972 in den von Bodelschwingschen Anstalten Bethel, ein von der EKD gefördertes Seelsorgeinstitut an der kirchlichen Hochschule Bethel, das unter der Leitung von Prof. Dr. D. Stollberg, orientiert an dem amerikanischen Modell der Clinical Pastoral Education (CPE), Kurse in Klinischer Seelsorge Ausbildung (KSA) durchführte. Seither sind in den großen Landeskirchen Seelsorgeseminare entstanden, die entsprechende Qualifizierungen anbieten." KLESSMANN, M. (1996): Von der Krankenseelsorge, S. 47. In der katholischen Kirche wurden 1974 unter Mayer-Scheu die ersten KSA-Kurse in Heidelberg durchgeführt. Vgl. FABER; H. (1993): Die Bedeutung der klinischen seelsorgerischen Ausbildung für die Kirche; MAYER-SCHEU, J. (1982): Eine katholische Seelsorgeausbildung in der Bundesrepublik.

12 Gerade Psychiatrische Kliniken galten von Anfang an als idealer Ausbildungsort für die KSA. Vgl. ROOS, D. (1989): Die psychiatrische Klinik als Lernfeld für Kurse in 'Klinischer Seelsorgeausbildung'.

13 KLESSMANN, M. (1996): Von der Krankenseelsorge zur Krankenhausseelsorge, S. 48.

14 DIE SORGE der Kirche um die Kranken (1998), S. 33.

wird ausdrücklich in das Lernen einbezogen."[15] KSA ist somit weder eine Form von Therapie noch die Vermittlung einer bestimmten therapeutischen Methode als Handwerkszeug für den pastoralen Alltag![16] Die KSA, die sich an haupt-, neben- oder ehrenamtliche MitarbeiterInnen in der Seelsorge, Angehörige helfender Berufe aber auch Theologiestudierende richtet, wird jährlich von den KSA-Zentren der Landeskirchen oder Diözesen organisiert. Die Ausbildung kann als berufsbegleitender Ganzjahreskurs oder fraktioniert in Wochenblöcken erfolgen. Zusätzlich zum Einführungs- und Grundkurs werden Theoriekurse, Methodenkurse, thematische Kurse, Fallbesprechungsgruppen, Supervisionsgruppen sowie Aufbaukurse angeboten.[17]

2.2. Deutsche Gesellschaft für Biblisch-Therapeutische Seelsorge (DGBTS)

Die 1987 gegründete DGBTS, die sich als Initiative des Württembergischen Pietismus versteht, bietet für haupt- und ehrenamtliche SeelsorgerInnen eine spezifische Ausbildung zu biblisch-therapeutischen SeelsorgerInnen an. Stollberg postuliert: „Unser Angebot soll mit dem Zweimal-Sechs-Wochen-Kurs der Klinischen Seelsorgeausbildung (KSA) vergleichbar sein."[18] Da in den Richtlinien der DGBTS als zentrale Zielsetzung die Förderung seelsorglicher Kompetenz im Umgang mit psychisch Belasteten und Kranken festgehalten wird, stellt diese Fortbildungsvariante für PsychiatrieseelsorgerInnen, die auf der Grundlage des biblisch-therapeutischen Seelsorgekonzeptes arbeiten wollen, eine ideale institutionelle Hilfestellung zum Erwerb ensprechender Zusatzqualifikationen dar. Die zumeist nebenberufliche, sich über 3-4 Jahre erstreckende fraktionierte Ausbildung setzt sich aus einem Grundkurs (mindestens 60 Theoriestunden in Form von Vorlesungen), einem Aufbaukurs (mindestens 140 Theoriestunden Spezialisierung in Verhaltenstherapie, Gesprächstherapie oder Tiefenpsychologie) und einem Spezialkurs (mindestens 60 Theoriestunden zur Vertiefung in Blick auf ein spezifisches Praxisfeld) zusammen. Zusätzlich zu den Kursen müssen mindestens 10 Seelsorgefälle unter Supervision bearbeitet und eine Abschlußarbeit vorgelegt werden. Plieth betont 1994: „Der Besuch von BTS-Lehrgängen ist an keinen bestimmten Schulabschluß gebunden und wird gegenwärtig noch nicht als psychotherapeutische Zusatzausbildung anerkannt; es gibt jedoch Bestrebungen, eine derartige Anerkennung für theologische und sozialpsychologische Berufe zu erwirken."[19]

---

15 INHALTLICHE Identität (1992), S. 113, 112.

16 Die Methodik der KSA umschreibt Gestrich folgendermaßen: „Die Kurse arbeiten mit eingegrenzten Praxisfeldern nach dem Prinzip des 'Learning by doing' und verfolgen dabei das Konzept 'Aktion-Reflexion-Theoriebildung'. Im Zentrum des Geschehens steht die Gruppe (in der Regel 8 Teilnehmer und 2 Leiter) als 'Haupt-Agent', 'Prozeß-Träger' und 'Lebens-Medium' des Lernens. Kurselemente sind z.B. Analyse von Protokollen, die ins Rollenspiel der Gruppe münden kann, Selbsterfahrung im freien Gruppengespräch, Einzelsupervision, Selbsterfahrung durch Körperübungen wie z.B. Konzentrative Bewegungstherapie, Einsatz verschiedener, auch kreativ therapeutischer Methoden. Das Feedback, der Zusammenhalt und die Dynamik der Lerngruppe ermöglichen den Fortschritt des Einzelnen, der in dieser geschützten Situation sich öffnen, regredieren und progredieren kann." GESTRICH, R. (1996): Aus- und Fortbildung, S. 264.

17 Anschriften der einzelnen Insitute und Seelsorgeseminare sind aufgelistet in: KLINISCHE Seelsorgeausbildung 2000 in der Bundesrepublik Deutschland und in der Schweiz, in: WzM 51 (1999), S. 438- 443.

18 Vgl. DIETERICH, M. (1993): Biblisch-therapeutische Seelsorge, S. 21.

19 PLIETH, M. (1994): Die Seele wahrnehmen, S. 185. Vgl. auch DIETERICH, M. (1987): Psychotherapie, S. 88-91; SONS, R. (1995): Seelsorge, S. 104-107.

2.3. Deutsche Gesellschaft für Christliche Psychologie (IGNIS)

In ihrer Funktion als Aus- und Fortbildungsinstitut bietet die IGNIS-Gesellschaft in einem Institut für Christliche Psychologie in Kitzingen bei Würzburg ein umfangreiches Ausbildungs- u. Fortbildungsprogramm an. Laien können sich dort zu 'Christlichen BeraterInnen', Fachleute aus dem psychosozialen Bereich, wozu auch PsychiatrieseelsorgerInnen zählen, zu 'Christlichen TherapeutInnen' ausbilden lassen. V.a. für SeelsorgerInnen, die ihre Tätigkeit auf der Basis eines charismatischen Seelsorgekonzeptes verrichten wollen, stellt diese Form der Zusatzqualifikation eine adäquate Hilfestellung dar, zumal die Gesellschaft enge Kontakte zu psychiatrischen und psychosomatischen Fachkliniken, die dem IGNIS-Konzept nahestehen, unterhält. Die 5-jährige Ausbildung umfaßt einen Grund- und Therapiekurs, Praktika, Supervision und eine schriftliche Hausarbeit. Seit 1992 existiert zudem die Möglichkeit, an der 'Europäischen Akademie für Christliche Psychologie', die als private Ausbildungsstätte ebenfalls ihren Sitz in Kitzingen hat, sich als SeelsorgerIn in einer 8-semestrigen Ausbildung durch den Erwerb eines Diploms zum/zur 'Christlichen Psychologin' weiterzuqualifizieren.[20]

3. Angebote psychotherapeutischer Institute

Auf dem Hintergrund des am 1. Januar 1999 in Kraft tretenden 'Gesetz(es) über die Berufe des Psychologischen Psychotherapeuten und des Kinder- und Jugendpsychotherapeuten, zur Änderung des Fünften Buches Sozialgesetzbuch und anderer Gesetze' tritt in Blick auf Zusatzqualifikationen von SeelsorgerInnen an säkularen psychotherapeutischen Instituten folgendes Problem auf, das Burbach bereits 1992 zu bedenken gab: „In einigen Therapieverbänden ist es bis jetzt auch für PädagogInnen, SozialpädagogInnen und TheologInnen möglich, zu einer therapeutischen Zusatzausbildung zugelassen zu werden. Wenn der Berufstitel 'Psychotherapeut' gesetzlich geschützt wird und nur von entsprechend weitergebildeten Diplompsychologinnen geführt werden darf, so werden obig genannte Berufsgruppen von der therapeutischen Tätigkeit im heilkundlichen System ausgeschlossen."[21] Während es SeelsorgerInnen bisher problemlos bzw. unter Anwendung von Ausnahmeregelungen möglich war, ihre seelsorgliche Kompetenz durch die Aneignung spezifisch psychotherapeutischer Methoden an anerkannten Instituten zu steigern, wird dies in Zukunft kaum mehr möglich sein, da der Titel 'Psychotherapeut' gesetzlich geschützt ist, und Personen, die diesen Titel aufgrund ihres beruflichen Status nicht erwerben können, somit von entsprechenden Ausbildungsgängen ausgeschlossen werden: „Die Bezeichnung 'Psychotherapeut' oder 'Psychotherapeutin' darf von anderen Personen als Ärzten, Psychologischen Psychotherapeuten oder Kinder- und Jugendpsychotherapeuten nicht geführt werden."[22] Die Ende 1998 erfolgte Nachfrage der Verfasserin bei den wissenschaftlichen Gesellschaften und Instituten für Gesprächspsychotherapie, Verhaltenstherapie und Tiefenpsychologie hat jedoch erbracht, daß diesbezüglich gegenwärtig noch eine Grauzone besteht. Unabhängig davon, ob PsychiatrieseelsorgerInnen dazu berechtigt sind, eine wissenschaftlich fundierte jahrelange therapeutische Zusatzausbildung

---

20 Vgl. SONS, R. (1995): Seelsorge, S. 131-132.

21 BURBACH, CH. (1992): Hintergründe und Tendenzen des geplanten Psychotherapeutengesetzes, S. 57.

22 GESETZ über die Berufe des Psychologischen Psychotherapeuten und des Kinder- und Jugendpsychotherapeuten, zur Änderung des Fünften Buches Sozialgesetzbuch und anderer Gesetze vom 16. Jubi 1998, in: Bundesgesetzblatt Jg. 1998 Teil I Nr. 36, ausgegeben zu Bonn am 23. Juli 1998, S. 1311-1321, S. 1311.

leisten zu dürfen, um sich als PsychotherapeutInnen zu qualifizieren, wird jedoch auch weiterhin die Möglichkeit bestehen, die vielfältigen Angebote der diversen Institute zu nutzen, die ebenfalls eine psychotherapeutische Kompetenzsteigerung ermöglichen, aber nicht dazu berechtigen, den Therapeutentitel zu tragen.

In Blick auf den Tätigkeitsbereich Psychiatrieseelsorge wird v.a. auf das konfessionsübergreifende Angebot von zwei Instituten hingewiesen. Zum einen auf die 'Wissenschaftliche Gesellschaft für Gesprächspsychotherapie' in Köln, die sowohl eine Qualifizierung in 'Klientenzentrierter Gesprächsführung' als auch eine Ausbildung in 'Klientenzentrierter Psychotherapie' anbietet. Eine 2-jährige Qualifizierung zur Gesprächsführung, die 1999 300 Ausbildungsstunden in Theorie, Praxis, Supervision und Selbsterfahrung umfaßt, setzt keine spezifische Vorbildung voraus und wird daher auch künftig für SeelsorgerInnen ein attraktives Angebot darstellen, um „mit Hilfe des klientenzentrierten Ansatzes Aufgaben ihrer Tätigkeit besser ausüben zu können. Insbesondere soll die Anwendung klientenzentrierter Prinzipien für die Kommunikation und die Gestaltung der professionellen Beziehung vermittelt werden."[23] Eine 5-jährige Ausbildung in Klientenzentrierter Psychotherapie, die 1240 Ausbildungsstunden, 50 Stunden eigene Einzeltherapie und mindestens 300 Stunden psychotherapeutische Tätigkeit im Berufsfeld umfaßt, setzt dagegen ein Hochschulstudium in Psychologie, Humanmedizin, Theologie, Pädagogik, Sozialarbeit, Sozialpädagogik oder Heilpädagogik voraus. Da das Ziel der Ausbildung in der offiziellen Berechtigung besteht, selbstständig und eigenverantwortlich 'Klientenzentrierte Psychotherapie' durchführen zu dürfen,wird das neue Psychotherapuetengesetz aller Wahrscheinlichkiet nach bewirken, daß für SeelsorgerInnen, diese Form der Ausbildung langfristig nicht mehr möglich sein wird.[24]

Zum anderen wird auf das 'Fritz Persl Institut für Integrative Therapie, Gestalttherapie und Keativitätsförderung' FPI in Düsseldorf hingewiesen, das u.a. eine Qualifizierungsmöglichkeit in Gestaltseelsorge und integrativer Pastoralarbeit anbietet. Das Curriculum umfaßt eine dreijährige Ausbildung in Form von Weiterbildungs- und Selbsterfahrungsgruppen (pro Jahr mindestens fünf 4-tägige Seminare) und ein daran anschließendes 4. Jahr, in dem primär eine Supervision der eigenen Seelsorgearbeit erfolgt: „Wir verstehen unsere Weiterbildungsgruppen durchgehend als 'Seelsorge für SeelsorgerInnen', so daß im Vollzug des Gruppenerlebens Seelsorge (an uns selbst) erfahren und gelernt werden kann."[25]

---

23 RICHTLINIEN und Durchführungen für die Ausbildung in Klientenzentrierter Gesprächsführung. Hg. v. der Bundesgeschäftsstelle der Gesellschaft für Wissenschaftliche Gesprächspsychotherapie Köln. 11. Aufl. Sept. 1995, S. 2.

24 Vgl. RICHTLINIEN und Durchführungsbestimmungen für die Ausbildung in Klientenzentrierter Psychotherapie. 10. Aufl. Dezember 1993. Hg. v. der Bundesgeschäftsstelle der Gesellschaft für wissenschaftliche Gesprächspsychotherapie Köln, S. 1-12.

25 FRITZ Perls Institut für Integrative Therapie, Gestalttherapie und Kreativitätsförderung (FPI). Jahresprogramm 1994, S. 90.

THEMATISCHE ZENTRIERUNG

„Die Krankenhausseelsorge

erleidet als alltägliche Erfahrung,

was Schicksal der Kirchen in unseren Breiten ist:

sie wird irrelevanter."

HELLER, ANDREAS:
Seelsorge in der Krise der Krankheit, Krankenhausseelsorge, in:
Baumgartner, Isidor (Hg.): Handbuch der
Pastoralpsychologie. Regensburg, Pustet, 1990.

I. Christentumssoziologische Perspektivenweitung

> „Krankenhausseelsorge heute kann eben nicht mehr aus der ungebrochenen Selbstverständlichkeit einer christentümlichen Gesellschaft operieren."
>
> Zulehner, Paul (1990):
> Pastoraltheologie, Band 3, S. 71.

1. Anmerkungen zum Erscheinungsbild christlicher Religion und individueller Religiosität in Deutschland

1.1. Vorüberlegungen zur Wahl eines christentumssoziologischen Ansatzes

Um das gegenwärtige Erscheinungsbild und den Stellenwert (christlicher) Religion und (christlicher) Religiosität in Deutschland zumindest grob skizzieren zu können, wird im Folgenden weder ein ausschließlich auf die Institution Kirche konzentrierter kirchensoziologischer noch ein gesamtgesellschaftlich orientierter und funktional ausgerichteter religionssoziologischer,[1] sondern ein christentumssoziologischer Zugang gewählt.

Hierbei wird auf den Entwurf Gabriels zurückgegriffen, weil er erstmals das Individualisierungs- und Pluralisierungstheorem konsequent als Deutungsperspektive zur Erfassung der

---

[1] Aus religionssoziologischer Perspektive existieren zwei fundamental unterschiedliche Zugangsweisen zum Phänomen 'Religion'. Zum einen besteht die Möglichkeit, Religion substantiell, d.h. ihrem Wesen nach zu erfassen; zum anderen kann der Frage nach der Funktion, d.h. die Bedeutung und Relevanz von Religion und Religiosität für das Individuum nachgegangen werden. Die Verfasserin beabsichtigt nicht, die „lange und schleppende Diskussion" (Ven, S. 16) über die funktionale Bedeutung von Religion nachzuzeichnen. Einzelheiten in: ARENS, E. (1995): Konturen einer praktischen Religionstheorie; VEN, J. van der (1994): Kontingenz und Religion in einer säkularisierten und multikulturellen Gesellschaft.
Obwohl kein religionssoziologischer Zugang gewählt wird, soll aber an dieser Stelle dennoch positiv hervorgehoben werden, daß es der *Religionssoziologie* zu verdanken ist, daß gegenwärtig einander ergänzende bzw. widersprechende Erklärungsmodelle zur Erfassung der Funktion von Religion, existieren, auf die im Folgenden kurz hingewiesen werden soll: Rein *strukturfunktionale Ansätze*, in denen der Religion eine gesellschaftlich integrierende, legitimierende und stabilisierende Funktion zugeschrieben wird (E. Durkheim, T. Parsond, R. Merton u.a.); Systemtheoretisch *neofunktionalistische Modelle*, nach denen Religion zur Reduzierung gesellschaftlicher Komplexität beiträgt und destabilisierende Irritationen, die von Kontingenzerfahrungen für Persönlichkeits- oder Gesellschaftssysteme ausgehen, aufzufangen hat (N. Luhmann, F.X. Kaufmann u.a.). Dementsprechend unterscheidet Kaufmann zwischen 6 Funktionen der Religion: 1. Identitätsbildung durch Affektbindung und Angstbewältigung; 2. Handlungsführung durch Moral; 3. Ritus und Magie; 4. Sozialintegration durch Legitimierung der und Einbindung in die Gesellschaft; 5. Kosmisierung durch Eröffnung eines Deutehorizonts, der Sinnlosigkeit und Chaos ausschließt; 6. Weltdistanzierung durch Widerstandskraft gegen ungerechte und unmoralische Verhältnisse; *Wissenssoziologische Konzeptvarianten* (P. Berger, Th. Luckmann u.a.) heben v.a. auf die Funktion der individuellen Sinngebung und Transzendenzerfahrung der Religion ab; Aus *religionsphilosophischer Sicht* dagegen wird hauptsächlich die Funktion der Kontingenzbewältigung von Religion in den Mittelpunkt gerückt, wobei die Bewältigung von Kontingenz im Sinne der Bewältigung der Unverfügbarkeiten des Lebens letztlich unabhängig von sozialpolitischen Zielsetzungen fungieren soll (Lübbe). Vgl. LUHMANN, N. (1977): Funktion der Religion; KAUFMANN, F.X. (1989): Religion und Modernität, v.a. S. 70-88; LUCKMANN, Th. (1991): Die unsichtbare Religion; LÜBBE, H. (1990): Religion nach der Aufklärung.
Die Vielfalt der Funktionsbestimmung von Religion läßt erahnen, daß generalisierende Aussagen über den Stellenwert und die Bedeutung von Religion auf rein funktionaler Ebene angesichts der Komplexität der gegenwärtigen Gesellschaft relativ schwer zu treffen sind. Die funktionale Sichtweise scheint daher als Instrumentarium zur Erfassung des dynamischen Wandels der Sozialformen von Religion weniger geeignet.

Phänomene Religion und individuelle Religiosität heranzieht.[2] In bewußter Abkehr vom religionssoziologischen Säkularisierungstheorem,[3] nach welchem die moderne Gesellschaft in Folge der Ausdifferenzierung und Verselbständigung gesellschaftlicher Funktionsbereiche gegenüber der Religion von einem kontinuierlichen Prozeß der Auflösung bzw. Privatisierung von Religion geprägt ist, legt Gabriels Ansatz Wert darauf, die unterschiedlichen Sozialformen bzw. Aggregatszustände von Religion und deren gegenseitige Verwobenheit zu erfassen. Dadurch wird es möglich, nicht nur Aussagen über individuumsübergreifende Prozesse innerhalb der Gesellschaft zu treffen, sondern das komplexe Zusammenspiel von gegenwärtigen Veränderungen der gesellschaftlichen Ausdrucksform, der institutionellen Verfassung von Religion und der individuell angeeigneten und gelebten Religiosität zu ergründen.

---

2 Vgl. GABRIEL, K. (1992): Christentum zwischen Tradition und Postmoderne.

3 „Zur Kennzeichnung des Verhältnisses von Religion und Moderne gibt es wohl kaum ein selbstverständlicheres Paradigma des 20. Jahrhunderts als die *Säkularisierungstheorie*. Es war bekanntlich Max Weber, der mit der Säkularisierung eines der wesentlichen Kennzeichen der Moderne zu deuten versuchte." (Frank, S. 333). Die These der Entzauberung der Welt als fortschreitende Rationalisierung religiöser Deutungssysteme, die unausweichlich zum Verschwinden der Religion innerhalb der Gesellschaft führt, unterliegt jedoch gegenwärtig ebenso wie die darauf aufbauende These Luckmanns und Luhmanns, daß die Religion in der Moderne einem Prozeß der Privatisierung unterliegt, als umfassendes sozialwissenschaftliches Verstehensmodell der Moderne heftiger Kritik. Argumentativ wird dabei v.a. angeführt, daß der angekündigte Entwicklungsprozeß bisher weder kontinuierlich erfolgt sei, noch sein Ziel erreicht habe. Für Frank lassen v.a. weltweite Entwicklungen der 80er Jahre (islamische Revolution, Solidarnosc-Bewegung in Polen, die Rolle der katholischen Kirche im Demokratisierungsprozeß in Latein- u. Zentralamerika, das Erstarken des protestantischen Fundamentalismus als politische Kraft in den Vereinigten Staaten), die nicht als Signale für eine Privatisierung, sondern als eine Repolitisierung der Religion zu werten sind, und das ebenso weltweite Aufkommen neuer religiöser Bewegungen folgende Schlußfolgerung zu: „Daß die Moderne geradezu evolutionistisch und irreversibel in Richtung einer säkularen Gesellschaft, eines wachsenden Atheismus und Agnostizismus und eines zunehmenden Bedeutungsverlustes religiöser Traditionen und Institutionen führt, danach sieht es - im Moment jedenfalls - nicht aus." (Frank, S. 340). Für Lübbe folgt aus diesen Beobachtungen: „Nicht die Religion hat sich als Illusion erwiesen, sondern die Religionstheorie, die sie als solche behandelt." (Lübbe, S. 14). Dementsprechend deutlich formuliert Gabriel: „Zur nüchternen Bestandsaufnahme gehört, sich vom überkommenen Denkschema der Säkularisierung zu lösen, in dem die Frage nach dem Schicksal von Religion und Christentum immer schon vorentschieden erscheint." (Gabriel, S. 141). In kirchenamtlichen Texten jedoch läßt sich feststellen, daß sich das Säkularisierungstheorem noch immer „uneingeschränkter Beliebtheit erfreut" (Zulehner/ Denz, S. 237): „In anderen Gebieten und Ländern dagegen sind bis heute die traditionelle christliche Frömmigkeit und Religiosität lebendig erhalten; dieses moralische und geistliche Erbe droht aber in der Konfrontation mit komplexen Prozessen vor allem der Säkularisierung und der Verbreitung der Sekten verlorenzugehen." (Johannes Paul II, Christi fideles laici, Rom 1986, Nr. 34, in: Zulehner/ Denz, S. 16). Lindner erkennt im starren Festhalten an der Säkularisierungsthese den „problematische(n) Versuch der Identitätsbildung durch dichotome Grenzziehung" (Lindner, S. 33), indem sich religiöse Gruppen/ Institutionen im Gegenüber zur Gesellschaft positionieren und dadurch selbst sektorisieren. Nach Fürstenberg drückt sich darin ein „unbewältigtes Trauma der Amtskirchen... das mit dem Zerfall des Leitbildes einer religiös geprägten Einheitskultur im Laufe der Herausbildung moderner Gesellschaften entstand." (Fürstenberg, S. 279) aus. Vgl. FRANK, G. (1995): Säkularisierung; FÜRSTENBERG, F. (1994): Säkularisierung; FIGL, J. (1985): Säkularisierung; LÜBBE, H. (1990): Religion; ZULEHNER/ DENZ (1994): Wie Europa glaubt und lebt; LINDNER, H. (1994): Kirche am Ort; GABRIEL, K. (1992): Christentum zwischen Tradition und Postmoderne; KRÜGGELER/ VOLL (1992): Säkularisierung oder Individualisierung?

1.2. Individualisierungs- und Pluralisierungsprozesse in ihren Auswirkungen auf das Erscheinungsbild und den Stellenwert von Religion und Religiosität

„Die gesellschaftliche Entwicklung nach dem Zweiten Weltkrieg sprengte den Rahmen der europäischen Industriegesellschaften des 19. Jahrhunderts. Unter Druck gerieten und aufgelöst wurden vornehmlich die traditionalen Elemente des herkömmlichen industriegesellschaftlichen Systems."[4] Komplexe Prozesse der Individualisierung, Pluralisierung und Differenzierung[5] haben demnach zu einer Auflösung traditioneller Plausibilitäten und Verbindlichkeiten geführt und das Individuum Unsicherheiten, Orientierungsproblemen und Sinnkrisen ausgesetzt. Gleichzeitig eröffnete die Befreiung aus überindividuellen Vorgaben und Einschränkungen aber auch den Raum für eine eigenverantwortliche Lebens- und Sinngestaltung, wobei die freie Wahl mit dem Zwang zur Entscheidung korrespondiert.

Daß v.a. der Modernisierungsschub der 60er und 70er Jahre, der die deutsche Gesellschaft in den Zustand der 'entfalteten Moderne' katapultierte, auch mit radikalen Transformationsprozessen für die Sozialform der Religion einhergehen mußte, stellt für Gabriel eine unausweichliche Folgewirkung dar: „Die entfaltete weitergehende Modernisierung in den modernisierten Gesellschaften des Westens schafft neue Bedingungen für das Christentum und seine Sozialformen."[6] Als Hauptcharakteristikum der Veränderung beschreibt Gabriel die Alltagserfahrung des Individuums, in einer 'nachchristlichen Gesellschaft' zu leben.[7] Diese qualifiziert sich durch drei zentrale Entwicklungstendenzen: Zum einen läßt sich erkennen, daß die christliche Religion im Zuge des gesellschaftlichen Differenzierungsprozesses ihre Bedeutung als „die zentrierende Mitte einer Gesellschaft und eines Kulturraumes"[8] verloren hat, da sie „zu einem funktionalen Teilsystem unter anderen geworden (ist)".[9]

---

4 GABRIEL, K. (1988): Nachchristliche Gesellschaft, S. 31.

5 „Im Prozeß der Individualisierung werden die gesellschaftlichen Institutionen, die den Ort der einzelnen Person in der Gesellschaft bestimmen, wie Stand, Geschlecht und Familie immer mehr aufgeweicht. Familien lösen sich auf und setzen sich in immer neuen Variationen zusammen, Geschlechterrollen werden hinterfragt und verschwimmen, Bildungswege werden durchlässiger, der soziale Aufstieg, aber auch der soziale Abstieg wird für immer mehr Menschen möglich... Eng mit der Individualisierung der Menschen hängt die Differenzierung der Gesellschaft zusammen. An die Stelle einer alles umfassenden Sinnwelt trat die rasche Ausdifferenzierung verschiedener Milieus und Bereiche, in denen jeweils eigene 'Kulturen', eigene Sinnwelten und Handlungsmuster Gültigkeit haben... Die Person wechselt mehrmals täglich zwischen verschiedenen Bereichen hin und her und bewegt sich dann selbstverständlich in den dort gültigen Handlungsnormen. Die Kongruenz muß jede Person in ihrer eigenen Lebensgeschichte selbst herstellen." KLEIN, S. (1995): Der tradierte Glaube in der modernen Gesellschaft, S. 353, 354. Vgl. auch BERGER, P.L. (1980): Der Zwang zur Häresie; BERGER/LUCKMANN (1995): Modernität, Pluralismus und Sinnkrise.

6 GABRIEL, K. (1992): Christentum zwischen Tradition und Postmoderne, S. 141. Jörns, der ebenfalls das Individualisierungs- u. Pluralisierungstheorem als analytische Kategorie aufgreift, zusätzlich aber auch das Globalisierungstheorem (die Tatsache, daß viele Menschen z.B. durch Massentourismus und Telekommunikation mit fremden Kulturen und Religionen in Berührung kommen) zur Erklärung religiöser Transformationsprozesse heranzieht, schlußfolgert analog zu Gabriel: „Klar ist jedenfalls, daß sich mit den genannten Umwälzungen auch die Gestalt von Religion bzw. Religiosität gewandelt hat und weiter wandeln wird - sichtbar oder unsichtbar." JÖRNS, K.P. (1997): Die neuen Gesichter Gottes, S. 3.

7 Vgl. GABRIEL, K. (1988): Nachchristliche Gesellschaft heute!

8 GRÖZINGER, A. (1992): Es bröckelt an den Rändern, S. 28.

9 POHL-PATALONG, U. (1996): Seelsorge, S. 76.

Zum anderen zeigt der vielschichtige Individualisierungsprozeß, daß der einzelne Mensch nicht länger an normierende Vorgaben überindividueller Religiosität gebunden ist. Ebenso wie in allen Lebensbereichen bedeutet Individualisierung, daß bisher gültige und stützende religiöse Welt- und Lebensdeutungen an Verbindlichkeit und Plausibilität verlieren. Dadurch geraten aber auch Religion und Religiosität unter das Verdikt der subjektiven, reflexiven und eigenverantwortlichen Lebensgestaltung: „In jedem Fall gilt, daß religiöse Entscheidungen subjektiv getroffen werden wollen und insbesondere als in der Kompetenz des Individuums stehend eingefordert werden. Religion ist subjektiv, Religion ist Privatsache, Religion unterliegt der Entscheidung des einzelnen."[10] Aus der empirischen Beobachtung, daß der Einfluß institutionalisierter Religion auf die Form und den Inhalt persönlichen Glaubens nachläßt, schließt Jörns: „'Gott' hat ein der jeweiligen Lebenssituation korrespondierendes 'Gesicht', das sich in Abhängigkeit von differierenden soziokulturellen Lebensbedingungen einschließlich der Veränderungen, die im Laufe einer Biographie eintreten, wandelt."[11] Daß sich das individuelle Streben nach religiöser Erfahrung und Sinngebung gerade auf dem Hintergrund des Individualisierungsprozesses der Moderne nicht als solches auflöst, sieht Gabriel darin begründet, daß der Umbruch zur Postmoderne selbst religionsproduktive Tendenzen aufweist. Die begrenzte Verarbeitungskapazität des Individuums im Geflecht permanenter Wahlfreiheit und -notwendigkeit, die das Risiko individuellen Scheiterns drastisch erhöht, erzeugt einen Überschuß an Kontingenzen, deren Verarbeitung auf individueller und gesellschaftlicher Ebene religiöse Strategien erforderlich macht: „Auf der individuellen Ebene dominiert das Kriterium der Brauchbarkeit zur Angst und Lebensbewältigung bei der Auswahl religiöser Sinnaspekte... Die 'Individualität ohne Ende' als Charakteristikum radikalisierter Modernisierung erweist sich als religionsproduktiv im Sinne des Suchens nach Transzendenz und Sicherheiten im eigenen Selbst... Auf der gesellschaftlichen Ebene produziert der Überschuß an Kontingenzen und die Entzauberung des Fortschrittsmythos die Suche nach einer neuen Beheimatung der Welt in einem übergreifenden religiösen Makrokosmos. Die Religion soll die Welt wieder als ein sinnvolles Ganzes erscheinen lassen. Sie soll angesichts des Verschwimmens aller Grenzen und der unendlich erscheinenden Erweiterung der Kontingenzen verpflichtende Grenzen und Unverfügbarkeiten bereitstellen."[12]
Infolge der radikalen gesellschaftlichen Pluralisierung, die auch religiöse Deutungssysteme erfaßt hat, wird es dem einzelnen Menschen somit möglich, aus einer Vielfalt religiöser Angebote gezielt auszuwählen: „Die wachsende Dispersion des Religiösen, also seine Verteilung auf ganz unterschiedliche Orte, Anbieter und Sozialformen, scheint eine Signatur unserer Zeit zu sein."[13] Die Angebotsvielfalt umfaßt sowohl die klassischer Weltreligionen, traditioneller religiöser Sekten, revitalisierter okkultistisch-satanistischer Gruppierungen, 'verkappter Reli-

---

10 DAIBER, K.F. (1997): Religion in Kirche und Gesellschaft, S. 149.

11 JÖRNS, K.P. (1997): Die neuen Gesichter Gottes, S. 199.

12 GABRIEL, K. (1992): Christentum zwischen Tradition und Postmoderne, S. 158/159.

13 EBERTZ, M. (1997): Kirche im Gegenwind, S. 111. Hemminger schlußfolgert: „Durch die heutigen Reise- und Kommunikationsmöglichkeiten werden Religionen, Ideologien und Weltdeutungen aus allen Ecken der Erde zu uns transportiert, von ehrwürdigen Religionen Ostasiens bis zum karibischen Voodoo-Kult. Ein schwer überschaubares Nebeneinander von Wahrheitsansprüchen wird dadurch im Westen - und rapide auch im Osten - zur Normalität." HEMMINGER, H. (95): Religion wozu?, S. 79-80. Bezüglich der Privatisierung und Autozentrik religiöser Entscheidung hebt Ebertz hervor, „daß die persönliche Auswahl aus den tradierten Religionsbeständen und deren 'eigensinnige' Kombinatorik ('Synkretismus') zum durchgehenden Charakteristikum der modernen Sozialform des Religiösen geworden ist". A.a.O., S. 146.

gionen', die von Psychotherapie bis zur Nacktkultur reichen, wie auch die der 'neureligiösen Szene': „Als sogenannte 'New-Age-Religiosität' hat sie inzwischen eine erkennbare Gestalt mit gewissen Konturen als Alternative zum kirchlich verfaßten Christentum angenommen. Sie verbindet sich eng mit einer marktmäßig operierenden organisierten Psycho- und Therapiekultur."[14] Die neue Religiosität, die von esoterischen und synkretistischen Elementen dominiert ist, weist als Produkt der Moderne eine ebenso individualisierte und pluralisierte Sozialform auf, weshalb ihr der Charakter einer allgemeinverbindlichen Weltanschauung abgeht. Für Sauer verlangt sie keine Bindung an rechtlich verfaßte Organisationen mit klar bestimmter Mitgliedstruktur, sondern schafft sich eine Szene, in der Individualität, Anonymität und Konformität ausbalanciert werden müssen; zudem erhebt sie keinen exklusiven Wahrheitsanspruch und verzichtet auf Dogmen als Inbegriff eines kognitiven Wissenssystems; sie setzt auf das Gefühl religiöser Unmittelbarkeit, knüpft an der unerfüllten Innerlichkeit des Subjekts an und zielt auf eine Bedürfnisbefriedigung im Hier und Jetzt.[15]

1.3. Spezifische Folgewirkungen für das Christentum, die Kirchen und christliche Religiosität

1.3.1. 'Abbröckeln' der gesellschaftlichen religiösen Monopolstellung des Christentums

Ebenso wie alle europäischen Länder ist auch Deutschland von der christlichen Religion kulturell geprägt, da dem Christentum im Vergleich zu allen anderen religiösen Erscheinungsformen bisher eine gesellschaftliche Monopolstellung zugebilligt worden ist, wobei Christentum und (Amts)Kirchen im Laufe der Geschichte in eins gesetzt wurden: „Christentum wird heute ganz überwiegend mit dem identifiziert, was die Kirchen repräsentieren."[16] Gerade in Blick auf die Kirchen als institutionalisierte Gesellschaftsform der christlichen Religion[17] kommt Gabriel jedoch zu folgendem Ergebnis: „Der Modernisierungsschub der Nachkriegsentwicklung betraf die Kirchen und die Katholiken in besonderer Weise, weil sie zu den wichtigsten Trägern einer Industriegesellschaft mit eingeschränkter Modernität gehörten."[18] In Übereinstimmung mit Sauer, für den die neue Religiosität der Gegenwart „schlichtweg am Christentum vorbeiführt"[19] gelangt auch Gabriel zu folgendem Ergebnis: „Der neue Strom re-

---

[14] GABRIEL, K. (1992): Christentum zwischen Tradition und Postmoderne, S. 148.

[15] Vgl. SAUER, H. (1995): Abschied von der säkularisierten Welt?, S. 344-345.
Sekten dagegen zielen für Hemminger v.a. auf „Wahrheitsbesitz in einem Meer von Irrenden, Rettung in einem Meer von verlorenen, eine sichtbare, irdische Autorität, die das Heil garantiert - die allerdings auch unbegrenzte Hingabe verlangen kann. Der Eintritt in eine Sekte kann zur scheinbaren Rettung vor den Unsicherheiten und Unschärfen des modernen Lebens werden, und es ist kein Zufall, daß besonders jüngere Menschen anfällig sind." HEMMINGER, H. (1995): Religion wozu?, S. 208-209. Prägnant bringt Zulehner die inhaltliche Faszination von Sekten auf den Punkt: „Aus der Verbindung von Orientierungsnot und Suche nach religiösem Erleben gehen offensichtlich immer mehr in Gruppen, die gleichzeitig beides verheißen: Freiheitsentlastung und religiöse Erfahrung aus erster Hand." ZULEHNER, P. (1998): Sekten, S. 210.

[16] KAUFMANN, F.X. (1989): Über die Schwierigkeit des Christen in der modernen Kultur, S. 126-127.

[17] Kaufmann betont, daß der Begriff 'Kirche' bereits in den Anfängen von den Christen selbst zur Bezeichnung ihres Sozialzusammenhanges verwendet wurde. Vgl. KAUFMANN, F.X. (1984): Gesellschaft, S. 68.

[18] GABRIEL, K. (1992): Christentum zwischen Tradition und Postmoderne, S. 31.

[19] SAUER, H. (1995): Abschied von der säkularisierten Welt?, S. 347.

ligiöser Vitalität erreichte die Kirchenmauern nur zaghaft, suchte sich ein Bett außerhalb der Kirchenmauern. Es drängt sich der Eindruck auf, als revitalisiere sich die Religion gerade auf Kosten ihrer kirchlich-institutionellen Verfassung."[20] Dies bringt jedoch eine einschneidende Folgewirkung für die Kirchen mit sich: „Zweifelsohne haben die Kirchen - wie gezeigt - an Einfluß auf das Leben des einzelnen verloren. Es gibt einen 'weltanschaulichen Markt' mit einer Vielzahl miteinander konkurrierender Lebenswissen, so daß die Kirchen gewissermaßen in eine Konkurrenz mit anderen Anbietern gestellt sind."[21] Sauers Annahme, daß aufgrund der Konkurrenzsituation religiöser Welt- und Sinndeutung die gegenwärtige Gesellschaft Deutschlands das Gesicht einer polymorphen, polytheistisch pluralistischen Kultur aufweist,[22] wird jedoch von der Verfasserin trotz der unübersehbaren religiösen Pluralisierung in Anbetracht der statistischen Datenlage nicht geteilt. In Anschluß an Daiber und Ebertz wird vielmehr folgende These, die durch entsprechendes Zahlenmaterial erhärtet werden soll, favorisiert: „So muß insgesamt von einem durch eine weitgehende öffentliche Präsenz der christlichen Kirchen begrenzten Pluralismus ausgegangen werden."[23]

Von begrenztem Pluralismus läßt sich deshalb sprechen, weil noch immer ca. 85% der BürgerInnen der alten und 30 % der neuen Bundesländer der katholischen oder evangelischen Kirche bzw. kleineren Kirchen, Freikirchen und kirchennahen Gemeinschaften angehören.[24] Die traditionelle bikonfessionelle Struktur der christlichen Großkirchen, die beide ungefähr gleich viele Mitglieder aufweisen und „die sich selbst als Volkskirchen verstehen und heute wechselseitig als Repräsentanten des Christentums anerkennen",[25] prägt demnach noch immer die religiöse Landschaft Deutschlands, obwohl sich 'Christentum' nicht mehr ausschließlich in der römisch-katholischen und evangelischen Großkirche institutionalisiert, wie folgende Zahlen zeigen:[26] In Deutschland gehören über 1 Million ChristInnen orthodoxen Kirchen, ca. eine halbe Million den christlichen Freikirchen, ca. 20 Tausend kirchennahen Gemeinschaften, ca. 700 Tsd. kirchenfernen christlichen Religionsgemeinschaften, die auch als Sekten bezeichnet werden, und ca. 24. Tausend synkretistischen Gruppierungen christlich-esoterisch-neugnostischer Weltanschauung an. Eine weitere halbe Million hängt zudem synkretistischen neuen religiösen Bewegungen an, die teilweise auf christliches Gedankengut zurückgreifen. Während der Zuwachs an Mitgliedern innerhalb der christlichen Freikirchen und Sekten stagniert, läßt das Datenmaterial den Schluß zu, daß gerade synkretistische Bewegungen ein Wachstum verzeichnen.

---

20   GABRIEL, K. (1992): Christentum zwischen Tradition und Postmoderne, S. 12.

21   METTE/BLASBERG-KUHNKE (1986): Kirche auf dem Weg ins Jahr 2000, S. 96.

22   Vgl. SAUER, H. (1995): Abschied von der säkularisierten Welt?, S. 344-347.

23   DAIBER, K.F. (1995): Religion unter den Bedingungen der Moderne, S. 174. Ebertz spricht von einem 'begrenzten expliziten religiösen Pluralismus'. Vgl. EBERT , M. (1997): Kirche im Gegenwind, S. 107. Für Kroeger handelt es sich noch immer um eine „erstaunlich hohe Kirchenmitgliedschaft". KROEGER, M. (1997): Die Notwendigkeit der unakzeptablen Kirche, S. 61.

24   Vgl. DAIBER, K.F. (1997): Religion in Kirche und Gesellschaft, S. 83.

25   KAUFMANN, F.X. (1989): Über die Schwierigkeiten des Christen in der modernen Kultur, S. 119.

26   Das widergegebene Datenmaterial entstammt EBERTZ, M. (1997): Kirche im Gegenwind, S. 76-77; KLÖCKER/TWORUSCHKA (1994): Religionen in Deutschland; DAIBER, K. F. (1995): Religion unter den Bedingungen der Moderne, S. 132-139.

Auch nicht-christliche Religionen fassen zwar zunehmend in Deutschland Fuß und tragen formal zu einer Pluralisierung religiöser Ausdrucksformen bei. Folgende Zahlen lassen jedoch erahnen, daß ihre Existenz bisher nicht zu einem entscheidenden Monopolverlust der christlichen Religion geführt hat: Mitte der 90er Jahre wurden ca. 40 Tausend AnhängerInnen der jüdischen, ca. 60 Tausend der buddhistischen und ca. 3 Millionen verschiedener islamischer Religionsgemeinschaften, deren AnhängerInnen v.a. unter den gegenwärtig ca. 7 Millionen ausländischen MitbürgerInnen zu finden sind, registriert.[27] Hinzu kommen Gläubige asiatischer Religionsgemeinschaften wie die der Ananda Marga (3 Tausend), Hare-Krishna-Bewegung (unter 1 Tausend), Osho-Bewegung (Sannyasins, ca. 50 Tausend), der Vereinigungskirche (Moon) sowie der Transzendentalen Meditation. Auch von der Gruppe der sich als AtheistInnen deklarierenden Menschen in Deutschland geht bisher keine ernstzunehmende Gefährdung für die Vormachtstellung des Christentums in der deutschen Gesellschaft aus, da sich ihre Zahl in Gesamtdeutschland bei 8% einpendelt, wobei in den östlichen Bundesländern auch Werte bis zu 20% ermittelt worden sind.[28] Inwieweit okkultistisch-spiritistische bzw. neue religiöse Bewegungen wie Scientology (ca. 300 Tausend), Internationale Gralsbewegung, Universelles Leben, Fiat Lux oder 'New Age' flächendeckend die Monopolstellung des institutionalisierten Christentums unterwandern könnten, läßt sich gegenwärtig nicht voraussagen, da noch kein gesichertes Datenmaterial zur religionssoziologischen Erfassung dieses Phänomens vorliegt.[29]

Auf dem Hintergrund der vorgestellten Zahlen läßt sich folgender Schluß ziehen: Obwohl die beiden Großkirchen in Deutschland aufgrund ihrer öffentlichen bzw. verdeckten Präsenz noch immer einen hochrangigen gesellschaftlichen Stellenwert besitzen,[30] geht ihre exklusive Monopolstellung zugunsten einer religiösen Pluralisierung zunehmend verloren, wie Fuchs drastisch formuliert: „Kirche und Theologie haben hierzulande ihr Monopol auf die Erlebnisräu-

---

27 Vgl. DAIBER, K.F. (1995): Religion, S. 142- 148. Vgl. auch KROEGER, M. (1997): Die Notwendigkeit, S. 98. KLÖCKER/TWORUSCHKA (1994): Religionen in Deutschland.

28 Vgl. ZULEHNER/DENZ (1994): Wie Europa glaubt und lebt, S. 234; EBERTZ, M. (1997): Kirche, S. 66.

29 Vgl. BARKER, E. (1993): Neue religiöse Bewegungen.

30 Der noch immer hohe gesellschaftliche Stellenwert der christlichen Kirchen spiegelt sich in folgenden Beobachtungen wider: *Symbolische Präsenz* in Form von Kirchenbauten; *aktiv intervenierende Präsenz* über öffentlichkeitswirksame Massenmedien wie Zeitung, Funk, Fernsehen und Internet, das Angebot konfessionellen Religionsunterrichtes in öffentlichen Schulen, das Betreiben eines flächendeckenden Netzes an Beratungsstellen, Erwachsenenbildung, caritative Einrichtungen (Kindergartenarbeit, Jugendarbeit, Altenhilfe, Krankenhauswesen usw.) und kirchliche Hilfsorganisationen, der Anwesenheit christlicher Funktionsträger bei öffentlichen Veranstaltungen bis hin zu Staatsempfängen sowie der Veröffentlichung von Verlautbarungen und Denkschriften bezüglich gesellschaftspolitischer Fragestellungen; *eingeforderte Präsenz* durch die hohe Teilnahme der Bevölkerung an lebenszyklischen Ritualen wie Taufe, Eheschließung und Beerdigung, sowie deren Teilnahme an öffentlichen Veranstaltungen wie Gottesdiensten, Prozessionen, Wallfahrten, Katholikentagen, Kirchentagen usw. Hinzu kommen *verdeckte Formen gesellschaftlicher Präsenz* v.a. durch die „Erwähnung eines 'Gottes' in der Präambel des Grundgesetzes bis hin zur religiösen Form des Eides." GRÖZINGER, A. (1992): Es bröckelt an den Rändern, S. 21. Vgl. ZERFASS, R. (1994): Kirche und Katholizismus in der Bundesrepublik, S. 97; DAIBER, K.F. (1995): Religion unter den Bedingungen der Moderne, S. 182. Sauers These, daß die Kirchen einem gesellschaftlichen Rand- und Schattendasein anheimgefallen sind, läßt sich an Hand der nur angedeuteten Formenvielfalt öffentlicher Präsenz kaum aufrechterhalten. Vgl. SAUER, H. (1995): Abschied von der säkularisierten Welt?, S. 347.

me der Religiosität gründlich verloren."[31] Da aber noch immer der weitaus größte Teil der Bevölkerung formal der katholischen oder evangelischen Kirche zugehört, zeichnet sich zumindest gegenwärtig nicht ab, daß die Kirchen 'vor dem Herzinfarkt stehen' oder bereits 'am Ende sind'.[32] Grötzingers These, daß es gewaltig 'an den Rändern bröckelt' scheint dem Stellenwert der Kirchen und damit des institutionalisierten Christentums innerhalb der deutschen Gesellschaft somit am nächsten zu kommen.[33]

Schaubild 40 auf der nächsten Seite soll die zwar noch existierende, aber gegenwärtig stark bröckelnde gesellschaftliche Monopolstellung der christlichen Religion grob und ohne Anspruch auf Vollständigkeit illustrieren.

---

31 FUCHS, O: (1995): Sein-Lassen und Nicht-im-Stich-Lassen!, S. 133. Auch Ebertz schlußfolgert: „Die Kirchen haben das Monopol auf Religion, die Definitionshoheit des Religiösen im Lande verloren, und damit auch an Integrationskraft in der Bevölkerung." EBERTZ, M. (1997): Kirche im Gegenwind, S. 147.

32 Vgl. ALBUS, M. (1993): Kirche vor dem Herzinfakt; AMERY/METZ/SCHOLZ u.a. (1995): Sind die Kirchen am Ende? Kaufmann dagegen stellt folgende These auf: „Nur würde ich die religiöse Lage in Deutschland zur Zeit nicht so einschätzen, daß eine Gesellschaft ohne Christentum unmittelbar bevorsteht. Das schon deshalb nicht, weil dem Christentum bislang kein ernsthafter Konkurrent erwachsen ist." ES BLEIBEN TIEFE AMBIVALENZEN (1997): Ein Gespräch mit F.X. Kaufmann, S. 74.

33 GRÖZINGER, A. (1992): Es bröckelt an den Rändern.

Christentumssoziologische Perspektivenweitung

Schaubild 40:
'Bröckelnde' religiöse Monopolstellung
der christlichen Religion in Deutschland

1.3.2. Kirchliche De-Institutionalisierungs- und Polarisierungsprozesse

Zusätzlich zum gesellschaftlichen Monopolverlust des Christentums beschreibt Gabriel die durch den Modernisierungsschub der 60er und 70er Jahre ausgelöste Tendenz, daß sich ChristInnen zunehmend von institutionalisierten Formen des Christentums distanzieren.[34] De-Institutionalisierungsprozesse zeigen sich v.a. darin, daß immer mehr Menschen eine bewußte Entscheidung gegen die Kirchen treffen, indem sie aus ihnen austreten, ohne gleichzeitig aus dem Christentum auszutreten: „Wer aus der evangelischen oder katholischen Kirche ausgetreten ist, kann sich nach wie vor selbst als evangelisch bzw. katholisch verstehen. Die Kirche... ist offensichtlich nach dem Bewußtsein nicht weniger Menschen noch etwas anderes als die Organisation Kirche."[35]

Während zwischen 1969 und 1973 die Kirchenaustrittszahl revolutionär anstieg, hat sie sich inzwischen auf ca. 0,5 % der katholischen und ca. 1 % der evangelischen Kirchenmitglieder pro Jahr eingependelt, wobei der Anteil junger Männer überrepräsentiert ist:[36] „Kirche scheint für viele Menschen zur 'fremden Heimat' geworden zu sein, und immer mehr Kirchenmitglieder scheinen 'von Bord' zu gehen oder gehen zu wollen."[37] Nach Kroeger ist die Kirchenaustrittstendenz sowohl mit einer übergreifenden Privatisierungs- und Entsolidarisierungswelle, die auch Parteien, Verbände und kulturelle Institutionen betrifft, als auch mit gesellschaftspolitischen und ökonomischen Gegebenheiten, eng verknüpft: „Seltener aus bewußter Opposition, meist nur aus abflachendem Interesse, statistisch vorrangig aus Kirchensteuergründen, wird der Kirchenaustritt als ein letzter Schritt auf dem Weg einer langen Entfremdung vollzogen. Dabei scheinen derzeit - angesichts der hohen Abgaben und Steuern - manche Menschen wirklich aus purer Not auszutreten".[38] Andere Autoren dagegen heben v.a. inhaltliche Zusammenhänge hervor. So urteilt Kreppold: „Denn es ist nicht immer religiöse Gleichgültigkeit, die Menschen veranlaßt, die Kirche zu verlassen, sondern ihr hoher Anspruch an spiritueller Erfahrung... So wird für einen großen Teil unserer Zeitgenossen die verfaßte Religion, sprich Kirche, immer bangloser, weil das Angebot von Religiosität außerhalb, wie es scheint, ihrem Verlangen weit eher entgegenkommt."[39] Fuchs dagegen spekuliert: „Der tiefste Grund, warum so viele aus den Kirchen austreten, liegt darin, daß sich die Menschen keine religiöse Angst mehr einjagen lassen wollen. Durch ihr Weggehen signalisieren viele Menschen den massenhaften Zusammenbruch der Verbindung von Religion und Angst."[40]

---

34 Vgl. GABRIEL, K. (1992): Christentum zwischen Tradition und Postmoderne, S. 13.

35 DAIBER, K.F. (1995): Religion, S. 176. Daiber beruft sich in seinem Datenmaterial v.a. auf eine 1992 in Deutschland durchgeführte Bevölkerungsumfrage der Sozialwissenschafften (ALLBUS). Seine These deckt sich mit der Auswertung einer europaweit durchgeführten Befragung. Demnach akzeptiert ein Drittel der befragten Nichtmitglieder christlicher Kirchen zentrale christliche Glaubenssätze, 20 % halten sich zumindest für religiös. Vgl. ZULEHNER/DENZ (1994): Wie Europa glaubt und lebt, S. 236.

36 Vgl. DAIBER, K.F. (1997): Religion in Kirche und Gesellschaft, S. 83. Vgl. auch ENGELHARDT/von LOEWENICH/STEINACKER (Hg.) (1997): Fremde Heimat Kirche.

37 EBERTZ, M. (1997): Kirche im Gegenwind, S. 6.

38 KROEGER, M. (1997): Die Notwendigkeit der unakzeptablen Kirche, S. 73.

39 KREPPOLD, G. (1994): Der ratlose Mensch und sein Gott, S. 32/ 34.

40 FUCHS, O. (1993): Im Brennpunkt, S. 142.

De-Institutionalisierungsprozesse artikulieren sich jedoch nicht nur als öffentliche Distanzierung in Form von Kirchenaustritten, sondern auch als innerliche Distanzierung bei Verbleib in der Organisation Kirche, weshalb Kroeger schlußfolgert: „Ohne die Distanzierten wären die Kirchen längst zur Sekte geworden."[41] Die Distanzierung gegenüber kirchlichen Vollzügen (z.b. sonntäglicher Kirchgang, Teilnahme an Gemeindeaktivitäten, Wahrnehmung sakramental-liturgischer Angebote) sowie gegenüber kirchlichen Lehrinhalten (z.B. bezüglich der Sexualmoral) geht zumeist Hand in Hand mit dem Verschwinden individueller religiöser Praxisformen (z.B. das Tischgebet oder persönliches Beten) und der Weitergabe des Glaubens an die nächste Generation. Kirchen werden als Wahrer einer abstrakten öffentlichen Moral zwar weitgehend bejaht, eine konkrete Einmischung in Wirtschaft, Politik oder Privatleben wird jedoch zumeist abgelehnt.[42]

Aber nicht nur passive Erwartungslosigkeit, sondern auch aktiver ziviler Ungehorsam und Widerstand macht sich unter den Kirchenmitgliedern breit, wie Greinacher für die katholische Kirche deutlich zum Ausdruck bringt: „Götterdämmerung in der katholischen Kirche. Profan ausgedrückt: Der göttliche Lack ist ab. Selbst Katholiken und Gruppen, denen bislang der Gehorsam gegenüber Rom und den Bischöfen über alles ging, wagen den offenen Widerspruch - endlich! Der Protest gegen den Papst und die Römische Kurie war seit dem Ersten Vatikanischen Konzil vor mehr als hundert Jahren nicht mehr so laut wie heute."[43] Dem hohen Innovationsdruck, dem die Kirchen angesichts der angedeuteten Distanzierungsprozesse ausgesetzt sind, können beide Großkirchen im Umbruch zur Postmoderne aufgrund ihrer inneren Strukturierung nach Ansicht Gabriels nicht gewachsen sein. Unfähigkeit zur selbstkritischen Kurskorrekur und Polarisierungsprozesse, die dem fundamentalistischen Flügel Tür und Tor öffnen, bewirken vielmehr, daß die De-Institutionalisierung weiter vorangetrieben wird.[44]

---

41 KROEGER, M. (1997): Die Notwendigkeit der unakzeptablen Kirche, S. 60. Als Untertitel seines Buches führt Kroeger an: Eine Ermutigung zu *distanzierter Christlichkeit*. Vgl. auch den von der katholischen Akademie Freiburg und der evangelischen Akademie Baden herausgegebenen Band: GLAUBEN OHNE KIRCHE. Neue Religiosität als Herausforderung der Kirche (1995); ZULEHNER, P. (1996): Die Fremdheit der Menschen im Hause Gottes. Eine im Auftrag von Focus im März 1999 durchgeführte Befragung von 1004 über 14-jährigen Deutschen erbrachte, daß nur 57% der gläubigen ChristInnen bereit sind, die Lehre ihrer Kirche zu befolgen. Vgl. OSCHWALD, H. (1999): Nur noch christentümlich, S. 123.

42 Vgl. KAUFMANN, F.X. (1989): Das Verhältnis von Glaube, Kirche und Gesellschaft, S. 50.

43 GREINACHER, N. (1994): Kirchliche Götterdämmerung, S. 51. Vlg. auch: NICHT MEHR SCHWEIGEN! Zur gegenwärtigen Situation in der katholischen Kirche (1994).

44 „Der neue *fundamentalistische Sektor* innerhalb des Katholizismus verfolgt verständlicher Weise ein restauratives Programm. Er möchte zurück in die Struktur des klassischen modernen Katholizismus zwischen 1850 und 1950 mit seinem offiziösen, hierarchisch gestützten Fundamentalismus." GABRIEL, K: (1992): Christentum, S. 179. Nach Zerfass gehören ca. 10% der Katholiken bereits dem fundamentalistischen Sektor an. Für Meyer lassen sich fundamentalistische Gruppierungen wie z.B. die des 'Opus Dei' als radikale Gegenbewegung zur individualisierten und pluralisierten Moderne charakterisieren.
Türcke beschreibt das Phänomen des Fundamentalismus als einen, „Versuch, entwurzelten, verunsicherten Individuen seelischen Halt zu geben - durch Kittung eben der Fundamente, die am Zerbröckeln sind. Fundamentalismus beruft sich auf etwas, was erschüttert ist. Gerade deshalb besteht er mit solcher Heftigkeit darauf. Er will von Einwänden gegen seine Überzeugungen nichts wissen, weil er sie selbst nur allzu schmerzlich verspürt. Er ist das anstrengende Dementi seines eigenen Zweifels, ein von Unglauben durchsetzter Glaube, daher nicht nur eine Flucht vor der Moderne, sondern eines ihrer typischen Gesichter." (Türcke, in Keupp, S. 124). Daß die Kirchenleitungen jedoch fundamentalistische Gruppierungen nicht nur dulden, sondern aktiv fördern, „muß in höchstem Maße beunruhigen". WALF, K. (1989): Fundamentalistische Strömungen, S. 261. Vgl. auch KEUPP, H. (1994): Fundamentalismus, ZERFASS, R. (1994): Kirche und Katholizismus in der Bundesrepublik, S. 86; MEYER, Th. (Hg.) (1989): Fundamentalismus, S. 7.

1.3.3. Synkretistische Tendenzen auf der Ebene individueller Religiosität

Mitglieder der christlichen Kirchen leben ihren Glauben zunehmend nicht nur in distanzierter Kirchlichkeit, sondern auch in distanzierter Christlichkeit, was die konkreten Inhalte ihrer persönlichen Religiosität betrifft. Nach Gabriel zeichnet sich diese sowohl durch eine Homogenisierung ehemals konfessionsspezifischer Theologumena als auch durch die Einbeziehung außerchristlicher Vorstellungen im Sinne eines synkretistischen Vorgehens aus, wobei mythische, esoterische, magische und okkulte Elemente miteinander kombinbiert werden:[45] „Die meisten Gläubigen empfinden es als völlig problemlos, zur Bewältigung ihrer Lebens-, Sinn- beziehungsweise Deutungsangebote und Handlungskonzepte auch nichtchristlicher Weltanschauungen und Religionen heranzuziehen, soweit diese nicht dem christlichen Glauben direkt widersprechen."[46] Die normierende Kraft der christlichen Kirchen auf die Gestaltung der individuellen Religiosität ihrer Mitglieder ist nach Jörns drastisch gesunken, wie die Auswertung einer von ihm Anfang der 90er Jahre durchgeführten religionssoziologischen Befragung der Bevölkerung in Blick auf das, was die Menschen wirklich glauben, erbracht hat.[47] Demnach glaubt nur noch eine Minderheit der ChristInnen an traditionelle dogmatische Glaubensinhalte, wobei v.a. dualistische Welterklärungssysteme wie Gott-Satan und Himmel-Hölle sowie klassische Gottesvorstellungen abgelehnt werden: „Selbst im Gottesbild der eher traditionsbewußten Gottesgläubigen zeigen sich also mehrere Gesichter Gottes. Darauf weist vor allem, daß die trinitarische Gottesvorstellung, die die Gottheit Jesu Christi einschließt, nur noch von einer Minderheit mitgetragen wird. Dasselbe gilt für den Gedanken der Allmacht Gottes. Andererseits gibt es ein großes Vertrauen in die unverbrüchliche Treue Gottes zur Welt, die Gott als im Gebet ansprechbares Gegenüber vertrauenswürdig bleiben läßt."[48] Da das Hauptinteresse der meisten gläubigen Menschen „nicht die - kultisch normierte - Verehrung einer durch ihre Selbstoffenbarung gestaltmäßig festgelegten Gottheit, sondern das Vertrauen und die Hoffnung darauf, trotz der Angst, die sie in der Welt haben, mit Gott besser als ohne ihn leben und sterben zu können und eine Perspektive zu haben, die über den Tod hinausreicht",[49] darstellt, erklärt sich, weshalb selbst 15% der evangelischen und 13% der katholischen ChristInnen ebenso wie 16% der Religionslosen ein Gesicht von Gott haben, das diesen weniger als ein personales Wesen, sondern als ein transzendentes Wesen bzw. eine Macht im Sinne einer Energie, eines Welt- bzw. Naturgeistes oder einer kosmischen Energie ausweist.[50]

---

45 Vgl. GABRIEL, K. (1992): Christentum, S. 144 u. 148. Für Welsch drückt sich im synkretistischen Vorgehen der Versuch aus, der „Rationalitäts-Hypertrophie der Moderne mit ebenso exzessiver Irrationalismus-Hypertrophie" zu begegnen WELSCH, W. (1988): Religiöse Implikationen, S. 118.

46 KLEIN, S. (1995): Der tradierte Glaube in moderner Gesellschaft, S. 356.

47 Jörns Analysen basieren auf einer 1992 in Berlin sowie im Hunsrück durchgeführten und vom Institut für Religionssoziologie in Berlin ausgewerteten Umfrage in Form eines Fragebogens mit 97 Fragestellungen zum Thema 'Was die Menschen wirklich glauben'. Vgl. JÖRNS, K.P. (1997): Die neuen Gesichter Gottes.

48 JÖRNS, K.P. (1997): Die neuen Gesichter Gottes, S. 204-205.

49 A.a.O., S. 222.

50 Vgl.a.a.O., 214-215. In der Dritten EKD-Umfrage über Kirchenmitgliedschaft 1992 gaben sogar 25 % der evangelischen ChristInnen an: „Ich glaube an eine höhere Kraft, aber nicht an einen Gott, wie ihn die Kirche beschreibt." DAIBER, K.F. (1997): Religion in Kirche und Gesellschaft, S. 149.

1.4. Schlußfolgerungen

Auf den Punkt gebracht, faßt Jörns das Ergebnis seiner empirischen Analyse dessen, was die Menschen in Deutschland heute wirklich glauben, folgendermaßen zusammen: „Religion und Glaube sind wieder interessant geworden."[51] Auch Ebertz schlußfolgert: „'Religion' ist inzwischen sogar zu einer 'Wachstumsbranche' geworden".[52] Angesichts des offensichtlichen Aufschwungs individueller Religiosität läßt sich Sloterdijk sogar zu folgender Bemerkung hinreißen: „Es ist, als wenn sich in der ganzen Welt die Menschen auf ihre religiöse Kompatibilität hin testen."[53] Für die spezifisch deutsche Situation konstatiert Kroeger nach Sichtung des vorhandenen empirischen Datenmaterials: „Rechnet man noch den religiösen Mitgliederbestand der ausländischen Mitbürger meist nicht-christlicher Religionszugehörigkeit, speziell der Muslime, dazu, so ist Religion in unserer Gesellschaft keineswegs Sache einer verschwindenden, vom Zerfall bedrohten Nachhut, wie der vorzeitige Jubel gewisser Kritiker vermeint, sondern eine fest verankerte Größe, die eine öffentliche Begleitung, öffentliches Bewußtsein und produktive kritische Aufmerksamkeit statt Häme und Sensation verlangt."[54]

Wie die bisherigen Überlegungen zu den gesellschaftlichen Individualisierungs- und Pluralisierungsprozessen und ihren Auswirkungen auf die christliche Religion und Religiosität gezeigt haben, driften jedoch die religiöse Sinnsuche der Menschen und die kulturell tradierte christliche Religion mit ihren inhaltlichen und institutionellen Sinn-Angeboten immer weiter auseinander: „Ein Großteil der religiösen Sehnsüchte und Betätigungen der Menschen hat sich längst neue Sozialformen und Institutionen gesucht."[55] Obwohl sich noch immer ein Großteil der deutschen Bevölkerung zumeist in Form von distanzierter Mitgliedschaft in den christlichen Kirchen organisiert, tritt nach Metz gerade wegen der inneren und äußeren Distanzierung folgende paradoxe Situation ein: „Alle Kirchen stehen heute wie entlaubte Bäume in unserer postmodernen Landschaft;[56] 'Entlaubt' nicht nur wegen der Abnahme der Mitgliedszahlen,

---

51 JÖRNS, K.P. (1997): Die neuen Gesichter Gottes, S. 1. Während sich Jörns Ergebnis mit den Anfang der 90er Jahre in Europa erhobenen Daten deckt, nach denen sich mehr als zwei Drittel der EuropäerInnen für religiös halten und über 60 % der Deutschen an einen Gott glauben, widerspricht seine Schlußfolgerung den Analyseergebnissen des Nachrichtenmagazins 'Der Spiegel', der 1992 eine religionssoziologische Umfrage 'Was glauben die Deutschen?' in Auftrag gab, und folgendes Ergebnis vorlegte: „Die Bundesrepublik ist zu einem heidnischen Land mit christlichen Restbeständen geworden. Sechs Millionen haben (seit 1967) den Glauben an Gott verloren, es gibt schon mehr Konfessionslose als Kirchgänger." in: FEILZER, H. (1992): Gesellschaftliche Veränderungen, S. 241.

52 EBERTZ, M. (1997): Kirche im Gegenwind, S. 147. Zulehner beschreibt Respiritualisierung als den Megatrend der 90er Jahre: „Je säkularer moderne Gesellschaften sind, desto religionsproduktiver werden sie." ZULEHNER, P. (1998): Sekten und neue religiöse Bewegungen in Europa, S. 210. Michel weist jedoch darauf hin, daß in den neuen Bundesländern die Lage anders einzuschätzen ist: „Religion spielt keine Rolle mehr. Dies zeigt sich auch daran, daß außerkirchliche religiöse Angebote, wie sie in den alten Bundesländern mittlerweile in großer Vielfalt zu finden sind, im Osten Deutschlands kaum Resonanz finden. Die Entfremdung trifft alle Formen von Religiosität. In der Regel besteht einfach kein Interesse mehr daran." MICHEL, K.H. (1999): Entkirchlichung als Herausforderung und Chance, S. 101.

53 SLOTERDIJK, in: DREHSEN, V. (1994): Wie religionsfähig ist die Volkskirche?, S 7.

54 KROEGER, M. (1997): Die Notwendigkeit der unakzeptablen Kirche, S.22.

55 FUCHS, O. (1995): Neue Religiosität - Glauben ohne Kirche?, S. 113.

56 METZ, B. (1995): Gotteskrise. Versuch zur 'geistigen Situation der Zeit', S. 77.

sondern auch, weil Kirchenmitglieder ihre Kirche zunehmend auf die Funktion einer caritativen und rituellen Dienstleistungsorganisation reduzieren und sie dementsprechend (be)nutzen.[57] Da die glauben-normierende Kraft der Kirchen aber auch auf ihre eigenen Kirchenmitglieder zurückgeht, weisen die 'Gesichter Gottes' immer stärker synkretistischen Charakter auf. In der Auswertung der Europäischen Wertestudie (EVVS) umschreibt Zulehner diesen Aspekt folgendermaßen: „Wenn man die Studien zur Frage 'Wie christlich sind die Mitglieder der christlichen Kirche' macht, dann erhält man kein sehr erfreuliches Ergebnis... Eine Art dumpfer christlicher Analphabetismus hat sich ausgebreitet."[58] In Distanzierung zu dieser plakativen Aussage versucht die Verfasserin, die angedeutete Entwicklung in Blick auf jeden einzelnen Menschen positiv zu würdigen: Die von Gabriel hervorgehobenen Individualisierungs- und Pluralisierungsprozesse haben dazu geführt, daß das Individuum sich seine Kompetenz in Fragen persönlicher Religiosität bewußt ist und davon Gebrauch macht. Daß Menschen ihre Religion, Konfession und Glaubenstyp auswählen und ihre Wahl im Laufe ihres Lebens eventuell korrigieren, macht deutlich, daß sie sich der religiösen Dimension ihrer Existenz nicht entziehen, sondern von ihrer ureigensten Glaubenskompetenz aktiv Gebrauch machen, wie auch Jörns ohne Verurteilungstendenz hervorhebt: „Deshalb gehe ich davon aus, daß es bald auch in Deutschland keine Seltenheit mehr sein wird, daß Menschen im Laufe ihres Lebens offen den Glaubenstyp, die Konfession oder auch die Religionsgemeinschaft wechseln wollen, weil sie dort, wo sie aufgewachsen und sozialisiert worden sind, nicht mehr die ihnen angemessene religiöse Lebensform finden, sondern anderswo - ohne dabei das Gefühl zu haben, Gott oder gar 'die wahre Religion' zu verraten."[59]

---

[57] Vgl. EBERTZ, M. (1997): Kirche im Gegenwind, S. 147. Ebertz weist aber auch darauf hin, daß bereits 30% der Bevölkerung derartige Dienstleistungen auch kirchenunabhängig von 'freien Anbietern' (z.B. ehemalige Priester und Pfarrerinnen) in Anspruch nehmen würden. Vgl. a.a.O., S. 96.

[58] ZULEHNER, P. (1996): Die Fremdheit des Menschen im Hause Gottes, S. 198.

[59] JÖRNS, K.P. (1997): Die neuen Gesichter Gottes, S. 222.

1.2. Anmerkungen zum gegenwärtigen Stellenwert von Religiosität und christlichem Glauben im Psychiatrischen Krankenhaus

> „Das Religiöse spielt in der Psychiatrie
> eine relativ große Rolle"
>
> Hagenmaier, Martin (1980):
> Erscheinungsformen des Religiösen
> in der Psychiatrie, S. 347.

„Im Krankenhaus spiegeln sich die multikulturellen und multireligiösen Entwicklungen unserer Gesellschaft mit besonderer Intensität wie in einem Brennspiegel."[60] Trifft Klessmanns These zu, so müssen sich die erläuterten Veränderungen im gesellschaftlichen und individuellen Stellenwert von Religion und christlichem Glauben auch im Psychiatrischen Krankenhaus niederschlagen.
Tatsächlich läßt sich nach Gestrich das 'Abbröckeln' der religiösen Monopolstellung des Christentums in der deutschen Gesellschaft im Mikrokosmos Krankenhaus besonders deutlich beobachten: „Krankenhäuser in Deutschland werden multireligiös... Vor allem stellt das Krankenhaus einen multikulturellen Treffpunkt dar, wo sich Deutsche besonders augenfällig mit Mitbürgern aus anderen Ländern mischen, wo Konfessionen und Religionen aufeinandertreffen, und wo verschiedene Glaubens-Prägungen, -Praktiken und Bräuche emotional intensiv gelebt werden."[61] Aufgrund der erläuterten De-Institutionalisierungs- und Polarisierungsprozesse innerhalb der christlichen Religion nimmt nicht nur der Anteil der AtheistInnen und Unschlüssigen, sondern auch der kirchlich bzw. christlich distanzierter ChristInnen zu, für die die traditionellen christlichen Formen und Inhalte keine bzw. eine extrem polarisierte Rolle spielen. Religiosität, die gegenwärtig nicht verschwindet, sondern eher einen modernisierten, individualisierten und pluralisierten Aufschwung erlebt, spielt somit auch im Psychiatrischen Krankenhaus eine wichtige Rolle, wie Schuler angesichts einer Fachtagung zum Thema 'Religion und Psychiatrie' 1994 behauptet: „Religion - daran besteht kein Zweifel - ist ein faszinierendes Thema in der Psychiatrie, wovon z.B. auch die Wandmalereien von Patienten in unserer Klinik oder die immer wiederkehrenden Graffiti an den Aufzugstüren der Klinik Zeugnis ablegen."[62] Da diese höchstwahrscheinlich nicht auf das Personal zurückgehen, liegt der Schluß nahe, daß die Bedeutung individueller Religiosität nicht für alle Personengruppen in der Klinik gleich ist, was im Folgenden erläutert werden soll:

---

60 KLESSMANN, M, (1995): Zu diesem Heft, S. 387.

61 GESTRICH, R. (1995): Gedanken, S. 401. Zur Untermauerung führt Gestrich in Blick auf die PatientInnen an: „Belegt ist auch, daß die drei Millionen Türken durch den Streß des Lebens in fremder Kultur im Durchschnitt etwas häufiger krank werden als Deutsche, so daß Seelsorger in jedem zwanzigsten Bett unserer Krankenhäuser einen Patienten türkischer Abstammung treffen können. Auf Grund ihrer schwierigen Lage - sowohl im Heimat- als auch im Gastland - sind außerdem Asylbewerber, von denen ebenfalls viele aus muslimisch geprägten Ländern kommen, überdurchschnittlich häufig in unseren Allgemeinkrankenhäusern und psychiatrischen Kliniken anzutreffen. Kriegsflüchtlinge aus Bosnien, geprügelte Wehrdienstverweigerer aus Kosovo, mißhandelte Kurden, Opfer der politischen Verhältnisse in Algerien oder Irak finden sich auch deshalb häufiger in unseren Krankenhäusern, weil niedergelassene Ärzte sie wegen der Verständigungsschwierigkeiten zur Sicherheit häufig dorthin überweisen." A.a.O., S. 404.

62 SCHULER, Ch. (1994): Religion, S. 15.

Auf dem Hintergrund seiner alltagspraktischen Erfahrung gibt Hagenmaier zu bedenken, daß gerade psychisch Kranke zu den Menschen gehören, die ein besonders hohes religiöses Potential, das sich nicht nur in den erwähnten Wandmalerein, sondern bereits in der Verwendung religiöser Sprache widerspiegelt, aufweisen: „Nicht nur in der Wahnidee spielt die Religion eine wichtige Rolle. Psychisch kranke Menschen beschreiben bisweilen ihre ganze psychische Situation durch religiöse Aussagen. Es handelt sich um Gefühle, sündig zu sein, um Strafideen, um die Frage nach Verzweiflung, Zugehörigkeit oder Ausgeschiedenwerden. Oftmals werden die Symbole der Endzeit benutzt... Religiöse Symbole oder Metaphern beschreiben seelische Zustände deshalb besonders genau, weil sie der Kontrolle durch den Verstand entzogen sind. Erstaunlich oft sagen psychisch kranke Menschen, sie hätten wenig Ahnung von der Bibel und benutzen dennoch biblische Bilder ganz exakt."[63]

Tendenziell läßt sich nach Hagenmaier jedoch feststellen, daß psychiatrische PatientInnen aufgrund ihrer psychischen Instabilität den Polarisierungstendenzen der Moderne leichter als andere Menschen unterliegen, weil sie eine hohe Affinität gegenüber (christlich) fundamentalistischen Strömungen und Gruppierungen, die Stabilität und Sicherheit auf der Basis individueller Unterordnung unter ein fundamentales Glaubenssystem anbieten, aufweisen.[64]

Auch die Neigung, einer individualisierten (christlich) synkretistischen Form von Religiosität anzuhängen,[65] sieht Hagenmaier bei psychisch Kranken als besonders ausgeprägt an, wobei er diese Tendenz jedoch nicht in ihrer emanzipatorischen Bedeutung würdigt, sondern mit der statistisch ermittelten Tatsache korreliert, daß psychiatrische PatientInnen vermehrt Sekten angehören, weshalb er folgerichtig die Zugehörigkeit zu Sekten und zu fundamentalistischen Gruppierungen parallelisiert: „Vor allem psychisch anfällige Menschen erhoffen sich aus dieser (neureligiösen) Szene Kräfte zur Sicherung des eigenen psychischen Lebens... Psychisch kranke Menschen reagieren auf die Verunsicherungen noch stärker als der Durchschnitt und wenden sich von uns sogenannten Sekten zu, weil diese der Unsicherheit durch eindeutige und in der kleinen Gruppe gut zu kontrollierende Glaubensaussagen entgegentreten."[66]

Religiosität als Copingstrategie gegenüber den Risiken und Gefahren der Moderne kann sich aber für die Kranken nur dann als hilfreich erweisen, wenn die freigesetzten religiösen Ressourcen tatsächlich zur Krankheitsverarbeitung beitragen und den Menschen nicht noch tiefer in sein Krankheitssystem verstricken: „Bestimmte religiöse Überzeugungen können das Erleben und Wohlbefinden stark, schwach oder gar nicht beeinflussen, und ihr Einfluß kann negativ oder positiv sein - dem einen Last, dem anderen Hilfe."[67] Da religionspsychopathologische (Wahn)Symptomatik und psychohygienische individuelle Religiosität somit ebenso wie

---

63 HAGENMAIER. H. u. M. (1991): Seelsorge mit psychisch kranken Menschen, S. 41. Zur Phänomenologie religiös gefärbter psychotischer Zustände vgl. SCHERNUS, R. (1998): Verrücktes und Heiliges.

64 Vgl. a.a.O., S. 45.

65 „Man konnte immer schon auf alle Spielarten christlicher Religiosität stoßen, kirchliche, pietistische, bürgerliche, weltliche - heute kommt die synkretistische dazu. Weil sich die religiösen Grenzen geöffnet haben, begegnet die evangelische und katholische Seelsorge im Krankenhaus jetzt auch Christen, die esoterische Fortbildungskurse besuchen, sich in östlicher Meditation üben oder schamanistische Sterbekulturen trainieren." GESTRICH, R. (1995): Gedanken, S. 401. Auch I. u. H. Chr. Piper betonen: „Seelsorger/innen begegnen in Krankenzimmern zunehmend Einflüssen der Esoterik. Patientinnen und Patienten können darüber sprechen." PIPER, I. u H.Chr. (1996): Religiöse Erfahrung in einer säkularen Institution, S. 187.

66 HAGENMAIER, H. u. M. (1991): Seelsorge mit psychisch kranken Menschen, S. 45, 18.

67 GROM, B. (1994): Religiosität, S. 8.

krankmachende (seelsorgliche) Beeinflussung und 'heilende' (seelsorgliche) Hilfestellung nur durch einen schmalen Grad voneinander getrennt sind, muß der hohe Stellenwert, den Religion für das Individuum PatientIn einnimmt, in seiner Bedeutung für den/die Kranke(n) somit als ambivalent eingestuft werden.

Obwohl Kayser Mitte der 90er Jahre darauf aufmerksam macht, daß immer mehr PatientInnen vom psychiatrischen Personal eine Hilfestellung zur Integration ihrer spirituell-religiösen Anliegen erwarten, konstatiert Klosinski, der ebenfalls als Psychiater tätig ist, daß Religiosität im psychiatrischen Alltag auf seiten des Personals ein tabuisiertes Thema darstellt. Diese Einschätzung trifft sich mit der Küngs, der hinter dieser Strategie bereits in den 80er Jahren nicht nur Desinteresse und Unkenntnis, sondern ein kollektives Verdrängungssyndrom vermutet hat, das v.a. die Berufsgruppe der PsychiaterInnen betreffe: „Und eines fehlt allzu oft: die konstruktive Auseinandersetzung des Psychiaters mit der Religiosität, auch mit seiner eigenen Religiosität - oder Irreligiosität im professionellen (und eventuell auch personellen) Bereich... Muß nicht vielleicht gerade unter Psychiatern, ja akademisch gebildeten und rational erzogenen Menschen überhaupt gefragt werden, ob hier nicht vielleicht doch ein Verdrängungsphänomen vorliegt und ob diese 'Repression' der Religion nicht ein ebenso untersuchungswürdiges Objekt wäre wie deren Explosion in möglicherweise anderen Gesellschaftsschichten und Subkulturen?"[68] Für Hole findet Religiosität bei PsychiaterInnen zumeist nur dann Beachtung, wenn sie in der Symptomatik ein zu behebendes religionspsychopathologisches Phänomen vermuten. Ansonsten sieht er sie aus dem Klinikalltag ausgeklammert bzw. auf den/die Klinikseelsorgerin deligiert. Da die Erfragung der Krankheitsgeschichte nicht die individuelle Glaubensgeschichte beinhaltet, bzw. religiöse Äußerungen aufgrund fehlender Auswertungskriterien vernachlässigt werden können, wird unausgesprochen ein gegenseitiger Pakt auf religiöse Stummheit geschlossen: „Der Patient merkt sehr gut, wenn er von sich aus das Gespräch auf den religiösen Bereich bringt oder Andeutungen in diese Richtung macht, daß sein gegenüber diese Linie nicht aufgreift und das Gesagte einfach übergeht - ganz im Gegensatz zu anderen für ihn wichtigen Fragen. So vermeidet er auch seinerseits weiterhin diese Thematik und bestärkt dadurch wiederum sein Gegenüber in der Meinung, daß religiöse Probleme oder Hintergrundsfragen heutzutage bei den Patienten keine oder nur eine untergeordnete Rolle spielen... Auf diese Weise entsteht Stummheit auf beiden Seiten, und der Patient fühlt sich in wesentlichen existentiellen Fragen alleingelassen."[69]

Daß v.a. PsychiaterInnen als dominierende Berufsgruppe in der interdisziplinären Berufsvielfalt kaum mit der individuellen Religiosität ihrer PatientInnen umgehen können, liegt nicht nur an deren Person, sondern auch daran, daß die Organisation Psychiatrisches Krankenhaus überindividuell eine distanzierte Haltung gegenüber der Religion und religiösen Fragestellungen vorgibt, was wiederum eng mit geschichtlichen Entwicklungen zusammenhängt. Da diese bereits ausführlich im ersten Kapitel erläutert worden sind, wird im Folgenden nur auf zentrale Aspekte hingewiesen: Nach Ablösung des naturphilosophisch-religiösen Paradigmas durch die Naturwissenschaftlich-Medizinische Psychiatrie ging die Personalunion Priester-Psychiater endgültig verloren. Dies bedeutete zwar einerseits, daß sich die Psychiatrie aus religiös-spekulativen Vorgaben befreien und wissenschaftlich weiterentwickeln konnte; andererseits wurde dadurch jedoch die religiöse Dimension zunehmend an den Rand gedrängt. Gesellschaftliche sowie psychiatrieinterne Pluralisierungs- und Differenzierungsprozesse führten zudem zur Etablierung einer Vielfalt an neuen Berufsbildern innerhalb der Psychiatrie, wodurch Seelsorge bzw. die Beschäftigung mit der Religion immer unwichtiger wurde, zumal

---

68 KÜNG, H. (1987): Freud und die Zukunft der Religion, S. 114, 118.

69 HOLE, G. (1987): Religionspsychopathologie, S. 109.

die 'Seele' bzw. 'Psyche' der PatientInnen in den Aufgabenbereich der PsychologInnen überging. Da die Kirchen bis in die 70er Jahre dieses Jahrhunderts nicht in der Lage waren, ihre SeelsorgerInnen angesichts der rasanten psychiatrischen Paradigmenwechsel mit zeitgemäßen Seelsorgekonzepten, die einen interdisziplinären Austausch ermöglicht hätten, auszustatten, trugen sie mit dazu bei, daß sich die religiöse Perspektive innerhalb der Psychiatrie zunehmend selbst überflüssig machte, obwohl sie, rechtlich verankert, formal bestehen blieb.[70] Büchler beschreibt daher die gegenwärtige Lage folgendermaßen: „Der Alltag von Psychiatrie und Religion sieht mit Sicherheit so aus, als hätten sich beide Seelenheilkunden einander nicht viel zu sagen über höflichen und damit gerade Abstand schaffenden Respekt hinaus."[71] Zur Erhärtung seiner These weist er nach, daß in den letzten 22 Jahren in medizinischen und psychologischen Datenbanken nur 110 Arbeiten auftauchen, die die Stichworte 'Religion' und 'Psychiatrie' beinhalten, wobei nur 15 die Beziehung zwischen beiden reflektieren.[72]

Die Bedeutung, die kranke Menschen, psychiatrische MitarbeiterInnen und die Organisation Psychiatrisches Krankenhaus der christlichen Religion bzw. individueller Religiosität einräumen, weist somit eine erhebliche Diskrepanz, die die gesamtgesellschaftliche Situation widerspiegelt, auf: „Das Wahlverhalten der BürgerInnen in der Gesellschaft überträgt sich auf die Kirche im Krankenhaus. Man kann auswählen und die seelsorglichen Angebote (damit auch die Seelsorgenden) abwählen. Kirche ist eine Anbieterin im Spektrum des medizinisch-pflegerischen Service."[73]

---

[70] Als der religiös motivierte pädagogische Rigorismus der Naturphilosophisch-Religiösen Psychiatrie vom medizinischen Paradigma abgelöst wurde, hätte eine selbstkritische Analyse zu einer von spekulativem Ballast befreiten Kurskorrektur führen können. Stattdessen verharrte die theologische Theoriebildung in traditionellen Korsetts. Eine Reintegration religiöser Aspekte fand erst im Kontext der Daseinsanalytisch-Anthropologischen Psychiatrie statt, was jedoch nicht der Theologie, sondern der Philosophie zu verdanken war.

[71] BÜCHLER, B. (1994): Die Tabuisierung der Religion in der Psychiatrie, S. 25.

[72] Ott, der ebenfalls nach diesbezüglichem wissenschaftlichen Material fahndet, legt folgendes Ergebnis vor: „Im Unterschied zu den angloamerikanischen Ländern, in denen das Thema in den letzten beiden Jahrzehnten ausführlich bearbeitet wurde, ist das wissenschaftliche Interesse an einem interdisziplinären Dialog... in Deutschland vergleichsweise gering." OTT, C. (1991): Religiosität, S. 30.

[73] HELLER, A. (1989): Ganzheitliche Lebenspflege, S. 111.

II. Kirchenpolitische Perspektivenweitung

> „Die Kirchen dürfen sich gerade in den Zeiten
> schmaler werdender kirchlicher Haushalte nicht aus
> der großen Verantwortung dieser speziellen
> Aufgabe in Psychiatrie und Krankenhaus stehlen
> und ihre Aufgaben lediglich in den
> Kirchen- und Pfarrgemeinden sehen."
>
> Götzelmann, Arnd (1997):
> Eine neue Seelsorgestudie aus der Psychiatrie, S. 302.

1. Anmerkungen zum gegenwärtigen Stellenwert der Psychiatrieseelsorge in den christlichen Amtskirchen

Welche Bedeutung messen die Amtskirchen der Psychiatrieseelsorge und damit ihren PsychiatrieseelsorgerInnen bei?[1] Daß diese Fragestellung keine rhetorische Raffinesse in dem Sinne darstellt, daß die Antwort natürlich längst im positiven Sinne feststeht, sondern aus der Sicht der vor Ort arbeitenden SeelsorgerInnen tatsächlich eine offene Frage darstellt, läßt sich aus folgendem Hinweis Klessmanns entnehmen: „Sie (die SeelsorgerInnen) haben häufig den Eindruck, daß ihr 'Sonderpfarramt' als Bedrohung und nicht als Bereicherung für die Kirche insgesamt erlebt wird."[2] Dieser Eindruck der evangelischen SeelsorgerInnen deckt sich nach Heller mit dem der katholischen KollegInnen. Obwohl er betont, daß KrankenhausseelsorgerInnen v.a. in informellen Gesprächen punktuell auch seitens der amtskirchlichen Vorgesetzen eine wertschätzende Würdigung ihrer Arbeit erfahren, interessiert sich seiner Erfahrung nach dennoch kaum jemand in den Ordinariaten wirklich für die konzeptionelle Entwicklung der Krankenhausseelsorge: „Zu beobachten ist freilich, daß seitens der Kirchenleitungen nur ein sehr allgemeines und insgesamt diffuses Interesse an der Arbeit der Krankenhausseelsorge besteht."[3] Dieses steht jedoch in krassem Widerspruch zur Forderung der deutschen Bischöfe, den Dienst der Krankenhausseelsorge anzuerkennen und entprechend zu würdigen, denn: „Die Sorge um die Kranken in Krankenhaus und Gemeinde ist eine der zentralen Aufgaben kirchlichen Handelns".[4] Die Ursache für diese Diskrepanz vermutet Heller nicht im persönlichen Desinteresse einzelner Vorgesetzter, sondern in strukturellen Zusammenhängen: „Auch in der Organisation Kirche ist Krankenhausseelsorge weithin strukturell bedeutungslos. Bestimmend für die Logik der kirchlichen Ordinariate ist die Pfarrseelsorge oder die Schulabteilung. Kran-

---

1   Daß diese Fragestellung durchaus nicht neu ist, zeigt eine Anfrage des renomierten Psychiaters Kulenkampff Anfang der 70er Jahre: „Hat die Kirche ein ausreichendes Bewußtsein von der Bedeutung dieses Dienstes?" KULENKAMPF, C. (1971): Moderne Krankenhausseelsorge, S. 303.

2   KLESSMANN, M. (1996): Einleitung, S. 16.

3   HELLER, A. (1997): Seelsorge, S. 57.

4   DIE SORGE DER KIRCHE um die Kranken (1998), S. 37. „In der Hierarchie pastoraler Verpflichtungen sollte jedenfalls die Sorge für Kranke und Sterbende einen ganz hohen Rang einnehmen." A.a.O., S. 4. In der päpstlichen Charta für Seelsorge im Krankendienst, in welcher der Dienst an den Kranken als wesentlicher Teil des kirchlichen Auftrages hervorgehoben wird, heißt es ebenfalls: „Die Tätigkeiten von Personen im Gesundheitsdienst besitzt unschätzbaren Wert als Dienst am Leben." CHARTA (1995), S. 9.

kenhausseelsorge ist ein Sonderbereich neben Tourismus, Ausländern, Caritas, Behinderten und Alten. Vielleicht gibt es einen zuständigen Referenten, der formell die Leitung der Krankenhausseelsorge im Krankenreferat hat, neben sicherlich verschiedenen anderen Tätigkeiten. Zwar wird niemand mehr behaupten können, die Krankenhausseelsorge sei unwichtig, strukturell bleibt sie jedoch auch in der Kirche nachgeordnet."[5] Für Roth läßt sich diese Nachordnung, die Psychiatrieseelsorge noch stärker betreffe als die allgemeine Krankenhausseelsorge, psychologisch erklären: „Psychisch Kranke, die Menschen, die sie betreuen, ja die ganze Einrichtung Psychiatrie werden von der Gesellschaft und auch von der Kirche gern in verständlicher Abwehr des Unbekannten und Erschreckenden an den Rand geschoben, verdrängt, marginalisiert."[6]

Trotz dieser gesamtkirchlichen Marginalisierungs- und Verdrängungsmechanismen fällt auf, daß der strukturelle Stellenwert der Psychiatrieseelsorge in den einzelnen Diözesen und Landeskirchen erheblich schwankt. Dies zeigt sich nicht nur an der unterschiedlichen Zahl der dafür vorgesehenen Planstellen, sondern auch an der Existenz oder am Fehlen von konzeptionellen Vorgaben, Stellenbeschreibungen und Weiterqualifizierungsangeboten. Daß eine Aufwertung des kirchlichen Stellenwertes von Psychiatrieseelsorge und PsychiatrieseelsorgerInnen in nächster Zukunft nicht zu erwarten ist, läßt sich daran erkennen, daß angesichts zunehmender finanzieller Engpässe[7] der Kirchen, Einsparungen im Bereich Krankenhausseelsorge besonders schnell greifen werden, wie Klessmann für die evangelische Kirche bereits deutlich zu verstehen gibt: „Zum jetzigen Zeitpunkt wird Krankenhausseelsorge in vielen Landeskirchen verstärkt zurückgenommen und wieder - wie bis in die 60er Jahre hinein - der Gemeindeseelsorge als Aufgabe zugeschrieben. In einer Zeit der inneren und äußeren Krise in der Kirche scheint ein solcher Rückzug - weg von einem fremden, naturwissenschaftlich-technisch geprägten gesellschaftlichen Teilsystem und hin zu vertrauten parochialen Positionen - der sicherste Weg zu sein."[8] Besetzung der Planstellen mit GemeindeseelsorgerInnen, SeelsorgerInnen im Ruhestand oder solchen, die aus gesundheitlichen oder sonstigen Gründen auf pfarrgemeindlicher Ebene kaum einsetzbar sind, werden sich als Indikator dafür erweisen, welchen Stellenwert die Amtskirchen künftig ihrer Krankenhaus- und Psychiatrieseelsorge im Kontrast zu Absichtserklärungen faktisch einräumen werden.[9]

---

5   HELLER, A. (1997): Seelsorge, S. 51.

6   ROTH, WOLFGANG (1997): Seelsorge, S. 292. Ähnlich urteilen auch Hagenmaier und Küng. Vgl. HAGENMAIER, M. (1988): Seelsorge, S. 100; KÜNG, H. (1987): Freud und die Zukunft der Religion, S. 138.

7   Den Zusammenhang zwischen Krankenhausseelsorge und finanzieller Gesamtlage der Kirchen bringt Schubert auf den Punkt: „Träger von Seelsorge sind in der Regel die verfaßten Kirchen, die dazu Steuern erheben. Das Recht der Kirchen, Kirchensteuern aufgrund der bürgerlichen Steuerlisten zu erheben, wurde in Artikel 31 der Weimarer Verfassung niedergelegt. Der Staat besorgt mittels seiner ohnehin bestehenden Finanzämter das Inkasso und hat durch die Einkommenssteuerquote indirekt Einfluß auf die Höhe der Kirchensteuerquote. Als Entgeld für seine Dienstleistung behält er 3% der kirchlichen Steuereinnahmen ein. Die Finanzkraft der Kirchen hängt also ab von der Zahl ihrer Mitglieder, von der Steuerpolitik des Staates und der allgemeinen - derzeit rezessiven - Wirtschaftslage." SCHUBERT, H. (1995): Seelsorge als Metapher, S. 30. Walf behauptet, daß der Anteil der Kirchensteuergelder an den kirchlichen Haushalten bei über 90% liegt! Vgl. WALF, K. (1994): Staat und Kirche, S. 307-308.

8   KLESSMANN, M. (1996): Ausblick, S. 270. In Folge der Einrichtung von 'Seelsorgeeinheiten' wird sich diese Problematik m.E. zunehmend zuspitzen!

9   Die negativen Folgewirkungen dieser Art der Planstellenbesetzung wurden bereits in den 70er Jahren heftigst kritisiert. Vgl. KLEUCKER, E. (1975): Probleme der Krankenseelsorge, S. 8

2. Anmerkungen zum inhärenten 'kirchenpolitischen Sprengstoff' der Psychiatrieseelsorge

> „In der Säkularität des Krankenhauses bekommen sie (SeelsorgerInnen) ein anderes Bild von Kirche; durch die ständige Begegnung mit Krankheit und Sterben wird ihre Theologie erfahrungs- und lebensnäher."
>
> Klessmann, Michael (1996): Einleitung, S. 16.

Die Psychiatrieseelsorge weist einige Charakteristika auf, die für die Gesamtkirche von großer Bedeutung sein könnten. Die Qualifizierung dieser Inhalte als 'kirchenpolitischer Sprengstoff' hebt nicht auf spektakuläre bzw. destruktive Folgewirkungen ab, sondern soll zum Ausdruck bringen, daß sie die Potenz besitzen, innovative kirchenpolitische Entwicklungen anzustoßen.

Wie die ausführliche Analyse der Seelsorgekonzepte gezeigt hat, existiert gegenwärtig eine nahezu unüberschaubare Vielfalt an Seelsorgekonzepten, weshalb auch PsychiatrieseelsorgerInnen, die in einem Haus zusammenarbeiten oder über Arbeitsgemeinschaften miteinander in Kontakt stehen, ihre Tätigkeit unterschiedlich theoretisch fundieren und alltagspraktisch gestalten können. Wenn es ihnen gelingt, konzeptionelle Pluralität nicht als Bedrohung zu empfinden und KollegInnen, die sich für ein anderes Konzept als das eigene entschieden haben, wertzuschätzen und mit ihnen nicht nur in einem bloßen Neben-, sondern in einem gegenseitig fruchtbaren professionellen Miteinander im Widerstreit zu arbeiten, wird die Psychiatrieseelsorge zu einem Lernort gesamtkirchlicher Pluralitäts- und Toleranzfähigkeit.

Die gerade im Kontext der Psychiatrieseelsorge gewonnene Einsicht, daß „eine mitunter spröde, intellektuell überbetonte und emotional unterentwickelte Theologie und Frömmigkeit"[10] um eine emotionale, erotische, spielerische und ver-rückte Dimension zu erweitern ist, um das kreativ-kritische Potential eines jeden Menschen zum Ausdruck kommen zu lassen und eine emotional-spirituelle Beheimatung im christlichen Glauben und der Sozialform Kirche zu ermöglichen, fordert die Kirchen dazu heraus, diesbezügliche entsprechende Kurskorrekturen auf theologischer und praktischer Ebene vorzunehmen.

Die für die Psychiatrieseelsorge typische Verknüpfung der Beschäftigung mit individuellem Leiden und Hoffen, mit organisationsbezogenen strukturellen und sozialpolitischen Kontexten sowie abstrakten Inhalten wie Gesundheit, Krankheit, Menschenbild und Ethik könnte insofern Signalcharakter für die Kirchen besitzen, daß diese die kontextbezogenen Themen der 'Basis' jeweils zu 'ihrem' Thema machen und ihren kirchenpolitischen Einfluß nutzen, um diese Themen in den öffentlichen Diskurs einzubringen. Dabei ginge es nicht nur darum, die Problemsituation von marginalisierten Randgruppen gegen jede Form der kollektiven Verdrängung (selbst)kritisch in einer Art Anwaltsfunktion ins Bewußtsein zu rufen,[11] sondern auch darum, das Psychiatrische Krankenhaus in seiner Spiegelfunktion für gesamtgesellschaftliche Entwicklungen ernst zu nehmen. Die Aufgabenstellung der Kirchen bestünde dann

---

10   ROTH, W. (1997): Seelsorge in der Psychiatrie, S. 292.

11   So fordert z.B. Maymann: „Die Kirche als gesellschaftliche Institution ist gefordert, die Anliegen dieser Randgruppe in der Öffentlichkeit zu vertreten." MAYMANN, U. (1984): Die religiöse Welt, S. 1.

darin, den Menschen zu verdeutlichen, daß angesichts der individualisierten und pluralisierten Erlebnis- und Risikogesellschaft die Wahrscheinlichkeit, zu den Verlierern der Modernisierungsprozesse zu zählen, drastisch ansteigt und damit die Tür zur eigenen psychischen Erkrankung tatsächlich nur angelehnt ist, weshalb die Themen der Psychiatrieseelsorge keineswegs nur für eine unbedeutende Minderheit von Bedeutung sind. Daß sich die Kirchen gerade angesichts der gegenwärtigen gesellschaftlichen Entwicklungen nicht auf kircheninterne Themenschwerpunkte beschränken dürfen, um sich nicht dem Verdacht auszusetzen, lediglich an der Aufrechterhaltung des kirchlichen (Macht)systems interessiert zu sein, wird ihnen durch die Psychiatrieseelsorge somit alltäglich vor Augen geführt.

Auch die in der Psychiatrie herausgebildete Komplexität individuumszentrierter, strukturell, gesellschaftspolitisch und ökologisch orientierter seelsorglicher Alltagspraxis sprengt alle Versuche der Kirchen, sich auf intrareligiöse individuumszentrierte Handlungsstrategien innerhalb kerngemeindlicher Vollzüge, die einem Rückzug aus der realen Welt und damit den alltäglichen Kontexten der Menschen gleich käme, zurückzuziehen. Psychiatrieseelsorge kann demnach die Kirchen lehren, sich aktiv in der säkularen Welt und nicht in einem ghettoisierten Gegenüber zu ihr zu verorten und den kritischen Dialog auf der Basis einer verständlichen Sprache zu suchen. Klessmann hebt deshalb hervor: „Krankenhausseelsorge ist ein Symbol dafür, daß Kirche den großen gesellschaftlichen Sektor des Gesundheitswesens nicht sich selbst überläßt, sondern hier unter seelsorglichem, anthropologischem und ethischem Aspekt mitreden und mitgestalten will."[12] Konkret heißt dies: „Nach außen, in die Gesellschaft hinein, hat die Kirchenleitung insbesondere auf die öffentliche Meinung, das Wertebewußtsein und die Sozialpolitik unseres Staates Einfluß zu nehmen".[13]

Die in der Psychiatrieseelsorge vorfindbare methodische Pluralität kann zudem entscheidend dazu beitragen, das methodische Instrumentarium der Kirchen aus Engführungen zu befreien. V.a. das methodische Repertoire der Psychologie und Soziologie gilt es, ebenso wie in der Psychiatrie, für alle kirchlichen Arbeitsfelder kritisch und kontextbezogen zu rezipieren, um mit Menschen und Strukturen individuums- und sachgerecht umgehen zu lernen.

Da Krankenhausseelsorge nach Heller als modernster Seelsorgeberuf der Gegenwart und damit als ein „sehr gelungenes Beispiel einer Modernisierung und Spezialisierung der Pastoral"[14] apostrophiert werden kann, macht gerade die Psychiatrieseelsorge, in der die Professionalisierung der SeelsorgerInnen aufgrund des erforderlichen umfangreichen Kompetenzerwerbs als besonders hoch einzustufen ist, deutlich, daß eine umfassende pastorale Kompetenz letztlich für alle Tätigkeitsbereiche der Kirchen, besonders aber für kirchliche Funktionsträger in Leitungsposition, unerläßlich ist.

Desweiteren läßt sich am Beispiel der Psychiatrieseelsorge ein kircheninterner Demokratisierungsprozeß erkennen, der sowohl eine arbeitstechnische als auch eine kirchenamtliche Dimension umfaßt und ähnliche Entwicklungen in anderen kirchlichen Tätigkeitsfeldern anstoßen könnte. Indem KrankenhausseelsorgerInnen über regionale und überregionale Arbeitsgemeinschaften und Konferenzen an der Erarbeitung von Arbeitsplatzbeschreibungen, Fortbildungs- und Supervisionsrichtlinien und Stellenplanung von der jeweiligen Kirchenleitung be-

---

12 KLESSMANN, M. (1996): Ausblick, S. 274.

13 ZERFASS, R. (1982): Die psychisch Kranken, S. 30.

14 HELLER, A. (1993): Gesundheit, S. 26. Vgl. auch DERS. (1997): Seelsorge, S. 49.

teiligt werden, signalisieren die Kirchen, daß sie die Arbeitserfahrungen und die theologische Kompetenz ihrer MitarbeiterInnen vor Ort ernst nehmen und eine innerkirchliche Kommunikation anstreben, die 'von unten nach oben' geht.[15] Die Tatsache, daß in der Krankenhausseelsorge Frauen und Männer, Kleriker, Laien und Ordensleute auf der Basis unterschiedlicher Berufsausbildungen in enger Kooperation zusammenarbeiten, könnte ebenso wegweisend für die Gesamtkirche sein wie die selbstverständliche interdisziplinäre und interkonfessionelle Zusammenarbeit, die Svoboda bereits 1969 hervorhob: „Auch die ökumenische Begegnung vollzieht sich hier so ungezwungen und unmittelbar wie nirgendwo anders."[16]

Die für den Kontext Psychiatrieseelsorge unerläßliche Auseinandersetzung mit der Geschichte der Psychiatrie und die selbstkritische Aufarbeitung der damit korrelierten Geschichte der Seelsorge im Psychiatrischen Krankenhaus führt den Kirchen zudem vor Augen, daß eine Dispensierung von den eigenen Fehlern der Vergangenheit um der Glaubwürdigkeit gegenüber der Öffentlichkeit und den eigenen kirchlichen MitarbeiterInnen willen nicht möglich ist.

---

15 Einschränkend führt Klessmann jedoch an, daß die von den Arbeitsgemeinschaften und Konventen erarbeiteten Leitlinien bisher nur zögerlich von den Landeskirchen als verbindlich anerkannt werden. Vgl. KLESSMANN, M. (1996): Von der Krankenseelsorge, S. 48.

16 SVOBODA, R. (1969): Krankenhausseelsorge, S. 307.

III. Zusammenfassende Perspektiveneinengung

> „Was ist nun Seelsorge in der Psychiatrie?
> Die Frage bleibt offen wie zu Anfang."
>
> Hagenmaier, Martin (1988):
> Seelsorge im Psychiatrischen Krankenhaus, S. 104.

Im Unterschied zu Hagenmaier hofft die Verfasserin, daß nach Sichtung des vorgelegten Datenmaterials die Frage nach der Seelsorge im Psychiatrischen Krankenhaus zwar nicht restlos geklärt, aber dennoch dahingehend beantwortet ist, daß die Komplexität und Pluralität der Psychiatrieseelsorge deutlich zum Vorschein gekommen ist. Im Sinne einer extrem konzentrierten Perspektiveneinengung werden abschließend die wichtigsten Ergebnisse der ausführlichen Reflexionen zur Organisation Psychiatrisches Krankenhaus, zur Tätigkeit der SeelsorgerInnen und zu ihrer individuellen Situation in dieser Organisation unter Offenlegung persönlicher Standpunkte zusammengefaßt:

Die geraffte Darstellung der *geschichtlich-geistesgeschichtlichen Hintergründe* deutscher Psychiatrie hat erbracht, daß deren nur 200-jährige Geschichte von einem rasanten Wechsel unterschiedlichster Ausschließlichkeitsparadigmen, die einander ablösten, geprägt war. Außerdem stellte sich heraus, daß die theoretische Fundierung, die therapeutische Praxis und das institutionelle Erscheinungsbild der Psychiatrie nicht zwingend miteinander korrelierten, weil sich die Etablierung eines neuen Paradigmas nicht an praktischen Innovationen messen lassen mußte. Paradigmatische Innovationen trugen daher nicht automatisch zu einer Humanisierung im Umgang mit psychisch Kranken bei, wie am erbbiologischen Paradigma, das eine öffentliche Diskreditierung der Psychiatrie und ihrer MitarbeiterInnen bis in die Gegenwart hinein zur Folge hatte, am deutlichsten zum Vorschein kam.

Die Geschichtsanalyse hat erbracht, daß sich am Ende des 20. Jhdts. ein paradigmatisches Koexistenzmodell durchsetzen konnte. Demnach existieren gegenwärtig die Sozialpsychiatrie und die Biologische Psychiatrie in alltagspraktischer Kooperation nebeneinander, wobei letztere an Dominanz gewinnt.

Für die künftige Entwicklung der Psychiatrie wurden drei Varianten zur Disposition gestellt: Zum einen könnte sich die Koexistenz von Sozialpsychiatrie und Biologischer Psychiatrie in der Zukunft fortsetzen und damit die gegenwärtige Situation zementieren. Zum andern besteht die Möglichkeit, daß im Sinne eines Restaurationsphänomens erneut ein Paradigma Ausschließlichkeit erlangt, wobei die Chancen für die biologische Variante am aussichtsreichsten erscheinen. Denkbar wäre schließlich aber auch die Etablierung einer qualitativ völlig neuartigen Heterogenitätsvariante, die im Sinne einer postmodern fundierten Psychiatrie unterschiedlichste historische Traditionslinien konvergieren läßt, indem bewahrenswerte Inhalte, gemessen an ihrem Humanisierungspotential, in ein Zukunftsmodell transferiert werden. Da in öko-systemischen Ansätzen renommierter PsychiaterInnen bereits derartige Bestrebungen zu erkennen sind, handelt es sich um eine ernstzunehmende, wenn auch gegenwärtig noch relativ vage Entwicklungsmöglichkeit. Die Verfasserin favorisiert das Heterogenitätsmodell, weil dieses gerade in Blick auf Psychiatrieseelsorge nicht nur für die PatientInnen und das psychiatrische Personal, sondern auch für die SeelsorgerInnen selbst mit einer Zunahme an Frei- und Handlungsspielräumen einhergehen würde.

Zusammenfassende Perspektiveneinengung

Durch das öko-systemische Menschenbild und Krankheitsverständnis würde bereits auf der Theorieebene eine grundsätzliche Akzeptanz der religiös-spirituellen Dimension des Menschen und damit der Berufsgruppe, die speziell auf diese Bezug nimmt, festgeschrieben. Das multimodale Therapieverständnis dieses Paradigmas würde zudem notwendig machen, daß alle 'heilenden' Zugänge zum Menschen gleichstufig zur Anwendung kommen. SeelsorgerInnen bekämen dadurch die Chance, in ihrer Funktion als ExpertInnen für religiöse Fragestellungen in einer grundsätzlich teamgebundenen Arbeitsweise bei Wertschätzung der unterschiedlichen Berufsprofile einen unentbehrlichen Status, der trotz ihres organisationalen Grenzgängertums zur Beheimatung in der Organisation Krankenhaus beitragen könnte, einzunehmen. Da auch eine Öko-Systemische Psychiatrie in ihrem institutionellen Erscheinungsbild auf das Psychiatrische Krankenhaus als Rückzugs-Nische bzw. als akutes Behandlungszentrum nicht verzichten wird, und alle bisherigen Versuche, stationäre Einrichtungen in ihrer Bedeutung zurückzustufen bzw. aufzulösen, geschichtlich gescheitert sind, wird das Krankenhaus auch künftig im Versorgungsnetz eine wichtige Stellung einnehmen. Krankenhausseelsorge würde somit auch unter öko-systemischen Bedingungen als Tätigkeitsfeld für SeelsorgerInnen nicht überflüssig werden!

Daß SeelsorgerInnen eine aktive Beteiligung an der konzeptionellen Fundierung künftiger Psychiatrie als fachfremde Aufgabe ablehnen, ist zwar grundsätzlich möglich, verschleiert aber die Tatsache, daß sie durch ihre professionelle Tätigkeit in der Organisation Krankenhaus alltagspraktisch automatisch an der sozial ausgehandelten paradigmatischen Fundierung künftiger Psychiatrie beteiligt sind. Die Verfasserin plädiert deshalb dafür, diesen Automatismus durch bewußte Interventionsstrategien zu ersetzen und existierende Einflußmöglichkeiten aktiv zu nutzen. Dies hätte zur Folge, daß sich SeelsorgerInnen auf der Grundlage eines entsprechenden Seelsorgekonzeptes hausintern und öffentlich für ein theologisch fundiertes Menschenbild, Krankheitsverständnis, therapeutisches Regime und institutionelles Erscheinungsbild von Psychiatrie einzusetzen hätten, das den Boden für ein perspektivenkonvergentes psychiatrisches Modell bereitet. Konkret hieße dies bereits für die Gegenwart, daß PsychiatrieseelsorgerInnen das ihnen bekannte und einschätzbare Arbeitsfeld Krankenhaus immer wieder verlassen müßten, um gemeinsam mit ihren Vorgesetzten und dem psychiatrischen Personal mutig und kreativ nach neuen Betätigungsfeldern zu suchen. Nach Ansicht der Verfasserin kann dies aber nicht bedeuten, nach einem Arbeitsplatz in Kliniken oder sonstigen Einrichtungen, die speziell für ChristInnen betrieben werden, Ausschau zu halten, sondern im komplexen psychiatrischen Versorgungsnetz neue Arbeitsfelder unter den Bedingungen einer religiös pluralisierten und individualisierten Welt zu erschließen.

Wie die Analyse der aktuellen *strukturellen Hintergründe Psychiatrischer Kliniken* erbracht hat, bestehen zwischen diesen nicht nur Abweichungen in den jeweiligen verwaltungsrechtlichen Rahmenbedingungen, der Binnenstrukturierungsvarianz und der personellen Komplexität, sondern auch in den Zielsetzungen und formalen Organisationsstrukturen 'funktionale Spezialisierung', 'Koordination', 'Delegation' und 'Formalisierung', was als Folgewirkung unterschiedlicher Paradigmendominanz der Häuser zu werten ist. Da aber zugleich unabhängig von der theoretischen Arbeitsgrundlage der Kliniken häuserübergreifende Gemeinsamkeiten auftauchen, muß eingestanden werden, daß auch ein künftiger Paradigmenwechsel diesbezüglich kaum radikale Veränderungen mit sich bringen wird:

SeelsorgerInnen verrichten somit gegenwärtig und wohl auch künftig ihre Tätigkeit in einer hochkomplexen Organisation, die von der dichotomen Grundstruktur eines hierarchisch-bürokratischen und soziotechnisch-offenen Systems geprägt ist. Formelle Vorgaben und Korsetts bestimmen somit den seelsorglichen Alltag ebenso wie informelle Begegnungskulturen, die die strukturellen Vorgaben unterlaufen und die Bedingung für Freiräume, v.a. auf der

Zusammenfassende Perspektiveneinengung

Ebene der Kooperationsmöglichkeiten, für das Individuum SeelsorgerIn eröffnen. Damit ist aber zugleich ausgedrückt, daß die Ausbalancierung der 'vertrags-rechtlichen' Zugehörigkeit zur Kirche und der 'gast-rechtlichen' Zugehörigkeit zur Klinik nicht allein von der Person SeelsorgerIn und seinem/ihrem persönlichen Engagement abhängt, sondern immer eine direkte Funktion organisationaler Rahmenbedingungen darstellt. Strukturelle Vorgaben, die von Haus zu Haus variieren, seelsorgliche Tätigkeit, die folglich unterschiedliche Spielräume vorfindet, und die indviduelle Arbeitssituation und Zufriedenheit des Individuums SeelsorgerIn stehen somit in einem unlösbaren gegenseitigen Abhängigkeitsverhältnis. Diese Einsicht könnte SeelsorgerInnen und ihren Vorgesetzten dazu verhelfen, die Diskrepanz zwischen Erwartungen der Arbeitgeber, persönlichen Idealen und realen Taten nicht vorschnell als persönliches Versagen einzustufen.

Die Analyse der *Tätigkeit von PsychiatrieseelsorgeInnen* hat erbracht, daß sich in den letzten 40 Jahren eine nahezu unüberschaubare Vielfalt an seelsorglichen Konzepten, die unterschiedlichste Folgewirkungen für die Alltagspraxis und Methodenwahl mit sich bringen, etabliert hat. Da sich die theoretischen Fundierungsversuche im Unterschied zu psychiatrischen Paradigmen nicht gegenseitig verdrängen, sondern nebeneinander existieren, kann das Individuum aus einer Vielfalt konzeptioneller Möglichkeiten, die sich durch die jeweilige Perspektivendominanz unterscheiden, auswählen. Die Verfasserin favorisiert das von ihr entwickelte Modell der 'Perspektivenkonvergenten Seelsorge', weil es in seiner wissenschaftstheoretisch-postmodernen Fundierung ihrer Meinung nach ein qualitativ neuartiges und zukunftsweisendes Konzept darstellt. Analog zum perspektivenkonvergenten psychiatrischen Paradigma sollen auch im perspektivenkonvergenten Seelsorgemodell humanisierende Inhalte aus bereits existenten Seelsorgekonzepten in Konvergenz gebracht werden. Da jedem / jeder SeelsorgerIn grundsätzlich die Fähigkeit zur Konvergenzleistung im jeweiligen Arbeitskontext zugetraut und abverlangt wird, erachtet die Verfasserin Perspektivenkonvergente Seelsorge als ein Konzept, das Individualisierung und Pluralisierung sowohl für die SeelsorgerInnen, als auch für deren AuftraggeberInnen, die Kranken und das psychiatrische Personal als 'Zeichen der Zeit' radikal ernst nimmt.

Da Öko-Systemische Psychiatrie und Perspektivenkonvergente Seelsorge auf identischen wissenschaftstheoretischen Annahmen beruhen, weisen sich beide als ideale Dialogpartner aus. Über gemeinsame philosophische Grundannahmen könnte es somit gelingen, die extrem unterschiedlichen Wissenschaften Psychiatrie und Theologie trotz bleibender und notwendiger Differenzen in eine sinnvolle Kompatibilität zu bringen. Im Votum für eine fundamentalismusresistente und humanisierende theoretische, praktische und methodische Pluralität auf der Basis von Widerstreit und Transversalität läge demnach der engste Berührungspunkt beider Disziplinen und ihrer VertreterInnen.

Die Beschreibung der Situation des *Individuums SeelsorgerIn im Psychiatrischen Krankenhaus* ließ erkennen, daß sich dieses in einem Koordinatensystem persönlicher, struktureller, interpersoneller und geschichtlich bedingter Belastungsfaktoren bewegt. Obwohl auch der Umgang mit psychisch kranken Menschen mit außergewöhnlichen Belastungen einhergeht, stellen gerade die strukturellen Faktoren eine oftmals unterschätztes Problemquelle dar, weil die Vorgaben der Kirche und des Krankenhauses sowie die Folgewirkungen der organisationalen Doppelbindung meist relativ unauffällig und kontinuierlich die seelsorgliche Arbeit verkomplizieren bzw. blockieren. In der vorliegenden Arbeit wurde deshalb explizit hervorgehoben, daß die aktive Aneignung eines umfangreichen Instrumentariums zur Bewältigung der diversen Belastungsfaktoren elementar zur Tätigkeit des/der PsychiatrieseelsorgerIn gehört. Professionalisierung und Spezialisierung als Schulung inhaltlicher, praktischer, methodischer und institutionell-struktureller Kompetenz sind daher ebenso erforderlich wie Solidarisierung,

Spiritualisierung und Humanisierung. Daß angesichts der Vielfalt der Copingstrategien und institutionalisierten Hilfsangebote dennoch die Gefahr besteht, daß SeelsorgerInnen eine defizitäre pastorale Kompetenz ausbilden und auf inhaltlicher, struktureller und persönlicher Ebene an ihrem Tätigkeitsfeld scheitern, stellt somit eine unumgängliche alltägliche Gefährdung dar, die letztlich nur durch eine engagierte Gegensteuerung minimiert werden kann.

Am Ende der Arbeit stellt die Verfasserin die These auf, daß Psychiatrieseelsorge trotz berechtigter Anfragen, die in Blick auf eine permanente (selbst)kritische Kurskorrektur bestehen bleiben müssen, gegenwärtig und auch künftig sowohl für die SeelsorgerInnen, die PatientInnen und deren Angehörige, das psychiatrische Personal, die Organisation Krankenhaus, die Organisation Kirche und die Gesellschaft als Ganzes ein *sinn-volles* und *glaub-würdiges* Unternehmen darstellen kann. In der Form von '*Wenn.......dann*' Konstruktionen versucht die Autorin im Folgenden ihre Behauptung zu erhärten. Der bisher streng wissenschaftliche Duktus der Arbeit wird dabei bewußt zugunsten einer eher assoziativ-kreativen Form, die Freiräume für eigene Phantasien zuläßt, gesprengt:

Thesen in Blick auf Seelsorgerinnen und Seelsorger

Wenn sich SeelsorgerInnen mit der Organisation Psychiatrisches Krankenhaus vertraut machen, indem sie sich fundierte Kenntnisse über die geschichtlichen und strukturellen Rahmenbedingungen ihres Tätigkeitsfeldes aneignen............

Wenn sich SeelsorgerInnen vor Ort für ein seelsorgliches Arbeitskonzept entscheiden, in dem Theorie, Praxis und Methodik aufeinander abgestimmt sind, das dem psychiatrischen Personal verständlich vermittelbar ist und das keinen permanenten Konflikt mit der Organisation Krankenhaus oder Kirche heraufbeschwört............

Wenn SeelsorgerInnen das Psychiatrische Krankenhaus nicht als ein Tätigkeitsfeld begreifen, auf das sie sich zurückziehen können, um sich von der 'anstrengenden' Gemeindearbeit zu erholen, sondern als einen Aufgabenbereich, der von ihnen als persönlich gefestigte und belastbare Menschen ein extrem hohes Engagement einfordert............

Wenn es SeelsorgerInnen gelingt, die Komplexität der berufsbedingten Belastungsfaktoren durch entsprechende Strategien zu bewältigen............

.... *dann* erweist sich das Psychiatrische Krankenhaus als ein Gegen-Ort zur alltäglichen Berufsroutine, als Ballungs-Ort sowohl persönlichen Energieverschleißes wie auch Energiegewinns und als Lern-Ort interpersoneller, interdisziplinärer, multikultureller sowie multireligiöser Pluralität und Toleranz. Seelsorge unter diesen Bedingungen eröffnet somit für jeden / jede SeelsorgerIn die Möglichkeit, seine / ihre Tätigkeit als für die eigene Person sinnvolles Unternehmen zu erfahren.

Thesen in Blick auf Patientinnen und Patienten

Wenn es SeelsorgerInnen gelingt, mit PatientInnen voraussetzungslos, d.h. unabhängig von deren Alter, Geschlecht, kulturell-ethnischer Herkunft, Religions- und Konfessionszugehörigkeit bzw. Religionslosigkeit und Krankheitsbild Seelsorge zu praktizieren.........

Wenn sich SeelsorgerInnen gerade auch solchen Kranken zuwenden, die im Klinikgefüge als 'therapieresistente' LangzeitpatientInnen, forensische, gerontopsychiatrische PatientInnen am Rand therapeutischer und stationärer Aktivitäten angesiedelt sind............

Wenn SeelsorgerInnen jedem 'noch so krank erscheinenden' Menschen seine eigene Religiositäts-Kompetenz zutrauen und diese fördern............

Wenn SeelsorgerInnen in der Lage sind, religionspsychopathologische Symptome wahrzunehmen und deren Aussageintention zumindest ansatzweise zu entschlüsseln............

Zusammenfassende Perspektiveneinengung

Wenn SeelsorgerInnen ihr christliches Glaubensangebot orientiert an den Bedürfnissen und Fragen des Gegenüber und seiner krankheitsbedingten Aufnahmefähigkeit durch Wort und Tat behutsam und unaufdringlich als Lebenshilfe ins Gespräch bringen............

Wenn SeelsorgerInnen einen taktvollen, einfühlsamen, zärtlichen und dennoch selbstbewußten, standortbezogenen und sich abgrenzenden Umgangsstil mit den Kranken pflegen............

Wenn SeelsorgerInnen Trost spenden, zur Annahme des eigenen Lebensschicksals anleiten, Widerstands- und Heilungskräfte wecken und dazu beitragen, daß Menschen unter den Bedingungen der pluralisierten und individualisierten Gesellschaft für sich eine Sinn-, Wert- und Handlungsorientierung entwickeln können, die zur Stabilisierung ihrer Person beiträgt............

Wenn SeelsorgerInnen im kranken Menschen gottgewollte Subjekte sehen, die mit einer unantastbaren Würde ausgestattet sind, deren Existenzrecht auch ohne Heilungs-Prozeß bzw. Verhaltensänderung im Status des So-Seins grundsätzlich gegen jede Form der Manipulation, Unterdrückung und gesellschaftlichen Stigmatisierung durch hausinternes und gesellschaftspolitisches Engagement zu sichern ist............

Wenn SeelsorgerInnen als organisationale 'Grenz-Gänger-Innen' den 'Ver-Rückten' auf der Basis struktureller Komplizenschaft macht-loser AußenseiterInnen begegnen............

Wenn SeelsorgerInnen kranke Menschen nicht zusätzlich belasten und verwirren bzw. durch inhumane Inhalte, Praktiken und Methoden zur Stabilisierung oder Verschlechterung ihres Krankheitszustandes beitragen............

Wenn SeelsorgerInnen nicht der Gefahr erliegen, sich in (Wahn)Systeme der PatientInnen integrieren bzw. sich im strukturellen Klinikkontext von diesen für eigene Interessen instrumentalisieren zu lassen............

Wenn SeelsorgerInnen ebensowenig der Gefahr erliegen, PatientInnen für ihre religiösen oder sozialpolitischen Interessen zu instrumentalisieren............

............*dann* kann sich Seelsorge für jede bzw. jeden einzelnen Patientin bzw. Patienten als glaubwürdiges und empfehlenswertes Angebot erweisen.

Thesen in Blick auf Angehörige und Bezugspersonen der PatientInnen

Wenn SeelsorgerInnen den Angehörigen/Bezugspersonen vermitteln können, daß selbst unter den routinierten und unpersönlichen Bedingungen des Krankenhauses ihre Ängste, Nöte, Bedürfnisse, Fragen und Aggressionen ernst genommen werden und sie als Subjekte der Seelsorge alleine, zusammen mit ihrem kranken Angehörigen oder in Angehörigengruppen zu Wort kommen............

Wenn SeelsorgerInnen nicht dem Versuch erliegen, gegenüber Angehörigen simple Schuldzuweisungen vorzunehmen oder sich im System PatientIn - Angehörige/Angehöriger instrumentalisieren zu lassen............

.... *dann* kann sich Seelsorge auch für Angehörige und Bezugspersonen sowohl in Blick auf ihren Umgang mit dem kranken Familienmitglied/FreundIn wie auch in Bezug auf ihre eigene seelische Verfaßtheit als eine sinnvolle Intervention erweisen.

Thesen in Blick auf alle MitarbeiterInnen in der Psychiatrischen Klinik

Wenn SeelsorgerInnen die Probleme, Bedürfnisse und Leiden psychiatrischer MitarbeiterInnen nicht achtlos übergehen, sondern sich durch entsprechende Präsenz mit dem 'stressigen Stationsklima' vertraut machen und 'hautnah' zwischen deren persönlichen, interpersonellen und strukturellen Problemen unterscheiden lernen............

Zusammenfassende Perspektiveneinengung

Wenn SeelsorgerInnen durch Zuhören, alltagspraktische Unterstützung und interdisziplinäre Vermittlung eine spürbare Entlastung des psychiatrischen Personals bewirken, ohne sich als billiges 'Hilfspersonal' mißbrauchen zu lassen............
Wenn SeelsorgerInnen die 'räumliche Oberhoheit' des Personals akzeptieren, d.h. die Grenzen der eigenen Befugnisse und Rechte nicht anmaßend überschreiten und dennoch immer wieder von sich aus interdisziplinäre Kooperation suchen, selbst wenn ihnen Ablehnung und Mißtrauen entgegenschlägt............
Wenn SeelsorgerInnen auf formellem und informellem Weg interpersonelle und strukturelle Begegnungsmöglichkeiten für alle Personen im Krankenhaus initiieren, die nicht nur individuelle Seelsorgekontakte herstellen, sondern eine zwischenmenschliche und interdisziplinäre Vernetzung fördern............
Wenn SeelsorgerInnen ihren organisationalen Zwischenstatus dahingehend nutzen, daß sie Konflikten nicht aus dem Wege gehen, 'frischen Wind' in die Alltagsroutine bringen und dem Personal vermitteln können, daß der Status der distanzierten Integration ihnen nicht nur Freiräume eröffnet, sondern extrem kräftezehrend sein kann, weshalb entstehender Neid um die anscheinend 'freie Arbeitsweise der SeelsorgerInnen' mehr über die Belastungen und Sehnsüchte des Personals als über die reale Situation der SeelsorgerInnen aussagt............
Wenn SeelsorgerInnen psychiatrischen MitarbeiterInnen die Erfahrung vermitteln können, daß Seelsorge keine überflüssige Zusatzveranstaltung darstellt, die den Betriebsablauf stört, Konkurrenz zu anderen Berufsgruppen herstellt bzw. diese als VertreterInnen eines inhumanen Systems disqualifiziert, weil nur sie selbst das Prinzip der Nächstenliebe als 'VertreterInnen Gottes' mit Exklusivitätsanspruch garantieren............
.... *dann* kann sich Seelsorge auch für psychiatrische MitarbeiterInnen als sinnvoll erweisen, weil sie nicht nur die Erfahrung machen, daß durch die SeelsorgerInnen eine Arbeitserleichterung eintritt, sondern auch, daß sie im anonymen Krankenhausbetrieb von SeelsorgerInnen als (oftmals ebenfalls leidende) Individuen wahrgenommen werden.

Thesen in Blick auf die Organisation Klinik

Wenn es gelingt, die Klinikleitung davon zu überzeugen, daß die die Integration der Seelsorge in die Klinik nicht als geschichtlich überholter, rechtlich aber noch immer garantierter 'Appendix', sondern als Weiterführung einer in der 'psychiatrischen Pionierzeit' grundgelegten interdisziplinären Bereicherung gerade in Blick auf Fragen der Ethik, der Anthropologie und der paradigmatischen Fundierung der Psychiatrie zu beurteilen ist.........
Wenn in der Klinik ein multikausales Krankheitsmodell favorisiert wird und alle Dimensionen menschlicher Existenz in Diagnostik und Therapie Berücksichtigung finden sollen............
Wenn die EntscheidungsträgerInnen des Dienstleistungsunternehmens Krankenhaus erkennen, daß SeelsorgerInnen das Dienstleistungsangebot für PatientInnen erweitern..........
Wenn die Klinikleitung wertschätzt, daß extern bezahlte SeelsorgerInnen nicht nur zu einer arbeitstechnischen Entlastung der MitarbeiterInnen beitragen, sondern auch für deren theoretisch-praktische Ausbildung von Nutzen sein können............
Wenn die Klinikleitung die Möglichkeit positiv beurteilt, daß über SeelsorgerInnen Netzwerk-Kontakte zu christlichen Gemeinden hergestellt werden können, die nicht nur dazu dienen, daß Kranke nach ihrem Klinikaufenthalt stabilisierende Strukturen vorfinden, sondern auch dazu, daß aus dem 'Pool' der Gemeindemitglieder ehrenamtliche MitarbeiterInnen erwachsen, die wiederum zu einer Entlastung und Bereicherung für das Personal führen............
.... *dann* könnte Seelsorge auch für die Organisation Krankenhaus, d.h. für die Klinikleitung, Verwaltung und das Haus als Ganzes ein produktives Unternehmen darstellen.

Thesen in Blick auf die Organisation Katholische / Evangelische Kirche

Wenn kirchliche EntscheidungsträgerInnen das Tätigkeitsfeld 'Psychiatrisches Krankenhaus' nicht aus Prestigegründen zur Sicherung von Macht und Einfluß auf eine zentrale säkulare Institution mißbrauchen..........

Wenn kirchliche EntscheidungsträgerInnen trotz und wegen der multireligiösen und multikulturellen Prägung Psychiatrischer Kliniken Seelsorge als einen christlich gebotenen Dienst an und in der Welt begreifen..........

Wenn kirchliche EntscheidungsträgerInnen den christlich geforderten Dienst an Notleidenden und Stigmatisierten auf gesellschaftliche Brennpunkte wie das Psychiatrische Krankenhaus fokussieren und auch in Zeiten knapper finanzieller oder personeller Ressourcen ihre SeelsorgerInnen nicht in die Pfarrgemeinden zurückziehen..........

Wenn kirchliche EntscheidungsträgerInnen ihrer Wertschätzung für Psychiatrieseelsorge dadurch Ausdruck verleihen, daß sie genügend Personal zur Verfügung stellen, für dessen Fortbildung, Weiterqualifizierung und Supervision ausreichende finanzielle Mittel bereitstellen, Arbeitsrichtlinien und Stellenbeschreibungen erarbeiten, Rahmenbedingungen für gegenseitigen Austausch sowie für Qualitätsmanagement schaffen und selbst den Dialog mit den Kliniken suchen, um ihren MitarbeiterInnen vor Ort den Rücken zu stärken..........

Wenn die Alltagserfahrungen der PsychiatrieseelsorgerInnen von den EntscheidungsträgerInnen der Amtskirchen ernstgenommen und dahingehend ausgewertet werden, daß Kontextuelle Theologien gefördert, konfessionelle und religiöse Abgrenzungsstrategien endgültig überwunden und binnenkirchliche strukturelle Demokratisierungsprozesse eingeleitet werden........

.... *dann* erweist sich Psychiatrieseelsorge für das kirchliche Leben als ein zentrales und unabdingbar notwendiges Aufgabenfeld.

Thesen in Blick auf alle Gesellschaftsmitglieder

Wenn sich Religionen und persönliche Religiosität im Kontext der Säkularisierung nicht überflüssig gemacht haben, sondern am Ende des 20. Jhdts. sogar ein Aufschwung individualisierter und pluralisierter (synkretistischer) religiöser Sinnsuche zu verzeichnen ist ....

Wenn SeelsorgerInnen als professionelle SpezialistInnen für (christlich) religiöse Fragestellungen und pluralitätskompetente VetreterInnen der Kirchen die religiösen Sehnsüchte kranker Menschen und psychiatrischer MitarbeiterInnen nicht (aus)nutzen, um diese offen oder verdeckt als Kirchenmitglieder an- bzw. abzuwerben............

Wenn es SeelsorgerInnen und ihren kirchenamtlichen Vorgesetzten gelingt, seelsorgliche Tätigkeit im Psychiatrischen Krankenhaus für die Öffentlichkeit transparent zu machen, indem sie Krankenhausseelsorge auf der Basis eines öffentlichen Diskurses immer wieder zur Disposition stellen und entsprechende Kurskorrekturen vornehmen................

Wenn die Amtskirchen auf der Basis einer kritischen Analyse der eigenen Seelsorgetradition Fehler und Versagen im Umgang mit psychisch Kranken öffentlich thematisieren lernen..........

Wenn sich die Amtskirchen zum Sprachrohr ihrer SeelsorgerInnen vor Ort machen und sich mit all ihren Möglichkeiten öffentlich und sozialpolitisch für psychiatrische PatientInnen einsetzen..........

.... *dann* ließe sich Seelsorge für kirchennahe und kirchenferne Gesellschaftsmitglieder als ein zeitgemäßes und glaubwürdiges Unternehmen ausweisen.

ANHANG

> „Alle Dinge sind rastlos tätig,
> kein Mensch kann alles ausdrücken,
> nie wird ein Auge satt, wenn es beobachtet,
> nie wird ein Ohr vom Hören voll."
>
> KOHELET 1, 8

1. LITERATURVERZEICHNISSE
1.1. Spezielle theologische Literatur zur 'Seelsorge im Psychiatrischen Krankenhaus'

ADAM, INGRID: Alltägliches aus der Klinik-Seelsorge in der Psychiatrie, in: WzM 33 (1981), 347-356.
ALDRICH, CLARENCE und Carl Nighswonger: Pastoralpsychiatrie in der Praxis. Gütersloh, Mohn, 1973.
ANDEREGG, ERWIN u. M. Brefin: Seelsorge in der Psychiatrie, in: HANDWÖRTERBUCH der Psychiatrie. Hg. v. R. Battegay u.a. 2. Aufl. Stgt., Enke, 1992, 545-549.
ARBEITSKREIS für Seelsorge: Seelsorge im Psychiatrischen Krankenhaus, in: WzM 25 (1973), 385-391.
BARTELS, M.: Zum seelsorglichen Dienst in psychiatrischen Großkliniken, die in kirchlicher Trägerschaft sind. Entwurf anläßlich des Krankenhausseelsorgekonvents der Nordelbischen Kirche am 2.10.1980. Unveröffentlichtes Manuskript.
BECHER, WERNER
   (1971): Was ein Seelsorger über psychische Krankheiten wissen sollte, in: DPfB 71 (1971), 611-613.
   (1972): in Beispiel einer Fallstudie aus dem psychiatrischen Krankenhaus, in: DERS: (Hg.): Klinische Seelsorgeausbildung. Ffm. 1972, 89-107.
   (1973): Seelsorge und Supervision im psychiatrischen Krankenhaus, in: PTh 62 (1973), 181-191.
BONNELL, JOHN S.: Pastoral Psychiatry. New York, Harper, 1938.
BREFIN, MATTHIAS: Schuld, Angst und Vergebung. Aus der Sicht eines Spitalseelsorgers einer psychiatrischen Klinik, in: Theologia Practica 19 (1984), 276-280.
BRUNNER, HEINZ: Seelsorge mit Alkoholabhängigen. Mainz, Grünewald, 1990.
BÜCHLER, BERNWALD: Die Tabuisierung der Religion in der Psychiatrie, in: RELIGION und Psychiatrie. 5. Tagung 'Psychiatrische Ethik', 1993. Vlg. Psychiatrie und Geschichte, 1994, 24-45.
CHRIST-FRIEDRICH, ANNA M.: Der verzweifelte Versuch zu verändern. Suizidales Handeln als Problem der Seelsorge. Göttingen, VR, 1998.
CORDES, HEINER: Drinnen und draußen. Wandlungen im Selbstverständnis eines Seelsorgers in einer sich verändernden psychiatrischen Klinik, in: WzM 40 (1988), 424-428.
DAM, WILLEM van: Seelsorge in der Kraft des Geistes. 4. Aufl. Metzingen, Franz, 1990.
DEPPING, KLAUS: Altersverwirrte Menschen seelsorglich begleiten. Bd.1: Hintergründe, Zugänge, Begegnungsebenen. Hannover, Lutherisches Verlagshaus, 1993.
DEPRESSION und Seelsorge. Ein Beitrag zur Bedeutung der Seelsorge für die Überwindung von Depression, Angst, Einsamkeit. Von Prof. E. Grossmann. Idea e.V. Dokumentation, Wetzlar, 1991.
DIE ZERRISSENE Seele. Borderline-Störungen und Seelsorge. Hg. v. S. PFEIFER u. H. Bräumer. Wuppertal, Brockhaus, 1997.
DIETTRICH, GUSTAV: Willst du gesund werden? Heilseelsorgerische Vorträge für seelisch Leidende. Gütersloh, Bertelsmann, 1929.
DIETERICH, MICHAEL: Depressionen. Hilfen aus biblischer und psychotherapeutischer Sicht. Gießen/Basel, Brunnen, 1993 (1989[1]).
DIETERICH, MICHAEL (Hg.): Seelsorge und Homosexualität. Wuppertal, Brockhaus, 1997.
DOBBELSTEIN, HERMANN: Psychiatrie und Seelsorge. Fbg., Herder, 1952.
DÖRR, ANETTE: Religiosität und Depression. Weinheim, Dt. Studien Vlg., 1987.
DÜNNEBELL, WOLFGANG: Wenn es im Dunkeln zu leuchten beginnt. Depressionen und die Hilfen der Seelsorge. Marburg, 1992.
EIBACH, ULRICH: Seelische Krankheit und christlicher Glaube. Neukirchen, Neukirchener Vlg., 1992.
EISELE, GÜNTHER: Gespräche mit psychisch Kranken. Stgt., 1974. - Studienbriefe 5.
EISELE, GÜNTHER u. Reinhold Lindner: Ich brauche Hilfe. Menschen in seelischer Not begleiten. Neukirchen, Schriftenmissionsverlag, 1993.
FAIRCHILD, ROY W.: Seelsorge mit depressiven Menschen. Mainz, Grünewald, 1991.
FELD, THOMAS
   (1994): Wahn, Religion und Seelsorge in der Psychiatrie, in: WzM 46 (1994), 369-376.
   (1996): Seelsorge mit psychiatrischen Patienten, in: KLESSMANN, M. (Hg.): Handbuch der Krankenhausseelsorge. Göttingen, VR, 1996, 117-128.
   (1999): Begegnung, Alterität und Seelsorge in der Psychiatrie, in: WzM 51 (1999), 281-289.
FICHTNER, HORST: Seelsorge an körperlich kranken und seelisch abnormen Menschen, in: Gesundheitsfürsorge 13 (1939), 136-140.
FRÖR, PETER
   (1980): Seelsorge und Institution., in: WzM 32 (1980), 14-21.
   (1982): Macht und Ohnmacht - Szenen aus dem psychiatrischen Krankenhaus, in: RIESS, R. (Hg.): Zwischen Macht und Ohnmacht. Göttingen, VR, 1982, 280-285.

Spezielle theologische Literatur

FUCHS, OTTMAR
(1988): Theologische Aspekte zur Interaktion mit psychiatrischen Patienten, in: WzM 40 (1988), 87-94.
(1990): Grenzen von Hilfe und Macht im Umgang mit psychisch kranken Menschen, in: Caritas Jahrbuch 91 (1990), 134-143.
(1991): Leben mit psychisch kranken Menschen im Horizont christlicher Theologie, in: AXTMANN, H. u. U. Bernauer (Hg.): Was gilt der Mensch? Fbg., Freiburg, 1991, 49-79.
GASTGEBER, KARL: Funktion und Möglichkeiten der Krankenseelsorge in Abhebung zur psychosomatischen und psychiatrischen Behandlung des Arztes, in: LS 26 (1975), 169-173.
GÖTZELMANN, ARND: Eine neue Seelsorgestudie aus der Psychiatrie. Ihre Bedeutung im Kontext anderer empirischer Untersuchungen zur Akzeptanz der Seelsorge, in: Praktische Theologie 32 (1997), 294-302.
GROM, BERNHARD: Religiosität: Dem einen Hilfe, dem anderen Last, in: RELIGION und Psychiatrie. 5. Tagung 'Psychiatrische Ethik' 1993. Vlg. Psychiatrie und Geschichte, 1994, 7-14.
GROSSMANN, EBERHARDT: Depression und Seelsorge, in: DEPRESSION und Seelsorge. Idea Dokumentation. Wetzlar, 1991, 3-16.
HAAG, HANS: Begegnung mit Suchtkranken, in: WzM 36 (1984), 8-16.
HAGENMAIER, HEIKE u. MARTIN: Seelsorge mit psychisch kranken Menschen. Mainz, Grünewald, 1991.
HAGENMAIER, MARTIN
(1980): Erscheinungsformen des Religiösen in der Psychiatrie, in: WzM 32 (1980), S347-360.
(1982): Der 'erste Fall' oder: Die Identität des Seelsorgers, in: WzM 34 (1982), 362-370.
(1983): Das Problem des Sterbens in der Gerontopsychiatrie, in:PP 10 (1983), 115-121.
(1984): Seelsorge mit 'Sexualstraftätern': Möglichkeiten und Schwierigkeiten, in: WzM 36 (1984), 80-89.
(1988): Seelsorge im psychiatrischen Krankenhaus, in: WzM 40 (1988), 95- 103.
(1990): Psychisch kranke Menschen, in: BAUMGARTNER, K. u. W. Müller (Hg.): Beraten und Begleiten - Handbuch für das seelsorgliche Gespräch. Fbg. u.a., Herder, 1990, 165-176.
(1990): Ratlosigkeit in der Seelsorge? Beispiele aus der Psychiatrie-Seelsorge, in: PTh 79, (1990), 193-207.
HANSELMANN, G.: Der Dienst des Pfarrers in einem psychiatrischen Krankenhaus, in: REIMER, F. (Hg.): Krankenhauspsychiatrie. Stgt./New York, Fischer, 1977, 201-202.
HARSCH, HELMUT: Aussprache zum Thema 'Seelsorge in psychiatrischen Krankenhäusern', in: WzM 25 (1973), 420ff.
HEINEMEYER, FRITZ: Aufgaben und Möglichkeiten kirchlichen Handelns an Alkoholkranken. Bln., 1974.
HÉZSER, GABOR: Wenn die Verbundenheit entzweit. Interkulturelle Familienseelsorge in der Psychiatrie, in: WzM 47 (1995), 417-421.
IMPULSBEITRÄGE zur Erarbeitung von Grundsätzen und Leitzielen diakonischer Einrichtungen, Dienste und Hilfen für Menschen mit psychischer Erkrankung. Hg. vom Verband evangelischer Einrichtungen für Menschen mit geistiger und seelischer Behinderung e.V. Reutlingen, Diakonie Vlg., 1994.
IRLE, GERHARD: Depression. Stgt., Kreuz, 1974.
JÖRNS, KLAUS-PETER: Die Krise der Pharmakotherapie: Anlaß auch über die Seelsorge neu nachzudenken, in: Berliner Theologische Zeitschrift 4 (1987), 286-293.
KAYSER, HANS: Einleitung, in: RELIGION und Psychiatrie. Vlg. Psychiatrie und Geschichte, 1994, 5-7.
KICK, HERMES A.: Besessenheit zwischen Entmythologisierung und Krankheitsrelevanz, in: PSYCHOTHERAPIE und Seelsorge im Spannungsfeld. Hg. v. S. PFEIFER u. R. Berna. Moers, Brendow, 1996, 155-169.
KLESSMANN, MICHAEL
(1984): Annahme und Verantwortung. Anmerkungen zum Thema 'Schuld und Vergebung' in der Seelsorge mit psychisch kranken Menschen, in: Theologia Practica 19 (1984), 340-347.
(1996): Seelsorge in der Psychiatrie - eine andere Sicht vom Menschen?, in: WzM 48 (1996), 25-36.
KLEUCKER, ERNST: Probleme der Krankenseelsorge. Beispiel Psychiatrie. Bln., 1975.
KLIESER, ECKHARD: Einführung: Besonderheiten und Probleme der Klinikseelsorge in Psychiatrie und Psychotherapie, in: SEELSORGE als Therapie - Therapie als Seelsorge. Hg. v. Th. Zeit u. E. Klieser. Gelsenkirchen, Arachne, 1998, 9-12.
KLOSINSKI, G.: Religion in der Psychiatrie, in: FP 10 (1996) 1, 23-29.
KNABE, ERICH: Psychiatrie und Seelsorge. 2. Aufl. Schwerin, Bahn, 1929.
KNER, ANTON
(1978): Die Rolle des Glaubens bei der Behandlung psychisch Kranker in: Arzt und Christ 25 (1978), 92-102.
(1979): Seelsorgliche Bemühungen um psychisch Kranke, in: LS 30 (1979), 49-59.
(1980): Unsere Sorge um die psychisch Kranken, in: MATERIALIENDIENST 1.80: Handreichung für die Krankenseelsorge. Hg. vom Seelsorgereferat der Diözese Rottenburg-Stuttgart, 1980, 27-30.
KOCH, KARL: Die seelsorgliche Führung okkult belasteter Menschen, in: DPfB 58 (1958), 361-365.
KOCKA, KARL-HEINZ: Psychiatrietag '97. Psychiatrie und Spiritualität - feindliche Schwestern oder heimliche Komplizinnen?, in:KRANKENHAUS- (und Kur-) Seelsorge. 10. Ausgabe 15. April 1998, 4-7.

KORNRUMPF, ERNST: Die psychiatrische Blickrichtung in der seelsorglichen Arbeit, in: Pastoralblätter 72 (1929/30), 321-325.
KROH, PAUL: Gibt es besondere Formen der Klinikseelsorge für Patienten mit psychischen Erkrankungen?, in: SEELSORGE als Therapie - Therapie als Seelsorge. Hg. v. Th. Zeit u. E. Klieser. Gelsenkirchen, Arachne, 1998, 49-59.
KULENKAMPFF, C.: Moderne Krankenhausseelsorge am Beispiel des psychiatrischen Krankenhauses, in: WzM 23 (1971), 301-307.
LADEMANN-PRIEMER, GABRIELE: Durch die Hölle gegangen. Psychologische und theologische Aspekte der Seelsorge, in: ZWISCHEN Himmel und Hölle. Wege aus spirituellen Krisen. Hg. v. M. Utsch u. G. Lademann-Priemer. Gütersloh, Gütersloher Verlagshaus, 1999, 49-73.
LÜCHT-STEINBERG, MARGOT: Seelsorge in der Psychiatrie, in: WzM 35 (1983), 178-194.
MARCH, H.: Psychologische Seelsorge. Handreichung eines Arztes. Gütersloh, Bertelsmann, 1930.
MARGIES, WOLFHARD
 (1985): Heilung durch sein Wort. Band 2: Die geistliche Behandlung seelischer und körperlicher Krankheiten. Urbach, STIWA Vlg., 1985.
 (1991): Depressionen sind heilbar, in: DEPRESSION und Seelsorge. Wetzlar, Idea, 1991, 20-21.
MAYER- SCHEU, JOSEF
 (1982): Der Heilungsauftrag der Seelsorge - der Umgang mit Sünde und Schuld bei seelisch kranken Menschen, in: PFLÜGER, P.M. (Hg.): Grenzen in der Seelsorge und Psychotherapie. Fellbach, Bonz, 1982, 63-86.
 (1982): Seelsorge und Therapie mit psychisch Kranken - Orientierung am Handeln Jesu, in: Arzt und Christ 28 (1982), 82-95.
MAYER, GUSTAV: Seelische Krankheit und die Möglichkeiten pastoralen Begleitens, in: BAUMGARTNER, I. (Hg.): Handbuch der Pastoralpsychologie. Regensburg, Pustet, 1990, 463-481.
MAYMANN, URSULA: Die religiöse Welt psychisch Kranker. Fbg./Basel/ Wien, Herder, 1984.
MOWRER, HOBART O.: The Crisis in Psychiatry and Religion. Princeton, van Nostrand, 1961.
NIEMANN, ULRICH SJ: Exorzismus oder/und Therapie? Psychiatrische und seelsorgliche Hilfen für von Dämonen 'besessenen' Menschen, in: Stimmen der Zeit (1999), 781-785.
NOHL, PAUL GERHARD: Mit seelischer Krankheit leben. 3. Aufl. Göttingen, VR, 1991.
OATES WAYNE
 (1980): Seelsorge und Psychiatrie: Neue Wege der Zusammenarbeit. Graz, Styria, 1980 (Englisch: 1978[1]).
 (1973): Religiöse Faktoren der Geisteskrankheit, in: WzM 25 (1973), 391-402.
 (1987): Behind the Masks: Personality Disorders in Religious Behavior. Philadelphia, Westminster Press,1987.
OSTOW, MORTIMER: Religion und Psychiatrie, in: FREEDMAN, A. u.a. (Hg.): Psychiatrie in Praxis und Klinik, Band 5. Bln.., Springer, 1990, 319-328.
PECK, SCOTT M: Die Lügner. Eine Psychologie des Bösen und die Hoffnung auf Heilung. Mchn., Claudius, 1990 (1983[1]).
PEECK, STEPHAN: Suizid und Seelsorge. Stgt., Calwer Vlg., 1991.
PFEIFER, SAMUEL
 (1988): Die Schwachen tragen. Moderne Psychiatrie und biblische Seelsorge. Basel/Gießen, Brunnen, 1988.
 (1996): Leib und Seele - Biologische Psychiatrie und therapeutische Seelsorge, in: PSYCHOTHERAPIE im Spannungsfeld. Hg. v. DERS. u. R. Berna. Moers, Bremdow, 1996, 109-123.
 (1999): Zwischen Himmel und Hölle. Psychiatrische Betrachtungen, in: ZWISCHEN Himmel und Hölle. Wege aus spirituellen Krisen. Hg. v. M. Utsch u. G. Lademann-Priemer. Gütersloh, Gütersloher Verlagshaus, 1999, 94-113.
PFISTER, OSKAR: Ein neuer Zugang zum Alten Evangelium. Mitteilungen über analytische Seelsorge an Nervösen, Gemütsleidenden und anderen seelisch Gebundenen. Gütersloh, Bertelsmann, 1918.
POENSGEN, HERBERT: Alternative Verkündigung mit Psychiatrie-Patienten, in: WzM 35 (1983), 194-202.
POMPEY, HEINRICH
 (1986): Psychisch Kranke und die Heilssendung der Kirche, in: Caritas 87 (1986), 83-95.
 (1992): Das Zeugnis der Suchterkrankten als Lebenshilfe für andere, in: LS 43 (1992), 233.
PSYCHIATRIE und Seelsorge, in: Allgemeine Zeitschrift für Psychiatrie 50 (1894), 801-896.
RELIGION und Psychiatrie. Seelenheilkunden beggnen sich. 5. Tagung 'Psychiatrische Ethik' 1993 Psychiatrisches Landeskrankenhaus Zwiefalten. Vlg. Psychiatrie und Geschichte, 1994.
RINGEL, ERWIN: Einführung in die Grundprobleme der Neurose unter besonderer Berücksichtigung ihrer Beziehung zur Seelsorge. Wien, Herder, 1959.
RINGEL, ERWIN u. A. Kirchmayer: Thesen zum Gespräch Psychiatrie - Pastoraltheologie und ihre Konsequenzen für Ausbildung und Pastoral, in: Diakonia 7 (1976), 222-233.

Spezielle theologische Literatur

ROHRBACH, HANS: Unsichtbare Mächte und die Macht Jesu: Zur Seelsorge an belasteten Menschen. Wuppertal, Brockhaus, 1990.

ROOS, DIETER: Die psychiatrische Klinik als Lernfeld für Kurse in 'Klinischer Seelsorgeausbildung', in: FEREL, M. (Hg.): Berührung. Ffm., Publikation des Seminars für Seelsorge, 1989, 168-179.

ROTH, WOLFGANG: Seelsorge in der Psychiatrie - Kirche am Schnittpunkt von Extremen, in: Praktische Theologie 32 (1997), 283- 294.

SCHARRER, ERWIN: Psychisches Fehlverhalten und die Heilung der Gottesbeziehung. Marburg, Francke, 1984.

SCHERNUS, RENATE: Verrücktes und Heiliges, in: WzM 50 (1998), 18-32.

SCHMIDT, HELMUT: Zum Stellenwert der Seelsorge in der Suchtkrankenhilfe. Kassel, Nicol, 1985.

SCHUBERT, BRITTA von: 'Die Letzten müssen die Ersten sein'. Verpflichtungen der Diakonie für psychisch kranke Menschen, in: Praktische Theologie 32 (1997), 302-311.

SCHULER, CHRISTOPH: Religion: Faszinierender Irrtum oder sinngebender Halt in Krisen?, in: RELIGION und Psychiatrie. 5. Tagung 'Psychiatrische Ethik' 1993. Vlg. Psychiatrie und Geschichte, 1994, 14-24.

SCHULTZ, JOHANNES HEINRICH: Psychiatrie, Psychotherapie und Seelsorge. Schwerin, 1926.

SCHWARZ, JUTTA-UTE: Gegenseitigkeit. Zehn Tagebuchgeschichten. Erfahrungen einer Seelsorgerin an einem Psychiatrischen Landeskrankenhaus. Neukirchen, Neukirchner Vlg., 1982.

SCHWEMMER, SIEGFRIED: Wege aus der Krankheit. Psychotherapie und Seelsorge im Umgang mit psychisch Kranken. Neukirchen, Neukirchner Vlg., 1995.

SEELSORGE in psychiatrischen Krankenhäusern. Von dem Arbeitskreis für Seelsorge an psychiatrischen Kliniken im Konvent der Krankenhausseelsorge der Evangelischen Kirche in Hessen und Nassau, in: WzM 25 (1973), 385-391.

SEELSORGE und Okkultismus. Die seelsorgliche Behandlung der Menschen, die durch die Beschäftigung mit okkulten Dingen seelisch angefochten oder erkrankt sind. Von Kurt E. KOCH. 16. Aufl. Berghausen, Evangelisationsvlg., 1960.

SÖHNGEN, MICHAEL: Ziele, Möglichkeiten und Grenzen der Seelsorge in der Gerontopsychiatrie, in: Praktische Theologie 32 (1997), 273-283.

STAEHLIN, BALTHASAR: Psychische Heilung durch christliche Spiritualität. Ottobrunn, Emde Vlg., 1985.

STEINHILPER, ROLF
  (1990): Depression. Herausforderung an die Seelsorge. Stgt., Calwer Vlg., 1990.
  (1992): Das schwere Leben leben. Wege aus der Depression. Stgt., Calwer Vlg., 1992.

STOFFEL, R.: Der Dienst des Pfarrers in der psychiatrischen Klinik, in: WzM 9 (1957), 407-413.

STOLLBERG, DIETRICH: Die dritte Gruppe. Zur Situation des Seelsorgers im psychiatrischen Team, in: Pastoraltheologie 62 (1973), 526-535.

SUDBRACK, JOSEF: Religiöse Erfahrung und Wahn, in: Geist und Leben (1996), 194-211.

SZÉKELY, ANTON
  (1974): Psychiatrie und christliches Leben, in: Arzt und Christ 20 (1974), 16-25.
  (1974): Seelsorge und Sakramente im psychiatrischen Krankenhaus, in: Krankendienst 11 (1974), 341-344.

THOMAS, KLAUS
  (1952): Seelsorge an einem Neurotiker, in: WzM 4 (1952), 77-83.
  (1954): Seelsorgliche Schweigepflicht bei Geisteskranken, in: WzM 6 (1954), 181-183.

TÖGEL, CHRISTA: Seelsorge an psychisch Kranken, in: HANDBUCH der Seelsorge, 2. Bln., 1983, 429-436.

UHSADEL, WALTER: Seelsorge und Seelenheilkunde, in: Gemeindeblatt der Evangelisch-Lutherischen Kirche im hamburgischen Staate 11, 2 (1948), 257ff.

ULRICH, J. u. SJ Niemann: Therapeutische Beziehungen versus Begegnung im Glauben. Anmerkungen zu Nähe- und Distanzproblemen zwischen Psychiatern und Seelsorgern, in: SEELSORGE als Therapie - Therapie als Seelsorge. Hg. v. Th. Zeit u. E. Klieser. Gelsenkirchen, Arachne, 1998, 24-37.

UNGER, ULRICH J: Die Krankenhausseelsorge am Landeskrankenhaus Weinsberg. Ein Beitrag zur Geschichte und Gegenwart der Seelsorge in der Psychiatrie. Ffm., Lang, 1994.

URMONEIT, HANNES: Seelsorge an Süchtigen und Suchtgefährdeten, in: HANDBUCH der Seelsorge, 2. Bln., 1983, 453-467.

WALTER, GEORG: Seelsorge an Neurose-Kranken. Stgt., Klotz, 1967.

WANNER, WALTER: Seelische Krisen erkennen, verstehen, heilen. Gütersloh, Schulte und Gerth, 1979.

WIEDEMANN, WOLFGANG: Krankenhausseelsorge und verrückte Reaktionen. Göttingen/Zürich, VR, 1996.

ZERFASS, ROLF: Die psychisch Kranken als Herausforderung an Kirche und Caritas, in: Caritas Jahrbuch (1982), 17-31.

ZITZELSBERGER, ANTJE u.a.: Ansichten psychiatrischer Patienten über Klinikseelsorge, in: SEELSORGE als Therapie - Therapie als Seelsorge. Hg. v. Th. Zeit u. E. Klieser. Gelsenkirchen, Arachne, 1998, 78-85.

1.2. Allgemeine theologische Literatur

ABEL, PETER
(1995): Burnout in der Seelsorge. Mainz, Grünewald, 1995.
(1999): Gemeinsam geht's besser: Wege der Zusammenarbeit für die Seelsorge. Mainz, Grünewald, 1999.
ADAMS, JAY E.
(1972): Befreiende Seelsorge. Gießen, Brunnen, 1972 (1970¹).
(1974): Sheperding God's Flock. Phillipsburg, Presbyterian and Reformed Pbl. Co., 1974.
(1976): Handbuch für Seelsorge. Praxis der biblischen Lebensberatung. Gießen, Brunnen, 1976.
(1977): Lectures of Counseling. Nutley, Presbyterian and Reformed Pub. Co., 1977.
(1983): Grundlagen biblischer Lebensberatung. Gießen, Brunnen, 1983.
(1986): How to Help People Change. Grand Rapids, Ministry Resources Library, 1986.
(1988): Seelsorge mit der Bibel. Eine praktische Anleitung. Gießen, Brunnen, 1988.
(1998): Nuthetische Seelsorge am System, in: DIETERICH, M. (Hg.): Der Mensch in der Gemeinschaft. Wuppertal/Zürich, Brockhaus, 1998, 209-217.
AFFELD, BURGHARD: Stummer Schrei in dunkler Nacht - Hilfen durch eine psychologisch orientierte Seelsorge: Erfordernisse, Möglichkeiten und Praxis. Wetzlar, Idea, 1990.
AFFEMANN, RUDOLF
(1952): Die sich aus dem neutestamentlichen Menschenbild ergebende Seelsorge und ihre Ausübung in unserer Zeit. Diss. Mainz, 1952.
(1965): Tiefenpsychologie als Hilfe in Verkündigung und Seelsorge. Stgt., Calwer Vlg., 1965.
ALBUS, MICHAEL: Kirche vor dem Herzinfakt. Ddf., Patmos, 1993.
ALLWOHN, ADOLF: Evangelische Pastoralmedizin. Grundlagen der heilenden Seelsorge. Stgt., EV, 1970.
AMERY, CARL u. J.B. Metz, R. Scholz u.a.: Sind die Kirchen am Ende? Regensburg, Pustet, 1995.
AMMERMANN, NORBERT. Zur Konstruktion von Seelsorge. Ffm., Lang, 1994.
ANDRIESSEN, HERMANN u. R. Miethner: Praxis der Supervision. Eschborn, o. Vlg., 1985.
ANTHOLZER, ROLAND
(1986): Plädoyer für eine biblische Seelsorge. Berneck, Schwengeler Vlg., 1986.
(1993): Psychotherapie - der fatale Irrtum. Berneck, Schwengeler Vlg., 1993.
(1998): Mächte der Bosheit. Berneck, Schwengeler, 1998.
ARBEITSHILFEN für Seelsorger. Hg. v. E. RÜDIN u. R. Schüpach. Moers, Brendow, 1992.
ARENS, EDMUND: Konturen einer praktischen Religionstheorie, in: DERS. (Hg.): Anerkennung der Anderen. Fbg., Herder, 1995, 138-167.
ARNOLD, FRITZ
(1983): Der Glaube, der dich heilt. Regensburg, Pustet, 1983.
(1991): Befreiungstherapie Mystik: Gotteserfahrung in einer Welt der 'Gottesfinsternis'. Regensburg, Pustet, 1991.
ASMUSSEN, HANS: Die Seelsorge. Ein praktisches Handbuch über Seelsorge und Seelenführung. 3. Aufl. Mchn., Kaiser, 1935 (1933¹).
BAAR, HANNE: Wie man wahnsinnig werden kann. Rottendorf, Hymnus Vlg., 1996.
BACH, ULRICH
(1982): Der behinderte Mensch - ein Geschöpf Gottes, in: PTh 71 (1982), 372-385.
(1983): Kraft in leeren Händen: Die Bibel als Kursbuch. Fbg., Herder, 1983.
(1986): Boden unter den Füßen hat keiner. Göttingen, VR, 1986 (1980¹).
(1986): Dem Traum entsagen, mehr als ein Mensch zu sein. Auf dem Weg zu einer diakonischen Kirche. Neukirchen, Neukirchener Vlg., 1986.
(1986): Mut zu einer behinderten Diakonie, in: Jahrbuch des Diakonischen Werkes der EKD 1986/87, 26-38.
(1988): 'Aber auf dein Wort!' Plädoyer für eine diakonische Kirche, in: Concilium 24 (1988), 330-335.
(1988): 'Heilende Gemeinde'? Versuch, einen Trend zu korrigieren. Neukirchen, Neukirchener Vlg, 1988.
(1990): Ich bin einmalig - du auch. Bln., Berliner Vlgs. Anstalt Union, 1990.
(1991): Getrenntes wird versöhnt. Neukirchen, Neukirchener Vlg., 1991.
(1992): Wir wurden nicht gefragt. Bielefeld, Luther Vlg., 1992.
(1993): Wie lange noch wollen wir fliehen? Einspruch gegen die unheilvolle These vom Heilungs-Auftrag, in: Diakonie (1993), 390-397.
(1994): 'Gesunde' und 'Behinderte'. Gütersloh, VR, 1994.
(1994): Mit behinderten Menschen das Evangelium neu entdecken, in: BThZ 11 (1994) 1, 107-124.
(1995): 'Heilende Gemeinde'?, in: WzM 47 (1995), 349-362.
(1995): Noch einmal zum Thema 'Heilungsauftrag', in: Diakonie (1995), 45-48.
(1997): Wie predige ich Heilungsgeschichten?, in: DtPfB 98 (1997), 294-296.

Allgemeine theologische Literatur

(1998): Plädoyer für eine Diakonie ohne religiösen Mehrwert? in: DIAKONIE der Versöhnung. FS für Theodor Strohm. Hg. v. A. Götzelmann u.a.. Stgt., Quell, 1998, 159-165.
BACKUS, WILLIAM u. M. Chapian: Befreiende Wahrheit. Hochheim, Projektion I, 1983 (1980¹).
BÄRENZ, REINHOLD (Hg.): Gesprächsseelsorge. Theorie einer pastoralen Praxis. Regensburg, Pustet, 1980.
BÄUMER, REGINA u. M. Plattig: Aufmerksamkeit ist das natürliche Gebet der Seele. Wzbg.,Echter, 1998.
BARKER, EILEEN: Neue religiöse Bewegungen, in: BERGMANN, J., A. Hahn, Th. Luckmann (Hg.): Religion und Kultur. Sonderheft 33 der Kölner Zeitschrift für Soziologie und Sozialpsychologie 1993, 231-248.
BARTH, HANS-MARTIN: Partnerzentrierte Seelsorge als Herausforderung an die systematische Theologie, in: FISCHER, H. (Hg.): Anthropologie als Thema der Theologie. Göttingen, VR, 1978, 203-212.
BASSIERE, NORBERT: Pastorale Praxisberatung und Supervision, in: BAUMGARTNER, I. (Hg.): Handbuch der Pastoralpsychologie. Regensburg, Pustet, 1990, 195-215.
BÄTZ, ULRICH: Die Professionalisierungsfalle. Fbg., Universitätsverlag, 1994.
BAUMANN, URS: Ökumene oder Konfessionen? Postmoderne Religiosität und die Suche nach der Einheit der Christen, in: Evangelische Aspekte 9 (1999) 1, 31-36.
BAUMANN, URS u. a.: Seelsorgliche Gesprächsführung. Ein Lernprogramm. Ddf., Patmos, 1996.
BAUMGARTNER, ISIDOR
  (1982): Seelsorgliche Kompetenz als pastoralpsychologisches Bildungsziel. Diss. Passau, Univ. Vlg., 1982.
  (1987): Der Weg der Mystagogie. Gedanken zur seelsorglichen Begleitung, in: PThI 7 (1987), 149-168.
  (1989): Helfen zwischen Selbstsucht und Selbstlosigkeit. Wege zum seelischen Wachstum des Helfers, in : GARHAMMER, E. (Hg.): Menschenbilder. Regenburg, Pustet, 1989, 15-28.
  (1990): Heilende Seelsorge, in: FÜRST, W. u. Ders. (Hg.): Leben retten. Mchn., Kösel, 1990, 89-124.
  (1990): Pastoralpsychologie. Einführung in die Praxis heilender Seelsorge. Ddf., Patmos, 1990.
  (1990): Psychologie in der Seelsorge?, in: FÜRST, W. u. I. Baumgartner. (Hg.): Leben retten. Mchn., Kösel, 1990, 124-158.
  (1990): Von der heilenden Kraft der Sakramente, in: DERS. (Hg.): Handbuch der Pastoralpsychologie. Regensburg, Pustet, 1990, 547-565.
  (1992): Heilende Seelsorge in Lebenskrisen. Ddf., Patmos, 1992.
  (1994): Psychotherapeutische Seelsorge, in: LS 45 (1994), 165-170.
  (1997): Heilende Seelsorge - ein verkehrtes Leitwort?, in: ThPQ 145 (1997), 238-244.
BAUMGARTNER, ISIDOR (Hg.) (1990): Handbuch der Pastoralpsychologie. Regensburg, Pustet, 1990.
BAUMGARTNER, KONRAD
  (1982): Das Seelsorgegespräch in der Gemeinde. Wzbg., EOS, 1982.
  (1982): Theologische Aspekte des Seelsorgegesprächs, in: DERS.: Das Seelsorgegespräch in der Gemeinde. Wzbg., EOS, 1982, 40-55.
  (1990): Heute Seelsorger / Seelsorgerin sein, in: DERS. u. W. Müller (Hg.): Beraten und Begleiten. Handbuch für das seelsorgliche Gespräch. Fbg., Herder, 1990, 12-20.
  (1996): Damit die Welt glaubt, in: LS 47 (1996) 2, 114-117.
  (1998): Heil-werden. Aspekte einer ganzheitlichen Medizin aus theologischer Sicht, in: THEOLOGIE die hört und sieht. FS für J. Bommer zum 75 Geburtstag. Hg. v. R. Bärenz. Wzbg., Echter, 1998, 42-52.
  (1999): Gottes Sorge um die Menschen. Zur Spiritualität der Seelsorge in unserer Zeit, in: ThPQ 147 (1999), 371-381.
BAUMGARTNER, KONRAD u. W. Müller (Hg.) (1990): Beraten und begleiten. Handbuch für das seelsorgliche Gespräch. Fbg., Herder, 1990.
BECHER, WERNER
  (1971): Tendenzen in der Seelsorge in den USA, in: WZM 23 (1971), 501-512.
  (1981): Seelsorge heute, in: DPfB 81 (1981), 168-171.
  (1997): Selbstverwirklichung und Dienst am Nächsten, in: LEBENDIGE SYSTEME. Martin Ferel zum 60. Geb. Hg. v. G. Janowski u. R. Miethner. Seminar für Seelsorge der Evang. Kirche in Hessen und Nassau, 1997, 39-49.
BECHER, WERNER u.a. (Hg.): Wagnis der Freiheit. Göttingen, VR, 1981.
BEINERT, WOLFGANG
  (1984): Die heilende Sorge der Kirche in den Sakramenten, in: DERS. (Hg.): Heil und Heilen als pastorale Sorge. Regensburg, Pustet, 1984, 71.115.
  (1984): Heil und Heilen als pastorale Sorge. Regensburg, Pustet, 1984.
  (1985): Heil und Heilung durch den Glauben der Kirche, in: DERS. (Hg.): Hilft Glaube heilen? Ddf., Patmos, 1985, 64-86.
  (1990): Heilender Glaube. Mainz, Grünewald, 1990.
BEINERT, WOLFGANG (Hg.): Hilft Glaube heilen? Ddf., Patmos, 1985.
BERGER, PETER L.: Der Zwang zur Häresie. Religion in der pluralistischen Gesellschaft. Ffm., Fischer, 1980.

Allgemeine theologische Literatur

BERGER, PETER L. u. Th. Luckmann : Modernität, Pluralismus und Sinnkrise. Gütersloh, Bertelsmann, 1995.
BERNET, WALTER
- (1965): Seelsorge als Auslegung, in: Monatsschrift für Pastoraltheologie 54 (1965), 207-213.
- (1988): Weltliche Seelsorge. Elemente einer Theorie des Einzelnen. Zürich, Theologischer Vlg., 1988.

BESIER, GERHARD
- (1980): Seelsorge und Klinische Psychologie. Defizite in Theorie und Praxis der 'Pastoralpsychologie'. Göttingen, VR, 1980.
- (1984): Halbprofessionelle Systeme: Pastoren als Indikationssteller und Berater, in: BAUMANN, U. u.a. (Hg.): Psychotherapie. Göttingen, Hogrefe, 1984, 73-86.

BETZ, OTTO: Elemente der transaktionalen Analyse in der seelsorglichen Praxis, in: WzM 27 (1975), 193-201.
BIERITZ, KARL-HEINZ: Gewinner und Verlierer. Seelsorge in der Risikogesellschaft, in: VF 35 (1990), 4-35.
BISER, EUGEN
- (1985): Theologie als Therapie. Zur Wiedergewinnung einer verlorenen Dimension. Heidelberg, Vlg. für Medizin, 1985.
- (1987): Auf dem Weg zu einer therapeutischen Theologie, in: LS 38 (1987), 1-7.
- (1994): Kann Glaube heilen?, in: Archiv für Religionspsychologie 21 (1994), 19-36.
- (1994): 'Das Christentum ist eine therapeutische Religion': Fragen zur Situation von Glaube und Christentum an Eugen Biser, in: Herder Korrespondenz 48 (1994), 452-458.
- (1997): Aufriß einer therapeutischen Theologie, in: Geist und Leben 70 (1997), 199-210.
- (1998): Die Heilkraft des Glaubens: Entwurf einer Therapeutischen Theologie, in: Concilium 34 (1985), 534-544.

BITTLINGER, ARNOLD: Biblische Seelsorge. Wetzhausen, Ökumenischer Schriftendienst, 1975.
BLASBERG-KUHNKE, MARTINA: Seelsorge, in: WÖRTERBUCH der feministischen Theologie. Hg. v. E. GÖSSMANN u.a. Gütersloh, Mohn, 1991, 365-367.
BLATTNER, JÜRGEN (Hg.): Handbuch der Psychologie für die Seelsorge. Ddf., Patmos, 1993.
BLOEDT, DIETER: Dem Leben Raum schaffen - im Krankenhaus, in: WzM 42 (1990), 414-420.
BOHREN, RUDOLF
- (1963): Seelsorge - Trost der Seele oder Ruf zum Reich?, in: DERS.: Predigt und Gemeinde. Zürich/ Stgt., 1963, 119-147.
- (1982): Prophetie und Seelsorge. Eduard Thurneysen. Neukirchen, Neukirchener Verlag, 1982.
- (1986): Seelsorge, in: HÖFER, J. u. K. Rahner (Hg.): LEXIKON für Theologie und Kirche Bd. 9.. 2. Aufl. Fbg., Herder, 1986, 579-584.
- (1991): Macht und Ohnmacht der Seelsorge, in: PFEIFER, S. (Hg.): Seelsorge und Psychotherapie. Moers, Brendow, 1991, 17-31.
- (1996): Psychologie und Theologie - eine Gewinn- und eine Verlustrechnung für die Seelsorge. Waltrop, Spenner, 1996.

BONHOEFFER, THOMAS
- (1985): Ursprung und Wesen der christlichen Seelsorge. Mchn., Kaiser, 1985.
- (1990): Zur Entstehung des Begriffs Seelsorge, in: Archiv für Begriffsgeschichte 33 (1990), 7-21.

BONS-STORM, RIET: Das Konzept der Ganzheit und die Seelsorge, in: Bibel und Liturgie 69 (1996) 1, 22-28.
BORN, WILLI: Aspekte der Klinikseelsorge, in: PTh 83 (1994), 250-261.
BÖSCHEMEYER, UDO: Die Sinnfrage in Psychotherapie und Theologie. Diss. Bln./New York, 1976.
BRÄUMER, HANSJÖRG
- (1979): Pneumatische Seelsorge, in: SEELSORGE im Spannungsfeld. Hg. v. H. RELLER u. A. Sperl. Hbg., Lutherisches Verlagshaus, 1979, 35-47.
- (1994): Seelsorge als Lebens- und Glaubenshilfe, in: DERS. u Th. Stöckle: Mit dem Herzen hören. Neuhausen-Stgt., Hänssler, 1994, 36-44.

BREUNING, HANS-MARTIN: Miteinander Glauben lernen. Die Seelsorgebewegung der letzten 20 Jahre, in: Für Arbeit und Besinnung. Zeitschrift der Evangelischen Landeskirche Württemberg 42 (1988), 1004-1010.
BROWNING, DON: Menschenbilder in zeitgenössischen Modellen der Seelsorge, in: WzM 33 (1981), 406-418.
BRUNNER, HEINZ
- (1989): Abstraktes Heil und konkretes Heilen, in: GARHAMMER, E. (Hg.): Unnütze Knechte? Regensburg, Pustet, 1989, 77-105.
- (1990): Menschenbilder in Psychologie und Psychotherapie, in: BAUMGARTNER, I. (Hg.): Handbuch der Pastoralpsychologie. Regensburg, Pustet, 1990, 63-87.

BUCHER, RAINER M.
- (1989): Das entscheidende Amt, in: PthI (1989), 263-294.
- (1989): Die Theologie in postmodernen Zeiten. Zu Wolfgang Welschs bemerkenswertes Buch 'Unsere postmoderne Moderne', in: Theologie und Glaube 79 (1989), 178-191.

Allgemeine theologische Literatur

(1992): Die Theologie in Moderne und Postmoderne: Zu unterbliebenen und zu anstehenden Innovationen des theologischen Diskurses, in: HÖHN, H.J. (Hg.): Theologie, die an der Zeit ist. Paderborn, Schöningh, 1992, 35-59.
BÜRKI, HANS F.: Psychotherapie oder Seelsorge, in: GANZ Mensch werden. Moers, Brendow, 1993, 13-41.
BUKOWSKI, PETER
(1985): 'Ich werde mit dir sein'. Bemerkungen zum Verhältnis von Seelsorge und Psychotherapie anhand von Exodus 3,11-14, in: PTh 74 (1985), 426-435.
(1994): Die Bibel ins Gespräch bringen. Neukirchen, Neukirchner Vlg., 1994.
BURBACH, CHRISTIANE: Hintergründe und Tendenzen des geplanten Psychotherapeutengesetzes, in: WzM 44 (1992), 53-60.
BURCK, J.R. u. R.J. Hunter: Pastoral Theology, Protestant, in: DICTIONARY of Pastoral Care and Counseling. Hg. v. R.J. Hunter. Nashville, Abingdon Press, 1990, 867-872.
CHARTA der im Gesundheitsdienst tätigen Personen. Päpstlicher Rat für die Seelsorge im Krankenhaus. Vatikanstadt, Vatikanische Druckerei, 1995.
CHRISTIAN-WIDMAIER, PETRA: Das Krankenhaus als eine Welt voll potentieller Kommunikation. Mikroanalytische Erschließung des institutionellen Selbstbildes eines Klinikpfarrers, in: PTh 83 (1994), 261-272.
CLINEBELL, HOWARD
(1966): Basic Types of Pastoral Care and Counseling. Nashville, Abingdon Press, 1966.
(1981): Contemporary Growth Therapies. Nashville, Abingdon Press, 1981.
(1982): Wachsen und Hoffen. 2 Bde. Mchn., Kaiser, 1982/1983 (Englisch: 1979[1]).
(1985): Modelle beratender Seelsorge. 5. Aufl. Mchn., Kasier, 1985 (1971[1]).
(1990): Pastoral Counseling Movement, in: DICTIONARY of Pastoral Care and Counseling. Hg. v. R.J. Hunter. Nashville, Abingdon Press, 1990, S. 857-858.
(1991): Well Being. A Personal Plan for Exploring and Enriching the Seven Dimensions of Life. San Francisco, Harper, 1991.
(1996): Ecotherapy. Healing Ourselves, Healing the Earth. New York, Haworth Press, 1996.
(1998): 'Ökotherapie' - ein Paradigma für eine ökologisch-soziale Identität, in: WzM 50 (1998), 160-174.
COLLINS, GARY R.: Die biblischen Grundlagen für beratende Seelsorge. Marburg, Francke, 1995.
CRABB, LAWRENCE J.
(1975): Basic Principles of Biblical Counseling. Grand Rapids, Zondervan Publishing House, 1975.
(1977): Effective Biblical Counseling. Grand Rapids, Ministry Ressources Library, 1977.
(1977): Die Last des andern. Biblische Seelsorge als Aufgabe der Gemeinde. Basel, Brunnen, 1977.
(1987): Understanding People. Grand Rapids, Ministry Ressources Library, 1987.
(1999): Hoffnung wenn die Seele weint. Die Vision einer befreienden Seelsorge am Nächsten. Basel, Brunnen, 1999 (1996[1]).
CRABB, LAWRENCE u. Dan Allender: Den andern Mut machen. Basel, Brunnen, 1992 (1984[1]).
CREMER, INES u. D. Funke (Hg.): Diakonisches Handeln. Fbg., Lambertus, 1988.
DAEWEL, HARTWIG: Seelsorge-Konzeptionen seit der dialektischen Theologie, in: HANDBUCH der Seelsorge. Bearb. v. J. Becker u.a. Bln./Ost, Evangelische Verlagsanstalt, 1983, 55-91.
DAHM, KARL-WILHELM: Feindbild Gruppendynamik, in: EK 12 (1979), 149-151.
DAIBER, KARL-FRITZ
(1996): Religion unter den Bedingungen der Moderne. Marburg, Diagonal Vlg., 1995.
(1997): Religion in Kirche und Gesellschaft. Stgt., Kohlhammer, 1997.
DASS allen Menschen geholfen werde... Theologische und anthropologische Beiträge für Manfred Seitz zum 65. Geburtstag. Hg. v. Rudolf LANDAU u. G. R. Schmidt. Stgt., Calwer Vlg., 1993.
DEGEN, JOHANNES: Distanzierte Integration. Materialien zur Seelsorge in den Strukturen des Krankenhauses, in: WzM 32 (1980), 2-14.
DELP, ALFRED: Rückkehr in die Diakonie, in: FÜRST, W. u. Baumgartner, I. (Hg.): Leben retten. Mchn., Kösel, 1990, 158-163.
DEMAL, WILLIBALD: Praktische Pastoralpsychologie. Wien, Herder, 1953.
DEN MENSCHEN nachgehen. Offene Seelsorge als Diakonie in der Gesellschaft. Hans Schilling zum 60. Geburtstag. Hg. v. E. SCHULZ. St. Ottilien, EOS, 19987.
DICTIONARY of Pastoral Care and Counseling. Hg. v. R.J. HUNTER. Nashville, Abingdon Press, 1990.
DIE SORGE der Kirche um die Kranken. Seelsorge im Krankenhaus. Hg. vom Sekreteriat der Dt. Bischofskonferenz. 20. April 1998. Bonn, 1998. - Die Deutschen Bischöfe, 60.
DIETERICH, MICHAEL
(1984): Psychologie contra Seelsorge? Hilfestellung für die christliche Gemeinde. Neuhausen, Hänssler, 1984.
(1987): Psychotherapie, Seelsorge, Biblisch-therapeutische Seelsorge. Neuhausen, Hänssler, 1987.
(1989): Handbuch Psychologie und Seelsorge. Wuppertal/Zürich, Brockhaus, 1989.

Allgemeine theologische Literatur

(1991): Biblisch-therapeutische Seelsorge (BTS): Ein neuer Weg für die kirchliche Seelsorge heute?, in: PFEIFER, S. (Hg.): Seelsorge und Psychotherapie. Moers, Brendow, 1991, 169-187.
(1992): Heil und Heilung: Hoffnung für die Seele. Neuhausen, Hänssler, 1992.
(1997): Seelsorge als Gemeindeauftrag? Seelsorge als Expertentum? Wege zur Vermittlung, in: Diakonie (1979) 1, 55-60.
DIETERICH, MICHAEL (Hg.)
(1991): Wenn der Glaube krank macht. Wuppertal, Brockhaus, 1991.
(1993): Biblisch-therapeutische Seelsorge BTS. Entstehungsgeschichte, Grundlagen und praktischer Einsatz möglichkeiten einer Seelsorge für Menschen unserer Tage. Nenzinger, Edition TonArt, 1993.
(1998): Der Mensch in der Gemeinschaft. Psychotherapie und Seelsorge am System. Wupp., Brockhaus, 1998.
DIETERICH, MICHAEL u. J. Dieterich (Hg.): Wörterbuch Psychologie und Seelsorge. Haan, Brockhaus, 1996.
DORST, BRIGITTE: Weibliches Erbe Therapie, in: Schlangenbrut 12 (1994), 19-21.
DREHSEN, VOLKER: Wie religionsfähig ist die Volkskirche? Gütersloh, Kasier, 1994.
DUESBURG, HANS: Ökumenische Zusammmenarbeit im Krankenhaus, in: KLESSMANN, M. (Hg.): Handbuch der Krankenhausseelsorge. Göttingen, VR, 1996, 225-237.
DUNDE, SIEGFRIED R.
(1993): Religionspsychologie, in: WÖRTERBUCH der Religionspsychologie. Hg. v. S. Dunde. Gütersloh, Mohn, 1993, 235-244.
(1993): Religion, in: WÖRTERBUCH der Religionspsychologie. Hg. v. S. Dunde. Gütersloh, Mohn, 1993, 228-234.
EBELING, RENATE
(1994): Spiritualität im Krankenhaus, in: WzM 46 (1994), 390-397.
(1995): Interkulturelle Begegnungen im Krankenhaus, in: WzM 47 (1995), 421-424.
EBERHARDT, HERMANN: Praktische Seel-Sorge-Theologie. Bielefeld, Luther Vlg., 1993 (1989[1]).
EBERTZ, MICHAEL N.: Kirche im Gegenwind. Zum Umbruch der religiösen Landschaft. Fbg., Herder, 1997.
EIBACH, ULRICH
(1990): Heilung für den ganzen Menschen? Neukirchen, Neukirchener Vlg., 1990.
(1991): Der leidende Mensch vor Gott. Neukirchen, Neukirchener Vlg., 1991.
(1996): Sehnsucht nach 'ganzheitlichem' Heilsein. Psychotherapie und Esoterik, in: PSYCHOTHERAPIE und Seelsorge im Spannungsfeld. Hg. v. S. Pfeifer u. R. Berna. Moers, Brendow, 1996, 53-77.
EICHER, PETER: Option für die Armen, in: DERS. (Hg.): NEUES Handbuch theologischer Grundbegriffe Bd. 4. Mchn., Kösel, 1991, 128-151.
EID, VOLKER
(1984): Helfen und Trösten, in: BEGLEITUNG von Schwerkranken und Sterbenden. Hg. v. P. Becker u. V. Eid. Mainz, Grünewald, 1984, 173-184.
(1985): Geschichtliche Aspekte des Euthanasieproblems, in: EUTHANASIE oder Soll man auf Verlangen töten? Hg. v. V. EID. 2. Aufl. Mainz, Grünewald, 1985, 12-25.
(1985): Grundsätze medizinischer Ethik aus theologisch-ethischer Sicht, in: GENETIK und Moral. Hg. v. J. Reiter u. U. Theile. Mainz, Grünewald, 1985, 162-171.
EIGENMANN, URS: Am Rand die Mitte suchen. Unterwegs zu einer diakonischen Gemeindekirche der Basis. Fribourg, Exodus, 1990.
EISELE, GÜNTHER
(1972): Seelsorge im Umbruch, in: Das missionarische Wort 25 (1972), 220-225.
(1974): Das seelsorgliche Gespräch und die non-direktive Gesprächsführung nach Rogers, in: Innere Mission 64 (1974), 264-275-
ENGELHARDT, KLAUS u. Hermann von Loewenich, Peter Steinacker (Hg.): Fremde Heimat Kirche. Die dritte EKD-Erhebung über Kirchenmitgliedschaft. Gütersloh, 1997.
ENGELI, MANFRED: Von der Gesprächstherapie zur Seelsorge, in: PFEIFER, S. (Hg.): Seelsorge und Psychotherapie. Moers, Brendow, 1991, 144-169.
ERHARTER, HELMUT u.a. (Hg.): Prophetische Diakonie. Wien, Herder, 1977.
ES bleiben tiefe Ambivalenzen. Ein Gespräch mit F.X. Kaufmann, in: HK 51 (1997), 73-78.
EVANGELII NUNTIANDI. Apostolisches Schreiben seiner Heiligkeit Papst Paul VI. vom 8. Dezember 1975. Hg. v. Sekreteriat der Dt. Bischofskonferenz.
FABER, HEJE
(1969): Seelsorge am kranken Menschen. Gütersloh, Mohn, 1969.
(1970): Der Pfarrer im modernen Krankenhaus. Gütersloh, Mohn, 1970.
(1993): Die Bedeutung der klinischen Seelsorgeausbildung für die Kirche, in: WzM 45 (1993), 471-476.
(1998): Heilende Konzepte in der Seelsorge, in: IDENTITÄT Im Wandel in Kirche und Gesellschaft. Hg. v. D. Stollberg u.a. Göttingen, VR, 1998, 205-214.

Allgemeine theologische Literatur

FABER, HEJE u. E. van der Schoot (1971): Praktikum des seelsorglichen Gesprächs. Göttingen, VR, 1971.
FASSELT, GERD: Die gemeinsame Verantwortung von Arzt und Seelsorger für die Kranken. Mainz, Grünewald, 1987.
FEDERSCHMIDT, KARL: Rekonstruktion von Lebensgeschichte im asiatischen Kontext, in: WzM 48 (1996), 150-164.
FEIGE, ANDREAS: Vom Schicksal zur Wahl, in: PTh 83 (1994), 93-110.
FEILZER, Heinz: Gesellschaftliche Veränderungen als Anfrage an unsere Seelsorgekonzepte, in: Trierer Theologische Zeitschrift 101 (1992), 241-261.
FEREL, MARTIN
   (1989): Berührung. Zeitgemäße Gedanken über einen unzeitgemäßen Begriff, in: DERS. (Hg.): Berührung. Ffm., Publikation des Seminars für Seelsorge, 1989, 55-62.
   (1996): 'Willst du gesund werden?'- Das systemische Verständnis von Krankheit und Heilung als Orientierung für die Seelsorge, in: WzM 48 (1996), 359-374.
FIGL, JOHANN: Säkularisierung, in: NEUES Handbuch theologischer Grundbegriffe Bd. 4. Mchn., Kösel, 1985, 84-94.
FINDEISEN, SVEN: Zur Situation der kirchlichen Seelsorgeausbildung. Hinweise zur biblischen Orientierung, in: GEFAHR für die Seele. Hg. v. L. Gassmann. Neuhausen/Stgt., Hänssler, 1986, 172-193.
FINGER, WOLFGANG: Seelsorge als Diakonie, in: SCHOBER, Th. u. H. Seibert (Hg.): Theologie - Prägung und Deutung der kirchlichen Diakonie. Verlagswerk der Diakonie, 1982, 104-113.
FINZER, MICHAEL: Humor und Ironie in der Seelsorge, in: LEBENDIGE SYSTEME. Martin Ferel zum 60. Geburtstag. Hg. v. Janowski, Gudrun u. Reinhard Miethner, 1997, 156-179.
FRANK, GÜNTER: Säkularisierung, in: Stimmen der Zeit 213 (1995), 333-340.
FRANKL, VIKTOR: Ärztliche Seelsorge. Grundlagen der Logotherapie, Existenzanalyse. Mchn., Kindler, 1975.
FRIEDRICH, HANNES: Die Klinikseelsorgerin und der Klinikseelsorger im Dickicht von Zweckrationalität und Krankenhaussubkultur, in: WzM 48 (1996), 164-175.
FRIESL, CHRISTIAN: Kooperation und Konflikt im pastoralen Dienst, in: Diakonia 28 (1997), 185-189.
FRIESL, CHRISTIAN (Hg.) (1996): Christsein als Beruf. Innsbruck/Wien, Tyrolia, 1996.
FRÖR, HANS: Rechtfertigung in der Seelsorge, in: SEELSORGE im Spannungsfeld. Hg. v. H. Reller u. A. Sperl. Hbg., Lutherisches Verlagshaus, 1979, 151-175.
FRÖR, PETER (1980): Seelsorge und Institution, in: WzM 32 (1980), 14-21.
FUCHS, OTTMAR
   (1985): Ernstfall Diakonie. Christliches Handeln als Verkündigung, in: ThPQ 133 (1985), 223-230.
   (1987): Ist der Begriff der 'Evangelisierung' eine 'Stopfgans'?, in: KB 112 (1987), 498-514.
   (1988): Umkehr zu einer mystagogischen und diakonischen Pastoral, in: Bibel und Liturgie 61 (1988), 12-21.
   (1988): Bei Euch aber soll es nicht so sein! (Lk 22, 26. Bibel-theologische Überlegungen zum diakonalen Umgang mit hilfs- bzw. befreiungsbedürftigen anderen und Fremden, in: BAUMGARTNER, K. u. M. Langer (Hg.): Mit Außenseitern leben. Regensburg, Pustet, 1988, 227-250.
   (1988): Evangelisierungsversuche, in: PThI 8 (1988), 109-122.
   (1988): Kirche für andere. Identität der Kirche durch Diakonie, in: Concilium 24 (1988), 281-295.
   (1989): Dableiben oder Weggehen? Christen im Konflikt mit der Kirche. Mchn., Kösel, 1989.
   (1990): 'Wie verändert sich das Verständnis von Pastoraltheologie und Theologie überhaupt, wenn die Diakonie zum Zuge kommt?', in: PthI 10 (1990), 175-202.
   (1990): Heilen und Befreien. Der Dienst am Nächsten. Ddf., Patmos, 1990.
   (1990): Wahrhaftigkeit und Macht. Pluralismus in der Kirche? Ffm., Knecht, 1990.
   (1991): Einübung der Freiheit, in: KURSBUCH Diakonie. Hg. v. M. Schibilsky. Neukirchen, Neukirchener Vlg., 1991, 245-252.
   (1992): Was ist Neuevangelisierung?, in: Stimmen der Zeit 117 (1992), 465-472.
   (1993): Im Brennpunkt: Stigma. Gezeichnete brauchen Beistand. Ffm., Knecht, 1993.
   (1993): Plädoyer für eine radikale Pluralitätsethik, in: Zeitschrift für Missionswissenschaft 77 (1993), 63-77.
   (1994): Diakonia: Option für die Armen, in: DAS Handeln der Kirche in der Welt von heute. Mchn., Don Bosco Vlg., 1994, 114-145.
   (1994): In der Sünde auf dem Weg zur Gnade, in: Jahrbuch für Biblische Theologie 9 (1994), 235-259.
   (1995): 'Sein-Lassen' und 'Nicht-im-Stich-Lassen'! Zur Pluralitätsprovokation der 'Postmoderne', in: HILPERT, K. u. J. Werbick (Hg.): Mit den anderen Leben. Ddf., Patmos, 1995, 132-160.
   (1995): Gott hat einen Zug ins Detail, in: DERS. u.a.; Das Neue wächst. Mchn., Kösel, 1995, 55-96.
   (1995): Neue Religiosität - ohne Kirche?, in: GLAUBEN ohne Kirche. Hg. v. der Evang. Akademie Baden und der Kath. Akademie Freiburg. Karlsruhe, 1995, 110-147.
   (1995): Ökologische Pastoral im Geiste Teilhards de Chardin, in: Orientierung 59 (1995), 115-119.
   (1998): Solidarität und Glaube, in: Caritas Jahrbuch 1999. Hg. v. Dt. Caritasverband. Fbg., 1998, 19-35.

- (1998): Die Eigenheit des christlichen Gottesglaubens in und gegenüber seiner ethischen Dimension, in: Bulletin ET, Zeitschrift für Theologie in Europa 9 (1998), 75-89.
- (1998): Supervision in der Krise der Pastoral, in: THEOLOGIE die hört und sieht. Hg. v. R. Bärenz. Wzbg., Echter, 1998, 169-186.

FUNKE, DIETER
- (1983): Themenzentrierte Interaktion als praktisch-theologisches Handlungsmodell, in: WzM 35 (1983), 493-507.
- (1984): Verkündigung zwischen Tradition und Interaktion. Ffm., Lang, 1984.
- (1992): Theologie und (Tiefen)Psychologie, in: Renovatio 48 (1992), 219-228.
- (1994): Psychotherapeutische Begleitung von Seelsorgern, in: LS 45 (1994), 192-195.
- (1996): Heil und Heilung. Biblische und therapeutische Aspekte eines wiederentdeckten Verhältnisses, in: Wort und Antwort 37 (1996) 3, 108-111.

FURRER, WALTER: Psychoanalyse und Seelsorge. Mchn., Goldhammer, 1972 (1970^1).

FÜRST, WALTER
- (1990): Seelsorge zwischen Resignation und Hoffnung, in: DERS: u. I. Baumgartner (Hg.): Leben retten. Mchn., Kösel, 1990, 15-89.
- (1991): Pastorale Diakonie - Diakonische Pastoral, in: FELDHOF, N. u. A. Dünn (Hg.): Die verbandliche Caritas. Fbg., Lambertus, 1991, 52-80.

FÜRST, WALTER u. I. Baumgartner (Hg.) (1990): Leben retten: Was Seelsorge zukunftsfähig macht. Mchn., Kösel, 1990.

FÜRSTENBERG, FRIEDRICH: Säkularisierung, in: WÖRTERBUCH der Religionssoziologie. Hg. v. S. R. Dunde. Gütersloh, Gütersloher Verlagshaus, 1994, 279-287.

GABRIEL, KARL
- (1988): Lebenswelten unter den Bedingungen entfalteter Modernität, in: PThI 8 (1988), 93-106.
- (1988): Nachchristliche Gesellschaft heute!, in: Diakonia 19 (1988), 27-34.
- (1992): Christentum zwischen Tradition und Postmoderne. Fbg., Herder, 1992.
- (1996): Chancen der Kirche in der Moderne, in: LS 47 (1996), 224-227.

GÄRTNER, HERIBERT
- (1992): Der Seelsorger - ein Profi?, in: LS 43 (1992), 175-179.
- (1993): Die Kunst der Seelsorge in der Dimension der Beziehung, in: MÜLLER, J. (Hg.): Pastoraltheologie. Graz, Styria, 1993, 34-58.
- (1995): Management und Nächstenliebe. Zur Identität des kirchlichen Krankenhauses. 2. Aufl. Mainz, Grünewald, 1995.
- (1996): Die kirchliche Wirklichkeit ist organisational, in: KIRCHE als Beruf. Hg. v. N. SCHUSTER u. U. Moser. Mainz, Grünewald, 1996, 11-31.

GASSMANN, LOTHAR
- (1986): Heil aus sich selbst? Seelsorge zwischen Selbstverwirklichung und Christuswirklichkeit, in: GEFAHR für die Seele. Hg. v. L. Gassmann. Neuhausen/ Stgt., Hänssler, 1986, 33-96.
- (1991): Fühlen statt zu denken: Geheime Gehirnwäsche durch 'Gruppendynamik' - und wie sie sich davor schützen können. Uhldingen, Stephanus, 1991.

GASTGEBER, KARL
- (1979): Das Methodenproblem in der katholischen Seelsorge, in: SCHARFENBERG, J. (Hg.): Freiheit und Methode. Fbg., Herder/VR, 1979, 9-15.
- (1983): Die westliche Tradition der Einzelseelsorge, in: LS 34 (1983), 103-107.

GAUDIUM ET SPES. Die pastorale Konstitution über die Kirche in der Welt von heute, in: RAHNER, K. u. A. Vorgrimmler (Hg.): Kleines Konzilskompendium. Fbg./ Basel/Wien, Herder, 1967, 423-553.

GEEST, JOHANNES van der
- (1974): Reflexionen zur Theologie der Seelsorge, in: WzM 26 (1974), 85-91.
- (1981): Unter vier Augen. Beispiele gelungener Seelsorge. 4. Aufl. Zürich, Theologischer Vlg., 1981.

GEIST und Gemeinde: Beiträge zu Charisma und Theologie/Geistliche Gemeindeerneuerung in der Evangelischen Kirche. Hg. v. Gottfried u. Annegrit Wenzelmann. Hbg., GGE, 1998.

GELLER, H.: Seelsorger, in: KLOSTERMANN, F. u. K. Rahner, H. Schild (Hg.): Handbuch der Pastoraltheologie, Band 5. Fbg., Herder, 1972, 500-504.

GERKIN, CHARLES V.
- (1984): The Living Human Document. Nasville, Abingdon Press, 1984.
- (1986): Widening the Horizonts. Philadelphia, Westminster Press, 1986.
- (1991): Prophetical Pastoral Practice. Nashville, Abingdon Press, 1991.
- (1997): An Introduction to Pastoral Care. Nashville, Abingdon Press, 1997.

Allgemeine theologische Literatur

GESCHICHTE der Seelsorge in Einzelporträts Bd. 3: Von Friedrich Schleiermacher bis Karl Rahner. Hg. v. Ch. MÖLLER. Göttingen/Zürich, VR, 1996.
GESTRICH, REINHOLD
  (1987): Am Krankenbett. Seelsorge in der Klinik. Stgt., Quell, 1987.
  (1990): Hirten füreinander sein. Seelsorge in der Gemeinde. Stgt., Quell, 1990.
  (1995): Gedanken über die Seelsorge im multikulturellen Krankenhaus und einige praktische Hinweise, in: WzM 47 (1995), 400- 412.
  (1996): Aus- und Fortbildung für Krankenhausseelsorge, in: KLESSMANN, M. (1996): Handbuch der Krankenhausseelsorge. Göttingen, VR, 1996, 259-269.
  (1998): Die Seelsorge und das Unbewußte. Stgt., Kohlhammer, 1998.
GEWALT, DIETFRIED: Exegetische Begründung diakonischen Handelns? Eine Fallstudie, in: SCHIBILSKY, M. (Hg.): Kursbuch Diakonie. Neukirchen, Neukirchener Vlg., 1991, 173- 183.
GISBERTZ, VICTOR: Ist einer von euch krank. Besuche bei Kranken. Wzbg., Echter, 1991.
GLAUBEN ohne Kirche. Neue Religiosität als Herausforderung für die Kichen. Hg. v. der Evangelischen Akademie Baden und der Katholischen Akademie Freiburg. Karlsruhe, 1995.
GMELCH, MICHAEL: Du selbst bist die Botschaft. Eine therapeutische Spiritualität in der seelsorglichen Begleitung von kranken und leidenden Menschen. Wzbg., Echter, 1996.
GOLDBRUNNER, JOSEF
  (1954): Personale Seelsorge. Tiefenpsychologie und Seelsorge. Fbg., Herder, 1954.
  (1959): Psychotherapie und Seelsorge, in: Theologische Revue 55 (1959), 49-52.
  (1974): Seelsorge, eine vergessene Aufgabe. 3. Aufl. Fbg., Herder, 1974.
  (1977): Der Dialog zwischen Priester und Arzt, in: Arzt und Christ 23 (1977), 61-72.
  (1990): Seelsorge - eine attraktive Aufgabe. Wzbg., Echter, 1990.
GOTT - ein Fremder in unserem Haus? Die Zukunft des Glaubens in Europa. Hg. v. P. Hünermann. Fbg., Herder, 1996.
GRÄB, WILHELM: Deutungsarbeit, in: PTh 86 (1997), 325-340.
GRAWE, BERNADETTE: Chancen und Grenzen von Supervision in der Pastoralarbeit, in: Diakonia 28 (1997), 315-320.
GREINACHER, NORBERT: Kirchliche Götterdämmerung, in: Spiegel Okt. 1994, Nr. 43, 49-51.
GREINACHER, NORBERT u. N. Mette: 'Rückkehr der Kirchen in die Diakonie' - Vermächtnis und Auftrag, in: Concilium 24 (1988), 255-257.
GREIVE, WOLFGANG: Die Themenzentrierte Interaktion in der kirchlichen Praxis, in: WPKG 75 (1986), 338-353.
GROSS, HERMANN JOSEF: Fort- und Weiterbildung von Seelsorgern. Wzbg., Echter, 1989.
GROSSMANN, SIEGFRIED: Charismatische Erneuerung und Pfingstbewegung, in: ThB 27 (1996), 69-76.
GRÖZINGER, ALBRECHT
  (1986): Seelsorge als Rekonstruktion von Lebensgeschichte, in: WzM 38 (1986), 178-188.
  (1987): Der Streit um die Moderne und der Ort der Praktischen Theologie, in: ThPQ 22 (1987), 5-21.
  (1992): Es bröckelt an den Rändern. Kirche und Theologie in einer multikulturellen Gesellschaft. Mchn., Kaiser, 1992.
  (1994): Differenz-Erfahrung. Seelsorge in der multikulturellen Gesellschaft. Ein Essay. Waltrop, 1994.
  (1995): Seelsorge im multikulturellen Krankenhaus, in: WzM 47 (1995), 389-400.
  (1996): Das Heilige in der Erlebnisgesellschaft. Waltrop, Spenner, 1996.
  (1996): Eduard Thurneysen, in: GESCHICHTE der Seelsorge in Einzelporträts Bd. 3. Göttingen, VR, 1996, 277-294.
  (1996): Geschichtenlos inmitten von Geschichten. Die Erlebnisgesellschaft als Herausforderung für die Seelsorge, in: WzM 48 (1996), 479-487.
  (1998): Die Kirche - ist sie noch zu retten? Anstiftungen für das Christentum in postmoderner Gesellschaft. Gütersloh, Mohn, 1998.
GRÖZINGER, ALBRECHT u. H. Luther (Hg.): Religion und Biographie. Mchn., Kaiser, 1987.
GRUBER, FRANZ: Heilwerden im Fragment. Anmerkungen zur Heilenden Seelsorge aus systemischer Perspektive, in: ThPQ 145 (1997), 227-237.
GRÜN, ANSELM
  (1991): Bilder von Seelsorge: biblische Modelle einer therapeutischen Pastoral. Mainz, Grünewald, 1991.
  (1994): Religiöse Krisen und seelische Erkrankungen, in: LS 45 (1994), 117-180.
  (1994): Gesundheit als geistliche Aufgabe, in: Zeitschrift für medizinische Ethik 40 (1994), 48-54.
  (1995): Gesundheit und Heilsein, in: Lebendige Katechese 17 (1995), 90-93.
  (1996): Die spirituelle Dimension der Psychotherapie, in: PSYCHOTHERAPIE im Spannungsfeld. Hg. v. S. Pfeifer u. R. Berna. Moers, Brendow, 1996, 77-93.

- (1997): Tu dir doch nicht selber weh. Mainz, Grünewald, 1997.
- (1997): Den Reichtum des Lebens entdecken: Biblische Bilder einer heilenden Seelsorge. 3. Aufl. Mainz, Grünewald, 1997.
- (1997): Wunden zu Perlen verwandeln. Münsterschwarzach, Vier Türme Vlg., 1997.
- (1998): Menschen führen - Leben wecken. Münsterschwarzach, Vier Türme Vlg., 1998.
- (1998): Die eigene Freude wiederfinden. Stgt., Kreuz, 1998.
- (1998): Zerrissenheit. Vom Zwiespalt zur Ganzheit. Münsterschwarzach, Vier Türme Vlg., 1998.
- (1999): Gescheitert? Deine Chance. Münsterschwarzach, Vier Türme Vlg., 1999.

GRUNDKURS Theologie Bd. 9. Hg. v. G. Strecker, R. Blühm u.a. Stgt., Kohlhammer, 1993.

GÜNTHER, MATTHIAS
- (1996): Ermutigung. Die Individualpsychologie Alfred Adlers und die christliche Seelsorge. Ffm., Lang, 1996.
- (1996): Kraft des Individuums. Alfred Adlers Psychologie als Hilfe zur Seelsorge, in: LM 35 (1996), 35-37.

HABBEN, ILSE: Ehrenamtliche MitarbeiterInnen in der Krankenhausseelsorge, in: KLESSMANN, M: (1996): Handbuch der Krankenhausseelsorge. Göttingen, VR, 1996, 237-246.

HAENDLER, OTTO: Tiefenpsychologie, Theologie und Seelsorge. Ausgewählte Aufsätze. Göttingen, VR, 1971.

HÄNLE, JOACHIM. Heilende Verkündigung. Kerygmatische Herausforderungen im Dialog mit Ansätzen der Humanistischen Psychologie. Ostfildern, Schwabenverlag, 1997.

HÄRLE, WILFRIED: Christlicher Glaube und die Religionen, in: Berliner Dialog 4 (1998) 4, 3-6.

HAGENMAIER, MARTIN
- (1980): Seelsorge im Krankenhaus. Arbeit im Spannungsfeld zweier Strukturen, in: WzM 32 (1980), 22-30.
- (1985): Seelsorge in der Klinik, in: EK 18 (1985), 491.
- (1989): Heil durch Psychotechnik? Die evangelikale biblisch-therapeutische Seelsorge, in: Evangelische Kommentare 22 (1989) 7, 28-30.
- (1989): Rezension der 'Biblisch-therapeutischen Seelsorge', in: WzM 41 (1989), 124-131.

HAMMERS, ALWIN J.
- (1978): Neuere Entwicklungen der klientenzentrierten Gesprächspsychotherapie und ihre Bedeutung für die Seelsorge, in: WzM 30 (1978), 147-158.
- (1979): Gesprächspsychotherapeutisch orientierte Seelsorge, in: SCHARFENBERG, J. (Hg.): Freiheit und Methode. Fbg., Herder, VR, 1979, 83-102.
- (1990): Pastoralpsychologische Ausbildung für den Seelsorgedienst, in: BAUMGARTNER, I. (Hg.): Handbuch der Pastoralpsychologie. Regensburg, Pustet, 1990, 153-181.
- (1997): 25 Jahre Deutsche Gesellschaft für Pastoralpsychologie, in: WzM 49 (1997), 373-375.

HANDBUCH der biblischen Seelsorge. Von Gary R. COLLINS. Marburg, Francke, 1996.

HARK, HELMUT
- (1990): Religiöse Neurosen. Ursachen und Heilung. 3. Aufl. Stgt., Kreuz, 1990.
- (1990): Religiöse Neurosen. Gottesbilder, die die Seele krank machen, in: BAUMGARTNER; I. (Hg.): Handbuch der Pastoralpsychologie. Regensburg, Pustet, 1990, 481-493.

HARMS, KLAUS: Seelsorge als Erinnerung, in: DPfB 89 (1989), 173-176.

HARSCH, HELMUT (Hg.): Seelsorge als Lebenshilfe. Heidelberg, Quelle & Meyer, 1965.

HARTMANN, GERT
- (1992): Der therapeutische Beitrag der Theologie, in: WzM 44 (1992), 65-72.
- (1993): Lebensdeutung. Theologie für die Seelsorge. Göttingen, VR, 1993.
- (1997): Erfrische Geist und Sinn: biblische Szenen deuten Lebenserfahrungen. Ffm., Spener, 1997.
- (1998): Vom Ende der Seelsorgebewegung morgen, gestern oder heute, in: IDENTITÄT im Wandel in Kirche und Gesellschaft. Richard Riess zum 60. Geb. Hg. v. D. Stollberg u.a. Göttingen, VR, 1998, 169-179.

HASLINGER, HERBERT
- (1991): 'Was willst du, daß ich dir tun soll?' Vom lebendigmachenden Umgang Jesu mit Außenseitern - Eine Anfrage an unsere Kirche, in: KNOBLOCH, S. u. H. Haslinger (Hg.): Mystagogische Seelsorge. Mainz, Grünewald, 1991, 248-267.
- (1991): Sich selbst entdecken - Gott erfahren. Mainz, Grünewald, 1991.
- (1991): Was ist Mystagogie?, in: KNOBLOCH, S. u. Ders. (Hg.): Mystagogische Seelsorge. Mainz, Grünewald, 1991, 15-76.
- (1994): Planung und Vision: Fragen nach der Zukunft der Seelsorge; Fishpool-Gespräch (Niederschrift v. H. Haslinger unter Verwendung der Aufzeichnungen v. Büker/Zerfaß), in: PThI 14 (1994), 105-115.
- (1996): Diakonie zwischen Mensch Kirche und Gesellschaft. Wzbg., Echter, 1996.

HAUSCHILDT, EBERHARD: Ist die Seelsorge-Bewegung am Ende?, in: WzM 46 (1994), 260-273.

HAUSTEIN, MANFRED: Annahme in der 'therapeutischen Seelsorge' und biblisch-reformatorische Rechtfertigungslehre, in: Zeichen der Zeit 37 (1983), 278-284.

Allgemeine theologische Literatur

HEIDENREICH, HARTMUT: Option- die Gretchenfrage evangelisatorischer Pastoral, in: Diakonia 19 (1988), 118-121.
HEILEMANN, ORTWINN: Vergegenwärtigung von Lebensgeschichte im seelsorglichen Gespräch am Krankenbett, in: MÜLLER, W. (Hg.): Psychotherapie in der Seelsorge. Ddf., Patmos, 1992, 43-55.
HEIMBROCK, HANS-GÜNTHER
   (1996): Heilung durch Re-Konstruktion von Wirklichkeit, in: WzM 48 (1996), 325-328.
   (1997): Von der Wirkung des Wortes in seelsorglicher Kommunikation, in: LEBENDIGE SYSTEME. Hg. v. Janowski, Gudrun u. Reinhard Miethner, 1997, 126-156.
   (1999): Rituale: Symbolisches und leib-haftes Handeln in der Seelsorge, in: KLESSMANN, Michael u. Irmhild Liebau (Hg.): 'Leiblichkeit ist das Ende der Werke Gottes.' Göttingen, VR, 1999, 123-136.
HELD, PETER: Systemische Praxis in der Seelsorge. Mikrofiche, Heidelberg, 1996 (Mainz, Grünewald, 1998).
HELLER, ANDREAS
   (1989): Ganzheitliche Lebenspflege. Ddf., Patmos, 1989.
   (1990): Seelsorge in der Krise der Krankheit, Krankenhausseelsorge, in: BAUMGARTNER; I. (Hg.): Handbuch der Pastoralpsychologie. Regensburg, Pustet, 1990, 443-463.
   (1993): Gesundheit und Gerechtigkeit, in: Lebendiges Zeugnis 48 (1993), 24-36.
   (1997): Seelsorge, ein Gesundheitsberuf im Krankenhaus, in: DERS. u. H.M. Stenger (Hg.): Den Kranken verpflichtet. Innsbruck, Tyrolia, 1997, 49-65.
   (1998): Wie werden (nicht nur) Krankenhäuser intelligentere Organisationen?, in: Caritas 99 (1998), 208-220.
HELLER, ANDREAS u. H. M. Stenger (1997): Den Kranken verpflichtet: Seelsorge, ein Gesundheitsberuf im Krankenhaus. Innsbruck, Tyrolia, 1997.
HEMMINGER, HANSJÖRG
   (1989): Ich habe ganz allein recht!, in: EK 22 (1989) 9, 25-26.
   (1991): Heilende Worte. Silberne Hochzeit von Psychotherapie und Seelsorge, in: EK 24 (1991), 708-711.
   (1995): Religion wozu?, in: Zeitenwende 66 (1995), 79-85.
HEMPELMANN, HEINZPETER: Einheit durch Vielfalt?, in: ThB 27 (1996) 4, 196-213.
HENKE, THOMAS
   (1993): Ein Fach zwischen den Stühlen. Wo steht die Pastoraltheologie?, in: HK 47 (1993), 197-203.
   (1994): Seelsorge und Lebenswelt. Auf dem Weg zu einer Seelsorgetheorie in Auseinandersetzung mit soziologischen und sozialphilosophischen Lebenswelt-Konzeptionen. Wzbg., Echter, 1994.
   (1996): Wahrnehmung des Politischen. Zu einer wenig beachteten Dimension in der Seelsorge, in: SCHUSTER, N. u. U. Moser (Hg.): Kirche als Beruf. Mainz, Grünewald, 1996, 102-122.
HENNIG, GERHARD: Seelsorge und Rechtfertigung, in: ThB 7 (1976), 157-165.
HERMETSCHLÄGER, KARIN: Frau, Laiin, Theologin, in: FRIESL, Chr.: Christsein als Beruf. Chancen und Problemfelder theologischer Karrieren. Innsbruck/Wien, Tyrolia, 1996.
HERZOG, MAX u. G. Jüttemann: Seele / Psyche, in: WÖRTERBUCH der Religionspsychologie. Hg. v. S.R. DUNDE. Gütersloh, Mohn, 1993, 248-257.
HEYEN, HEYE: Logotherapie, Theologie, Pastoralpsychologie, in: WzM 50 (1998), 242-246.
HEYER, JOSEFINE: Mannsein und Frausein im pastoralen Beruf, in: BAUMGARTNER, I. (Hg.): Pastoralpsychologie, Regensburg, Pustet, 1990, 233-247.
HEYMEL, MICHAEL: Seelsorge - auf welcher theologischen Grundlage?, in: DPfB 89 (1989), 171-173.
HÉZSER, GÁBOR
   (1983): Der Beistand als Grundfunktion der Seelsorgepraxis. Diss. Marburg, 1983.
   (1996): Seelsorge mit Angehörigen und Mitbetroffenen, in: KLESSMANN, M. (Hg.): Handbuch der Krankenhausseelsorge. Göttingen, VR, 1996, 161-171.
HILTNER, SEWARD
   (1943): Religion and Health. New York, MacMillan, 1943.
   (1949): Pastoral Counseling. Nashville/New York, Abingdon Press, 1949.
   (1958): Preface to Pastoral Theology. Nashville/New York, Abingdon Press, 1958.
   (1959): The Christian Sheperd: Some Aspects of Pastoral Care. New York/Nasville, Abingdon Press, 1959.
   (1963): Theology and Pastoral Care in the United States, in: ThL 88 (1963), S. 501-508.
   (1972): Theological Dynamics. Nashville/New York, Abingdon Press, 1972.
   (1977): Tiefendimensionen der Theologie. Göttingen, VR, 1977.
HINZEN, ULRICH: Seelsorge im Krankenhaus, in: Krankenhaus-Umschau 12 (1986), 899-901.
HOCH, LOTHAR CARLOS
   (1979): Seelsorge und Gemeinschaft. Diss. Marburg, 1979.
   (1990): Seelsorge und Befreiung. Problemanzeige aus lateinamerikanischer Sicht, in: WzM 42 (1990), 132-144.

Allgemeine theologische Literatur

HOFMANN, HORST-KLAUS
(1977): Psychonautik-Stop. Kritik an der 'Gruppendynamik' in Kirche und Gemeinde. 3. Aufl. Wuppertal, Aussaat Vlg., 1977.
(1991): Biblisch-reformatorische Seelsorge: Sind traditionelle Seelsorgeformen heute noch hilfreich?, in: PFEIFER, S. (Hg.): Seelsorge und Psychotherapie. Brendow, Moers, 1991, 205- 231.
HOLE, GÜNTER
(1977): Der Glaube bei Depressiven. Stgt., Enke, 1977.
(1983): Psychiatrie und Religion, in: PETERS, U. (Hg.): Die Psychologie des 20. Jhdts., Band X: Ergebnisse für die Medizin: Psychiatrie. Weinheim/Basel, Beltz, 1983, 1079-1098.
(1987): Religionspsychopathologie, in: Th. PAYK u. U. Trenckmann (Hg.): Psychopathologie in der klinischen Psychiatrie. Stgt./New York, Schattauer, 1987, 105-115.
(1988): Situation und Aufgabenfeld heutiger Religionspsychopathologie, in: Swiss Med 10 (1988), 19-25.
HOLIFIELD, E.B.: Pastoral Care Movement, in: DICTIONARY of Pastoral Care and Counseling. Hg. v. R.J. Hunter. Nashville, Abingdon Press, 1990, 845-849.
HÜBNER, PETER
(1988): Ist christliche Psychologie möglich?, in: NÜCHTERN, M. (Hg.): Psychotherapie = Seelsorge? Karlsruhe, 1988, 7-30.
(1990): Ist christliche Psychologie möglich? Wzbg., IGNIS, 1990.
(1990): Leid, Schmerz, Krankheit: Defekt oder Signal? Wzbg., IGNIS, 1990.
(1990): Christliche Psychologie und Therapie: Design eines neuen Paradigmas. Wzbg., IGNIS, 1990.
(1990): Prolegomena zu einer christlichen Psychologie. Lüdenscheid, Bernard, 1990.
(1991): Psychologie und Psychotherapie auf biblischer Basis, in: PFEIFER, S. (Hg.): Seelsorge und Psychotherapie. Moers, Brendow, 1991, 187-205.
HUNTER, R.J.: Pastoral Care and Counseling, in: DICTIONARY of Pastoral Care and Counseling. Hg. v. R.J. Hunter. Nashville, Abingdon Press, 1990, 844.
HUTSEBAUT, DIRK (1997): Identity statuses, Ego-integration, God representations and Religious Cognitive Styles, in: Journal of Empirical Theology 10 (1997) 1, 39-41.
ILLHARDT, FRANZ-JOSEF
(1974): Das therapeutische Team - aus der Sicht des Seelsorgers, in: LAUER, W. (Hg.): Das therapeutische Team im Krankenhaus. Fbg., Lambertus, 1974, 48-62.
(1981): Begründung der Krankenhausseelsorge, in: Arzt und Christ 27 (1981), 137-145.
INHALTLICHE Identität und didaktische Grundlegung der Klinischen Seelsorgeausbildung (KSA), in: WzM 44 (1992), 111-114.
JASCHKE, HELMUT
(1987): Psychotherapie aus dem Neuen Testament: Heilende Begegnungen mit Jesus. Fbg., Herder, 1987.
(1992): Dunkle Gottesbilder. Fbg., Herder, 1992.
(1995): Der Heiler. Psychotherapie aus dem Neuen Testament. Fbg., Herder, 1995.
(1998): Glaube, der heilt, in: LS 49 (1989), 43-46.
JENTSCH, WERNER
(1970): Beraten und Bezeugen, in: RÖSSLER, D. (Hg.): Fides et communicatio. Göttingen, 1970, 155-182.
(1982): Der Seelsorger. Beraten-Bezeugen-Befreien. Grundzüge biblischer Seelsorge. Moers, Brendow, 1982.
(1990): Biblische Seelsorge. Vellmar, Weisses Kreuz, 1990.
(1991): Erneuerung der Seelsorge, in: PFEIFER, S. (Hg.): Seelsorge und Psychotherapie. Moers, Brendow, 1991, 251-277.
(1991): Proprium, Elemente und Formen der Seelsorge, in: PFEIFER, S. (Hg.): Seelsorge und Psychotherapie. Moers, Brendow, 1991, 31-59.
JOCHHEIM, MARTIN
(1993): Carl Rogers und die Seelsorge, in: Theologia Practica 28 (1993), 221-237.
(1993): Die Anfänge der Seelsorge-Bewegung in Deutschland, in: ZThK 90 (1993), 462-493.
(1997): Bibliographie zur evangelischen Seelsorgelehre und Pastoralpsychologie. Bochum, Winkler, 1997.
(1997): Seelsorge(lehre) im Nationalsozialismus, in: WzM 49 (1997), 132-146.
(1998): Seelsorge und Psychotherapie: historisch-systematische Studien zur Lehre der Seelsorge bei Oskar Pfister, Eduard Thurneysen und Walter Uhsadel. Bochum, Winkler, 1998.
JOHNSON, PAUL E.: Psychologie der pastoralen Beratung. Wien, Herder, 1969 (Englisch: 1953^1).
JORDAHL, DAVID: Psychotherapeuten denken religiös: Eine überraschende Bilanz. Olten, Walter, 1990.
JÖRNS, KLAUS-PETER: Die neuen Gesichter Gottes - Was glauben die Menschen heute wirklich? Mchn., Beck, 1997.
JOSUTTIS, MANFRED
(1974): Praxis des Evangeliums zwischen Politik und Religion. Mchn., Kaiser, 1974.

(1974): Auf der Flucht vor Konflikten?, in: EK 7 (1974), 599-601.
(1993): Seelsorgebewegung und Praktische Theologie, in: WzM 45 (1993), 460-476.
(1993): Seelsorge und Phänomenologie, in: PTh 82 (1993), 532-541.
(1998): Von der Psychotherapie zur energetischen Seelsorge, in: WzM 50 (1998), 71-84.
JÜLIGER, RALPH M.: Psychologie und Religion: Psychotherapie ist Seelsorge. Neu-Isenburg, Vlg. für Angewandte Psychologie und Psychosomatik, 1991.
JUNG, CARL GUSTAV: Die Beziehung der Psychotherapie zur Seelsorge. Zürich, Rascher, 1948.
KÄGI, HANSJÖRG: Der Heilige Geist in charismatischer Erfahrung und theologischer Reflexion. Ein Beitrag zur Pneumatologie. Zürich, Theol. Vlg., 1989.
KARLE, ISOLDE
(1996): Seelsorge in der Moderne. Eine Kritik der psychoanalytisch orientierten Seelsorgelehre. Neukichen, Neukirchener Vlg., 1996.
(1999): Seelsorge in der modernen Gesellschaft, in: Evangelische Theologie 59 (1999), 203-219.
KARRER, LEO
(1995): Schubkraft für die Kirche. Der Langstreckenlauf der Laien, in: DAS NEUE WÄCHST. Hg. v. Fuchs, O. u.a. Mchn., Kösel, 1995, 115-163.
(1997): Zwischen Kooperation und Konkurrenz, in: Diakonia 28 (1997) 3, 145-152.
KAUFMANN, FRANZ XAVER
(1984): Gesellschaft-Kiche, in: EICHER, P. (Hg.): Neues Handbuch theologischer Grundbegriffe Bd. 2. Mchn., Kösel, 1984, 65-80.
(1989): Religion und Modernität. Sozialwissenschaftliche Perspektiven. Tübingen, Mohr, 1989.
(1989): Das Verhältnis von Glaube, Kirche und Gesellschaft aus soziologischer Sicht, in: HÄRLE, W. (Hg.): Kirche und Gesellschaft. Stgt., Wiss. Buchgesellschaft, 1989, 41-56.
(1989): Über die Schwierigkeiten des Christen in der modernen Kultur, in: KLEIN, N. u.a. (Hg.): Biotope der Hoffnung. Olten, Walter, 1989, 113-132.
KAUFMANN, FRANZ XAVER u. J.B. Metz: Zukunftsfähigkeit. Suchbewegungen im Christentum. Fbg., Herder, 1987.
KEMNER, HEINRICH
(1985): Die Wahrheit macht uns frei. Wesel, Kawohl, 1988.
(1985): Ratschläge für Seelsorge. Wuppertal, Brockhaus, 1985.
KEUPP, HEINER: Fundamentalismus, in: WÖRTERBUCH der Religionssoziologie. Hg. v. S. Dunde. Gütersloh, Mohn, 1994, 118-125.
KIESOW, ERNST-RÜDIGER: Das Proprium der Seelsorge, in: ThL 103 (1978), 241-250.
KIESSLING, KLAUS
(1997): (Pastorale) Supervision und Gemeindeberatung - Herkunft und Zukunft ihrer Konzepte, in. Diakonia 28 (1997), 295-308.
(1998): Psychotherapie - ein chaotischer Prozeß? Stgt., Radius, 1998.
KLEIN, STEPHANIE: Der tradierte Glaube in der modernen Gesellschaft, in: ThPQ 143 (1995), 351-361.
KLESSMANN, MICHAEL
(1981): Gestalttherapie in der klinischen Seelsorgeausbildung, in: WzM 33 (1981), 33-46.
(1983): In der Krise begleiten, in: Evangelische Kommentare 16 (1983), 543-547.
(1986): Aggression in der Seelsorge, in: WzM 38 (1986), 410-421.
(1988): Seelsorge zwischen individuellem Trost und politischem Anspruch, in: WzM 40 (1988), 394-404.
(1989): Wie geht es in der Seelsorge weiter?, in: FEREL, M. (Hg.): Berührung. Ffm., 1989, 112-119.
(1990): Krankenseelsorge, in: THEOLOGISCHE Realenzyklopädie, Band XIX. Hg. v. G. MÜLLER. Bln., de Gruyter, 1990, 669-675.
(1990): Seelsorge im Krankenhaus: Überflüssig - wichtig - ärgerlich!, in: WzM 42 (1990), 421-433.
(1993): Aus- und Fortbildung in Pastoralpsychologie, in: GRUNDKURS Theologie Bd. 9: Kirchliche Handlungsfelder. Hg. v. G. STRECKER. Stgt., Kohlhammer, 1993, 92-105.
(1994): Stabile Identität - brüchiges Leben?, in: WzM 46 (1994), 289-301.
(1995): Seelsorge unter den Bedingungen der Risikogesellschaft, in: PTh 84 (1995), 55-70.
(1995): Zu diesem Heft: Seelsorge im multikulturellen Krankenhaus, in: WzM 47 (1995), 387-388.
(1995): Die Suche nach Sinn in der Krankheit. Säkulare und religiöse Deutungsmuster, in: Praktische Theologie 30 (1995), 158-169.
(1995): Krankenhausseelsorge im Schnittpunkt der Erwartungen, in: Wort und Dienst 23 (1995), 259-278.
(1995): Erinnerung und Erwartung: Dimensionen christlicher Praxis aus pastoralpsychologischer Sicht, in: Evangelische Theologie 55 (1995), 306-321.
(1996): Ausblick: Krankenhausseelsorge als Dienst der Kirche in der pluralen Gesellschaft, in: DERS. (Hg.): Handbuch der Krankenhausseelsorge. Göttingen, VR, 1996, 270-279.

(1996): Einleitung; Seelsorge in der Institution 'Krankenhaus', in: DERS. (Hg.): Handbuch der Krankenhausseelsorge. Göttingen, VR, 1996, 13-28.
(1996): Von der Krankenseelsorge zur Krankenhausseelsorge - historische Streiflichter, in: DERS. (Hg.): Handbuch der Krankenhausseelsorge. Göttingen, VR, 1996, 40-51.
(1997): Die Stellung der Krankenhausseelsorge in der Institution Krankenhaus, in: HELLER, A. u. H. Stenger: Den Kranken verpflichtet. Innsbruck/ Wien, Tyrolia, 1997, 30-48.
(1997): Die prophetische Dimension der Seelsorge im Krankenhaus, in: WzM 49 (1997), 413-428.
(1998): Über die Seelsorgebewegung hinaus...? Ein Bericht zur neueren Seelsorgeliteratur, in: PTh 87 (1998), 46-61.
(1999): Was ist der Mensch in Krankheit und Gesundheit?, in: WzM 51 (1999), 396-410.
KLESSMANN, MICHAEL u. Reinhard Miethner, Peter Frör: Gruppendynamik in der Kirche. Bln., 1979.
KLESSMANN, MICHAEL (Hg.) (1996): Handbuch der Krankenhausseelsorge. Göttingen, VR, 1996.
KLESSMANN, MICHAEL u. K. Lückel (Hg.): Zwischenbilanz: Pastoralpsychologische Herausforderung. Klaus Winkler zum 60. Geburtstag. Bielefeld, Luther Vlg., 1994.
KLESSMANN, MICHAEL u. Irmhild Liebau (Hg.): 'Leiblichkeit ist das Ende der Werke Gottes.' Körper - Leib - Praktische Theologie. Zum 60. Geburtstag von Dietrich Stollberg. Göttingen, VR, 1999.
KLÖCKER, MICHAEL u. Udo Tworuschka: Religionen in Deutschland. Mchn., Olzog, 1994.
KNOBLOCH, STEFAN
(1991): Seelsorge als Mystagogie, in: Trierer Theologische Zeitschrift 100 (1991), 260-275.
(1993): Mystagogie und Subjektwerdung, in: ThPQ 141 (1993), 148-157.
(1993): Wieviel ist ein Mensch wert? Einzelseelsorge - Grundlagen u. Skizzen. Regensburg, Pustet, 1993.
(1995): Was ist Praktische Theologie? Fbg., Universitätsvlg., 1995.
KNOBLOCH, STEFAN u. H. Haslinger (Hg.) (1991): Mystagogische Seelsorge. Mainz, Grünewald, 1991.
KOCHANEK, HERMANN: Spurwechsel. Die Erlebnisgesellschaft als Herausforderung für Christentum und Kirche. Ffm., Knecht, 1998.
KÖCHER, RENATE: Die Entwicklung von Religiosität und Kirchlichkeit seit dem Zweiten Vatikanischen Konzil bis heute, in: Diakonia 19 (1988), 35-39.
KÖHLER, MARGARETE: Vom not-wendigen Humor in der Krankenhausseelsorge. Bln., 1990.
KÖHL, GEORG: Der Beruf des Pastoralreferenten. Fbg., Universitätsvlg., 1987.
KOLLER, JOHANN (Hg.): Erneuerung der Seelsorge aus der Kraft des Geistes. Graz, Styria, 1985.
KNOWLES, JOSEPH: Gruppenberatung als Seelsorge und Lebenshilfe. Mchn., Grünewald, 1971.
KONZEPTION und Standarts in der Krankenhausseelsorge. Beschlossen auf der Jahrestagung des Konferenz für Krankenhausseelsorge in der EKD am 17.03.1994 in Bethel, in: WzM 46 (1994), 430-432.
KOPFERMANN, WOLFRAM
(1988): Noch einmal: Innere Heilung, in: Rundbrief der Geistlichen Gemeinde - Erneuerung in der Evangelischen Kirche 28, 1988, 16-23.
(1993): Mit Jesus gekreuzigt. Römer 6-8; Grundlage jeder Seelsorge. Kitzingen, IGNIS Vlg., 1993 (1992[1]).
(1998): Farbwechsel. Ein Grundkurs des Glaubens. 4. Aufl. Emmelsbüll, C&P, 1998 (1990[1]).
KRÄTZL, HELMUT: Zeichen der Zeit - Perspektiven für die Seelsorge, in: LS 41 (1990), 4-14.
KRAPP, ROLF: Seelsorge als Begegnung und Beratung, in: WzM 21 (1969; 1-7.
KREINER, ARNIM: Ende der Wahrheit? Zum Wahrheitsverständnis in Philosophie und Theologie. Fbg., Herder, 1992.
KREITMEIR, CHRISTOPH: Sinnvolle Seelsorge. St. Ottilien, EOS, 1995.
KREPPOLD, GUIDO
(1985): Die Bibel als Heilungsbuch. Münsterschwarzach, Vier Türme Vlg., 1985.
(1990): Sakramente - Leere Traditionen oder Lebenshilfe? Wzbg., Echter, 1990.
(1994): Der ratlose Mensch und sein Gott. Programm für neue Seelsorge. Fbg., Herder, 1994.
(1994): Krisen - Wendezeiten im Leben, in: LS 45 (1994), 181-184.
(1995): Der (die) Seelsorger(in) als Anwalt von Sinn, in: LS 46 (1995), 250-253.
(1997): Heil und Heilung aus christlicher Sicht, in: LS 48 (1997), 14-16.
(1997): Krisen - Wendezeiten im Leben. Paderborn, Blindenschr. Vlg., 1997.
(1998): Selbstverwirklichung oder Selbstverleugnung. Münsterschwarzach, Vier Türme Vlg., 1998.
(1999): Die Seele entdecken. Regensburg, Pustet, 1999.
KRIEGSTEIN, MATTHIAS von: Gesprächspsychotherapie in der Seelsorge. Stgt., Kohlhammer, 1977.
KROCKAUER, RAINER: Kirche als Asylbewegung. Stgt., Kohlhammer, 1993.
KROEGER, MATTHIAS
(1974): Profile der Themenzentrierten Interaktion, in: WzM 26 (1974), 458-478.
(1983): Themenzentrierte Seelsorge. 3. Aufl. Stgt., Kohlhammer, 1983 (1973[1]).
(1997): Die Notwendigkeit der unakzeptablen Kirche. Mchn., Kösel, 1997.

Allgemeine theologische Literatur

KRÜGGELER, MICHAEL u. Peter Voll: Säkularisierung oder Individualisierung?, in: PThI 28 (1992), 147-164.
KÜNG, HANS: Freud und die Zukunft der Religion. Mchn., Piper, 1987.
KURSBUCH Diakonie. Ulrich Bach zum 60. Geb. Hg. v. M. Schibilsky. Neukirchen, Neukirchener Vlg., 1991.
KURZ, WOLFRAM
  (1985): Seel-Sorge als Sinn-Sorge. Zur Analogie von kirchlicher Seelsorge und Logotherapie, in: WzM 37 (1985), 225-237.
  (1985): Der Bruch im seelsorglichen Gespräch, in: Pth 74 (1985), 436-451.
LADENHAUF, KARL-HEINZ
  (1981): Integrative Gestalttherapie in der Ausbildung von Seelsorgern und Religionspädagogen, in: WzM 33 (1981), S. 1-81.
  (1986): Pastoralpsychologische Weiterbildung am Institut für Pastoraltheologie der Karl-Franzens-Universität Graz, in: PThI (1986), 355-369.
  (1988): Integrative Therapie und Gestalttherapie in der Seelsorge. Paderborn, Junfermann, 1988.
  (1990): Integrative Therapie und Seelsorgelernen, in: BAUMGARTNER, I. (Hg.): Handbuch der Pastoralpsychologie. Regensburg, Pustet, 1990, 181-195.
  (1995): Ihr werdet Aufatmen finden für euer Leben (Mt 11,29). Subjektfördernde und kontextbezogene Seelsorge als gesellschaftliche und pastoraltheologische Herausforderung, in: WINDISCH, H. (Hg.): Seelsorge neu gestalten. Graz, Styria, 1995, 35-58.
LALOUX, JOSEPH: Seelsorge und Soziologie. Mchn., Rex, 1969.
LÄMMERMANN, GODWIN: Wider die gesellschaftliche Verdrängung von Schwäche. Zu H. Luthers Verständnis von Seelsorge und Diakonie, in: Theologia Practica 27 (1992), 218-231.
LAMPRECHT, FRIEDHELM: Religion, Moral, Neurose, in: NÜCHTERN, M. (Red.): Psychotherapie = Seelsorge?. Karlsruhe, o.O., 1988, 31-52.
LÄPPLE, VOLKER: Das Methodenproblem in der evangelischen Seelsorge, in: SCHARFENBERG, J. (Hg.): Freiheit und Methode. Fbg., Herder, 1979, 15-35.
LAUTTER, CHRISTA u. Chr. Möller: Helmut Tacke, in: GESCHICHTE der Seelsorge in Einzelporträts Bd. 3. Hg. v. Chr. Möller. Göttingen, VR, 1996.
LEHMANN, KARL: Seelsorge als Aufgabe der Kirche, in: LS 41 (1990), 48-53.
LEHNER, MARKUS: Zwischen den Stühlen - Laie im Hauptberuf, in: ThPQ 2 (1994), 137-144.
LEITLINIEN für die Krankenhausseelsorge im Erzbistum Bamberg. Entwurf, nach Korrektur vom 14.9.1995. Von der Diözesanarbeitsgemeinschaft der Krankenhausseelsorge. Unveröffentlicht.
LEMKE, HELGA
  (1976): Den Führungsanspruch aufgeben? Partnerzentrierte Seelsorge-ein bedenklicher Weg?, in: LM 15 (1976), 516-518.
  (1978): Theologie und Praxis annehmender Seelsorge. Stgt., Kohlhammer, 1978.
  (1981): Verkündigung in der annehmenden Seelsorge. Stgt., Kohlhammer, 1981.
  (1982): Mitteilung des Evangeliums und aktives Zuhören, in: WzM 34 (1982), 399-405.
  (1983): Beziehung und Verkündigung, in: Diakonia 24 (1993), 36-41.
  (1990): Verkündigung im seelsorglichen Gespräch, in: BAUMGARTNER, I. (Hg.): Handbuch der Pastorapsychologie. Regensburg, Pustet, 1990, 493-509.
  (1992): Seelsorgliche Gesprächsführung. Stgt., Kohlhammer, 1992.
  (1993): Beziehung und Verkündigung, in: Diakonia 24 (1993), 36-41.
  (1995): Personzentrierte Beratung in der Seelsorge. Stgt., Kohlhammer, 1995.
LESCH, WALTER u. G. Schwind (Hg.): Das Ende der alten Gewißheiten. Theologische Auseinandersetzungen mit der Postmoderne. Mainz, Grünewald, 1993.
LINDNER, HERBERT: Kirche am Ort. Eine Gemeindetheologie. Stgt., Kohlhammer, 1994.
LORENZ, HEINZ: Heil und Heilung. Gedanken zur Grundlegung der Diakonie, in: PTh 70 (1981), 483-499.
LORETAN, ADRIAN: Laien im pastoralen Dienst. Fbg., Herder, 1994.
LÜBBE, HERMANN: Religion nach der Aufklärung. 2. Aufl. Graz, Styria, 1990 (1986[1]).
LUCKMANN, THOMAS: Die unsichtbare Religion. Ffm., Suhrkamp, 1991.
LUDWIG, KARL JOSEF
  (1986): Krankenhausseelsorge im Wandel. Zum Selbstverständnis heutiger Krankenhausseelsorge, in: VIEFHUES, H. u.a. (Hg.): Soziale Dienste im Krankenhaus. Stgt., Kohlhammer, 1986, 72-82.
  (1988): Kraft und Ohnmacht des Glaubens. Seelsorgliche Begleitung in der Krise der Krankheit. Diss. Mainz, Grünewald, 1988.
  (1990): Im Krankenhaus, in: BAUMGARTNER, I. u. W. Müller (Hg.): Beraten und Begleiten - Handbuch für das seelsorgliche Gespräch. Fbg./ Basel/ Wien, Herder, 1990, 302-311.
LUDWIG, KARL JOSEF (Hg.): Im Ursprung ist Beziehung. Mainz, Grünewald, 1997.
LUHMANN, NIKLAS: Funktion der Religion. Ffm., Suhrkamp, 1977.

LUKAS, ELISABETH: Psychologische Seelsorge. Logotherapie - die Wende zu einer menschenwürdigen Psychologie. Fbg./Basel/ Wien, Herder, 1988.
LUTHER, HENNING
(1985): Identität und Fragment, in: Theologia Practica 20 (1985), 317-339.
(1986): Alltagssorge und Seelsorge. Zur Kritik am Defizitmodell des Helfens, in: WzM 38 (1986), 2-17.
(1987): Schmerz und Sehnsucht., in: Theologia Practica 22 (1987), 295-318.
(1988): Diakonische Seelsorge, in: WzM 40 (1988), 475-484.
(1988): Wahrnehmen und Ausgrenzen oder die doppelte Verdrängung. Zur Tradition des seelsorglich-diakonischen Blicks, in: Theologia Practica 23 (1988), 250-260.
(1992): Religion und Alltag. Bausteine zu einer Praktischen Theologie des Subjekts. Stgt., Radius, 1992.
(1994): Leben als Fragment - Der Mythos von der Ganzheit, in: WzM 43 (1994), 262-273.
MacNUTT, FRANCIS
(1976): Die Kraft zu heilen. Das fundamentale Buch über Heilen durch Gebet.Graz, Styria, 1976 (1974^1).
(1979): Beauftragt zu heilen: eine praktische Weiterführung. Graz, Styria, 1979 (1977^1).
(1996): Deliverance from Evil Spirits: A Practical Manual. Grand Rapids, Chosen Books, 1996.
MÄRKEL, FRIEDRICH: Im Spannungsfeld gegenwärtiger Seelsorgekonzeptionen, in: SEELSORGE im Spannungsfeld. Hg. v. H. Reller u. A. Sperl. Hbg., Lutherisches Verlagshaus, 1979, 23-35.
MAIER, GERHARD: Biblisch-exegetische Erwägungen zum Thema 'Seelsorge', in: GEFAHR für die Seele. Hg. v. L. Gassmann. Neuhausen/ Stgt., Hänssler, 1986, 139-149.
MaMPOLO, MASAMBA: Spiritualität und Seelsorge im Dienst der Befreiung, in: WzM 42 (1990), 144-158.
MARGIES, WOLFHARD
(1985): Heilung durch sein Wort. Band 1: Der Verzicht auf Psychotherapie. Urbach, STIWA Vlg., 1985.
(1988): Befreiung. Bln., Aufbau, 1988.
(1991): Erkennen, Glauben, Bekennen. Bln., Aufbau, 1991.
(1992): Sein Reich und meine Veränderung. Bln., Aufbau, 1992.
(1992): Glaube, der Wunder wirkt. 2. Aufl. Bln., Aufbruch, 1992.
(1995): Die einzigartige Gemeinschaft mit dem Heiligen Geist. 2. Aufl. Bln., Aufbruch, 1995.
MAYER, RAINER: Seelsorge zwischen Humanwissenschaften und Theologie, in: ThB 14 (1983), 6-21.
MAYER-SCHEU, JOSEPH
(1977): Seelsorge im Krankenhaus. Mainz, Grünewald, 1977.
(1980): Balintgruppe, in: MATERIALIENDIENST 1.80: Handreichung für die Seelsorge: Krankenseelsorge. Hg. v. Seelsorgereferat der Diözese Rottenburg-Stgt., 1980, 31.
(1980): Erfahrungsbericht über Individualseelsorge im Krankenhaus, in: MATERIALIENDIENST 1.80: Handreichung für die Seelsorge: Krankenseelsorge. Hg. v. Seelsorgereferat der Diözese Rottenburg-Stgt., 1980, 23-25.
(1980): Vom 'Behandeln' zum 'Heilen'. Die Aufgabe von Theologie und Seelsorge im Krankenhaus, in: DERS: u.a. (Hg.): Vom Behandeln zum Heilen. Wien/ Fbg./Basel, Herder/VR, 1980, 74-157.
(1982): Das seelsorgliche Gespräch mit Kranken, in: DAS SEELSORGEGESPRÄCH in der Gemeinde. Hg. v. K. Baumgartner. Wzbg., Echter, 1982, 92-102.
(1982): Die Heidelberger Kurse in Klinischer Seelsorgeausbildung, in: BRUNERS, W. u. J. Schmitz (Hg.): Das Lernen des Seelsorgers. Mainz, Grunewald, 1982, 120-130.
(1982): Eine katholische Seelsorgeausbildung in der Bundesrepublik. Ihre Anfänge und ihre Eigenart aufgrund der Entwicklung in der katholischen Klinikgemeinde Heidelberg, in: PTh 71(1982), 311-317.
(1986): Krankenhausseelsorge im Wandel. Anfragen an Seelsorge und Medizin im kirchlichen Krankenhaus. Kevelaer, Butzon u. Bercker, 1986.
MAYER-SCHEU, JOSEPH u. R. Kautzky (Hg.): Vom Behandeln zum Heilen. Die vergessene Dimension im Krankenhaus. Fbg./Basel/Wien, Herder/VR, 1980.
METTE, NORBERT
(1990): Vom Säkularisierungs- zum Evangelisierungsparadigma, in: Diakonia 21 (1990), 420-429.
(1991): Sozialpastoral, in: Diakonia 22 (1991), 145-151.
(1993): Option für die Anderen als Andere - in der Sicht des Schlußdokuments von Santo Domingo, in: Diakonia 24 (1993), 327-330.
(1993): Option für die Armen - Lernschritte zur Umkehr. Herzogenrath, Wiss. Arbeitsstelle, 1993.
METTE, NORBERT u. M. Blasberg-Kuhnke: Kirche auf dem Weg ins Jahr 2000. Ddf., Patmos, 1986.
METZ, JOHANN BAPTIST u.a. (Hg.): Gotteskrise. Versuch zur 'geistigen Situation der Zeit', in: DIAGNOSEN zur Zeit. M. Beiträgen v. H.B. Metz, G.B. Ginzel u.a. Ddf., Patmos, 1994, 76-92.
MEUSER, BERNHARD: Gottestherapie. Ostfildern, Schwabenvlg., 1993.
MEYER, Th. (Hg.): Fundamentalismus in der modernen Welt. Ffm., Suhrkamp, 1989.

Allgemeine theologische Literatur

MEYER-BLANCK, MICHAEL
- (1996): Praktische Theologie und Postmoderne. Ein Dialog mit W. Welsch, in: PTh 85 (1996), 225-238.
- (1998): Von der Identität zur Differenz, in: ThLZ 123 (1998), 852-842.

MICHEL, KARL-HEINZ
- (1996): Heilende Beziehungen in Seelsorge und Therapie, in: PSYCHOTHERAPIE und Seelsorge. Hg. v. S. Pfeifer u. R. Berna. Moers, Brendow, 1996, 231-247.
- (1999): Entkirchlichung als Herausforderung und Chance, in: ThB 30 (1999), 101-106.

MIETHNER, REINHARD
- (1990): Theologie der Seelsorge - Theologie der Befreiung, in: WzM 42 (1990), 159-170.
- (1996): Seelsorge an Seelsorgern und Seelsorgerinnen, in: KLESSMANN, M. (Hg.): Handbuch der Krankenhausseelsorge. Göttingen, VR, 1996, 246-258.

MÖLLER, CHRISTIAN:
- (1988): Wie geht es in der Seelsorge weiter?, in: ThL 113 (1988), 409-421.
- (1992): Luthers Seelsorge und die neueren Seelsorgekonzepte, in: ThB 23 (1992), 75-92.
- (1993): 'Glaubenshilfe als Lebenshilfe': Nachwort zur 3. Auflage des gleichnamigen Buches von Helmut Tacke, in: DPfB 93 (1993), 376-378.

MÖLLER, CHRISTIAN (Hg.) (1996): Geschichte der Seelsorge in Einzelporträts Bd.3. Göttingen, VR, 1996.

MORGENTHALER, CHRISTOPH: Systemische Seelsorge. Impulse der Familien- und Systemtherapie für die kirchliche Praxis. Stgt./Bln./Köln, Kohlhammer, 1999.

MÜLLER, JÖRG: Die Notwendigkeit einer christlichen Psychotherapie, in: DIETERICH, M. (Hg.): Der Mensch in der Gemeinschaft. Wuppertal/Zürich, Brockhaus, 1998, 233-239.

MÜLLER, JOSEF
- (1987): Heilende Begegnung - helfende Begleitung., in: LS 38 (1987), 31-36.
- (1988): Kränkende oder heilende Seelsorge, in: LS 39 (1988), 4-11.
- (1988): Kränkende oder heilende Kirche?, in: NÜCHTERN, M.: Psychotherapie = Seelsorge? Karlsruhe, 1988, 52-73.
- (1993): Pastoraltheologie. Ein Handbuch für Studium und Seelsorge. Graz/Wien/Köln, Styria, 1993.
- (1994): Mit Geschichten Leben und Glauben erschließen, in: Lebendige Katechese 16 (1994), 36-38.
- (1997): Die heilende Kraft der Erinnerung, in: LS 48 (1997), 266-268.
- (1998): Perspektiven einer prophetischen Pastoral auf dem Weg der Kirche ins dritte Jahrtausend, in: VON der Suche nach Gott. H. Riedlinger zum 75. Geb. Hg. v. M. Schmidt u. F. Reboiras. Stgt., 1998, 283-298.
- (1997): Worauf es in der Wissenschaft der Seelsorge ankommt, in: HÖREN und Dienen. Pastorales Handeln im Umbruch. Hg. v. DEMS.. P. Wehrle u. P. Müller. Fbg.,1997, 7-12.

MÜLLER, WUNIBALD
- (1987): Menschliche Nähe in der Seelsorge. Mainz, Grünewald, 1987.
- (1989): Gemeinsam wachsen in Gruppen. Mainz, Grünewald, 1989.
- (1990): Beratung und Begleitung im Kontext von Seelsorge, in: BAUMGARTNER, K. u. W. Müller (Hg.): Beraten und Begleiten. Fbg., Herder, 1990, 20-31.
- (1990): Erkennen, Unterscheiden, Begegnen. Das seelsorgliche Gespräch. Mainz, Grünewald, 1990.
- (1991): Empathie. Der Seele eine Stimme geben. Mainz, Grünewald, 1991.
- (1992): Heilung aus der Begegnung, in: DERS. (Hg.): Psychotherapie in der Seelsorge. Ddf.,Patmos, 1992, 11-30.
- (1993): Begegnung die vom Herzen kommt. Die vergessene Barmherzigkeit in Seelsorge und Therapie. Mainz, Grünewald, 1993.
- (1994): Ganz Ohr. Grundhaltungen in der seelsorglichen und spirituellen Beratung und Begleitung. Mainz, Grünewald, 1994.
- (1994): Nähe heilt, in: LS 45 (1994), 163-165.
- (1995): Die Ehre Gottes ist der lebendige Mensch: Selbstverwirklichung als Menschwerdung. Mainz, Grünewald, 1995.
- (1996): Die Nacktheit der Seele schützen, in: ThPQ 144 (1996), 177-186.
- (1998): Lieben hat Grenzen: Nähe und Distanz in der Seelsorge. Mainz, Grünewald, 1998.
- (1999): Auf der Suche nach der verlorenen Seele. Mainz, Grünewald, 1999.

MÜLLER, WUNIBALD (Hg.) (1992): Psychotherapie in der Seelsorge. Ddf., Patmos, 1992.

MÜLLER, WUNIBALD u. Anselm Grün (Hg.): 'Was macht die Menschen krank, was macht sie gesund?'. Münsterschwarzach, Vier-Türme-Vlg., 1997.

NASE, ECKHART: Oskar Pfisters analytische Seelsorge. Bln.., de Gruyter, 1993.

NEIDHART, WALTER: Evangelikale und neo-orthodoxe Seelsorge, in: Theologia Practica 12 (1977), 319-326.

NEMBACH, ULRICH: Theologische Seelsorge, in: DPfB 88 (1988), 230-232.

Allgemeine theologische Literatur

NICHT MEHR SCHWEIGEN! Zur gegenwärtigen Situation in der katholischen Kirche. Erklärung der vier katholischen Pastoraltheologen Prof. Dr. O. Fuchs (Bamberg), Prof. Dr. N. Greinacher (Tübingen), Prof. Dr. N. Mette (Paderborn) u. Prof. DDr. H. Steinkamp (Münster/Westf.) zum Reformationsfest am 31. Oktober 1994, in: Orientierung 58 (1994), 231-233.

NICOL, MARTIN
  (1990): Gespräch als Seelsorge. Göttingen, VR, 1990.
  (1998): Leben deuten mit der Bibel, in: WzM 50 (1998), 2-17.

NIEDERMEYER, ALBERT: Handbuch der speziellen Pastoralmedizin. 6 Bände. Wien. Herder, 1949-1952.

NOUWEN, HENRI J.
  (1984): Der dreifache Weg. Fbg., Herder, 1984.
  (1987): Geheilt durch seine Wunden. Wege zu menschlicher Seelsorge. Fbg., Herder, 1987.
  (1989): Seelsorge, die aus dem Herzen kommt. Fbg., Herder, 1989.
  (1989): Schöpferische Seelsorge. Fbg., Herder, 1989.
  (1996): Ministry and Spirituality. New York, Continuum, 1996.

NÜCHTERN, MICHAEL: Was heilen kann. Göttingen, VR, 1994.

OATES, WAYNE E.
  (1962): Protestant Pastoral Counseling. Philadelphia, Westminster Press, 1962.
  (1964): The Christian Pastor. Philadelphia, Westminster Press, 1964.
  (1970): New Dimensions of Pastoral Care. Fortress Press, 1970.
  (1970): When Religion gets Sick. Philadelphia Westminster Press, 1970.
  (1974): Pastoral Counseling. Philadelphia, Westminster Press, 1974.
  (1980): Pastor's Handbook. Philadelphia Westminster Press, 1980.
  (1983): The Psychology of Religion. Waco, Word Books, 1983 (1973^1).
  (1986): The Presence of God in Pastoral Counseling. Waco, Word Books, 1986.
  (1997): The Theological Context of Pastoral Counseling, in: Review and Expositor 94 (1997), 521-530.

OATES, WAYNE E. (Hg.): An Introduction to Pastoral Counseling. Nashville, Broadman, 1959.

OATES, WAYNE E. u. Andrew D. Lester (Hg.): Pastoral Care in Crucial Human Situations. Valley Forge, Judson Press, 1969.

OATES, WAYNE E. u. Kirk H. Neely (Hg.): Where to go for Help. Philadelphia Westminster Press, 1972.

OATES, WAYNE E. u. Charles E. Oates: People in Pain: Guidness for Pastoral Care. Philadelphia Westminster Press, 1985.

ODEN, THOMAS C.
  (1967): Contemporary Theology and Psychotherapy. Philadelphia, Westminster Press, 1967.
  (1977): Wer sagt: Du bist o.k.? Eine theologische Anfrage an die Transaktionsanalyse. Gelnhausen/Bln., Burckhardthausverlag, 1977.
  (1978): Kerygma and Counseling: Toward a Covenant Ontology for Secular Psychotherapie. San Francisco, Harper & Row, 1978.
  (1978): Therapie - Ersatz für Intimität?, in: DPfB 78 (1978), 43-44.
  (1983): Pastoral Theology: Essentials for Ministry. San Francisco, Harper & Row, 1983.
  (1984): Care of Souls in Classic Tradition. Philadelphia, Fortress Press, 1984.
  (1986): Crisis Ministries. New York, Crossroad, 1986. Classical Pastoral Care Series, Volume 4.
  (1989): Ministry through Word and Sacrament. New York, Crossroad, 1989.
  (1989): Pastoral Counsel. New York, Crossroad, 1989.

OFFELE, WOLFGANG: Das Verständnis der Seelsorge in der pastoralpsychologischen Literatur der Gegenwart. Mainz, Grünewald, 1966.

OSCHWALD, HANSPETER: Nur noch christentümlich, in: Focus 14 (1999), 117-131.

OTT, C.: Religiosität und psychiatrische Erkrankungen: Anmerkungen zum Forschungsstand, in: BAER, R. (Hg.): Wege psychiatrischer Forschung. Erlangen, Perimed, 1991, 30-37.

OUWENEEL, WILLEM J.
  (1991): Herz und Seele. Gibt es eine christliche Psychologie? Dillenburg, Christliche Verlagsgesellschaft, 1991.
  (1996): Christliche Psychologie und Psychotherapie - Wissenschaft oder Ideologie?, in: PSYCHOTHERAPIE und Seelsorge. Hg. v. S. Pfeifer u. R. Berna. Moers, Brendow, 1996, 39-109.

PABST, MANFRED: Institution, in: KERBER, H. u. A. Schmieder (Hg.): Handbuch der Soziologie. Reinbek, Rowohlt, 1984, 255-262.

PARKER, KEITH, G.: Seelsorge als interkulturelles Problem, in: WzM 44 (1944), 307-321.

PATTON, JOHN
  (1987): Generationsübergreifende Gesichtspunkte in der Seelsorge, in: WzM 39 (1987), 181-192.

(1990): Pastoral Counseling, in: DICTIONARY of Pastoral Care and Counseling. Hg. v. R. J. Hunter. Nashville, Abingdon Press, 1990, 849-854.
(1992): Auf der Grenze zur Vergangenheit: Seelsorge als Erinnerungsarbeit, in: WzM 44 (1992), 321-332.
(1993): Pastoral Care in Context. Lousville, Knox Press, 1993.
PETZOLD, HILARION
(1972): Psychodrama als Instrument der Pastoraltherapie, der religiösen Selbsterfahrung und der Seelsorge, in: WzM 24 (1972), 41.
(1979): Integrative Gestalttherapie in der Ausbildung von Seelsorgern, in: SCHARFENBERG, J. (Hg.): Freiheit und Methode. Fbg., Herder/VR, 1979, 113-136.
(1997): Krankheitsursachen im Erwachsenenleben, in: Integrative Therapie 22 (1997), 288-318.
PEUKERT, HELMUT: Wissenschaftstheorie, Handlungstheorie, Fundamentale Theologie. Ffm., Suhrkamp, 1978.
PFÄFFLIN, URSULA
(1987): Pastoralpsychologische Aspekte feministischer Seelsorge, in: WzM 39 (1987), 226-235.
(1992): Frau und Mann. Ein symbolkritischer Vergleich anthropologischer Konzepte in Seelsorge und Beratung. Gütersloh, Mohn, 1992.
(1995): Wie Pech und Schwefel zusammenhalten. Feministische Seelsorge, in: Schlangenbrut 12 (1995), 491-501.
PFEIFER, SAMUEL
(1988): Kognitive Therapie - ein neues Paradigma für Seelsorge?, in: WzM 40 (1988), 163-171.
(1992): Methodenübergreifende Wirkfaktoren in Psychotherapie und Seelsorge, in: Theologia Practica 27 (1992), 272-283.
(1993): Neurose und Religiosität. Gibt es einen kausalen Zusammenhang?, in: PPM 1993, 356-363.
(1998): Die Zusammenarbeit von Arzt, Seelsorger und Gemeinde, in: DIETERICH, M. (Hg.): Der Mensch in der Gemeinschaft.Wuppertal/Zürich, Brockhaus, 1998, 217-231.
PFEIFER, SAMUEL (Hg.) (1991): Seelsorge und Psychotherapie - Chancen und Grenzen der Integration. Moers, Brendow, 1991.
PFISTER, OSKAR
(1909): Psychoanalytische Seelsorge und experimentelle Moralpädagogik, in: Protestantische Monatshefte 13 (1909), 6-42.
(1914): Psychoanalyse und Theologie, in: ThLZ 39 (1914), 379-382.
(1934): Neutestamentliche Seelsorge und psychoanalytische Therapie, in: Imago 20 (1934), 425-443.
(1978): Was heißt 'analytische Seelsorge'?, in: WINTZER, F. (Hg.): Seelsorge. Mchn., Kaiser, 1978 (1927[1]), 62-73.
PICKER, RICHARD: Krank durch die Kirche? Katholische Sexualmoral und psychische Störungen. Wien, Böhlau, 1998.
PIECHOWIAK, HELMUT: Seelsorge im Krankenhaus. Aufgaben und Möglichkeiten zwischen Anspruch und Wirklichkeit, in: Arzt und Christ 27 (1981), 146-163.
PIPER, HANS-CHRISTOPH
(1973): Klinische Seelsorgeausbildung. Bln., 1973.
(1973): Von der Betreuung - zur Seelsorge, in: Innere Mission 63 (1973), 181-186.
(1974): Perspektiven klinischer Seelsorge, in: RIESS, R. (Hg.): Perspektiven der Pastoralpsychologie. Göttingen, VR, 1974, 137-152.
(1974): Kranksein: erleben und erlernen. Zürich, VR, 1974.
(1975): Gesprächsanalysen. 2. Aufl. Göttingen, VR, 1975.
(1977): Das Selbstverständnis des Krankenhausseelsorgers heute, in: WzM 29 (1977), 1-5.
(1978): Beraten und Bezeugen, in: LM 17 (1978), 241-242.
(1980): Kranksein - Erleiden und Erleben. Erfahrungen von Krankenhausseelsorgern im Umgang mit Patienten, in: MAYER-SCHEU, J. u.a. (Hg.): Vom Behandeln zum Heilen. Wien., Herder/VR, 1980, 23-40.
(1981): Kommunizieren lernen in Seelsorge und Predigt. Göttingen, VR, 1981.
(1981): Das Menschenbild in der Seelsorge, in: WzM 33 (1981), 386-393.
(1982): Macht und Ohn-macht: Die Frage nach dem Proprium der Seelsorge, in: WzM 34 (1982), 291-299.
(1982): Wenn die Not unser enger Raum ist. Trost und Trostlosigkeit in der heutigen Seelsorge, in: LM 21 (1982), 131-133.
(1984): Wider die unversöhnliche Polarisierung Seelsorge und Theologie in der gegenwärtigen Diskussion, in: LM 23 (1984), 268-271.
(1985): Krankenhaus-Seelsorge heute. Bln., 1985. - Berliner Hefte für Evang. Krankenseelsorge, 51.

(1986): Wir müssen Kommunikation neu lernen. Die Kirche im Wandel am Beispiel der Seelsorge, in: LM 25 (1986), 347-349.
(1987): Heil und Heilung, in: LM 26 (1987), 487-489.
(1989): Krankenseelsorge, in: Evangelisches Kirchenlexikon Bd. 2. 3. Aufl. Göttingen, VR, 1989, 1456-1459.
(1994): Heil und Heilung. Zur Hermeneutik der neutestamentlichen Heilungsgeschichten, in: KLESSMANN, M. u. K. Lückel (Hg.): Zwischenbilanz. Bielefeld, Luther Vlg., 1994, 57-70.
(1996): Theologie des Kreuzes in Seelsorge und Diakonie, in: THEOLOGISCHES geschenkt. Hg. v. Christoph Bizer. Bovenden, Foedus, 1996, 374-380.
(1998): Ist Seelsorge erlernbar?, in: Die Zeichen der Zeit 52 (1998), 55-58.
(1998): Einladung zum Gespräch: Themen der Seelsorge. Göttingen, VR, 1998.
(1999): Leiblichkeit in der Krankenseelsorge, in: KLESSMANN, Michael u. Irmhild Liebau (Hg.): 'Leiblichkeit ist das Ende der Werke Gottes.' Göttingen, VR, 1999, 37-47.
PIPER, IDA
(1991): Begleitende Seelsorge, Raum für Gottesbegegnung. Bln., 1991.
(1996): Trösten. Bln., 1996. - Berliner Hefte für Evang. Krankenseelsorge, 61.
PIPER, HANS-CHRISTOPH u. IDA: Religiöse Erfahrung in einer säkularen Institution, in: KLESSMANN, M. (Hg.): Handbuch der Krankenhausseelsorge. Göttingen, VR, 1996, 181-193.
PLIETH, MARTINA
(1994): Die Seele wahrnehmen. Zur Geistesgeschichte des Verhältnisses von Seelsorge und Psychotherapie. Göttingen, VR, 1994.
(1999): Rechtfertigung in der Seelsorge, in: Ökumensiche Rundschau 48 (1999) 3, 305-314.
POENSGEN, HERBERT (1997): Alles ist Fragment. Kritische Anfragen zu Konzepten heilender Seelsorge in der Pastoral, in: ThPQ 144 (1997), 155-167.
POHL-PATALONG, UTA
(1996): Bibliodrama - zur gesellschaftlichen Relevanz eines Booms, in: PTh 85 (1996), 522-535.
(1996): Seelsorge zwischen Individuum und Gesellschaft. Stgt. u.a., Kohlhammer, 1996.
POMPEY, HEINRICH
(1968): Die Bedeutung der Medizin für die kirchliche Seelsorge im Selbstverständnis der sogenannten Pastoralmedizin. Fbg., Herder, 1968.
(1973): Christliches Arzttum - Widerspruch in sich?, in: Arzt und Christ 19 (1973), 100-106.
(1974): Das seelsorgliche Gespräch und die Methode des Pastoral Counseling, in: Diakonia 5 (1974), 5-16.
(1975): Das Seelsorgegespräch nach der Methode der Gesprächstherapie, in: LS 26 (1975), 201-211.
(1975): Seelsorge zwischen Gesprächstherapie und Verkündigung, in: LS 26 (1975), 169-165.
(1978): Die Rezeption der Psychologie durch die Seelsorgewissenschaften im Laufe der Geschichte, in: WzM 30 (1978), 412-423.
(1984): Seelsorge im Krankenhaus, in: Arzt und Christ 30 (1984), 134-137.
(1990): Zur Geschichte der Pastoralpsychologie, in: BAUMGATNER, I. (Hg.): Handbuch der Pastoralpsychologie. Regensburg, Pustet, 1990, 23-41.
(1993): Die Verlassenheit des seelisch Kranken in unseren Gemeinden, in: LS 44 (1993), 81-87.
POMPEY, HEINRICH u. Stefan Roß: Kirche für andere: Handbuch für eine diakonische Praxis. Mainz, Grünewald, 1998.
POTTMEYER, HERMANN J.: Katholizismus im Umbruch zur 'Post'-Moderne, in: MODERNITÄT und Solidarität. Für F.X. Kaufmann. Hg. v. K. Gabriel u.a. Fbg./Basel/Wien, Herder, 1997, 175-189.
PRÜLLER-JAGENTEUFEL, VERONIKA: 'Der Einbruch der Frau in die Seelsorge', in: Diakonia 28 (1997), 189-194.
PSYCHOTHERAPIE und Seelsorge im Spannungsfeld. Zwischen Wissenschaft und Institution. Hg. v. S. Pfeifer u. R. Berna. Moers, Brendow, 1996.
QUERVAIN, PAUL FREDI de: Psychoanalyse und dialektische Theologie. Zum Freud-Verständnis bei K. Barth, E. Thurneysen und P. Ricoeur. Bern/Stgt./ Wien, Huber, 1978.
RAMBOSEK, LEONORE: Auf der Suche nach einer neuen seelsorglichen Sensibilität, in: PThI 10 (1984), 122-129.
RAMPOLD, WERNER: Integrativ-Christliche Therapie. Ein Beitrag zur Weiterentwicklung der Seelsorge aus der Sicht der Individualpsychologie. Diss. Ffm., Univ. Vlg., 1992.
RAUCHFLEISCH, UDO: Beziehungen in Seelsorge und Diakonie. Mainz, Grünewald, 1990.
REBELL, WALTER: Psychologisches Grundwissen für Theologen. Ein Handbuch. Mchn., Kaiser, 1988.
REIMER, HANS DIETER
(1980): Umwege zum Heil? Wien/Mchn., Herold, 1980.
(1987): Wenn der Geist in der Kirche wirken will. Stgt., Quell, 1987.
(1996): Power Evangelism und Christus-Geist, in: ThB 27 (1996), 118-126.

Allgemeine theologische Literatur

REINKE, OTFRIED: Wie theologisch ist das CPT?, in: LM 13 (1974), 424-426.
REINER, ARTUR: Seelsorge und Patient, in: LEXIKON Medizin, Ethik, Recht. Hg. v. A. Eser. Fbg., Herder, 1989, 1001-1011.
RELLER, HORST u. Adolf Sperl (Hg.): Seelsorge im Spannungsfeld. Bibelorientierung - Gruppendynamik. Hbg., Lutherisches Verlagshaus, 1979.
RICHTARZ, ERICH: Seelsorge im Krankenhaus an der Wende ins 3. Jahrtausend, in: HELLER, A. u. H. Stenger: Den Kranken verpflichtet. Innsbruck/Wien, Tyrolia, 1997, 9-10.
RIEDEL-PFÄFFLIN, URSUAL u. Julia Strecker: Flügel trotz alledem. Feministische Seelsorge und Beratung. Gütersloh, Gütersloher Verlagshaus, 1998.
RIESS, RICHARD
(1970): Neuansätze zum Gespräch zwischen Psychologie und Seelsorge, in: WzM (1970), 18-28.
(1973): Seelsorge. Orientierung, Analysen, Alternativen. Göttingen, VR, 1973.
(1973): Seelsorge als Krisenhilfe, in: EK 7 (1973), 39-42.
(1974): Seelsorgliche Beratung, in: KLOSTERMANN, F. u. R. Zerfaß (Hg.): Praktische Theologie heute. Mchn./Mainz, 1974, 464-474.
(1975): Zur Konzeption der klinischen Seelsorge, in: WzM 27 (1975), 25-33.
(1976): Zur theologischen Begründung der seelsorglichen Beratung, in: WzM 28 (1976), 136-139.
(1979): Tiefenpsychologisch orientierte und seelsorgliche Gesprächsführung, in: DIE Psychologie des 20. Jhdts. Bd. 15. Hg. v. G. Condreau. Zürich 1979, 397-405.
(1987): Sehnsucht nach Leben. Göttingen, VR, 1987.
RIESS, RICHARD (Hg.)
(1974): Perspektiven der Pastoralpsychologie. Göttingen, VR, 1974.
(1982): Zwischen Macht und Ohnmacht. Göttingen, VR, 1982.
RINGEL, ERWIN, W. van Lun: Die Tiefenpsychologie hilft dem Seelsorger. Wien, Herder, 1953.
ROGERS, CARL R.: Klientenzentrierte Psychotherapie, in: DERS. u. P.F. Schmid: Person-zentriert. Grundlagen von Theorie und Praxis. Mainz, Grünewald, 1991, 185-235.
RÖHLIN, KARL-HEINZ
(1986): Sinnorientierte Seelsorge. Mchn., Tuduv Vlg., 1986.
(1998): Identitäts- und Sinnsuche, in: IDENTITÄT im Wandel in Kirche und Gesellschaft. Richard Riess zum 60. Geb. Hg. v. D. Stollberg u.a. Göttingen, VR, 1998, 41-49.
RÖSCH, WOLFRAM: Mystagogie unter der Herausforderung der Gemeindepraxis, in: PThI (1997), 253-265.
RÖSSLER, DIETRICH: Der 'ganze' Mensch. Das Menschenbild der neueren Seelsorgelehre und des modernen medizinischen Denkens im Zusammenhang der allgemeinen Anthropologie. Göttingen, VR, 1962.
RÜCK, WERNER: Begleitung statt Angebot, in: LS 41 (1990), 79-85.
RÜPPEL, ERICH: Zur Seelsorge im Krankenhaus heute, in: LM 24 (1985), 60-61.
RUDOLF, GERHARD: Fremde Welten. Entfremdung, Aus- u. Abgrenzung bewirkt durch psychiatrische Erkrankungen und die Schwierigkeiten einer Verständigung u. Zusammenführung, in: WzM 50 (1998), 212-222.
RUSCHKE, WERNER: Diakonische Theologie- ein neues Paradigma theologischen Denkens?, in: PThI 10 (1990), 65-76.
RUST-RIEDEL, MARGA: Seelsorge im Krankenhaus und in der Institution Kirche. Geschichte am Beispiel der Landeskirche Berlin-Brandenburg, in: WzM 42 (1990), 396-402.
RUTHE, REINHOLD
(1979): Krankheit muß kein Schicksal sein: Leib-Seele-Probleme in der beratenden Seelsorge. Wuppertal, Brockhaus, 1979.
(1993): Seelsorge. Wie macht man das? Giessen, Brunnen, 1993.
(1996): Wenn Zwänge das Leben beherrschen. Hilfen aus der Beratungspraxis. Moers, Brendow, 1996.
(1998): Sechs Wege aus dem Selbstbetrug. Vom richtigen Umgang mit Ärger, Gesundheitswahn, Perfektionismus, Zweifel, Willensschwäche, Lebenslügen. Moers, Brendow, 1998.
(1998): Die Seelsorgepraxis. Handbuch für Beratung und Therapie; Lebensstilanalyse; Gesprächsführung. Moers, Brendow, 1998.
RUTHE, REINHOLD u. Lydia Ruthe-Preiss: Traumbotschaften. Deutungshilfen für die Seelsorge. Wuppertal, Brockhaus, 1996 (1994[1]).
SAUER, HANJO: Abschied von der säkularen Welt?, in: ThPQ 143 (1995), 339-351.
SCHÄFER-BREITSCHUH, UTA: Beerdigung im Kontext des Krankenhauses, in: WzM 50 (1998), 389-393.
SCHAEFER, HANS: Dein Glaube hat dich gesund gemacht. Fbg., Herder, 1984.
SCHALL, TRAUGOTT ULRICH
(1982): Seelsorge und Klinische Psychologie, in: WzM 34 (1982), 391-399.
(1991): Was heißt arbeiten im Team?, in: LS 42 (1991), 331.
(1993): Erschöpft - müde - ausgebrannt. Wzbg., Echter, 1993.

(1993): Seelsorge / Pastoralpsychologie, in: WÖRTERBUCH der Religionspsychologie. Hg. v. S. Dunde. Gütersloh, Mohn, 1993, 258-269.
SCHALL, TRAUGOTT ULRICH u. J. Scharfenberg, D. Stollberg, M. Seitz: Loccumer Thesen, in: PTh 71 (1982), 317-328.
SCHARFENBERG, JOACHIM
(1957): Psychotherapie und Seelsorge in den USA, in: WzM 9 (1957), 372-375.
(1959): Wo steht die evangelische Seelsorge heute? Ein Überblick, in: WzM 11 (195), 1-9.
(1968): Heilung im Sprachgeschehen, in: WzM 20 (1968), 344-348.
(1972): Religion zwischen Wahn und Wirklichkeit. Gesammelte Beiträge zur Korrelation von Theologie und Psychoanalyse. Hbg., Furche, 1972.
(1972): Seelsorge als Gespräch. Göttingen, VR, 1972.
(1976): Sigmund Freud und seine Religionskritik als Herausforderung für den christlichen Glauben. 4. Aufl. Göttingen, VR, 1976 (1968[1]).
(1978): Seelsorge zum Wesentlichen, in: WPKG 67 (1978), 70-72.
(1978): Die biblische Tradition im seelsorglichen Gespräch, in: Evangelische Theologie 38 (1978), 125-136.
(1982): Religion, Seelsorge und Beratung, in: WzM 34 (1982), 171-177.
(1983): Ist Seelsorge am einzelnen und an den Strukturen zugleich möglich?, in: WzM 35 (1983), 509-515.
(1985): Einführung in die Pastoralpsychologie. Göttingen, VR, 1985.
(1990): Pastoralpsychologische Kompetenz von Seelsorgern/SeelsorgerInnen, in: BAUMGARTNER, I. (Hg.): Handbuch der Pastoralpsychologie. Regensburg, Pustet, 1990, 135-153.
SCHARFENBERG, JOACHIM (Hg.): Freiheit und Methode. Fbg., Herder, 1979.
SCHARFENBERG, JOACHIM u. V. Läpple: Psychotherapie und Seelsorge. Darmstadt, WBG, 1977.
SCHARFETTER, CHRISTIAN: Religion, Spiritualität, Mystik in der Perspektive der Psychiatrie, in: Studio religiosa Helvetica 3 (1997), 305-327.
SCHARFFENROTH, GERTA: Krankenhausseelsorge in der Spannung zwischen Distanz und Nähe zum Krankenhausgeschehen, in: Diakonie der Versöhnung 1998, 375-385.
SCHARRER, ERWIN
(1987): Jesus im Gespräch. Therapie und Seelsorge in den Dialogreden Jesu. Wuppertal, Brockhaus, 1987.
(1995): Heilung des Unbewußten. Marburg, Francke, 1995.
SCHEMATISMUS des Erzbistums Bamberg. Hg. vom Erzbischöflichen Ordinariat Bamberg 1994 und 1998.
SCHEYTT, CHRISTOPH: Das institutionelle Selbstbild eines Klinikseelsorgers im Bezugsrahmen theologischen Verständnisses, in: Pastoraltheologie 83 (1994), 273-284.
SCHIBILSKY, MICHAEL
(1991): Dialogische Diakonie, in: DERS. (Hg.): Kursbuch Diakonie. Ulrich Bach zum 60. Geburtstag. Neukirchen, Neukirchener Vlg., 1991, 5-24.
(1991): Ethik der Menschenwürde. Das Menschenbild der Diakonie. Gegenwärtige Herausforderungen, in: DERS. (Hg.): Kursbuch Diakonie. Neukirchen, Neukirchener Vlg., 1991, 209-227.
(1992): Theologie und Menschenwürde. Das Menschenbild der Diakonie, in: Diakonisches Werk der Evang. Kirche Westfahlen (Hg.): Wir wurden nicht gefragt. Bielefeld, Luther Vlg., 1992, 203-207.
SCHIBLER, GINA: Kreativ-emanzipatorische Seelsorge. Stgt., Kohlhammer, 1999.
SCHIEDER, ROLF: Seelsorge in der Postmoderne, in: WzM 47 (1994), 26-43.
SCHIEFFER, ELISABET: '...nicht nur Laie, auch noch Frau!', in: LS 41 (1990), 321-325; 355-359.
SCHILLING, HANS: Von Beruf 'Seelsorger'. Zum Problem gemeinsamer Berufsidentität von Klerikern und Laientheologen im pastoralen Dienst, in: Diakonia (1980), 306-316.
SCHLAUDRAFF, UDO: Klinikseelsorge - soziologisch gesehen, in: LM 27 (1988), 437-438.
SCHLEYER, A. (Hg.): Im Spannungsfeld. Psychotherapie- Seelsorge. Marburg, Francke, 1983.
SCHLIEP, HANS JOACHIM: Seelsorgebewegung und Kirchenleitung, in: WzM 45 (1993), 443-459.
SCHMATZ, FRANZ
(1983): Begleitung. Die vergessene Dimension in der Seelsorge. Wien, Herder, 1983.
(1993): Lebensbegleitung aus dem Glauben. 2. Aufl. Innsbruck/Wien, Tyrolia, 1993.
SCHMID, GILBERT: Krankenseelsorge im Kontext interdisziplinärer Bewältigungshilfe, in: Theologie und Glaube 87 (1997), 112-130.
SCHMID, PETER F.
(1973): Das beratende Gespräch. Fbg., Herder, 1973.
(1981): Das pastorale Gespräch, in: ThPQ 129 (1981), 348-360.
(1989): Personale Begegnung. Wzbg., Echter, 1989.
(1990): Personzentrierte seelsorgliche Beratung und Begleitung, in: BAUMGARTNER, K. u. W. Müller (Hg.): Beraten und Begleiten. Regensburg, Pustet, 1990, 74-92.
(1991): Person-zentriert. Unter Mitarbeit von Carl Rogers. Mainz, Grünewald, 1991.

(1992): Herr Doktor, bin ich verrückt? Eine Theorie der leidenden Person statt einer Krankheitslehre, in: HANDBUCH der personzentrierten Psychotherapie. Hg. v. P. Frenzel u.a. Köln, Humanistische Psychologie, 1992, 83-127.
(1994): 'Der Mensch ist der erste und grundlegende Weg', in: LS 45 (1994), 170-176.
(1994): Begegnung ist Verkündigung. Paradigmenwechsel in der Seelsorge, in: Diakonia 25 (1994), 15-31.
(1996): Personzentrierte Gruppenpsychotherapie in der Praxis. Ein Handbuch. Paderborn, Junfermann, 1996.
(1996): Ein Gott der Lebenden: Auferstehung als Beziehung, in: Diakonia 27 (1996), 145-150.
(1997): Heil(ig)werden durch Selbstverwirklichung? Seelsorge als Herausforderung, in: ThPQ 145 (1997), 256-268.
(1997): Von der Wichtigkeit sich umzusehen...Pastorale Supervision und Gemeindeberatung, in: Diakonia 28 (1997), 289-295.
(1998): Die Praxis als Ort der Theologie. Kairologische Aspekte zum Verständnis von Pastoral und Pastoraltheologie, in: Diakonia 29 (1998), 102-114.
(1998): Der Mensch ist Beziehung, in: Diakonia 29 (1998), 229-239.
(1998): Im Anfang ist Gemeinschaft. Personzentrierte Gruppenarbeit in Seelsorge und Praktischer Theologie. Stgt., Kohlhammer, 1998.
(1998): Die Gruppe als locus theologicus: Kairologische Aspekte zum Verständnis von Seelsorge und zur Konzeption der Pastoraltheologie als Praktische Theologie, in: PThI 18 (1998), 267-303.
SCHMIDT, PIUS: Erkenntnisse der Gesprächspsychotherapie in ihrer Bedeutung für das Seelsorgegespräch, in: DAS Seelsorgegespräch. Hg. v. K. Baumgartner. Wzbg., Echter, 1982, 24-40.
SCHMIDT-LAUBER, HANS-CHRISTOPH: Diakonie und Seelsorge. Gemeinsames, Proprium und Grenzen, in: Kerygma und Dogma 30 (1984), 213-226.
SCHMIDT-ROST, REINHARD
(1989): Probleme der Professionalisierung der Seelsorge, in: WzM 41 (1989), 31-42.
(1989): Seelsorge zwischen Amt und Beruf. Studien zur Entwicklung einer modernen evangelischen Seelsorgelehre seit dem 19. Jahrhundert. Göttingen, VR, 1988.
(1990): Arzt und Seelsorger. Sinn und Grenze der Professionalisierung zweier Berufe, in: PTh 79 (1990), 208-222.
(1996): Oskar Pfister, in: GESCHICHTE der Seelsorge in Einzelporträts. Hg. v. Chr. Möller, Bd. 3. Göttingen, VR, 1996, 185-200.
SCHNEIDER, BARBARA: Vom garstigen Graben zwischen Pastoral und Psychologie, in: WzM 45 (1993), 157-168.
SCHNEIDER, KURT: Zur Einführung in die Religionspsychopathologie. Tübingen, Mohr, 1928.
SCHOBER, Th. u. H. Seibert (Hg.): Theologie - Prägung und Deutung der kirchlichen Diakonie. Verlagswerk der Diakonie, 1982.
SCHUBERT, HARTWIG von: Seelsorge als Metapher religiöser Praxis, in: WzM 47 (1995), 25-42.
SCHULZ, EHRENFRIED: Gebet und Meditation als Weg zur pastoralen Identität, in: BAUMGARTNER, I. (Hg.): Pastoralpsychologie. Regensburg, Pustet, 1990, 265-287.
SCHWARZ, ALOIS: Seelsorger/Seelsorge zwischen Spiritualität und Professionalität, in: LS 43 (1992), 180-183.
SCHWARZ, DIETER: Zur Alltagswirklichkeit von Klinikseelsorgern. Eine kultursoziologische Untersuchung. Ffm., Lang, 1988.
SCHWEIDTMANN, W.: Krankenhausseelsorge auf neuen Wegen, in: DERS. u.a.: Psychosoziale Probleme im Krankenhaus. Mchn., U&S, 1976, S. 1-39.
SCHWERMER, JOSEF
(1974): Psychologische Hilfen für das Seelsorgegespräch. Mchn., Don Bosco, 1974.
(1977): Partnerzentrierte Gesprächsführung. Salzkotten, Meinwerk, 1977.
(1980): Das helfende Gespräch in der Seelsorge. Salzkotten, Meinwerk, 1980.
(1987): Den Menschen verstehen. Eine Einführung in die Psychologie für seelsorgliche Berufe. Paderborn, Bonifatius, 1987.
(1991): Gespräche, die weiterhelfen: Übungsprogramm für seelsorgliche Berufe. Paderborn, Bonifatius, 1991.
(1995): Erkenntnisse der Psychotherapieforschung und ihre Bedeutung für das Seelsorgegespräch, in: SURREXIT Dominus Vere. Die Gegenwart des Auferstandenen in seiner Gemeinde. FS für Erzbischof J.J. Degenhardt. Hg. v. J. Ernst u. S. Leimgruber. Bonifatius, 1995, 483-493.
SCOBEL, GERT: Postmoderne für Theologen?, in: HÖHN, H.J. (Hg.): Theologie, die an der Zeit ist. Paderborn, Schöningh, 1992, 175-231.
SEAMANDS, DAVID
(1986): Heilung der Gefühle. Marburg, Francke, 1986 (1981¹).
(1986): Befreit vom kindischen Wesen. Marburg, Francke, 1986.

- (1990): Heilende Gnade. Der Weg zu einem befreiten Leben. Marburg, Francke, 1990 (1988¹).
- (1990): Heilung der Erinnerung. Das Wunder der inneren Heilung. Marburg, Francke, 1990 (1985¹).
- (1992): Heilung für kranke Herzen. Marburg, Francke, 1992.
- (1992): Heilende Gnade. Marburg, Francke, 1992.
- (1996): Versöhnung die trägt. Vergangenes loslassen, freiwerden zum Leben. Marburg, Francke, 1996.

SEELSORGE, in: BROCKHAUS Enzyklopädie Bd. 17. Wiesbaden, Brockhaus, 1973, 231-232.
SEELSORGE, in: BROCKHAUS Enzyklopädie Bd. 10. Mannheim, Brockhaus, 1993, 39.

SEILER, DIETER
- (1978): Was heißt eigentlich biblische Seelsorge?, in: WzM 30 (1978), 394-399.
- (1991): Person, Rolle, Institution, in: WzM 43 (1991), 199-215.

SEITZ, MANFRED
- (1971): Ist Seelsorge in der Kirche noch nötig?, in: Sozialpädagogik 13 (1971), 14-19.
- (1979): Aufgaben und Möglichkeiten kirchlicher Seelsorge heute. Situation - Theologie - Praxis, in: SEELSORGE im Spannungsfeld. Hg. v. H. Reller u. A. Sperl. Hbg., Lutherisches Verlagshaus, 1979, 63-77.
- (1985): Überlegungen zu einer biblischen Theologie der Seelsorge, in: DERS: Praxis des Glaubens. 3. Aufl. Göttingen, VR, 1985, 84-96.
- (1985): Seelsorge als Verläßlichkeit, in: MASER, H. (Hg.): Dem Wort gehorsam. Göttingen, 1985, 130-134.
- (1989): Begründung, Probleme und Praxis der Seelsorge, in: Theologische Rundschau 54 (1989), S. 335-379.
- (1991): Was heißt geistlich leben? Seelsorge als Aufgabe an sich selbst. Vellmer, Evang. Buchhilfe, 1991.
- (1992): Die Gemeinde und ihre Kranken. Sexau, 1992. - Sexauer Gemeindepreis für Theologie, 10.
- (1993): Theologische Anthropologie und medizinisches Menschenbild. Erörterungen für ein interdisziplinäres Gespräch, in: LÜTHI, K. u.a. (Hg.): Der christliche Glaube und seine Gestalt. Wien, 1993, 63-73.

SEYFRIED, ANNA: Was macht die Frau als Seelsorgerin?, in: ThPQ 144 (1996), 380-384.
SHARIF, SALIM: Seelsorge und die Befreiung von Unterdrückung, in: WzM 42 (1990), 127-131.
SIEBEN, FRANZ: 'Alle, die ihn berührten, wurden geheilt' (Mk 6,56). Für eine erotische Seelsorge - ein Plädoyer, in: FEREL, M. (Hg.): Berührung. Ffm., Seminar für Seelsorger, 1989, 189-195.
SIEGRIST, JOHANNES: Seelsorge im Krankenhaus - aus der Sicht der Krankenhaussoziologie, in: KLESSMANN, M: (Hg.): Handbuch der Krankenhausseelsorge. Göttingen, VR, 1996, 28-40.
SIELAND, BERNHARD: Der Umgang mit sich selbst als Basis und Ziel von Seelsorge, in: BLATTNER, J. u.a. (Hg.): Handbuch der Psychologie für die Seelsorge, Band 2. Ddf., Patmos, 1993, 512-536.
SIMON, LUDGER: Einstellungen und Erwartungen der Patienten im Krankenhaus gegenüber dem Seelsorger. Ffm., Lang, 1985.
SOLDAN, WOLFRAM: 'Christliche Therapie': ganzheitliche (Psycho)Therapie auf der Basis einer biblischen Anthropologie, in: Evangelische Zentralstelle für Weltanschauungsfragen Stuttgart, 1998, 300-307.
SONS, ROLF: Seelsorge zwischen Bibel und Psychotherapie. Die Entwicklung der evangelischen Seelsorge in der Gegenwart. Stgt., Calwer Vlg., 1995.

SPIEGEL, YORIK
- (1970): Neue Tendenzen im 'Pastoral Counseling', in: Verkündigung und Forschung 15 (1970), 47-61.
- (1973): Seelsorge und Psychoanalyse, in: Verkündigung und Forschung 18 (1973), 23-47.

SPITTLER, R.P.: Charismatic Pastoral Care, in: DICTIONARY of Pastoral Care and Counseling. Hg. v. R. Hunter. Nashville, Abingdon Press, 1990, 141-142.
STEINHILPER, ROLF (Hg.): Begegnen, berühren, heilen. Erfahrungen mit der Bibel. Stgt., Quell, 1991.

STEINKAMP, HERMANN
- (1983): Zum Verhältnis von Praktischer Theologie und Humanwissenschaft, in: Diakonia 14 (1983), 378-387.
- (1985): Diakonie - Kennzeichen der Gemeinde. Fbg., Herder, 1985.
- (1988): Diakonie in der Kirche der Reichen und in der Kirche der Armen, in: Concilium 24 (1988), 295-301.
- (1991): Sozialpastoral. Fbg., Lambertus, 1991.
- (1993): 'Diakonische Kirche'?, in: Theologia Practica 28 (1993), 317-327.
- (1994): Solidarität und Parteilichkeit. Für eine neue Praxis in Kirche und Gemeinde. Mainz, Grünewald, 1994.
- (1995): Die 'Seele' - 'Illusion der Theologen?', in: WzM 47 (1995), 84-93.
- (1999): Die sanfte Macht des Hirten. Die Bedeutung Michel Foucaults für die Praktische Theologie. Mainz, Grünewald, 1999.

STENGER, HERMANN
- (1976): Beziehung als Verkündigung, in: REUSS, J.M. (Hg.): Seelsorge ohne Priester? Zur Problematik von Beratung und Psychotherapie in der Pastoral. Ddf., Patmos, 1976, 73-90.
- (1984): Identität und pastorale Kompetenz, in: LS 35 (1984), 293-300.
- (1985): Pluralitätstoleranz - ein psychologischer Aspekt pastoraler Kompetenz, in: PThI 2 (1985), 294-308.
- (1987): Offene Seelsorge als Diakonie in der Gesellschaft. St. Ottilien, EOS, 1987, 65-78.

Allgemeine theologische Literatur

(1997): Zuständig wofür? Fähig wozu?, in: HELLER, A. u. Ders.: Den Kranken verpflichtet. Innsbruck, Tyrolia, 1997, 11-29.
STENGER, HERMANN (Hg.): Eignung für die Berufe der Kirche. Fbg. u.a., Herder, 1988.
STILLER, HARALD: Kasualien im Kontext eines Krankenhauses, in: WzM 50 (1998), 396-404.
STÖCKLE, THEOPHIL: Seelsorge, eine Bestandsaufnahme, in: BRÄUMER, H. u DERS. (Hg.): Mit dem Herzen hören. Neuhausen-Stgt., Hänssler, 1994, 13-36.
STOFF, GEORG: Trost am Krankenbett. Erfahrungen und Gedanken eines Krankenhausseelsorgers. Graz, 1994.
STOLL, CLAUS-DIETER: Von der verkündigenden zur beratenden Seelsorge, in: GEFAHR für die Seele. Hg. v. L. Gassmann. Neuhausen/Stgt., 1986, 13-33.
STOLLBERG, DIETRICH
- (1966): Radikale Fragen. Internationale und interkonfessionelle Gesprächstagung in Holland: Probleme der Seelsorge und der Pastoraltheologie, in: DPfB 66 (1966), 514-516.
- (1968): Was ist Pastoralpsychologie?, in: WzM 20 (1968), 210-216.
- (1969): Seelsorge und Psychotherapie - zwei Wege ein Ziel? Kirchliche Seelsorge als Kommunikationsmodus, in: PTh 58 (1969), 396-405.
- (1970): Formen der Einzelseelsorge, in: JETTER, H. (Hg.): Die Stunde der Seelsorge. Heidelberg, Quelle & Meyer, 1970, 40-53.
- (1970): Therapeutische Seelsorge. Die amerikanische Seelsorgebewegung. Darstellung und Kritik. Mchn., Kaiser, 1970 (1969^1).
- (1970): Seelsorge praktisch. Göttingen, VR, 1970.
- (1972): Mein Auftrag - Deine Freiheit. Thesen zur Seelsorge. Mchn., Kaiser, 1972.
- (1972): Pastoral Counseling, in: HANDBUCH der Pastoraltheologie, Band 5. Hg. v. Rahner, K. u.a. Fbg., Herder, 1972, 378-381.
- (1974): Seelsorge und Psychotherapie. Kirchliche Seelsorge als Kommunikationsmodus, in: RIESS, R. (Hg.): Perspektiven der Pastoralpsychologie. Göttingen, VR, 1974, 96-105.
- (1974): Zur Gruppendynamik in der Seelsorge, in: WzM 26 (1974), 27-34.
- (1975): Seelsorge in der Offensive. Theologische Anmerkungen zu 50 Jahren Seelsorgebewegung, in: WzM 27 (1975), 268-296.
- (1975): Zwischen Paragraphen und Krankenschein. Über den Stellenwert der Seelsorge in der Klinik, in: EK 8 (1975), 232-234.
- (1977): Praxis und Proprium. Neue Literatur zu Praxis und Theorie der Seelsorge, in: PTh 66 (1977), 370-392.
- (1978): Gottes Wille - unsere Freiheit. Dankbarkeit und Vergebung: Grundlinien einer trinitarischen Poimenik, in: Wissenschaft und Praxis in Kirche und Gesellschaft 67 (1978), 64-70.
- (1978): Wahrnehmen und Annehmen. Seelsorge in Theorie und Praxis. Gütersloh, Mohn, 1978.
- (1978): Wenn Gott menschlich wäre... Auf dem Weg zu einer seelsorglichen Theologie. Stgt., Kreuz, 1978.
- (1980): Geschwätz und Schweigen. Neuere Literatur zum Thema 'Seelsorge', in: WPKG 69 (1980), 288-300.
- (1982): Die Wiederentdeckung des Leibes. Literatur zur Seelsorge, in: Pth 71 (1982), 335-345.
- (1983): Abschied vom Pathos der Veränderung, Gruppendynamik, Psychoanalyse und Theologie - Anspruch und Wirklichkeit, in: DERS. u. R. Riess: Das Wort, das weiterwirkt. Mchn., Kaiser, 1983, 169-178.
- (1987): Psychologie als Herausforderung für die Theologie, in: Theologische Zeitschrift 43 (1987), 184ff.
- (1988): Helfen heißt herrschen. Zum Verhältnis von Theologie und Psychologie, in: PTh 77 (1988), 473-484.
- (1988): Seelsorge im therapeutischen Team, in: WzM 40 (1988), 105-111.
- (1991): 'Kirche für andere' - Leidet die Diakonie an einem depressiven Syndrom?, in: KURSBUCH Diakonie. Hg. v. M. Schibilsky. Neukirchen, Neukirchener Vlg., 1991, 237-243.
- (1991): Vom Umgang mit der Angst in der Seelsorge, in: Praktische Theologie 80 (1991), 352-362.
- (1992): Seelsorge nach Henning Luther, in: Pth 81 (1992), 366-373.
- (1993): Was ist Pastoralpsychologie 1992?, in: WzM 45 (1993), 168-172.
- (1994): Die Sinnfrage in der Seelsorge, in: Deutsches Pfarrerblatt 94 (1994), 155-158.
- (1996): Seelsorge und Gottesdienst, in: KLESSMANN, M. (Hg.): Handbuch der Krankenhausseelsorge. Göttingen, VR, 1996, 205-212.
- (1996): Theologie und Psychologie. Der Glaube der Kirche und die Seelen der Menschen, in: RELIGION wahrnehmen. FS für Karl-Fritz Daiber zum 65. Geb. Hg.v. K. Fechtner u.a. Diagonal, 1996, 71-78.
- (1996): Seelsorge, in: Evangelisches Kirchenlexikon Bd. 4. 3. Aufl. Göttingen, VR, 1996, 173-188.
- (1996): Seward Hiltner, in: MÖLLER, Chr. (Hg.): Geschichte der Seelsorge in Einzelporträts Bd.3. Göttingen, VR, 1996, 295-307.
- (1996): Schweigen lernen: zu Seelsorge und Ethik, in: THEOLOGISCHES geschenkt: FS für Manfred Josuttis. Hg. v. Christoph Bizer. Bovenden, Foedus, 1996, 366-374.
- (1998): Seelsorge im Wandel: Der narzißtische Aspekt, in: DERS. u.a. (Hg.): Identität im Wandel in Kirche und Gesellschaft. Richard Riess zum 60. Geburtstag. Göttingen, VR, 1998, 261-269.

(1999): Metaphorisches Denken in Seelsorge und Psychotherapie, in: METAPHER und Wirklichkeit. Die Logik der Bildhaftigkeit im Reden von Gott, Mensch und Natur. Dietrich Ritschl zum 70. Geb. Hg. v. Reinhold Bernhardt u. Ulrike Link-Wieczorek. Göttingen, VR, 1999, 252-261.

STRECKER, JULIA: Die Frage hinter der Frage. Feministische Seelsorge - Perspektive im Neuland, in: Schlangenbrut 12 (1994), 5-8.

STREIB, HEINZ: Heilsames Erzählen, in: WzM 48 (1996), 339-359.

STRICKER, HANS-HEINRICH: Krankheit und Heilung. Anthropologie als medizinisch-theologische Synopse. Neuhausen/Stgt., Hänssler, 1994.

STROHAL, WALTHER: Seelsorge mit Mitarbeiterinnen und Mitarbeitern, in: KLESSMANN, M. (Hg.): Handbuch der Krankenhausseelsorge. Göttingen, VR, 1996, 171-181.

STUDIEN- und Planungsruppe der EKD: Fremde Heimat Kirche: Ansichten ihrer Mitglieder. Erste Ergebnisse der dritten Umfrage über Kirchenmitgliedschaft. Hannover, 1993.

SVOBODA, ROBERT
(1962): Krankenseelsorge. Donauwörth, Auer, 1962.
(1968): Krankenhausseelsorge, in: HANDBUCH der Pastoraltheologie Bd. 3. Hg. v. F.X. ARNOLD u.a. Fbg., Herder, 1968, 301-310.
(1986): Krankenhausseelsorge, in: LEXIKON für Theologie und Kirche Bd. 6. 2. Hg. v. J. Höfer u. K. Rahner. 2. Aufl. Fbg., Herder, 1986, 584.

SZYDIK, STANIS-EDMUND (Hg.): Die Sorge um den Kranken. Regensburg, Pustet, 1978.

TACKE, HELMUT
(1975): Glaubenshilfe als Lebenshilfe. Probleme und Chancen heutiger Seelsorge. Neukirchen, Neukirchener Vlg., 1975.
(1979): Lebenshilfe durch Glaubenshilfe, in: SEELSORGE im Spannungsfeld. Hg. v. H. Reller u. A. Sperl. Hbg., Lutherisches Verlagshaus, 1979, 133-151.
(1989): Mit den Müden zur rechten Zeit zu reden. Beiträge zu einer bibelorientierten Seelsorge. Neukirchen, Neukirchener Vlg., 1989.

THILO, HANS-JOACHIM
(1969): Beratung in der Seelsorge, in: LM 8 (1969, 287-290.
(1971): Beratende Seelsorge. Tiefenpsychologische Methodik. Dargestellt am Kasualgespräch. Göttingen, VR, 1971.
(1974): Psyche und Wort: Aspekte ihrer Beziehung in Seelsorge, Unterricht und Predigt. Göttingen, VR, 1974.
(1976): Solidarität und Suche nach Sinn, in: LM 15 (1976), 133-137.
(1977): Das Menschenbild in der Psychoanalyse S. Freuds, in: WzM 29 (1977), 88-102.
(1989): Theologische Überlegungen zum medizinischen Verständnis von Heilung, in: Theologia Practica 24 (1989),56-63.

THOMAS, KLAUS
(1978): Religions-Psychopathologie, in: Archiv für Religionspsychologie 13 (1978), 65-76.
(1989): Heilendes und krankmachendes Wirken der Kirche, in: HÄRLE, W.: Kirche und Gesellschaft. Stgt., Wiss. Buchgesellschaft, 1989, 153-178.

THURNEYSEN, EDUARD
(1928): Rechtfertigung und Seelsorge, in: Zwischen den Zeiten 6 (1928), 197-218.
(in: WINTZER, F. (Hg.): Seelsorge. Mchn., Kasier, 1978, 73-95.).
(1949): Psychologie und Seelsorge, in: Unterwegs 3 (1949), 269-276.
(1950): Seelsorge und Psychotherapie, in: LÄPPLE, J. u. J. Scharfenberg (Hg.): Psychotherapie und Seelsorge. Darmstadt, 1977, 137-158.
(1962): Seelsorge als Verkündigung, in: Evangelische Theologie 22 (1962), 297-303.
(1964): Der Mensch von heute und das Evangelium. Ein Beitrag zur praktischen Theologie in 2 Vorträgen über Seelsorge am Menschen von heute und Seelsorge am Seelsorger. Zürich, EVZ, 1964.
(1968): Seelsorge im Vollzug. Zürich, EVZ Vlg., 1968.
(1970): Praktische Seelsorge. Mchn./Hbg., Siebenstern, 1970.
(1971): Erwägungen zur Seelsorge am Menschen von heute, in: DERS.: Das Wort Gottes und die Kirche, Mchn., 1971, 212-226.
(1976): Die Lehre von der Seelsorge. 4. Aufl. Zürich, Theologischer Vlg., 1976 (1946^1).

TOMKA, MIKLÓS: Die Fragmentierung der Erfahrungswelt der Moderne, in: CONCILIUM 33 (1997), 292-303.

TROIDL, ROBERT: Die klientenzentrierte Gesprächstherapie in der Seelsorge. Ffm., Lang, 1988.

Allgemeine theologische Literatur

ULLRICH, GERALD: Probleme der interdisziplinären Kooperation im Krankenhaus, in: WzM 47 (1995), 328-349.
UNTERWEGS zur Ganzheit: Seelsorge und Menschenwürde. FS für Hans F. Bürki zum 70. Geburtstag. Hg. v. Hans-Christoph BISCHOFF. Marburg, Studienkommission in Deutschland, 1995.
UHSADEL, WALTER
(1952): Der Mensch und die Mächte des Unbewußten: Studien zur Begegnung von Psychotherapie und Seelsorge. Kassel, Stauda, 1952.
(1962): Zur Erneuerung der Lehre von der Seelsorge, in: ThLZ 87 (1962), 481-488.
(1969): Tiefenpsychologie als Hilfswissenschaft der Praktischen Theologie, in: WzM 21 (1969), 146-158.
VEESER, WILFRIED: Wie Seelsorge zur Hilfe wird. Moers, Brendow, 1995.
VEN, JOHANNES van der: Kontingenz und Religion in einer säkularisierten und multikulturellen Gesellschaft, in: DERS. (Hg.): Religiöser Pluralismus und interreligiöses Lernen. Weinheim, Dt. Studienvlg., 1994, 15-39.
VERHEULE, A.F.: Seelsorge in einer säkularen Gesellschaft, in: WzM 39 (1987), 103-115.
VODOPIVEC, M.
(1972): Krankenhauspastoral, in: KLOSTERMANN, F. u. K. Rahner, H. Schild (Hg.): Handbuch der Pastoraltheologie Bd. 5. Fbg., Herder, 1972, 284-286.
(1972): Krankenpastoral, in: KLOSTERMANN, F. u. K. Rahner, H. Schild (Hg.): Handbuch der Pastoraltheologie, Bd. 5. Fbg., Herder, 1972, 286-288.
VOLZ, LEONORE: Ein Stiefkind der Kirche. Seelsorge im Krankenhaus, in: EK 5 (1972), 484-486.
WACKER, MARIE-THERES: Feministische Theologie, in: NEUES Handbuch theologischer Grundbegriffe, Bd. 2. Hg. v. P. EICHER. Mchn., Kösel, 1991, 45-52.
WAHL, HERIBERT
(1985): Therapeutische Seelsorge als Programm und Praxis, in: BAUMGARTNER, K. u. P. Wehrle, J. Werbick (Hg.): Glauben lernen - Leben lernen. St. Ottilien, EOS Vlg., 1985, 411-438.
(1987): Empathie als diakonische Praxis der Kirche, in: DEN Menschen nachgehen. Hg. v. E. SCHULZ. St. Ottilien, EOS Vlg., 1987, 79-99.
(1990): Pastoralpsychologie -Teilgebiet und Grunddimension Praktischer Theologie, in: BAUMGARTNER, I. (Hg.): Handbuch der Pastoralpsychologie. Regensburg, Pustet, 1990, 41-63.
(1993): Diakonie: Wiederentdeckte Grunddimension kirchlichen Handelns. Perspektiven und Optionen für eine diakonische Theologie, in: PThI 13 (1993), 155-173.
(1997): 'Alles ist Fragment'- aber Fragmente sind nicht alles!, in: ThPQ 145 (1997), 245-255.
(1997): 'Selbstobjektbezug' der Kirche als 'Selbstobjekt-Praxis' im Geiste Jesu. Thesen zur ekklesiologisch-praktischen Relevanz der Pastoralpsychologie, in: PThI 17 (1997), 355-370.
(1997): 'Zwischen' Theologie und Psychoanalyse: Joachim Scharfenbergs Impulse für die Religions- u. Pastoralpsychologie, in: WzM 49 (1997), 439-458.
WALF, KNUT
(1989): Fundamentalistische Strömungen in der katholischen Kirche, in: MEYER, Th. (Hg.): Fundamentalismus in der modernen Welt. Ffm., Suhrkamp, 1989, 248-263.
(1994): Staat und Kirche, in: WÖRTERBUCH der Religionssoziologie. Hg. v. S. Dunde. Gütersloh, Mohn, 1994, 305-313.
WANKE, JOACHIM: Worauf es uns als Seelsorger ankommen sollte, in: LS 41 (1990), 15-22.
WANNER, WALTER
(1984): Willst du gesund werden? Hilfe und Heilung in der seelsorglichen Therapie. Beispiele aus der seelsorglichen Praxis Jesu. Gießen/Basel, Brunnen, 1984.
(1984): Signale aus der Tiefe. Tiefenpsychologie und Glaube. Gießen, Brunnen, 1984 (1975^1).
WEIHER, WEHARD: Mehr als Begleiten. Ein neues Profil für die Seelsorge im Raum von Medizin und Pflege. Mainz, Grünewald, 1999.
WEIMER, MARTIN: Seelsorge als apstoralpsychologische Relationsinterpretation, in;: WzM 50 (1998), 273-478.
WEIRICH, WOLF G.: Der Wunsch nach Kommunikation: Gottesdienst im Kontext des Krankenhauses, in: WzM 41 (1989), 479-493.
WELKER, MICHAEL: Kirche im Pluralismus. Gütersloh, Kasier, 1995.
WENZELMANN, GOTTFRIED
(1996): Modelle charismatischer Seelsorge, in: PSYCHOTHERAPIE im Spannungsfeld. Hg. v. S.Pfeifer u. R. Berna. Moers, Brendow, 1996, 169-185.
(1996): Heilung und Heilungsdienst der christlichen Gemeinde, in: ThZ 52 (1996), 42-53.
WETTERECK, R.: Das Zittern der Knie und das Selbstverständnis Klinischer Seelsorge, in: WzM 51 (1999), 423-435.
WEYMANN, VOLKER: Trost? Orientierungsversuch zur Seelsorge. Zürich, Theolog. Vlg., 1989.

Allgemeine theologische Literatur

WIDL, MARIA
(1994): Sehnsuchtsreligion. Ffm., Europäische Hochschulschriften, 1994.
(1997): Kleine Pastoraltheologie. Realistische Seelsorge. Graz, Styria, 1997.
(1998): Die Sozialpastoral - Ein neues Paradigma. Habilitationsschrift, Universität Würzburg, Mai 1988.
WIMBER, JOHN
(1987): Heilung in der Kraft des Geistes. Hochheim, Projektion-J-Vlg., 1987.
(1988): Leben im Reich Gottes.Hochheim, Projektion-J-Vlg., 1988.
(1988): Leiden im Reich Gottes. Hochheim, Projektion-J-Vlg., 1988.
(1988): Heilungsdienst praktisch: Unter Mitarbeit v. Kevin Springer. Hochheim, Projektion-J-Verlag, 1988.
(1988): Die dritte Welle des Heiligen Geistes. Hochheim, Projektion-J-Vlg., 1988.
WINDISCH, HUBERT
(1989): Personale Seelsorge, in: LS 40 (1989), 18-23.
(1989): Seelsorge für die Menschen. Die Erneuerung der Pastoral durch das seelsorgliche Gespräch. Wzbg., Echter, 1989.
(1989): Sprechen heißt lieben. Eine praktisch-theologische Theorie des seelsorglichen Gesprächs. Wzbg., Echter, 1989 (1987[1]).
(1993): Das Gespräch am Krankenbett einüben, in: LS 44 (1993), 128-130.
(1995): Man muß weggehen können und doch sein wie ein Baum. Die Seelsorge neu gestalten heißt das Amt neu gestalten, in: DERS. (Hg.): Seelsorge neu gestalten. Graz, Styria, 1995, 59-79.
(1996): Diakonie - Auftrag der Kirche, in: LS 47 (1996), 61-65.
(1997): Seelsorge wohin? Bewährtes pflegen - Neues wagen, in: HÖREN und Dienen. Pastorales Handeln im Umbruch. Hg. v. J. Müller u.a. Fbg., 1997, 27, 59-71.
(1998): Pastoraltheologische Zwischenrufe. Wzbg., Echter, 1998.
WINDISCH, HUBERT (Hg.)
(1986): Ich war krank: Beiträge zur Krankenpastoral und Krankenpflege. 2. Aufl. Mchn., Mewel, 1986.
(1995): Seelsorge neu gestalten. Graz, Styria, 1995.
WINKLER, KLAUS
(1969): Psychotherapie und Seelsorge. Eine These, in: WzM 21 (1969), 449-457.
(1974): Theologische Implikationen einer empirisch orientierten Seelsorge, in: WzM 26 (1974), 294-295.
(1979): Tiefenpsychologisch orientierte Seelsorge, in: SCHARFENBERG, J. (Hg.): Freiheit und Methode. Fbg. u.a., Herder/VR, 1979, 102-112.
(1979): Was kann die Theologie von den Humanwissenschaften lernen?, in: SEELSORGE im Spannungsfeld. Hg. v. H. Reller u. A. Sperl. Hbg., Lutherisches Verlagshaus, 1979, 77-91.
(1979): Seelsorge im Vergleich. Bln., 1979. - Berliner Hefte für Evangelische Krankenseelsorge, 45.
(1986): Karl Barth und die Folgen für die Seelsorge, in: PTh 75 (1986), 458-470.
(1988): Anpassung und Protest. Stich-Worte zum Verhältnis von Seelsorge und politischem Handeln, in: WzM 40 (1988), 388-393.
(1988): Eduard Thurneysen und die Folgen für die Seelsorge, in: PTh 77 (1988), 444-456.
(1988): Psychotherapie im Kontext der Kirche. Zur Problematik der sogenannten 'Hilfswissenschaften', in: RINGLEBEN, J. u.a.: Der Mit-Mensch in der Psychotherapie. Bielefeld, Bethel Vlg., 1988, 68-84.
(1990): Über die Hilflosigkeit unter Christen. Heilen zwischen Frömmigkeit und En-gagement, in: WzM 42 (1990), 274-284.
(1993): Die Seelsorgebewegung,in: WzM 45 (1993), 434-442.
(1993): Grundsätze pastoralpsychologischen Denkens und Vorgehens, in: GRUNDKURS Theologie Bd. 9. Hg. v. G. STRECKER u.a. Stgt., Kohlhammer, 1993, 60-92.
(1997): Bericht von der Seelsorge, in: ThR 62 (1997), 301-334.
(1997): Seelsorge. Bln., de Gruyter, 1997.
(1997): Ist Seelsorge überprüfbar?, in: WzM 49 (1997), 402-413.
WINTZER, FRIEDRICH: Seelsorge zwischen Vergewisserung und Wegorientierung, in: PTh 80 (1991), 17-26.
WINTZER, FRIEDRICH (Hg.): Seelsorge. Mchn., Kaiser, 1978.
WIRTH, ULRICH: Die Rolle des Pfarrers im Krankenhaus. Bln., 1971.
WISE, CARROLL A.
(1951): Pastoral Counseling. New York, Abingdon Press, 1951.
(1983): Pastoral Psychotherapy. Theory and Practice. New York, Aronson, 1983.
(1989): The Meaning of Pastoral Care. Bloomington, Meyer Stones Book, 1989.
WITTMANN, DIETER: Tiefenpsychologische Zugänge zu Arbeitsfeldern der Kirche. Beiträge zur Exegese, Ethik, Seelsorge und Homiletik. Ffm., Lang, 1998.

ZERFASS, ROLF
(1983): Der Seelsorger - ein verwundeter Arzt, in: LS 34 (1983), 77-82.
(1985): Diskussionsbeitrag: Zur theologischen Begründung diakonischen Handelns, in: DER ekklesiologische Ort der Diakonie. Hg. v. Deutschen Caritasverband. Fbg., 1985, 33-40.
(1985): Menschliche Seelsorge. Fbg., Herder, 1985.
(1988): Biographie und Seelsorge, in: Trierer Theologische Zeitschrift 97 (1988), 262-287.
(1988): Die psychisch Kranken als Herausforderung an die Kirche, in: BAUMGARTNER, K. u. M. Langer (Hg.): Mit Außenseitern leben. Regensburg, Pustet, 1988, 125-137.
(1994): Kirche und Katholizismus in der Bundesrepublik, in: DAS Handeln der Kirche in der Welt von heute. Mchn., Don Bosco, 1994, 51-89.
(1999): Spirituelle Ressourcen einer neuen pastoralen Kultur. Wirklichkeitserschließung als Befreiung, in: ZUKUNFTSFÄHIGKEIT der Theologie. Anstöße aus der Soziologie Franz-Xaver Kaufmanns. Hg. v. K. Gabriel u.a. Paderborn, Bonifatius, 1999, 113-129.

ZIEBERTTZ, HANS GEORG: Religion, Christentum und Moderne. Stgt., Kohlhammer, 1998.

ZIEMER, JÜRGEN
(1989): Fremdheit überwinden. Sprache und Verständigung im seelsorglichen Gespräch, in: PTh78 (1989), 184-195.
(1993): Pastoralpsychologisch orientierte Seelsorge im Horizont einer säkularen Gesellschaft, in: WzM 45 (1993), 144-156.

ZIJLSTRA, WYBE
(1971): Seelsorge-Training. CPT. Mchn., Kasier, 1971 (1969[1]).
(1972): Ein seelsorgliches Gespräch im Krankenhaus, in: WzM 24 (1972), 209-229.
(1978): Seelsorge in der Kommunikation, in: Zeichen der Zeit 32 (1978), 164-174.
(1993): Handbuch zur Seelsorgeausbildung. Mchn., Kaiser, 1993.

ZIMMERMANN-WOLF, CHRISTOPH
(1991): Einander beistehen. Dietrich Bonhoeffers lebensbezogene Theologie für gegenwärtige Klinikseelsorge. Wzbg., Echter, 1991.
(1994): Verständigung über Seelsorge. Dietrich Bonhoeffers lebensbezogene Theologie als Gesprächsgrundlage für 'klinische' (Mayer-Scheu) und biblische (Tacke) Seelsorge, in: BThZ 11 (1994), 83-91.

ZULEHNER, PAUL M.
(1988): (Wider) Die Pluralismusangst in der Kirche. Plädoyer für Unipluralität, in: DERS. (Hg.): Pluralismus in Gesellschaft und Kirche. Ängste, Hoffnungen, Chancen. Mchn., Schnell & Steiner, 1988, S86-105.
(1990): Pastoraltheologie, Bd. 3. Ddf., Patmos, 1990.
(1996): Die Fremdheit des Menschen im Hause Gottes, in: GOTT ein Fremder in unserem Haus? Die Zukunft des Glaubens in Europa. Hg. v. P. Hünermann. Fbg., Herder, 1996, 185-202.
(1998): Sekten und neue religiöse Bewegungen in Europa: Eine pastorale Herausforderung, in: Religioni e sette nel mondo 4 (1998), 205-213.

ZULEHNER, PAUL u. H. Denz (1994): Wie Europa glaubt und lebt. Ddf., Patmos, 1994.

ZUR ZUKUNFT der Seelsorge. Suchet zuerst das Reich Gottes und seine Gerechtigkeit... Erklärung des Beirats der Konferenz deutschsprachiger Pastoraltheologen, in: Imprimatur 27 (1994), 31-34.

1.3. Theologieübergreifende Literatur

ABSCHIED VON BABYLON: Hamburger Erklärung zu den Perspektiven einer 'trialogischen Psychiatrie', in: ABSCHIED von Babylon. Hg. v. Th. Bock. Bonn, PV, 1995, 569-573.
ACKERKNECHT, ERWIN H.: Kurze Geschichte der Psychiatrie. 2. Aufl. Stgt., Enke, 1967.
ADLER, MEINHARD: Plädoyer für eine biologische Psychiatrie. Stgt., Enke, 1986.
AKTION T4 1939-1945. Hg. v. G. Aly. Bln., Edition Heinrich, 1989.
AKTUELLE Perspektiven der Biologischen Psychiatrie: Hg. v. H.J. Möller u.a. Wien, Springer, 1996.
ALY, GÖTZ
- (1985): Aussonderung und Tod. Die klinische Hinrichtung der Unbrauchbaren. Bln., Rotbuch, 1985.
- (1989): Die 'Aktion Brandt'- Bombenkrieg, Bettenbedarf und 'Euthanasie', in: AKTION T4 1939-1945. Hg. v. G. Aly. Bln., Edition Heinrich, 1989, 168-182.
- (1989): Forschen an Opfern. Das Kaiser-Wilhelm-Institut für Hirnforschung und die 'T4', in: AKTION T4 1939-1945. Hg. v. G. Aly. Bln., Edition Heinrich, 1989, 153-160.

ANDRESEN, BURGHARD (Hg.): Mensch, Psychiatrie, Umwelt. Bonn, PV, 1992.
ANDRESEN, BURGHARD u.a.: Ökologisch-psychiatrisches Denken und Fühlen, Erkennen und Handeln, in: ANDRESEN, B. u. F.M. Stark, J. Gross (Hg.) (1993): Psychiatrie und Zivilisation. Köln, EHP, 1993, 65-87.
ANDRESEN, BURGHARD u. F.M. Stark, J. Gross (Hg.): Psychiatrie und Zivilisation. Köln, EHP, 1993.
ANDRESEN, BURGHARD u. F.M. Stark, J. Gross: Ökologisch-psychiatrische Einmischungen - der dritte Weg zwischen akademischer und kommunaler Psychiatrie, in: ANDRESEN, B. (Hg.) (1992): Mensch, Psychiatrie, Umwelt. Bonn, PV, 1992, 370-374.
AUF DIE Straße entlassen. Hg. v. Institut für Kommunale Psychiatrie. Bonn, PV, 1996.
AUSZUG aus dem Bericht zur Lage der Psychiatrie in der ehemaligen DDR, in: SPJ 22 (1992), 38-49.
BAADER, GERHARD: Sozialdarwinismus - Vernichtungsstrategien im Vorfeld des Nationalsozialismus, in: HOHENDORF, G. u. A. Magull-Seltenreich (Hg.): Von der Heilkunde zur Massentötung. Heidelberg, Wunderhorn, 1990, 21-37.
BACH, OTTO: Der Krankheitsbegrfif in der Psychiatrie, in: GÖTZE, P. u. M. Mohr (Hg.): Psychiatrie und Gesellschaft im Wandel. Regensburg, Roderer, 1992, 1-11.
BAER, ROLF:
- (1998): Themen der Psychiatriegeschichte. Stgt., Enke, 1998.
- (1998): Die Anfänge der Sozialpsychiatrie, in: DERS.: Themen der Psychiatriegeschichte. Stgt., Thieme, 1998, 159-168.

BAER, ROLF (Hg.): Wege psychiatrischer Forschung. Erlangen, Perimed, 1991.
BATTEGAY, RAYMOND u. a.: Grundlagen und Methoden der Sozialpsychiatrie. Göttingen, VR, 1977.
BATTEGAY, Raymond u. a. (Hg.): Handwörterbuch der Psychiatrie. 2. Aufl. Stgt., Enke, 1992.
BAUER, MANFRED
- (1980): Das Verhältnis von praktischem und wissenschaftlichem Handeln, in: GROSS, J. u.a. (Hg.): Erfahrungen vom Menschen in der Psychiatrie. Mchn., U&S, 1980, 67-71.
- (1990): Die Bedeutung Psychiatrischer Abteilungen an Allgemeinkrankenhäusern in der Versorgung, in: PICARD, W. u.a.: Grundlagen und Gestaltungsmöglichkeiten der Versorgung psychisch Kranker in der Bundesrepublik und auf dem Gebiet der ehemaligen DDR. Köln, Rheinland Vlg., 1992, 57-69.
- (1992): Unter der Lupe: Die Antwort der Bundesregierung zu den Empfehlungen der Experten-Kommission - eine kritische Reflexion, in: SPI 22 (1992), 50-52.
- (1993): Die Stellungnahme der Bundesregierung zur Situation der psychisch Kranken in Deutschland, in: SPI 23 (1993), 48-49.
- (1997): Wohin wir kommen, wo wir stehen, wohin wir gehen (sollten), in: SOZIALPSYCHIATRIE vor der Enquete, Hg. v. U. Hoffmann-Richter, H. Haselbeck u. R. Engfer. Bonn, PV, 1997, 109-122.

BAUER, MANFRED u. R. Engfer
- (1990): Entwicklung und Bewährung psychiatrischer Versorgung in der Bundesrepublik, in: THOM, A. u. E. Wulff (Hg.): Psychiatrie im Wandel. Bonn, PV, 1990, 413-430.
- (1991): Psychiatrie ohne Anstalt. Wege der Auflösung, in: BOCK, Th. u. H. Weigand (Hg.): Hand-werks-buch Psychiatrie. Bonn, PV, 1991, 509-522.

BAUER, MANFRED u. R. Engfer, J. Rappl (Hg.): Psychiatrie-Reform in Europa. Bonn, PV, 1991.
BECK, CHRISTOPH: Sozialdarwinismus, Rassenhygiene, Zwangssterilisation und Vernichtung 'lebensunwerten Lebens'. Bonn, PV, 1992.
BECK, ULRICH: Risikogesellschaft. Auf dem Weg in eine andere Moderne. Ffm., Suhrkamp, 1986.
BECKER, CARL: Die Durchführung der Euthanasie in den katholischen caritativen Heimen für geistig Behinderte, in: Jahrbuch der Caritaswissenschaften 10 (1968), 104-119.

Theologieübergreifende Literatur

BECKER, JO: Biologische Psychiatrie, Sozialpsychiatrie - Kriegen wir jetzt die Ökopsychiatrie?, in: ANDRESEN, B. u.a. (Hg.): Mensch, Psychiatrie, Umwelt. Bonn, PV, 1992, 26-37.
BECKER-VON ROSE, PETA: Carl Schneider, in: HOHENDORF, G. u. A. Magull-Seltenreich (Hg.): Von der Heilkunde zur Massentötung. Heidelberg, Wunderhorn, 1990, 91-108.
BECKMANN, H. u. G. Laux (Hg.): Biologische Psychiatrie-Synopsis. Bln., Springer, 1988.
BEINE, KARL
  (1984): Urteil aus dem Jahr 2000 über uns: Was nahmen sie in Kauf um fortzuschreiten, in: DÖRNER, K. (Hg.): Fortschritte der Psychiatrie im Umgang mit Menschen. Rehburg-Loccum, PV, 1984, 201-208.
  (1991): Neuroleptika. Einnehmen oder wegnehmen?, in: BOCK, Th. u. H. Weigand (Hg.): Hand-werks-buch Psychiatrie. Bonn, PV, 1991, 370-384.
BENGESSER, GERHARD u. S. Sokoloff: Plädoyer für eine mehrdimensionale Psychiatrie. Stgt., Enke, 1989.
BENKERT, OTTO: Psychopharmaka. Medikamente, Wirkung, Risiken. Mchn., Beck, 1995.
BERGER, HEINRICH u. U. Braun (Hg.): Psychiatrie in der Konkurrenzgesellschaft. Bonn, PV, 1990.
BERICHT über die Lage der Psychiatrie in der Bundesrepublik- Zur psychiatrischen und psychotherapeutisch/somatischen Versorgung der Bevölkerung. Psychiatrie-Enquete. Bonn, Bundestags-Drucksache 7/4200, 1975.
BLANKENBURG, WOLFGANG: Karl Jaspers 1883-1969, in: KLASSIKER der Medizin, Bd. 2. Hg. v. ENGELHARDT u. Hartmann. Mchn., Beck, 1991, 350-366.
BLASIUS, DIRK
  (1980): Der verwaltete Wahnsinn. Eine Sozialgeschichte des Irrenhauses. Ffm., Fischer, 1980.
  (1991): Ambivalenzen des Fortschritts, in: ZIVILISATION und Barbarei: die widersprüchlichen Potentiale der Moderne. Hg. v. F. BAJOR u.a. Hbg., Christians, 1991, 253-268.
  (1991): Die 'Maskerade des Bösen'. Psychiatrische Forschung in der NS- Zeit, in: FREI, N. (Hg.): Medizin und Gesundheitspolitik in der NS- Zeit. Mchn., Oldenbourg, 1991, 265-285.
  (1991): Psychiatrie und Krankenmord in der NS-Zeit. Probleme der historischen Urteilsbildung, in: SEIDEL, R. u. W. Werner: Psychiatrie im Abgrund. Köln, Landschaftsverband Rheinland, 1991, 126-137.
  (1994): 'Einfache Seelenstörung'. Geschichte der deutschen Psychiatrie 1800-1945. Ffm., Fischer, 1994.
  (1994): Ausgestoßen?., in: SPI 24 (1994), 2-6.
BOCK, GISELA: Zwangssterilisation im Nationalsozialismus. Opladen, Westdt. Vlg., 1986.
BOCK, THOMAS
  (1990): Solidarische Psychiatrie in konkurierender Gesellschaft?, in: BERGER, H. u. U. Braun (Hg.): Psychiatrie in der Konkurrenzgesellschaft. Bonn, PV, 1990, 49-56.
  (1991): Strukturen der Psychiatrie, ihre Mängel und deren Überwindung, in: DERS. u. W. Weigand (Hg.): Hand-werks-buch Psychiatrie. Bonn, PV, 1991, 539-558.
  (1991): Wissen um Psychosen - 20 Thesen, in: DERS. u. W. Weigand (Hg.): Hand-werks-buch Psychiatrie. Bonn, PV, 1991, 30-38.
  (1992): Seele in schlechter Gesellschaft? - Ökologische Aspekte der Psychiatrie, in: ANDRESEN, B. u.a. (Hg.): Mensch, Psychiatrie, Umwelt. Bonn, PV, 1992, 37-47.
  (1997): Modelle gewaltarmer Psychiatrie, in: GEWALTTÄTIGE Psychiatrie. Hg. v. M. EINK. Bonn, PV, 1997, 201-213.
BÖCKER, F. u. W. Weig (Hg.): Aktuelle Kernfragen der Psychiatrie. Bln., Springer, 1988.
BOGERTS, BERNHARD
  (1990): Die Hirnstruktur Schizophrener und ihre Bedeutung für die Pathophysiologie und Psychopathologie der Erkrankung. Stgt., Thieme, 1990.
  (1995): Hirnstrukturelle Untersuchugen an schizophrenen Patienten, in: BIOLOGISCH-PSYCHIATRISCHE Forschung. Hg. v. K. LIEB u.a. Stgt., Fischer, 1995, 125-145.
BONNS, W. u. E. v. Kardorff u. B. Riedmüller: Modernisierung statt Reform. Ffm./New York, Campus, 1985.
BOROFFKA, ALEXANDER: Geschichte der Psychiatrie von 1945 bis heute, in: MAUTHE, J. u. I. Krukenberg-Bateman (Hg.): Psychiatrie in Deutschland. Königslutter, Verein zur Hilfe für seelisch Behinderte, 1992.
BÖSE, REIMUND u. G. Schiepek: Systemische Theorie und Therapie. Heidelberg, Asanger, 1989.
BRAUCHBAR, MATHIS: Prozac, Lexotanil, Valium & Co, in: NNZ Folio. 9, September 1996, 44-47.
BRAUN, DAGMAR: Vom Tollhaus zum Kastenhospital. Hildesheim, Olms, 1998.
BRAUNE, KLAUS-DIETER: Kultur und Symptom. Ffm., Lang, 1986.
BREDERODE, MICHAEL von: Psychiatriereform und Finanzkrise, in: VOM Staatsbetrieb zur Firma. O.O., Vlg. Psychiatrie und Geschichte, 1995, 33- 42.
BREGGIN, PETER
  (1980): Psychiatrie im Faschismus. Die Ermordung gesitig Behinderter im Dritten Reich, in: DER KRIEG gegen die psychisch Kranken. Hg. v. K. Dörner u.a. Rehburg-Loccum, PV, 1980, 184-190.
  (1993): Auf dem Weg zum Verbot des Elektroschocks, in: KEMPKER, K. u. P. Lehmann (Hg.): Statt Psychiatrie. Bln., Lehmann/Antipsychiatrie Vlg., 1993, 156-174.

Theologieübergreifende Literatur

BRENNER, HANS-DIETER: Sozialpsychiatrie versus Klinikpsychiatrie? Eine verfehlte Kontroverse, in: FINZEN, A. u. U. Hoffmann-Richter (Hg.): Was ist Sozialpsychiatrie? Bonn, PV, 1995, 183-201.
BRESSER, PAUL H.
- (1992): Betreuungsgesetz, in: BATTEGAY, R. u.a. (Hg.): Handwörterbuch der Psychiatrie. 2. Aufl. Stgt., Enke, 1992, 86-87.
- (1992): Einweisungspraxis, in: BATTEGAY, R. u.a. (Hg.): Handwörterbuch der Psychiatrie. 2. Aufl. Stgt., Enke, 1992, 135-137.

BRILL, KARL-ERNST: Von der Absage an die Anstalt zum 'ambulanten Getto', in: DERS.: Alternativen zum Irrenhaus. Mchn., AG SPAK, 1981, 10-26.
BRUNS, GEORG: Ordnungsmacht Psychiatrie? Opladen. Westdt. Vlg., 1993.
BUCHHOLZ, GERHARD: Profil moderner sozialpsychiatrischer Arbeit in kirchlicher Trägerschaft, in: Caritas 91 (1990), 62-67.
BÜHLER, K.: Psychopharmakotherapie und ergänzende Therapieverfahren, in: FP 6 (1992), 11-16.
BURISCH, MATTHIAS: Das Burnout-Syndrom. Theorie der inneren Erschöpfung. Bln., Springer, 1989.
BÜSSING, ANDRÉ
- (1985): Gemeinde- und traditionelle Krankenhauspsychiatrie, in: KEUPP, H. u. a. (Hg.): Im Schatten der Wende. Tübingen, DGVT, 1985, 33-45.
- (1992): Organisationsstruktur, Tätigkeit und Individuum. Untersuchungen am Beispiel der Pflegetätigkeit. Bern, Huber, 1992.

CASTEL, ROBERT
- (1979): Die psychiatrische Ordnung. Das goldene Zeitalter des Irrenwesens. Ffm., Suhrkamp, 1979.
- (1980): Genese und Ambiguität des Sektor-Begriffs in der Psychiatrie, in: WAMBACH, M. u.a. (Hg.): Die Museen des Wahnsinns und die Zukunft der Psychiatrie. Ffm., Suhrkamp, 1980, 161-200.

CIOMPI, LUC
- (1982): Affektlogik. Stgt., Klett-Cotta, 1982.
- (1991): Die soziale Dimension - Unentrinnbar, unverzichtbar, in: DERS. u. H. Heimann (Hg.): Psychiatrie am Scheideweg. Was bleibt? Was kommt? Bln., Springer, 1991, 99-113.
- (1993): 'Man muß den Menschen lieben!', in: SPI 23 (1993), 22-26.
- (1995): Die Philosophie der Sozialpsychiatrie im Rahmen eines psycho-sozio-biologischen Verstehensmodells der Psyche, in: ABSCHIED von Babylon. Hg. v. Th. Bock. Bonn, PV, 1995, 293-301.
- (1995): Sozialpsychiatrie heute - Was ist das?, in: FINZEN, A. u. U. Hoffmann-Richter (Hg.): Was ist Sozialpsychiatrie? Bonn, PV, 1995, 203-218.

CIOMPI, LUC (Hg.) (1985): Sozialpsychiatrische Lernfälle. Bonn, PV, 1985.
CIOMPI, LUC u. H. Heimann (Hg.): Psychiatrie am Scheideweg. Was bleibt? Was kommt? Bln., Springer, 1991.
CIOMPI, LUC u. H.P. Dauwalder (Hg.): Zeit und Psychiatrie: Sozialpsychiatrische Aspekte. Bern., Huber, 1990.
CLEMENT, ULRICH: Sozialpsychiatrie und das andere Leben, in: MIT den Händen denken. Bonn, PV, 1983, 37-45.
CORDING, CLEMENS u. W. Weig (Hg.): Die Zukunft des Psychiatrischen Krankenhauses. Regensburg, Roderer, 1997.
DAS ABC des Bezirkskrankenhauses Regensburg. Informationen für unsere Patienten. O.O., Vlg u. Jahr.
DAS BEZIRKSKRANKENHAUS Regensburg, in: Krankenhauspsychiatrie 1 (1990), 96-97.
DAS ENDE der großen Entwürfe. Hg. v. H.R. FISCHER, A. Retzer u. J. Schweitzer. Ffm., Fischer, 1992.
DEGKWITZ, R. (Hg.): Hundert Jahre Nervenheilkunde. Stgt., Hippokrates, 1985.
DEISSLER, KLAUS: Lohnt sich der Flirt mit der systemischen Therapie?, in: KELLER, Th. (Hg.): Sozialpsychiatrie und systemisches Denken. Bonn, PV, 1988, 182-209.
DELL'ACQUA, GUISEPPE: 20 Jahre nach Triest, in: Caritas 97 (1996), 209-217.
DEPPE, HANS-ULRICH, H. Friedrich u. R. Müller (Hg.): Das Krankenhaus: Kosten, Technik oder humane Versorgung. Ffm., Campus, 1989.
DER KRIEG gegen die psychisch Kranken. Hg. v. K. DÖRNER u.a. Rehburg-Loccum, PV, 1980.
DEUBELIUS, WOLFGANG: Gemeinde als 'Pathologischer Ort'. Diss. Bielefeld, 1987.
DIE AUFLÖSUNG des psychiatrischen Grosskrankenhauses. Red. v. Th. Bock. Rehburg- Loccum, PV, 1981.
DÖRNER, KLAUS
- (1969): Bürger und Irre. Ffm., Europäische Verlagsanstalt, 1969.
- (1974): Wohin sollen wir den Krankheitsbegriff in der Psychiatrie entwickeln?, in: PP 1 (1974), 123-129.
- (1983): Vom Mythos der Heilbarkeit, in: DERS.: 'Die Unheilbaren'. Rehburg-Loccum, PV, 1983, 29-35.
- (1988): Ökologischer Ansatz als Brücke zwischen Sozialpsychiatrie und systemischen Denken, in: KELLER, Th. (Hg.): Sozialpsychiatrie und systemisches Denken. Bonn, PV, 1988, 20-30.
- (1989): Tödliches Mitleid. 2. Aufl. Gütersloh, van Hoddis, 1989.

Theologieübergreifende Literatur

(1990): Der Beitrag ökologischen Denkens zum Verständnis psychischer Erkrankungen und psychosozialen Handelns, in: THOM, A. u. E. Wulff (Hg.): Psychiatrie im Wandel. Bonn, PV, 1990, 34- 44.
(1990): Die Entwicklung der Psychiatrie im internationalen Vergleich: Bundesrepublik Deutschland, in: MAUTHE, J. u. I. Krukenberg-Bateman (Hg.): Psychiatrie in Deutschland, 1992, 148-154.
(1990): Ökologische Therapie - Wunsch und Wirklichkeit, in: PAYK, Th. (Hg.): Psychiatrische Therapie. Stgt/New York, Schattauer, 1990, 111-115.
(1990): Prüfsteine der heutigen Psychiatrie-Reform, in: DÖRNER, K. (Hg.): Jetzt wird's ernst - die Psychiatrie Reform beginnt. Gütersloh, van Hoddis, 1990, 37-43.
(1990): Zeit und sozialer Wandel - ein Stück Psychiatriegeschichte, in: CIOMPI, L. u. H. Dauwalder (Hg.): Zeit und Psychiatrie. Bern, Huber, 1990, 202-217.
(1991): Mosaiksteine für ein Menschen- und Gesellschaftsbild. Zur Orientierung psychiatrischen Handelns, in: BOCK, Th. u. H. Weigand (Hg.): Hand-werks-buch Psychiatrie. Bonn, PV, 1991, 38-47.
(1991): Psychiatrie und soziale Frage, in: FREI, N. (Hg.): Medizin und Gesundheitspolitik in der NS- Zeit. Mchn., Oldenbourg, 1991, 287-295.
(1992): Die stille ökosoziale Evolution regionaler psychiatrischer Praxis, in: ANDRESEN, B. u.a. (Hg.): Mensch, Psychiatrie, Umwelt. Bonn, PV, 1992, 287-297.
(1993): Welches Menschen- und Gesellschaftsbild hat die Gemeindepsychiatrie?, in: SPI 23 (1993) 4, 28-29.
(1994): Ethische Aspekte der Elektrokrampftherapie, in: SPI 24 (1994) 3, 31-32.
(1995): Arbeit und Psyche, in: WzM 47 (1995), 128-137.
(1995): Historische und wissenschaftssoziologische Voraussetzungen der Sozialpsychiatrie, in: FINZEN, A. u. U. Hoffmann-Richter (Hg.): Was ist Sozialpsychiatrie? Bonn, PV, 1995, 91-105.
(1995): Psychiatrischer Größenwahn in Deutschland. Aus der Vergangenheit für die Zukunft lernen, in: ABSCHIED von Babylon. Hg. v. Th. BOCK. Bonn, PV, 1995, 38-44.
DÖRNER, KLAUS (Hg.)
(1982): Behandeln oder Handeln in der Psychiatrie. Rehburg-Loccum, PV, 1982.
(1983): Edelpsychiatrie oder Arme-Leute-Psychiatrie.Bonn, PV, 1983.
(1984): Fortschritte der Psychiatrie im Umgang mit Menschen. Rehburg-Loccum, PV, 1984.
(1987): Neue Praxis braucht neue Theorie. Gütersloh, Van Hoddis, 1987.
DÖRNER, KLAUS u. U. Plog
(1973): Sozialpsychiatrie. Bln./Neuwied, Luchterhand, 1973.
(1990): Irren ist menschlich. 6. Aufl. Bonn, PV, 1990.
DÖRNER, KLAUS u.a. (1987): Zum Menschenbild in Begegnung und Partnerschaft. Stgt., Enke, 1987.
DÖRNER; KLAUS u L. Walczak (Hg.): Landschaftspflege. Gütersloh, van Hoddis, 1991.
DREES, ALFED
(1989): Funktion der Institution 'psychiatrische Klinik' im therapeutischen Prozeß, in: KRISOR, M. (Hg.): Gemeindepsychiatrisches Gespräch. Erlangen, Perimed, 1989, 27-38.
(1992): Offene Psychiatrie, in: KRISOR, M.: Auf dem Weg zur gewaltfreien Psychiatrie. Bonn, PV, 1992, 7-9
EICHHORN, HANS: Abschied von der Klapper?, in: THOM, A. u. E. Wulff (Hg.): Psychiatrie im Wandel. Bonn, PV, 1990, 166-180.
EMPFEHLUNGEN der Expertenkommission der Bundesregierung zur Reform der Versorgung im psychiatrischen und psychotherapeutischen / psychosomatischen Bereich. Bonn, Bundesminister für Jugend, Familie, Frauen und Gesundheit. 11. November 1988.
EMRICH, HINDRIK u. S. Apelt: Entwicklungsperspektiven der Biologischen Psychiatrie. Möglichkeiten und Grenzen, in: BIOLOGISCH- Psychiatrische Forschung. Hg. v. K. Lieb u.a. Stgt., Fischer, 1995, 219-230.
ERBEN, ANNEMARIE: Insulincomatherapie, in: KRANKENHAUSPSYCHIATRIE. Hg. v. F. Reimer u.a. 2. Aufl. Stgt., Fischer, 1995, 117.
ERNST, K.: Praktische Klinikpsychiatrie für Ärzte und Pflegepersonal. Bln., Springer, 1988.
FALLBUCH Psychiatrie. H. Freiberger u. H. Dilling. Göttingen, Huber, 1993.
FEYERABEND, PAUL
(1980): Erkennntis für freie Menschen. Ffm., Suhrkamp, 1980.
(1983): Wider den Methodenzwang. Ffm., Suhrkamp, 1983 (1976[1]).
(1984): Wissenschaft als Kunst. Ffm., Suhtkamp, 1984.
(1989): Irrwege der Vernunft. Ffm., Suhrkamp, 1989 (1986[1]).
(1992): Über Erkenntnis. 2 Dialoge. Ffm/New York, Campus, 1992.
(1995): Die Torheit der Philosophen. Dialoge über die Erkenntnis. Hbg., Junkius, 1995 (1990[1]).
(1995): Zeitverschwendung. Ffm., Suhrkamp, 1995.
(1996): Thesen zum Anarchismus. Sammelband. Bln., Kramer, 1996.
FICHTER, MANFRED F.: Verlauf psychischer Erkrankungen in der Bevölkerung. Bln., Springer, 1990.

FINZEN, ASMUS
(1973): Antipsychiatrie, Sozialpsychiatrie, soziale Psychiatrie, in: WzM 25 (1973), 257-266.
(1985): Das Ende der Anstalt. Vom mühsamen Alltag der Reformpsychiatrie. Bonn, PV, 1985.
(1987): Das Krankenhaus am Rande der Stadt, in: HASELBECK, H. u.a. (Hg.): Psychiatrie in Hannover. Stgt., Enke, 1987.
(1987): Sozialpsychiatrie in Theorie und Praxis, in: FP 1 (1987), 162-169.
(1987): Von der Psychiatrie-Enquete zur postmodernen Psychiatrie, in: PP 14 (1987), Sonderheft 1, 35-40.
(1993): Perspektiven der Sozialpsychiatrie, in: SPI 23 (1993) 4, 2-5.
(1995): Medikamentenbehandlung bei psychischen Störungen. 11. Aufl. Bonn, PV, 1995.
(1996): 'Der Verwaltungsrat ist schizophren'. Die Krankheit und das Stigma. Bonn, PV, 1996.
(1996): Massenmord ohne Schuldgefühl. Bonn, PV, 1996.
(1997): Antipsychiatrie und Sozialpsychiatrie. Wie Feuer und Wasser, in: SPI 27 (1997) 4, 41-48.
FINZEN, ASMUS u. H.J. Haug, A. Beck, D. Lüthy: Hilfe wider Willen. Bonn, PV, 1993.
FINZEN, ASMUS u. U. Hoffmann-Richter (Hg.): Was ist Sozialpsychiatrie? Eine Chronik. Bonn, PV, 1995.
FIRNBURG, CLEMENS: Curriculare Vorschläge zum sozialpsychiatrischen Teil der neuen Facharztausbildung in 'Psychiatrie und Psychotherapie', in: SPI 24 (1994) 4, 16-21.
FISCH, R. u. M. Boos (Hg.): Vom Umgang mit Komplexität in Organisationen. Konstanz, Univ. Vlg., 1990.
FISCHER, HANS: Zum Ende der großen Entwürfe, in: DAS Ende der großen Entwürfe. Hg. v. H. FISCHER. Ffm., Suhrkamp, 1992, 9-35.
FISCHER, HANS (Hg.) (1991): Autopoiesis. Eine Theorie im Brennpunkt der Kritik. Heidelberg, Auer, 1991.
FLEISSNER, ALFRED: Ansatzpunkte einer biochemischen Psychiatrie. Stgt., Enke, 1991.
FLOETH, THOMAS: Ein bißchen Chaos muß sein. Bonn, PV, 1991.
FORSTER, JÜRG: Teamarbeit, sachliche, personelle und strukturelle Aspekte einer Kooperationsform, in: GRUNWALD, W. u.a. (Hg.): Kooperation und Konkurrenz in Organisationen. Bern, Haupt, 1982, 143-169.
FOUCAULT, MICHEL: Wahnsinn und Gesellschaft. Ffm., Suhrkamp, 1973.
FRANCKE, ROBERT: Rechtsfragen der Planung, Finanzierung und Organisation von Krankenhäusern, in: DAS KRANKENHAUS. Hg. v. H.U. DEPPE u.a. Ffm., Campus, 1989, 41-63.
FREEDMAN, A. u. H. Kaplan, B. Sadock, U. Peters (Hg.): Psychiatrie in Praxis und Klinik. 7 Bände. Bln. u.a., Springer, 1986, 1990, 1991, 1994.
FRITZE, JÜRGEN u. M. Lanczik: Historische Entwicklung der biologischen Psychiatrie, in: BIOLOGISCH-psychiatrische Forschung. Hg. v. K. LIEB u.a. Stgt., Fischer, 1995, 2-21.
GALEN, Kardinal von: Predigt in der Lambertikirche zu Münster am 3.8.1941, in: DER KRIEG gegen die psychisch Kranken Verf. K. DÖRNER. Rehburg-Loccum, PV, 1980, 112-124.
GEBERT, DIETER u. L. v. Rosenstiel: Organisationspsychologie. 2. Aufl. Stgt., Kohlhammer, 1989.
GESETZ über die Berufe des Psychologischen Psychotherapeuten und des Kinder- und Jugendpsychotherapeuten, zur Änderung des Fünften Buches Sozialgesetzbuch und anderer Gesetze vom 16. Jubi 1998, in: Bundesgesetzblatt Jg. 1998 Teil I Nr. 36, ausgegeben zu Bonn am 23. Juli 1998, 1311-1321.
GLASERSFELD, ERNST von: Das Ende der großen Illusion, in: DAS ENDE der großen Entwürfe. Hg. v. H. FISCHER. Ffm., Suhrkamp, 1992, 85-98.
GLATZEL, JOHANN u.a. (Hg.): Vom Umgang mit Irren. Regensburg, Roderer, 1990.
GOFFMAN, ERVING
(1974): Stigma. Ffm., Suhrkamp, 1974.
(1981): Asyle. 4. Aufl. Ffm.,
Suhrkamp, 1981.
GOTTHARDT, ULRIKE u. I. Heuser: Neuroendokrinologische Forschung in der Psychiatrie, in: BIOLOGISCH- psychiatrische Forschung. Hg. v. K. Lieb u.a. Stgt., Fischer, 1995, 43-71.
GÖTZE, PAUL u. M. Mohr (Hg.): Psychiatrie und Gesellschaft im Wandel. Regensburg, Roderer, 1992.
GREB, ULRIKE: Special: Psychiatrie. Reinbek, Rowohlt, 1995.
GREIF, SIEGFRIED: Geschichte der Organisationspsychologie, in: SCHULER, H. (Hg.): Lehrbuch der Organisationspsychologie. Bern u.a., Huber, 1993, 15-48.
GROSS, JAN u. B. Andresen: Klaus Dörner und die Ökiatrie, in: HERR Dörner hat eine Idee. Hg. v. M. BÜHRING u.a. Bonn, PV, 1993, 35-52.
GROSS, JAN u.a.: Invasive Eingriffe in der Psychiatrie, in: ABSCHIED von Babylon. Hg. v. Th. Bock. Bonn, PV, 1995, 69-77.
GROSSER; H.H. u. S. Grosser: Offene Türen in der klinischen Psychiatrie, in: KRISOR, M. (Hg.): Gemeindepsychiatrisches Gespräch. Erlangen, Perimed, 1989, 22-27.
GRUNDLAGEN der Personalbemessung in der stationären Psychiatrie. Hg.: Der Bundesminister für Arbeit und Sozialordnung, Referat LP 3. Bonn, 1991.

Theologieübergreifende Literatur

GÜSE, HANS-GEORG u. N. Schmacke: Psychiatrie zwischen bürgerlicher Revolution und Faschismus. 2 Bde. Kronbrg, 1976.
HAENEL, THOMAS: Zur Geschichte der Psychiatrie. Basel, Birkhäuser, 1982.
HÄFNER, HEINZ: Zukünftige psychiatrische Forschungsstrategien, in: PERSPEKTIVEN der Psychiatrie. Hg. v. F. Schneider u.a. Stgt., Fischer, 1991, 17-31.
HÄFNER, HEINZ (Hg.): Was ist Schizophrenie? Stgt., Fischer, 1995.
HÄFNER; HEINZ u. W. Rössler: Die Reform der Versorgung psychisch Kranker in der Bundesrepublik, in: KULENKAMPFF, C. u. W. Picard (Hg.): Fortschritte und Veränderungen in der Versorgung psychisch Kranker. Köln, Rheinland Vlg., 1989, 17-54.
HALFMANN, JOST: Paradigma, in: KERBER, H. u. A. Schmieder (Hg.): Handbuch der Soziologie. Reinbek, Rowohlt, 1984, 423-428.
HALTENHOF, HORST: Die Fixierung - Relikt vergangener Zeiten?, in: GEWALTTÄTIGE Psychiatrie. Hg. v. M. EINK. Bonn, PV, 1997, 71-87.
HARDTMANN, GERTRUD: 'Irrenhaus': Eine Einführung in die Psychiatrie und ihre sozialpädagogischen Handlungsfelder. Weinheim/Basel, Beltz, 1991.
HASE, HANS Ch. (Hg.): Evangelische Dokumente zur Ermordung der 'unheilbar Kranken' unter der nationalsozialistischen Herrschaft in den Jahren 1939-1945. Stgt., 1964.
HASELBECK, HELMUT
  (1990): Sozialpsychiatrie und das biologische Krankheitsmodell, in: THOM, A. u. E. Wulf (Hg.): Psychiatrie im Wandel der Zeit. Bonn, PV, 1990, 13-22.
  (1993): Wieviel Theorie braucht die Sozialpsychiatrie?, in: SPI 23 (1993) 4, 5-9.
HAUG, HANS JOACHIM: Zwangsmedikation in der Psychiatrie, in: GEWALTTÄTIGE Psychiatrie. Hg. v. M. EINK. Bonn, PV, 1997, 87-99.
HAUG, W.F. u. H. Pfefferer-Wolf (Hg.): Fremde Nähe. Festschrift für Erich Wulff. Bln./Hbg., Argument, 1987.
HEIM, E.: Integration oder Polarisierung der Psychiatrie, in: NA 63 (1992), 143-148.
HEIMANN, HANS
  (1989): Der psychiatrische Patient im Nationalsozialismus und heute, in: FP 3 (1989), 198-202.
  (1989): Psychiatrie zwischen Natur- und Geisteswissenschaft., in: FP 3 (1989), 129-133.
  (1991): Die Psychiatrie am Ende des 20. Jahrhunderts, in: CIOMPI, L. u. ders. (Hg.): Psychiatrie am Scheideweg. Bln., Springer, 1991, 115-124.
  (1991): Die Stimme der Psychiatrie im Konzert der medizinischen Fächer, in: NA 62 (1991), 391-397.
HEIMANN, HANS (Hg.) (1986): Das Verhältnis der Psychiatrie zu ihren Nachbardisziplinen. Bln., Springer, 1986.
HEINRICH, K.
  (1987): Aufbruch zu neuen Paradigmen oder Wiederkehr des Gleichen?, in: PPM 37 (1987), 37-43.
  (1994): Die Psychiatrie-Reform - ein bedeutender Erfolg, in: Psychiatrie für die Praxis 19 (1994), 143-146.
HEISE, HERBERT: Rückblick-Ausblick: Die Idee der Sozialpsychiatrie und deren Strukturen, in: HOFFMANN, H. u.a. (Hg.): Sozialpsychiatrische Lernfälle. Bonn, PV, 1994, 9-23.
HELBIG, NORBERT: Psychiatriereform und politisch-ökonomische Strukturkrise in der Bundesrepublik. O.O., Vlg. Arbeiterbewegung und Gesellschaftswissenschaft, 1987.
HELD, TILO: Das Vulnerabilitätskonzept und die Psychotherapie Schizophrener, in: SPI (1995) 1, 6-13.
HELMCHEN, H. u. H. Hippius (Hg.): Psychiatrie für die Praxis. 19 Bände. Mchn., Medizin Vlg., 1985-1994.
HERR Dörner hat eine Idee. Begegnungen mit Klaus Dörner. Hg. v. M. BÜHRIG u.a. Bonn, PV, 1993.
HERZOG, GUNTER: Krankheits-Urteile. Diss. Bln., 1982.
HETTLAGE, ROBERT u. K. Lenz (Hg.): Erving Goffman: Ein soziologischer Klassiker der zweiten Generation. Bern, Haupt, 1991.
HEWER, W. u. B. Fätkenheuer: Somatische Erkrankungen bei stationär behandelten psychiatrischen Patienten, in: PP 18 (1991), 133-138.
HIPPIUS, HANS: Biologische Psychiatrie, in: ZUR Lage der Psychiatrie. Hg. v. E. LUNGERSHAUSEN u. R. Witkowski. Stgt. u.a., Schattauer, 1988, 7-15.
HIPPIUS, HANS u.a. (Hg.): (1989): Rehabilitation in der Psychiatrie. Bln., Springer, 1989.
HIPPIUS, HANS (Hg.): Körperliche Beschwerden bei psychiatr. Erkrankungen. Mchn., Medizin Vlg., 1991.
HIRSCH, CORNELIA: Die Akutpsychiatrie, in: KRANKENHAUSPSYCHIATRIE. Hg. v. F. Reimer u.a. 2. Aufl. Stgt., Fischer, 1995, 45-49.
HOFF, PAUL
  (1997): Warum Psychiatrie-Geschichte, in: PP 24 (1997), 1-2.
  (1994): Emil Kraepelin und die Psychiatrie als klinische Wissenschaft. Bln., Springer, 1994.
HOFF, PAUL u. M. Krupinski: Zwischen Autonomie und Zwang. Zivilrecht und öffentliches Recht in der Psychiatrie, in: DONHAUSER, K. (Hg.): Krankenhauspsychiatrie und Ethik. Dettelbach, Röll, 1993, 85-102.

Theologieübergreifende Literatur

HOFFMANN, GERD: Die rechtlichen Grundlagen der stationären Versorgung, in: PICARD, W. u.a. (Hg.): Grundlagen und Gestaltungsmöglichkeiten der Versorgung psychisch Kranker in der Bundesrepublik und auf dem Gebiet der ehemaligen DDR. Köln, Rheinland Vlg., 1992, 81-91.
HOFFMANN, HOLGER u.a.: Sozialpsychiatrische Lernfälle 2. Bonn, PV, 1994.
HOFFMANN-RICHTER, ULRIKE: Sozialpsychiatrie - Spezialdisziplin oder Sichtweise?, in: FINZEN, A. u. dies. (Hg.): Was ist Sozialpsychiatrie? Bonn, PV, 1995, 11-25.
HOFFMANN-RICHTER, ULRIKE u. A. Finzen
(1996): Die häufigsten psychischen Krankheiten, in: JETZT will ich's wissen. Rat und Hilfe für Angehörige psychisch Kranker. Hg. v. H. Deger-Erlenmaier u.a. Bonn, PV, 1996, 11-33.
(1997): Organisationskulturen in der Psychiatrie, in: SOZIALPSYCHIATRIE vor der Enquete. Hg. v. DERS. u.a. Bonn, PV, 1997, 241-262.
HOHENDORF, GERRIT u. A. Magull-Seltenreich (Hg.): Von der Heilkunde zur Massentötung. Heidelberg, Wunderhorn, 1990.
HOLAHAN CHARLES u.a.: Coping, Stress Resistance and Growth: Conceptualizing Adaptive Functions, in: HANDBOOK of Coping. Hg. v. M. Zeidner. New York, Wiley, 1996, 24-43.
HÖLLEN, MARTIN
(1980): Katholische Kirche und 'Euthanasie', in: Zeitschrift für Kirchengeschichte 91 (1980), 53-82.
(1989): Episkopat und 'T4', in: AKTION T4 1939-1945. Hg. v. G. Aly. Bln., Edition Heinrich, 1989, 84-91.
HUBER, GERD: Psychiatrie. 4. Aufl. Stgt./New York, Schattauer, 1987.
HUBSCHMID, TEDY: Erfahrungen im Umgang mit Gewalttätigkeit in der psychiatrischen Klinik, in: SPI 23 (1996) 1, 26-28.
IHL, RALF u. K. Maurer: Elektrophysiologische Forschung in der Psychiatrie, in: BIOLOGISCH-psychiatrische Forschung. Hg. v. K. Lieb u.a. Stgt., Fischer, 1995, 183-196.
INTERNATIONALE Klassifikation psychischer Störungen. ICD-10 Kapitel V(F). Klinisch-diagnostische Leitlinien. Übers. v. H. Dilling. 2. Aufl. Bern, Huber, 1993.
IRRGANG, BERNAHRD u. M. Kunz: Krankenhauspsychiatrie und Ethik, in: DONHAUSER, K. (Hg.): Krankenhauspsychiatrie und Ethik. Dettelbach, Röll, 1993, 103-121.
JÄGER, ALFRED: Krankenhaus managen, in: Evangelische Kommentare (1995) 8, 474-476.
JAPP, KLAUS-PETER: Systemtheorie, in: KERBER, H. u. A. Schmieder (Hg.): Handbuch der Soziologie. Reinbek, Rowohlt, 1984, 598-603.
JETTER, DIETER
(1971): Zur Zypologie des Irrenhauses in Frankreich und Deutschland (1780-1840). Wiebaden, Steiner, 1971.
(1981): Grundzüge der Geschichte des Irrenhauses. Darmstadt, Wissenschaftliche Buchgesellschaft, 1981.
KARDORFF, ERNST von
(1985): Psychiatriereform über Modellprogramme, in: DERS. (Hg.): Das Modellprogramm und die Folgen. Rehburg-Loccum, PV, 1985, 13-42.
(1991): Goffmans Anregungen für soziologische Handlungsfelder, in: HETTLAGE, R. u. K. Lenz (Hg.): Erving Goffman: Ein soziologischer Klassiker der zweiten Generation. Bern, Haupt, 1991, 327-354.
KARDORFF, ERNST von (Hg.) (1985): Das Modellprogramm und die Folgen. Bonn, PV, 1985.
KASCHKA, WOLFGANG: Immunologische und virologische Forschungsansätze in der Psychiatrie, in: BIOLOGISCH- psychiatrische Forschung. Hg. v. K. LIEB. Stgt., Fischer, 1995, 145-167.
KAUFMANN, LUC u. F. Seywert: Der systemtheoretische Ansatz im psychiatrischen Alltag, in: KELLER, Th. (Hg.): Sozialpsychiatrie und systemisches Denken. Bonn, PV, 1988, 73-86.
KAYSER, HANS: Stationäre Versorgung - Vison 2005, in: Caritas 97 (1996), 206-209.
KELLER, THOMAS (Hg.): Sozialpsychiatrie und systemisches Denken. Bonn, PV, 1988.
KELLER, THOMAS u. N. Greve (Hg.): Systemische Praxis in der Psychiatrie. Bonn, PV, 1996.
KEMPKER, KERSTIN u.P. Lehmann (Hg.): Statt Psychiatrie. Bln., Lehmann/Antipsychiatrieverlag, 1993.
KERSTING, HEINZ-JÜRGEN u. L. Krapohl: Teamsupervision: Eine Problemskizze, in: HANDBUCH der Supervision. Hg. v. H. PÜHL. Bln., Marhold, 1990, 149-160.
KEUPP, HEINER
(1972): Psychische Störungen als abweichendes Verhalten. Mchn., U&S, 1972.
(1976): Abweichung und Alltagsroutine. Hbg., Hoffmann und Campe, 1976.
(1982): Psychosoziale Praxis - gemeindepsychologische Perspektiven..Mchn., U&S, 1982.
(1984): Alternativen zum Ausschluß, in: EISENBACH-STANGL, ... J. u. W. Stangl (Hg.): Grenzen der Behandlung. Opladen, Westdt. Vlg., 1984, 33-43.
(1987): Das psychosoziale Reformprojekt - Erschöpfung oder gibt es noch Perspektiven?, in: HAUG, W. u. H. Pfefferer-Wolf (Hg.): Fremde Nähe. Hbg./Bln., Argument, 1987, 101-117.
(1987): Psychosoziale Praxis im gesellscahftlichen Umbruch. 7 Essays. Bonn, PV, 1987.

Theologieübergreifende Literatur

- (1988): Normalität und psychische Störung, in: ASANGER, R. u. G. Wenninger (Hg.): Handwörterbuch Psychiatrie. 4. Aufl. Mchn./Weinheim, Psychologie Verlagsunion, 1988, 494-504.
- (1989): Auf der Suche nach der verlorenen Identität, in: DERS. (Hg.): Verunsicherungen. Göttingen, Hogrefe, 1989, 47-69.
- (1989): Verunsicherungen - das Subjekt im gesellschaftlichen Wandel. Göttingen, Hogrefe, 1989.
- (1990): Quo vadis bundesrepublikanische Psychiatriereform?, in: BERGER, H. u. U. Braun (Hg.): Psychiatrie in der Konkurrenzgesellschaft. Bonn, PV, 1990, 73-85.
- (1992): Die verlorene Einheit, in: Universitas 9 (1992), 867-875.
- (1995): Vom Ende moderner Eindeutigkeiten, in: ABSCHIED von Babylon. Hg. v. Th. Bock. Bonn, PV, 1995, 550- 563.

KEUPP, HEINER (Hg.)
- (1972): Der Krankheitsmythos in der Psychopathologie. Mchn., U&S, 1972.
- (1979): Normalität und Abweichung. Fortsetzung einer notwendigen Kontroverse. Mchn., U&S, 1979.

KEUPP, HEINER u.a. (Hg.) (1985): Im Schatten der Wende. Tübingen, DGVT, 1985.
KICK; HERMES: Antipsychiatrie und die Krise im Selbstverständnis der Psychiatrie, in: FNP 58 (1990), 367-374.
KIESER, ALFRED u. H. Kubicek: Organisation. Bln., de Gryter, 1977.

KISKER, KARL PETER
- (1985): Psychiatrie in dieser Zeit, in: DEGKWITZ, R. (Hg.): 100 Jahre Nervenheilkunde. Stgt., Hippokrates, 1985, 69-87.
- (1988): 'Team'- Erfahrungen mit einer problematischen therapeutischen Interaktionsfigur in der Psychiatrie, in: PP 15 (1988), 149-154.

KISKER, KARL PETER (Hg.): Psychiatrie, Psychosomatik, Psychotherapie. 5. Aufl. Stgt., Thieme, 1991.

KLEE, ERNST
- (1981): Psychiatrie- Report. Ffm., Fischer, 1981.
- (1983): 'Euthanasie' im NS-Staat. Ffm., Fischer, 1983.
- (1985): Dokumente zur Euthanasie. Ffm., Fischr, 1985.
- (1989): Von der 'T4' zur Judenvernichtung, in: AKTION T4 1939-1945. Hg. v. G. Aly. Bln., Edition Heinrich, 1989, 147-152.
- (1993): Irrsinn Ost Irrsinn West. Ffm., Fischer, 1993.

KLEIBER, DIETER u. D. Enzmann: Helfer-Leiden: Streß und Burnout in psychosozialen Berufen. Heidelberg, Asanger, 1989.
KNOLL, MICHAEL: Psychiatrische Praxis als ökologische Nische, in: DÖRNER, K. (Hg.): Neue Praxis braucht neue Theorie. Gütersloh, van Hoddis, 1987, 75-85.

KÖHLER, ERNST
- (1977): Arme und Irre. Bln., Wagenknecht, 1977.
- (1985): Widerstand ist immer persönlich. Die Psychiatriereform und ihre kulturrevolutionäre Selbstgenügsamkeit, in: KARDORFF, E. v. (Hg.): Das Modellprogramm und die Folgen. Rehburg-Locum, PV, 1985, 171-187.

KÖHLER, G. u. E. Wolpert: Die psychiatrischen Abteilungen an Allgemeinkrankenhäusern in der Bundesrepublik, in: Psychiatrie für die Praxis 19 (1994), 154-160.
KOHLER, JOACHIM: Von der Behörde Krankenhaus zum Wirtschaftsunternehmen, in: VOM Staatsbetrieb zur Firma. Verlag für Psychiatrie und Geschichte, 1995, 7-17.
KÖTTGEN, CHARLOTTE: Wir wissen nicht, was Schizophrenie ist - wider den theoretischen Größenwahn, in: ABSCHIED von Babylon. Hg. v. Th. Bock. Bonn, PV, 1995, 154-159.
KOWERK, HANS: Zum Verhältnis von Sozialpsychiatrie, 'Ökologischer Psychiatrie', systemischer Sichtweise und Psychoanalyse, in: SPI 21 (1991) 1, 27-31.
KRANKENHAUSPSYCHIATRIE. Hg. v. F. Reimer u.a. Stgt., Fischer, 1995.
KRISOR, MATTHIAS: Auf dem Weg zur gewaltfreien Psychiatrie. Bonn, PV, 1992.

KRISOR, MATTHIAS (Hg.)
- (1989): Gemeindepsychiatrisches Gespräch. Erlangen, Perimed, 1989.
- (1994): Dem Menschen begegnen. Regensburg, Roderer, 1994.

KROHNE, HEINZ WALTER: Coping Research. Mainz, 1987.
KRUCKENBERG, PETER: Mehr Personal im Krankenhaus -Chancen für den ambulanten Bereich?, in: WIENBERG, G. (Hg.): Die neue 'Psychiatrie-Personalverordnung. Bonn, PV, 1991, 28-35.
KRUSE, GUNTHER: Praxisratgeber Sozialpsychiatrie als integraler Bestandteil therapeutischer Konzepte. Stgt, Fischer, 1992.

KUHN, THOMAS
- (1984): Was sind wissenschaftliche Revolutionen? Mchn., 1984.
- (1978): Die Struktur wissenschaftlicher Revolutionen. Ffm., Suhrkamp, 1978, 1962[1].

Theologieübergreifende Literatur

KULENKAMPFF, C.: Über die Zukunft der sogenannten Anstaltspsychiatrie, in: KRANZ, J. u. K. Heinrich (Hg.): Bilanz und Ausblick der Anstaltspsychiatrie. Stgt./New York, Schattauer, 1977, 93-98.

KULENKAMPFF, C. u. W, Picard (Hg.): Fortschritte und Veränderungen in der Versorgung psychisch Kranker. Ein internationaler Vergleich. Köln, Rheinland Vlg., 1989.

KUNZE, HEINRICH
- (1986): Vorwärts! Zurück zur Heil- und Pflegeanstalt, in: HEIMANN, H. u. H. Gaertner (Hg.): Das Verhältnis der Psychiatrie zu ihren Nachbardisziplinen. Bln., Springer, 1986, 163-173.ö
- (1989): Das Psychiatrische Krankenhaus in der Entwicklung von der anstalts- zur gemeindezentrierten Versorgung, in: BORSI, G. (Hg.): Die Würde des Menschen im psychiatrischen Alltag. Göttingen, VR, 1989, 33-48.
- (1990): Funktionswandel des psychiatrischen Krankenhauses, in: THOM, A. u. E. Wulff (Hg.): Psychiatrie im Wandel. Bonn, PV, 1990, 195-215.
- (1990): Gewalt des Personals in Abhängigkeit von strukturellen Bedingungen, in: BOCK, Th. u. S. Mitzlaff (Hg.): Von Langzeitpatienten für Akutpatienten lernen. Bonn, PV, 1990, 151-154.
- (1992): Funktionswandel psychiatrischr Krankenhäuser im Versorgungssystem und das Problem der sogenannten Enthospitalisierung, in: PICARD, W. u.a.: Grundlagen und Gestaltungsmöglichkeiten der Versorgung psychisch Kranker in der Bundesrepublik und auf dem Gebiet der ehemaligen DDR. Köln, Rheinland Vlg., 1992, 43-57.
- (1995): Abkehr vom Institutionalismus, in: ABSCHIED von Babylon. Hg. v. Th. Bock. Bonn, PV, 1995, 450-461.

KUNZE, HEINRICH u. P. Auerbach (Hg.) (1992): Psychiatrie-Personalverordnung. Bln., Kohlhammer, 1992.

KUTZER, MICHAEL: Die Irrenheilanstalt in der ersten Hälfte des 19. Jhdts., in: GLATZEL, J. u.a. (Hg.): Vom Umgang mit Irren. Regensburg, Roderer, 1990, 63-82.

LANDZETTEL, FRITZ: Organisation gespaltener Wirklichkeiten - Konstruktivistische Überlegungen zur Psychiatrie, in: DÖRNER, K. (Hg.): Neue Praxis braucht neue Theorie. Gütersloh, van Hoddis, 1986, 61-73.

LEHMANN, PETER: Der chemische Knebel. 2. Aufl. Bln., Antipsychiatrieverlag, 1990.

LEIBRAND, WERNER: 'Heilung' durch den Schock?, in: SPI 24 (1994) 3, 3-6.

LEIDINGER, FRIEDRICH: Was macht die gemeindepsychiatrische Wende aus dem psychiatrischen Krankenhaus? Oder: Wie lernt der Elefant fliegen?, in: DÖRNER, K. (Hg.): Jetzt wird's ernst - Die Psychiatriereform beginnt! Gütersloh, van Hodis, 1990, 84-99.

LIECHTI, JÜRG u.a.: Öko-systemisches Denken und Handeln: Systemtherapie, in: DÖRNER, K. (Hg.): Neue Praxis braucht neue Theorie. Gütersloh, van Hoddis, 1987, 46-59.

LINDE, OTFRIED: Konzepte und Konsequenzen der sogenannten Großen Somatotherapien in den 20er und 30er Jahren unseres Jahrhunderts, in: WAHL, G. (Hg.): Vom Nutzen und Nachteil der Historie. Reichenbach, Vlg. Kommunikative Medien und Medizin, 1994, 123-143.

LINKE, JÖRG-HEINRICH: Das psychiatrische Krankenhaus aus der Sicht der Betriebsführung, in: KRANKENHAUSPSYCHIATRIE. Hg. v. F. REIMER u.a. 2. Aufl. Stgt., Fischer, 1995, 29-31.

LUDERER, H.J.
- (1989): Aufklärung und Information in der Psychiatrie, in:FNP 57 (1989), 305-318.
- (1989): Kenntnis von Diagnose und medikamentöser Behandlung bei psychisch Kranken, in: NA 60 (1989), 213-219.
- (1998): Zur Geschichte der psychosozialen Versorgung, in: BAER, R.: Themen der Psychiatriegeschichte. Stgt., Enke, 1998, 148-159.

LUHMANN, NIKLAS
- (1988): Organisation, in: KÜPPER, W. u.a. (Hg.): Mikropolitik. Opladen, Westdt. Vlg., 1988, 165-187.
- (1997): Selbstreferentielle Systeme, in: SIMON, F. (Hg.): Lebende Systeme. Ffm., Suhrkamp, 1997, 69-78.

LUNGERSHAUSEN, EBERHARD (1992): Schwerpunkte der psychiatrischen Praxis und Forschung von den 50er Jahren bis heute, in: WEIG, W. u. R. Bayerlein (Hg.): Psychiatrie im Spannungsfeld von Wissenschaft, Klinik und Versorgungssystem. Regensburg, Roderer, 1992, 13-23.

LUNGERSHAUSEN, EBERHARD (Hg.): Zur Lage der Psychiatrie. Stgt., Schattauer, 1988.

LYOTARD, JEAN F.
- (1985): Immaterialität und Postmoderne. Bln., Merve, 1985.
- (1986): Das postmoderne Wissen. Ein Bericht. Graz/Wien, Böhlau Edition Passagen, 1986 (1979^1).
- (1988): Beantwortung der Frage: Was ist postmodern?, in: WEGE aus der Moderne. Hg. v. W. WELSCH. Weinheim, CVH, 1988, 193-203.
- (1989): Das Inhumane. Plaudereien über die Zeit. Wien, Passagen, 1989 (1988^1).
- (1989): Der Widerstreit. Mchn., Fink, 1989 (1983^1).
- (1989): Streifzüge. Wien, Passagen, 1989 (1988^1).

(1996): Postmoderne für Kinder. Briefe aus den Jahren 1982-1985. Hg. v. P. Engelmann. Wien, Passagen, 1996 (1987¹).
(1998): Postmoderne Moralitäten. Wien, Passagen, 1998.
MACHLEIDT, WIELANT u. D. Rockstroh: Organisationsformen der Klinik gestern und heute, in: HASELBECK, H. u.a. (Hg.): Psychiatrie in Hannover. Stgt., Enke, 1987, 23-35.
MATAKAS, F.: Aufgaben und Stellenwert der Tagesklinik in der Gemeindepsychiatrie, in: KRISOR, M. (Hg.): Gemeindepsychiatrisches Gespräch. Erlangen, Perimed, 1989, 16-22.
MAUTHE, JÜRGEN: Ökologische Psychiatrie, in: DERS. u. I. Krukenberg-Bateman (Hg.): Psychiatrie in Deutschland. 2. Aufl. Königslutter, Verein zur Hilfe für seelisch Behinderte, 1992, 86-97.
MAUTHE, JÜRGEN u. I. Krukenberg-Bateman (Hg.): Psychiatrie in Deutschland. Tagungsband zu den 8. Psychiatrie-Tagen Königslutter 1990. 2. Aufl. Königslutter, Verein zur Hilfe für seelisch Behinderte, 1992.
MAYR, HERBERT. Politische Rahmenbedingungen der Krankenhauspsychiatrie, in: DONHAUSEN, K. (Hg.): Krankenhauspsychiatrie und Ethik. Dettelbach, Röll, 1993, 9-21.
MEIERS, S.: Postmoderne, in: HISTORISCHES Wörterbuch der Philosophie, Band 7. Darmstadt, Wissenschaftliche Buchgesellschaft, 1989, 1141-1145.
MEYER, JOACHIM-ERNST: 'Freigabe der Vernichtung lebensunwerten Lebens' von Bindung und Hoche im Spiegel der deutschen Psychiatrie vor 1933, in: NA 59 (1988), 85-91.
MILLETT, KATE: Psychische Krankheit - ein Phantom, in: KEMPKER, K. u. P. Lehmann (Hg.): Statt Psychiatrie. Bln., Lehmann/Antipsychiatrieverlag, 1993, 421-432.
MIT DEN HÄNDEN DENKEN. Beiträge zur Psychiatrie. Festschrift für Klaus Dörner. Bonn, PV, 1983.
MOISES, HANS W.: Psychiatrische Genetik, in: BIOLOGISCH-psychiatrische Forschung. Hg. v. K. Lieb u.a. Stgt., Fischer, 1995, 71-108.
MORA, GEORGE: Historische und theoretische Richtungen in der Psychiatrie, in: FREEDMAN, A. u.a. (Hg.): Psychiatrie in Praxis und Klinik, Band 5. Stgt./New York, Thieme, 1990, 1-99.
MOSER, CH. u. R. Bartl: Die Integration systemtherapeutischer Strategien in die stationäre Psychiatrie am Beispiel psychotischen Verhaltens, in: HUTTERER-KRISCH, R. (Hg.): Psychotherapie mit psychotischen Menschen. Wien/New York, Springer, 1994, 642-664.
MÜLLER, C.
(1986): Sektor-Sektorisierung, in: DERS. (Hg.): Lexikon der Psychiatrie. Bln.., Springer, 1986, 623-624.
(1989): Wandlungen der psychiatrischen Institutionen, in: KISKER, K. u.a. (Hg.): Brennpunkte der Psychiatrie. Psychiatrie der Gegenwart, 9. Bln., Springer, 1989, 339-369.
MÜLLER, C. (Hg.) (1986): Lexikon der Psychiatrie. Bln., Springer, 1986.
MÜLLER, WALTER: Transmitter-Systeme und Psychopharmaka, in: BIOLOGISCH-psychiatrische Forschung. Hg. v. K. LIEB u.a. Stgt., Fischer, 1995, 22-43.
MÜLLER-KÜPPERS, MANFRED: Kinderpsychiatrie und Euthanasie, in: HOHENDORF, G. u. A. Magull-Seltenreich (Hg.): Von der Heilkunde zur Massentötung. Heidelberg, Wunderhorn, 1990, 71-91.
MUNDT, CHRISTOPH (Hg.): Depressionskonzepte heute. Bln., Springer, 1991.
NACH HADAMAR. Zum Verhältnis von Psychiatrie und Gesellschaft im 20. Jhdt. Hg. v. F.W. KERSTING u.a. Paderborn, Schöningh, 1993.
NAEGLER, HEINZ: Struktur und Organisation des Krankenhaus-Managements unter besonderer Berücksichtigung der Abgrenzung zwischen Krankenhausträger und Krankenhaus-Direktorium. Ffm., Lang, 1992.
NARR, WOLF-DIETRICH: Psychiatrie und Sozialpolitik. Zu Rechtfertigung, Zielen und Hebeln der Sozialpsychiatrie, in: BOCK, Th. u. H. Weigand (Hg.): Hand-werks-buch Psychiatrie. Bonn, PV, 1991, 47-59.
NIEDECKEN, ANDREA: Therapie für Frauen, Feministische Therapie, in: STARK, M. u.a. (Hg.): Wege aus dem Wahnsinn. Bonn, PV, 1995, 171-180.
NISSEN, GERHARDT (Hg.): Psychotherapie und Psychopharmakotherapie. Bern, Huber, 1993.
NOUVERTNÉ, KLAUS: Wie effizient ist die Gemeindepsychiatrie?, in: VOM Staatsbetrieb zu Firma. Vlg. Psychiatrie und Geschichte, 1995, 43-60.
NOVAK, PETER u. W. Zipp: Deprofessionalisierungs- u. Professionalisierungstendenzen in der psychosozialen Versorgung, in: MEDIZINISCHE Soziologie. Jahrbuch 1 (1981). Ffm./New York, Campus, 1981, 89-125.
NOWAK, KURT
(1989): Sterilisation, Krankenmord und Innere Mission im 'Dritten Reich', in: AKTION T4 1939-1945. Hg. v. G. Aly. Bln., Edition Heinrich, 1989, 73-83.
(1991): Widerstand, Zustimmung, Hinnahme. Das Verhalten der Bevölkerung zur 'Euthanasie', in: FREI, N. (Hg.): Medizin und Gesundheitspolitik in der NS-Zeit. Mchn., Oldenbourg, 1991, 235-253.
OBERT, KLAUS: Psychiatrieentwicklung und Visionen aus der Sicht des ambulanten Bereichs, in: Caritas 97 (1996) 5, 201-206.
OBIOLS, J. u. F. Basaglia: Antipsychiatrie. Reinbek, Rowohlt, 1978.

Theologieübergreifende Literatur

ODENBACH, ERWIN: Zur Versorgung psychisch Kranker nach Psychiatrie-Enquete und Modell-Programm, in: MÜLLER, H. (Hg.): Zur psychiatrischen Versorgung in der Bundesrepublik. O.O., Dt. Zentrale für Volksgesundheit e.V., 1988, 12-15.

ONKEN, MARKUS: Klinik-Strukturen und systemisches Denken, in: KELLER, Th. (Hg.): Sozialpsychiatrie und systemisches Denken. Bonn, PV, 1988, 156-163.

OPPENHEIMER, CHRISTA: Ist die italienische Psychiatriereform noch eine Reise wert?, in: SPI 22 (1992) 2, 46-50.

OSINSKI, JUTTA: Geisteskrankeit als Abweichung von der Harmonie der Wirklichkeit, in: GLATZEL, J. u.a. (Hg.): Vom Umgang mit Irren. Regensburg, Roderer, 1990, 37-55.

PAULEIKHOFF, BERNHARD: Emil Kraepelin 1856-1926, in: KLASSIKER der Medizin, Band 2. Hg. v. D. v. Engelhardt u. F. Hartmann. Mchn., Beck, 1991, 299-323.

PAYK, Th.R. (Hg.): Psychiatrische Therapie. Erfahrungen und Perspektiven. Stgt./New York, Schattauer, 1990.

PELIKAN, HERBERT: Vom Mythos Geisteskrankheit, in: WzM 39 (1987), 79-85.

PERPEKTIVEN psychiatrischer Ethik. Hg. v. Th. PAYK. Stgt., Thieme, 1996.

PETERS, UWE-HENDRIK (1991): Die Künste in der psychiatrischen Therapie, in: FP 5 (1991), 59-67.

PETERS, UWE-HENDRIK (Hg.) (1983): Die Psychologie des 20. Jhdts. Band X: Ergebnisse für die Medizin, Band 2: Psychiatrie. Weinheim/Basel,, Beltz, 1983.

PFANNKUCH, HARALD: Offene Türen überall!, in: GEWALTTÄTIGE Psychiatrie. Hg. v. M. EINK. Bonn, PV, 1997, 172-191.

PFEFFERER-WOLF, HANS: Das Ende der klinischen Hegemonie? Wahrnehmung und Praxis in der sozialen Psychiatrie, in: HAUG, W. u. H. Pfefferer-Wolf (Hg.): Fremde Nähe. Bln/Hbg., Argumente, 1987, 87-101.

PITTRICH, WOLFGANG: Psychiatrie in Deutschland- Modell ohne Ende oder Dauerkrise eines Faches, in: REIMER, F.: Psychiatrie in Deutschland - Modell ohne Ende? Karlsruhe, Weissenhof Vlg., 1990, 9-36.

PLOG, URSULA: Psychotherapie. Mit psychiatrischen Handeln untrennbar verbunden, in: BOCK, Th. u. H. Weigand (Hg.): Hand-werks-buch Psychiatrie. Bonn, PV, 1991, 302-317.

PRIEBE, STEFAN u. H. P. Schmiedebach: Soziale Psychiatrie und Spzialpsychiatrie, in: PP 24 (1997), 3-9.

PROGNOS AG. Modell-Programm Psychiatrie. Stgt., Poller, 1984.

PROPPING, PETER: Psychiatrische Genetik. Befunde und Konzepte. Bln., Springer, 1989.

PSYCHIATRIE im Faschismus. Die Anstalt Hadamar 1933-1945. Hg. v. D. ROER u.a. Bonn, PV, 1986.

PÜHL, HARALD: Einzelsupervision im Schnittpunkt von persönlicher und beruflicher Rolle, in: HANDBUCH der Supervision. Hg. v. H. Pühl. Bln., Marhold, 1990, 259-267.

RADTKE-GÖTZ, SABINE: Hilfen für Helfer: Supervision, in: BOCK, Th. u. H. Weigand (Hg.): Hand-werks-buch Psychiatrie. Bonn, PV, 1991, 432-438.

RECHLIN, T.: Ursachen und Wirkungen der zeitgenössischen Antipsychiatrie, in: BAER, R.: Themen der Psychiatriegeschichte. Stgt., Enke, 1998, 83-104.

RECHLIN, T. u. J. Fliegen (Hg.): Psychiatrie in der Kritik. Die antipsychiatrische Szene und ihre Bedeutung für die klinische Psychiatrie heute. Bln., Springer, 1995.

REESE-SCHÄFER, WALTER: Lyotard zur Einführung. Gespräch mit J.F. Lyotard. Hbg., Junius, 1988.

REHABILITATION IN DER Psychiatrie. Internationales Symposium Mchn. 8-10 1987. Dokumentation in 5 Bänden. Hg. v. Dt. Paritätischen Wohlfahrtsverband Landesverband Bayern e.V. Mchn., Braun, 1987.

REIMER, FRITZ
  (1988): Die psychiatrische Versorgung in der Bundesrepublik, in: MÜLLER, H.W. (Hg.): Zur psychiatrischen Versorgung in der Bundesrepublik. O.O., Dt. Zentrale für Volksgesundheit e.V., 1988, 18-21.
  (1990): Psychiatrie in Deutschland- Modell ohne Ende. Karlsruhe, Weissenhof Vlg., 1990.
  (1992): Beitrag und Rolle der Psychiatrischen Krankenhäuser in der Bundesrepublik zur Entwicklung der Versorgung in den vergangenen zwei Jahrzehnten, in: PICARD, W. u.a. (Hg.): Grundlagen und Gestaltungsmöglichkeiten der Versorgung psychisch Kranker in der Bundesrepublik und auf dem Gebiet der ehemaligen DDR. Köln, Rheinland Vlg., 1992, 31-36.
  (1992): Zur konzeptionellen Entwicklung des psychiatrischen Krankenhauses, in: WEIG, W. u. R. Bayerlein (Hg.): Psychiatrie im Spannungsfeld von Wissenschaft, Klinik und Versorgungsstrukturen. Regensburg, Roderer, 1992, 89-95.
  (1995): Die heutige Situation der Krankenhauspsychiatrie, in: KRANKENHAUSPSYCHIATRIE. Hg. v. F. Reimer u.a. 2. Aufl. Stgt., Fischer, 1995, 9-11.
  (1997): Psychiatrisches Krankenhaus versus Psychiatrische Abteilung, in: KRISOR, M. u. H. Pfannkuch (Hg.): Was du nicht willst, das man dir tut... Regensburg, Roderer, 1997, 303-305.

REIMER, FRITZ (Hg.) (1981): Flankierende Therapieverfahren in der Psychiatrie. Weinsberg, Kunow, 1981.

REIMER, FRITZ u. G. Laux (1992): Krankenhauspsychiatrie, in: BATTEGAY, R. (Hg.): Handwörterbuch der Psychiatrie. Stgt., Enke, 1992, 281-284.

Theologieübergreifende Literatur

RICHARZ, BERNHARD: Heilen, Pflegen, Töten. Zur Alltagsgeschichte einer Heil- u. Pflegeanstalt bis zum Ende des Nationalsozialismus. Göttingen, Vlg. für Medizinische Psychologie, 1987.
RICHTER, STEPHAN: Das Versorgungssystem für psychisch kranke Menschen, in: DEGER-ERLENMAIER; H. (Hg.): Jetzt will ich's wissen. Bonn, PV, 1996, 97-151.
RIEDMÜLLER, BARBARA: Das ambulante Ghetto. Zur Entwicklung der Gemeindepsychiatrie in der Bundesrepublik, in: OLK, Th. u.a. (Hg.): Lokale Sozialpolitik und Selbsthilfe. Neuwied, Luchterhand, 1989, 55-78.
ROHLFS, GILKA: Die gesellschaftliche Definition von Geisteskrankheit. Bonn, PV, 1986.
ROSE, H.K.: Grundfragen therapeutischer Teamarbeit, in: PP 8 (1981), 87-94.
ROSENSTIEL, LUTZ von u. P. Neumann: Organisationspsychologie, in: ASANGER, R. u. G. Wenninger (Hg.): Handwörterbuch der Psychologie. 4. Aufl. Mchn./Weinheim, Psychologie Verlagsunion, 1988, 507-512.
RÖSSLER, W. u.a.: Stand und Entwicklung der psychiatrischen Versorgung, in: NA 65 (1994), 427-437.
ROTH, G.: Autopoiese und Kognition, in: SCHIEPEK, G. (Hg.): Systeme erkennen Systeme. Mchn/Weinheim, Psychologie Verlagsunion, 1987, S. 50-75.
RUFER, MARC
(1988): Irrsinn Psychiatrie. Psychisches Leiden ist keine Krankheit. Bern/Bonn, Zyglogge, 1988.
(1991): Wer ist irr? Bern/Bonn, Zyglogge, 1991.
RÜTHER, NORBERT: Bedingungen der Transformation des Anstaltsalltags, in: KELLER, Th. (Hg.): Sozialpsychiatrie und systemisches Denken. Bonn, PV, 1988, 131-150.
SAARMA, M.: Insulintherapie in der heutigen Behandlung der Schizophreniekranken, in: AKTUELLE Aspekte der Psychiatrie. Jena Universitätsvlg., 1992, 283-287.
SACHSSE, CHRISTOPH: Die Anstalt zwischen gesellschaftlichem Anspruch und wissenschaftlichem Interesse, in: NACH HADAMAR. Hg. v. F. Kersting. Paderborn, Schöningh, 1993, 63-65.
SCHÄDLE, JOSEF: Gemeindepsychiatrie als Rekultivierung der Gemeinde, in: DÖRNER, K.: Neue Praxis braucht neue Theorie. Gütersloh, van Hoddis, 1987, 218-225.
SCHARFETTER, CHRISTIAN: Schizophrene Menschen. Diagnostik, Psychopathologie, Forschungsansätze. 4. Aufl. Weinheim, Beltz, 1995.
SCHEFF, TH.: Das Etikett Geisteskrankheit. Ffm., Fischer, 1973.
SCHIEPEK, GÜNTER: Zum Selbstverständnis ökologischer Psychiatrie im Kontext der Postmoderne, in: ANDRESEN, B. u.a. (Hg.): Mensch, Psychiatrie, Umwelt. Bonn, PV, 1992, 47-69.
SCHMIDT, G.: Selektion in der Heilanstalt 1939-1945. Stgt., Evangelisches Verlagswerk, 1965.
SCHMIDT-MICHEL, P.O.: Professionalisierung in der Psychiatrie, in: PP 20 (1993), Sonderheft I, 34-37.
SCHMITT, WOLFRAM
(1990): Biologismus und Psychopathologie. Die Heidelberger Schule, in: GLATZEL, J. u.a. (Hg.): Vom Umgang mit Irren. Regensburg, Roderer, 1990, 121-131.
(1992): Die Stellung der Psychiatrie in der Gesellschaft, in: MAUTHE, J. u. I. Krukenberg-Bateman (Hg.): Psychiatrie in Deutschland. Königslutter, Verein zur Hilfe seelisch Behinderter, 1992, 11-21.
SCHMÖLZER, CHRISTIAN: Basissuizidalität in einem psychiatrischen Krankenhaus. Regensburg, Roderer, 1989.
SCHMUHL, HANS-WALTER: Sterilisation, 'Euthanasie', 'Endlösung'. Erbgesundheitspolitik unter den Bedingungen charismatischer Herrschaft, in: FREI, N. (Hg.): Medizin und Gesundheitspolitik in der NZ-Zeit. Mchn., Oldenbourg, 1991, 295-308.
SCHOLL, WOLFGANG: Grundkonzepte der Organisation, in: SCHULER, H. (Hg.): Lehrbuch der Organisationspsychologie. Bern, Huber, 1993, 409-445.
SCHORSCH, CHRISTOF: Die New Age Bewegung. Gütersloh, Mohn, 1988.
SCHOTT, HEINZ
(1990): Heilkonzepte um 1800 und ihre Anwendung in der Irrenbehandlung, in: GLATZEL, J. u.a. (Hg.): Vom Umgang mit Irren. Regensburg, Roderer, 1990, 17-35.
(1990): Elemente psychiatrischer Therapie zwischen Aufklärung und Romantik, in: PAYK, Th. (Hg.): Psychiatrische Therapie. Stgt./New York, Schattauer, 1990, 1-11.
SCHOTT, K. u.a.: Ergebnisse der Elektrokrampftherapie unter restriktiver Indikation. Eine retroperspektive Studie über 15 Jahre, in: NA 63 (1992), 422-425.
SCHREIBER, HERBERT u. H. Kornhuber: Biologische Marker in der Psychiatrie, in: BIOLOGISCH- psychiatrische Forschung. Hg. v. K. Lieb u.a. Stgt., Fischer, 1995, 196-218.
SCHULER, HEINZ (Hg.): Lehrbuch der Organisationspsychologie. Bern, Huber, 1993.
SCHULZE, GERHARD: Die Erlebnisgesellschaft. 3. Aufl. Ffm., Campus, 1993.
SCHULZE, HERBERT: Organisationsgestaltung und startegische Organisationsanalyse. Dargestellt am Beispiel Krankenhausorganisation. Bln., Duncker und Humblot, 1989.
SCHÜTTLER, REINHOD: Das Psychiatrische Krankenhaus. Ungeliebtes Erbe oder zukunftsorientierte Notwendigkeit, in: HIPPIUS, H. u.a. (Hg.): Rehabilitation in der Psychiatrie. Bln., Springer, 1989, 215-223.

Theologieübergreifende Literatur

SCHWAB, JOHN: Neubewertung der Sozialpsychiatrie, in: ABSCHIED von Babylon. Hg. v. Th. Bock. Bonn, PV, 1995, 407-416.
SCHWARZ, HORST: Arbeitsplatzbeschreibungen. 12. Aufl. Fbg., Haufe, 1980 (1968¹).
SCHWEITZER, JOCHEN u. B. Schumacher: Die unendliche und endliche Psychiatrie. Heidelberg, Auer, 1995.
SEIDEL, RALF: Phänomenologische, daseinsanalytische und anthropologische Psychiatrie, in: THOM, A. u. E. Wulff (Hg.): Psychiatrie im Wandel. Bonn, PV, 1990, 22-34.
SEIER, FREID: Patientenautonomie und Zwangseinweisung, in: DONHAUSER, K. (Hg.): Krankenhauspsychiatrie und Ethik. Dettelbach, Röll, 1993, 121-143.
SEYWERT. FERNAND u. L. Kaufmann: Systemisches Denken in psychiatrischen Institutionen, in: KELLER, Th. (Hg.): Sozialpsychiatrie und systemisches Denken. Bonn, PV, 1988, 87-90.
SHEPARD, MICHAEL: Psychiater über Psychiatrie. Weinheim/Basel, Beltz, 1985.
SIEMEN, HANS-LUDWIG
  (1982): Das Grauen ist vorprogrammiert. Gießen, Focus, 1982.
  (1987): Menschen blieben auf der Strecke. Psychiatrie zwischen Reform und Nationalsozialismus. Gütersloh, van Hoddis, 1987.
  (1991): Reform und Radikalisierung. Veränderungen der Psychiatrie in der Weltwirtschaftskrise, in: FREI, N. (Hg.): Medizin und Gesundheitspolitik in der NS-Zeit. Mchn., Oldenbourg, 1991, 191-201.
  (1998): Psychiatrie im Nationalsozialismus, in: BAER, R.: Themen der Psychiatriegeschichte. Stgt., Enke, 1998, 104-127.
SIMON, FRITZ B.
  (1988): Unterschiede, die Unterschiede machen. Bln./Heidelberg, Springer, 1988.
  (1995): Die andere Seite der Gesundheit. Ansätze einer systemischen Krankheits- und Therapietheorie. Heidelberg, Auer. 1995.
  (1995): Meine Psychose, mein Fahhrad und ich. Zur Selbstorganisation der Verrücktheit. 5. Aufl. Heidelberg, Auer, 1995.
  (1995): Über die Nützlichkeit der sozialpsychiatrischen Theoriearmut, in: FINZEN, A. u. U. Hoffmann-Richter (Hg.): Was ist Sozialpsychiatrie? Bonn, PV, 1995, 129-143.
SIMON, FRITZ B. (Hg.) (1997): Lebende Systeme. Ffm., Suhrkamp, 1997.
SNYDER, SOLOMON: Future Directions In Neuroscience an Psychiatry, in: COMPREHENSIVE Textbook of Psychiatry, Band 1. Hg. v. H. Kaplan u.a. Baltimore, Wiliams u. Wilkens, 1995, 164-166.
SOZIALPSYCHIATRIE vor der Enquete. Hg. v. U. Hoffmann-Richter u.a. Bonn, PV, 1997.
SPENGLER, CHRISTIAN: Plurale Verfassung oder Vernetzung und Integration psychiatrischer Systeme, in: SPI 21 (1991) 4, 29-34.
SPITZER, MARC: Neuronale Netzwerke und Psychopathologie, in: NA 68 (1997), 21-37.
STARK, MICHAEL u.a. (Hg.): Wege aus dem Wahnsinn. Bonn, PV, 1995.
STARK, WOLFGANG: Die Anstalt als Zentrum, in: Psychologie heute 12 (1985) 5, 40-42.
STEINERT, TILMANN: Aggression bei psychisch Kranken. Stgt., Enke, 1995.
STELLUNGNAHME der Bundesregierung zur Psychiatrie-Enquete. Bundestagsdrucksache 8/2565.
STIERLIN, HELM
  (1991): Die Idee der Geisteskrankheit im Lichte systemisch-therapeutischer Erfahrung, in: CIOMPI, L. u. H. Heimann (Hg.): Psychiatrie am Scheideweg. Bln. u.a., Springer, 1991, 77-91.
  (1994): Ich und die anderen. Psychotherapie in einer sich wandelnden Gesellschaft. Stgt., Klett-Cotta, 1994.
  (1997): Prinzipien der systemischen Therapie, in: SIMON, F. (Hg.): Lebende Systeme. Ffm., Suhrkamp, 1997, 78-94.
STÖCKLIN, S. u. G. Lucius-Herne: Die Frage des Bedarfs an psychiatrischen Einrichtungen: Problemstellung und Modelle, in: Fortschritte Neurologie Psychiatrie 56 (1988), 139-153.
STÜRMER, WILHELMINE
  (1990): Das Bundesmodellprogramm - Die wichtigsten Ergebnisse, in: REIMER, F.: Psychiatrie in Deutschland - Modell ohne Ende? Karlsruhe, Weissenhof Vlg., 1990, 37-71.
  (1990O): Tendenzen in der Weiterentwicklung psychiatrischer Versorgung - Aufgaben freier Wohlfahrtspflege im Gesamtversorgungssystem, in: Caritas 91 (1990), 52-61.
SZASZ, THOMAS: Geisteskrankheit - ein moderner Mythos? Olten/Fbg., Walter, 1972.
TAUSCHER, J. u.a.: Die Elektrokonvulsionstherapie in der klinischen Praxis, in: NA 68 (1997) 5, 410-416.
TEGELER, J.: Entwicklung der Psychiatrischen Krankenhäuser seit der Reform, in: Psychiatrie für die Praxis 19 (1994), 146-154.
TENCKMANN, ULRICH
  (1986): Fortschritt - Rückschritt?, in: PAYK, Th. u.a. (Hg.): Kommunale Psychiatrie. Stgt., Schattauer, 1986, 89-97.
  (1988): Mit Leib und Seele. Ein Wegweiser durch die Konzepte der Psychiatrie. Bonn, PV, 1988.

Theologieübergreifende Literatur

(1993): Nach Hadamar. Zur Rezeption der NS- Vergangenheit durch die deutsche Psychiatrie, in: NACH HADAMAR. Hg. v. F. Kersting.. Paderborn, Schöningh, 1993, 273-287.
(1994): Historia Psychiatrica - Cui bono? in: WAHL, G. u.a. (Hg.): Vom Nutzen und Nachteil der Historie. Reichenbach, Vlg. Kommunikative Medien und Medizin, 1994, 15-21.
THEBARATH, JÜRGEN: Zur Entwicklung der Psychiatrie, in: LAIENHILFE in der Psychiatrie. Hg. im Auftrag des Bundesministeriums für Jugend, Familie und Gesundheit,. Köln, 1978, 18-36.
THESEN zur Abschaffung und Überwindung der Psychiatrie. Beschlüsse von der Bundesarbeitsgemeinschaft Soziales und Gesundheit der Grünen am 1./2. Dezember 1984. Demokratisches Gesundheitswesen (dg) 4/85.
THOM, ACHIM
(1984): Erscheinungsformen und Widersprüche des Weges der Psychiatrie zu einer medizinischen Disziplin im 19. Jhdt., in: DERS. (Hg.): Zur Geschichte der Psychiatrie im 19. Jhdt. Bln., Vlg. Volk und Gesundheit, 1984, 11-32.
(1989): Die Entwicklung der Psychiatrie und die Schicksale psychisch Kranker sowie geistig Behinderter unter den Bedingungen der faschistischen Diktatur, in: DERS. (Hg.): Medizin unterm Hakenkreuz. Bln., Vlg. Volk und Welt, 1989, 127-167.
(1991): Kriegsopfer der Psychiatrie, in: FREI, N. (Hg.): Medizin und Gesundheitspolitik in der NS- Zeit. Mchn., Oldenbourg, 1991, 201-217.
THOM, ACHIM (Hg.) (1984): Zur Geschichte der Psychiatrie im 19. Jhdt. Bln., Vlg. Volk und Gesundheit, 1984.
THOM, ACHIM u. E. Wulff (Hg.): Psychiatrie im Wandel. Bonn, PV, 1990.
TÖLLE, RAINER
(1980): Die Entwicklung der Deutschen Psychiatrie im 20. Jhdt., in: PETERS, U. (hg.): Die Psychologie des 20. Jdts, X: Ergebnisse für die Medizin. Zürich, Kindler, 1980, 3-14.
(1991): Psychiatrie. 9. Aufl. Bln., Springer, 1991.
(1995): 150 Jahre Magna Charta der Psychiatrie, in: Deutsches Ärzteblatt 92 (1995), 1139-1140.
TOLLGREVE, CHRISTIANE: Bewegung in der Psychiatrie? Die DGSP zwischen Gegeninitiative und etabliertem Verband. Bonn, PV, 1984.
TRETTER, FELIX
(1992): Humanökologische Grundlagen der ökopsychiatrischen Perspektive-Begriffe, Methoden, Konzepte, in: ANDRESEN, B. u.a. (Hg.): Mensch, Psychiatrie, Umwelt. Bonn, PV, 1992, 69-89.
(1993): Skizze einer 'Ökologie der Person' als Denkrahmen der Psychiatrie, in: DONHAUSER, K. (Hg.): Krankenhauspsychiatrie und Ethik. Dettelbach, Röll, 1993, 21-49.
TROJAN, ALF
(1978): Psychisch krank durch Etikettierung? Mchn., U&S, 1978.
(1980): Sozialpsychiatrische Praxis. Wiesbaden, Akademische Verlagsgesellschaft, 1980.
UCHTENHAGEN, AMBROS: Sozialpsychiatrie, in: BATTEGAY, R. (Hg.): Handwörterbuch der Psychiatrie. 2. Aufl. Stgt., Enke, 1992, 574-581.
ULMAR, G. (Hg.): Psychiatrische Versorgungsperspektiven. Bln., Springer, 1995.
UNTER elenden menschenunwürdigen Umständen. Die Psychiatrie-Enquete. Begleitet, zusammengefaßt und kommentiert von A. FINZEN u. H. Schädle-Deininger. Rehburg-Loccum, PV, 1979.
VELTIN, ALEXANDER
(1986): 30 Jahre 'Psychiatriereform' - was hat sich verändert?, in: SPI 16 (1986), 50-60.
(1996): Sozialpsychiatrie - ein mehrdeutiger Begriff, in: DEGER- ERLENMAIER, H. (Hg.): Jetzt will ich's wissen. Bonn, PV, 1996, 75-83.
VIEFHUES, HERBERT u.a. (Hg.): Soziale Dienste im Krankenhaus. Stgt., Kohlhammer, 1986.
VLIEGEN, JOSEF: Moderne Psychiatrie und ihr Bild vom Menschen. Bonn, Zentrum für Med. Ethik, 1993.
VOM Staatsbetrieb zur Firma. Psychiatrische Krankenhäuser als Wirtschaftsunternehmen. Referate der 6. Ethiktagung, 7. Mai 1994. Matthäus-Alber-Haus Reutlingen. Vlg. Psychiatrie und Geschichte, 1995.
WAGNER, WOLFGANG: Ethische Grundlagen und Probleme der klinischen Psychopharmakologie, in: PÖLDINGER, W. u. W. Wagner (Hg.): Ethik in der Psychiatrie. Bln., Springer, 1991, 175-190.
WAHRIG-SCHMIDT, BETTINA: Wilhelm Griesinger 1817-1868, in: KLASSIKER der Medizin, Band 2. Hg. v. D. v. ENGELHARDT u. F. Hartmann. Mchn., Beck, 1991, 172-190.
WATZLAWICK, PAUL: Münchhausens Zopf oder Psychotherapie und 'Wirklichkeit'. Mchn./Bern, Huber, 1988.
WEBER, DANIEL: Cyberpsycho, in: NNZ Folio 9, September 1996, 34-35.
WEGE aus der Moderne. Hg. v. W. WELSCH. Weinheim, VCH, 1988.
WEGENER, HILDBURG u.a. (Hg.): Frauen fordern eine gerechte Sprache. Gütersloh, Mohn, 1990.
WEHR, THOMAS: Chronobiology, in: COMPREHENSIVE Textbook of Psychiatry, Band 1. Hg. v. H. KAPLAN u. B. Sadock. Baltimore, Williams und Wilkins, 1995, 127-136.

WEIG, WOLFGANG u. R. Bayerlein (Hg.): Psychiatrie im Spannungsfeld von Wissenschaft, Klinik und Versorgungsstrukturen. Regensburg, Roderer, 1992.
WEIK, TETJE: Umschichtungen. Erfolge und Mißerfolge der Gemeindepsychiatrie. Mchn., AG SPAK, 1987.
WEINERT, ANSFRIED: Lehrbuch der Organisationspsychologie. Mchn., Psychologie Verlagsunion, 1987.
WEISE, KLAUS:
(1994): Rechtfertigungen eines Schocktherapeuten, in: SPI 24 (1994) 3, 23-27.
(1997): Psychiatriereform zwischen Ideologie und Ökonomie, in: SPI 27 (1997) 4, 14-20.
(1998): Die deutsch ePsychiatrie und ihre Krankenhäuser, in: SPI 28 (1998) 3, 49-51.
WEIZENBAUM, JOSEPH: Das Menschenbild der Künstlichen Intelligenz, in: DAS Ende der großen Entwürfe. Hg. v.. R. FISCHER. u.a. Ffm., Suhrkamp, 1992, 140-146.
WELSCH, WOLFGANG
(1988): Postmoderne. Pluralität als politischer Wert. Köln, Bachem, 1988.
(1988): Religiöse Implikationen und religionsphilosophische Konsequenzen 'postmodernen' Denkens, in: RELIGIONSPHILOSOPHIE heute. Hg. v. A. HALDER. Ddf., Patmos, 1988, 117-130.
(1988) Unsere postmoderne Moderne. Weinheim, VCH, 1988.
(1991): Ästhetik im Widerstreit. Interventionen zum Werk von J.F. Lyotard. Weinheim, VCH, 1991.
(1991): Subjektsein heute, in: Dt. Zeitschrift für Philosophie 39 (1991), 347-365.
(1992): Topoi der Postmoderne, in: DAS Ende der großen Entwürfe. Hg. v. R. FISCHER u.a. Ffm., Suhrkamp, 1992, 35-56.
WELTER- ENDERLIN, R. u. B. Hildebrand: Systemische Therapie als Begegnung. Stgt., KLett-Cotta, 1996.
WENZL, HANS u. D. Wolter (Hg.): Blick zurück nach vorn. Psychiatrie zwischen 1945+1984. Bonn, PV, 1985.
WERNER, B. u. G. Voltz (Hg.): Unser Gesundheitssystem. O.O., Asgard Vlg., 1994.
WIENBERG, GÜNTHER (Hg.): Die neue 'Psychiatrie-Personalverordnung'. Bonn, PV, 1991.
WINDGASSEN, KLAUS u. R. Tölle: 'Chemische Zwangsjacke', Therapie-Ersatz oder Therapeutikum?, in: Deutsches Ärzteblatt 92 (1995), 1361-1363.
WINKLER, W.: Zur historischen Entwicklung der Beziehungen zwischen Psychotherapie und Psychiatrie in Deutschland seit 1900 unter besonderer Berücksichtigung der Psychoanalyse, in: PSYCHOTHERAPIE in der Psychiatrie. Hg. v. H. HELMCHEN u.a. Bln./New York, Springer, 1082, 11-25.
WITTERN, RENATE: Zur Geschichte der psychiatrischen Versorgung in Deutschland im 19. Jhdt., in: REHABILITATION in der Psychiatrie. Dokumentation in 5 Bd., Bd. III. Mchn., Braun, 1987, Unpagin., Nr. 3.1.1.
WOHLTAT FÜR BETRIEB, in: FOCUS 46 (1995), 282-283.
WOLFERSDORF, MANFRED u.a.: Ausgewählte psychische Störungen, in: BLATTNER, J. u.a. (Hg.): Handbuch der Psychologie für die Seelsorge, Band 2. Ddf., Patmos, 1993, 21-107.
WOLLASCH, HANS-JOSEF
(1973): Caritas und Euthanasie im Dritten Reich, in: Caritas. Jahrbuch des Caritasverbandes 1973, 61-85.
(1980): Caritas und Euthanasie im Dritten Reich., in: DER Krieg gegen die psychisch Kranken. Verf. v. K. DÖRNER u.a. Rehburg- Loccum, PV, 1980, S. 129-159.
WOLTER-HENSELER: Von der Nutzlosigkeit polemischer Begriffsschlamperei oder In Memoriam Sozialpsychiatrie, in: SPI 23 (1993) 3, 18-26.
WULFF, ERICH
(1973): Kritische Sozialpsychiatrie in der Bundesrepublik, in: DÖRNER, K. u. U. Plog (Hg.): Sozialpsychiatrie. Bln., Luchterhand, 1973, 137-149.
(1984): Psychiatrie nach 1945, in: WENZL, H. u.a. (Hg.): Blick zurück nach vorn. Bonn, PV, 1985, 58-70.
(1987): Das moderne Nervenkrankenhaus in der gesellschaftlichen Diskussion, in: REHABILITATION in der Psychiatrie. Bd. III. Mchn., Braun, 1987. Unpagin. Nr. 3.2.3.
(1992): Entwicklung der Sozialpsychiatrie, in: MAUTHE, J. u. I. Krukenberg-Batemann (Hg.): Psychiatrie in Deutschland. Königslutter, Verein zur Hilfe für seelisch Behinderte, 1992, 65-70.
(1994): Zur Entwicklung eines sozial- und gemeindepsychiatrischen Krankheitsbegriffes, in: KRISOR, M. (Hg.): Dem Menschen begegnen. Regensburg, Roderer, 1994, 223-235.
ZEHENTBAUER, JOSEPH: Psychopharmaka - hilfreiche Arzneien oder medikamentöse Gewalt?, in: BERGER, H. u. U. Braun (Hg.): Psychiatrie in der Konkurrenzgesellschaft. Bonn, PV, 1990, 107-125.
ZERSSEN, D. von: Psychisches Kranksein - Ein Mythos oder Realität?, in: STANDORTE der Psychiatrie. Hg. v. H. HIPPIUS u. H. Lauter. Mchn./ Wien/ Baltimore, U&S, 1976, 79-119.
ZIELSETZUNGEN und Orientierungsdaten eines psychiatrischen Krankenhauses. Bundesarbeitsgemeinschaft der Träger Psychiatrischer Krankenhäuser. Köln, BAG Psychiatrie, Landschaftsverband Rheinland, Abteilung Gesundheitspflege, Heilpädagogische Heime, 1990.
ZIMMER HÖFLER, DAGMAR: Supervision in der Institution - Subsystem oder Supersystem, in: Psychosozial 13 (1990), 22-34.
ZÖLLNER, HANS-MARTIN: Psychiatrie in Lebens- und Leidensgeschichten. Stgt., Enke, 1997.

2. ABKÜRZUNGSVERZEICHNIS

A.a.O.	am angegebenen Ort	S	Seelsorge
Aufl.	Auflage	S.	Seite
Bd	Band	SPI	Sozialpsychiatrische Informationen
BThZ	Berliner Theologische Zeitschrift	Stgt.	Stuttgart
bzw.	beziehungsweise	ThB	Theologische Beiträge
d.h.	das heißt	ThL	Theologische Literaturzeitung
ders.	derselbe	ThPQ	Theologisch Praktische Quartalschrift
dies.	dieselbe	ThR	Theologische Rundschau
DPfB	Deutsches Pfarrerblatt	Tsd	Tausend
Dt.	Deutsches	tlw.	teilweise
EHP	Edition Humanistische Psychologie	u.	und
EK	Evangelische Kommentare	u.a.	und andere
EV	Evangelisches Verlagswerk	U&S	Urban und Schwarzenberg
Evang.	Evangelisch	v.	von
ff.	folgende Seiten	v.a.	vor allem
Ffm.	Frankfurt am Main	VF	Verkündigung und Forschung
Fbg.	Freiburg	vgl.	vergleiche
FNP	Fortschritte der Neurologie Psychiatrie	Vlg.	Verlag
FP	Fundamenta Psychiatrica	VR	Vandenhoeck und Ruprecht
FS	Festschrift	WBG	Wissenschaftliche Buchgesellschaft
Hbg.	Hamburg	WPKG	Wissenschaft und Praxis in Kirche und Gesellschaft
Hg.	Herausgeber	Wupp.	Wuppertal
HK	Herder Korrespondenz	WzM	Wege zum Menschen
Jhdt.	Jahrhundert	z.B.	zum Beispiel
KB	Katechetische Blätter	Zit.	Zitat
LM	Lutherische Monatshefte	ZThK	Zeitschrift für Theologie und Kirche
LS	Lebendige Seelsorge		
m.E.	meines Erachtens		
Mchn	München		
NA	Der Nervenarzt		
Nr.	Nummer		
PP	Psychiatrische Praxis		
PPM	Psychotherapie, Psychosomatik Medizinische, Pssychologie		
PTh	Pastoraltheologie		
PThI	Pastoraltheologische Informationen		
PV	Psychiatrie Verlag		

3. SCHAUBILDERVERZEICHNIS

Schaubild 1	Titulierungswechsel stationärer psychiatrischer Einrichtungen	22
Schaubild 2	Paradigmatischer Wandel deutscher Psychiatrie	25
Schaubild 3	Internationale Klassifikation psychischer Störungen nach ICD-10	66
Schaubild 4	Psychopharmaka-Liste, Stand 1999	71
Schaubild 5	Gegenwärtiges institutionelles psychiatrisches Versorgungsnetz	76
Schaubild 6	Traditionelle psychiatrische Zukunftsperspektiven	80
Schaubild 7	Komplexität künftiger neurobiologischer Grundlagenforschung	83
Schaubild 8	Perspektivenkonvergente Psychiatrie	88
Schaubild 9	Öko-systemische therapeutische Pluralität	103
Schaubild 10	Gesetzliche Rahmenbedingungen Psychiatrischer Krankenhäuser	106
Schaubild 11	Trägerschaft Psychiatrischer Krankenhäuser	106
Schaubild 12	Strukturelle Binnengliederungsvarianz Psychiatrischer Krankenhäuser	109
Schaubild 13	Personelle Komplexität Psychiatrischer Krankenhäuser	111
Schaubild 14	Inhaltliche Analysekriterien der Seelsorgekonzepte	122
Schaubild 15	Kerygmatische Seelsorge im Überblick	125
Schaubild 16	Nuthetisch-Parakletische Seelsorge im Überblick	134
Schaubild 17	Biblische Seelsorge im Überblick	141
Schaubild 18	Biblisch-Therapeutische Seelsorge im Überblick	151
Schaubild 19	Charismatische Seelsorge im Überblick	161
Schaubild 20	Beratende Seelsorge im Überblick	177
Schaubild 21	Therapeutische Seelsorge im Überblick	189
Schaubild 22	Begleitende Seelsorge im Überblick	208
Schaubild 23	Heilende Seelsorge im Überblick	220
Schaubild 24	Mystagogische Seelsorge im Überblick	235
Schaubild 25	Personale Seelsorge im Überblick	241
Schaubild 26	Anleitende Seelsorge im Überblick	246
Schaubild 27	Begegnende Seelsorge im Überblick	254
Schaubild 28	Diakonische Seelsorg eim Überblick	264
Schaubild 29	Kommunikative Seelsorge im Überblick	281
Schaubild 30	Politische / Befreiende Seelsorge im Überblick	293
Schaubild 31	Feministische Seelsorge im Überblick	303
Schaubild 32	Plural verstandene Seelsorge / Transversale Seelsorge im Überblick	315
Schaubild 33	Konfiguration Perspektivenkonvergenter Seelsorge	328
Schaubild 34	Seelsorgekonzepte im Überblick	352
Schaubild 35	Alltagspraxis von PsychiatrieseelsorgerInnen im Überblick	356-357
Schaubild 36	Methoden seelsorglicher Praxis im Überblick	360
Schaubild 37	Komplexität von psychiatrischen Krankheitssymptomen, Entzugssymptomen und Nebenwirkungen medikamentöser Therapie	373-374
Schaubild 38	Faktorenvielfalt, die die Konzept-, Praxis- und Methodenwahl von PsychiatrieseelsorgerInnen beeinflußt	407
Schaubild 39	Symptomkomplex des Burnout- Syndroms	413
Schaubild 40	'Bröckelnde' religiöse Monopolstellung des Christentums in Deutschland	429

Tübinger Perspektiven zur Pastoraltheologie und Religionspädagogik
herausgegeben von
Ottmar Fuchs, Albert Biesinger, Reinhold Boschki

Monika Scheidler
Didaktik ökumenischen Lernens – am Beispiel des Religionsunterrichts in der Sekundarstufe
Monika Scheidler präsentiert in diesem Band Praxiserfahrungen mit dem ökumenischen Lernen im Religionsunterricht. Sie versteht die Frage nach ökumenischen Kooperationen im Religionsunterricht als eine besondere Herausforderung unter den Bedingungen der pluralistischen Gesellschaft und entwickelt eine Didaktik für ökumenisches Lernen mit konfessionell differenzierten und gemischten (evangelisch-katholischen) Lerngruppen. Das Buch trägt dazu bei, die Lücke zwischen dem Desiderat ökumenischen Lernens, den faktischen konfessionellen Kooperationen und den ersten ökumenisch orientierten Religionsbüchern auf einer mittleren didaktischen Ebene zu schließen. Lehrerinnen und Lehrern gibt das Buch konkrete, praktikable Anregungen für Unterrichtsreihen zu "Martin Luther und die Reformation" und zum Thema "Kleine und große Ökumene" im Religionsunterricht der Sekundarstufe I.
Bd. 1, 1999, 128 S., 29,80 DM, br., ISBN 3-8258-4337-8

Birgit Hoyer
Gottesmütter
Lebensbilder kinderloser Frauen als fruchtbare Dialogräume für Pastoral und Pastoraltheologie
Im Grenzland zwischen Pastoraltheologie und empirischen Wissenschaften bewegt sich diese Studie, die vorsichtig darauf bedacht ist, daß die intersubjektive Begegnung zwischen forschendem und erforschtem Subjekt nicht abgebrochen werden und nicht einer Instrumentalisierung der erforschten Personen weichen. Kinderlose Frauen stehen im Mittelpunkt einer praktischtheologisch zu verantwortenden empirischen Untersuchung, die selbst nicht aus den Grundanliegen der Pastoral herausfällt, sondern sich *als* pastorales Handeln realisiert und dieses, im Diskurs mit den humanwissenschaftlichen Methoden, vertieft und präzisiert. Die Autorin befindet sich mit den Frauen in einem permanenten "begleitenden Dialog", den sie auch im Interpretationsprozeß niemals aufgibt, sondern als dessen Bedingung voraussetzt. In Dialektik zu den in den Blick genommenen kinderlosen Frauen eröffnet die Autorin mit "Mütterlichkeit" eine inhaltliche Grundperspektive als jene zentrale Kategorie, in der Menschen aktiv aus sich heraus die Prozesse des Leben-Schenkens und Leben-Erhaltens gestalten. Die Vision ist, daß kinderlose Frauen in diesem Sinn Mütterlichkeit erfahren und erleben bzw. geben und sich die gesellschaftlich vermittelte defizitäre Sicht ihrer Existenz auf eine weitere positive mütterliche Wirklichkeit hin öffnet.
Bd. 2, 1999, 352 S., 49,80 DM, br., ISBN 3-8258-4329-7

Theologie und Praxis
herausgegeben von
Prof. Dr. Giancarlo Collet (Münster),
Prof. Dr. Norbert Mette (Paderborn),
Prof. Dr. Udo Fr. Schmälzle (Münster)
und Prof. DDr. Hermann Steinkamp (Münster)

Norbert Mette
Praktisch-theologische Erkundungen
Epochale gesellschaftliche Herausforderungen, wie sie schlaglichtartig mit Begriffen wie Individualisierung, Pluralisierung, Globalisierung u.ä. markiert werden, verlangen nach grundlegenden Neuorientierungen in der kirchlichen Praxis. Einige Fährten dazu werden in den Beiträgen dieses Bandes zu legen versucht. Der thematische Bogen spannt sich von einer Selbstvergewisserung der Praktischen Theologie über den Beitrag der Kirchen zu einer neuen Sozialkultur und zu den Bildaufgaben der Gegenwart bis hin zu Perspektiven eines an den Nöten der Menschen orientierten Gemeindeaufbaus sowie dem Versuch einer Mystagogie.
Bd. 1, 1998, 240 S., 39,80 DM, br., ISBN 3-8258-3811-0

Martin Friedrich Schomaker
Die Bedeutung der Familie in katechetischen Lernprozessen von Kindern
Eine inhaltsanalytische Untersuchung von Konzepten zur Hinführung der Kinder zu den Sakramenten der Beichte und der Eucharistie
Martin Schomaker beschreibt mit seiner Studie methodisch und inhaltlich in mehrfacher Hinsicht "theologisches Neuland". In einem aufwendigen, multifaktorellen Verfahren entwickelt und konkretisiert er empirisch-wissenschaftlich und theologisch gültige Kriterien, die bei der Beurteilung und Weiterentwicklung katechetischer Materialien anzuwenden sind und überprüft katechetische Handlungskonzepte nach diesen Kriterien. Dieses Verfahren erfordert zunächst eine Gegenwartsanalyse der Situation der Familie mit Hilfe vorliegender empirisch erhobener Daten aus den Sozialwissenschaften (Kapitel 2), die dann im

LIT Verlag Münster–Hamburg–London
Bestellungen über:
Grevener Str. 179 48159 Münster
Tel.: 0251–23 50 91 – Fax: 0251–23 19 72
e-Mail: lit@lit-verlag.de – http://www.lit-verlag.de
Preise: unverbindliche Preisempfehlung

Kontext der biblischen Überlieferungen (Kapitel 3) wie der kirchlichen Selbstvergewisserung in einschlägigen Dokumenten als Anfrage an kirchliche Praxis wahrgenommen werden (Kapitel 4). Daraufhin führt Schomaker eine Inhaltsanalyse der katechetischen Materialien mit Hilfe der zuvor erhobenen und validierten Kriterien durch (Kapitel 5), aus der sich Handlungsimpulse für eine veränderte Praxis ergeben.
Die Studie setzt einerseits neue Akzente hinsichtlich der offen diskutierten Frage nach dem wissenschaftstheoretischen Selbstverständnis der Praktischen Theologie, und gibt andererseits entscheidende Hinweise für die Sakramentenpastoral der Zukunft. Ausgehend von der Problemerhebung zur offenkundig unbefriedigenden Situation der Hinführung der Kinder zu Beichte und Eucharistie werden nach praktisch-theologischen Reflexionen entscheidende Hinweise für die Sakramentenpastoral der Zukunft aufgezeigt.
Bd. 2, 1999, 456 S., 59,80 DM, br., ISBN 3-8258-3682-7

Peter Hahnen
Das 'Neue Geistliche Lied' als zeitgenössische Komponente christlicher Spiritualität
"Unser Leben sei ein Fest", "Wir haben einen Traum", "Da berühren sich Himmel und Erde" usw. Das ist nur eine kleine Auswahl jener Lieder, mit denen in beiden großen Kirchen eine reformbestrebte Religiosität neuen Schwung nahm. Von den einen als seicht beargwöhnt, ja angefeindet, von den andern begeistert begrüßt und durchlebt, ist das Neue Geistliche Lied Signum zeitgenössischen und ökumenischen Christentums geworden. Peter Hahnen wagt mit der vorliegenden Arbeit einen ungewohnten Blick auf die kirchenmusikalische Praxis unserer Gemeinden. Mit musiksoziologischer und -psychologischer Aufmerksamkeit hilft er dem Leser zu verstehen, was da "eigentlich passiert", wenn wir singen. Die Frage "ob Musik fromm macht" wird so einer ganz neuen Antwort zugeführt.
Was der vorliegende Band an historischer Aufarbeitung und praktisch-theologischer Analyse entwickelt, gehört in die Hände nicht nur der Liturgiewissenschaftler, sondern aller Praktiker, die vor Ort Gottesdienste gestalten.
In einem Anhang dokumentiert der Band sechs ausführliche Gespräche mit wichtigen Autoren aus der Szene des NGL's (Alois Albrecht, Peter Janssens, Wilhelm Willms u. a.). Damit entstanden Quellentexte, die erstmals Lebenszeugnisse der "großen Macher" allgemein zugänglich machen und denen jetzt schon zeitgeschichtliche Relevanz zukommt.
Bd. 3, 1998, 504 S., 49,80 DM, br., ISBN 3-8258-3679-7

Michael Schäfers
Prophetische Kraft der kirchlichen Soziallehre?
Armut, Arbeit, Eigentum und Wirtschaftskritik
Armut, Arbeit, Eigentum und Wirtschaftskritik stellen die zentralen Themenfelder der kirchlichen Soziallehre dar. Die einzelnen Aussagen sind aber nur dann zu verstehen und zu bewerten, wenn der sozialgeschichtliche Kontext und die kirchliche Entwicklung berücksichtigt werden. Die vorliegende, umfassende Untersuchung zur prophetischen Kraft der kirchlichen Soziallehre setzt genau hier an. Den Schwerpunkt bildet dabei die erste systematische Sozialenzyklika Leo XIII "Rerum novarum" von 1891, die ihrerseits bereits auf Traditionen der kirchlichen Soziallehre aufbauen konnte, gleichzeitig aber die nachfolgende Entwicklung maßgeblich bestimmt hat. Angesichts der Globalisierung des kapitalistischen Wirtschaftssystems ist es heute dringender denn je, die Soziallehre und Traditionen der Kirche kritisch zu hinterfragen und ihre Zukunftsfähigkeit auf den Prüfstand zu stellen.
Bd. 4, 1998, 616 S., 69,80 DM, br., ISBN 3-8258-3887-0

Franz Marcus
Kirche und Gewalt in Peru
Befreiende Pastoral am Beispiel eines Elendsviertels in Lima. Mit einem Vorwort von Gustavo Gutiérrez
Peru hat seit Jahren mit schweren wirtschaftlichen, sozialen und politischen Krisen zu kämpfen, die in Armut, Menschenrechtsverletzungen und Terrorismus ihren Höhepunkt finden. Wie stellt sich die Kirche diesen Herausforderungen? Der Autor, der selbst mehrere Jahre im pastoralen Dienst einer Slumgemeinde Limas tätig war, arbeitet die verschiedenen Formen der Gewalt systematisch auf, fragt nach Ihrer Bedeutung für den Glauben und die kirchliche Praxis und stellt ein ganzheitliches Evangelisierungsmodell vor, das die bedrängten Menschen als Subjekte ihrer eigenen Entwicklung und Verkündigung ernst nimmt. Gustavo Gutiérrez würdigt dieses Buch als "scharfsinnige Lektüre der Komplexität des Lebens unseres Volkes" und als "sichtbaren Ausdruck einer tiefen Freundschaft mit einem Volk, (...) dessen Ängste und Hoffnungen" der Autor "geteilt hat".
Bd. 5, 1998, 480 S., 59,80 DM, br., ISBN 3-8258-3958-3

Norbert Mette; Ludger Weckel; Andreas Wintels (Hrsg.)
Von Brücken und breiten Gräben
Sozialpastorale Impulse und Initiativen im Spannungsfeld von Gemeinde und Politik
Gemeinde und Politik scheinen in traditionell-

LIT Verlag Münster – Hamburg – London
Bestellungen über:
Grevener Str. 179 48159 Münster
Tel.: 0251 – 23 50 91 – Fax: 0251 – 23 19 72
e-Mail: lit@lit-verlag.de – http://www.lit-verlag.de
Preise: unverbindliche Preisempfehlung

kirchlichen Zusammenhängen zwar irgendwie zusammenzugehören, aber nur, solange das "Politische" nicht auf Veränderung des Bestehenden zielt. Aber entspricht dieses Bestehende der befreienden Botschaft Jesu vom Gottesreich? Der Pastoraltheologe Hermann Steinkamp hat mit seinem sozialpastoralen Ansatz von "Parteilichkeit und Solidarität" immer wieder "politische Alphabetisierung" in traditioneller Gemeinde und "Gemeindebildung" in sozialpolitischen Initiativen zu Wort kommen lassen und damit auch gefordert und gefördert. Anläßlich seines 60sten Geburtstages fand im November 1998 ein Forum zum Verhältnis von "Gemeinde" und "Politik" statt, in dem es um praktische Impulse und Initiativen, aber auch um sozialpastorale Reflexionen ging. Dieser Band dokumentiert die Beiträge, führt die Überlegungen gleichzeitig weiter. Vorgestellt werden z. B. eine Gemeinde im Konflikt um ein Zwischenlager für Atommüll, eine Gemeinde für Kirchenasyl, eine ökumenische Armutsinitiative, sozialpastorale Straßenarbeit, Telefonseelsorge, Hochschul-, Jugend- und Arbeiterpastoral. Mit den Projekten werden auch die politischen Konsequenzen und Konflikte thematisiert. Die sozialpastoralen und theologischen Folgerungen aus dem Spannungsfeld von Gemeinde und Politik kommen in Beiträgen der Pastoraltheologen Ottmar Fuchs, Leo Karrer, Norbert Mette und Hermann Steinkamp zu Wort.
Bd. 6, 1999, 224 S., 39,80 DM, br., ISBN 3-8258-4312-2

Theologie und Praxis
Abteilung B
herausgegeben von Prof. Dr. Giancarlo Collet (Münster),
Prof. Dr. Norbert Mette (Paderborn),
Prof. Dr. Udo Fr. Schmälzle (Münster)
und Prof. DDr. Hermann Steinkamp (Münster)

Michael Schäfers
Jugend – Religion – Musik
Zur religiösen Dimension der Popularmusik und ihrer Bedeutung für die Jugendlichen heute
Pop- und Rockmusik sind fest in das alltägliche Leben Jugendlicher integriert. Oft werden Musikgruppen von ihren Fans "angehimmelt", geradezu "vergöttert". Die derartig verehrten Musiker bedienen sich nicht selten unbekümmert religiöser Symbole und Begrifflichkeiten. Ziel dieses Buches ist es, unterschiedlichen Verbindungsknoten zwischen dem thematischen Dreieck Jugend – Religion – Musik nachzugehen und dabei zu zeigen, daß es keineswegs völlig abwegig ist, eine religiöse Dimension in der Popularmusik zu vermuten.

Dies wird an der geschichtlichen Entwicklung der Popularmusik, ihrer Beziehung zur Jugend und zur Religion, an der spezifischen religiösen Dimension unterschiedlicher musikalischer Spielarten der 90er Jahre, an Kulthandlungen und Ritualen in der Popularmusik und am Inhalt von Songtexten deutlich gemacht. Darüber hinaus wird der Frage nachgegangen, ob und inwiefern in der Popularmusik ein Ausdruck jugendlicher Religiosität gesehen werden kann und Möglichkeiten und Grenzen des religionspädagogischen Umgangs mit Popularmusik diskutiert.
Bd. 1, 1999, 184 S., 29,80 DM, br., ISBN 3-8258-4036-0

Christel Anton
Religionspädagogische Annäherung an eine "feministische Theologie der Beziehung" (Carter Heyward)
Die feministische Theologie der Beziehung, begründet von der nordamerikanischen Theologin Carter Heyward, verbindet die Überzeugung, daß alles Wesentliche in Beziehung geschieht, mit dem feministischen Engagement für Gerechtigkeit und mit dem Glauben an einen berührenden und berührbaren Gott. Die göttliche *Macht-in-Beziehung* ist nur in gerechten, auf Gegenseitigkeit basierenden Beziehungen spürbar und kann nur dort wirksam werden. Sie fordert uns zum Einsatz für Gerechtigkeit und Gegenseitigkeit in unserem sozialen und politischen Umfeld auf.
Für Religionspädagoginnen und -pädagogen, die sich von dieser Theologie inspirieren lassen wollen und die Aufgabe von Religionspädagogik als Hilfe und Begleitung zur Subjektwerdung in und für Beziehung sehen, ergeben sich daraus hohe Anforderungen an das religionspädagogische Miteinander und an das Selbstverständnis als Pädagogin und Pädagoge.
Bd. 2, 1999, 96 S., 24,80 DM, br., ISBN 3-8258-4149-9

Christian Große-Rüschkamp
Kirchenasyl zwischen repressiver Asylpolitik und solidarischer Flüchtlingsarbeit
Mit einem Vorwort von Hermann Steinkamp und einer aktuellen Einschätzung von Gaby Gers und Willi Lipp
Obwohl die Diskussion um die Abschaffung des individuellen Asylrechts im Jahre 1993 nicht mehr auf der politischen Tagesordnung steht, entwickelt sich seitdem in immer mehr Gemeinden die Praxis des Kirchenasyls. Der vorliegende Band will das Bewußtsein für die heutige Situation von Asylsuchenden wieder schärfen. Nach eingehender Analyse der Ursachen für die fortschreitende gesellschaftliche Entsolidarisierung und Teil-

LIT Verlag Münster – Hamburg – London
Bestellungen über:
Grevener Str. 179 48159 Münster
Tel.: 0251 – 23 50 91 – Fax: 0251 – 23 19 72
e-Mail: lit@lit-verlag.de – http://www.lit-verlag.de
Preise: unverbindliche Preisempfehlung

nahmslosigkeit gegenüber Asylbewerbern wird anhand des Paradigmas der Sozialpastoral durchbuchstabiert, wie die Praxis einer messianischen Kirche für die Anderen aussehen müßte. Als ein Beispiel richtiger Praxis hat eine Kirchenasylinitiative im westfälischen Nottuln gezeigt, wie Christen solidarisch und verbindlich mit Flüchtlingen zusammenleben können. Die Mitglieder dieser Initiative kommen dabei in einem eigenen Beitrag auch selbst zu Wort. Eine Solidargemeinschaft aus Einheimischen und Flüchtlingen wird zum Widerstandsunternehmen gegen staatliche Behördenwillkür und stellt ein Projekt dar, Kirche bzw. Reich Gottes im ursprünglichen Sinne zu realisieren.
Bd. 3, 1999, 136 S., 24,80 DM, br., ISBN 3-8258-4147-2

Angelika Wilmes
In Dogmen nicht zu fassen
Mein Glaube damals – mein Glaube heute
30 Jahre nach dem Konzil gibt es für viele Menschen meiner Generation immer noch das Leiden an ihrer religiösen Erziehung. Wo es vorgeblich um Erlösung ging, wurden in Wirklichkeit Lasten aufgebürdet, Lasten von Schuld, Verzicht, Opfer und lebensfeindlichen Vorschriften. Die Offenbarung Gottes in Jesus, der bis zum Tod unbeirrbar Solidarität und Menschenfreundlichkeit lebte, wurde entstellt zum blutigen Opfer des Sohnes, das allein den beleidigten Vater versöhnen kann.
– Diese Vorstellungen sind für viele zum Ärgernis geworden und haben ihr Gottesbild nachhaltig verdunkelt. Schlimmer noch: Auf dieses Gedankengut, festgehalten in den Dogmen, sind wir bis heute durch die Kirche im Glauben verpflichtet. Nach wie vor durchsetzt es Gebete und Lieder unserer Gottesdienste und übt, wie die letzten römischen Dokumente zeigen, seinen lebensfeindlichen Einfluß aus, der dem Evangelium zuwiderläuft.
Als Christin ohne kirchliches Amt habe ich die Freiheit, den gut 50 Jahre währenden Prozeß vom verordneten zum intellektuell verantworteten Glauben in diesem Buch als meinen persönlichen Weg noch einmal nachzugehen und niederzuschreiben. In der gegenwärtigen Situation des amtskirchlichen Rückfalls hinter das 2. Vaticanum halte ich die Auseinandersetzung mit dem eigenen Glauben für unumgänglich, eine Auseinandersetzung vor dem Hintergrund des heutigen wissenschaftlichen Weltbildes und ausgerichtet an der Person und am Handeln Jesu.
Bd. 4, 1999, 184 S., 24,80 DM, br., ISBN 3-8258-4197-9

Matthias Teipel
Die Versklavung der Schwarzen
Theologische Grundlagen, Auswirkungen und Ansätze ihrer Überwindung
Nicht mehr als eine Fußnote widmete der lateinamerikanische Episkopat in Puebla der jahrhundertelangen Versklavung der Schwarzen und zeigte sich somit als Teil einer Kultur der Amnesie, in der die Schwarzen "vergessen" sind und die Erinnerung "weißgewaschen" wird. Die Auseinandersetzung mit der Geschichte, dem Verhältnis der (christlichen) Kirche(n) zur Sklaverei, ist daher notwendiger denn je. Sie gibt Zeugnis von unterschiedlichen theologischen Grundlagen, mit denen nicht nur weiße, sondern auch schwarze Theologen die Sklaverei legitimierten. Ferner vergegenwärtigt sie vielfältige Formen des schwarzen Widerstandes, der von der Gründung afroamerikanischer Kirchen in Nord- bis zur Entstehung von Volksreligiosität und Synkretismus in Südamerika reicht. So finden auch die vereinzelten Rufer in der Wüste kirchlicher Indifferenz ein Echo, die als Missionare in Hispano- und Angloamerika oder auch als Schriftstellerinnen in Großbritannien aus religiös-humanitärer Überzeugung gegen die Sklaverei opponierten. Sie gehören ebenfalls zu der Geschichte der Kontexte übergreifenden Versklavung der Schwarzen, deren erinnernde Behandlung entscheidend für die Eröffnung neuer Perspektiven im Verhältnis der Kirche zu den Afroamerikanern ist.
Bd. 5, 1999, 144 S., 24,80 DM, br., ISBN 3-8258-4346-7

Klemens Hampe
"Wir helfen bestimmt!" – 30 Jahre Hiltruper "Sozialdienst von unten" in solidarischer Gemeinde-Verantwortung für Menschen in Notlagen
Mit Geleitworten von Norbert Mette und Ulrich Duchrow
Bd. 6, 1999, 144 S., 19,80 DM, br., ISBN 3-8258-4624-5

Grundlegungen
Veröffentlichungen des
Religionspädagogischen Instituts Loccum

Michael Wermke (Hrsg.)
Die Gegenwart des Holocaust – "Erinnerung" als religionspädagogische Herausforderung
Die derzeitigen hitzigen Diskussionen um Erinnerungsstätten, Mahnmäler, Museen etc. sind Ausdruck eines sich gesamtgesellschaftlich vollziehenden "Rahmenwechsels" (M. Halbwachs) unter der Fragestellung, welchen Stellenwert im

LIT Verlag Münster – Hamburg – London
Bestellungen über:
Grevener Str. 179 48159 Münster
Tel.: 0251 – 23 50 91 – Fax: 0251 – 23 19 72
e-Mail: lit@lit-verlag.de – http://www.lit-verlag.de
Preise: unverbindliche Preisempfehlung

"kulturellen Gedächtnis" der Deutschen die Erinnerung an den Holocaust haben soll.
In den Schulen gibt es mittlerweile unzählige Projekte, die sich mit der Geschichte der Juden in Deutschland beschäftigen. Der Religionsunterricht beteiligt sich an dieser Arbeit, wobei eine religionspädagogisch berundeten Didaktik der Erinnerung nicht deutlich genug konturiert ist. Hier läßt sich das Anliegen dieses Buches verorten. Es versucht, den Erinnerungsbegriff auch in den religionspädagogischen Wahrnehmungsbereich einzubringen, indem es als Grundlage für den zu beginnenden Diskurs einen Überblick über die Arbeiten verschiedener Disziplinen wie der Theologie, der Kulturanthropologie, der Germanistik, der Geschichte, der Philosophie und der Pädagogik zum Erinnerungsbegriff eröffnet.
Bd. 1, 1997, 221 S., 29,80 DM, br., ISBN 3-8258-3102-7

Michael Wermke (Hrsg.)
Rituale und Inszenierungen in Schule und Unterricht
Mit Beiträgen von Bernhard Dressler, Astrid von Friesen, Christian Grethlein, Hans Günter Heimbrock, Manfred Josuttis, Michael Meyer-Blanck, Christoph Münz, Otto Seydel, Fulbert Steffensky, Michael Wermke, Thomas Ziehe
Die schulpädagogische Diskussion beginnt, die Bedeutung von Ritualen in Schule und Unterricht wieder zu entdecken. So wird zunehmend danach gefragt, inwieweit Rituale behilflich sein können, die Schule als Lebens- und Lerngemeinschaft weiterzuentwickeln. Aus religionspädagogischer Perspektive stellt sich die Frage, welchen Beitrag Rituale zur religiösen Bildung zu leisten vermögen.
In diesem Buch soll ausgehend von der Frage nach den Bedingungen und Möglichkeiten schulischer Rituale die neue Verhältnisbestimmung didaktischer und liturgischer Praxis im Religionsunterricht im Mittelpunkt stehen.
Bd. 2, 1998, 176 S., 29,80 DM, br., ISBN 3-8258-3279-1

Thomas Klie (Hrsg.)
Der Religion Raum geben
Kirchenpädagogik und religiöses Lernen. Mit Beiträgen von B. Dressler, Chr. Grethlein, M. Josuttis, Th. Klie, Chr. Kürschner, G. M. Martin, A. Mertin, H. G. Soeffner, K. Raschzok, Chr. Ricker
Bd. 3, 1998, 176 S., 34,80 DM, br., ISBN 3-8258-3723-8

Bernhard Dressler;
Michael Meyer-Blanck (Hrsg.)
Religion zeigen
Religionspädagogik und Semiotik
Mit Beiträgen von Dietmar Adler, Stefan Alkier, Bernhard Dressler, Wilfried Engemann, Simone Gröttrup-Fopp, Thomas Klie, Martina Kumlehn, Michael Meyer-Blanck, Andreas Mertin, Peter Noß, Dirk Röller
Bd. 4, 1998, 328 S., 29,80 DM, br., ISBN 3-8258-3724-6

Gert Traupe (Hrsg.)
Protestantismus und sozialer Wandel
Zur Transformation von Religion in einer multikulturellen Gesellschaft
In der vorliegenden Untersuchung geht es um eine Erkenntnisbemühung im Blick auf gesellschaftliche Veränderungen, die sich oft hinter dem Rücken der Kirchenleute vollziehen und für die nach meinem Eindruck meistens die Sensibilität fehlt. Gerade in Zeiten knapper Finanzmittel liegt eine Versuchung darin, bei den Bemühungen um Verschlankung kurzschlüssig zu denken. Dann werden mit dem Rotstift nur die eigenen Vorurteile und ungeprüften Meinungen bedient. Gewiß muß alles auf den Prüfstand, auch die Kirche finanziert. Nur wer legt die Kriterien der Prüfung für Bedarfssituationen fest? Und wie formulieren wir den Bedarf und den Auftrag der Kirche angesichts der gesellschaftlichen Herausforderungen? Die hier vorgelegten Studien wollen dazu beitragen, die Voraussetzung zur Klärung dieser Fragen zu schaffen, indem sie die Situation des Protestantismus in seinem gesellschaftlichen Kontext bedenken.
Bd. 5, 1999, 280 S., 39,80 DM, br., ISBN 3-8258-4254-1

Religionspädagogische Kontexte und Konzepte

herausgegeben von Prof. Dr. Harry Noormann
(Institut für Theologie und Religionspädagogik, Universität Hannover)

Christine Lehmann
Freiarbeit – ein Lern-Weg für den Religionsunterricht?
Eine Untersuchung von selbständigem Lernen im Horizont kritisch-konstruktiver Didaktik
Dieses Theorie-Praxis-Buch greift mit der Freiarbeit einen Schlüsselimpuls pädagogischer Aufbruchstimmung und innerer Schulreform auf und fragt nach der Bedeutung selbständigen Lernens im Religionsunterricht. Es verfolgt die Spuren eines eigenständigen, erfahrungsbezogenen Lernens

LIT Verlag Münster – Hamburg – London
Bestellungen über:
Grevener Str. 179 48159 Münster
Tel.: 0251 – 23 50 91 – Fax: 0251 – 23 19 72
e-Mail: lit@lit-verlag.de – http://www.lit-verlag.de
Preise: unverbindliche Preisempfehlung

in der Geschichte der (evangelischen) Religionspädagogik und stellt sie in einer Synopse zum Verhältnis von Glaube, Lehre und Lernen übersichtlich dar.

Anknüpfend an die bildungstheoretische Diskussion wird herausgearbeitet, daß sich selbständiges Lernen im Religionsunterricht an einem kritischen Bildungsbegriff orientieren und ein Lernen an relevanten Inhalten anstreben sollte. Ein Orientierungs- und Problematisierungsrahmen zur Analyse und Planung von Freiarbeitsmaterialien wird unter historischer, erfahrungswissenschaftlicher und gesellschaftskritisch-ideologiekritischer Perspektive nicht nur entwickelt, sondern an einem ausgewählten Freiarbeitsmaterial auch erprobt.

Im Hinblick auf eine künftige Entwicklung von Freiarbeitsmaterialien wird die Aufgabe beschrieben, bei der Auswahl und Aufbereitung der Inhalte sowie bei der Formulierung von Aufgabenstellungen eine Sensibilität für den didaktischen Anspruch auf Problem- und Schülerorientierung, Mehrperspektivität, Vielfalt, Diskursivität und interreligiöse Kompetenz auszubilden und die Schüler/innen nicht nur passiv-nachvollziehend, sondern aktiv-gestaltend in den Arbeitsprozeß einzubeziehen.
Bd. 1, 1997, 304 S., 49,80 DM, br., ISBN 3-8258-3183-3

Chun Sun Lee
Ökumenisches Erzählen
Ein Konzept des Erzählens biblischer Geschichte als Form Ökumenischen Lernens.
Mit Geleitworten von Johann Baptist Metz und von Ingo Baldermann
"Mir scheint, als ob ökumenisches Lernen zwei Gesichter hat, eines für die Reichen und eines für die Armen", schreibt Chun Sun Lee. Sie hat uns immer wieder die harte Frage gestellt, ob denn das, was die Christen in den reichen Kirchen "Ökumenisches Lernen" nennen, nicht eine Veranstaltung zur Beruhigung der eigenen Gewissen sein könnte. Ökumenisches Lernen wird sinnlos, wenn es nicht zu Veränderungen und zum Handeln führt. Und die Zeit drängt.

Aber dürfen wir Kinder drängen? Wie kann das notwendige ökumenische Lernen im Kontext einer Pädagogik geschehen, die gelernt hat, daß wir Kinder nicht bedrängen, nicht vor der Zeit in Entscheidungen stellen, nicht mit unseren eigenen Überzeugungen überrollen dürfen? Gerade in der heutigen Welt müssen wir Kindern die Chance geben, sie selbst zu werden: selbst wahrzunehmen, selbst zu entdecken, selbst einzuschätzen, selbst zu urteilen.

Chun Sun Lee hat uns geholfen, angesichts dieser Fragen die Rolle des Erzählens neu zu begreifen. Das Erzählen zeigt gerade hier die Möglichkeit einer elementaren kommunikativen Didaktik. Sie unterscheidet sich von der Härte der Bildschirmmedien von Grund auf: Das Erzählen lebt von unmittelbarer menschlicher Kommunikation, es überschwemmt die Seele nicht mit schon fertigen Bildern, sondern läßt der Phantasie die Freiheit, eigene Bilder zu erzeugen, und dadurch lähmt es nicht, sondern macht urteils- und handlungsfähig. So kann ein authentisches Erzählen im ökumenischen Lernen eine Schlüsselrolle gewinnen. Und weil es nun einmal die Bibel ist, die die Ökumene zusammenhält, orientiert sich dieses Erzählen wieder an biblischen Erfahrungen.
Bd. 2, 1998, 232 S., 39,80 DM, br., ISBN 3-8258-3577-4

Hanne Leewe
"Man lernt ja immer, wenn man sich nicht verschließt."
Lehrerinnen des Unterrichtsfaches "Lebensgestaltung – Ethik – Religionskunde" im interkulturellen Lernprozess: Wie lehren sie Religion?
Bd. 3, 1999, 456 S., 59,80 DM, br., ISBN 3-8258-4471-4

Friedhelm Munzel
Bibliotherapie und religiöses Lernen
Ein interdisziplinärer Beitrag zur "Theologie des Lesens" und zur Innovation des Religionsunterrichts
Bd. 4, 1998, 400 S., 59,90 DM, br., ISBN 3-8258-3004-7

Elisabeth Roth
Interaktion des Religionsunterrichts im Fokus theologischer Topoi
Zur Relevanz der Person der Lehrperson
Bd. 5, 1999, 368 S., 59,80 DM, br., ISBN 3-8258-3884-6

LIT Verlag Münster – Hamburg – London
Bestellungen über:
Grevener Str. 179 48159 Münster
Tel.: 0251 – 23 50 91 – Fax: 0251 – 23 19 72
e-Mail: lit@lit-verlag.de – http://www.lit-verlag.de
Preise: unverbindliche Preisempfehlung